Fleck

# Wörterbuch Recht

Französisch-Deutsch
Deutsch-Französisch

# Dictionnaire de droit

français-allemand
allemand-français

# Dictionnaire de droit

français-allemand
allemand-français

par

Klaus E. W. Fleck

C. H. Beck · Bruylant · Dalloz
Helbing & Lichtenhahn · Manz

# Wörterbuch Recht

## Französisch-Deutsch
## Deutsch-Französisch

von

Klaus E. W. Fleck

C. H. Beck · Bruylant · Dalloz
Helbing & Lichtenhahn · Manz

Verlag C. H. Beck im Internet:
**beck.de**

ISBN 3-406-49109-X (C. H. Beck)
ISBN 2-8027-1882-7 (Bruylant)
ISBN 2-247-04317-8 (Dalloz)
ISBN 3-7190-2098-3 (Helbing & Lichtenhahn)
ISBN 3-214-03572-X (Manz)


Wilhelmstraße 9, 80801 München
Druck: Nomos Verlagsgesellschaft
In den Lissen 12, 76547 Sinzheim

Satz: Druckerei C. H. Beck Nördlingen

Gedruckt auf säurefreiem, alterungsbeständigem Papier
(hergestellt aus chlorfrei gebleichtem Zellstoff)

# Préface

Ce *Dictionnaire juridique français-allemand et allemand-français* en un volume est le petit frère du DOUCET-FLECK existant depuis 1960. Vu les nécessités pratiques, il a paru nécessaire à l'éditeur et à l'auteur de mettre à la disposition de tout traducteur professionnel de textes juridiques un instrument de travail maniable et pourtant fiable. Profitant de l'expérience lexicographique acquise au cours de plus de 40 ans et six éditions successives, l'auteur du présent dictionnaire présente donc ici non pas une version allégée, mais concentrée du «grand» Doucet. Ont seulement été supprimés les termes généraux n'ayant pas un rapport étroit avec le vocabulaire juridique au sens strict du terme. Ainsi la lisibilité est accrue, mais rien d'essentiel n'a disparu. Nous demandons à tous les utilisateurs de nous transmettre leurs suggestions et critiques, soit par l'intermédiaire de l'éditeur, soit directement par courriel à l'adresse suivante: KFLECK4587@aol.com. Tout courrier sera examiné avec soin. Cet instrument de travail ne pourra être complété et amélioré qu'avec votre aide.

Fürstenfeldbruck, le 1er avril 2004

# EMPLOI DU DICTIONNAIRE

1. Les articles qui constituent le présent dictionnaire juridique bilingue sont classés strictement dans l'ordre alphabétique. Les locutions et sigles sont considérés comme des mots ordinaires, tout comme les mots comportant un tiret ou un espace intercalaire.
2. Les mots homographes, c'est-à-dire ceux de même orthographe, mais avec des sens différents, font l'objet d'entrées séparées munies d'un numéro d'ordre. Il en va de même pour les termes ayant un sens différent au singulier et au pluriel.
3. Les différentes significations sont ordonnées en tenant compte des trois critères suivants:
   a) Les termes juridiques ayant plusieurs significations et comportant un grand nombre de locutions sont regroupés en unités distinctes. Les différents sens du mot sont introduits par un point • bien visible. Souvent ce point est suivi d'une explication complémentaire par l'indication du domaine précis dans lequel ledit terme est fréquemment employé. Parfois un synonyme dans la langue de départ sert à préciser le sens en question.
   b) Dans la partie phraséologique, nous mentionnons d'abord les expressions avec un adjectif ou adverbe précédant le mot vedette de l'entrée et ensuite ceux qui le suivent.
   c) Pour permettre une recherche plus aisée, les entrées comportant de nombreuses expressions sont subdivisées en plusieurs articles.
4. Les indications grammaticales sont réduites au strict minimum. Pour les substantifs nous indiquons le genre pour les termes allemands et français, sans répéter ces indications au sein de l'article. Les adjectifs et les adverbes sont également signalés, mais pour les verbes, nous avons souvent omis toute mention particulière, en particulier en ce qui concerne les verbes transitifs.
5. Les équivalences françaises ou allemandes se rapportant à une entrée visualisée en lettres majuscules sont souvent précédées par l'indication du domaine dans lequel elles sont surtout employées. Pour les termes particulièrement difficiles, ces mentions sont parfois remplacées par une définition succincte dans la langue de départ:

   **BIEN 1.** m • *(tout droit subjectif patrimonial)* Vermögenswert *m* • *(toute chose objet d'un droit réel)* Sache *f*, (körperlicher) Gegenstand *m* des Sachenrechts, Rechtsobjekt *n*, Rechtsgut *n*; Grundstück *n*, Vermögensbestandteil *m* • *(surtout au pluriel: biens économiques)* Wirtschaftsgüter *npl*; • *(ÖfR: intérêt)* Wohl *n*, Interesse *n*; – **dans le commerce** verkehrsfähige Sache ; – **bien commun** *(ÖfR)* Gemeinwohl, öffentliches Interesse n; ...

6. Comme il n'existe souvent pour les termes juridiques pas d'équivalence dans la langue cible, ce qui est en particulier le cas pour les institutions comme les tribunaux, nous nous sommes efforcés de fournir une explication précédée ou suivie par le qualificatif français (frz.) ou allemand (dt.), tout en mentionnant l'institution comparable dans l'espace juridique français ou allemand:

   **TRIBUNAL | correctionnel** frz. Strafgericht (beim Großinstanzgericht) zuständig für Vergehen; gerichtlicher Spruchkörper, der etwa der Strafkammer (beim Landgericht) entspricht; – **disciplinaire** ...

7. La divergence des définitions légales des termes juridiques en France et en Allemagne nous conduit parfois à traduire mot à mot et à employer carrément le terme français ou allemand dans la langue cible, quitte à fournir un commentaire explicatif:

   **CONSEIL D'ÉTAT (= CE)** • *(VwPR)* Conseil d'État als oberstes frz. Verwaltungsgericht • *(VerfR)* Oberstes frz. Regierungsberatungsgremium im Rahmen des Gesetzgebungsverfahrens, Staatsrat *m*.

8. Dans tous les autres cas, nous nous efforçons d'éviter les emprunts et d'offrir une palette variée de synonymes pour permettre au traducteur de varier les termes qu'il emploie et de les adapter au contexte. Cependant nous recommandons à tous les utilisateurs du présent dictionnaire bilingue d'avoir toujours à portée de la main leurs dictionnaires juridiques monolingues, comme le CORNU et le CREIFELDS, en vue de vérifier et de comparer les définitions légales.

9. Pour le tableau des abréviations utilisées dans ce dictionnaire, reportez-vous à la fin de la présente introduction en langue allemande.

# HINWEISE FÜR DIE BENUTZUNG DES WÖRTERBUCHS

1. Der Wortschatz im vorliegenden Wörterbuch ist alphabetisch geordnet. Lateinische Wendungen und Kurzwörter erscheinen in dieser alphabetischen Reihenfolge. Redewendungen als Stichwörter sind an der Stelle eingefügt, die sie hätten, wenn sie als ein Wort geschrieben wären.

2. Sogenannte Homogramme, also Stichwörter, die die gleiche Schreibung haben, aber auf Grund verschiedener Etymologie eine andere Bedeutung aufweisen, werden jedes als besonderer Artikel behandelt und durch eine nachgestellte Zahl gekennzeichnet. Das gilt auch für die Fälle, in denen das Stichwort im Singular und im Plural unterschiedliche Bedeutungen aufweist.

3. Bei der Anordnung der Bedeutungen des Stichworts sind drei verschiedene Gesichtspunkte maßgebend:
   a) Stichwortartikel größeren Umfangs, sei es infolge der Vielfalt der Bedeutungen oder der Wendungen, bilden selbständige Einheiten. Die unterschiedlichen Bedeutungen im semantischen Teil sind durch einen Punkt • gekennzeichnet, und es wird häufig zusätzlich das engere Fachgebiet angegeben in dem die Vokabel am häufigsten gebraucht wird. In manchen Fällen wird zur Kennzeichnung auch ein sinnverwandtes Wort in der Ausgangssprache verwendet.
   b) Im phraseologischen Teil werden zunächst immer die Wendungen mit dem Stichwort an zweiter Stelle und dann die Wendungen mit dem Stichwort an erster Stelle angegeben.
   c) Zur Verbesserung der Überschaubarkeit werden bei Stichwörtern mit sehr vielen Wendungen diese wiederum in kleinere Einheiten untergliedert.

4. Die grammatischen Hinweise beschränken sich auf ein Minimum. Bei Substantiven wird die Genusbezeichnung sowohl bei den Stichwörtern wie auch bei den Entsprechungen angegeben, doch zumeist nur einmal im Stichwortartikel. Eigenschafts- und Umstandswörter sind als solche gekennzeichnet. Bei Verben mit direktem Objekt fehlt häufig jeglicher besonderer Hinweis.

5. Die deutschen, beziehungsweise die französischen Entsprechungen, die auf die in Kapitälchen und halbfett gedruckten Stichwörter folgen, werden bei besonders schwierigen Rechtsbegriffen

nicht nur durch einen Sachgebietshinweis, sondern auch durch kleine verkürzte Definitionen in der Ausgangssprache eingeleitet:

> **BIEN 1.** m • *(tout droit subjectif patrimonial)* Vermögenswert *m* • *(toute chose objet d'un droit réel)* Sache *f*, (körperlicher) Gegenstand *m* des Sachenrechts, Rechtsobjekt *n*, Rechtsgut *n*; Grundstück *n*, Vermögensbestandteil *m* • *(surtout au pluriel: biens économiques)* Wirtschaftsgüter *npl*; • *(ÖfR: intérêt)* Wohl *n*, Interesse *n*; – **dans le commerce** verkehrsfähige Sache ; – **bien commun** *(ÖfR)* Gemeinwohl, öffentliches Interesse ; …

6. Sollte es keine direkte Entsprechung in der Zielsprache geben, wie zum Beispiel bei Institutionen, insbesondere Gerichten, erfolgt eine erklärenden Umschreibung, manchmal wird dann frz. od. dt. vorangestellt und es wird zusätzlich auf die jeweilige ungefähr entsprechende Institution des betroffenen Rechtsraums hingewiesen:

   > **TRIBUNAL | correctionnel** frz. Strafgericht (beim Großinstanzgericht) zuständig für Vergehen; gerichtlicher Spruchkörper, der etwa der Strafkammer (beim Landgericht) entspricht; – **disciplinaire** …

7. Ausdrücklich wird darauf hingewiesen, dass es genauso wenig wie für die deutschen Rechtsbegriffe im eigentlichen Sinne, oder für die französischen, wortwörtliche Entsprechungen geben kann, so dass nichts weiter übrig bleibt, als die direkte Entlehnung der Lehnübersetzung vorzuziehen und gegebenenfalls entsprechend zu kommentieren:

   > **CONSEIL D'ÉTAT (= CE)** • *(VwPR)* Conseil d'État als oberstes frz. Verwaltungsgericht • *(VerfR)* Oberstes frz. Regierungsberatungsgremium im Rahmen des Gesetzgebungsverfahrens, Staatsrat *m*.

8. Ansonsten sind die zielsprachlichen Entsprechungen breit gefächert, um möglichst viele Kontexte abzudecken. Der Wörterbuchbenutzer sollte allerdings seine einsprachigen Fachwörterbücher, insbesondere den CORNU und den CREIFELDS immer parat haben und die einzelnen Bedeutungen abgleichen und überprüfen.

9. Hier die Liste der innerhalb der Stichwortartikel verwendeten Abkürzungen:

| | | |
|---|---|---|
| *a.* | auch | également |
| *Abk.* | Abkürzung | abréviation |
| *Adj* | Adjektiv | adjectif |
| *adv* | Adverb | adverbe |
| *AllgSpr* | Allgemeinsprache | langage courant |
| *ArbR* | Arbeitsrecht | droit du travail |
| *AtomR* | Atomrecht | droit de l'atome |

| | | |
|---|---|---|
| *Außh* | Außenhandel | commerce extérieur |
| *Aut* | Austria | terme du droit autrichien |
| *AWR* | Außenwirtschaftsrecht | droit relatif aux échanges internationaux |
| *BankR* | Bankrecht | droit bancaire |
| *BauR* | Baurecht | droit de la construction |
| *BeamR* | Beamtenrecht | statut des fonctionnaires |
| *BörR* | Börsenrecht | régime des bourses |
| *BR* | bürgerliches Recht | droit civil |
| *BRD* | Bundesrepublik Deutschland | République fédérale d'Allemagne |
| *BW* | Betriebswirtschaft | organisation des entreprises |
| *Buchf* | Buchführung | comptabilité |
| *bzw* | beziehungsweise | ou bien |
| *Cciv* | Frz. Zivilgesetzbuch | Code civil |
| *Ccom* | Frz. Handelsgesetzbuch | Code de commerce |
| *conj* | Konjunktion | conjonction |
| *CP* | Frz. Strafgesetzbuch von 1810 | Code pénal de 1810 |
| *CPC (ancien)* | Alte frz. Zivilprozessordnung | Ancien Code de procédure civile |
| *CPP* | Frz. Strafprozeßordnung | Code de procédure pénale |
| *DiszR* | Disziplinarrecht | droit disciplinaire |
| *DV* | Datenverarbeitung | informatique |
| *EG* | Europäische Gemeinschaft | Communauté europèene |
| *EheR* | Ehe- und Ehescheidungsrecht | droit relatif au mariage et au divorce |
| *ErbR* | Erbrecht | droit relatif aux successions |
| *EU* | Europäische Union | Union Européenne |
| *EuR* | Europarecht | droit européen |
| *f* | weiblich | féminin |
| *FamR* | Familienrecht | droit familial |
| *FG* | freiwillige Gerichtsbarkeit | droit relatif à la procédure gracieuse |
| *fig* | bildlich | sens figuré |
| *FinanzW* | Finanzwirtschaft | économie financière |
| *GB* | Grundbuch | livre foncier |
| *GemR* | Gemeinderecht | droit des communes |
| *GesR* | Gesellschaftsrecht | droit des sociétés |
| *GewR* | Gewerberecht | droit des professions industrielles et commerciales |
| *GG* | Grundgesetz | Loi fondamentale allemande |
| *GRUR* | Gewerblicher Rechtsschutz u. Urheberrecht | droit de la protection de la propriété industrielle |
| *GVR* | Gerichtsverfassungsrecht | droit relatif à l'organisation judiciaire |

| | | |
|---|---|---|
| *HaushR* | Haushaltsrecht | droit budgétaire |
| *hist* | historisches Wort | mot historique |
| *HochschulR* | Hochschulrecht | droit relatif à l'enseignement supérieur |
| *HR* | Handelsrecht | droit commercial |
| *i. e. S.* | im engeren Sinn | au sens strict du terme |
| *IPR* | Internationales Privatrecht | droit international privé |
| *IuH* | Industrie und Handel | industrie et commerce |
| *i. w. S.* | im weiteren Sinne | au sens large du terme |
| *jn, jmd* | jemand | quelqu'un |
| *jmdm* | jemandem | |
| *jmdn* | jemanden | |
| *Kfz* | Kraftfahrzeug | véhicule automobile |
| *KirchR* | Kirchenrecht | droit concernant les associations cultuelles |
| *KonkursR* | Konkurs- und Vergleichsrecht | droit des faillites |
| *Konj* | Konjunktion | conjonction |
| *KreditW* | Kreditwesen | banques et crédit |
| *Kripo* | Kriminalpolizei | police judiciaire |
| *LandwR* | Landwirtschaftsrecht | droit rural |
| *lat* | lateinisch | latin |
| *loc* | Lokution, Redewendung | locution |
| *m* | männlich | masculin |
| *MedienR* | Medienrecht | droit de l'audiovisuel |
| *MilR* | Militärrecht | droit relatif à la défense nationale |
| *MRK* | Menschenrechtskonvention | convention des droits de l'homme |
| *MuW* | Markenschutz und Wettbewerb | dessins et modèles et concurrence |
| *n* | sächlich | neutre |
| *NCP* | Neues frz. Strafgesetzbuch vom 22. Juli 1992 | Nouveau Code pénal (entré en vigueur le 1er mars 1993) |
| *NCPC* | Neue frz. Zivilprozessordnung vom 5. Dezember 1975 | Nouveau code de procédure civile |
| *od* | oder | ou |
| *ÖfR* | öffentliches Recht | droit public |
| *PatR* | Patentrecht | droit des brevets |
| *pej* | abwertend | péjoratif |
| *pl* | nur Plural | seulement au pluriel |
| *Pol* | Politik | politique |
| *pp* | Partizip Perfekt | participe passé |

| | | |
|---|---|---|
| *präp* | Präposition | préposition |
| *PrzR* | Prozessrecht | droit procédural |
| *qqch* | etwas | quelque chose |
| *qqn* | jemand | quelqu'un |
| *RA* | Rechtsanwalt | avocat |
| *Rges* | Rechtsgeschichte | histoire du droit |
| *RömR* | römisches Recht | droit romain |
| *s* | siehe | voir |
| *S* | Schweiz | terme du droit suisse |
| *SachR* | Sachenrecht | droits réels |
| *SchuldR* | Schuldrecht | obligations |
| *SchulR* | Schulrecht | droit relatif à l'enseignement |
| *SeeHR* | Seehandelsrecht | droit du commerce maritime |
| *SozR* | Sozialrecht | droit social |
| *SozVers* | Sozialversicherung | sécurité sociale |
| *SteuerR* | Steuerrecht | droit fiscal |
| *StR* | Strafrecht | droit pénal |
| *StPR* | Strafprozessrecht | droit judiciaire pénal |
| *StVR* | Straßenverkehrsrecht | droit de la circulation routière |
| *StVZ* | Strafvollzug | régime pénitentiaire |
| *syn* | Synonym | synonyme |
| *TVR* | Tarifvertragsrecht | droit relatif aux conventions collectives |
| *u.* | und | et |
| *umg* | umgangssprachlich | familier |
| *UmweltR* | Umweltrecht | droit relatif à la protection de l'environnement |
| *UPU* | Weltpostverein | union postale universelle |
| *UrhR* | Urheberrecht | droit de la propriété littéraire et artistique |
| *v. impers.* | unpersönliches Verb | verbe impersonnel |
| *v. intr.* | intransitives Verb | verbe intransitif |
| *v. pron.* | reflexives Verb | verbe pronominal |
| *v. t. d* | direktes transitives Verb | verbe transitif direct |
| *v. t. ind.* | indirektes transitives Verb | verbe transitif indirect |
| *VerfR* | Verfassungsrecht | droit constitutionnel |
| *VerlR* | Verlagsrecht | droit relatif aux maisons d'éditions |
| *VersR* | Versicherungsrecht | droit des assurances |
| *VR* | Völkerrecht | droit international public |
| *Vwirt* | Volkswirtschaft | économie politique |
| *VwPR* | Verwaltungsprozessrecht | droit procédural administratif |
| *VwR* | Verwaltungsrecht | droit administratif |
| *VwVerfR* | Verwaltungsverfassungsrecht | droit de l'organisation des institutions administratives |

| | | |
|---|---|---|
| *WechselR* | Wechselrecht | droit cambiaire |
| *WertpR* | Wertpapierrecht | droit des valeurs mobilières |
| *WirtR* | Wirtschaftsrecht | droit des affaires |
| *Wz* | Warenzeichen | marques déposées |
| | | |
| *ZollR* | Zollrecht | droit douanier |
| *ZPR* | Zivilprozessrecht | droit procédural privé |
| *ZR* | Zivilrecht | droit civil |
| *ZwangsVR* | Zwangsvollstreckungsrecht | droit de l'exécution forcée |

# A

**ABAISSEMENT** *m* Senkung *f*, Verringerung *f*; Herabsetzung.

**ABANDON** *m* • Abtretung *f* • (Rechts-)Verzicht *m* • Unterhaltspflichtverletzung *f*.

**ABANDONNER** • *(céder un droit)* abtreten, übertragen • *(renoncer à un droit)* verzichten (auf).

**ABATTEMENT** *m* • Abzug *m*, Abschlag *m* • Ermäßigung *f*, Senkung *f* • *(SteuerR)* Freibetrag *m*.

**ABOLIR** *v.tr.* *(ein Gesetz)* aufheben, abschaffen, außer Kraft setzen.

**ABOLITION** *f* Aufhebung *f*, Abschaffung *f*, Außerkraftsetzung.

**ABONNÉ** *m* • *(Zeitung)* Abonnent *m*, Bezieher *m* • *(Telefon)* Fernsprechteilnehmer.

**ABONNEMENT** *m* Abonnement *n*.

**ABORTI|F** *adj* **: manœuvres –ves** Abtreibungshandlungen *fpl*.

**ABROGATION** *f* *(VerfR)* Aufhebung *f*, Außerkraftsetzung *f*.

**ABROGER** *v* aufheben, abschaffen.

**ABSENCE** *f* • *(ZR)* Verschollenheit *f* • *(PrzR)* Abwesenheit *f* (im Verfahren), Säumnis *f* • *(ArbR)* Arbeitsversäumnis *n*, Fehlzeit *f*; **– injustifiée** unentschuldigtes Fernbleiben vom Arbeitsplatz; **– de motifs** *(ZPR)* fehlende Begründung.

**ABSENT** *adj* • verschollen • abwesend; verreist • *(ZPR)* säumig.

**ABSENT** *m* • *(ZR: disparu)* Verschollene(r) *m*; Vermisste(r) *m* • *(ZPR: défaillant)* Abwesende *m*.

**ABSOLU** *adj* unbeschränkt; ausschließlich.

**ABSOLUTOIRE** *adj* **: excuse –** Strafausschließungsgrund *m*; **sentence –** Freispruch *m*.

**ABSOUDRE** *(v.tr.d.)* freisprechen, für straflos erklären; entschuldigen.

**ABSTENTION** *f* • *(Pol)* Wahl-, Stimmenthaltung • *(ZR, StR)* Unterlassung; **– de porter secours** *(StR)* unterlassene Hilfeleistung.

**ABUS** *m* Missbrauch *m*, Übergriff *m*; **– d'autorité** Amtsmissbrauch; **– de biens sociaux** Veruntreuung von Gesellschaftsvermögen; **– de confiance** Veruntreuung *f*; **– de droit** *(ZR)* Rechtsmissbrauch *m*; **– de la légitime défense** Notwehrexzess *m*; **– de pouvoir** *(VwR)* Missbrauch der Amtsgewalt.

**ABUSER** *v.tr.d.* • täuschen, irreführen • missbrauchen.

**ABUSIF** *adj* (rechts)missbräuchlich, widerrechtlich.

**ACCEPTATION** *f* • Vertragsannahme *f* • Annahmeerklärung *f*.

**ACCEPTER** *v.tr.d.* • annehmen, akzeptieren • zugeben, billigen.

**ACCÈS** *m* Zugang *m*, Zutritt *m*, Zufahrt *f*; **droit d'–** *(SachR)* Zufahrtsrecht *n*; **droit d'– aux documents** *(VwR)* Einsichtsrecht.

**ACCESSION** *f* • *(SachR)* (Eigentums-) Erwerb *m* kraft Zuwachs *od.* natürliche Vermischung • (*VR)* Beitritt *m*, Anschluss *m*.

**ACCESSOIRE** *adj* • akzessorisch • nebensächlich; unwesentlich; **peine –** *(StR)* Nebenstrafe.

**ACCESSOIRE** *m* • *(SachR)* Zubehör *n*, Zubehörteil *n*, Bestandteil, Zusatzteil • *(pl.: ZPR)* Zinsen.

**ACCIDENT** *m* • Zufall *m*, Vorfall *m*, Zwischenfall *m* • *(VersR)* Unfall *m* • *(Kfz)* Motorschaden *m*, Panne *f*, Defekt *m*; **déclaration d'–** Unfallanzeige *f od.* Unfallmeldung *f*.

**ACCIDENT | de la circulation** (Straßen-)Verkehrsunfall; **– corporel** Unfall mit Personenschaden; **– matériel** Verkehrsunfall mit Sachschaden; **– de trajet** *(ArbR)* Wegeunfall *m*; **– du travail** Arbeitsunfall.

**ACCORD** *m* • Abkommen *n*, Vereinbarung *n*, Übereinkommen *n*, Übereinkunft *f* • *(assentiment donné à une proposition)* Einverständnis *n*, Zustimmung *f*, Einwilligung *f*, Einigung *f*; **– tacite** stillschweigende Vereinbarung; **– de volonté** Willensübereinstimmung.

**ACCORDER** *v.tr.d.* • gewähren, bewilligen • in Einklang bringen, versöhnen • zugestehen.

**ACCROCHAGE** *m (StVR)* (Auffahr-) Unfall *m*.

**ACCUEIL** *m* Aufnahme *f*, Empfang *m*; **centre d'–** Auffanglager *n*; **pays d'–** Gastland *n*, Aufnahmeland *n*.

**ACCUSATEUR** *m (StR)* Staatsanwalt *m*, Anklagebehörde *f*.

**ACCUSATION** *f* • *(StPR)* Klageerhebung *f*, öffentliche Anklage • Beschuldigung *f*, Anschuldigung, Anklage • *(ministère public)* Staatsanwaltschaft *f*, Anklagebehörde *f*; **acte d'–** Anklageschrift *f*; **chambre d'–** *(StPR)* Abteilung des frz. Berufungsgerichts, zuständig für Beschwerden gegen Maßnahmen des Ermittlungsrichters; **chef d'–** Anklagegrund *m*.

**ACCUSÉ** *m (StPR)* Angeklagte(r) im Schwurgerichtsverfahren (vor der frz. Cour d'assises).

**ACCUSER** *v.tr.d.* *(StPR)* gegen jmdn. Anklage (vor dem frz. Schwurgericht) erheben; (eines Verbrechens) beschuldigen, anschuldigen.

**ACHALANDAGE** *m* • *(HR)* (Lauf-) Kundschaft *f*, Kundenkreis *m* • (günstige) Geschäftslage *f* • Sortiment *n*.

**ACHAT** *m* • Kauf(vertrag) *m*; Ankauf • (gekaufte) Ware *f*; **pouvoir d'–** Kaufkraft *f*; **– au comptant** Barkauf *m*; **– au comptant compté** *(HR)* Kassakauf (Leistung Zug um Zug); **– à crédit** Zielkauf *m*, Kreditkauf; **– groupé** Sammelbestellung *f*; **– à tempérament** Ratenkauf, Abzahlungs- *od.* Teilzahlungskauf *m*.

**ACHETER** *v.tr.d.* • *(acquérir)* kaufen, ankaufen, einkaufen, erstehen • *(soudoyer)* bestechen.

**ACHETEUR** *m* • Käufer *m*, Einkäufer • Besteller *m*, Abnehmer *m*.

**ACOMPTE** *m* Anzahlung *f*; Vorschusszahlung *f*.

**ACQUÉREUR** *m* Erwerber *m*.

**ACQUÉRIR** *v.tr.* erwerben, erlangen, erstehen; **– force de chose jugée** *(PrzR)* rechtskräftig werden.

**ACQUÊT(S)** *(souvent: mpl)* • Erworbene(s) *n*, Zugewinn *m* • *(FamR)* Errungenschaft *f* (während der Ehe).

**ACQUIESCEMENT** *m* • Zustimmung, Einwilligung *f*, Genehmigung • *(ZPR)* Anerkennungs(urteil); **– pur et simple** vorbehaltlose Annahme.

**ACQUIS** *m(pl)* • *(ArbR)* Berufserfahrung *f*, Fertigkeiten *mpl* • *(SozR)* Besitzstand *m*.

**ACQUISITIF** *adj* : **prescription –ive** *(SachR)* Ersitzung, Erwerb (des Eigentums) durch Zeitablauf.

**ACQUISITION** *f* • (Rechts-) Erwerb *m*, Kauf *m*, An- *od.* Beschaffung *f*, Ein- *od.* Ankauf *m* • *(achat, objet acquis)* erworbene Sache *f*, Errungenschaft *f*; **droit en cours d'–** Anwartschaft *f*, Aussicht *f* auf einen künftigen Rechtserwerb.

**ACQUIT** *m* Quittung *f*; **pour –** Betrag (dankend) erhalten, bezahlt.

**ACQUITTEMENT** *m* • *(StPR)* Freispruch *m* • *(ZR, HR)* Begleichung einer Rechnung *od.* der Schuld, Erfüllung *f*; Bezahlung.

**ACQUITTER** *v.tr.d.* • *(StPR)* freisprechen • *(SchuldR)* (eine Forderung) begleichen • erfüllen, eine Leistung erbringen.

**ACTE** *m* • Handlung *f*, Tat *f* • *(ZR)* Rechtshandlung, juristische Handlung; erlaubtes rechtswirksames Handeln *n*; Tathandlung *f*; Realakt *m* • *(fait volontaire illicite)* unerlaubte (vorsätzliche) Handlung • *(acte juridique)* Rechtsgeschäft *n* • *(écrit)* Urkunde *f*, Schriftstück *n*, **dresser un –** eine Urkunde ausfertigen.

**ACTE administratif** • *(acte réglementaire)* Verwaltungsmaßnahme *f*, Rechtsverordnung *f*, Verordnung *f* • *(acte individuel)* Verwaltungsakt *m* (= VA).

**ACTE | d'administration** *(ZR)* Verwaltungsgeschäft (im Gegensatz zum Verfügungsgeschäft); – **authentique** (formgerechte) öffentliche *od.* notarielle Urkunde.

**ACTE | de baptême** Taufschein *m*; – **de candidature** Bewerbung *f*; – **de décès** Totenschein *m*, Sterbeurkunde *f*; – **délictueux** • *(ZR)* unerlaubte Handlung • *(StR)* strafbare Handlung; – **de disposition** *(ZR)* Verfügungsgeschäft *n*.

**ACTE | écrit** • Schriftstück *n*, Urkunde *f* • *(PrzR)* Schriftsatz *m*; – **de l'état civil** Personenstandsurkunde, standesamtliche Urkunde; – **exécutoire** Vollstreckungstitel *m*, vollstreckbare Urkunde; – **faisant grief** *(VwR)* belastender Verwaltungsakt.

**ACTE | instrumentaire** *(ZR)* öffentliche *od.* private Urkunde zur Feststellung einer Rechtshandlung; – **introductif d'instance** *(ZPR)* Klageschrift.

**ACTE | judiciaire** gerichtliche Urkunde; – **juridictionnel** gerichtliche Entscheidung; – **juridique** • Rechtsgeschäft • (Vertrags-) Urkunde.

**ACTE | de mariage** Heiratsurkunde *f*; – **matériel** Realakt *m*; – **de mise en accusation** *(StPR)* Anklageschrift *f*; – **mixte** *(HR)* einseitiges Handelsgeschäft *n*.

**ACTE | de naissance** Geburtsurkunde; – **de naturalisation** Einbürgerungsurkunde; – **de nomination** *(VwR)* Ernennungsurkunde *f*.

**ACTE notarié** *ou* **notarial** notarielle Urkunde; (durch einen Notar) beurkundetes Rechtsgeschäft.

**ACTE | officiel** öffentliche Urkunde; – **préjudiciable** *(ZR)* schädigende Handlung; – **préparatoire** *(StR)* Vorbereitungshandlung; – **de procédure** Prozesshandlung; – **punissable** strafbare Handlung.

**ACTE réglementaire** *(ÖfR)* Rechtsverordnung *f*; Erlass *m* des Präfekten; Verwaltungsanordnung *f*.

**ACTE | solennel** formbedürftiges *od.* formgebundenes Rechtsgeschäft; – **de sommation** Mahnbescheid *m*; – **sous seing privé** privatschriftliches Rechtsgeschäft; Privaturkunde; – **synallagmatique** zweiseitig verpflichtender Vertrag.

**ACTE | de terrorisme** Terroranschlag *m*; – **à titre gratuit** unentgeltliche Zuwendung; – **à titre onéreux** entgeltliche Zuwendung (unter Lebenden *od.* von Todes wegen); – **-type** typisierte Rechtsgeschäfte; – **unilatéral** einseitiges Rechtsgeschäft; – **de violence** *(StR)* Gewalttat.

**ACTIF** *m* • *(GesR)* Aktiva *pl*, Aktivbestand *m*, Vermögenswerte *mpl*, Aktivvermögen *n* • *(Vwirt. pl.: les actifs)* erwerbstätige Bevölkerung; – **circulant** *(GesR)*, – **disponible** Umlaufvermögen *n*; – **immobilisé** Anlagevermögen *n*.

**ACTION** *f* • *(ÖfR: fait, acte)* Handlung *f*, Tat *f*, Vorgehen *n*, Maßnahme *f* • *(ZPR: pouvoir légal de s'adresser à la justice)* Klagebefugnis *f* • *(StPR: action publique)* Anklageerhebung, öffentliche Klage • *(GesR)* Aktie *f*, (Gesellschafts-)Anteil *m*; **exercer une –, intenter une –** Klage erheben, klagen.

**ACTION | alimentaire** *(FamR)* Unterhaltsklage; – **en annulation** *(ZPR)* Nichtigkeitsklage; Anfechtungsklage; – **cambiaire** Wechselklage.

**ACTION | civile** *(StPR)* Nebenklage, Klage im Anschluss- *od.* Adhäsionsverfahren; – **collective** *(ZPR, VwPR)* Verbandsklage.

**ACTION | directe** *(ZPR)* Durchgriffsklage, unmittelbare Klage des Gläubigers gegen einen Dritten; – **en divorce** (Ehe-)Scheidungsklage.

**ACTION | en dommage-sintérêts** *(ZPR)* Schadensersatzklage; – **estimatoire** *(ZPR)* Preisminderungsklage; – **en expulsion** Räumungsklage; – **à fin de subsides** *(FamR)* Unterhaltsklage (des nichtehelichen Kindes).

**ACTION | en garantie** *(SchuldR)* Gewährleistungsanspruch; – **im-**

**mobilière** *(ZPR)* Klage aus einem Recht an einem Grundstück; Eigentumsherausgabeklage.

**ACTION | incidente** Zwischenfeststellungsklage; **– en indemnité** Schadensersatzklage; **– indirecte (= – oblique)** *(ZPR)* Sicherungsklage des Gläubigers.

**ACTION en justice** *(ZPR: droit d'agir en justice)* Klagebefugnis *f*, actio *f*, Klagemöglichkeit *f*; **– en nullité** *(ZPR)* Nichtigkeitsklage, Anfechtungsklage; **– oblique** *(ZPR)* Klage, durch die der Gläubiger die Rechte seines Schuldners wahrnimmt; Sicherungsklage *f* des Gläubigers.

**ACTION | en paiement** *(ZPR)* Zahlungsklage; **– paulienne** *(ZPR: action révocatoire)* Gläubigeranfechtung, Klage (des Gläubigers) auf Widerruf des Rechtsgeschäfts (seines Schuldners).

**ACTION pénale** *(StPR)* öffentliche Klage, Anklageerhebung; **prescription de l'–** Strafverfolgungsverjährung.

**ACTION | personnelle** *(ZPR)* Klage aus einem Forderungsrecht, schuldrechtliche Klage; **– pétitoire** *(ZPR)* petitorische Klage, Eigentumsklage; **– possessoire** *(ZPR)* Besitz(schutz)klage (wegen Störung *od.* Entziehung des Besitzes).

**ACTION | publique** *(StPR)* öffentliche Klage, Offizialklage; Anklage(erhebung) *f*; **– reconventionnelle** *(ZPR)* Widerklage; **– récursoire** *(SchuldR)* Rückgriffsklage; **– rédhibitoire** *(ZPR)* Wandlungsklage; **– en réduction du prix** Preisminderungsklage.

**ACTION | réelle** *(ZPR)* dingliche Klage, Geltendmachung eines dinglichen Rechts; **– en réformation** Abänderungsklage; **– en réparation (du dommage)** Schadensersatzklage; **– en répétition de l'indû** Rückgabeklage, Klage auf Rückgewähr der nicht geschuldeten Leistung; **– en rescision** *(ZPR)* Anfechtungsklage, Klage auf Auflösung (eines Vertrages); **– résolutoire** Aufhebungsklage, Wandlungsklage.

**ACTION | en restitution** *(ZPR)* Herausgabeklage; **– en revendication d'hérédité** Erbschaftsklage; **– révocatoire** Anfechtungsklage.

**ACTION | subrogatoire** *(ZPR: = – indirecte, = – oblique)* Gläubigersicherungsklage; **– subversive** *(Pol)* Störaktion; **– syndicale** *(ArbR)* Arbeitskampf *m*.

**ACTIONNAIRE** *m* Aktionär *m*, Aktieninhaber *m*.

**ACTIVITÉ** *f* • Tätigkeit *f*, Aktivität *f*, Fleiß *m* • *(ArbR)* Beschäftigung *f*, Erwerbstätigkeit *f*, Beruf *m* • *(WirtR)* Wirtschaftszweig *m*, Industriezweig *m*; **rapport d'–** Rechenschaftsbericht *m*.

**ACTIVITÉ | accessoire** *ou* **annexe** *(ArbR)* Nebenbeschäftigung *f*, Nebenerwerbstätigkeit *f*, Nebenerwerb *m*; **– commerciale** gewerbliche Tätigkeit.

**ADAPTATION** *f* • *(SchuldR)* Anpassung *f*, Änderung • *(UrhR: œuvre littéraire)* Bearbeitung *f*.

**ADDITION** *f* • Rechnung • *(mention modificative)* Hinzufügung, Zusatz *m*; **certificat d'–** Zusatzpatent *n*.

**ADHÉRENT** *m* Mitglied *n*; **carte d'–** Mitgliedsausweis *m*.

**ADHÉRER** • sein Einverständnis erklären, zustimmen • Mitglied werden, beitreten.

**ADHÉSION** *f* • *(ZR: assentiment)* Zustimmung *f*, Einverständnis *n*, Einwilligung *f* • *(VR, ArbR)* Beitritt *m*, Mitgliedschaft *f*; **– obligatoire** *(SozVers)* Zwangsmitgliedschaft *f*, Beitrittspflicht.

**ADJOINT** *m* • Stellvertreter *m* • Beigeordnete(r) *m*; **– au maire** stellvertretender Bürgermeister.

**ADJUDICATION** *f* • Zuschlag *m* • Versteigerung *f* • Vergabe *f* im Preiswettbewerb.

**ADMETTRE** *v.tr.* • zulassen, annehmen, aufnehmen • *(permettre)* gestatten.

**ADMINISTRATEUR** *m* • *(ZR)* (Vermögens-)Verwalter *m* • *(HR,*

*GesR)* Vorstandsmitglied *n* • *(VwR)* leitender Verwaltungsbeamter (im höheren Dienst); **– de biens** *(ZR)* Vermögensverwalter *m*; **– civil** leitender frz. Verwaltungsbeamte(r); **– judiciaire** gerichtlich eingesetzter Verwalter; **– de société** *(GesR)* Vorstands- *od.* Verwaltungsratsmitglied; Geschäftsführer.

**ADMINISTRATIF** *adj* : **acte –** Verwaltungsmaßnahme *f*.

**ADMINISTRATION** *f* • *(ÖfR: avec majuscule)* (Staats-) Verwaltung *f*; Staatsorgan *n* • *(ÖfR: synonyme de puissance publique)* Staat *m*, öffentliche Gewalt • *(VwR: État en tant qu'employeur)* Dienstherr *m* • *(ZR)* Vermögensverwaltung • *(HR)* Geschäftsführung *f*, Unternehmensleitung *f* • *(ZPR: administration de la preuve)* Beweisführung; **acte de l'–** Verwaltungsakt *m*, Verwaltungsmaßnahme; **– autonome** *(ÖfR)* Selbstverwaltung; **– des biens** *(ZR)* Vermögensverwaltung; **– centrale** *(ÖfR)* frz. zentralstaatliche Dienststellen, unmittelbare Staatsverwaltung; oberste staatliche Behörde; **– communale** Gemeindeverwaltung.

**ADMINISTRATION | judiciaire** • *(PrzR)* Justizverwaltung • *(ZPR)* gerichtliche Verwaltung (des Vermögens); **– judiciaire de la preuve** *(ZPR)* Beweisaufnahme; **– légale** *(FamR)* Vermögenssorge *f*; **– pénitentiaire** Strafvollzugsbehörde; Justizvollzugsanstalt.

**ADMINISTRER** • *(gérer, diriger)* verwalten, führen, leiten, lenken • *(produire)* beibringen, vorlegen • *(appliquer)* anwenden, geben; **– la preuve** den Beweis führen.

**ADMISSION** *f* Zulassung *f*, Aufnahme *f*; **âge d'– à la retraite** Ruhestandsalter; **examen d'–** Aufnahmeprüfung.

**ADMONESTATION** *f* *(StPR)* Verwarnung *f*, Verweis *m*; Vorhaltung *f*.

**ADOPTANT** *m* *(FamR)* Annehmende(r) *m*.

**ADOPTER** • *(FamR)* an Kindes Statt annehmen, adoptieren • *(ÖfR: Gesetz)* annehmen, verabschieden, beschließen über.

**ADOPT | IF** *adj* : **filiation –ive** Adoptionsverhältnis.

**ADOPTION** *f* • *(FamR)* Annahme an Kindes Statt, Adoption *f* • *(ÖfR)* Wahl *f*, Billigung *f*, Annahme *f*, Bestätigung *f*.

**ADRESSE** *f* • Anschrift *f*, Adresse *f* • *(requête)* Eingabe *f*, Bittschrift *f*, Denkschrift *f* • Gewandtheit *f*, Geschicklichkeit *f*; **– postale** Postanschrift.

**ADULTÈRE** *m* • Ehebruch *m* • Ehebrecher *m*.

**ADULTÉRER** *(Urkunde)* verfälschen.

**ADULTÉRIN** *adj* : **enfant –** im Ehebruch gezeugtes Kind.

**ADVERSAIRE** *m* • *(ZPR)* (Prozess-)Gegner • Widersacher *m*.

**ADVERSE** *adj* gegnerisch; widrig; **avocat –** Gegenanwalt *m*.

**AÉRONEF** *m* Luftfahrzeug *n*.

**AÉROPORT** *m* Flughafen *m*; **– de débarquement** Bestimmungsflughafen *m*; **– de déroutement** Ausweichflugplatz.

**AFFACTURAGE** *m* (= **factoring**) Faktoringvertrag, Factoring *n*.

**AFFAIRE 1.** *f* • *(ZPR)* (bürgerlicher) Rechtsstreit *m*, Rechtssache *f*, Prozess *m*, Fall *m* • *(StPR)* Strafsache *f* • *(HR: entreprise commerciale)* Geschäft *n*, Handelsgeschäft *n*, Betrieb *m*, Unternehmung *f* • *(HR)* Handelskauf *m*, Handelsgeschäft; **– civile** *(ZPR)* bürgerliche Rechtsstreitigkeit; **– en état** spruchreife *od.* urteilsreife Sache; **– en instance** (bei Gericht) anhängige Sache; **– gracieuse** Angelegenheit der freiwilligen Gerichtsbarkeit; **– pendante** rechtshängige Sache.

**AFFAIRES 2.** *fpl* • *(ÖfR)* Verwaltungsobliegenheiten *fpl*, Staatsaufgaben *fpl* • *(HR)* Geschäftstätigkeit *f*, Geschäfte *npl*, Wirtschaftstätigkeit *f* • *(ZR: effets personnels)* Hab *n* und Gut *n*, Habe *f*, Besitztum *n*; **chargé d'–** *(VR)* Geschäftsträger *m*; **chiffre d'–** *(= C.A.)* Umsatz *m*; **gérant d'–** • *(ZR)* Geschäftsführer *m* • *(HR)* Geschäftsleiter *m*; **gestion d'–** • *(ZR)* Geschäftsführung ohne Auftrag • *(HR)* Geschäftsbesorgung; **regard sur les –** *(GesR)* Einsicht in die Geschäftsangelegenheiten.

**AFFAIRES étrangères** • auswärtige Angelegenheiten • Außenministerium; **Ministère des – –** Auswärtiges Amt.

**AFFECTATION** *f* • *(BeamR)* Versetzung *f* • *(SachR)* Bestimmung des Verwendungszwecks, Widmung; **lieu d'–** Dienstort *m*.

**AFFECTER** *v.tr.* • *(BankR: Geldmittel)* zuteilen, zuwenden • *(ZR: Vermögensgegenstände)* für einen Zweck bestimmen, widmen • *(Gesundheit)* beeinträchtigen • *(BeamR)* versetzen.

**AFFÉRENT** *adj* zukommend; betreffend; **part –e** *(ErbR)* (auf jeden Erben) entfallender Anteil.

**AFFERMER** *v.tr.* pachten, verpachten.

**AFFICHAGE** *m* (amtliche) Bekanntmachung, Aushang *m*; **panneau d'–** Anschlagtafel, schwarzes Brett; **– des prix** Preisaushang *m*, Preisauszeichnung; **– publicitaire** Plakatwerbung *f*.

**AFFILIATION** *f* • *(admission)* Aufnahme *f* (als Mitglied), Beitritt *m* • *(SozR)* Mitgliedschaft *f*, Zugehörigkeit *f* • Eingliederung *f*, Angliederung *f*.

**AFFILIÉ** *m* • Mitglied *n* • *(SozVers)* Versicherte(r) *m*.

**AFFIRMATION** *f* • *(attestation)* Bekräftigung, Beteuerung *f*, ausdrückliche Versicherung *f* • *(simple assertion)* Behauptung *f*, (nicht bewiesene) Erklärung *f* • Aussage *f*; **– de créance** *(InsolvenzR)* Anmeldung und Glaubhaftmachung einer Forderung.

**AFFIRMER** *v.tr.* • beteuern, versichern, bejahen • behaupten.

**AFFRANCHISSEMENT** *m* • Befreiung, Freilassung *f* • *(Post)* Freimachen *n*, Frankierung *f*.

**AFFRÈTEMENT** *m* • Befrachtung *f*, Charterung • *(SeeHR)* Seefrachtvertrag *m*, Chartepartie *f*.

**AFFRÉTEUR** *m* Befrachter *m*, Chartergesellschaft *f*.

**AFNOR** *f (= Association française de normalisation)* Französisches Institut für Normung.

**ÂGE** *m* • Alter *n*, Lebenszeit *f*; Lebensabschnitt *m* • alte Menschen; Menschen einer bestimmten Altersstufe • Zeitraum *m*, Zeitalter *n*, Epoche *f*; **limite d'–** Altersgrenze *f*; **quatrième –** Pflegefälle *mpl*; vorgerücktes *od.* hohes *od.* pflegebedürftiges Alter; (häufig:) bettlägrige und auf fremde Hilfe angewiesene alte Menschen; **troisième –** Senioren *pl*; dritter Lebensabschnitt.

**AGENCE** *f* • *(WirtR)* Agentur *f*, Geschäftsstelle *f*, Vertretung *f* • *(BankR)* Zweigstelle *f* • *(Außh)* Niederlassung *f*, Filiale *f* • *(ÖfR)* Dienstelle *f*, Büro *n*; **contrat d'–** *(HR)* Handelsvertretervertrag; **– d'assurance** Versicherungsagentur; **– bancaire** Bankfiliale, Zweigstelle; **– immobilière** Immobilienmakler, -händler; **– d'intérim, – de travail temporaire** Zeitarbeits- *od.* Zeitpersonalvermittlung, Leiharbeitsfirma *f*; **– matrimoniale** Eheanbahnungsinstitut *n*.

**AGENCE | nationale pour l'emploi** (= ANPE) frz. zentrale Arbeits(vermittlungs)behörde *f*; **– nationale pour la récupération et l'élimination des déchets** (= ANRED) frz. Zentralamt für die Müllverwertung und Müllbeseitigung.

**AGENCE | de placement** *(ArbR)* privates Arbeitsvermittlungsbüro; **– de presse** Presseagentur *f*, Nachrichtenzentrale; **– de publicité** Werbeagentur *f*; **– de voyages** Reisebüro *n*.

**AGENDA** *m* Terminkalender *m*

**AGENT** *m* • *(abstrakt)* Ursache *f*, Anlass *m*, Agens *n*, Mittel *n* • *(ÖfR)* Beauftragter *m*, Bevollmächtigter *m* • *(StR)* Straftäter • *(BeamR)* Bediensteter *m*, Beamter *m*; Polizeibeamter • *(HR)* (Handels-)Vertreter *m*, Agent *m*, Vertrags- *od.* Geschäftsvermittler *m*; **– administratif** Verwaltungsbeamter *m*; **– d'affaires** *(HR)* Handlungsbevollmächtigter *m*; **– d'assurances** *(VersR)* Versicherungsvertreter *m* *od.* -agent; **– auxiliaire** Hilfskraft *m*; **– en brevet** Patentanwalt *m*.

**AGENT de change** Börsenmakler, (amtlicher) Kursmakler.

**AGENT | commercial (mandataire)** *(HR)* (selbständiger) Handelsvertreter; **– à la commission** Vertreter auf Provisionsbasis; **– contractuel** *(ÖfR)* Angestellte(r), Vertragsbedienstete(r) *m*.

**AGENT | économique** *(Vwirt)* Wirtschaftssubjekt *n*; Wirtschaftseinheit *f*; **– d'encadrement** *(ArbR)* Führungskraft, leitender Angestellter; **– de l'État** Staatsbeamte *m*.

**AGENT immobilier** Immobilienmakler.

**AGENT de maîtrise** • *(ÖfR)* Angestellte(r) in gehobener Stellung • *(ArbR)* leitender Angestellter; Meister *m*; technische Aufsichtsperson.

**AGENT | de police** Polizeibeamte(r), Polizist *m*; **– de la police judiciaire** *(StPR)* Hilfsbeamte(r) der Staatsanwaltschaft; **– de pollution** *(UmweltR)* Schadstoff, Verunreinigung; **– de probation** *(StVZ)* Bewährungshelfer *m*; **– en propriété industrielle** Patentanwalt; **– de publicité** Werbefachmann *m*.

**AGENT | technico-commercial** Industriekaufmann *m*; **– temporaire** *(ArbR)* Zeit(arbeits)kraft; **– titularisé** *(ÖfR)* (in eine Planstelle eingewiesener) Beamte(r); **– verbalisateur** *(StVR)* Polizeibeamte(r) als Aussteller einer gebührenpflichtigen Verwarnung.

**AGGRAVANT** *adj* **: circonstance –e** *(StR)* Strafschärfungsgrund.

**AGGRAVATION** *f* Erschwerung *f*, Verschärfung; Verschlimmerung; **– des risques** *(VersR)* Gefahrenerhöhung *f*.

**AGIO** *m* • *(BankR: rémunération bancaire)* Agio *n*, Bankprovision *od.* -spesen • *(BörR)* Aufgeld *n*; Zuschlag *m*.

**AGIR** *v.intr.* • handeln, einschreiten, tätig werden • *(agir contre qqn.)* (jemanden) belangen, vorgehen gegen • *(agir sur qqn.)* beeinflussen, einwirken • *(agir auprès de qqn)* vermitteln, sich für jemanden verwenden • *(intenter une action en justice)* klagen; **– en justice** *(ZPR: ester en justice)* eine Klage erheben *od.* anstrengen; **– au nom de qqn.** handeln im Auftrag *od.* im Namen (von).

**AGISSEMENTS** *mpl (StR)* Machenschaften *fpl*, Handlungen *fpl*, Umtriebe *mpl*; **– déloyaux** *(HR)* unlautere Wettbewerbshandlungen; **– dolosifs** *(ZR)* arglistige Täuschung; **– frauduleux** betrügerisches Verhalten; **– illicites** gesetzwidriges Verhalten.

**AGITATEUR** *m (StR)* Rädelsführer *m*, Unruhestifter *m*, Aufwiegler *m*.

**AGITATION** *f (StR)* Volksverhetzung; Unruhestiftung.

**AGRÉER** *v.tr.* zulassen, genehmigen.

**AGRÉMENT** *m* • *(ÖfR)* Erlaubnis *f*, Genehmigung *f*, Billigung *f* • *(VwR)* Bewilligung, Zulassung • *(BeamR)* Bestätigung (im Amt) • *(ZR)* (Vertrags-)Beitritt *m*.

**AGRESSER** *v.tr.d.* angreifen, überfallen.

**AGRESSEUR** *m* Angreifer, Aggressor.

**AGRESSION** • *(VR)* Angriff(skrieg) *m*, Aggression, Überfall *m* • *(StR)* Angriff auf Leib und Leben.

**AIDE** • *(f: SozR)* Hilfe *f*, Unterstützung *f*, Beistand *m* • *(f: VwR)* Beihilfe *f* • *(m et f: adjoint, assistant)* Hilfskraft *f*, Gehilfe *m*, Helfer *m* • *(pl: prestations pécuniaires)* finanzielle Unterstützung.

**AIDE judiciaire** • *(PrzR)* Prozesskostenhilfe • *(IPR)* Rechtshilfe; **demande d'entr'- – judiciaire** Rechtshilfeersuchen.

**AIDE | mutuelle administrative** *(VwR)* Amtshilfe in Verwaltungsangelegenheiten; **– publique** • öffentliche Fürsorge • staatliche Beihilfe; **– à la reconversion** Umschulungsbeihilfe.

**AIDE sociale** *f* • Sozialhilfe *f* • *m/f* Sozialhelfer(in) *m/f.*

**AIDE technique** • frz. Ersatzdienst (in Entwicklungsländern) • technische Zusammenarbeit.

**AIR** *m* **: pirate de l'–** Flugzeugentführer.

**AIRE** *f* Fläche *f,* Flächeninhalt *m;* **– d'application** Anwendungsbereich; **– de stationnement** Parkplatz; **– de stockage** Lagerfläche.

**AJOURNEMENT** *m* • *(ZPR: assignation)* (gerichtliche) Ladung *f* (des Beklagten durch den Kläger) • *(PrzR)* Aussetzung des Verfahrens; Verlegung des Verfahrens (auf einen späteren Termin) • *(WirtR)* Stundung.

**AJOURNER** *v.tr.* • *(den Beklagten)* laden • *(die Verhandlung)* vertagen, verlegen, aufschieben • *(die Zahlung)* stunden.

**ALARME** *f* **: signal d'–** Warnzeichen *n;* **voyant d'–** Warnlicht *n.*

**ALCOOLÉMIE** *f* **: taux légal d'–** gesetzlicher Grenzwert des Blutalkoholgehalts.

**ALCOOLIQUE** • *m* **:** Alkoholsüchtiger • *adj* **: imprégnation –** *(StVR)* Fahruntüchtigkeit infolge Alkoholgenusses; **infraction sous l'influence d'un état –** *(StR)* Alkoholdelikt *n.*

**ALCOOTEST** *m (StVR)* Blutprobe *f,* Untersuchung des Blutalkoholgehalts.

**ALÉA** *m (ZR)* Zufall(sereignis).

**ALÉATOIRE** *adj* zufallsbedingt, vom Zufall abhängig; **contrat –** *(SchuldR)* aleatorischer Vertrag; Spiel u. Wette; Leibrente.

**ALERTE** *f* **: état d'–** Alarmbereitschaft; **procédure d'–** *(HR, InsolvenzR)* Verfahren zur Abwendung einer drohenden Insolvenz.

**ALIBI** *m* Alibi *n,* Beweis der Abwesenheit vom Tatort.

**ALIÉNABLE** *adj* veräußerlich, übertragbar.

**ALIÉNATION** *f (ZR)* Veräußerung *f* (des Eigentums), rechtsgeschäftliche (Eigentums-) Übertragung *f.*

**ALIÉNATION | mentale** Geisteskrankheit *f,* Geisteszerrüttung *f,* Wahnsinn *m;* **– à titre gratuit** unentgeltliche Übertragung; Schenkung; **– à titre onéreux** entgeltliche Übertragung; Kauf *m.*

**ALIÉNÉ** *m* **mental** Geisteskranke(r) *m.*

**ALIÉNER** *v.tr. (SachR)* veräußern, abtreten, übertragen.

**ALIMENT 1.** *m* Nahrungsmittel *n,* Nahrung *f,* Lebensmittel *fpl;* **fraude et falsification des –s** *(StR)* Täuschung im Lebensmittelhandel.

**ALIMENTAIRE** *adj* **: obligation –** Unterhaltspflicht; **pension –** Unterhaltsrente *f.*

**ALIMENTS 2.** *mpl (FamR)* Unterhalt *m;* Unterhaltszahlung *f,* Alimente *pl;* **créance d'–** Unterhaltsanspruch *m;* **créancier d'–** Unterhaltsberechtigte(r) *m;* **débiteur d'–** Unterhaltspflichtige(r) *m;* **droit à des –** Unterhaltsanspruch; **filouterie d'–** *(StR)* Zechprellerei.

**ALINÉA** *m (subdivision des articles d'un code)* Absatz *m* eines (Gesetzes-)Artikels.

**ALLÉGATION** *f* • *(PrzR)* (Prozess-) Vorbringen *n,* Geltendmachung von rechtserheblichen Tatsachen • *(i.w.S.)* Behauptung *f.*

**ALLÉGUER** *v.tr.* • *(PrzR)* vorbringen, anführen • behaupten.

**ALLIANCE** *f* • *(VR)* Bündnis *n,* Allianz *f* • *(FamR)* Schwägerschaft *f;* **– électorale** Wahlbündnis.

**ALLOCATAIRE** *m (SozR)* Arbeitslosengeld- *od.* Beihilfeempfänger.

**ALLOCATION** *f* • *(SozR)* Beihilfe *f,* Zulage *f,* Zuschuss *m,* Zuwendung *f* • *(attribution)* Bewilligung (einer Summe), Unterstützung *f;* **– de base** Grundbetrag (des Arbeitslosengeldes); **– de conversion**

**professionnelle** Umschulungsbeihilfe *f.*

**ALLOCATION | (de) décès** Sterbegeld; **– pour enfant à charge** Kindergeld; **– d'études** Ausbildungsbeihilfe.

**ALLOCATION(S) | familiale(s)** Kindergeld; **– de fin de droits** Arbeitslosenhilfe nach Ausschöpfung des Anspruchs auf Arbeitslosengeld; **– de formation professionnelle** Ausbildungsbeihilfe *f.*

**ALLOCATION | de logement** Wohngeld, Mietbeihilfe; **– de maladie** Krankengeld; **– de la mère au foyer** Hausfrauenzulage *f*; **– à la naissance** Geburtsbeihilfe; **– en nature** Naturalleistung.

**ALLOCATION | aux personnes âgées** *(SozVers)* Altenhilfe *f*; **– pour personnes à charge** Zulage *f* für unterhaltsberechtigte Personen; **– de résidence** Ortszuschlag *m*; **– de réversion** Hinterbliebenenrente *f.*

**ALLONGER** *v.tr. (Frist)* verlängern.

**ALLOUER** *v.tr.* bewilligen, gewähren, zuerkennen; **– une indemnité** eine Entschädigung gewähren.

**ALTÉRATION** *f* • *(de la vérité)* Verdrehung (der Wahrheit), Verfälschung *f* • *(Nahrung)* Verderben *n*, Verderblichkeit; **– d'écritures** Urkundenfälschung.

**ALTÉRER** *v.tr.* verfälschen; verderben, verschlechtern; beeinträchtigen.

**ALTERNANCE** *f* Wechsel, Turnus.

**ALTERNAT | IF** *adj* **: obligation –ive** Wahlschuld *f.*

**AMBASSADE** *f* Gesandtschaft *f*, Botschaft *f*, diplomatische Vertretung; **conseiller d'–** Botschaftsrat *m.*

**AMBASSADEUR** *m* Gesandter *m*, Botschafter *m*; Geschäftsträger.

**AMBULANT** *adj* **: commerce –** Reisegewerbe *n*; **marchand –** Hausierer.

**AMÉNAGEMENT** *m* Einrichtung *f*, Organisation *f*, Anlage *f*; Ausbau *m*; Bewirtschaftung *f*; **– agricole et forestier** Bodenreform *f* im Bereich Land- und Forstwirtschaft; **– des dettes** Moratorium *n*, Zahlungsaufschub *m*; **– du paysage** Landschaftspflege; **– du territoire** Raumordnung *f.*

**AMÉNAGER** *v.tr.* ausbauen, einrichten, wirtschaftlich erschließen.

**AMENDE** *f* • (*StR: sanction pécuniaire)* Geldstrafe *f*, Geldbuße *f*, Bußgeld *n* • *(VwR)* Ordnungsgeld *n*; **– de composition** gebührenpflichtige Verwarnung; **– contraventionnelle** *(StR)* Geldstrafe (bei Übertretung); **– conventionnelle** *(ZR)* Vertragsstrafe.

**AMENDEMENT** *m* • Berichtigung, Änderung *f* • *(ÖfR)* Abänderung(svorschlag); Novellierung • *(StR)* Besserung *f.*

**AMIABLE** *adj* **: à l'–** gütlich, auf gütlichem Wege; **constat –** *(StVR)* gemeinsame Feststellung des Schadensverlaufs und des Schadens (bei leichteren Verkehrsunfällen).

**AMNISTIE** *f (StR)* Amnestie *f*, Begnadigung *f*, Straferlass *m.*

**AMNISTIER** begnadigen, Straffreiheit gewähren.

**AMORTIR** • *(SchuldR)* tilgen, amortisieren • *(SteuerR)* abschreiben; **– une dette** eine Schuld abtragen.

**AMORTISSEMENT** *m* • *(SchuldR)* (ratenweise) Tilgung *f* (einer Schuld), Rückzahlung, Amortisierung • *(SteuerR)* Abschreibung *f* (von Anlagewerten).

**AMOVIBLE** *adj* absetzbar; versetzbar.

**AMPLIATIF** *adj* **: acte –** (beglaubigte) Zweitschrift; **mémoire –** *(ZPR)* Ergänzung des Klageantrags.

**AMPLIATION** *f* zweite Ausfertigung (einer notariellen Urkunde), Zweitschrift; **pour –** für die Richtigkeit der Abschrift.

**ANCIENNETÉ** *f* • *(ÖfR)* Dienstalter *n*, Dienstzeit *f*, Anzahl *f* der Dienstjahre • *(ArbR)* Dauer *f* der Betriebszugehörigkeit, Berufsjahre.

**ANNÉE** *f* Jahr *n*, Zeitraum *m* eines Jahres; Jahrgang *m*; **– d'activité** Berufsjahr *n*; **– d'affiliation** Versicherungsjahr *n*; – **d'ancienneté** Dienstjahr; – **civile** Kalenderjahr.

**ANNÉE | de référence** Bezugsjahr *n*; Berichtszeitraum *m*; – **sabbatique** *(ArbR)* Fortbildungsjahr, Sabbatjahr; – **sociale** *(GesR)* Geschäftsjahr.

**ANNEXE** *f* • *(loi, contrat)* Anhang *m*, Anlage *f* • *(dépendance)* Nebengebäude *n*; *adj* : **disposition** – Nebenabrede.

**ANNEXER** • *(Urkunden)* beifügen • *(VR)* eingliedern, annektieren.

**ANNONCE** *f* Bekanntgabe *f*, Bekanntmachung *f*, Anzeige *f*, Ankündigung *f*; Mitteilung *f*, Erklärung *f*; **annonces petites –s** Kleinanzeigen, Anzeigenspalte.

**ANNOTATION** *f* Anmerkung, Randbemerkung *f*, Kommentar *m*.

**ANNUAIRE** *m* Jahrbuch *n*; Adressbuch; – **du téléphone** Telefonbuch.

**ANNUEL** *adj* : **rente –le** Jahresente.

**ANNUITÉ** *f* • *(SchuldR)* Annuität *f*, alljährlich fällig werdende Leistung, Jahresrate *f* • *(SozR)* anrechnungsfähiges Dienstjahr.

**ANNULABILITÉ** *f* *(ZR)* Anfechtbarkeit, Aufhebbarkeit.

**ANNULABLE** *adj* *(ZR)* anfechtbar; annullierbar; aufhebbar.

**ANNULATION** *f* • *(SchuldR)* Ungültigerklärung *f*, Nichtigerklärung; Aufhebung *f* • *(Buchf)* Streichung, Storno *n*, Berichtigung eines Buchhaltungsfehlers; **action en** – *(ZPR)* Anfechtungsklage; Nichtigkeitsklage *f*.

**ANNULER** *v.tr.* für ungültig erklären, aufheben, rückgängig machen; – **une commande** einen Auftrag stornieren.

**ANTÉCÉDENTS** *mpl* Vorgeschichte *f*; Krankengeschichte *f*, Anamnese *f*; **avoir de bons** – einen guten Leumund haben; – **judiciaires** Vorstrafen *fpl*.

**ANTÉRIORITÉ** *f* • Vorherigkeit *f*, zeitliches Vorhergehen • *(HR, PatR)* Priorität *f*, Vorrang *m*, Vorrecht *n*; **cession d'–** Vorrangseinräumung *f*.

**ANTHROPOMETRIQUE** *adj* : **fiche** *ou* **signalement** – Steckbrief *m*.

**ANTI-CASSEURS: loi** – – frz. Demonstrationsstrafgesetz.

**ANTICHRÈSE** *f* *(SachR)* Antichrese *f*, (Immobiliar-) Nutzungspfandrecht.

**ANTICIPÉ** *adj* verfrüht; vorweggenommen, vorzeitig; **retraite –ée** *(SozR)* Vorruhestandsregelung.

**ANTICONSTITUTIONNALITÉ** *f* Verfassungswidrigkeit *f*.

**ANTIDATE** *f* • Rückdatierung *f* (eines Rechtsgeschäfts) • Vordatierung.

**ANTIPOLLUTION** *adj* : **mesures** – Maßnahmen *fpl* zur Bekämpfung der Umweltverschmutzung.

**ANTIVOL** *m* *(Kfz. dispositif-)* Diebstahlsicherung *f*; Lenkradschloss *n*.

**APATRIDE** *m* Staatenlose(r) *m*, Heimatlose(r) *m*.

**APATRIDIE** *f* Staatenlosigkeit *f*, Heimatlosigkeit *f*.

**APOLOGIE** *f* Verteidigungsrede *f*, Rechtfertigung; – **du crime** *(StR)* Verherrlichung der Gewalt.

**APOSTILLE** *f* • Änderung *f* *od.* Zusatz *m* (am Rande einer Urkunde) • Verweiszeichen *n*.

**APPAREIL** *m* • Gerät *n*, Instrument *n* • *a.fig* Apparat *m*; – **administratif** Verwaltungsapparat *m*, Behördenaufbau; – **judiciaire** Justizapparat; Gerichtsaufbau.

**APPARENCE** *f* (trügerischer) Anschein *m*; Erscheinungsbild *n*; – **du droit** Rechtsschein *m*.

**APPARITEUR** *m* • Gerichtsdiener *m* • *(Hochschule)* Pedell *m*.

**APPARTEMENT** *m* **à louer** Wohnung zu vermieten; – **témoin** Musterwohnung.

**APPEL** *m* • *(PrzR: voie de recours ordinaire)* Berufung (an das Gericht 2. Instanz), Appellation *f* (S) • *(PrzR: appel des causes)* Aufruf *m* der Sache • *(i.w.S.)* Appell *m*, Aufforderung *f*, Anruf *m* • *(PrzR: appel en cause)* Streitverkündung • (Telefon-)Anruf; **acte d'–** Berufungsschrift *f*; **défendeur en** –

Berufungsbeklagte(r) *od.* -gegner *m*; **délai d'–** Berufungsfrist *f*, Rechtsmittelfrist; **demandeur en –** Berufungskläger *m*; **faire –, interjeter –** Berufung einlegen.

**APPEL | en garantie** *(ZPR)* Streitverkündung *f* (des auf Mängelgewährleistung in Anspruch Genommenen gegenüber seinem eigenen Gewährleistungsschuldner); **– à la grève** Streikaufruf *m*.

**APPEL incident** *ou* **– joint** *(ZPR)* Anschlussberufung.

**APPEL d'offres** • *(VwR)* Vergabe *f* im Leistungswettbewerb (nach öffentlicher *od.* beschränkter Ausschreibung) • *(HR)* Ausschreibung *f*.

**APPEL public à l'épargne** *(GesR, BankR)* Bezugsangebot *n*, Zeichnungsaufforderung, Angebot zur Zeichnung von Wertpapieren.

**APPELANT** *m* Berufungskläger *m*.

**APPELER** *v.tr.* • (an-, auf-)rufen • vor Gericht laden; **– d'un jugement** Berufung einlegen.

**APPLICABLE** *adj* anwendbar, gültig.

**APPLICATION** *f* • Anwendung *f*, Durchführung *f* • *(fig)* Fleiß *m*; **mettre en –** in Kraft setzen, zur Anwendung bringen; **brevet d'–** Verwendungspatent; **décret d'–** Durchführungsverordnung *f*; **domaine d'–** Geltungs- *od.* Anwendungsbereich.

**APPLIQUER** *v.tr.* • *(Siegel)* aufdrücken • *(Gesetz)* anwenden, zur Anwendung bringen.

**APPOINT** *m* • Zusatz *m*, Ergänzung *f* • *(Buchf)* (Jahres-)Ausgleichsbetrag *m*; Zuschuss *m* • Wechselgeld *n*, Kleingeld; Scheidemünze *f*; **emploi d'–** Nebentätigkeit.

**APPOINTEMENTS** *mpl (ArbR: rémunération régulière)* Gehalt *n*, Lohn *m*, Arbeitsentgelt *n*, Vergütung.

**APPORT** *n* • *(GesR)* Einlage, eingebrachtes Gut • Beitrag *m*, Beitragsleistung • *(EheR)* eingebrachtes Vermögen; **– en argent** Bareinlage; **– de capitaux** • Kapitaleinlage • Kapitalbeschaffung; **– en industrie** Gesellschafterbeitrag in Form von Diensten, Wissen und Können; **– en nature** Sacheinlage, Einlage in Sachwerten.

**APPORTER** *v.tr.* einbringen, beitragen; mitbringen; **– la preuve** den Beweis erbringen.

**APPOSER** *v.tr.* • *(une affiche)* anschlagen, ankleben • *(sa signature)* unterschreiben; **– les scellés** versiegeln, ein Siegel anbringen.

**APPRÉCIABLE** *adj* erheblich, nennenswert, beachtlich.

**APPRÉCIATION** *f* • *(estimation, évaluation)* Einschätzung *f*, Bewertung *f* • *(opinion, jugement)* Beurteilung, Würdigung *f* • *(appréciation de l'opportunité)* Ermessen *n*; **liberté d'–** Ermessensspielraum; **libre –** freies Ermessen; **marge d'–** Ermessensspielraum; **– juridique** rechtliche Würdigung; **– des preuves** Beweiswürdigung.

**APPRÉHENDER** *v.tr.* • *(StPR: Täter)* verhaften, ergreifen • befürchten.

**APPRÉHENSION** *f* • *(StPR)* Verhaftung *f*, Ergreifung • *(inquiétude)* Besorgnis *f*, Befürchtung *f*.

**APPRENDRE** *v.tr.* • *(acquérir la connaissance)* erfahren, hören • *(faire connaître)* mitteilen, bekanntmachen, wissen lassen.

**APPRENTI** *m* Auszubildende(r) *m*, Lehrling *m*.

**APPRENTISSAGE** *m* Lehre *f*, Lehrverhältnis *n*, Berufsausbildungsverhältnis *n*; **centre d'–** Ausbildungsstätte *f*; **contrat d'–** Berufsausbildungsvertrag *m*; **maître d'–** Ausbilder, Ausbildungsbetrieb *m*.

**APPROBATION** *f* • *(consentement d'une autorité supérieure)* Genehmigung *f*, Bestätigung *f*, Zustimmung *f*, Billigung *f*, Anerkenntnis *n* • *(jugement favorable)* Beifall *m*, Anerkennung *f*.

**APPROPRIATION** *f* Aneignung *f*; **droit d'–** Aneignungsrecht *n*; **– des moyens (au but poursuivi)** *(VwR)* Verhältnismäßigkeit *f*.

**APPROPRIÉ** *adj* geeignet; angemessen; verhältnismäßig.

**APPROPRIER : s'–** *v. pron.* sich aneignen, sich zueignen; **s'– sans titre** *(SachR)* sich rechtswidrig zueignen.

**APPROUVER** *v.tr.* • genehmigen, bestätigen, zustimmen, billigen, sein Einverständnis geben • *(juger bon)* gutheißen, befürworten; **lu et approuvé** gelesen u. genehmigt.

**APPROXIMATION** *f* Grobschätzung, annähernde Schätzung.

**APPUI** *m* Hilfe *f*, Unterstützung *f*; **à l'– de** zur Bekräftigung von.

**APTE** *adj* • *(ZR)* handlungsfähig, rechts- *od.* geschäftsfähig • *(ArbR)* (arbeits-)fähig, tauglich

**APTITUDE** *f* • *(ZR)* Handlungsfähigkeit, (Rechts- *od.* Geschäfts-) Fähigkeit *f* • *(ArbR)* Befähigung *f*, Eignung *f*, Tauglichkeit *f*; **certificat d'– professionnelle** (= CAP) Berufsschulabschlusszeugnis *n*; **– au travail** Arbeitsfähigkeit *od.* -eignung.

**APUREMENT** *m* • *(Buchf)* Bereinigung *f*; Prüfung der Buchführung u. Entlastung des Buch- *od.* Rechnungsprüfers • *(SchuldR, InsolvenzR)* Begleichung einer Schuld.

**ARBITRAGE** *m* • *(sentence arbitrale)* Schiedsspruch *m* • Schiedsgerichtsbarkeit *f*, Schiedsgerichtswesen *n* • Schiedsverfahren *n*, Beilegung eines Streitfalls durch einen Schiedsrichter; **clause d'–** Schiedsgerichtsklausel *od.* -vereinbarung; **sentence d'–** Schiedsspruch *m*.

**ARBITRAGE obligatoire** Zwangsschlichtung.

**ARBITRAIRE** *adj* willkürlich, eigenmächtig, unumschränkt.

**ARBITRAL** *adj* schiedsgerichtlich; **sentence –e** Schiedsspruch.

**ARBITRE** *m* Schiedsrichter *m*; **libre –** Entscheidungsfreiheit, freier Wille.

**ARGENT** *m* • Geld *n* • Silber *n*; **dette en –** Geldschuld *f*; **payer en – comptant** bar bezahlen; **somme d'–** Geldbetrag *m*.

**ARGUER** • *(v. t. ind.)* schließen, folgern aus • *(v. intr.)* vorbringen, anführen; **– une pièce de faux** die Echtheit einer Urkunde (vor Gericht) bestreiten.

**ARGUMENT** *m* • Beweismittel *n*, Beweisführung • Schlussfolgerung.

**ARMATEUR** *m* *(SeeHR)* Reeder *m*, Schiffsausrüster *m*; **– affréteur** Reeder und Verfrachter.

**ARME** *f* • Waffe *f* • *(MilR)* Waffen- *od.* Truppengattung; **autorisation de port d'–** Waffenschein; **détention d'une –** Waffenbesitz; **marchand** Waffenhändler; **port irrégulier –s** unbefugtes Waffenführen.

**ARMÉE** *f* Armee *f*, Streitkraft *f*, Heer *n*; **– de circonscription** Wehrpflichtarmee; **– de métier** Berufsheer *n*.

**ARMEMENT** *m* • Waffenwesen *n*; Bewaffnung *f*; Aufrüstung *f*, Rüstung *f* • *(SeeHR)* Schiffsausrüstung; **industrie d'–** Rüstungsindustrie *f*.

**ARMISTICE** *m* Waffenstillstand *m*.

**ARPENTAGE** *m* Vermessung *f*, Feldmessen *n*.

**ARPENTEUR** *m* (Land-)Vermesser *m*, Feldmesser *m*.

**ARRAISONNER** • ein Schiff zum Stoppen auffordern • *(ZollR)* (die Ladung eines Schiffes) überprüfen.

**ARRANGEMENT** *m* • *(disposition)* Anordnung *f*, Einrichtung *f*, Aufstellung *f* • *(VR: accord, règlement)* Vereinbarung *f*, Übereinkommen *n*, Abmachung *f* • *(ZR)* Regelung *f* (zur Güte).

**ARRÉRAGES** *mpl* • periodisch fällige Zahlung, jeweils fällige Rate (bei wiederkehrenden Leistungen) • *(arriéré)* überfällige Schuld.

**ARRESTATION** *f* • *(StR)* Verhaftung *f* (eines Tatverdächtigen), Festnahme *f*, Inhaftierung • Haft *f*; **procéder à une –** jmdn. verhaften, eine Festnahme vornehmen; **– administrative** *(AuslR)* Verhaftung durch die Verwaltungsbehörde; **– sur le fait** Ergreifung *od.* Festnahme auf frischer Tat; **– provisoire** vorläufige Festnahme.

**ARRÊT** *m* • Unterbrechung *f*, Stillegung *f*, Stillstand *m*, Anhalten *n*, Stopp *m*, Sperre *f* • *(PrzR)* Urteil *od.* gerichtliche Entscheidung (der Berufungs- *od.* Revisionsinstanz); **maison d'–** Justizvollzugsanstalt; **mandat d'–** Haftbefehl *m*; **saisie– –** Pfändung beim Drittschuldner; **saisie– – du salaire** Lohn- *od.* Gehaltspfändung; **– d'annulation** • Aufhebungsurteil *n* • *(VwPR)* Aufhebung eines Verwaltungsaktes *od.* einer Rechtsverordnung; **– de cassation** aufhebende Entscheidung; **– confirmatif** *(PrzR)* Zurückweisung der Berufung.

**ARRÊT | de l'exploitation** *(GesR, InsolvenzR)* Betriebsstillegung; **– infirmatif** aufhebendes Urteil; **– de mort** Todesurteil; **– de non-lieu** *(StPR)* Einstellungsbeschluss; **– de rejet** Verwerfung eines Rechtsmittels; zurückweisende Entscheidung; **– de renvoi** *(PrzR)* Verweisungsbeschluss *m* (eines Rechtsstreits).

**ARRÊTÉ** *m* • *(ÖfR)* Verordnung *f*, Erlass *m*, Verfügung *f*, Verwaltungsanordnung *f* • *(Buchf)* (Konto-, Rechnungs-)Abschluss *m*; **– d'agrément** *(VwR)* Zulassungsbescheid *m*; **– de compte** Rechnungsabschluss *m*, Kontoabschluss.

**ARRÊTÉ | d'expropriation** *(VwR)* Enteignungsbeschluss; **– d'expulsion** *(AuslR)* Ausweisungsverfügung; **– d'extension (d'une convention collective)** *(ArbR)* Allgemeinverbindlicherklärung *f* (eines Tarifvertrages).

**ARRÊTÉ | individuel** Einzelverfügung *f*, Verwaltungsakt *m*; **– ministériel** Ministerialerlass; **– municipal** (Bürgermeister) Verordnung; **– préfectoral** Erlass des Präfekten; **– de reconduite à la frontière** *(AuslR)* Abschiebungsverfügung *f*.

**ARRÊTER** • *(retenir)* anhalten, aufhalten • *(interrompre)* beenden, einstellen, unterbrechen, stillegen, sperren • *(appréhender)* verhaften, festnehmen • *(fixer)* festlegen, bestimmen, anordnen.

**ARRHES** *fpl* • *(ZR HR: dédit)* Reugeld *n*, Draufgabe *f*, Handgeld *n* • *(fälschlich manchmal auch für: acompte)* Anzahlung *f*.

**ARRIÉRÉ** *m (Buchf)* Rückstände *pl*, Außenstände *mpl*; **– de cotisation** rückständiger (Mitglieds-) Beitrag.

**ARRIVÉE** *f* • Ankunft *f*, Eintreffen *n* • Zufuhr *f*, Zuführung *f*; **– du terme** • Eintritt des Fälligkeitstermins • Zeitablauf *m*.

**ARRIVER** *v. intr.* ankommen, eintreffen; sich ereignen; **– à échéance** fällig werden; **– à expiration** *(ZR: Frist)* ablaufen.

**ARRONDIR** *v.tr.d.* • *(nach oben)* aufrunden • *(nach unten)* abrunden.

**ARRONDISSEMENT** *m* • *(VwR)* frz. Verwaltungsbezirk (Unterteilung des Département) • *(in Paris, Marseille u. Lyon:)* Stadtbezirk *m*, Arrondissement *m*.

**ART** *m* • Kunst *f*, Wissenschaft *f*, Technik *f* • Können *n*; Kunstgriff *m*; **homme de l'–** Fachmann; **œuvres d'–** Werke der bildenden Künste.

**ARTICLE** *f* • *(division d'un texte légal, d'un contrat etc.)* Artikel *m*, [Unterteilung frz. Gesetze anstelle von: Paragraph in Deutschland] • *(matière, sujet)* Kapitel *n*, Hauptteil *m*; Punkt *m*; Posten *m* • Zeitungsartikel *m* • *(HR)* Handelsware, Artikel *m*, Produkt, Warenposten, Wirtschaftsgut.

**ARTISAN** *m* Handwerker *m*; **chambre des –s** Handwerkskammer *f*, Innung *f*; **maître –** Handwerksmeister *m*.

**ARTISANAL** *adj* handwerklich; **exploitation –e** Handwerksbetrieb *m*.

**ARTISANAT** *m* Handwerkerschaft *f*; **chambre de l'–** Handwerkskammer *f*; **registre de l'–** Handwerksrolle *f*; **– d'art** Kunsthandwerk *n*, Kunstgewerbe *n*.

**ARTISTE** *m* • *(UrhR)* Künstler; Musiker; Maler; Bildhauer • Interpret; Darsteller, Schauspieler.

**ASCENDANT** *m* • Verwandte(r) in aufsteigender Linie, Aszendent *m* • Autoriät *f*, Ausstrahlungskraft *f*.

**ASILE** *m* • *(AuslR)* Asyl *n*, Asylrecht • *(SozR)* Altersheim *n*; **demande d'–** Asylantrag; **demandeur d'–** Asylbewerber; **droit d'–** Asylrecht *n*; **droit d'– diplomatique** *(VR)* diplomatischer Schutz vor Verfolgung; **droit d'– politique** Schutz als politisch Verfolgter; **internement dans un –** Unterbringung in einer Heil- und Pflegeanstalt; **procédure de demande d'–** Asylverfahren *n*.

**ASILE | d'aliénés** psychiatrisches Krankenhaus; **– territorial** *(AuslR)* Verweigerung der Auslieferung.

**ASSAILLIR** *v.tr.d.* angreifen, überfallen.

**ASSAINISSEMENT** *m* Sanierung *f*, Gesundung *f*, Normalisierung *f*; **plan d'–** Sanierungsplan *m*.

**ASSASSIN** *m (StR)* Mörder *m*.

**ASSASSINAT** *m (StR: meurtre aggravé, art. 221-3 NCP)* Mord *m*, Tötung *f* eines Menschen mit Vorbedacht.

**ASSASSINER** *(StR)* ermorden.

**ASSEMBLÉE** *f* Versammlung *f*; **décision** *ou* **délibération d'une –** • Beschluss (einer Versammlung) • Beratung, Beschlussfassung.

**ASSEMBLÉE | générale** • *(Pol)* General-, Voll- *od.* Plenarversammlung • *(Verein)* Mitgliederversammlung *f* • *(GesR)* Hauptversammlung (einer Aktiengesellschaft) • *(GVR)* Vertretung einer Richterschaft; **– législative** gesetzgebende Versammlung; **– nationale** frz. Nationalversammlung; **– plénière** Vollversammlung, Plenum *n*.

**ASSENTIMENT** *m* Einverständnis *n*, Zustimmung *f*, Einwilligung *f*.

**ASSERMENTATION** *f* Be- *od.* Vereidigung *f*.

**ASSERMENTÉ** *adj* be- *od.* vereidigt; **témoin –** vereidigter Zeuge.

**ASSERMENTER** vereidigen, beeidigen.

**ASSESSEUR** *m* • *(PrzR)* Beisitzer *m* • *(StPR)* Geschworene(r); **juge –** beisitzender Richter.

**ASSIETTE** *f* • *(SteuerR)* (Steuer-) Bemessungsgrundlage *f*, zu versteuerndes Einkommen • *(SozR)* Bemessungsgrundlage.

**ASSIGNATION** *f* • *(ZPR: acte d'huissier)* Ladung *f* des Beklagten (mit gleichzeitiger Zustellung der Klageschrift), Ladungs- u. Klageschrift *f* • *(SozR)* Zuteilung *f*, Zuweisung; **– à comparaître** Ladung mit Aufforderung zum persönlichen Erscheinen; **– à résidence** *(StR)* Polizeiaufsicht mit Anweisung eines Aufenthaltsortes.

**ASSIGNER** • *(ZPR)* (den Beklagten) zu einem Termin laden, die Klageschrift (durch den huissier) zustellen lassen • *(SozR)* zuteilen.

**ASSIMILATION** *f* • Gleichstellung, Gleichbehandlung • Anpassung, Angleichung; **période d'–** *(SozVers)* Ersatzzeit *f*.

**ASSIS** *adj* : **magistrature –e** Richterschaft.

**ASSISES** *fpl* • *(StPR)* Sitzung *f* des frz. Schwurgerichts, Hauptverhandlung vor dem frz. Schwurgericht • *(StPR)* Schwurgericht *n* • *(Pol)* Parteitag *m*; Gewerkschaftskongress *m* • *(séance, session)* Tagung *f*, Versammlung *f*; **cour d'–** frz. Schwurgericht.

**ASSISTANCE** *f* • Zuhörerschaft *f*, Publikum *n* • Hilfe *f*, Beistand *m*, Unterstützung *f*, Fürsorge *f*, Hilfeleistung • *(FamR)* Anwesenheit eines Vormundes (zum Abschluss eines Rechtsgeschäfts); **devoir d'–** • *(EheR)* Pflicht zur ehelichen Lebensgemeinschaft, Verpflichtung zum Lebensunterhalt beizutragen • *(ArbR)* Fürsorgepflicht *f*.

**ASSISTANCE | administrative** Amtshilfe; **– aux chômeurs** Arbeitslosenfürsorge, Arbeitslosenhilfe; **– juridique** Rechtsbetreuung *f*, Rechtshilfe *f*; **– en justice** *(PrzR)* Rechtsberatung (durch den Anwalt); **– post-pénale** *(StPR)* Betreuung *f* der aus der Haftanstalt entlassenen Personen; **– sociale** Sozialfürsorge *f*, Fürsorgewesen *n*; **– technique** • *(Entwicklungshilfe)* technische Zusammenarbeit • fachliche Beratung.

**ASSISTANT** *m* Gehilfe *m*, Assistent *m*, Mitarbeiter *m*; **– (de service) social** Sozialarbeiter *m*.

**ASSISTANTE** *f* Assistentin *f*, Gehilfin *f*; **–médicale** med.-techn. Assistentin; **– sociale** Sozialarbeiterin.

**ASSISTER** *v.tr.* • *(conseiller et plaider)* beraten, vor Gericht jmdn. vertreten; helfen, unterstützen • *(surveiller)* überwachen, (bei Rechtsgeschäften) seine Zustimmung geben • *(assister à)* zugegen sein.

**ASSOCIATION** *f* • *(ZR)* Verein *m*, Idealverein *m*, nichtwirtschaftlicher Verein • *(i.w.S.)* Personenvereinigung *f*, Verband *m*, körperschaftlicher Zusammenschluss *m*, • Assoziierung, Partnerschaft *f*; **droit des –s** *(ZR)* Vereinsrecht *n*; **liberté d'–** *(VerfR)* Vereinigungsfreiheit.

**ASSOCIATION | d'avocats** Anwaltssozietät *f*, Gemeinschaftspraxis *f*; **– de bienfaisance** Wohltätigkeitsverein; **– de consommateurs** Verbrauchervereinigung *od.* -zentrale; **– cultuelle** frz. Kirchengemeinde (als privatrechtlicher Verein), Kultusgemeinde *f*; **– déclarée** *(ZR)* frz. (bei der Präfektur) angemeldeter Verein (mit beschränkter Rechtsfähigkeit).

**ASSOCIATION | illégale** *(StR)* Bande *f*, verbotene Vereinigung; **– de malfaiteurs** *(StR)* kriminelle Vereinigung; *od.* Bande; **– non déclarée** *(ZR)* frz. nicht rechtsfähiger und nicht angemeldeter Verein; **– en participation** • *(HR)* Gelegenheitsgesellschaft *f*, Konsortium *n*, Partnerschaft • *(ZR)* stille Gesellschaft; **– professionnelle** Berufsverband; Wirtschaftsvereinigung; **– reconnue d'utilité publique** *(ZR)* frz. als gemeinnützig anerkannter Verein, angemeldeter Verein mit voller Rechtsfähigkeit.

**ASSOCIÉ** *m* • *(GesR)* Gesellschafter *m*; Teilhaber *m* • Genossenschafter *m*; **– commanditaire, – en commandite** Kommanditist *m*; **– -gérant** geschäftsführender Gesellschafter; **– en nom collectif** Gesellschafter einer OHG.

**ASSOCIER** vereinigen, verbinden; als Teilhaber annehmen; **s'–** eine Gesellschaft gründen.

**ASSORTIMENT** *m*, Auswahl *f*, Zusammenstellung *f*, Sortiment *n*; **– de marchandises** Warenlager *n*, Auswahl *f*.

**ASSOUPLISSEMENT** *m*, Lockerung, geschmeidige(re) Haltung, Milderung, Abschwächung, Anpassung.

**ASSUJETTI** *adj* **aux assurances sociales** sozialversichert, pflichtversichert; sozialversicherungspflichtig; **– à l'impôt** steuerpflichtig.

**ASSUJETTISSEMENT** *m* Unterwerfung; Gebundenheit; **– à une convention collective** Tarifvertragsgebundenheit.

**ASSUMER** *v.tr.d.* annehmen, gelten lassen; **– les charges** die Kosten tragen; **– la responsabilité** haften, die Verantwortung tragen.

**ASSURABLE** *adj* versicherbar.

**ASSURANCE** *f* • *(VersR)* Versicherung *f*; Versicherungswesen *n*, Versicherungswirtschaft *f* • *(sécurité, confiance)* Sicherheit, Gewissheit, Vertrauen; **compagnie d'–s** (privater) Versicherer *m*, Versicherungsgesellschaft *f*; **contrat d'–** Versicherungsvertrag *od.* -verhältnis *n*; **cumul d'–** Doppel- *od.* Mehrfachversicherung; **durée d'–** Versicherungszeit *od.* -dauer *f*.

**ASSURANCE | -accidents, – contre les accidents** Unfallversicherung; **– contre les accidents du travail** Arbeitsunfallversicherung; **– automobile(s)** Kfz-Versicherung; **– automobile tous risques** (Voll-) Kaskoversicherung.

**ASSURANCE | des bagages** (Reise-) Gepäckversicherung; **– des biens** Sachversicherung; –

**bris de glaces** Glas(schaden)versicherung.

**ASSURANCE- | capital** Kapitalversicherung; **– capital-décès** Sterbegeldversicherung; **– de capital différé** Versicherung auf den Erlebensfall; **– en cas de décès** Todesfall- *od.* Ablebensversicherung; **– de choses** Sachversicherung.

**ASSURANCE | complémentaire** Höher- *od.* Zusatz- *od.* Nachversicherung; **– du contenant** Immobilienversicherung; **– du contenu** Inhalts- *od.* Mobiliarversicherung; **– contre le bris** Bruchschadenvers.; **– contre le cambriolage** Diebstahlvers.; **– contre les dégâts des eaux** Wasserschadensvers.; **– -crédit** • Kredit- *od.* Teilzahlungskreditvers., Warenkreditvers. • *(Außh)* Ausfuhrgarantie *od.* -bürgschaft.

**ASSURANCE- | décès** Ablebensversicherung, Versicherung auf den Todesfall; **– défense et recours** (Verkehrs-) Rechtsschutzvers.; **– des deux roues** Moped- *bzw* Motorradvers.; **– (de) dommages** Sachschadensversicherung.

**ASSURANCE | immobilière** Gebäude- *od.* Immobilienvers.; **– incendie** Feuer- *od.* Brandvers.; **– insuffisante** Unterversicherung.

**ASSURANCE- | maladie** Krankenversicherung; **– du manque à gagner** Gewinnausfallvers.; **– multirisque** gebündelte *od.* kombinierte Versicherung; **– multirisques limitée** Teilkaskovers.

**ASSURANCE | obligatoire** Pflichtvers.; Versicherungspflicht *f*; **– périmée** abgelaufene Versicherung; **– personnelle** freiwillige (Weiter-) Versicherung; **– des personnes transportées** Insassenversicherung; **– contre perte totale** Versicherung gegen Totalschaden.

**ASSURANCE | responsabilité civile** (= R. C.) Haftpflichtvers.; **– R. C. automobile** Kfz-Haftpflichtvers.; **– R. C. exploitation** allg. Betriebshaftpflichtvers.

**ASSURANCE | sinistres** Schadensvers.; **–s sociales** Sozialvers.; frz. System der sozialen Sicherheit; **– de survie** Versicherung auf den Erlebensfall, Überlebensvers.; **– des survivants** Hinterbliebenenversicherung

**ASSURANCE | tierce** Fahrzeugvers.; **– tierce complète** Vollkaskovers.; **– tierce partielle** Teilkaskovers.; **– tous risques** Gesamtvers.

**ASSURANCE | universelle** Einheitsvers.; **– valeur à neuf** Neuwertversicherung; **– des véhicules automobiles (= AVAM)** Kraftfahrzeugvers.; **– vie** Lebensvers.; **– vie entière** Todesfallvers.; **– veuvage** Hinterbliebenenversorgung, Witwen- *od.* Witwergeld; **– -vieillesse** *(SozVers)* Altersvorsorge, Rentenvers.; **– (contre le) vol** Diebstahlsversicherung

**ASSURÉ** *m* Versicherte(r) *m*, Versicherungsnehmer; **tiers –** Begünstigte(r) *m*; **– obligatoire** Pflichtversicherte(r); **– social** Sozialversicherte(r).

**ASSURER** *v.tr.d.* • zu-, versichern • *(Schaden)* decken • einen Versicherungsvertrag abschließen.

**ASSUREUR** *m* • Versicherer *m*, Versicherungsgesellschaft *f* • *(SozVers)* Versicherungsträger *m*.

**ASTREINDRE** *v.tr.* jmd. zwingen (etwas zu tun), verpflichten.

**ASTREINTE** *f (ZPR, ZwangsVR)* Zwangsgeld *n*, Ordnungsgeld (zugunsten des Gläubigers); Zwangsmittel *n*; Erzwingungsstrafe *f*; **sous – comminatoire** unter Androhung eines Zwangsgeldes; **– administrative** Zwangsmaßnahme (einer Behörde).

**ASTUCIEUX** *adj* : **criminalité –ieuse** Wirtschaftskriminalität.

**ATELIER** *m* Werkstatt *f*, Betrieb *m*, Arbeitsstätte *f*.

**ATERMOIEMENT** *m* • *(HR)* Fristverlängerung • *(PrzR)* Vorwand *m*, Ausrede *f*, Ausflüchte *fpl* • *(WirtR)* Moratorium *n*, vertraglicher Zahlungsaufschub *m*.

**ATROCITÉ** *f (StR)* Grausamkeit *f*, Greueltat *f*.

**ATTACHÉ** *m* Attaché *m*, Beigeordnete(r) *m*; **– d'ambassade** Botschaftsattaché *m*; **– de presse** Presseattaché.

**ATTAQUE** *f* • *(StR)* Angriff *m*, Überfall *m* • heftige Kritik; **– à main armée** *(StR)* bewaffneter Überfall, (schwerer) Raub.

**ATTAQUER** • *(une personne)* angreifen, überfallen • *(une décision de justice)* anfechten; **– qqn. en justice** jmdn. gerichtlich belangen.

**ATTEINTE** *f* • *(ZR: dommage)* Beeinträchtigung *f*, Schmälerung *f*, Gefährdung *f*, Schaden *m* • *(StR)* Verletzung *f*; Angriff *m*; **– aux bonnes mœurs** *(ZR)* Verstoß gegen die guten Sitten; **– au crédit** *(WirtR)* Kreditschädigung; **– aux droits** *(ÖfR, ZR)* Rechtsverletzung *od.* -beeinträchtigung.

**ATTEINTE | à l'honneur** Ehrverletzung, Ehrenbeleidigung; **– à l'intégrité physique** Körperverletzung; **– aux mœurs** *(StR)* Sexualstraftat *f*; **– à la propriété privée** Eingriff in das Privateigentum; **– à la sûreté de l'État** *(StR)* Staatsgefährdung; **– à la vie privée** Verletzung der Intimsphäre.

**ATTENANT** *adj* (Grundstücke) angrenzend, anstoßend, neben.

**ATTENDU QUE** … *präp (PrzR)* (Einleitungsformel für die Entscheidungsgründe *od.* die Urteilsbegründung:) in Anbetracht dessen, dass …; weil; da; in Erwägung, dass …

**ATTENDUS** *mpl* • *(PrzR)* Begründung (einer gerichtlichen Entscheidung), Entscheidungsgründe *pl*, Urteilsgründe • *(ZPR)* Begründung *f* des Klageschriftsatzes.

**ATTENTAT** *m* • *(ZR)* Angriff *m* (auf ein Rechtsgut) • *(StR)* Anschlag *m*, Attentat *n*; **– à la liberté** *(StR)* Freiheitsberaubung *f*; **– aux mœurs** *(StR)* Sittlichkeitsdelikt *n*; **– à la pudeur** *(StR: acte physique)* sexuelle Handlungen *fpl*.

**ATTENTION** *f* Aufmerksamkeit *f*, Rücksicht *f*, Sorgfalt *f*; **défaut** *ou* **faute d'–** Unaufmerksamkeit.

**ATTÉNUANT** *adj* **: circonstances –es** *(StR)* mildernde Umstände.

**ATTÉNUATION** *f* Verminderung; **– de (la) peine** *(StR)* Strafmilderung; **– de responsabilité** *(ZR)* Haftungseinschränkung.

**ATTESTATION** *f* (schriftliche) Bescheinigung, Bestätigung, Attest *n*; **– de bonne vie et mœurs** polizeiliches Führungszeugnis; **– de complaisance** Gefälligkeitsattest; **– de la qualité d'héritier** Erbschein; **– de travail** Arbeitszeugnis.

**ATTESTER** *v.tr.d.* bestätigen, bescheinigen, bezeugen.

**ATTRIBUER** *v.tr.d.* zuteilen, zuerkennen; zuschreiben.

**ATTRIBUTION** *f* • Zuteilung, Übertragung, Zuerkennung, Zuweisung • *(meist pl: fonctions, compétences)* Aufgabenbereich *m*, Zuständigkeit *f*, Befugnisse *fpl*; Zuständigkeitsbereich *m*.

**AUDIENCE** *f* • *(PrzR)* (mündliche) Verhandlung *f*, Sitzung *f*, Gerichtssitzung, Termin *m* • *(réception)* Empfang *m*, Audienz *f*; **ajournement à l'–** Ladung zum Termin; **jour d'–** Sitzungstag *m*; **police de l'–** Sitzungspolizei *f*; **salle d'–** Sitzungssaal *m*.

**AUDIENCE | de conciliation** *(ZPR)* Gütetermin *m*, Sühneverhandlung (im Ehescheidungsverfahren); **– correctionnelle** *(StPR)* Termin in Strafsachen vor dem frz. Großinstanzgericht.

**AUDIENCE | de jugement** (Urteils-) Verkündungstermin; **– pénale** Verhandlung in Strafsachen; **– de (simple) police** *(StPR)* Termin in Strafsachen (vor dem frz. Kleininstanzgericht); **– publique** öffentliche Verhandlung.

**AUDIENCE | de référé** • *(ZPR)* Termin im Verfahren zum Erlass einer einstweiligen Verfügung • *(StPR)* Termin im beschleunigten Verfahren.

**AUDIENCIER** *adj* : **huissier –** Gerichtsdiener *m*.

**AUDIOVISUEL** *m* *(MedienR)* audiovisuelle Massenmedien, Fernsehen *n*; **paysage – français (= PAF)** (Aufbau der) Massenmedien in Frankreich.

**AUDIT** *m* • *(GesR)* Firmenüberprüfung *f*, Controlling *n*; Buchprüfung; Unternehmensberatung • *(GesR)* Firmenprüfer, Controller *m*; Revisor *m*; Wirtschafts- *od.* Buchprüfer.

**AUDITEUR** *m* • *(VwPR)* Auditor *m* (unterster Grad der Richterschaft im frz. Staatsrat und Rechnungshof), • *(AllgSpr)* Zuhörer *m* • *(GesR)* Controller *m*, Firmenprüfer *m*, Firmenberater *m*.

**AUDITION** *(PrzR)* Vernehmung, Anhörung *f*; **procès-verbal d'–** Protokoll der Zeugenaussage; **– contradictoire** Kreuzverhör *n*; **– des parties** Anhörung der Parteien; **– des témoins** Zeugenvernehmung.

**AUDITOIRE** *m* • *(PrzR)* Gerichts- *od.* Sitzungssaal *m* • Zuhörerschaft *f*.

**AUGMENTATION** *f* Vermehrung *f*, Steigerung *f*, Erhöhung *f*; Ansteigen *n*; **– de capital** Kapitalerhöhung *od.* -aufstockung.

**AURICULAIRE** *adj* : **témoin –** Ohrenzeuge *m*.

**AUSPICES** *mpl* : **sous les – de** unter der Schirmherrschaft von.

**AUTEUR** *m* • *(FamR)* Erzeuger *m*; Vater; Mutter • *(ZR)* (Rechts-) Vorgänger *m* • *(UrhR)* Verfasser *m*, Urheber *m*, Autor *m*, Schriftsteller *m* • *(Schaden)* Verursacher *m*, Schädiger • *(StR)* Täter *m*, Straftäter; **droits d'–** Urheberrechte *pl;* **– d'un accident** Unfallverursacher; **– principal** *(d'un crime)* Haupttäter.

**AUTHENTICITÉ** *f* Echtheit *f*, Wahrheit *f*, Glaubwürdigkeit *f*.

**AUTHENTIFICATION** *f* Beurkundung *f*, öffentliche Beglaubigung.

**AUTHENTIFIER** *v.tr.d.* beurkunden, beglaubigen.

**AUTHENTIQUE** *adj* echt, verbürgt, wahr; **acte –** öffentliche Urkunde.

**AUTODÉFENSE** *f* Selbstverteidigung, Selbsthilfe; **groupe d'–** Selbstschutzverband *m*.

**AUTOGESTION** *f* Selbstverwaltung *f*, Leitung *f* (eines Betriebes) durch die Belegschaft selbst.

**AUTOGRAPHE** *adj* eigenhändig geschrieben.

**AUTOMOBILISTE** *m* Kraftfahrer, Fahrzeugführer.

**AUTONOME** *adj* autonom, unabhängig, sich selbst verwaltend.

**AUTONOMIE** *f* • *(VR, VerfR)* Autonomie *f*, Selbständigkeit • *(VwR)* Selbstverwaltung • *(ZR)* Vertragsfreiheit *f*, Willensfreiheit; **– administrative** Selbstverwaltung; **– financière** *(VwR)* Finanzhoheit; **– municipale** *(ÖfR)* Selbstverwaltungsrecht der Gemeinden; **– des partenaires sociaux** *(ArbR)* Tarifautonomie *f*; **– des particuliers** *(ZR)* Privatautonomie *f*.

**AUTOPSIE** *f* Obduktion *f*, Leichenöffnung *od.* -schau.

**AUTORISATION** *f* • *(VwR)* Erlaubnis *f*, Bewilligung; Konzession, Verleihung • *(ZR)* Zustimmung, *(vorher:)* Einwilligung, *(nachträglich:)* Genehmigung • *(HR, ZR)* Bevollmächtigung, Übertragung von Befugnissen; **accorder** *ou* **délivrer une –** eine Erlaubnis erteilen; **refuser une –** eine Erlaubnis versagen.

**AUTORISATION | d'absence** *(BeamR, ArbR)* Dienstbefreiung; **– de bâtir** Bauerlaubnis *f*; **– budgétaire** Ausgabenbewilligung; **– de circuler** *(StVR)* Fahrerlaubnis, Zulassung eines Fahrzeugs; **– d'exercer un commerce** *(WirtR)* Gewerbezulassung.

**AUTORISATION | maritale** *(FamR)* Zustimmung des Ehegatten; **– préalable** *(VwR)* Vorwegbewilligung; **– de prélèvement automatique** *(BankR)* Einzugsermächtigung; **– de séjour** Aufenthaltsbewilligung *od.* -erlaubnis; **– de travail** Arbeitserlaubnis *f*.

**AUTORISER** • *(VwR)* (eine Erlaubnis) erteilen, (ein Recht) verleihen, etwas bewilligen • *(ZR, HR)* ermächtigen, bevollmächtigen.

**AUTORITÉ** *f* • *(pouvoir de commander)* Macht *f*, Machtbefugnis *f*, Autorität *f*, Gewalt *f*, Amtsgewalt • *(organe investi de ce pouvoir)* Behörde *f*, Obrigkeit *f* • *(force obligatoire)* zwingende Kraft *f*, Geltung *f*, Rechtskraft *f*.

**AUTORITÉ | administrative** Verwaltungsdienststelle; **– de la chose jugée** *(PrzR)* Rechtskraft(wirkung) eines Urteils; (vorläufige) Verbindlichkeit einer (Gerichts-)Entscheidung; **–hiérarchique** • *(VwR)* übergeordnete Dienststelle, vorgesetzte Dienstbehörde • dienstliche Aufsicht; **– inférieure** *(VwR)* nachgeordnete Dienststelle, nachgeordneter Bereich; **– judiciaire** Zivil- u. Strafgerichtsbarkeit *f*; Justiz *f*, Justizbehörde *f*; **– locale** Gemeinde (als Gebietskörperschaft).

**AUTORITÉ | parentale** *(FamR)* elterliche Sorge; **– de poursuite** *(StPR)* Strafverfolgungsbehörde – **publique** Staat(sgewalt), die staatlichen Behörden *fpl*; **– relative de la chose jugée** *(PrzR)* beschränkte Rechtskraftwirkung (eines Urteils) zwischen den Parteien; **– requérante** *(VwR, IPR)* ersuchende Behörde; **– requise** ersuchte Behörde; **– de tutelle** • *(ZR)* Vormundschaftsbehörde • *(VwR)* Aufsichtsbehörde.

**AUTREMENT** *adv* widrigenfalls, sonst; anders; **– dit** anders ausgedrückt.

**AUTRUI** *pron* Dritte(r); **agir pour le compte d'–** für fremde Rechnung handeln; **agir au nom d'–** in fremdem Namen handeln.

**AUXILIAIRE** *m* Hilfskraft *f*, Hilfsbeamte(r) *m*, Hilfsperson *f*; **– de justice** *(PrzR)* (unabhängiges) Rechtspflegeorgan *n*; **–s de la magistrature** nichtrichterliche Justizhilfsbeamte *mpl*, Justizangestellte.

**AVAL** *m* Wechselbürgschaft *f*, Aval *m*.

**À-VALOIR** *m* **: toucher un –** *(Verlagsvertrag)* eine auf das Absatzhonorar anrechenbare Abschlagszahlung erhalten.

**AVANCE** *f* • Fortschreiten *n*, Vorwärtsgehen *n* • Vorsprung *m*, Vorteil *m* • Vorschuss *m*, Gelddarlehen *n* • Voraus(be)zahlung (bei Bestellung), Anzahlung *f*; **faire une –** einen Vorschuss gewähren.

**AVANCE | bancaire** (kurzfristiges) Bankdarlehen *n*; **– de caisse** Kassenvorschuss *m*; **– en compte-courant** Kontokorrentkredit; **– à découvert** Überziehungskredit; **– sur nantissement (de titres), – sur titres** Lombardkredit *m*, Effektenlombard.

**AVANCER** *v.tr.d.* • *(BeamR)* vorrücken, aufrücken • *(Geld)* vorstrecken, einen Vorschuss gewähren • behaupten, vorbringen.

**AVANT** *präp* **: jugement – dire droit** *(ZPR)* Vorabentscheidung; Zwischenurteil *n* (über den Grund).

**AVANTAGE** *m* • *(ZR)* Vorteil *m*, Vergünstigung • *(SozR, meist pl.)* Leistung(en) *f(pl)* • *(ArbR)* Bezüge *pl*, Vergütung • *(Pol, MilR)* Erfolg *m*, Vorzug, Sieg; **– acquis** *(ArbR)* Besitzstand *m*; **–s en nature** *(ArbR, SozVers)* Naturalleistungen, Sachleistungen.

**AVANTAGER** bevorzugen, begünstigen.

**AVANT-CONTRAT** *m* • (verbindlicher) Vorvertrag *m* • (widerrufliches) Zugeständnis *n*.

**AVANT-PROJET** *m* Vorentwurf *m*, Konzept *n*; **– de loi** Gesetzesvorlage *f*.

**AVARIE** *f* • *(SchuldR)* Sachschaden *m*; Aufwendungen zur Verminderung *od.* Vermeidung eines Schadens • *(HR, SeeHR)* Transportschaden; Havarei *f*.

**AVENANT** *m (ZR)* Zusatzvereinbarung, Nachtrag *m*.

**AVENIR** *m* • Zukunft *f* • *(PrzR)* Urkunde, die von Anwalt zu Anwalt zugestellt wird; **– d'audience** Ladung zum Termin.

**AVENU** *adj* **: nul et non –** null und nichtig, nicht geschehen.

**AVÉRÉ** *adj* sicher, unzweifelbar; **fait –** unbestreitbare Tatsache *f.*

**AVERTIR** *v.tr.d.* • benachrichtigen, ankündigen • verwarnen, abmahnen, mahnen • warnen.

**AVERTISSEMENT** *m* • *(information)* Ankündigung *f,* Benachrichtigung *f* • *(avis, instruction)* Mahnung *f,* Aufforderung *f,* Abmahnung *f* • *(ZPR)* Ladung *f* • *(mesure disciplinaire)* Verwarnung *f,* Verweis *m;* **grève d'–** Warnstreik *m.*

**AVERTISSEUR** *m (StVR)* Hupe *f;* **– d'incendie** Feuermelder; **– lumineux** Lichthupe; **– de panne** Warnblinklicht.

**AVEU** *m* Geständnis *n;* Anerkenntnis *n;* **– d'une faute** Schuldbekenntnis *n.*

**AVEUX: revenir sur ses –** sein Geständnis widerrufen.

**AVIDITÉ** *f* Habgier, Habsucht *f.*

**AVIS** *m* • *(opinion, pensée)* Meinung *f,* Ansicht *f,* Standpunkt *m,* Auffassung *f* • *(suffrage)* Gutachten *n,* Stellungnahme *f* • Ankündigung *f,* Anzeige *f,* Nachricht *f,* Benachrichtigung *f* • Empfangsbescheinigung *f.*

**AVIS | d'accident** Unfallanzeige *f,* Unfallmeldung; **– d'arrêt de travail** *(SozVers)* Arbeitsunfähigkeitsbescheinigung; **– comminatoire** Strafandrohung *f;* **– de concours** Stellenausschreibung; **– de couverture** *(VersR)* Deckungszusage *f.*

**AVIS | de débit** Lastschriftanzeige *f;* **– défavorable** ablehnende Stellungnahme; **– de dommage** *(VersR)* Schadensanzeige; **– d'exécution** Vollzugsmeldung *f,* Ausführungsanzeige *f;* **– d'expédition** Versandanzeige.

**AVIS | d'imposition** Steuerbescheid *m;* **– de licenciement** Kündigungsschreiben *n;* **– motivé** begründete Stellungnahme; **– de naturalisation** Einbürgerungsmitteilung; **– négatif** ablehnender Bescheid.

**AVIS | de paiement** Zahlungsbestätigung *od.* -anzeige; **– public** öffentliche Bekanntmachung; **– de réception** • Empfangsbestätigung • *(Post)* Rückschein *m;* **– de recherche** *(StR)* Ausschreibung im Fahndungsblatt; **– de recherche d'un criminel** Steckbrief *m.*

**AVISER** benachrichtigen, verständigen; bekanntmachen, ankündigen.

**AVOCAT** *m* Rechtsanwalt *m,* Anwalt; (Straf-)Verteidiger *m;* Rechtsbeistand *m,* Rechtsberater *m;* **commettre un – d'office** einen Pflichtverteidiger von Amts wegen einsetzen *od.* bestellen; **constituer (un) –** einen Anwalt bestellen; **consulter un –** einen Anwalt zu Rate ziehen; **ministère d'–** Anwaltstätigkeit; **ordre des –s** frz. Rechtsanwaltskammer.

**AVOCAT | commis d'office** Pflichtverteidiger *m;* **– -conseil** Rechtsberater, Syndikus *m;* **– aux conseils** Rechtsanwalt, der zur Vertretung vor dem Staatsrat und vor dem Kassationshof zugelassen ist; **– consultant** Rechtsberater; **– à la Cour** bei frz. Berufungsgerichten zugelassener Anwalt; **– général** *(StPR)* Oberstaatsanwalt (bei den frz. Rechtsmittelinstanzen); **– inscrit au tableau** (bei einem Gericht) zugelassener Anwalt; **– librement choisi** Vertrauensanwalt, Anwalt der freien Wahl; **– d'office (= – commis d'office)** Pflicht- *od.* Offizialverteidiger; **– salarié** Anwalt im Angestelltenverhältnis, Syndikus *m.*

**AVOCATE** *f* Rechtsanwältin.

**AVOIR** *m* • *(actif, crédit)* Guthaben *n,* Haben *n,* Habenseite *f,* Aktiva *pl* • *(fortune, richesses)* Vermögen *n,* Vermögensbestand *m,* Hab und Gut; **– en banque** Bankguthaben; **– en caisse** Kassenbestand *m;* **– fiscal** *(SteuerR)* anrechenbare Steuergutschrift (bei Gewinnausschüttungen).

**AVORTEMENT** *m* • *(expulsion spontanée)* Spontanabort *m*, Fehlgeburt *f* • *(interruption volontaire de la grossesse)* indizierte Schwangerschaftsunterbrechung *f* • *(StR: manœuvre criminelle)* (strafbarer) Schwangerschaftsabbruch; **– thérapeutique** Schwangerschaftsabbruch nach ärztlicher Anzeige.

**AVOUÉ** *m (PrzR: officier ministériel près la cour d'appel)* Vertreter in den Schriftsätzen (vor den frz. Berufungsgerichten).

**AVOUER** *v.tr.d.* gestehen, eingestehen, einräumen; anerkennen.

**AYANT-CAUSE** *m* • *(ZR)* Berechtigter *m*, Anspruchsberechtigter *m*; (neuer) Schuldner • *(ErbR)* Rechtsnachfolger *m*; **– à titre universel** Erbteilvermächtnisnehmer; **– universel** Gesamtrechtsnachfolger.

**AYANT-DROIT** *m* • *(SchuldR, SozR)* Anspruchsberechtigte(r) *m*; Leistungsberechtigter *m* • *(ZR)* Verfügungsberechtigter *m* • *(ErbR: synonyme d'ayant-cause)* Rechtsnachfolger *m*; Hinterbliebener *m*.

## B

**BACCALAURÉAT** *m* frz. Abitur *n*, Reifezeugnis *n*.

**BAGAGES** *mpl* Gepäck *n*; **bulletin de –** Gepäckschein *m*; **consigne de –** Gepäckaufbewahrung *m*; **– à main** Handgepäck.

**BAGATELLE** *f* Geringfügigkeit; unbedeutender Geldbetrag.

**BAIL** *m* • *(ZR: contrat de louage)* (Sach-)Miete *f*; Mietvertrag *m* • *(LandwR)* Pacht *f*, Verpachtung *f*, Pachtvertrag *m*.

**BAIL | commercial** Geschäftsraummiete; Mietvertrag für gewerblich genutzte Räumlichkeiten; **– à loyer** Mietvertrag.

**BAILLEUR** *m* Vermieter *m*; **privilège du –** Vermieterpfandrecht; **– à ferme** Verpächter; **– de fonds** • Kapital- *od.* Geldgeber *m* • *(GesR)* stiller Gesellschafter; Kapitalgeber.

**BALANCE** *f* • *(appareil de mesure)* Waage *f* • *(HR, Außh)* Bilanz *f* • *(BankR)* Saldo *n*; **– du commerce extérieur**, **– commerciale** (Außen-) Handelsbilanz.

**BALANCE | des paiements** Zahlungsbilanz; **– des paiements courants** Leistungsbilanz; **– des prestations gratuites** Übertragungsbilanz, Bilanz der unentgeltlichen Leistungen; **– des services** Dienstleistungsbilanz; **– des transactions courantes** Handels- und Dienstleistungsbilanz.

**BALLOTTAGE** *m* **: scrutin de –** zweiter Wahlgang, Stichwahl.

**BANALISATION** *f* • *(ZR)* Aberkennung des Sonderstatus • Tarnung.

**BANALISÉ** *adj* **: procédure –e** *(ZPR)* vereinfachtes (Zivil-) Verfahren **voiture de police –e** Zivilstreife(nwagen) der Polizei.

**BANC | des accusés** Anklagebank *f*; **– des avocats** Platz des Verteidigers; **– du jury** Geschworenenbank.

**BANCAIRE** *adj* **: agence –** Zweigstelle einer Bank; **carte –** Kreditkarte *f*; **compte- –** Bankkonto *n*; **établissement –** Kreditinstitut *n*, Bank *f*; **guichet –** Bankschalter; **numéro de code –** Bankleitzahl *f*; **relevé d'identité – (= RIB)** besonderer Vordruck der Banken mit Bankleitzahl und Kontonummer sowie Namen des Bankkunden (für Überweisungen).

**BANDE** *f* • *(StR)* kriminelle Vereinigung • *(Radio)* (Frequenz-)Band *n*; **– armée** bewaffneter Haufen.

**BANDITISME** *m* Banditenunwesen *n*; **grand –** organisierte *od.* schwere Kriminalität.

**BANNISSEMENT** *m* Verbannung *f*, Ausweisung.

**BANQUE** *f* • Bank *f*, Bankhaus *n*, Kreditanstalt *f* • Bankgebäude *n* • Bankwesen *n*; **commission de –** Bankprovision *f*, Bereitstellungsprovision; **compte en –** Bankkonto *n*; **conditions de –** Allgemeine Geschäftsbedingungen (der Banken); **dépôt en –** Bankeinlage *f*.

**BANQUE | d'affaires** frz. Unternehmensbeteiligungsbank *f*, Investmentbank; **– des banques**, **– centrale** Zentralbank, Notenbank; **– de dépôts** Depositenbank; **– à domicile** electronic Banking, Homebanking *n*; **– de données** Datenbank; **– d'émission** Notenbank, Zentralbank.

**BANQUE | de France** frz. Zentral- u. Notenbank; **– polyvalente** Universalbank; **– des règlements internationaux (= B.R.I.)** Bank für internationalen Zahlungsausgleich; **– à tout faire**, **– universelle** Universalbank.

**BANQUEROUTE** *f* **frauduleuse** *(StR)* betrügerischer Bankrott *m*, Krida *f* (Aut).

**BANQUIER** *m* • *(i.e.S.)* Bankier *m*, Vorstandsmitglied *n* einer Bank • *(i.w.S.)* Bank *f*.

**BARBARIE** *f* : **acte de –** *(StR)* Grausamkeit, Unmenschlichkeit.

**BARÈME** *m* Tabelle *f*, Skala *f*, Schlüssel *m*, Satz *m*; Frachtsatzanzeiger *m*; **– des prix** Preisliste *f*; **– des rémunérations** Lohntabelle; Tarifsystem *n*.

**BARRAGE** *m* Straßensperre; Staudamm; **– de police** polizeiliche Straßenkontrolle.

**BARRE** *f* Schranke *f* (des Gerichts).

**BARRÉ** *adj* : **rue –e** für den öffentlichen Verkehr gesperrte Straße.

**BARREAU** *m* • *(ordre des avocats)* Rechtsanwaltskammer *f*, Anwaltschaft *f* • Anwaltsstand *m*, Anwaltsberuf; **admission au –** Zulassung als Anwalt bei einem Gericht; **radiation du –** Löschung in der Anwaltsliste.

**BASE** *f* • Grundlage *f*, Fundament *n* • Grundfläche *f*; **abattement à la –** Freibetrag *m*, Steuerfreigrenze *f*; **connaissances de –** Grundkenntnisse; **consultation de la –** Urabstimmung.

**BASE LÉGALE : défaut, manque de – –** Fehlen einer gesetzlichen Grundlage.

**BASSIN** *m* : **agence de –** Wasser- u. Bodenverband; Wasserschutzgebiet *n*; **– houiller** Steinkohlenrevier; **– hydrologique** Wasserschutzgebiet.

**BATEAU** *m* **de navigation intérieure** Binnenschiff; **– de plaisance** Wasserfahrzeug zu Sport- oder Vergnüngungszwecken.

**BATELIER** *m* Binnenschiffer *m*.

**BATELLERIE** *f* Binnenschiffahrt *f*.

**BÂTI** *adj* : **propriété –ie** bebautes Grundstück.

**BÂTIMENT** *m* • Bauwerk *n*, Gebäude *n*; Baugewerbe *n*, Bauwesen *n* • *(SeeHR)* Wasserfahrzeug *n*, Schiff *n*; **– administratif** Verwaltungsgebäude *n*; **– de mer** Seeschiff; **– et travaux publics (= BTP)** Hoch- und Tiefbau *m*.

**BÂTONNIER** *m* Präsident der frz. Rechtsanwaltskammer.

**BAUX** *mpl* Mietvertrag; *siehe:* bail.

**BAVURE policière** polizeilicher Übergriff, unbefugtes *od.* gesetzwidriges Verhalten eines Polizeiorgans.

**BELLIGÉRANCE** *f* : **état de –** Kriegszustand.

**BÉNÉFICE** *m* • *(gain, profit, rapport)* Gewinn *m*, Ertrag *m*, Einkommen *n* • *(avantage)* Nutzen *n*, Vorteil *m* • Rechtsvorteil *m*, Recht *n*, Rechtswohltat *f*; **au – de** zu Gunsten von; **dégager un –** einen Gewinn erwirtschaften; **dissimuler des –s** Gewinne verschleiern.

**BÉNÉFICE | comptable** Buchgewinn; **– de discussion** *(ZPR)* Einrede *f* der Vorausklage; **– de division** *(ZPR)* Recht des Bürgen, seine Haftung auf die Summe zu beschränken, mit der er sich verbürgt hat.

**BÉNÉFICE du doute** *(StPR)* im Zweifel für den Angeklagten;

mangels Beweises; **acquittement au – –** Freispruch in dubio pro reo.

**BÉNÉFICE | d'exploitation** Betriebsgewinn; **– fictif** Scheingewinn; **– imposable** steuerpflichtiger Gewinn; **– industriel et commercial (= B.I.C.)** Einkünfte aus gewerblicher Tätigkeit.

**BÉNÉFICE d'inventaire** *(ErbR)*: **acceptation sous – –** Erbschaftsannahme unter dem Vorbehalt der Errichtung eines Inventars.

**BÉNÉFICIAIRE** *m* • *(ZR, VersR)* Begünstigte(r) *m*, Bezugsberechtigte(r) *m* • *(WechselR)* Wechselnehmer *m*, Remittent *m* • *(SozR)* Leistungsempfänger *m*, Bezieher *m* (von Sozialleistungen); **– de l'assistance judiciaire** *(PrzR)* Prozesskostenhilfeempfänger; **– de la cession** • Zessionar *m*, Neugläubiger *m* • Erwerber *m*; **– d'une prestation** Leistungsempfänger.

**BÉNÉFICIAIRE** *adj* : **marge –** Gewinnspanne *f*; **partie –** Begünstigter *m*.

**BÉNÉVOLE** *adj* : **collaboration –** freiwillige Mitarbeit; **contrat –** Gefälligkeitsverhältnis *n*.

**BESOIN 1.** *m* • *(exigence personnelle et subjective)* Bedürfnis *n* • *(exigence objective)* Erfordernis *n*, Notwendigkeit; **au –** falls erforderlich, im Notfall; **en cas de –** im Bedarfsfall; **être dans le –** bedürftig sein; **subvenir à ses –s** für seinen (eigenen) Lebensunterhalt aufkommen.

**BESOINS 2.** *mpl* Bedarf *m*; **– de capital** Kapitalbedarf; **– en énergie** Energiebedarf; **– essentiels** Grundbedürfnisse; **– incompressibles** Existenzbedürfnisse; **– individuels et privés** Eigen- *od.* Privatbedarf; **– en main-d'œuvre** Arbeitskräftebedarf; **– du service** *(VwR)* dienstliches Erfordernis.

**BICAMÉRALISME** *m* *(VerfR)* Zweikammersystem *n*.

**BIEN 1.** *m* • *(tout droit subjectif patrimonial)* Vermögenswert *m* • *(toute chose objet d'un droit réel)* Sache *f*, (körperlicher) Gegenstand *m* des Sachenrechts, Rechtsobjekt *n*, Rechtsgut *n*; Grundstück *n*, Vermögensbestandteil *m* • *(surtout au pluriel: biens économiques)* Gut *n*, Wirtschaftsgüter *npl* • *(ÖfR: intérêt)* Wohl *n*, Interesse *n*; **– dans le commerce** verkehrsfähige Sache; **– commun** *(ÖfR)* Gemeinwohl *n*, öffentliches Interesse *n*; **– consomptible** verbrauchbare Sache; **– corporel** Gegenstand, Sache; **– domanial** Staatsgut.

**BIEN-ÊTRE** *m* Wohlstand; **économie de –** Wohlstandsgesellschaft.

**BIEN | de famille** • *(LandwR)* Erbhof *n* • *(ZR)* alter Familienbesitz; **– foncier** Grundstück.

**bien-fondé** *(PrzR)* Begründetheit, Berechtigung, Stichhaltigkeit.

**BIEN | -fonds** *m* *(SachR)* Grundstück *n*; **– fongible** Gattungssache *f*; **– frugifère** *(SachR)* Früchte *fpl* tragende Sache; (Boden-)Ertrag *m*; Zinsen; Mietzins *m*; **– grevé** belastete Sache; **– immobilier** unbewegliche Sache, Grundstück; **– incorporel** Immaterialgüterrecht *n*; **– insaisissable** unpfändbare Sache.

**BIEN | sans maître** *(ZR)* herrenlose Sache; **– meuble** *ou* **mobilier** bewegliche Sache, Fahrnis *n*; **– non fongible** *(SachR)* Stück *n*, individualisierter Leistungsgegenstand *m*; Stückschuld *f*; **– public** *(VerfR)* öffentliches Interesse, Gemeinwohl *n*; **– vacant** herrenlose Sache; **– volé** Diebesgut *n*.

**BIENS 2.** *mpl* Vermögen *n*, Vermögenswerte *pl*; **administrateur des –** Vermögensverwalter *m*; **administration des –** Vermögensverwaltung; **cession de –** Übertragung von Vermögenswerten; **communauté de –** (eheliche) Gütergemeinschaft *f*, **confiscation des –** *(StR)* Vermögensbeschlagnahme; **droit des –** Sachenrecht *n*; **inventaire des –** Vermögensverzeichnis *n*; **séparation de –** *(EheR)* Gütertrennung *f*.

**BIENS | communaux** *(VwR)* Gemeindevermögen, Allmende *f*; **– consomptibles** Konsumgüter *pl*; **– de consommation instantanée** Verbrauchsgüter; **– durables** Gebrauchsgüter; **– d'équipement** Investitionsgüter *pl*.

**BIENS | incorporels** immaterielle Güter; Leistungen; **– indirects** Produktionsgüter, Kapitalgüter; **– d'investissements** Anlage-, Investitionsgüter.

**BIENS | personnels** Eigenvermögen *n*; **– de production** Produktiv- *od*. Investitionsgüter, Produktionsmittel *npl*; **– propres** *(EheR)* Sondergut (eines Ehegatten); **– réservés** *(EheR)* Vorbehaltsgut; **– sociaux** Gesellschaftsvermögen.

**BIFFER** *v.tr.d.* **les mentions inutiles** Nichtzutreffendes streichen.

**BIGAMIE** *f* Doppelehe *f*, Bigamie *f*.

**BILAN** *m (GesR, Buchf)* Bilanz *f*, Abschluss *m*, (Jahres-) Schlussrechnung; **actif du –** Aktivseite *f* (der Bilanz); **article du –** Bilanzposten *m*; **camouflage du –** Bilanzverschleierung, Bilanzkosmetik *f*; **clôture du –** Bilanzabschluss *m*; **dépôt du –** Eröffnung des Insolvenz- *od*. Vergleichsverfahrens (bei Zahlungsunfähigkeit); **poste du –** Bilanzposten *m*; **réévaluation du –** Wertberichtigung *f*; **sincérité du –** Bilanzwahrheit *f*.

**BILAN | actif** aktive Bilanz; **– des activités** Tätigkeitsbericht; **– annuel** Jahresbilanz; **– de clôture** Schlussbilanz; **– consolidé** Konzernbilanz; **– de fin d'exercice** Jahresabschluss; **– passif** Unterbilanz, Passiv- *od*. Verlustbilanz.

**BILATÉRAL** *adj* zweiseitig, gegenseitig verpflichtend, bilateral.

**BILLET** *m* • *(titre de transport)* Fahrausweis *m*, Fahrkarte *f*, Fahrschein *m* • (Bank-)Note *f* • *(HR)* Schuldschein; Wechsel; **faux –** falsche Banknote; **– de banque** Banknote *f*, Geldschein *m*; **– de groupe** Sammelfahrschein; **– de loterie** Lotterielos *n*; **– à ordre** Solawechsel *m*.

**BILLETERIE** *f* Geldautomat *m*.

**BIODIVERSITÉ** *f (UmweltR)* Artenreichtum *m*.

**BIOÉTHIQUE** *f (UmweltR)* Bioethik *f*, Grundsätze und Verhaltensregeln zum Schutze von Leben und Gesundheit von Menschen, Tieren, Pflanzen.

**BLÂME** *m (DiszpR)* Tadel *m*, Rüge *f*, (strenger) Verweis *m*.

**BLANC** *m/adj* • *(Urkunde)* unausgefüllte Stelle, Lücke *f*, Blankett *n* • Durchschuss, leerer Raum; **bulletin –** *(WahlR)* ungültige Stimme; **carte blanche** völlige Handlungsfreiheit; **chèque en –** Blankoscheck; **mariage –** *(FamR: mariage simulé)* Scheinehe *f* (z.B. zwecks Staatsangehörigkeitserwerbs); Nichtehe.

**BLANCHIMENT** *m* (de l'argent sale ou de l'argent de la drogue) *(StR)* Geldwäsche *f*.

**BLANC-SEING** *m* Blankovollmacht *m*.

**BLESSURE** *f* **corporelle** Körperverletzung, Personenschädigung; **– par imprudence** fahrlässige Körperverletzung.

**BLOC** *m* Gruppe *f*, Vereinigung; **– de contrôle** *(WirtR)* wesentliche Beteiligung; Sperrminorität *f*.

**BLOCAGE** *m* Sperre *f*, (Ab-) Sperrung; **– des salaires** Lohnstopp.

**BLOCUS** *m (VR)* Blockade *f*; **– commercial** Handelssperre; **– maritime** Seeblockade.

**BOÎTE** *f* | **noire** Flugschreiber; **– postale** Postfach *n*, Postschließfach.

**BOMBE** *f* • Bombe *f* • Spray- *od*. Sprühdose *f*.

**BOMBEUR** *m (StR: gaffiteur, tagueur)* Sprayer *m*, Graffiti-Maler.

**BON** *m* • *(HR)* (Zahlungs-)Anweisung *f* • *(bon du Trésor)* Schatzwechsel *m*, Schatzanweisung; **– de commande** (vorgedruckter) Auftrag *m*, Bestellschein *od*. -karte.

**BON | de livraison** Lieferschein *m*; **– du Trésor** frz. Schatzanweisung *f*, Schatzwechsel *m*.

**BONIFICATION** *f (BankR)* Vergütung, Bonifikation; (Zins-)Gutschrift; **– pour non-sinistre** *(Kfz-Vers.)* Schadensfreiheitsrabatt.

**BONNE FOI** *f* • *(ZR)* Treu und Glauben, redliche Einhaltung des gegebenen Worts • *(StR, ZR)* guter Glaube; irrtümliche Annahme, man handle rechtmäßig; **protection de la –** Gutglaubensschutz.

**BONNES MŒURS** *fpl* gute Sitten *fpl*.

**BON PÈRE DE FAMILLE** *(ZR)* (Maßstab der verkehrsüblichen) Sorgfalt *f*.

**BONUS** *m* • *(VersR)* Schadensfreiheitsrabatt *m*, Bonus *m* • *(GesR)* Sondervergütung; zusätzliche Gewinnausschüttung; Zuteilung von Gratisaktien.

**BORDEREAU** *m* Verzeichnis *n*, Aufstellung *f*, Liste *f*; Register *n*; Begleitpapier *n*; **– d'agent de change** Schlussnote *f*; **– de cession de créances professionnelles** *(BankR)* vereinfachte Handelsforderungsabtretung (an eine Bank); **– d'expédition** Versandschein; **– de fournitures**, **– de livraison** Lieferschein.

**BORNAGE** *m* • *(ZR)* Be- *od.* Abgrenzung, Ab- *od.* Vermarkung *f* • *(SeeHR)* Küstenschiffahrt (bis 15 Seemeilen).

**BORNE** *f* Grenzstein *od.* -zeichen.

**BOURREAU** *m* • Scharfrichter *m*, Henker *m* • Folterer *m*.

**BOURSE** *f* • *(BörR)* Börse *f*, Wertpapiermarkt *m*; Börsengebäude *n* • *(SchulR)* Stipendium *n* (für Studierende) • *(ArbR)* Gewerkschaftshaus *n*, Ortskartell *n* der Gewerkschaften • *(umg)* (Geld-)Börse *f*, Geldbeutel *m*, Geld *n*; **action cotée en –** börsengängige Aktie.

**BOURSE | à parquet** amtlicher Handel, offizieller Markt, Parkett *n*; **– du travail** Gewerkschaftshaus *n*; **– de valeurs mobilières** Effekten- *od.* Wertpapierbörse.

**BOURSIER** *adj* **: marché –** Börsenmarkt.

**BOYCOTT** *m*, **boycottage** *m* Boykott *m*, Verrufserklärung, Käufer- *od.* Verbraucherstreik.

**BRACELET** *m* **électronique** *(StPR)* elektronisches Armband.

**BRACONNAGE** *m (StR)* (Jagd-) Wilderei *f*, Wildern *n*.

**BRADER** *v.tr.d.* zu herabgesetzten Preisen verkaufen, verschleudern.

**BRANCHE** *f* • *(Vwirt)* (Wirtschafts- *od.* Geschäfts-)Zweig *m*, Bereich *m*, Sparte *f* • *(ErbR)* Seitenlinie *f*; **– d'activité** Tätigkeitsbereich *m*, Berufszweig *m*, Berufssparte *f*; **– du droit** Rechtsgebiet *n*.

**BRAQUAGE** *m (StR)* Banküberfall *m*.

**BREVET** *m* • *(PatR)* Patent *n*, Hauptpatent • *(SchulR)* (Prüfungs-) Zeugnis, Diplom; **acte en –** notarielle Urkunde; **agent de –** Patentanwalt *m*; **contrefaçon de –** Patentverletzung; **déchéance du –** Verfall des Patents; **délivrance de –** Patenterteilung; **demande de –** Patentgesuch *od.* -anmeldung; **litige en matière de –s** Patentstreitsache; **mention du –** Patentberühmung; **objet du –** Inhalt *m* der Erfindung; **protection du –** Patentschutz *m*; **registre des –s** Patentrolle *f*; **titulaire du –** Patentinhaber *m*; **usurpation de –** widerrechtliche Aneignung (eines Patents); **violation de –** Patentverletzung.

**BREVET | d'invention** Patent, Erfindungspatent, patentierte Erfindung; **– en litige** *ou* **– litigieux** streitbefangenes Patent; **– de perfectionnement** Verbesserungspatent; **– de précaution** Sperrpatent, Vorbeugungspatent; **– de procédé** Verfahrenspatent; **– de produit** Sach- *od.* Erzeugnispatent.

**BREVETABILITÉ** *f* Patentfähigkeit.

**BREVETABLE** *adj* **: invention –** patentfähige Erfindung.

**BREVETÉ** *m* Patentinhaber *m*; **– SGDG** *(= sans garantie du gouvernement)* patentiert ohne Haftung des Staates.

**BREVETER** *v.tr.d.* patentieren.

**BRIGADE** *f* | **criminelle** *(StR)* Sonderdezernat für Schwerverbrechen; – **de gendarmerie** frz. Gendarmerieposten (auf Bezirksebene); – **mondaine** Sittendezernat; – **polyvalente** Steuer- und Zollfahndung(sstelle); – **de protection des mineurs** Jugendschutzdezernat; – **de recherche et d'intervention (= BRI)** *(StPR: l'anti-gang)* Dezernat zur Bekämpfung des organisierten Verbrechens; – **des stupéfiants et du proxénétisme** Rauschgiftdezernat *n* und Sittenpolizei, (kurz:) „die Sitte".

**BRIGAND** *m (StR)* Bandenmitglied *n*; (Straßen-)Räuber *m*.

**BRIGANDAGE** *m (StR)* Bandendiebstahl *m*, Straßenraub *m*.

**BRIS** *m* • *(VersR)* (Glas-)Bruch *m*, Bruchstelle *f* • *(StR)* gewaltsames Öffnen, gewaltsames Auf- *od.* Zerbrechen *n*; – **de clôture** gewaltsames Eindringen in ein befriedetes Grundstück; – **de scellés** Siegel- *od.* Verstrickungsbruch.

**BRISEUR** *m* **de grève** Streikbrecher *m*.

**BUDGET** *m* • *(HaushR)* (Staats-) Haushalt *m*, Budget *n*, Etat *m* • Haushaltsgesetz *n* • Haushaltsplan *m*; **adopter le** – den Haushalt verabschieden.

**BUDGET | additionnel** Nachtragshaushalt; – **annexe** Sonderhaushalt *m* (von öffentlichen Betrieben ohne juristische Persönlichkeit); – **autonome** Sonderhaushalt öffentlicher Betriebe *od.* Anstalten mit eigener Rechtsfähigkeit; – **communal** Gemeindehaushalt; – **complémentaire** Nachtragshaushalt.

**BUDGET | militaire** Verteidigungshaushalt; – **ministériel** • Gliederung *f* des Haushaltsplans • Einzelplan *m* (eines Ministeriums); – **prévisionnel** Haushaltsvoranschlag *m*; – **des voies et moyens** Voranschlag *m* der laufenden Einnahmen.

**BUDGÉTAIRE** *adj* : **année** – Haushaltsjahr *n*; **autorisation** – Ausgabenbewilligung *f*; **collectif** – Nachtragshaushalt *m*; **crédits –s** Ausgabemittel *npl*; **déficit** – Haushaltsdefizit *n*; **droit** – Haushaltsrecht; **moyens –s** Haushaltsmittel.

**BULLETIN** *m* • *(publication)* Bericht *m*, Blatt *n*, Veröffentlichung *f* • *(certificat, récépissé)* Schein *m*, Bescheinigung *f*, Zettel *m*, Beleg *m* • *(bulletin de vote)* Wahlzettel *m*, Stimmzettel; – **de bagages** Gepäckschein *m*; – **blanc** ungültiger Stimmzettel *m*.

**BULLETIN | du casier judiciaire** Strafregisterauszug *m*; – **de chargement** Ladeschein; – **de commande** Bestellschein; – **de consigne** Gepäckaufbewahrungsschein; – **électoral** Stimmzettel *m*; – **d'expédition** Versandschein; – **d'informations** *(à la radio)* Nachrichten *fpl*; – **de livraison** Lieferschein; – **des lois** Gesetzblatt, Gesetzessammlung.

**BULLETIN | de naissance** Geburtsurkunde; – **nul** ungültiger Stimmzettel; – **officiel** Amtsblatt *n*, Gesetzes- u. Verordnungsblatt; – **de recherches** *(StPR)* Fahndungsblatt; – **de salaire** Lohnzettel *m*; – **de vote** Stimmzettel *m*.

**BURALISTE** *m* • Schalterbeamte(r), Angestellter am Kassenschalter • Inhaber eines frz. *bureau de tabac,* d. h. einer amtlich genehmigten Steuermarkenverkaufsstelle, Tabaktrafikant (Aut).

**BUREAU** *m* • *(ArbR)* Büro *n*, Abteilung (im Betrieb) • *(VwR)* Referat *n*, Dienststelle *f*, Dezernat *n* • *(d'un avocat)* Kanzlei *f* • *(ZR: Verein)* Vorstand *m*, Präsidium *n* • *(VR: UNO)* allgemeiner Ausschuss; **chef de** – Dienststellen- *od.* Abteilungsleiter; Bürovorsteher *m*, Referent *m*.

**BUREAU | de conciliation** • *(i.w.S.)* Gütekammer *f*, Gütestelle, Schlichtungsstelle • *(ArbR)* Schlichtungskammer *f*; – **de consultations juridiques** Rechtsberatungsstelle, Rechtsauskunftsstelle *f*; – **du contentieux** Rechtsabteilung.

**BUREAU | électoral** Wahlamt, Wahllokal, Wahlleitung; – **d'embauchage** Personalabteilung; Arbeitsvermittlung; – **de l'état civil** Standesamt; – **d'études** • Konstruktionsbüro • *(VwR)* Planungsstelle.

**BUREAU | du travail** (= BIT) Internationale Arbeitsorganisation (= ILO); – **de l'Union postale universelle** (= UPI) Büro des Weltpostvereins.

**BUREAU | de jugement** *(ArbR: Conseil de prud'hommes)* Spruchkammer (des frz. Arbeitsgerichts); – **de la main-d'œuvre** Arbeitsamt *n*; – **des objets trouvés** Fundbüro *n*; – **de placement** Arbeitsvermittlungsstelle, Stellennachweis *m*; –**de vote** Wahllokal *n*.

**BUREAUCRATIE** *f* Bürokratie *f*; Beamtenschaft *f*; *pej* Amtsschimmel.

**BUREAUTIQUE** *f* Büroorganisation *f*, Büro- und Informationstechnik *f*, Bürokommunikation.

**BUT** *m* Ziel *n*, Zweck *m*, Planziel; **dans le – de** in der Absicht; – **immédiat** Nahziel; – **lucratif** Erwerbszweck *m*, Gewinnerzielungsabsicht; – **d'utilité publique** gemeinnütziger Zweck.

**BUTIN** *m* • *(StR)* Beute *f* • *(MilR)* Feindvermögen *n*.

## C

**C.A.** *m* • *(chiffre d'affaires)* Umsatz *m* • *(conseil d'administration)* Verwaltungsrat *m*, Vorstand *m* und zugleich Aufsichtsrat *m* einer frz. Aktiengesellschaft.

**CABINET** *m* • *(ÖfR)* Ministerrat *m*, Regierung *f*, Kabinett *n* • *(VwR)* Mitarbeiterstab *m*; **conseil de** – Ministerrat (unter Vorsitz des frz. Premierministers); – **d'avocat** Rechtsanwaltskanzlei *f*; – **ministériel** • *(i.w.S.)* Ministerrat, Kabinett • *(i.e.S.)* persönliche Referent(en) eines Ressortministers.

**CABOTAGE** *m* Küstenschiffahrt *f*.

**CABOTEUR** *m* Küstenfahrer *m*; Küstenschiff *n*.

**CACHET** *m* • *(sceau)* Siegel *m*, Stempel *m* • *(rétribution d'un artiste)* Gage *f*, Honorar *n*; – **d'oblitération de la poste** Poststempel; – **de sortie** Ausreisevermerk *m*.

**CADASTRAL** *adj* Grundbuch-; **plan** – amtliches vermessungstechnisches Verzeichnis.

**CADASTRE** *m* Kataster *m/n*; Vermessungswesen; frz. Landesvermessungsamt; **extrait du** – Katasterauszug *m*; – **parcellaire** Liegenschaftskataster.

**CADEAU** *m* Geschenk *n*, unentgeltliche Zuwendung; – **de fiançailles** Verlobungsgeschenk; – **publicitaire** Werbegeschenk.

**CADRE 1.** *m* • *(ArbR, SozR)* Führungskraft *f*, leitende(r) Angestellte(r), Leiter *m*, Vorgesetzter *m*, Verantwortlicher *m* • *(BeamR)* (Beamten-)Besoldungsgruppe *f*; Behördenaufbau *m* • Rahmen *m*, Plan *m*, Anlage *f*, Entwurf *m*.

**CADRES 2.** *mpl (BW) mpl* Führungskräfte *fpl*, Aufsichtspersonen *fpl*, leitende Angestellte *pl*; – **administratifs** *(BeamR)* höherer *od.* gehobener Dienst; – **de direction** *ou* **dirigeants** Topmanagement *n*, Führungskräfte; – **moyens** • *(ArbR)* mittleres Management • *(BeamR)* mittlerer *od.* gehobener Dienst; – **subalternes** • *(ArbR)* Aufsichtspersonal • *(BeamR)* einfacher Dienst; – **supérieurs** • Führungskräfte • höherer Dienst.

**CADUC, CADUQUE** *adj* ungültig, unwirksam; verfallen, veraltet, obsolet.

**CADUCITÉ** *f* Unwirksamkeit (eines Rechtsgeschäfts), Hinfälligkeit *f*, Kaduzierung, Verlusterklärung.

**CAGOULE** *f (StR)* Vermummung *f*.

**CAHIER** *m* Heft *n*; **– des charges** *(VwR)* Ausschreibungs- *od.* Verdingungsunterlagen *fpl*, Lastenheft *n*, Vertragsbedingungen (für Bauleistungen); Leistungsverzeichnis *n*; **– des clauses administratives générales** frz. Verdingungsordnung; **– des clauses et conditions générales** Ausschreibungsunterlagen *fpl*.

**CAISSE** *f* Kasse *f*, Zahlstelle *f*, Kassenschalter, Einzahlungsstelle; **arrêté de –** Kassenabschluss *m*; **avoir en –** Kassenguthaben *n*; **bon de –** Kassenanweisung; **bordereau de –** Kassenzettel *m*; **escompte de –** Barzahlungsnachlass *m*, Skonto *m*; **livre de –** Kassenbuch; **situation de – •** Kassenbestand *m* • Kassenbericht *m*; **vérification de –** Kassenprüfung, Kassensturz *m*.

**CAISSE | d'affiliation** gesetzliche Krankenkasse; **– d'allocations familiales** frz. Kasse für Familienzulagen; **– d'assurance-maladie** Krankenkasse; **– d'assurance-vieillesse** Altersvorsorgekasse; **– de chômage** Arbeitslosenversicherung; **– complémentaire** Zusatzkasse; **– de crédit foncier** Bodenkreditanstalt; **– de crédit municipal** Pfandleihhaus *n* (einer Gemeinde); **– de dépôts** Depositenkasse; **– des dépôts et consignations** (= CDC) frz. Hinterlegungs- u. Konsignationszentralkasse.

**CAISSE d'épargne** Sparkasse *f*; **livret de – –** Sparkassenbuch *n*; **– – logement** Bausparkasse; **– – postale** Postsparkasse.

**CAISSE | de grève** Streikkasse; **– de maladie privée** private Krankenversicherung; **– nationale de sécurité sociale** frz. zentrale Sozialversicherungsanstalt; **– noire** Reptilien- *od.* Geheimfonds *m*; **– de pensions** Pensions- *od.* Ruhegeldkasse; **– de prévoyance** Versorgungskasse; **– primaire** Ortskrankenkasse; **– de retraite** Altersversorgungskasse; **– de retraite complémentaire** Zusatzversorgungskasse; **– de Sécurité sociale** Sozialversicherungskasse.

**CAISSIER** *m* • *(ÖfR)* Kassenbeamte(r) *m* • Kassenführer *m*.

**CALCUL** *m* Berechnung, Überschlag *m* der Kosten; Kalkulation; **– des délais** Fristenberechnung; **– des intérêts** Zinsberechnung; **– de la peine** *(StR)* Strafbemessung; **– des prix** Preiskalkulation.

**CALENDRIER** *m* Zeitplan *m*, Terminkalender; **– électoral** Wahlkalender *m*, Wahltermine *pl*.

**CALOMNIATEUR** *m* Verleumder *m*.

**CALOMNIE** *f (StR)* Verleumdung *f*.

**CALOMNIER** *v.tr.d.* verleumden.

**CALOMNIEUX** *adj* **: dénonciation –se** *(StR)* falsche Verdächtigung.

**CAMBIAIRE** *adj* **: droit –** Wechselrecht *n*; **rapport –** Wechselverbindlichkeit (als abstrakte Forderung.

**CAMBRIOLAGE** *m (StR: vol avec effraction)* Einbruchsdiebstahl *m*.

**CAMBRIOLER** *v.tr.d. (StR)* einbrechen, einen Einbruchsdiebstahl begehen.

**CAMBRIOLEUR** *m* Einbrecher *m*.

**CAMIONNAGE** *m* Rollfuhr *f*, Beförderung mit LKW.

**CAMIONNEUR** *m* • Rollfuhrunternehmer • LKW-Fahrer.

**CAMISOLE DE FORCE** Zwangsjacke *f*.

**CAMOUFLAGE** *m* Verschleierung *f*, Tarnung; **– du bilan** Bilanzkosmetik *f*.

**CAMP** *m* Lager *m*; Partei *f*; **– de concentration** Konzentrationslager; **– d'extermination** Vernichtungslager; **– pénitentiaire** Straflager; **– de prisonniers de guerre** Kriegsgefangenenlager; **– de réfugiés** Flüchtlingslager; **– de transit** Durchgangslager.

**CAMPAGNE** *f* • *(étendue de terrain)* Land *n* • *(opération)* Feldzug *m*

• *(période d'affaires)* Wirtschaftsjahr *n*; **crédit de –** Saisonkredit *m*.

**CAMPAGNE | électorale** Wahlkampf *m*; **– de lancement** *(HR)* Einführungswerbung *f*; **– présidentielle** Präsidentschaftswahlen (in Frankreich); **– publicitaire** Werbefeldzug *m*.

**CANCELLATION** *f* Annulierung *f*, Streichung; Vernichtung (des Testaments).

**CANDIDAT** *m* (Wahl)Kandidat *m*, Bewerber *m*; Prüfling *m*, Anwärter *m*; **être – à un poste** sich um eine Stelle bewerben.

**CANDIDATURE** *f* Kandidatur *f*, Bewerbung, Wahlvorschlag *m*; Amtsanwartschaft *f*; **acte de –** Bewerbung; **dépôt des –s** Einreichung der Wahlvorschläge *mpl*; **dossier de –** Bewerbungsunterlagen *fpl*; **faire acte de –** sich bewerben um (ein Amt *od.* eine Stelle).

**CANON** *m* • *(KirchenR)* Kanon *m*, Kirchengesetz *n* • *(idéal, type)* Vorbild *n*, Muster *n*, Regel *f*, Richtschnur *f* • *(VerfR)* Vorschrift *f*, Lehrsatz *m*; **droit –** *ou* **canonique** Kirchenrecht; **– à eau** Wasserwerfer *m*.

**CANTON** *m* • *(VwR: circonscription administrative)* Bezirk *m*, frz. Wahlkreis • (S) Kanton *m*; **– d'origine** Heimatkanton.

**CANTONAL** *adj* kantonal; **élections –es** Wahl der Departementsversammlung (in Frankreich).

**CANTONNIER** *m* Straßenarbeiter *m*, Straßenfeger *m*.

**CAPABLE** *adj* • *(ZR)* rechtsfähig; geschäftsfähig; handlungsfähig • *(ArbR)* tauglich, imstande; **– de contracter** vertragsfähig; **– juridiquement** rechts- *od.* geschäftsfähig; **– de témoigner** fähig, Zeuge zu sein; **– de tester** testierfähig.

**CAPACITÉ** *f* • *(SchuldR: aptitude juridique)* Handlungsfähigkeit *f*, Rechts- u. Geschäftsfähigkeit *f* • *(SchuldR: capacité de jouissance)* Rechtsfähigkeit • *(SchuldR: capacité d'exercice)* Geschäftsfähigkeit • *(ArbR: faculté, compétence)* Fähigkeit *f*, Befähigung *f*, Eignung *f*, Tauglichkeit.

**CAPACITÉ | d'agir** Handlungsfähigkeit; **– civile** *(ZR)* Geschäftsfähigkeit; **– de conclure des conventions collectives** *(ArbR)* Tariffähigkeit; **– de contracter** Vertragsfähigkeit; **– délictuelle** *(ZR)* Deliktsfähigkeit; **– de discernement** Einsichtsfähigkeit; **– de disposer** *(ZR)* Verfügungsrecht.

**CAPACITÉ | électorale** *(Pol)* aktives Wahlrecht, Wahlberechtigung; **– d'ester en justice** *(PrzR)* Prozessfähigkeit; **– d'exercice** *(ZR)* Geschäftsfähigkeit; **– de jouissance** *(ZR)* Rechtsfähigkeit; **– juridique** Rechts- *u./od.* Geschäftsfähigkeit; **– matrimoniale** Ehefähigkeit; **– partielle** *(SchuldR)* beschränkte Geschäftsfähigkeit; **– physique** *(ArbR)* körperliche Eignung, Tauglichkeit; **– pour prêter serment** Eidesfähigkeit; **– professionnelle** fachliche Eignung, Fachwissen *n*; **– de témoigner** *(PrzR)* Fähigkeit, Zeuge zu sein; **– de tester** *(ErbR)* Testierfähigkeit; **– de travail** Arbeits- *od.* Erwerbsfähigkeit.

**CAPITAINE** *m* • *(SeeHR, navire)* Schiffsführer, Kapitän • *(Sport)* Mannschaftsführer; **– de port** Hafendirektor *m*.

**CAPITAINERIE** *f* Hafenverwaltung.

**CAPITAL** *adj* **: écriture –e** (Schrift in) Großbuchstaben; **peine –e** Todesstrafe.

**CAPITAL 1.** *m* • *(ZR)* Hauptschuld *f* (im Gegensatz zu den Zinsen) • *(SteuerR)* Kapitalvermögen *n* • *(BankR)* Finanzkapital *n*, zinstragender Geldbetrag *m*, Barwert *m*, langfristig zur Verfügung stehende Mittel *npl* • *(GesR)* Grundkapital *n*, (nominelles) Eigenkapital; Betriebs- *od.* Gesellschaftsvermögen • *(Vwirt)* Produktionsmittel *npl*, Geld *n* für Investitionszwecke; Gütervorrat, der der Produktion dient; **action de –** Stammaktie *f*; **amortissement du –** Kapitaltilgung; **besoins en –** Kapitalbedarf *m*; **impôt sur le –** Kapitalertragssteuer; **indemnité en –** Kapitalabfindung.

**CAPITAL | d'apport** Stammkapital; Grundkapital; **– circulant** Umlaufvermögen; **– comptable** buchmäßig ausgewiesenes Kapitalvermögen; **– -décès** Sterbegeld *n*, Todesfallkapital; **– différé** *(VersR)* Erlebensfallkapital; **– disponible** flüssige Mittel; **– d'exploitation** Betriebsvermögen *n*.

**CAPITAL | fixe** *(GesR)* Anlagevermögen *n*; **– foncier** Grundvermögen *n*; landwirtschaftliches Betriebsvermögen; **– de garantie** *(GesR)* haftendes Kapital; **– humain** menschliche Ressourcen; **– immobilisé** Anlagevermögen; **– initial** Anfangskapital.

**CAPITAL | nominal** *(GesR)* Grund- *od.* Nominalkapital; **– non libéré** nicht eingezahltes Kapital; **– propre** Eigenkapital; **– roulant** *ou* **de roulement** Umlaufvermögen; **– social** *(GesR)* Grundkapital (einer AG); Stammkapital (einer GmbH); **– technique** *(GesR)* Anlage- u. Umlaufvermögen *n*, Betriebsmittel *npl*.

**CAPITALISATION** *f* Kapitalisierung, Abzinsung, Berechnung des Gegenwartswerts; **système de –** *(VersR)* Kapitaldeckungsverfahren; **– des intérêts** Zinseszinsberechnung.

**CAPITAL-RISQUE** *m* Wagniskapital *n*, Risikokapital, venture capital.

**CAPITAUX** 2. : **afflux de –** Kapitalzustrom *od.* -zufluss *m*; **apport de –** • Kapitaleinlage *f* • Kapitalaufbringung; **balance des –** Kapitalverkehrsbilanz *f*; **besoins en –** Kapitalbedarf; **évasion des –** Kapitalflucht; **financement sur – propres** Eigenfinanzierung; **marché des –** Kapitalmarkt *m*, Wertpapiermarkt; **mobilisation de –** Flüssigmachen *n* von Vermögenswerten; **placement de –** Kapitalanlage; **revenu des –** Kapitalertrag *m*; **société de –** *(GesR)* Kapitalgesellschaft *f*.

**CAPITAUX | fébriles** Spekulationsgelder *pl*; **– liquides** flüssige Mittel; **– propres** Eigenkapital.

**CAPTATEUR** *m* **de succession** Erbschleicher.

**CAPTATION | dolosive** *(StR)* Erschleichen *n* von Leistungen in betrügerischer Absicht; **– d'héritage** Erbschleicherei.

**CAPTATOIRE** *adj* : **manœuvres –s** Täuschungshandlungen (zur Veranlassung einer Vermögensverfügung).

**CAPTURE** *f* • *(StR)* Verhaftung, Festnahme *f* • *(SeeHR)* Aufbringen *n* (eines Schiffes) • Beute *f*, Prise *f*.

**CAR** *m* **de ramassage scolaire** Schulbus *m*.

**CARACTÈRE** *m* • Charakter *m*, Merkmal *n*, Wesen *n*, Kennzeichen *n* • Schriftzeichen, Buchstabe; **– d'authenticité** Echtheit; **– illicite** Widerrechtlichkeit; **– obligatoire** Verbindlichkeit; **– réglementaire** *(VerfR)* zum Bereich der Regierungsgesetzgebung gehörend.

**CARACTÉRISATION** *f* • *(StR)* Subsumtion *f* • *(HR)* Beschreibung der Merkmale, Typisierung (von Erzeugnissen).

**CARACTÉRISTIQUE** *f* Merkmal *n*, Kennzeichen *n*; **– essentielle** *ou* **principale** Hauptmerkmal *n*.

**CARAMBOLAGE** *m* *(StVR)* Auffahrunfall *m*.

**CARAMBOUILLAGE** *m* *(StR)* Weiterverkauf *m* unbezahlter Ware.

**CARENCE** *f* • *(SozR)* Mittellosigkeit *f*, Bedürftigkeit *f* • *(ZPR)* Mangel *m* an pfändbaren Gütern; Nichterfüllung (einer Verpflichtung) • *(VwR)* Untätigkeit *f*, Untätigbleiben *n* • *(PrzR)* Nichterscheinen *n*; **certificat de –** *(ErbR)* Bestätigung der Überschuldung des Nachlasses; **délai de –** Wartezeit; **procès-verbal de –** *(ZwangsVR)* Protokoll über die fruchtlose Pfändung.

**CARGAISON** *f* Schiffsladung *f*; Lastwagen- *od.* Flugzeugladung; Fracht *f*.

**CARGO** *m* • *(SeeHR)* Frachter *m*, Frachtschiff *n* • Transporter *m*, Transportflugzeug *n*.

**CARNET** *n* • Notizbuch *n*, (Melde-) Block • *(ZollR)* Carnet *n*; **– de bord** Bordbuch *n*; **– de chèques** Scheckheft *n*; **– de commandes** Auftragsbuch *n*, Auftragsbestand *m*; **– d'entretien** Kundendienstheft; **– de maternité** Mutterpass *m*; **– de route** Fahrtenbuch *n*; **– de santé** *(SozR)* Nachweis(heft) von Gesundheitsuntersuchungen.

**CARRIÈRE** *f* • *(BeamR)* Laufbahn *f*, Berufsweg *m*, beruflicher Werdegang • *(SachR)* Steinbruch *m*; **juge de –** Berufsrichter *m*; **perspectives de –** Berufsaussichten *fpl*.

**CARROSSABLE** *adj (StVR)* befahrbar.

**CARTE** *f* : **horaire à la –** gleitende Arbeitszeit; **– d'abonnement** Zeitkarte; **– d'assuré** Versicherungskarte; **– bancaire** Kreditkarte (einer Bank); E-Money *n*, Chipkarte (als Zahlungsmittel), Paycard *f*; **– blanche** unbeschränkte Vollmacht; **– -chèque** Scheckkarte; **– de commerçant** Gewerbeschein *m*; **– de crédit** Kreditkarte *f*; **– d'électeur** Wahlausweis; **– eurochèque** eurocheque-Karte; **– génétique (de l'homme)** genetischer Fingerabdruck; **– grise** frz. Kraftfahrzeugschein, Zulassung.

**CARTE d'identité** • Kennkarte, Personalausweis • Dienstausweis; **– – nationale informatisée et inviolable** fälschungssicherer *u.* computerlesbarer Personalausweis; **– – plastifiée** folienverschweißter Personalausweis.

**CARTE | de membre** Mitgliedsausweis; **– optique** laserlesbare Bankkarte (mit Chip); **– à piste** (Scheck-) Karte mit Magnetstreifen; **– de pointage** Stechkarte; **– de presse** Presseausweis *m*; **– professionnelle** Gewerbeschein; **– professionnelle de représentant de commerce** Handelsvertreterausweis *m*; **– à puce inviolable** *(BankR)* (fälschungssichere) elektronische Geldbörse, Chipkarte, electronic cash, E-Money; **– avec réponse payée** Karte mit bezahlter Rückantwort; **– de sécurité sociale** Sozialversicherungsausweis *m*; **– de séjour** Aufenthaltserlaubnis; **– de séjour temporaire** (zeitlich) beschränkte Aufenthaltserlaubnis; **– téléphonique à mémoire réinscriptible** wiederaufladbare Telefonkarte.

**CARTEL** *m* • *(GesR)* Kartell *n*, Absprache *f*, Interessenvereinigung • *(Pol)* Wahlbündnis *n*; **– de distribution** Absatzkartell; **– de prix** Preisabsprache; **– territorial** Gebietskartell.

**CAS** *m* • *(PrzR)* Fall *m*, Rechtsfall *m*, Sache *f*, Rechtssache *f* • *(situation)* Lage *f*, Umstände *mpl*; **– de conscience** Gewissensfrage *f*; **– de décès** Todesfall; **– d'espèce** Einzelfall *m*; **– de flagrant délit** *(StPR)* Straftat *f* bei der der Straftäter auf der Tat *od.* „in flagranti" ertappt wird; **– de force majeure** höhere Gewalt; **– fortuit** Zufall *m*, höhere Gewalt; **– de nécessité** *(VerfR)* Notstand *m*; **– particulier** Einzel- *od.* Sonderfall.

**CASE** *f* Fach *n*; Feld *n*; Rubrik *f*.

**CASH-FLOW** *m (BW)* Bargelddurchfluss, Selbstfinanzierungspotential.

**CASIER** *m* Regal *n*; Aktenschrank *m*; Kartei; **– fiscal** Steuerverzeichnis.

**CASIER JUDICIAIRE** Strafregister *n*; Strafregisteramt *n*; **avoir un – – vierge** nicht vorbestraft sein; **extrait du – –** Strafregisterauszug *m*; **– – des contraventions de circulation** Verkehrssünderkartei; **– – national** (= CJN) frz. zentrales Strafregister (in Nantes); **– – vierge** Strafregister ohne Eintragung.

**CASSATION** *f* • *(PrzR)* Kassation, frz. Form der Revision (eines Urteils), Aufhebung einer gerichtlichen Entscheidung durch den frz. Kassationshof *od.* den Conseil d'État • *(BeamR)* Degradierung, Rangverlust *m*; **arrêt de –** aufhebende Entscheidung des frz. Kassationshofes *od.* des Conseil d'État; **cour de –** frz. Kassationshof *m* (entspricht etwa dem Bundesgerichtshof als Revisionsinstanz in Deutschland, dem Obersten Gerichtshof in Österreich); **pourvoi en –** Revision; **se pourvoir en –** Revision einlegen.

**CASSE** • *f (VersR)* Bruch *m*, Bruchschaden *m* • *m (StR)* Einbruchdiebstahl.

**CASSER** *v.tr.d.* • *(PrzR)* aufheben, kassieren • *(BeamR)* degradieren, im Rang herabsetzen; **– les prix** die Preise der Konkurrenz unterbieten.

**CASSEUR** *m (StR)* Einbrecher; gewalttätiger Demonstrant, Störer; **Loi anti- –s** frz. Demonstrationsstrafgesetz.

**CATACLYSME** *m* Naturkatastrophe *f*.

**CATALOGUE** *m* Katalog *m*, Verzeichnis *n*, Liste *f*; **– de vente par correspondance** Versandhauskatalog.

**CATÉGORIE** *f* • Klasse *f*, Art *f* • *(BeamR)* Laufbahngruppe, Vergütungsgruppe; **– A** höherer Dienst; **– B** gehobener Dienst; **– C** mittlerer Dienst; **– D** einfacher Dienst; **– d'âge** Altersgruppe *f*; **– juridique** Rechtsbegriff *m*, Gattungsbegriff (im Recht); **– de revenus** Einkommensschicht *f*; **– de risques** Gefahrenklasse; **– socioprofessionnelle** (= CSP) *(Vwirt)* (Angehörige einer) Berufsgruppe *f*.

**CATÉGORIEL** *adj* : **mesure –le** Maßnahme zugunsten einer bestimmten Berufsgruppe.

**CAUSALITÉ** *f* : **lien** *ou* **rapport de –** Ursachenzusammenhang *m*.

**CAUSE** *f* • *(SchuldR)* (vom Schuldner angestrebter) Vertragszweck *m* • *(fondement)* Grundlage *f*, Grund *m*, Beweggrund, Ursache *f* • *(PrzR)* Rechtsstreit, Prozess *m*, Angelegenheit; **appel de la –** Aufruf der Sache; **appel en –** Streitverkündung; **avoir** *ou* **obtenir gain de –** einen Prozess gewinnen, Obsiegen (im Prozess); **mettre hors de –** *(StPR)* die Verdachtsmomente entkräften.

**CAUSE | de l'accident** Unfallursache *f*; **– du contrat** Vertragsgrund *m*, Rechtsgrund *od.* causa des Vertrages; **– de dissolution** Auflösungsgrund *m*; **– de divorce** Scheidungsgrund; **– d'exonération** *(SchuldR)* Haftungsbefreiungsgrund.

**CAUSE | illicite** gesetzwidriger Vertragszweck; **– immorale** Sittenwidrigkeit; **– de justification** *(StR)* Rechtfertigungsgrund; **– licite** erlaubter Rechtsgrund; **– de non-imputabilité** *(StR)* Schuldausschließungsgrund *m*; **– de nullité** Anfechtungsgrund; **– simulée** Vorwand *m*; **– sommaire** *(PrzR)* Bagatellsache.

**CAUTION** *f* • *(SchuldR)* Bürge *m*, Garant *m* • Bürgschaft *f*, Garantie *f*; **constitution de –** Benennung eines Bürgen.

**CAUTION | bancaire** Bankbürgschaft; **–judiciaire** durch das Gericht angeordnete Sicherheitsleistung; **– réelle** dingliche Sicherheit, Übernahme der Haftung durch Pfandbestellung; **– solidaire** • Mitbürge • selbstschuldnerische Bürgschaft.

**CAUTIONNEMENT** *m* • Bürgschaftsvertrag *m*, Bürgschaftsübernahme • *(dépôt de fonds)* Haftungs- *od.* Kautionssumme, Hinterlegung eines Betrages als Sicherheit.

**CAUTIONNER** *v.tr.d.* bürgen, garantieren; **– une politique** eine Politik gutheißen *od.* befürworten.

**CEDANT** *m* • *(personne qui cède une créance)* Zedent *m*, Altgläubiger *m*, Abtretende(r) *m* • *(personne qui vend une chose)* Veräußerer *m*, Verkäufer *m*.

**CÉDÉ** *m* debitor cessus, Schuldner der abgetretenen Forderung.

**CÉDER** abtreten; überlassen, veräußern, abgeben; nachgeben.
**CEDEX** *(= courrier d'entreprise à distribution exceptionnelle)* getrennt zugestellte Post (an Verwaltungen u. Großunternehmen).
**CÉDULE** *f* • *(ZR)* Schuldanerkenntnis *n*, Schuldversprechen *n* • *(ZPR)* prozessleitende Anordnung (durch den Gerichtsvollzieher zustellbar) • *(SteuerR)* besteuerte Einkommensart; Formblatt für die Einkommensteuererklärung.
**CEINTURE** *f* **de sécurité** *(StVR)* Sicherheitsgurt *m*.
**CÉLÉBRATION** *f* • feierliche Handlung, offizielle Feier *f* • *(mariage)* Eheschließung *f*, Trauung.
**CÉLER** *v.tr.d.* verbergen, verheimlichen, verschweigen.
**CÉLÉRITÉ** *f* *(ZPR)* besondere Dringlichkeit; Schnelle *f*, Geschwindigkeit.
**CÉLIBAT** *m* Ehelosigkeit *f*; **clause de** – Zölibatsklausel.
**CÉLIBATAIRE** *m* Junggeselle *m*, Ledige(r) *m*.
**CÉLIBATAIRE** *adj* ledig, unverheiratet.
**CELLULE** *f* • *(pol)* Zelle *f*, (kleine) Parteigruppe • *(StVZ)* Einzelarrest *m*.
**CENSÉ** *adj* **: nul n'est – ignorer la loi** *(StR)* Unkenntnis des Gesetzes schützt nicht vor Strafe.
**CENSEUR** *m* Überprüfer *m*, Kontrolleur *m*; Buch- *od.* Gesellschaftsprüfer.
**CENSURE** *f* • Zensur *f*, Kontrolle *f*, Überwachung *f*; Zensurbehörde *f* • Verbot *n*; Tadel *m* • *(VerfR)* einem Abgeordneten im Parlament erteilte Rüge; **motion de** – *(VerfR)* Misstrauensantrag *m*.
**CENTRAL** *adj* **: maison** *ou* **prison –e** Justizvollzugsanstalt (bei längeren Haftstrafen); **pouvoir** – Zentralgewalt *od.* -staat.
**CENTRALE** *f* • *(UmweltR)* Kraftwerk *n* • *(ArbR)* Dachverband *m*; – **d'achats** *(HR)* Verbrauchermarkt; – **atomique** *ou* **nucléaire** Kernkraftwerk *n*.
**CENTRE** *m* • *(Pol)* Mitte *f*, Zentrum *n* • Büro *m*, Sitz *m*, (Leit-) Stelle *f*, Zentrale *f* • *(fig.)* Mittelpunkt *m*, Kern *m*, Hauptfrage *f*; – **d'accueil** Auffanglager *n*; – **d'apprentissage** Berufsschule; – **de chèques postaux** (= C.C.P.) Postscheckamt *n*; – **commercial** Einkaufszentrum *n*; – **d'études** Forschungsinstitut *n*; – **de formation professionnelle** Berufausbildungsstätte *f*.
**CENTRE | judiciaire** (in Nantes) frz. Zentralstrafregister; – **de loisirs** Freizeitzentrum *n*; – **national des œuvres universitaires** (= CNOUS) Frz. nationales Studentenwerk *n*; – **d'orientation professionnelle** Berufsberatungsstelle; – **pénitentiaire** Justizvollzugsanstalt *f*; – **de rétention** *(AsylR)* Auffanglager *n* (zwecks Abschiebung.
**CERCLE** *m* • *(VwR)* Kreis *m*, Bezirk *m* • *(pol)* Klub *m*; – **administratif** Verwaltungsbereich *m*; – **d'études** Arbeitsgemeinschaft *f*, Studienkreis.
**CERTAIN** *adj/m* • gewiss, sicher, unbestreitbar, unbezweifelbar, unzweifelhaft • *(corps certain)* individualisierte Sache, Stück- *od.* Speziesschuld; bestimmter Leistungsgegenstand; **date –e** Urkunde mit beweiskräftigem Datum.
**CERTIFICAT** *m* Zeugnis *n*, Bescheinigung, Attest *n*, Bestätigung, Schein *m*; – **d'aptitude au mariage** Ehefähigkeitszeugnis; – **d'aptitude à la profession d'avocat** (= CAPA) Befähigungsnachweis zur Ausübung des Anwaltberufs; – **d'aptitude professionnelle** (= C.A.P.) frz. Facharbeiterbrief, Berufsschulabschlusszeugnis *n*.
**CERTIFICAT | de baptême** Taufschein *m*; – **de bonne vie et mœurs** amtliches Leumundszeugnis, Führungszeugnis; – **de capacité à mariage** Ehefähigkeitszeugnis; – **de complaisance** Gefälligkeitsattest.
**CERTIFICAT | de décès** Totenschein *m*, Sterbeurkunde *f*; – **de**

**déclaration domiciliaire** Anmeldebestätigung; **– de dispense** *(VwR)* Ausnahmebewilligung.

**CERTIFICAT | de gage** Pfandschein; **– de garantie** Garantie *f*; **– d'héritier** Erbschein; **– d'identité** Nämlichkeitszeugnis; **– d'importation** Einfuhrlizenz; **– d'incapacité de travail** Arbeitsunfähigkeitsbescheinigung; **– d'indigence** Bedürftigkeitsnachweis.

**CERTIFICAT | de jouissance** *(WertpR)* Genussschein; **– médical** ärztliches Attest; **– médical prénuptial** ärztliches Ehefähigkeitszeugnis; **– de moralité** Leumunds- *od.* Führungszeugnis.

**CERTIFICAT | de naissance** Geburtsurkunde; **– de nationalité** *(IPR)* Staatsangehörigkeitsbescheinigung; **– de non-conciliation** *(EheR)* Bescheinigung über den erfolglosen Ausgang eines Sühneversuchs; **– de non-imposition** Steuerbefreiungsbestätigung; **– d'origine** Ursprungszeugnis; **– de pavillon** Flaggenbrief; **– phytosanitaire** *(ZollR)* Pflanzengesundheitszeugnis.

**CERTIFICAT | prénuptial** Ehefähigkeitszeugnis; **– de quitus** *(GesR)* Entlastung; **– de résidence** Aufenthaltsbescheinigung; **– sanitaire** Gesundheitszeugnis; **– de séjour** Aufenthaltsbescheinigung; **– de solvabilité** *(HR)* Bescheinigung über die Zahlungsfähigkeit.

**CERTIFICAT | de travail** Arbeitsbescheinigung; **– d'urbanisme** amtliche Bestätigung der Bebaubarkeit eines Grundstücks, Ausweisung (eines Grundstücks) als Wohnungsbauland; **– d'utilité** Gebrauchsmuster *n*; **– de vaccination** Impfschein *od.* -buch; **– de vérification** • Prüfungsbescheinigung • *(tierärztlich)* Beschaubefund *m*; **– de vie** *(ZR)* Lebensnachweis *m*.

**CERTIFICATION** *f* Bestätigung, Beurkundung, Bescheinigung.

**CERTIFIÉ** *adj* **: copie –e conforme** beglaubigte Abschrift.

**CERTIFIER** *v.tr.d.* • beglaubigen, bescheinigen, beurkunden • bestätigen; **– conforme à** die Übereinstimmung mit ... bescheinigen.

**CERTITUDE** *f* **juridique** *ou* **de droit** Rechtssicherheit.

**CESSATION** *f* Stillstand *m*; Beendigung, Aufhebung; Einstellung; Erlöschen *n*; **– d'activité** • *(ArbR)* Ausscheiden aus dem Berufsleben • *(HR, GesR)* Geschäftsaufgabe *f*; **– d'affaires** *(GesR)* Geschäftsaufgabe *f*; **– de l'affiliation** *(VersR)* Beendigung des Versicherungsverhältnisses; **– collective du travail** Streik *m*, Arbeitsniederlegung; **– de l'exploitation** *(GesR)* Betriebsstillegung; **– des fonctions** *(BeamR)* Ausscheiden aus dem Dienst; **– des paiements** *(HR, ZwangsVR)* Zahlungseinstellung; **– des poursuites** • *(StPR)* Verfahrenseinstellung • *(ZPR)* Einstellung der Beitreibung (einer Forderung).

**CESSIBILITÉ** *f (ZR: aliénabilité)* Übertragbarkeit, Abtretbarkeit.

**CESSIBLE** *adj* übertragbar, abtretbar, zedierbar; verkehrsfähig.

**CESSION** *f* • *(SchuldR)* Abtretung *f*, Zession • *(HR, SachR)* Übertragung, Veräußerung, Verkauf *m*, Eigentumsübertragung • *(PatR)* Überlassung, Freigabe; **bénéficiaire de la –** Zessionar *m*, Neugläubiger *m*; Erwerber *m*.

**CESSION | de créance** *(SchuldR)* Forderungsabtretung *od.* -übertragung, Zession; **– de dette** Schuldübernahme; **– d'un droit** Abtretung eines Anspruchs; **– aux fins d'encaissement** Inkassozession, Einziehungsermächtigung; **– de fonds de commerce** Verkauf *m* eines frz. Handelsgeschäfts, Geschäftsveräußerung.

**CESSION | judiciaire** gerichtliche Vermögensübertragung; **– légale** Forderungsübergang kraft Gesetzes, Legalzession; **– de licence** *(PatR)* Lizenzübertragung; **– de marque** Übertragung eines Warenzeichens; **– de priorité** Vorrangseinräumung; **– de salaire** Abtretung von

Lohnansprüchen; **– à titre de sûreté** Sicherungsabtretung.

**CESSIONNAIRE** *m* Übernehmer *m*, Zessionar *m*, Neugläubiger *m*.

**CHAÎNE** *f* • *(lien, asservissement)* Kette *f*, Fessel *f*, Unterwerfungsverhältnis *n* • *(radio-télé)* Frequenz- u. Wellenbereich *m*, Fernsehprogramm • *(HR)* Handelskette; Franchise-Kette • *(industrie)* Fließband *n*; **travail à la –** Fließbandarbeit; **– de distribution** Handelskette *f*.

**CHAISE** *f* **électrique** elektrischer Stuhl.

**CHALAND** *m (SeeHR)* Leichter *m*, Prahm *m*, Schute *f*.

**CHALUTIER** *m* **de pêche** Fischkutter *m*, Trawler *n*.

**CHAMBRE** *f* • *(PrzR)* Kammer *f*, Senat *m* • *(ÖfR)* Parlament *n*, Abgeordnetenkammer; **– d'agriculture** Landwirtschaftskammer; **– de l'artisant** Handwerkskammer; **– civile** *(PrzR)* Zivilkammer (des frz. Kassationshofes).

**CHAMBRE | de commerce et d'industrie** (= C.C.I.) frz. Industrie- und Handelskammer; **– de commerce internationale** internationale Handelskammer; **– de compensation** *(BankR)* Verrechnungsstelle, Clearingstelle *f*; **– du conseil** *(ZPR: huis clos)* Spruchkammer eines frz. Zivilgerichts; **– correctionnelle** *(StPR)* Strafkammer beim frz. Großinstanzgericht (zuständig für Vergehen in 1. Instanz); **– criminelle (de la Cour de cassation)** Strafsenat *od.* -kammer des frz. Kassationshofes; **– forte** *(Bank)* Stahlkammer *f*, Tresor *m*.

**CHAMBRE | des métiers** *(WirtR)* Handwerkskammer; **– des mises en accusation** *(StPR)* Anklagekammer; **– mixte** *(PrzR)* große Kammer des frz. Kassationshofes; **– des notaires** Notarkammer; **– des vacations** Ferienkammer.

**CHAMP** *m* • Acker *m*, Feld *n* • Gebiet *n*, Bereich *m*; **– d'action** Betätigungsfeld *n*, Aufgabengebiet; **– d'application** Geltungs- *od.* Anwendungsbereich.

**CHANCELIER** *m* Kanzler *m*; **– de la confédération** (S) Bundeskanzler; **– de consulat** Kanzler.

**CHANCELLERIE** *f* • *(VR: Botschaft, Konsulat)* Kanzlei *f* • *(ÖfR)* frz. Justizministerium *n* • frz. Universitätsverwaltung (als Anstalt des öffentlichen Rechts).

**CHANGE** *m* • *(BankR)* An- *od.* Verkauf von ausländischen Banknoten *od.* Sorten, Geldwechsel *m* • Wechselkurs *m*, Ankaufs- *od.* Verkaufskurs *m* (von Banknoten u. Münzen); **agent de –** Börsenmakler *m*; **bureau de –** Wechselstube *f*; **cours du –** Wechselkurs *m*.

**CHANGEMENT** *m* • Änderung *f*, Abänderung, Umänderung, Veränderung • Wechsel, Wende; **– d'adresse** Anschriftsänderung; **– de domicile** Wohnsitzwechsel *m*; **– de jurisprudence** Umschwung *m* in der Rechtsprechung; **– de propriétaire** Eigentümerwechsel *m*.

**CHANGER** *v.tr.d.* • *(modifier)* ändern, abändern, umändern, umwandeln, umstellen • *(Sache)* aus- *od.* umtauschen, tauschen • *(Geld)* wechseln, umtauschen, einwechseln.

**CHANTAGE** *m* • *(StR)* Erpressung *f* • *(i.w.S.: menace)* Drohung.

**CHANTEUR** *m* : **maître –** Erpresser *m*.

**CHANTIER** *m* Baustelle *f*; Bauhof *m*; Arbeitsplatz *m* (im Freien), Einsatzstelle *f*; Werkstatt *f*; **chef de –** Bauführer *m*; **– de construction navale** (Schiffs-) Werft *f*.

**CHARBONNAGE** *m* Kohlenbergwerk *n*; Steinkohlengrube *f*.

**CHARGE 1.** *f* • Last *f*, Bürde *f*, Belastung *f* • *(cargaison)* Fracht *f*, Ladung *f* • *(ZR)* Sorge *f*, Verpflichtung *f*, Verantwortung *f* • *(ÖfR)* Amt *n*, Stelle *f* • *(StR)* Anklagepunkt *m*, Indiz *n*; **legs avec –** Vermächtnis *n* unter einer Auflage; **personne à –** Unterhaltsberechtigte(r); **témoin à –** Belastungszeuge *f.*

**CHARGE | honorifique** Ehrenamt *n*; **– d'une personne** Personensorge *f*, Unterhaltsleistung für eine (bestimmte) Person; **– de la preuve** *(ZR)* Beweislast.

**CHARGE | publique** *(VwR)* öffentliches Amt; **– réelle** *(SachenR)* dingliche Belastung, Reallast.

**CHARGES 2.** *fpl* • *(SozR)* Belastung, Unterhaltsverpflichtung • *(ÖfR, SachenR)* öffentliche Lasten (auf einem Grundstück); **cahier des –** *(ÖfR)* Verdingungsunterlagen *fpl*; **– d'exploitation** Betriebskosten *fpl.*

**CHARGES | locatives** (Miet-)Nebenkosten; **– professionelles** *(SteuerR)* berufliche Betriebsausgaben, Werbungskosten *pl*; **– publiques** *(HaushR)* öffentliche Ausgaben; **– salariales** Lohnkosten; **– sociales** Sozialabgaben *fpl.*

**CHARGEMENT** *m* • *(SeeHR)* Verladung, Be- u. Entladung, Verschiffung *f* • Schiffsladung • Transportkapazität *f*; **bulletin de –** Ladeschein *m*; **port de –** Verladehafen; **– en pontée** Deckladung; **– en vrac** Massengutladung.

**CHARGEUR** *m (SeeHR)* Befrachter *m*, Verlader, Ablader.

**CHARTE** *f* **des Nations-Unies** Charta der Vereinten Nationen.

**CHARTE-PARTIE** *f* Seefrachtvertrag *m.*

**CHARTER** *m* Chartermaschinen *f*; Charterflug *m.*

**CHASSE** *f* Jagd *f*, Jagdbezirk *m od.* -revier *n*; **clôture de la –** Beginn der Schonzeit; **délit de –** Jagdvergehen *n.*

**CHÂTIMENT** *m* Bestrafung *f*, Strafe *f*; **– corporel** körperliche Züchtigung.

**CHEF** *m* • Leiter *m*, Vorgesetzter *m* • *(ZPR)* Klageantrag *m* • *(StPR)* Anklagepunkt *m*; **de son propre –** von sich aus.

**CHEF | d'accusation** *(StPR)* Anklage- *od.* Anschuldigungspunkt; **– de bureau** *(VwR)* Referatsleiter, Referent, Dezernent; **– de cabinet** persönlicher Referent; **– comptable** Oberbuchhalter; **– d'entreprise** Unternehmer *m*, Firmenchef; **– d'équipe** Vorarbeiter *m*; **– d'État** Staatsoberhaupt *n*, Staatschef.

**CHEF | de famille** Haushaltsvorstand *m*, Familienoberhaupt *n*; **– hiérarchique** *(VwR)* Vorgesetzter *m*, Dienstvorgesetzte(r) *m*; **– d'inculpation** *(StPR)* Hauptanklagepunkt; **– de mission** *(VR)* Missionschef; **– de service** • *(VwR)* Referatsleiter, Abteilungsleiter • *(BW)* Betriebsleiter.

**CHEF-LIEU** *m* Verwaltungssitz innerhalb einer frz. Gebietskörperschaft, Sitz der Präfektur.

**CHEQUE** *m* Scheck *m*, Barscheck; **bénéficiaire du –** Scheckempfänger *m*; **carnet de –s** Scheckheft; **carte –** Scheckkarte *f*; **centre de –s postaux** Postscheckamt; **compte – postal** (= C.C.P.) Postscheckkonto; **provision du –** (Scheck-) Deckung, Guthaben *n*; **tiré du –** Scheckbezogener *m*, Bank *f*; **tireur du –** Scheckaussteller *m.*

**CHÈQUE | antidaté** vordatierter Scheck; **– bancaire** Bankscheck; **– barré** Verrechnungsscheck *m*; **– en blanc** Blankoscheck; **– non provisionné** ungedeckter Scheck.

**CHÉQUIER** *m* Scheckheft *n.*

**CHERTÉ** *f* hoher Preis; **– de la vie** hohe Lebenshaltungskosten.

**CHIFFRE d'affaires** (= C.A.) Umsatz *m*, Absatz *m*, Verkaufszahlen *fpl*; **taxe sur le – –** Umsatzsteuer *f.*

**CHIROGRAPHAIRE** *adj* : **créance –** *(ZR)* Forderung ohne dingliche Sicherheit.

**CHÔMAGE** *m* • Arbeitslosigkeit *f*, Erwerbslosigkeit *f* • Arbeitsruhe *f*, Arbeitsausfall *m* • Betriebsstillstand *m.*

**CHÔMÉ** *adj* : **jour –** arbeitsfreier Tag; Feierschicht *f*; **jour – légal** gesetzlicher Feiertag.

**CHÔMEUR** *m* Arbeitslose(r) *m*, Erwerbslose(r); **– en fin de droits**

bedürftiger Arbeitslose(r) (nach Erschöpfung des Anspruchs auf Arbeitslosengeld); – **partiel** Kurzarbeiter *m.*

**CHOSE** *f* • *(ZR)* Sache *f*, Gegenstand *m*, Rechtsobjekt *n* • *(WirtR)* Sachgut *n*, Gut *n*, Ware *f*; – **accessoire** *(SachR)* Bestandteil *m*; – **d'autrui** fremde Sache; – **commune** *(ÖfR)* Sache im Gemeingebrauch; **–s consomptibles** Verbrauchsgüter *pl*; – **non consomptible** Gebrauchsgut *n*; – **fongible** vertretbare Sache, Gattungssache; – **non fongible** Stückschuld, Spezies-Sache, nicht vertretbare Sache; – **hors du commerce** nicht verkehrsfähige Sache.

**CHOSE JUGÉE** *(PrzR)* rechtskräftig entschiedener Rechtsstreit; **autorité de la – –** Rechtskraftwirkung; **force de – –** Rechtskraft (nach Erschöpfung aller Rechtsmittel).

**CIRCONSCRIPTION** *f* Bezirk *m*; – **administrative** Verwaltungsbezirk; – **électorale** Wahlkreis *m*; – **judiciaire** Gerichtsbezirk.

**CIRCONSTANCE 1.** *f* Umstand *m*, Beschaffenheit *f*, Gegebenheit *f*; **loi de –** Ausnahmegesetz *n*; – **absolutoire** *(StPR)* Entschuldigungsgrund; – **de fait** *(StR)* Tatumstand; – **de rattachement** Anknüpfungspunkt *m.*

**CIRCONSTANCES 2.** *fpl* • Sachverhalt *m* • Verhältnisse *npl*, Umstände *mpl*, Lage *f*, Situation *f*; – **aggravantes** *(StR)* strafschärfende Umstände; – **atténuantes** strafmilderde Umstände.

**CIRCUIT** *m* Kreislauf *m*; – **de commercialisation**, – **de distribution,** – **de vente** Absatzweg *m*; Verkaufs- *od.* Vertriebsnetz *n.*

**CIRCULAIRE** *f (VwR)* Runderlass *m* (für den internen Dienstbetrieb), Rundschreiben *n*, allgemeine Anweisung, Umlaufsschreiben.

**CIRCULATION** *f* • *(StVR)* (Straßen-)Verkehr *m* • *(Vwirt: Geld)* Umlauf *m*; **accident de la –** Verkehrsunfall *m*; **liberté de –** *(VerfR)* Freizügigkeit, Bewegungsfreiheit; **libre –** • *(Waren)* freier Verkehr • *(Person)* Freizügigkeit.

**CITATION** *f (ZPR)* Ladung *f*, (durch den Gerichtsvollzieher zugestellte) Ladungsurkunde, Ladungsschrift *f*.

**CITATION | à comparaître** Vorladung; – **en conciliation** Zustellung des Güteantrags; Ladung zum Sühneversuch; – **à personne** persönliche Zustellung; – **à témoin** Zeugenladung.

**CITER** *v.tr.d.* • *(ZPR)* vor Gericht laden • wörtlich anführen, zitieren.

**CITOYEN** *m* Staatsangehörige(r) *m*, Staatsbürger *m*; Inländer *m.*

**CIVIL** *adj* : **bureau de l'état –** Standesamt *n*; **code –** frz. bürgerliches Gesetzbuch; **droit –** bürgerliches Recht; **état –** Personenstand *m.*

**CIVIQUE** *adj* : **dégradation –** *(StR)* Aberkennung der staatsbürgerlichen Rechte; **devoirs –s** staatsbürgerliche Pflichten; **instruction –** Staatsbürgerkunde *f*, Sozialkunde.

**CLANDESTIN** *adj* heimlich, geheim; nachrichtendienstlich; **agent –** V-Mann, Vertrauensmann, getarnt eingesetzter Agent; **passager –** blinder Passagier *m* **travailleur –** Schwarzarbeiter.

**CLANDESTIN** *m* Person *od.* Ausländer ohne gültige Aufenthaltserlaubnis.

**CLASSE** *f* • *(Pol)* Klasse *f*, Stand *m*, Schicht *f*, Rang *m* • Abteilung *f*, Art *f*, Kategorie *f*, Gruppe *f* • Schulklasse *f*, Unterrichtsstunde *f*, Unterricht *m.*

**CLASSE | d'âge** Altersgruppe *f*, Jahrgang; – **creuse** geburtenschwacher Jahrgang; – **dirigeante** Führungsschicht *f*; **–s moyennes** Mittelstand.

**CLASSEMENT** *m* • *(ArbR)* Eingruppierung *f*, Einstufung *f* • *(StPR)* Einstellung (eines Verfahrens) • *(SchulR)* Rangordnung.

**CLASSEUR** *m* Aktenordner *m*, Schnellhefter *m*; Aktenschrank *m.*

**CLASSIFICATION** *f* Einteilung *f* (in *od.* nach Klassen), Klassifizierung, Zuordnung, Gruppierung; **critère de –** Einstufungsmerkmal *n*; **– professionnelle** *(ArbR)* Einstufung; Berufsgruppenverzeichnis *n*.

**CLAUSE** *f* (Vertrags-)Klausel *f*, Abmachung *f*, Vereinbarung *f*, Abrede *f*; **– abusive** rechtsmissbräuchliche Vertragsklausel; **– annexe** Nebenabrede *f*; **– d'arbitrage** Schiedsklausel; **– attributive de juridiction** Gerichtsstandsklausel.

**CLAUSE | exécutoire** *(PrzR)* Vollstreckungsklausel; **– d'exo-nération, – d'irresponsabilité** *(ZR)* Haftungsausschlussklausel; **– de juridiction** Schiedsgerichtsklausel; **– limitative de responsabilité** Haftungsbeschränkung (sklausel); **– de la nation la plus favorisée** *(Außh)* Meistbegünstigungsklausel; **– de non-concurrence** *(HR)* Wettbewerbsverbot(sklausel); **– de non-responsabilité** Haftungsausschlussklausel; **– de paiement** Zahlungsbedingung; **– pénale** *(ZR)* Vertragsstrafe.

**CLAUSE | de réserve de propriété** Eigentumsvorbehaltsklausel; **– de révocation** Widerrufsklausel ; **– de sauvegarde** Sicherungsklausel; **– secrète** Geheimabrede; **– statutaire** *(GesR)* Satzungsbestimmung; **– de style** übliche Klausel.

**CLÉ, CLEF** *f* Schlüssel *m*; *fig* Erklärung, Lösung, Aufschluss *m*; **fausse –** Nachschlüssel *m*, Dietrich *m*.

**CLEARING** *m* Clearing *n*, Verrechnungsverfahren *n*.

**CLERC** *m* *(PrzR)* Schriftführer, Urkundsperson, Kanzlist *m*.

**CLIENT** *m* • *(HR)* Kunde *m*, Auftraggeber *m* • *(PrzR)* Mandant *m*, Auftraggeber *m*, Klient *m*.

**CLIENTÈLE** *f* • *(HR)* Kundschaft *f*, Kundenstamm *m*, Kundenkreis *m* • *(PrzR: avocat, notaire)* Klientel *f* • *(médecin)* Patientenkreis *m*, Praxis *f*; **– électorale** Stammwähler *mpl*; **– de passage** Laufkundschaft.

**CLÔRE** abschließen, beenden.

**CLÔTURE** *f* • *(SachR)* Einfriedung *f*, Umzäunung *f* • *(PrzR)* Schluss *m*, Beendigung *f* • *(Buchf, HR)* Jahresabschluss *m*; **bilan de –** Schlussbilanz *f*; **bris de –** *(StR)* Einbruch *m*, Aufbrechen *n* (eines Zauns, einer Tür); **ordonnance de –** *(ZPR)* richterliche Verfügung über die Beendigung des schriftlichen Vorverfahrens.

**CLÔTURE DES DÉBATS** • *(PrzR)* Schluss der (mündlichen) Verhandlung *od.* der Debatte, Verhandlungsschluss *m* • *(StPR)* Schließung der Beweisaufnahme u. der Parteivorträge (im Strafprozess).

**COACCUSÉ** *m* *(StPR)* Mitangeklagte(r).

**CO-ACTIVITÉ** *f* *(StR)* Mittäterschaft *f*.

**COAUTEUR** *m* • *(UrhR)* Mitverfasser, Mitautor *m*; gemeinsame Verfasser (eines Werkes) • *(StR: par opposition au complice)* Mittäter *m* • *(ZR)* Mitverursacher einer unerlaubten Handlung.

**COCONTRACTANT** *m* Vertragspartner *m*.

**CODE** *m* • Gesetzbuch *n*, grundlegendes (einzelnes) Gesetz (zur Regelung eines umfassenden Sachverhalts) • (private, durch einen Verlag gestaltete) Gesetzessammlung (zumeist mit Kurzkommentar); **– administratif** Gesetzbuch des frz. Verwaltungsrechts (Textsammlung); **– de l'artisanat** Handwerksordnung; **– bancaire** Bankleitzahl; **– de la circulation routière** frz. Straßenverkehrsgesetz (mitsamt Straßenverkehrsordnung).

**CODE | civil** frz. Bürgerliches Gesetzbuch, frz. Zivilgesetzbuch (1804); **– de commerce** frz. Handelsgesetzbuch (2000); **– des communes** frz. Gemeindeordnung (1977).

**CODE | électoral** frz. Wahlgesetzbuch; **– de la famille et de l'aide**

**sociale** Gesetz über Familien- u. Sozialbeihilfen; – **forestier** frz. Gesetze über das Forstwesen; – **général des impôts (et livre des procédures fiscales)** frz. Abgabenordnung und Textsammlung der Steuergesetze; – **de la nationalité** frz. Staatsangehörigkeitsgesetz; – **de l'organisation judiciaire** frz. Gerichtsverfassungsordnung (1978).

**CODE | pénal : nouveau – pénal** (neues) frz. Strafgesetzbuch (1992); – **postal** Postleitzahl; – **de procédure civile (ancien)** (alte, in einigen Teilen noch gültige) frz. Zivilprozessordnung; **nouveau – de procédure civile** neue frz. Zivilprozessordnung (1975); – **de procédure pénale** frz. Strafprozessordnung (1957); **code de la propriété intellectuelle** frz. Gesetzbuch der gewerblichen Schutzrechte; – **de la route** frz. Straßenverkehrsgesetz und -ordnung; – **de la Sécurité sociale** frz. Sozialgesetzbuch; – **du travail** frz. Arbeitsgesetzbuch.

**CODÉBITEUR** *m* Mitschuldner *m*; – **solidaire** Gesamtschuldner.

**CODICILLE** *m* • *(ErbR)* abänderndes Testament; Testamentzusatz • *(i.w.S.)* Zusatz *m*, Anhang *m*.

**CODIFICATION** *f* Kodifikation; Gesetzessammlung.

**COEFFICIENT** *f* Koeffizient *m*, Faktor *m*, Richtzahl *f*, Richtwert *m*; Vom-Hundert-Satz *m*; – **d'erreur** Fehlerquote; – **d'occupation des sols** *(BauR)* Bebauungsdichte.

**COERCIT | IF** *adj* **: mesure –ive** Zwangsmaßnahme *f*.

**COERCITION** *f* • (*ÖfR)* (staatlicher) Zwang *m*, Zwangsmaßnahme *f* • Druck *m*, Gewaltanwendung; **pouvoir de –** Zwangsgewalt *f*.

**COFFRE-FORT** *m* Panzerschrank *m*, Tresor *m*; **compartiment de –** (Bank-)Schließfach, Safe *n*.

**COFIDEJUSSEUR** *m* Mitbürge *m*.

**COGÉRANT** *m* Mitgeschäftsführer *m*.

**COGESTION** *f* • *(HR)* Mitwirkung *f*, Beteiligung *f* an der Geschäftsführung (eines Betriebes) • *(ArbR)* Mitbestimmung *f* • *(FamR)* Gesamthandsverwaltung.

**COHABITATION** *f* • *(FamR)* Zusammenwohnen *n*, Wohngemeinschaft *f* • *(Pol)* Kohabitation, Zusammenarbeit zwischen linkem Präsidenten u. rechter Parlamentsmehrheit (*od.* umgekehrt).

**COHÉRITIER** *m* Miterbe *m*.

**COÏNCIDENCE** *f* zufälliges Zusammentreffen *n*, Deckung, Identität.

**COÏNCULPÉ** *m* Mitangeklagte(r).

**COJOUISSANCE** *f (ZR)* gemeinsame Nutzung (einer Sache).

**COLIS** *m* Paket *n*, Versandstück; – **encombrant** Sperrgut *n*.

**COLLABORATION** *f* Mitarbeit *f*, Mitwirkung, Zusammenarbeit.

**COLLATÉRAL** *m* Verwandte(r) *m* in der Seitenlinie.

**COLLECTE** *f* (öffentliche) Sammlung, Kollekte *f*, Spendenaktion; – **sur la voie publique** Straßensammlung.

**COLLECTIF** *m* (= **loi de finance rectificative**) Nachtragshaushalt *m*.

**COLLECTIVITÉ** *f* • *(ÖfR)* Körperschaft *f*, Gemeinschaft *f*, Gemeinwesen *n* • *(ZR)* Personengesamtheit *f*; – **locale** • *(commune)* Gemeinde • *(territoriale)* Gebietskörperschaft *f*; – **nationale** Nation, Volk; – **territoriale** Gebietskörperschaft.

**COLLÈGE** *m* • Gremium *n*, Kollegium *n* • *(SchulR)* frz. weiterführende Schule (5.–9. Schuljahr), Realschule; – **électoral** Wahlausschuss *m*; – **de magistrats** Richterkollegium *n*.

**COLLOCATION** *f* *(InsolvenzR)* Festsetzung der Rangordnung der Gläubiger.

**COLLUSION** *f (StR)* geheime Absprache mit Schädigungsabsicht.

**COLPORTAGE** *m* • *(HR)* Reisegewerbe, ambulantes Gewerbe, Hausierhandel • *(StR)* Verbreiten *n* von Gerüchten.

**COLPORTEUR** *m* Straßenhändler *m*, Hausierer *m*.

**COMITÉ** *m* Ausschuss *m*, Komitee *n*; **– consultatif** Beratungsausschuss *m*, Beirat *m*, beratender Ausschuss; **– de coordination** Lenkungsausschuss; **– économique et social** *(VerfR)* Wirtschafts- und Sozialausschuss; **– d'entreprise** *(ArbR)* frz. Unternehmensausschuss *m* (zuständig für Sozialangelegenheiten, mit dem Betriebsinhaber an der Spitze); **– juridique** Rechtsausschuss; **– de liaison** Verbindungsbüro; **– de vérification des comptes** Rechnungsprüferausschuss.

**COMMANDE** *f* • *(HR)* Bestellung *f*, Auftrag *m* • Leitung, Steuerung; **bon** *ou* **bulletin de –** Bestellschein *m*, Bestellzettel *m*; **confirmation de –** Auftragsbestätigung.

**COMMANDE(S) | en carnet** Auftragsbestand *m*; **– collective** Sammelbestellung; **– ferme** fester Auftrag.

**COMMANDEMENT** *m* • *(ÖfR)* Aufforderung, Anordnung, Auftrag *m* • *(ZPR: acte d'huissier)* Zahlungsaufforderung durch den Gerichtsvollzieher • Steuerbescheid *m*.

**COMMANDER** *v.tr.d.* • *(HR: Waren)* bestellen, in Auftrag geben, eine Bestellung erteilen • *(enjoindre)* befehlen.

**COMMANDITAIRE** *m* • *(commandite simple)* Kommanditist *m*, Teilhafter *m* • *(commandite par actions)* Kommanditaktionär *m*.

**COMMANDITE** *f* • Kommanditgesellschaft *f* • Haftsumme *f*, Anteil(e) des Teilhafters, Einlage des Kommanditisten; **associé en –** Kommanditist; **– simple** Kommanditgesellschaft.

**COMMANDITÉ** *m* Komplementär *m*, Vollhafter *m*.

**COMMANDITER** • Gelder in eine KG einzahlen • Kapital bereitstellen; **– le meurtre de qqn**. einen Killer anheuern.

**COMMENCEMENT** *m* Beginn *m*, Anfang *m*; **– d'exécution** *(StR)* Anfang der Ausführung (der beabsichtigten Straftat); **– de preuve par écrit** *(ZR)* Anfangsbeweis, ergänzungsbedürftiger Urkundenbeweis.

**COMMENTAIRE** *m* Kommentar *m*; Erklärung; Auslegung; Bemerkung.

**COMMERÇANT** *m* Kaufmann *m*, Gewerbetreibende(r); **– en gros** Großhändler; **– en nom personnel** Einzelkaufmann.

**COMMERCE** *m* • *(négoce)* Handel *m*; Geschäftsverkehr *m*; Handelsgewerbe *n* • *(HR)* (Handels-)Geschäft *n*, Handelsunternehmen *n* • Kaufleute *mpl*, Händler *mpl*, Handelsstand *m*; **acte de –** Handelsgeschäft *n*; **effet de –** Wechsel *m*; Wertpapier *m*; **employé de –** kaufmännischer Angestellte(r), Handlungsgehilfe; **fonds** *m* **de –** • *(HR)* frz. Handelsgeschäft (als neben dem Kaufmann bestehendes eigenständiges Rechtsgebilde), frz. kaufmännisches Unternehmen • *(HR)* Geschäftswert *m*, Firmenwert *m*; **liberté du –** Gewerbefreiheit *f*; **livres de –** Handelsbücher; **maison de –** Handelsunternehmen *n*; **tribunal de –** frz. Handelsgericht *n* (erster Instanz); **voyageur de –** Handlungsreisende(r) *m*, Handelsreisende(r).

**COMMERCE | extérieur** Außenhandel; **– de finition** Veredelungsverkehr *m*; **– de gros** Großhandel.

**COMMERCIAL** *adj* kaufmännisch, geschäftlich; handelsüblich; **centre –** Einkaufszentrum *n*; **chaîne –le** Handelskette *f*.

**COMMERCIALISATION** *f* Vermarktung, gewerbsmäßiger Vertrieb.

**COMMETTANT** *m* *(SchuldR)* Geschäftsherr *m*, Auftraggeber *m*, Vollmachtgeber *m*, Mandant *m*.

**COMMETTRE** *v.tr.d.* • *(quelqu'un)* beauftragen, betrauen • *(StR: une infraction)* (eine Tat) begehen, verüben • *(nommer)* ernennen, bestellen; – **d'office** von Amts wegen bestellen.

**COMMINATOIRE** *adj* androhend, mit Rechtsfolgen drohend; **astreinte** *ou* **mesure** – *(PrzR)* Zwangsmaßnahme *f*, Zwangsgeld *n*; Zwangsbeitreibung; **lettre** – Drohbrief *m*.

**COMMIS** *m* • *(VwR)* beigeordneter Amtsträger *m*, Beigeordneter *m*; Vertreter *m*, Beauftragte(r) *m* • *(HR)* Handlungsgehilfe *m*, Angestellte(r), Kommis *m* • *(SchuldR)* Erfüllungsgehilfe *m*; – **aux écritures** Schreiber *m*, Kanzlist *m*; – **-voyageur** *(HR)* Handlungsreisende, Vertreter *m*.

**COMMISSAIRE** *m* • *(ÖfR)* (vom Staat beauftragter) höherer Verwaltungsbeamter *m*; (Polizei-) Kommissar *m* • Ausschussmitglied *n* • Inhaber eines öffentlichen Amtes.

**COMMISSAIRE | aux comptes** • *(HR)* Rechnungsprüfer *m*, Buchprüfer • *(GesR)* Abschlussprüfer, Wirtschaftsprüfer; – **gérant** öffentlicher Verwalter.

**COMMISSAIRE | du gouvernement** • *(VwPR)* Verwalttungsrichter als Entscheidungsvorbereitungsrichter • Vertreter einer (klagenden oder beklagten) Behörde vor dem Conseil d'État; – **de police** Polizeikommissar; – **-priseur** Vollstreckungsorgan für die Zwangsversteigerung; vereidigter Wertsachverständiger.

**COMMISSARIAT** *m* • Dienststelle eines Polizeikommissars • Amtsbereich *m* eines Kommissars; – **de police** Polizeirevier *n*.

**COMMISSION** *f* • Ausschuss *m*, Kommission *f* • *(HR: contrat)* Kommissionsvertrag *m* • *(HR)* Provision *f* • *(StR)* Begehung *f* (einer Straftat), Verübung *f* • *(SchuldR)* Vollmacht *f*, Bevollmächtigung, Auftrag *m*; Ersuchen *n* • Bestellung *f*, Besorgung *f*.

**COMMISSION | d'agent** Vertreterprovision; – **d'arbitrage** Schiedsstelle; – **bancaire** Bereitstellungsprovision; – **du budget** Haushaltsausschuss; – **des communautés européennes** Kommission der Europäischen Gemeinschaften; – **de conciliation** Vermittlungsausschuss.

**COMMISSION | électorale** Wahlausschuss; – **économique et financière** Wirtschafts- und Finanzausschuss; – **d'enquête** Untersuchungsausschuss; – **d'escompte** Diskontprovision; – **d'examen** Prüfungsausschuss; – **d'experts** Sachverständigenausschuss; – **des finances** Finanzausschuss; – **d'indemnisation** *(StR)* Entschädigungsausschuss (für Opfer von Straftaten).

**COMMISSION | des marchés** *(VwR)* beratender Ausschuss für Rechtsfragen im Rahmen öffentlicher Aufträge; – **de médiation** Vermittlungsausschuss; – **nationale de l'informatique et des libertés (= CNIL)** frz. zentrale Datenschutzbehörde; – **des opérations de bourse (= COB)** frz. Börsenkommission; – **paritaire** paritätischer Ausschuss; – **parlementaire** parlamentarischer Ausschuss.

**COMMISSION | rogatoire** •*(StPR)* Beweisersuchen *n*, Rechtshilfeersuchen • *(StPR)* Auftrag *od.* Ersuchen der Staatsanwaltschaft (gerichtet an bestimmte Behörden *od.* Beamte) • *(VwR)* Amtshilfeersuchen *n*; – **technique** Fachausschuss; – **sur la vente** Verkaufsprovision; – **de vérification des comptes** Rechnungsprüferausschuss.

**COMMISSIONNAIRE** *m* *(HR)* Kommissionär *m*, Geschäftsvermittler; – **de transport** *(HR)* Spediteur *m*.

**COMMODAT** *m (SchuldR: prêt à usage)* Leihe *f*.

**COMMUER** *v.tr.d.* **une peine** eine Strafe herabsetzen *od.* mindern.

**COMMUN** *adj* • *(en commun)* gemeinsam, gemeinschaftlich • allgemein, alltäglich, gewöhnlich; **biens –s** *(FamR)* gemeinschaftliches Vermögen, zur Gütergemeinschaft gehörendes Vermögen; **droit –** Zivilrecht (im Gegensatz zum Handelsrecht); **erreur –e** weit verbreiteter Irrtum; **exercice en – de l'autorité parentale** *(FamR)* gemeinsame Personensorge (auch der geschiedenen Ehegatten).

**COMMUNAUTAIRE** *adj* **: droit –** EU-Recht, Europarecht.

**COMMUNAUTÉ** *f* • *(VerfR)* Gemeinschaft *f*, Nation *f*, Gemeinwesen *n* • *(KirchR)* Kongregation *f*, kirchliche Vereinigung • *(FamR)* Gütergemeinschaft • *(i.w.S.)* Gemeinsamkeit, Gemeinschaftlichkeit • *(VR)* Volksgruppe *f*; **bien exclu de la –** Sondergut *n*; **régime sans** *ou* **exclusif de –** *(FamR)* (Güterstand der) Gütertrennung; **– d'acquêts** *(FamR syn.: communauté réduite aux acquêts)* (frz. gesetzlicher Güterstand der) Errungenschaftsgemeinschaft; **– de biens** Gütergemeinschaft.

**COMMUNAUTÉ | conventionnelle** vertragliche Gütergemeinschaft; **– cultuelle** *(KirchR)* frz. Kirchengemeinde als privater eingetragener Verein; **– entre époux** *(FamR)* eheliche Gütergemeinschaft.

**COMMUNAUTÉ(S) | européenne(s) (= CE)** Europäische Gemeinschaft(en) (= EG); **– européenne du charbon et de l'acier (= CECA)** Europäische Gemeinschaft für Kohle und Stahl (= EGKS); **– européenne de l'énergie atomique (= CEEA)** Europäische Atomgemeinschaft (= EURATOM).

**COMMUNAUTÉ | légale** *(FamR: depuis 1965 communauté réduite aux acquêts)* frz. gesetzlicher Güterstand der Errungenschaftsgemeinschaft; **– matrimoniale** eheliche Gütergemeinschaft; **– de meubles et acquêts** Fahrnis- und Errungenschaftsgemeinschaft; **– de participation aux acquêts** Zugewinngemeinschaft; **– réduite aux acquêts** frz. Errungenschaftsgemeinschaft; **– de vie** Lebensgemeinschaft.

**COMMUNE** *f* • *(VwR)* Gemeinde *f* (als öffentlich-rechtliche Gebietskörperschaft) • Einwohnerschaft einer Gemeinde; **– jumelée** Partnerstadt; **– du lieu de résidence** Wohngemeinde.

**COMMUNICATION** *f* • *(VwR)* Mitteilung *f*, Bekanntmachung • Fernsprechverbindung • *(dossier)* Vorlage *f*, Einreichung • *(Tagung)* Bericht *m*, Referat *n*, Beitrag • *(PrzR)* Verkehr *m* (des Anwalts mit seinem Klienten).

**COMMUNIQUÉ** *m* amtliche Verlautbarung, Bekanntmachung; **– final** Schlusskommuniqué *n*.

**COMMUTAT | IF** *adj* **: contrat –** Austauschvertrag; **justice –ive** ausgleichende Gerechtigkeit.

**COMMUTATION** *f* **de peine** Strafumwandlung.

**COMOURANTS** *mpl (ErbR)* beim gleichen Unfall tödlich verunglückte Personen, Kommorienten *mpl*.

**COMPAGNIE** *f* • *(HR)* Handelsgesellschaft; Bezeichnung in Frankreich für bestimmte Gesellschaftsformen • *(PrzR)* Berufsvereinigung (Notare, Gerichtsvollzieher); **et –** (= & Cie) und Kompanie *od.* Kompagnon (= & Co.); **– de navigation (maritime)** Schiffahrtsgesellschaft; **– de navigation aérienne** Luftfahrtgesellschaft; **– pétrolière** Erdölgesellschaft; **– républicaine de sécurité (= CRS)** frz. kasernierte Bereitschaftspolizei.

**COMPAGNON** *m* • *(HR)* Gesellschafter *m*; Teilhaber *m*, Mitinhaber *m* • Begleiter *m*, Gefährte *m* • *(ArbR)* (Handwerks-)Geselle *m*.

**COMPARAÎTRE** *v.intr.* *(PrzR)* erscheinen; **ajournement à –, assignation à –, citation à –** Vorladung *f*.

**COMPARANT** *m* (vor Gericht) erschienene Person, Anwesender(r) *m*.

**COMPARSE** *m (StR)* Helfershelfer, Gehilfe *m*.

**COMPARTIMENT** *m* • *(SeeHR)* Frachtraum *m*, Kabine *f* • *(BankR)*

Fach *n* (im Tresor einer Bank) Safe *m* • *(Zug)* Abteil *n*.

**COMPARUTION** *f (PrzR)* Erscheinen *n* (vor Gericht), (zwangsweise) Vorführung *f*; Vernehmung *f* (durch die Polizei); **défaut de –** Nichterscheinen; **délai de –** Ladungsfrist *f*; **mandat de –** Ladung *f*, Vorladung; **– immédiate** *(StPR)* sofortige Vorführung vor den Strafrichter (zwecks Aburteilung bei Inflagranti-Straftaten); **– personnelle** persönliches Erscheinen.

**COMPENSATION** *f* • *(ZR)* Aufrechnung *f* • *(HR)* Anrechnung *f*, Verrechnung *f*, Ausgleich *m*, Kompensation *f* • *(VersR)* Vergütung *f*, Entgelt *n*, Ersatzleistung *f*, Ersatz *m* • Entschädigung; **chambre de –** Verrechnungs- *od.* Clearingstelle.

**COMPENSATION | des dépens** *(PrzR)* Kostenentscheidung; Gerichtskostenaufrechnung; **– des risques** Gefahrenausgleich *m*.

**COMPENSATOIRE** *adj* **: forfait –, indemnité –** Pauschalvergütung, Entschädigung; **montants –s** *(EuR)* Ausgleichsabgabe *f*, Grenzausgleichsbeträge *mpl*.

**COMPENSER** *v.tr.d.* • ausgleichen, aufrechnen, verrechnen • ersetzen, wiedergutmachen.

**COMPÉTENCE** *f* • *(PrzR)* (verfahrensrechtliche) Zuständigkeit *f*, Kompetenz *f* • *(VwR)* Befugnis *f*, Amtsbefugnis; (behördliche) Zuständigkeit, Geschäftsbereich *m* • *(ArbR)* Fachkenntnisse *fpl*, (berufliches) Können *n*; **clause attributive de –** *(ZR, HR)* Gerichtsstandsklausel *f*.

**COMPÉTENCE | accessoire** Hilfszuständigkeit; **– administrative** behördliche Zuständigkeit; **– d'attribution** • *(ZPR)* sachliche Zuständigkeit • *(VwR)* Zuständigkeit kraft Zuweisung; **– exclusive** ausschließliche Zuständigkeit.

**COMPÉTENCE | judiciaire** • Zuständigkeit der ordentlichen Gerichte • Gerichtsstand; **– juridictionnelle** Gerichtshoheit *f*, Rechtsprechungsgewalt *f*; **– liée** *(VwR)* gebundenes Ermessen; **– matérielle** sachliche Zuständigkeit; **professionnelle** *(ArbR)* Fachkenntnisse, Berufserfahrung.

**COMPÉTENT** *adj* • zuständig, kompetent, befugt • fachmännisch, fachkundig, sachverständig; **tribunal –** zuständiges Gericht.

**COMPÉ | TITIF** *adj* **: entreprise –titive** wettbewerbsfähiges Unternehmen.

**COMPÉTITION** *f* Wettbewerb *m*; Wettstreit *m*.

**COMPÉTITIVITÉ** *f* Wettbewerbsfähigkeit *f*, Konkurrenzfähigkeit.

**COMPLAISANCE** *f* **: pavillon de –** Billigflagge; **traite de –** Gefälligkeitswechsel.

**COMPLÉMENT** *m* Ergänzung *f*, Nachtrag *m*; Zuschlag *m*; **– d'enquête** *(StPR)* zusätzliche Ermittlungen.

**COMPLICE** *m (StR)* Gehilfe *m*, Komplize *m*, Teilnehmer *m* an einer Straftat; **– par provocation** *(StR: instigateur)* Anstifter *m*.

**COMPLICITÉ** *f (StR)* Teilnahme *f* (an einer Straftat); **– par aide** *ou* **par assistance** Beihilfe *f*; **– par fourniture de moyens matériels** Teilnahme durch Beschaffung von Hilfsmitteln; **– par instructions** Teilnahme durch Ratschläge u. Hinweise; **– par provocation** Anstiftung (in F. Sonderform der Komplizenschaft).

**COMPOSITEUR** *m (UrhR)* Komponist *m*; **amiable –** *(ZPR)* Schlichter *m*, (gütlicher) Vermittler *m*.

**COMPOSTER** *v.tr.d.* (ab)stempeln, markieren; *(Fahrkarte)* entwerten.

**COMPRESSION** *f* Verringerung, Abbau *m*; **– budgétaire** Haushaltskürzung; **– de personnel** Personalabbau *m*.

**COMPROMETTRE** *v.tr.d.* • *(StR)* kompromittieren, bloßstellen • *(ZPR)* einen Vergleich (ab-)schließen • *(Erfolg)* aufs Spiel setzen.

**COMPROMIS** *m* • *(ZPR)* Vergleich *m* • *(ZR: vente d'immeuble)*

Vorvertrag *m* (über die Veräußerung eines Grundstücks) • *(SchuldR, PrzR)* Schiedsgerichtsvereinbarung.

**COMPROMISSOIRE** *adj* : **clause –** Schiedsklausel.

**COMPTABILITÉ** *f* • *(HR)* Buchhaltung, Buchführung, Rechnungslegung • *(HR)* Handelsbücher *npl* • *(Vwirt)* volkswirtschaftliche Gesamtrechnung; **pièce de –** Buchungsbeleg *m*.

**COMPTABILITÉ | analytique** Betriebsbuchhaltung; **– -matières** Warenbuchführung *f*, Warenkonten; **– nationale** volkswirtschaftliche Gesamtrechnung; **– occulte** Geheimbuchhaltung; **– en partie double** doppelte Buchführung, Doppik *f*; **– en partie simple** einfache (T-Konten)-Buchführung; **– publique** Haushaltsplan.

**COMPTABLE** *m* • *(ZR, HR)* Buchhalter *m*; Kassenleiter *m* • *(HR)* Rechnungsführer *m*; Rechnungsprüfer; **expert- –** Wirtschaftsprüfer, Buchprüfer, Rechnungsprüfer.

**COMPTABLE** *adj* : **bénéfice –** buchmäßiger Gewinn; **document –** Buchhaltungsunterlage *f*; **écriture –** Buchung; **pièce –** Buchungsbeleg *m*; **plan –** Kontenplan *m*; **valeur –** Buchwert *m*.

**COMPTANT** *adj* bar, in Bargeld; **argent –** Bargeld *n*; **au – compté** in bar, an der Kasse; Zug-um-Zug-Leistung.

**COMPTE** *m* • Rechnung *f*; Berechnung *f*; Auszählung • *(Buchf)* Konto *n*, (Konto-) Posten *m*, (Konto-) Betrag *m* • *(argent dû)* (Schuld-) Begleichung *f*, Auszahlung • Kassenrechnung • Rechnungslegung; **commissaire aux –s** Rechnungs- *od.* Buchprüfer; **commission de –** Umsatzprovision; **monnaie de –** Buchgeld; **numéro de –** Kontonummer.

**COMPTE : | pour le – d'autrui** *(HR)* für fremde Rechnung; **pour (son) propre –** für eigene Rechnung; **relevé de –** Kontoauszug *m*; **titulaire du –** Kontoinhaber *m*; **ventilation de –s** Kontenaufgliederung.

**COMPTE | courant** *(BankR, HR)* Kontokorrent *n*, laufende Rechnung; **– pour créances douteuses** Dubiosenkonto *n*, Konto für nicht eintreibbare Außenstände; **– créditeur** Guthaben *n*; **– débiteur** Debetkonto, Schuld *f*.

**COMPTE | de dépôt(s)** Depositen- *od.* Einlagekonto; **– d'épargne** Sparkonto; **– d'épargnelogement** Bausparkonto; **– d'exploitation générale** *(GesR)* Betriebsrechnung; **– de fin d'exercice** Abschlussrechnung.

**COMPTE de gestion** • *(HR)* Betriebs- und Instandhaltungskosten, Abrechnung über eine ausgeübte Geschäftsführung • *(HaushR)* kassenmäßige Rechnungslegung.

**COMPTE | joint** Undkonto, gemeinschaftliches Konto; **– sur livret** Sparbuch; **– à numéro** *ou* **numéroté** Nummernkonto *n*; **– sans provision** ungedecktes Konto; **–s publics** *(ÖfR)* Konten der öffentlichen Hand.

**COMPTE-RENDU** *m* Berichterstattung, Rechenschaftsbericht *m*; **– annuel** (Jahres-)Geschäftsbericht.

**COMPTE | de réserve** Rücklagenkonto; **– de réserves obligatoires** Konto für gesetzliche Rücklagen; **– de résultat** *(GesR)* Gewinn- und Verlustrechnung; **– à vue** Konto mit täglicher Fälligkeit.

**COMPTOIR** *m* • Ladentisch *m*; Geschäftslokal *n* • *(HR)* (Handels-) Niederlassung (im Ausland).

**COMPUTATION** *f* *(PrzR)* (Frist-) Berechnung.

**CONCÉDANT** *m* Konzessionsgeber *m*, Verleiher der Konzession.

**CONCÉDER** *v.tr.d.* • *(admettre)* zugestehen, zugeben, einräumen • *(VwR: octroyer)* bewilligen, (behördlich) genehmigen, (eine) Genehmigung erteilen, verleihen.

**CONCENTRATION | économique** Bildung von Marktmacht (durch Zusammenschlüsse); **– d'entre-**

**prises** Unternehmenskonzentration.

**CONCEPTEUR** *m* Werbefachmann.

**CONCEPTION** *f* • *(FamR)* Empfängnis *f*, Konzeption • *(fig.)* Fassungsvermögen; Auffassung; Entwurf *m*; Schöpfung • *(opinion)* Meinung, Anschauung; **période de la –** Empfängniszeit *f*.

**CONCERTATION** *f* Abstimmung *f* (der Standpunkte), Absprache *f*.

**CONCESSION** *f* • *(ZR)* Zugeständnis *n* • *(SchuldR)* Einräumung eines Nutzungsrechts • *(VwR)* Nutzungsverleihung *f*, Konzession, behördliche Erlaubnis *f* • Konzessionsbetrieb *m*, beliehenes Unternehmen *n* • *(HR)* Lizenz- und Vertriebsrecht; Gewerbezulassung.

**CONCESSION | funéraire** Grabstellenkonzession; **– de licence** Lizenzerteilung; **– de service public** • *(VwR)* Konzessionsvertrag *m* • *(HR)* Gewerbezulassung; **– de travaux publics** Konzessionsvertrag *m* zur Herstellung von Betriebsanlagen.

**CONCESSIONNAIRE** *m* • *(VwR)* beliehener Unternehmer Konzessionsnehmer *m* • *(HR)* Vertragshändler *m*, Alleinvertreter *m* • *(PatR)* Lizenzinhaber *m*.

**CONCILIATEUR** *m* • *(ArbR)* Schlichter *m* • *(ZPR)* Richter als Schlichter in Bagatellsachen.

**CONCILIATION** *f* • *(ArbR)* Schlichtung *f*, Schlichtungsverfahren *n* • *(ZPR)* Prozessvergleich *m*, zivilrechtliches Sühneverfahren *od.* Sühneversuch • *(EheR)* Gütetermin *m* (in Ehesachen) • *(i.w.S.)* Vermittlung, Versöhnung, gütliche Einigung; **procédure obligatoire de –** Zwangsschlichtung.

**CONCLURE** • *(v.tr.dir.)* (einen Vertrag) (ab)schließen • *(v.tr.ind.*: **– de**) folgern, den Schluss ziehen aus, (3) *(PrzR)* Anträge (in der mündlichen Verhandlung) stellen und begründen.

**CONCLUSION 1.** *f* • *(SchuldR)* Abschluss *m*; Ende *n* • *(Begründung)* Schlussfolgerung; **– du contrat** Vertrags(ab)schluss *m*.

**CONCLUSIONS 2.** *fpl* • *(ZPR)* Parteianträge *mpl*, Klageantrag *m*; Schlussanträge im Prozess • *(ZPR)* Klageschrift *f*, Schriftsatz *m* (des Anwalts) • Zusammenfassung, Erkenntnisse, Ergebnis; **– du Ministère public** *(StPR)* Schlussanträge der Staatsanwaltschaft.

**CONCOMITANT** *adj* **: faits –s** Begleitumstände *mpl*.

**CONCORDANT** *adj* übereinstimmend, schlüssig.

**CONCOURIR** • (*v.tr.ind.*: **– à**) zusammenwirken, zusammenarbeiten • (*v.intr.*: **– pour un emploi**) sich um eine Stelle bewerben.

**CONCOURS** *m* • *(aide)* Mitarbeit *f*, Hilfe *f*, Unterstützung *f*, Zusammenwirken *n* • *(ZR)* Mitwirkung an einem Rechtsgeschäft • *(SchulR)* Auswahlprüfung, Auswahlverfahren *n* (zur Besetzung einer im voraus feststehenden Zahl von Planstellen *od.* Studienplätzen) • *(StR: cumul d'infractions)* Konkurrenz *f*, Zusammentreffen *n* (von Straftaten) • *(PrzR)* (frz. Oberbegriff für:) Insolvenz- und Vergleichsverfahren *n* • (*Vwirt)* Zuschuss *m*, finanzielle Beteiligung.

**CONCOURS | d'admission** *(BeamR)* Zulassungs- *od.* Aufnahmeprüfung *f*; **– formel d'infractions** *ou* **idéal d'infractions** *(StR)* Idealkonkurrenz *f*, Tateinheit; **– matériel d'infractions, – réel d'infractions** Realkonkurrenz, Tatmehrheit.

**CONCUBINAGE** *m* eheähnliche *od.* freie Lebensgemeinschaft.

**CONCUBINE** *f* Lebensgefährtin *f*.

**CONCURRENCE** *f* • *(WirtR)* Wettbewerb *m* • *(SchuldR)* Anspruchskonkurrenz *f*; **capacité de –** Wettbewerbsfähigkeit *f*; **clause de non –** (vertragliches) Wettbewerbsverbot *n*; **libre jeu de la –** freier Wettbewerb; **obligation de non –** *(HR)* Wettbewerbsverbot *n*.

**CONCURRENCE | déloyale** *ou* **illicite** *(HR)* unlauterer Wettbewerb; – **faussée** Wettbewerbsverzerrung.

**CONCURRENT** *m* Konkurrent *m*, Wettbewerber *m*.

**CONCURRENTIEL** *adj* : **capacité –ielle** Wettbewerbsfähigkeit.

**CONCUSSION** *f (StR)* Gebührenüberhebung *f od.* Leistungskürzung *f* (durch einen Amtsträger).

**CONDAMNATION** *f* • *(StPR)* Strafurteil *n*, Strafe, Aburteilung • *(ZPR)* Verurteilung (zu einer Leistung); Leistungsurteil; Sachurteil • *(i.w.S.)* Missbilligung *f*.

**CONDAMNATION | antérieure** Vorstrafe *f*; – **par contumace** *(StPR)* Verurteilung in Abwesenheit (des Angeklagten); – **par défaut** *(ZPR)* Verurteilung in Abwesenheit; – **aux dépens** *(PrzR)* Verurteilung zur Tragung der Kosten (des Rechtsstreits); – **à mort** Todesurteil; – **pécuniaire** Geldstrafe.

**CONDAMNÉ** *m* | **par contumace** in Abwesenheit Verurteilte(r); – **à perpétuité** lebenslänglich Verurteilte(r).

**CONDAMNER** *v.tr.d. (StR)* verurteilen.

**CONDITION 1.** *f* • *(ÖfR)* gesellschaftliche Stellung *f*, Rang *m*, Stand *m* • *(ZR)* Rechtsstellung, Rechtslage *f* • *(ZR)* Bedingung *f*, Voraussetzung *f*, Erfordernis *n* • *(SchuldR)* Bestimmung *f*, Klausel *f*.

**CONDITION | d'âge** Alterserfordernis *n*; – **des étrangers** Rechtsstellung der Ausländer; – **extinctive** auflösende Bedingung; – **de fond** inhaltliches *od.* materielles Erfordernis; – **de forme** Formerfordernis *n*, Formvorschrift.

**CONDITION | juridique** *(ZR)* Status *m*, Rechtsstellung; – **léonine** einseitig benachteiligende Vertragsbestimmung; – **préalable** (unabdingbare) Voraussetzung; – **requise** Erfordernis; – **résolutoire** auflösende Bedingung; – **suspensive** aufschiebende Bedingung.

**CONDITION | NEL** *adj* : **libération –nelle** *(StVZ)* Strafaussetzung zur Bewährung (mit Bewährungsauflagen).

**CONDITIONNEMENT** *m (Waren)* Produktaufmachung *f*, Schaupackung, Hülle *f*; Verpackung.

**CONDITIONS 2.** *fpl* Verhältnisse *npl*, Umstände *mpl*; – **d'adhésion** Beitrittsvoraussetzungen; – **d'admission à une prestation** *(SozR)* Leistungsvoraussetzungen; **–générales** Allgemeine Geschäftsbedingungen (= AGB); – **de livraison** Lieferbedingungen; – **de paiement** Zahlungsbedingungen.

**CONDUCTEUR** *m (Kfz)* Fahrzeugführer; Fahrer *m*; – **de travaux** Bauführer.

**CONDUIRE** *v.tr.* • führen, lenken, leiten • *(StVR)* steuern, fahren; **permis de** – Fahrerlaubnis *f*, Führerschein *n*.

**CONDUITE** *f* • Führung *f*, Leitung *f*, Aufsicht *f* • Lenken *n*, Fahren *n*, Steuerung *f* • *(comportement)* Betragen *n*, Benehmen *n*, Verhalten *n*; – **en état d'ivresse** Trunkenheit am Steuer.

**CONFÉDÉRATION** *f* • *(VR)* Staatenbund *m* • *(ArbR)* (Zentral- *od.* Dach-) Verband *m*; – **générale du travail (= CGT)** (französischer kommunistischer) Allgemeiner Gewerkschaftsbund; – **helvétique (= CH)** schweizerische Eidgenossenschaft; – **patronale** Arbeitgeberdachverband; – **syndicale** Gewerkschaftsbund.

**CONFÉRENCE** *f* • Konferenz *f*, Kongress *m*, Tagung; Zusammenkunft *f*; Verhandlung; Sitzung; Beratung *f* • Vortrag *m*; – **de presse** Pressekonferenz *f*; – **au sommet** Gipfelkonferenz.

**CONFÉRENCIER** *m* Referent *m*, Redner.

**CONFÉRER** • *(v.tr.ind.: s'entretenir)* verhandeln, sich besprechen • *(v.tr.d.: accorder)* einräumen, verleihen, erteilen; – **un droit** ein Recht gewähren, einen Anspruch zuerkennen.

**CONFESSION** *f (KirchR)* Glaubensbekenntnis *n*.

**CONFIANCE** *f* Vertrauen *n*, Zuversicht *f*; Offenheit; **abus de –** • *(StR)* Unterschlagung *f*, Veruntreuung • *(au sens moral)* Vertrauensbruch *m*; **motion de –** *(VerfR)* Vertrauensvotum; **question de –** *(VerfR)* Vertrauensfrage *f*.

**CONFIDENTIEL** *adj* vertraulich; **– défense** Verschlusssache (= VS).

**CONFIRMATIF** *adj* bestätigend, bejahend, bekräftigend.

**CONFIRMATION** *f (ZPR, ZR)* Bestätigung; Bescheinigung; **– de commande** Auftragsbestätigung.

**CONFISCATION** *f (StPR)* (strafprozessuale) Beschlagnahme *f*, Einziehung *f*, entschädigungslose Enteignung.

**CONFLIT** *m* • *(IPR, VwPR)* Kompetenzkonflikt, Zuständigkeitsstreit • Auseinandersetzung *f*, Konflikt *m*, Streit *m*, Streitfrage.

**CONFLIT | d'attributions** • *(PrzR)* Kompetenzkonflikt zwischen Zivilgerichten und Verwaltungsgerichten • *(VwR)* Zuständigkeitsstreit zwischen Verwaltungsbehörden; **– collectif de travail** Gesamtarbeitsstreitigkeit; **– de compétence** Kompetenzstreit; **– d'intérêts** Interessenkollision *f*, Interessenwiderstreit *m*; **– de lois** *(IPR)* Gesetzes- *od.* Normenkonflikt, Rechtskollision; **– dans l'espace** räumlicher Normenkonflikt; **– dans le temps** zeitlicher Normenkonflikt.

**CONFONDRE** *v.tr.d.* • verwechseln • *(StR)* (einen Täter) überführen.

**CONFORME** *adj* • gleichlautend, übereinstimmend, richtig • *(conforme à la loi)* (gesetzes)gemäß, entsprechend; **pour copie –** für die Richtigkeit der Abschrift.

**CONFORMITÉ** *f* Übereinstimmung *f*, Gemäßheit *f*; **en – avec** gemäß, in Übereinstimmung mit.

**CONFRONTATION** *f* Gegenüberstellung *f*, Vergleichen *n*; Vergleich *m*; **– d'intérêts** Interessenabwägung *f*.

**CONFUSION** *f* • *(ZR)* Konfusion *f*, Zusammenfallen der Gläubigerrechte und Schuldnerverbindlichkeiten • Verwechslung; **– de peines** *(StPR)* (Bildung einer) Gesamtstrafe.

**CONGÉ** *m* • *(ArbR)* Urlaub *m*; Arbeitsbefreiung *f* • *(ArbR)* Kündigung *f*; **délai –** Kündigungsfrist; **donner –** kündigen; **préavis de –** Kündigungsfrist *f*.

**CONGÉ | annuel** Jahresurlaub; **– (pour cause de) maladie** *(SozVers)* Krankheit des Arbeitnehmers, Arbeitsunfähigkeit infolge Krankheit; **– individuel de formation (= CIF)** Bildungsurlaub; **– de maternité** Mutterschaftsurlaub; **– parental d'éducation** *(FamR)* Erziehungsurlaub; **–s payés** bezahlter Jahres- *od.* Erholungsurlaub.

**CONGÉDIEMENT** *m (ArbR)* Entlassung *f*, Kündigung *f* (durch den Arbeitgeber); **lettre de –** Kündigungsschreiben; **motif de –** Kündigungsgrund; **– abusif** rechtsmissbräuchliche Kündigung.

**CONGÉDIER** *v.tr.d.* entlassen, kündigen.

**CONJOINT 1.** *m* Gatte *m*, Gattin *f*; **– à charge** unterhaltsberechtigter Ehegatte *m*.

**CONJOINTS 2.** *mpl* Eheleute *pl*, Ehegatten *pl*, Gatten.

**CONJONCTURE** *m* • Zustand *m*, Lage *f* • *(BW)* Geschäftsgang *m* • *(Vwirt)* Wirtschaftslage *f*, Konjunktur *f*; **ralentissement de la –** Konjunkturabschwächung.

**CONJUGAL** *adj* : **domicile –** Wohnsitz der Ehepartner; **vie –e** eheliche Lebensgemeinschaft.

**CONJURATION** *f (StR)* Geheimbündelei, Verschwörung *f*.

**CONJURÉ** *m* Verschwörer *m*.

**CONNAISSANCE 1.** *f* • Wissen *n*, Kenntnis *f* • Bewusstsein *n*, Erkenntnis *f* • Bekanntschaft *f*, Bekannte(r) *m*.

**CONNAISSANCES 2.** *fpl* : **– de base** Grundkenntnisse; **– linguistiques** Sprachkenntnisse; **– pro-**

**fessionnelles** *ou* **techniques** Fachkenntnisse.

**CONNAISSEMENT** *m (SeeHR)* Konnossement *n*, Seefrachtbrief *m*.

**CONNEXITÉ** *f (PrzR)* Konnexität *f*, (innerer) Zusammenhang *m*.

**CONSANGUIN** *adj* blutsverwandt, vom gleichen Vater abstammend.

**CONSCIEMMENT** *adv (StR)* wissentlich, bewusst, absichtlich.

**CONSCIENCE** *f* • Gewissen *n* • Bewußtsein *n* • *(StR)* Wissen *n* (um die Strafbarkeit einer Handlung) • Gründlichkeit, Gewissenhaftigkeit; **cas de –** Gewissensfrage *f*; **liberté de –** Gewissensfreiheit.

**CONSCIENT** *adj* bewusst, absichtlich.

**CONSÉCUTIF** *adj* (der Zeit nach) aufeinanderfolgend, nachfolgend, nacheinander, sich ergebend (aus).

**CONSEIL** *m* • Ratschlag *m*, Rat *m* • *(conseiller)* Berater *m*, Ratgeber *m* • *(assemblée)* Ratsversammlung *f*, Rat *m*, Ausschuss *m* • *(PrzR: avocat)* Anwalt *m*; Syndikus *m*; **devoir de –** Beratungspflicht *f*.

**CONSEIL | d'administration** • *(HR, Vereine)* geschäftsführendes Organ, Vorstand *m* • *(GesR)* Verwaltungs- *od.* Geschäftsführungsorgan; **– d'arrondissement** *(ÖfR)* Stadtbezirksrat (in Paris, Lyon u. Marseille); **– en brevets d'invention** frz. Patentanwalt.

**CONSEIL | constitutionnel** • *(VerfR: art.58 de la Constitution)* Oberste frz. Wahlkommission u. Wahlanfechtungsgericht • *(VerfR: art. 61 de la Constitution)* frz. Verfassungsgericht (allerdings nur bis zur Verkündung der Gesetze zuständig).

**CONSEIL | économique** Wirtschaftsbeirat; Wirtschaftsberater; **– économique et social** • *(VerfR)* frz. Wirtschafts- und Sozialrat • *(VR)* Wirtschafts- u. Sozialrat der Vereinten Nationen; **– d'entreprise** *(ArbR)* frz. Betriebsausschuss (unter Vorsitz des Arbeitgebers *u.* zuständig in betrieblichen Sozialangelegenheiten).

**CONSEIL D'ÉTAT (= C.E.)** • *(VwPR)* Conseil d'État als oberstes frz. Verwaltungsgericht • *(VerfR)* Oberstes frz. Regierungsberatungsgremium im Rahmen des Gesetzgebungsverfahrens, Staatsrat *m*.

**CONSEIL | de l'Europe** Europarat; **– européen** Europäisches Gipfeltreffen der Staats- u. Regierungschefs; **– de famille** *(FamR)* frz. Familienrat; **– fiscal** Steuerberater.

**CONSEIL | général** *(VwR: assemblée élue du département)* Departementversammlung *f*; **– interministériel** Ministerausschuss *m*; **– juridique** *(PrzR depuis 1992: avocat)* Rechtsberater *m*, Anwalt *m*, Rechtsbeistand *m*; Syndikus *m*.

**CONSEIL | des ministres** frz. Ministerrat (unter Vorsitz des Präsidenten der Republik); Ministerratssitzung; **– municipal** Gemeinderat, Stadtrat, Bürgerversammlung.

**CONSEIL national | des barreaux** frz. Dachverband der Anwaltskammern; **– – du crédit (= CNC)** frz. Kredit- u. Bankenüberwachungsausschuss; **– – du patronat français (= CNPF)** nationaler Dachverband der Arbeitgeber Frankreichs.

**CONSEIL | de l'ordre** Kammervorstand *m* (Anwaltskammer, Ärztekammer usw.); **– d'orientation professionnelle** Berufsberater *m*.

**CONSEIL | de prud'hommes** *(PrzR: juridiction du travail)* frz. (paritätisch besetztes) Arbeitsgericht erster Instanz; **– en recrutement** Personalberater *m*; **– régional** *(ÖfR)* frz. (gewählte) Regionalversammlung; **– de sécurité** *(VR)* Sicherheitsrat.

**CONSEIL | de surveillance** • *(GesR: société anonyme)* Aufsichtsrat • *(VwR)* Aufsichtsamt *od.* -behörde; **– de tutelle** *(VR: UNO)* Treuhandrat.

**CONSEILLER** *m* • *(conseilleur, conseil)* Berater *m* • *(ÖfR)* Rat *m*, Ratsmitglied *n* • *(GVR, VwPR)* (Bezeichnung der) Richter (bei frz.

Zivilgerichten der 2. u. 3. Instanz und allen frz. Verwaltungsgerichten); **– d'ambassade** Botschaftsrat; **– à la Cour de cassation** Richter am Kassationsgerichtshof; **– à la Cour des comptes** Mitglied des frz. Rechnungshofs; **– d'État** *(VwPR)* Richter am Obersten frz. Verwaltungsgericht; **– financier** • Anlagenberater • *(Botschaft)* Leiter der Finanzabteilung; **– juridique** Rechtsberater; **– de légation** Gesandtschaftsrat, Legationsrat; **– municipal** Gemeinderatsmitglied *n*; **– d'orientation professionnelle** Berufsberater; **– prud'homme** frz. (Laien-)Arbeitsrichter.

**CONSENSUEL** *adj* **: contrat –** formfreier Vertrag, Konsensualvertrag *m*.

**CONSENTEMENT** *m* • *(ZR: acceptation donnée à une offre)* Zustimmung *f*, Einwilligung (in ein Rechtsgeschäft) • *(ZR.: accord de deux volontés)* Einigung, Abmachung, Übereinkommen *n* • *(ZR: volonté de l'auteur d'un acte unilatéral)* Willenserklärung • *(adhésion d'une personne)* Einverständnis *n*; **absence de –** fehlende Willensübereinstimmung; **– de la victime** *(StR)* Einwilligung des Verletzten.

**CONSENTIR** • *v.tr.d.* bewilligen, genehmigen, gewähren, zugestehen • (*v.tr.ind.:* **– à**) einwilligen, (einer Sache) zustimmen; **– un délai** eine Frist zugestehen; **– un prêt** ein Darlehen gewähren.

**CONSÉQUENCE** *f* Folge *f*, Auswirkung *f*; (Schluss-)Folgerung *f*; **– juridique** Rechtsfolge *f*.

**CONSERVATION** *f* • *(ZR: mise en dépôt)* Verwahrung *f*, Aufbewahrung • (Rechts-)Sicherung *f*, Sicherungsgeschäft, Erhaltung.

**CONSERVATOIRE** *adj* (rechts-) erhaltend *od.* -bewahrend, zur Erhaltung dienend; **saisie –** *(ZwangsVR)* Sicherungspfändung; **à titre –** vorsorglich, vorbeugend;

**CONSIDÉRANT(S)** *m(pl)* • *(PrzR)* Entscheidungsgründe *mpl*, Urteilsbegründung • rechtliche Erwägung, Begründung, Rechtsgrund.

**CONSIDÉRATION** *f* • Betrachtung *f*, Erwägung *f*, Überlegung *f* • *(attention)* Rücksicht *f* • *(égard)* Hochachtung, Anerkennung, Ansehen *n*; **– d'opportunité** *(VwR)* Zweckmäßigkeitserwägung.

**CONSIGNATION** *f* • *(ZR)* Hinterlegung (bei einer öffentlichen Stelle) • hinterlegter Gegenstand • *(HR)* Übergabe von Waren an den Kommissionär *m* • (Flaschen-) Pfand *n*; **– judiciaire** Hinterlegung des Streitgegenstandes.

**CONSIGNE** *f* • *(VwR)* Dienstanweisung *f*, Dienstvorschrift *f* • Gepäckaufbewahrung *f* • Pfand *n* (als Sicherheit für die Rückgabe eines Behältnisses); **– automatique** Gepäckschließfach *n*.

**CONSIGNÉ : emballage –** Pfand, leihweise überlassene Verpackung.

**CONSIGNER** *v.tr.d.* • eintragen, vermerken, verzeichnen • (Gepäck) aufgeben • *(ZR)* hinterlegen, deponieren • *(HR)* in Kommission geben; **– par écrit, – au procès-verbal** schriftlich festhalten, protokollieren.

**CONSOLIDATION** *f* • *(SachR)* Konsolidation, Fortbestand eines dinglichen Rechts • *(WertpR)* Konsolidierung *f*, Umwandlung kurzfristiger (Staats-)Schulden in langfristige Anleihen • *(GesR)* Konzernbilanz • *(i.w.S.)* Bestandssicherung, Festigung, Stärkung.

**CONSOMMABLE** *adj* **: articles et matériels –s** Verbrauchsgüter *npl*.

**CONSOMMATEUR** *m* Verbraucher *m*, Konsument *m*, Abnehmer *m*; **association de –s** Verbraucherschutzverband.

**CONSOMMATION** *f* Verbrauch *m*, Konsum *m*; Verbrauchsausgaben; **article de – courante** Massen- (konsum)artikel *m*; **biens de – durable / instantanée** Gebrauchs-; / Verbrauchsgüter.

**CONSOMMATION | du délit** *(StR)* Vollendung der Straftat; –

**d'énergie** Energieverbrauch; – **intérieure** Inlandsverbrauch.

**CONSOMMATIQUE** *f* Verbraucherforschung; Verbraucher- *od.* Konsumpolitik.

**CONSOMMER** *v.tr.d.* • verbrauchen • *(Straftat)* vollenden.

**CONSOMPTIBLE** *adj* **: choses –s** Verbrauchsgüter.

**CONSORT(S)** *m(pl)* • *(StR: coauteurs ou complices)* Komplize *m*, Helfershelfer; Mittäter • *(ZPR: plaideurs)* Streitgenosse *m*.

**CONSORTIUM** *m (GesR)* Konzern *n*, Gelegenheitsgesellschaft.

**CONSPIRATION** *f* Verschwörung *f*.

**CONSTAT** *m* amtliches Protokoll, amtliche Beweisaufnahme *f*, Tatbestandsaufnahme; – **d'accident** *(StVR)* Unfallprotokoll; – **d'audience** *(PrzR)* Gerichtsprotokoll *n*, Sitzungsniederschrift; – **d'huissier** • *(PrzR)* durch einen Gerichtsvollzieher aufgesetztes Protokoll, amtliche Tatsachenfeststellung (durch den Gerichtsvollzieher) • *(MietR)* Wohnungsabnahmeprotokoll.

**CONSTATATION 1.** *f* Tatbestandsaufnahme *f*; – **d'avarie,** – **du dommage** Schadensfeststellung; – **de l'identité** Feststellung der Personalien; – **médicale** ärztlicher Befund.

**CONSTATATIONS 2.** *fpl* protokollarisch durch eine (durch einen Richter) beauftragte Amtsperson aufgenommenen Tatbestände *od.* Sachverhalte.

**CONSTATER** *v.tr.d.* (eine Tatsache) feststellen, bestätigen.

**CONSTITUER** • bestellen, ermächtigen • zusichern, zuerkennen • gründen, bilden, errichten, einsetzen; **se – partie civile** *(StPR)* (in einem Strafverfahren) als Nebenkläger auftreten; – **avocat** einen Anwalt bevollmächtigen; – **en demeure** *(SchuldR)* in Verzug setzen; – **un dossier** eine Akte anlegen.

**CONSTITUTION** *f* • *(ÖfR)* Verfassung *f* • *(ZR, HR)* Gründung, Bildung, Schaffung • *(PrzR)* Bestellung (eines Anwalts, eines Stellvertreters, usw.) • Anordnung, Aufbau *m*, Zusammensetzung *f*.

**CONSTITUTION | d'avocat** Bestellung eines Anwalts, Erteilung einer Prozessvollmacht; – **d'un dossier de candidature** Zusammenstellung der Bewerbungsunterlagen; – **de gage** Pfandbestellung; – **de partie civile** *(StPR)* Anschluss als Nebenkläger; – **de société** Gesellschaftsgründung; – **de sûreté** Sicherheitsleistung *f*.

**CONSTITUTIONNEL** *adj* **: droit –** Verfassungsrecht.

**CONSTRUCTEUR** *m* Hersteller, Konstrukteur *m*; – **d'un ouvrage** *(SchuldR)* Unternehmer *m*, Werkhersteller *m*.

**CONSTRUCTIBLE** *adj (BauR)* zur Bebauung freigegeben.

**CONSTRUCTION** *f* • Bau *m*; Bauwerk *n*, Anlage *f*, Aufbau *m*; Errichtung • Baugewerbe *n*, Bauwesen • Bauart *f*, Bauausführung, Konstruktion; **prêt à la –** Baudarlehen *n*.

**CONSTRUIRE** *v.tr.d.* bauen, errichten; entwerfen, gestalten, bilden; **permis de –** Baugenehmigung.

**CONSUL** *m* Konsul *m*; – **de carrière** Berufskonsul; – **général** Generalkonsul; – **honoraire** *ou* **marchand** Honorar- *od.* Wahlkonsul.

**CONSULAIRE** *adj* **: juge –** *(HR)* Handelsrichter; **tribunal –** frz. Handelsgericht.

**CONSULAT** *m* Konsulat *n*; – **général** Generalkonsulat.

**CONSULTANT** *m* • *(PrzR)* Sachverständige(r) *m* • (Fach-)Berater *m*, Ratgeber *m*, Unternehmensberater • Ratsuchende(r).

**CONSULTA | TIF** *adj* beratend; **comité –tif** Beratungsausschuss; **avec voix –tive** mit beratender Stimme.

**CONSULTATION** *f* • *(Anwalt, Arzt)* Beratung, Konsultation • Befragung • schriftliches Gutachten (eines Sachverständigen); –

**du dossier** Akteneinsicht *f*; **– électorale** Wahl *f*, Abstimmung; **– juridique** Rechtsgutachten; Rechtsberatung.

**CONTAINER** *m (terme francisé: conteneur)* Container *m*, Transportbehälte *m*.

**CONTENTIEUX** *m (PrzR)* Streitsache; Rechtsstreit *m*; **service du –** Rechtsabteilung; **– administratif** Verwaltungsstreitsache *f*.

**CONTENTIEU | X** *adj* (1) streitig, strittig, umstritten, (2) *(juridictionnel)* gerichtlich, Gerichts-; **affaire –se** streitiges Verfahren.

**CONTESTABLE** *adj* anfechtbar, bestreitbar, umstritten, strittig.

**CONTESTATION** *f* • Bestreiten *n*, Anfechtung *f* • *(ZPR: litige)* Streitigkeit *f*, Rechtsstreit *m* • *(Pol)* Protesthaltung, Infragestellung *f* (der etablierten Gesellschaft); **– électorale** Wahlanfechtung *f*.

**CONTESTER** *v.tr.d./v.intr.* bestreiten, in Abrede stellen, als unzutreffend bezeichnen, leugnen.

**CONTEXTE** *m* • Zusammenhang *m*, Umfeld *n* • Wortlaut *m*, Text *m* (einer Urkunde), Kontext *m* • Vordruck *m*, das Vorgedruckte.

**CONTINGENT** *m* • *(ÖfR)* (pflichtmäßiger) Beitrag, Anteil *n*; Quote *f*, Kontingent *n* • *(MilR)* Einberufungsjahrgang *m*.

**CONTINU** *adj* ununterbrochen, fortgesetzt; lückenlos; **journée –e** *(ArbR)* durchgehende Arbeitszeit (ohne Mittagspause).

**CONTRACTANT** *m/adj* Vertragspartei, Kontrahent *m*; **parties –es** vertragsschließende Parteien.

**CONTRACTER** einen Vertrag schließen, eine Vereinbarung treffen; **capacité de –** Vertragsfähigkeit; **incapacité de –** mangelnde Geschäftsfähigkeit; **– mariage** die Ehe schließen.

**CONTRACTUEL** *adj* vertragsgemäß, vertraglich; **agent –** Angestellte(r) im öffentlichen Dienst.

**CONTRACTUEL** *m* • *(VwR)* Angestellter im öffentlichen Dienst • *(Polizei)* Hilfspolizist *m*; Politesse *f*.

**CONTRADICTION** *f* • Gegensatz *m* • Gegenrede *f*, Widerspruch *m*, Einrede *f*; **principe de la –** Verfahrensgrundsatz des rechtlichen Gehörs.

**CONTRADICTOIRE** *adj* • *(ZPR)* streitig • widersprüchlich, entgegengesetzt; **principe du –** Verfahrensgrundsatz des rechtlichen Gehörs beider Parteien.

**CONTRAINDRE** zwingen; **– par corps** *(ZwangsVR)* die Haft anordnen.

**CONTRAINTE** *f* • *(StR)* (unwiderstehlicher) Zwang *m*, Zwangslage *f* • *(Vwirt)* Sachzwang *m*; Einengung *f*, Beschränkung *f*, Belastung • *(ZwangsVR)* Zwangsmittel *n* (im Rahmen der Zwangsvollstreckung) • *(VwR)* unmittelbarer Zwang, Gewaltanwendung (durch die Polizei); **pouvoir de –** Zwangsgewalt *f*, Zwangsbefugnis *f*.

**CONTRAINTE | administrative** *(VwR)* Erzwingungsstrafe, Zwangsstrafe, Verwaltungszwang; **– par corps** • *(SteuerR)* Ersatzzwangshaft • *(ZwangsVR)* Haftanordnung (als Zwangsmittel); **– morale** *(StR)* psychischer Druck, Nötigung; **– physique** *(StR)* Nötigung durch unwiderstehliche Gewalt.

**CONTRAIRE** *adj* entgegengesetzt; widersprüchlich, verschieden; **– aux usages** unüblich; **– à la vérité** nicht wahrheitsgemäß, unwahr.

**CONTRARIÉTÉ** *f* Widerspruch *m*, Unvereinbarkeit, Gegensatz; Hindernis *n*; **– de jugements** einander widersprechende Entscheidungen.

**CONTRAT** *m* • *(convention)* Vertrag *m*, Vereinbarung, Abmachung • *(écrit)* Vertragsurkunde *f*, schriftlicher Vertrag • *(rapport contractuel)* Vertragsverhältnis *n*; **annuler le –** den Vertrag aufheben; **conclure un –** einen Vertrag (ab)schließen; **conformément au –** vertragsgemäß; **dénoncer un –** einen Vertrag kündigen; **s'engager par –** sich vertraglich verpflichten.

**CONTRAT : nullité absolue** *ou* **nullité de droit du** – Nichtigkeit des Vertrages; **nullité relative du** – Anfechtbarkeit des Vertrages; **objet du** – Vertragsgegenstand *m*; **offre de** – Vertragsangebot *n*, Vertragsantrag *m*; **projet de** – Vertragsentwurf *m*; **proposition de** – Vertragsantrag *od.* -angebot, Offerte *f*; **rupture du** – Vertragsbruch *m*; **teneur du** – Vertragsinhalt *m*; **violation du** – Vertragsbruch.

**CONTRAT | accessoire** Nebenabrede *f*; – **d'adhésion** Typen- *od.* Formularvertrag; – **administratif** öffentlich-rechtlicher Vertrag; – **aléatoire** Vertrag mit nachträglicher Bestimmung des Leistungsumfangs; – **apparent** Scheingeschäft *n*; – **d'apprentissage** *(ArbR)* Berufsausbildungsvertrag.

**CONTRAT de bail** • *(ZR)* Mietvertrag • *(LandwR)* Pachtvertrag; – **à nourriture** Altenteilsvertrag.

**CONTRAT | de bienfaisance** Gefälligkeitsverhältnis *n*, unentgeltlicher Vertrag; – **bilatéral** gegenseitiger Vertrag; – **-cadre** Rahmenvertrag.

**CONTRAT de cession** Abtretung, Zession; – – **de biens** Vermögensübernahme; – – **d'exploitation** *(HR)* Betriebsüberlassungsvertrag.

**CONTRAT | collectif de travail** (= CCT) Tarifvertrag, Gesamtarbeitsvertrag; – **de commission** Kommissionsgeschäft; – **de commission de transport** *(HR)* Speditionsvertrag.

**CONTRAT | de concession** *(VwR)* Konzession, Nutzungsverleihung; – **conclu entre absents** Vertrag unter Abwesenden, Distanzvertrag *m*.

**CONTRAT | consensuel** Konsensualvertrag; – **contraire aux bonnes mœurs** sittenwidriges Geschäft; – **par correspondance** Vertragsschluss unter Abwesenden.

**CONTRAT | de dépot** *(BankR)* Depotgeschäft, Effektenverwahrung; – **par devant notaire** in notarieller Form geschlossener Vertrag; – **à durée déterminée** befristeter Vertrag, Zeitvertrag; – **à durée indéterminée** Dauerschuldverhältnis.

**CONTRAT | d'édition** Verlagsvertrag *m*; – **d'embauche** Arbeitsvertrag; – **d'emploi-formation** *(ArbR)* Berufsausbildungsverhältnis mit anschließendem 1-jährigen Arbeitsvertrag.

**CONTRAT | d'entreprise** • *(fourniture de travail seulement)* Werkvertrag • *(fourniture de travail et de matières)* Werklieferungsvertrag; – **à exécution successive** *(HR)* Sukzessivlieferungsvertrag, Vertrag über wiederkehrender Leistungen.

**CONTRAT | fictif** Scheingeschäft; – **de formation professionnelle** Berufsausbildungsvertrag.

**CONTRAT | de gage** Pfandbestellung; – **de gestion d'affaires** Geschäftsbesorgungsvertrag; – **individuel de travail** Individualarbeitsvertrag; – **d'industrie** Werkvertrag; – **à livraisons successives** Sukzessivlieferungsvertrag; – **de locationvente** Mietkauf(vertrag).

**CONTRAT | de louage de choses** Sachmiete *f*, Mietvertrag; – **de louage d'industrie** Werkvertrag; – **de louage d'ouvrage** *(ZR, Sammelbezeichnung für:)* Werk- u. Arbeitsvertrag; – **de louage de services** • *(ZR)* Dienstvertrag • *(ArbR)* Arbeitsvertrag; – **de mariage** Ehevertrag; – **mixte** *(HR)* einseitiges Handelsgeschäft.

**CONTRAT | de nantissement** ver-tragliches Pfandrecht; – **notarié** notarieller Vertrag; – **précaire** befristeter Arbeitsvertrag (mit kurzer Laufzeit); – **de prêt** • Leihvertrag • *(entgeltlich)* Darlehensvertrag; – **de prêt de travailleurs** Arbeitnehmer-Überlassungsvertrag.

**CONTRAT | réel** *(ZR)* dinglicher Vertrag, Realvertrag; **–s de relais** *(ArbR)* Kettenverträge; – **de rente viagère** Leibrentenvertrag; – **de**

**représentant (commercial)** frz. Vertretervertrag (zwischen einem Handlungsreisenden u. einem Unternehmer); **– de représentation exclusive** Alleinvertretungsvertrag; **– simulé** Scheingeschäft *n.*

**CONTRAT | de société** *(ZR)* Gesellschaftsvertrag; **– solennel** formbedürftiges Rechtsgeschäft; **– synallagmatique** gegenseitiger Vertrag; **– tacite** stillschweigend abgeschlossener Vertrag; **– à terme** befristeter Vertrag; **– à titre gratuit** Gefälligkeitsverhältnis *n*, unentgeltlicher Vertrag; **– à titre onéreux** entgeltlicher Vertrag; **– de transport** *(HR)* (Güter-)Beförderungsvertrag, Frachtvertrag.

**CONTRAT de travail** Arbeitsvertrag, Dienstvertrag; **– – collectif** Gesamtarbeitsvertrag; **– – à durée déterminée (= CDD)** befristeter Arbeitsvertrag; **– – à durée indéterminée (= CDI)** unbefristeter Arbeitsvertrag, Arbeitsverhältnis auf unbestimmte Zeit; **– – intérimaire** Zeit(arbeits)vertrag.

**CONTRAT-TYPE** Mustervertrag, Formular- *od.* Typen- *od.* Standard- *od.* Einheitsvertrag, Vertragsmuster *n*, Normalvertrag.

**CONTRAT | de vente** *(SchuldR)* frz. Kaufvertrag (zugleich Verpflichtungs- und Verfügungsgeschäft); **– de vente par livraisons successives** Sukzessivlieferungsvertrag.

**CONTRAVENTION** *f* • *(StR: infraction réprimée par une peine de simple police)* Übertretung *f* • *(i.w.S.: toute violation d'une règle de droit)* Zuwiderhandlung *f*, Rechtsverletzung *f*, Verschulden *n* • *(StVR)* gebührenpflichtige Verwarnung (bei Verkehrsstraftaten), Bußgeld, Geldbuße.

**CONTRAVENTIONN | EL** *adj* : **peine –elle** (Geld-)Strafe *f* (verhängt im Falle einer Übertretung).

**CONTREBANDE** *f* *(ZollR)* Schmuggel *m*, Bannbruch *m*, Konterbande *f*; **trafic de –** Bandenschmuggel.

**CONTREDIT** *m* *(PrzR)* Drittwiderspruchsklage *f*; Einspruch *m*; **sans –** unbestreitbar.

**CONTRE-ÉCRITURE** *f* Gegenbuchung *f.*

**CONTRE-ENQUÊTE** *f* *(StPR)* ergänzende staatsanwaltliche *od.* polizeiliche Untersuchung.

**CONTRE-ÉPREUVE** *f* • *(bei Wahlen)* Gegenprobe *f* • Wiederholungsprüfung.

**CONTRE-EXPERTISE** *f* Obergutachten *n*; Gegengutachten.

**CONTREFAÇON** *f* • *(StR)* Fälschung *f*, Verfälschung • *(UrhR)* Nachahmung *f*, Nachmachen *n*, Nachbildung; **– d'écritures** Urkundenfälschung; **– de marque** Verletzung des Warenzeichen.

**CONTREFACTEUR** *m* • *(StR)* Fälscher *m* • *(UrhR)* Nachahmer *m.*

**CONTREFAIRE** • *(StR)* fälschen, verfälschen • *(UrhR)* nachahmen.

**CONTRE-LETTRE** *f* **interne** *(ZR, SteuerR)* Vereinbarung, Geheimabsprache *f* (zwecks Widerrufs des Scheingeschäfts).

**CONTREMAÎTRE** *m* *(ArbR)* (Werk-, Industrie-)Meister; Vorarbeiter.

**CONTRE-ORDRE** *m* Gegenauftrag *m*, Auftragsannullierung.

**CONTREPARTIE** *f* • *(ZR)* Gegenleistung *f* • Vertragspartner *m* • *(HR)* Selbsteintritt des Kommissionärs; **se porter –** *(HR)* selbst eintreten.

**CONTRE-PASSATION** *f* *(Buchf)* Berichtigung *f*, Storno *n*; Gegenbuchung.

**CONTRE-PROPOSITION** *f* • Gegenvorschlag *m* • Gegenantrag *m.*

**CONTRESEING** *m* Gegenzeichnung *f*, Mitunterzeichnung.

**CONTRESIGNER** *v.tr.d.* • gegenzeichnen, abzeichnen, • *(Notar)* die Echtheit einer Urkunde bestätigen.

**CONTREVENANT** *m* *(StR)* Zuwiderhandelnde(r) *m*, Gesetzesbrecher *m* (bei Übertretungen).

**CONTREVENIR** zuwiderhandeln; **– à la loi** gegen ein Gesetz verstoßen.

**CONTRIBUABLE** *m* Steuerpflichtige(r) *m*, Steuerzahler *m*.

**CONTRIBUER** *v.tr.ind.* • beitragen, mithelfen • einen finanziellen Beitrag leisten; **– aux frais** einen Unkostenbeitrag leisten.

**CONTRIBUTION** *f* • *(SteuerR)* Abgabe *f*, Steuer *f* • *(SchuldR)* Anteil *m* • *(ArbR)* Arbeitgeberanteil *m* • *(HaushR)* Umlage(beitrag) • *(UrhR)* Mitwirkung, Beitrag (zu einem Sammelwerk).

**CONTRÔLE** *m* • *(ZR, ÖfR)* Aufsicht *f*, Kontrolle *f*; Überwachung *f*; Beaufsichtigung • (Über-, Nach-) Prüfung, Funktionsprüfung • *(maî-trise)* Beherrschung, Gewalt; **autorité de –** *(VwR)* Aufsichtsbehörde *f*; **commission de –** *(ÖfR)* Überwachungsausschuss *m*.

**CONTRÔLE | de la circulation (routière)** (Straßen-) Verkehrsüberwachung; **– de la comptabilité** Buchprüfung; **– d'écritures** Buchprüfung; **– fiscal** steuerliche Prüfung; **– de la gestion** *(GesR)* Geschäftsführungsüberprüfung; **– hiérarchique** *(VwR)* Dienstaufsicht; Aufsichts- u. Weisungsbefugnis; **– d'identité** Ausweiskontrolle.

**CONTRÔLE | judiciaire** • *(StPR)* (gerichtliche Anordnung der) Polizeiaufsicht • *(GVR)* Überwachung durch die Justizorgane, gerichtliche Aufsicht; **– juridictionnel** gerichtliche Nachprüfung; **– de la légalité** *(VwR)* Nachprüfung der Rechtmäßigkeit des Handelns (einer Verwaltungsbehörde); **– des passeports** Passkontrolle.

**CONTRÔLE | de la qualité** Güteprüfung; **– technique** • *(VwR)* Fachaufsicht • technische Überpüfung; **– technique obligatoire pour les véhicules** *ou* **des voitures** *(StVR)* technische Überwachung von Kraftfahrzeugen.

**CONTRÔLEUR** *m* • *(VwR)* Aufsichtsführende(r) • Prüfer *m*, Kontrolleur.

**CONTRORDRE** *m (HR)* Auftragswiderruf *m*, Abbestellung.

**CONTUMACE** *f (StPR)* Nichterscheinen *n* vor Gericht; Abwesenheitsverfahren.

**CONTUMAX** *m/adj (StPR)* • (Beschuldigte[r]) Abwesende(r), • in Abwesenheit Verurteilter.

**CONVENIR** • *(– de qqch.)* vereinbaren, verabreden, übereinkommen; etwas zugeben, zugestehen • *(– à qqn.)* passen.

**CONVENTION** *f* • *(ZR)* Vereinbarung *f*, Vertrag *m*, Abkommen *n*, Absprache *f*, Abrede *f* • *(VR)* internationales Abkommen, völkerrechtlicher Vertrag; **– additionnelle**, **– annexe** Nebenabrede, Zusatzvereinbarung; **– d'arbitrage** Schiedsabrede *f*.

**CONVENTION collective (de travail) (= CCT)** *(ArbR)* Tarifvertrag; **– – générale** Manteltarifvertrag.

**CONVENTION | d'extradition** Auslieferungsabkommen; **– de gré à gré** *(VwR)* freihändige Vergabe (öffentlicher Aufträge); **– matrimoniale** *(FamR)* Ehevertrag, vertraglich vereinbarter Güterstand; **– sur les prix** Preisabsprache; **–salariale** *(ArbR)* Lohntarifvertrag; **– universelle sur le droit d'auteur** Welturheberrechtsabkommen.

**CONVENTIONNÉ** *adj* **: clinique –e** Vertragsklinik *f*; **médecin –** *(SozVers)* Kassenarzt *m*.

**CONVENTIONNEMENT** *m* • Zulassung als Kassenarzt • Anspruch (als Kassenpatient) auf ärztliche Behandlung *od.* Versorgung.

**CONVENU** *adj* • vereinbart • *(pej)* abgedroschen; **comme –** vereinbarungsgemäß.

**CONVERSION** *f* • *(ZR)* Umwandlung *f*, Veränderung, Umstellung • *(BankR)* Währungsumrechnung, Konvertierung • *(BankR)* Schuldumwandlung • *(BW)* Umstellung; Umbau; **stage de –** *(ArbR)* Umschulungslehrgang *m*.

**CONVERSION | de dette** Umschuldung; **–professionnelle** *(ArbR)* Umschulung.

**CONVERTIR** *v.tr.d.* • umwandeln • *(Geld)* umtauschen • *(Glauben, Meinung)* wechseln • *(ArbR)* sich umschulen lassen.

**CONVICTION** *f* : **l'intime –** die innere Überzeugung; **pièce à –** Beweismittel *n*.

**CONVOCATION** *f* • Ladung *f*; Einladung; Vorladung; Aufforderung; Einberufung (einer Sitzung) • Einberufungsschreiben *f*, Vorladungsmitteilung *f*; **– au tribunal** *(PrzR)* Ladung zum Termin.

**CONVOQUER** • *(PrzR)* laden, vorladen • *(Versammlung)* einberufen.

**CONVOYEUR** *m* **de fonds** Geldtransport(fahrer).

**COOPÉRANT** *m* Entwicklungshelfer *m*; frz. Zivildienstleistende(r).

**COOPÉRATEUR** *m* • *(GesR)* Genossenschaft(l)er, Genossenschaftsmitglied *n* • *(ArbR)* Mitarbeiter.

**COOPÉRATION** *f* • Mitwirkung, Zusammenarbeit • Genossenschaftswesen *n* • *(GesR)* Unternehmenskooperation • *(Pol)* wirtschaftliche Zusammenarbeit (mit Entwicklungsländern).

**COOPÉRATIVE** *f* **d'achat et de vente** Bezugs- und Absatzgenossenschaft; **– agricole** landwirtschaftliche Genossenschaft; **– de consommation** Konsumverein *m*, Konsumgenossenschaft; **– de vente** Absatzgenossenschaft.

**COOPTATION** *f* Ergänzungswahl *f*, Zuwahl, Kooptation.

**COORDONNÉES** *fpl* • Personalien *pl*, persönliche Angaben *od*. Daten • Telefonnummer.

**COPIE** *f* • *(reproduction littérale d'un original)* (amtliche) Abschrift *f* • Durchschrift *f*, Durchschlag *m* • *(imitation)* Nachbildung *f*, Kopie *f*; **pour – certifiée conforme** *(Ausfertigungsvermerk:)* Für die Richtigkeit der Abschrift (= F.d.R.d.A.); für die Übereinstimmung mit der Urschrift; **– authentique** beglaubigte (notarielle) Abschrift; **– littérale** wortgetreue Abschrift *od*. Wiedergabe.

**COPRODUCTION** *f* Koproduktion, Gemeinschaftsherstellung *(bes. beim Film)*.

**COPROPRIÉTAIRE** *m* Miteigentümer *m*; **assemblée générale des –s** Eigentümerversammlung.

**COPROPRIÉTÉ** *f* Miteigentum *n*; **part de –** Miteigentumsanteil *m*; **– immobilière** Grundstücksmiteigentum.

**COPYRIGHT** *m* Copyright *n*, Urheberrecht *n*, Reproduktionsrecht.

**CORESPONSABILITÉ** *f* • *(ZR)* gemeinsame Haftung (ohne Gesamtschuldner zu sein) • *(au sens moral)* Mitverantwortlichkeit *f*.

**CORPORATION** *f* • *(HR, ArbR)* Innung *f*, Zunft *f*, Körperschaft *f*, Korporation *f* • *(Vwirt)* Berufszweig *m*; **– artisanale** Handwerksinnung; **– des mineurs** Knappschaft.

**CORPOREL** *adj* körperlich; **accident –** Unfallverletzung; **bien –** *(ZR)* Sache *f*, körperlicher Gegenstand *m*; **dommage –** Körperverletzung *f*.

**CORPS** • Körper *m* • *(cadavre)* Leichnam *m*, Leiche *f* • *(objet matériel)* Gegenstand *m*, Sache *f* • *(ensemble de personnes)* Körperschaft *f*, Korps *n* • *(BeamR)* Laufbahngruppe *f*; **contrainte par –** ersatzweise Ordnungshaft; **fouille à –** Leibesvisitation, körperliche Durchsuchung.

**CORPS | certain** *(ZR)* Speziessache, (genau) bestimmter Gegenstand; **– constitués** *(VerfR)* die verfassungsmäßigen Gewalten, die rechtsstaatlichen Organe; Gerichte u. Behörden; **– consulaire** *(VR)* corps consulaire (= CC), Konsularkorps *n*; **– du délit** *(StPR: pièce à conviction)* Beweisstück *n* (zur Überführung des Täters), Corpus delicti; **– diplomatique** *(VR)* Gesandtschaft, diplomatisches Korps, corps diplomatique (= CD); **– électoral** Wählerschaft *f*, Wähler *mpl*; **– enseignant** Lehrkörper *m*, Lehrerschaft *f*; **– judiciaire** *(GVR: les magistrats debout et du siège)* Richter u. Staatsanwälte (als einheitliche Laufbahn in Frankreich); Richterschaft; Staatsanwaltschaft; – **médical** Ärzteschaft *f.*

**CORRECTIONNALISATION** *f (StR)* gesetzliche Umstufung von Verbrechen in Vergehen.

**CORRECTIONNEL** *adj* **: tribunal –** frz. Strafgericht beim Großinstanzgericht (zuständig für Vergehen).

**CORRESPONDANCE** *f* • *(rapport de conformité)* Übereinstimmung *f*, Entsprechung *f* • *(échange de lettres)* Brief- *od.* Schriftwechsel *m*, (Brief-) Verkehr *m*, (Handels-) Verbindung *f* • *(TransportR)* Anschluß(verbindung); **cours par –** Fernlehrgang *m*; **secret de la –** Briefgeheimnis *n*; **vente par –** Versandkauf *od.* -handel; **vote par –** Briefwahl; **– commerciale** Handelskorrespondenz; **– diplomatique** *(VR)* Notenwechsel *m*; **– officielle** • Dienstsache • amtlicher Schriftwechsel.

**CORRESPONDANT** *m* • *(PrzR)* (durch einen Kollegen) beauftragter Anwalt • *(HR)* Geschäftsfreund *m*; Korrespondent *m* • *(MedienR)* Berichterstatter *m*, (Nachrichten-) Korrespondent *m* • *(Telefon)* (Gesprächs-)Teilnehmer • Brieffreund, Ansprechpartner.

**CORRIGÉ** *adj* **des variations saisonnières (= CVS)** *(BW: désaisonnalisé)* saisonbereinigt.

**CORROBORER** *v.tr.d.* untermauern, bekräftigen, erhärten; **– un jugement** ein Urteil bestätigen.

**CORROMPRE** *v.tr.d.* • *(Zeugen, Richter)* bestechen • *(Wortlaut)* fälschen • *(sittlich)* verderben.

**CORRUPTIBILITÉ** *f* Bestechlichkeit.

**CORRUPTIBLE** *adj* • *(StR)* bestechlich • *(Nahrung)* verderblich.

**CORRUPTION** *f (StR)* Bestechung *f*; Bestechlichkeit *f*; Korruption; **– active** (aktive) Bestechung; Vorteilsgewährung; **– de fonctionnaire public** Bestechung eines Amtsträgers, Beamtenbestechung; **– passive** passive Bestechung, Bestechlichkeit; Vorteilsannahme *f.*

**COSIGNATAIRE** *m* Mitunterzeichne(r).

**COTATION** *f (BörR)* Kursermittlung, Notierung *f*; **– assistée en continu (= CAC)** fortlaufende Notierung per Computer.

**COTE** *f* • *(Urkunde)* Aktenzeichen *n* • Kennziffer *f*, Messzahl *f* • *(SteuerR)* (Steuer-)Anteil *m* • *(BörR)* Börsenpreis *m*, Kurs *m*, Notierung • Kurszettel *m*; **admis à la –** börsengängig, zum (amtlichen) Börsenhandel zugelassen; **bulletin de la –** Kurszettel.

**COTISANT** *m* zahlendes Mitglied; Beitragszahler.

**COTISATION** *f (SozVers: contribution par quote-part)* Mitgliedsbeitrag; **plafond de –** Beitragsbemessungsgrenze *f*; **taux de –** Beitragssatz *m.*

**COTISATION | annuelle** Jahresbeitrag; **– arriérée** rückständiger Beitrag; **– obligatoire** Pflicht- *od.* Zwangsbeitrag; **– patronale** *(SozVers)* Arbeitgeberanteil *m*; **– salariale** Arbeitnehmerbeitrag.

**COULAGE** *m* • *(StR)* Diebstahl am Arbeitsplatz • *(HR)* Leckage *f*, Schwund *m* • *(Produktion)* fehlerhafte Herstellung, Verschwendung (von Material).

**COUP** *m* Schlag *m*, Hieb *m*, Stoß *m*; **– d'État** Staatsstreich *m*; **– de main** *(MilR)* Handstreich; **– de semonce** Warnschuss.

**COUPS | et blessures** *(StR)* Körperverletzung *f*; **– et blessures avec circonstances aggravantes** gefährliche Körperverletzung, vorsätzliche *od.* gemeinschaftliche schwere Körperverletzung; **– et blessures ayant entraîné la mort sans intention de la donner** Körperverletzung mit tödlichem Ausgang; **– et blessures par imprudence** *ou* **involontaires** fahrlässige Körperverletzung.

**COUPABLE** *adj* schuldig; strafbar, schuldhaft; **déclarer –** schuldig sprechen; **plaider –** sich schuldig bekennen.

**COUPABLE** *m* Schuldige(r) *m*; verurteilter Straftäter, Straffällige(r); **principal –** Hauptschuldige(r).

**COUPURE** *f* • *(suppression)* Kürzung, Streichung *f* • *(interruption)* Abschaltung *f*, Unterbrechung *f* • *(billet de banque)* Banknote *f*; **petites –s** kleine Scheine; **– de presse** Zeitungsausschnitt.

**COUR** *f (PrzR: juridiction supérieure)* Gerichtshof *m*; Berufungsgericht; Revisionsgericht; **Haute – de Justice** *(VerfR: art.67 de la Constitution)* frz. Hoher Gerichtshof als Ausnahmegericht (zuständig bei Hochverrat des Staatspräsidenten).

**COUR | d'appel** *(GVR: juridiction du second degré)* franz. Appellations(gerichts)hof, Berufungsgericht (entspricht in etwa dem dt. Oberlandesgericht); **– d'assises** *(GVR: juridiction départementale compétente en matière de crimes)* frz. Schwurgericht, Geschworenengericht.

**COUR DE CASSATION** *(GVR: juridiction la plus élevée de l'ordre judiciaire)* frz. Kassations(gerichts)hof.

**COUR | des comptes** *(VwPR: juridiction administrative)* frz. Rechnungshof *m*; **– des comptes européenne** Europäischer Rechnungshof; **– criminelle** (auprès de la Cour d'Appel) Strafgericht zweiter Instanz (zuständig für Verbrechen); **– Européenne des Droits de l'Homme** Europäischer Gerichtshof für Menschenrechte; **– Internationale de Justice** (C.I.J. – La Haye) Internationaler Gerichtshof (den Haag); **– de Justice des Communautés Européennes** (C.J.C.E.) Europäischer Gerichtshof (EuGH); **– de justice de la République** *(VerfR: art. 68-1 de la Constitution)* frz. Staatsgerichtshof (zuständig für die im Amte begangenen Vergehen und Verbrechen der Regierungsmitglieder); **– suprême** Oberstes Gericht.

**COURANT** *adj* • *(usuel, habituel)* gewöhnlich, alltäglich • *(HR)* marktüblich, weit verbreitet; **dépenses –es** laufende Kosten; **main –e** Kladde *f*.

**COURIR un danger** Gefahr laufen; **ne – aucun risque** keinerlei Risiko eingehen.

**COURRIER** *m* Post *f*; (Post-)Bote *m*; **– d'entreprise à distribution exceptionnelle (= Cedex)** gewerbliche Post mit Sonderzustellung *od.* Postsackzustellung.

**COURS** *m* • *fig* Verlauf *m*, Fortgang *m*, Gang *m*; Dauer *f* • *(BörR)* Kurs *m*, Notierung, Börsenpreis • *(SchulR)* Vorlesung *f*, Studium *n*, Unterricht *m*, Lehrgang *m*, Schulung *f*; **assiduité au –** regelmäßige Teilnahme am Unterricht.

**COURS | du change** Wechselkurs; Devisenkurs; **– par correspondance** Fernlehrgang *m*; **– forcé** (Währung) mit Annahmezwang, (Geld als) gesetzliches Zahlungsmittel; **– de formation accélérée** Kurzlehrgang; **– légal** (Währung) als gesetzliches Zahlungsmittel; **– officiel** amtlicher *od.* amtlich notierter Kurs; **– de recyclage** *(ArbR)* Fortbildungslehrgang; **– à temps partiel** Teilzeitunterricht.

**COURT** *adj* **: à – terme** kurzfristig.

**COURTAGE** *m (HR)* Courtage *f*; Maklergebühr *f*, Vermittlerprovision; **– matrimonial** • Ehevermittlung *f* • Ehemaklerprovision.

**COURTIER** *m* • *(BörR)* (Kurs-) Makler *m* • *(HR)* Handelsmakler *m* • *(SeeHR)* Schiffsagent *m*.

**COÛT** *m* • Kosten *mpl*, Kostenaufwand *m*; Gesamtkosten; Ausgabe *f* • *(prix)* Selbstkostenpreis *m*, Gestehungskosten; **indice du – de la vie** Lebenshaltungsindex *m*; **– de fabrication** Herstellungskosten; **–s de fonctionnement** Betriebskosten; **– de la main-d'œuvre** Personalkosten; **– de remplacement** Wiederbeschaffungskosten; **–s salariaux** Lohnkosten.

**COÛTANT** *adj* **: prix –** Selbstkosten-, Erzeuger- *od.* Einkaufspreis *m*.

**COÛTER** kosten; **– cher** teuer sein; **– peu** preiswert sein.

**COÛTEUX** *adj* kostspielig, aufwendig, teuer; kostenintensiv.

**COUTUME** *f* Gewohnheit *f*, Brauch *m*; Gewohnheitsrecht *n*; **les us et –s** Gepflogenheiten *fpl*; **– commerciale** Handelsbrauch *m*.

**COUTUMIER** *adj* **: droit –** Gewohnheitsrecht, Landrecht.

**COUVERTURE** *f* • *(Vwirt)* (Bedarfs-)Deckung *f* • *(BörR)* Mittelbereitstellung • *(BankR)* Deckung *f*, Bankguthaben *n* • *(SchuldR)* (Mängel-)Heilung *f* • *fig* Vorwand *m*; Deckmantel *m* • Umschlag; (Zeitungs-) Titelbild *n*.

**CRAPULEUX** *adj* **: crime –** Raubmord *m*.

**CRÉANCE** *f* • *(SchuldR)* Forderung *f*, (schuldrechtlicher) Anspruch *m* • *(ZPR)* Rechtstitel • *(BankR)* Guthaben *n* • *(i.w.S.)* Kredit *n*, Vertrauen *n*; Glaubwürdigkeit *f*; **reliquat de la –** Restforderung.

**CRÉANCE | accessoire** Nebenforderung; **– d'aliments** *ou* **alimentaire** *(FamR)* Unterhaltsanspruch *m*; **– chirographaire** *(InsolvenzR)* gewöhnliche (ungesicherte) Forderung; **– comptable** Buchforderung; **– échue, – exigible** fällige Forderung; **– incessible** nicht abtretbare Forderung; **– irrécou-vrable** nicht beizutreibende; **– de loyer** Mietzinsforderung.

**CRÉANCE | principale** Hauptforderung; **– privilégiée** durch ein Vorzugsrecht gesicherter Anspruch; **– saisie** *ou* **saisie-arrêtée** gepfändete Forderung; **– de salaire** Lohnanspruch.

**CRÉANCIER** *m* • *(ZR, HR)* Gläubiger *m* • *(SozR: bénéficiaire)* Zahlungs- *od.* Leistungsempfänger; **– gagiste** Pfandgläubiger; **– hypothécaire** Hypothekengläubiger; **– de la masse** *(InsolvenzR)* Gläubiger im Rahmen der Insolvenzgläubigergemeinschaft; **– privilégié** Gläubiger der einen gesetzlichen Vorrang genießt.

**CRÉATEUR** *m* • *(UrhR)* Schöpfer *od.* Urheber (eines Werks) • *(PatR)* Erfinder *m*; **– d'entreprise** Unternehmensgründer *m*.

**CRÉATION** *f* Gründung *f* (einer Gesellschaft); Herstellung *f* (eines neuen Produkts); **– intellectuelle** *(UrhR)* geistiges Werk; **– de pouvoir d'achat** Kaufkraftschöpfung.

**CRÉATIQUE** *f* Innovationsmanagement *n*, Neuproduktentwicklung.

**CRÉDIBILITÉ** *f* Glaubwürdigkeit *f*.

**CRÉDIT 1.** *m* • *(ZR)* (gewährtes) Darlehen *n*, Kredit *m* • *(BankR)* Darlehenszusage *f* (einer Bank), Krediteröffnung *f* • *(Vwirt: institutions de crédit)* Kreditwesen *n*, Kreditverkehr *m* • *(HR)* Kreditwürdigkeit • *(HaushR: meist pl)* Haushaltsmittel *npl* • *(BankR: solde créditeur)* Haben *n*, Habenseite *f* (des Kontos) • *fig* Ansehen *n*, Einfluss *m*; **article de –** *(HaushR)* Einnahmeposten *m*; **atteinte au –** Kreditschädigung; **avis de –** Gutschriftsanzeige *f*.

**CRÉDIT : banque de –** Kreditanstalt; **banque de – foncier** Hypothekenbank, Bodenkreditanstalt; **carte de –** Kreditkarte; **demande de –** • Kreditantrag *m* • *(Vwirt)* Kreditnachfrage *f*; **dépassement de –** Kreditüberziehung; **établissement de –** Kreditinstitut *n*.

**CRÉDIT : lettre de –** Akkreditiv *m*, Kreditbrief *m*; **octroi de –** Krediteröffnung *f*; **opérations de –** • *(i.w.S.)* Kreditverkehr *m* • *(i.e.S.)* Geldleihe; Kreditleihe; **ouverture de –** Krediteinräumung; **plafond de –** Kreditlinie *f*.

**CRÉDIT-BAIL** • *(Industriegüter)* Leasingvertrag *m*, Leasing *n* • *(Gebrauchsgüter)* Mietkaufvertrag; **– mobilier** Mobilienleasing.

**CRÉDIT | bancaire** Bankkredit; **– budgétaire** *(HaushR)* Ausgabe- *od.* Haushaltsmittel; **– de campagne** Dispositionskredit; **– à la consommation** persönliches Anschaffungsdarlehen; **– à la construction** Bauspardarlehen *n*; **– à découvert** Überziehungskredit; **– documentaire** *(Außh)* Dokumentenakkreditiv, Akkreditiveröffnung (durch eine Bank).

**CRÉDIT | foncier** Bodenkredit; – **Foncier de France (= CFF)** frz. Hypothekenkreditanstalt; – **fournisseur** Lieferantenkredit; – **immobilier** Immobiliarkredit; – **de mobilisation des créances commerciales** (= C.M.C.C.) kurzfristiger Kredit gegen Handelsforderungsverpfändung; – **municipal** städtisches Leihhaus; – **personnel affecté** persönliches Anschaffungsdarlehen; – **réel** Bodenkredit; – **-relais** Zwischenkredit; – **renouvelable**, – **revolving** *ou* **rotatif** Revolvingkredit; – **de soudure** Überbrückungskredit.

**CRÉDITEUR** *m/adj* Gläubiger *m*; **solde** – Guthaben (auf einem Konto).

**CRÉDITS 2.** *mpl* Haushaltsmittel *mpl*, Ausgabemittel; – **budgétaires** (bewilligte) Haushaltsmittel; – **supplémentaires** Nachtragsmittel.

**CRÉNEAU** *m* • *(HR)* Marktnische *od.* -lücke • *(StVR)* Parklücke; – **de dépassement** Überholspur *f*.

**CRIME** *m* • *(StR: i.e.S.)* Verbrechen *n* (im Gegensatz zum Vergehen) • *(i.w.S.)* strafbare Handlung *f*; **apologie du** – Verherrlichung von Gewalt; **auteur d'un** – Verbrecher *m*; Strafttäter; **commettre un** – ein Verbrechen begehen; **lieu du** – Tatort *m*.

**CRIME | consommé** vollendetes Verbrechen; – **contre nature** widernatürliche Unzucht; – **crapuleux** Raubmord; – **de guerre** Kriegsverbrechen; – **contre l'humanité** Verbrechen gegen die Menschlichkeit; – **mafieux** *ou* **organisé** organisierte *od.* professionnelle Kriminalität (= OK); – **politique** politische Straftat; – **sadique** Lustmord *m*.

**CRIMINALISER** *v.tr.d.* *(PrzR)* (gesetzlich) ein Vergehen in ein Verbrechen umwandeln.

**CRIMINALITÉ** *f* Kriminalität *f*, Straffälligkeit *f*; Verbrechertum *n*; – **en col blanc** Wirtschaftskriminalität; – **juvénile** Jugendkriminalität; – **de violence** Gewaltkriminalität.

**CRIMINEL** *m* • Straftäter, Verbrecher *m* • Strafgerichtsbarkeit; – **de guerre** Kriegsverbrecher; – **d'habitude** Gewohnheitstäter; – **occasionnel** Gelegenheitstäter.

**CRIMINEL** *adj* verbrecherisch; *(Tat)* strafbar; *(Person)* straffällig; kriminell; **affaire –elle** Strafsache *f*; **avocat au** – Strafverteidiger; **droit** – Strafrecht; **police –le** Kriminalpolizei *f*; **procès** – Strafprozess *m*.

**CRISE** *f* • Krise *f*, Wendepunkt *m*; – **du logement** Wohnungsnot *f*; – **ministérielle** Regierungskrise.

**CRITÈRE** *m* • (Unterscheidungs-) Merkmal *n*, (Auswahl-)Kriterium *n* • Begriff *m*; – **d'évaluation** Bewertungsmaßstab; – **de rattachement** *(IPR)* Anknüpfungsbegriff.

**CROISEMENT** *m* *(StVR)* Kreuzung; **feu de** – Abblendlicht.

**CROISSANCE** *f* **zéro** Nullwachstum.

**CRUAUTÉ** *f* Grausamkeit; grausame Tat; **acte de – envers un animal** Tierquälerei; – **mentale** seelische Grausamkeit.

**CULPA | in contrahendo** *lat* Verschulden beim Vertragsschluss; – **lata** grobe Fahrlässigkeit; – **levis** leichte Fahrlässigkeit.

**CULPABILITÉ** *f* • *(StR)* Tatverantwortung *f*, Schuld (im Sinne von Täterschaft) • *(ZR, StR)* Verschulden *n*, (Schuld im Sinne von) Vorsatz *m od.* Fahrlässigkeit *f*; **degré de** – *(StR)* Schwere *f* der Schuld, Ausmaß des Verschuldens.

**CULTE** *m* • *(KirchR)* Kult *m*, Kultus *m*; Kulthandlung *f* • *(office, rite)* (öffentlicher, geregelter) Gottesdienst *m* • *(confession)* Religion *f*, (religiöses) Bekenntnis *n*, Konfession *f* • Verehrung *f*, Hingabe *f*; **denier du** – frz. freiwillige Kirchensteuer; **édifice du** – Kirchengebäude *n*; **liberté des –s** freie Religionsausübung *f*; **ministre du** – Seelsorger, Geistlicher *m*.

**CULTUEL** *adj* : **association –elle** Religionsgemeinschaft *f*, Kirche *f* (als angemeldeter Verein in Frankreich), Kultusgemeinde *f*.

**CULTURE** *f* • *(LandwR)* Anbau *m*, Pflanzung *f*, Bodennutzung • Bildung, Kultur; **maison de la –** Kulturzentrum; **– générale** Allgemeinbildung.

**CUMUL** *m* • *(ZPR)* Klagenhäufung, kumulative (Klagen-)Verbindung • *(StR)* Zusammenrechnung von Strafen; Konkurrenz *f od.* Zusammentreffen *n* von Straftaten • *(SozR)* gleichzeitiger Bezug *m* von (verschiedenen) Sozialleistungen • *(ZR)* Zusammentreffen (von vertraglicher und deliktischer Haftung) • *(ArbR)* Nebentätigkeit; **– d'actions** *(ZPR)* Klagenverbindung; **– d'emplois publics** *(ÖfR)* Ämterhäufung; **– idéal** *(StR)* Tateinheit, Idealkonkurrenz *f*; **– réel** *(StR)* Tatmehrheit; Realkonkurrenz.

**CURATELLE** *f (ZR)* Pflegschaft *f*; **– de la succession** Nachlasspflegschaft.

**CURATEUR** *m (ZR)* Pfleger *m*; **– aux biens d'un absent** Abwesenheitspfleger; **– de la succession** Nachlasspfleger *od.* -verwalter.

**CURE** *f* Kur *f*, Heilbehandlung; **– de desintoxication** Entziehungskur.

**CURRICULUM VITAE (= CV)** Lebenslauf *m*; **– manuscrit** handgeschriebener Lebenslauf; **– synoptique** tabellarischer Lebenslauf.

**CYCLE** *m* • Zyklus *m*, Periode *f*, Ablauf *m* • *(ArbR)* Arbeitsgang *m*, Arbeitstakt *m* • *(SchulR)* Ausbildungsabschnitt *m*, Studiengang *m*.

**CYCLE** *m (StVR)* Fahrrad *n*.

**CYCLISTE** *m* Radfahrer.

**CYCLOMOTEUR** *m* Fahrrad mit Hilfsmotor, Mofa *n* (bis 25 km/Std.); Moped *n* (bis 40 km/Std.).

**CYCLOMOTORISTE** *m* Mofa- *od.* Mopedfahrer.

## D

**DACTYLO** *f* Schreibkraft *f*.

**DACTYLOGRAMME** *m* Fingerabdruck *m*.

**DACTYLOGRAPHIÉ** *adj* **: texte –** maschinengeschriebener Text.

**DANGER** *m* Gefahr *f*; Gefährdung; drohender Schaden; **– d'accident** Unfallgefahr; **– d'exploitation** Betriebsgefahr *f*; **– de fuite** Fluchtverdacht *m*; **– imminent** drohende Gefahr; **– mortel** Lebensgefahr.

**DANGE|REUX** *adj* **: activités –reuses** gefahrgeneigte Tätigkeit.

**DATAGE** *m*, **datation** *f* Datumsangabe *f*, Datierung, Zeitangabe (auf einem Schriftstück).

**DATE** *f* Datum *n*, Zeitangabe; Termin *m*, Zeitpunkt *m*; **– certaine** *(ZR: date qui fait foi à l'égard de tiers)* gerichtlich oder notariell beglaubigtes Datum, (für Dritte) unanfechtbarer Zeitpunkt (des Abschlusses eines Rechtsgeschäfts); **– de clôture** Meldeschluss; **– d'échéance** Fälligkeitstermin; Verfallstag; **– limite** (äußerster) Termin, Fristablauf; Stichtag; **– de livraison** Liefertermin; **– de naissance** Geburtsdatum *n*; **– de valeur** Wertstellungstag *m*.

**DATION** *f* • *(ZR: Person)* Berufung *f*, Ernennung *f* • *(SchuldR)* Annahme an Erfüllungs Statt; **– par disposition testamentaire** testamentarische Einsetzung.

**DÉBAT 1.** *m* Beratung *f*, Debatte *f*, Aussprache *f*, Verhandlung *f*, Auseinandersetzung *f*; **– télévisé** Fernsehdiskussion.

**DÉBATS 2.** *mpl* • *(VerfR)* (Parlaments-)Debatte *f* • *(PrzR)* (Haupt- *od.* Gerichts-) Verhandlung *f*; **clôture des –** • *(VerfR)* Schluss der Debatte • *(PrzR)* Verhandlungsschluss *m*.

**DÉBAUCHAGE** *m* • *(ArbR)* Entlassung *f*, Abbau *m* von Arbeitskräften • *(StR)* Abwerbung.

**DÉBAUCHE** *f (StR)* sexuelle Handlung, Unzucht; **provocation à la –** Förderung der Prostitution; **– contre nature** Sodomie *f*, widernatürliche Unzucht; **– professionnelle** gewerbsmäßige Prostitution.

**DÉBILITÉ** *f* **mentale** Geistesschwäche *f*, Debilität *f*, leichter Grad des Schwachsinns *m*.

**DÉBIT** *m* • *(Buchf: syn. doit)* Soll *n*, Debet *n* • *(HR)* Absatz *m*, Vertrieb *m*, Verkauf *m* • *(WirtR)* Geschäft *n*, Laden *m*, Kleinhandel *m* • Energieabgabe, Durchsatz, Leistung; **note au –** Lastschriftanzeige.

**DÉBIT | de boissons** Schankwirtschaft, Getränkeausschank *m*; **– de tabac** Tabakwarenkonzession, Tabaktrafik *f* (Aut).

**DÉBITANT** *m* Einzelhändler *m*.

**DÉBITER** • *(Buchf)* (ein Konto) belasten, ins Soll stellen, abbuchen • verkaufen; (Waren) vertreiben.

**DÉBITEUR** *adj* **: solde –** Fehlbetrag *m*, Debetsaldo *m*.

**DÉBITEUR** *m* Schuldner *m*, Debitor, Verpflichteter; **tiers –** Drittschuldner *m*; **– défaillant** • *(SchuldR)* säumiger Schuldner • *(InsolvenzR)* zahlungsunfähiger Schuldner; **– failli** Gemeinschuldner; **– gagiste** Pfandschuldner; **– principal** Hauptschuldner *m*; **– solidaire** Gesamtschuldner.

**DÉBOUCHÉ** *m* Absatzgebiet *n*, Absatzmöglichkeit; Berufsaussicht *f*.

**DÉBOURS** *mpl (PrzR)* Auslagen *fpl*, Aufwendungen *fpl*, Kosten *mpl*.

**DÉBOURSER** *v.tr.d.* auslegen, vorschießen; ausgeben.

**DEBOUT** *adj* **: magistrature –** *(GVR)* Staatsanwaltschaft *f*.

**DÉBOUTÉ** *m* • *(ZPR)* (Klage-)Zurückweisung *f*, (Klage-)Abweisung *f* • *(StPR)* Zurückweisung eines Rechtsmittels (des Angeklagten).

**DÉBOUTER** *(PrzR)* **(qqn. de sa demande)** die Klage abweisen.

**DÉBRAYAGE** *m (ArbR)* Arbeitsniederlegung.

**DÉCALQUE** *n* **: comptabilité par –** Durchschreibebuchführung.

**DÉCARTELLISATION** *f (WirtR)* Entflechtung, Dekartellisierung.

**DÉCÉDÉ** *m* Verstorbene(r); **les ayants droit du –** Rechtsnachfolger *mpl*.

**DÉCÉDER** (ver-)sterben, ableben.

**DÉCENNAL** *adj* 10-jährig; **engagement –** Zehnjahresvertrag.

**DÉCERNER un mandat d'arrêt** einen Haftbefehl ausstellen.

**DÉCÈS** *m* natürlicher Tod *m*, Sterbefall *m*, Ableben *n*; **jugement déclaratif de –** Todeserklärung (durch das Gericht); **registre des –** Sterbebuch *n*, Sterberegister *n*.

**DÉCHARGE** *f* • *(ZR)* Befreiung *f* des Schuldners (von einer Verbindlichkeit), Schuldenerlass *m*; Quittung *f* • *(GesR)* Entlastung *f* • *(SteuerR)* Erlöschen *n* der Steuerschuld; Steuererlass *m* • *(UmweltR)* Deponie *f*, Müllkippe *f*; **– contrôlée** geordnete Deponie, amtlich zugelassener Mülladeplatz; **– publique** (städtische) Mülldeponie; **– sauvage** wilde (Müll-)Deponie.

**DÉCHARGEMENT** *m (SeeHR)* Abladung, Löschung *f*; **droit de –** Löschgeld *n*.

**DÉCHARGER** • abladen, löschen • entlasten • *(SteuerR)* befreien.

**DÉCHÉANCE** *f (ZR)* Rechtsverlust *m*, Verwirkung *f* eines Anspruchs; **– du droit** Aberkennung eines Rechts; **– des fonctions** Amtsenthebung; **– de la nationalité** Ausbürgerung *f*, Aberkennung der Staatsangehörigkeit (durch Strafurteil); **– professionnelle** Berufsverbot; Gewerbeuntersa-gung; **– de la puissance parentale** *(FamR)* Entziehung des elterlichen Sorgerechts; **– du terme** sofortige Fälligkeit bei Zahlungsunfähigkeit.

**DÉCHET(S)** *m(pl)* • Abfall *m*, Müll *m*; Abgang *m* • *(HR)* Ausschussware *f* • *(SeeHR)* Schwund *m*, Verlust *m*; **recyclage des –s, retraitement des –s** Abfallwiederaufbereitung; **–s encombrants** Sperrmüll; **–s industriels** Industriemüll; **–s nucléaires, –s radio-**

**actifs** radioaktive Abfallstoffe, Atommüll; **–s spéciaux** Sonderabfälle; **–s toxiques** Giftmüll.

**DÉCHOIR** *v.intr.* verfallen, verlieren, für verlustig erklären.

**DÉCHU** *adj* **: être – d'un droit** (einen) Anspruch verwirken.

**DÉCISION** *f* • *(ÖfR, ZR)* Beschlussfassung *f*, Entscheidung *f* • *(PrzR)* Urteil *n*, (gerichtliche) Verfügung *f*, (Gerichts-)Beschluss *m*; Urteilstenor *m* • *(ÖfR)* Beschluss *m* (einer gesetzgebenden Versammlung z.B.) • *(VwR)* Verwaltungsmaßnahme *f*, (Verwaltungs-)Anordnung *f*, Bescheid *m*; Verwaltungsakt *m*; **pouvoir de –** Entscheidungsbefugnis *f*.

**DÉCISION | administrative** Verwaltungsmaßnahme *f*, Bescheid *m*, amtliche Verfügung; **– d'approbation** *(VwR)* Genehmigungsbescheid; **– arbitrale** Schiedsspruch *m*; **– de classement** *(StPR)* Niederschlagungsverfügung; **– définitive** rechtskräftige Entscheidung, Endurteil; **– discrétionnaire** *(VwR)* Ermessensentscheidung; **– de dissolution** Auflösungsbeschluss.

**DÉCISION | erronée** Fehlentscheidung; **– d'espèce** Einzelfallentscheidung; **– exécutoire** • *(ZPR)* rechtskräftiges Urteil • *(VwR)* vollstreckbare Maßnahme der Verwaltung; **– exécutoire particulière individuelle** *(VwPR)* gestaltender Verwaltungsakt *m*; **– exécutoire par provision** *(PrzR)* vorläufig vollstreckbare Entscheidung; **– d'expulsion** *(StR)* Ausweisungsverfügung.

**DÉCISION | au fond** *(PrzR)* Entscheidung in der Sache selbst; **– gracieuse** *(ZPR)* richterliche Verfügung (prozessleitender Natur), Ermessensentscheidung; **– d'homologation** *(Wz)* amtliche Zulassung; **– incriminée** angefochtene Entscheidung; **– individuelle** *(VwR)* Verwaltungsakt *m*; **– d'internement** gerichtliche Anordnung der Anstaltsunterbringung.

**DÉCISION | judiciaire** *ou* **de justice** Gerichtsurteil, gerichtliche Entscheidung; **– majoritaire** Mehrheitsbeschluss; **– particulière individuelle** *(VwR)* Verwaltungsakt *m*; **– pénale** Strafurteil; **– préalable** *(VwPR)* Entscheidung der Verwaltungsbehörde (als Voraussetzung der Zulässigkeit der verwaltungsgerichtlichen Klage), Vorbescheid; **– préjudicielle** Präjudiz *n*, Vorentscheidung; **– de principe** Grundsatzentscheidung; **– de quitus** *(GesR)* Entlastung des Vorstands, Entlastungsbeschluss.

**DÉCISION | de refus** *(VwR)* ablehnender Bescheid; **– réglementaire** (Verwaltungs-)Anordnung; **– de rejet** abweisendes Urteil; **– rendue par défaut** Versäumnisurteil; **– de renvoi** *(IPR)* Rückverweisung; **– de saisie** • *(ZwangsVR)* Pfändungsbeschluss • *(StPR)* Einziehungsbescheid, Beschlagnahmeverfügung, Verfallerklärung.

**DÉCLARATION** *f* • *(ZR)* (Willens-) Erklärung, Mitteilung • *(VwR)* Anmeldung *f*, Anzeige *f*; Bekanntmachung; Angabe *f* • *(SeeHR)* Ladeliste *f*; **fausse –** falsche *od.* unrichtige Angabe.

**DÉCLARATION | d'abandon** *(ZR)* Verzichterklärung (auf das Eigentum); **– d'absence** • Abwesenheitserklärung • Verschollenheitserklärung; **– d'accident** Unfallanzeige *f*; **– de confiscation** *(StPR)* Einziehungsbeschluss *m*; **– de créance** Forderungsanmeldung.

**DÉCLARATION | de décès** Todeserklärung; **– de déchéance** *(ZR)* Feststellung des Rechtsverlusts; **– de dommage** Schadensanzeige; **– des droits de l'homme et du citoyen** *(hist. 1789)* Erklärung der Menschen- und Bürgerrechte.

**DÉCLARATION | écrite** schriftliche Erklärung; **– fiscale** Steuererklärung; **– sous la foi du serment** eidesstattliche Versicherung;

– **gouvernementale** Regierungserklärung; – **de guerre** Kriegserklärung; – **sur l'honneur** Ehrenwort; – **d'impôts sur le revenu** Einkommensteuererklärung; – **judiciaire de décès** (gerichtliche) Todeserklärung; – **de naissance** Geburtsanzeige; – **notariée** notarielle Beurkundung einer Willenserklärung.

**DÉCLARATION | obligatoire** Anzeigepflicht *f*, Meldepflicht; – **de perte** Verlustanzeige; – **de renonciation** Verzichtserklärung; – **de revenus** Einkommensteuererklärung; – **de risque** *(VersR)* Anzeige gefahrerheblicher Umstände; – **de saisie** *(StPR)* Einziehungsbeschluss; – **de sinistre** *(VersR)* Schadensanzeige; – **sous (la foi du) serment** eidesstattliche Erklärung; – **universelle des Droits de l'Homme** *(VR: UNO)* Allgemeine Erklärung der Menschenrechte (vom 10. 12. 1948); – **de volonté** Willenserklärung.

**DÉCLA | RER** *v.tr.* • anmelden, melden • erklären • die Zollabfertigung beantragen, verzollen; **lettre avec valeur –rée** Wertbrief *m*.

**DÉCLASSEMENT** *m* • *(ArbR)* Herabstufung, Zurückstufung • *(VwR)* Entwidmung.

**DÉCLINATOIRE** *m* Einrede der Unzuständigkeit; – **de litispendance** *(ZPR)* Einrede der Rechtshängigkeit.

**DÉCLINER** *v.tr.d.* ablehnen; – **la compétence** sich auf die Unzuständigkeit (eines Gerichts) berufen; – **son identité,** – **ses nom et qualités** sich ausweisen, seine Personalien angeben; – **toute responsabilité** jegliche Haftung ablehnen.

**DÉCOMMANDER** *v.tr.* abbestellen; **se** – (einen Termin) absagen.

**DÉCOMPTE** *m (Buchf)* Saldofeststellung; – **des voix** Stimmenauszählung.

**DÉCONFITURE** *f* • *(ZR, ZwangsVR)* Zahlungsunfähigkeit (einer Privatperson) • *(InsolvenzR)* Zahlungseinstellung.

**DÉCOTE** *f* • *(SteuerR)* Steuerermäßigung • *(BörR)* Unterbewertung *f*.

**DÉCOUPAGE** *m* **électoral** Wahlkreiseinteilung.

**DÉCOUVERT** *n* • *(BankR)* Kontokorrentkredit *m*, Überziehungskredit; Kontoüberziehung *f* • *(VersR)* Deckungslücke *f* • *(HaushR)* Fehlbetrag *m*, Defizit *n*; – **obligatoire** *(VersR)* Selbstbehalt *m*.

**DÉCRET** *m (ÖfR)* frz. Regierungsgesetz *n*, (Rechts-)Verordnung *f*, Dekret *n*; – **d'application** Durchführungsverordnung; – **en conseil des ministres** (vom Ministerrat beschlossene) Rechtsverordnung; – **de grâce** *(StR)* Gnadenakt *m*; – **individuel** Ministerialerlass (eine einzelne Person betreffend), Verwaltungsakt.

**DÉCRÉTER** *v.tr. (ÖfR)* verordnen, anordnen, verfügen; – **l'état d'urgence** den Notstand ausrufen.

**DÉDIRE** *v.pron.* : **se – (d'un engagement)** (vom Vertrag) zurücktreten.

**DÉDIT** *m* • *(Erklärung)* Widerruf *m* • *(ZR, HR)* Rücktritt *m* vom Vertrag, Rücktrittsrecht • *(ZR, HR)* Vertragsstrafe, Reugeld *n*.

**DÉDOMMAGEMENT** *m* Entschädigung *f*, Schadensersatz *m*; – **partiel** Teilentschädigung.

**DÉDOMMAGER** *v.tr.* entschädigen.

**DÉDOUANEMENT** *m* zollamtliche Abfertigung, Verzollung.

**DÉDUCTIBLE** *adj* : **frais –s** abzugsfähige Unkosten.

**DÉDUCTION** *f* • Abzug *m*, Herabsetzung • Schlussfolgerung *f*; – **pour charges de famille** Familienfreibetrag.

**DÉFAILLANCE** *f* • *(SchuldR)* Verzug *m*, Nichterfüllung (bei Fälligkeit) • *(ZPR)* Säumnis *f*, Versäumnis *n* • *(Pol)* Schwäche *f*, Untätigkeit • *(Gerät)* Ausfall *m*.

**DÉFAILLANT** • *(adj)* säumig • *(m)* säumige Partei; Vertragspartner, der seinen Verpflichtungen nicht nachkommt; **témoin –** nicht erschienener Zeuge.

**DÉFALCATION** *f* Abzug *m*; **– faite des frais** nach Abzug der Kosten.

**DÉFALQUER** abrechnen, abziehen.

**DÉFAUT** *m* • *(SchuldR: vice)* Fehler *m*, Mangel *m* • *(PrzR)* Abwesenheit *f*, Säumnis *f*, Ausbleiben *n*, Versäunmnis *n* • Fehlen *n*; Unterlassung *f*, Nichteinhaltung *f*; **condamnation par –** *(StPR)* Verurteilung in Abwesenheit; **entaché d'un –** mangelhaft, mit einem Mangel behaftet; **jugement par –** *(ZPR)* Versäumnisurteil *n*.

**DÉFAUT | d'attention** Unaufmerksamkeit *f*; **– de base légale** Fehlen einer gesetzlichen Grundlage; **– de comparaître** Nichterscheinen *n* (vor Gericht); **– de compétence** *(PrzR; VwR)* mangelnde Zuständigkeit; **– de consentement** *(ZR)* Fehlen *n* der Zustimmung, fehlende Willensübereinstimmung.

**DÉFAUT | de fabrication** Herstellungs-, Fabrikationsfehler; **– de forme** Formfehler *m*; **– d'information** Verletzung der Informationspflicht; **– du matériel** *ou* **de la matière** Materialfehler; **– de motif** *(PrzR)* unzureichende *od.* fehlende Begründung; **– d'une partie** *(ZPR)* Ausbleiben *n* einer Partei (in einem Termin).

**DÉFAUT | de paiement** Zahlungsverzug *m*, Nichtzahlung *f*; **– de provision** fehlende Deckung; **– de quorum** Beschlussunfähigkeit; **– de surveillance** Aufsichtspflichtverletzung.

**DÉFAVORABLE** *adj* nachteilig, ungünstig; **avis –** ablehnender Bescheid.

**DÉFECTUEUX** *adj* schadhaft, mangelhaft, fehlerhaft.

**DÉFECTUOSITÉ** *f* Mangel *m*, Fehlerhaftigkeit, Schaden *m*, Defekt *m*.

**DÉFENDEUR** *m*, **défenderesse** *f* *(ZPR)* Beklagte(r) *m/f*, beklagte Partei.

**DÉFENDRE** • verbieten, untersagen • *(soutenir)* vertreten, verteidigen; **– les intérêts de qqn.** die Interessen wahrnehmen.

**DÉFENSE** *f* • Verbot *n*, Untersagung *f* • *(PrzR)* Verteidigung *f*, Vertretung *f*; Klagebeantwortung *f*; **légitime –** *(StR)* Notwehr *f*; **– consommateurs** Verbraucherschutz *m*; **– de doubler** *(StVR)* Überholverbot; **– de l'environnement** Umweltschutz; **– au fond** *(ZPR)* materiellrechtliche Verteidigung.

**DÉFENSEUR** *m* • *(StPR)* (Straf-) Verteidiger *m* • *(PrzR)* Rechtsbeistand *m*, Rechtsberater *m*; **– (commis) d'office** *(StPR)* Pflicht- *od.* Offizialverteidiger.

**DÉFÉRER** *v.tr.* • *(PrzR)* (an ein Gericht) verweisen; (ein Gericht) anrufen • *(StPR)* ein Strafverfahren einleiten; **– en justice** jmdn. verklagen, vor Gericht bringen.

**DÉFIANCE** *f* Misstrauen *n*, Argwohn *m*; **vote de –** Misstrauensvotum *n*.

**DÉFICIENCE** *f* Mangel *m*, Behinderung *f*, Schwäche *f*; **– mentale** Geistesschwäche; **– physique** Körperbehinderung.

**DÉFICIT** *m* • Fehlbetrag *m*, Defizit *n*; Ausfall *m*; (Deckungs-)Lücke *f*; Minus *n*, Verlust *m* • *(Buchf)* Passiva *npl*, Passivsaldo *m*.

**DÉFINITIF** *adj* endgültig; rechtskräftig; **jugement –** Endurteil *n*.

**DÉFINITION** *f* **légale** Legaldefinition *f*.

**DÉFORMER** *v.tr.* **un fait** einen Sachverhalt verfälschen; **– la vérité** nicht bei der Wahrheit bleiben.

**DÉFUNT** *adj/m* verstorben; Verstorbene(r).

**DÉGAGEMENT** *m* • *(ZR)* Einlösung (verpfändeter Sachen) • Entbindung (von einem Versprechen).

**DÉGÂT(S)** *m(pl)* Schaden *m*, Beschädigung; **–s causés par l'eau** Wasserschaden *m*; **–s corporels** Personenschaden; **–s matériels** Sachschaden.

**DÉGRADATION** *f* • *(Sache)* Beschädigung; Verfall *m* (eines Gebäudes) • *(Person)* Aberkennung von Rang und Würden; **– civique** *(StR)* Aberkennung der bürgerlichen Ehrenrechte.

**DEGRÉ** *m* Grad *m*, Stufe *f*; Instanz *f*; **– de culpabilité** *(StR)* Grad des Verschuldens, Schwere der Schuld; **– d'incapacité** *(SozR)* Grad der Erwerbsunfähigkeit; **– de juridiction** Instanz *f*, Rechtszug *m*; **– de parenté** Verwandtschaftsgrad.

**DÉGRÈVEMENT** *m* Entlastung *f*, Nachlass *m*; **– fiscal** *ou* **d'impôt** Steuerbefreiung; Steuernachlass *m*.

**DÉGUERPISSEMENT** *m* • *(SachR)* Eigentumsaufgabe; Aufgabe *f* des Besitzes • *(ErbR)* Ausschlagung *f* der Erbschaft.

**DÉLAI** *m* • Frist *f*; Zeitablauf *m* • *(impropre pour: le terme)* Termin *m*, Zeitpunkt *m*; **dans le – convenu** fristgemäß; **dans les meilleurs –s** unverzüglich; **expiration du –** Fristablauf *m*; **impartir un –** eine Frist setzen; **inobservation du –** Fristversäumung *f*, Nichteinhaltung der Frist; **point de départ du –** Fristbeginn *m*; **prorogation de –** Fristverlängerung *f*; **sans –** unverzüglich, sofort; fristlos.

**DÉLAI | d'action** *(ZPR)* Klagefrist, Frist für die Anspruchgeltendmachung vor Gericht; **– d'ajournement** *(ZPR)* Ladungsfrist; **– d'appel** Berufungsfrist, Rechtsmittelfrist; **– d'attente** Wartezeit, Karenzzeit; **– de comparution** Ladungsfrist, Einlassungsfrist.

**DÉLAI-CONGÉ** *m*, **délai de congé** *(ArbR: délai de préavis)* Kündigungsfrist *f*.

**DÉLAI | conventionnel** vertraglich festgesetzte Frist; **– de déchéance** Ausschlussfrist; **– de droit** gesetzliche Frist; **– de forclusion** *(ZPR)* Ausschlussfrist; **– franc** Frist *f* (im Prozess), bei welcher weder Anfangstag noch Endtag mitzählen; Frist, unter Einhaltung eines Respekttages; **– de grâce** *(ZPR)* richterliche Gnadenfrist; **– imparti** festgesetzte Frist.

**DÉLAI-LIMITE** *m* Stichtag *m*.

**DÉLAI | de livraison** Lieferfrist *f*; **– d'opposition** Einspruchsfrist; **– de paiement** • Zahlungsfrist • *(InsolvenzR)* Stundung (einer Schuld); **– de péremption** Ausschlussfrist, Verfallfrist, Verwirkungsfrist; **– de préavis** *(ArbR)* Kündigungsfrist; **– préfix** *(ZPR)* Ausschlussfrist, Notfrist; **– de prescription** Verjährungsfrist; **– de prescription acquisitive** *(SachR)* Ersitzungsfrist; **– de production** Frist zur Vorlage (einer Urkunde).

**DÉLAI | de réclamation** *(SchuldR, HR)* Mängelanzeigefrist; **– de recours** Rechtsmittelfrist; **– de réflexion** Bedenkzeit *f*; **– de repentir** Frist des Widerrufsrechts; **– de rigueur** Notfrist; **– de validité** Geltungsdauer; **– de viduité** *(FamR)* Wartezeit (der Witwe *od.* geschiedenen Frau) vor der Wiederverheiratung.

**DÉLAISSEMENT** *m* *(SachR)* Grundstücksaufgabe; Besitzaufgabe; **– d'enfant** *(StR)* Aussetzung eines Kleinkinds.

**DÉLATEUR** *m* *(StR)* Anzeigeerstatter; Denunziant.

**DÉLATION** *f* *(StR: dénonciation)* falsche Anschuldigung, Denunziation *f*; **– de serment** Eideszuschiebung.

**DÉLÉGANT** *m* Anweisende(r) *m*; Vollmachtgeber *m*.

**DÉLÉGATAIRE** *m* • Anweisungsempfänger *m* • *(VwR)* Befugte(r), Beauftragte(r).

**DÉLÉGATION** *f* • *(ÖfR)* Vertretung *f*, Abordnung *f*, Delegation *f* • *(ZR, ÖfR)* Anweisung, Übertragung von Befugnissen; Beauftragung • *(ZR)* Schuldübernahme (vereinbart zwischen Schuldner u. Übernehmer); **– imparfaite** *(ZR)* Schuldübernahme ohne befreiende Wirkung (für den ursprünglichen Schuldner); **– parfaite** *(ZR)* (den ursprünglichen Schuldner) befreiende Schuldübernahme.

**DÉLÉGATION | de pouvoirs** • Vollmachterteilung • *(VwR)* Befugnisübertragung • *(PrzR)* Überweisung von Aufgaben an einen Einzelrichter *od.* einen Urkundsbeamten; – **de signature** *(ZR)* Übertragung der Zeichnungsbefugnis.

**DÉLÉGUÉ** *m* • *(ZR)* Beauftragte(r) *m*, Vertreter *m* • *(ÖfR, VR)* Delegierte(r) *m*; **administrateur –** *(GesR)* geschäftsführendes Vorstandsmitglied; – **général** *(HR)* Generalbevollmächtigte(r) *m*; – **à la liberté surveillée** *(StVZ)* Bewährungshelfer *m*; – **du personnel** *(ArbR)* Belegschaftsverteter; Personalvertreter *m*; – **syndical** Gewerkschaftsvertreter (im Betrieb).

**DÉLIBÉRATI | F** *adj* beschlussfassend; **ayant voix –ve** stimmberechtigtes Mitglied.

**DÉLIBÉRATION** *f* • Beschlussfassung, Beratung (und Abstimmung) • *(décision)* Beschluss *m*.

**DÉLIBÉRÉ** *m* • *(PrzR)* Beratung (der Richter) zur Urteilsfindung, Urteilsfällung • *(PrzR)* Urteilsspruch *m*, Beschluss *m*, Entscheidung; **mettre en –** • *(PrzR)* die mündliche Verhandlung beenden • *(Richter)* sich zur Beratung zurückziehen; – **séance tenante, – sur le siège** halblaute Beratung im Gerichtssaal und Verkündung des Urteils.

**DÉLIBÉRÉMENT** *adv* vorsätzlich, absichtlich.

**DÉLIBÉRER** *v.intr.* • *(PrzR)* in geheimer Beratung und Abstimmung ein Urteil fällen, beschließen • beraten, beratschlagen.

**DÉLICTUEUX, délictuel** *adj* • *(StR)* eine Straftat betreffend, strafbar, rechtswidrig • *(ZR)* eine unerlaubte Handlung bezeichnend; **fait –** Straftat *f*, Vergehen *n*.

**DÉLIMITATION** *f* Abgrenzung *f*, Begrenzung *f*; Grenzziehung *f*, Abmarkung *f*; – **de compétence** *(ÖfR)* Zuständigkeitsverteilung.

**DÉLINQUANCE** *f* Kriminalität *m*, Straffälligkeit; – **astucieuse** *ou* **en col blanc** Wirtschaftskriminalität; – **juvénile** Jugendkriminalität.

**DÉLINQUANT** *m* Straftäter *m*, Rechtsbrecher *m*; – **d'habitude** Gewohnheitstäter *m*; – **mineur** jugendlicher Straftäter; – **occasionnel** Gelegenheitstäter *m*; – **politique** politisch motivierter Straftäter; – **primaire** Nichtvorbestrafte *m*, Ersttäter; – **récidiviste** Rückfalltäter.

**DÉLIT** *m* • *(ZR: délit civil)* unerlaubte Handlung *f*, widerrechtlicher Eingriff *m*; vorsätzliche Schädigung *m* • *(StR)* Vergehen *n*; Straftat *f*, strafbare Handlung; **commettre un –** eine Straftat begehen; **flagrant –** unmittelbar bei ihrer Begehung festgestellte Straftat.

**DÉLIT | civil** • *(ZR: i.w.S.)* unerlaubte Handlung, zivilrechtliches Delikt • *(ZR: i.e.S.)* vorsätzliche unerlaubte Handlung; – **collectif** *(StR)* Sammelstraftat; – **de commission** *(StR)* strafbares Tun *n*, Begehungsdelikt; – **de commission par omission** unechtes Unterlassungsdelikt; – **connexe** straflose Nachtat; – **consommé** vollendete Straftat; – **continu** Dauerdelikt; – **continué** fortgesetzte Handlung.

**DÉLIT | économique** Wirtschaftsstraftat; – **de fuite** Fahrerflucht *f*; – **d'habitude** Gewohnheitsverbrechen; – **impossible** untauglicher Versuch; **–s informatiques** Computerkriminalität; – **d'initié** Insider-Vergehen.

**DÉLIT | matériel** Erfolgsdelikt *n*, Verletzungsdelikt; – **d'omission** (echtes) Unterlassungsdelikt; – **permanent** Dauerstraftat; – **putatif** Putativ- *od.* Wahndelikt; – **simple** Einzelstraftat, Einzelakt als Straftatbestand; – **successif** fortgesetzte Handlung; – **tenté** Versuch *m*.

**DÉLIVRANCE** *f* • *(Urkunde)* Erteilung *f*, Ausstellung • *(Sache)* Übergabe, Aushändigung • *(Frau)* Entbindung; **date de –** Lieferzeit; **– de brevet** Patenterteilung *f*; **– de la chose** Übergabe der Sache.

**DÉLIVRER** *v.tr.d.* • erteilen, ausstellen, ausfolgen • *(Sache)* aushändigen, liefern • befreien; **– un passeport** einen Pass ausstellen.

**DÉLOCALISATION** *f* Standortverlegung.

**DÉLOYAL** *adj* **: concurrence –e** *(HR)* unlauterer Wettbewerb.

**DEMANDE** *f* • *(ZPR)* Klage *f* (im konkreten Sinn, im Gegensatz zur „action" als Klagemöglichkeit), (Klage-)Antrag; Anspruch *m*; Klageschrift *f*, Schriftsatz *m* • *(ZPR, VwR: requête)* Antrag, Gesuch *n*; Eingabe *f* • *(Vwirt)* Nachfrage *f* • *(HR)* Bestellung, Anforderung • Frage *f*, Anfrage *f*; **débouter de la –** die Klage abweisen; dem Antrag nicht stattgeben; **donner suite à une –** einem Gesuch stattgeben; **introduction de la –** Klageerhebung; **rejeter la –** die Klage abweisen; dem Antrag nicht stattgeben.

**DEMANDE | accessoire** Nebenantrag; **– additionnelle** Zusatzantrag, Klageerweiterung; **– d'assistance administrative** Amtshilfeersuchen; **– de décision préjudicielle** Antrag auf Erlass einer Vorabentscheidung; **– en distraction** *(ZPR)* Aussonderungsantrag; **– en divorce** Scheidungsklage; **– en dommages-intérêts** *(ZR)* Schadensersatzklage; **– d'expulsion** Räumungsklage; **– d'extradition** Auslieferungsersuchen *n*.

**DEMANDE | en garantie** *(ZPR)* Gewährleistungsklage; **– incidente** *(ZPR)* Zusatzantrag (des Klägers); Widerklage; Zwischen- *od.* Inzidentfeststellungsklage; **– en intervention** *(ZPR)* Streitverkündung; Nebenintervention; **– introductive d'instance** *(ZPR)* Klage; Klageschrift *f*.

**DEMANDE | en justice** Klage *f*, Klageantrag *m*; **– en mainlevée** Antrag auf Aufhebung (einer Pfändung usw.); **– en nullité** Nichtigkeits- *od.* Anfechtungsklage; **– d'ouverture de la liquidation judiciaire** Antrag auf Eröffnung des Insolvenzverfahrens; **– d'ouverture du règlement judiciaire** Antrag auf Eröffnung des Vergleichsverfahrens.

**DEMANDE | en paiement** *(ZPR)* Leistungsklage *f*; **– principale** Hauptantrag *m*; **– provisoire** Antrag zur Erwirkung vorläufiger Maßnahmen; **– reconventionnelle** *(ZPR)* Widerklage, Gegenanspruch; **– en récusation** Antrag auf Ablehnung (wegen Befangenheit); **– en règlement de juges** Antrag auf Bestimmung des zuständigen Gerichts; **– de renseignements** Auskunftsersuchen; **– de restitution** Rückerstattungsklage; **– en révision** Wiederaufnahmeverfahren; **– subsidiaire** Hilfsantrag.

**DEMANDER** *v.tr.* • klagen, einen Antrag stellen • nachfragen; bestellen • verlangen, begehren • erfordern, unerlässlich sein.

**DEMANDERESSE** *f* • Klägerin *f* • Antragstellerin *f*.

**DEMANDEUR** *m* • Kläger *m*, klagende Partei • Antragsteller *m* • *(HR)* Interessent; Käufer; **– en appel** Berufungskläger; **– d'emploi** Arbeitsuchende(r); **– reconventionnel** Widerkläger.

**DÉMANTÈLEMENT** *(GesR)* Entflechtung *f*; Demontage *f*.

**DÉMARCATION** *f* Abgrenzung, Grenze; **ligne de –** *(VR)* Demarkationslinie.

**DÉMARCHAGE** *m (HR)* Hausierhandel; Reisegewerbe; Haustürgeschäfte *npl*; (Haustür-)Kundenwerbung.

**DÉMARCHEUR** *m* Haustürverkäufer *m*, Kundenwerber.

**DÉMÊLÉ** *m* Streit *m*, Streitigkeit; **avoir des –s avec la justice** sich vor Gericht verantworten müssen.

**DÉMEMBREMENT** *m* Zerstückelung *f*; **– de la propriété** *(SachR)* beschränktes dingliches Recht; Nießbrauch *m*; Nutzungsrecht; Grunddienstbarkeit.

**DÉMÉNAGEMENT** *m* Umzug *m*, Wohnungswechsel *m*; **entreprise de –** Möbeltransportfirma; **frais de –** Umzugkosten *pl.*
**DÉMENCE** *f (StR)* Demenz *f*, Schwachsinn *m*, Geisteskrankheit.
**DÉMENTI** *m* Dementi *n*, offizielle Berichtigung *od.* Widerruf (einer Behauptung *od.* Nachricht).
**DEMEURE** *f* • *(ZR: englobe le domicile et la résidence)* Wohnung *f*, Wohnsitz *m*, Aufenthaltsort *m* • *(SchuldR: retard)* (Schuldner-)Verzug *m*; **mise en –** Inverzugsetzung *f* (des Schuldners).
**DÉMISSION** *f* • *(BeamR)* Rücktritt *m*, Amtsniederlegung *f*, Ausscheiden *n* (aus dem Amt), Demission *f* • *(ArbR)* Kündigung *f* (durch den Arbeitnehmer); **donner** *ou* **remettre sa –** seinen Rücktritt erklären, sein Amt niederlegen.
**DÉMISSIONNER** *v.intr.* zurücktreten, sein Amt niederlegen; kündigen.
**DÉMOCRATIE** *f* Demokratie *f*, Rechtsstaat *m.*
**DÉMOGRAPHIQUE** *adj* **: statistique –** Bevölkerungsstatistik.
**DÉMONSTRATION** *f* • Beweisführung *f* • *(Geräte)* Vorführung *f.*
**DÉMONTRER** *v.tr.* beweisen, den Beweis führen.
**DÉNÉGATION** *f* Leugnen, Bestreiten *n* (der gegnerischen Behauptung); **– d'écriture** Bestreiten der Echtheit einer Privaturkunde.
**DÉNI** *m* **de justice** • *(PrzR)* Rechtsverweigerung • Justizirrtum *m.*
**DÉNIER** *v.tr.d.* bestreiten; **– toute responsabilité** keinerlei Haftung übernehmen.
**DENIER(S)** *m(pl)* Zahlungsmittel *n(pl)*, Geld *n*; **consignation de –s** Sicherheitsleistung durch Hinterlegung von Geld, Barkaution *f*; **–s comptants** Bargeld; **– du culte** (freiwillige frz.) Kirchensteuer; **–s publics** öffentliche Mittel *npl.*
**DÉNOMINATION** *f* Bezeichnung, Benennung; **– commerciale** Handelsbezeichnung *f*; **– sociale** *(GesR)* Firmenbezeichnung.
**DÉNONCER** *v.tr.d.* • *(StR: Straftat)* Anzeige erstatten • *(ArbR: Vertrag)* kündigen • *(Missstand)* anprangern, geißeln.
**DÉNONCIATEUR** *m (StR)* Anzeigeerstatter *m.*
**DÉNONCIATION** *f* • *(StR)* Strafanzeige (durch einen Dritten) • *(ArbR)* Kündigung • *(ZPR)* Zustellung einer Prozessurkunde (an einen Dritten) • *(VR)* Aufkündigung (eines völkerrechtlichen Vertrages); **– anonyme** *(StR)* anonyme Strafanzeige; **– calomnieuse** *(StR)* falsche Anschuldigung.
**DENRÉE(S)** *f(pl)* | **alimentaire(s)** Nahrungsmittel *npl* (als Handelsware), Lebensmittel(produkte); **– alimentaires avariées** verdorbene Nahrungsmittel; **– de première nécessité** Grundnahrungsmittel.
**DÉONTOLOGIE** *f* Standesrecht, Berufsethos *n*, Grundsätze *mpl* einer ordnungsmäßigen Berufsausübung; **code de –** Standesordnung, Ehrenordnung eines Berufsstandes (Ärzte, Anwälte usw.).
**DÉPART** *m* • *(Dienst)* Verabschiedung, Ausscheiden *n*, Abgang *m* • Abfahrt *f*, Abreise *f* • *(Post)* Ausgang; **point de –** *(Frist)* Beginn; Ausgangspunkt; **– d'un associé** Ausscheiden eines Gesellschafters; **– usine** *(HR)* ab Werk.
**DÉPARTEMENT** *m* • *(VwR)* Departement *m/n*, frz. Gebietskörperschaft *f* • *(ÖfR)* Abteilung *f*, Geschäftsbereich *m*; Amt *n*; Referat *n*; Dezernat *n*; **– d'outre-mer** überseeischer frz. Departement.
**DÉPARTITEUR** *m (PrzR: juge ~)* hinzugezogener Richter, dessen Stimme bei Stimmengleichheit den Ausschlag gibt.
**DÉPASSEMENT** *m* • Nichteinhaltung (der Anweisungen) • *(BankR: Kredit)* Überziehen *n* • *(StVR)* Überholen *n*; **– budgétaire** Etatüberschreitung.
**DÉPÉNALISER** *v.tr.* für straffrei erklären.
**DÉPENDANCE** *f* • *(VR, ArbR)* Abhängigkeit *f* • *(SachR)* Neben-

gebäude *n*, zugehöriges Wirtschaftsgebäude; wesentlicher Bestandteil *m* (eines Grundstücks); **lien de –** *(ArbR)* Abhängigkeitsverhältnis *n*.

**DÉPENDRE (de)** abhängen (von); in den Zuständigkeitsbereich fallen.

**DÉPENS** *mpl (PrzR)* (Teil der) Prozesskosten (die der unterlegenen Partei durch das Gericht auferlegt werden), (zu erstattende) Verfahrenskosten, Kosten des Rechtsstreits (die zu Lasten der unterlegenen Partei gehen); **calcul des –** Berechnung der Kosten; **compensation des –** gegenseitige Aufrechnung der Kosten; **condamner aux –** zur Tragung der Kosten verurteilen, in die Kosten verurteilen; **liquidation des –** Kostenfeststellung.

**DÉPENSES** *(zumeist: fpl)* Ausgaben *fpl*; Aufwendungen *fpl*, Aufwand *m*, Kosten *pl*; Spesen *pl*; Verbrauch *m*; **– accessoires** Nebenkosten; **– budgétaires** Haushaltsausgaben; **– en capital** Investitionsausgaben; **– d'exploitation** Betriebskosten; **– de fonctionnement** laufende Kosten, Betriebsausgaben; **– d'investissement** • *(BW)* Investitionsausgaben • *(HaushR)* investive Staatsausgaben; **– en matériel** Sachaufwand.

**DÉPENSES | périodiques** regelmäßig wiederkehrende Ausgaben; **– en personnel** Personalausgaben; **– prévues** veranschlagte Ausgaben; **– professionnelles** Werbungskosten; **– publiques** Ausgaben der öffentlichen Hand; **– récupérables** abwälzbare Aufwendungen, erstattungsfähige Kosten; **– de transfert** • Leistungen der öffentlichen Hand, Subventionen • *(SozR)* Transferleistungen.

**DÉPISTAGE** *m* **: examen de –** Reihenuntersuchung; **– d'un malfaiteur** Aufspüren eines Straftäters; **– précoce** *(Krebs)* Früherkennung.

**DÉPLACEMENT** *m* • Verlagerung, Verlegung • *(Personal)* Versetzung; **indemnité de –** Reisekostenvergütung, Tagegeld *n*.

**DÉPLAFONNEMENT** *m* Abschaffung *od.* Anhebung der Höchstgrenze.

**DÉPLIANT** *m* Faltblatt *n*.

**DÉPOLLUTION** *f* Beseitigung der Umweltschäden.

**DÉPORTATION** *f* Zwangsumsiedlung, strafweise Verschickung.

**DÉPORTÉ** *m* verschleppte Person; KZ-Häftling; Zwangsarbeiter.

**DÉPOSANT** *m* • *(BankR)* Einleger *m* • *(PatR)* Anmelder *m*.

**DÉPOSER** • *(PrzR)* aussagen • *(ZR)* in Verwahrung geben, hinterlegen, deponieren • *(BeamR)* seines Amtes entheben, absetzen; **refus de –** Aussageverweigerung *f*; **– son bilan** Insolvenz anmelden; **– une demande** einen Antrag stellen; **– une plainte** *(StPR)* Strafanzeige erstatten, Mitteilung einer Straftat an die Behörden durch das Tatopfer.

**DÉPOSITAIRE** *m* • *(ZR)* Verwahrer *m* • Inhaber *m* der öffentlichen Gewalt.

**DÉPOSITION** *f* • *(StPR)* Aussage *f*, eidliche Zeugenaussage vor Gericht • Amtsenthebung, Absetzung.

**DÉPOSSESSION** *f* Besitzentziehung *f*; Enteignung *f*.

**DÉPÔT** *m* • *(SchuldR)* Verwahrung, Verwahrungsvertrag; verwahrte Sache • *(BankR)* Depot, Verwahrung von Wertpapieren und Wertgegenständen • Verwahrungs- *od.* Hinterlegungsort • *(HR)* Warenlager *n* • *(PatR)* Anmeldung, Einreichung • *(StR)* polizeilicher Gewahrsam.

**DÉPÔT | de l'action** *(ZPR)* Einreichung der Klage bei Gericht; **– bancaire** *ou* **en banque** *(Geld)* Bankeinlage, Bankguthaben *n*; **– du bilan** *(InsolvenzR)* Eröffnungsantrag; **– de candidature** • *(ÖfR)* Einreichung der Wahlvorschläge • *(ArbR)* Einreichung der Bewerbungsunterlagen; **– de dessins et modèles** Gebrauchsmusteranmeldung; **– de garantie** Sicherheitsleistung.

**DÉPÔT | d'hôtellerie** *(SchuldR)* Einbringung von Sachen bei Gastwirten; **– judiciaire** *ou* **en justice** Hinterlegung bei Gericht, gerichtliche Verwahrung; **– légal** *(UrhR)* gesetzlich vorgeschriebene Hinterlegung von Pflichtexemplaren; **– d'une plainte** *(StR)* Erstattung einer Strafanzeige; **– d'une requête** Antragsstellung.

**DÉPOUILLEMENT** *m* • *(StR)* Beraubung *f* • *(VwR)* Aktendurchsicht *f*; **– du scrutin** Stimmenauszählung *f*.

**DÉPRÉCIATION** *f (Vwirt)* Wertminderung; Abnutzung.

**DÉPRÉDATION** *f* • Sachbeschädigung, *f* • *(BeamR)* Verschwendung im Amt, Veruntreuung • *(UmweltR)* Raubbau *m*.

**DÉPUTÉ** *m* Abgeordnete(r) *m*, Volksvertreter *m*; **siège de –** Abgeordnetensitz *m*.

**DÉRANGEMENT** *m* Ausfall *m*, Störung; **en –** außer Betrieb, gestört.

**DÉRÉGLEMENTATION** *f (Vwirt)* Deregulierung *f*, Liberalisierung.

**DÉRÉLICTION** *f (SachR)* Eigentumsaufgabe, Dereliktion.

**DÉRISOIRE** *adj* (ganz) geringfügig; minimal; **prix –** Spottpreis *m*.

**DÉROBER** stehlen, entwenden; **se – à une obligation** sich der Erfüllung einer Verpflichtung entziehen.

**DÉROGATION** *f* • Verstoß *m*; Beeinträchtigung • Ausnahme *f*, Ausnahmeregelung.

**DÉROGATOIRE** *adj* • rechtsmissbräuchlich • abweichend, derogatorisch, beschränkend; aufhebend.

**DÉROGER** *v.tr.ind.* • (gegen das Gesetz) verstoßen • abändern, eine Ausnahme machen, abweichen • beschränken, beeinträchtigen.

**DÉROULEMENT** *m* Verlauf *m*, Hergang *m*; **– des faits** *(StR)* Tathergang *m*.

**DÉSACCORD** *m* Meinungsverschiedenheit, Uneinigkeit.

**DÉSAFFECTATION** *f* • *(VwR)* Widmungsentziehung *f*, Entwidmung *f* • *(Betrieb)* Stillegung *f*.

**DÉSAPPROBATION** *f* Missbilligung *f*.

**DÉSARMEMENT** *m* • *(VR)* Entwaffnung *f*, Abrüstung *f* • *(SeeHR)* Abtakeln *n*.

**DÉSAVANTAGE** *m* Nachteil *m*, nachteilige Wirkung; Schaden *m*.

**DÉSAVEU** *m* • *(StR)* Widerruf *m* (des Geständnisses) • *(ZR)* Nichtanerkennung *f*, Bestreiten *n*.

**DÉSAVOUER** • *(StR)* be- *od.* abstreiten, widerrufen • *(ZR: Vertretungsmacht)* nicht anerkennen.

**DESCENDANCE** *f* • Nachkommenschaft *f* • *(filiation)* Abstammung.

**DESCENDANT** *m/adj* Abkömmling *m*, Deszendent *m*; **ligne –e** *(ErbR)* absteigende Linie.

**DESCENTE DE JUSTICE** *ou* **sur les lieux** *(StPR, ZPR)* Lokaltermin *m*, Lokalaugenschein *m*, Augenscheinnahme *f*, (richterlicher) Augenschein, Tatortbesichtigung *f*, Ortsbesichtigung.

**DÉSENDETTEMENT** *m* Entschuldung *f*, Schuldenabbau *m*.

**DÉSHÉRENCE** *f* erbenloser Nachlass *m*, Erbenlosigkeit; **tomber en –** dem Staat anheimfallen.

**DESIGN** *m (= esthétique industrielle moderne)* Design *n*, Entwurf formgerechter Industrieprodukte; Muster, Modell *n*.

**DÉSIGNATION** *f* Ernennung *f*, Bestellung *f*; Benennung, Bezeichnung.

**DÉSINTÉRESSEMENT** *m* Entschädigung, Abfindung.

**DÉSISTEMENT** *m* • *(ZR)* Verzicht *m* (auf ein Recht) • *(ZPR)* Verzicht auf den eingeklagten Anspruch, Klagerücknahme *f* • *(ÖfR)* Zurücktreten *n*; Zurückziehung einer Wahlkandidatur.

**DESSAISINE-SAISINE** *f (SachR)* Auflassung *f*.

**DESSAISIR : se – d'une chose** (über eine Sache) verfügen, sich (einer Sache) begeben.

**DESSAISISSEMENT** *m* • *(ZPR)* Beendigung des Prozessrechtsverhältnisses *od.* der Anhängigkeit eines Verfahrens (vor einem bestimmten Gericht) • *(SachR)* Aufgabe *f* des Besitzes (an einer Pfandsache) • *(InsolvenzR)* Entziehung der Vermögensverwaltung.

**DESSEIN** *m* Vorhaben *n*, Absicht *f*, Plan *m*; **à –** vorsätzlich, absichtlich.

**DESSIN** *m* Zeichnung *f*; Plan *m*; Muster *n*; **–s et modèles industriels** *(Wz)* Gebrauchs- u. Geschmacksmuster.

**DESSOUS** *m* **de table** • *(StR)* Schmiergelder *npl* • *(HR)* heimliche Draufgabe *f* (beim Vertragsabschluss).

**DESTINATAIRE** *m/adj* Empfänger *m*, Adressat *m* (der Willenserklärung).

**DESTINATION** *f* • Zweck *m*, Ziel *n*, (Zweck-)Bestimmung • Bestimmungsort *m*; Reiseziel *n*.

**DESTITUER** *v.tr.d.* absetzen, seines Amtes entheben, entlassen.

**DESTITUTION** *f (DiszR)* Entlassung *f*, Dienst- *od.* Amtsenthebung.

**DESTRUCTION** *f* Zerstörung *f*, Vernichtung; Sachbeschädigung; **– d'actes** Urkundenvernichtung.

**DÉSUÉTUDE** *f* Aufgabe *f* (durch Nichtanwendung), Ungültigwerden *n*.

**DÉTAIL** *m* • Einzelheit *f* • Verkauf im Einzelhandel; **commerce de –** • Einzel- *od.* Detailhandel • Einzelhandelsgeschäft; **prix de –** Einzelhandelspreis *m*.

**DÉTAILLANT** *m* Einzelhändler *m*.

**DÉTAXE** *f* Steuerermäßigung *f*, Gebührenerlass *m*.

**DÉTECTIVE privé** Privatdetektiv *m*, Detektivbüro *n*.

**DÉTENIR** *v.tr.d.* • innehaben, besitzen • *(StVZ)* die Freiheitsstrafe vollziehen *od.* vollstrecken.

**DÉTENTEUR** *m* (bloßer) Inhaber *m*; Fremdbesitzer; **– de la puissance publique** Träger *m* der öffentlichen Gewalt.

**DÉTENTION** *f* • *(SachR)* tatsächliche Sachherrschaft im Sinne der Innehabung • *(StVZ)* Haft *f*, Strafvollzug *m*; entehrende Freiheitsstrafe; **– arbitraire** widerrechtliche Inhaftierung; **– préventive** (Unterbringung in der) Sicherungsverwahrung *f*; **– provisoire** Untersuchungshaft *f*.

**DÉTENU** *m* Häftling *m*, Inhaftierte(r) *m*; **– politique** politischer Häftling.

**DÉTÉRIORATION** *f* Verschlechterung *f*, Wertminderung; Beschädigung *f*; Abnutzung; **– du pouvoir d'achat** Kaufkraftschwund *m*.

**DÉTERMINANT** *adj* entscheidend, maßgeblich; **motif –** Hauptursache *f*, Leitgedanke *m*.

**DÉTERMINATION** *f* Feststellung *f*; Festsetzung, Festlegung *f*, Bestimmung *f*; **– des bénéfices** Gewinnermittlung; **– des salaires** Lohnfindung.

**DÉTOURNEMENT** *m (StR)* Unterschlagung *f*; **– de fonds** Unterschlagung (von Geldern), Veruntreuung *f*; **– d'objets saisis** Verstrickungsbruch; Pfandkehr *f*; **– d'objets trouvés** Fundunterschlagung; **– de pouvoir** *(VwR)* Ermessensmissbrauch *m*.

**DÉTRESSE** *f* Notlage *f*.

**DÉTRIMENT** *m* Schaden *m*, Nachteil *m*; **au – de** auf Kosten des, zum Schaden von.

**DÉTRUIRE** *v.tr.d.* zerstören, vernichten.

**DETTE** *f* • *(ZR: obligation)* Schuld *f*, Verbindlichkeit, Verpflichtung des Schuldners • Geldschuld *f* • *pl* Passiva *npl*, Verbindlichkeiten *fpl*; **conversion de –** Umschuldung; **état des –s** Schuldenverzeichnis *n*; **reconnaissance de –** Schuldanerkenntnis *n*; Schuldschein *m*; **remise de –** Schuld(en)erlass *m*.

**DETTE | d'aliments** *(FamR)* Unterhaltsverpflichtung; **– alternative** *(ZR)* Wahlschuld; **– d'argent** Geldschuld; **– certaine** (bereits) feststehende u. bezifferbare Verbindlichkeit; **– comptable** Buchschuld; **– irrécouvrable** nicht beitreibbare Schuld; **– portable** *(SchuldR)* Bring- *od.* Schickschuld; **– publique** Staatsschuld; **– quérable** Holschuld; **– solidaire**

*(SchuldR)* Gesamtschuld, gesamtschuldnerische Haftung.

**DEVANT** *präp* **: acte passé par- – notaire** notarielle Urkunde.

**DÉVELOPPEMENT** *m* • Entwicklung *f* • *(meist pl)* Darlegung, Erörterung, ausführliche Abhandlung; **aide au –** Entwicklungshilfe.

**DÉVERSEMENT** *m* *(UmweltR)* Ablassen, Einführen; (im Meer) Verklappung.

**DEVIS** *m* Kostenvoranschlag *m*; **– de sinistre** Schadensaufstellung.

**DEVISE** *f* • *(nationale)* (Inlands)Währung *f* • *(meist pl)* Devisen *fpl*, Sorten *fpl*, fremde Währungen; Fremdwährung, Valuta *f*.

**DEVOIR** *v.tr.* • schulden • müssen, sollen • verdanken; **argent dû** geschuldete Geldbeträge.

**DEVOIR** *m* Pflicht *f*; Schuldigkeit; Aufgabe *f*; **manquement à un –** Pflichtverletzung *f*; **– d'assistance** *(FamR)* Beistands- *od.* Unterstützungspflicht, Fürsorgepflicht; **– de conseil** *(SchuldR, HR)* Beratungspflicht, Verpflichtung zur sachgemäßen Beratung und Information; **– de renseignement** *(SchuldR, HR)* Informationspflicht; **– de sincérité** Verpflichtung zur wahrheitsgemäßen Information.

**DÉVOLUTIF** *adj* **: effet –** *(PrzR)* Devolutiveffekt *m*, Übergang der ausschließlichen Entscheidungsbefugnis auf die Rechtsmittelinstanz.

**DIFFAMATION** *f* *(StR)* üble Nachrede, Diffamierung *f*.

**DIFFÉRENCE** *f* Unterschied *m*, Abweichung, Verschiedenheit; Differenz *f*, Rest *m*; Unterscheidungsmerkmal *n*.

**DIFFÉREND** *m* • *(PrzR)* Rechtsstreit *m* • *(i.w.S.)* Meinungsverschiedenheit *f*; Auseinandersetzung *f*.

**DIFFÉRER** • verschieben, aufschieben, zurückstellen • voneinander abweichen.

**DILAPIDATION** *f* Verschwendung *f*, Vergeudung *f*.

**DILATOIRE** *adj* verzögernd, Aufschub *m* bewirkend; **manœuvre –** *(PrzR)* Prozessverschleppung.

**DILIGENCE** *f* • *(ZR)* Sorgfalt *f* • *(PrzR)* gebotene Eile, erforderliche Sorgfalt; **à la – de** auf Betreiben von, auf Antrag von, im Verfahren *od.* Rechtsstreit gegen; **faire –** fristgerecht handeln, mit der gebotenen Eile vorgehen.

**DILIGENT** *adj* • sorgfältig • fleißig • rasch, mit der gebotenen Eile handelnd; **la partie –e** *(ZPR)* die antragstellende Partei.

**DILIGENTER** *(ZPR)* einen Antrag stellen, eine Prozesshandlung vornehmen.

**DIMINUTION** *f* Verringerung *f*, Senkung *f*; Minderung *f*, Verminderung *f*, Herabsetzung *f*; **action en –** *(ZPR)* Klage auf Minderung (des Kaufpreises).

**DIPLOMATIE** *f* • Diplomatie *f* • *fig* Verhandlungsgeschick.

**DIPLOMATIQUE** *f* Urkundenlehre *f*.

**DIPLOMATIQUE** *adj* *(VR)* **: agent –** Diplomat *m*; **corps –** diplomatisches Korps; **passeport –** Diplomatenpass; **valise –** Diplomatenpost *f*.

**DIPLÔME** *m* • amtliches Schriftstück *n*, Urkunde *f* • Zeugnis *n*.

**DIRE** • sagen, mitteilen, ausdrücken • behaupten, äußern • *(convenir)* vereinbaren, entscheiden • meinen, denken, glauben • *(rapporter)* mitteilen, vortragen.

**DIRE 1.** *m* • *(affirmation)* Vorbringen *n*, (Parteien-)Vortrag *m*; Erklärung *f*, Mitteilung *f*; Behauptung *f* • *(mémoire)* schriftliche Mitteilung, Schriftstück.

**DIRES 2.** *mpl* *(PrzR)* Angaben *pl*, das Vorbringen (tatsächlicher Art) der Parteien vor Gericht, Parteienvortrag *m*; **répéter ses –** seine Aussage bekräftigen.

**DIRECT** *adj* gerade, direkt, unmittelbar; **action –e** *(ZPR)* Klage gegen den Hersteller (im Rahmen der Produzentenhaftung).

**DIRECTEUR** *adj* **: principe –** oberster Grundsatz, Leitsatz *m*.

**DIRECTEUR** *m* • *(VwR)* (Dienststellen- *od.* Referats-)Leiter *m* • *(HR, GesR)* geschäftsführendes Organ, Direktor *m*; Vorstandsmitglied *n*; **– général** *(GesR)* Vorstandsvorsitzender, Generaldirektor; **– du personnel** Personalchef *m*; **– des ventes** Verkaufsleiter.

**DIRECTION** *f* • Richtung • *(HR, GesR)* Leitung *f*, Geschäftsleitung, Direktion *f*, Vorstand *m* • *(VwR)* Abteilung; **agent de –** leitender Angestellte(r); **cadres de –** Führungskräfte; **droit de –, pouvoir de –** *(VwR)* Weisungsbefugnis *f*; **– du procès** *(PrzR)* Prozessleitung.

**DIRECTIVE** *f* • *(ÖfR, EuR)* Richtlinie *f* • *(VwR, ArbR)* Weisung *f*, Anordnung, Direktive *f*; Verhaltensmaßregel *f*; Vorschrift *f*.

**DIRECTOIRE** *m* • *(GesR: société anonyme directoriale)* Vorstand *m*, geschäftsführendes Organ • *(VerfR)* Präsidium *n*, Direktorium, leitende Behörde; **membre du –** *(GesR)* Vorstandsmitglied *n*; **président du –** *(GesR)* Vorstandsvorsitzende(r) *m*.

**DIRIGEANT** *m* • leitender Direktor, Manager *m* • führendes Mitglied; **– politique** Parteiführer.

**DIRIGER** leiten, führen; **– un débat** eine Diskussion moderieren.

**DIRIMANT** *adj* • *(SchuldR)* ein unüberwindliches Hindernis für die Rechtsgültigkeit darstellend • *(PrzR)* aufhebend, ungültig machend.

**DISCERNEMENT** *m (ZR, StR)* Einsichts- *od.* Urteilsfähigkeit; **capable de –** einsichtsfähig.

**DISCIPLINAIRE** *adj* **: mesure –, sanction –** Disziplinarmaßnahme; **règlement –** Disziplinarordnung.

**DISCIPLINE** *f* • Disziplin *f*, Zuchtmittel *n* • *(BeamR)* Dienstpflichten *fpl*; Dienstordnung • Fachgebiet *n*, Fachrichtung *f*, Wissenszweig *m*; **manquement à la –** Disziplinarvergehen.

**DISCRÉDIT** *m* **: tomber en –** in Verruf geraten.

**DISCRÉTION** *f* Verschwiegenheit *f*, Zurückhaltung; **à la – du juge** *(ZPR)* im richterlichen Ermessen (liegen); **– professionnelle** • *(VwR)* Amtsverschwiegenheit • *(ArbR)* berufliche Schweigepflicht.

**DISCRÉTIONNAIRE** *adj* **: pouvoir –** • *(ZR)* Entscheidungsfreiheit • *(PrzR)* Ermessen des Gerichts • *(VwR)* freies Ermessen.

**DISCRIMINATION** *f* • Diskriminierung *f*, ungleiche Behandlung • *(ArbR)* berufliche Benachteiligung, Chancenungleichheit; **– raciale** Rassendiskriminierung; **– sexuelle** Ungleichbehandlung von Mann und Frau.

**DISCRIMINATOIRE** *adj* **: mesure –** Ungleichbehandlung.

**DISCULPATION** *f (StR)* Entlastung, Freispruch; Rechtfertigung.

**DISCUSSION** *f* • Aussprache *f*, Debatte *f*, Diskussion *f* • Abhandlung, Erörterung *f*; Unterredung *f* • Auseinandersetzung *f*, Streitgespräch *n*; **bénéfice de –** Einrede der Vorausklage.

**DISCUTER** erörtern, besprechen; bestreiten; **– le prix** über den Preis verhandeln.

**DISJONCTION** *f (ZPR)* Prozesstrennung.

**DISPARITÉ** *f* • Ungleichheit *f*, Missverhältnis *n* • *(prix)* Gefälle *n*, Preisdifferenz *f*.

**DISPARITION** *f (ZR)* Verschollenheit *f*, Vermisstsein *n*.

**DISPENSE** *f* Befreiung *f*, Erlass *m*; Ausnahmebewilligung *f*; **– d'âge** Befreiung vom Alterserfordernis; **– de peine** *(StVZ)* Straferlass *m*.

**DISPONIBILITÉ 1.** *f* • *(ZR)* (freie) Verfügbarkeit *f* • *(BeamR)* einstweiliger Ruhestand *m*.

**DISPONIBILITÉS 2.** *fpl* Liquiditätsausstattung *f*, flüssige Mittel.

**DISPONIBLE** *m* • lieferbare Ware(n) • verfügbare Mittel.

**DISPOSANT** *m* Verfügende(r) *m*.

**DISPOSER** verfügen; anordnen.

**DISPOSITIF** *m* • Vorrichtung *f*, Apparatur *f*; Anlage *f* • *(ZPR)* Spruch *m*, Formel *f*, Tenor *m*; **principe du –** *(ZPR)* Dispositionsmaxime *f*, Verfügungsgrundsatz *m*.

**DISPOSIT | IF** *adj* nachgiebig, dispositiv; **loi –ive** abdingbare Rechtsnorm, nachgiebiges Recht, Soll-Vorschrift; Kann-Bestimmung.

**DISPOSITION** *f* • Anordnung, Plan *m*, Gliederung, Verteilung • Anlage *f*, Veranlagung *f*, Neigung *f*, Hang *m* • *(ZR: aliénation)* Verfügung *f* (über) • *(clause d'un acte)* Maßnahme *f*, Bestimmung *f*, Vorschrift *f*; **acte de –** Verfügungsgeschäft; **– à cause de mort** Verfügung von Todes wegen; **– de fond** materiell-rechtliche Bestimmung; materielles Recht; **– de forme** Formvorschrift *od.* -erfordernis.

**DISPOSITION | impérative** Mussvorschrift *f*; **– légale** Gesetzesbestimmung; **– d'ordre public** unabdingbare Vorschrift; **– prohibitive** Verbotsnorm *f*; **– réglementaire** Dienstvorschrift *f*; Durchführungsbestimmung (zu einem Gesetz); **– supplétive** ergänzende Bestimmung; **– testamentaire** testamentarische Verfügung; **– à titre gratuit** unentgeltliche Zuwendung.

**DISSENSION** *f* Uneinigkeit *f*, Zwist *m*.

**DISSENTIMENT** *m* Meinungsverschiedenheit *f*, abweichende Meinung.

**DISSIMULATION** *f* • Verheimlichung *f*; Verschweigen *n* • Verstellung, Heuchelei • *(SteuerR)* Nichterfüllung von Erfassungspflichten.

**DISSIPATION** *f* • *(auch Energie)* Verschwendung • Zerstreutheit.

**DISSOLUBLE** *adj* auflösbar.

**DISSOLUTION** *f* Auflösung *f*, Aufhebung; **arrêté de –** Auflösungsbeschluss *m*; **– judiciaire** Auflösung durch Richterspruch.

**DISSUAS | IF** *adj* **: peine de mort –ive** abschreckende Wirkung der Todesstrafe.

**DISTINCT | IF** *adj* **: marque –ive** unterscheidungsfähiges Warenzeichen; **signe –if** • Kennzeichen *n*, Warenzeichen, Marke *f* • Unterscheidungsmerkmal *n*.

**DISTINCTION** *f* **: sans – d'âge ou de sexe** ohne Ansehen der Person; **– honorifique** Auszeichnung.

**DISTORSION** *f* **de la concurrence** Wettbewerbsverzerrung.

**DISTRACTION** *f* • *(InsolvenzR)* Aussonderung • *(inattention)* Zerstreutheit • *(StR)* Veruntreuung, Unterschlagung.

**DISTRIBUTEUR** *m* • *(HR)* Absatzmittler *m*, Zwischenhändler • Filmverleiher; **– automatique** (Warenverkaufs-)Automat *m*.

**DISTRIBUTION** *f* • *(HR)* Vertrieb, Absatz, Verkauf *m*; • (Film-)Verleih *m* • Einteilung *f*, Verteilung *f* • Versorgung *f* • (Post-)Zustellung *f*.

**DISTRICT** *m* • *(PrzR)* Gerichtsbezirk • *(ÖfR)* Verwaltungseinheit, Distrikt, Gebiet *n*, Bezirk *m* • *(VwR)* Zweckverband *m*; **– administratif** Verwaltungsbezirk *m*.

**DIVERTIR** *v.tr.d.* *(StR)* (Gelder) veruntreuen, unterschlagen.

**DIVIDENDE** *m* • *(GesR)* Dividende *f*, Gewinnanteil *m* • *(InsolvenzR)* anteilsmäßiger Betrag (des Insolvenzgläubigers); **répartition de –** Dividendenausschüttung.

**DIVISION** *f* • *(ZR)* (Auf-)Teilung • *(VwR)* Abteilung.

**DIVORCE** *m* • (Ehe-)Scheidung • *fig* Trennung *f*, Zerwürfnis *n*, Gegensatz *m*; **demande en –** Scheidungsantrag; **jugement de –** Scheidungsurteil *n*; **prononcer le –** die Scheidung aussprechen; **– par consentement mutuel** frz. Konventionalscheidung, einverständliche Scheidung; **– demandé par un époux et accepté par l'autre, – sur demande acceptée** Konventionalscheidung auf Antrag eines Ehegatten *u.* mit Zustimmung des anderen; **– sur demande conjointe** Konventionalscheidung auf gemeinsamen Antrag; **– pour faute** Scheidung wegen (schwerer) Eheverfehlungen; **– pour rupture de la vie**

**commune** Scheidung wegen unheilbarer Zerrüttung der Ehe; – **aux torts réciproques** Scheidung aus beiderseitigem Verschulden.

**DIVULGATION** *f* **: droit de –** *(UrhR)* (Erst-) Veröffentlichungsrecht (des Urhebers).

**DOCTRINE** *f* Rechtslehre *f*, Lehrmeinung *f*; Ideologie *f*, Doktrin *f*.

**DOCUMENT** *m* Urkunde *f*, Dokument *n*, Beweis- *od.* Schriftstück *n*; Beleg *m*; **accès aux –s administratifs** Einsichtsrecht (der Privatpersonen) in (durch die Behörden) über sie geführte Akten; **preuve par –** Urkundenbeweis *m*.

**DOCUMENT | annexe** Anhang *m*; **–s commerciaux** Geschäftspapiere; **– comptable** Buchungsbeleg; **– officiel** amtliche Urkunde; **– original** Original(urkunde).

**DOIT** *m (Buchf)* Soll *n*, Debet *n*, Passiva *fpl*; **– et avoir** Soll und Haben.

**DOL** *m* • *(StR)* Vorsatz *m* • *(SchuldR)* arglistige Täuschung, Arglist *f* • *(VertragsR)* vorsätzliche Pflichtverletzung; **– éventuel** *(StR)* bedingter Vorsatz.

**DOLOSI | F** *adj* **: manœuvres –ves** Vorspiegeln falscher Tatsachen, arglistige Täuschung.

**DOMAINE** *m* • *(SachR)* Grundbesitz *m*, Liegenschaft *f*, Gut *n*; Besitztum *n* • Sachgebiet *n*, Fach *n* • Zuständigkeitsbereich *m* • *(ÖfR)* Staatsgut *n*; **– d'application** Geltungsbereich, Anwendungsgebiet; **– – dans l'espace** örtlicher Anwendungsbereich; **– – dans le temps** zeitlicher Anwendungsbereich.

**DOMAINE public** *(VwR)* öffentliches Eigentum, Staatsgüter *pl*, öffentliche Sachen; **marque du – –** Freizeichen *n*; **tomber dans le – –** Erlöschen des Urheberrechts.

**DOMAN | IAL** *adj* **: biens –iaux** Staatsgüter *npl*; **forêt –iale** Staatsforst *m*.

**DOMICILE** *m* • *(ZR)* Wohnsitz *m* • Zahlungsort *m* (bei Wechseln); **élection de – •** *(ZPR)* Gerichtsstandsvereinbarung *f*, Zuständigkeitsvereinbarung • *(ZPR)* Benennung eines Zustellungsbevollmächtigten; Wahl einer Zustellungsanschrift; **perquisition à –** *(StR)* Hausdurchsuchung, Haussuchung; **violation de –** *(StR)* Hausfriedensbruch.

**DOMICILE conjugal** ehelicher Wohnsitz, Ehewohnung; **abandon du – –** Verletzung der Unterhaltspflicht.

**DOMICILE | élu •** *(ZPR)* vereinbarter Gerichtsstand • *(Notar, Anwalt)* Zustellungsanschrift *f* • *(Vertrag)* Erfüllungsort *m*; **– principal** Hauptwohnsitz.

**DOMICILIAIRE** *adj* **: perquisition –, visite –** Haussuchung *f*.

**DOMICILIATION** *f* • *(WechselR)* Zahlstellenvermerk, Domiziliierung • *(BankR)* Dauerauftrag *f*.

**DOMICILIÉ à** wohnhaft in.

**DOMMAGE** *m* • *(ZR)* Schaden *m*; Einbuße *f*, Nachteil *m*, Verlust *m* • *(SeeHR)* Havarie *f*; **auteur du –** Verursacher (eines Schadens), Schadensurheber *m*; **avis de –** *(VersR)* Schadensanzeige *f*; **réparation du –** Schadensersatzleistung; Schadensregulierung; **survenance d'un –** Schadenseintritt *m*; **victime du –** Geschädigte(r) *m*.

**DOMMAGE | aux biens** Sachschaden, Sachbeschädigung; **– causé par les attroupements** *(StR)* Demonstrations- *od.* Tumultschaden; **– consécutif** Folgeschaden, mittelbarer Schaden.

**DOMMAGE | corporel** Körperverletzung, Personenschaden; **– dérivé** Folgeschaden, mittelbarer Schaden; **– différé** Spätschaden; **– direct** unmittelbarer Schaden; **– extrapatrimonial** Nichtvermögensschaden; **– immatériel (pur)** reiner Vermögensschaden; **– indirect** mittelbarer Schaden; **– intégral** Totalschaden.

**DOMMAGE | matériel** Vermögensschaden, Sachschaden; **– matériel indirect** Sachfolgeschaden; **– moral** Nichtvermögensschaden, ideeller *od* immaterieller Schaden.

**DOMMAGE | partiel** Teilschaden; **– patrimonial** Vermögensschaden; **– pécuniaire** finanzielle Einbuße; **– aux personnes** Personenschaden; **– réparable** erstattungsfähiger Schaden; **– résultant d'un accident** Unfallschaden; **– par ricochet** mittelbarer Schaden; **– aux tiers** Drittschaden.

**DOMMAGES-INTÉRÊTS, dommages et intérêts** *mpl* Schaden(s)ersatz *m*, Entschädigung *f*; **action en – –** Schadensersatzklage *f*; **droit à – –** Schadenersatzanspruch *m*.

**DOMMAGEABLE** *adj* (einen Schaden) verursachend, schädigend.

**DON** *m (ZR)* unentgeltliche Zuwendung, Schenkung *f*; Spende *f*; **– en argent** Geldspende; **– entre vifs** Schenkung unter Lebenden; **– du sang** Blutspende.

**DONATAIRE** *m* Beschenkte(r) *m*, Schenkungsempfänger *m*.

**DONATEUR** *m* Schenker, Geschenkgeber *m*, Zuwendende(r) *m*; Spender *m* (a. Organe u. Blut).

**DONATION** *f (ZR)* Schenkungs(vertrag); unentgeltliche Zuwendung; **acte de –** Schenkungsurkunde *f*.

**DONATION | avec charge** Schenkung unter Auflage; **– déguisée** verdeckte Schenkung; **– indirecte** Schuldenerlass *od.* sonstige Zuwendung mit Schenkungscharakter; **– manuelle** Handschenkung; **– onéreuse** Schenkung unter einer Auflage.

**DONNÉES** *fpl* Daten *npl*, Werte *mpl*, Ziffern *fpl;* Sachverhalt *m,* Sachlage; **– statistiques** statistische Angaben.

**DONNER** *v.tr.d.* • *(remettre)* geben, übergeben • (ver)schenken • *(accorder)* zuteilen; **– carte blanche** freie Hand lassen; **– congé** entlassen, kündigen; **– sa démission** seinen Rücktritt erklären; **– en gage** verpfänden; **– lecture** verlesen; **– pouvoir** Vollmacht erteilen; **– le quitus** entlasten.

**DONNEUR** *m* Geber *m*; Spender *m*.

**DOSSIER** *m* Akte *f*, Unterlagen *pl,* Schrift- *od.* Aktenstück *n*, Vorgang *m*, Fall *m*; **communication du –** Akteneinsicht; Aktenweiterleitung; **frais de –** Bearbeitungsgebühr *f*; **mention au –** Aktenvermerk; **numéro du –** Aktenzeichen *n*.

**DOSSIER | de candidature** Bewerbungsunterlagen *fpl*; **– individuel, – personnel** Personalakte *f*.

**DOT** *f (ZR)* Ausstattung, Mitgift *f*.

**DOTATION** *f* • *(ZR)* Ausstattung *f*, Dotation, Dotierung • *(HaushR)* Mittelzuweisung • *(BW)* Kapitalausstattung • *(VerfR)* zugewiesene Einkünfte.

**DOUANE** *f* • Zollamt *n*, Zollbehörde *od.* -dienststelle, Zoll *m* • Zollgebühr *f*, Zollabgabe *f*; **bureau de –** Zolldienststelle, Zollamt *n*; **déclaration en –** Zollanmeldung; **droit de –** Zoll *m*; **entrepôt de –** Zolllager *n*; **franchise de –** Zollbefreiung; **inspection de la –** Zollfahndungsdienst; **visite de la –** Zollbeschau *f*.

**DOUA | NIER** *m/adj* Zöllner *m*, Zollbeamte(r); **tarif –nier** Zolltarif *m*; **union –ière** Zollunion.

**DOUBLE** *m* • *(Urkunde)* Zweitausfertigung *f*, Abschrift *f* • *(Kunstwerk)* Replik *f*, Nachbildung.

**DOUBLE | imposition** Doppelbesteuerung *f*; **– nationalité** Doppelstaatsangehörigkeit; Doppelstaater.

**DOULEUR** *f* **: prix de la –** Schmerzensgeld *n*.

**DOUTE** *m* Zweifel *m*; Verdacht *m*; Bedenken *n*, Besorgnis *f*; **bénéfice du –** *(StPR)* Grundsatz, dass der Angeklagte bis zum Beweis des Gegenteils als unschuldig gilt; mangels Beweises, in dubio pro reo.

**DRACON | IEN** *adj* **: mesure –ienne** harte, radikale Maßnahme.

**DRAPEAU** *m* Fahne *f*; **appeler sous les –x** *(MilR)* einberufen; **– tricolore** Trikolore *f*, frz. Nationalflagge.

**DRESSER | un acte** beurkunden, eine Urkunde ausfertigen; **– le**

**bilan** eine Bilanz aufstellen; **– un inventaire** ein Inventar errichten; **– un procès verbal** • ein Protokoll aufnehmen • *(StVR)* eine Geldbuße verhängen, ein Bußgeld festsetzen.

**DROIT** *m* • *(règles de la vie sociale)* Recht *n,* Rechtsnorm *f,* Rechtssatz *m;* Rechtsordnung *f,* Recht im objektiven Sinne • *(prétention)* (Rechts-)Anspruch *m,* Forderung *f,* Befugnis *f,* Berechtigung *f,* subjektives Recht • *(privilège)* Vorrecht *n,* Privileg *n* • *(contribution)* Gebühr *f,* Abgabe *f* • Rechtswissenschaft *f;* **accorder un –** ein Recht gewähren; **acquitter un –** eine Gebühr entrichten; **alléguer un –** ein Recht geltend machen; **avoir – à** Anspruch haben auf; **avoir le – de** das Recht haben, etwas zu fordern; **conférer un – à qqn.** jmdm. ein Recht einräumen; **conforme au –** gesetzmäßig.

**DROIT : être en – de** berechtigt sein; **exercer un – en justice** einen Anspruch gerichtlich geltend machen; **faire – à une requête** einem Antrag stattgeben; **faire valoir un –** einen Anspruch geltend machen; **jouir d'un –** ein Recht innehaben.

**DROIT : revendiquer un –** eine Forderung geltend machen; **sauvegarder ses –s** seine Rechte wahren; **statuer en –** gemäß den geltenden Rechtsvorschriften entscheiden; **tous –s réservés** alle Rechte vorbehalten.

**DROIT | absolu** *(SachR)* absolutes Recht; **– accessoire** Nebenrecht; **– acquis de bonne foi** gutgläubig erworbenes Recht.

**DROIT | administratif** Verwaltungsrecht; **– des affaires** Wirtschaftsrecht; **– d'agir en justice** Klagebefugnis *f,* aktive Prozessfähigkeit; **– applicable** anwendbares Recht.

**DROIT | d'asile** Asylrecht; **– d'association** *(VerfR)* Vereinsfreiheit; **– des assurances sociales** Sozialversicherungsrecht; **– attaché à la personne** höchstpersönliches Recht.

**DROIT(S) d'auteur** • *(UrhR)* Urheberrecht *n;* geschützte Inteessen des Urhebers; Verwertungsrecht; Urheberpersönlichkeitsrecht • *(UrhR: redevances)* Vergütung *od.* Honorar (des Verfassers für die Verwertung seines Werkes); **loi sur les – –** Urheberrechtsgesetz *n;* **protection internationale des – –** Copyright *n,* ©-Vermerk.

**DROIT | des biens** Sachenrecht; **– des brevets** Patentrecht; **– budgétaire** Haushaltsrecht; **– cambiaire** Wechselrecht; **– cessible** abtretbares Recht; **–s du citoyen** Bürgerrechte.

**DROIT | civil** bürgerliches Recht, Zivilrecht; **–s civiques** Bürgerrechte; **– coercitif** Zwangsmaßregeln; **– de cogestion** Mitbestimmungsrecht.

**DROIT | commun** • bürgerliches Recht (im Gegensatz zum Handelsrecht) • *(i.w.S.)* das anwendbare Recht; **– communautaire dérivé** sekundäres Gemeinschaftsrecht, Folgerecht; **– communautaire originaire** primäres Gemeinschaftsrecht.

**DROIT | de communication** • *(VwR)* Recht auf Einsichtnahme (in eine Akte) • Auskunfts- und Mitteilungspflicht (des Steuerpflichtigen) gegenüber der Finanzverwaltung; **– comparé** Rechtsvergleichung; **– de la consommation** Verbraucherschutzrecht.

**DROIT | constitutionnel** Verfassungsrecht, Staatsrecht; **– de contrôle** *(VwR)* Aufsichtsrecht; **– de correction** *(SchulR)* Züchtigungsrecht; **– en cours de formation** Anwartschaft *f;* **– coutumier** Gewohnheitsrecht.

**DROIT | de créance** Forderungsrecht, Anspruch, Schuldrecht; **– de désignation** • Ernennungsrecht • *(GesR)* Recht, Vertreter in den Aufsichtsrat zu entsenden; **– de diffusion** *(UrhR)* Senderecht; Verbreitungsrecht; **– de direction**

*(ArbR)* Weisungsbefugnis; – **disciplinaire** *(BeamR)* Dienststrafrecht; – **dispositif** nachgiebiges Recht.

**DROIT | écrit** geschriebenes Recht, Gesetzesrecht; – **d'éducation** Erziehungsrecht; – **électoral** • (objektives) Wahlrecht • Recht zu wählen, subjektives Wahlrecht; – **d'éligibilité** Wählbarkeit, passives Wahlrecht; – **de l'entreprise** (Betriebs-) Wirtschaftsrecht; – **de l'espace** Weltraumrecht.

**DROIT | d'ester en justice** *(PrzR)* Klagebefugnis; Recht, vor Gericht zu stehen; Prozessfähigkeit; – **des étrangers** Ausländerrecht; – **d'être entendu (par un juge)** Anspruch auf rechtliches Gehör; – **exclusif** ausschließliches Recht; – **d'exercer une profession** • *(ArbR)* Recht zur Berufsausübung • *(WirtR)* Gewerbeberechtigung; – **extrapatrimonial** Immaterialgüterrecht.

**DROIT | de la famille** Familienrecht; – **des finances publiques** Haushaltsrecht; – **fiscal** Steuerrecht; – **de la fonction publique** Recht des öffentlichen Dienstes; – **en formation** Anwartschaft.

**DROIT | de gage** Pfandrecht; – – **du bailleur** *(ZR)* Vermieterpfandrecht.

**DROIT | à garantie** Gewährleistungsanspruch *m*; – **de garde** • Verwahrungsgebühr • *(FamR)* Sorgerecht; – **des gens** Völkerrecht; – **de grève** Streikrecht.

**DROIT | d'hérédité** Erbrecht (im subjektiven Sinne); **–s de l'homme** Menschenrechte *npl*; – **impératif** zwingendes Recht; – **inaliénable** *(ZR)* unveräußerliches Recht; – **incorporel** Immaterialgüterrecht; – **à indemnisation** Ersatzanspruch.

**DROIT(S) | intellectuel(s)** Immaterialgüterrechte; Recht am eingerichteten Gewerbebetrieb; Rechte der Urheber u. Erfinder an ihren Werken u. Erfindungen, Urheberrechte u. verwandte Schutzrechte; – **international** privé internationales Privatrecht; – international public Völkerrecht.

**DROIT | interne** innerstaatliche Normen; – **d'invention** Erfinderrecht; – **de jouissance** *(SachR)* Nutzungsrecht, persönliche Dienstbarkeit; – **judiciaire** • Gerichtsverfassungsrecht • Zivilprozessrecht.

**DROIT | maritime** Seehandelsrecht; **–matrimonial** Eherecht; – **mobilier** dingliches Recht an einer beweglichen Sache, Mobiliargüterrecht.

**DROIT | moral** immaterielles Recht; – **moral de l'auteur** *(UrhR)* Urheberpersönlichkeitsrecht, geistiges Urheberrecht (im Gegensatz zu den abtretbaren Urheberrechten).

**DROIT | national** innerstaatliches Recht; – **de la nationalité** Staatsangehörigkeitsrecht; – **naturel** Naturrecht; – **au nom** Namensrecht; – **non écrit** ungeschriebenes Recht; – **non impératif** nachgiebiges *od.* dispositives Recht.

**DROIT | objectif** objektives Recht, Rechtsordnung; – **des obligations** Schuldrecht, Obligationenrecht; – **à part réservataire** *(ErbR)* Pflichtteilsanspruch; – **patrimonial** Vermögensrecht, geldwertes Recht.

**DROIT pénal** Strafrecht; – – **économique** Wirtschaftsstrafrecht; – – **général** allgemeiner Teil des Strafrechts; – – **spécial** besonderer Teil des Strafrechts.

**DROIT | pénitentiaire** Strafvollzugsrecht; **–s de la personnalité** Persönlichkeitsrechte; – **personnel** • *(droit de créance)* Anspruch, Forderungsrecht • *(objectif)* Schuldrecht; – **positif** positives *od.* gesetztes Recht; – **de poursuite** • *(EUR)* Folgerecht (der Polizei) • *(SeeHR)* Recht der Nacheile.

**DROIT | de préemption** Vorkaufsrecht; – **prétorien** *(PrzR)* Richterrecht; – **de priorité** • Vorrecht *(StVR)* Vorfahrtsrecht,

Vorfahrt; – **privatif** ausschließliches Recht.

**DROIT | privé** Privatrecht; – **procédural** Verfahrensrecht; – **processuel** allg. Grundsätze des Prozessrechts; – **de propriété** Eigentumsrecht; – **de propriété industrielle** Recht des gewerblichen Eigentums.

**DROIT | public** öffentliches Recht, Staatsrecht; – **de recours** • Regressanspruch • Klagebefugnis.

**DROIT(S) | réel(s)** • Sachenrecht (als Oberbegriff) • dingliches Recht; – **réel accessoire** akzessorisches dingliches Recht (zur Sicherung einer Forderung); – **réel immobilier** Immobiliarsachenrecht; – **de réformation** Abänderungsbefugnis.

**DROIT | de repentir** • *(ZR, HR)* Rücktrittsrecht • *(UrhR)* Rückrufsrecht; – **de réponse** *(PresseR)* Anspruch auf Gegendarstellung; – **de reproduction** • *(UrhR: i.w.S.)* Verwertungsrecht • *(UrhR: i.e.S.)* Vervielfältigungsrecht; – **de la responsabilité (civile)** Haftungsrecht; Haftpflichtrecht; – **de rétention** Zurückbehaltungsrecht; – **de réunion** Versammlungsrecht; – **de la sécurité sociale** Sozialversicherungsrecht; – **social** Sozialrecht; – **des sociétés** Gesellschaftsrecht.

**DROIT | subjectif** subjektives Recht; – **de(s) succession(s)** Erbrecht; – **de suite** *(SachR, UrhR)* Folgerecht; Recht, die Sache (an der ein Recht des Betroffenen besteht) von jedem Dritten herauszuverlangen; – **supplétif** ergänzendes *od.* subsidiäres Recht; – **syndical** • *(i.w.S.)* Berufsverbands-recht • *(i.e.S.)* Koalitionsrecht.

**DROIT | de tester** *(ErbR)* Testierfreiheit; – **au travail** Recht auf Arbeit; – **du travail** Arbeitsrecht; – **en vigueur** geltendes Recht; – **de visite** • *(FamR)* Besuchsrecht • *(StR)* Durchsuchungsrecht; – **de vote** Wahlrecht.

**DÛ** *m* Schuld *f*, geschuldeter Betrag *m*, Forderung; **payer son –** seine Schulden begleichen.

**DÛMENT** *adv* ordnungsgemäß, wie vorgeschrieben, gesetzgemäß.

**DUPLICATA** *m* Zweitausfertigung *f*, Abschrift *f*, Zweitschrift; – **de la lettre de voiture** Frachtbriefdoppel *n*.

**DURÉE** *f* Dauer *f*, Fortdauer; Zeit *f*, Laufzeit; **de – limitée** befristet; **contrat à – déterminée** befristeter Vertrag; **contrat à – indéterminée** Dauerschuldverhältnis, unbefristeter Vertrag.

**DURÉE | d'affiliation** *(SozVers)* Dauer der Mitgliedschaft; – **du délai-congé** *(ArbR)* Kündigungsfrist; – **des fonctions** Amtszeit; – **de validité** Geltungsdauer; – **de vie d'un produit** Produktlebensdauer.

**DURETÉ** *f* : **clause de –** Härteklausel *f*.

## E

**EAUX** *fpl* Gewässer *n*; **cours d'–** Wasserstraßen *fpl*; – **et forêts** *(VwR: Service)* frz. staatliche Forst- und Wasserverwaltung; – **libres** *(VR: haute mer)* Hohe See *f*; – **territoriales** *(VR)* Territorial- *od.* Küstengewässer *n*; Hoheitsgewässer *n*; – **usées** Abwasser *n*, Schmutzwasser *n*.

**ÉBRIÉTÉ** *f* : **conduite en état d'** – Trunkenheit *f* am Steuer.

**ÉCHANGE** *m* • Tausch *m*; Tauschgeschäft *n* • Austausch, Umtausch; **libre –** *(Außh)* Freihandel *m*.

**ÉCHANGES | économiques** Wirtschaftsverkehr *m*; – **extérieurs** Außenhandel *m*.

**ÉCHANTILLON** *m* • *(HR)* Warenprobe *f*, Prüfstück *n*, Muster *n* • *(Statistik)* Stichprobe *f*; – **commercial** Handelsmuster; – **gratuit** Gratisprobe, Ansichtsmuster; – **sans valeur commerciale** Muster ohne Handelswert.

**ÉCHÉANCE** *f* • Fälligkeit *f*, Fälligkeitstag *m* einer Verbindlichkeit, Fristablauf *m* • Verfallzeit *f*, Verfalltag *m*; **à brève** – kurzfristig, demnächst; **à l'** – bei Fälligkeit, nach Fristablauf; **date d'** – Fälligkeitstag *m*, Verfalltag; **jour d'** – Zahltag, Verfalltag; – **du contrat** Vertragsablauf *m*, Vertragsende *n*; – **du délai** Fristablauf *m*.

**ÉCHÉANCIER** *m* Terminkalender *m*; Fälligkeitsverzeichnis *n*.

**ÉCHÉANT** *adj* **: le cas** – gegebenenfalls; im Falle, dass; eventuell.

**ÉCHELLE** *f* Stufenleiter, Rangordnung *f*; Skala *f*, Skalenteilung *f*; Maßstab *m*; – **hiérarchique** *(BeamR)* Rangordnung *f*, Hierarchie *f*; – **mobile des salaires** gleitende Lohnskala; – **des peines** Abstufung *f* der Strafen, Strafrahmen *m*; – **des prix** Preisgefüge *n*.

**ÉCHELON** *m* • Stufe *f*, Gruppe *f* • *(BeamR)* Dienstgrad.

**ÉCHELONNÉ** *adj* **: paiement** – Ratenzahlung.

**ÉCHEVIN** *m (PrzR)* frz. ehrenamtlicher Richter, Laienrichter *m* (der frz. Arbeits-, Handels- und Sozialgerichte erster Instanz).

**ÉCHOIR** *v.intr. (arriver à échéance)* fällig werden, fällig (sein).

**ÉCHU** *adj* fällig; abgelaufen, verfallen; **délai** – abgelaufene Frist.

**ÉCOLE** *f* Schule *f*, (Lehr-)Anstalt *f*; **les grandes –s** frz. Eliteschulen (für Führungskräfte in Politik, Wirtschaft u. Verwaltung); – **nationale d'administration** (= ENA) frz. Hochschule für Beamte des höheren Dienstes; – **nationale de la magistrature** (= E.N.M.) frz. Hochschule für das Richteramt; – **polytechnique** (= L'X) frz. Ingenieurhochschule; – **supérieure de commerce** (= ESC) Wirtschaftshochschule.

**ÉCONOME** *adj* sparsam, wirtschaftlich.

**ÉCONOMIE** *f* • *(Vwirt)* Wirtschaft *f*, Wirtschaftssystem *n*; Wirtschaftswissenschaft *f* • Sparsamkeit *f*, Einsparung *f*; Wirtschaftlichkeit *f*, Effizienz *f* • Ersparnisse *fpl*, Spargroschen *m*, Sparguthaben *n*.

**ÉCONOMIE | générale** Volkswirtschaftslehre *f*; – **globale** weltweite Verflechtung der Wirtschaft, Globalisierung *f*; – **libérale** liberale Marktwirtschaft; – **de libre concurrence** freie Verkehrswirtschaft; – **de marché** Marktwirtschaft, Verkehrswirtschaft; – **nationale** Volkswirtschaft, Nationalökonomie *f*; – **parallèle** Schattenwirtschaft; – **politique** Volkswirtschaftslehre, Nationalökonomie; – **privée** Privatwirtschaft; – **souterraine** Schattenwirtschaft.

**ÉCONOMIQUE** *adj* wirtschaftlich, Wirtschafts-; preiswert; kostengünstig; **agent** – Wirtschaftssubjekt *n*; **agrégats –s** (wirtschaftliche) Gesamtgrößen *fpl*, Globalgrößen; **bien** – Wirtschaftsgut *n*, Ware *f*.

**ÉCONOMIQUEMENT FAIBLE** *(SozR)* Bedürftige(r), Sozialhilfeempfänger.

**ÉCONOMISER** *v.tr.d.* sparen, einsparen.

**ÉCONOMISTE** *m* • Volkswirt *m* • Wirtschaftswissenschaftler *m*.

**ÉCOULEMENT** *m* • *(délai)* Ablauf *m* • *(marchandises)* Absatz *m*, Vertrieb *m*, Umsatz *m*; – **du délai** Fristablauf.

**ÉCRIT** *m* • Schriftstück *n*, Schriftsatz *m* • öffentliche Urkunde; Privaturkunde, die eine Schriftform erfordert; **preuve par** – Urkundenbeweis *m*; – **privé** privates Schriftstück *n*, Privaturkunde *f*; – **probatoire** Beweisurkunde *f*; – **sous seing privé** privatschriftliche Urkunde.

**ÉCRIT** *adj* **: conclusions –es** *(PrzR)* Schriftsatz *m*, schriftlich fixierte Anträge.

**ÉCRITURE 1.** *f* • *(Buchf)* Buchung *f*, Buchungsvorgang *m* • Handschrift *f* • *(ZPR)* schriftlich fixiertes Beweismittel, (Beweis-) Urkunde *f*; **– comptable** Buchung *f*; **– au crédit** Gutschrift *f*; **– au débit** Lastschrift.

**ÉCRITURES 2.** *fpl* • *(HR)* kaufmännische Buchführung • *(ZPR)* Prozessakten *fpl*, Schriftsätze *mpl*; **faux en –** Urkundenfälschung.

**ÉCROU** *m (StR)* Protokoll *n* über die Häftlingseinlieferung (in die Strafanstalt); **levée d'–** • Haftaufhebung *f* • Haftentlassungsprotokoll *n*, Entlassungsverfügung *f*; **ordre d'–** *(StPR)* Haftbefehl *m*.

**ÉCROUER** *v.tr.d.* inhaftieren.

**ÉDICTER** *v.tr.d.* erlassen, anordnen.

**ÉDIFICE** *m* Bauwerk *n*; **– du culte** Gotteshaus *n*, Kirchengebäude *n*, Kirche *f*.

**ÉDITER** herausgeben, veröffentlichen.

**ÉDITEUR** *m* Herausgeber *m*, Verleger *m*; Verlag *m*.

**ÉDITION** *f* • Ausgabe *f*; Auflage *f*; Edition *f*; Neuherausgabe *f* • Verlagswesen *n* • *(UrhR)* Wiedergabe und Verbreitung eines Werks; **contrat d'–** *(UrhR)* Verlagsvertrag *m*; **maison d'–** Verlag *m*.

**ÉDUCATEUR** *m* Erzieher *m*; **– spécialisé** Sozialarbeiter *m*.

**ÉDUCATION** *f* • Erziehung *f*, Bildung *f* • Schulwesen *n*; **congé d'–** (Fort-)Bildungsurlaub *m*; **– nationale** staatliches frz. Erziehungs- *od.* Schulwesen; **– permanente** Fortbildung *f*.

**EFFECTIF** *m* • *(BW: souvent pl.)* Belegschaft *f*, Belegschaftsstärke *f*, Beschäftigtenzahl *f* • *(VwR, HR)* Personal *n*, Personalbestand *m*.

**EFFET 1.** • (Rechts-)Wirkung *f*, Auswirkung *f*, Effekt *m*, Erfolg *m* • Inkrafttreten *n*, Wirksamkeit *f* • *(à l'effet de)* Ziel *n*, Zweck *m* • *(WirtR: titre, valeur)* Wertpapier *n*; Wechsel *m*; **– dévolutif** • *(PrzR)* Devolutiveffekt (eines Rechtsmittelverfahrens) • *(ErbR)* Rechtsübergang *m* des Nachlasses auf den Erben; **– domicilié** Domizilwechsel, Zahlstellenwechsel; **– de droit** Rechtswirkung.

**EFFET | immédiat** sofortige Wirkung; **– inter partes** *(ZPR)* Wirkung zwischen den (Prozess-) Parteien; **– libératoire** *(ZR)* befreiende Wirkung (der Leistung).

**EFFET | relatif** • *(ZR)* Rechtswirkung zwischen den Vertragsparteien • *(ZPR)* Wirkung zwischen den Prozessparteien; **– résolutoire** auflösende Wirkung; **– rétroactif** Rückwirkung, rückwirkende Kraft; **– suspensif** aufschiebende Wirkung, Suspensiveffekt (eines Rechtsmittels).

**EFFETS 2.** *mpl (BankR)* Effekten *mpl*, Wertpapiere *npl*; **– publics** Staatsschuldverschreibungen *fpl*, Rentenpapiere *npl*.

**EFFICACITÉ** *f* Leistungs(fähigkeit) *f*, Wirksamkeit; **– juridique** Rechtswirksamkeit.

**EFFRACTION** *f (StR)* Aufbrechen (eines Schlosses); **vol avec –** Einbruchsdiebstahl *m*.

**ÉGALITÉ** *f* • Gleichheit *f* • Gleichberechtigung *f*; **– devant la loi** Gleichheit vor dem Gesetz; **– de droits** • *(ZR)* Gleichberechtigung • *(ArbR)* Gleichbehandlung von Mann u. Frau (am Arbeitsplatz).

**ÉLARGISSEMENT** *m* • Erweiterung *f*, Ausweitung • *(StPR)* Entlassung eines Strafgefangenen (aus der Haft), Freilassung; **– de l'union européenne** Erweiterung der EU.

**ÉLECTEUR** *m* Wähler *m*, Wahlberechtigte(r) *m*, Stimmberechtigter *m*; **carte d'–** Wahlkarte *f*.

**ÉLECTION 1.** *f* Wahl *f*, Abstimmung; **mode d'–** Wahlmodus *m*.

**ÉLECTION DE DOMICILE** • *(ZPR)* Gerichtsstandsvereinbarung *f*, Zuständigkeitsvereinbarung, Prorogation *f*, Begründung eines Gerichtsstandes • *(ZPR, ZR)* Benennung eines Zustellungsbevollmächtigten, Angabe einer Zustellungsanschrift.

**ÉLECTIONS 2.** *fpl* öffentliche Wahlen; **– anticipées** vorgezogene Wahlen; **– cantonales** Wahl zur Bestimmung der Departementräte; **– communales** Gemeinde- u. Stadtratswahl; **– législatives** Wahl zur Bestimmung der Mitglieder der frz. Nationalversammlung; **– municipales** Gemeinderatswahl; **– présidentielles** Präsidentschaftswahlen.

**ÉLECTORAL** *adj* **: campagne –e** Wahlkampf *m*; **circonscription –e** Wahlkreis *m*; **scrutateur –** Wahl-helfer.

**ÉLECTORAT** *m* • Wählerschaft *f*, Wähler *mpl* • (aktives) Wahlrecht *n*, Wahlberechtigung *f*; **– fluctuant** Wechselwähler.

**ÉLECTRONIQUE** *adj* **: monnaie –** digitales Geld, elektronische Geldbörse, E-Money.

**ÉLÉMENT** *m* • *(critère spécifique)* Tatbestandsmerkmal *n*, Kennzeichen *n*, Kriterium *n* • *(AllgSpr)* Element *n*, Grundbestandteil *m*; Bauteil *m/n*; **– d'actif** *(Buchf)* Aktivposten *m*.

**ÉLIGIBILITÉ** *f* Wählbarkeit *f*, passives Wahlrecht *n*.

**ÉLIMINATION** *f* Beseitigung *f*, Ausschaltung, Abschaffung.

**ÉLIRE DOMICILE** *(ZPR)* eine Zustellungsanschrift (für Prozessurkunden) wählen.

**ÉLU** *m* • *(au parlement)* Abgeordnete(r), Volksvertreter *m* • *(au conseil munipal)* Stadtrat, Gemeinderatsmitglied *n*.

**ÉLYSÉE** • *(VerfR: Palais de l'–)* Sitz *m* des Präsidenten der Republik in Paris • *(fig.)* Präsident der Republik (Frankreich), frz. Staatsoberhaupt *n*.

**ÉMANCIPATION** *f* • *(ZR)* Volljährigkeitserklärung *f* • *(Pol)* Befreiung *f*; Emanzipation.

**ÉMARGEMENT** *m* • Abzeichnungsvermerk *m*; Unterschrift *f* am Rande der Urkunde • *(PrzR)* Anbringung eines Namenszeichens (am Rande einer Urkunde).

**EMBALLAGE** *m* Verpackung *f*, Aufmachung *f*; **– consigné** (rücksendungspflichtiges) Leergut *n*; **– d'origine** Originalverpackung; **– perdu** Einwegpackung.

**EMBARGO** *m* • *(VR)* Beschlagnahme fremden Eigentums • *(Außh)* staatliches Waren- u. Kapitalausfuhrverbot *n*; Embargo *n*.

**EMBAUCHAGE** *m*, **embauche** *f* Einstellung *f* (von Arbeitnehmern), Anstellung *f*, Einstellen *n*; **examen médical d'–** (ärztliche) Einstellungsuntersuchung.

**EMBLÈME** *m* • *(Pol, HR)* Sinnbild *m*, Symbol *n*; Wahrzeichen *n*; Wappen *n* • *(VerfR)* Trikolore *f*, frz. staatliches Hoheitszeichen *n*.

**ÉMETTEUR** *m* et *adj* • *(poste émetteur)* (Radio-, Fernseh-) Sender *m* • *(WechselR)* Aussteller *m*.

**ÉMEUTE** *f* Aufruhr *m*, Aufstand *m*.

**ÉMIGRANT** *m* Auswanderer *m*, Emigrant *m*, Flüchtling.

**ÉMIGRATION** *f* Auswanderung *f*.

**ÉMISSION** *f* • *(BankR)* Ausgabe *f*, Begebung *f*, Herausgabe *f*, Emission *f* • *(MedienR)* Sendung *f* • *(UmweltR)* Immission, schädliche Umwelteinwirkung; **banque d'–** Notenbank *f*.

**ÉMOLUMENT 1.** *m* • *(ErbR)* Erbteil *m* • *(PrzR)* (Gerichtsvollzieher-, Anwalts-)Gebühren *fpl*.

**ÉMOLUMENTS 2.** *mpl* • *(BeamR)* (Dienst-)Bezüge *pl* • *(PrzR)* Gebühren *pl*, tarifmäßige Vergütung • *(PrzR: avocats)* Anwaltsvergütung; Honorar *n*.

**EMPÊCHEMENT** *m* • *(ZR)* Hindernis *n*, Hemmnis *n* • *(ÖfR)* (Amts-) Verhinderung *f*; **– à mariage** Ehehindernis.

**EMPHYTÉOSE** *f* • *(SachR)* dingliches Nutzungsrecht (an einem fremden Grundstück für 18 bis 99 Jahre) • *(LandwR)* Erbpacht *f*.

**EMPHYTÉOTIQUE** *adj* **: bail –** (langfristiger) Nutzungsvertrag.

**EMPIÈTEMENT** *m* • *(SachR)* Beeinträchtigung *f* fremden Eigentums • *(ÖfR)* Eingriff *m* (in einen geschützten Rechtsbereich), Übergriff.

**EMPLOI** *m* • Gebrauch *m*, Benutzung *f*, Anwendung *f* • *(ZR)* Verwendung (von Geldmitteln) • *(BeamR)* Planstelle *f*, Dienstposten *m* • *(ArbR)* Arbeitsplatz *m*, Beschäftigungsverhältnis *n*, Stelle *f* • *(Vwirt)* Arbeitsmarktlage *f*; **demandeur d'–** Arbeitssuchender *m*.

**EMPLOI : marché de l'–** Arbeitsmarkt *m*; **mode d'–** Gebrauchsanweisung; **offres d'–** Stellenangebot *n*, offene Stellen *fpl*; **précarité de l'–** Arbeitsplatzunsicherheit.

**EMPLOI | d'appoint** Nebenbeschäftigung; **– budgétaire** *(BeamR)* Planstelle *f*; **– disponible** freie Stelle; **– à mi-temps** Halbtagsstellung *f*, Halbtagsbeschäftigung; **– à plein temps** Ganztagsbeschäftigung; **– précaire** zeitlich begrenzte Anstellung; **– saisonnier** saisonale Beschäftigung; **– à temps partiel** Teilzeitbeschäftigung; Halbtagsbeschäftigung; **– du temps** Terminkalender; Stundenplan *m*; **– vacant** freie *od.* offene Stelle.

**EMPLOYÉ** *m* • *(ArbR: par opposition à ouvrier)* Angestellte *m* • *(i.w.S.)* Arbeitnehmer *m*, Beschäftigte; **– de commerce** kaufmännischer Angestellter; **– aux écritures** • *(BeamR)* Sekretär (bei einer Behörde) • *(Anwalt, Notar)* Kanzleiangestellte *m*.

**EMPLOYEUR** *m* • *(ArbR)* Arbeitgeber *m* • *(BeamR)* Dienstherr *m*.

**EMPREINTE** *f* Abdruck *m*; Spur *f*; **–s digitales** Fingerabdruck *m*.

**EMPRISONNEMENT** *m* • Inhaftierung *f* • Freiheitsstrafe • Haftdauer *f*, Haft *f*; **– de police** *(StPR)* Haftstrafe bei Übertretungen.

**EMPRISONNER** *v.tr.d.* inhaftieren, in Haft nehmen.

**EMPRUNT** *m* • *(BankR)* Kreditaufnahme *f* • *(ÖfR)* (Staats-)Anleihe *f* • Darlehen *n*, Kredit *m* • *(UrhR: plagiat)* Nachahmung *f*, Fälschung *f*, Plagiat *n*.

**EMPRUNTER** *v.tr.d.* (eine Anleihe) aufnehmen; entleihen.

**EMPRUNTEUR** *m* Darlehens- *od.* Kreditnehmer *m*, Anleiheschuldner.

**ENCADREMENT** *m* • *(ArbR: cadres)* Führungskräfte *fpl*; Aufsichtspersonal *n* • *(VwR: mesures)* Kontrolle *f*, Überwachung; **agent d'–** Aufsichtskraft *f*.

**ENCAISSE** *f* Kassenbestand *m*.

**ENCAISSEMENT** *m* Einzug *m*, Zahlungseingang *m*, Inkasso *n*; **banque chargée de l'–** Inkassobank *f*.

**ENCART** *m* **publicitaire** (Werbe-)Faltprospekt *n*, (Werbe-)Beilage *f*.

**ENCHÈRE 1.** *f* • *(offre d'achat)* (höheres) Gebot, Mehrgebot *n*, Mitbieten *n* • *(vente au plus offrant)* Versteigerung, Auktion *f*.

**ENCHÈRES 2.** *fpl* (öffentliche) Versteigerung, Auktion *f*; **acheter aux –** erstehen, ersteigern; **mettre aux –, vendre aux –** versteigern.

**ENCOMBRANT** *adj* **: marchandise –e** sperrige Güter, Sperrgut *n*.

**ENCOURS** *m* *(BankR)* (gewährter) Kredit *m*, Kreditlinie *f*.

**ENDETTEMENT** *m* Verschuldung *f*, Schuldenlast *f*, Überschuldung.

**ENDOMMAGEMENT** *m* • Schaden *m* • Beschädigung.

**ENDOMMAGER** *v.tr.d.* beschädigen.

**ENDOSSABLE** *adj* (durch Indossament) übertragbar.

**ENDOSSATAIRE** *m* Indossat *m*, Indossatar *m*, Girat *m*, Giratar *m*.

**ENDOSSEMENT** *m* Indossament *n*, Wechselübertragung(svermerk); **– pur et simple** unbedingtes Indossament.

**ENDOSSER** *v.tr.d.* **la responsabilité** die Haftung übernehmen.

**ENDOSSEUR** *m* Indossant *m*, Girant *m*.

**ÉNERGIE** *f* **: approvisionnement en –** Energieversorgung *m*; **besoins en –** Energiebedarf *m*; **ressources en –** Energiereserven *fpl*; Energiequellen *fpl*; **– atomique** Atomenergie *f*; **– douce** regenerative Energie.

**ENFANCE** *f* **: aide** *ou* **assistance à l'–** Jugendfürsorge *f*.

**ENFANT** *m* Kind *n*; Abkömmling *m* ersten Grades; Jugendliche(r) (unter 16 Jahren); Minderjährige(r); **abandon d'–** *(StR)* Kindesaussetzung; **allocation pour – à charge** Kindergeld; **juge pour –s** *(StPR)* Jugendrichter; **tribunal pour –s** Jugendgericht.

**ENFANT | adoptif** Adoptivkind; **– d'un autre lit** Stiefkind; **– à charge** unterhaltsberechtigtes Kind; **– conçu** Leibesfrucht *f*, ungeborenes Kind; **– hors mariage** nichteheliches Kind; **– légitime** eheliches Kind; **– légitimé** für ehelich erklärtes Kind; **– maltraité** misshandeltes Kind; **– naturel** nichteheliches Kind; **– en nourrice** Pflegekind; **– d'un premier lit** Kind aus erster Ehe.

**ENFREINDRE** *v.tr.d.* • (ein Gesetz) nicht beachten, nicht einhalten • (eine Verpflichtung) verletzen.

**ENGAGEMENT** *m* • *(SchuldR)* (vertragliche) Verpflichtung (zur Leistung); Verbindlichkeit; Eingehen *n* einer Verpflichtung • *(ZR, ÖfR)* Versprechen *n*, Zusage *f*, Bindung *f* • *(ArbR)* Anstellung *f*, Einstellung *f*; Anstellungsverhältnis *n*, Arbeitsverhältnis • *(SachR)* Verpfändung; **(offre) sans –** ohne Obligo, freibleibend, unverbindlich.

**ENGAGEMENT | de dépenses** • *(ÖfR)* Ausgabenbewilligung • *(HaushR)* Mittelbindung; **– à l'essai** An- *od.* Einstellung zur Probe; Probearbeitsverhältnis *n*; **– juridique** Verpflichtung aus einem Rechtsgeschäft *od.* Gesetz; Schuld *f*; Verbindlichkeit; **– de paiement** Zahlungsverpflichtung; **– à titre d'essai** *(ArbR)* Anstellung auf Probe; **– à titre temporaire** Anstellung auf Zeit; **– par volonté unilatérale** *(ZR)* Verpflichtung durch (einseitige) Willenserklärung.

**ENGAGER** *v.tr.d.* • *(ArbR)* anstellen, einstellen • *(SachR)* (eine Sache) verpfänden • *(PrzR)* (ein Verfahren) einleiten, beginnen, in die Wege leiten; **– sa responsabilité** sich verpflichten, sich binden.

**ENJOINDRE** *v.tr.d.* anordnen, nachdrücklich befehlen.

**ENLÈVEMENT** *m* • *(HR: marchandises)* Abtransport *m*, Abholen *n* • *(StR: personnes)* Entführung *f*, Menschenraub *m*.

**ÉNONCÉ** *m* • (Gesetzes-)Text *m*; (Urkunden-)Wortlaut *m*, (Urteils-, Vertrags-)Inhalt *m*; Formulierung • Bericht *m*, Aufzählung; **– des faits** *(PrzR)* Tatbestand *m*, Sachverhaltsdarstellung.

**ÉNONCIATION** *f* • Erklärung *f*, Darlegung *f*, Aussage *f*, Angabe *f* • Wortlaut *m*, Formulierung *f*; **– des faits** Tatsachenbehauptung *f*.

**ENQUÊTE** *f* • *(ÖfR)* Untersuchung *f*, Ermittlungen *fpl*, (polizeiliche) Nachforschung *f* • *(Pol)* Befragung, Umfrage *f*, Erhebung; **commission d'–** Untersuchungsausschuss; **– de flagrance** *(StPR)* polizeiliche Ermittlungen im Rahmen des beschleunigten Verfahrens; **– de police** *ou* **– préliminaire** *(StPR)* polizeiliche Voruntersuchung.

**ENQUÊTEUR** *m* Ermittlungsbeamte *m*; Meinungsforscher.

**ENREGISTREMENT** *m* • Eintragung *f*, Registrierung • *(Buchf)* Verbuchung, Bucheintragung.

**ENRICHISSEMENT** *m* **sans cause** Ausgleich *m* nicht gerechtfertigter Leistungen; **– injuste** ungerechtfertigte Bereicherung.

**ENRÔLEMENT** *m* *(ZPR)* Eintragung (einer Klage) in einem durch die Gerichtskanzlei geführten Register.

**ENSEIGNANT** *m* Lehrkraft *f*; **corps –** Lehrerschaft *f*, Lehrkörper *m*.

**ENSEIGNE** *f* *(HR)* Firmenbezeichnung *f*; (Geschäfts-)Schild *n*, Firmenschild *n*; **– lumineuse** Leuchtreklame *f*.

**ENSEIGNEMENT** *m* Unterrichtswesen *n*, Schulwesen *n*; Unterricht *m*; Lehre *f*; **– pour adultes** Erwachsenenbildung; **– professionnel** Berufsschulwesen.

**ENTENDRE** (einen Zeugen) einvernehmen, vernehmen.

**ENTENTE** *f* • *(ZR)* Vereinbarung *f*, Absprache *f* • *(GesR)* Abrede *f*, Kartellvereinbarung.

**ENTÉRINER** • *(PrzR)* für rechtsgültig erklären, (gerichtlich) anerkennen, bestätigen • *(VwR)* Gültigkeit verleihen, billigen; annehmen.

**ENTÊTE | du jugement** Urteilskopf *m*, Rubrum *n*; **– d'une lettre** Briefkopf.

**ENTRAIDE** *f* **administrative** Verwaltungshilfe *f*, Amtshilfe; **– judiciaire** *ou* **juridique** Rechtshilfe.

**ENTRAVE** *f* Behinderung *f*, Hemmnis *n*.

**ENTRÉE** *f* • Eintritt *m*, Eingang *m*, Zugang *m* • Einreise *f*; **âge d'–** *(VersR)* Eintrittsalter *n*, Beitrittsalter; **concours d'–** Aufnahmeprüfung *f*; **interdiction d'–** Einreiseverbot *n*; **permis d'–** Einreiseerlaubnis *f*.

**ENTRÉE | en possession** Besitzeinweisung; **– en vigueur** Inkrafttreten *n*.

**ENTREPOSAGE** *f* Zwischenlagerung *f*.

**ENTREPÔT** *m* Lagerhaus *n*; Zwischenlager *n*; Lagerraum; **– réel** Zolllager.

**ENTREPRENEUR** *m* • *(SchuldR)* (Werk-)Unternehmer *m*, Hersteller *m* (des Werks) • *(BW: chef d'entreprise)* Unternehmer *m*, Betriebsinhaber *m*; Bauunternehmer; **sous –** Subunternehmer *m*.

**ENTREPRISE** *f* • *(HR)* (kaufmännisches) Unternehmen *n*, (Gewerbe-) Betrieb *m*, Unternehmung *f* • *(ArbR)* Arbeit *f*, Arbeitsvorhaben *n*, Werk *n*, Tätigkeit *f* • *(StR, ZR)* Beeinträchtigung *f*, Angriff (auf); Verletzung *f*; **comité d'–** Unternehmensausschuss *n* (unter Vorsitz des Betriebsleiters); **contrat d'–** *(SchuldR)* Werkvertrag *m*; **règlement d'–** *(ArbR)* Betriebsordnung *f*.

**ENTREPRISE | de bâtiment et des travaux publics (= BTP)** Hoch- und Tiefbau *f*; **– de camionnage** (Roll-)Fuhrunternehmen; **– à caractère industriel et commercial** Gewerbebetrieb *m*; **– commerciale** Handelsbetrieb; **– familiale** Familienbetrieb *m*; **– individuelle** Einzelkaufmann *m*; **– industrielle** Gewerbebetrieb; **– multinationale** verbundene mutinationale Unternehmen, Multi *m*.

**ENTREPRISE | de publicité** Werbeagentur *f*; **– publique** Unternehmen der öffentlichen Hand; **– en régie** Regiebetrieb *m* (ohne eigene Rechtspersönlichkeit); **– subversive** *(StR)* Untergrundtätigkeit *f*; **– de transport** Transportunternehmen, Verkehrsbetrieb; **– de travail temporaire** Zeitarbeitsunternehmen; **– unipersonnelle** Einmanngesellschaft.

**ENTRETENIR** *v.tr.* • instandhalten, warten • unterhalten, Unterhalt gewähren.

**ENTRETIEN** *n* • *(SachR)* Instandhaltung *f*, Wartung *f*, Erhaltung *f* • *(FamR)* (Lebens-)Unterhalt • *(conversation)* Unterredung *f*, Besprechung *f*, Gedankenaustausch *m*; **– du ménage** *(FamR)* Unterhalt für die Führung des Haushalts, Familienunterhalt.

**ENTREVUE** *f* **d'embauche** Einstellungsgespräch *n*.

**ÉNUMÉRATION** *f* **limitative** erschöpfende Aufzählung.

**ENVIRONNEMENT** *m* • Umwelt *f* • *(famille)* soziales Umfeld, Umgebung *f*; **dégâts causés à l'–** Umweltschäden *mpl*; **pollution de l'–** Immissionen *fpl*; Umweltverschmutzung; **protection de l'–** Umweltschutz *m*.

**ENVOI** *m* Versand *m*; Sendung *f*, Lieferung *f*; **bordereau d'–** Begleitschein *m*; **– mal dirigé** Irrläufer *m*.

**ENVOI | en possession** *(SachR)* Besitzeinweisung; **– contre remboursement** Nachnahmesendung; **– en souffrance, – tombé en rebut** unzustellbare Sendung.

**ÉPARGNANT** *m* Sparer *m*; **petit –** Kleinsparer.

**ÉPARGNE** *f* Sparen *n*, Spartätigkeit *f*, Sparwesen *n*; Ersparnis *f*, Sparguthaben *n*; **appel (public) à l'–** öffentliche Zeichnungsaufforderung; **caisse d'–** Sparkasse *f*; **livret (de caisse) d'–** Sparbuch *n*.

**ÉPOUSE** *f* (Ehe-)Gattin, Ehefrau *f*; **– divorcée** geschiedene Frau.

**ÉPOUX** *m* Ehegatte, Ehemann *m*.

**ÉPREUVE** *f* Prüfung *f*, Prüfungsarbeit *f*; Versuch *m*; (Druck-)Fahne *f*, erster Abdruck.

**ÉPUISEMENT** *m* **des voies de recours** Erschöpfung des Rechtsweges.

**ÉQUIPEMENT** *m* • *(VwR, BauR)* Raumordnungsbehörde *f*; Städtebaubehörde *f*; Bauamt *n* • *(SeeHR: armement)* Schiffsausrüstung *f* • *(i.w.S.)* Ausstattung *f*; **biens d'–** Investitionsgüter *npl*.

**ÉQUITÉ** *f* (Recht und) Billigkeit *f*; ausgleichende Gerechtigkeit.

**ÉQUIVALENCE** *f* **de diplômes** Gleichwertigkeit von Zeugnissen.

**ERREUR** *f* • *(ZR, StR)* Irrtum *m* • *(i.w.S)* Fehler *m*; Versehen *n*; **induire en –** jmdn. täuschen.

**ERREUR | d'appréciation** Beurteilungsirrtum; **– sur la cause** Irrtum über die Vertragsgrundlage; **– dans la déclaration** Erklärungsirrtum; **– de droit** • *(ZR)* Rechtsirrtum • *(StR)* Verbotsirrtum; **– de fait** • *(ZR)* Tatsachenirrtum • *(StR)* Tatbestandsirrtum; **– inexcusable** *(SchuldR)* unentschuldbarer Irrtum; **– judiciaire** Justizirrtum; **– juridique** Rechtsirrtum; **– matérielle** Rechenfehler *m*; Druckfehler; Schreibfehler; **– dans la personne** Irrtum in der Person; **– dans la qualification des faits** *(PrzR)* Subsumtionsirrtum; **– sur la substance** *ou* **sur une qualité substantielle de la chose** *(SchuldR)* Eigenschafts- *od.* Inhaltsirrtum, Geschäftsirrtum.

**ESCALADE** *f* (Diebstahl durch) Einsteigen (über Mauern *od.* Zäune).

**ESCIENT** *m* **: à bon –** nach bestem Wissen (und Gewissen); **à mauvais –** wider besseres Wissen, böswillig.

**ESCOMPTABLE** *adj* diskontfähig.

**ESCOMPTE** *m* • *(BankR)* (Wechsel-)Diskont *m* • *(HR)* (Kassen-)Skonto *m/n*, Barzahlungsnachlass *m*; **taux de l'–** Diskontsatz *m*, Bankrate *f*, Bankzinsfuß *m*.

**ESCOMPTE | bancaire** Bankzinssatz; **– de caisse** Skonto *m/n* für Barzahlung, Barzahlungsnachlass *m*.

**ESCOMPTER** *v.tr.* • diskontieren • Diskont abziehen • *(i.w.S.)* hoffen (auf), erwarten, rechnen (mit).

**ESCROC** *m* • *(StR)* Betrüger *m* • Hochstapler *m*, Schwindler *m*; **– au mariage** Heiratsschwindler.

**ESCROQUER** *v.tr.* betrügen; **– une signature** jmdn. unter Vorspiegelung falscher Tatsachen eine Unterschrift leisten lassen.

**ESCROQUERIE** *f* *(StR)* Betrug *m*; **– à l'assurance** Versicherungsbetrug; **– au crédit** Kreditbetrug.

**ESPACE** *m* **juridique européen** Geltungsbereich des europäischen Rechts; **– publicitaire** Werbefläche; Werbeteil (in Zeitschriften).

**ESPÈCE 1.** *f* • *(UmweltR)* (Tier-, Pflanzen-)Art *f*, Sorte *f* • *(PrzR)* zur Entscheidung anstehender (Streit-)Fall *m*, (vor Gericht verhandelter) Rechtsstreit; **cas d'–** Einzelfall *m*, Sonderfall *m*.

**ESPÈCES 2.** *fpl* • Hartgeld *n*, Metallgeld, Münzen *fpl* • Bargeld *n*, Barschaft *f*; **paiement en –** Barzahlung *f*.

**ESPIONNAGE** *m* **économique** *ou* **– industriel** Wirtschaftsspionage.

**ESSAI** *m* • *(SchuldR)* Probezeit *f* • *(i.w.S.)* Versuch *m*, Erprobung; Probe *f*; **engagement à l'–** *(ArbR)* Probearbeitsverhältnis; **période d'–** Probezeit *f*; **vente à l'–** Kauf *m* auf Probe.

**ESTARIE** *f* *(SeeHR)* Liegetage *mpl*; **frais d'–** Liegegeld *n*.

**ESTER** *v.intr.* **en justice** *(PrzR)* einen Prozess führen, vor Gericht (als Kläger oder Beklagter) auftreten, klagen und verklagt werden.

**ESTIMAT | IF** *adj* : **devis** *ou* **état –if** Kosten(vor)anschlag *m*; **valeur –ive** Schätzwert *m*, Taxwert.

**ESTIMATION** *f* • Bewertung *f*, Schätzung *f* • Berechnung *f*, Festsetzung • Hochrechnung.

**ESTIMATOIRE** *adj* : **action –** Minderungsklage *f*, Anspruch *m* auf Minderung (beim Kauf).

**ÉTABLIR** *v.tr.* • einführen, begründen, schaffen • *(fixer)* festsetzen, feststellen, aufstellen, ausfertigen • *(prouver)* beweisen, nachweisen, den Beweis erbringen; **s'– à son compte** sich selbständig machen.

**ÉTABLISSEMENT** *m* • *(HR)* Betrieb *m*, Unternehmen *n*, Firma *f*, Niederlassung *f* • *(ÖfR)* (öffentlich-rechtliche) Anstalt *f* • *(ZR, GesR)* Errichtung *f*, Gründung *f*, Schaffung • *(PrzR)* Feststellung *f*; Nachweis *m*; Ausfertigung *f* • *(HR)* Firmensitz *m* • *(IPR)* Begründung eines Wohnsitzes im Ausland; **fermeture de l'–** Betriebsstillegung.

**ÉTABLISSEMENT | du bilan** Bilanzaufstellung; **– commercial** Handelsunternehmen, Gewerbebetrieb; **– de crédit** Kreditinstitut *n*, Bank; **– dangereux, incommode et insalubre** *(GewR: installation classée)* gefährliche Anlage; **– de la filiation** *(EheR)* Feststellung der Abstammung; **– financier** Kreditinstitut, Bank; **– industriel** Gewerbe- *od.* Industriebetrieb; **– pénitentiaire** Justizvollzugsanstalt *f* (= JVA); **– de prêt sur gages** Pfandleihanstalt, Pfandhaus *n*.

**ÉTABLISSEMENT public** *(ÖfR)* Anstalt des öffentlichen Rechts, öffentlich-rechtliche Anstalt.

**ÉTALAGE** *m* (Waren-)Auslage *f*; **vol à l'–** Ladendiebstahl *m*; **voleur à l'–** Ladendieb *m*.

**ÉTALEMENT** *m* **des vacances** Staffelung der Urlaubszeit, Entzerrung des Ferienbeginns.

**ÉTAT 1.** *m (avec un* **é** *minuscule!)* • *(ZR)* Stand *m*, Personenstand; Familienstand; Alter *n*; geistige Gesundheit; Geschlecht *n* • *(i.w.S.)* (Gesundheits-)Zustand *m*; Lage *f*; Verfassung *f* • *(chose)* Gestalt *f*, Beschaffenheit *f* • *(Pol)* (gesellschaftliche) Stellung *f* • *(HR)* Beruf *m*, Gewerbe *n* • Aufstellung *f*, Verzeichnis *n*, Liste *f*; Register *n*.

**ÉTAT 2.** *m (avec un* **É** *majuscule!)* • *(ÖfR)* Staat *m* • *(VwR)* (Staats-) Verwaltung *f*, (Staats-) Behörden *fpl*, Staatsgewalt *f*, Regierung *f*.

**ÉTAT D'ACCUSATION** *(StPR)* Anklagezustand *m*; **être en –** unter Anklage stehen.

**ÉTAT | DE CARENCE** • Mangelzustand, Leistungsdefizit *n* • Verzugslage *f*, Verzug *m*; **– de la cause** *(PrzR)* Lage des Rechtsstreits; **– de(s) choses** Sachlage *f*, Sachverhalt *m*.

**ÉTAT CIVIL** • *(ZR)* Personen- *od.* Familienstand, Zivilstand (S) • *(VwR)* frz. Standesamt *n*; **acte de l'– –** Personenstandsurkunde *f*, standesamtliche Urkunde; **bureau de l'– –** Standesamt; **extrait d'actes de l'– –** Auszug aus dem Personenstandsbuch; **registre de l'– –** Personenstandsregister.

**ÉTAT | de crise** *(VerfR)* innerer *od.* ziviler Notstand; **– de danger public** *(VwR)* polizeilicher Notstand; **– dangereux** *(StR)* Gefährlichkeit *f* (eines Straftäters).

**ÉTAT | de droit** • *(VerfR)* Rechtsstaat • Rechtsordnung *f*; **– d'exception** *(VerfR)* Staatsnotstand *m*, Ausnahmezustand; **– des faits** Sachlage *f*, Tatbestand *m*; **– de famille** Familienstand *m*; **– fédéral** Bundesstaat; **– fédéré** Land *n*, Bundesland.

**ÉTAT | juridique** • *(ZR: d'une personne)* rechtlich bedeutsame Eigenschaften (einer Person), Personenstand *m*, Familienstand • *(i.w.S)* Rechtszustand *m*; **– des lieux** • *(MietR)* (notariell beglaubigtes) Wohnungsabnahmeprotokoll *n* • *(i.w.S.)* Bestandsaufnahme *f*; **– de nécessité** *(StR)* entschuldigender

Notstand; – **nominatif** Namensverzeichnis.

**ÉTAT | requérant** ersuchender Staat; – **requis** ersuchter Staat; – **de résidence** Aufenthaltsland; – **riverain** Anlieger- *od.* Anrainerstaat; – **de siège** *(VerfR)* Ausnahmezustand *m*, innerer Notstand *m*, Belagerungszustand.

**ÉTEINDRE** *v.tr.* • *(une dette)* eine Schuld tilgen • *(une créance)* einen Anspruch befriedigen • *(une servitude)* eine Grunddienstbarkeit löschen.

**ÉTENDUE** *f* **de l'assurance** Versicherungsumfang; – **de la garantie** Deckungssumme; – **de la protection** *(PatR)* Schutzumfang *m*.

**ÉTIQUETAGE** *m* Auszeichnung (der Ware), Etikettierung *f*.

**ÉTIQUETTE** *f* • Aufschrift *f*, Schildchen *n* • Preisschild *n*, Etikett *n* (zur Preisauszeichnung).

**ÉTRANGER** *m* • Ausländer *m*, Fremde(r) *m* • *(pays étranger)* Ausland *n* • *(adj)* ausländisch, fremd; **avoirs à l'** – Auslandsguthaben *npl*; **biens à l'–** Auslandsvermögen *n*; **droit des –s** Ausländerrecht; Fremdenrecht *n*; **séjour à l'–** Auslandsaufenthalt *m*; **travailleur** – Gastarbeitner, ausländischer Arbeitnehmer; – **en situation irrégulière (= ESI)** Ausländer ohne gültige Aufenthaltsgenehmigung.

**ÉTUDE 1.** *f* • (wissenschaftliche) Studie *od.* Arbeit; Untersuchung; Gutachten *n* • *(notaire)* Kanzlei *f*, Büro *n* • *(BW)* Projekt *n*, Vorhaben *n*, Entwurf *m*, Plan *m*; **bureau d'–s** Ingenieurbüro *n*; **commission d'–s** Fachausschuss *m*.

**ÉTUDE | sur dossier** Bearbeitung nach Aktenlage; – **du marché** Marktforschung *f*, Marktuntersuchung; – **de notaire** *ou* **notariale** • Notariatspraxis *f*, Notariat *n* • (Notar-)Kanzlei.

**ÉTUDES 2.** *fpl (SchulR)* Studium *n*, Ausbildung *f*; **diplôme de fin d'–** Abschlussprüfung *f*; – **supérieures** Hochschulstudium *n*; **voyage d'–** Studienreise.

**EURO | CHEQUE** *m* eurocheque *m*; **–crate** *m* Eurokrat *m*.

**EUTHANASIE** *f (StR)* Euthanasie *f*, Sterbehilfe *f*; – **active** Tötung auf Verlangen.

**ÉVALUATION** *f* • *(HR, SteuerR)* Veranschlagung, Wertermittlung • Schätzwert *m* • *(Kosten)* Voranschlag *m*; Berechnung.

**ÉVASION** *f* **de capitaux** Kapitalflucht *f*; – **fiscale** Abgabenumgehung.

**ÉVÉNEMENT** *m* Ereignis *n*, Begebenheit *f*, Vorfall *m*, Vorkommnis *n*; – **dommageable** schadenstiftendes Ereignis; – **imprévisible** unvorhersehbares Ereignis.

**ÉVENTUEL** *adj* : **client** – Interessent *m*, potentieller Kunde *m*; **droit** – Anwartschaft *f*.

**ÉVICTION** *f* • *(SachR)* Anspruch auf Herausgabe des wirklichlichen Eigentümers gegenüber dem gutgläubigen Besitzer • *(HR)* Nichtverlängerung eines gewerblichen Mietvertrages • Entmachtung; **garantie (en cas) d'–** *(ZR)* Rechtsmängelgewähr *f*.

**ÉVOCATION** *f (ZPR)* Evokationsrecht; Entscheid, wodurch ein höheres Gericht eine Sache an sich zieht.

**EXACTION** *f* • *(StR)* unrechtmäßiges Eintreiben *n* von Geldern • *(i.w.S., surtout pl.)* Übergriffe *mpl* (der Polizei).

**EXACTITUDE** *f* **de la traduction** Richtigkeit der Übersetzung.

**EXAMEN** *m* • Untersuchung *f*, Überprüfung *f* • *(SchulR)* Prüfung *f*, Examen *n*; **bureau d'–** Prüfungsstelle *f*; **commission d'–** Prüfungsausschuss *n*.

**EXAMEN | d'admission** Aufnahmeprüfung; – **d'aptitude** Eignungsprüfung; – **du dossier** Akteneinsicht; – **au fond** *(ZPR)* Sachprüfung *f*; – **légal** gerichtsmedizinische Untersuchung; – **des lieux** Ortsbesichtigung *f*; – **médical** ärztliche Untersuchung; – **de personnalité** *(StR)* Persönlichkeitsgutachten *n*; – **prénuptial**

*(EheR)* ärztliche Eheunbdenklichkeitsbescheingung.

**EXAMINATEUR** *m (a. PatR)* Prüfer *m*.

**EXCÉDENT** *m* • Überschuss *m*, Überhang *m*, Mehrbetrag *m*, Plus *n* • Überschreiten von Höchstwerten; **–s agricoles** Agrarüberschüsse.

**EXCEPTION** *f* • *(ÖfR)* Ausnahme *f* • *(ZPR)* Einrede *f*, (prozesshindernde) Einrede • *(i.w.S.)* Einwand *m*, Einwendung, Entgegnung; **juridiction d'–** • *(ZPR)* Ausnahmegericht *n* • *(StPR)* Sondergericht; **par voie d'–** einredeweise, durch Geltendmachung einer Einrede.

**EXCEPTION | de (la) chose jugée** Einrede der Rechtskraft *od.* der entschiedenen Sache; **– dilatoire** • dilatorische *od.* aufschiebende Einrede • *(missbräuchlich)* prozessverschleppende Einrede; **– de discussion** Einrede der Vorausklage; **– d'illégalité** *(VwPR)* Einrede der Rechtsbeugung; **– d'incom-pétence** Einrede der Unzuständigkeit; **– d'inexécution du contrat** *(ZPR)* Einrede der Nichterfüllung; **– de litispendance** Einrede der Rechtshängigkeit; **– de nullité** Nichtigkeitseinrede; **– de procédure** prozesshindernde Einrede; **– de prescription** Verjährungseinrede.

**EXCEPTIONNEL** *adj* **: autorisation –le** Sondergenehmigung; **cas –** Sonderfall *m*; **circonstances –les** besondere Umstände.

**EXCÈS** *m* • *(abus)* Überschreitung (der Befugnisse) • *(pl.: actes de violence)* Gewalttätigkeiten *pl*, Ausschreitungen *pl*, Übergriffe • Übermaß *n*, Überschuss *m*.

**EXCÈS DE POUVOIR** • *(VwPR)* Überschreitung der Amtsbefugnisse, Ermessensüberschreitung • *(ZPR)* Zuständigkeitsüberschreitung durch einen Richter der ordentlichen Gerichtsbarkeit; **recours pour – –** *(VwPR)* Anfechtungsklage *f*.

**EXCIPER** *v.tr.ind.* • *(ZPR)* eine (prozesshindernde) Einrede vorbringen • *(PrzR)* eine (rechtshindernde *od.* rechtsvernichtende) Einwendung erheben.

**EXCITATION** *f* • Anstiftung *f*, Aufreizung *f*, Aufhetzen *n* • *(StR)* Aufforderung (zu einer strafbaren Handlung); **– à la débauche** Förderung der Prostitution; **– au racisme** Aufstachelung zum Rassenhass.

**EXCLURE** ausschließen; ausstoßen.

**EXCLUS | IF** *adj* ausschließlich, exklusiv; **agent –if** *(HR)* Alleinvertreter *m*; **compétence –ive** ausschließliche Zuständigkeit; **distribution –ive** Alleinvertrieb *m*; **possession –ive** Alleinbesitz *m*; **torts –ifs** alleiniges Verschulden.

**EXCLUSION** *f* • *(ZR)* Ausschluss *m*, Ausschließung *f* • *(HR)* (Haftungs-)Beschränkung *f* • *(SozR)* Ausgrenzung, Herausfallen aus dem sozialen Netz; **délai d'–** Ausschlussfrist *f*.

**EXCLUSION | de la garantie** *ou* **de la responsabilité** Haftungsbeschränkung *od.* -ausschluss.

**EXCLUSIVITÉ** *f* • *(HR)* Alleinvertrieb *m* • *(ZR)* Anspruch auf ausschließliche Nutzung.

**EXCUSABLE** *adj* **: erreur –** *(StR)* nicht vermeidbarer Verbotsirrtum.

**EXCUSE** *f* • *(StR)* Schuldausschließungsgrund; Strafmilderungsgrund *m* • *(PrzR)* Ablehnungsgrund, Ablehnung *f* • Rechtfertigung *f*.

**EXCUSE | atténuante** Strafmilderungsgrund; **– de minorité** Geltendmachung der Strafunmündigkeit.

**EXÉCUTER** *v.tr.d.* • *(SchuldR: contrat)* leisten • *(réaliser)* ausführen, durchführen, vollenden • *(StR)* hinrichten • **s'–** *(SchuldR)* erfüllen, eine Leistung erbringen; **– un jugement** ein Urteil vollstrecken.

**EXÉCUTEUR** *m* **testamentaire** Testamentsvollstrecker *m*.

**EXÉCUTIF** *m/adj* **: pouvoir –** *(VerfR)* vollziehende Gewalt, Exekutive *f*.

**EXÉCUTION** *f* • *(SchuldR)* Leistung *f*, Erfüllung (einer Verbindlichkeit) • Zwangsvollstreckung • *(StR)* Strafvollstreckung, Strafvollzug; *(peine capitale)* Hinrichtung *f*; **lieu d'–** Erfüllungsort *m*; **refus d'–** Erfüllungsverweigerung; **règlement d'–** *(VwR)* Durchführungsverordnung; **sursis à l'–** • *(au civil)* Aussetzung der Vollstreckung • *(au pénal)* Strafaufschub *m*; **voies d'–** Zwangsvollstreckungsrecht; **– anticipée** vorzeitige Erfüllung; **– défectueuse (d'un contrat)** Schlechterfüllung; positive Vertragsverletzung.

**EXÉCUTION | forcée** *(ZPR)* Zwangsvollstreckung; **– partielle** teilweise Erfüllung, Teilleistung; **– de la peine** Strafvollzug *m*; **– par provision** *ou* **provisoire** vorläufige Vollstreckbarkeit (eines Urteils) mit *od.* ohne Sicherheitsleistung; **– par un tiers** *(ZR)* Ersatzvornahme *f*.

**EXÉCUTOIRE** *adj/m* vollstreckbar; Kostenfestsetzungsbeschluss *m*; **acte –** Vollstreckungstitel *m*; **force –** • *(VerfR)* Gesetzeskraft *f*, Verbindlichkeit • *(ZPR)* Vollstreckbarkeit; **formule –** Vollstreckungsklausel.

**EXEMPLAIRE** *m* • (Beleg-) Exemplar *n*; Muster *n* • (Vertrags-) Ausfertigung *f*; **en double, en triple –** in doppelter, dreifacher Ausfertigung.

**EXEMPT** *adj* | **d'erreurs** fehlerlos; **– de défauts** einwandfrei.

**EXEMPTION** *f* Befreiung *f*, Dispens *f*; Ausnahmebewilligung; **– de service** Dienstbefreiung.

**EXEQUATUR** *m* • *(ZPR)* Bestätigung, Rechtskraftverleihung • *(IPR)* Exequatur *n*, Vollstreckbarerklärung eines ausländischen Urteils • *(VR)* Exequatur *n*, Zustimmung zur Ernennung (eines Konsuls).

**EXERCER** *v.tr.* • (einen Beruf, ein Amt) ausüben; (ein Gewerbe) betreiben • (ein Recht) geltend machen, ausüben; **– un droit** einen Anspruch geltend machen; **– un ministère** ein öffentliches Amt innehaben; **– une profession** einen Beruf ausüben.

**EXERCICE** *m* • Übung *f* • *(HR)* Geschäftsjahr *n*, Rechnungsjahr • *(ZR)* Geltendmachung *od* Ausübung (eines Rechts); Inanspruchnahme *f* • *(ÖfR)* Amtsausübung *f*; **– de l'autorité parentale** Ausübung der elterlichen Gewalt; **– budgétaire** Haushaltsjahr; **– des fonctions** Amtsführung; **– illégal de la médecine** *(StR)* unerlaubte Ausübung der Heilkunde; **– d'un mandat** • *(ZR)* Ausführung eines Auftrages • *(ÖfR)* Ausübung eines Mandats; **– social** *(GesR)* Geschäftsjahr.

**EXHÉRÉDATION** *f* Enterbung *f*; **cause d'–** Enterbungsgrund *m*.

**EXHORTER** *v.tr.* ermahnen, auffordern.

**EXHUMATION** *f* Exhumierung *f*, Leichenausgrabung.

**EXIGENCE** *f* **de forme** Formerfordernis *n*.

**EXIGER** *v.tr.* fordern, verlangen, beanspruchen; **– une rançon** Lösegeld fordern.

**EXIGIBILITÉ** *f* Fälligkeit (einer Forderung).

**EXIGIBLE** *adj* einklagbar, beitreibbar, eintreibbar, fällig; rückzahlbar; **dette –** fällige Forderung.

**EXILÉ** *m* Heimatvertriebene(r) *m*.

**EXISTENCE** *f* • Dasein *n*, Leben *n* • *(HR)* Lagerbestand, Vorrat *m*; **conditions d'–** Lebensbedingungen *fpl*; **moyens d'–** Einkommen *n*.

**EXONÉRATION** *f* Befreiung *f*, Erlass *m*; Steuerbefreiung *f*; **– à la base** (Grund-)Freibetrag *m*; **– fiscale** • Steuerermäßigung • Steuerbefreiung, Abgabenfreiheit; **– de la responsabilité** Haftungsausschluss.

**EXONÉRATOIRE** *adj* : **clause – de responsabilité** Haftungsausschlussklausel *f*.

**EXONÉRER** *v.tr.* befreien, entlasten, freistellen.

**EXORBITANT** *adj* : **prix –** Wucherpreis *m*; **– du droit commun** *(ÖfR)* vom Zivilrecht abweichend.

**EXPECTATIVE** *f* • *(ZR)* Anwartschaft *f*, Aussicht *f* auf • *(BörR)* abwartende Haltung.

**EXPÉDIER** *v.tr.* • absenden, (ver) schicken; ausliefern, abfertigen, verfrachten • (eine Abschrift) erteilen, ausfertigen; **– une affaire** einen Prozess *od.* eine Angelegenheit (rasch) erledigen.

**EXPÉDITEUR** *m* Absender *m*, Versender *m*; Briefschreiber.

**EXPÉDITI | F** *adj* : **procédure –ive** summarisches Verfahren.

**EXPÉDITION** *f* • *(HR)* Übergabe der Ware an den Spediteur; Warenversand *m*; Versendung • *(ZPR)* beglaubigte Abschrift *f*, Ausfertigung *f*; **avis d'–** Versandanzeige *f*; **– des affaires courantes** *(VerfR)* Erledigung der laufenden Angelegenheiten; **– authentique** notarielle Ausfertigung; **– revêtue de la formule exécutoire** *(ZPR)* vollstreckbare Urteilsausfertigung.

**EXPÉRIENCE** *f* • Erfahrung *f* • (naturwissenschaftlicher) Versuch *m*, Experiment *n*; **–s sur les animaux** Tierversuche *mpl.*

**EXPERT** *m* Sachverständige(r) *m*, Experte *m*, Fachmann *m*; Gutachter *m*; Prüfer *m*; **comité d'–s** Fachausschuss *m*, Sachverständigengremium *n*; **rapport d'–** • Sachverständigenbericht *m* • Prüfungsbericht *m*.

**EXPERT | -comptable** Wirtschafts- *od.* Buchprüfer; Bilanzbuchhalter, Bücherrevisor *m*; **– en écritures** Schriftgutachter; **– près les tribunaux** gerichtlich bestellter und beeideter Sachverständige(r).

**EXPERTISE** *f* • Gutachten, Sachverständigengutachten *n*; Prüfung *f*, Untersuchung *f* • *(ZR, VersR)* Schätzung *f*; **rapport d'–** • Sachverständigengutachten *n* • *(comptable)* Prüfungsbericht; **– médicolégale** gerichtsmedizinisches Gutachten.

**EXPERTISER** *v.tr.* begutachten, prüfen.

**EXPIATION** *f* Verbüßung (einer Strafe), Sühne *f*.

**EXPIRATION** *f* Ablauf *m* (einer Frist), Erlöschen *n* (eines Rechts durch Fristablauf); **à l'– du délai** bei Fälligkeit, nach Fristablauf; **– du contrat** Auslaufen *n* des Vertrages; **– du délai** Fristablauf.

**EXPIRER** *v.tr.* • *(Frist)* ablaufen, enden • *(Recht)* erlöschen, verfallen • *(Person)* sterben.

**EXPLICATION** *f* Erklärung *f*, Erläuterung; Auslegung; Wortwechsel *m*, Auseinandersetzung.

**EXPLICITEMENT** *adv* ausdrücklich.

**EXPLIQUER** • *v.tr.* erklären, erläutern, dartun; klarstellen • *v.pron* : **s'–** seine Meinung kundtun; etwas richtigstellen.

**EXPLOIT** *m* *(ZPR)* Zustellungsurkunde, (durch den Gerichtsvollzieher) zuzustellende Urkunde; **– d'assignation** (zuzustellende) Ladung *f*, Ladungsschrift *f*; **– d'huissier** Zustellungsurkunde; Zustellung durch den Gerichtsvollzieher; **– de saisie-arrêt** Pfändungs- u. Überweisungsbeschluss.

**EXPLOITANT** *m* • Unternehmer *m*, Gewerbetreibende(r) *m* • Landwirt *m*; **– d'un fonds de commerce** *(HR)* Geschäftsinhaber *m*.

**EXPLOITATION** *f* • Nutzung *f*, Nutzbarmachung *f*; Erschließung *f*, Bewirtschaftung • *(Bergbau)* Abbau *m*; Gewinnung *f* • (Gewerbe-) Betrieb *m*, Geschäftsbetrieb, Unternehmen • *(LandwR)* Gut *n*, Hof *m* • *(HR)* Betrieb eines Handelsgewerbes • *(GRUR)* Auswertung, Ausübung, Nutzung, Verwertung; **aléas de l'–** Betriebsrisiko *n*; **entrave à l'–** Gewerbeausübungsbehinderung *f*; **licence d'–** • Lizenz *f*, Betriebsgenehmigung *od.* -erlaubnis *f* • Gewerbeschein *m*; **risque d'–** Betriebsgefahr *f*; **– antérieure** *(PatR)* Vorbenutzung; **– commerciale, industrielle** *ou* **artisanale** Gewerbebetrieb *m*.

**EXPLOITER** *v.tr.* • *(HR)* betreiben; bewirtschaften • *(Bodenschätze)* abbauen, gewinnen • *(GRUR)* benutzen, verwerten, auswerten.

**EXPORTATEUR** • *adj* : **pays –** Ausfuhrland; • *m* Ausfuhrhändler *m*, Exporteur *m*.

**EXPORTATION** *f* • Ausfuhr *f*, Export *m* • Ausfuhrhandel *m*, Exporttätigkeit, Ausfuhrgeschäfte *npl*, Exportabschlüsse *mpl* • Außenwirtschaft.

**EXPOSANT** *m* • *(HR)* Aussteller *m* • *(ZPR)* Antragsteller *m*, Kläger.

**EXPOSÉ** *m* Darlegung *f* (von Rechtsgründen), Erläuterung; **– des faits** Sachverhaltsdarstellung; **– des motifs** • *(PrzR.)* Begründung (eines Antrags, einer Klage, eines Urteils); Erläuterungen *fpl* • *(ZPR)* Tatbestand u. Entscheidungsgründe • *(StPR)* Urteilsgründe • *(VerfR)* Motive *npl od.* Leitgedanken *mpl* (eines Gesetzes).

**EXPOSITION** *f* • Darlegung *f*, Ausführung *f*, Erklärung *f* • *(HR)* Ausstellung, Messe *f*, Marktveranstaltung, Schau *f*; **foire- –** Messe für Fachbesucher (verbunden mit Ausstellungstagen für Privatleute); **lieu d'–** Ausstellungsort *m*.

**EXPRÈS** *adv (= intentionnellement)* absichtlich, wissentlich, vorsätzlich.

**EXPRESSÉMENT** *adv* ausdrücklich; **– défendu** strengstens verboten.

**EXPRESSION** *f* : **liberté d'–** Meinungsäußerungsfreiheit.

**EXPROPRIATION** *f* • *(ZPR)* Zwangsvollstreckung, Wegnahme *f*, Einziehung • *(ÖfR)* Enteignung, Expropriation; **arrêté d'–** Enteignungsbeschluss *m*; **indemnité d'–** Enteignungsentschädigung; **procédure d'–** Enteignungsverfahren; **– pour cause d'utilité publique** *(ÖfR)* Enteignung zum Wohl der Allgemeinheit, Enteignung im öffentlichen Interesse.

**EXPULSÉ** *adj/m* : **étranger –** abgeschobener Ausländer.

**EXPULSER** *v.tr.* • *(AuslR)* ausweisen, abschieben • *(MietR)* räumen.

**EXPULSION** *f* • *(AuslR)* Ausweisung (bei Beeinträchtigung erheblicher Interessen der Bundesrepublik); Abschiebung • *(MietR)* Zwangsräumung *f* • *(MilR)* Ausstoßung • *(VereinsR)* Ausschluss *m*; **arrêté d'–, décret d'–** *(AuslR)* Ausweisungsverfügung *f*; **ordonnance d'–** *(ZPR, MietR)* Räumungsanordnung.

**EXTENSION** *f* Ausmaß *n*, Umfang *m*; Ausweitung; **– d'une convention collective** Allgemeinverbindlicherklärung (eines Tarifvertrags).

**EXTERMINATION** *f* Vernichtung, Ausrottung; Völkermord.

**EXTERRITORIALITÉ** *f (VR)* Befreiung von der inländischen Gerichtsbarkeit, Exterritorialität; **privilège d'–** Immunität *f*.

**EXTINCTI|F** *adj* erlöschend; auflösend; **prescription –ive** Verjährung.

**EXTINCTION** *f* • *(ZR)* Erlöschen *n*, Beendigung • *(SchuldR)* Tilgung; Rückzahlung.

**EXTORSION** *f* Erpressung *f*; **– d'aveux** Aussageerpressung; **– de fonds** Erpressung.

**EXTRA-CONJUGAL** *adj* : **liaison – –le, relations – –les, union – –le** nichteheliche Lebensgemeinschaft, eheähnliche Gemeinschaft.

**EXTRACTION** *f* • *(StR)* Überführung eines Häftlings (in eine andere Strafanstalt) • *(WirtR)* Ausbeute *f*, Abbau *m*, Gewinnung *f*; **permis d'–** Abbaugenehmigung; **– à ciel ouvert** Tagebau *m*.

**EXTRADÉ** *m* Ausgelieferte(r) *m*.

**EXTRADER** *v.tr.* ausliefern.

**EXTRADITION** *f* Auslieferung, Überstellung (eines Straffälligen); **convention d'–** Auslieferungsabkommen *n*; **demande d'–** Auslieferungsersuchen *od.* -begehren *n*; **procédure d'–** Auslieferungsverfahren *n*.

**EXTRAIT** *m* Auszug *m* (aus einer Urkunde); Zusammenfassung *f*; **– d'actes d'état civil** Auszug aus dem Zivilstandsregister; **– du ca-**

**sier judiciaire** Strafregisterauszug, Führungszeugnis *n*; **– de naissance** Geburtsurkunde; **– du registre du commerce** Handelsregisterauszug.

**EXTRAJUDICIAIRE** *adj* **: acte –** *(PrzR)* (durch den Gerichtsvollzieher) zuzustellende Urkunde; Pfändungsbeschluss.

**EXTRANÉITÉ** *f* • *(AuslR)* Rechtslage *f* eines Ausländers • *(ZPR)* Ausländereigenschaft *f* des Klägers.

**EXTRAORDINAIRE** *adj* **: assemblée –** außerordentliche Sitzung.

**EXTRAPATRIMONIAL** *adj* **: droit –** *(ZR)* höchstpersönliches Recht, nicht übertragbares subjektives Recht.

**EXTRÉMISTE** *m* Radikale(r), Extremist.

## F

**FABRICANT** *m* Fabrikant *m*, Produzent *m*, Hersteller *m*.

**FABRICATEUR** *m (StR)* Fälscher; **– de fausse monnaie** Falschmünzer.

**FABRICATION** *f* • Herstellung *f*, Erzeugung, Fertigung, Produktion • Erzeugnis *n*, Produkt *n*, Fabrikat *n*; **coût de –** Herstellungskosten; **défaut de –** Fabrikationsfehler *m*, Produktmangel *m*; **– à la chaîne** Fließbandherstellung; **– sur commande** Einzelanfertigung; **– de fausse monnaie** Falschmünzerei *f*; **– en grande série** Massenherstellung.

**FABRIQUE** *f* • Fabrik *f*, Fabrikanlage *f*; Werk(statt); (kleinerer) Herstellungsbetrieb, Erzeugungsstätte *f* • Herstellungsart *f*; **marque de –** Fabrikzeichen *n*.

**FACILITÉS** *fpl (BankR)* Erleichterungen *fpl* (bei Zahlungen), Gewährung günstigerer Bedingungen (für Darlehen); **– de caisse** *(BankR)* kurzfristiger Kredit (zur Überwindung zeitweiliger finanzieller Engpässe).

**FAÇON** *f* • *(création, fabrication)* Machart *f*, (Art und Weise der) Herstellung, Ausführung, Gestaltung, Be- *od.* Verarbeitung • Arbeitsausführung; Handarbeit *f*, Handwerk *n* • Form *f*, Gestalt *f*; Muster (eines Stoffs) • *(ArbR: salaire)* (Werk-)Lohn *m*.

**FACTAGE** *m* • *(HR)* Zustellung *f* • Zustellungsgebühr *f*; Rollgeld *n*; **entreprise de –** Paketdienst *m*.

**FACTEUR** *m* • mitwirkender Umstand *m*, Element *n*, Moment *n*, Faktor *m* • *(HR)* Rollfuhrunternehmer; Paketzustellungsdienst • *(BankR)* Factor *m*, (im Rahmen eines Factoringvertrages) die Kundenforderungen eintreibende Bank • *(Post: préposé)* Briefträger *m*.

**FACTORING** *m* (= **affacturage**) Factoringvertrag, Forderungskauf.

**FACTURATION** *f* Rechnungsausstellung *f*; Inrechnungstellung.

**FACTURE** *f* • *(HR)* (Waren-)Rechnung *f*, Faktura *f* • *(UrhR)* Ausführung *f*, Komposition *f*; **montant de la –** Rechnungsbetrag *m*; **– fictive** fingierte Rechnung; **– pro forma** Proforma-Rechnung.

**FACULTATIF** *adj* • wahlweise, fakultativ, Wahl- • freiwillig.

**FACULTÉ 1.** *f* • *(aptitude)* Fähigkeit *f*, Vermögen *n* (etwas zu tun), Befähigung • *(possibilité, droit)* Recht *n*, Befugnis *f*; Option *f*; Wahlmöglichkeit, Entscheidungsfreiheit • Fakultät *f*, Fachbereich *m*.

**FACULTÉS 2.** *fpl* • *(WirtR)* zur Verfügung stehende Geldmittel *npl*, Ressourcen *fpl*, finanzielle Möglichkeiten • *(SeeHR)* (schwimmende) Ware *f*, (Schiffs-)Ladung *f*.

**FACULTÉS intellectuelles** *ou* **mentales** geistige Fähigkeiten; **ne**

**pas jouir de toutes ses –** geistesgestört sein.

**FAIBLE** *adj* **: économiquement –** • *adj* unterstützungsbedürftig • *m* Bedürftige(r), Sozialhilfeempfänger.

**FAILLI** *m (InsolvenzR)* Gemeinschuldner *m*.

**FAILLITE** *f* • *(InsolvenzR: liquidation judiciaire)* Insolvenz *f* • *(InsolvenzR: procédure collective)* Insolvenzverfahrenverfahren *n*.

**FAIM** *f* **: grève de la –** Hungerstreik *m*.

**FAIT 1.** *m* • nachweisbare Tatsache *f*, Faktum *n*, Fakt *m* • *(ZR)* rechtserhebliches Ereignis *n* (wie Sturm, Krieg, Streik und Krankheit), Umstand *m*, Sachverhalt *m* • *(StR: fait délictueux)* (strafbare) Handlung *f*, (Straf-)Tat *f* • *(PrzR)* Tatbestand *m*, Darstellung des Sach- und Streitgegenstandes; **arrestation sur le –** Ergreifung auf frischer Tat; **éléments de –** Sachlage, Tatbestand; **erreur de –** Tatsachenirrtum *m*, Tatirrtum; **juge du –** Tatrichter *m*; **point de –** Tatbestand, Tatbestandsmerkmal *n*; **présomption de –** Tatsachenvermutung *f*; **responsabilité du – d'autrui** Haftung *f* für das Verschulden eines Erfüllungsgehilfen; **société de –** faktische Gesellschaft.

**FAIT | accompli** *(VR)* vollendete Tatsache; **– acquis** feststehende Tatsache; **– allégué** *(PrzR)* vorgebrachte *od.* behauptete Tatsache; **– d'autrui** *(SchuldR)* Drittverschulden *n*; Haftung für fremde Tat; **– constitutif (d'une infraction)** *(StR)* Tatbestandsmerkmal *n*; Handlung, die den Straftatbestand erfüllt; **– délictueux** *(StR)* strafbare Handlung; **– dommageable** *(ZR)* Schädigung, Schadensursache *f*, Schadensfall *m*.

**FAIT | juridique** *(ZR)* Naturereignis *n*; nicht rechtsgeschäftliche Handlung, die Rechtswirkungen hervorbringt; **– justificatif** *(StR, ZR)* Rechtfertigungsgrund *m*; **– litigieux** *(ZPR)* Streitgegenstand *m*; **– punissable** strafbare Handlung; **– de la victime** Mitverschulden.

**FAITS 2.** *mpl (PrzR)* Sachverhalt *m*, Sachlage *f*, Tatsachen *fpl*, Tatbestand *m*; **appréciation des –** Tatsachenwürdigung *f*; **constatation des –** Tatbestandsaufnahme *f*; **énonciation des –** Tatbestandsdarstellung; **exposé des –** Sachverhalt, Ausführungen zum Sachverhalt; **matérialité des –** (objektiver) Tatbestand; **–s de l'espèce** *(ZPR)* Tatbestand *m*, Sachverhalt *m*.

**FALSIFICATEUR** *m* Fälscher *m*.

**FALSIFICATION** *f* • *(StR)* Fälschung *f* • *(StR)* Verfälschung; **– du bilan** Bilanzverfälschung *f*; **– de documents** *(StR)* Urkundenfälschung.

**FALSIFIER** • fälschen • verfälschen.

**FAMILIAL** *adj* **: allocations –es** Kindergeld *n*; **prestations –es** Familienzulagen *fpl*.

**FAMILLE** *f* Familie *f*; **abandon de –** *(StR)* Verletzung der Unterhaltspflicht; **charges de –** Unterhaltspflicht; **chef de –** Haushaltsvorstand *m*; **droit de la –** Familienrecht *n*; **livret de –** Familienbuch *n*; **nom de –** Familienname; **situation de –** Familienstand *m*.

**FAMILLE | adoptive** Adoptiveltern (mit Adoptivkind); **– légitime** Familie (im Sinne des Gesetzes); **– monoparentale (sans cohabitation)** *(FamR)* Familie bestehend aus nur einem Elternteil (nebst Kind); **– naturelle** nichteheliche Lebensgemeinschaft zweier Personen mit Kind; **– nucléaire** Kleinfamilie.

**FARDEAU** *m* **: renversement du – de la preuve** Umkehrung der Beweislast.

**FAUSSAIRE** *m* (Urkunden-) Fälscher *m*.

**FAUTE** *f* • *(ZR)* Verschulden *n*, fehlerhaftes Handeln, Vertretenmüssen *n*; Vorsatz *m*; Fahrlässigkeit • *(StR)* Schuld *f*, schuldhaftes Handeln *n*, strafrechtliches Verschulden • *(VwR)* Pflichtverletzung *f*, Fehlverhalten *n*, Versagen *n* • *(ArbR)*

Fehler *m*, Verfehlung *f*, Verstoß *m* (gegen betriebliche Anweisungen), schuldhaftes Verhalten; **présomption de –** Schuldvermutung *f*; **responsabilité pour –** Verschuldenshaftung; **responsabilité sans –** Gefährdungs- *od* Erfolgshaftung.

**FAUTE | administrative** *(VwR: faute de service)* (schuldhafte) Amtspflichtverletzung; Staatshaftung (für Verschulden); **– d'autrui** fremdes Verschulden; **– commune** *ou* **con-comitante** *(ZR)* mitwirkendes Verschulden (des Schädigers und des Geschädigten); **– contractuelle** positive Vertragsverletzung; Schlechterfüllung.

**FAUTE | délictuelle** • *(ZR)* vorsätzliche unerlaubte Handlung • *(ZR fait involontaire)* fahrlässige unerlaubte Handlung; außervertragliches Verschulden; **– de forme** Formmangel *m*, Formfehler.

**FAUTE | grave** *(ArbR)* schwere Verfehlung des Arbeitnehmers (mit Verlust sämtlicher Prämien), schwerer Verstoß gegen die Betriebsordnung *od.* gegen Betriebsanweisungen; **– par inattention** Unachtsamkeit; **– inexcusable** *(SchuldR)* unentschuldbare grobe Fahrlässigkeit, **– intentionnelle** • *(VertragsR)* Vorsatz *m*, vorsätzliche Vertragsverletzung • *(SchuldR: dol)* vorsätzliche unerlaubte Handlung; **– légère** Sorgfaltspflichtverletzung.

**FAUTE | lourde** • *(ArbR)* grobes Verschulden (als Grundlage der fristlosen Kündigung) • *(ZR)* grobe Fahrlässigkeit; **– objective** Außerachtlassen der durchschnittlichen *od.* der ordentlichen Sorgfalt.

**FAUTE | partagée** mitwirkendes Verschulden, Mitschuld; **– pénale** strafrechtliches Verschulden; **– personnelle** *(ZR)* eigenes Verschulden; **– de preuve** mangels Beweises; **– professionnelle** • *(ArbR)* Verletzung der Berufspflichten • *(professions libérales)* Sorgfaltspflichtverletzung, Verstoß *m* gegen die Beratungs- und Informationspflicht • *(Arzt)* ärztlicher Kunstfehler; **– quasi-délictuelle** *(SchuldR)* fahrlässige unerlaubte Handlung.

**FAUTE | de service** *(VwR)* Amtspflichtverletzung, Dienstfehler; **– subjective** *(ZR)* Außerachtlassen der in eigenen Angelegenheiten angewandten Sorgfalt; **– très légère** (sehr) geringe Fahrlässigkeit, Versehen *n*; **– de la victime** *(ZR)* Mitverschulden des Geschädigten.

**FAUX** *m* • *(StR: faux en écritures)* Urkundenfälschung *f*, Verfälschung *f* (einer Urkunde) • *(i.w.S.)* falsche Angabe *f*; Unwahrheit *f*; Betrug *m*; **à –** fälschlich, zu Unrecht; **usage de –** *(StR)* Verwendung einer verfälschten *od.* unechten Urkunde im Rechtsverkehr; **– documentaire** *(StR)* Urkundenfälschung; **– immatériel, – intellectuel** mittelbare Falschbeurkundung; **– matériel** Verfälschung; **– et usage de –** Urkundenfälschung und Verwendung dieser Fälschung im Rechtsverkehr.

**FAUX, FAUSSE : fausse monnaie** Falschgeld *n*; **faux monnayage** Herstellung und Verbreitung von Falschgeld; **faux monnayeur** *m* Falschmünzer *m*.

**FAUX | serment** *(StR)* Meineid *m*, vorsätzliche eidliche Bekräftigung einer unrichtigen Aussage (vor einem Zivilgericht); **– témoignage** *(StR)* falsche eidliche Aussage.

**FAVEUR** *f* **: traitement de –** Vorzugsbehandlung.

**FAVORISER** *v.tr.* • begünstigen, fördern • *(StR)* Vorschub leisten.

**FAX** *m (= télécopie)* Fax *n*, Telefax; **envoyer un –** faxen.

**FAXUEL** *adj* **: harcèlement –** Belästigung durch die Zusendung nicht gewünschter Faxe.

**FÉDÉRATION** *f* • *(ÖfR: État fédéral)* Bundesstaat *m* • *(ArbR)* (Arbeitger-, Arbeitnehmer-) Dachverband *m* • *(Pol)* Parteienbündnis *n*.

**FEMME** *f* **| battue** misshandelte Frau; **– commerçante** Kauffrau; **– divorcée** geschiedene Frau; –

**isolée** *(SozR)* alleinerziehende Mutter.

**FÉRIÉ** *adj* : **jour – légal** gesetzlicher Feiertag.

**FERMAGE** *m* • Landpachtvertrag • Pachtzins.

**FERME** *adj* verbindlich, fest, beständig, unveränderlich.

**FERME** *f* landwirtschaftlicher Betrieb; (Pacht-)Hof *m*; **bail à –** Landpachtvertrag.

**FERMETURE** *f* Schließung *f*, Stilllegung *f*; **– de l'entreprise** Betriebsstillegung; **– d'établissement** *(StR)* Untersagung der Ausübung eines Gewerbes.

**FERMIER** *m* Pächter *m*.

**FERROUTAGE** *m* Huckepackverkehr *m*.

**FERROVIAIRE** *adj* : **trafic –** Eisenbahnverkehr.

**FÊTE** *f* : **jour de –** Feiertag.

**FEU** *m* • *(VersR)* Feuer *n*, Brand *m* • *(WirtR: foyer)* Haushalt *m* • *(pl: StVR)* Verkehrsampeln *fpl*; Scheinwerfer *fpl*; Standlicht *n*; **– de changement de direction, – clignotant** *(StVR)* Blinklicht; **– code** (Scheinwerfer mit) Abblendlicht *n*; **– de position** Standlicht; Schlussleuchte; **–x de signalisation** Verkehrsampel *f*.

**FEU** *adj (= défunt)* verstorben.

**FEUILLE** *f* Blatt *n*, Bogen *m*, Papierbogen *m*; **– d'accident** Unfallanzeigeformular *n*; **– d'arrêt de travail** *(SozVers)* Krankenschein *m*;**– de déclaration** Meldeblatt; **– d'impôts** Steuerbescheid *m*; **– de maladie** *(SozVers)* durch den Arzt (vervollständigtes) Krankenformblatt zwecks Rückerstattung der Arzt- und Arzneikosten (durch die Krankenkasse); **– de papier timbré** Stempelbogen; **– de paie** Lohnzettel *m*, Lohnstreifen *m*; **– de présence** Anwesenheitsliste.

**FIABLE** *adj* zuverlässig; **pronostic –** glaubwürdige Vorhersage.

**FIANÇAILLES** *fpl* Verlobung *f*.

**FIANCÉ** *m* Verlobte(r) *m*, Bräutigam *m*.

**FIANCÉE** *f* Verlobte *f*, Braut *f*.

**FICHAGE** *m* Auflistung *f*; Verdatung, Erfassung in einer Datenbank.

**FICHE** *f* (Kartei-)Karte *f*; Fragebogen *m*, Auftragszettel *m*; Steckbrief *m*; **– anthropométrique** Fingerabdruckkartei des Erkennungsdienstes; **– individuelle** Personalbogen *m*; **– individuelle d'état-civil** Personenstandsurkunde; **– signalétique** Fahndungsblatt *n*.

**FICHIER** *m* • Kartei *f* • Datenbank *f*, Datei *f*; **constitution de –** Datenerfassung, Speicherung (personenbezogener) Daten; **– central** Zentralregister; **– central de chèques et interdits bancaires (= FCC)** frz. zentrale Datei- und Auskunftsstelle über die Gewährung und Abwicklung von Krediten; **– des personnes recherchées** Fahndungsbuch *n*.

**FICTIF** *adj* : **acte –** Scheingeschäft, simuliertes Geschäft; Scheinerklärung; **mariage –** Scheinehe *f*, Nichtehe; **société –ive** Scheingesellschaft.

**FIDÉJUSSION** *f (SchuldR: cautionnement)* Bürgschaft *f*.

**FIDÉLITÉ** *f* Treue *f*, Wahrhaftigkeit *f*; Genauigkeit, Zuverlässigkeit; **obligation de –** Treuepflicht *f*; **– conjugale** eheliche Treue; **– au contrat** Vertragstreue; **prime de –** Treuerabatt *m*.

**FIDUCIAIRE** *adj* fiduziarisch, treuhänderisch; **agent –** Treuhänder *m*; **biens –s** Treuhandvermögen *n*; **circulation –** *(WirtR)* (Bank-) Notenumlauf *m*; **monnaie –** Papiergeld *n*; **société –** Treuhandgesellschaft *f*.

**FIDUCIAIRE** *m* • *(ZR)* Treuhänder *m*, Vermögensverwalter • *(ErbR)* Bedachte(r).

**FIDUCIE** *f* • Treuhand(vertrag) • *(SachR)* Sicherungsübereignung.

**FIGURATIF** *adj* : **marque –ive** Bildzeichen *n*; **marque nominative et –ive** Wort-Bild-Zeichen.

**FILATURE** *f (StR)* Überwachung einer verdächtigen Person.

**FILE** *f* Reihe *f*; **chef de –** Chef *m*, Leiter *m*; Vorreiter *m*; **– d'attente** Schlange *f* (vor einem Schalter).

**FILER** *v.tr.* *(StR)* jmdn. beschatten.

**FILIALE** *f* *(HR)* Tochtergesellschaft *f*.

**FILIATION** *f* *(FamR)* Kindschaftsverhältnis, Eltern-Kind-Verhältnis; Abstammung; **– charnelle** Blutsverwandtschaft, Abstammung väterlicherseits *und/oder* mütterlicherseits; **– consanguine** Abstammung väterlicherseits; **– légitime** eheliche Abstammung; **– naturelle** nichteheliche Abstammung; **– utérine** Abstammung mütterlicherseits.

**FILIÈRE** *f* • Reihenfolge *f* • *(VwR)* Dienstweg *m*, (vorgeschriebener) Instanzenweg • Studiengang *m* • *(WirtR)* Verfahrens(weise) • *(StR)* polizeiliche Überwachung; **par la – administrative** auf dem dienstweg.

**FILLE** *f* **: nom de jeune –** Geburtsname *m*; **– -mère** ledige Mutter; **– publique** Prostituierte.

**FILOUTERIE** *f* *(StR)* (besondere Formen der) Erschleichung von Leistungen; **– de boissons et d'aliments** *(StR)* Zechprellerei *f*; **– de carburants** Tanken *n* ohne zu zahlen; **– de logement** Beherbergungsbetrug *m*; **– de transport** Beförderungsbetrug *m*, Schwarzfahren *n*.

**FIN 1.** *f* • Ende *n*, Ausgang *m*, Schluss *m* • *(but)* Zweck *m*, Absicht *f*, Ziel *n* • Tod *n*, Lebensende *n*; **– de non-recevoir** • *(ZPR)* Einrede der Unzulässigkeit der Klage (wegen Verjährung, Fehlens der Aktivlegitimation • *(i.w.S.)* Ablehnung.

**FINS 2.** *fpl* **(et conclusions)** *(ZPR)* Gegenstand *m* des Verfahrens; Antrag *m*, Vorbringen *n*, (Klage-) Begehren *n*; zur Kenntnisnahme.

**FINANCE 1.** *f* • Barschaft *f*, Bargeld *n* • Geldwesen *n*; Geldgeschäft *n* • Finanzfachleute, Finanziers *mpl*.

**FINANCES 2.** *fpl* • *(HaushR)* Staatseinkünfte, Finanzen (des Staates) • Finanzministerium; Finanzbehörden • Vermögensverhältnisse (einer Person); **commission des –** Finanzausschuss *m*; **loi de –** Haushaltsgesetz; **– publiques** öffentlicher Haushalt; Staatseinkünfte *fpl*.

**FINANCEMENT** *m* Finanzierung *f*, Bereitstellung von Geldmitteln, Kapitalbeschafftung *f*; **société de –** Kapitalanlagegesellschaft.

**FINANCIER** *m* Geldgeber *m*, Bank *f*.

**FINANCIER** *adj* **: droit –** Haushalts- und Steuerrecht; **effet –** Finanzwechsel *m*; **groupe –** Bankenkonsortium *n*; **intermédiaire –** Bank *f*, Kreditinstitut *n*; **marché –** Kapitalmarkt *m*.

**FIRME** *f* • *(HR)* Firma *f*, Firmenname *m*, Firmenbezeichnung • *(HR)* (Handels-)Geschäft *n*, Betrieb *m*, Unternehmen *n*.

**FISC** *m* *(ÖfR)* Steuerbehörde *f*, Fiskus *m*; Staatskasse *f*; Finanzamt *n*.

**FISCAL** *adj* **: assiette –e** Steuerbemessungsgrundlage *f*, Steuergegenstand *m*; **délit –** Steuervergehen *n*; **droit –** Steuerrecht; **évasion –e** Steuerflucht; Steuerausweichung; **fraude –e** Steuerhinterziehung; **recettes –es** Steueraufkommen *n*.

**FISCALISTE** *m* Steuerfachmann *m*, Steuerjurist (tätig in einem Betrieb); Steuerberater *m*.

**FISCALITÉ** *f* Steuerwesen *n*, Steuer- und Abgabenrecht *n*.

**FIXATION** *f* Festsetzung *f*, Festlegung *f*; **– (de la date) d'audience** Terminfestsetzung, Anberaumung eines Verhandlungstermins; **– d'un délai** Fristsetzung; **– de la peine** *(StPR)* Strafbemessung; **– d'un rendez-vous** Vereinbarung eines Termins (für ein Gespräch).

**FIXE** *adj* **: prix –** Festpreis; **sans domicile –** ohne festen Wohnsitz.

**FIXE** *m* Fixum *n*, festes Entgelt.

**FLAGRANCE** *f* *(StPR)* Straftat, die während ihrer Begehung oder kurz danach festgestellt wurde; Aburteilung im beschleunigten Verfahren, Verfahren vor dem Schnellrichter; **enquête de –** (polizeiliche) Untersuchung *f* einer frisch begangenen Straftat.

**FLAGRANT** *adj* offenbar, offensichtlich, augenscheinlich.

**FLAGRANT DÉLIT** • *(prendre en ~)* in flagranti, auf frischer Tat ertappen • frisch begangene Straftat; **procédure de – –** Schnellverfahren, abgekürztes Strafverfahren.

**FLEXIBILITÉ** *f* • Anpassungsfähigkeit, Flexibilität • *(HR)* Kulanz *f*, Entgegenkommen *n* (im Geschäftsverkehr); **– de l'emploi** Mobilität *f* der Arbeitnehmer.

**FLEXIBLE** *adj* **: horaire –** gleitende Arbeitszeit.

**FLOTTANT** *adj* **: dette –e** unfundierte *od.* schwebende Schuld; **électorat –** Wechselwähler *pl.*

**FLUCTUATION** *f* Schwankung *f*, Wertschwankung; **marge de –** Bandbreite *f*; **– de la main-d'œuvre** (häufiger) Arbeitsplatzwechsel.

**FLUX** *m* **de biens** *(Vwirt)* Warenstrom; **– économique** Wirtschaftskreislauf *m*; **– monétaire** Zahlungsverkehr.

**FOI** *f* • *(ÖfR)* Glaube *m* • *(ZR: force probante)* öffentlicher Glaube; guter Glaube (des Erwerbers) • *(SchuldR)* Versprechen *n*, Treue *f*; Zuversicht *f* • *(PrzR)* Glaubwürdigkeit *f*; Vertrauen *n*; **bonne –** • *(SachR)* guter Glaube, Gutgläubigkeit • *(SchuldR)* Treu und Glauben; sich auf etwas verlassen; **faire –** maßgebend sein, gelten; **mauvaise –** Bösgläubigkeit; Unredlichkeit.

**FOIRE** *f* Messe *f* (für Fachbesucher); Ausstellung; Schau *f*; (Automobil-) Salon *m*; **– agricole** Landwirtschaftsmesse; **– artisanale** Handwerksmesse; **– -exposition** Messe (mit Besuchstagen für Privatleute); **– spécialisée** Fachmesse.

**FONCIER** *adj* den Grundbesitz betreffend, Grundstücks-, Immobiliar-; **aménagement –** Flurbereinigung *f*, Bodenreform *f*; **bien –** Liegenschaft *f*, Grundstück; **crédit –** Immobiliarkredit; **dette –ière** Grundschuld *f*; **impôt –** Grundsteuer *f*; **propriété –ière** Grundbesitz *m*.

**FONCTION** *f* • *(ArbR)* Arbeitsverrichtung *f*, Arbeit *f*, Tätigkeit; Aufgaben *fpl*, Befugnisse • *(ÖfR, BeamR)* Posten *m*, Dienststellung, Funktion, Amt *n*, Dienst *m*, dienstliche Tätigkeit, Amtstätigkeit, Dienstgeschäfte *npl*; dienstliche Obliegenheiten *fpl*; **abus de –** Amtsmissbrauch; **cumul de –s** Ämterhäufung; **durée des –s** Amtszeit *f*; **exercice des –s** Amtsausübung; **insigne de –s** Dienstabzeichen *n*; **logement de –s** Dienstwohnung; **usurpation de –s** Amtsanmaßung.

**FONCTION | administrative** *(ÖfR)* Verwaltungstätigkeit, Verwaltung; **– de commandement** Führungsposition, leitende Stellung; **– de direction** Leitungstätigkeit, Führungsaufgabe; **– honorifique** Ehrenamt.

**FONCTION | publique** *(ÖfR)* öffentlicher Dienst; öffentliches Amt; **statut de la – –** Beamtengesetz *n*; **titulaire d'une – –** Inhaber einer Planstelle.

**FONCTIONNAIRE** *m* • *(BeamR)* Beamte(r) *m* • *(i.w.S.)* Amtsträger *m*; **outrage à –** *(StR)* Beamtenbeleidigung; **– de l'ordre judiciaire** Gerichtsperson *f*; Richter *m*; Staatsanwalt *m*; **– subalterne** Beamte(r) des mittleren *od.* einfachen Dienstes; **– supérieur** Beamte(r) des höheren Dienstes.

**FOND 1.** *m* • Grund *m*, Grundlage *f*; Hintergrund *m* • *(ZPR)* Gegenstand *m* (eines Verfahrens), Inhalt *m*, Sache *f*, Hauptsache *f*, materielle Streitsache; **à –** gründlich, gewissenhaft, in allen Einzelheiten; **au –** *(ZPR)* in der Sache selbst, materiellrechtlich; **condition de –** materielles Erfordernis, sachliche Voraussetzung; **décision au –** Entscheidung zur Hauptsache; **juge du –** • *(ZPR)* Richter, der das Sachurteil fällt, Tatsacheninstanz • *(StPR)* Tatrichter; **jugement au –** Sachentscheidung.

**FONDATEUR** *m* Gründer *m*; Stifter *m*; **part de –** *(GesR)* Gründeranteil *m*.

**FONDATION** *f* • *(GesR)* Gründung *f* • *(ZR)* Stiftung *f*; **acte de –** • Gründungsakt • Stiftungssatzung *n*; **– simultanée** *(GesR)* Einheits- *od*. Simultangründung; **– de société** Gesellschaftsgründung.

**FONDÉ** *adj* **: bien –** wohlbegründet; stichhaltig; **mal –** unbegründet.

**FONDÉ DE POUVOIR** • *(ZR)* Beauftragte(r), • *(HR)* Handlungsbevollmächtigte(r), Prokurist *m*.

**FONDEMENT** *m* • Basis *f*, Grundlage *f* • Begründung *f*, Begründetheit *f*; **absence** *ou* **manque de –** Unbegründetheit; **sans –** unbegründet.

**FONDS 2.** *m* • *(SachR: immeuble par nature)* Liegenschaft *f*, Grund und Boden, bebautes *od*. unbebautes Grundstück *n* • *(HR: fonds de commerce)* Geschäftsvermögen *n*, Geschäft *n*, Handelsgeschäft *n* • *(GesR)* Kapital *n*, Stammkapital *n*, Bestand *m*, Vermögen *n*.

**FONDS DE COMMERCE** *(HR)* frz. Handelsunternehmen *n* (als bewegliche unkörperliche Sache), Handelsgeschäft (nebst Kundschaft), Geschäftsvermögen *n* (eines Gewerbetriebes).

**FONDS | commun de placement** Investmentfond, Kapitalanlagegesellschaft; **~ monétaire international** (= FMI) internationaler Währungsfonds (= WF).

**FONDS | servant** *(SachR)* dienendes Grundstück; **– social européen** (= FSE) Europäischer Sozialfonds; **– de solidarité** (1) *(SozR)* Solidaritätsfonds, (2) *(ArbR)* Streikkasse.

**FONDS 3.** *mpl (WirtR: au pluriel – ensemble des capitaux, sommes d'argent et économies)* Mittel *npl*, Geldmittel *npl*; Kapital *n*; Ersparnisse *npl*; Bestände *mpl*; **avance de –** Darlehensgewährung *f*, Geldvorschuss *m*; **bailleur de –** • Geldgeber *m* • stiller Gesellschafter, Kapitalgeber; **détournement de –** *(StR)* Unterschlagung (von Geld); Veruntreuung; **extorsion de –** *(StR)* Erpressung *f*; **prêteur de –** Darlehensgeber.

**FONDS | budgétaires** Haushaltsmittel; **– disponibles** flüssige *od*. verfügbare Gelder *od*. Mittel; **– propres** *(GesR)* Eigenkapital.

**FONDS | publics** • *(BankR, WertpR)* Staatsanleihen *pl*, Staatsschuldverschreibungen *pl* • *(HaushR)* öffentliche Gelder, Mittel der öffentlichen Hand; **– de roulement** *(GesR)* Umlaufvermögen *n*, Betriebskapital; **– secrets** Geheimfonds, Reptilienfonds.

**FONGIBILITÉ** *f (ZR)* Vertretbarkeit *f*.

**FONGIBLE** *adj* **: chose –** vertretbare Sache *f*, Gattungssache; **chose non –** nicht vertretbare Sache, Spezies-Sache, Stück *n*.

**FORCE** *f* • *(puissance)* Kraft *f*, Stärke *f* • *(pouvoir)* Macht *f*, Gewalt *f* • *(activité, efficacité)* Tatkraft *f*, Wirksamkeit • *(ÖfR: acte de contrainte)* Zwang *m* • *(ZR: au pluriel, actif d'un patrimoine)* Gesamtheit der Aktiva, Vermögen *n*; **camisole de –** Zwangsjacke *f*; **recours à la –** Gewaltanwendung.

**FORCE(S) ARMÉE(S)** Streitkräfte *fpl*.

**FORCE de chose jugée** *(PrzR)* (formelle) Rechtskraft *f*, Rechtskraftwirkung.

**FORCE | exécutoire** *(PrzR)* Vollstreckbarkeit (der Entscheidung); **– de frappe** frz. Atomstreitmacht *f*; **– libératoire** befreiende Wirkung (einer Zahlung).

**FORCE | majeure** *(ZR)* höhere Gewalt; **– obligatoire** bindende Kraft, verbindliche Wirkung.

**FORCE | probante** *(PrzR)* Beweiskraft *f*; **–s de l'ordre** *ou* **de police** (Präventiv-)Polizei.

**FORCE publique** *(ÖfR)* Staatsgewalt; Polizei; **agent de la – –** Ordnungshüter, Vollzugs- und

Hilfsorgan der Verwaltungsbehörden; **rébellion contre la – –** *(StR)* Widerstand gegen die Staatsgewalt.

**FORCE rétroactive** Rückwirkung.

**FORCLOS** *adj* (durch Fristablauf) verwirkt, ausgeschlossen, präkludiert.

**FORCLUSION** *f (ZR)* Rechtsausschluss, Rechtsverwirkung; **délai de –** Ausschluss- *od.* Präklusivfrist; **relèvement de –** Wiedereinsetzung in den vorigen Stand.

**FORÊT** *f* **domaniale** Staatsforst *m.*

**FORFAIT** *m* • *(StR)* schwere Straftat *f*, Verbrechen *n* • *(ArbR)* Pauschale *f*, Pauschalpreis *m*; Pauschbetrag *m*; Ablösung *f*, Abfindung *f* • *(HR)* Pauschalkauf *m* • *(SchulR)* Verzicht *m* (auf die Teilnahme an einer Prüfung).

**FORFAITAIRE** *adj* **: indemnité –** pauschalierter Schadensersatz; **prix –** Pauschalpreis.

**FORFAITURE** *f (StR)* Straftat *f* im Amt; Missbrauch *m* der Amtsgewalt.

**FORMALITÉ** *f* Formerfordernis *n*; (einzuhaltende) Formvorschrift *f*; Formalität *f*, Förmlichkeit *f*; **–administratives** Verwaltungsvorschriften *fpl*; **– de procédure** (für einen Prozess) zwingend vorgeschriebene Formerfordernisse.

**FORMATION** *f* • Entstehung *f*, Gründung *f*, Bildung *f*, Schaffung *f* • Ausbildung *f*, Schulung *f*; Ausbildungswesen *n* • Verband *m*, Partei *f*, Gruppierung *f* • Aufbau *m*, Organisation *f* • Kenntnisse *fpl*, Vorbildung *f*; **centre de –** Ausbildungsstätte *f*; **congé de –** Bildungsurlaub; **droit en –** Anwartschaft *f*; **stage de –** Ausbildungslehrgang *m*.

**FORMATION | accélérée** • Intensivschulung, Kurzlehrgang *m* • Anlernung; **– des adultes** Erwachsenenbildung *f*; **– alternée** duales Lehrlingsausbildungssystem *n*; **– continue** Fortbildung; **– du gouvernement** *(VerfR)* Regierungsbildung; **– permanente** Fortbildung; **– professionnelle** • Berufsausbildung • berufliches Bildungswesen; **– sur le tas** Ausbildung am Arbeitsplatz.

**FORME** *f* • (Rechts-)Form *f*, Anordnung einer Urkunde (eines Vertrages, eines Urteils) • Formerfordernis *n*; **en bonne et due –** formgerecht, in der gesetzlich vorgeschriebenen Form; vorschriftsmäßig; **condition de –** Formerfordernis *n*; **couverture d'un vice de –** Heilung eines Formmangels; **vice de –** Formmangel *m*, Formfehler.

**FORME | juridique** Formerfordernis, Formvorschrift; **– olographe** *(ErbR)* eigenhändige Abfassung.

**FORMEL** *adj* **: consentement –** formgerechte Zustimmung.

**FORMELLEMENT** *adv* • förmlich • ausdrücklich; **– interdit** strengstens verboten.

**FORMULAIRE** *m* • Formular *n*, Formblatt *n*, Vordruck *m*, Fragebogen *m* • Formularbuch *od.* -sammlung.

**FORMULATION** *f* (genaue) Formulierung (des Vertragstextes); Wortlaut *m*; Abfassung (eines Vertrages).

**FORMULE** *f* • ausdrücklich vorgeschriebene Form, Rechtsform *f* • Floskel *f*, Redensart *f* • Vordruck *m*, Formblatt *n* • Formel *f*, Redewendung *f*; **– exécutoire** Vollstreckungsklausel *f*; **– de serment** Eidesformel *f*.

**FORT** *adj/adv* **: se porter –** sich verbürgen; **prêter main –e (à qqn.)** jmdm. Hilfe leisten.

**FORTUIT** *adj* **: cas –** Zufall *m*, höhere Gewalt.

**FORTUNE** *f* • *(ZR)* Einkünfte (einer Person), regelmäßig bezogene Einnahmen; Reichtum *m* • *(chance, hasard)* Glück *n*, Glücksfall *m*; Geschick *n*, Schicksal *n*; **état de la –** Vermögensverhältnisse *pll.*

**FOUILLE** *f* • Ausgrabung *f* • *(StPR)* Durchsuchung; **–corporelle, – à corps** *(StR)* (körperliche) Durchsuchung, Personendurchsuchung, Leibesvisitation *f*; – **des véhicules** Durchsuchung von Kraftfahrzeugen.

**FOURGON** *m* **cellulaire** Gefangenenwagen *m*; – **funéraire** Leichenwagen.

**FOURNISSEUR** *m* Lieferant *m*, Lieferfirma *f*; Verkäufer *m*; – **de services** Leistende(r) *m*, Dienstleistungserbringer *m*.

**FOURNITURE** *f* • *(SchuldR)* Leistung, Erbringung (einer Leistung), Beschaffung • *(HR)* Liefervertrag, Verkauf *m*, Lieferung *f* • gelieferte Ware, Lieferung • Arbeitsmaterial *n*, Zubehör *n*; **contrat de** – Liefervertrag *m*; – **de bureau** Bürobedarf *m*; – **scolaires** Unterrichtsmaterial *n*.

**FOYER** *m* Haushalt *m*; Wohnung *f*, Wohnstätte *f*; **abandon de** – *(StR)* böswilliges Verlassen der Familie (ohne Unterhaltsleistung).

**FRAIS** *mpl* • *(ZR)* (zu ersetzende) Kosten *pl*; Spesen *pl*, Auslagen *pl*; Ausgaben; Unkosten • *(PrzR)* Gebühren *fpl*, Gerichtskosten *pl*, Prozesskosten *pl*; **avance des** – Kostenvorschuss *m*; **bordereau des** – Kostenverzeichnis *n*; **charge des** – Kostentragung; **condamner aux** – **et aux dépens** *(PrzR)* zur Tragung der Kosten verurteilen, in die Kosten verurteilen; **faux** – • *(ZR)* kleine, unvorhergesehene Auslagen, Nebenkosten; Spesen • *(ZPR)* Zusatzgebühr *f* für notwendige Auslagen; **remboursement des** – Kostenerstattung *f*; **ventilation des** – Kostenaufschlüsselung.

**FRAIS | accessoires** • *(PrzR)* Zusatzgebühr • *(ZR)* Nebenkosten *pl*; – **d'acquisition** • Erwerbskosten • *(VersR)* Abschlusskosten; – **ban-caires** Bankspesen; – **de bureau** Schreibgebühren; – **communs** Gemeinkosten; – **de courtage** Maklergebühren, Courtage; – **déductibles** abzugsfähige Kosten; – **de déplacement** Reisekosten; – **d'entretien** • *(choses)* Instandhaltungskosten • *(personnes)* Unterhaltskosten; – **d'exploitation** Betriebskosten; – **exposés** verauslagte Kosten; – **de fabrication** Herstellungskosten; – **de fonctionnement** Betriebskosten; – **frustratoires** überflüssigerweise verursachte Kosten; – **funéraires** Bestattungskosten.

**FRAIS | généraux** *(Buchf)* Gemeinkosten, allgemeine Betriebskosten; – **de gestion** Geschäftsführungskosten; – **d'inhumation** Bestattungskosten; – **irrépétibles** nicht erstattungsfähige Kosten; – **judici-aires** Gerichtskosten; – **de magasinage** Lagergeld; – **de main-d'œuvre** Lohnkosten; – **de maintien en état** Instandhaltungskosten; – **médicaux** Arztkosten, Behandlungskosten; – **de mise en état** Instandsetzungskosten; – **de port** Portoauslagen *fpl*; – **de procédure** Verfahrenskosten.

**FRAIS professionnels** *(SteuerR)* Werbungskosten, berufliche Aufwendungen; – **de recours** *(PrzR)* Verfahrenskosten; – **de recouvrement** Inkassogebühren; – **de remise en état** Reparaturkosten; – **de transport** • Fracht- *od.* Transportkosten • *(personnes)* Beförderungs- *od.* Fahrtkosten.

**FRANC** *adj* frei, franko; **délai** – *(ZR)* Frist mit einem zusätzlichen Respekttag; **port** – Freihafengebiet *n*; – **de port** • *(Brief)* frankiert, portofrei • *(HR: Waren)* frei Haus, frei Bestimmungsort.

**FRANCHISAGE** *m (HR)* Franchisevertrag *m*, Franchising *n*.

**FRANCHISE** *f* • Aufrichtigkeit, Offenheit, Freimütigkeit *f* • *(ZollR)* (Zoll-)Freiheit *f* • *(SteuerR)* Freibetrag *m* • *(VersR)* Selbstbeteiligung (des Versicherungsnehmers), Selbstbehalt *m*, Franchise *f* • *(ZR: franchisage)* Gegenstand des Franchisevertrags; – **de droits** Abgabenfreiheit; – **obligatoire** *(VersR)* Selbstbeteiligung.

**FRANCHISÉ** *m (HR)* Franchisenehmer *m*.

**FRANCHISEUR** *m* Franchisegeber *m*.

**FRANCO** *adv (HR: franc de port)* franko, (kosten-)frei; portofrei; **– à bord** (fob) frei an Bord; **– destination** frei Bestimmungsort; **– domicile** frei Haus; **– domicile dédouané** frei Haus verzollt; **– de long du navire** (fas) frei Längsseite (Schiff).

**FRANCOPHONIE** *f* Gemeinschaft der französischsprechenden Völker.

**FRAUDE** *f* • *(StR)* Verfügung mit Schädigungsabsicht • *(ZR)* gesetzwidrige Verhaltensweise • *(i.w.S.)* betrügerische Handlung, arglistige Täuschung *f*; **– alimentaire** Lebensmittelfälschung; **– électorale** Wahlfälschung; **– fiscale** • *(i.w.S.)* Steuervergehen • *(i.e.S.)* Steuerhinterziehung.

**FRAUDEUR** *m* **fiscal** Steuerhinterzieher, *(umg)* Steuersünder *m*.

**FRAUDULEU|X** *adj* **: bilan –x** *(GesR)* Bilanzfälschung; **intention –se** Täuschungsabsicht *f*; **moyens –x** Täuschungshandlungen *fpl*.

**FREINTE** *f (HR)* Abgang *m*; Schwund *m*; **– de route** *(HR)* Leckage *f*.

**FRET** *m* • *(SeeHR, HR)* Frachtkosten *pl*, Fracht *f* • *(SeeHR)* Ladung *f*, Schiffsladung • Frachtgüter *pl*.

**FRÉTEUR** *m (SeeHR)* Reeder *m*, Schiffsausrüster *m*.

**FRONTALIER** *m* Grenzgänger *m*, Grenzbewohner; *adj* **: trafic –** kleiner Grenzverkehr.

**FRONTIÈRE** *f (VR)* (Landes-) Grenze *f*; **police de la –** Grenzpolizei *f*; Grenzschutz *m*; **reconduire à la –** *(AuslR)* abschieben; **tracé de la –** Grenzverlauf *m*; **zone –** Grenzgebiet *n*.

**FRUITS** *mpl* • *(SachR)* Früchte *pl* • *(i.w.S.)* Ergebnis *n*; **jouissance des –** Fruchtgenuss *m*, Fruchtziehungsrecht *n*; **– civils** Rechtsfrüchte; Mietzins *m*; Pachtzins; Gelderträge *mpl*, Zinsen *pl*; **– industriels** Sachfrüchte; Feldfrüchte; **– naturels** Sachfrüchte.

**FUITE** *f* Flucht *f*; Entweichen *n* (aus einer Haftanstalt); **délit de –** *(StVR)* Verkehrsunfallflucht *f*, Fahrerflucht.

**FUSION** Verschmelzung *f*, Fusion *f*, Zusammenschluss *m*.

## G

**GAGE 1.** *m* • *(SachR)* Pfandvertrag *m*, Pfandbestellung *f* (an einer beweglichen Sache) • Verwertungsrecht, Besitzpfandrecht an Mobilien, Faustpfand *n* • *(chose engagée)* Pfand *n*, Pfandsache *f*; **chose remise en –** Pfandsache *f*; **constitution en –** Pfandbestellung, Verpfändung; **prêteur sur –** Pfandleiher *m*, Pfandleihanstalt *f*; **réalisation du –** Verwertung des Pfandes; **– sans déplacement** *ou* **sans dépossession** • *(ZR)* Pfandrecht ohne Besitzübertragung, besitzloses Pfandrecht • *(HR)* Lagerpfandschein; Verpfändung eines Unternehmens; **– par inscription** besitzloses Registerpfandrecht; **– manuel** Faustpfand.

**GAGES 2.** *mpl (ArbR)* Lohn (von Hausangestellten); **tueur à –** gedungener Mörder.

**GAGISTE** *adj/m* **: créancier –** Pfandgläubiger *m*.

**GAIN** *m* • *(ArbR)* Arbeitseinkommen *n*, Lohn *m* • *(HR)* Gewinn *m* • *(ZR)* Vorrecht *n*, Vorteil *m*; **obtenir – de cause** den Prozess gewinnen, im Prozess obsiegen.

**GAMME** *f (HR)* Warenangebot *n*, Sortiment *n*; Produktpalette *f*; **produit haut de –** Spitzenprodukt *n*.

**GARANT** *m* Bürge *m*, Gewährsmann *m*; **se porter – (de)** haften, bürgen, sich verbürgen (für).

**GARANTIE** *f* • *(ÖfR)* Grundrechtsschutz *m* • *(VersR)* Rechtsschutz *m*, Gewährleistung • *(ZR: sûreté)* Sicherheit *f*, Garantie(übernahme) • *(SchuldR)* Mängelgewähr *f*, Mängelhaftung *f*.

**GARANTIE : contrat de –** • Gewährleistungsvertrag • *(SchuldR)* Bürgschaftsvertrag; **délai de –** Gewährleistungsfrist; **exclusion de la –** Gewährleistungsausschluss *m*; **fonds de –** Delkrederefonds; **période de –** Gewährleistungszeit *f*; **promesse de –** Garantiezusage *f*; **sans – du Gouvernement** (= S.G.D.G.) ohne staatliche Garantie.

**GARANTIE | défense recours** Rechtsschutz *m*; **– des dommages** Schadensdeckung *f*; **– d'éviction** *(SchuldR)* Rechtsmängelgewähr *f*; **– du fait personnel** Haftung für eigenes Verschulden; **– légale** gesetzliche Gewährleistungspflicht; **– de ressources** Einkommenssicherung (für Frührentner u. ältere Arbeitslose); **– des vices cachés** Sachmängelgewähr *f*.

**GARANTIR** *v.tr.* • gewährleisten, garantieren, haften • *(cautionner)* bürgen • versichern, decken • zusichern, versprechen.

**GARDE** *f* • *(FamR)* Personensorge *f* (für Minderjährige) • *(SchuldR)* Verfügungsgewalt *f* (über eine Sache) und Gebrauch (einer Sache) • *(i.w.S.)* Aufsicht *f*, Beaufsichtigung; Überwachungspflicht *f*; **– d'une chose** eigenverantwortlicher Betrieb einer Sache.

**GARDE À VUE** *(StR)* vorläufige Festnahme, Polizeigewahrsam *m*; **personne en –** (vorläufig) Festgenommene(r).

**GARDE** *m* **des Sceaux** frz. Justizminister *m*.

**GARDIEN** *m* • *(ZR)* Gewahrsamsinhaber *m*, Halter • *(SchuldR)* Verwahrer; Entleiher; Aufsichtsorgan *n* • *(FamR)* sorgeberechtigte Eltern; Aufsichtspflichtige(r) • *(ÖfR)* Polizeibeamte(r); Beamte(r) einer Strafvollzugsbehörde; **responsabilité du – d'un animal** Tierhalterhaftung *f*; **– de la paix** Schutzmann *m*; **– de prison** (Straf-) Vollzugsbeamte(r).

**GARDIENNAGE** *m* Bewachungs(dienst), Wach- und Schließgesellschaft.

**GASPILLAGE** *m* Vergeudung, Verschwendung; Raubbau *m*.

**GENDARME** *m* frz. Polizeivollzugsbeamte *m*, Angehörige(r) der frz. Gendarmerie.

**GENDARMERIE** *f* *(ÖfR)* frz. Polizeivollzugsdienst (amtierend in kleineren Gemeinden bzw. in ländlichen Bezirken), frz. Gendarmerie *f*.

**GÉNOCIDE** *m* Völkermord *m*.

**GÉRANCE** *f* *(GesR)* Geschäftsführung; **location- –, – libre** *(HR)* Unternehmenspacht, Verpachtung eines frz. Handelsgeschäfts.

**GÉRANT** *m* • *(ZR, HR)* Geschäftsführer *m*, Geschäftsleiter *m*; Pächter *m* • *(GesR, HR)* Geschäftsführer (eines Handelsunternehmens); **– d'affaires (sans titre)** *(ZR)* Geschäftsführer *m* (ohne Auftrag); **– d'un fonds de commerce** Geschäftsführer eines frz. Handelsunternehmens; **– d'immeubles** Immobilienverwalter; **– libre** Geschäftsführer (eines frz. Handelsunternehmens) auf eigene Rechnung; **– de société** *(ZR, GesR)* Geschäftsführer einer frz. GmbH (*od* frz. KG, OHG); Geschäftsführer einer Gesellschaft des bürgerlichen Rechts; **– de succursale** Zweigstellenleiter, Filialleiter.

**GÉRÉ** *m* *(ZR: maître de l'affaire)* Geschäftsherr *m* (im Rahmen einer Geschäftsführung ohne Auftrag).

**GÉRER** *v.tr.* Geschäfte besorgen; die Geschäftsführung ausüben.

**GESTION** *f* • *(ZR)* (Vermögens-) Verwaltung *f* • *(GesR)* Geschäftsführung • *(ÖfR)* Verwaltung öffenlicher Sachen, öffentliche Verwaltung • *(WirtR)* Leitung *f*, Wirtschaftsführung.

**GESTION d'affaires** • *(ZR)* Geschäftsführung ohne Auftrag • *(GesR)* Geschäftsführung.

**GESTION | des biens** *(ZR)* Vermögensverwaltung; **– d'entreprise** Betriebsleitung, Unternehmensführung; **– des entreprises** *(BW)* Betriebswirtschaftslehre *f.*

**GESTIONNAIRE** *m* • *(HR)* Geschäftsführer *m* • *(VwR, ArbR)* Verwalter, Bearbeiter *m.*

**GLOBALISATION** *f (Vwirt)* Globalisierung *f*, Mondialisierung.

**GOODWILL** *m (HR)* (innerer) Geschäftswert, Firmenwert, good will *m.*

**GOUVERNEMENT** *m* • *(ÖfR)* Regierung, Exekutive *f*; Ministerrat *m* • Ausübung der Regierungsgewalt • Regierungssystem *n*; **acte de –** *(ÖfR)* justizfreier Hoheitsakt *m*; Regierungsmaßnahme *f*, politische Entscheidung (im Gegensatz zum Verwaltungsakt); **chef de –** Regierungschef *m*; frz. Premierminister; **commissaire du –** • *(VwPR)* Richter bei den frz. Verwaltungsgerichten (der den streitentscheidenden Richtern einen begründeten Urteilsvorschlag unterbreitet) • *(VwR)* Aufsichtsorgan (des Staates) in gemischtwirtschaftlichen Unternehmungen); **remaniement du –** Regierungsumbildung; **siège du –** Regierungssitz *m.*

**GOUVERNEUR** *m* **de la Banque de France** Präsident der frz. Zentralbank.

**GRÂCE** *f (StR)* Gnadenakt *m* des frz. Staatspräsidenten, Begnadigung *f*, Gnadenerweis *m*; **délai de –** *(ZPR)* (durch Gericht festgesetzte) Nachfrist *f.*

**GRACIER** *v.tr.* begnadigen, die Strafe erlassen.

**GRACIEUX** *adj* • *(SchuldR: gratuit)* unentgeltlich • *(PrzR)* freiwillig, außerstreitig • *(VwPR)* im Wege des Widerspruchsverfahrens.

**GRADE** *m (BeamR)* Dienstgrad *m*, Dienstrang *m*, Amtsbezeichnung; **avancement –** Beförderung.

**GRATIFICATION** *f* Zuwendung; Sondervergütung, Zulage *f*; **– de Noël** Weihnachtsgeld.

**GRATUIT** *adj* **: à titre –** unentgeltlich; **acte à titre –** unentgeltliche Zuwendung; **échantillon –** Warenprobe *f*, Ansichtsmuster *n.*

**GRATUITÉ** *f* Unentgeltlichkeit, Kostenfreiheit; **– de l'enseignement** Schulgeldfreiheit.

**GRAVE** *adj* **: circonstances –s** erschwerende Umstände; **faute –** grobes Verschulden.

**GRAVITÉ** *f* Schwere *f*, Ernst *m*, Gefährlichkeit; **dommage sans –** Bagatellschaden.

**GRÉ** *m* Belieben *n*, Gefallen *n*; **marché de – à gré** *(VwR)* freihändige Auftragsvergabe; **de son plein –** freiwillig; aus freien Stücken.

**GREFFE** *m (GVR)* Geschäftsstelle des Gerichtes, Gerichtskanzlei *f*, Gerichtsschreiberei *f.*

**GREFFIER** *m* • *(PrzR)* frz. Gerichtskanzler *m*, Leiter der Geschäftsstelle (eines frz. Gerichts) • Urkundsbeamte(r) der Geschäftsstelle; Gerichtsschreiber *m*; Protokollführer des Gerichts; **secrétaire –** Urkundsbeamte(r) der Geschäftsstelle; **– d'audience** Protokollführer (bei Gericht.

**GRÈVE** *f (ArbR)* Streik *m*, Arbeitsniederlegung, Ausstand *m*; **appel à la –** Streikaufruf *m*; **briseur de –** Streikbrecher *m*; **piquet de –** Streikposten *m.*

**GRÈVE | abusive** rechtsmissbräuchlicher Streik; **– des aiguilleurs du ciel** Fluglotsenstreik; **– d'avertissement** Warnstreik; **– de la faim** Hungerstreik; **– générale** Generalstreik; **– illégale** *ou* **illicite** rechtswidriger Streik; **– illimitée** unbefristeter Streik; **– avec occupation d'usine** Sitzstreik; **– partielle** Teilstreik; **– perlée** • *(BeamR)* Bummelstreik, Dienst nach Vorschrift • *(ArbR)* Flackerstreik; **– sauvage** wilder Streik; **– surprise** Blitzstreik, Proteststreik; **– sur le tas** Sitzstreik; –

**tournante** rollender Streik, abteilungsweiser Streik; **– du zèle** Dienst *m* nach Vorschrift, Bummelstreik.

**GREVÉ** *adj (SachR)* : **fonds – d'hypothèque** mit einer Hypothek belastetes Grundstück.

**GRÉVISTE** *m* Streikende(r) *m*.

**GRIEF** *m* • *(ZR)* Beeinträchtigung *f* (eines Rechts), Nachteil *m*, Schaden *m* • *(PrzR)* berechtigtes Interesse (auf Grund einer Rechtsbeeinträchtigung) • *(VwR)* Beschwerde *f*, Rüge *f*, Beschwerdegrund *m*; **acte administratif faisant –** beschwerender Verwaltungsakt.

**GRIVÈLERIE** *f* Zechprellerei *f*.

**GROSSE** *f (ZPR)* vollstreckbare Ausfertigung (des Urteils).

**GROSSESSE** *f* Schwangerschaft *f*; **interruption volontaire de la – (= IVG)** Schwangerschaftsabbruch *m*.

**GROSSISTE** *m (HR)* Grossist *m*, Großhändler *m*.

**GROUPE** *m* • *(GesR)* Konzern *m*, Unternehmenszusammenschluss *m* • *(Pol)* Fraktion *f*; **discipline de –** Fraktionszwang *m*; **– bancaire** Bankenkonsortium *n*; **– de pression** *(Pol)* Interessenverband *m*.

**GROUPEMENT** *m* • Konzentration *f* • Gruppierung *f*, Zusammenstellung *f* • Gruppe *f*, Vereinigung *f* • *(VwR)* Verband *m*, Bezirk *m*; **– d'achats** Einkaufsgemeinschaft *f*; **– d'intérêt économique** (= **G.I.E.**) Arbeitsgemeinschaft (= ARGE) (in der Rechtsform einer frz. Gesellschaft des bürgerlichen Rechts); **– d'intérêts** • *(GesR)* Kartell *n* • Interessenvertretung.

**GUERRE** *f* • *(VR)* Krieg *m* • *(i.w.S.)* Auseinandersetzung, Kampf *m*; **acte de –** Kriegshandlung *f*; **crime de –** Kriegsverbrechen *n*; **criminel de –** Kriegsverbrecher *m*; **excitation à la –** Kriegshetze *f*; **prisonnier de –** Kriegsgefangene(r) *m*; **renonciation à la –** Gewaltverzicht *m*.

**GUICHET** *m* **bancaire** Bankschalter *m*.

**GUICHETIER** *m* Schalterbeamte(r).

**GUIDE** *m* • (Fremden-)Führer *m*; Reiseführer • Leitfaden, Ratgeber *m*; **– du contribuable** Ratgeber für Steuerzahler.

## H

**HABILE** *adj* • *(ZR)* rechtsfähig • *(SchuldR, HR)* ermächtigt, berechtigt, befugt; **– à contracter** vertragsfähig; **– à succéder** erbfähig; **– à tester** testierfähig.

**HABILITATION** *f* • *(ZR)* Verleihung *f* einer rechtlichen Fähigkeit; Vollmachterteilung *f* • *(VwR)* Erlaubnis *f*, Zulassung • *(VerfR)* Ermächtigung.

**HABILITÉ** *f* rechtliche Fähigkeit; **– à succéder** Erbfähigkeit *f*.

**HABILITER** • *(ÖfR)* eine (rechtliche) Fähigkeit verleihen, eine Erlaubnis erteilen • *(ZR)* ermächtigen, berechtigen, bevollmächtigen.

**HABITATION** *f* Wohnung *f*, Wohnsitz *od.* -ort; **code de l'urbanisme et de l'–** frz. Städtebau- und Wohnungsbaugesetzbuch *n*; **– à loyer modéré (= HLM)** frz. Sozialwohnung; sozialer Wohnungsbau.

**HABITUDE** *f* **commerciale** Handelsbrauch *m*; **délit d'–** gewohnheitsmäßige Straftat.

**HANDICAPÉ** *adj* behindert, körperbehindert; **personne –e** Behinderte(r).

**HANDICAPÉ** *m* **mental** geistig Behinderte(r); **– physique** Körperbehinderte(r).

**HARCELEMENT** *m* **sexuel** *(StR)* sexuelle Belästigung.

**HAUTE cour de justice** *(VerfR)* Oberster frz. Gerichtshof (zuständig für Hochverrat u. Amtsvergehen des frz. Staatspräsidenten).

**HAUTE trahison** *(StR)* Hochverrat *m*, Landesverrat.

**HEBDOMADAIRE** *adj* : **repos –** wöchentlicher Ruhetag; **travail –** Wochenarbeitszeit.

**HÉBERGEMENT** *m* : **centre d'–** Flüchtlingslager *n*; **droit d'–** *(FamR)* Beherbungsrecht, Besuchsrecht.

**HÉRÉDITAIRE** *adj* : **biens –s** Erbmasse *f*, Erbschaft *f*; **part –** Erbteil *m*; **passif –** die Nachlassschulden *fpl*.

**HÉRÉDITÉ** *f* • *(ErbR)* Nachlass *m*, Vermögen *n* des Erblassers (beim Tode); Erbschaft *f* • Erbrecht *n* (des Erben), Erbfolge *f* • Vererblichkeit von Rechten; **action en pétition d'–** Erbschaftsklage *f*.

**HÉRITAGE** *m* • *(ErbR)* Erbteil *m*, Erbschaft *f*, Nachlass *m*, Erbmasse *f* • *(ErbR)* Erbfolge; **captation d'–** *(StR)* Erbschleicherei *f*.

**HÉRITIER** *m* Erbe *m*; Gesetzeserbe; Testamenterbe; Gesamtnachfolger; **– ab intestat** gesetzlicher Erbe, Intestaterbe; **– réservataire** Pflichtteilsberechtigte(r); **– subséquent** Nacherbe; **– substitué** Ersatzerbe.

**HEURE 1.** *f* • Stunde *f* • Uhr(zeit); **congé sur l'–** fristlose Entlassung; **– d'été** Sommerzeit *f*; **– locale** Ortszeit.

**HEURES 2.** *fpl* | **d'absence** Fehlzeiten *fpl*; **– d'affluence** Hauptgeschäftszeit *f*; **– de consultation** Sprechstunden; **– d'ouverture** Geschäftszeit; **– ouvrables** • Arbeitsstunden • Öffnungszeiten, Publikumsverkehr; **– de pointe** Verkehrsspitze *f*; Stoßzeit; **– de service** Dienststunden; **– supplémentaires** Überstunden.

**HEXAGONE** *m* Frankreich (innerhalb der Landesgrenzen, ohne Überseegebiete).

**HIÉRARCHIE** *f* • *(ÖfR)* Rangordnung *f*, Rangfolge *f*, Rangverhältnis *n*, Hierarchie *f* • *(organisation)* Staffelung *f*, Einteilung *f*, Skala *f*, Stufenordnung *f*.

**HIÉRARCHIQUE** *adj* : **degré –** Dienstgrad *m*; **ordre –** Rangverhältnis *n*; **pouvoir –** Dienstaufsicht *f*; **recours –** Dienstaufsichtsbeschwerde *f*; **voie –** Dienst- *od.* Instanzenweg *m*.

**HOLDING** *f* Effektenhaltungsgesellschaft, Holdinggesellschaft; Dachgesellschaft.

**HOLD-UP** *m* *(StR)* bewaffneter Raubüberfall *m*.

**HOLOGRAPHE** *adj* : **testament –** eigenhändig geschriebenes Testament.

**HOMICIDE** *m* (vorsätzliche oder fahrlässige) Tötung *f*, Totschlag *m* : **par imprudence** fahrlässige Tötung; **– intentionnel, – prémédité** vorsätzliche Tötung, Totschlag.

**HOMME** *m* • Mensch *m*, Person *f*, Individuum *n* • Mann *m*; **droits de l'–** Menschenrechte *npl*; **fait de l'–** *(ZR)* unerlaubte Handlung; **présomption de l'–** *(ZR)* Indizien- *od.* Anzeichenbeweis *m*; **– d'affaires** Geschäftsmann *m*; **– de confiance** Vertrauensperson *f*; **– d'Etat** Staatsmann; **– de loi** Jurist *m*, Rechtskundige(r); **– de main** gedungener Mörder; Helfershelfer; **– de paille** *(ZR)* Strohmann.

**HOMOLOGATION** *f* • *(ZPR)* gerichtliche Anerkennung, Rechtsgültigkeitsverleihung, richterliche Bestätigung *f* • *(VwR)* behördliche Genehmigung *f*, Aufnahme *f* in ein amtliches Verzeichnis; **jugement d'–** Feststellungsurteil *n*.

**HOMOLOGUER** *v.tr.* • *(VwR)* behördlich anerkennen, amtlich bestätigen • *(PrzR)* Rechtskraft verleihen.

**HONNEUR** *m* • *(ZR)* Ehre *f* • *(WirtR)* Standesehre, Berufsehre; **atteinte à l'–** Ehrverletzung *f*, Ehrenbeleidigung *f*; **juridiction d'–** Ehrengerichtsbarkeit *f*.

**HONORABILITÉ** *f* Kreditwürdigkeit *f* (eines Kaufmanns); Ehrbarkeit *f*.

**HONORAIRE** *adj* ehrenamtlich; **membre –** Ehrenmitglied *n*.

**HONORAIRES** *mpl* • *(rémunération de l'avocat)* Honorar *n* • *(émoluments du notaire)* Gebühren *fpl*, Vergütung *f*; **liquidation des –** Honorarfestsetzung; **– d'avocat** Anwaltshonorar; **– d'experts** Sachverständigengebühr *f*.

**HONORER ses dettes** seine Schulden bezahlen.

**HONORIFIQUE** *adj* **: à titre –** honoris causa; **charge –** Ehrenamt *n*.

**HÔPITAL** *m* öffentlich-rechtliches Krankenhaus *n*; **– psychiatrique** Nervenheilanstalt *f*.

**HORAIRE** *m* • *(ArbR)* Arbeitszeit *f* • Stundenplan *m*, Zeitplan • Fahrplan; **salaire –** Stundenlohn *m*; **– à la carte, – flexible, – flottant, – mobile** gleitende Arbeitszeit.

**HORS** *adv* | **cadre** *(BeamR)* außerplanmäßig; **– commerce** nicht verkehrsfähig.

**HÔTEL** *m* *(VwR)* öffentliches Gebäude, Verwaltungszentrum; **– Matignon** Sitz des frz. Premierministers; **– de la Monnaie** frz. zentrales Münzamt (in Paris); **– de la Préfecture** Sitz *m* der Departementverwaltung; **– de ville** Rathaus *n*.

**HÔTELLERIE** *f* Gaststätten- und Beherbergungsgewerbe *n*; Speisewirtschafts- und Beherbungsbetrieb *m*; **contrat d'–** Beherbungsvertrag *m*.

**HUIS-CLOS** *m* **: statuer à –** unter Ausschluss der Öffentlichkeit entscheiden.

**HUISSIER** *m* **(de justice)** • *(ZPR)* Zustellungsperson (als Inhaberin einer amtsähnlichen Stellung); Gerichtsvollzieher *m*, Vollstreckungsbeamte(r) *m* • *(ZPR, ZR)* Amtsperson für die schriftliche Beurkundung eines Vorgangs *od.* Sachverhalts; **constat d'–** amtliche Tatsachenfeststellung, Protokoll *n* des Gerichtsvollziehers; **exploit d'–** Zustellungsurkunde; **– audiencier** Gerichtsdiener des Sitzungsdienstes.

**HUITAINE** *f* **franche** *(ZR, ZPR)* Achttagefrist (die mit dem ersten vollen Tage der Frist beginnt, und am Tage nach Ablauf des achten Tages endigt).

**HUMANITAIRE** *adj* **: aide –** Soforthilfe *f* für unverschuldet in Not geratene Menschen.

**HUMANITÉ** *f* **: crime contre l'–** *(StR)* Verbrechen gegen die Meschlichkeit.

**HYGIÈNE** *f* Gesundheitspflege *f*; **service d'– de la municipalité** städtisches Gesundheitsamt *n*; **– publique** Gesundheitswesen *n*.

**HYPERMARCHÉ** *m* Einkaufszentrum *n*, Verbrauchermarkt *m*, SB-Warenhaus *n*.

**HYPOTHÉCAIRE** *adj* • hypothekarisch • durch eine Hypothek gesichert.

**HYPOTHÈQUE** *f* • *(SachR)* frz. (Buch-) Hypothek *f* • *(WirtR)* Belastung eines Schiffs- *od.* eines Flugzeugs, Schiffshypothek, Luftfahrzeughypothek • *(HR)* besitzloses Pfandrecht; **constitution d'–** Hypothekenbestellung; **radiation de l'–** Hypothekenlöschung.

**HYPOTHÈQUES : conservateur des –** frz. (Finanz-) Beamte(r), dem die Führung des amtlichen frz. Hypothekenregisters obliegt; **registre des –** frz. Hypothekenregister *n* (als Abteilung der Finanzbehörde).

**HYPOTHÉQUER** mit einer Hypothek belasten, hypothekarisch belasten.

# I

**IDENTIFICATION** *f* • Kenntlichmachung, Kennzeichnung, Identifizierung *f* • Feststellung der Nämlichkeit • Gleichsetzung *f*.

**IDENTITÉ** *f* • *(ZR)* Identität *f* • (völlige) Übereinstimmung *f*, Gleichheit *f* • *(ZollR)* Nämlichkeit *f*; **carte d'–** Personalausweis *m*, Kennkarte *f*; **contrôle d'–** Ausweiskontrolle *f*; **photo d'–** Passbild *n*.

**IDENTITÉ | civile** *(ZR)* Name, Vorname, Geburtsdatum und Geburtsort, Abstammung, Geschlecht, Beruf; **– judiciaire** *(StPR)* Fahndungsdienststellen der Polizei; Erkennungsdienst.

**ILLÉGAL** *adj* • gesetzwidrig, ungesetzlich, illegal • *(illicite)* rechtswidrig, rechtsungültig.

**ILLÉGALITÉ** *f* • Gesetzwidrigkeit *f*, Rechtswidrigkeit, Unrechtmäßigkeit, Illegalität *f* • *(VwR)* ungesetzliche Maßnahme, gesetzeswidrige Amtshandlung; **exception d'–** *(VwPR)* Einrede der Gesetzwidrigkeit (einer Verwaltungshandlung).

**ILLÉGITIME** *adj* ungesetzlich, unrechtmäßig, illegitim.

**ILLICÉITÉ** *f* • *(ZR)* Gesetzwidrigkeit (von Rechtsgeschäften) • *(StR)* Rechtswidrigkeit.

**ILLICITE** *adj* unerlaubt, widerrechtlich, unrechtmäßig, rechtswidrig.

**ILLIMITÉ** *adj* : **responsabilité –e** unbeschränkte Haftung.

**IMITATION** *f* • *(contrefaçon)* Nachbildung *f*, Nachahmung *f* • *(falsification)* Fälschung *f*.

**IMMATÉRIEL** *adj* unkörperlich; ideell; **dommage –** immaterieller Schaden.

**IMMATRICULATION** • *(ZR)* Eintragung, Anmeldung *f* • *(HochschulR)* Immatrikulation *f*, Einschreibung • *(StVR: véhicules)* Kennzeichen *n*; Zulassung; **numéro d'–** • *(StVR)* amtliches Kennzeichen (Kfz) • Registernummer *f* • (Personen-)Kennziffer *f*; **numéro d'– à la Sécurité sociale** Sozialversicherungsnummer.

**IMMATRICULER** *v.tr.* • *(Kfz)* anmelden • eintragen • *(Student)* einschreiben, immatrikulieren.

**IMMÉDIAT** *adj* : **cause –e** unmittelbare Ursache; **danger –** drohende Gefahr.

**IMMEUBLE** *adj* unbeweglich; **bien –** Grundstück *n*.

**IMMEUBLE** *m* • Grundstück *n*, unbewegliche Sache, abgegrenzter Teil der Erdoberfläche • Immobilie(n) *f(pl)*, Liegenschaft(en) *f(pl)* • Gebäude *n*, Bauwerk *n*, Baulichkeit *f*, Haus *n*; **– menaçant ruine** einsturzgefährdetes Gebäude; **– par nature** Grund und Boden, Gebäude *n*; **– à usage d'habitation** Wohnhaus.

**IMMIGRANT** *m* Einwanderer *m*; **travailleur –** Gastarbeiter *m*.

**IMMIGRATION** *f* Einwanderung; **– clandestine** illegale Einwanderung.

**IMMIGRÉ** *m* Einwanderer, (aufenthaltsberechtigter) Ausländer.

**IMMINENT** *adj* : **danger –** drohende Gefahr.

**IMMISCER** : **s'–** sich (in fremde Angelegenheiten) einmischen.

**IMMIXTION** *f* Einmischung *f*.

**IMMOBIL | IER** *adj* : **agence –ière, agent –ier** Grundstücksmakler *m*; **biens –iers** Liegenschaften *fpl*, Immobilien.

**IMMOBILISATION** *f* • *(GesR)* Anlagevermögen *n*, Anlagegüter *npl* • Sicherungsvollstreckung (in bewegliches Vermögen) • *(SachR)* rechtliche Umwandlung einer bewegliche Sache in eine Liegenschaft; **– d'un véhicule**

*(StVR)* Entzug *m* der Betriebserlaubnis.

**IMMORAL** *adj (ZR)* sittenwidrig.

**IMMORALITÉ** *f* Sittenwidrigkeit *f* Unsittlichkeit *f*.

**IMMOTIVÉ** *adj* **: décision –e** unbegründete Entscheidung.

**IMMUNITÉ** *f* • *(VerfR)* (parlamentarische) Immunität *f* • Steuerfreiheit *f* • *(StR)* Straffreiheit, gesetzlicher Schutz vor Strafverfolgung; **levée de l'–** Aufhebung der Immunität.

**IMPACT** *m* **: étude d'–** Umweltverträglichkeitsprüfung *f*.

**IMPARTIALITÉ** *f* Unparteilichkeit *f*, Unvoreingenommenheit *f*.

**IMPARTIR un délai à qqn.** jmdm. eine Frist setzen *od.* einräumen.

**IMPAYÉS** *mpl* Außenstände *mpl*; überfällige Forderungen; **recouvrement des –** Eintreibung der Außenstände.

**IMPENSES** *fpl* • *(SachR)* Unterhaltungskosten *pl*, Aufwendungen (für Reparaturen) • *(i.w.S.: dépenses)* Ausgaben, Geldaufwand, Unkosten.

**IMPÉRATIF** *adj (ZR)* (rechts-) verbindlich, obligatorisch, zwingend vorgeschrieben.

**IMPLANTATION** *f* • *(GesR)* Lage *f*, Niederlassung *f*, Standort *m* • Ansiedlung (von Industrien); **choix d'une –** Standortwahl *f*.

**IMPLICATION** *f* • Auswirkung *f* • Einbeziehung *f* (einer Sache in eine andere) • *(StR)* Beteiligung (an einer Straftat) • *(StPR: mise en cause)* Verwicklung (in ein Strafverfahren).

**IMPLICITE** *adj* **: clause –, disposition –** stillschweigende Vereinbarung.

**IMPLI|QUER** *v.tr.* mit sich bringen; **être –qué dans un accident** in einen Unfall verwickelt sein.

**IMPORT** *m siehe:* **importation.**

**IMPORTATEUR** *m* Einfuhrhändler *m*, Importeur *m*, Importunternehmen.

**IMPORTATION** *f* • Einfuhr *f*, Import *m* • *fpl* Einfuhrgüter *npl*, Importwaren *fpl*; **commerce d'–** Einfuhrhandel, Passivhandel.

**IMPOSABLE** *adj* steuerpflichtig, besteuerungsfähig; **matière –** Steuergegenstand *m*; **personne –** Steuerpflichtige(r) *m*.

**IMPOSER** *v.tr.* • *(obliger à)* aufzwingen, vorschreiben, auferlegen • *(taxer)* besteuern, mit einer Steuer belegen • (*v. pron.: s'–*) sich durchsetzen, sich als notwendig erweisen.

**IMPOSITION** *f* • Besteuerung, Auferlegung (von Steuern) • Festsetzung (der Steuerschuld); Veranlagung • Abgabe *f*, Steuer *f*; Steuerlast *f*; **année d'–** Veranlagungsjahr *n*; **avis d'–** Steuerbescheid *m*; **seuil d'–** Steuerfreigrenze *f*.

**IMPOSSIBLE** *m* **: à l'– nul n'est tenu** *(SchuldR)* Unmögliches kann man von niemandem verlangen.

**IMPOSTURE** *f* Betrug *m*, Hochstapelei *f*, Schwindelei *f*.

**IMPÔT** *m* • Steuer *f*, (öffentliche) Abgabe *f* • *mpl* Staatseinnahmen *fpl*; **arriérés d'–** Steuerrückstände *mpl*; **assiette de l'–** Steuerbemessungsgrundlage *f*; **centre des –s** Finanzamt *n*; **code général des –s** (= C.G.I.) frz. Abgabenordnung; **crédit d'–** *(= avoir fiscal)* vorab einbehaltene und auf die Gesamtsteuerschuld anrechenbare Steuer; **déclaration d'–** Steuererklärung; **rappel d'–** Steuernachforderung; **recouvrement de l'–** Steuereintreibung *f*.

**IMPÔT | sur les bénéfices industriels et commerciaux** (= I.B.I.C.) (Gewerbe-)Ertragssteuer; **– sur les bénéfices des sociétés** Körperschaftsteuer.

**IMPÔT | sur le capital** Kapitalverkehrssteuer; **– à cascade** Mehrphasensteuer; **–s cédulaires** die fünf wichtigsten frz. Steuerarten: Grundsteuer, Wertpapiersteuer, Gewerbesteuer, Einkommensteuer, Umsatzsteuer für Land- und Forstwirtschaftliche Betriebe; **– sur le chiffre d'affaires** Umsatzsteuer, Warenumsatzsteuer (= WUSt); –

**communautaire** Gemeinschaftssteuer.

**IMPÔT | direct** direkte *od.* veranlagte Steuer; **– foncier** Grundsteuer; **– sur les grandes fortunes (= IGF)** Sondersteuer auf Großvermögen.

**IMPÔT | indirect** indirekte *od.* mittelbare Steuer; **– local** Gemeindesteuer; **– sur les mutations foncières** Grunderwerbsteuer; **– sur les plus-values** Wertzuwachssteuer; **– réel** Realsteuer; Grundsteuer.

**IMPÔT | sur le revenu** Einkommensteuer, Ertragsteuer; **– sur le revenu des capitaux mobiliers** Kapitalertragsteuer; **– sur le revenu des personnes physiques** (= I.R.P.P.) Einkommensteuer (= ESt.); **– impôt sur les revenus du travail non salarié** Steuer auf Einkommen aus selbständiger Erwerbstätigkeit.

**IMPÔT | sur les sociétés** (= I.S.) Körperschaftsteuer; **– sur les titres et valeurs mobilières** Wertpapiersteuer; **– sur les transactions** Verkehrssteuer; Umsatzsteuer; **– sur les transferts de capitaux** Kapitalverkehrsteuer.

**IMPRESCRIPTIBILITÉ** *f* • Unverjährbarkeit • Unersitzbarkeit.

**IMPRESCRIPTIBLE** *adj* • unverjährbar • nicht ersitzbar, unersitzbar.

**IMPRÉVISIBLE** *adj* unvorhersehbar.

**IMPRÉVU** *adj* : **événement –** unerwartetes Ereignis.

**IMPRIMÉ** *m* Druckschrift *f*; Drucksache *f*; Vordruck *m*; **– commercial** gewerbliche Drucksache; **– publicitaire** Werbeprospekt *n*.

**IMPRIMERIE** *f* **des Journaux officiels** frz. staatliche Druckerei der amtlichen Mitteilungsblätter.

**IMPROPRE** *adj* ungeeignet, unfähig; **– à la consommation** verdorben, ungenießbar.

**IMPRUDENCE** *f* Fahrlässigkeit *f*, Unvorsichtigkeit *f*.

**IMPRUDENT** *adj* unvorsichtig, unbedacht; fahrlässig.

**IMPUNÉMENT** *adv* ungestraft, ohne nachteilige Folgen.

**IMPUNITÉ** *f* Straflosigkeit, Straffreiheit *f*; **agir en toute –** handeln, ohne mit einer Strafverfolgung rechnen zu müssen.

**IMPUTABILITÉ** *f* • *(SchuldR)* Ausgleichbarkeit gegenseitiger Forderungen, Anrechenbarkeit *f* • *(StR)* Zurechenbarkeit (einer Straftat), Vertretenmüssen *n*.

**IMPUTABLE** *adj* • anrechenbar • *(StR)* zurechenbar.

**IMPUTATION** *f* • *(Buchf)* Anrechnung, Verrechnung • *(StR)* Beschuldigung, Bezichtigung.

**IMPUTER** *v.tr.* • *(Buchf)* anrechnen, aufrechnen • *(StR)* beschuldigen, zur Last legen.

**INADMISSIBLE** *adj* unzulässig; **négligence –** vorwerfbare Fahrlässigkeit.

**INADVERTANCE** *f* : **par –** aus Versehen.

**INALIÉNABILITÉ** *f* Unveräußerlichkeit *f*.

**INALIÉNABLE** *adj* unveräußerlich.

**INAMOVIBILITÉ** *f* Unabsetzbarkeit.

**INAMOVIBLE** *adj* auf Lebenszeit.

**INAPPLICABLE** *adj* nicht anwendbar.

**INAPTE** *adj* • arbeitsunfähig, dienstuntauglich • ungeeignet, ohne die erforderliche Eignung.

**INAPTITUDE** *f* • Untauglichkeit *f*, mangelnde Eignung, • Unfähigkeit *f*; **– physique** körperliche Untauglichkeit; **– au service** Dienstunfähigkeit.

**INATTENTION** *f* Unachtsamkeit, Unaufmerksamkeit.

**INCAPABLE** *adj* **de contracter** vertragsunfähig; **– d'exercer une activité lucrative** erwerbsunfähig.

**INCAPACITÉ** *f* • *(ZR)* Geschäftsunfähigkeit; Einschränkung der Rechtsfähigkeit, Unfähigkeit bestimmte Rechtsgeschäfte vorzunehmen • *(ArbR)* Arbeitsunfähigkeit *f* • *(StR)* Verlust der Geschäftsfähigkeit und Einschränkung der Rechtsfähigkeit (durch Richterspruch); **– de contracter** mangelnde Vertragsfähigkeit; **– d'ester en justice** *(ZPR)* Prozessunfähigkeit.

**INCAPACITÉ d'exercice** Geschäftsunfähigkeit, Fehlen der vollen Geschäftsfähigkeit.

**INCAPACITÉ | de jouissance** beschränkte Rechtsfähigkeit, teilweise Rechtsunfähigkeit; **– permanente** Erwerbsunfähigkeit; **– permanente partielle** (= I.P.P.) Minderung der Erwerbsfähigkeit; **– physique** körperliche Untauglichkeit, Erwerbsunfähigkeit *f*; **– spéciale** *(ZR)* Unfähigkeit, bestimmte Rechtsgeschäfte vorzunehmen; **– temporaire de travail (= ITT)** *(ArbR)* vorübergehende Arbeitsunfähigkeit; **– temporaire partielle (= ITP)** vorübergehende teilweise Arbeitsunfähigkeit.

**INCAPACITÉ de travail** Arbeits- *od.* Erwerbsunfähigkeit.

**INCARCÉRATION** *f (StR)* Inhaftierung.

**INCARCÉRER** *v.tr.* in Haft nehmen.

**INCENDIAIRE** *m* Brandstifter *m.*

**INCENDIE** *m* Brand *m*, Feuer *n*, Feuerbrunst *f*; **dommage causé par –** Brandschaden *m.*

**INCENDIER** in Brand setzen, anzünden.

**INCERTAIN** *adj* ungewiss, unbestimmt, vom Zufall abhängig; veränderlich, unbeständig, unzuverlässig.

**INCERTITUDE** *f* **juridique** Rechtsunsicherheit.

**INCESSAMMENT** *adv* unverzüglich.

**INCESSIBILITÉ** *f (SachR)* Unübertragbarkeit *f*, Unabtretbarkeit *f.*

**INCESSIBLE** *adj* nicht übertragbar, nicht abtretbar, unübertragbar.

**INCIDENT** *m* • *(ZPR)* Änderung *od.* Erweiterung des Klageantrags (im Laufe des Verfahrens), Klageänderungsantrag *m* • *(VR)* Zwischenfall *m* • *(BW)* (Betriebs-) Störung; **appel –** *(ZPR)* Anschlussberufung.

**INCIDENT | d'audience** *(ZPR)* An-trag während der mündlichen Verhandlung; **– de procédure** Zwischen- *od.* Inzidentstreit.

**INCITATEUR** *m (StR)* Anstifter *m.*

**INCITATION** *f* • *(StR)* Anstiftung *f* • *(BW)* Anreiz *m*, Förderung, Anregung; **– au crime** Anstiftung zu einem Verbrechen; **– à la débauche** Förderung sexueller Handlungen; **– à la haine raciale** Aufstachelung zum Rassenhass, Volksverhetzung.

**INCITER** *v.tr* • *(StR)* anstiften, aufwiegeln, Vorschub leisten • *(BW)* fördern, anregen.

**INCLUS** *adj* inbegriffen, inklusive; anbei, als Anlage; **ci-inclus** beiliegend.

**INCOMBER (à/de)** *v.tr ind.* obliegen, verpflichtet sein (etw. zu tun), zukommen.

**INCOMPATIBILITÉ** *f (BeamR)* (Ämter-) Unvereinbarkeit *f.*

**INCOMPÉTENCE** *f* • *(PrzR)* Unzuständigkeit *f*, Verletzung der Zuständigkeit(sregeln) • *(ArbR)* Unfähigkeit *f*, mangelnde Sachkenntnis; **exception d'–** Einrede der Unzuständigkeit.

**INCOMPÉTENT** *adj* • *(PrzR)* unzuständig • *(ArbR)* nicht sachverständig, inkompetent.

**INCOMPRESSIBLE** *adj* • *(Ausgaben)* uneinschränkbar • *(Bedarf)* lebensnotwendig; **frais –s** Fixkosten.

**INCONDITIONNEL** *adj* **: acceptation –le** vorbehaltslose Annahme.

**INCONSTITUTIONNALITÉ** *f* Verfassungswidrigkeit *f.*

**INCONSTITUTIONNEL** *adj* verfassungswidrig.

**INCONSTRUCTIBLE** *adj* **: zone –** unbebaubares, nicht zu erschließendes Gebiet.

**INCONTESTABLE** *adj* **: preuve –** eindeutiger *od.* unwiderlegbarer Beweis.

**INCONTESTÉ** *adj* unstreitig, unbestritten.

**INCORPOREL** *adj* : **biens –s** • *(ZR)* unkörperliche Güter, Immaterialgüter(rechte); Forderungen; Wertpapiere; Klagen • geistiges Eigentum; gewerbliche Schutzrechte.

**INCRIMINABLE** *adj* : **action –** vorwerfbare Handlung.

**INCRIMINATION** *f* • *(StR)* Festlegung der gesetzliche (Straf-) Tatbestandsmerkmale • *(StPR)* Tatvorwurf.

**INCRIMINER** *v.tr.* einen Tatvorwurf erheben, jmdm. (eine Straftat) zur Last legen.

**INCULPATION** *f (StPR: remplacé par la mise en accusation)* Eröffnung eines Ermittlungsverfahrens (durch die Staatsanwaltschaft), Beschuldigung, Anschuldigung; **acte d'–** Anklageschrift.

**INCULPÉ** *adj* : **personne –e** *ou* **inculpé** *m* • *(StPR: personne mise en examen)* Beschuldigte(r) *m* (im Ermittlungsverfahren) • *(StPR: personne mise en cause)* Angeschuldigte(r) (nach Erhebung der Anklage) • *(StR)* Person, die einer Übertretung beschuldigt wird.

**INCULPER** *v.tr.* ein Ermittlungsverfahren eröffnen, ein Strafverfahren einleiten, beschuldigen; Anklage erheben (gegen), anklagen.

**INDEMNISABLE** *adj* entschädigungsfähig; erstattungsfähig.

**INDEMNISATION** *f* • *(SchuldR)* Entschädigung *f*, Schadensersatz *m* • *(VersR)* Schadensabwicklung; **action en –** Schadenersatzklage *f*.

**INDEMNISER** *v.tr.* jmdn. entschädigen, Schadensersatz leisten.

**INDEMNITÉ** *f* • *(ZR)* Entschädigung (in Geld), Schaden(s)ersatz *m*, Schadloshaltung, Ersatzleistung • *(ArbR)* Zulage *f*, Vergütung *f*, Unterstützung.

**INDEMNITÉ | en capital** Kapitalabfindung; **– en cas d'accident** Unfallentschädigung; **– de cherté de vie** Teuerungszulage; **– de chômage** Arbeitslosengeld; **– de clientèle** *(HR)* Entschädigung für Betreuung u. Erweiterung der Kundschaft.

**INDEMNITÉ | compensatoire** *ou* **compensatrice** • Ausgleichsbetrag *m* • Härteausgleich; **– complémentaire** Zusatzvergütung.

**INDEMNITÉ | de décès** Sterbegeld; **– de déplacement** Reisekostenvergütung.

**INDEMNITÉ | familiale** Familienzulage; **– de fonctions** *(BeamR)* Dienstzulage; **– de frais professionnels** Aufwandsentschädigung.

**INDEMNITÉ | de grève** Streikgelder, Streikunterstützung; **– pour heures supplémentaires** Überstundenvergütung; **– journalière** • Tagegelder • *(SozVers)* Krankengeld.

**INDEMNITÉ | parlementaire** *(VerfR)* Diäten *pl* (der Abgeordneten); **– de résidence** Ortszuschlag; **– de rupture abusive** Entschädigung wegen vertragswidriger Kündigung.

**INDÉNIABLE** *adj* : **preuve –** unwiderlegbarer Beweis.

**INDÉPENDANCE** *f* Unabhängigkeit *f*, Autonomie *f*; **– de la magistrature** richterliche Unabhängigkeit.

**INDÉPENDANT** *m (WirtR)* Freiberufler *m*, Selbständiger *m*.

**INDÉTERMINÉ** *adj* unbestimmt; nicht in Geld bezifferbar.

**INDEXATION** *f* • *(Vwirt)* Indexierung, Indexbindung *f* • Registrierung, Eintragung; **clause d'–** • Wertsicherungsklausel *f* • Gleitklausel.

**INDICATEUR** *m* • *(StR)* Denunziant *m*, Spitzel *m* • Fahrplan *m*, Kursbuch *n* • (Wirtschafts-) Indikator *m*; (Warn-)Zeichen *n*.

**INDICATIF** *adj* : **prix –** unverbindlicher Richtpreis, Preisempfehlung.

**INDICATIF** *m* | **d'appel** Rufzeichen *n*; **– téléphonique** Vorwahlnummer *f*.

**INDICATION** *f* • Angabe *f*, Anzeige *f*, Aussage *f* • Hinweis *m*, Information *f*, Andeutung *f* • Bezeichnung; Merkmal *n* • Indiz *n*, Beweis *m*; **– des faits** Sachverhaltsdarstellung; – **des motifs** Angabe von Gründen; – **d'origine** *ou* **de provenance** • Ursprungsangabe *f* • Herkunftsbezeichnung.

**INDICE** *m* • *(PrzR)* Indiz *n*, Anzeichen *n*, (Anzeichen-) Beweis *m*, Indizienbeweis • *(Vwirt)* Indexzahl *f*, Richtzahl; Messziffer.

**INDICIAIRE** *adj* **: preuve** – Anscheins- *od.* Indizienbeweis.

**INDIGENCE** *f* Mittellosigkeit *f*, Bedürftigkeit *f*.

**INDIGENT** *m* Mittellose(r), Bedürftige(r) *m*; *adj* mittellos, bedürftig.

**INDIGNE** *adj* unwürdig; verwerflich; – **de succéder** erbunwürdig.

**INDISCRÉTION** *f* Vertrauensbruch *m*; Verletzung der Schweigepflicht; – **financière** *(StR)* Insider-Delikt *n*.

**INDISPENSABLE** *adj* • unentbehrlich • unbedingt erforderlich, notwendig, unerlässlich, unumgänglich.

**INDISPONIBILITÉ** *f* • *(ZR)* Verfügungsverbot *n* • *(SachR)* Unveräußerlichkeit • *(BeamR)* (vorübergehende) Dienstunfähigkeit *f*.

**INDISPONIBLE** *adj* **: droit** – unveräußerliches Recht.

**INDISSOLUBLE** *adj* unauflösbar.

**INDIVIDUEL** *adj* **: acte** – *(VwR)* Verwaltungsakt *m*; **liberté –elle** persönliche Freiheit; **propriété –elle** Privateigentum *n*.

**INDIVIS** *adj* **: héritiers** – Erben *pl* in ungeteilter Erbengemeinschaft.

**INDIVISAIRE** *m (ZR)* Mitberechtigter (bei ungeteilter Rechtsgemeinschaft); Gesamthänder; Miteigentümer, Mitinhaber; Miterbe.

**INDIVISIBILITÉ** *f* • *(VerfR)* Unteilbarkeit (des Statsgebiets); untrennbare Verbindung • Gesamthandsschuld, Gesamtgläubigerschaft • *(StR)* Gesamtstrafe (bei Konkurrenz von Straftaten).

**INDIVISIBLE** *adj* zur gesamten Hand.

**INDIVISION** *f* • *(SachR: copropriété)* Miteigentum *n* • *(ZR)* Rechtsgemeinschaft • Gemeinschaft des Besitzes.

**INDU** *m (SchuldR)* nicht geschuldete Leistung; irrtümlich gezahlter Betrag; **répétition de l'–** Rückforderung des irrtümlich geleisteten.

**INDULGENCE** *f* Milde *f*, Nachsicht *f*, Verständnis *n*.

**INDÛMENT** *adv* **: somme – payée** zu Unrecht gezahlter Betrag.

**INDUSTRIE** *f* Industrie *f*, Gewerbe *n*, Industriezweig *m*; **apport en –** *(GesR)* Einlage *f* in Form von unternehmerisch-technischem Wissen; – **d'armement** Rüstungsindustrie; – **du bâtiment** Baugewerbe *n*, Hochbau *m*; – **de biens de consommation** Verbrauchsgüterindustrie; – **de biens d'équipement** Investitionsgüterindustrie.

**INDUSTRIE | hôtelière** Bewirtungs- und Beherbergungsgewerbe; – **navale** Schiffsbau; – **nucléaire** Atomwirtschaft; – **touristique** Fremdenverkehrsgewerbe; – **de transformation** Veredelungsindustrie.

**INDUSTR | IEL** *adj* **: espionnage –iel** Wirtschaftsspionage; **propriété –ielle** gewerbliches Eigentum; gewerblicher Rechtsschutz; **zone –ielle (= ZI)** Gewerbegebiet *n*.

**INDUSTRIEL** *m* Industrielle(r) *m*; Unternehmer *m*, Gewerbetreibende *m*.

**INÉDIT** *adj* • *(UrhR)* unveröffentlich, ungedruckt • *(fig.)* neu, erstmalig, noch nicht dagewesen.

**INEFFICACE** *adj* • unwirksam, wirkungslos, ineffizient • unfähig, unbrauchbar • unwirtschaftlich.

**INÉGALITÉ** *f* Ungleichheit *f*; – **des chances** Chancenungleichheit; – **de traitement** Diskriminierung.

**INÉLIGIBLE** *adj* nicht wählbar.

**INÉLUCTABLE** *adj* **: conséquence –** unweigerlich eintretende Folge.

**INÉQUITABLE** *adj* ungerecht, unbillig.

**INÉVITABLE** *adj* unvermeidlich, unabwendbar; notwendig.

**INEXACT** *adj* ungenau, unrichtig, falsch, unzutreffend; (Person) unpünktlich.

**INEXCUSABLE** *adj* : **erreur –** unentschuldbarer Irrtum; **faute –** grobe Fahrlässigkeit.

**INEXÉCUTABILITÉ** *f* • Unerfüllbarkeit *f*, Undurchführbarkeit • Nichtvollstreckbarkeit.

**INEXÉCUTION** *f* (schuldhafte) Nichterfüllung; **exception d'–** Einrede des nicht erfüllten Vertrages; **– d'un contrat** Leistungsstörung, positive Vertragsverletzung.

**INEXIGIBLE** *adj* • uneintreibbar • noch nicht fällig.

**INEXISTANT** *adj* nicht (mehr) vorhanden, nicht bestehend.

**INEXISTENCE** *f* Fehlen *n*, Nichtbestehen *n*, Nichtvorhandensein *n*; **– de l'acte juridique** Rechtsgeschäft, dem eine Wirksamkeitsvoraussetzung fehlt.

**INEXPÉRIMENTÉ** *adj* unerfahren, ohne (Berufs-)Erfahrung.

**INEXPLOITÉ** *adj* • *(ressources)* ungenutzt • *(sol)* brachliegend.

**INFALSIFIABLE** *adj* : **carte d'identité –** fälschungssicherer Personalausweis.

**INFAMANT** *adj* ehrenrührig, entehrend, verleumderisch.

**INFANTICIDE** *m* • Kindestötung • Kindermörder(in).

**INFÉRIEUR** *adj* unter, untergeordnet; unterhalb liegend; **tribunal –** unteres Gericht.

**INFIDÈLE** *adj* untreu, treulos; unehrlich; unzuverlässig, ungenau; **traduction –** falsche Übersetzung.

**INFIDÉLITÉ** *f* Untreue *f*, Treulosigkeit.

**INFIRMATIF** *adj* : **arrêt –** *(PrzR)* Abänderungs- *od.* Aufhebungsurteil.

**INFIRMATION** *f* Aufhebung *od.* Abänderung (eines Urteils durch die Rechtsmittelinstanz); Entkräftung.

**INFIRME** *adj* • körperbehindert • schwächlich, gebrechlich.

**INFIRMER** • *(PrzR: jugement)* aufheben, abändern • *(affirmation)* in Abrede stellen, verneinen, dementieren • widerlegen, entkräften.

**INFIRMITÉ** *f* Gebrechen *n*, Invalidität *f*, Leiden *n*; **– permanente partielle** dauernde teilweise Arbeitsunfähigkeit; **– permanente totale** vollständige Erwerbsunfähigkeit.

**INFLATION** *f* Inflation *f*, (allgemeine) Preissteigerung; **taux d'–** Inflationsrate *f*.

**INFLIGER** *v.tr.* **une peine à qqn.** gegen jmdn. eine Strafe verhängen; **– de mauvais traitements** misshandeln.

**INFLUENCE** *f* : **sphère** *ou* **zone d'–** Wirkungsbereich *m*, Einflusssphäre *f*; **trafic d'–** *(StR)* Konnivenz *f*.

**INFORMATEUR** *m* Auskunftsperson *f*, informeller Mitarbeiter; Informant.

**INFORMATION** *f* • *(StPR)* Voruntersuchung *f*, Untersuchung, polizeiliche Vorermittlung; Ermittlungen *fpl*; Ermittlungsverfahren *n* • Benachrichtigung *f*, Mitteilung, Information, Meldung • Nachricht *f*, Auskunft *f*; Angaben *fpl*; **bulletin d'–s** Nachrichtensendung; **droit à –** *(ÖfR)* Informationsrecht; Auskunftspflicht (der Behörden); **obligation d'–** Informationspflicht (des Verkäufers gegenüber dem Käufer), Aufklärungsverpflichtung.

**INFORMATION | contre X (pour recel)** Einleitung eines Strafverfahrens gegen Unbekannt (wegen Hehlerei); **– préliminaire** *(StPR)* Vorverfahren *n*, Ermittlungsverfahren (in Strafsachen).

**INFORMATIQUE** *f* *(DV)* Informatik *f*, Datenverarbeitung; Computertechnik *f*; **commission – et libertés (= CIL)** frz. Datenschutzbeauftragter; **loi sur l'– et les libertés** frz. Datenschutzgesetz *n*; **– juridique** Rechtsinformatik *f*.

**INFORMATIQUE** *adj* : **fichier –** Datei *f*; **fraude –** *(StR)* Computerbetrug *m*; rechtswidrige Datenveränderung; **délinquance –** Computerkriminalität *f*; Computerstraftaten; Computersabotage *f*; **piratage –** Softwarediebstahl *m*.

**INFORMER** • *(StPR)* eine Voruntersuchung durchführen, Ermittlungen anstellen • mitteilen, melden, benachrichtigen; **ordre d'–** *(StPR)* Anordnung zur Durchführung strafrechtlicher Ermittlungen.

**INFRACTION** *f (StR)* strafbare Handlung, Straftat *f*, Gesetzesübertretung *f*; Zuwiderhandlung, Verstoß *m*; **concours d'–s** Zusammentreffen mehrerer strafbarer Handlungen; **lieu de l'–** Tatort *m*.

**INFRACTION | au code de la route** Verstoß gegen die Straßenverkehrsordnung; **– commise à l'étranger** Auslandsstraftat *f*; **–s connexes** (mehrere) rechtlich unabhängige Straftaten (die eine Handlungseinheit bilden; **– continue** *(StR)* Dauerdelikt *n*, Aufrechterhaltung des rechtswidrigen Zustandes; **– continuée** *(StR)* fortgesetzte Handlung; **– économique** Wirtschaftsstraftat; **– d'habitude** gewohnheitsmäßiges Handeln; **– instantanée** *(StR)* Straftat, die sich in einer (einzigen) Handlung erschöpft.

**INFRACTION | manquée** unfreiwilliger Rücktritt (von einer Straftat); **– permanente** *(StR)* Zustandsdelikt *n*; **– de police** Übertretung *f*, (entspricht der Ordnungswidrigkeit); **– successive** Dauerdelikt *n*.

**INFRASTRUCTURE** *f* • *(Vwirt)* Infrastruktur *f*; öffentliche Einrichtungen, Anlagen *fpl* • innerer Aufbau *m* • Fundament *n*, Basis *f*.

**INGÉNIERIE** *f* • *(recommandation officielle pour: engineering)* Unternehmensberatung *f*, Ingenieurbüro *n* • Entwicklung *f*, Auftragsabwicklung *f*; Kostenkalkulation *f*.

**INGÉRENCE** *f (VR)* Einmischung *f* (in innere Angelegenheiten).

**INGRATITUDE** *f (SchuldR)* grober Undank *m*, Undankbarkeit *f*.

**INHUMANITÉ** *f* **: acte d'–** besondere Grausamkeit, Barbarei *f*.

**INHUMATION** *f* Bestattung, Beerdigung *f*; **– dans la fosse commune** Beisetzung im Massengrab.

**INIQUE** *adj* ungerecht, unbillig.

**INITIATIVE** *f* • Initiative *f*, Anregung *f*, Anstoß *m* • *(VerfR)* Recht *n* zur Einbringung von Gesetzesvorlagen; **– des lois** Gesetzesinitiative.

**INITIÉ** *m* **: délit d'–** strafbare Verwendung der eigenen Insiderkenntnisse.

**INJONCTION** *f* • *(ÖfR)* Befehl *m*, (An-) Weisung, Anordnung, Aufforderung • *(ZPR)* richterliche Anordnung • *(VwR)* beschwerender Verwaltungsakt; **procédure d'–** *(VwPR)* Verwaltungszwangsverfahren *n*; **– de paiement** *ou* **de payer** *(ZwangsVR)* Zahlungsbefehl *m*.

**INJURE** *f* • Schimpfwort *n*, Beschimpfung *f* • Beleidigung *f*, Ehrenkränkung *f*.

**INJURIEUX** *adj* **: propos –** beleidigende Äußerung.

**INJUSTE** *adj* **: soupçon –** unbegründeter *od.* ungerechtfertigter Verdacht.

**INJUSTICE** *f* Ungerechtigkeit *f*, Unrecht *n*; **être victime d'une –** ungerecht behandelt werden.

**INJUSTIFIÉ** *adj* **: réclamation –e** unbegründeter Antrag.

**INNOCENCE** *f* **: établir son –, prouver son –** seine Unschuld beweisen.

**INNOCENT** *adj* unschuldig; *m* Unschuldige(r); **fait –** rechtsunerhebliche Tatsache.

**INOBSERVATION** *f* Nichtbeachtung *f*, Nichtbefolgung; **– du contrat** Verletzung der vertraglichen Vereinbarung; **– du délai** Nichteinhaltung der Frist.

**INOPPORTUN** *adj* unzweckmäßig, ungeeignet; **requête –e** schlecht gewählter Zeitpunkt für einen Antrag.

**INOPPOSABILITÉ** *f* Nichteinwendbarkeit *f*; **– de l'exception** *(PrzR)* Einwendungsausschluss *m*.

**INOPPOSABLE** *adj* nicht entgegensetzbar, nicht einwendbar.

**INQUISITOIRE** *ou* **inquisitorial** *adj* : **procédure –** *(StPR)* Inquisitionsprozess, Strafprozess nach dem Inquisitionsprinzip.

**INSAISISSABLE** *adj* : **bien –** unpfändbare Sache; **salaire –** pfändungsfreies Arbeitseinkommen.

**INSCRIPTION** *f* • *(GB)* Eintragung • Aufschrift *f*, Beschriftung *m*; **droit d'–** Einschreibegebühr *f*, Anmeldungsgebühr; Teilnahmegebühr; **– au chômage** Arbeitslosmeldung; **– au dossier** Aktenvermerk *m*.

**INSCRIPTION | de faux** *(ZPR)* Klage *f od.* Antrag auf Feststellung einer Urkundenfälschung; **– à l'ordre du jour** Aufnahme in die Tagesordnung.

**INSCRIPTION | préalable** *(GB)* Vormerkung *f*; **– au registre du commerce** Handelsregistereintragung; **– au rôle** *(ZPR)* Eintragung einer Streitsache im Register der Gerichtskanzlei (zur Anberaumung eines Termins zur mündlichen Verhandlung).

**INSÉRER** • einfügen, einsetzen • *(Zeitung)* ein Inserat aufgeben, inserieren; einrücken, einschalten.

**INSERTION** *f* • (öffentliche) Bekanntmachung • *(Werbung)* Inserat *n*, Annonce *f* • *(Vertragsklausel)* Einfügung *f* • Vertrautwerden *n* (mit dem Umfeld) • *(SozR)* Eingliederung (in die soziale Gemeinschaft) • *(StR)* Resozialisierung.

**INSIGNIFIANT** *adj* unbedeutend, belanglos; unerheblich; **dommage –** Bagatellschaden *m*.

**INSOLVABILITÉ** *f* Zahlungsunfähigkeit, Insolvenz.

**INSOLVABLE** *adj* zahlungsunfähig, insolvent.

**INSOUMISSION** *f* • *(StR)* Ungehorsam *m*, Widersetzlichkeit *f* • Kriegsdienstverweigerung.

**INSPECTEUR** *m* Aufsichtsbeamte(r) *m*, Inspekteur; **– d'académie** *(SchulR)* Oberster frz. Beamter eines Schulbezirks für das Schul- und Hochschulwesen; **– de police** Kriminalinspektor; **– du travail** Gewerbeaufsichtsbeamte(r) *m*.

**INSPECTION** *f* • Besichtigung *f*, Untersuchung *f*, Augenschein *m* • Überwachung *f*, Inspektion *f*, Prüfung *f* • *(VwR)* Aufsichtsdienststelle *f*, Aufsichtsbehörde; **– académique** Schul- und Hochschulaufsichtsbehörde; **– générale de l'administration (= IGA)** Oberste frz. Verwaltungsaufsichtsbehörde; **– générale des finances (= IGF)** Oberste frz. Finanzaufsichtsbehörde; **– générale de la police nationale (= IGPN)** Oberste frz. Polizeiaufsichtsbehörde; **– du travail** frz. Gewerbeaufsichtsamt *n*, Arbeitsaufsichtsbehörde *f*.

**INSTALLATION** *f* • Anlage *f*; Ausrüstung *f*, Ausstattung *f*; Einbau *m*, Einrichtung *f*, Montage *f* • Amtsantritt *m*, Amtseinsetzung *od.* -einführung; **– classée** *(établissement dangereux et insalubre)* Wirtschaftsanlage, die eine besondere Betriebsgefahr mit sich bringt; **– nucléaire** Kernkraftanlage *f*.

**INSTANCE** *f* • *(ZPR)* Instanz *f*, Rechtszug *m*; Verfahrensabschnitt *m*; (gerichtliches) Verfahren *n* • *(ZPR, StPR)* Gericht *n* (in der Instanzenordnung) • *(ZPR)* Rechtsstreit *m*, Rechtssache *f*, Prozess *m*, Klage *f* • *(ÖfR)* Behörde *f*, Amt *n*, Stelle *f*, Gremium *n* • *fpl* *(PrzR)* Instanzenordnung • *fpl* inständige Bitte, dringender Antrag; **acte introductif d'–** Klageschrift *f*; **en dernière –** in (erster u.) letzter Instanz; **désistement d'–** Klagerücknahme *f* (ohne Anspruchsverzicht).

**INSTANCE | d'appel** Berufungsinstanz; Berufungsverfahren; **– de contrôle** Aufsichtsbehörde; **– de recours** Rechtsmittelinstanz; Berufungsgericht.

**INSTIGATEUR** *m* • *(StR: complice par instigation)* Anstifter *m* • *(AllgSpr)* Drahtzieher *m*, Anführer.

**INSTIGATION** *f* *(StR)* Anstiftung *f* (als Form der Beihilfe).

**INSTITUT** *m* • Anstalt *f*, (Forschungs-) Institut *n*, wissenschaftliche Gesellschaft • *(réunion des cinq Académies)* das Französische Institut (als Vereinigung von Gelehrten, Künstlern und Dichtern); **– d'émission** Emissions- *od.* Zentralbank; **– national de la propriété industrielle** (= INPI) frz. (nationales) Patentamt; **– national de la statistique et des études économiques (= INSEE)** frz statistisches Zentralamt.

**INSTITUTION** *f* • Gründung *f*, Schaffung, Errichtung • (staatliche) Einrichtung, Träger *m*, Institution des öffentlichen Rechts • Rechtsgebilde *n*, Rechtsinstitut *n* • Einsetzung (in ein Amt), Ernennung • *(ÖfR: meist fpl)* Staatsaufbau; Staatsordnung, staatliche Einrichtungen; **– d'héritier** Erbeinsetzung.

**INSTRUCTEUR** *m* Ausbilder *m*; **juge –** *(StPR)* Ermittlungsrichter.

**INSTRUCTION** *f* • *(VwR)* Anordnung *f*, allgemeine Weisung, Dienstanweisung, Befehl *m*; Erlass *m*; Richtlinie *f*; Vorschrift *f* • *(StPR)* Ermittlungen *pl*, Erhebungen *pl*, Untersuchungen *pl* • *(ZPR)* Vorverfahren (bis zur Entscheidungsreife) • *(SchulR)* Unterricht *m*, Ausbildung *f*, Unterweisung; Bildung; **acte d'–** *(StPR)* (richterliche) Untersuchungshandlung *f*; **clôture de l'–** Abschluss der Ermittlungen; **juge d'–** frz. Untersuchungsrichter, Ermittlungsrichter *m*; **mesure d'–** • *(ZPR)* Beweisaufnahme *f* • *(StPR)* richterliche Untersuchungshandlung.

**INSTRUCTION | administrative** Dienstanweisung; **– civique** Staatsbürgerkunde *f*; **– criminelle** Ermittlungsverfahren in Strafsachen; **– sur les droits** Belehrung (des Betroffenen) über seine Rechte; **– préparatoire** • *(StPR)* strafrechtliche Ermittlungen, Voruntersuchung • *(ZPR)* gerichtliches Vorverfahren; **– de service** Dienstanweisung.

**INSTRUMENT** *m* • Werkzeug *n*, Instrument *n*, Apparat *m*, technische Vorrichtung *f*, Gerät *n* • Mittel *n* • *(acte authentique)* öffentliche Urkunde *f*; **– d'adhésion** *(VR)* Beitrittsurkunde; **– de paiement** Zahlungsmittel *n*.

**INSTRUMENTER** *v.intr.* eine öffentliche Urkunde errichten, beurkunden.

**INSTRUMENTUM** *m* Schriftstück *n*; öffentliche Urkunde, (Vertrags-) Urkunde *f*; amtliches Protokoll.

**INSU** *präp* **: à l'– de** ohne Wissen (und Kenntnis) von; **à mon –** ohne mein Wissen.

**INSULTE** *f* Beleidigung *f*, Beschimpfung; **– à la mémoire des morts** Verunglimpfung Verstorbener.

**INSULTER** *v.tr.* beleidigen, beschimpfen.

**INSURRECTION** *f* Aufstand *m*, Volkserhebung *f*, Empörung.

**INTANGIBLE** *adj* **: droit –** unveräußerliches (Grund-)Recht.

**INTÈGRE** *adj* • *(Person)* redlich, unbescholten • *(Beamte)* unbestechlich.

**INTÉGRITÉ** *f* • Unbescholtenheit *f*, Integrität *f*, Unbestechlichkeit *f* • Unversehrtheit *f*; **atteinte à l'– physique** Beeinträchtigung der körperlichen Unversehrtheit *f*, Körperverletzung *f*; **– territoriale** *(VR)* Unversehrtheit eines Gebietes.

**INTELLECTU | EL** *adj* geistig, begrifflich; verstandesmäßig; **auteur –el de l'infraction** *(StR)* Schreibtischtäter *m*; Anstifter *m*; **droit –el** *(HR, GRUR)* Immaterialgüterrecht, Recht an unkörperlichen Gütern; gewerbliches Eigentum; Recht an der Kundschaft; Verwertungsrecht an geistigen Gütern; **faux –el** *(StR)* (inhaltliche) Fälschung einer echten Urkunde; **propriété –elle** *(GRUR)* geistiges Eigentum; Urheberrecht und gewerbliches Eigentum.

**INTELLIGENCE** *f* • Einsicht *f*, Verständnis *n*; Verstand *m* • *(surtout* *pl)* geheimes Einvernehmen *n*; – **avec l'ennemi** *(StR)* Landesverrat *m* (im Kriegsfall).

**INTENTER une action** *(ZPR)* Klage erheben *od.* einreichen, klagen.

**INTENTION** *f* • *(StR)* Vorsatz *m*, wissentliches Handeln, Wissen und Wollen (der Straftat) • *(ZR: but, projet)* Vorhaben *n*, Plan *m*, Bestrebung; Absicht *f*; – **délictuelle** *(StR)* Vorsatz; – **dolosive** *(ZR)* Verschulden *n*, Schädigungsabsicht *f*, Vorsatz, Arglist *f*; – **frauduleuse** betrügerische Absicht; – **lucrative** *(HR)* Gewinnerzielungsabsicht.

**INTENTIONNELLEMENT** *adv* absichtlich; **induire – en erreur** arglistig täuschen.

**INTERCEPTER** *v.tr.* • *(Urkunde)* abfangen, unterschlagen • *(Gespräch)* abhören.

**INTERDICTION** *f* • *(VwR, StR)* Verbot *n*, Untersagung *f* • *(ZR, FamR)* Entmündigung *f*; Rechtslage *f* des Entmündigten • *(StR)* Aberkennung *f* der bürgerlichen Ehrenrechte, Verlust der bürgerlichen Ehrenrechte.

**INTERDICTION | d'aliéner** Veräußerungsverbot *n*; – **de bâtir** Bauverbot; – **de dépasser** *(StVR)* Überholverbot; – **d'exercer une profession** Berufsverbot.

**INTERDICTION | judiciaire** Entmündigung *f* durch das Gericht; – **légale** • *(StR)* Aberkennung der Geschäftsfähigkeit (durch Strafurteil) • *(HR, StR)* Berufsverbot (als Ehrenstrafe); – **de séjour** (pour étrangers) *(StR)* Aufenthaltsverbot *od.* -beschränkung; Entzug *m* der Aufenthaltserlaubnis.

**INTERDIRE** *v.tr.* • verbieten, untersagen; (Straße) abriegeln; (Zugang) sperren • *(ZR)* entmündigen • *(StR)* die bürgerlichen Ehrenrechte aberkennen • *(VwR)* vorübergehend seines Amtes entheben.

**INTERDIT** *m* Entmündigte(r) *m*; – **de séjour** *(StR)* Person, über die ein Aufenthaltsverbot verhängt wurde.

**INTÉRESSEMENT** *m* *(ArbR)* Beteiligung der Arbeitnehmer (am Betriebsergebnis); – **aux bénéfices** Gewinnbeteiligung.

**INTÉRÊT 1.** *m* • *(attention)* Anteilnahme *f*, Aufmerksamkeit *f*, Interesse *n*; Bedeutung *f* • *(avantage)* Nutzen *m*, Vorteil *m* • Zins *m*, Zinssatz *m*, Zinsen *mpl* • *(GesR)* Anteil *m* • *(SchuldR: droit subjectif)* Anspruch, Anrecht, rechtsschutzwürdiges Interesse; **taux d'–** Zinssatz *m*, Zinsfuß *m*, Soll- *od.* Passivzinssatz.

**INTÉRÊT | affectif** Liebhaberinteresse, Affektionsinteresse; – **à** *ou* **pour agir** *(ZPR: intérêt légitime)* Rechtsschutzbedürfnis *n*; Anfechtungsinteresse, Interesse an der Klageerhebung.

**INTÉRÊT | futur** künftiges Interesse; – **général** Gemeinwohl *n*; – **légitime** *(ZPR)* berechtigtes Interesse, rechtsschutzwürdiges Interesse.

**INTÉRÊTS 2.** *mpl* • *(BankR)* Zinsen *pl* • *(ZR)* Vermögen *n*, Güter *npl*, Interessen *npl* • *(préjudice, tort)* Schaden *m*, Nachteil *m*; **arriéré d'–** rückständige Zinsen, Zinsrückstände *pl*; **conflit d'–** Interessenkollision; **dommages- –** Schaden(s)ersatz *m*; **service des –** Schuldendienst *m*.

**INTÉRÊTS | accumulés** aufgelaufene Zinsen; – **arriérés** Zinsrückstände; – **créditeurs** Habenzinsen; – **débiteurs** Soll- *od.* Passivzinsen, Zinsschuld; – **de droit** *(SchuldR)* gesetzlicher *od.* vertraglicher Zins; – **échus** fällige Zinsen; – **moratoires, – de retard** Verzugszinsen; – **usuraires** Wucherzinsen.

**INTÉRIEUR** *adj* : **commerce –** Binnenhandel *m*; **politique –e** Innenpolitik *f*; **règlement –** • Geschäftsordnung • *(ArbR)* Betriebsordnung.

**INTÉRIM** *m* • Zwischenzeit *f*, Übergangszeit *f*, Interim *n*; vorübergehende Wahrnehmung *f* der Geschäfte • *(ArbR)* Zeitarbeit *f*, befristete Arbeit (auf Grund eines Leiharbeitsverhältnisses) • *(VwR, ArbR)* vorübergehende Verwendung; Vertretung *f*, Aushilfstätigkeit *f*.

**INTÉRIMAIRE** *adj* zwischenzeitlich, vorübergehend.

**INTÉRIMAIRE** *m (ArbR)* Leiharbeitnehmer, Zeitarbeitskraft *f*, (vorübergehend beschäftigte) Aushilfskraft.

**INTERJETER appel** Berufung *od.* ein Rechtsmittel einlegen.

**INTERLOCUTEUR** *m* Gesprächspartner *m*.

**INTERLOCUTOIRE** *m/adj (ZPR)* Zwischenurteil.

**INTERMÉDIAIRE** *m* • *(VR)* Unterhändler, Vermittler *m* • *(HR)* Zwischenhändler, Geschäftsvermittler *m* • Mittelsmann *m*, Verbindungsmann.

**INTERMÉDIAIRE | financier** *(BankR)* Anlageberater *m*; Anleihekonsortium; **– de main-d'œuvre** Arbeitskräftevermittler.

**INTERNATIONAL** *adj* **: droit – privé** internationales Privatrecht; **droit – public** Völkerrecht *n*.

**INTERNE** *adj* innerstaatlich; innerbetrieblich; **droit –** nationales (französisches, deutsches) Recht.

**INTERNEMENT** *m* • *(Pol)* Internierung *f* • *(ZR)* (Anstalts-) Unterbringung • *(StR: mesure de sûreté)* Sicherungsverwahrung *f*; **décision d'–** Internierungsverfügung.

**INTERPELLATION** *f* • *(VerfR)* Interpellation, Anfrage *f* (im Parlament) • *(StPR)* gerichtliche Aufforderung • *(StR)* vorübergehende Festnahme (zur Identitätsfeststellung); polizeiliche Auforderung.

**INTERPRÉTATION** *f* • Auslegung *f*; Erläuterung *f* • Dolmetschen *n*; **fausse –** Fehlinterpretation *f*.

**INTERPRÈTE** *m* • Erläuterer, Erklärer • Dolmetscher *m* • *(UrhR)* Interpret, Künstler (als Vermittler eines Kunstwerkes); **– devant les tribunaux** gerichtlich bestellter Dolmetscher.

**INTERROGATION** *f* • Frage *f*, Befragung • mündliche Prüfung; **sur – (= S. I.)** auf Frage (Protokoll).

**INTERROGATOIRE** *m* • *(StPR)* Verhör *n* (des Beschuldigten), Vernehmung durch den Ermittlungsrichter • *(PrzR)* Vernehmungsprotokoll *n* • *(ZPR)* Partei- *od.* Zeugenvernehmung • *(VwPR)* Beteiligtenvernehmung; **contre- –** Kreuzverhör *n*; **– au fond** *(StPR)* Vernehmung zur Sache; **– d'identité** Vernehmung zur Person.

**INTERRUPTION** *f* Unterbrechung; Störung; Stillstand; (Produktion) Ausfallzeit *f*; **– de l'audience** *(ZPR)* Unterbrechung der Hauptverhandlung; **– de la prescription** Unterbrechung der Verjährung; **– volontaire de la grossesse (= I.V.G.)** (straffreier) Abbruch der Schwangerschaft.

**INTERVENANT** *m (ZPR)* Nebenintervenient *m*, Streithelfer *m*, Streitgehilfe *m*.

**INTERVENTION** *f* • *(VR)* Einmischung (in die inneren Angelegenheiten), Intervention *f* • *(ZPR)* Nebenintervention, Streithilfe; **– accessoire** *(ZPR)* Nebenintervention; **– forcée** *(ZPR)* Streitverkündung; **– volontaire** *(ZPR)* Streithilfe, freiwilliger Beitritt.

**INTESTAT** *m (ErbR)* Erblasser *m*, der kein Testament errichtet hat.

**INTIMATION** *f (ZPR)* Ladung vor das Berufungsgericht.

**INTIMÉ** *m (ZPR)* Berufungsbeklagte.

**INTIMER** • *(ZPR)* (eine Urkunde) zustellen • *(ZPR)* Berufung (gegen jmdn.) einlegen • *(Polizei)* anordnen, befehlen.

**INTIMITÉ** *f* Intimsphäre *f*, Geheimbereich *m*; **atteinte à l'–** Verletzung des Persönlichkeitsrechts.

**INTITULÉ** *m* Aufschrift *f*, Überschrift, Titel *m*; **– du jugement** Rubrum *n*, Urteilskopf *m*.

**INTRANSMISSIBILITÉ** *f* Unübertragbarkeit *f*; **– par voie d'héritage** Unvererblichkeit.

**INTRINSÈQUE** *adj* **: valeur –** (de la monnaie) Geldwert *m*, Kaufkraft des Geldes.

**INTRODUCT | IF** *adj* **: acte –if d'instance** *(ZPR)* Klage(schrift) *f*; **requête –ive** Antrag(stellung).

**INTRODUCTION** *f* • Einführung *f* • *(préface)* Einleitung *f*, Vorwort *n* • *(ZPR)* Klageerhebung, Einbringung einer Klage; **lettre d'–** Empfehlungsschreiben; **– de l'action** • Klageerhebung • Rechtsmitteleinlegung; **– de la requête** Antragstellung.

**INVALIDATION** *f* • Außerkraftsetzung *f* • *(VerfR)* Ungültigkeitserklärung der Wahl.

**INVALIDE** *adj* • *(ZR)* ungültig, rechtsunwirksam • *(ArbR, SozR)* arbeitsunfähig, invalid.

**INVALIDE** *m* Arbeitsunfähige(r) *m*, Körperbehinderte(r) *m*; **grand –** Schwerbeschädigte(r) *m*.

**INVALIDER** *v.tr.d.* **un acte** ein Rechtsgeschäft für ungültig erklären.

**INVALIDITÉ** *f* • *(SozVers)* Erwerbsunfähigkeit, (dauernde) Arbeitsunfähigkeit; Beeinträchtigung der Erwerbsfähigkeit, Erwerbsminderung • *(ZR)* (Rechts-) Ungültigkeit, fehlende Rechtswirksamkeit, Nichtigkeit; **– temporaire** vorübergehende Arbeitsunfähigkeit; **– totale** Vollinvalidität.

**INVENDUS** *mpl* Restposten *m*, unverkaufte Ware, Ladenhüter.

**INVENTAIRE** *m* • *(ZR, HR: document descriptif)* Inventar *n*; Bestandsverzeichnis • *(ZR, HR: opération énémérative)* Inventur *f*, Vermögensaufstellung *f*, Inventarisierung *f*, Bestandsaufnahme *f*; **– des biens** Vermögensverzeichnis *n*; **– de la succession** *ou* **successoral** *(ErbR)* Nachlassverzeichnis *od.* -inventar.

**INVENTEUR** *m* • *(PatR)* Erfinder *m* • *(ZR: trésor)* Finder *m*.

**INVENTI | F** *adj* **: activité –ive, hauteur –ive** Erfindungshöhe *f*.

**INVENTION** *f* • *(PatR)* Erfindung *f* • *(ZR: découverte d'un trésor)* (Schatz-)Fund *m*; **brevet d'–** Patent *n*, Erfindungspatent, Patenturkunde *f*; **perfectionnement d'–** Verbesserungserfindung; **revendication d'–** Anspruch *od.* Klage aus Patentverletzung.

**INVENTION | brevetable** patentfähige Erfindung; **– brevetée** patentierte Erfindung; **– protégeable par brevet** patentwürdige Erfindung; **– de salarié** Arbeitnehmererfindung.

**INVESTIGATION** *f* Untersuchung *f*, Ermittlung *f*, Erforschung *f*, Nachforschung; **–s de la police** polizeiliche Ermittlungen.

**INVESTIR** • *(BeamR)* (mit einem Amt) bekleiden • *(WirtR)* anlegen, investieren, Geld anlegen; **– d'un droit** ein Recht verleihen; **– d'une fonction** einsetzen, ein Amt übertragen; **– de pouvoirs** Vollmacht erteilen.

**INVESTISSEMENT** *m* Vermögens- *od.* Kapitalanlage, Investition *f*, Betriebsanlage *f*; Anlagevermögen *n*; **aide à l'–** Investitionshilfe (= IH); **biens d'–** Anlagegüter *npl*.

**INVESTISSEUR** *m* Anleger *m*, Geldanleger; Investor *m*; **–s institutionnels** (Versicherungen und Banken als) institutionelle Anleger.

**INVESTITURE** *f* Investitur *f*, Einsetzung (in ein Amt).

**INVIOLABILITÉ** *f* Unverletzlichkeit *f*, Immunität *f*; **– du domicile** Unverletzlichkeit der Wohnung.

**INVITATION** • *(PrzR)* Aufforderung *f* • Einladung *f*; **– à payer** Zahlungsaufforderung *f*.

**INVITER** *v.tr* *(PrzR: commander, enjoindre)* (dringlich) auffordern.

**INVOLONTAIRE** *adj* fahrlässig, nicht vorsätzlich, unabsichtlich; **homicide –** *(StR)* fahrlässige Tötung.

**INVOQUER** sich berufen auf, in Anspruch nehmen; **– un droit** ein

Recht geltend machen; **– un précédent** sich auf einen Präzedenzfall berufen.

**IRRECEVABILITÉ** *f (PrzR)* Unzulässigkeit *f*; **moyen d'–** Unzulässigkeitseinrede *f*.

**IRRÉCOUVRABLE** *adj* uneinbringlich, nicht beitreibbar, nicht einlösbar.

**IRRÉCUSABLE** *adj* • *(Richter)* nicht ablehnbar • *(Argument)* nicht widerlegbar.

**IRRÉFRAGABLE** *adj* unbestreitbar, unstreitig, nicht widerlegbar, zuverlässig, fundiert; **preuve –** hieb- und stichfester Beweis.

**IRRÉFUTABLE** *adj* unwiderlegbar, unbezweifelbar, zweifelsfrei.

**IRRÉGULARITÉ** *f* • Fehler *m*, Regelwidrigkeit, Unregelmäßigkeit *f*, Betrügerei *f*, Schwindel *m* • *(GesR: Bilanz)* Unstimmigkeit *f*; **– de forme** Formmangel *m*, Formfehler *m*.

**IRRÉGULIER** *adj* • regelwidrig • *(illégal, illégitime)* ungesetzlich, illegal, rechtswidrig, ordnungswidrig; **étranger en situation –ière (= ESI)** Ausländer ohne gültige Aufenthaltserlaubnis.

**IRRÉPARABLE** *adj* nicht wieder auszubessern; **dégâts –s** Totalschaden *m*.

**IRRÉPÉTIBLE** *adj* **: frais –s** *(PrzR)* (vom Kläger) selbst zu tragende Kosten.

**IRRESPONSABILITÉ** *f* • *(SchuldR)* Haftungsausschluss *m*, fehlende Haftpflicht, Unverantwortlichkeit *f* • *(StR)* Unzurechnungsfähigkeit, Schuldunfähigkeit; **clause d'–** *(Vertrag)* Freizeichnungs- *od.* Haftungsausschlussklausel.

**IRRESPONSABLE** *adj* • *(SchuldR)* (für den Schaden) nicht haftbar • *(StR)* schuldunfähig.

**IRRÉVOCABILITÉ** *f* • *(personne)* Unabsetzbarkeit • *(déclaration)* Unwiderruflichkeit.

**IRRÉVOCABLE** *adj* • unabsetzbar • unwiderruflich.

**ISOLOIR** *m* Wahlzelle *f*.

**ITINÉRAIRE** *m* Route *f*; Reiseroute; Schiffsroute; Flugweg *m*.

**ITINÉRANT** *adj* **: exposition –e** Wanderausstellung; **personel –** • im Außendienst tätiges Personal • Saisonarbeiter.

**ITÉRATIF** *adj* wiederholt, erneut, abermalig; **– commandement** wiederholte (vergebliche) Aufforderung.

**IVRESSE** *f (StR, StVR)* Rausch *m*, Vollrausch, Trunkenheit; **conduite en état d'–** *(StVR)* Teilnahme am Straßenverkehr unter Alkoholeinwirkung; **infraction en état d'–** Rauschtat *f*.

## J

**JAUGE** *f* • *(SeeHR)* Raumgehalt *m*, Tonnage *f* • gesetzliches Maß, Eichmaß *m*.

**JETON** *m* • Spielmarke *f* • Automatenmünze *f*; **– de présence** *(GesR)* Sitzungsgeld *n*, Anwesenheitsgeld.

**JEU** *m* • *(ZR)* Spielvertrag *m*, Spiel *n* • *(ÖfR: institutions)* Tätigkeit *f*, Betrieb *m*, Gang *m*; **dette de –** Spielschuld; **– d'écritures** *(Buchf)* Buchung; Umbuchung *f*.

**JEU | de hasard** Glücksspiel; **– de l'offre et de la demande** *(Vwirt)* Leistungswettbewerb, *m*, Wechselwirkung *f* von Angebot und Nachfrage.

**JEUNE** *m* Jugendliche(r) *m*, Heranwachsende(r); **– adulte** *(StR)* Heranwachsende(r) (zwischen 18 u. 21 *bzw.* 25 Jahren); **– adulte délinquant** *(StR)* Jugendlicher *od.* Heranwachsender als Straftäter.

**JOINT venture** *(GesR, terme officiel: coentreprise)* Unternehmenszusammenschluss zur Realisierung gemeinsamer Projekte; (internationales) Gemeinschaftsunternehmen, Jointventure *n*.

**JONCTION** *f* Vereinigung *f*, Verbindung, Anschluss *m*; **– de deux affaires** *ou* **causes** *(ZPR)* Klagenverbindung.

**JOUIR (de)** *v.tr.ind.* besitzen, haben, genießen, im Genuss sein; **– d'un bien** die Früchte aus einer Sache ziehen, eine Sache nutzen; **– d'un droit** ein Recht innehaben; **– de toutes ses facultés** im Vollbesitz seiner Kräfte *od.* geistigen Fähigkeiten sein.

**JOUISSANCE** *f* • *(ZR)* Nutzung *f*, Nutznießung *f* • *(SachR: ungenau für usufruit)* Nießbrauch *m*; **abus de –** • übermäßige Fruchtziehung, übermäßiger Nießbrauch • missbräuchliche Benutzung; **capacité de –** Rechtsfähigkeit *f*; **droit de –** • Nutzungsrecht *n*, Nutznießungsrecht • *(SachR)* Nießbrauchsrecht • *(GesR)* Genussrecht; **entrée en –** • Besitzergreifung *f*, Besitzantritt *m* • Beginn der Fruchtziehung.

**JOUR** *m* • Tag *m* • *(SachR)* Öffnung *od.* Fenster (zum Nachbargrundstück); **mettre à –** auf den neuesten Stand bringen; **–(s) amende(s)** *(StR)* Ersatzfreiheitsstrafe; **– d'audience** *(ZPR)* Gerichtstag, Gerichtstermin *m*, Verhandlungstag; **– férié, – de fête légal** gesetzlicher Feiertag; **– fixe** *(ZPR: assignation pour une date indiqué)* (Verhandlungs-)Termin *m*, Zeitpunkt der Prozessverhandlung vor Gericht; **– franc** *(ZPR)* Respekttag; Zusatzfrist von 24 Stunden; Frist, bei der weder der Tag der Ausstellung der Urkunde noch der Fälligkeitstag mitgerechnet werden.

**JOUR(S) | ouvrable(s)** *(ArbR)* Werktag(e); **–(s) ouvré(s)** *(ArbR: jours effectivement travaillés)* Arbeitstag(e); Werktag(e), an dem tatsächlich Arbeit geleistet wird; **–s de planche** *(SeeHR: staries)* Liegezeit, Löschzeit *f*; **– de référence** Stichtag; **– de repos** Ruhetag; **– de tolérance** *(SachR: ouverture dans un mur non mitoyen)* Lichtöffnung, lichtdurchlässige Öffnungen zum Nachbargrundstück).

**JOURNAL** *m* • *(HR)* Journal *n*, Tagebuch (bei der Buchführung) • *(MedienR)* Druckschrift *f*, Tageszeitung *f*, Zeitschrift *f* • *(MedienR)* Nachrichten(sendung); **directeur du –** verantwortlicher Redakteur; **– d'annonces légales** amtliches Mitteilungsblatt; **– de caisse** Kassentagebuch; **– officiel (= J.O.)** frz. Gesetzblatt u. Staatsanzeiger, Amtsblatt der Französischen Republik; **– parlé** (Radio-) Nachrichten; **– télévisé** Tagesschau (im Fernsehen).

**JOURNALIER** *m* • Aushilfskraft *f* • Taglöhner *m*.

**JOURNÉE** • Tag *m*; Tagesablauf *m* • *(ArbR)* Tagesarbeit *f*, Tagesschicht *f*; Tageslohn *m*, Schichtlohn; **– continue** durchgehende Arbeitszeit (mit nur kurzer Mittagspause).

**JUDICIAIRE** *m* richterliche Gewalt *f*.

**JUDICIAIRE** *adj* gerichtlich, richterlich; Gerichts-, Justiz-, Richter-; **acte –** gerichtliche Urkunde; **administrateur –** • *(InsolvenzR: syndic)* Insolvenzverwalter *m* • *(ZPR: mandataire de justice)* mit der Vermögensverwaltung (durch ein Gericht) beauftragte Person; **autorité –** Gericht, als Organ der Rechtspflege; Justizbehörde *f*; **casier –** Strafregister *n*; **caution –** gerichtlich angeordnete Sicherheitsleistung; *(StPR)* Kaution; **erreur –** Justizirrtum; **frais –s** Gerichtskosten; **instruction –** • *(StPR)* richterliche Untersuchung (im Rahmen eines Ermittlungsverfahren) • *(PrzR)* Belehrung (über Rechte *od.* Rechtsmittel); **juge –** Richter der ordentlichen Gerichtsbarkeit; **ordre –** ordentliche Gerichtsbarkeit, Justizgerichtsbarkeit in Frankreich (mit dem Kassationshof als oberstes Gericht); **organisation**

– Gerichtsverfassung; **police –** • *(StPR)* Kriminalpolizei • Gerichtsordnungsdienst; **pouvoir –** richterliche Gewalt, Judikative *f.*

**JUDICIEUX** *adj* • *(sensé, juste)* vernünftig, richtig • *(pertinent, intelligent)* triftig, überzeugend, unwiderlegbar.

**JUGE** *m* • *(PrzR: le juge unique)* (Einzel-)Richter *m* • *(PrzR: toute juridiction)* Gericht *n*, Rechtsprechungsorgan *n*; Kollegialgericht • *(GVR: les magistrats du siège)* die Richterschaft • *(Sport)* Kampfrichter; **à l'appréciation du –** im richterlichen Ermessen; **devant le –, par devant le –** vor Gericht; **règlement de –s** Bestimmung des zuständigen Gerichts.

**JUGE | administratif** Verwaltungsrichter; **– aux affaires familiales (= JAF)** Richter in Familiensachen, Ehescheidungsrichter; **– d'appel** Berufungsrichter; **– de l'application des peines (= JAP)** Strafvollzugsrichter; **– assesseur** Beisitzer *m*, beisitzender Richter; **– auxiliaire** Hilfsrichter; **– de carrière** Berufsrichter; **– civil** Richter in Zivilsachen, Zivilrichter; **– chargé de suivre la procédure** Entscheidungsvorbereitungsrichter; **– commis** ersuchter Richter, beauftragter Richter; **– conciliateur** Richter, dem die Ausübung der Gerichtsbarkeit in Zivilsachen geringer Bedeutung obliegt, Friedensrichter.

**JUGE | consulaire** *(PrzR, HR: magistrat du tribunal de commerce)* frz. Handelsrichter; **– délégué** (mit besonderen Aufgaben) beauftragter Richter; **– directeur** mit Verwaltungsaufgaben betrauter frz. Großinstanzrichter; **– de droit commun** Richter im Rahmen der ordentlichen Gerichtsbarkeit.

**JUGE | des enfants, – pour enfants** Jugendrichter; Jugendgericht; **– des enquêtes** mit einer Ermittlung beauftragter Richter; **– de l'exécution** *(ZR)* Vollstreckungsgericht; der für die Zwangsvollstreckung zuständige Richter; **– de l'expropriation** frz. Großinstanzrichter, zuständig für die Festsetzung der Enteignungsentschädigung; **– du fait, – du fond** Tatrichter, erkennender Richter; **– informateur** Untersuchungsrichter; **– d'instance** frz. Amtsrichter, (Zivil-, Straf-) Richter beim frz. Kleininstanzgericht; **– d'instruction** *(StPR)* frz. Untersuchungsrichter, Ermittlungsrichter.

**JUGE | judiciaire** Richter an einem ordentlichen frz Gericht, Zivilrichter; Strafrichter; **– de la mise en état (= JME)** *(ZPR)* Entscheidungsvorbereitungsrichter, mit dem schriftlichen Verfahren beauftragter Richter (der das Verfahren vor dem Großinstanzgericht bis zur Entscheidungsreife vorantreibt); **– naturel** gesetzlicher Richter; **– non-professionnel** ehrenamtlicher Richter, Laienrichter; **– (au) pénal** Strafrichter; **– récusé** abgelehnter Richter.

**JUGE | des référés** *(ZPR)* Gericht, das im beschleunigten (u. vereinfachten) Verfahren einstweilige Anordnungen trifft; in Verfahrensfragen für den Erlass einstweiliger Verfügungen zuständiger Richter (beim frz. Großinstanzgericht); **– répressif** Strafrichter; **– requis** ersuchter Richter; **– suppléant** Ersatzrichter, Hilfsrichter; **– des tutelles** Vormundschaftsgericht *od.* -richter; **– unique** Einzelrichter.

**JUGÉ** *adj* • *(affaire)* entschieden • *(personne)* abgeurteilt; **chose –e** (rechtskräftig) entschiedene Sache; **prêt à être –** spruchreif.

**JUGEMENT** *m* • *(PrzR: décision prise par un collège de magistrats)* Urteil *n*, Erkenntnis *n*, (richterliche) Entscheidung *f*, Gerichtsentscheid *m* • *(décision d'un juge unique)* Beschluss *m* • *(acte écrit)* Urteilsurkunde *f*; **attendus du –** Urteilsbegründung; **audience de –** (Urteils-)Verkündungstermin *m*; **bureau de –** Spruchkammer (beim frz. Arbeitsgericht); **considérants**

**du** – Entscheidungs- *od.* Urteilsgründe *mpl*; **contrariété de –s** einander widersprechende Entscheidungen; **dispositif du –** (Urteils-) Tenor *m*; Urteilsformel *f*, verfügender Teil des Urteils, (Urteils-) Spruch *m*; **en-tête du –** Urteilskopf *m*, Rubrum *f*; **expédition du –** Urteilsausfertigung; **infirmer un –** ein Urteil aufheben.

**JUGEMENT | d'absolution** *(StPR)* Freispruch mangels strafbaren Tatbestands, Freispruch wegen erwiesener Unschuld; – **d'acquittement** *(StPR)* (Schwurgerichts-) Freispruch *m*, freisprechendes Urteil des frz. Schwurgerichts; **– en appel** Berufungsurteil; **– arbitral** schiedsgerichtliche Entscheidung; **– avant dire droit** *ou* **avant faire droit** *(ZPR)* Zwischenurteil, Vorabentscheidung, prozessleitender Beschluss; **– civil** Urteil im Zivilverfahren.

**JUGEMENT | de condamnation** • *(StPR)* auf Strafe lautendes Urteil, verurteilendes Erkenntnis, Verurteilung • *(ZPR)* Leistungs- *od.* Verurteilungsurteil; **– contradictoire** streitiges *od.* kontradiktorisches Urteil; **– par contumace** *(StPR)* Abwesenheitsurteil; **– correctionnel** Strafurteil (wegen Vergehens).

**JUGEMENT | déclaratif** *ou* **déclaratoire** *(ZPR)* Feststellungsurteil; **– de décès** Todeserklärung (durch Beschluss); **– de la liquidation des biens** Insolvenzeröffnungsbeschluss; **– de nullité** *(ZPR)* Aufhebungsurteil; die Nichtigkeit aussprechendes Urteil.

**JUGEMENT | de déclaration d'absence** Anordnung der Abwesenheitspflegschaft; **– de** *ou* **par défaut** *(ZPR)* (Ver-)Säumnisurteil; **– définitif** • Endurteil, Vollendurteil • rechtskräftiges Urteil; **– en dernier ressort** letztinstanzliches Urteil; **– de divorce** Scheidungsurteil; **– erroné** Fehlurteil; **– exécutoire par provision** vorläufig vollstreckbares Urteil.

**JUGEMENT | d'exequatur** *(IPR)* Vollstreckungsurteil (zu einem ausländischen Urteil); **– d'expédient** *(ZPR)* Einigungsurteil; **– d'expulsion** Räumungsurteil; **– au** *ou* **sur le fond** Sachentscheidung, Sachurteil, Urteil zur Hauptsache.

**JUGEMENT | sur incident** Zwischenurteil (über einzelne Streitpunkte u. nicht über den Streitgegenstand selbst); **– d'interdiction** Entmündigungsbeschluss; **– interlocutoire** Vorabentscheidung über den Grund, Zwischenurteil; **– de jonction** Klagenverbindungsbeschluss; **– en matière gracieuse** Urteil in Sachen der freiwilligen Gerichtsbarkeit.

**JUGEMENT | de partage** *(ErbR)* Nachlassteilungsurteil; **– partiel** *ou* **sur partie** Teilurteil; **– passé en force de chose jugée** rechtskräftiges Urteil; – **pénal** Strafurteil; **– sur pièces** *(ZPR)* Entscheidung nach Aktenlage; **– en dernier ressort** nicht berufungsfähiges Urteil; **– en premier ressort** berufungsfähiges Urteil, erstinstanzliches Urteil; **– en premier et en dernier ressort** unanfechtbares Urteil; Urteil, gegen das ein weiterer Rechtsweg ausgeschlossen ist; **– provisoire** Zwischenurteil (über einzelne Streitpunkte).

**JUGEMENT | de radiation** *(Registersachen)* Löschungsurteil; **– sur la recevabilité** Entscheidung über die Zulässigkeit, Prozessurteil; **– récognitif** Anerkenntnisurteil; **– réformatoire** abänderndes Urteil; **– de relaxe** *(StPR)* Freispruch.

**JUGEMENT | rescindant** *ou* **rescisoire** Aufhebungsurteil, aufhebendes Urteil; **– réputé contradictoire** *(ZPR)* Versäumnisurteil, das als kontradiktorisch angesehen wird; **– de vérification d'écriture** Entscheidung über die Echtheit einer Urkunde (im streitigen Verfahren).

**JUGER** *v.tr.* • *(ZPR)* entscheiden, urteilen, (für Recht) erkennen, ein

Urteil fällen • *(StPR)* aburteilen, verurteilen, erkennen auf • beurteilen, meinen, sich vorstellen; **– à huis-clos** unter Ausschluss der Öffentlichkeit entscheiden.

**JURÉ** *m (StPR)* Geschworene(r) *m*; Schöffe *m*; **– expert** vereidigter Sachverständige(r); **– suppléant** *(StPR)* Ergänzungsgeschworene(r).

**JURER** *v.tr.* *(PrzR)* schwören, eidesstattlich versichern, einen Eid ablegen.

**JURIDICTION** *f* • *(mission de juger, ordre de juridiction)* Justizhoheit *f*, Gerichtsbarkeit *f* • *(pouvoir juridictionnel)* Justiz *f*, Rechtspflege *f*, Gerichtsgewalt *f*, richterliche Gewalt, rechtsprechende Gewalt • *(organe institué)* Gericht *n*, Rechtsprechungsorgan *n* • Gerichtsbezirk *m*, Gerichtssprengel *m*; **degré de –** Instanz *f*, Rechtszug *m*; **ordre de –** Gerichtsbarkeit *f*; **pouvoir de –** Rechtsprechungsbefugnis *f*; **prorogation de –** Vereinbarung eines Gerichtsstandes.

**JURIDICTION | administrative** • Verwaltungsgericht *n* • Verwaltungsgerichtsbarkeit; **– d'appel** Berufungsgericht, Berufungsinstanz *f*.

**JURIDICTION | d'attribution** *(VwPR)* Conseil d'Etat als erstinstanzliches Verwaltungsgericht; **– civile** Zivilgericht; **– commerciale** Handelsgericht; **– constitutionnelle** Verfassungsgerichtsbarkeit; **– consulaire** Handelsgerichtsbarkeit; **– contentieuse** streitige Gerichtsbarkeit; **– correctionnelle** Strafgericht (zur Aburteilung von Vergehen); **– criminelle** Strafgericht (zuständig für Verbrechen); **– de droit commun** *(ZPR)* • Großinstanzgericht (als ordentliches Gericht erster Instanz) • *(VerfR)* ordentliche Gerichtsbarkeit • frz. Verwaltungsgericht (erster Instanz); **– pour enfants** Jugendgericht; **– d'exception** *(PrzR)* Sondergerichtsbarkeit; frz. Kleininstanzgericht; frz. Handelsgericht; frz. Arbeitsgericht.

**JURIDICTION | fiscale** Finanzgerichtsbarkeit; **– gracieuse** freiwillige Gerichtsbarkeit; **– d'instruction** frz. Ermittlungsgericht (bestehend aus drei Ermittlungsrichtern); **–(s) judiciaire(s)** ordentliche Gerichtsbarkeit; **– des mineurs** Jugendgericht; Jugendgerichtsbarkeit; **– de l'ordre administratif** Verwaltungsgericht.

**JURIDICTION | pénale** Strafgericht; **– professionnelle** Berufsgerichtsbarkeit; **– prud'homale** Arbeitsgericht; **– de renvoi** Gericht, an welches die Sache zur weiteren Verhandlung und Entscheidung verwiesen wird; **– répressive** Strafgerichtsbarkeit; **– de simple police** frz. Strafgericht, zuständig für Übertretungen; **– de la Sécurité sociale** Sozialgericht; Sozialgerichtsbarkeit; **– spéciale** Sondergericht.

**JURIDICTIONNEL** *adj* gerichtlich, richterlich, Gerichts-, Richter-; **pouvoir –** richterliche Gewalt.

**JURIDIQUE** *adj* rechtlich, juristisch, Rechts-; **acte –** Rechtsgeschäft *n*; **fait –** rechtlich relevantes Ereignis; Rechtshandlung, geschäftsähnliche Handlung; **personne –** Rechtssubjekt *n*; **régime –** gesetzliche Regelung; **science –** Rechtswissenschaft *f*, Jura.

**JURIDIQUEMENT** *adv* rechtlich, von Rechts wegen; **être – dans son tort** rechtlich gesehen im Unrecht sein.

**JURISCONSULTE** *m* Rechtsberater *m*, Jurist *m*.

**JURISPRUDENCE** *f* • *(ensemble des décisions de justice)* Rechtsprechung *f*, Spruchpraxis *f*, Spruchrecht *n*, Judikatur *f* • *(hist)* Rechtswissenschaft *f*, Jurisprudenz *f*; **faire –** eine richtungweisende Entscheidung fällen.

**JURISPRUDENTIEL** Rechtsprechungs-; **précédent –** Präzedenzfall.

**JURISTE** *m* Jurist *m*, Rechtskundige(r).

**JURY** *m* Geschworenenbank *f*; – **d'examen** Prüfungskommission.

**JUSTE** *adj* • gerecht, recht, billig, richtig • angemessen • berechtigt • wahr, vernünftig; – **et équitable** recht und billig.

**JUSTEMENT** *adv* mit Recht, zu Recht.

**JUSTESSE** *f* Richtigkeit *f*; Genauigkeit.

**JUSTICE** *f* • Gerechtigkeit *f*, Billigkeit *f* • *(GVR)* Gerichtsbehörden *fpl*, Justiz *f*, Justizverwaltung *f* • *(PrzR)* Rechtspflege *f*, Rechtsprechungsorgane *npl* • *(avec majuscule)* Justitia *f*, Göttin der Gerechtigkeit; **action en –** Klage *f*, Rechtsbegehren *n*; Gerichtsverfahren *n*; **administration de la –** Rechtspflege; **assignation en –** *(ZPR)* Zustellung der Klageschrift an den Beklagten (durch den Gerichtsvollzieher); **citation en –** Ladung vor Gericht *od.* zu einem Termin; **demande en –** Klage *f*, Klageantrag *m*; **droit d'agir en –** Klagebefugnis *f*, aktive Prozessfähigkeit.

**JUSTICE : ester en –** einen Prozess führen, klagen und verklagt werden; **frais de –** Gerichtskosten *pl*; **palais de –** Gerichtsgebäude *n*, Gericht *n*; **qualité pour agir en –** • Parteifähigkeit *f* • Prozessfähigkeit • Klagebefugnis *f*, Aktivlegitimation; **repris de –** *(StPR)* Vorbestrafte(r) *m*; **traduire en –** vor Gericht bringen *od.* stellen.

**JUSTICE | administrative** Verwaltungsgerichtsbarkeit; – **civile** Zivilgerichtsbarkeit; – **commutative** ausgleichende Gerechtigkeit; – **criminelle** Strafjustiz.

**JUSTICE | pénale ou répressive** Strafgericht(sbarkeit); – **politique** Ausnahmegerichte für politische Straftaten; – **sociale** soziale Gerechtigkeit; – **sommaire** summarisches Verfahren, kurzer Prozess *(pej)*.

**JUSTICIABLE** *adj (PrzR)* richterlicher Entscheidung unterworfen, justitiabel.

**JUSTICIABLE(S)** *m(pl)* Kläger und Beklagte, Rechtssuchende(r); Partei *f* (im Prozess).

**JUSTIFIABLE** *adj* • vertretbar, zu rechtfertigen • entschuldbar.

**JUSTIFICAT | IF** *adj* rechtfertigend, beweisend; **fait –if** Rechtfertigungsgrund *m*; **pièce –ive** Beweisstück *n*, Urkunde *f* (als Beweismittel).

**JUSTIFICATIF** *m* Beleg *m*.

**JUSTIFICATION** *f* • *(excuse)* Rechtfertigung • Beweis *m*, Nachweis *m*; **cause de –** Rechtfertigungsgrund *m*; – **d'origine** Ursprungszeugnis *n*; – **du paiement** Zahlungsbeleg *m*.

**JUSTIFIÉ** *adj* berechtigt; gerechtfertigt; **droit –** begründeter Anspruch.

**JUSTIFIER** *v.tr.* • rechtfertigen, entlasten • beweisen, belegen • erlauben, bestätigen • erklären, begründen.

**JUVÉNILE** *adj* : **délinquance –** Jugendkriminalität *f*.

## K

**KIDNAPPER** *v (StR)* einen Menschen insbesondere ein Kind entführen (um Lösegeld zu erpressen).

**KIDNAPPING** *m* Entführung (eines Menschen), Kidnapping *n*.

**KIT** *m (= prêt-à-monter)* Selbstaufbaueinheit *f* (Möbel usw.); Baukasteneinheit, zusammensetzbare Bauelemente; – **téléphonique mains libres** Mobiltelefon *n* mit Fahrzeughalterung und Freisprecheinrichtung.

**KLAXON** *m (StVR)* Hupe *f*, Warnhorn *n*; **coup de –** (Warn-)Schallzeichen *n*.

**KNOW-HOW** *m (HR)* Know-how *n*, das unternehmerisch-technische Wissen, Erfahrungswissen *n*.

**KONZERN** *m (GesR)* Konzern *m*, Unternehmenszusammenschluss *m* (unter einheitlicher Leitung).

**KRACH** *m (BankR)* (Börsen-)Krach *m*, plötzlicher Zusammenbruch der Börsenkurse.

## L

**LABEL** *m* • *(HR)* besonderes Kennzeichen • Etikett *n* auf einem Markenartikel; **– de qualité** Gütezeichen *n*.

**LACÉRATION** *f* **d'affiches** Entfernung *od.* Beschädigung von Anschlägen.

**LACUNE** *f* • *(Urkunde)* Lücke *f*, Auslassung *f* • *(Ware)* Defekt *m*, Mangel *m*, Manko *n*; **– de la loi** Gesetzeslücke *f*.

**LAÏCITÉ** *f* **(de l'État)** Grundsatz *m* der Religionsneutralität der staatlichen Einrichtungen; Grundsatz des Bekenntnisfreiheit der öffentlichen Schulen.

**LAÏQUE** *adj* **: enseignement –** religionsneutrales Erziehungswesen.

**LANGAGE** *m* **administratif** Verwaltungssprache; **– judiciaire** Gerichtssprache.

**LANGUE** *f* **maternelle** Muttersprache; **– nationale** Landessprache; **– du palais** Gerichtssprache; **– officielle** *(VR)* Amtssprache *f*; **– de travail** Arbeitssprache.

**LARCIN** *m (StR)* kleiner Diebstahl *m*; Diebesgut *n*.

**LATITUDE** *f* **d'appréciation** Ermessensspielraum *m*.

**LEASE-BACK** *m (HR: cession-bail)* Leasing von Anlagegegenständen.

**LEASING** *m (HR: crédit-bail)* Leasingvertrag *m*, Mietvertrag (für Industrieanlagen u. sonstige industrielle Investitionsgüter).

**LECTURE** *f* • Durchlesen *n*, Verlesung *f* • *(VerfR)* Beratung *f*, Lesung (eines Gesetzes); **après –, – faite** nach Verlesung; **donner –** (Urkunde) verlesen, zur Verlesung bringen.

**LÉGAL** *adj* gesetzmäßig, gesetzlich, dem Gesetz entsprechend, rechtmäßig; **âge –** gesetzlich vorgeschriebenes Alter; **annonces –es** gesetzlich vorgeschriebene amtliche Bekanntmachungen; **cours – (de la monnaie)** gesetzlicher Zwangskurs; **définition –e** Legaldefinition.

**LÉGALEMENT** *adv* **valide** rechtswirksam, rechtsgültig.

**LEGALISATION** *f (attestation de la véracité de la signature)* (amtliche) Beglaubigung einer Unterschrift, Legalisation.

**LÉGALISER** (eine Unterschrift) amtlich beglaubigen; legalisieren.

**LÉGALITÉ** *f* Gesetzmäßigkeit *f*, Gesetzlichkeit *f*, Legalität *f*, Rechtmäßigkeit; **contentieux de la –** Anfechtungsklage *f*; **contrôle de la –** Nachprüfung der Rechtmäßigkeit; **principe de la –** • Grundsatz der Gesetzmäßigkeit der Verwaltung, Legalitätskontrolle • Legalitätsprinzip *n*, Grundsatz nullum crimen, nulla poena sine lege.

**LÉGATAIRE** *m* Vermächtnisnehmer *m*.

**LÉGATION** *f* • *(VR)* Gesandtschaft *f* • *(KirchR)* Provinz *f* des Kirchenstaates; Amt des päpstlichen Legaten; **conseiller de –** Gesandtschaftsrat *m*, Legationsrat.

**LÉG|ER** *adj* leicht; **faute –ère**

leichte Fahrlässigkeit; **préjudice –er** Bagatellschaden *m*.

**LÉGIFÉRER** *v. intr.* Gesetze erlassen, Normen setzen; **pouvoir de –** gesetzgebende Gewalt.

**LÉGISLATEUR** *m* Gesetzgeber *m*; **– fédéral** Bundesgesetzgeber *m*.

**LÉGISLAT | IF** • *adj* gesetzgebend, gesetzgeberisch • *(m: pouvoir législatif)* Legislative *f*, gesetzgebende Gewalt; **élections –ives** Wahlen zur Nationalversammlung.

**LÉGISLATION** *f* Gesetzgebung *f*, Rechtsvorschriften *fpl*; positives Recht, Rechtsordnung.

**LÉGISLATURE** *f* Legislaturperiode *f*, Wahlperiode.

**LÉGISTE** *m* Jurist *m*; Rechtsgelehrte(r) *m*; **médecin –** Gerichtsmediziner *m*.

**LÉGITIMATION** *f* • *(ZR)* Legitimation *f*, Ehelichkeitserklärung *f* (eines nichtehelichen Kindes) • Ausweis *m*; **– d'un enfant naturel** Legitimation eines nichtehelichen Kindes.

**LÉGITIME** *adj* • rechtmäßig, legitim, gesetzlich anerkannt; gerecht; berechtigt • *(enfant)* ehelich; **détenteur –** rechtmäßiger Besitzer; **filiation –** eheliche Abstammung; **intérêt –** berechtigtes Interesse; **portion –** *(ErbR)* Pflichtteil *m*; **propriétaire –** rechtmäßiger Eigentümer.

**LÉGITIME DÉFENSE** *(StR)* Notwehr *f*.

**LÉGITIMER** *v.tr.* • *(FamR)* legitimieren, (ein Kind) für ehelich erklären • rechtfertigen.

**LÉGITIMITÉ** *f* • *(VerfR)* Rechtmäßigkeit (der Staatsgewalt), Legitimität *f* • *(ZR)* Rechtmäßigkeit (des Anspruchs) • *(FamR)* Ehelichkeit.

**LEGS** *m (ErbR: disposition testamentaire)* Vermächtnis *n*, unentgeltliche Zuwendung durch Testament, Verfügung von Todes wegen; **– avec charge** Vermächtnis mit einer Auflage; **– à titre particulier** Zuwendung eines *od.* mehrerer bestimmter Gegenstände; Einzelvermächtnis; **– à titre universel** Zuwendung eines Bruchteils des Nachlasses, Teilvermächtnis; **– universel** Einsetzung zum Alleinerben.

**LÉGUER** *v.tr.d.*, (testamentarisch) vermachen, (durch Vermächtnis) zuwenden.

**LÉONIN** *adj (ZR, GesR)* leoninisch, einen übermäßigen Vorteil darstellend; **contrat –** leoninischer Vertrag; **part –e** Löwenanteil *m*.

**LÉSER les droits** Rechte beeinträchtigen, Rechte verletzen.

**LÉSION** *f* • *(SchuldR)* Missverhältnis zwischen Leistung u. Gegenleistung • *(ZR)* Schädigung *f*, Beeinträchtigung *od.* Verletzung.

**LETTRE** *f* • *(= missive)* Brief *m*, Schreiben *n* • *(= document officiel)* Urkunde *f*, Schein *m*, Schriftstück *n*; **contre- –** *(ZR)* erklärter Vorbehalt; **en toutes –s** (Summe) in Worten.

**LETTRE | de change** Wechsel *m*; **– de change-relevé (= LCR)** auf Magnetband gespeicherter Wechsel.

**LETTRE | chargée** Wertbrief; **– circulaire** Rundschreiben, Werbeschrift *f*; **– de congédiement** *(ArbR)* Kündigungsschreiben *n*; **– de convocation** • *(Hauptversammlung)* Einberufungsschreiben • *(StPR)* Vorladung; **– de couverture** *(VersR)* Deckungszusage *f*; **–(s) de créance** *(VR)* Beglaubigungsschreiben.

**LETTRE | de crédit** Akkreditiv *n*, (bestätigte) Anweisung, Kreditbrief; **– de démission** Rücktrittsschreiben.

**LETTRE | de licenciement** *(ArbR)* Kündigung; **– manuscrite** handgeschriebener Brief; **– de menaces** Drohbrief; **– missive** schriftliche Mitteilung privater Art; **– -rebut** unzustellbare Postsendung; **– recommandée (simple)** Einschreiben *n*, Einschreibebrief *m*; **– recommandée avec demande d'avis de réception** Einschreiben gegen Rückschein; **– avec valeur déclarée** Wertbrief.

**LETTRE de voiture** Frachtbrief.

**LEVÉE** *f* • Aufhebung *f*, Beseitigung *f* • *(option)* Ausübung *f* • *(ZPR)* (Erteilung der) Urteilsabschrift, • *(SteuerR)* Steuereinziehung; **– d'écrou** • *(StPR)* Haftaufhebung, Enthaftung • Entlassungsverfügung; **– de la forclusion** Wiedereinsetzung in den vorigen Stand.

**LIAISON** *f* • Verbindung *f*, Anschluss *m* • *(personnes)* Beziehung *f*; Verhältnis *n*, Liebschaft *f*; **comité de –** Verbindungsausschuss *m*; **– de l'instance** (Begründung der) Rechtshängigkeit.

**LIBELLÉ** *m* • *(teneur d'un acte)* Wortlaut *m*, Inhalt *m*, wörtlicher Text; (vorschriftsmäßige) Abfassung einer Urkunde • *(mentions complétant un formulaire)* Angaben (in einem Formular); **– de l'exploit** *(ZPR)* Angabe des Gegenstandes der Klage und der begründenden Tatsachen; **– d'un jugement** Inhalt einer gerichtlichen Entscheidung.

**LIBÉRAL** *adj* **: économie –e** freie Verkehrswirtschaft, Marktwirtschaft.

**LIBÉRALITÉ** *f (ZR)* unentgeltliche Zuwendung (unter Lebenden *od.* von Todes wegen), Freigebigkeit *f*, Geschenk *n*, Schenkung *f*; **– testamentaire** testamentarische Schenkung.

**LIBÉRATION** *f* • *(décharge)* Befreiung (von einer Schuld), Tilgung (der Schuld), Zahlung *f* (des gesamten Betrages), Erfüllung *f* • *(StPR)* Haftentlassung *f*.

**LIBÉRATOIRE** *adj* **: effet –** schuldbefreiende Wirkung (einer Zahlung).

**LIBÉRER** • befreien, freilassen, freigeben • (Aktien) einzahlen.

**LIBERTÉ** • Freiheit *f*, Unabhängigkeit, Autonomie *f* • *(VerfR)* Grundrecht; Menschenrecht; **en –** *(StPR)* auf freiem Fuße; **atteinte à la –** Grundrechtsverletzung; **peine privative de –** Freiheitsstrafe *f*.

**LIBERTÉ | d'accès** freier Zugang *od.* Zutritt; **– d'action** • Bewegungsfreiheit • Handlungsfreiheit; **– administrative** *(ÖfR)* Verwaltungsautonomie; **– d'appréciation** Ermessensfreiheit; **– d'association** Vereinsfreiheit.

**LIBERTÉ | de circulation des personnes** *(VerfR)* Freizügigkeit; **– civile** *(ZR)* Vertrags(abschluss) freiheit; **– de la concurrence** Wettbewerbsfreiheit; **– de conscience** Gewissensfreiheit; **– de contracter** (Vertrags-) Abschlussfreiheit; **– des contrats** Vertragsfreiheit; **– du culte** Freiheit der Religionsausübung.

**LIBERTÉ | de la défense** *(PrzR)* freie Wahl eines Anwalts *od.* Strafverteidigers; Recht auf Wahrung der eigenen Interessen (im Prozess); **– d'enseignement** Lehrfreiheit; **– d'entreprise** Handels- und Gewerbefreiheit; **– d'établissement** Niederlassungsfreiheit, Freizügigkeit; **– d'expression** Freiheit der Meinungsäußerung; **– individuelle** persönliche Freiheit; Schutz vor willkürlicher Festnahme.

**LIBERTÉ | d'opinion** Recht der freien Meinungsäußerung; **– de pensée** Gedankenfreiheit; **– de la presse** Pressefreiheit; **– provisoire** *(StPR)* vorläufige Aufhebung der Untersuchungshaft.

**LIBERTÉ | religieuse** Religionsfreiheit, Glaubens- und Gewissensfreiheit; Bekenntnisfreiheit; **– de réunion** Versammlungsfreiheit; **– sous caution** *(StPR)* Aufhebung der Untersuchungshaft gegen Sicherheitsleistung *od.* Kaution; **– surveillée** *(StPR)* Strafaussetzung zur Bewährung (unter Aufsicht); **– syndicale** *(ArbR)* positive Koalitionsfreiheit, Gründungs- und Betätigungsfreiheit; **– du travail** Recht der freien Berufswahl.

**LIBERTÉS individuelles** *(VerfR)* staatsbürgerliche Grundrechte *pl.*

**LIBRE** *adj* frei; unabhängig; **accès –** freier Zugang; freier Zutritt; **école –** (katholische) Privatschule; **enseignement –** Privatschulwesen *n*; Privatschule *f*; **temps –** Freizeit *f*;

**union** – nichteheliche Lebensgemeinschaft.

**LIBRE-SERVICE** *m* Selbstbedienungsladen.

**LICÉITÉ** *f* Erlaubtheit, Zulässigkeit; Rechtmäßigkeit.

**LICENCE** *f* • *(WirtR)* Gewerbeerlaubnis *f,* (behördliche) Erlaubnis zur Ausübung eines Gewerbes • *(PatR)* Erlaubnis (zur Benutzung eines Patents), Lizenz(vertrag), Erlaubnis zur Nutzung einer Erfindung • *(SchuldR)* Ermächtigung, vertragliches Recht *n* • frz. Staatsexamen (nach drei Jahren Hochschulstudium), (erster) akademischer Grad *m.*

**LICENCE | de colportage** Wandergewerbeschein *m;* **– de débit de boisson** Schankerlaubnis *f;* **– d'exploitation** • Betriebserlaubnis *f* • Gewerbeschein *m.*

**LICENCIEMENT** *m* • *(ArbR)* Kündigung (durch den Arbeitgeber) • (Massen-)Entlassungen *fpl;* **– abusif** ungerechtfertigte Kündigung; **– pour faute grave** außerordentliche Kündigung; **– immédiat** fristlose Kündigung; **– pour motif économique** betriebsbedingte Kündigung; **– sans préavis** fristlose Kündigung.

**LICENCIER** *v.tr.* kündigen, entlassen, Personal abbauen.

**LICITATION** *f* : **vente par –** *(ZPR)* Versteigerung einer Sache; **– par autorité de justice, – judiciaire** Zwangsversteigerung.

**LICITE** *adj* (gesetzlich) erlaubt, zulässig, statthaft; **moyen –** legales Mittel.

**LIÉ** *adj* verpflichtet; gebunden; **compétence –e** gebundenes Ermessen; **instance –** *(ZPR)* rechtshängige Streitsache.

**LIEN** *m* • *(ZR)* Rechtsverhältnis *n,* (rechtliche) Bindung • *(FamR)* familiäres Band *n,* Verwandtschaft *f* • Verbindung *f;* Bindeglied *n;* Beziehung; **– de causalité, – de cause à effet** Kausalzusammenhang, Ursachenzusammenhang *m;* **– de connexité** (enger *od.* sachlicher) Zusammenhang *m;* **– de dépendance** *(ArbR)* Abhängigkeitsverhältnis; **– de droit, – juridique** *(ZR)* Rechtsverhältnis *n;* **– légal** gesetzliches Verhältnis; **– de parenté** Verwandtschaftsverhältnis *n;* **– de subordination** *(ArbR)* Weisungsbefugnis *f* (des Arbeitgebers).

**LIEU 1.** *m* Ort *m,* Stelle *f;* Stätte *f;* **compétence à raison du –** örtliche Zuständigkeit; **– de l'accident** Unfallstelle *f;* **– d'affectation** Dienstort; **– de l'arrestation** *(StR)* Ergreifungsort *m;* **– de conclusion du contrat** Ort des Vertragsabschlusses; **– du crime** Tatort; **– d'établissement** *(HR)* Niederlassung(sort).

**LIEU | d'exécution** *(SchuldR)* Erfüllungsort; **– de formation du contrat** Vertragsabschlussort *m;* **– de l'infraction** *(StR)* Tatort; **– de livraison** Lieferort; **– de naissance** Geburtsort *m;* **– de paiement** Zahlungsort; **– de perpétration** *(StR)* Begehungsort.

**LIEUX 2.** *mpl* • *(StR)* Tatort *m;* Örtlichkeiten *fpl,* Stätte *f* • *(MietR: appartement)* Wohnung, Wohnräume *mpl;* Haus *n;* **descente sur les –** Lokaltermin *m;* **état des –** Bestandsaufnahme *f;* Abnahmeprotokoll *n* (einer Mietwohnung); **maintien dans les –** Recht auf Aufrechterhaltung des Mietverhältnisses.

**LIGNE** *f* • Zeile *f,* Strich *m* • *(FamR)* Linie *f* (aufeinanderfolgender Verwandtschaftsgrade) • *(WirtR)* Limit *n,* (Preis-)Grenze *f;* **– ascendante** *(FamR)* aufsteigende Linie; **– collatérale** *(FamR)* (Verwandtschaft in der) Seitenlinie; **– de conduite** Verhaltensweise *f,* Haltung; **– descendante** *(FamR)* absteigende Linie.

**LIMITATIF** *adj* • *(Aufzählung)* erschöpfend, abschließend • *(Haftung)* einschränkend, begrenzend.

**LIMITATION** *f* Begrenzung, Beschränkung *f,* Einschränkung; **sans – de durée** zeitlich unbegrenzt;

**– de responsabilité** Haftungsbeschränkung.

**LIMITATIVEMENT** *adv* : **énumérer –** abschließend aufzählen.

**LIMITE** *f* Grenze *f*, Höchstgrenze *f*, Limit *n*; Grenzwert *m*, Toleranz *f*; Abgrenzung; Rand *m*; **âge –** Altersgrenze *f*; **cas –** Grenzfall *m*; **date –** äußerster Termin, Endtermin *m*.

**LIMITE | d'âge** *(BeamR)* Altersgrenze; **– de crédit** *(BankR)* Kreditlinie; **– des prix** Preislimit *n*; **– de responsabilité** Haftungsbeschränkung.

**LIMITROPHE** *adj* angrenzend; **zone –** Randgebiet *n*.

**LIMOGER** *v.tr.* entlassen; kaltstellen; strafweise versetzen.

**LIQUIDATEUR** *m* Abwickler *m*; **– judiciaire** gerichtlich bestellter Liquidator.

**LIQUIDATION** *f* • *(GesR)* Abwicklung (einer Gesellschaft), Liquidation *f* • Abwicklung von Börsengeschäften, Liquidierung • *(SchuldR)* Festsetzung der Höhe (einer Schuld); Abrechnung • *(HR)* Zahlung, Begleichung (einer Schuld).

**LIQUIDATION | de l'actif** *(ZR, HR)* Abwicklung *f*; **– des dépens** • *(PrzR)* Kostenfestsetzung • Zahlung der Gerichtskosten; **– des droits à pension** Feststellung des Ruhegehaltsanspruchs.

**LIQUIDATION | judiciaire** *(InsolvenzR: Loi no.85-98 du 25 janvier 1985, conséquence de l'échec du redressement judiciaire)* frz. Insolvenzverfahren (nach dem Scheitern einer Betriebssanierung bzw. Betriebsveräußerung); **– de société** Abwicklung einer Gesellschaft.

**LIQUIDER** *v.tr.* • abwickeln, liquidieren • festsetzen • realisieren.

**LIQUIDITÉ(S)** *f(pl)* • *(HR: solvabilité)* Liquidität *f*, Zahlungsfähigkeit • *(Buchf)* flüssige Mittel *pl*, Bargeld *n* • *(GesR)* Umlaufvermögen *n*.

**LISTE** *f* Liste *f*, Verzeichnis *n*, Aufstellung *f*; **scrutin de –** Listenwahl *f*; **tête de –** Spitzenkandidat *m*.

**LISTE | d'électeurs** *ou* **électorale** Wählerverzeichnis *n*; **– d'émargement** Spalte in der Wählerliste, in der die Stimmabgabe des Wählers vermerkt ist; **– nominative** Namensverzeichnis *n*; **– de présence** Anwesenheitsliste.

**LIT** *m* : **enfant d'un premier –** Kind *n* aus erster Ehe.

**LITIGANTS** *mpl (ZPR)* Haupt- und Nebenparteien (im Zivilprozess), Partei u. Nebenintervenient.

**LITIGE** *m* • *(PrzR)* Rechtsstreit, Prozess *m*, Streitsache *f*, Streitigkeit *f*, Streit *m* • *(i.w.S.: désaccord)* strittige Frage *f*, Meinungsverschiedenheit *f*; **affaire en –** Rechtsstreit *m*; **fond du –** Hauptsache *f*; **montant du –** Streitwert; **partie au –** *(PrzR)* Kläger; Beklagte(r); Prozesspartei.

**LITIGE | judiciaire** *(ZPR)* (bürgerliche) Rechtsstreitigkeit, Rechtsstreit *m*, Streitsache *f*; **– matrimonial** Ehesache *f*; **– successoral** Erbschaftsstreitigkeit.

**LITIGIEUX** *adj* streitig, strittig; streitbefangen; bei Gericht anhängig.

**LITISCONSORTS** *mpl (ZPR)* Streitgenossen *mpl*.

**LITISPENDANCE** *f* Rechtshängigkeit, Anhängigkeit (bei Gericht); **déclinatoire** *ou* **exception de –** Einrede der Rechtshängigkeit.

**LITISPENDANT** *adj* rechtshängig.

**LITTÉRAIRE** *adj* : **œuvre –** *(UrhR)* literarisches Werk.

**LITTÉRAL** *adj* : **preuve –e** Urkundenbeweis *m*; **traduction –e** Wort für Wort Übersetzung.

**LIVRAISON** *f* • *(SchuldR: délivrance)* Aushändigung (der geschuldeten Sache), Übergabe *f* • *(HR: remise par le transporteur d'une marchandise au destinataire)* Lieferung *f* (an Ort und Stelle) • gelieferte Ware, Warensendung; **bordereau de –** Lieferschein *m*; **conditions de –** Lieferbedingungen *fpl*; **délai de –** Lieferfrist *f*, Lieferzeit *f*; **retard dans la –** verspätete Lieferung.

**LIVRAISON | à domicile** Lieferung frei Haus; **– partielle** Teillieferung; **– contre remboursement** Lieferung gegen Nachnahme.

**LIVRE** *m* • *(HR: meist pl)* Handelsbücher • *(ÖfR)* Register *n* • *(code)* Buch *n*; **grand –** *(HR)* Hauptbuch; **grand – de la Dette publique** *(HaushR)* Staatsschuldenverzeichnis; **– blanc** *(Pol)* Weißbuch; **– de bord** *(SeeHR)* Schiffstagebuch, Schiffsjournal *n*; **– de caisse** Kassenbuch; **–s de commerce** Handels- *od.* Geschäftsbücher; **– comptable** *(GesR)* Aufstellung (Jahresbilanz u. -abschluss), Rechnungslegungsunterlagen u. -berichte; **– d'inventaire** *(HR)* Inventar (buch).

**LIVRE | -journal** *(HR)* Journal *n*, Tagebuch; **– de magasin** Lagerbuch, Lagerhaltungsregister; **–s obligatoires** *(HR)* (obligatorische) Handelsbücher; **– de paie** Lohnbuch.

**LIVRER** • *(ZR: délivrer)* aushändigen, übergeben, die Sachherrschaft verschaffen • *(HR: remettre)* liefern, abliefern • *(StR: déférer)* ausliefern, übergeben • *(StR: v. pron.)* sich der Polizei stellen.

**LIVRET** *m* Heft *n*, Buch *n*; **– d'épargne** Sparbuch; **– de famille** Familienstammbuch; **– individuel** *ou* **matricule** *(MilR)* Wehrpass; **– scolaire** Noten- u. Zeugnisheft.

**LIVREUR** *m* Auslieferer *m*; Laufbursche *m*.

**LOCAL** *adj* **: administration –e** Gemeindeverwaltung; **collectivité –e** Gebietskörperschaft; Gemeinde; **taxes –es** Gemeindesteuern.

**LOCAL** *m* • Raum *m*, Lokal *n*, Räumlichkeit *f* • Gebäude *n*; **– administratif** *(ÖfR)* Geschäftszimmer; Dienstgebäude; **– commercial** Geschäftsraum; **– mixte** Geschäfts- u. Wohngebäude; **– nu** unmöblierter Raum; **– professionnel, – à usage professionnel** gewerblich genutzter Raum, Geschäftslokal; **– de service** Dienstraum; **– à usage d'habitation** Wohnraum, Wohnung.

**LOCALITÉ** *f* Ortschaft *f*; Örtlichkeit *f*; **– frontière** Grenzort *m*.

**LOCATAIRE** *m* • Mieter *m* • *(LandwR: fermier)* Pächter; **sous-–** Untermieter.

**LOCATEUR** *m* *(SchuldR: bailleur)* Vermieter *m*; **– d'ouvrage** *(SchuldR: entrepreneur)* Unternehmer, Hersteller (eines Werks).

**LOCAT | IF** *adj* **: charges –ives** Mietnebenkosten; **immeuble –if** Mietshaus *n*; **logement à usage –if** Mietwohnung; **réparations –ives** *(SchuldR)* (vom Mieter auszuführende) (kleinere) Reparaturen der Mietsache; **valeur –ive** Mietspiegel *m*.

**LOCATION** *f* *(ZR: louage de choses)* Mietvertrag *m*, Miete *f*; Pacht *f*; **contrat de –** Mietvertrag; **sous –** Untermiete; **– de coffre-fort** (Bank-) Schließfachmiete; **– de fonds de commerce** *(HR: syn.: gérance-libre, location-gérance)* Verpachtung eines frz. Handelsunternehmens.

**LOCATION-VENTE** *(ZR)* Mietkauf *m*.

**LOCK-OUT** *m* *(ArbR)* Aussperrung *f*.

**LOGEMENT** *m* Wohnung *f*; Unterkunft *f*; **allocation de –** Wohngeld *n*, Wohnungsbeihilfe *f*, Mietbeihilfe.

**LOGEMENT | économique et social** (= LOGÉCO) wirtschaftliche und familiengerechte Wohnung; **– de fonction** Dienstwohung; **– insuffisamment occupé** unterbelegte Wohnung; **– locatif** Mietwohnung.

**LOGER** • *v.tr.* beherbergen, unterbringen • *v.intr.* wohnen.

**LOGEUR** *m* • *(ZR)* Vermieter *m*, Wohnungsgeber *m* • *(WirtR: hôtelier)* Gastwirt *m*, Speisewirt, Hotelier, Zimmervermieter.

**LOGICIEL** *m* **: piratage de –** Software-Diebstahl *m*.

**LOI** *f* • *(ÖfR: norme)* Recht *n*,

Rechtssatz *m*, Rechtsnorm *f*, Gesetzesrecht • *(VerfR: texte voté par le Parlement)* (Parlaments-)Gesetz *n*, parlamentarische Gesetzesbestimmung, gesetzliche Vorschrift • *(VerfR: règlement émanant du gouvernement)* Regierungsgesetz, Rechtsverordnung; **conflit de –s** *(IPR)* Normenkollision; **contraire à la –** gesetzwidrig; **de par la –** kraft Gesetzes; **fraude à la –** Gesetzesumgehung; **homme de –** Jurist *m*; **lacune de la –** Gesetzeslücke *f*; **projet de –** *(émane du gouvernement)* Gesetzesvorlage, Regierungsentwurf *m*; **proposition de –** *(émane d'un député)* Fraktionsvorlage, Gesetzesinitiative; **recueil de –** Gesetzessammlung; **texte de –** Gesetz, gesetzliche Vorschrift, Gesetzesbestimmung.

**LOI | d'abrogation** Aufhebungsgesetz *n*; **– anti-casseurs** frz. Demonstrationsstrafrecht; **– budgétaire** Haushaltsgesetz.

**LOI | -cadre** *(VerfR)* Rahmenvorschriften *fpl*, Rahmengesetz; **– constitutionnelle** Verfassungsänderungsgesetz; Verfassung (eines Staates); **– électorale** Wahlgesetz; **– sur les ententes** *(WirtR)* Gesetz gegen Wettbewerbsbeschränkungen, Kartellgesetz; **– d'exception** Notstandsverordnung.

**LOI | de finances** Haushaltsgesetz; **– de finances rectificative** Nachtragshaushalt; **– impérative** unabdingbares Recht; **– interne** innerstaatliches Recht; **– martiale** Gesetz über die Verhängung des Kriegszustandes; **– modificative** Gesetzesnovelle *f*, Abänderungsgesetz.

**LOI | ordinaire** Parlamentsgesetz; **– d'orde public** unabdingbare Rechtsnorm; **– organique** *(VerfR)* frz. Verfassungsergänzungsgesetz; **– parlementaire** Parlamentsgesetz; **– personnelle** *(IPR)* Personalstatut *n*; **– de pleins pouvoirs** Ermächtigungsgesetz; **– positive** gesetztes Recht; **– (de) programme** durch Haushaltsgesetz festgestellter Haushaltsplan (für mehrere Rechnungsjahre).

**LOI | de ratification** *(VR)* Ratifikation durch die gesetzliche Körperschaft; **– réelle** *(IPR)* Recht der belegenen Sache, lex rei sitae; **– référendaire** *(VerfR)* durch Volksentscheid angenommener Gesetzentwurf; **– supplétive** abdingbares Recht, nachgiebiges Recht; **– du talion** *(VR)* Vergeltung, Retorsion; **– de transition** Übergangsmaßnahmen *fpl*; **– uniforme** *(IPR)* (internationales) Abkommen über die Vereinheitlichung (eines Rechtsbereichs).

**LOISIRS** *mpl* **: société de –** Freizeitgesellschaft *f*.

**LONG** *adj* **: à – terme** langfristig.

**LOT** *m* • *(SachR)* Parzelle *f*, vermessenes Grundstück *n* • *(SchuldR)* Anteil *m* • *(HR)* Partie *f*, Warenposten *m* • *(Spiel und Wette)* Treffer *m*, Los *n*; **gros –** Haupttreffer, Hauptgewinn *m*.

**LOTISSEMENT** *m* • Parzelle *f*, Bauland *n* • Parzellierung, Aufteilung und Veräußerung von Grundstücken zu Siedlungszwecken; **société de –** Siedlungsgesellschaft *f*.

**LOUAGE** *m* • *(SchuldR: louage de choses)* Sachmiete *f*; Mietvertrag *m* • *(SchuldR: louage d'ouvrage et d'industrie)* Werkvertrag *m* • *(SchuldR: louage de services)* Dienstvertrag, Arbeitsvertrag; **– de choses** *(bail)* Mietvertrag *m*, Miete; **– de maisons** Wohnungsmiete; **– d'ouvrage et d'industrie** Werkvertrag; **– de service** Dienstvertrag, Arbeitsvertrag.

**LOUEUR** *m* Vermieter *m*; **– de main d'œuvre** *ou* **de personnel** Verleiher von Arbeitskräften; **– d'ouvrage** Werkunternehmer *m*.

**LOURD** *adj* **: faute –e** grobe Fahrlässigkeit.

**LOYAL** *adj* • *(Person)* loyal, gesetzestreu; aufrichtig; fair, ehrlich • *(Ware)* unverfälscht; echt; **qualité –e et marchande** *(HR)* (Ware) mittlerer Art und Güte.

**LOYAUTÉ** *f* Redlichkeit *f*; Vertragstreue; **– commerciale** *(HR)* Treu und Glauben im Geschäftsverkehr.

**LOYER** *m* Mietzins *m*, Miete *f*, Mietpreis *m*; **paiement du –** Mietzinsentrichtung; **– de l'argent** Zinsen *pl*; Zinsfuß *m*; **– arriéré** Mietrückstand *m*.

**LUCRATIF** *adj* gewinnbringend, vorteilhaft; **activité –ive** Erwerbstätigkeit; **but –** Erwerbszweck.

**LUTTE** *f* **électorale** Wahlkampf *m*; **– revendicative** Arbeitskampf *m*, Streik *m*.

**LUXEMBOURG** *m* Sitz *m* des Senats in Paris; *(fig.)* frz. Senat *m*.

## M

**MACHINATION** *f* Machenschaft *f*, Umtriebe *mpl*, (geheimer) Anschlag *m*.

**MAGASIN** *m* • Geschäft *n*, Laden *m* • Warenlager *n*, Niederlage *f*, Lagerraum *m*, Lagerhaus *n*; **en –** vorrätig, auf Lager.

**MAGASIN | de détail** *(HR)* Einzelhandelsgeschäft; **– discount** *(HR: magasin minimarge)* Discountladen *m*; **– franchisé** Laden unter Franchisevertrag; **– à grande surface** Verbrauchermarkt *m*, Supermarkt; **– de gros** *(HR)* Großhandelsbetrieb *m*; **– (en) libre-service** Selbstbedienungsladen; **– à succursales multiples** Verkaufskette *f*.

**MAGASINAGE** *m* • Lagerhaltung • (Ein-)Lagerung *f*; **droits de –, frais de –** Lagergeld *n*.

**MAGASINIER** *m* • Lagerverwalter *m*, Lagerist *m* • *(HR)* Lagerhalter *m*.

**MAGASINS généraux** *(HR)* (amtlich zugelassenes) Lagerhaus(unternehmen), Lagergeschäft *n*.

**MAGISTRAT** *m* • *(GVR)* Richter *m* (im Rahmen der ordentlichen Gerichtsbarkeit); Berufsrichter *m*; Zivilrichter; Strafrichter • *(GVR)* Staatsanwalt *m* • *(ÖfR)* Amtsinhaber *m*; Volksvertreter *m*; **corruption de –** Richterbestechung; **premier – de France** frz. Staatspräsident; **– assis** Richter; **– de carrière** Berufsrichter; **– debout** Staatsanwalt; **– instructeur** *(StPR)* Ermittlungsrichter; **– judiciaire** Richter (als Organ der Rechtspflege der ordentlichen Gerichtsbarkeit); **– non professionnel** ehrenamtlicher Richter; **– du parquet** Staatsanwalt; **– du siège** Richter.

**MAGISTRATURE** *f* • *(GVR: corps des magistrats du siège et du parquet)* Richter und Staatsanwälte (in Frankreich als einheitliche zusammengefasste Laufbahn) • *(VwR)* öffentliches Amt, Magistrat *m*.

**MAIN** *f* **: prêter – forte** *(ZwangsVR)* Beistand leisten (ggf. unter Gewaltanwendung); **remettre en – propre** eigenhändig übergeben; **sous –** unter der Hand, heimlich.

**MAIN courante** • *(Buchf)* Kladde *f*, Geschäftsbuch (für vorübergehende Eintragungen) • *(escalier)* Handlauf *m*.

**MAIN de justice : placer sous – –** unter gerichtliche Zwangsverwaltung stellen.

**MAIN-D'ŒUVRE** *f* • *(ArbR)* Arbeitskräfte *fpl*, Belegschaft *f*, Personal *n* • *(travail de l'ouvrier)* Arbeit *f*, Handarbeit • *(salaire)* Arbeitsentgelt *n*, Arbeitslohn *m*.

**MAIN-D'ŒUVRE | d'appoint** Aushilfskräfte *fpl*; **– étrangère** Gastarbeiter *mpl*; **– fémine** weibliche Arbeitskräfte; **– intérimaire** Zeit(arbeits)kräfte; **– migrante** Wanderarbeiter; **– non qualifiée** ungelernte Arbeitskräfte; **– occasionnelle** Aushilfskräfte; Gelegenheitsarbeiter *mpl*; **– qualifiée** gelernte Arbeitskräfte *pl*, Facharbeiter *mpl*; – **temporaire** Zeitarbeitskräfte.

**MAINLEVÉE** *f* • *(ZwangsVR)* Aufhebung *f* (der Pfändung *od.* der Beschlagnahme) • *(SachR)* Löschung *f* (einer Zwangshypothek).

**MAINMISE** *f* • *(Pol)* Kontrolle *f*, Vorherrschaft *f* • *(SachR)* Inbesitznahme *f* • *(ÖfR)* Überführung in den Staatsbesitz.

**MAINTENANCE** *f* Instandhaltung *f*, Wartung, Pflege *f*; **contrat de –** Kundendienstvertrag *m*; **frais de –** Wartungskosten *pl*.

**MAINTIEN** *m* • Aufrechterhaltung (der Ordnung) • Beharren *n*, Festhalten *n* • Anstand *m*, Haltung; Erhaltung (des Friedens), Beibehaltung *f*; – **en détention** Haftfortdauer *f*; – **des droits acquis** Wahrung des Besitzstandes; – **dans les lieux** Räumungsaufschub *m*.

**MAIRE** *m* Bürgermeister *m*; **adjoint au –** stellvertretender Bürgermeister, Beigeordnete(r); – **d'arrondissement** Bezirksbürgermeister (in Paris, Lyon u. Marseille).

**MAIRIE** *f* • *(ÖfR: charge de maire)* Bürgermeisteramt *n* • *(hôtel de ville)* Rathaus *n*, Gemeindehaus *n* • *(VwR)* Gemeindeverwaltung.

**MAISON** *f* • *(VwR: édifice public)* (öffentliches) Gebäude *n*; Gefängnis; Altersheim *n* • *(HR)* Firma *f*, Geschäft *n* • *(FamR: personnes)* Haushaltung *f*, Familie *f*; Geschlecht *n*; – **d'arrêt** • Untersuchungsgefängnis • Justizvollzugs- *od.* Strafanstalt; – **centrale** Zuchthaus, Zentralstrafanstalt (für Schwerverbrecher); – **close** Bordell *n*; – **de commerce** *(HR)* frz. Handelsunternehmen; – **commune** Rathaus *n*; – **de dépôt,** – **de détention** *(syn.: maison d'arrêt)* Justizvollzugsanstalt *f*; – **d'édition** Verlag *m*.

**MAISON | familiale** • *(FamR: résidence familiale)* Wohnsitz *m* der Familie • Einfamilienhaus *n*; – **d'habitation** Wohnhaus; – **individuelle** Eigenheim *n*; – **de jeu** Spielkasino *n*, Spielbank *f*; – **de justice** *(PrzR)* Beratungsstelle (bei Gericht.

**MAISON | -mère** *(GesR)* Dach- *od.* Muttergesellschaft; – **de prêt sur gage** Pfandleiher, Pfandleihgewerbe; – **de rapport** Miethaus, Ertragshaus; – **de retraite** *(hospice)* Altersheim *n*; – **à succursales multiples** Filialgeschäft *n*; Handelskette *f*, – **de vente par correspondance (= VPC)** Versandhaus *n*.

**MAÎTRE** *m* • *(ÖfR)* Machthaber *m* • *(StR)* (individuelle) Freiheit, Autonomie *f* • *(SachR)* Besitzer *m*, Eigentümer *m*; • (Abk.: M[e]) Herr *m* (Anrede u. Titel des frz. Rechtsanwalts, Notars, Gerichtskanzlers usw.); – **d'apprentissage** *(ArbR)* Ausbilder *m*, Lehrherr *m*.

**MAÎTRE d'œuvre** • *(BauR)* Bauunternehmer *m* • *(SchuldR)* Hersteller *m* (des Werks), Unternehmer *m* • *(VwR)* Auftragnehmer *m* (im öffentlichen Auftragswesen).

**MAÎTRE de l'ouvrage** • Bauherr *m*; Person, die einen Bau errichten läßt • *(SchuldR)* Besteller *m* (des Werks) • *(VwR)* Auftraggeber *m*, auftragvergebende Behörde.

**MAITRE-CHANTEUR** *m* *(StR)* Erpresser *m*.

**MAÎTRISE** *f* • Beherrschung *f*, Meisterung, • *(ÖfR)* Herrschaftsgewalt *f* • *(ArbR)* Meister *mpl*, Aufsichtspersonal *n*; **agent de –** *(ArbR)* Aufsichtsperson *f*, Meister *m*; **brevet de –** Meisterbrief *m*; **examen de –** Meisterprüfung *f*.

**MAJEUR** *m (ZR)* Volljährige(r).

**MAJEUR** *adj* • *(ZR)* volljährig, großjährig, mündig • bedeutend, wichtig, Haupt-; **force –e** höhere Gewalt.

**MAJORATION** *f* • Erhöhung, Steigerung *f*, Zuschlag *m*, Aufschlag *m* • Aufpreis *m*, Aufgeld *n*; – **de peine** Strafverschärfung; – **de prix** Preiserhöhung, Aufpreis; – **de retard** *(SchuldR: sanction civile)* Säumnis- *od.* Verzugszuschlag.

**MAJORITAIRE** *adj* : **actionnaire** *ou* **gérant –** Mehrheitsaktionär; **scrutin –** Mehrheitswahl(recht).

**MAJORITÉ** *f* • *(ZR)* Volljährigkeit *f*, Großjährigkeit *f* • *(ÖfR, GesR)* Mehrheit *f*; **âge de la –** Volljährigkeit; **– gouvernementale** Regierungsmehrheit; **– légale** Volljährigkeit; **– matrimoniale** Ehemündigkeit.

**MAJORITÉ | pénale** Strafmündigkeit; **– politique** • Wählbarkeit, passives Wahlrecht • Wahlberechtigung, aktives Wahlrecht; **– présidentielle** die den frz. Präsidenten (im Parlament) unterstützende Mehrheit; **– qualifiée** qualifizierte Mehrheit; Zweidrittelmehrheit; **– relative** *(majorité simple)* einfache Mehrheit.

**MAL** *adv* **fondé** • *(PrzR)* unbegründet, unzulässig • *(ZR: injustifié)* ungerechtfertigt.

**MALADE** *adj* : **se faire porter –** sich krank melden, sich krank schreiben lassen.

**MALADIE** *f* Krankheit *f*, Erkrankung *f*, Leiden *n*; **absentéisme pour cause de –** Krankfeiern *n*; **assurance- –** Krankenversicherung *f*; **caisse de –** Krankenkasse *f*; **certificat de –** • ärztliches Attest • Krankmeldung.

**MALADIE | contagieuse** *(syn.: maladie infectieuse)* ansteckende Krankheit; **– mentale** Geisteskrankheit; **– professionelle** Berufskrankheit; **– sexuellement transmissible (= MST)** Geschlechtskrankheit.

**MALENTENDU** *m* : **dissiper un –** ein Missverständnis klären.

**MALFAÇON** *f* *(ZR)* Fabrikationsfehler *m*; mangelhafte Ausführung der Arbeit; Mangel *m*.

**MALFAITEUR** *m* *(StR)* (Straf-) Täter, Verbrecher *m*, Rechtsbrecher; **association de –s, bande de –** (kriminelle) Bande *f*, Bildung einer kriminellen Vereinigung; **recel de –** Strafvereitelung, persönliche Begünstigung; **recherche d'un –** *(StPR)* Fahndung.

**MALHONNÊTE** *adj* : **recourir à des procédés –s** sich unlauterer Mittel *od.* Machenschaften bedienen.

**MALINTENTIONNÉ** *adj* böswillig, übelwollend, übelgesinnt.

**MAL-JUGÉ** *m* Fehlurteil *n*.

**MALTRAITANCE** *f* *(StR: sévices)* Misshandlung *f*; **– des enfants** Kindesmisshandlung.

**MALTRAITANT** *adj* : **parents –s** (kindes)misshandelnde Eltern.

**MALTRAITER** *v.tr.* misshandeln, quälen, missbrauchen.

**MALUS** *f* *(VersR)* Malus *m*, nachträglicher Zuschlag bei Häufung von Schadensfällen.

**MALVEILLANCE** *f* *(ZR)* Schädigungsabsicht, Böswilligkeit.

**MALVERSATION** *f* Amtspflichtverletzung; **– de deniers publics** Veruntreuung öffentlicher Gelder.

**MANAGEMENT** *m* *(GesR)* Unternehmensführung, Management *n*.

**MANAGER** *ou* **manageur** *m* Manager *m*, Führungskraft *f*, Unternehmensleiter *m*.

**MANDANT** *m* Vollmachtgeber *m*.

**MANDAT** *m* • *(SchuldR)* Auftrag *m*, Auftrags- *od.* Geschäftsbesorgungsvertrag, Beauftragung • *(ZR, HR: procuration)* Vollmacht *f*, Bevollmächtigung (Vorsicht: das frz. Recht unterscheidet nicht zwischen Auftrag u. Vollmacht!) • *(ÖfR: fonction élective)* Mandat *n*, (auf Wahl beruhendes) Amt *n*; Amtszeit *f* • *(StPR)* Vorführungsbefehl *m*, Haftbefehl *m* • *(BankR, HaushR)* Zahlungsanweisung; **contrat de –** • Auftrags- *od.* Geschäftsbesorgungsvertrag • Vollmachtserteilung; **exercice d'un –** • *(ZR)* Ausführung eines Auftrages • *(ÖfR)* Ausübung eines Mandats; **révocation du –** Widerruf der Vollmacht.

**MANDAT | d'amener** *(StPR)* Vorführungsbefehl *m*; **– apparent** *(ZR)* Duldungs- *od.* Anscheinsvollmacht, Vollmacht *f* kraft Rechtsschein.

**MANDAT d'arrêt** *(StPR)* Haftbefehl *m*, Festnahmebefehl; **décerner un – –** einen Haftbefehl erlassen.

**MANDAT | de comparution** *(StPR)* Ladung *f*, Vorladung; **– conventionnel** *(ZR)* Auftrag, Vollmacht, vertragliche Ermächtigung; **– de dépôt** *(StPR)* Haftbefehl, Anordnung der vorläufigen Festnahme *od.* der Untersuchungshaft; **– domestique** Schlüsselgewalt *f*.

**MANDAT | exécutoire** Vollstreckungsbefehl *m*; **– général** *(ZR)* General- *od.* Gesamtvollmacht; **– impératif** *(VerfR)* imperatives Mandat; **– judiciaire** Vertretungsmacht *m* kraft Gerichtsbeschlusses, richterliche Ermächtigung.

**MANDAT ad litem** Prozessvollmacht, Prozessbevollmächtigung.

**MANDAT | de paiement** Zahlungsanweisung; *(HaushR)* Kassenanweisung *f*; **– de perquisition** *(StPR)* Anordnung einer Durchsuchung, Haus(durch)suchungsbefehl; **– de procédure** Prozessvollmacht; **– pur et simple de payer** unbedingte Zahlungsanweisung.

**MANDAT | de recouvrement** Einziehungs- *od.* Inkassoauftrag; **– de représentation en justice** *(PrzR: mandat ad litem)* Prozessvollmacht; **– tacite** *(ZR)* Vollmacht durch schlüssiges Verhalten, stillschweigende Vollmachterteilung *od.* Beauftragung; **– en termes spéciaux** im einzelnen genau festgelegte Vollmacht; **– de virement** Überweisungsauftrag.

**MANDATAIRE** *m* • *(SchuldR)* Beauftragte(r) *m*; Bevollmächtigte(r) • *(ÖfR)* Amtsinhaber; **– ad litem** Prozessbevollmächtigte(r); **– commercial** Handlungsbevollmächtigte(r), Prokurist *m*; **– général** Generalbevollmächtigte(r); **– de justice** gerichtlich bestellter Vermögensverwalter; Insolvenzverwalter; **– légal** gesetzlicher Vertreter; **– liquidateur** Insolvenzverwalter; **– social** Vorstand *m*, Vorstandsmitglied *n*.

**MANDATER** *v.tr.* • beauftragen • bevollmächtigen, Vollmacht *f* erteilen.

**MANDEMENT** *m* Anordnung *f*, Befehl *m*; **– de collocation** Rangordnungsbeschluss.

**MANDER** *v.tr.* • mitteilen, wissen lassen, melden, befehlen • rufen, kommen lassen.

**MANIEMENT** *m* • Handhabung *f* • *(emploi)* Verwendung, Benutzung *f*, Führung *f*; **– des deniers** *ou* **de fonds** Kassenführung *f*.

**MANIFESTANT** *m* Demonstrant *m*, Teilnehmer an einer Kundgebung.

**MANIFESTATION** *f* • *(ÖfR, StR)* Demonstration *f*, Kundgebung *f* • *(HR)* Veranstaltung; **– du consentement** *(ZR)* (zustimmende) Willensäußerung; **– sur la voie publique** Veranstaltung unter freiem Himmel, Demonstration; **– de volonté** Willensäußerung.

**MANIFESTE** *adj* : **abus –** offenkundiger Rechtsmissbrauch; **erreur –** offenbarer Irrtum.

**MANIPULATION** *f* • Handhabung *f*, Umgang *m* • *(StR)* Machenschaften *fpl*, absichtliche Verfälschung • *(HR: Güter)* Umschlag *m*, Verladen *n*; **– de l'information** Desinformation *f*.

**MANŒUVRE** *m* *(ArbR)* ungelernter Arbeiter, Hilfsarbeiter.

**MANŒUVRE 1.** *f* • Handhabung *f*, Arbeitsgang *m* • *(StR)* Machenschaften *fpl*, Betrugsmanöver *n*; **– dilatoire** Verzögerungstaktik *f*; **– dolosive** arglistige Täuschung.

**MANŒUVRES 2.** *fpl* **abortives** *(StR)* Abtreibungshandlungen *pl*; **– criminelles** verbrecherische Machenschaften; **– frauduleuses** betrügerische Handlungen *od.* Machenschaften *fpl*.

**MANQUE** *m* • *(Vwirt)* Mangel *m*, Fehlen *n*, Knappheit *f* • *(Buchf, HR)* Fehlbetrag *m*, Manko *n*; **– à gagner** *(HR)* entgangner Gewinn;

Verdienstausfall, Verdienstverlust *m*; – **de base légale** Fehlen der gesetzlichen Grundlage; – **de discernement** *(StR)* mangelnde Urteilsfähigkeit.

**MANQUEMENT** *m* Versäumnis *n*, Verfehlen *f*, Unterlassung *f*, Fehler *m*; – **au contrat** Vertragsverletzung; – **au devoir** Pflichtverletzug; – **à la discipline** Disziplinarvergehen *n*.

**MANUEL** *m* • *(ArbR)* (Hand-)Arbeiter *m* • Handbuch *n*, Leitfaden *m*, Lehrbuch *n*; – **de vente** Verkaufsleitfaden (für Handelsvertreter u. Handlungsreisende).

**MANUFACTURÉ** *adj* : **produit** – industrielles Erzeugnis.

**MANUTENTION** *f* • *(i.w.S.)* Behandlung, Handhabung • *(HR)* Waren- *od.* Güterumschlag.

**MANUTENTIONNAIRE** *m/f* Lagerarbeiter(in); Lagerverwalter.

**MAQUILLAGE** *m fig* Fälschung, Betrug *m*; – **du bilan** Bilanzkosmetik *f*.

**MARAUDAGE** *m*, **maraude** *f* *(StR: vol de récoltes)* Felddiebstahl *m*, Wald- und Feldfrevel *m*.

**MARAUDEUR** *m* Felddieb *m*; Plünderer.

**MARCHAND** *adj* kaufmännisch, Kauf-, Handels-; verkäuflich, marktgängig; **navire** – Handels- *od.* Frachtschiff; **prix** – Fabrikpreis, Großhandelspreis; **qualité** **–e** (Ware) mittlerer Art und Güte, Durchschnittsqualität *f*.

**MARCHAND** *m* • *(HR: commerçant)* Kaufmann *m*, Händler *m* • *(HR: détaillant)* Einzelhändler *m*; – **ambulant** Gewerbetreibender im Umherziehen, fliegender Händler, Wandergewerbetreibender.

**MARCHANDAGE** *m* • *(ArbR: contrat de sous-entreprise)* Dienstverschaffungsvertrag *m* • *(StR, ArbR)* unzulässiges Verschaffen von Arbeitskräften • *(HR)* Feilschen *n*, Handeln *n*, Kuhhandel *m*.

**MARCHANDISAGE** *m* *(HR)* Verkaufsförderung *f*; Warengestaltung und -darbietung.

**MARCHANDISE** *f* • *(HR)* (Handels-)Ware *f*, (Wirtschafts-)Gut *n* • *(TransportR)* Frachtgut *n*; – **en commission** Kommissionsware; – **de contrebande** Schmuggelware; – **défectueuse** mangelhafte Ware; – **encombrante** Sperrgut *n*; – **entreposée** *ou* **en entrepôt** Lagergut *n*; – **laissée pour compte** • unverkäufliche Ware • Falschlieferung; – **loyale et marchande** Handelsgut mittlerer Art und Güte; – **périssable** verderbliche Ware; – **en retour** Rück- *od.* Retourware; – **en vrac** Massengut.

**MARCHE** *f* Betrieb *m*, Gang *m*, Verlauf *m*; **état de** – *(StVR)* Fahrtüchtigkeit; – **des affaires** Geschäftsgang *m*; Geschäftsverlauf *m*; – **à suivre** Betriebsanleitung *m*.

**MARCHÉ** *m* • *(HR)* Markt *m*, Handelsplatz *m* • *(BW: débouché)* Absatzgebiet *n*, Absatzmarkt *m* • *(SchuldR)* (Kauf-)Geschäft *n*, Handelskauf *m* • *(WirtR)* Marktlage *f*, Marktentwicklung *f*; Marktstruktur *f* • *(VwR: marché public)* (öffentlicher) Auftrag *m*.

**MARCHÉ** : **économie de** – Marktwirtschaft *f*, Verkehrswirtschaft; **étude de** – Marktforschung *f*; **passation d'un** – Vergabe *f* eines Auftrags; **position dominante sur le** – Marktbeherrschung.

**MARCHÉ | des agents de change** amtliche Börse; – **agricole** Agrarmarkt; – **par appel d'offres** *(VwR)* Vergabe *f* im Leistungswettbewerb; – **de l'argent** Geldmarkt, Markt für kurzfristige Kredite.

**MARCHÉ | en bourse** *ou* **boursier** • Effektenbörse • Börsengeschäft *n*, Börsenmarkt; – **des capitaux** Kapitalmarkt, Markt für langfristige Kredite und Kapitalanlagen; – **des changes** Devisenhandel, Devisenmarkt; Devisenbörse.

**MARCHÉ COMMUN (= MC)** gemeinsamer Markt; Europäische Gemeinschaft (= EG).

**MARCHÉ | au comptant** • *(HR)* Barkauf *m* • *(BörR)* Kassamarkt,

Tagesgeschäft; **– de couverture** Deckungsgeschäft; **– des crédits à court terme** Geldmarkt; **– des crédits à long terme** Kapitalmarkt.

**MARCHÉ | de l'emploi** Arbeitsmarkt; **– financier** Kapitalmarkt; **– de gros** Großhandel(smarkt); **– immobilier** Immobilienmarkt; **– d'intérêt national (= MIN)** *(HR: marché-gare)* Gemüse- und Obstgroßhandel (mit Sonderstatus in Frankreich); **– intérieur** Inlands- *od.* Binnenmarkt.

**MARCHÉ | monétaire** Geldmarkt, Markt für kurzfristige Kredite; **– noir** Schwarzmarkt; **– public** *(VwR)* öffentlicher Auftrag, Auftrag der öffentlichen Hand; **– à terme** Terminhandel; **– du travail** *(Vwirt)* Arbeitsmarkt; **– des valeurs mobilières** Wertpapier- *od.* Effektenmarkt.

**MARCHÉAGE** *m (HR)* Marketing *n*, Vermarktung, Absatzstrategie *f.*

**MARGE** *f* • Spielraum *m* • *(HR)* Handels- *od.* Gewinnspanne *f*, Marge *f*; **– d'appréciation** *(VwR, PrzR)* Ermessensspielraum *m.*

**MARGE | bénéficiaire** Handels- *od.* Gewinnspanne; **– brute d'autofinancement (= MBA)** Cashflow *m*, Selbstfinanzierungsmarge; **– commerciale** Handelsspanne; **– de fluctuation** Bandbreite (eines Wechselkurses).

**MARGINAL** *m* Außenseiter *m*; Mitglied *n* einer Randgruppe.

**MARI** *m* Ehemann *m*, Ehegatte *m.*

**MARIAGE** *m* • Eheschließung *f*, Heirat *f*, Trauung *f*, Vermählung *f* • Ehe *f*, Ehestand *m*, eheliche Lebensgemeinschaft; **acte de –** Heiratsurkunde *f*, Trauschein *m*; **aptitude au –** Ehefähigkeit *f*; **célébration du –** Trauung, Eheschließung *f*; **certificat de capacité à –** Ehefähigkeitszeugnis *n*; **contrat de –** Ehevertrag *m*; **dissolution du –** Aufhebung der Ehe; **empêchement au –** Ehehindernis *n*, Eheverbot *n*; **escroc au –** Heiratsschwindler *m*; **inexistence du –** Nichtehe, Scheinehe; **nullité du –** Nichtigkeit der Ehe; **promesse de –** Eheversprechen *n*; **registre des –s** Heiratsbuch *n.*

**MARIAGE | antérieur non dissous** Ehehindernis des bestehenden Ehebandes; **– bigamique** Doppelehe; **– blanc** Namensehe, Scheinehe, nichtige Ehe; **– boîteux** *(IPR: mariage valable selon une loi, mais nul selon une autre)* hinkende Ehe; **– civil** Ziviltrauung, standesamtliche Eheschließung; **– contracté dans le seul but d'acquérir le nom du mari** Namensehe; **– devant l'officier de l'état civil** standesamtliche Eheschließung; **– fictif** Namensehe; **– mixte** Mischehe; **– religieux** kirchliche Trauung.

**MARITAL** *adj* **: autorisation –e** Zustimmung des Ehegatten.

**MARITIME** *adj* See-; Seefahrt treibend; **accord –** *(VR)* (internationales) Schiffahrtsabkommen; **code –** Seegesetzbuch; **commerce –** Seehandel; **droit –** Seerecht; **préfecture –** frz. Seeamt.

**MARKETING** *m (BW: mercatique ou marchéage)* Marketing *n*, Vermarktungssteuerung, Absatzförderung.

**MARQUE** *f* • *(empreinte, signe)* Merkmal *n*, Kennzeichen *n* • *(label, signe distinctif)* Warenzeichen *n*; **produit de –** Markenartikel *m*; **propriétaire d'une –** Markeninhaber *m*; **protection de la –** Markenschutz; **registre** *ou* **répertoire des –s** (Waren-)Zeichenrolle *f.*

**MARQUE | déposée** eingetragenes Warenzeichen; **– distinctive** unterscheidungsfähiges Warenzeichen; Unterscheidungsmerkmal *n*; **– du domaine public** Freizeichen.

**MARQUE de fabrique** Fabrik- *od.* Warenzeichen, Handelsmarke.

**MARQUE | figurative (déposée)** (eingetragenes) Bildzeichen, darstellendes Warenzeichen; **– internationale** international eingetragenes Warenzeichen; – **litigieuse** Streitzeichen.

**MARQUE | nominale** Logo *n/m*, Kombinationszeichen, Wort- und Bildzeichen; – **nominative** Wortzeichen; – **notoire, – notoirement connue** Warenzeichen, das bereits Verkehrsgeltung erlangt hat; – **pouvant prêter à confusion** verwechslungsfähige Marke; – **protégée** geschütztes Warenzeichen, geschützte Marke.

**MARTIAL** *adj* **: cour –e** Kriegsgericht; **loi –e** Standrecht.

**MASQUE** *m (StR)* Vermummung *f.*

**MASSE** *f* • Sondervermögen *n* • *(InsolvenzR)* (Gesamtheit der) Insolvenzgläubiger.

**MASSE | active** Aktivvermögen *n*; – **de biens** Vermögensmasse *f*; – **monétaire** Geldumlauf, umlaufende Geldmenge; – **salariale** Bruttolohnsumme; – **successorale** Nachlass *m.*

**MATÉRIALITÉ** *f* **des faits** objektiver Tatbestand *m*, Sachverhalt *m.*

**MATÉRIAU** *m* **défectueux** fehlerhafter Werkstoff.

**MATÉRIEL** *adj* • *(opposé à formel)* sachlich, materiell(rechtlich) • stofflich, körperlich; **auteur – de l'infraction** *(StR)* Haupttäter *m* (im Gegensatz zum Anstifter); **bien –** Sachwert *m*, körperlicher Gegenstand; **compétence –le** sachliche Zuständigkeit; **dégât(s)** *ou* **dommage –** Sachschaden.

**MATÉRIEL** *m* • Material *n*, Werkstoff *m* • Gerät *n*, Maschinenpark *m* • Betriebsanlagen *fpl*, Betriebseinrichtung, Ausrüstung *f*; **défaut du –** Materialfehler; – **de bureau** Büroeinrichtungen *fpl*; Bürobedarf *m.*

**MATERNITÉ** *f* • Mutterschaft *f* • Entbindung; Entbindungsanstalt *f*; **congé de –** Mutterschaftsurlaub *m.*

**MATIÈRE** *f* • Stoff *m*, Materie *f*, Substanz *f* • Sachgebiet *n*, Fach *n*, Thema *n* • Ursache *f*, Anlass *m* • Gegenstand *m*, Sache *f*, Sachverhalt *m* • *(StR)* objektiver Tatbestand *m*; **table des –s** Inhaltsverzeichnis *n.*

**MATIÈRE | contentieuse** Streitsache; **–s dangereuses** *(UmweltR)* umweltgefährdende Stoffe *od.* Abfälle; – **gracieuse** Angelegenheit der freiwilligen Gerichtsbarkeit); – **imposable** Steuergegenstand *m*; – **première** Rohstoff *m.*

**MATRIMONIAL** *adj* **: affaires –es** Ehesachen *fpl*; **agence –e** Eheanbahnungsinstitut *n*; **régime –** (Ehe-) Güterstand *m.*

**MAUVAISE FOI** *(ZR)* Unredlichkeit *f*, Bösgläubigkeit; **de – –** unredlich, bösgläubig.

**MÉDECIN** Arzt *m*, Mediziner *m*; **corps des –** Ärzteschaft *f*; **ordre des –s** Ärztekammer *f*, Standesvertretung der Ärzte; – **-conseil** Vertrauensarzt; – **conventionné** *(SozVers)* Kassenarzt; – **d'entreprise** Betriebs- *od.* Werksarzt; – **de famille** Hausarzt; – **généraliste** praktischer Arzt; – **de garde** Notarzt; – **légiste** Gerichtsmediziner; – **spécialiste** Facharzt; – **traitant** behandelnder Arzt; – **du travail** Werksarzt, Arbeitsmediziner.

**MÉDECINE** *f* Medizin *f*, Heilkunde *f*; Heilmittel *n*, Arznei *f*; **exercice illégal de la –** Kurpfuscherei; – **de groupe** Gemeinschaftspraxis *f*; – **légale** Gerichtsmedizin; – **du travail** Arbeitsmedizin.

**MEDIATEUR** *m* • *(ÖfR)* frz. Justizkanzler, Ombudsman *m* • *(ZR, ArbR)* Schlichter *m.*

**MÉDIATION** *f* • *(VR)* (völkerrechtliche) Vermittlung • *(ArbR)* tarifvertraglich vereinbarte Schlichtung; **tentative de –** Schlichtungsversuch.

**MÉDICAL** *adj* **: acte –** ärztliche Behandlung, ärztliche Untersuchung, ärztlicher Eingriff; **corps –** Ärzteschaft; **délégué –** Ärztebesucher *m*, Pharmareferent *m*; **examen –** ärztliche Untersuchung; **ordonnance –e** Rezept *n*; **prescription –e** ärztliche Verschreibung.

**MÉDICOLÉGAL** *adj* : **expertise – –le** gerichtsmedizinisches Gutachten; **institut –** gerichtsmedizinisches Institut, Leichenschauhaus *n*.

**MÉFAIT** *m* Straftat *f*, Missetat *f*; **petit –** geringfügige Straftat.

**MÉFIANCE** *f* Misstrauen *n*, Argwohn *m*.

**MÉGARDE** *f* : **par –** aus Versehen, infolge der (eigenen) Unachtsamkeit.

**MEMBRE** *m* • Mitglied *n* • Glied *n*; **carte de –** Mitgliedsausweis *m*; **qualité de –** Mitgliedschaft *f*.

**MEMBRE | actif** aktives Mitglied; **– adhérent** (gewöhnliches) Mitglied; **– bienfaiteur** förderndes Mitglied; **– de droit** Mitglied kraft Amtes.

**MEMBRE | fondateur** *(GesR)* Gründungsmitglied; **– honoraire** Ehrenmitglied; **– du jury** • *(StPR)* Geschworener • *(SchulR)* Mitglied des Prüfungsausschusses.

**MEMBRE | permanent** ständiges Mitglied; **– du personnel** *(ArbR)* Betriebsangehörige(r) *m*; **– sortant** ausscheidendes Mitglied; **– suppléant** Ersatzmitglied; **– titulaire** ordentliches Mitglied.

**MÉMOIRE** *m* • *(VR)* Denkschrift *f*, Memorandum *n* • *(HR)* Rechnung; Gesamtabrechnung (über Baukosten) • *(PrzR)* Klageschrift *f*, Schriftsatz *m* • *(VwR)* Antrag *m*; **– ampliatif** • *(VwPR)* Klagebegründung • *(ZPR)* schriftliche Begründung des Rechtsmittels; **– en défense** *(PrzR)* Klagebeantwortung, schriftliche Gegenäußerung.

**MÉMOIRE** *f* Gedächnis *n*, Erinnerung *f*, Erinnerungsvermögen *n*; *(DV)* Speicher; **perte de –** Gedächtnisstörung *f*, Gedächtnisverlust *m*.

**MEMORANDUM** *m (VR: aide-mémoire)* Memorandum *n*, Denkschrift *f*.

**MENACE** *f* • Bedrohung, Gefährdung • *(StR: actes d'intimidation)* Nötigung *f*, Drohung *f*, Einschüchterung; **– de grève** • Streikdrohung *f* • Streikgefahr *f*; **– de guerre** *(VR)* Kriegsgefahr; **– pour l'ordre public** Gefährdung der öffentlichen Sicherheit und Ordnung.

**MÉNAGE** *m* • *(WirtR)* Haushaltung *f*, Haushalt *m* • *(FamR)* Ehepaar *n*, Familie *f*; häusliche Gemeinschaft; **argent du –** Haushalts- *od.* Wirtschaftsgeld; **femme de –** Putzfrau.

**MÉNAGEMENT** *m* • Umsicht *f*, Vorsicht *f* • Zurückhaltung • Verwaltung.

**MÉNAGÈRE** *f* Hausfrau *f*; **panier de la –** Warenkorb *m*.

**MENDICITÉ** *f* : **délit de –** *(StR)* strafbares Betteln; Bettelbetrug *m*.

**MENÉES** *fpl* Umtriebe *mpl*, Machenschaften *fpl*; **– antinationales** *(StR)* staatsfeindliche Umtriebe.

**MENEUR** *m* Anführer *m*, Rädelsführer; Drahtzieher *m*.

**MENOTTES** *fpl* Handschellen *fpl*.

**MENSONGE** *m* : **détecteur de –s** Lügendetektor *m*.

**MENSON | GER** *adj* : **accusation –gère** falsche Anschuldigung; **publicité –gère** irreführende Werbung.

**MENSUALITÉ** *f* Monatsrate *f*.

**MENSUEL** *adj* : **revenu –** Monatseinkommen *n*.

**MENTAL** *adj* : **âge –** geistige Altersstufe; **arriération –e** geistige Zurückgebliebenheit, Debilität *f*; **maladie –e** Geisteskrankheit; **réserve –e** *(ZR)* geheimer Vorbehalt.

**MENTION** *f* • *(ZR)* Klausel *f*, Angabe *f*, Nennung *f*, Erfordernis *n* • *(ZR)* (Rand-) Vermerk *m*, Anmerkung *f* • *(VwR)* vorgeschriebene Angaben • *(SchulR)* Prädikat *n*; **biffer** *ou* **rayer les –s inutiles** Nichtzutreffendes (bitte) streichen.

**MÉPRISE** *f* Irrtum *m*, Versehen *n*.

**MER** *f* See *f*, Meer *n*; **droit international / national de la –** völkerrechtliches/innerstaatliches Seerecht; **– territoriale** Küstengewässer *n*.

**MERCATIQUE** *f (BW)* Marketing *n*.

**MERCHANDISING** *m* *(BW)* Merchandising *n*, optimale Warenpräsentation, Verkaufsförderung.

**MÈRE** *f* **célibataire** ledige Mutter; – **au foyer** nicht berufstätige Mutter.

**MÉRITOCRATIE** *f* *(Pol)* Leistungsgesellschaft *f*.

**MESSAGE** *m* Botschaft *f*, Mitteilung *f*; Durchsage *f*, Nachricht; – **publicitaire** Werbespot *m*.

**MESSAGER** *m* Bote *m*.

**MESSAGERIE** *f* • *(HR)* Fuhrwerksunternehmen *n* • Schnelltransport, Eilgutabfertigung.

**MESURE** *f* • Messung *f*, Messen *n*; Maß *n* • *(disposition)* Maßnahme *f*, Maßregel *f*; Vorkehrung *f* • *(modération)* Mäßigung, Zurückhaltung, das Maßhalten.

**MESURE | d'administration judiciaire** *(PrzR)* Justizverwaltungsmaßnahme; – **d'application** Durchführungsvorschrift, Anwendungsmaßnahme; – **coercitive** *ou* **comminatoire** *(VwR)* Zwangsmittel, unmittelbarer Zwang.

**MESURE | conservatoire** • *(ZPR)* Maßnahme zur Erhaltung (eines Rechts), Schutzmaßnahme, sichernde Maßnahme • vorsorgliche Maßnahme, Verwahrungsmaßnahme • *(VersR)* Schadensminderungspflicht; Abwendungspflicht; – **de contrainte,** Zwangsmaßnahme.

**MESURE | disciplinaire** Disziplinarmaßnahme; – **discriminatoire** unterschiedliche Behandlung; – **d'exception** Ausnahmebestimmung *od.* -bewilligung; – **d'exécution** Vollstreckungsbescheid *od.* -maßnahme.

**MESURE | faisant grief** *(VwR)* belastender Verwaltungsakt; – **de faveur** Begünstigung, begünstigende Maßnahme; – **immédiate** Sofortmaßnahme; – **d'instruction** *(StPR)* Ermittlung(shandlung).

**MESURE | judiciaire** *(ZPR)* gerichtliche Anordnung *od.* Verfügung; – **d'ordre intérieur** *(VwR)* behördeninterne Anweisung; – **palliative** Abhilfe *f*; – **particulière** Einzel- *od.* Sondermaßnahme; – **des peines** *(StR)* Strafzumessung; – **de police** Polizeiverfügung; – **préventive** Vorbeugungsmaßnahme; – **provisoire** *(ZPR)* einstweilige Verfügung.

**MESURE | de reconversion** • *(ArbR)* Umschulungsmaßnahme *f* • *(WirtR)* Betriebsumstellungsmaßnahme.

**MÉTAYAGE** *m* Meier- *od.* Teilpacht.

**MÉTAYER** *m* Pächter *m*, Meier *m*.

**MÉTIER** *m* • *(profession)* Beruf *m*, Tätigkeit *f* • *(industrie, art)* Gewerbe *n*, Handwerk *n* • *(technique)* Können *n*, Wissen *n*, Erfahrung *f* • *(machine)* Webstuhl *m*.

**MÉTROPOLE** *f* • *(VerfR)* Mutterland *n*; Frankreich im Verhältnis zu seinen Überseegebieten • *(VwR)* Hauptstadt, Metropole *f*, (Handels-)Zentrum • *(in F:)* Paris; – **d'équilibre** Provinz- *od.* Regionalhauptstadt.

**MEUBLE** *adj* • beweglich • lose, locker; **bien** – bewegliche Sache.

**MEUBLE** *m (ZR)* bewegliche Sache, Fahrnis *n*, bewegliches Gut; – **meublant** *(SachR)* Mobiliar *n* (in einer Wohnung), Hausrat *m*, Wohnungseinrichtung *f*.

**MEURTRE** *m (StR)* Totschlag *m*, vorsätzliche Tötung; – **avec préméditation** *(assassinat)* Mord *m*.

**MEURTRIER** *m* Totschläger *m*; – **professionnel** *(= tueur à gages)* bezahlter Mörder, (Berufs-)Killer *m*.

**MÉVENTE** *f* Absatzschwierigkeiten *fpl*; Verlustgeschäft *n*.

**MIGRANT** *m* Wanderarbeiter, Saisonarbeiter *m*.

**MILICE** *f* **patronale** Werkschutz *m*.

**MILITAIRE** *adj* : **circonscription** – Wehrbereich *m*; **personnel** – Angehörige *mpl* der Streitkräfte; **service** – Wehrdienst *m*.

**MILITAIRE** *m* Soldat *m*, Mitglied der Streitkräfte (eines Landes); – **de carrière** Berufssoldat; – **sous contrat** Soldat auf Zeit.

**MINE** *f* • Bergwerk *n*, Grube *f*, Zeche *f* • Sprengkörper *m*, Mine *f*.

**MINÉRALOGIQUE** *adj* : **plaque –** amtliches Kfz-Kennzeichen.

**MINEUR** *adj* • minderjährig • untergeordnet, nebensächlich; **enfant –** minderjähriges Kind.

**MINEUR** *m* • *(ZR, StR)* Minderjährige(r) *m* • Bergmann *m*; **détournement de –** Verführung eines Minderjährigen; **– délinquant** jugendlicher Straftäter.

**MINIMUM** *m/adj* Mindestbetrag *m*, Minimum *n*, unterste Grenze *f*; **revenu – d'insertion (= RMI)** Mindesteingliederungseinkommen *f*; **– vital** Existenzminimum *n*.

**MINISTÈRE** *m* • *(ÖfR)* Amt *n*, Ministeramt • *(VerfR)* Kabinett *n*, Regierung *f* • *(VwR)* Ministerium *n*, Geschäftsbereich *m* • Amtsdauer *f* eines Ministers • *(PrzR)* öffentliches Amt eines Rechtspflegeorgans, Aufgaben des unabhängigen Trägers eines öffentlichen Amtes.

**MINISTÈRE public** *(StPR)* Staatsanwaltschaft *f*, Strafverfolgungsbehörde *f*; Staatsanwalt, Vertreter des öffentlichen Interesses.

**MINISTÉRIEL** *adj* : **arrêté –** Ministerialerlass *m*; **circulaire –le** ministerieller Runderlass; Ministerialerlass *m*; **département –** Referat *n*, Abteilung *f*; **officier –** *(PrzR)* unabhängiger Träger eines öffentlichen Amtes; Rechtspflegeorgan *n*; Notar *m*; Gerichtsvollzieher *m*; Gerichtskanzler *m*; Inhaber einer öffentlichen amtsähnlichen Stellung (abhängig von der Justizverwaltung).

**MINISTRE** *m* • *(VerfR)* Minister *m* • *(KirchR)* Geistliche(r); Priester; Pfarrer; **conseil des –s** frz. Ministerrat (unter Vorsitz des Präsidenten der Republik), Ministerratssitzung; **Premier –** Premierminister.

**MINORITÉ** *f* • *(ZR, StR)* Minderjährigkeit *f* • *(VerfR)* Minderheit *f*, Minorität *f*, **excuse de –** *(StR)* Schuldausschließungsgrund *m*; **– pénale** *(StR)* Strafunmündigkeit.

**MINUTE** *f* • *(ZR, PrzR)* Urschrift *f* einer öffentlichen Urkunde • Konzept *n*, Entwurf *m*; **acte en –** durch eine Amtsperson (Notar, Gerichtskanzler) zu verwahrendes Original (einer öffentlichen Urkunde).

**MISE | en accusation** *(StPR)* Anklageerhebung, Versetzung in den Anklagezustand; **– en application** Inkraftsetzung *f*.

**MISE | en cause** • *(StPR: suit la mise en examen)* Anklageerhebung, Versetzung in den Anklagezustand • *(ZPR)* Streitverkündung; **– sous curatelle** Bestellung eines Pflegers; **– en délibéré** *(ZPR)* Eintritt in die (Urteils-) Beratung.

**MISE | en demeure** • *(ZPR)* gerichtliche Inverzugsetzung des (säumigen) Schuldners (mittels Zustellung einer Mahnung durch den Gerichtsvollzieher) • *(VwPR)* behördliche Aufforderung zur Beseitigung eines rechtswidrigen Zustandes; **– en demeure de payer** Zahlungsaufforderung; **– à l'épreuve** *(StPR)* Strafaussetzung zur Bewährung; **– en état** *(ZPR)* Anberaumung *f* eines Termins zur mündlichen Verhandlung.

**MISE | en examen** *(StPR: remplace aujourd'hui l'inculpation)* Einleitung eines Ermittlungsverfahrens (durch die Staatsanwaltschaft); **– de fonds** *(GesR)* (Vermögens-) Einlage, Kapitaleinlage; **– de fonds en nature** Sacheinlage; **– à la fourrière** *(StVR)* Beschlagnahme u. Sicherstellung (eines Kraftfahrzeuges).

**MISE | en gage** *(SachR)* Verpfändung, Bestellung eines Pfandrechts (an einer beweglichen Sache); **– en garde** Verwarnung; **– à jour du registre foncier** Grundbuchbereinigung; **– en liberté provisoire** vorläufige Freilassung.

**MISE | en œuvre** Inangriffnahme *f*, Einsatz; Durchführung; Verwertung *f*; **– à pied** • *(ArbR)* vorübergehende strafweise Aussperrung (bei Verfehlungen des Arbeitnehmers) • *(ArbR)* Suspendierung des

Arbeitsvertrages (bei Betriebsstörungen); **– au point** Richtigstellung, Klarstellung; Fertigstellung.

**MISE | en recouvrement** Einziehung einer Forderung; **– en résidence forcée** *(StVZ)* Zuweisung eines Aufenthaltortes; **– au rôle** *(ZPR)* Eintragung der Sache in das Prozessregister.

**MISE | sous scellés** • *(ZwangsVR)* Anlegung von Siegeln, Anbringung von Pfandzeichen • *(StPR)* Versiegelung (mit einem Amtssiegel); **– au secret** *(StVZ)* Versetzung in Einzelhaft; **– sous presse** Drucklegung.

**MISE en valeur** Verwertung *f*, Erschließung *f*; **– en vente** Verkauf *m*; **– en vigueur** Inkraftsetzung *f*; **– aux voix** Abstimmung *f*.

**MISSION** *f* • *(ÖfR, ZR)* Auftrag *m*, Dienstauftrag *m* • Zweck *m*, Aufgabe *f* • *(BeamR, ArbR)* Entsendung; Einsatz *m*; Dienstreise *f* • *(VwR)* Amt *n*, Zuständigkeit; **ordre de –** Dienstreiseauftrag *m*.

**MISSIVE** *adj/n.f.* **: lettre –** schriftliche Mitteilung; Brief *m*.

**MI-TEMPS** *f* **: emploi à –** *(ArbR)* Halbtagsarbeit; Halbtagsbeschäftigung.

**MITIGATION** *f* **de la peine** Strafmilderung; Erlass *m* der Reststrafe.

**MITOYEN** *adj* **: mur –** Grenzmauer.

**MIXTE** *adj* **: acte –** *(HR)* einseitiges Handelsgeschäft; **commission –** paritätisch besetzter Ausschuss; **société d'économie – (= SEM)** *(ÖfR, WirtR)* gemischtwirtschaftliches Unternehmen.

**MOBILE** *m* Beweggrund *m*; Anlass *m*, Triebfeder *f*; **erreur sur le –** *(StR)* Motivirrtum *m*, Irrtum im Beweggrund.

**MOBIL | IER** *adj* **: biens –iers** bewegliche Sachen; **saisie –ière** Mobiliarzwangsvollstreckung; **valeurs –ières** Wertpapiere, Effekten *pl*.

**MOBILIER** *m* Mobiliar *n*; Einrichtungsgegenstand *m*; bewegliches Gut.

**MOBILISATION** *f* • *(MilR)* Mobilmachung *f*, Mobilisierung *f* • *(WirtR)* Flüssigmachen *n*, Umwandlung *f* in verfügbares Geld; **– de crédits** Kreditbereitstellung.

**MODALITÉ** *f* • *(SchuldR)* Bedingung *f*; Zeitbestimmung • *(i.w.S.)* Erfordernis *n*, Modalität *f*; Auflage *f* • Ausführungsart *f*, Art und Weise • *(im Vertrag)* einzelne Bestimmung, (Vertrags-)Klausel *f*; **– de paiement** Zahlungsbedingung.

**MODE** *m* Art und Weise, Methode *f*, Modus *m*; Verfahren *n*; Form *f*; **– d'élection** Wahlmodus *m*; **– d'emploi** Gebrauchsanweisung, Bedienungsanleitung; **– de scrutin** Wahlmodus *m*.

**MODÈLE** *m* • Muster *n*; Geschmacks- *od.* Gebrauchsmuster • *(i.w.S.)* Modell *n*; Vorlage *f* • *(IPR: modèle législatif)* Vorbild *n* • *(VwR: formulaire)* Formblatt *n*; **– déposé** (angemeldetes) Gebrauchs- *od.* Geschmacksmuster; **– esthétique** Geschmacksmuster; **– d'utilité** Gebrauchsmuster.

**MODÉRATEUR** *adj* **: ticket –** *(SozVers)* Selbstbeteiligung (an den Krankheitskosten).

**MODÉRATION** *f* Mäßigung *f*, Maßhaltung *n*; Einschränkung; **– de droit** *(SteuerR)* Steuerermäßigung; **– de la peine** Strafmilderung.

**MODIFICATIF** *adj/n.m.* Abänderungsvertrag *bzw.* -gesetz.

**MODIFICATION** *f* • *(changement partiel)* Abänderung *f*, Änderung, Umänderung, Abwandlung • Verbesserung; Neubearbeitung; **– de la raison sociale** Abänderung der Firmenbezeichnung; **– aux statuts** *(GesR)* Satzungsänderung.

**MODIQUE** *adj* **: somme d'argent –** geringer Betrag.

**MODULABLE** *adj* **: horaire –** flexible Arbeitszeit.

**MŒURS** *fpl* • Gewohnheiten *fpl*, Sitten *fpl*, Gebräuche *fpl* • Lebenswandel *m*; **attentat aux – •** *(StR: i.w.S.)* Sexualstraftat • *(StR: i.e.S.)*

Sexualhandlung; unzüchtige Handlung.

**MOINS-VALUE** *f* Wertminderung *od.* -verlust, Minderwert *m.*

**MOIS** *m* • Monat *m* • (Monats-) Miete • *(ArbR)* Monatslohn *m*; **échéance début, milieu, fin de –** (Monats-)Anfangs-, Medio- *od.* Ultimofälligkeit.

**MOLESTATION** *f* • Belästigung *f* • *(StR)* Misshandlung *f.*

**MONDAINE** *f (StR)* Rauschgiftbekämpfungsdezernat *n.*

**MONDE** *m* • Welt *f*; Universum *n* • führende Schicht *f*, Gesellschaft *f*; **le Tiers- –** die Dritte Welt; **le Quart- –** die Ärmsten der Armen; **– des affaires** Geschäftswelt.

**MONDIALISATION** *f* Globalisierung; weltweite Verbereitung *od.* Ausdehnung.

**MONÉTAIRE** *adj* **: accord –** Währungsabkommen; **dépréciation –, érosion –** Geldwertverfall *m*; **volume –** Geldumlauf *m.*

**MONÉTIQUE** *f* elektronische Zahlungsmechanismen; Zahlung mit Plastikgeld *od.* mittels Heimcomputer.

**MONNAIE** *f* • *(WirtR)* (gesetzlich anerkanntes) Zahlungsmittel *n*, Geld *n*, Währung *f* • *(BankR)* Kleingeld *n* • *(VwR: La Monnaie)* Münzamt *n*; **création de –** Geldschöpfung *f*; **dépréciation de la –** Währungsverfall; **fausse –** Falschgeld; **frappe de la –** Münzprägung *f*; **papier –** Papiergeld; Banknoten *fpl*; **pièce de –** Münze *f.*

**MONNAIE | de banque** Giralgeld, Bank- *od.* Buchgeld; **– de billon** Kleingeld, Scheidemünze; **– de compte** Giralgeld, Buchgeld; **– divisionnaire** Scheidemünze; **– électronique** E-Money, digitales Geld, elektronische Geldbörse.

**MONNAIE | de paiement** • gesetzliches Zahlungsmittel • vereinbarte Währung, in der die Zahlung erfolgen soll; **– de papier** (manipulierte) Papierwährung, freie Währung; **– scripturale** Buchgeld, Giralgeld.

**MONNAYEUR** *m* **: faux –** Falschmünzer *m.*

**MONOPARENTAL** *adj* **: famille –e** alleinerziehende Mutter; alleinerziehender Vater.

**MONOPOLE** *m* • *(Vwirt, HR)* Monopol *n*, Marktbeherrschung *f* • *(ÖfR)* Alleinvertriebsrecht (des Staates), Staatsmonopol.

**MONTANT** *m* Betrag *m*, Summe *f*, Höhe *f*; **– additionnel** Zusatzbetrag, Aufpreis; **– assuré** *(VersR)* Deckungssumme *f*, Versicherungsbetrag *m*; **–s compensatoires monétaires (= MCM)** *(EU)* Ausgleichsbeträge *od.* -währung, Grenzausgleich für Agrarprodukte; **– de la couverture** *(VersR)* Deckungshöhe *f*; **– de la facture** Rechnungsbetrag.

**MONTANT | du litige** *(PrzR)* Streitwert *m*, Wert des Streitgegenstandes; **– nominal** Nennbetrag; **– de la peine** *(StR)* Strafmaß *n*; **– restant dû** Restschuld.

**MONT-DE-PIÉTÉ** *m* Pfandleihanstalt *f*, Pfandhaus *n*, Leihaus.

**MONUMENT** *m* Denkmal *n*; Bauwerk *n*; Gebäude *n*; **–s historiques et sites (classés)** unter Denkmalschutz stehende historische Denkmäler und Landschaften.

**MORAL** *adj* • sittlich • immateriell; **dommage –** immaterieller Schaden; **élément – (de l'infraction)** subjektiver Tatbestand; **personne –e** juristische Person.

**MORALE** *f* Sittenlehre *f*, Moral *f*, Ethik *f.*

**MORALITÉ** *f* **: certificat de –** Führungszeugnis *n.*

**MORATOIRE** *adj* die Zahlung aufschiebend; **intérêts –s** Verzugszinsen.

**MORATOIRE** *m* • *(VR)* Moratorium *n* • *(BankR)* Zahlungsaufschub *m*, Fristverlängerung (bei Schulden).

**MORGUE** *f* Leichenhalle *f*, Leichenschauhaus *n.*

**MORT** *m* • *(ErbR)* Tote(r) *m*, Verstorbene(r) *m* • *(syn)* Leiche *f*, Leichnam *m*, die sterbliche Hülle.

**MORT** *f* • *(décès)* Tod *m* • *(fin, ruine)* Untergang *m*, Niedergang • *(ErbR)* Erbfall *m*; **condamnation à –** Todesurteil *n*; **camp de la –** Todeslager, KZ; **danger de –** Lebensgefahr *f*; **– accidentelle** Unfalltod; **– apparente** Scheintod; **– clinique** klinischer Tod; **– cérébrale** Hirntod.

**MORTALITÉ** *f* Sterblichkeit *f*, Sterblichkeitsziffer *f*; **table de –** Sterbetafel *f*, Absterbeordnung; **taux de –** Sterblichkeit *f*, Sterbeziffer *f*, Sterberate *f*.

**MORTEL** *adj* sterblich; tödlich; **accident –** tödlicher Unfall; **blessure –** Körperverletzung mit tödlichem Ausgang; **dose –le** Letaldosis *f*.

**MORTE-SAISON** *f* Flaute *f*, Saure-Gurken-Zeit *f*.

**MOT** *m* | **d'ordre de grève** Streikaufruf *m*; **– de passe** Kennwort *n*, Losungswort, Parole *f*.

**MOTIF** *m* • *(SchuldR)* Grund *m* für den Abschluss eines Rechtsgeschäfts, Anlass zum Abschluss (eines Vertrages) • *(ZPR)* Argument *n*; Begründung (des Anspruchs); Schluss *m*; Entscheidungsgrund • Motiv *n*, Beweggrund *m*, Antrieb *m* • *(PrzR: au pluriel)* Urteilsgründe *mpl*, Entscheidungsgründe, Begründung *f* der richterlichen Entscheidung; **exposé des –s** Begründung, Darlegung der rechtlichen u. tatsächlichen Gründe (einer Entscheidung *od.* eines Antrages).

**MOTIF** | **d'accusation** *(StPR)* Anklagegrund *m*; **– d'arrestation** *(StPR)* Haftgrund; **– déterminant** ausschlaggebender Grund; **– de nullité** Nichtigkeits- *od.* Aufhebungsgrund; **– de service** *(VwR)* dienstliche Belange.

**MOTION** *f* • *(ÖfR)* Antrag *m* • *(VerfR)* Parlamentsbeschluss *m*; **– de censure** *(VerfR)* Misstrauensantrag; Misstrauensvotum; **– de confiance** Vertrauensvotum *n*; Vertrauenserklärung *f*.

**MOTIVATION** *f* *(PrzR)* Gesamtheit der Entscheidungsgründe, Argumentation.

**MOTOCYCLE** *m* *(StVR)* Zweirad *n*.

**MOUILLAGE** *m* • *(LandwR)* mit Wasser verfälschen, Panschen *n* • *(SeeHR)* Ankern *n*; Ankerplatz *m*.

**MOUVEMENT** *m* • Bewegung *f*, Änderung *f*, Veränderung • *(Pol.)* Umwälzung; Fortschritt *m*; Unruhe *f* • *(parti politique)* politische Bewegung, Partei *f*; **– de grève** Streikbewegung, Streikaktion, Arbeitskampf; **– insurrectionnel** Aufruhr *m*, Aufstand *m*.

**MOYEN 1.** *m* • *(procédé, voie)* Mittel *n*, Hilfsmittel, Möglichkeit *f* • *(PrzR)* Vorbringen *n* bei Gericht zur Antragsbegründung, Rechtsgrund *m*, Klagegrund • *(PrzR)* Beweis *m*, Beweismittel *n*; Beweisverfahren *n*; **– de cassation** Revisionsgrund; **– de coercition, – de contrainte** Zwangsmittel; **– de droit** Rechtsbehelf *m*; rechtliche Grundlage (eines Anspruchs); **– de fait** *(PrzR)* Behauptung tatsächlicher Art; **– de preuve** Beweismittel; **– de recours** Rechtsmittel; **– de transport** Verkehrsmittel.

**MOYENS 2.** *mpl (Vwirt)* Mittel *(nur pl.)*, Geld *n*, Kapital *n*, Vermögen *n*; **présentation de – nouveaux** *(PrzR)* neues Vorbringen; **– de défense** *(PrzR)* Verteidigungsvorbringen *n*; **– de droit** *(ZPR)* Vorbringen *n* rechtlicher Art; **– de paiement** Zahlungsmittel *n*.

**MULTINATIONALE** *f* *(GesR)* multinationales Unternehmen; *pej* Multi *m*.

**MULTIPROPRIÉTÉ** *f* *(SachR)* Timesharing *n*, Nutzungsrecht an (Ferien-) Wohnungen *od.* Appartements (das mehreren Nutzungsberechtigten für bestimmte unterschiedliche Zeitabschnitte zusteht).

**MULTIRISQUE** *adj* **: assurance –** gebündelte Privatversicherung.

**MUNICIPAL** *adj* gemeindlich, kommunal; **code –** Gemeindeordnung *f*; **conseil –** Gemeinderat, Stadtrat *m*; **conseiller –** Gemeinderatsmitglied, Stadtratsmitglied *n*.

**MUNICIPALITÉ** *f* • Gemeinde(bezirk); Sitz der Gemeindeverwaltung, Rathaus • *(VwR: le maire et les adjoints)* Bürgermeister u. Stellvertreter.

**MUR** *m* Mauer *f*, Wand *n*; **– de cloison** Zwischenwand; **– mitoyen** gemeinschaftliche Grenzmauer *f*.

**MUTATION** *f* • *(SachR)* Übertragung *f* (des Eigentums), Veräußerung *f* (eines Grundstücks) • *(ArbR, BeamR)* Versetzung *f*; Arbeitsplatzwechsel *m*; **droit de –** *(SteuerR)* Grundstücksverkehrssteuer; **– foncière** *(SachR)* Eintragung im frz. Hypothekenregister.

**MUTUALISME** *m* Genossenschaftsbewegung *f*.

**MUTUALITÉ** *f (Soz Vers)* Zusatzversicherung(swesen) auf Gegenseitigkeit; **– des risques** Gefahrengemeinschaft.

**MUTUE | L** *adj* auf Gegenseitigkeit, wechselseitig, gegenseitig; **pari –l** Lotterie *f*, Lotterievertrag *m*; **société –lle, – mutualiste** Versicherungsverein *m* auf Gegenseitigkeit.

**MUTUELLE** *f (SozR: société d'assurance mutuelle)* (Kranken- *od.* Renten-) Versicherung auf Gegenseitigkeit, Zusatzversicherungs- *od.* Versorgungskasse; **– de capital-décès** Sterbekasse.

**MUTUUM** *m (SchuldR)* Darlehen *n*.

## N

**NAISSANCE** *f* • *(FamR)* Geburt *f* • *(fig)* Entstehung *f*; Herkunft *f*; Anfang *m*; Ursprung *m*; **acte de –** Geburtsurkunde *f*; **date de –** Geburtstag *m*; **déclaration de –** Geburtsanzeige *f*; **extrait de –** Geburtsurkunde *f*; **lieu de –** Geburtsort *m*; **registre des –s** Geburtenbuch *n*.

**NANTI** *adj* **: créancier –** Pfandgläubiger *m*.

**NANTIR** *v.tr.* ein Pfandrecht bestellen, (einen Gegenstand) verpfänden.

**NANTISSEMENT** *m* • *(SachR)* Pfandrechtsbestellung *n* • *(Mobilien)* Faustpfand *n* • *(Immobilien)* Nutzungspfandrecht • Pfand- *od.* Verpfändungsvertrag, Verpfändung • Pfandsache *f*, Sicherheit *f*.

**NANTISSEMENT | d'une chose immobilière** *(SachR: antichrèse)* Nutzungspfandrecht an Grundstücken; **– d'une chose mobilière** *(SachR: gage)* Faustpfand; **– sur créances** Sicherheitsleistung durch Verpfändung von Forderungen; **– sans déplacement, – sans dépossession** besitzloses Pfandrecht; **– mobilier** Faustpfand *n*; **– de l'outillage et du matériel d'équipement** *(HR)* besitzloses Registerpfandrecht an Betriebsausrüstungsgütern.

**NARCOTRAFIQUANT** *m* Drogenhändler *m*; Rauschgifthändler.

**NATALITÉ** *f* Geburtenzahl *od.* -ziffer *f*.

**NATION la plus favorisée** *(Außh)* **: clause de la – –** Meistbegünstigungsklausel.

**NATIONAL** *m* Staatsangehöriger *m*, Staatsbürger *m*, Inländer.

**NATIONALITÉ** *f* Staatsangehörigkeit *f*, Nationalität *f*, Staatsbürgerschaft *f*; **acquisition de la –** Erwerb der Staatsangehörigkeit; **certificat de –** Staatsangehörigkeits-nachweis *m*; **code de la –** frz. Staatsangehörigkeitsgesetz(buch); **déchéance de la –** Ausbürgerung; **double –** Doppelstaatsangehörigkeit; **renon-**

**ciation à la –, répudiation de la –** Verzicht auf die Staatsangehörigkeit; **retrait de la –** Ausbürgerung.

**NATIONS-UNIES** *(VR)* Vereinte Nationen; **assemblée générale des – –** Generalversammlung der Vereinigten Nationen; **charte des – –** Satzung der Vereinten Nationen; **Organisation des – –** (= ONU) Vereinte Nationen (= UNO).

**NATURALISATION** *f* Einbürgerung *f*, Naturalisierung *f*; **acte de –** Einbürgerungsurkunde *f*; **décret de –** Einbürgerungsbescheid *m*.

**NATURE** *f* • Wesen *n*, Art *f*, Charakter *m* • Natur *f*, Beschaffenheit *f* • *(UmweltR)* Umwelt *f*, Natur; **apport en –** *(GesR)* Sacheinlage *f*; **avantages en –, salaire en –** *(ArbR)* Naturallohn *m*, Sachbezüge *mpl*.

**NAVAL** *adj* **: chantier –** (Schiffs-) Werft *f*; **construction –e** Schiffbau *m*.

**NAVIGATION** *f* • *(navires)* Seefahrt *f*, Schiffahrt *f* • *(avions)* Navigation *f*, Ortung *f*; Luftschiffahrt *f*; **acte de –** Schiffahrtsakte *f*; **compagnie de –** Schiffahrtsgesellschaft *f*.

**NAVIGATION aérienne** Luftfahrt *f*, Luftverkehr *m*; **compagnie de – –** Luftfahrtgesellschaft.

**NAVIRE** *m* (See-)Schiff *n*; **registre des –s** Schiffsregister; **– cargo** Frachtschiff, Frachter; **– de commerce** Handelsschiff, Kauffahrer *m*; **– pétrolier** Tanker *m*; **– de plaisance** Jacht *f*; **– porte-conteneurs** Containerschiff *n*.

**NÉCESSAIRE** *adj* notwendig, erforderlich; besonders wichtig; **condition – et suffisante** unabdingbare Voraussetzung.

**NÉCESSITÉ** *f* • Notwendigkeit *f*, (dringendes) Bedürfnis *n* • Not *f*, Armut *f*, Bedürftigkeit *f*; **cas de –** Notfall *m*; **état de –** • strafrechtlicher Notstand *m* • *(VerfR)* innerer Notstand.

**NÉGAT | IF** *adj* **: attestation –ive** Unbedenklichkeitsbescheinigung; **avis –if** abschlägiger Bescheid.

**NÉGLIGEABLE** *adj* geringfügig, unbedeutend, unwesentlich.

**NÉGLIGENCE** *f* • *(ZR, StR)* Fahrlässigkeit *f*; Unachtsamkeit • *(WirtR, VwR)* Nachlässigkeit, Versäumnis *n*; Vernachlässigung *f*.

**NÉGOCE** *m* Handel *m*, Handelsgewerbe *n*, (Handels-)Geschäft *n*; Groß- *od.* Zwischenhandel.

**NÉGOCIABLE** *adj* übertragbar, marktfähig, bankfähig, begebbar.

**NÉGOCIANT** *m* Kaufmann *m*; Großhändler *m*; **– en détail** Einzelhändler; **– en gros** Großhändler.

**NÉGOCIATEUR** *m* *(VR, HR)* Unterhändler *m*, Verhandlungspartner *m*.

**NÉGOCIATION** *f* • Verhandlung *f*, Unterhandlung *f* • Begebung (eines Wechsels) • *(BörR)* Wertpapierhandel; Börsengeschäft.

**NÈGRE** *m* *(UrhR: pej)* Ghostwriter *m*.

**NET** *adj* **: actif –** *(GesR)* Nettoanlagevermögen; **bénéfice –** Nettogewinn; **montant –** Nettobetrag *m*; **poids –** Nettogewicht; **prix –** Nettopreis *m*.

**NEUF** *adj* neu, neuwertig, ungebraucht; neuartig; **– pour vieux** neu für alt.

**NEUTRALITÉ** *f* • *(VR)* Neutralität *f* • *(PrzR)* Unparteilichkeit; **violation de la –** Neutralitätsverletzung.

**NIER** ableugnen, leugnen, verneinen.

**NIVEAU** *m* • Ebene *f*, Höhe *f*, Stufe *f*, Niveau *n*, Pegel *m* • Stand *m*, Standard *m*; **passage à –** *(StVR)* Bahnübergang; **– d'alerte** Alarmstufe; **– inventif** Erfindungshöhe *f*; **– de vie** Lebensstandard *m*.

**NOCIF** *adj* schädlich, gefährlich; **– pour l'environnement** umweltschädlich.

**NOCTURNE** *adj* **: tapage –** nächtliche Ruhestörung.

**NOIR** *adj* **: caisse –e** Geheimfonds *m*; **marché –** Schwarzmarkt *m*; **marée –e** Ölpest *f*; **travail au –** Schwarzarbeit.

**NOM** *m* • *(ZR)* Name *m* und Vorname • *(i.e.S.)* Familienname • *(HR)* (Firmen-)Bezeichnung • *(dénomination)* Benennung; **changement de –** Namensänderung *f*; **droit au –** *(ZR)* Recht am eigenen Namen, Namensrecht; **– commercial** *(HR)* Firma *f*, Handelsname; **– d'emprunt** Deckname; **– de famille** *(syn.: nom patronymique)* Familienname; **– de jeune fille** Mädchenname.

**NOMENCLATURE** *f* Nomenklatur *f*, Aufstellung *f*, Namensverzeichnis *n*; **– d'articles** Warenverzeichnis *n*; **– douanière** Zolltarifschema *n*.

**NOMINATION** *f* • *(VerfR: Wahlen)* Aufstellung (als Kandidat), Nominierung(srecht) • *(BeamR)* Ernennung, Bestellung *f*; **acte de –** Ernennungsurkunde *f*.

**NON-ASSISTANCE** *f* **à personne en péril** *ou* **en danger** *(StR)* unterlassene Hilfeleistung (bei Unglücksfällen *od.* gemeiner Gefahr).

**NON AVENU** *adj* nichtig, ungeschehen; **nul et – –** nichtig (und wertlos geworden).

**NON-COMPARUTION** *f* Nichterscheinen *n* (vor Gericht), Säumnis *f*.

**NON-CONCILIATION** *f* • *(ArbR)* Erfolglosigkeit des Schlichtungsverfahrens • *(PrzR, ArbR)* Scheitern des Güte- *od.* des Sühneversuchs.

**NON CONCURRENCE** *f* **: clause de –** Wettbewerbsverbotklausel *f*.

**NON-LIEU** *m* *(StPR)* Einstellung (des Verfahrens); **arrêt de – –** Einstellungsbeschluss.

**NONOBSTANT** • *(prép)* ungeachtet, trotz • *(adv)* trotzdem, nichtdestoweniger • *(adj)* nicht entgegenstehend, unbeschadet.

**NON-PAIEMENT** *m* *(SchuldR)* Zahlungs- *od.* Schuldnerverzug, Leistungsverzug, Nichtzahlung (bei Fälligkeit).

**NON RECEVABLE** *adj* unzulässig.

**NON-RECEVOIR** *m* **: fin de – –** • *(ZPR)* prozesshindernde Einrede, Fehlen *n* einer Prozessvoraussetzung • *(VwR)* ablehnender *od.* abschlägiger Bescheid.

**NON-SALARIÉ** *m* Selbständiger *m*; Freiberufler.

**NORMALISATION** *f* *(GRUR)* Normung, Normfestsetzung, Normierung.

**NORMATIF** *adj* **: effet –** rechtsetzende Wirkung.

**NORME** *f* *(ZR, ÖfR)* Norm *f*, Vorschrift *f*; Richtschnur *f*; Bestimmung *f*, Rechtssatz *m*; **–s ISO** ISO-Normen (festgelegt von der International Standards Organisation); **– juridique** Rechtsnorm, Rechtsvorschrift, Rechtssatz; **–s NF** durch die AFNOR (= frz. Institut für Normung) aufgestellte Normen.

**NOTAIRE** *m* Notar *m* (als Rechtspflegeorgan); **acte (dressé** *ou* **passé) par-devant –** notarielle Urkunde *od.* Beurkundung; **étude de –** Notariat *n*, Büro *od.* Kanzlei (eines Notars); Amt eines Notars.

**NOTAIRE | certificateur** Notar, der eine Bescheinigung ausstellt *od.* die Entgegennahme einer Urkunde bestätigt; **– instrumentaire** amtierender *od.* beurkundender Notar.

**NOTARIAL** *adj* **: acte –** notarielle Beurkundung.

**NOTARIÉ** *adj* notariell (ausgefertigt u. beglaubigt); durch einen Notar beurkundet; **acte –** notarielle Urkunde *od.* Beurkundung.

**NOTATION** *f* Bewertung *f*, Beurteilung *f*, Benotung *f*; **– du personnel** Personalbeurteilung *f*.

**NOTE** *f* • Bemerkung *f*, Anmerkung *f*, Aktennotiz *f*, Vermerk *m* • Nachricht *f*, Meldung *f*, Mitteilung *f*; Note *f* • *(notation)* Zensur *f*, Punktzahl *f*; Bewertung *f*, Beurteilung *f* • *(facture)* Rechnung *f*.

**NOTE | de frais** Kostenrechnung; Spesenrechnung; **– d'honoraires** Gebührenrechnung; Honorarrechnung *f*; **– marginale** Randvermerk *m*.

**NOTIFICATION** *f* • *(ZPR)* Zustellung *f* • *(ZPR)* Zustellungsurkunde • *(VR)* Notifikation *f*, Notifizierung *f* • *(VwR)* amtliche Bekanntmachung *od.* Anzeige *f*.

**NOTIFIER** *v.tr.d.* • *(ZPR)* zustellen • *(VwR)* amtlich bekanntmachen *od.* mitteilen, notifizieren.

**NOTOIRE** *adj* notorisch, offenkundig, gerichtsbekannt.

**NOTORIÉTÉ** *f* • Offenkundigkeit *f*, Bekanntheit *f* • *(Person)* Ansehen *n*, guter Ruf *m*, guter Leumund *m* • *(Produkt)* Bekanntheitsgrad *m*, Marktgeltung.

**NOVATION** *f (SchuldR)* Schuldumwandlung *od.* -umschaffung, Schuldersetzung *f*, Novation *f*.

**NOVELLE** *f* (Gesetzes-)Novelle *f*.

**NUBILE** *adj* ehefähig.

**NU** *adj* **propriétaire** Eigentümer einer Sache, an der einem Dritten ein Nießbrauch zusteht; **–e propriété** Eigentum *n* einer Sache, an der ein Nießbrauch bestellt wurde.

**NUISANCE** *f (UmweltR)* Umweltschaden *m*, Immission, Umweltverschmutzung; **– sonore** Lärmbelästigung.

**NUL** *adj* • *(entaché de nullité)* nichtig; ungültig, anfechtbar • *(annulé)* (gerichtlich) für ungültig erklärt; **– et non avenu, – et de nul effet** null und nichtig.

**NULLEMENT** *adv* keineswegs, keinesfalls, auf keinen Fall.

**NULLITÉ** *f* • *(ZR)* Unwirksamkeit (eines Rechtsgeschäfts), Ungültigkeit *f*, Aufhebbarkeit • *(ZR: nullité absolue)* Nichtigkeit *f* • *(ZR: nullité relative)* Anfechtbarkeit *f*; **action en –** • *(ZPR)* Klage auf gerichtliche Feststellung der Nichtigkeit • *(ZPR)* Anfechtungsklage; **cause de –** Nichtigkeits- *od.* Anfechtungsgrund; **couverture de la –** Heilung der Nichtigkeit; Umdeutung.

**NULLITÉ | absolue** *ou* **de droit** *(SchuldR)* (absolute *od.* unheilbare) Nichtigkeit, völlige Unwirksamkeit (eines Rechtsgeschäfts); **– du contrat** • Nichtigkeit des Rechtsgeschäfts • Anfechtbarkeit • Unwirksamkeit des Vertrages; **– de forme** Formnichtigkeit, Ungültigkeit wegen Formmangels *od.* wegen Formgebrechens.

**NULLITÉ relative** *(SchuldR)* Anfechtbarkeit, Mangelhaftigkeit (eines Rechtsgeschäfts), relative Unwirksamkeit.

**NUMÉRAIRE** *m* • *(espèces)* Bargeld *n*, Barmittel *pl* • *(monnaie métallique)* Metall- *od.* Münzgeld; **apport en –** *(GesR)* Bareinlage *f*.

**NUMÉRO** *m* Nummer *f*, Ziffer *f*, Zahl *f*; **– de compte (bancaire, postal)** (Bank-, Postbank-) Kontonummer; **– de dossier** Aktenzeichen *n*, Geschäftsnummer *f*; **– d'immatriculation** • *(VersR)* Versicherungsnummer • *(StVR)* Kfz-Zulassungsnummer; **– minéralogique** *(StVR)* amtliches Kennzeichen.

**NU-PROPRIÉTÉ** *f (SachR)* mit einem Nießbrauch belastetes Eigentum.

**NUPTIAL** *adj* **: anneau –** *(= alliance)* Ehering *m*.

**NUTRITION forcée** Zwangsernährung (bei Hungerstreik).

## O

**OBÉISSANCE** *f* **: devoir d'–, obligation d'–** Gehorsamspflicht *f*; **refus d'–** Gehorsamsverweigerung.

**OBÉRÉ** *adj* **de dettes** überschuldet, hochverschuldet.

**OBJECTEUR** *m* **de conscience** Wehrdienstverweigerer *m*, Kriegsdienstverweigerer.

**OBJECTIF** *m* Ziel *n*, Zweck *m*; Anliegen *n*; Zielsetzung *f*.

**OBJECTION** *f* Einwand *m*, Einwurf

*m*; Einspruch *m*; **– de conscience** Wehrdienstverweigerung (aus Gewissensgründen).

**OBJECTIVITÉ** *f* Objektivität *f*; **manque d'–** unsachliche Betrachtungsweise, Parteilichkeit.

**OBJET** *m* • *(SchuldR)* (Leistungs-) Gegenstand *m*, Leistungsinhalt *m*, Vertragsgegenstand *m* • *(SachR)* Sache, körperlicher Gegenstand • *(ZPR)* Klagegegenstand, Gegenstand des Verfahrens • *(i.w.S.: but, fin)* Ziel *m*, Zweck *m*, Aufgabe *f*; **sans –** gegenstandlos; **– du contrat** *(SchuldR)* Leistungsinhalt *m*, Gegenstand des Vertrages.

**OBJET | gagé** *ou* **mis en gage** verpfändeter Gegenstand, Pfandsache *f*; **– du litige, – en litige, – litigieux** *(ZPR)* Streitgegenstand, Streitsache, streitbefangener Gegenstand, streitbefangene Sache.

**OBJET social** • *(GesR)* Zweck *od.* Gegenstand des Unternehmens • *(ZR)* Vereinszweck; gemeinsamer Zweck; Gesellschaftszweck.

**OBJET trouvé** Fundgegenstand, Fundsache, Fundgut *n*.

**OBLIGATAIRE** *m (WertpR)* Inhaber einer Schuldverschreibung.

**OBLIGATION 1.** *f* • *(ZR: lien de droit)* Rechts- *od.* Schuldverhältnis *n* • *(SchuldR: dette)* Verpflichtung *f*, Verbindlichkeit, Schuld • Schuldverschreibung *f*.

**OBLIGATION | de s'abstenir** Unterlassungspflicht; **– cambiaire** *(HR)* Wechselverbindlichkeit; **– conditionnelle** bedingtes Rechtsgeschäft; **– de contracter** *(VwR)* Abschlusspflicht.

**OBLIGATION | contractuelle** *ou* **conventionnelle** *(SchuldR)* Vertragsverpflichtung; **– de déclaration** Anzeigepflicht, Meldepflicht; **– de dédommager** Schadensersatzpflicht; **– de discrétion professionnelle** Verschwiegenheitspflicht.

**OBLIGATION | de faire** *(SchuldR)* Verpflichtung zu einem Tun *od.* zur Vornahme einer Handlung; Leistungspflicht; **– de garantie** Gewährleistungspflicht.

**OBLIGATION | légale** Rechtspflicht, gesetzliche Verpflichtung; **– de livrer** Übergabepflicht; **– de loyauté** Treuepflicht; **– morale** Naturalobligation.

**OBLIGATION | de moyens** *(SchuldR)* Pflicht, auf das angestrebte Ergebnis (unter Einsatz aller Fähigkeiten) hinzuwirken; **– naturelle** Naturalobligation; **– de ne pas faire** Unterlassungspflicht; **– de non concurrence** *(HR)* Wettbewerbsverbot *n*.

**OBLIGATION | de paiement** Leistungspflicht; Zahlungsverbindlichkeit; **– de prudence et de diligence** Sorgfaltspflicht; **– de réparer le dommage** Schadensersatzpflicht; **– de réserve** Schweigepflicht.

**OBLIGATION | de résultat** Verpflichtung zur Herbeiführung eines Erfolges; **– de sécurité** *(SchuldR)* Schutz- und Obhutspflicht; **– de service** Amtspflicht; **– solidaire** gesamtschuldnerische Verpflichtung; **– de surveillance** Aufsichtspflicht.

**OBLIGATION | de témoigner** *(PrzR)* Zeugnispflicht; Aussagepflicht.

**OBLIGATIONS 2. : droit des –** Recht der Schuldverhältnisse, Schuldrecht *n*, Obligationenrecht (S); **violation des –** Pflichtverletzung *f*; **– civiques** staatsbürgerliche Pflichten; **– conjointes** Teilschulden.

**OBLIGATOIRE** *adj* verbindlich, (zwingend) vorgeschrieben, erforderlich; **force – du contrat** Verbindlichkeit (des Vertrages).

**OBLIGER** • verpflichten • verbindlich sein, zwingend vorgeschrieben sein • *(ZR)* mit Schulden belasten; **s'– (à faire, à fournir)** sich verpflichten (zu).

**OBLIQUE** *adj* **: action –** *(SchuldR)* (unmittelbare) Geltendmachung der Ansprüche des Schuldners durch den Gläubiger.

**OBSERVATION** *f* • Befolgung *f*, Einhaltung *f*, Beachtung *f* • *(examen)* Beobachtung *f*, Betrachtung *f* • *(PrzR)* Ausführungen *fpl* (einer Partei), (Partei-)Vorbringen *n* • *(VwR)* Beanstandung *f*, Vorwurf *m*, Einwand *m*; Verweis *m*.

**OBSOLÈTE** *adj* veraltet, überholt.

**OBSTRUCTION** *f* *(PrzR, Pol)* Verschleppung *f*, Verzögerungstaktik *f*.

**OBTEMPÉRER** *v.tr.ind.* *(VwR)* (einer Anordnung) Folge leisten.

**OBTENIR** *v.tr.d.* **des concessions** Zugeständnisse erreichen; **– gain de cause** obsiegen (im Prozess).

**OCCASIONNEL** *adj* **: dépense –le** unvorhergesehene Ausgabe; **travailleur –** Gelegenheitsarbeiter.

**OCCULTE** *adj* **: acte –** der durch das Scheingeschäft verborgene, dem Willen der Beteiligten entsprechende Vertrag; **comptabilité –** geheime Buchführung.

**OCCUPANT** *m* • *(SachR)* Inhaber *m*, Besitzer *m* • *(VR)* Besatzungsmacht • *(StVR)* Kfz-Insasse, Mitfahrer; **– sans titre** rechtsgrundloser Besitzer, Besitzer ohne Rechtsgrund.

**OCCUPATION** • *(SachR)* Aneignung einer herrenlosen Sache • *(VR)* Besetzung *f* • *(ArbR)* Beschäftigung *f*, Arbeit *f*; **–accessoire** *(ArbR)* Nebenbeschäftigung *f*, Nebentätigkeit *f*; **– intérimaire** Zeitarbeit, Leiharbeitsverhältnis; **– des locaux** Sitzstreik; **– lucrative** Erwerbstätigkeit *f*; **– à mi-temps** Halbtagsstellung *f*; **– à plein temps** *ou* **à temps complet** Vollzeitbeschäftigung.

**OCTROI** *m* Bewilligung *f*, Gewährung *f*; Verleihung *f*.

**OCTROYER** *v.tr.* einräumen, gewähren, bewilligen; **– un délai** eine (Nach-)Frist gewähren.

**OCULAIRE** *adj* **: témoin –** Augenzeuge *m*.

**ŒUVRE** *f* • Werk *n*, Arbeit *f* • *(BauR)* Bauwerk *n* • *(UrhR)* geistiges Werk *n*, geistige Schöpfung • *(SozR)* soziale Einrichtung; **– de bienfaisance, – charitable** Wohlfahrtseinrichtung, Hilfswerk *n*.

**ŒUVRE | collective** Sammelwerk *n*, Gemeinschaftsarbeit; **– composite** Nachschöpfung, Werkverbindung; **– contrefaite** widerrechtliche Nachbildung; **– dérivée** Bearbeitung, Umgestaltung, Adaptation; abhängige Nachschöpfung; freie Nachdichtung; **– écrite** Schriftwerk, Sprachwerk; **– de l'esprit** geistige Schöpfung; **–s littéraires et artistiques** Werke der Literatur und Kunst; **– musicale** Musikwerk.

**OFFENSE** *f* *(StR)* Verunglimpfung (des frz. Staatsoberhaupts).

**OFFICE** *m* • *(BeamR)* öffentliches Amt, Obliegenheit *f*, Tätigkeit im öffentlichen Dienst, einem Träger öffentlicher Gewalt zugewiesene Aufgabe • *(PrzR, ZR)* Notaramt *n*; Gerichtsvollzieheramt; öffentliche amtsähnliche Stellung (des Notars, des Gerichtsvollziehers); Amt, das einem unabhängigen Organ der Rechtspflege durch den Staat anvertraut wurde • *(VwR)* Behörde *f*, Amt *n*, Stelle *f*, Dienststelle *f* • *(VwR)* öffentlich-rechtliche Wirtschaftsanstalt; **avocat nommé d'–** *(PrzR)* Pflichtverteidiger, Offizialverteidiger; **d'–** von Amts wegen, kraft Amtes; **commis d'–** von Amts wegen eingesetzt.

**OFFICE | du juge** *(ZPR)* Richteramt; richterliche Prozessleitung; Amtsbetrieb *m*, Offizialbetrieb; **– des migrations internationales (= OMI)** frz. zentrale Einwanderungsbehörde; **– national de la propriété industrielle (= ONPI)** frz. Patentamt.

**OFFICIEL** *adj* amtlich, dienstlich, von Amts wegen; Regierungs-; **documents –s** amtliche Schriftstücke.

**OFFICIER de l'état-civil** Standesbeamte *m*; Zivilstandsbeamte.

**OFFICIER ministériel** • *(GVR)* unabhängiges Organ der Rechtspflege, unabhängiger Inhaber eines öffentlichen Amtes (im Rahmen der Rechtspflege) • *(ZPR: selon les contextes:)* Notar; Gerichtsvollzieher; Gerichtskanzler; Urkundsbeamte (der Geschäftsstelle).

**OFFICIER de police judiciaire (= OPJ)** *(StPR)* Strafverfolgungsbeamte(r), Kriminal(haupt)kommissar *m.*

**OFFICIER public** • *(ÖfR)* unabhängiger Träger eines öffentlichen Amtes; Börsenmakler *m*; gewerbsmäßiger Versteigerer • *(ZR)* Urkundsperson *f*, Standesbeamte *m*; Notar *m.*

**OFFRANT** *m* • (Vertrags-) Antragende(r) • *(HR)* Anbieter *m*).

**OFFRE** *f* • Angebot *n*, Offerte *f* • (Vertrags-)Antrag *m* • *(BW)* Warenangebot • *(BörR)* Brief *m*; **– de contrat** Vertragsantrag, Offerte *f*; **– d'emploi** *(ArbR)* Stellenangebot; Angebot auf dem Arbeitsmarkt; **–s d'emploi** offene Stellen *fpl.*

**OFFRE | ferme** verbindliches *od.* festes Angebot; **– globale** *(Vwirt)* Gesamt- *od.* Globalangebot; **– intérieure** inländisches Angebot; **– de preuve** *(ZPR)* Beweisangebot.

**OFFRE publique d'achat (= OPA)** *(BörR)* öffentliches Übernahmeangebot, (Aktien-)Kaufangebot *n* (an der Börse).

**OFFRE | réelle** tatsächliches (amtlich protokolliertes) Angebot der geschuldeten Leistung (durch den Schuldner); **– sans engagement** freibleibendes Angebot.

**OLOGRAPHE** *adj* **: testament –** eigenhändig (geschriebenes) Testament.

**OMETTRE** *v.tr.d.* unterlassen, auslassen, weglassen, versäumen.

**OMISSION** *f* • *(StR)* Unterlassung *f*; Unterlassungsdelikt *n* • *(VwR, ZR)* Versäumen *n*, Unterlassen *n*; Auslassung *f*; Versäumnis *f* • *(chose omise)* Lücke *f*, Ausgelassene(s) *n*, Fehlende(s) *n* • *(SteuerR)* Unterlassung der Mitteilung über steuerlich erhebliche Tatsachen; **infraction d'–** *(StR)* Unterlassungsdelikt *n*, strafbare Unterlassung; **infraction de commission par –** unechtes Unterlassungsdelikt **– de porter secours** *(StR)* unterlassene Hilfeleistung.

**ONÉREUX** *adj* • *(SchuldR)* entgeltlich, gegen Entgelt • *(HR: coûteux)* teuer, aufwendig, kostspielig; **acte à titre –** entgeltliches Rechtsgeschäft.

**OPÉRATION** *f* • Wirkung, Vorgang *m*, Arbeitsweise • *(HR, BankR)* Geschäft *n*; Geschäftsvorgang *m*; Geschäftstätigkeit • *(VwR)* Maßnahme *f*, Aktion • *(SozVers)* chirurgischer Eingriff *m*, Operation *f*; **– de crédit** Kreditgeschäft.

**OPINION** *f* • Meinung *f*, Ansicht *f*, Auffassung *f* • Stellungnahme *f* • Lehre *f*, Lehrsätze *mpl.*

**OPPORTUNITÉ** *f* Zweckmäßigkeit; günstige Gelegenheit; **règle de l'– des poursuites** *(StPR)* freie Entscheidung der Staatsanwaltschaft über die Erforderlichkeit der Strafverfolgung.

**OPPOSABILITÉ** *f* • *(ZR)* Wirkung Dritten gegenüber, Drittwirksamkeit • *(ZPR)* Einwendbarkeit; als Einrede (gegen den geltend gemachten Anspruch) verwendbar.

**OPPOSABLE** *adj* **aux tiers** Dritten gegenüber wirksam.

**OPPOSANT** *m* • *(ZPR)* Beklagter, der Einwendungen (gegen den Anspruch) vorbringt • *(Pol)* Mitglied der Opposition, Gegner *m.*

**OPPOSITION** *f* • *(ZPR)* Einspruch *m*; Widerspruch; Einwendung *f* • *(VerfR)* Opposition *f* • *(StPR)* Antrag *m* (auf Wiederaufnahme des Verfahrens); Rechtsmittel *n* (gegen Abwesenheitsurteile) • *(VwPR)* Beschwerde *f*, Widerspruchsverfahren *n* • *(ZR)* Einwand *m*; Anfechtung *f*; **tierce –** Drittwiderspruchsklage.

**OPTION** *f* • *(ZR)* Wahlrecht *n*, Wahl *f* • *(SchuldR)* Option *f*, Wahlmöglichkeit; **à –** wahlweise; **droit d'–, faculté d'–** • Options- *od.* Wahlrecht • *(WertpR)* Bezugsrecht.

**OR | fin** Feingold *n*; **– monétaire** Münzgold; **– noir** Erdöl *n.*

**ORAL** *adj* **: conclusions –es** *(ZPR)* Schlussantäge (in der mündlichen Verhandlung); **déposition –e** *(StPR)* Aussage *f* (vor Gericht).

**ORDONNANCE** *f* • *(ÖfR)* (Rechts-) Verordnung *f*, Verfügung *f*, Anordnung *f* • *(VerfR)* Regierungsgesetz *n* (im Gesetzgebungsbereich des Parlaments) • *(ZPR)* Beschluss *m* (des Gerichtspräsidenten *od.* eines Einzelrichters); richterliche Verfügung.

**ORDONNANCE | de classement** *(StPR)* Einstellungsverfügung; **– de clôture** *(ZPR)* Feststellung der Entscheidungsreife und Bestimmung eines Termins für die mündliche Verhandlung; **– d'exécution** • *(VwR)* Durchführungsverordnung *f* • *(ZwangsVR)* Vollstreckungsbefehl *m*; **– d'expropriation** *(VwR)* Enteignungsbeschluss; **– d'expulsion** • *(MietR)* Räumungsanordnung *f* • *(AuslR)* Ausweisungsbeschluss *m*.

**ORDONNANCE | gouvernementale** *(ÖfR)* Rechtsverordnung *f*; **– d'incompétence** *(StPR)* Verfügung, durch die sich der Ermittlungsrichter für unzuständig erklärt; **– de non-lieu** *(StPR)* Einstellung des Ermittlungsverfahrens durch Verfügung des Ermittlungsrichters.

**ORDONNANCE pénale** *(StPR)* (strafrichterlicher) Bußgeldbescheid *m*; Strafbefehl *m*.

**ORDONNANCE | de référé** *ou* **sur référé** *(ZPR)* einstweilige Verfügung (zur Sicherung eines Anspruchs); **– de renvoi (des fins) de la demande** *(ZPR)* Klageabweisung *f*; **– sur requête** *(ZPR)* einstweilige Verfügung zur Sicherung eines Anspruchs.

**ORDONNANCE | de saisie** *(ZwangsVR)* Pfändungsbeschluss *m*; **– de soit-communiqué** • *(StPR)* Beschluss, durch welchen die Voruntersuchung beendet und die Sache der Staatsanwaltschaft vorgelegt wird • *(ZPR)* Beschluss über die Inkenntnissetzung des Staatsanwalts (in einer Zivilsache); **– de soit-informé** *(StPR)* Beschluss zur Einleitung der Voruntersuchung.

**ORDONNANCEMENT** *m* • *(HaushR)* Auszahlungsanordnung *od.* -anweisung • *(HR)* Auftragsplanung *f* • *(BW)* Terminplanung.

**ORDONNATEUR** *m* *(HaushR)* anweisungsbefugter Beamte.

**ORDRE** *m* • *(ÖfR)* Anordnung *f*, Anweisung *f*, Befehl *m* • *(VwR; ZPR)* Rang *m*, Rangordnung *f*; Ordnung *f* • *(HR: commande)* Bestellung *f*, Auftrag *m*, Order *f* • *(ArbR)* Berufsvereinigung *f*, Berufsstand *m*, Verband *m*, Kammer *f* • *(ErbR)* Erbenordnung; **à –** an Order; **forces de l'–** Polizei *f*, Polizeikräfte *fpl*; **par –** • im Auftrag (i.A.) • auf Anordnung (a.A.); **sur –** im Auftrag (i.A.).

**ORDRE | d'achat** • *(ZR)* Kaufauftrag *m* • *(VwR)* Beschaffungsauftrag; **– d'écrou** *(StPR)* Anordnung der Untersuchungshaft, Haftbefehl *m*; **– d'encaissement** Einziehungsauftrag; **– d'exécution** *(ZPR)* Vollstreckungsbefehl.

**ORDRE | d'expulsion** • *(StR)* Anordnung der Landesverweisung, Ausweisungsverfügung • Räumungsbefehl; **– ferme** Festauftrag; **– des héritiers** Reihenfolge der Erben, Erbfolge *f*; **– hiérarchique** Rangordnung.

**ORDRE du jour** • Tagesordnung *f* • *(ZPR)* Reihenfolge *f* der Termine.

**ORDRE | de juridiction** *(GVR)* Gerichtsbarkeit; **– juridique** Rechtsordnung; **– des médecins** Ärztekammer *f*.

**ORDRE | de mission** *(BeamR)* Dienstreiseauftrag; **– de paiement** • *(BankR)* Zahlungsauftrag, Zahlungsanweisung • *(ZwangsVR)* Zahlungsaufforderung *f*; **– permanent (de virement)** *(BankR)* Dauerauftrag *m*.

**ORDRE professionnel** *(ÖfR)* berufsständische Vertretung, Kammer *f*, Berufsstand *m*.

**ORDRE public** • *(ZR)* unabdingbare Vorschrift • *(ÖfR)* öffentliche Sicherheit und Ordnung • *(IPR)* Vorbehaltsklausel *f*, ordre public.

**ORDRE | successoral** Erbfolgeordnung; **– de virement** Überweisungsauftrag.

**ORGANE** *m* • *(ÖfR, ZR)* Organ *n*; Gremium *n*; Organisation *f* • *(Pol)* Sprachrohr *n*, Wortführer *m*; **– de contrôle** Aufsichtsbehörde *f*, Kontrollorgan; **– délibératif** *(VerfR, GesR)* Beschlussfassungsorgan *n*; **– directeur, – dirigeant** leitende Stelle; **– législatif** Gesetzgebungskörperschaft.

**ORGANIGRAMME** *m* • Organisationsplan *m* • *(ArbR)* (Dienst-) Stellenplan *m* • Flussdiagramm *n*, Gliederungsbild *n*.

**ORGANIQUE** *adj* **: loi –** Verfassungsergänzungsgesetz *n*.

**ORGANISATION** *f* • Struktur *f*, Aufbau *m*, Anlage *f*, Einrichtung *f* • Organisation *f*, planmäßige Gestaltung *f*, Planung *f*, Vorbereitung *f* • *(association)* Vereinigung *f*, Verband *m*, Gruppe *f*; **plan d'– des secours (= ORSEC)** frz. Katastrophenschutzplan.

**ORGANISATION | judiciaire** Gerichtsverfassung, Gerichtswesen; **– des loisirs** Freizeitgestaltung; **– du marché** *(Vwirt)* Marktordnung; **– mondiale du commerce (= OMC)** Welthandelsorganisation; **– mondiale de la santé (= OMS)** Weltgesundheitsorganisation.

**ORGANISATION des Nations Unies (= ONU)** die Vereinten Nationen (= UN[O]); **– pour l'éducation, la science et la culture (= UNESCO)** Organisation der Vereinten Nationen für Erziehung, Wissenschaft und Kultur.

**ORGANISATION non gouvernementale (= ONG)** Non-Gouvernemental Organization (= NGO); **– patronale** Arbeitgeberverband; **– des pays exportateurs de pétrole (= OPEP)** Organisation der erdölexportierenden Länder (= OPEC).

**ORGANISÉ** *adj* **: bande –e** *(StR)* Verbrechervereinigung, organisierte Kriminalität (= OK).

**ORGANISME** *m* • Einrichtung *f*, Institution *f*, Organisation *f*, Organ *n* • *(VwR)* Träger *m*, Dienststelle *f*, Amt *n*; Gremium *n*; **– administratif** Behörde *f*.

**ORIENTATION** *f* Ausrichtung *f*, Kurs *m*, Orientierung *f*, Richtung *f*; Lenkung, Steuerung, Reglementierung; **changement d'–** Neuorientierung; **loi d'–** Rahmengesetz.

**ORIENTATION scolaire et professionnelle** Berufsberatung.

**ORIENTEUR** *m* **(professionnel)** *(ArbR)* Berufsberater.

**ORIGINAIRE** *adj* gebürtig, stammend (aus); ursprünglich; **vice –** von Anfang an bestehender Mangel.

**ORIGINAL** *m* (Beweis-)Urkunde; Original; Originalbeleg *m*.

**ORIGINE** *f* Ursprung *m*, Herkunft *f*, Entstehung *f*; Quelle *f*; Abstammung *f*; Anfang *m*; **appellation d'–** Ursprungsbezeichnung; **certificat d'–** Ursprungszeugnis *n*.

**OSTENSIBLE** *adj* sichtbar, augenscheinlich, anschaulich.

**OSTENTATOIRE** *adj* öffentlich zur Schau stellend, vorzeigend, prahlerisch.

**OTAGE** *m* *(StR)* Geisel *f*; **preneur d'–** Geiselnehmer *m*; **prise d'–s** Geiselnahme *f*.

**OUÏ-DIRE** *m* **: par –** vom Hörensagen.

**OUÏR** *v.tr* **les parties** die Parteien anhören; **– les témoins** Zeugen vernehmen.

**OUTRAGE** *m* Beleidigung (eines Amtsträgers); Verleumdung einer im politischen Leben stehenden Person.

**OUTRAGE | aux bonnes mœurs** *(StR)* Verstoß gegen die Sittlichkeit, Angriff auf die öffentliche Sittlichkeit (durch Wort, Schrift, Bild); **– à fonctionnaire** Beamtenbeleidigung; **– à la morale publique** *(StR)* Verletzung der allgemeinen Sittlichkeit; – **public à la pudeur** *(StR)* Exhibitionismus *m*; Erregung öffentlichen Ärgernisses (durch sexuelle Belästigung).

**OUTRE-MER** *adv* : **départements et territoires d'– (= DOM-TOM)** frz. Überseegebiete (als Gebietskörperschaften).

**OUTREPASSER | ses droits** die zugestandenen Rechte auf unzulässige Weise ausüben; – **ses fonctions** seine Amtspflichten verletzen.

**OUVERTURE** *f* • *(testament)* Öffnung *f* • *(séance)* Eröffnung *f* • *(proposition)* Vorschlag *m*, Antrag *m*; **heures d'–** Öffnungszeiten; – **d'une action** *(ZPR)* Zulassung einer Klage; – **d'un compte** Kontoeröffnung; – **d'un crédit** Kreditgewährung.

**OUVERTURE | d'un droit** Gewährung eines Rechtsanspruchs; – **du droit aux prestations** • *(SozVers)* Erwerb des Leistungsanspruches • *(VersR)* Eintritt des Versicherungsfalles; – **de la liquidation judiciaire** Eröffnungsbeschluss im Insolvenzverfahren; – **de la succession** Anfall der Erbschaft, Eintritt des Erbfalls; – **du testament** Testamentseröffnung.

**OUVRABLE** *adj* : **jour –** Werktag *m*.

**OUVRAGE** *m* Werk *n*, Arbeit *f*; Buch *n*; Werkstück *n*; Bauwerk *n*; **gros –** Rohbau *m*; – **original** *(UrhR)* Originalwerk *n*; – **public** öffentliches Bauwerk.

**OUVRIER** *m* Arbeiter *m*; Handarbeiter; Handwerker *m*; – **à domicile** Heimarbeiter *m*; – **façonnier** Hersteller eines Werks; – **qualifié** Facharbeiter; – **saisonnier** Saisonarbeiter; – **professionnel (= OP)** Facharbeiter (mit abgeschlossener Lehre); – **qualifié** Facharbeiter; – **spécialisé (= OS)** angelernter Arbeiter; – **à la tâche** Akkordarbeiter; – **temporaire** Zeitarbeiter.

# P

**PACS** *m (FamR: pacte civil de solidarité)* frz. Rechtsform der Lebenspartnerschaft.

**PACTE** *m* • *(VR)* (völkerrechtlicher) Vertrag *m*, Pakt *m*, Bündnis *n* • *(ZR)* Abmachung *f*, Willensvereinbarung *f*, Übereinkunft *f*; – **matrimonial** *(FamR)* Ehevertrag; – **militaire** Militärpakt; – **de non-agression** Nichtangriffspakt.

**PAIE** *f (ArbR)* (Arbeits-)Lohn *m*, Gehalt *n*, Bezüge *mpl*; Lohnzahlung *f*; **bulletin –** Lohnzettel *m*, Gehaltsstreifen.

**PAIEMENT** *m* • *(SchuldR)* Leistung *f*, Erfüllung *f*; Tilgung *f* (der Schuld) • *(ZR, HR)* Zahlung *f*, Bezahlung, Begleichung (der Geldschuld); **cessation des –s** *(InsolvenzR)* Zahlungseinstellung.

**PAIEMENT : dation en –** Hingabe an Erfüllungs Statt; **défaut de –** Nichtzahlung; **délai de –** Zahlungsfrist *f*; Leistungsfrist; – **lieu de –** Zahlungsort *m*; **mandat de –** Zahlungsanweisung; **mode de –** Zahlungsweise *f*; **moyen légal de –** gesetzliches Zahlungsmittel; **–ordre de –** • Auszahlungsanweisung • Zahlungsbefehl *m*; **retard dans le –** Zahlungsverzug *m*; **sommation de –** Mahnbescheid *m*, Zahlungsaufforderung.

**PAIEMENT | anticipé** • *(SchuldR)* Vorauszahlung, Vorwegleistung • *(HR)* Vorschuss *m* • *(WechselR)* Zahlung vor Verfall; – **(au) comptant** • Barzahlung • *(HR)* Nettozahlung (innerhalb der üblichen Frist); – **au comptant compté** Barzahlung (an der Kasse); **–différé** Zahlungsaufschub; gestundete Zahlung; – **à l'échéance**

Zahlung bei Fälligkeit; **– échelonné** Ratenzahlung.

**PAIEMENT | fractionné** Ratenzahlung, Abzahlung; **– de l'indu** *(SchuldR: répétition de l'indu)* irrtümliche Leistung (einer Nichtschuld); **– en numéraire** Barzahlung; **– partiel** Teilzahlung, Abschlagszahlung; **– provisionnel** Vorschusszahlung; **– du reliquat** Begleichung der Restschuld; **– pour solde de tout compte** *(ArbR)* Saldoausgleichszahlung, Abschlusszahlung; **– par tranches** Ratenzahlung.

**PAILLE** *f* **: homme de –** Strohmann *m*.

**PAIX** *m* Frieden *m*, Friedensschluss *m*; **obligation de – sociale** *(ArbR)* Friedenspflicht; **traité de –** Friedensvertrag.

**PALAIS** *m* • *(PrzR)* Gerichtsgebäude *n* • *(PrzR)* Rechtspflegeorgan *n* (insbesondere Richter und Anwälte); **style du –** Gerichtssprache *f*.

**PANNEAU** *m* amtliches (Tür-) Schild *n*; Tafel *f*; **– d'affichage** Anschlagtafel *f*, Schwarzes Brett; **– de signalisation** *(StVR)* Verbots- *od.* Gebotsschild, Verkehrszeichen *n*.

**PAPIER** *m* • *(PrzR)* Schriftstück *n*, Urkunde *f* • *(BankR)* Anweisung *f*, Wechsel *m* • *(meist pl)* (Personal-) Ausweis *m*, Pass *m*, Kennkarte *f*; **–s d'affaires** *mpl* • *(PrzR)* Prozessurkunden *fpl*, Schriftsätze *mpl* • *(HR)* Geschäftspapiere *npl*, Aufzeichnungen des Kaufmannes; Handelsbücher, Buchungsbelege *mpl*.

**PARAFISCALITÉ** *f* *(SteuerR)* Parafiskalität *f*, zweckgebundene Pflichtbeiträge (zur gesetzlichen Kranken-, Pflege- und Arbeitslosenversicherung).

**PARAGRAPHE** *m* Absatz *m* (auch des Artikels eines frz. Gesetzes), Ziffer *f*, Abschnitt *m*.

**PARALLÈLE** *adj* **: marché –** nichtamtlicher Markt; Schwarzmarkt *m*; **police –** Geheimpolizei.

**PARAPHE** *m* • Namenszug *m*, Paraphe *f*, Handzeichen *n* • Beglaubigungsvermerk *m*.

**PARAPHER** *v.tr.* mit Handzug versehen.

**PARCELLE** *f* *(SachR)* Flurstück *n*, Parzelle *f*; Grundstück *n*; **– cadastrale** Katasterparzelle.

**PARENT** *m* • *(FamR: père ou mère)* Vater, Mutter • *(FamR: i. w. S.)* Verwandte(r) *m*; **les –s** die Eltern.

**PARENTA | L** *adj* • elterlich • verwandtschaftlich; **autorité –le** *(FamR)* elterliche Sorge.

**PARENTÉ** *f* *(FamR)* Verwandtschaft *f*; blutsmäßige Abstammung; Verwandtschaftsverhältnis *n*; **degré de –** Verwandtschaftsgrad *m*; **lien de –** Verwandtschaftsverhältnis *n*; **– en ligne collatérale** Verwandtschaft in der Seitenlinie; **– en ligne directe** Verwandtschaft in gerader Linie.

**PARI** *m* Wette *f*, Einsatz (um den gewettet wird); **– mutuel urbain (= PMU)** Pferdetoto *n*; staatliches Wettbüro (für Pferderennen).

**PARITAIRE** *adj* **: commission –** paritätisch besetzter Ausschuss.

**PARITÉ** *f* Parität *f*, (Rechts-) Gleichheit *f*, Gleichstellung; **– de droits** Gleichberechtigung.

**PARLEMENT** *m* Parlament *n*, frz. gesetzgebende Versammlungen (bestehend aus der Nationalversammlung u. dem Senat; **– européen** europäisches Parlament.

**PARLEMENTAIRE** *adj* **: immunité –** parlamentarische Immunität; **indemnité –** Diäten *fpl*; **mandat –** Mandat eines Abgeordneten; **régime –** parlamentarisches Regierungssystem.

**PARLEMENTAIRE** *m* • *(VerfR)* Parlamentsmitglied *n*; Abgeordnete(r) *m*; Senator *m* • *(VR)* Unterhändler *m*.

**PAROLE** *f* • Wort *n*; Sprache *f*, Sprachvermögen • Ehrenwort, Versprechen *n* • Erkennungs- *od.* Losungswort; **liberté sur –** *(StR)* Freilassung auf Ehrenwort; **temps de –** Redezeit.

**PARQUET** *m (PrzR)* Staatsanwaltschaft *f* (als Behörde bei einem Gericht); Gesamtheit der bei einem Gericht tätigen Staatsanwälte; **déférer au –** *(StPR)* (einen Tatverdächtigen) der Staatsanwaltschaft überstellen.

**PARRAINAGE** *m* **publicitaire** *(WirtR)* Sponsoring *n*, Imagewerbung *f*.

**PARRAINER** *v.tr.* sponsern, fördern, unterstützen.

**PART** *f* • *(ZR, GesR)* Teil *m*, (Geschäfts-)Anteil *m*; Beteiligung *f* • *(FamR)* Kleinkind *n*, neugeborenes Kind • *(ErbR)* Erbteil • *(SteuerR)* (Steuer-)Freibetrag; **– de copropriété** Miteigentumsanteil; **– héréditaire** Erbteil *m*; **– réservataire** *(ErbR)* Pflichtteil; **– sociale** *(GesR)* Geschäftsanteil; **– successorale** Erbteil *m*.

**PARTAGE** *m* • *(SchuldR)* Auseinandersetzung *f*, Aufteilung, Verteilung • *(ErbR)* Anteil *m*; Erbteil *n*; **action en –** Teilungsklage *f*.

**PARTAGE | amiable** gütliche Auseinandersetzung; **– des dépens** *(ZPR)* Kostenteilung.

**PARTENAIRE** *m* Lebensgefährte *m*; Partner *m*, Teilhaber *m*; **–s sociaux** Sozialpartner *mpl*.

**PARTI** *m* • *(Pol)* Partei *f*, politische Bewegung • *(décision)* Entschluss *m*, Ausweg *m*.

**PARTICIPANT** *m* Teilnehmer *m*; Wettbewerber *m*.

**PARTICIPATION** *f* • Beteiligung *f*, Teilnahme *f* • *(VerfR)* Mitverantwortung (des Bürgers für das Ganze), Mitwirkung, Partnerschaft *f*; **association en –, société en –** *(HR)* stille Gesellschaft; **– aux acquêts** *(EheR)* Zugewinngemeinschaft (als frz. vertraglicher Güterstand); **– aux bénéfices** • *(GesR)* Gewinnbeteiligung • *(ArbR)* Beteiligung der Arbeitnehmer am Betriebsergebnis; **– criminelle** *(StR)* Teilnahme an einer Straftat (als Anstifter *od.* Gehilfe), abhängige Teilnahme; **– aux frais** Unkostenbeitrag *m*; **– occulte** *(GesR)* stille Beteiligung.

**PARTICULIER** *m* Privatperson *f*.

**PARTIE** *f* • (Vertrags-) Partei *f*, Vertragsschließende *m/f* • *(ZPR)* (Prozess-)Partei, Kläger *m*, Beklagte(r) *m*, Prozessteilnehmer • *(StPR)* Angeklagte *m/f* • *(HR)* (Waren-)Posten *m*, Partie *f*; **–adverse** Prozessgegner *m*; **– en cause** • (in einen Prozess) einbezogene Partei • Nebenintervenient, Streithelfer.

**PARTIE civile** *(StPR)* Nebenkläger *m*, Verletzte(r), (der gegen den Beschuldigten einen aus der Straftat erwachsenen, vermögensrechtlichen Anspruch im Strafverfahren geltend macht).

**PARTIE | comparante** *(ZPR)* (im Termin) erschienene Partei; **– contractante** Vertragspartei; **– défenderesse** Beklagte(r) *m*; **– demanderesse** Klägerin *f*; **– la plus diligente** betreibende Partei; **– jointe** Streitgenosse *m*; **– au litige, – au procès** Kläger *od.* Beklagte(r), Prozesspartei; **– requérante** *(VwPR)* Antragsteller.

**PAS-DE-PORTE** *m (HR)* Abstandszahlung, Ablöse *f* (bei Veräußerung eines Handelsgeschäfts).

**PASSAGER** *m* Fahrgast *m*, Passagier *m*, Reisende(r) *m*; Fluggast; **– clandestin** Schwarzfahrer *m*; blinder Passagier.

**PASSATION** *f* | **d'un acte** • Aufnahme *od.* Errichtung einer Urkunde • Abschluss eines Rechtsgeschäfts; **– de commande** Auftragserteilung; **– en compte** Verbuchung *f*; **– d'un marché** • *(VwR)* Vergabe *f* eines öffentlichen Auftrages • *(HR)* Vertragsabschluss.

**PASSAVANT** *m* Zollfreischein *m*.

**PASSE-DROIT** *m* (regelwidrige) Vergünstigung, (ungerechtfertigte) Bevorzugung; Ungerechtigkeit *f*.

**PASSEPORT** *m* (Reise-)Pass *m*.

**PASSEUR** *m* **de drogue** *(StR)* (kleiner) Rauschgiftschmuggler *m*.

**PASSIBLE** *adj* **: être – d'une peine** mit Strafe bedroht sein, strafbar.

**PASSIF** *m* Passivseite *f*, Passiva *pl*, Schulden *fpl*; **article du –** Passivposten *m*; **– social** Verbindlichkeiten einer Gesellschaft.

**PATERNEL** *adj* **: filiation –le** Abstammung väterlicherseits.

**PATERNITÉ** *f* Vaterschaft *f*; **action en recherche de –** Abstammungsklage; **action en reconnaissance de –** Vaterschaftsklage; **présomption de –** Vaterschaftsvermutung; **– légitime** eheliche Vaterschaft; **– naturelle** nichteheliche Vaterschaft.

**PATRIMOINE** *m* • *(SchuldR: ensemble des biens et des obligations d'une personne)* Aktiv- u. Passivvermögen *n* (als Gesamtheit der geldwerten rechtlichen Beziehungen einer Person, sämtliche Aktiva und Passiva umfassend), Gesamtheit der Aktiva u. Passiva (einer natürlichen *od.* juristischen Person) • *(ZR)* Vermögensmasse, die einem besonderen Verwendungszweck dient; **– social** • *(GesR)* Gesellschaftsvermögen • *(ZR)* Vereinsvermögen.

**PATRIMONIA|L** *adj* **: situation –le** Vermögensverhältnisse *npl.*

**PATRON** *m* • *(ArbR: employeur)* Arbeitgeber *m*, Betriebsinhaber *m* • *(ÖfR)* Dienstherr *m* • Lehrherr *m*, Ausbilder *m*.

**PATRONAGE** *m* • Schirmherrschaft *f* • Betreuung, Fürsorge *f*.

**PATRONAL** *adj* **: syndicat –** Arbeitgeberverband.

**PATRONAT** *m* Arbeitgeberschaft *f*, Unternehmer *mpl*; **conseil national du – français** (= C. N. P.F.) Vereinigung der frz. Arbeitgeberverbände.

**PATRONYMIQUE** *adj* **: nom –** Familienname.

**PAULIEN** *adj* **: action –ne** *(ZPR)* Gläubigeranfechtung *f*, actio pauliana.

**PAUVRE** *m* *(SozR)* hilfsbedürftige Person.

**PAUVRETÉ** *f* *(SozR)* Hilfsbedürftigkeit, Armut, Mittellosigkeit.

**PAVILLON | de commerce** Handelsflagge; **– de complaisance** billige Flagge, Schattenflagge.

**PAYABLE** *adj* **| comptant** sofort zahlbar; Barkauf *m*; **– à l'échéance** zahlbar bei Fälligkeit; **– à vue** zahlbar bei Sicht.

**PAYE** *f* (Arbeits-)Lohn *n*.

**PAYEMENT** *m* Zahlung *f* (siehe: **paiement**).

**PAYER** *v.tr.* • *(Geld)* (ein- *od.* aus-) zahlen • *(Schuld)* begleichen, bezahlen • *(Ausgaben)* bestreiten; *(Schuldner)* befriedigen • *(Schaden)* regulieren, abdecken • *(Arbeiter)* entlohnen; **– en espèces** bar zahlen.

**PAYEUR** *m* Zahler *m*; **mauvais –** säumiger Schuldner; **les pollueurs seront les –s** *(UmweltR)* (Haftung nach dem) Verursacherprinzip.

**PAYS** *m* Land *n*, Staat *m*; Vaterland, Heimat *f*; **– d'accueil** Aufnahme- *od.* Gastland (für Flüchtlinge); **– de domicile** Wohnsitzland.

**PAYS | membre** Mitgliedstaat; **– les moins avancés** (= PMA) die Länder der Vierten Welt, die Ärmsten der Armen; **– d'origine** Ursprungstaat *m*; Herkunftsland; **– requérant** *(IPR: Amtshilfe)* ersuchender Staat; **– de résidence** Wohnsitzland, Aufenthaltsstaat; **– tiers** Drittländer; **– de transit** Durchfuhrland; **– en voie de développement** Entwicklungsland; **– émergeant** Schwellenland.

**PÉAGE** *m* • *(StVR: redevance)* Maut *f*, Mautstelle *f*; (Straßen-)Benutzungsgebühr; Wegegeld *n*, Brückengeld • *(SeeHR)* Hafenzoll *m*; **autoroute à –** gebührenpflichtige Autobahn.

**PÊCHE** *f* Fischerei *f*, Fischfang *m*; **grande –** Hochseefischerei; **petite –** Küstenfischerei; **zone de –** Fischereizone *f*; **– hauturière, – au large** Hochseefischerei.

**PÉCUNIAIRE** *adj* **: aide –** finanzielle Unterstützung; **amende –** *(StR)* Geldstrafe *f*; **sanction –** Geldstrafe; Geldbuße *f*.

**PEINE** *f* • *(StR)* Strafe *f* • Schmerz *m*, Leiden *n*; Mühe *f*; **application de la –** Strafvollzug *m*; **atténuation de –** Strafmilderung; **commutation de –** Straferlass *m*; Strafmilderung; **confusion des –s** (Bildung einer) Gesamtstrafe; **exécution de la –** Strafvollzug *m*; **fixation de la –** Straffestsetzung, Strafbemessung; **quantum de la –** Strafmaß *m*; **réduction de –** Strafherabsetzung *f*.

**PEINE | accessoire** *(StR)* Nebenfolge *f* einer Hauptstrafe (kraft Gesetzes eintretend); **– administrative** Geldbuße *f* bei Ordnungswidrigkeiten; Verwarnung *f*; **– afflictive et infamante** entehrende Freiheitsstrafe, Verbrechensstrafe; **– capitale** Todesstrafe.

**PEINE | complémentaire** *(StR)* (durch den Richter verhängte) Nebenstrafe; **– conditionnelle** bedingte Strafe; **– contraventionnelle** *(StR: syn. peine de police)* Übertretungsstrafe; **– conventionnelle** *(SchuldR)* Konventionalstrafe; **– correctionnelle** Vergehensstrafe; **– criminelle** Kriminalstrafe, Strafe für (ein) Verbrechen; **– d'emprisonnement** Freiheitsstrafe (bei Vergehen).

**PEINE | incompressible** lebenslängliche Freiheitsstrafe ohne Ermäßigungsmöglichkeit (auf dem Gnadenwege); **– de mort** Todesstrafe; **– pécuniaire** Geldstrafe; **– perpétuelle** lebenslange Freiheitsstrafe.

**PEINE | principale** *(StR)* Hauptstrafe; **– privative de droits** Aberkennung von Rechten; Einziehung von Gegenständen; Berufsverbot; Fahrverbot; **– privative de liberté** Freiheitsstrafe; **– de réclusion criminelle** Freiheitsstrafe (bei Verbrechen).

**PÉNAL** *adj* **: clause –e** *(ZR)* Konventionalstrafe; **code –** frz. Strafgesetzbuch; **droit –** Strafrecht; **instruction –e** Ermittlungsverfahren; **juge –** Strafrichter; **ordonnance –e** Strafbefehl *m*; Bußgeldbescheid *m*; **procédure –e** Strafverfahren *n*.

**PÉNALITÉ** *f* • *(StR)* Strafe *f*; Buße *f*; Bestrafung *f* • *(ZR)* Vertragsstrafe; **– accessoire** *(StR)* Nebenfolge (einer Hauptstrafe).

**PENDANT** *adj* **: cause –e** *(ZPR)* (bei Gericht) anhängiges Verfahren.

**PÉNITENTIAIRE** *adj* **: administration –** Justizvollzugsverwaltung *f*; **établissement –** Justizvollzugsanstalt *f*.

**PENSION** *f* • *(SozR)* Rente *f*, (Alters-) Ruhegeld *n*, Pension *f* • *(BeamR)* Versorgung, Ruhegehalt *n*, Unterhaltsbeitrag *m*; **– alimentaire** *(FamR)* (gesetzlicher) Unterhalt; Alimente *pl*; **– de retraite** • *(BeamR)* Ruhegehalt *n*, Pension • *(SozR)* Altersruhegeld, Altersrente; **– de réversion, – de survie** *ou* **de survivant** Hinterbliebenenrente (des Ehegatten); **– viagère** Leibrente; **– de vieillesse** Altersruhegeld; **– de vieillesse anticipée** Frührente.

**PÉNURIE** *f* (starker) Mangel *m*, Verknappung *f*, Knappheit *f*; **– de logement** Wohnungsnot.

**PERCEPTEUR** *m (SteuerR)* Finanzbeamte(r), Steuereinnehmer *m*; Finanzamt.

**PERCEPTION** *f* • *(SozR, ZR)* Bezug *m* (von Lohn, Rente); Erwerb *m* der Erzeugnisse *od.* Früchte *od.* Einkünfte (durch den Berechtigten) • *(SteuerR)* (Steuer)Einziehung *od.* Erhebung, Steuereinnahme *f* • *(bureau)* Finanzamt *n*, Finanzkasse, Steuerbehörde *f*.

**PERDU** *adj* **: emballage –** Einweg(ver-)packung; **à fonds –s** auf Verlustkonto.

**PÈRE** *m* Vater *m*; **en bon – de famille** *(ZR, HR)* sorgfältig; mit der im Rechtsverkehr erforderlichen Sorgfalt; **placement de bon – de famille** mündelsichere Anlage.

**PÉREMPTION** *f (ZPR)* Verlust *m* eines Anspruchs (infolge Fristablaufs), Verwirkung (eines Rechts),

Verjährung (eines Anspruchs); **date de – *(Ware)*** haltbar bis, Verfalltag.

**PÉREMPTOIRE** *adj* • aufhebend, ausschließend, (rechts-) verwirkend • *(irréfutable)* unbestreitbar, unwiderlegbar; **délai –** Ausschlussfrist; **preuve –** unwiderlegbarer Beweis.

**PÉRÉQUATION** *f* • *(WirtR)* Ausgleich *m*; gleichmäßige Verteilung • *(SozR)* Lohnangleichung *f*, Rentenanpassung • *(Buchf)* Saldenausgleich *m*, Verrechnung.

**PERFORMANCE** *f* Leistung *f*, Leistungsfähigkeit.

**PERFORMANT** *adj* : **entreprise –e** wettbewerbsfähiges Unternehmen.

**PÉRIL** *m* : **mettre en –** gefährden; **à ses risques et –s** auf eigene Rechnung und Gefahr.

**PÉRIMÉ** *adj* ungültig, verfallen, abgelaufen; verjährt.

**PÉRIODE** *f* • Zeitraum *m*, Zeitabschnitt *m*, Periode *f* • Stadium *n*, Phase *f*; **– assimilée** *(SozVers)* Ersatzzeit; **– d'essai** Probezeit *f*; **– légale de la conception** *(FamR)* (gesetzliche) Empfängniszeit *f*; **– de référence** Vergleichszeitraum *m*; **– suspecte** *(InsolvenzR)* Zeitraum zwischen der Zahlungsunfähigkeit und der Eröffnung des Insolvenzverfahrens.

**PÉRIR** *v.intr.* • *(Sache)* untergehen • *(Recht)* verfallen • *(Person)* umkommen, sterben.

**PÉRISSABLE** *adj* • vergänglich • *(Ware)* leicht verderblich.

**PERMANENT** *adj* : **emploi –** unkündbare Stellung; **incapacité –e de travail** dauernde Arbeitsunfähigkeit.

**PERMIS** *m* • *(VwR)* (schriftlich erteilte) Genehmigung *od.* Erlaubnis *f*, Bewilligung, Berechtigungsschein *m* • *(StVR)* Fahrerlaubnis *f*, Führerschein *m*.

**PERMIS | de bâtir** *(BauR)* (erteilte) Baugenehmigung; **– de circulation** Zulassung (eines Kraftfahrzeuges; **– de communiquer** *(StVZ)* Kommunikationserlaubnis *f* (von Häftlingen) untereinander *od.* mit der Außenwelt.

**PERMIS de conduire** *(StVR)* Fahrerlaubnis *f*, Führerschein *m* (für Kraftfahrer); **retrait du – –** Entziehung der Fahrerlaubnis.

**PERMIS | de construire** Baugenehmigung; **– d'exploitation** Gewerbeschein *m*; **– d'inhumer** Totenschein *m*; **– de port d'armes** Waffenschein; **– de séjour** Aufenthaltserlaubnis; **– de travail** Arbeitserlaubnis.

**PERMISSION** *f* • *(VwR)* Erlaubnis *f* • *(VerfR)* gesetzlich garantierter Handlungsspielraum, Freiheit; **– de sortir** *(StVZ)* Ausgang (als Strafunterbrechung).

**PERPÉTRATION | d'un crime** *(StR)* Begehung eines Verbrechens; **– de l'infraction** Tatbegehung.

**PERPÉTUITÉ** *f* : **à –** *(StR: Strafe)* lebenslänglich, auf Lebenszeit.

**PERQUISITION** *f (StR)* Durchsuchung *f* (einer Örtlichkeit, insbesondere einer Wohnung).

**PERSÉCUTION** *f* **raciale** rassistische Verfolgung.

**PERSONNALITÉ** *f* • *(ZR)* Rechtssubjekt *n* (als Träger von Rechten und Pflichten) • *(ZR)* natürliche Person • *(Pol: au pluriel)* Prominente (aus Politik u. Wirtschaft); **droits de la –** Persönlichkeitsrechte *npl* (als immaterielle Güter).

**PERSONNALITÉ | civile** *ou* **juridique** *(ZR)* natürliche Person; Rechtssubjekt *n*; **– morale** juristische Person.

**PERSONNE** *f (ZR, ÖfR)* (rechtsfähige) Person *f*, Mensch *m*; **association de –s** Personenvereinigung; **dommage aux –s** Körperverletzung.

**PERSONNE | active** Erwerbstätige(r) *m*; **– âgée dépendante** *(SozR)* pflegebedürftige Person *f*; **– assistée** *(SozR)* Unterstützungsempfänger *m*; **– à charge** *(FamR)* (durch den Unterhaltspflichtigen) unterhaltene Person, Unterhaltsberechtigte(r); **– inves-**

tie du droit de garde Sorgeberechtigte(r).

**PERSONNE | juridique** *(ZR)* Rechtssubjekt *n*; natürliche Person; juristische Person; **– mise en examen** *(StPR)* Beschuldigte(r).

**PERSONNE | morale** *(ZR, ÖfR)* juristische Person (des Privatrechts, des öffentlichen Rechts); Stiftung *f*; Körperschaft *f*; **– morale de droit privé** juristische Person des Privatrechts.

**PERSONNE | physique** *(ZR)* natürliche Person; Mensch *m*; Rechtssubjekt *n*; **– publique** juristische Person des öffentlichen Rechts.

**PERSONNEL** *adj* **: action – le** (schuldrechtliche) Leistungsklage *f*.

**PERSONNEL** *m* • *(BW)* Belegschaft *f*, Betriebsangehörige *mpl*, Personal *n* • *(VwR)* Bedienstete(n) *mpl*; Beamtenschaft *f*; **chef du –** Personalleiter *m*; **représentants du –** Personalvertreter *mpl* (in einem Betrieb).

**PERSONNEL | administratif** *(ÖfR)* Bedienstete, Behördenangehörige; **– auxiliaire** Hilfskräfte *fpl*, Aushilfskräfte; **– de bureau** Schreibkräfte; **– d'encadrement** Aufsichtspersonal; **– intérimaire** Zeitarbeitskräfte.

**PERTE** *f* • Verlust *m*; (Geld-) Schaden *m*, Einbuße *f*, Ausfall *m* • Verlust der geschuldeten Sache • Defizit *n*, Fehlbetrag *m*, (kaufmännischer) Verlust • Rechtsverlust *m*.

**PERTE | de bénéfices** Gewinnausfall *m*; **– de la chose due** *(SchuldR)* Untergang der geschuldeten Sache.

**PETIT** *adj* geringfügig, unbedeutend; **–e annonce** Kleinanzeige; **– juge** *(StPR: juge d'instruction)* frz. Untersuchungsrichter.

**PÉTITION** *f* Petition *f*, Eingabe *f*, Bittschrift *f*.

**PÉTITOIRE** *adj* **: action –** Klage aus einem dinglichen Recht.

**PEUPLE** *m* Volk *n*; **représentant du –** Volksvertreter *m*.

**PHOTOCOPILLAGE** *m (UrhR)* strafbares Ablichten fremder Werke.

**PHOTOGRAPHIE** *f* Lichtbild *n*, Aufnahme *f*.

**PICKPOCKET** *m (StR)* Taschendieb *m*.

**PIÈCE 1.** *f* • Teil *m*, Stück *n* • Schriftstück, Bescheinigung *f*, Aktenstück *n*, Urkunde *f*, Dokument *n*, Beleg *m*, Unterlage *f* • Geldmünze *f*, Münze *f*; **– à conviction** *(StR)* Beweisstück *n*.

**PIÈCE | d'instruction** *(PrzR)* Beweismaterial *n*; **– jointe (= P. J.)** Anlage *f*; **– justificative** Beleg *m*, Nachweis *m*; Beweisstück *n*.

**PIÈCES 2.** *fpl* Unterlagen *fpl*, Akte *f*; **production de –** Aktenvorlage; **salaire aux –** Stück- *od.* Akkordlohn.

**PIGNORATIF** *adj* **: contrat –** Pfandvertrag *m*.

**PILLAGE** *m* • *(StR)* gewaltsame Aneignung, Plünderung *f* • *(UrhR)* Plagiat *n*, literarischer Diebstahl.

**PILLARD** *m* Plünderer *m*.

**PILOTE** *m* • *(SeeHR)* Lotse *m* • Pilot *m*, Flugzeugführer *m*; **entreprise –** Musterbetrieb *m*.

**PIRATAGE** *m* **informatique, – de logiciels protégés** *(UrhR)* Softwarediebstahl *m*; Computerdiebstahl *m*; Herstellung *f* von Raubkopien.

**PIRATE** *m* Seeräuber *m*, Pirat *m*; Raubkopierer *m*; **– de l'air** Flugzeugentführer *m*.

**PIRATERIE** *f* Seeraub *m*, Seeräuberei; **– aérienne** Flugzeugentführung *f*.

**PLACE** *f* • Platz *m*, Ort *m*, Raum *m* • Stellung *f*, Rang *m* • Arbeitsplatz *m*, Stelle *f*, Beschäftigung *f* • *(HR)* Börse *f*, Börsenplatz *m*; Kaufleute *f* (eines Ortes).

**PLACE | bancaire** Bankplatz; **– Beauvau** • Sitz des Innenministeriums • (oft in der Presse benutzter Ausdruck für) das frz. Innenministerium; **– Vendôme** • Sitz des Justizministeriums • das frz. Justizministerium.

**PLACEMENT** *m* • *(BankR)* Investition *f*, (Geld-)Anlage *f* • *(ArbR)* Stellenvermittlung *f*, Arbeitsvermittlung • *(HR)* Vertrieb *m*, Absatz *m*; **bureau de –** (privates) Stellenvermittlungsbüro *n*.

**PLACEMENT | de capitaux** Kapitalanlage; **– de père de famille** *(ZR)* mündelsichere Geldanlage.

**PLACET** *m* Antrag *m* auf Anberaumung eines Termins.

**PLACIER** *m (HR)* Platzvertreter *m*.

**PLAFOND** *m* • Höchstbetrag *m*, Obergrenze *f*, Höchstgrenze, Plafond *m*, Limit *n*, Maximalbetrag *m* • *(SozVers)* Beitragsbemessungsgrenze *f*; **prix –** Höchstpreis *m*.

**PLAGIAIRE** *m (UrhR)* Nachahmer, Plagiator *m*.

**PLAGIAT** *m (UrhR)* Plagiat *n*, Diebstahl geistigen Eigentums, Nachahmung.

**PLAIDANT** *adj* **: avocat –** bei Gericht tätiger Anwalt; **parties –es** Prozessparteien, Anwälte (dieser Parteien).

**PLAIDER** *v.intr./v.tr.* • *(ZPR)* klagen, prozessieren, einen Prozess führen • *(PrzR)* verteidigen, vertreten, (als Anwalt) vor Gericht auftreten • *(StPR)* ein Plädoyer halten.

**PLAIDEUR** *m* Partei *f* (im Zivilprozess); prozessführende Partei; Kläger; Beklagter.

**PLAIDOIRIE** *f (PrzR)* mündliche Darlegung der tatsächlichen Behauptungen und rechtlichen Ansprüche der Prozessparteien; Sachvortrag (des Anwalts) in der mündlichen Verhandlung, Plädoyer *n* (bei Gericht).

**PLAIDOYER** *m (StPR)* Verteidigungsrede *f*.

**PLAIGNANT** *adj/m* • *(StPR)* Person, die eine Strafanzeige erstattet • *(ZPR)* Kläger *m*; **partie –e** Kläger(in).

**PLAINTE** *f* • *(StPR)* Strafanzeige *f* (des Tatopfers) • *(VwR)* Beschwerde *f*; **porter –** Strafanzeige erstatten, anzeigen; **– contre X** Anzeige gegen Unbekannt; **– avec constitution de partie civile** Strafanzeige und gleichzeitige Geltendmachung von Schadensersatzansprüchen (vor dem Strafgericht).

**PLAN | d'aménagement** Raumordnungsplan, Flächennutzungsplan; **– d'aménagement urbain** *(BauR)* Bauleitplan; **– d'assainissement** Sanierungsplan.

**PLAN ORSEC** *(ÖfR: plan d'organisation des secours)* Katastrophenschutzmaßnahmen.

**PLAN | de redressement (de l'entreprise)** *(InsolvenzR)* Unternehmenssanierungsplan; **– de rigueur** Sparpaket *n*; **– social** *(ArbR)* Sozialmaßnahmen(katalog) bei Massenkündigungen.

**PLANCHER** *m* Untergrenze *f*, Mindestbetrag *m*; **prix –** Mindestpreis *m*.

**PLANIFICATION** *f* • Planung *f* • *(WirtR)* frz. (marktwirtschaftliche) Wirtschaftsplanung.

**PLANNING** *m* (betriebswirtschaftliche) Planung; Terminfestsetzung.

**PLANO : de –** • *(PrzR)* sofort, ohne weiteres; ohne vorgeschalteten Sühneversuch • *(syn.: de plein droit)* von Rechts wegen; formlos • *(EuR: par effet direct)* unmittelbar.

**PLAQUE** *f* **d'identité** Erkennungsmarke; **– minéralogique** *(StVR)* Kraftfahrzeugkennzeichen *n*, Nummernschild.

**PLÉBISCITE** *m* • *(VerfR)* Volksentscheid *m*; Volksbefragung • *(VR)* Plebiszit *n*, Volksbeschluss *m*.

**PLI** *m* Schreiben *n*, Brief *m*; **– cacheté** versiegelter Brief; (geheimer) versiegelter Auftrag.

**PLURIANNUEL** *adj* **: contrat –** Mehrjahresvertrag *m*.

**PLURIPROPRIÉTÉ** *f (SachR)* Time-sharing *n*, Teilzeitnutzungsrecht *n*.

**PLUS-VALUE** *f* Mehrwert *m*, Wertzuwachs *m*, Wertsteigerung; Mehreinnahmen *fpl*; Überschuss *m*, Ertrag *m*; **création de –** Wertschöpfung *f*.

**POINT** *m* Punkt *m*; Prozentpunkt; Zeitpunkt *m*; Ort *m*, Stelle *f*; Lage *f*, Position; – **chaud** Krisenherd *m*; – **de commande** *(Lagerhaltung)* Bestellpunkt *m*; – **de départ du délai** Fristbeginn *m*; – **de droit** *(PrzR)* Rechtsfrage *f*; rechtlicher Standpunkt; – **de fait** Tatfrage; Sachfrage; Darlegung zum Tatbestand.

**POINT | litigieux** Streitpunkt, strittige Frage; – **de rattachement** *(IPR)* Anknüpfungspunkt *m*; – **de vente** Verkaufsstelle *f*; – **de vue** Standpunkt, Meinung.

**POINTE** *f* • Spitze *f*, Höhepunkt *m* • *fig* Anbruch *m*, Beginn *m*; **industrie de –** High-Tech-Industrie *f*; **période de –** Hauptverkehrszeit; Hauptgeschäftszeit *f*; Hauptsaison *f*; **technique de –** Spitzentechnologie *f*, High-tech *n*.

**POLICE** *f* • *(ÖfR)* Polizei *f*; Verwaltungspolizeibehörde *f*, Ordnungs- *od.* Sicherheitsbehörde *f* • *(VersR)* (Versicherungs-)Police *f* • *(ÖfR)* Ordnungsrecht, Ordnungsmaßnahmen *fpl* • *(ÖfR)* Überwachung der Ordnung (und Sicherheit); Überprüfung der Rechtmäßigkeit.

**POLICE : forces de –** Polizeikräfte *fpl*, Polizeieinheiten *fpl*; **inspecteur de –** Polizeiinspektor *m*; **peine de simple –** Übertretungsstrafe *f*; **poste de –** Polizeiwache *f*; **pouvoir de –** Polizeigewalt *f*; **préfecture de –** (Pariser) Polizeipräsidium *n*; **tribunal de –** frz. Kleininstanzgericht als Strafgericht, frz. Strafrichter (beim Kleininstanzgericht zuständig für Übertretungen).

**POLICE | administrative** *(VwR)* Ordnungsbehörde *f*, Sicherheitsbehörde; Schutzpolizei; Polizei (im materiellen *od.* funktionellen Sinne); Polizei als Vollzugs- u. Hilfsorgan der Verwaltungsbehörden; – **de l'air et aux frontières (= PAF)** frz. Grenzpolizei; – **de l'assemblée** Hausrecht *n* (im Parlament); Sitzungspolizei.

**POLICE | de l'audience** *(PrzR)* Sitzungspolizei; – **des débats** Sitzungspolizei *f*; – **des étrangers** *(VwR)* Ausländerpolizei.

**POLICE judiciaire** • *(StPR)* frz. Kriminalpolizei; Hilfsbeamte(r) der Staatsanwaltschaft; Personenkreis, der zur Aufklärung von strafbaren Handlungen mit Polizeibefugnissen ausgestattet ist • *(StPR)* kriminalpolizeiliche Maßnahme, Strafverfolgungsmaßnahme • *(StPR: service de la P. J.)* Dienststelle de Kriminalpolizei, Kriminalpolizeistelle; Dezernat *n* (der Kripo).

**POLICE | municipale** Gemeindepolizei; – **des polices** *(= Inspection générale des services = IGS)* frz. Oberste Polizeiaufsichtsbehörde; – **de la route** Verkehrspolizei; –**sanitaire vétérinaire** Tierseuchenpolizei; – **secours** Notarztdienst *m*; – **secrète** Geheimdienst *m*.

**POLI | CIER** *adj* **: enquête -cière** polizeiliche Ermittlung; **mesure –cière** Polizeimaßnahme *f*.

**POLICIER** *m* Polizeibeamte(r) *m*; – **en civil/en tenue** ohne/in Uniform.

**POLITICIEN** *m* **véreux** bestechlicher *od.* korrupter Politiker.

**POLITIQUE** *adj* **: droits –s** *(VerfR)* staatsbürgerliche Grundrechte.

**POLITIQUE** • *(f: pratique de gouvernement)* Politik *f*, (politische) Maßnahmen *fpl*, Vorgehen *n*, Handlungsweise *f* • *(m: politicien)* Staatsmann *m*, Politiker *m*.

**POLLICITANT** *m* Anbieter *m*, Offerent.

**POLLICITATION** *f* (Vertrags-) Angebot *n*.

**POLLUANT** *m* Umweltgift *n*, Schadstoff *m*, Emission *f*; – **atmosphérique** Luftschadstoff.

**POLLUEUR** *m* *(UmweltR)* (Umweltschaden-)Verursacher; Umweltsünder *od.* -verschmutzer; **principe (du) – payeur** Verursacherprinzip *n*.

**POLLUTION** *f* *(UmweltR)* Umweltbelastung *od.* Verschmutzung, Verseuchung; Emission *f*; Umweltschäden *mpl*; **lutte contre la –** Umweltschutz; Immissionsschutz *m*; **– des nappes phréatiques** Grundwasserverschmutzung; **– sonore** Lärmbelästigung.

**POLYVALENT** *m* Steuerfahnder *m*.

**PONTÉE** *f* (SeeHR) Decksladung *f*.

**POOL** *m* • (Wirtschafts-)Zusammenschluss *m*, Gemeinschaft *f*, Gruppe *f* • *(HR)* Konsortium *n*; (zeitlich begrenzter) Unternehmenszusammenschluss; Pool *m*; **– bancaire** Bankenkonsortium.

**POPULATION** *f* • *(Vwirt)* (Wohn-)Bevölkerung *f*; Bevölkerungszahl *f* • *(Statistik)* Panel *n*, repräsentative Bevölkerungsgruppe; **recensement de la –** Volkszählung *f*.

**POPULATION | active** *(Vwirt: les actifs)* Erwerbspersonen *fpl*; **– disponible à la recherche d'un emploi (= PDRE)** die Arbeitssuchenden; die Erwerbslosen, die sich um eine Arbeitsstelle bemühen.

**PORT** *m* • (See-)Hafen *m* • *(prix du transport)* (Brief-)Porto *n*, Postgebühr *f* • *(action de porter)* Tragen *n* (einer Uniform, einer Waffe); **capitaine de –** (See-)Hafenverwaltung; **droits de –** Hafengeld *n*; **en – dû** unfrei; unfrankiert; **franchise de –** Portofreiheit *f*.

**PORT | aérien** Flughafen; **– d'armes** *(VwR, StR)* Waffentragen *n*, Führen *n* einer Waffe; **– d'attache** Heimat- *od.* Registerhafen; **– autonome** *(VwR)* frz. Hafen (als Anstalt des öffentlichen Rechts: wie z.B. in Bordeaux, Le Havre, Paris u. Straßburg); **– de chargement** Verladehafen; **– de destination** Bestimmungshafen.

**PORTABLE** *adj* **: dette –** *(SchuldR)* Bringschuld *f*.

**PORTABLE** *m* Funktelefon *n*; Handy *n*.

**PORTEFEUILLE** *m* • *(ÖfR)* Ministeramt *n* • *(WertpR: ensemble de valeurs)* Bestand *m* (an Wertpapieren); Wechselbestand.

**PORTEFEUILLE | ministériel** Ministerium *n*, Geschäftsbereich eines Ministeriums; **– de valeurs mobilières** Wertpapierbestand *m*.

**PORTE-FORT** *m (SchuldR)* Versprechende(r) *m*, Garant *m*; **convention de –** Versprechen der Leistung eines Dritten.

**PORTE-PAROLE** *m (Pol)* Sprecher *m*.

**PORTEUR** *m* • *(WechselR)* Inhaber *m* • Überbringer • *(GesR)* Aktionär; **action au –** Inhaberaktie *f*.

**PORTION** *f* Teil *m*, Anteil *m*; **– héréditaire** *(ErbR)* Erbteil *m*; **– incessible (du salaire)** nichtabtretbarer Teil (des Lohns).

**PORTRAIT-ROBOT** *m* Phantombild *n*.

**POSITION** • *(Pol, BeamR)* Stellung *f*, Amt *n*, Posten *m*; Lage *f*; Stand *m*, Position *f* • *(BankR)* Kontostand *m* • *(PrzR)* Feststellung; Grundsatz, Lehrsatz *m* • *(AllgSpr)* Einstellung, Meinung, Auffassung.

**POSSÉDER** *v.tr.* • besitzen, innehaben • Eigentümer sein; **– à titre précaire** innehaben.

**POSSESSEUR** *m* • *(SachR)* Besitzer *m*, Eigenbesitzer • *(SchuldR)* Inhaber *m*, Halter *m*; **– antérieur** Vorbesitzer; **– de bonne foi** gutgläubiger Besitzer; **– précaire** *ou* **à titre précaire** (Gewahrsams-) Inhaber.

**POSSESSION** *f* • *(SachR)* Eigenbesitz *m* • *(détention matérielle)* Besitz, Sachherrschaft *f*; **abandon de la –** Besitzaufgabe *f*; **trouble de la –** Besitzstörung.

**POSSESSION | d'état** *(FamR)* Status als Familienangehöriger; **– ex-clusive** Alleinbesitz; **– ininterrompue** ununterbrochener Besitz; **– paisible** ungestörter Besitz; **– publique** für jedermann sichtbarer *od.* offenbarer Besitz.

**POSSESSOIRE** *adj* **: action –** *(SachR)* Besitzschutzklage *f*.

**POSTAL** *adj* **: boîte –e** Postfach *n*; **chèque –** Postscheck *m*; **compte de chèque – (= CCP)** Potsbankkonto *n*; **numéro de code –** Postleitzahl *f*.

**POSTDATER** *v.tr.* ein späteres Datum einsetzen.

**POSTE 1.** *m* • *(ArbR)* Arbeitsplatz *m*, Stelle *f*, Stellung *f*, (Dienst-) Posten *m* • *(BeamR)* Amt *n*, Stelle *f* • *(VwR)* Polizeiposten *n*, (Polizei-) Wache *f* • *(Buchf)* Posten *m*; Bestand *m* • *(ArbR: travail)* Schicht *f*.

**POSTE 2.** *f* • frz. Postzentralverwaltung • Postamt *n*; **mandat –** Postanweisung *f*; **– restante** postlagernd.

**POSTULANT** *m* • *(BeamR)* Bewerber *m*, Anwärter *m* • *(PrzR)* (Anwalt als) Antragsteller *m*.

**POSTULATION** *f (ZPR)* Prozessführung (durch einen Anwalt).

**POSTULER** • *(v.tr.: ArbR)* sich bewerben (um) • *(v.intr.: PrzR)* Anträge stellen; als Anwalt einen Prozess führen.

**POTESTAT | IF** *adj* : **condition –ive** *(SchuldR)* Potestativbedingung.

**POURBOIRE** *m* Trinkgeld *n*.

**POURCENTAGE** *m* Prozentsatz *m*, Zinsfuß *m*; prozentmäßiger Anteil, Quote *f*.

**POURSUITE** *f* • *(ZPR)* Klageerhebung (durch den Gläubiger); Betreibung (eines Rechtsstreits) • *(StPR, meist pl)* Strafverfolgung • *(StR: recherche)* Fahndung; **cessation des –** *(StPR)* Einstellung des Ermittlungsverfahrens; **engager des –s** *(StPR)* ein Ermittlungsverfahren einleiten; **opportunité des –s** *(StPR)* (Grundsatz der) Zweckmäßigkeit der Strafverfolgung.

**POURSUITE | de l'exploitation** *(InsolvenzR)* Weiterführung des Betriebs; **– judiciaire** *ou* **en justice** *(ZPR)* Klage *f*, Klageerhebung; **– pénale** Strafverfolgung; **– sur un territoire étranger** *(EuR)* Nacheile *f*.

**POURVOI** *m* • *(PrzR)* Rechtsmittel *n* • *(PrzR)* Revisionsverfahren *n*; Einlegung *f* der Revision • *(VwR)* Gesuch *n*, Ansuchen *n* • *(VwPR)* Beschwerde *f*; **– en appel** Berufung; **– en cassation** *(PrzR)* Revisionseinlegung; **– en grâce** *(StPR)* Gnadengesuch; **– en nullité** Nichtigkeitsbeschwerde; **– en révision** Anstrengung eines Wiederaufnahmeverfahrens.

**POURVOIR** • *(v.tr.ind.: pourvoir à)* sorgen für, für etwas aufkommen; ernennen • *(v.tr.d.: mettre qqn. en possession)* versehen (mit), ausstatten, versorgen (mit) • *(v. pron.: se pourvoir – PrzR)* ein Rechtsmittel einlegen; **se – en appel** Berufung einlegen; **se – en cassation** Revision einlegen; **poste à –** freie Stelle.

**POURVOYEUR** *m* Lieferant *m*, Auslieferer *m*; **– de drogue** Drogenschmuggler *m*; **– de fonds** Geldtransporteur *m*.

**POUVOIR** *v.tr.* können, vermögen; dürfen; befugt sein.

**POUVOIR 1.** *m* • *(ÖfR)* Macht *f*, Machtbefugnis *f*; Staatsgewalt *f*; Herrschaft *f* • *(VerfR)* Zuständigkeit *f*; Mandat *n* • *(ZR)* Vertretungsbefugnis, Vertretungsmacht, Vollmacht *f* • *(HR, ZPR)* (schriftlich fixierte) Handlungsvollmacht; (Prozess-) Vollmacht; Ermächtigung *f* • *(ArbR)* Weisungsbefugnis *f*, Direktionsrecht *n*; **abus de –** *(VwR)* Ermessensmissbrauch *m*; **excès de –** *(VwR)* Überschreitung der Amtsbefugnisse; **fondé de –** *(HR)* Handlungsbevollmächtigte *m*.

**POUVOIR | d'achat** *(Vwirt)* Kaufkraft *f*; **– d'appréciation** *(VwR)* Ermessensspielraum *m*; **– en blanc** Blankovollmacht *f*; **– central** *(VerfR)* Zentralstaat; **– de coercition** *(VwR)* Strafbefugnis; **– constituant** verfassunggebende Gewalt; **– de contrôle** *(VwR)* Aufsichtsrecht; **– de décision** Entscheidungsbefugnis; **– de direction** *(ArbR)* Weisungsrecht; **– disciplinaire** Disziplinargewalt.

**POUVOIR discrétionnaire** • *(VwR)* freies (Verwaltungs-)Ermessen *n* • *(PrzR)* richterliches Ermessen.

**POUVOIR | de disposition** *(ZR)* Verfügungsgewalt *f*; **– écrit** schriftliche Vollmacht; **– exécutif** Exekutive *f*, vollziehende Gewalt;

– **de gestion** *(HR)* Geschäftsführungsbefugnis.

**POUVOIR | hiérarchique** • *(VwR)* Aufsichtsbefugnis (des Dienstvorgesetzten • *(DiszR)* Dienstaufsicht *f*; – **d'information** *(StPR)* Ermittlungsbefugnis *f*; – **d'investigation** Untersuchungsrecht; – **judiciaire** • *(VerfR)* rechtsprechende Gewalt, Judikative *f* • *(GVR)* ordentliche Gerichtsbarkeit in Frankreich (die Arbeits-, Handels- und Sozialgerichtsbarkeit mitumfassend).

**POUVOIR | législatif** *(VerfR)* gesetzgebende Gewalt, Legislative *f*, Gesetzgeber *m*; – **libératoire** *(SchuldR)* befreiende Wirkung (einer Zahlung); – **de nomination** *(VwR)* Ernennungsrecht; – **normatif** Rechtsetzungsbefugnis; – **de police** • Polizeigewalt • Ordnungsgewalt.

**POUVOIR | réglementaire** *(ÖfR)* Befugnis zum Erlass von Gesetzen im materiellen Sinne (durch die frz. Regierung), Normsetzungsbefugnis (der Regierung); – **de représentation** *(ZR)* Vertretungsmacht; Vollmacht.

**POUVOIRS 2.** *mpl* **: confusion des –** *(VerfR)* Nichtbeachtung des Grundsatzes der Gewaltenteilung; **délégation de –** Übertragung von Befugnissen; **passation des –** Amtsübergabe *f*; **séparation des –** *(VerfR)* Gewaltenteilung.

**POUVOIRS publics** • *(ÖfR)* öffentliche Hand, Staat *m*; Behörden *fpl*, staatliche Stellen *fpl*; Staatsapparat *m* • *(VerfR)* Verfassungsorgane *npl*.

**PRATIQUE** *f* • *(ÖfR, ZR)* Rechtsanwendung *f*, Rechtspraxis *f* • *(ZR)* Übung *f*, Gewohnheit *f*; Praxis *f*; Brauch *m* • *(activité)* Handhabung *f*, Praktik *f*, Methode *f* • Vorgehensweise *f*, Gebaren *n*, Handlungsweise *f* • (Berufs-) Erfahrung • *(HR: client)* Kundschaft *f*, Kundenkreis *m*.

**PRÉALABLE** *adj* **: examen –** Vorprüfung; **question –** Vorfrage *f*.

**PRÉALABLE** *m* Vorbedingung *f*, Voraussetzung; – **administratif** Vorentscheidung der Verwaltung.

**PRÉAMBULE** *m* • *(VerfR, VR)* Präambel *f*, Einleitung *f* • Eingangsformel *f*.

**PRÉAVIS** *m* • *(ArbR)* Kündigungsfrist *f*; Kündigung *f* • *(VwR)* Ankündigung, vorherige Mitteilung; – **légal** gesetzliche Kündigungsfrist.

**PRÉCAIRE** *adj* widerruflich; zeitlich begrenzt; ungewiss; prekär; **détenteur –** *(SachR)* Gewahrsaminhaber *m*; **détention –** Gewahrsam *m*; **emploi –** zeitlich (eng) begrenztes Arbeitsverhältnis, befristeter Arbeitsvertrag; Zeitarbeitsverhältnis *n*.

**PRÉCARITÉ** *f* • *(ArbR)* Widerruflichkeit *f*; zeitliche Beschränkung • Unsicherheit *f*, Ungewissheit • *(SozR)* Hilfsbedürftigkeit, Armut *f*.

**PRÉCAUTION** *f* **: par mesure de –** vorsorglich.

**PRÉCÉDENT** *m* Präzedenzfall *m*, Vorentscheidung, Präjudiz *n*.

**PRÉCIPUT** *m (EheR, ErbR)* Voraus *m*, Vorausanteil *m* (des überlebenden Ehegatten); Vorausvermächtnis *n*.

**PRÉCOMPTE** *m* einbehaltener Betrag, Vorausabzug; – **sur impôt** Steuervorauszahlung.

**PRÉDÉCESSEUR** *m* • Vorgänger (im Amte) • *(pl, ErbR)* Vorfahren *fpl*; – **en droit(s)** Rechtsvorgänger.

**PRÉEMPTION** *f* Vorkaufsrecht *n*.

**PRÉFECTURE** *f* Präfektur *f*, Amtssitz des Präfekten; Hauptstadt *m* des Département; – **maritime** *f* Marinepräfektur, frz. Kriegshafenbezirk.

**PRÉFÉRENCE** *f* Vorzug *m*; Vorrang *m*; Vergünstigung *f*; **droit de –** Recht auf vorzugsweise Befriedigung; **ordre de –** Rangfolge *f*.

**PRÉFÉRENTIEL** *adj* **: droits –s** Vorzugszoll *m*; **traitement –** Vorzugsbehandlung.

**PRÉFET** *m (VwR)* Präfekt *m*, oberster frz. Regierungsbeamte(r) in einem Departement (oder in einer Region); – **de police** Polizeipräfekt; – **de région** Regionalpräfekt.

**PRÉFIX** *adj (ZR)* vorher festgelegt, festgesetzt, (gerichtlich) anberaumt, vorausbestimmt; **délai** – *(ZR)* Ausschlussfrist *f.*

**PRÉJUDICE** *m (SchuldR)* Schaden *m*; Schädigung *f*; Nachteil *m*, Beeinträchtigung *f* (der Rechte); **auteur du** – Schadensverursacher *m*; **fait générateur du** – Schadensursache; **réparation du** – Schadensersatz, (Geld-)Entschädigung; **réparation du** – **immatériel** *ou* **moral** Schmerzensgeld *n*; **victime du** – Geschädigte(r).

**PRÉJUDICE | actuel et certain** gegenwärtiger und bestimmter Schaden; – **d'agrément** entgangene Lebensfreude; **–s en cascade** Folgeschäden; – **corporel** Körperschaden; – **direct** unmittelbarer Schaden; – **esthétique** Entstellungs- *od.* Verunstaltungsschaden; – **extra-patrimonial** Nichtvermögensschaden; – **immatériel pur** (reiner) Vermögensschaden; – **matériel** materieller Schaden; – **moral** Nichtvermögensschaden; – **patrimonial** *ou* **pécuniaire** Vermögensschaden *f*; – **par ricochet** Drittschaden, mittelbarer Schaden.

**PRÉJUDICIABLE** *adj* schädigend, schadenstiftend; nachteilig.

**PRÉJUDICIEL** *adj (PrzR)* : **question – le** Vorfrage.

**PRÉLÈVEMENT** *m* • *(ZR)* Vorausentnahme *f*, Entnahme (aus der Gesamthandsgemeinschaft), Vorwegnahme • *(SteuerR)* Abgabe *f*; Erhebung *f* (von Steuern), Hebung • *(ArbR)* Abzug *m*, einbehaltener Betrag *m*, zurückbehaltener Betrag; **–(s) automatique(s)** *(BankR)* Dauerauftrag; – **obligatoire** *(SteuerR)* Steuer *f*, Abgabe; – **sur les salaires** Lohnabzug *m*.

**PRÉLIMINAIRE** *adj* : **dispositions –s** einleitende Bestimmungen; **enquête** – Voruntersuchung.

**PRÉLIMINAIRES** *mpl (VR)* Vorverhandlungen *fpl*; – **des débats** Vorbereitung der Hauptverhandlung.

**PRÉMÉDITATION** *f (StR)* im voraus gefaßter Plan (ein Verbrechen zu begehen); qualifizierendes Merkmal des Vorsatzes beim Mord; Vorbedacht *m*, Vorausplanung.

**PREMIER Ministre** *m* (der) frz. Premierminister, Premier *m*; – **président** *(GVR)* frz. Gerichtspräsident.

**PRENDRE | en charge** • (Kosten) übernehmen • (Person) Unterhalt leisten; – **connaissance de qqch.** etwas zur Kenntnis nehmen; – **en compte,** – **en considération** beachten, berücksichtigen, in Erwägung ziehen; – **effet** wirksam werden.

**PRENEUR** *m* • *(HR)* Abnehmer *m*, Käufer *m* • Mieter *m* • Pächter • Wechselnehmer, Remittent *m*.

**PRÉNOM** *m* Vorname *m*; – **usuel** Rufname *m*.

**PRÉNUPTIAL** *adj* : **certificat** – (voreheliches) Gesundheitszeugnis *n*.

**PRÉPARATOIRE** *adj* : **instruction** – *(PrzR)* schriftliches Vorverfahren; **jugement** – Zwischenurteil *n*.

**PRÉPONDÉRANT** *adj* : **torts –s** *(FamR)* überwiegendes Verschulden; **voix –e** ausschlaggebende Stimme.

**PRÉPOSÉ** *m* • *(SchuldR)* Erfüllungsgehilfe *m* • Verrichtungsgehilfe, Hilfsperson *f* • *(i. w. S.)* Beauftragter *m* • *(Post)* Briefträger *m*; **responsabilité du fait des –s** Haftung *f* (des Geschäftsherrn) für den Erfüllungsgehilfen.

**PRÉRETRAITE** *f (SozVers)* Vorruhestand (im öffentlichen Dienst); vorgezogenes Altersruhegeld.

**PRÉROGATIVE** *f* • *(ÖfR: privilège)* Vorrecht *n*, Prärogative *f* • *(ZR: droit subjectif)* (subjektives) Recht *n*, Befugnis *f*.

**PRESCRIPTIBLE** *adj* verjährbar; ersitzbar.

**PRESCRIPTION** *f* • *(ÖfR)* Vorschrift *f*, Richtlinie *f*, Festlegung *f* • *(SachR)* Ersitzung *f* • *(PrzR, ZR)* Verjährung *f*; Verjährungsfrist *f*; Verwirkung (eines Rechts); **délai de –** • Verjährungsfrist • Ersitzungsfrist; **interruption de la –** Unterbrechung der Verjährung; **suspension de la –** Ruhen *n* der Verjährung.

**PRESCRIPTION | acquisitive** Ersitzung; **– de l'action pénale** *(StPR)* Strafverfolgungsverjährung; **– criminelle** • Strafverfolgungsverjährung • Strafvollstreckungsverjährung.

**PRESCRIPTION | de fond** materiell-rechtliche Vorschrift; **– de forme** Formvorschrift; **– impérative** Mussvorschrift *m*, zwingendes Recht; **– légale** gesetzliche Vorschrift, Gesetz *n*; **– obligatoire** *(ZR)* Mussvorschrift, zwingendes Recht; **– de la peine** Strafvollstreckungsverjährung *f*; **– pénale** • Strafvorschrift • Strafverfolgungsverjährung; **– réglementaire** • *(ÖfR)* Regierungsverordnung • Verwaltungsvorschrift; **– trentenaire** dreißigjährige Verjährung (Ersitzung).

**PRÉSENCE** *f* • Anwesenheit *f* • *(ArbR)* Betriebszugehörigkeit; Beschäftigungszeit, Dienstzeit; **contrôle de –** Anwesenheitskontrolle *f*; **droit de –** *(ArbR)* Sitzungsvergütung; **parties en –** *(ZPR)* (die beiden) Prozessparteien; **quorum de –** *(GesR)* Beschlussfähigkeit; **registre de –** Anwesenheitsliste *f*.

**PRÉSENT** *m* Geschenk *n*; **– d'usage** übliches (Geburtstags-, Hochzeits-, Jubiläums-)Geschenk.

**PRÉSENTATION** *f* • Vorschlag *m* • Einreichung *f*, Vorlage *f*, Vorlegung *f* • *(Ware)* Gestaltung *f*, Aufmachung • *(Wz)* Ausstattung • Darstellung; Einführung • äußere Form; **délai de –** Vorlagefrist *f*; **liste de –** Vorschlagsliste; **– des faits** Sachverhaltsdarstellung; **– au paiement** Vorlage zur Zahlung.

**PRÉSENTOIR** *m* Verkaufsständer *m*.

**PRÉSERVATION** *f* **de l'environnement** Umweltschutz *m*.

**PRÉSIDENCE** *f* • Vorsitz *m*; Leitung *f* • Präsidentschaft *f* • Amtssitz des Präsidenten, Präsidialamt *n*.

**PRÉSIDENT** *m* • Vorsitzende(r) *m* • Präsident *m*; **– d'âge** Alterspräsident; **– du bureau de vote** Wahlvorsteher *m*, Wahlvorstand; **– du conseil d'administration** *(GesR: société anonyme à deux organes)* Verwaltungsratvorsitzende(r) (der alten Rechtsform der frz. AG); **– directeur général** *(GesR: P. D. G.)* Vorsitzender des Verwaltungsrates (einer Aktiengesellschaft); Generaldirektor *m*; **– en exercice** geschäftsführender Vorsitzende(r); amtierender Präsident; **– de groupe** *(VerfR)* Fraktionsvorsitzende(r).

**PRÉSIDENT | de la République** frz. Staatspräsident, Präsident der frz. Republik, Staatsoberhaupt; **– du sénat** Senatspräsident; **– du tribunal** Gerichtspräsident.

**PRÉSIDENTIE | L** *adj* **: élections –lles** Präsidentschaftswahlen; **régime –l** Präsidialverfassung.

**PRÉSOMPTIF** *adj* mutmaßlich, vermutlich, voraussichtlich; **héritier –, successeur –** zukünftiger Erbe.

**PRÉSOMPTION** *f* *(ZR, PrzR)* Schluss, welchen das Gesetz (oder das Gericht) von einer bekannten Tatsache auf eine unbekannte Tatsache zieht; (Beweis-)Vermutung *f*; **– d'absence** Abwesenheitsvermutung; **– absolue** unwiderlegbare Beweisvermutung; **– de décès** Todesvermutung.

**PRÉSOMPTION | de fait, – du fait de l'homme** *(ZR)* tatsächliche Vermutung, Erfahrungssatz *m*; Anzeichenbeweis *m*, Indizienbeweis; **– de faute** Schuld- *od.* Verschuldensvermutung *f*; **– d'innocence** *(StPR)* Unschuldsvermutung.

**PRÉSOMPTION | légale** *(ZR)* Rechtsvermutung, gesetzliche Vermutung; **– de paternité** Vaterschaftsvermutung; **– réfragable, – simple** (durch Gegenbeweis) widerlegbare Vermutung.

**PRESSE** *f* **écrite** Zeitungen u. Zeitschriften; **– parlée** Hörfunk und Fernsehen.

**PRESTATAIRE** *m* *(SchuldR)* Leistende(r) *m*; Leistungspflichtige(r) *m*; **– de services** Erbringer *m* von Dienstleistungen.

**PRESTATION 1.** *f* • *(SchuldR)* Leistung *f* (des Schuldners); Leistungsgegenstand *m* • *(SozR)* Leistung (der Sozialversicherung); **bénéficiaire d'une –** Leistungsempfänger *m*; **débiteur d'une –** Schuldner *m* (einer Leistung); Leistungspflichtige(r); **défaut de –** Nichtleistung, Schuldnerverzug *m*.

**PRESTATION | alimentaire** Unterhaltsleistung; **– d'assistance** • Beistandsleistung • *(SozR)* Fürsorgeleistung, Versorgung • *(StR)* Beihilfe; **– de chômage** Arbeitslosenunterstützung; **– en nature** Sachleistung, Naturalleistung; **– périodique** wiederkehrende Leistung; **– de serment** Eidleistung, Vereidigung; **– de services** (Erbringung einer) Dienstleistung; **– de travail** Arbeitsleistung.

**PRESTATIONS 2.** *fpl* *(SozR)* Leistungen der Sozialversicherung; **droit aux –** Leistungsanspruch *m*; **nomenclature des –** Leistungsverzeichnis *n*; **– familiales** Familienzulagen *fpl*; **– de santé** Heilbehandlung, Sachleistungen bei Krankheit.

**PRÊT** *m* • Leihe *f* • Darlehen *n*, Kredit *m*; **accorder** *ou* **consentir un –** Darlehen gewähren; **contrat de –** Leihvertrag *m*; Darlehensvertrag.

**PRÊT | sur gage** • Pfanddarlehen • *(BankR)* Lombardkredit; **– à intérêts** verzinsliches Darlehen; **– de main-d'œuvre** Arbeitnehmerüberlassung; **– sur nantissement** • Lombardkredit • Faustpfanddarlehen; **– à usage** Leihe.

**PRÊTE-NOM** *m* Strohmann *m*.

**PRÉTENTION** *f* • *(SchuldR)* Anspruch *m*, Forderung *f* • *(ZPR)* Klageantrag *m* • Behauptung *f*; **– accessoire** Nebenanspruch.

**PRÊTEUR** *m* Verleiher *m*; **– de fonds** Darlehensgeber.

**PRETIUM DOLORIS** *m* *(SchuldR)* Schmerzensgeld *n*, Schadenersatz *m* für körperlichen *od.* seelischen Schmerz.

**PRÉTOIRE** *m* Gerichtssaal *m*; Gericht *n*.

**PRÉTORIEN** *adj* **: droit –** *(PrzR)* Richterrecht *n*.

**PREUVE** *f* • Beweis *m*, Nachweis *m* • *(moyen employé pour faire la preuve)* Beweisstück *n*, Beweismittel *n* • Beleg *m*, Unterlage *f*; **administration de la –** Beweisführung; **charge de la –** Beweislast *f*; **commencement de – par écrit** Anfangsbeweis.

**PREUVE : mode de –** Beweisart *f*; **renversement de la charge de la –** Umkehrung der Beweislast.

**PREUVE | documentaire, – par écrit, – écrite** Urkundenbeweis; **– par expert, – par dire d'expert** Sachverständigenbeweis; **– indiciaire, – par indices** Indizienbeweis, Anzeichenbeweis; **– littérale** Urkundenbeweis; **– préconstituée** Beweis durch Urkunden, die von vornherein zum Zwecke des Beweises aufgenommen worden sind, Absichtsurkunde; **– par témoin, – testimoniale** Zeugenvernehmung.

**PRÉVARICATION** *f* • *(StR)* (schwerwiegende) Amtspflichtverletzung, Missbrauch der Amtsgewalt • *(StR: Anwalt)* Parteiverrat *m*.

**PRÉVENT | IF** *adj* **: détention –ive** Sicherungsverwahrung; **mesure –ive** Vorbeugungsmaßnahme *f*.

**PRÉVENTION** *f* • *(ArbR)* Verhütung *f*, Vorbeugung • *(StPR)* (Person im) Anklagezustand *m* • Voreingenommenheit *f*, Vorurteil *m*; **– routière** Straßenwacht, Verkehrsunfallverhütung.

**PRÉVENTIVE** *f* • *(StVZ)* Sicherungsverwahrung • *(StR: avant 1970)* Untersuchungshaft *f.*

**PRÉVENU** *m (StPR)* Beschuldigte(r) *m*; Angeschuldigte(r) *m*; Angeklagte(r) *m*).

**PRÉVISION** *f* • Prognose *f*, Trendschätzung, Vorhersage *f* • *(Haush-R)* Ansatz *m*, Voranschlag *m* • Ziel *n*, Vorhaben *n*, Perspektive *f.*

**PRÉVISIONNEL** *adj* : **budget –** Haushaltsvoranschlag *m*; **gestion –le** Betriebsplanung.

**PRÉVOYANCE** *f* Vorsorge *f*, Fürsorge *f*; Voraussicht *f*; **caisse de –** *(SozVers)* Vorsorgekasse *f.*

**PRIMAIRE** *adj* : **délinquant –** nicht vorbestrafter Täter; **élections –s** Vorwahlen *f*; **secteur –** Landwirt-schaft.

**PRIME** *f* • *(VersR)* (Versicherungs-) Prämie *f* • *(ArbR)* (Lohn-) Zulage *f*, Prämie • *(SchuldR)* Reugeld *n*, Abstandsgeld.

**PRIMITIF** *adj* : **état –** ursprünglicher Zustand; **patrimoine –** Anfangsvermögen.

**PRINCIPAL** *adj* : **débiteur –** Hauptschuldner *m*; **demande –e** *(ZPR)* Klageantrag.

**PRINCIPAL** *m* • *(SchuldR)* Hauptschuld *f* • *(ZPR)* Hauptsache *f* • Notariatsbürovorsteher *m* • *(SteuerR)* Steuerschuld *f.*

**PRINCIPE** *m* Grundsatz *m*, Prinzip *n*; Richtschnur *f*; Grundlage *f*; **arrêt de –** Grundsatzurteil *n*; **– directeur** Leitsatz *m*; **–s directeurs du procès** allgemeine Verfahrensgrundsätze.

**PRINCIPE | juridique** *m* Rechtsgrundsatz *m*; **– jurisprudentiel** von der Rechtsprechung aufgestellter allgemeiner Rechtsgrundsatz; **– du pollueur-payeur** *(UmweltR)* Grundsatz der Verursacherhaftung.

**PRIORITAIRE** *adj* vorrangig; bevorrechtigt; **véhicule –** vorfahrtsberechtigtes Kraftfahrzeug.

**PRIORITÉ** • *(ZR, PatR, EuR)* Vorrang *m*, Priorität *f*, Vorrecht *n*, Vorzug *m* • *(StVR)* Vorfahrt(recht) • höhere Dringlichkeitsstufe.

**PRISE** *f* • *(ZR, StR)* Nehmen *n*, Ergreifen *n*, Fassen *n* • *(SeeHR)* Prise *f*, beschlagnahmte Ladung (eines Schiffes) • *(StR)* Fang *m*, Beute *f*; **délai de – en charge** Übernahmefrist *f*; **– de bénéfice** Gewinnmitnahme; **– en charge** • *(SchuldR)* Abnahme (eines Geräts) durch den Besteller • Kostenübernahme *f* • Betreuung *f*; **– de corps** *(StR)* Verhaftung, Festnahme *f*; **– de fonctions** Dienstantritt *m*; **– de possession** Inbesitznahme *f*; **– de pouvoir** Machtergreifung; **– de sang** Blutprobe *f.*

**PRISEUR** *m* : **commissaire –** vereidigter Taxator *od.* Schätzer.

**PRISON** *f* • Justizvollzugsanstalt (= J. V. A.) • *(StR)* Freiheitsstrafe *f* (bei Vergehen).

**PRISONNIER** *m* Häftling *m*; **– extradé** Auslieferungshäftling.

**PRIVAT | IF** *adj* • *(SachR)* ausschließlich, (all)umfassend • *(ZR, StR)* verneinend, ausschließend; **peine –ive de liberté** *(StR)* Freiheitsstrafe.

**PRIVATION** *f* Entziehung (einer Erlaubnis), Aberkennung (eines Rechts), Verlust (eines Anspruchs).

**PRIVATION de jouissance** Nutzungsausfall *m*; **indemnité pour – –** Nutzungsentschädigung.

**PRIVÉ** *adj* privat, (höchst) persönlich; **vie –e** Privatleben *n*; Intimsphäre *f.*

**PRIVILÈGE** *m* • *(ZwangsVR)* Vorzugsrecht, Recht auf vorzugsweise Befriedigung • *(SchuldR)* gesetzliches Pfandrecht • Vorrecht *n*, Privileg *n*, Vorrang *m*; Befugnis *f*, Recht *n*; Vergünstigung; **super –** *(InsolvenzR)* Sondervorrecht (bestimmter Konkursgläubiger); Superprivileg (der Arbeitnehmer).

**PRIX 1.** *m* • *(SchuldR)* Preis *m*, Entgelt *n* • *(HR)* Wert *m*; **détermination du –** Preisfestsetzung; **réduction de –** Preisnachlass *m*; Rabatt *m.*

**PRIX | d'achat** Kaufpreis, Beschaffungspreis *m*, Einkaufspreis; **– d'acquisition** Anschaffungspreis.

**PRIX | CAF** (= coût, assurance, frêt) cif-Preis; **– catalogue** Katalogpreis, Listenpreis; **– conseillé** unverbindlicher Richtpreis; **– coûtant** Selbstkostenpreis, Anschaffungspreis; **– démarqué** herabgesetzter Preis; **– départ usine** Preis ab Werk.

**PRIX | de détail** Einzelhandelspreis; **– estimatif** • Kostenvoranschlag • Schätzwert *m*; **– exorbitant** Wucherpreis; Mondpreis; **– de façon** • Verarbeitungspreis • *(ArbR)* Stückentgelt *n*.

**PRIX | facturé** Rechnungspreis; **– de faveur** Vorzugspreis; **– ferme** Festpreis; **– forfaitaire** Pauschalpreis; **– franco frontière** Preis frei Grenze; **– de gros** Großhandelspreis; **– homologué** genehmigter Preis; **– hors taxe** (= H. T.) Preis vor Steuer; **– indicatif** unverbindliche Preisempfehlung; **– limite** Höchstpreis; Preislimit *n*.

**PRIX | marchand** Handelspreis; **– du marché** Marktpreis; **– à la pièce** Stückpreis; **– plafond** Höchstpreis; **– plancher** Mindestpreis; **– à la production** Erzeugerpreis, Gestehungspreis; **– public** (endgültiger) Verkaufspreis (incl. MWSt.); **– publicitaire** Einführungspreis.

**PRIX | de rachat** • Rückkaufspreis, Wiederkaufpreis • Wiederbeschaffungspreis; **– réduit** ermäßigter Preis; **– de revente** (Weiter-)Verkaufspreis; **– de revient** Selbstkosten- *od.* Einstandpreis, Gestehungspreis, Gestehungskosten *pl*; **– sacrifié** Aktions- *od.* Schleuderpreis; **– toutes taxes comprises** (= ttc) Preis inklusive Mehrwertsteuer; **– du transport** Beförderungsentgelt, Fracht.

**PRIX | unitaire** *ou* **à l'unité** Einheitspreis, Einzelpreis, Stückpreis; Preis für Leistungseinheiten; **– de vente** Verkaufspreis; **– de vente conseillé** unverbindlicher Preisempfehlung; **– de vente imposé** Preisbindung.

**PRIX 2.** *mpl* **: accord sur les –** Preisabrede *f*; **affichage des –** Preisauszeichnung, Preisaushang *m*; **clause de révision des –** Preisanpassungsklausel; **distorsion des –** Preisverzerrung; **flambée des –** starker u. plötzlicher Preisanstieg; **fluctuation des –** Preisschwankung; **indice des –** Preisindex *m*.

**PROBANT** *adj* beweisend, beweiskräftig; **argument –** überzeugendes Argument; **force –e** Beweiskraft *f*; **pièce –e** Beweisurkunde *f*.

**PROBATION** *f* • *(ArbR)* Probezeit *f* • *(StR)* Strafaussetzung zur Bewährung, Bewährung; **agent de** *ou* **délégué à la –** Bewährungshelfer *m*.

**PROBATIONNAIRE** *m* Verurteilter *m*, dem Strafaussetzung zur Bewährung gewährt worden ist.

**PROBATOIRE** *adj* **: délai –** *(StR)* Bewährungszeit; **examen –** Eignungstest *m*, Einstufungsprüfung *f*; **période –, stage –** *(ArbR)* Probezeit *f*.

**PROBITÉ** *f* Redlichkeit *f*, Gewissenhaftigkeit *f*, Rechtschaffenheit; Ehrlichkeit; Unbestechlichkeit.

**PROBLÈME** *m* Problem *n*, Schwierigkeit *f*; schwierige Frage *f*; unentschiedene Frage; Fragestellung *f*; Aufgabe *f*; **– litigieux** Streitfrage *f*, strittiger Fall *m*, Streitfall.

**PROCÉDÉ** *m* Verfahren *n*, Vorgehen *n*, Methode *f*; **brevet de –** Verfahrenspatent *n*.

**PROCÉDURAL** *adj* **: accomplir les formalités –es** die gerichtlichen Formalitäten erledigen.

**PROCÉDURE** *f* • *(PrzR)* (gerichtliches) Verfahren *n*, Gerichtsverfahren, Entscheidungsverfahren; Rechtsgang *m*, Rechtsweg *m*; Prozessführung *f*; Rechtsstreit *m* • *(PrzR)* Prozessrecht, Verfahrensrecht; **acte de –** • Verfahrens- *od.* Prozesshandlung • Schriftsatz *m*, Prozessurkunde *f*; **pièce(s) de –** Prozessakte *f*, Schriftsatz *m*; **règle**

**de –** Verfahrensvorschrift *f*; **vice de –** Verfahrensmangel *m*.

**PROCÉDURE | accélérée** beschleunigtes Verfahren; **– accusatoire** *(StPR)* Verfahren auf Betreiben des Verletzten; **– arbitrale** Schiedsverfahren; **– civile** • Zivilprozess *m*, Zivilverfahren • Zivilprozessrecht; **– de conciliation** Güteverfahren; Sühneverfahren; **– contentieuse** Streitverfahren.

**PROCÉDURE | par défaut** Versäumnisverfahren, Verfahren gegen Abwesende; **– d'enquête** *(StR)* (polizeiliche) Voruntersuchung; **– d'exécution** Vollstreckungsverfahren; **– d'expulsion** • *(AuslR)* Abschiebungsverfahren • *(MietR)* Räumungsklage; **– d'extradition** Auslieferungsverfahren.

**PROCÉDURE | gracieuse** Verfahren der freiwilligen Gerichtsbarkeit; **– d'instruction** • *(StPR)* Ermittlungsverfahren • *(ZPR)* Vorverfahren; **– d'interdiction** Ent-mündigungsverfahren; **– à jour fixe** *(ZPR)* beschleunigtes Verfahren (mit direkter Ladung zum Termin); **– judiciaire** gerichtliches Verfahren.

**PRODÉDURE | de liquidation judiciaire** Insolvenzverfahren; **– de liquidation des dépens** Kostenfestsetzungsverfahren; **– en matière contentieuse** streitiges Verfahren; **– de mise en demeure** Mahnverfahren; **– de naturalisation** Einbürgerungsverfahren; **– d'opposition** Einspruchsverfahren; **– d'ordre** *(InsolvenzR)* Verfahren zur Feststellung der Rangordnung der Gläubiger.

**PROCÉDURE | de partage** Auseinandersetzungsverfahren; **– pénale** • Strafverfahren *n*, Strafprozess *m* • *(i. w. S.)* Strafprozessrecht *n*; **– pendante** schwebendes Gerichtsverfahren; **– de recours** Rechtsmittelverfahren; **– de recouvrement forcé** Zwangseintreibungsverfahren; **– de renvoi** *(VwPR)* Vorlageverfahren; **– de révision** Wiederaufnahmeverfahren.

**PROCEDURE | de saisie** Arrest- *od.* Pfändungsverfahren; **– sommaire** *(ZPR)* abgekürztes Verfahren; **– de sommation** Mahnverfahren; **– sur titres** Urkundenprozess; **– d'urgence** *(ZPR)* beschleunigtes Verfahren.

**PROCÈS** *m* • Prozess *m*, Rechtsstreit *m*, Rechtsstreitigkeit *f*, Streitsache *f* • gerichtliches Verfahren; Rechtszug *m*, Instanzenzug; **direction du –** Prozessleitung *f*; **fond du –** Gegenstand *m* des Rechtsstreits, Sachverhalt *m*, Tatbestand *m*; **frais de –** Prozesskosten.

**PROCÈS | civil** Zivilprozess; **– criminel** Strafprozess; **– en divorce** Scheidungsklage; **– pendant** anhängiger Rechtsstreit.

**PROCESSUEL** *adj* **: droit –** Prozessrecht *n*; (Straf-, Zivil-, Verwaltungs-) Verfahrensrecht.

**PROCESSUS** *m* Vorgang *m*, Geschehen *n*, Prozess *m*; **– de travail** Arbeitsablauf *m*.

**PROCÈS-VERBAL** *m* • Protokoll *n*; Gedächtnisprotokoll; Verhandlungsniederschrift *f*; Tatbestandsaufnahme *f*; amtliche Feststellung eines Sachverhalts • *(StR)* Verwarnung *f*; **inscription au –** Aufnahme in das Protokoll; **rédacteur du –** Protokollführer *m*.

**PROCÈS-VERBAL | d'audience** *(ZPR)* Sitzungsprotokoll *n*; **– d'audition** Vernehmungsprotokoll; **– de contravention** gebührenpflichtige Verwarnung; Bußgeldbescheid *m*; **– d'infraction** *(StPR)* (polizeiliches) Protokoll über den Hergang einer strafbaren Handlung; **– intégral** Wortprotokoll, ungekürztes Protokoll; **– d'interrogatoire** Vernehmungsprotokoll *n*; **– de non-conciliation** • *(ZR)* Protokoll über den ergebnislosen Sühneversuch • *(ArbR)* Protokoll über den ergebnislosen Schlichtungsversuch; **– de perquisition** Haussuchungsprotokoll; **– de saisie** Pfändungsprotokoll; – **de signification** Zustellungsurkunde.

**PROCLAMATION** *f* • *(VerfR)* Aufruf *m*, öffentliche Bekanntmachung • *(VR)* gemeinsame Erklärung.

**PROCRÉATION** *f* **médicalement assistée (= PMA)** künstliche Befruchtung, In-Vitro-Fertilisation.

**PROCURATION** *f* • Vollmachtsurkunde *f*, (schriftliche) Vollmacht *f* • *(HR)* Handlungsvollmacht; Prokura *f*; Ermächtigung; **fondé de –** Bevollmächtigte(r) *m*; **par – (= p.p.)** im Auftrag (= i. A.); in Vertretung (= i. V.); **vote par –** Abstimmung durch Vertreter.

**PROCURATION | en blanc** Blankovollmacht; – **collective** Gesamtvollmacht; – **commerciale** Handlungsvollmacht; Prokura *f*; – **conjointe** Gesamtvollmacht; – **générale** Generalvollmacht; – **sur papier libre** privatschriftliche Vollmacht; – **spéciale** Einzelvollmacht.

**PROCUREUR** *m (PrzR)* Staatsanwalt *m*; **réquisitoire du –** Anklageschrift *f*; **substitut du –** Anklagevertreter *m*, Staatsanwalt; **– de la République** frz. Oberstaatsanwalt (beim Großinstanzgericht).

**PRODIGALITÉ** *f* Verschwendungssucht *f*.

**PRODUCTEUR** *m* Produzent *m*, Fabrikant *m*, Erzeuger *m*, Hersteller *m*.

**PRODUCTIF** *adj* **d'intérêts** zinstragend, verzinslich.

**PRODUCTION** *f* • *(Vwirt)* Herstellung *f* (von Gütern und Dienstleistungen), Erzeugung, Fertigung, Produktion *f* • *(PrzR)* Beibringung *f*, Vorlage *f* (von Urkunden); **biens de –** Investitionsgüter; **coût de –** Herstellungskosten.

**PRODUCTION | d'actes** *(PrzR, VwR)* Aktenvorlage *f*, Urkundenvorlegung *od.* -vorlage *f*; – **à la chaîne** Fließbandfertigung; – **d'une créance** *(InsolvenzR)* Forderungsanmeldung; – **de documents** Urkundenvorlage *f*; – **en justice** Vorlage *f* bei Gericht.

**PRODUCTIQUE** *f* Automatisierung (der industriellen Produktion).

**PRODUCTIVITÉ** *f* Produktivität *f*, Leistungsfähigkeit; **gains de –** Produktivitätssteigerung.

**PRODUIT** *m* • *(marchandise)* Gut *n*, Ware *f*, Fabrikat *n*, Produkt *n*, Erzeugnis *n* • Gewinn *m*, Aufkommen *n*, Erlös *m*, Ertrag *m*.

**PRODUIT | agricole** Agrarprodukt, landwirtschaftliches Erzeugnis; **–s alimentaires de première nécessité** Grundnahrungsmittel; – **fini** Fertigerzeugnis; – **haut de gamme** Spitzenprodukt *n*; – **intérieur brut** (= PIB) Bruttoinlandsprodukt; – **manufacturé** Fabrikat, Industrieerzeugnis; – **de marque** Markenartikel *m*; – **national brut** (= PNB) (au prix du marché) Bruttoinlandsprodukt (zu Marktpreisen); – **net** Reinertrag, Reinerlös; **–s de première nécessité** Güter des Grundbedarfs; **–s sans marque (dit économiques)** die Weißen *pl*; – **semi ouvré** Halbfertigware *f*, Halbfabrikat.

**PROFANATION** *f* **d'un cimetière, – de sépulture** *(StR)* Grabschändung *f*, Störung der Totenruhe.

**PROFESSION** *f* • Beruf *m*, Berufstätigkeit *f* • Berufsstand *m*, Berufsgruppe *f*, Berufszweig *m*, Fach *n*; **exercice illégal d'une –** unbefugte Berufsausübung; – **accessoire**, – **annexe** Nebentätigkeit; Nebenberuf; – **libérale** freiberufliche Tätigkeit.

**PROFESSIONNEL** *adj* **: accident –** Arbeitsunfall *m*; **activité –elle** Berufstätigkeit; **compétence –elle** Fachwissen *n*; **expérience –elle** Berufserfahrung; **faute –elle** Kunstfehler, Verletzung der Berufspflichten; **orientation –elle** Berufsberatung; **profil –** Berufsbild *n*; **secret –** Berufsgeheimnis *n*, Schweigepflicht *f*; Amts- *od.* Dienstgeheimnis.

**PROFIT** *m* • Nutzen *m*, Vorteil *m* • Gewinn *m*, (finanzieller) Vorteil *m*, Profit *m*; – **marginal** Grenznutzen.

**PROGRAMME** *m* • *(Pol)* Programm *m*, Grundsatzerklärung *f*; Manifest *n* • *(projet, plan)* Vorhaben *n*, Plan *m*; Zielsetzung *f* • *(VR)* Hilfsprogramm *n*, Hilfemaßnahmen *fpl*.

**PROHIBER** *v.tr.* verbieten, untersagen.

**PROHIBITIF** *adj* : **disposition –ive** Verbotsnorm *od.* -vorschrift.

**PROHIBITION** *f* Verbot *n*, Verhinderung *f*, Prohibition *f*; – **de concurrence** Wettbewerbsverbot.

**PROJET** *m* Entwurf *m*, Vorhaben *n*, Projekt *n*, Plan *m*, Vorschlag *m*; **avant-** – Rohentwurf, Vorentwurf; – **d'amendement** Abänderungs- *od.* Novellierungsvorschlag; – **de budget** Haushaltsvorlage; – **de loi** Gesetzentwurf *m*, Gesetzesvorlage *f* (der Regierung); – **de règlement** (Streit-) Beilegungsvorschlag.

**PROLONGATION** *f* (zeitliche) Verlängerung *f*; Aufschub *m*; – **du délai** Fristverlängerung; – **de validité** Verlängerung der Geltungsdauer.

**PROLONGEMENTS** *mpl* Auswirkungen *fpl*, Folgen *fpl*.

**PROMESSE** *f* • (verbindliche) Zusage, Versprechen *n* • Vorvertrag *m*; – **de donation** Schenkungsversprechen; – **de garantie** Garantiezusage; – **de vente** Vorvertrag *m*, gegenseitige Verpflichtung zum Abschluss eines Kaufvertrages.

**PROMOTEUR** *m* • Beauftragter, handelnd im beiderseitigen Interesse • Initiator *m*, Förderer *m*; Triebkraft *f*; – **immobilier** Bauträger *m*.

**PROMOTION** *f* • *(ArbR)* Beförderung *f* • *(i. e. S.)* Förderung *f*, Aufstieg *m* • *(SchulR)* Absolventen *mpl* eines Jahrgangs • *(HR)* Sonderangebot *n*; – **professionnelle** Berufsförderung; – **des ventes** *(HR)* Absatzförderung *f*, Sales promotion, Marketing *n*.

**PROMOTIONNEL** *adj* : **article** – Sonderangebot *n*.

**PROMULGATION** *f* *(VerfR)* Verkündung *od.* Bekanntgabe (eines Gesetzes), Gesetzesausfertigung (durch das Staatsoberhaupt).

**PROMULGUER** *v.tr.* verkünden, bekanntgeben, ausfertigen.

**PRONONCÉ** *m* (Urteils-) Verkündung *f*.

**PRONONCER** • *v.tr.* aussprechen, vortragen • *(PrzR: v.intr.)* ein Urteil fällen, verkünden • *v.pron.* : **se** – sich äußern; sich entscheiden (für).

**PRONOSTIC** *m* Voraus- *od.* Vorhersage *f*, Prognose *f*.

**PROPAGANDE** *f* • *(Pol)* Propaganda *f* • *(HR)* Werbetätigkeit *f*, Reklame *f*; – **subversive** *(StR)* umstürzlerische Tätigkeit.

**PROPAGATION** *f* **de faux bruits** *(StR)* Verbreitung unwahrer Gerüchte.

**PROPORTIONNALITÉ** *f* *(VwR)* Verhältnismäßigkeit *f*; **principe de** – *(EuR, VwR)* Verhältnismäßigkeitsgrundsatz *m*; Grundsatz der Erforderlichkeit; – **de la défense (à l'agression)** *(StR)* erforderliche Verteidigung (im Rahmen der Notwehr).

**PROPORTIONNEL** *adj* verhältnismäßig, angemesen.

**PROPORTIONNELLE** *f* *(VerfR)* Verhältniswahlrecht *n*; Verhältniswahl *f*.

**PROPOSER** *v.tr.* • vorschlagen • *(ZPR)* beantragen • *(HR: Waren)* anbieten.

**PROPOSITION** *f* • Antrag *m*, Vorschlag *m* • *(SchuldR: offre)* Angebot *n*; – **ferme** *(HR)* verbindliches Angebot; – **de loi** *(VerfR)* Initiativantrag, Gesetzesvorschlag, Gesetzesvorlage *f* (einer Fraktion *od.* eines Abgeordneten).

**PROPRES** *mpl* *(EheR)* Eigengut *n*; Vorbehaltsgut *n* (eines Ehegatten).

**PROPRIÉTAIRE** *m* • *(SachR)* Eigentümer *m* • *(MietR: bailleur)*

Vermieter; **changement de –** Eigentümerwechsel *m*; **– foncier** Grundeigentümer *m*; **– d'immeuble** Gebäude- *od.* Hauseigentümer.

**PROPRIÉTÉ** *f* • *(SachR)* Eigentum *n*, Eigentumsrecht *n* • *(bien-fonds)* Landbesitz *m*, Grundbesitz *m*, Besitztum *n* • *(qualité)* Eigenschaft *f*, Wesensmerkmal *n*; **nue –** mit Nießbrauch belastetes Eigentum; **titre de –** Eigentumstitel *m*; **transfert de –, translation de la –** Eigentumsübergang *m*.

**PROPRIÉTÉ | apparente** *(SachR)* durch Rechtsschein begründetes (unrechtmäßiges) Eigentum; **– bâtie** *(SachR)* bebautes Grundstück *n*; **– commerciale** • *(EuR: propriété industrielle)* gewerbliches Eigentum • *(HR)* Recht auf Verlängerung des Mietvertrages (für gewerblich genutzte Räumlichkeiten); **– exclusive** Alleineigentum; **– foncière** Grundeigentum; **– grevée** (mit Hypotheken) belastetes Eigentum.

**PROPRIÉTÉ | immobilière** Grundeigentum; **– incorporelle** Immaterialgüterrecht; Urheberrecht; **– industrielle** • *(HR)* gewerbliches Verwertungsrecht; • *(HR)* gewerblicher Rechtsschutz einer Firmenbezeichnung, eines Warenzeichens; **protection de la – industrielle** gewerblicher Rechtsschutz *m*; **– intellectuelle** *(UrhR)* geistiges Eigentum; gewerbliches Eigentum und Urheberrechte; **– littéraire et artistique** *(UrhR)* Urheberrecht, Eigentum an Werken der Literatur, Wissenschaft u. Kunst; Verwertungsrecht geistiger Werke

**PRORATA** *m* **: au –** *adv* anteilmäßig.

**PROROGATIF** *adj* verlängernd; aufschiebend; vertagend.

**PROROGATION** *f* Verlängerung *f*, Aufschub *m*; **– de délai** Fristverlängerung; **– de for, – de juridiction** *(ZPR)* Zuständigkeitsvereinbarung.

**PROROGER** *v.tr.* (eine Frist) verlängern, (die Erfüllung) aufschieben.

**PROSCRIRE** *v.tr.* • verbannen, ächten • verbieten.

**PROSPECTEUR** *m* • *(BW)* Marketing-Fachmann *m* • *(HR, VersR)* Kundenwerber *m*, Akquisiteur *m*.

**PROSPECTION** *f* • *(Bergbau)* Schürfung, Prospektion • Markterkundung, Kundenwerbung; **– du marché** Marketing *n*; Marktforschung.

**PROSPECTUS** *m* Prospekt *m*, Werbeschrift, Werbetext *m*.

**PROSTITUTION** *f* *(StR)* Prositution *f*, gewerbsmäßige Unzucht.

**PROTECTEUR** *m* Schirmherr *m*; Sponsor *m*, Förderer *m*; Schutzherr *m*, Protektor *m*.

**PROTECTION** *f* Schutz *m*, Protektion *f*, Förderung *f*; Abschirmung; Sicherung *f*; **champ de –** Schutzbereich *m*; **délai de –** Schutzfrist *f*.

**PROTECTION | civile** Katastrophenschutz *m*; **– du consommateur** Verbraucherschutz; **– défense-recours** *(VersR)* Rechtsschutz; **– du droit d'auteur** Urheber-rechtsschutz; Copyright *n*; **– de l'environnement** Umweltschutz; **– judiciaire, – juridictionnelle** *(PrzR)* Gerichtshilfe *f*; durch die Gerichte gewährter Schutz; **– des marques (de fabrique)** Markenschutz; **– maternelle et infantile (= PMI)** Schutz werdender Mütter und Kleinkinder; **– des minorités** *(VR)* Minderheitenschutz; **– de la propriété industrielle** gewerblicher Rechtsschutz.

**PROTÉGÉ** *adj* **: passage –** Fußgängerüberweg *m*, Zebrastreifen *m*; **site –** Landschaftsschutzgebiet *n*.

**PROTESTATION** *f* • Protest *m*, Einspruch *m*, Missfallenskundgebung • Beteuerung, Versicherung.

**PROTÊT** *m* (Wechsel-) Protest *m*.

**PROTOCOLE** *m* • Protokoll *n*, schriftliche Beurkundung, (förmliche) Niederschrift *f* • Aufzeichnung (einer Vernehmung) • Formblatt *n* (für öffentliche Urkunden); **– d'accord** Niederschrift (einer Vereinbarung).

**PROUVER** *v.tr.* **qqch. en justice** den Beweis (vor Gericht) führen.

**PROVENANCE** *f* • Herkunft *f*, Ursprung *m* • *(au pluriel)* ausländische *od.* importierte Ware.

**PROVIDENCE** *f* : **État –** Wohlfahrtsstaat *m*.

**PROVINCE** *f* Provinz *f*, Region *f*; **la –** Frankreich (außerhalb des Ballungsraums von Paris).

**PROVISION** *f* • *(HR, GesR)* Rückstellung *f*, Steuerrückstellung; (Lager-)Vorräte *mpl* • *(Buchf)* Anzahlung *f*, Vorschuss *m* • *(HR, BankR)* Deckung, Rücklage *f*; Guthaben *n* • *(ZPR)* (vorbehaltliche) Vorauszahlung; (provisorischer) Unterhaltsbeitrag *m*; (vom Richter zugesprochener) Teilbetrag (im Rahmen der vorläufigen Vollstreck-barkeit), • *(WechselR)* Forderung des Ausstellers (des Wechsels) gegenüber dem Bezogenen; **chèque sans –** ungedeckter Scheck; **exécutoire par –** vorläufig vollstreckbar.

**PROVISION | alimentaire** *(EheR)* Vorschuss auf die Unterhaltszahlung; **– ad litem** *(PrzR)* Prozesskostenvorschuß; **– pour pertes** Verlustrückstellung.

**PROVISIONNEL** *adj* : **acompte –** *(SteuerR)* Voraus- *od.* Abschlagszahlung; **tiers –** *(SteuerR)* viermonatige Vorauszahlungen (auf die Steuerschuld).

**PROVISOIRE** *adj* : **décision –** vorläufige Maßnahme; **mesure –** *(ZPR)* einstweilige Verfügung.

**PROVOCATEUR** : **agent –** *(StR)* agent provocateur, Scheinanstifter.

**PROVOCATION** *f* *(StR)* Aufreizung; Anstiftung; **– à la haine raciale** Aufstachelung zum Rassenhaß.

**PROXÉNÈTE** *m* *(StR)* Zuhälter *m*.

**PROXÉNÉTISME** *m* *(StR)* Zuhälterei, gewerbsmäßige prostitutionsfördernde Vermittlung.

**PROXIMITÉ** *f* Nähe *f*; **emploi de –** nachbarliche Hilfe (gegen Entgelt); Haushaltshilfe *f*.

**PRUDENCE** *f* Vorsicht *f*, Umsicht; Erfahrung, Wissen *n*; **– du bon père de famille** die (im Rechtsverkehr) erforderliche Sorgfalt.

**PRUDENT** *adj* vorsichtig; umsichtig; behutsam; klug; sorgfältig.

**PRUD'HOMAL** *adj* : **compétence –e** Zuständigkeit der frz. Arbeitsgerichte.

**PRUD'HOMIE** *f* frz. Arbeitsgerichtswesen; Arbeitsgerichtsbezirk.

**PRUD'HOMME** *m* frz. Arbeitsrichter, Laienrichter *m* beim frz. Arbeitsgericht.

**PUBLIC, publ | ique** *adj* öffentlich, amtlich; offenkundig, allgemein bekannt; Staats-; **acte –** öffentliche Urkunde; **action –ique** *(StPR)* Anklage *f*, Einleitung eines Straf- *od.* Hauptverfahrens; **audience –ique** *(PrzR)* öffentliche Verhandlung (vor einem Gericht); **force –ique** Polizeibehörde *f*; **ministère –** Staatsanwaltschaft; **lieu –** öffentlicher Weg; öffentlicher Platz; **opinion –ique** öffentliche Meinung; **relations –iques** Öffentlichkeitsarbeit *f*; **service –** öffentliche Tätigkeit zur Befriedigung eines Bedürfnisses von allgemeinem Interesse.

**PUBLIC** *m* • Öffentlichkeit *f*, Bevölkerung *f*; Allgemeinheit *f* • Zuschauer *mpl*, Zuhörer *mpl*, Besucherschaft *f*, Publikum *n*.

**PUBLICATION** *f* • *(ÖfR)* Veröffentlichung *f*, Bekanntmachung *f* (im Amtsblatt), Verkündung *f* • *(UrhR)* Druckschrift *f*, Verlagserscheinung *f*, (im Druck erschienenes) Werk *n*, herausgegebene Schrift; Herausgabe *f*; **– des bans** Bekanntmachung des Aufgebots; **– officielle** amtliche Veröffentlichung; **– périodique** Zeitschrift.

**PUBLICITAIRE** *adj* : **agence –** Werbeagentur *f*; **campagne –** Werbeaktion, Werbekampagne *f*; **support –** Werbeträger.

**PUBLICITAIRE** *m* Werbefachmann *m*.

**PUBLICITÉ** *f* • Öffentlichkeit *f*, Bekanntsein *n*, Publizität *f* • Bekanntmachung *f*, Unterrichtung der Öffentlichkeit, Kundmachung *f* • Werbung *f*, Reklame *f*; **– audio-visuelle** FFF-Werbung (= Film- Funk- u. Fernsehwerbung); **– clandestine** Schleichwerbung; **– comparative** vergleichende Werbung; **– des débats** Öffentlichkeit der Verhandlungen; **– déguisée** Schleichwerbung; **– déloyale** irreführende Werbung; **– foncière** *(SachR)* Offenlegung der Rechtsverhältnisse an einem Grundstück.

**PUBLICITÉ | du jugement** *(PrzR)* Urteilsbekanntmachung; **– sur le lieu de vente (= PLV)** PoP-Werbung, Werbung am Verkaufspunkt; **– mensongère** irreführende Werbung.

**PUDEUR** *f* **: attentat à la –** *(StR)* Straftat gegen die sexuelle Selbstbestimmung.

**PUISSANCE** *f* • *(ÖfR)* Macht *f*, Gewalt *f*, Herrschaft • Stärke *f*, Leistungskraft *f*, Leistung • *(ZR: capacité)* Fähigkeit *f* • *(VR)* Staat *m*; (Groß-)Macht.

**PUISSANCE publique** • *(ÖfR)* Staatsgewalt, staatliche Hoheitsgewalt, öffentliche Gewalt • *(VwR)* frz. Zentralstaat; Gebietskörperschaft *f*.

**PUNISSABLE** *adj* **: acte –** strafbare Handlung, Straftat *f*.

**PUNITION** *f* *(StR)* Bestrafung *f*; Strafe *f*; **infliger une – à qqn.** jmdn. zu einer Strafe verurteilen.

**PUPILLAIRE** *adj* **: fonds –es** Mündelgeld *n*.

**PUPILLE** *m* • Mündel *n*, Bevormundete(r) *m* • ausgesetztes Kind, Findelkind *n* • (Voll-)Waise *f*, elternloses Kind; Pflegekind *n*.

**PURGE** *f* • *(Pol)* Säuberungsaktion *f* • *(SachR)* Aufhebung (einer Hypothek), Entlastung (eines Grundstücks).

**PUTATIF** *adj* vermeintlich, auf einem Rechtsirrtum beruhend, putativ; **délit –** *(StR)* Wahndelikt *n*, Putativdelikt.

**PYROMANE** *m* *(StR)* Brandstifter *m*.

# Q

**QUAI D'ORSAY** • Sitz des französischen Außenministeriums • das französische Außenministerium; **– des Orfèvres** Hauptsitz der Kriminalpolizei in Paris; Pariser Kriminalpolizei.

**QUALIFICATION** *f* • Bezeichnung *f* • *(StR)* Subsumierung *f*, Subsumtion *f* • *(IPR)* Bestimmung der Rechtsnatur • *(PrzR)* (rechtliche) Beurteilung des Sachverhalts; **– d'un délit** *ou* **du fait** *(StR)* Subsumtion einer (strafbaren) Handlung; **– professionnelle** *(ArbR)* fachliche Eignung.

**QUALITÉ 1.** *f* • Güte *f*, Qualität *f*, Beschafffenheit *f* • *(aptitude)* Fähigkeit *f*, Eignung *f* • *(fonction)* Berechtigung *f* • *(PrzR)* Eigenschaft *f* (als Kläger, Beklagter, Prozessbevollmächtigter); **défaut de –** *(ZPR)* fehlende Postulationsfähigkeit; fehlende Prozessfähigkeit; **en sa – de** in seiner Eigenschaft als; **ès –** in Ausübung seines Amtes.

**QUALITÉ | pour agir (en justice)** • *(ZPR)* Rechtsschutzbedürfnis *n*, Rechtsschutzinteresse; Parteifähigkeit *f* • *(ZPR)* aktive Prozessfähigkeit, Klagebefugnis *f*, Aktivlegitimation *f*; **– pour ester en justice** • Parteifähigkeit, • Prozessfähigkeit; **– marchande** *(HR)* Ware *f* mittlerer Art u. Güte.

**QUALITÉS 2.** *fpl (ZR)* Merkmale der Person (wie z. B.: verheiratet, ledig, geschieden, volljährig, minderjährig); Staatsangehörigkeit; Personalien *pl* (außer Name und Vorname); **erreur sur les – non substantielles** *(SchuldR)* Irrtum über unwesentliche Eigenschaften.

**QUANTUM** *m* • *(VwR: pl. quanta)* Höhe *f* • Betrag *m,* Menge *f,* Summe *f;* **– de la peine** Strafmaß *n.*

**QUARTIER** *m* • Stadtviertel • Block *m,* Masse *f* • Gefängniszelle *f,* Isolierzelle; **– de haute sécurité** *(StVZ)* Hochsicherheitstrakt *m.*

**QUASI-CONTRAT** *m* • gesetzliches Schuldverhältnis • *(VwR)* öffentlicher Auftrag *m* im gesamtwirtschaftlichen Interesse (zur Herstellung von Anlagegütern).

**QUASIDÉLICTUE | L** *adj* : **responsabilité –lle** Haftung aus unerlaubter Handlung.

**QUASI-DÉLIT** *m (SchuldR)* unerlaubte Handlung (aufgrund fahrlässiger Schadenstiftung); objektiv gefährliches Handeln.

**QUERABLE** *adj* : **créance –** Holschuld *f.*

**QUÉRIR** *v.tr.* : **aller –** *(StR)* (an Ort u. Stelle) festnehmen; **envoyer –, faire –** holen lassen.

**QUESTION** *f* • Frage *f,* • (juristisches) Problem *n,* Streitfrage *f,* strittige Sache *n* • *(StR: torture)* peinliche Befragung, Folter *f* • *(VerfR)* Anfrage *f* (im Parlament); **– d'actualité** *(VerfR)* Fragestunde; **– de confiance** *(VerfR)* Vertrauensfrage; **– controversée** Streitfrage; **– de droit** • *(PrzR)* Rechtsverletzung • Rechtsfrage; **– de fond** grundsätzliche Frage.

**QUESTION | en litige** *ou* **litigieuse** strittige Frage, Streitfrage; **– orale** *(VerfR)* mündliche Anfrage (im Parlament); **– préalable** *(VerfR)* Frage zur Tagesordnung; **– préjudicielle** *(PrzR)* Vorfrage.

**QUESTIONNAIRE** *m* Fragebogen *m;* Formular *n.*

**QUESTURE** *f (VerfR)* Geschäftsstelle des Präsidiums der Nationalversammlung *od.* des Senats.

**QUÊTE** *f* Sammlung (freiwilliger Spenden), Kollekte *f.*

**QUITTANCE** *f* Quittung *f,* Empfangsbescheinigung, Zahlungsbestätigung.

**QUITUS** *m* • *(HR, GesR)* Entlastung *f* • *(Buchf)* Schlussquittung.

**QUORUM** *m* • *(Sitzung)* Beschlussfähigkeit • *(Wahl)* für die Gültigkeit der Wahl erforderliche Mindestbeteiligung.

**QUOTE-PART** *f* • *(ZR)* ideeller Anteil (der Gesamthandsgemeinschaft) • *(i. w. S.)* Rate *f,* Quote *f,* Teilbetrag *m;* **dépassement de la –** Quotenüberschreitung.

**QUOTIENT** *m* **familial** *(SteuerR)* Kinderfreibetrag *m.*

**QUOTITÉ** *f (SchuldR)* Anteil *m;* **– disponible** *(ErbR)* frei verfügbarer Teil (einer Erbschaft); **– imposable** steuerpflichtiger Anteil; **– saisissable** *(ZwangsVR)* pfändbarer Anteil *m.*

## R

**RABAIS** *m* • Preisnachlass *m,* Rabatt *m* • *(HR)* Minderung *od.* Herabsetzung (des Kaufpreises) wegen mangelhafter Qualität.

**RACHAT** *m* • *(HR)* Rückkauf *m* • *(SchuldR)* Rückzahlung *f,* Rückerstattung • *(StR)* Los- *od.* Freikauf; **faculté de –** Rückkaufsrecht.

**RACIAL** *adj* : **discrimination –e** Rassendiskriminierung.

**RACISTE** *adj* : **crime –** Verbrechen mit rassistischer Motivation.

**RACKET** *m (StR)* Erpressung.

**RACOLAGE** *m pej* Kundenfang *m*; **– sur la voie publique** *(StR)* öffentliches Anbieten sexueller Handlungen.

**RADIATION** *f* • *(GB)* Löschung *f*, Tilgung, Streichung • *(DiszR)* Ausschluss *m* • *(UmweltR)* (radioaktive) Strahlung *f*; **– de l'affaire** *(ZPR)* Beendigung des Verfahrens wegen Prozessverschleppung; **– d'office** Löschung von Amts wegen; **– du registre du commerce** Streichung (eines Kaufmanns oder einer Handelsgesellschaft) aus dem Handelsregister

**RADIER** *v.tr.* löschen, streichen.

**RAFLE** *f* Razzia *f*, Polizeifahndung *f*.

**RAISON** *f* • Verstand *m*; Vernunft *f*, Besonnenheit *f* • Grund *m*, Ursache *f*; Motiv *n* • Entschuldigung(sgrund), Erklärung *f* • Behauptung *f*, Rechtfertigung *f*.

**RAISON sociale** *(HR)* Firma *f* (einer Personengesellschaft); **modification de la – –** Firmenänderung.

**RAISONNEMENT** *m* **par analogie** Analogieschluss *m*; **– a contrario** Umkehrschluss.

**RANÇON** *f (StR)* Lösegeld *n*; **demande de –** Lösegeldforderung.

**RANG** *m* **hiérarchique** *(BeamR)* Dienststellung *f*, Rangstufe *f*; **– de préférence, – privilégié** Rang, Rangverhältnis *n*; Vorrang *m*.

**RAPATRIÉ** *m* Heimkehrer *m*.

**RAPATRIEMENT** *m (VR)* Rückführung *f*, Repatriierung *f*, Rückkehr *f*, Heimschaffung.

**RAPPEL** *m* • *(VR, BeamR)* Abberufung *f* (eines Gesandten), Zurückbeorderung • *(SchuldR)* Nachforderung, Nachzahlung • *(HR)* Mahnung *f*, (Zahlungs-)Erinnerung; **lettre de –** Erinnerungsschreiben *n*; **– d'impôt** Steuernachforderung; **– à l'ordre** Ordnungsruf *m*.

**RAPPORT** *m* • *(compte-rendu)* Bericht *m*, Referat *n*, Berichterstattung *f* • Rendite *f*, Ertrag *m* • Verhältnis *n*, Beziehung *f*.

**RAPPORT | d'activité** Rechenschaftsbericht, Tätigkeitsbericht; **– circonstancié** ausführlicher Bericht; **– classé confidentiel** Verschlusssache *f*; **– d'exercice** Geschäftsbericht; **– d'expert** • Sachverständigengutachten *n* • *(comptable)* Prüfungsbericht.

**RAPPORT | final** Abschlussbericht; **– de forces** *(Pol)* Kräfteverhältnis; **– médical** ärztliches Gutachten *n*; **– officiel** amtlicher Bericht; **– à succession** *ou* **successoral** Anrechnung auf den Erbteil.

**RAPPORTEUR** *m* Berichterstatter *m*; **juge –** berichterstattender Richter.

**RAPPROCHEMENT** *m* Gegenüberstellung *f*, Vergleich *m*; **– des législations** *(EuR)* Harmonisierung der Rechtsordnungen.

**RAPT** *m (StR)* Entführung *f*, Menschenraub *m*; **– d'enfant, – de séduction** *(StR)* Kindesentziehung (mit List).

**RASSEMBLEMENT** *m* • öffentliche Versammlung • *(StR)* Zusammenrottung *f*, Auflauf *m* • *(Pol)* Partei *f*, politische Vereinigung.

**RATIFICATION** *f* • Bestätigung *f*, Genehmigung • *(VR)* Ratifizierung; **instrument de –** Ratifikationsurkunde *f*.

**RATIO** *m (HR)* Kennziffer *f*; Quote *f*, Rate *f*; **– commercial** Umsatzkennziffer.

**RATTACHEMENT** *m (VR)* Angliederung *f*, Anschluss *m*; **circonstance de –, point de –** *(IPR)* maßgeblicher Anknüpfungspunkt; **règle de –** *(IPR)* Kollisionsnorm *f*, Anknüpfungsnorm.

**RATURE** *f* Streichung (im Text).

**RAVISSEUR** *m (StR)* Entführer *m*.

**RAYER** *v.tr.* (einen Eintrag) durchstreichen, löschen; (ein Mitglied) ausschließen.

**RAYON** *m* • *(VwR)* Umkreis *m*, Bezirk *m*, Gebiet *n*, Bereich *m* • *(HR)* (Warenhaus-)Abteilung; **– d'action** Tätigkeitsbereich, Einflusssphäre *f*.

**RAZZIA** *f* Polizeistreife *f* (zwecks Fahndung nach verdächtigen Personen).

**RÉADAPTATION** *f* **professionnelle** (berufliche) Umschulung.

**RÉALISATION** *f* • Umsetzung (der gesetzlichen Bestimmungen); Verwirklichung *f* (eines Vorhabens); Herstellung *f*; Durchführung *f*, Ausführung • *(œuvre)* Werk *n*, Anlage *f*, Erzeugnis *n*.

**RÉASSIGNATION** *f (ZPR)* erneute Ladung.

**RÉASSURANCE** *f* Rückversicherung *f*, Rückdeckung *f*.

**RÉBELLION** *f* Aufruhr *m*, Rebellion *f*, Aufstand *m*, Empörung *f*; **– contre les autorités, – la force publique** Widerstand gegen die Staatsgewalt.

**REBUT** *m* • *(UmweltR)* Abfall *m* • Ausschussware *f*.

**RECEL** *m* • *(StR)* Hehlerei *f* • *(i. w. S.)* Verheimlichung *f*; **– d'abus de biens sociaux** Hehlerei von veruntreutem Gesellschaftsvermögen; **– de biens** Sachhehlerei.

**RECÈLEMENT** *m* Sach- *od.* Personenhehlerei.

**RECELEUR** *m* Hehler *m*.

**RECENSEMENT** *m* • Volkszählung; Stimmenzählung • *(HR)* Warenbestandsaufnahme; **– des biens** Vermögenserfassung.

**RÉCÉPISSÉ** *m* Empfangsbestätigung *f*, Einlieferungsschein.

**RÉCEPTION** *f* Empfang *m*; Abnahme *f* (eines Baus); **accusé de –** Empfangsbestätigung *f*.

**RECETTE 1.** *f* • *(SchuldR)* Einnahme *f*, Erlös *m* • *(SteuerR)* Finanzkasse, Kasse des Finanzamtes; Erhebung (von Steuern); **– municipale** Gemeindekasse *f*.

**RECETTES 2.** *fpl (HaushR)* Einnahmen *fpl*; **– imprévues** außerplanmäßige Einnahmen.

**RECEVABILITÉ** *f (ZPR)* Zulässigkeit (einer Klage).

**RECEVABLE** *adj* **: – en la forme** der Form nach zulässig.

**RECEVEUR** *m* **buraliste** Steuereinnehmer *m* für indirekte Steuern.

**RECHERCHE** *f* Nachforschung *f*, Erkundung *f*; Untersuchung *f*; Ermittlung *f*, Recherche *f*; Forschung- u. Entwicklungstätigkeit *f*; **bulletin de –** *(StPR)* Fahndungsblatt *n*; **– de la vérité** Wahrheitsfindung *f*.

**RÉCIDIVE** *f (StR)* Rückfall *m*, Rückfälligkeit *f*.

**RÉCIDIVISTE** *m* Rückfalltäter *m*, Rückfällige(r) *m*.

**RÉCIPROCITÉ** *f (VR, IPR)* Gegenseitigkeit *f*.

**RÉCLAMANT** *m* • *(ZR, HR)* derjenige, der etwas rügt *od.* bemängelt • *(VwPR)* Beschwerdeführer *m*.

**RÉCLAMATION** *f* • *(ZR)* Mängelrüge *f*, Anzeige *f* eines Mangels, Reklamation • *(ArbR)* Forderung *f* • *(VwPR)* Beschwerde *f* • *(Pol)* Protest *m*, Missfallenskundgebung; **action en – d'état** *(FamR)* Klage auf Feststellung der Abstammung.

**RÉCLAME** *f* (Kunden-)Werbung *f*.

**RÉCLAMER** • einen Mangel anzeigen, beanstanden • fordern, beanspruchen, verlangen.

**RECLASSEMENT** *m* • *(BeamR)* Neueinstufung *f*, Höhereinstufung *f* • *(ArbR)* Wiederbeschäftigung, Wiedereingliederung *f* in das Berufsleben.

**RÉCLUSION** *f (StR: peine criminelle)* Freiheitsstrafe (für Verbrechen), Zuchthaus(strafe); **– à perpétuité** lebenslange Freiheitsstrafe; **– à temps** zeitige Freiheitsstrafe.

**RECLUSIONNAIRE** *m* Zuchthäusler *m*.

**RECOGNITIF** *adj* **: acte –** (Schuld-) Anerkennungsurkunde.

**RÉCOLEMENT** *m* • *(StPR)* Verlesung der Aussage • Verlesungsprotokoll *n* • *(Zwangs VR)* Bestandsaufnahme *f* (der gepfändeten Gegenstände) • *(HR)* Abnahme u. Überprüfung der Inventarerrichtung.

**RECOMMANDATION** *f* • Empfehlung *f*, Fürsprache *f* • Ermahnung *f*, Ratschlag *m* • *(ArbR)* Schlichtungsvorschlag *m*; **lettre de –** Empfehlungsschreiben *n*.

**RÉCOMPENSE** *f* • Belohnung *f*, Lohn *m* • Erstattung, Entschädigung, Rückvergütung • *(EheR)* Ausgleich *m*.

**RÉCONCILIATION** *f (a. EheR)* Versöhnung, Aussöhnung *f*, Einigung *f*.

**RECONDUCTIBLE** *adj* verlängerbar.

**RECONDUCTION** *f* Erneuerung, Verlängerung; Weiterführung *f*; **tacite –** stillschweigende Verlängerung.

**RECONDUIRE** *v.tr.* • erneuern, fortsetzen, verlängern • *(AuslR: ~ à la frontière)* abschieben.

**RECONNAISSANCE** *f* • *(SchuldR)* Anerkennen; Anerkennung *f*, Anerkenntnis *n* • *(gratitude)* Dankbarkeit *f* • Erkundung *f*, Besichtigung *f*; Aufklärung *f*, Untersuchung *f* • Wiedererkennen *n*; **– de culpabilité** Schuldbekenntnis *n*; **– de dette** (schriftliches) Schuldanerkenntnis; **– judiciaire** gerichtliche Anerkennung (der Vaterschaft); **– des jugements** Anerkennung ausländischer Entscheidungen; **– des lieux** Augenschein *m*, Ortsbesichtigung; **– de paternité** Vaterschaftsanerkenntnis; **– d'une règle de droit** *(IPR)* Anerkennung eines Rechtsgrundsatzes; **– de responsabilité** Haftungsübernahme; **– du sinistre** *(VersR)* Schadenfeststellung.

**RECONSTITUTION** *f* Wiederherstellung *f*; **– de crime** *(StPR)* Lokaltermin *m*, gerichtlicher Termin am Tatort.

**RECONVENTIONNEL** *adj* **: demande –le** *(ZPR)* Widerklage *f*.

**RECONVERSION** *f* • *(Vwirt)* Umgestaltung • *(GesR)* Umstellung (der Produktion) • *(ArbR)* Umschulung *f*.

**RECONVERTIR** *v.tr./v.pron.* umstellen; umschulen; **se –** einen neuen Beruf erlernen.

**RECOURS** *m* • *(VwR)* Vorverfahren *n*, Widerspruchsverfahren • *(ZPR)* Rechtsmittelverfahren, Rechtsmittel *n*; Berufung *f*; Revision *f* • *(ZR, ArbR)* Rückgriff *m*, Regress *m*; **délai de –** Rechtsmittelfrist *f*, Berufungsfrist; **désistement d'un –** Klageverzicht *m*; **introduction du –** Rechtsmitteleinlegung; **voie de –** Rechtsmittel *n*.

**RECOURS | administratif** *(VwR)* Widerspruchsverfahren; **– en annulation** *(VwPR)* Anfechtungsklage; **– cambiaire** *(WechselR)* Wechselprozess *m*; **– en cassation** *(ZPR, StPR)* Revisionseinlegung *f*, Revisionsverfahren *n*; **– collectif** *(PrzR)* Verbandsklage; **– contentieux** • Verwaltungsstreitverfahren • *(ZPR)* gerichtliche Geltendmachung eines Anspruchs; **– de droit** Beschwerde; Einspruch; Rechtsmittelverfahren.

**RECOURS | pour excès de pouvoir** *(VwPR)* Anfechtungsklage (die die Aufhebung gesetzwidriger Verwaltungsakte durch den Conseil d'État erstrebt); **– à la force** *(ÖfR)* Gewaltanwendung *f*; **– en garantie** Gewährleistungsklage; **– en grâce** *(StPR)* Gnadengesuch *n*; **– gracieux** *(VwR)* Widerspruchsverfahren (vor der Behörde, die den Verwaltungsakt erlassen hat); Vorverfahren.

**RECOURS | hiérarchique** *(VwR)* Dienstaufsichtsbeschwerde; Widerspruchsverfahren (vor der nächsthöheren Behörde); **– incident** *(ZPR)* Anschlussberufung; **– de pleine juridiction** *(VwPR)* Verpflichtungsklage; Anfechtungsklage; **– en révision** Antrag auf Wiederaufnahme des Verfahrens; Wiederaufnahmeverfahren.

**RECOUVREMENT** *m* • *(ZwangsVR)* Eintreibung • *(BankR, HR)* Einziehung *f*, Inkasso *n* • Steuereinziehung; **commission de –** Inkassoprovision *f*; **mandat de –** Inkassoauftrag; **– forcé** zwangsweise Eintreibung; **– de l'impôt** Steuereintreibung *f*.

**RECRUTEMENT** *m* Einstellung (von Arbeitskräften); Personalbeschaffung, Anwerbung.

**RECTIFICATIF** *m* Berichtigung; Richtigstellung.

**RECTIFICATION** *m* Berichtigung *f*, Richtigstellung *f*; Storno *n*; Umbuchung *f*; **– d'une écriture** Rückbuchung; **– d'erreur matérielle** Fehlerberichtigung.

**RECTO** *m (Urkunde)* Vorderseite *f*.

**REÇU** *m* Empfangsbestätigung *f*; Quittung *f*; **– fiscal** Spendenbescheinigung; **– pour solde de tout compte** *(ArbR)* Abgangserklärung, Ausgleichsquittung.

**RECUEIL** *m* Zusammenstellung *f*; **– de jurisprudence** Entscheidungssammlung; **– des lois** Gesetzessammlung.

**RÉCUPÉRATION** *f* • Wiedererlangung *f*, Rückgewinnung • *(UmweltR)* Wiederverwertung; **– de la TVA** *(SteuerR)* Vorsteuerabzug *m*.

**RÉCURSOIRE** *adj* **: action –** *(ZPR)* Regressanspruch; Rückgriffsklage.

**RÉCUSATION** *f* Ablehnung *f*, Nichtanerkennung *f*; **demande en –** Ablehnungsantrag; **– pour cause de suspicion légitime** Ablehnung wegen Besorgnis der Befangenheit.

**RECYCLAGE** *m* • *(ArbR)* Weiterbildung *f*, berufliche Fortbildung, fachliche Nachschulung • *(UmweltR)* Wiederverwertung, Wiederaufbereitung, Recycling *n*.

**RECYCLER** *v.tr.* • weiterbilden, nachschulen • wiederaufbereiten, wiederverwerten.

**RÉDACTEUR** *m* Schriftleiter *m*; **– en chef** Chefredakteur; **– du procès-verbal** Protokollführer *m*.

**RÉDACTION** *f* • *(actes et documents)* Abfassung *f*, Niederschrift *f*, Abfassen *n* von Schriftstücken • *(rédacteurs)* Schriftleitung *f*, Redaktion *f*; **– du testament** Testamentserrichtung.

**REDDITION de comptes** • Rechnungslegung, Aufstellung des Jahresabschlusses • Rechenschaftsbericht *m*, Geschäftsbericht.

**REDEVANCE** *f* • *(SchuldR)* (wiederkehrende) Geldleistung *f*, Zins *m*, Abgabe; Rente *f* • *(SteuerR)* Gebühr *f* • *(PatR, UrhR)* Royalties *pl*, Vergütung; **– radio et télévision** Rundfunk- und Fernsehgebühr *f*; **– téléphonique** Telefongebühren *fpl*.

**RÉDHIBITION** *f (ZR, HR)* Wandelung *f*, Rückgabe der Kaufsache (gegen Rückgewährung des Kaufpreises); **action en –** Wandelungsklage *f*.

**RÉDHIBITOIRE** *adj* **: vice –** Sachmangel.

**REDRESSEMENT** *m* • Berichtigung *f*, Rückbuchung *f* • *(VWirt)* Wiederbelebung *f*, Wiederaufschwung *m*; **écriture de –** Berichtigungsbuchung; **plan de –** Sanierungsprogramm *n*; **– fiscal** Berichtigung der Steuererklärung; **– judiciaire** *(InsolvenzR)* handelsgerichtliches Betriebsanierungsverfahren mit anschließendem Insolvenzverfahren (beim Fehlschlagen der Sanierung oder der Veräußerung).

**RÉDUCTION** *f* • Kürzung *f*, Verringerung *f*, Verminderung *f*, Abbau *m*, Herabsetzung *f* • (Preis-) Ermäßigung *f*; (Preis-)Senkung; **action en –** Minderungsklage; **– du capital social** Herabsetzung des Grundkapitals; **– des dépenses** Kostensenkung; **– de la durée de travail** Arbeitszeitverkürzung; **– de peine** Strafherabsetzung, (teilweiser) Straferlass *m*; **– de personnel** Personalabbau *m*; **– de prix** Preisnachlass *m*, Rabatt *m*.

**RÉÉCHELONNEMENT** *m* **des échéances** Umschuldung *f*, Tilgungsstreckung.

**RÉÉDUCATION** *f* Umschulung *f*; **– physique** Rehabilitation (nach Krankheit *od.* Unfall).

**RÉEL** *adj* • *(SachR)* dinglich; **action –le** Klage, die ein Sachenrecht zum Gegenstand hat; Immobiliarklage; **charge –le** Reallast *f*; **concours – d'infraction** *(StR)* Realkonkurrenz *f*, Tatmehrheit *f*, Zusammentreffen mehrerer Straftaten; **contrat –** Realvertrag, Handgeschäft *n*; **droit –** dingliches Recht; **impôt –** Realsteuer *f*; Objektsteuer; Grundsteuer.

**RÉÉLECTION** *f* Wiederwahl *f*.

**RÉEMPLOI** *m* • Wiederverwendung *f* • *(ArbR)* Wiedereinstellung *f*, Wiederbeschäftigung.

**RÉÉVALUATION** *f* Aufwertung *f*, Wertberichtigung *f*, Neubewertung; **compte de –** Wertberichtigungskonto *n*.

**RÉFACTION** *f (SchuldR)* Preisminderung *f*, Preisabzug *m*, Refaktie *m*, Nachlass *m*, Rückvergütung (bei fehlerhaften *od.* minderwertigen Waren).

**RÉFÉRÉ** *m (ZPR)* vereinfachtes u. beschleunigtes Verfahren vor dem Einzelrichter (des frz. Großinstanzgerichts); einstweilige Verfügung; **audience de –** *(ZPR)* Termin im beschleunigten Verfahren zum Erlass einer einstweiligen Verfügung; **juge des –s** Richter im beschleunigten Verfahren; **ordonnance de –** einstweilige Verfügung.

**RÉFÉRENCE** *f* • Bezug *m*, Bezugnahme *f*; Hinweis *m*; Aktenzeichen *n* • *(ArbR)* Empfehlungsschreiben *n*; **année de –** Bezugsjahr; **date de –** Stichtag *m*; **numéro de –** Aktenzeichen *n*; **ouvrage de –** Nachschlagewerk *n*; **période de –** • Vergleichszeitraum *m*; Bemessungszeitraum • *(SozR)* anrechnungsfähige Versicherungszeit.

**RÉFÉRENDAIRE** *adj* **: conseiller –** *(PrzR)* Richter (auf Zeit) beim frz. Kassationshof; **loi –** *(VerfR)* Volksabstimmungsgesetz.

**RÉFÉRENDUM** *m* Volksabstimmung *f*, Volksbefragung, Volksentscheid *m*.

**REFONTE** *f (VerfR)* Neufassung *f*, Neubearbeitung, Neuregelung.

**RÉFORMATION** *f* • Verbesserung *f*, Umgestaltung, Reform *f* • *(VwR)* Abänderung einer Verwaltungsentscheidung durch die vorgesetzte Dienststelle • *(PrzR)* Entscheidungsanfechtung; Rechtsmitteleinlegung; **– d'un jugement** Abänderung eines Urteils.

**RÉFORME** *f* • *(Pol)* Umgestaltung *f*, Verbesserung *f*, Neuregelung *f*, Reform *f* • *(BeamR)* Entlassung *f* (wegen Dienstunfähigkeit).

**REFOULEMENT** *m (AuslR)* Zurückweisung *f*; Abschiebung.

**RÉFRACTAIRE** *m* Dienstverweigerer *m*.

**RÉFRAGABLE** *adj (ZR)* widerlegbar.

**RÉFUGIÉ** *m* **politique** politischer Flüchtling.

**REFUS** *m* Ablehnung *f*, Verweigerung, Weigerung; **– d'assistance** *(StR)* verweigerte Hilfeleistung; **– de comparaître** *(PrzR)* Weigerung, vor Gericht zu erscheinen; **– de déposer** *(PrzR)* Aussageverweigerung; **– d'informer** Einstellungsbeschluss *m*; **– d'obtempérer** *(VwR)* Widerstand gegen die Staatsgewalt; **– de paiement** Zahlungsverweigerung; **– de porter secours** unterlassene Hilfeleistung; **– de prendre livraison** Annahmeverweigerung; **– de témoigner** Aussageverweigerung.

**REFUSER** *v.tr. d./ind.* • verweigern, zurückweisen • *(décliner)* ablehnen, nicht annehmen, abweisen; **– une succession** eine Erbschaft ausschlagen.

**RÉFUTATION** *f* Widerlegung *f*, Erbringung des Gegenbeweises.

**REGARD** *m* **: droit de –** Recht auf Einsichtnahme, Auskunftsrecht.

**RÉGIE** *f* • *(i. w. S)* verantwortliche Leitung *f*, Regie *f* • *(VwR)* Regiebetrieb (ohne eigene Rechtspersönlichkeit) • *(ÖfR)* verselbständigtes Unternehmen *n*; Anstalt *f* des öffentlichen Rechts.

**RÉGIME** *m* • *(VerfR)* (politisches) System *n*, Staatsform *f*, (staatliche) Ordnung *f*, Regierungsform *f*, Institution *f* • *(ÖfR, ZR)* Rechtsvorschriften *fpl*, Norm *f*; **ancien –** frz. Regierungsform vor 1789.

**RÉGIME | cellulaire** *(StVZ)* Einzelhaft *f*; **– de la communauté**

Gütergemeinschaft; **– complémentaire de retraite** Zusatzaltersversorgung; **– électoral** Wahlmodus *m*; **– fiscal** • (das geltende) Steuerrecht • Finanzwesen *n* • steuerliche Behandlung; **– général** Sozialversicherung als gesetzliche Zwangsversicherung (für Arbeitnehmer); **– juridique** Rechtsordnung; **– légal** • gesetzliche Regelung • *(FamR)* gesetzlicher Güterstand; **– matrimonial** (ehelicher) Güterstand *m*; **– pénitentiaire** Strafvollzugsordnung; Gefängniswesen *n*; **– policier** Polizeistaat *m*.

**RÉGIME | politique** • *(VerfR)* Staatsverfassung • *(StR)* Behandlung als politischer Gefangener; **– présidentiel** *(VerfR)* Präsidialverfassung; **– représentatif** repräsentative Demokratie; **– de retraite complémentaire** Zusatzaltersversorgung.

**RÉGION** *f* • *(ZR, HR)* Gebiet *n*, Bereich *m* • *(ÖfR)* frz. Region; **– académique** frz. Unterrichtsverwaltungsbezirk *m*; **– parisienne** Großraum *m* Paris; **– sinistrée** Katastrophengebiet.

**RÉGIONAL** *adj* : **agent –** *(HR)* Bezirksvertreter; **élections –s** Wahlen zu den Regionalkammern.

**REGISTRE** *m* Register *n*, Rolle *f*; Buch *n*; Verzeichnis *n*; **extrait de –** Registerauszug *m*; **tenue de –** Registerführung; **– d'audience** *(PrzR)* Gerichtsregister; **– des brevets** Patentrolle, Patentregister; **– du commerce et des sociétés (= R. C. S.)** frz. Handelsregister; **– des décès** Sterbebuch; **– des dépôts** *(GB)* amtliches Grundstücksregister; **– d'écrou** *(StVZ)* Haftregister; **– électoral** Wählerverzeichnis *n*.

**REGISTRE | de l'état-civil** Personenstandsregister, Standesamtsregister; **– des étrangers** Ausländerverzeichnis; **– foncier** Grundbuch; **feuillet du – –** Grundbuchblatt *n*.

**REGISTRE | hypothécaire** *ou* **des hypothèques** Hypothekenregister; **– des mariages** *(civil)* Heiratsregister, Familienbuch (Aut), Eheregister (S); **– matrimonial** *(EheR)* Güterstandsregister; **– des métiers** Handwerksrolle *f*.

**REGISTRE | des naissances** Geburtenbuch, Geburtsregister, Geburtenregister; **– national des brevets** frz. nationales Patentregister; **– national des dessins et modèles** frz. nationales Gebrauchs- und Geschmacksmusterregister; **– national des marques** frz. nationales Markenregister; **– des réclamations** Beschwerdebuch; **– du rôle** *(PrzR)* Gerichtsregister.

**RÈGLE** *f* • *(ÖfR)* Norm *f*, Rechtssatz *m*, Rechtsvorschrift *f*, Vorschrift • Regel *f*, Richtschnur *f*, Richtlinie *f*; Muster *n*; Vorbild *n*; **– administrative** Verwaltungsvorschrift *f*; **– de circulation routière** *(StVR)* (Straßen-)Verkehrsregel; **– de conflit** *(IPR)* Kollisionsnorm; **– de droit** Rechtssatz *m*; Rechtsvorschrift; **– de fond** materielles Recht; **– de forme** Formvorschrift; **– légale** gesetzliche Bestimmung; **– d'ordre public** • *(ZR)* unabdingbares Recht, zwingende Vorschrift • *(IPR)* Bestimmung des „ordre public"; **– de procédure** Verfahrensvorschrift.

**RÈGLE | de rattachement** *(IPR)* Anknüpfungsnorm; **– statutaire** *(GesR)* satzungsmäßige Bestimmung; **– substantielle** materielles Recht (im Gegensatz zu den prozessrechtlichen Vorschriften); **– substantielle de forme** *(ZR)* wesentliche Formvorschrift; **– supplétive** • *(VerfR)* ergänzende Rechtsvorschrift • *(ZR)* abdingbare gesetzliche Bestimmung.

**RÈGLEMENT** *m* • *(VerfR)* frz. Regierungsgesetz; Rechtsverordnung • *(ÖfR)* Vorschrift *f*, Anordnung, Satzung *f* • *(ZR)* Begleichung *f*, Zahlung *f*, Leistung *f*, Erfüllung *f* • *(PrzR)* Regelung *f*, Erledigung *f*, Abwicklung *f*; **– d'administration publique** (=

**R. A. P.)** frz. Rechtsverordnung (beschlossen nach Anhörung des Conseil d'État); **– d'application** Durchführungsverordnung; **– autonome** *(VerfR)* frz. Regierungsgesetz (im eigenständigen Regierungsgesetzgebungsbereich); **– de copropriété** Wohnungseigentumsordnung; **– des différends** Beilegung von Streitigkeiten, Schlichtung *f*; **– des dommages** *(VersR)* Schadensregulierung; **– d'entre-prise** *(ArbR)* Betriebsordnung; **– extra-judiciaire** außergerichtlicher Vergleich; **– intérieur** • Geschäftsordnung • *(ArbR)* Betriebsordnung.

**RÈGLEMENT de juges** *(StPR)* Bestimmung des zuständigen Gerichts durch den Strafsenat des Kassationshofes; **– d'un litige** Erledigung eines Rechtsstreits; **– pénitentiaire** Strafvollzugsordnung; **– de police** Polizeivorschrift *f*, Polizeiverordnung; **– des sinistres** Schadensregulierung.

**RÉGLEMENTAIRE** *adj* vorschriftsmäßig, ordnungsgemäß; **acte –** *(ÖfR)* Rechtsverordnung; **pouvoir –** • *(VerfR)* Gesetzgebungsbefugnis der frz. Regierung • *(VwR)* Befugnis *f* zum Erlass von Durchführungsbestimmungen.

**RÉGLEMENTATION** *f* • *(ÖfR)* (gesetzliche) Regelung *f*, Reglementierung *f*, Vorschriften *fpl*; **– du marché** Marktordnung; **– en matière de concurrence** Wettbewerbsordnung.

**RÉGLER** *v.tr.* • *(ÖfR)* regeln, ordnen • *(PrzR: litige)* beilegen, schlichten, erledigen • *(ZR: facture)* begleichen, zahlen • *(VersR: un dommage)* abwickeln, regulieren, bereinigen.

**RÈGNE** *m* Herrschaft *f*, Regierung *f*, Regierungszeit *f*; **– de la loi** *(VerfR)* rechtsstaatliche Ordnung.

**REGROUPEMENT** *m* Zusammenlegung; **– d'entreprise** Betriebsumstellung; **– familial** Familienzusammenführung.

**RÉGULARISATION** *f* Regulierung *f*, Erledigung *f*; Zahlung *f*; Ausgleich *m*; **poste de –** Rechnungsabgrenzungsposten *m*; **– des sans-papiers** Gewährung einer Aufenthaltsbefugnis für Personen ohne gültige Papiere.

**RÉGULARITÉ** *f* • Ordnungsmäßigkeit, Vorschriftsmäßigkeit *f* • Regelmäßigkeit *f*; Pünktlichkeit *f*.

**RÉGUL | IER** *adj* gesetzmäßig, ordnungsgemäß; pünktlich; **attestation –ière** rechtsgültige Bescheinigung.

**RÉHABILITATION** *f* • *(StR, WirtR)* Wiedereinsetzung in frühere Rechte, Rehabilitierung *f* • *(StR)* Aufhebung der Straffolgen • *(ArbR)* Wiederherstellung der Erwerbsfähigkeit, Rehabilitation; **– de droit** *ou* **légale** *(StR)* Straftilgung; **– d'un immeuble** Gebäudemodernisierung *od.* -sanierung.

**RÉINSERTION** *f* **professionnelle** Wiedereingliederung in das Berufsleben; **– sociale** Resozialisierung.

**RÉINTÉGRANDE** *f* *(SachR)* Klage auf Wiedererlangung des Besitzes.

**RÉINTÉGRATION** *f* **dans ses droits** Wiedereinsetzung in seine Rechte.

**RÉITÉRATIF** *adj* **: sommation –ive** zweite Aufforderung.

**RÉITÉRATION** *f* • Wiederholung *f* • *(StR)* Rückfall *m*.

**REJET** *m* • *(VwR, PrzR)* Ablehnung *f*, Abweisung *f*; Zurückweisung *f*, Verwerfung *f* • *(UmweltR)* emittierte Schadstoffe *mpl*; Immissionen *fpl*, Schadstoffeinleitung *f*; **arrêt de –** Klageabweisung durch den frz. Kassationshof; zurückweisende Entscheidung einer höheren Instanz; **– de l'action** Klageabweisung; **– au fond** Sachabweisung; **– pour raison de forme** Prozessabweisung (wegen Formmangels).

**RELATER** *v.tr.* • *(rapporter)* Bericht erstatten, berichten • *(mentionner)* erwähnen, anführen.

**RELAT | IF** *adj* **: autorité –ive de la chose jugée** materielle *od.* innere Rechtskraft einer Entscheidung; **majorité –ive** einfache Mehrheit.

**RELATION** *f* • Bericht *m*, schriftliche Darstellung; Protokoll *n* • *(lien, rapport)* Zusammenhang *m*, Kausalnexus *m* • *(toujours pl.: contact, liaison)* Beziehung *f*; **–s d'affaires** *ou* **commerciales** Geschäftsbeziehungen; **– de cause à effet** Kausalzusammenhang.

**RELATIONS publiques** Öffentlichkeitsarbeit *f*, public relations, Pflege der öffentlichen Meinungsbildung.

**RELATIVITÉ** *f* | **de la chose jugée** *(ZPR)* auf die Prozessparteien beschränkte Rechtskraftwirkung; **– des conventions** *(SchuldR)* Wirkung der Verträge (ausschließlich) zwischen den Parteien.

**RELAXE** *f (StPR)* Freispruch *m*.

**RELEVÉ** *m* Aufstellung *f*, Verzeichnis *n*, Liste *f*; **– bancaire** Bankkontoauszug *m*; **– cadastral** Katasterauszug *m*; **– de forclusion** *(ZPR)* Wiedereinsetzung in den vorherigen Stand; **– des dépenses** Ausgabenverzeichnis; **– d'identité bancaire** (= R.I.B.) Vordruck mit den Kenndaten (eines Bankkunden).

**RELÈVEMENT** *m* • Erhöhung; Anhebung; Aufbesserung • Enthebung; **– de fonctions** *(BeamR)* Suspendierung, Amtsenthebung; **– du taux de l'escompte** Erhöhung des Diskontsatzes.

**RELEVER** *v.tr./v.intr.* • wiederaufbauen • *(augmenter)* heraufsetzen • *(noter)* vermerken • *(BeamR)* (des Amtes) entheben • *(VwR: ~ de)* in den Zuständigkeitsbereich fallen (von).

**RELIGION** *f (KirchR)* Glaubensbekenntnis *n*; **abjurer une –** aus der Kirche austreten.

**RELIQUAT** *m (Buchf)* Restbetrag *m*; Saldo *m*; Rechnungsabschluss *m*; **– de la créance** Restforderung.

**REMANIEMENT** *m* Umbildung *f*, Umbesetzung; Umänderung, Neugestaltung; **– ministériel** Regierungsumbildung.

**REMARIAGE** *m* Wiederverheiratung *f*.

**REMBOURSABLE** *adj* rückzahlbar, erstattungsfähig; tilgbar.

**REMBOURSEMENT** *m* • Rückzahlung, Rückerstattung • Ablösung *f*, Tilgung, Abtragung; **droit à –** Erstattungsanspruch *m*; **envoi contre –** Nachnahme(sendung); **– anticipé** vorzeitige Rückzahlung; **– des dettes** (Schulden-)Tilgung; **– des frais engagés** Kostenerstattung, Kostenersatz *m*.

**REMBOURSER** *v.tr.* rückzahlen, erstatten, zurückzahlen; **se faire –** den Preis (für eine Ware) zurückfordern und zurückerstattet bekommen.

**REMÉDIER** *v.tr. ind.* **à des abus** Missstände beseitigen.

**REMEMBREMENT** *m (LandwR)* Zusammenlegung; Flurbereinigung *f*.

**RÉMÉRÉ** *m ou* **vente à –** *(SchuldR)* Wiederkauf *m*, Vorbehalt *m* des Wiederkaufsrechts.

**REMETTRE** *v.tr.* • übergeben, zustellen, überreichen • *(ajourner)* zurückstellen, verschieben, vertagen • *(StR)* (eine Strafe) erlassen.

**REMISE** *f* • *(SchuldR)* Übergabe *f*, Aushändigung *f* • *(ZPR: ajournement)* Vertagung *f* • *(HR)* (Preis-) Nachlass *m* • *(VwR, StR)* Verzicht (auf), Erlass *m* • Herabsetzung (der geschuldeten Leistung) • Verlängerung (der Frist), Gewährung einer Gnadenfrist; **accorder** *ou* **consentir une –** einen Nachlass gewähren.

**REMISE | de cause** *(ZPR)* Vertagung der mündlichen Verhandlung; **– de dette** Schuldenerlass; **– en état** (Wieder-) Instandsetzung *f*, Reparatur; **– en garantie** Übergabe als Sicherheit; **– d'impôt** Steuererlass *od.* -ermäßigung; **– des lettres de créance** *(VR)* Überreichung des Beglaubigungsschreibens; **– en mains propres** Aushändigung nur an den Betroffenen;

– **de peine** Straferlass, Erlass eines Teils der Strafe.

**REMONTER** *v.tr.* **la filière** *(StR)* die Spur zurückverfolgen.

**REMONTRANCE** *f* : **faire des –s à qqn.** jmdm. (wegen etwas) Vorhaltungen machen.

**REMPLAÇANT** *m (ArbR)* Aushilfskraft *f*; Zeitkraft; (Stell-) Vertreter.

**REMPLACEMENT** *m* • Ersatz *m* • Stellvertretung *f*, Vertretung.

**REMPLACER** *v.tr.* • auswechseln, ersetzen • jmdn. vertreten • (im Amte) nachfolgen.

**REMPLIR** *v.tr.* • *(un formulaire)* ausfüllen • *(une tâche)* erfüllen • *(une fonction)* ausüben, (ein Amt) bekleiden • (seinen Verpflichtungen) nachkommen.

**RÉMUNÉRATION** *f* • *(ArbR)* Arbeitsentgelt *n*, Arbeitseinkommen, Lohn *m* • *(SchuldR)* Vergütung *f*, Entgelt *n*; **accessoires de la –** Lohnzuschläge *mpl*; – **à l'acte** *(SozVers)* Vergütung nach Einzelleistung; – **d'appoint** Nebenverdienst *m*; – **de départ** Anfangsvergütung; – **insaisissable** pfändungsfreies Arbeitseinkommen; – **en nature** Naturallohn *m*; – **au rendement** Leistungslohn; – **de sauvetage** *(SeeHR)* Bergegeld *n*.

**RÉMUNÉRATOIRE** *adj* : **legs –** *(ErbR)* belohnendes Vermächtnis.

**RÉMUNÉRER** entlohnen, vergüten.

**RENCHÉRISSEMENT** *m* (Ver-) Teuerung, Preisanstieg *m*.

**RENDEMENT** *m* • *(produit)* Ertrag *m*, Rendite *f* • *(productivité)* Produktivität *m*, Ertragskraft *f*; Ergiebigkeit *f* • *(efficacité)* (Arbeits-) Leistung *f*; **prime de –** Akkordlohn, Leistungszulage.

**RENDEZ-VOUS** *m* Verabredung *f*, Termin *m*; Treff *m*; – **d'affaires** Geschäftstreffen.

**RENDRE** *v.tr.* zurückgeben; – **un arrêt** ein Urteil fällen; – **des comptes** abrechnen; – **un jugement** ein Urteil fällen *od.* verkünden; – **nul** aufheben, für nichtig erklären; – **obligatoire** zwingend vorschreiben; – **public** bekanntgeben.

**RENFLOUAGE** *m*, **renflouement** *m* • *(SeeHR)* Wiederflottmachen eines Schiffs • *(GesR)* Sanierung *f*; **société de –** Auffanggesellschaft *f*.

**RENOM** *m* (guter) Ruf *m*, Leumund *m*.

**RENOMMÉE** *f* Ansehen *n*, Ruf *m*; **preuve par commune –** *(StR)* indirekter Beweis vom Hörensagen.

**RENONCER** *v.tr.ind.* (à) verzichten (auf), entsagen, Verzicht leisten; – **à la succession** *(ErbR)* die Erbschaft ausschlagen.

**RENONCIATEUR** *m* Verzichtleistende(r).

**RENONCIATION** *f* Verzichtleistung *f*, Verzicht *m*, Ausschlagung; **déclaration de –** Verzichterklärung; – **à l'héritage** Erbverzicht; – **à la nationalité** Staatsangehörigkeitsverzicht; – **à la succession** Erbschaftsausschlagung.

**RENOUVELABLE** *adj* : **bail –** verlängerbarer Mietvertrag.

**RENOUVELLEMENT** *m* Erneuerung *f*, Verlängerung *f*; – **du contrat** Vertragsverlängerung; – **du mandat** • *(VerfR)* Wiederwahl, Wiederernennung • *(SchuldR)* Verlängerung des Auftrages; – **par tacite reconduction** stillschweigende Verlängerung.

**RENSEIGNEMENT 1.** *m* • Auskunft *f*, Mitteilung • *(StPR)* Ermittlungsergebnis *n*; **bureau de –** Auskunftei *f*; **obligation de –** (dem Verkäufer auferlegte) Informationspflicht *f*.

**RENSEIGNEMENTS 2.** *mpl* **généraux (= RG)** Geheimdienst des Präfekten; – **techniques** technische Daten.

**RENTABLE** *adj* einträglich, gewinnbringend; wirtschaftlich.

**RENTE** *f* • *(WirtR)* (regelmäßiges) Einkommen *n* aus angelegtem Kapitel; Einkommen aus Grundbesitz • *(SchuldR)* Zins *m*, (Kapital-) Ertrag *m* • *(SozR)* Versorgungsbezüge *mpl*, Ruhegehalt *n*, Pension *f*.

**RENTRÉE** *f* • *(retour)* Rückkehr *f*, Heimkehr *f* • *(Buchf)* Einnahmen *fpl*; – **judiciaire** Wiederaufnahme der Gerichtstätigkeit (nach den Ferien); – **parlementaire,** – **politique** Beginn der Parlamentssitzungen nach den Ferien; – **sociale** Beginn *m* der tarifpolitischen Verhandlungen nach den Sommerferien (Sept. u. Okt.).

**RENTRER** *v.intr.* **dans ses droits** in den vorherigen Stand wieder eingesetzt werden; – **dans ses frais** seine Ausgaben erstattet bekommen.

**RENVERSEMENT** *m* völlige Änderung; Sturz *m*; – **de la charge** *ou* **du fardeau de la preuve** *(ZPR)* Umkehrung der Beweislast; – **de jurisprudence** Umschwung in der Rechtsprechung.

**RENVOI** *m* • *(ZPR)* Verweisung des Rechtsstreits an ein anderes Gericht, Abweisung wegen Unzuständigkeit • *(IPR)* Rückverweisung *f* • *(StPR)* Hauptverfahrenseröffnungsbeschluss *m* • *(VerfR)* Überweisung an einen Ausschuss • *(BeamR)* Amtsenthebung • *(ArbR)* Kündigung (durch den Arbeitgeber) • *(HR)* Rücksendung (einer Ware) • *(ajournement)* Vertagung (einer Verhandlung); **arrêt de** – • *(PrzR)* Verweisungsbeschluss (einer höheren Instanz) • *(StPR)* Verweisung der Strafsache an das erkennende Gericht (durch Beschluss des Untersuchungsrichters); **juridiction de** – *(PrzR)* Gericht an das eine Sache (durch den Kassationshof) zurückverwiesen wurde.

**RENVOI | abusif** *(ArbR)* rechtsmissbräuchliche Kündigung; – **d'une affaire** *(ZPR)* Verweisung einer Rechtssache (an ein anderes Gericht); – **des fins de la demande** *(ZPR)* Klageabweisung; – **des fins de la poursuite** *(StPR)* Außerverfolgungsetzung, Freispruch *m*; – **injustifié** *(ArbR)* ungerechtfertigte Kündigung.

**RENVOYER** *v.tr.* • *(ZPR)* verweisen, zurückverweisen • *(ArbR)* entlassen • *(HR)* zurückschicken, rücksenden • vertagen; – **l'affaire à une audience ultérieure** die Sache auf einen späteren Termin verschieben; – **de la plainte** *(StR)* den Antrag auf Erhebung der öffentlichen Klage abweisen.

**RÉORGANISATION** *m* Um- *od.* Neugestaltung, Neuregelung, Umbau *m*; – **de l'entreprise** Betriebsneustrukturierung.

**RÉORIENTATION** *f* **professionelle** berufliche Umschulung.

**RÉOUVERTURE** *f* **des débats** Fortsetzung der mündlichen Verhandlung; – **de délais** *(ZPR)* Wiedereinsetzung in den vorigen Stand (bei Fristversäumnis); – **de la procédure** Wiederaufnahme des Verfahrens.

**RÉPARABLE** *adj* wieder gutzumachen, wieder zu ersetzen.

**RÉPARATION** *f* • Instandsetzung *f*, Reparatur *f* • Wiederherstellung *f*, Erneuerung *f* • *(dommages-intérêts)* Schadensersatz *m*, Entschädigung *m*, Ersatzleistung *f*, Wiedergutmachung *f* • *(VR: pl)* Reparationen *fpl*, Leistungen *fpl* für Kriegsschäden; **action en – du dommage** Schadensersatzklage; – **par équivalent** Geldersatz *m*, Entschädigung in Geld; **–s locatives** Wohnungsinstandsetzung; – **en nature** Naturalherstellung *f*; – **pécuniaire** Schadensersatz in Geld; – **d'un préjudice** Ausgleich eines Schadens.

**RÉPARER** *v.tr.* • reparieren, ausbessern • wiedergutmachen, entschädigen, ersetzen; – **un dommage** Schadensersatz leisten.

**RÉPARTIR** *v.tr.* • *(partager)* aufteilen, verteilen • *(échelonner)* staffeln, Kostenanteile berechnen • *(disposer)* einteilen, aufgliedern.

**RÉPARTITION** • Verteilung *f*, Umlage *f*; Aufteilung *f*; Zuteilung *f* • *(classement)* Aufgliederung *f*, Aufschlüsselung *f*; **base de** – Verteilerschlüssel *m*; – **des bénéfices**

Gewinnausschüttung; **– des causes** *(PrzR)* Geschäftsverteilung; **– des charges** Lastenausgleich; **– des dépenses** Aufschlüsselung der Ausgaben; **– des sièges** Sitzverteilung; **– des tâches** Arbeitseinteilung.

**REPENTIR** *m* Reue *f*, Selbstvorwurf *m*; **droit de –** *(SchuldR)* Rücktrittrecht *n*; **– actif** *(StR)* tätige Reue.

**RÉPERCUSSION** *f* • Auswirkung *f*, Rückwirkung • *(Kosten)* Abwälzung *f*.

**RÉPERCUTER** *v.tr./v.pron.* abwälzen; auferlegen; **se – sur** Auswirkungen haben auf.

**RÉPERTOIRE** *m* Sachregister *n*; (Inhalts-)Verzeichnis *n*; Sammelwerk *n*; **– de l'artisanat** Handwerksrolle *f*; **– général** *(PrzR)* Register der Geschäftsstelle des Gerichts; **– des marques de fabrique** Warenzeichenrolle *f*.

**RÉPÉTITION** *f* **: action en – de l'indû** *(ZPR)* Klage auf Rückgewähr einer nicht geschuldeten Leistung.

**RÉPIT** *m* • (Zahlungs-)Aufschub *m* • *fig* Atempause *f*.

**RÉPLIQUE** *f* • Erwiderung, Entgegnung, Gegenäußerung, Gegenerklärung • *(ZPR)* (rechtserhaltende) Einwendung; (Gegen-)Antwort (des Klägers), Replik *f*; **droit de –** Recht der Gegenäußerung.

**RÉPONDRE** *v.tr.dir.et ind.* • antworten • haften, einstehen (für ...); **– de son acte devant la justice** sich vor Gericht (für eine Straftat) verantworten müssen; **– à la convocation** einer Vorladung Folge leisten.

**RÉPONSE** *f* • Antwort *f*, Erwiderung *f*; Widerlegung *f* • *(ZPR)* Klagebeantwortung • Antwortschreiben *n*; **droit de –** • *(MedienR)* Gegendarstellungsanspruch, Berichtigungsrecht *n* • *(PrzR)* Erwiderungsrecht; **– affirmative** Zustimmung; Annahme des Angebots; **– au fond** Einlassung zur Sache; **– négative** abschlägiger Bescheid.

**REPORT** *m* • *(HR)* Stundung *f* • *(Buchf)* Vortrag *m* (auf neue Rechnung); **– des bénéfices** Gewinnvortrag; **– du déficit** Verlustvortrag; **– d'échéance** Verlängerung der Zahlungsfrist; **– à nouveau** *(Buchf)* Vortrag auf neue Rechnung.

**REPOS** *m* Ruhezeit *f*, Ruhepause *f*; **– dominical** Sonntagsruhe; **– hebdomadaire** wöchentlicher Ruhetag; **– de nuit** Nachtruhe.

**REPOUSSER** *v.tr.* abweisen, zurückweisen; ausschlagen; **– la date de la conférence** die Konferenz auf einen späteren Zeitpunkt verschieben; **– la demande** *(ZPR)* die Klage abweisen, dem Antrag nicht stattgeben.

**RÉPRÉHENSIBLE** *adj* verwerflich; strafbar.

**REPRENEUR** *m* Käufer (eines Unternehmens).

**REPRÉSAILLES** *fpl (VR)* **: mesure de –** Vergeltungsmaßnahme *f*.

**REPRÉSENTANT** *m* • *(ZR)* Stellvertreter *m*, Vertreter • *(HR)* Handlungsreisende(r), (kleiner) (Handels-) Vertreter • *(VerfR)* Abgeordnete(r) *m* • *(GesR)* Handlungsbevollmächtigte; **– à carte multiple** *(HR)* Mehrfirmenvertreter.

**REPRESENTANT | de commerce** • *(HR)* (sog. „großer") Handelsvertreter *m* • *(HR: salarié VRP)* Handlungsreisende(r), (sog. „kleiner") Handelsvertreter; **– exclusif** *(HR)* Alleinvertreter; **– légal** *(ZR)* gesetzlicher Vertreter; **– multicarte** *(HR)* Mehrfirmenvertreter *m*; **– patronal** Arbeitgebervertreter.

**REPRÉSENTANT | du personnel** *(ArbR)* Mitglied des Betriebsausschusses (unter Vorsitz des Arbeitgebers); **– statutaire** Handlungsreisende(r), unselbständiger Handelsvertreter (für den die Bestimmungen des frz. Arbeitsgesetzbuches gelten); **– syndical** *(ArbR)* (durch die Gewerkschaft ernannter) Gewerkschaftsvertreter im Betriebsausschuss; **– des travailleurs** Arbeitnehmervertreter.

**REPRÉSENTATION** *f* • *(ZR)* Stellvertretung *f*, Vertretung; Vertretungsmacht *f*; Geschäftsführungsbefugnis *f* • *(VerfR)* Repräsentation *f*, Vertretung des Volkes • *(UrhR)* Darstellung, Bild *n*; Aufführung *f*, Vorstellung *f* • *(PrzR)* Vorlage *f* (bei Gericht); **contrat de –** • *(HR)* (Handels-)Vertretervertrag • *(UrhR)* Aufführungsvertrag; **délai de –** Wiedervorlegungsfrist; **droit de –** *(UrhR)* Aufführungsrecht; **– d'acte** *(ZPR)* Vorlage einer Urkunde (vor Gericht); **– conventionnelle** rechtsgeschäftliche Vertretungsmacht; **– des créanciers** Vertreter der Insolvenzgläubiger; **– diplomatique** *(VR)* völkerrechtliche Vertretung; **– exclusive** Alleinvertretung; **– en justice** Vertretung vor Gericht.

**REPRÉSENTATION | légale** *(ZR)* gesetzliche Vertretungsmacht; **– des minorités** *(VR)* Minderheitenvertretung; **– mutuelle** *(SchuldR)* gegenseitige Vertretungsbefugnis; **– du personnel** *(ArbR)* Belegschafts- *od.* Personalvertretung; **– syndicale** berufsständische Vertretung.

**REPRÉSENTATIVITÉ** *f* **syndicale** *(ArbR)* Tariffähigkeit.

**REPRÉSENTÉ** *m* Vollmachtgeber *m*.

**REPRÉSENTER** *v.tr.* • (Stell-)Vertreter sein, jmdn. vertreten • *(UrhR)* aufführen, darstellen • vorzeigen.

**RÉPRESS | IF** *adj* unterdrückend, entgegenwirkend; **juridiction –ive** Strafgericht *n*; Strafgerichtsbarkeit.

**RÉPRESSION** *f* • *(Pol)* Unterdrückung • *(StR)* Ahndung *f*, Verfolgung, Zwang *m* • *(StPR)* Bestrafung, Strafandrohung *f*; **pouvoir de –** Strafbefugnis *f*; **– des infractions** Strafverfolgung; **– pénale** Strafverfolgung.

**RÉPRIMANDE** *f* Tadel *m*, Rüge *f*.

**RÉPRIMER** *v.tr.* unterdrücken; mit Strafe bedrohen, ahnden; **– les troubles** die Ordnung wieder herstellen.

**REPRIS** *m* **de justice** *(StR)* vorbestrafter Straftäter.

**REPRISE** *f* • *(HR)* Rücknahme, Umtausch (der Ware) • Übernahme eines Unternehmens • *(EheR)* Ersatzforderung (der Ehefrau bei Auflösung des Güterstandes).

**RÉPROBATION** *f* Missbilligung *f*, Tadel *m*; Verwerfung *f*.

**REPROCHABLE** *adj* **: témoin –** (wegen Kollisionsverdacht) ausschließbarer Zeuge.

**REPROCHE** *m* • Rüge *f*, Vorwurf *m* • Zeugenablehnung.

**REPROCHER** *v.tr.* **un témoin** einen Zeugen ablehnen.

**REPRODUCTION** *f* *(UrhR)* Wiedergabe *f*, Reproduktion *f*, Nachbildung *f*; Abdruck *m*; **droit de –** Vervielfältigungsrecht; Verwertungsrecht; Wiedergaberecht (durch Ton- und Bildträger), Nachdrucksrecht; **– illicite** Raubdruck *m*.

**RÉPROUVER** *v.tr.* tadeln, missbilligen; zurückweisen, ablehnen.

**REPUBLIQUE** *f* Republik *f*, Freistaat *m*; Staat; **– fédérale d'Allemagne (= R. F. A.)** Bundesrepublik Deutschland (BRD); **– française** Republik Frankreich.

**RÉPUDIATION** *f* • *(d'une personne)* Verstoßung • *(renonciation à un droit)* Verzicht *m*; Ablehnung *f*; **– d'une succession** Ausschlagung einer Erbschaft.

**RÉPUDIER** *v.tr.* verzichten (auf), ausschlagen; ablehnen.

**RÉPUTATION** *f* • Ansehen *n*, Ruf *m*, Leumund *m* • *(BankR)* Kreditwürdigkeit; **atteinte à la –** Ehrverletzung; **– intacte** Unbescholtenheit.

**REQUÉRANT** *m* • *(VwR)* Antragsteller *m*, Ersuchende(r) *m* • *(ZPR)* Kläger *m* • *(ZwangsVR)* der zur Zwangsvollstreckung Berechtigte.

**REQUÉRIR** *v.tr.* • einen Antrag stellen, fordern • *(ÖfR)* zum Einschreiten auffordern • *(StR)* einen Strafantrag stellen • *(MilR)* dienstverpflichten • *(VwR)* beschlagnahmen; – **l'application de la loi** *(StPR)* einen Strafantrag stellen.

**REQUÊTE** *f* • *(VwR)* Antrag *m*; Ersuchen *n*, Gesuch *n* • *(VwPR)* Verwaltungsverfahren *n* • *(ZPR)* Stellung eines (Sach-)Antrag *m*, Prozessantrag; Einreichung der Klageschrift *f* • *(ZPR)* Urteilsanfechtung (wegen irrtümlicher Entscheidung); **à la – de** auf Antrag von; **chambre des –s** Überprüfungskammer für Wiederaufnahmeverfahren; **maître des –s** *(VwPR)* Urteilsvorbereitungsrichter (beim frz. Obersten Verwaltungsgericht).

**REQUÊTE | ampliative** *(ZPR)* ergänzender Antrag, ergänzende Klageschrift; – **en cassation** Revisionsantrag; – **commune,** – **conjointe** *(PrzR)* Klage auf gemeinsamen Antrag von Kläger u. Beklagten (mitsamt Forderungen u. Gegenforderungen); – **incidente** Zusatzantrag (im Laufe des Prozesses); – **introductive d'instance** Klageschrift; – **en liquidation des dépens** Kostenfestsetzungsantrag; – **principale** Hauptantrag; – **en prorogation de délai** Antrag auf Verlängerung einer Frist; – **en règlement de juges** Gesuch um Bestimmung des zuständigen Gerichts; – **en révision** Antrag auf Wiederaufnahme des Verfahrens.

**RÉQUISITION** *f* • Aufforderung *f*, Antrag *m* • *(StPR)* Anträge *mpl* des Privatklägers; Anträge des Nebenklägers • *(StPR: pl.)* Anträge der Staatsanwaltschaft • *(VwR)* auferlegte Sach- *od.* Dienstleistungen; Beschlagnahme (einer Sache).

**RÉQUISITOIRE** *m* • *(StPR)* Antrag *od.* Anträge (der Staatsanwaltschaft) • Anklage(rede) *f*, Anklagesatz *od.* -schrift (des Staatsanwalts); – **à l'audience** Strafantrag in der mündlichen Verhandlung; – **définitif** Schriftsatz der Staatsanwaltschaft (nach Abschluss der Ermittlungen) zur Erhebung der öffentlichen Anklage *od.* Einstellung des Verfahrens; – **à fin d'informer** *(StPR)* Antrag (der Staatsanwaltschaft) auf Einleitung des Ermittlungsverfahrens; – **de renvoi** *(StPR)* Antrag auf Eröffnung des Hauptverfahrens; – **supplétif** ergänzende Antrag der Staatsanwaltschaft.

**RESCINDABLE** *adj* aufhebbar, vernichtbar; **contrat** – anfechtbarer Vertrag.

**RESCINDER** *v.tr.* aufheben, für ungültig erklären, annullieren.

**RESCISION** *f* *(ZPR)* gerichtliche Aufhebung (eines Vertrages); **action en** – Klage auf Auflösung (einer Vertrages): – **pour cause de lésion** Aufhebung eines Vertrages wegen Übervorteilung (eines Minderjährigen).

**RESCISOIRE** *adj* : **clause** – Aufhebungsklausel.

**RÉSEAU** *m* Netz *n*, Organisation; – **de communications** Verkehrsnetz *n*; – **de distribution** *(HR)* Vertriebsnetz; – **d'espionnage** Agentenring *m*.

**RÉSERVATAIRE** *m* *(ErbR)* Pflichtteilsberechtigte(r) *m*.

**RÉSERVE 1.** *f* • Vorbehalt *m*; Einschränkung *f*; Bedenken *n* • *(GesR)* Rücklage *f*, Rückstellung *f*, Reservefonds *m* • *(UmweltR)* Reservat *n*, Naturschutzgebiet *n*, Nationalpark, ökologische Nische *f* • *(HR)* Lager *n*, Warenlager, Lagerbestand *m* • *(BeamR)* Zurückhaltung *f*, Distanz *f*, Reserviertheit *f*; **clause de** – Vorbehaltsklausel *f*; **obligation de** – Schweigepflicht; Amtsverschwiegenheit; **sous – de** vorbehaltlich; **sous toutes –s** mit den ausdrücklichsten Vorbehalten; ohne Gewähr, ohne Obligo.

**RÉSERVE | actuarielle** *(VersR)* Deckungsrücklage; – **pour amortissements** Abschreibungsrückstellung; – **en couverture des engagements** Rückstellungen *pl* für Verbindlichkeiten; **– facultative** freiwillige Rücklage; **– de garantie** Deckungsrücklage; **– héréditaire** *(ErbR)* Pflichtteil *m*; **– invisible** *(GesR)* stille Rücklage; **– légale** • *(ErbR: réserve héréditaire)* Pflichtteil • *(GesR)* gesetzliche Rücklage; **– mentale** geheimer Vorbehalt; **– obligatoire** gesetzliche Rücklage.

**RÉSERVE de propriété** *(HR, SchuldR)* Eigentumsvorbehalt *m*; **clause de – de propriété** Eigentumsvorbehaltsklausel *f*.

**RÉSERVÉ** *adj* **: biens –s** *(FamR)* Vorbehaltsgüter *npl*; **droit de reproduction –** *(UrhR)* Copyright *n*, (vorbehaltenes) Urheberrecht *n*.

**RÉSERVER** *v.tr.* vorbehalten; sich ausbedingen; zurückbehalten.

**RÉSERVES 2.** *fpl (GesR)* Gewinnrücklagen *pl*; Rückstellungen; **– pour créances douteuses** Rückstellungen für drohende Verluste; **– occultes** stille Rücklagen.

**RÉSIDANT** *adj* wohnhaft, ansässig.

**RÉSIDENCE** *f* • *(ZR)* Aufenthaltsort *m*, ständiger Aufenthalt *m* • *(ÖfR)* Residenz *f* (eines Staatsoberhauptes); Amtssitz *m* (eines Richters); **assignation à –** *(StR)* Stellung unter Polizeiaufsicht, Anweisung eines bestimmten Aufenthaltsortes; **autorisation de –** Aufenthaltsbewilligung; **être en – surveillée** *(StR)* unter Polizeiaufsicht stehen; **interdiction de –** *(StR)* Aufenthaltsverbot *n*; **lieu de –** Aufenthaltsort *m*.

**RÉSIDENCE | conjugale** *(FamR)* Wohnsitz der Ehegatten; **– fixe** ständiger Aufenthalt; **– habituelle** gewöhnlicher Aufenthaltsort; **– permanente** ständiger Aufenthalt; **– principale** Hauptwohnsitz; **– secondaire** Wochenendaufenthaltsort; Zweitwohnsitz; **– surveillée** *(StR)* Polizeiaufsicht *f*, Aufenthaltsbeschränkung mit Meldepflicht (bei der Polizei).

**RÉSIDENT** *m* • *(ZR)* (Gebiets-) Ansässige(r) • *(VR)* Geschäftsträger; **carte de –** *(AuslR)* langfristige Aufenthaltserlaubnis.

**RÉSIDER** *v.tr.* wohnen, sich aufhalten, seinen Aufenthalt haben.

**RÉSIGNATION** *f* Verzicht(leistung); Abdankung *f*, Resignation; **– des fonctions** *(BeamR)* Amtsniederlegung.

**RÉSILIABLE** *adj* (Vertrag) auflösbar, kündbar.

**RÉSILIATION** *f (SchuldR, ArbR)* Kündigung (eines Dauerschuldverhältnisses), Auflösung (eines Vertrages für die Zukunft); **action en –** Kündigungsklage *f*, **délai de –** Kündigungsfrist *f*; **lettre de –** Kündigungsschreiben *n*; **– pour faute grave** *(ArbR)* Kündigung aus wichtigem Grund, außerordentliche Kündigung; **– judiciaire** gerichtliche Auflösung (des Arbeitsverhältnisses).

**RÉSILIER | un bail** einen Mietvertrag kündigen; **– un engagement** eine Verpflichtung aufkündigen.

**RÉSISTANCE** *f* Widerstand *m*; Widerstandsbewegung *f*; **droit de – à l'oppression** *(VerfR)* Widerstandsrecht gegen die Unterdrückung.

**RÉSOLUBLE** *adj* **: contrat –** auflösbarer Vertrag.

**RÉSOLUTION** *f* • *(ÖfR)* Entschließung *f* • *(d'un organisme)* Beschluss *m* • *(d'un invididu)* Entschluss *m* • *(ZR: dissolution d'un contrat)* Aufhebung *f*, Auflösung *f* • *(PrzR)* Lösung *f* (eines Streitfalls) • Tatkraft *f*, Energie *f*, Entschlossenheit; **action en –** *(ZPR)* Wand(e)lungsklage *f*, Klage auf Auflösung eines Vertrages; **– du contrat pour inexécution** Vertragsaufhebung wegen Nichterfüllung.

**RÉSOLUTOIRE** *adj* **: clause –** Kündigungs- *od.* Auflösungsklausel; **condition –** auflösende Bedingung.

**RÉSOUDRE** *v.tr.* **| un contrat** einen Vertrag auflösen; **– une difficulté** ein Problem lösen.

**RESPECT** *m* • Achtung *f*, Einhaltung *f*; Rücksicht *f*, Berücksichtigung • Verehrung *f*, Ehrerbietung; – **des contrats** Vertragstreue *f*; – **scrupuleux du délai imparti** genaue Einhaltung der gesetzten Frist.

**RESPECTER** *v.tr.* • *(règle, loi)* befolgen, beachten • *(personne)* achten, hochachten, respektieren; **faire** – durchsetzen.

**RESPECTIVEMENT** *adv* beziehungsweise.

**RESPONSABILITÉ** *f* • Verantwortung *f* • *(SchuldR)* Schadensersatzpflicht *f*, Haftung (für unerlaubte Handlungen), Einstehenmüssen *n*, zivilrechtliche Verantwortlichkeit *f* • *(StR)* strafrechtliche Verantwortlichkeit, volle Zurechnungsfähigkeit • *(VerfR)* politische Verantwortlichkeit; **action en** – Haftungsklage *f*; **décliner toute** – jegliche Haftung ablehnen; **encourir la** – haften; **endosser la** – die Verantwortung übernehmen; **exclure la** – die Haftung ausschließen; **exonération de la** – Freistellung von der Haftung; **limitation de** – Haftungsbeschränkung *f*; **part de** – Mitverschulden *n*.

**RESPONSABILITÉ | administrative** *(ÖfR)* Staats- *od.* Amtshaftung; – **des agents publics** *(VwR)* Amtshaftung, Haftung der Beamten; – **des artisans du fait de leurs apprentis** Haftung des Handwerkers als Lehrherrn (für Schäden, die vom Auszubildenden angerichtet werden); – **atténuée** *(StR)* verminderte Zurechnungsfähigkeit; – **des bâtiments** Gebäude(besitzer-) haftung, Haftung für Gebäudeeinsturz; – **des choses** (Sach-)Halterhaftung, Haftung für Sachen; Tierhalterhaftung.

**RESPONSABILITÉ | CIVILE (= R.C.)** • *(ZR: i.w.S.)* Schadenshaftung aus Vertrag und/oder unerlaubter Handlung • *(ZR: responsabilité délictuelle)* Schadensersatzpflicht (aus unerlaubten Handlungen), zivilrechtliche Haftung, Haftpflicht; – **collective** • *(ZR)* Solidar- *od.* Gesamthaftung *f* • *(StR)* Kollektivschuld *f*; – **conjointe** *(SchuldR)* gemeinsame Haftung; – **contractuelle** Vertragshaftung, vertragliche Haftung.

**RESPONSABILITÉ | délictuelle** *(ZR)* Schadensersatzpflicht aus unerlaubter Handlung, Deliktshaftung; – **dérivant d'une faute** *(ZR)* Verschuldenshaftung; – **dérivant du risque créé** *(ZR)* Gefährdungshaftung, Erfolgshaftung; – **du dommage causé par les animaux** Tierhalterhaftung; – **de l'entrepreneur par le fait** *ou* **à l'occasion du travail** *(ArbR)* Unternehmerhaftung für Betriebsunfälle; – **étatique** Staatshaftung.

**RESPONSABILITÉ | des fabricants et distributeurs** *(ZR)* Produzenten- *od.* Produkthaftung; – **du fait des animaux** Tierhalterhaftung; – **du fait d'autrui** Haftung für Dritte; – **du fait des bâtiments en ruine** Gebäudehaftung; – **du fait des choses inanimées** (Sach-)Halterhaftung; – **du fait personnel** Haftung für eigenes Handeln; – **du fait des préposés** Haftung (des Geschäftsherrn) für Verschulden des Verrichtungsgehilfen; – **du fait de la ruine d'un bâtiment** *(ZR)* Gebäudehaftung, Haftung für Gebäudeeinsturz.

**RESPONSABILITÉ | du fait des véhicules automobiles** *ou* **du fait des véhicules terrestres à moteur** Kraftfahrzeughaftung, Kraftfahrzeughaftpflicht, Kfz-Haftung; –**pour faute** Verschuldenshaftung; – **sans faute** Gefährdungs- *od.* Erfolgs- *od.* Verursachungshaftung; – **du gardien** • *(SchuldR)* Halterhaftung • *(Kfz)* Haftung des Kraftfahrzeughalters; Straßenverkehrshaftung; – **du gardien d'un animal** Tierhalterhaftung; – **illimitée** unbeschränkte Haftpflicht; – **des instituteurs**

Haftung der Lehrkräfte und des Schulaufsichtspersonals; – **limitée** beschränkte Haftung.

**RESPONSABILITÉ | des maîtres et commettants** Haftung der Geschäftsherrn (für ihre Erfüllungsgehilfen); – **matérielle** Sachhaftung; – **ministérielle** *(VerfR)* Ministerverantwortlichkeit; – **objective** Gefährdungs- *od.* Erfolgshaftung; – **des parents** Haftung (der Eltern) für Kinder; – **partielle** Teilhaftung; – **pécuniaire** Vermögenshaftung; – **pénale** *(StR)* strafrechtliche Verantwortlichkeit; – **des père et mère du fait de leurs enfants mineurs** Haftung für Kinder; – **des personnes morales** • Haftung jurischer Personen für unerlaubte Handlungen • *(StR)* Schuldfähigkeit juristischer Personen; – **des producteurs** *ou* **du fait des produits** Produzenten- *od.* Produkthaftung; – **professionnelle** Berufshaftpflicht; – **quasi-délic-tuelle** Haftung für fahrlässiges Handeln; – **du risque créé, – sans faute** Erfolgshaftung, Gefährdungshaftung; – **solidaire** *(SchuldR)* Haftung als Gesamtschuldner, Gesamthaftung, Mithaftung.

**RESPONSABLE** *adj* • *(SchuldR)* haftpflichtig; verantwortlich • *(StR)* zurechnungsfähig • *(ÖfR)* verantwortlich, zuständig (für); **être civilement** – haften (aus Vertrag, für eine unerlaubte Handlung); **être pénalement** – *(StR)* strafrechtlich verantwortlich sein.

**RESPONSABLE** *m/f* Verantwortliche *m/f*; (Abteilungs-)Leiter *m*; Chef *m*; – **syndical** Gewerkschaftsführer.

**RESSORT** *f* • *(PrzR)* örtliche Zuständigkeit; Amtsbezirk *m* (des Gerichts); Zuständigkeitsbereich *m*; Geschäfts- *od.* Amtsbereich; (Gerichts-)Sprengel *f* • *(VwR)* sachliche Zuständigkeit, Aufgabengebiet *n*, Ressort *n* • *(ZPR: instance)* (Stufe im) Rechtszug *m*, Instanz *f*; **jugement en premier et dernier** – *(ZPR)* Urteil, gegen das keine Berufung (mehr) eingelegt werden kann; – **administratif** *(VwR)* Zuständigkeitsbereich *m*; – **territorial** örtliche Zuständigkeit; – **d'un tribunal** Gerichtsbezirk *m*.

**RESSORTIR à** *v.tr.ind.* • *(ZRP: être du ressort de)* in den Zuständigkeitsbereich fallen (von) • *(VwR)* zum Aufgabengebiet gehören.

**RESSORTISSANT** *m (VR, IPR)* Staatsangehörige(r) *m*, Staatsbürger *m* (Aut); – **étranger** ausländischer Staatsangehöriger; – **de l'union européenne** Staatsbürger der europäischen Union.

**RESSOURCE** *f* • Mittel, Möglichkeit • *(au pluriel)* Geldmittel *pl*, Finanzquellen *fpl* • *(au pluriel, Vwirt: moyens matériels)* Ressourcen *fpl*, Hilfsquellen; Potential *n*, Reserven *fpl* • *(au pluriel, ArbR, SozR)* Unterhaltsmittel *npl*, Einkünfte *fpl* • *(au pluriel, faculté)* Leistungsfähigkeit *f*; **garantie de –s** *(SozR)* garantiertes Mindesteinkommen; **sans –s** *(SozR)* hilfsbedürftig, mittellos; – **d'appoint** Nebeneinkünfte; – **fiscales** Steueraufkommen *n*; – **humaines** • Bevölkerungspotential *n*; Arbeitskräftereserven • *(BW)* Belegschaft *f*; – **naturelles** Naturgüter *npl*; Rohstoffe *mpl*; **–propres** Eigenkapital; – **du sous-sol** *(Vwirt)* Bodenschätze *mpl*.

**RESTAURATION** *f* • *(SchuldR)* Instandsetzung *f*, Ausbesserung, Reparatur *f* • *(BauR)* Gebäudesanierung.

**RESTITUER** *v.tr.* rückerstatten.

**RESTITUTION** *f* • *(SachR)* Herausgabe *f*, Rückgabe *f*, Rückerstattung • *(SchuldR)* Wiederherstellung des früheren Zustandes; Wiedereinsetzung in den vorherigen Stand • *(EuR)* Ausfuhrbeihilfe *f*; **demande en –** Herausgabeanspruch *m*; – **de droit** Wiederherstellung eines Rechtes; – **de l'indu** Rückerstattung des ohne rechtlichen Grund Geleisteten; – **en nature** Naturalrestitution; – **en valeur** Geldersatz *m*.

**RESTREINDRE** *v.tr./v.pron.* einschränken, begrenzen, bechränken.
**RESTREINT** *adj* begrenzt, beschränkt; **suffrage –** Zensuswahlrecht *n.*
**RESTRICT|IF** *adj* ein- *od.* beschränkend, restriktiv; **clause –ive de la responsabilité** Haftungsbeschränkungsklausel *f*; **interprétation –ive** einschränkende Auslegung.
**RESTRICTION** *f* Beschränkung *f*, Einschränkung; **faire des –s** Vorbehalte anmelden; **sans –** unbeschränkt; vorbehaltslos; **–s budgétaires** Haushaltskürzungen *fpl*; **– mentale** *(ZR)* geheimer Vorbehalt.
**RÉSULTAT** *m* • Folge *f*, Wirkung *f* • *(succès)* Erfolg *m*, Ergebnis *n*, Resultat *n* • *(au pluriel)* Wahlergebnis; Prüfungsergebnisse; **obligation de –** *(SchuldR)* Verpflichtung zur Herbeiführung eines Erfolgs; Pflicht, das vertraglich festgesetzte Ergebnis zu erreichen; **– de l'exercice** *(GesR)* Jahresabschluss *n.*
**RÉSULTER** *v.intr.* sich ergeben aus, folgen, herauskommen.
**RÉTABLIR** *v.tr.* **l'ordre** die Ordnung wiederherstellen.
**RÉTABLISSEMENT** *m* Wiedereinssetzung *f*; Neuordnung *f*; **– de la vie conjugale** Wiederherstellung der ehelichen Lebensgemeinschaft.
**RETARD** *m* Verzug *m*, Verzögerung *f*; Verspätung *f*; Rückstand *m*; **indemnité** *ou* **pénalité de –** Säumniszuschlag *m*; **sans –** unverzüglich; **– dans l'acceptation** Annahmeverzug; **– dans l'exécution** Leistungsverzug; **– à** *ou* **dans la livraison** Lieferverzug *m*, verspätete Lieferung, Überschreitung der Lieferfrist; **– dans le paiement** Zahlungsverzug.
**RETARDATAIRE** *m* • Nachzügler *m* • säumiger Schuldner.
**RETARDER** *v.tr.* verzögern, hemmen; verschieben, aufschieben, verlegen.
**RETENIR** *v.tr.* • *(ArbR: Lohn)* zurückbehalten, einbehalten • *(Buchf)* abziehen, in Abzug bringen • *(SchuldR)* von seinem Zurückbehaltungsrecht Gebrauch machen • *(PrzR: Beweise)* zurückhalten • *(ReiseR)* buchen, reservieren – **comme otage** als Geisel festhalten.
**RÉTENTION** *f* Zurückbehaltung *f*; **droit de –** Zurückbehaltungsrecht *n.*
**RETENUE** *f* • Abzug *m* (von Beträgen), Einbehaltung *f*; Zurückbehaltung *f* • einbehaltener Betrag *m* • *(discrétion)* Zurückhaltung, Mäßigung; **– de garantie** vorläufige Zurückbehaltung eines Teiles des Werklohns bis zur Abnahme des Werkes; **– d'impôt** Steuerabzug; **–s légales sur le salaire** (gesetzliche) Lohnabzüge *mpl.*
**RÉTICENCE** *f* • Verheimlichung *f*; Verschweigen *n* (einer Tatsache) • Zurückhaltung *f*; Bedenken *n.*
**RETIRER | une demande** • *(ZPR)* eine Klage zurücknehmen • einen Antrag zurückziehen; **– un gage** ein Pfand *n* einlösen; **– une plainte** • *(StPR)* eine Anzeige zurückziehen • einen Strafantrag zurückziehen.
**RÉTORSION** *f (VR)* Vergeltungsmaßnahme *f*, Retorsion *f*; **droits de –** Vergeltungszölle.
**RETOUR** *m* • Rückkehr *f* • *(VerlagR)* an den Verleger zurückgesandte (unverkäufliche) Bücher; **marchandise en –** *(HR)* Rückware *f*, Retourware; **par – de courrier** postwendend.
**RETOURNER : se – contre qqn.** *(ZPR)* einen Rückgriffs- *od.* Regressanspruch geltend machen
**RÉTRACTATION** *f* • *(ZR)* Zurücknahme einer Willenserklärung, Widerruf *m* • *(StPR: aveu)* Widerruf des Geständnisses; **voie de –** *(ZPR)* Rechtsmittel *n*, das bei dem Gericht eingelegt wird, das das Urteil erlassen hat; Einspruch *m*; **– d'une offre** Angebotswiderruf.
**RÉTRACTER** *v.tr.* **un aveu** ein Geständnis widerrufen; **– un en-**

**gagement** sich von einer Verpflichtung lossagen.

**RETRAIT** *m* • *(VwR)* Zurücknahme *od.* Aufhebung (eines Verwaltungsaktes) • *(ZR)* Erwerb *m* eines Gläubigerrechtes • *(PrzR)* Aberkennung (eines Rechts) • *(ÖfR, ZR)* Austritt *m*; Rücktritt • *(BankR)* Abhebung; **– de l'autorisation** Widerruf einer Erlaubnis; **– de candidature** Rücktritt eines Wahlkandidaten; **– de la concession** Konzessionsentziehung.

**RETRAIT | de la demande** • *(ZPR)* Klagezurücknahme *f* • Zurückziehung des Antrags; **– fonds** Geldabhebung; **– du passeport** Passentziehung; **– du permis de conduire** *(StR)* Entziehung der Fahrerlaubnis, Führerscheinentzug *m*; **– d'un produit** *(HR)* Rückruf eines Produkts; **– du titre de séjour** *(VwR)* Entzug *m* der Aufenthaltserlaubnis; **– volontaire** freiwilliger Rücktritt.

**RETRAITE** *f* • *(SozR: état)* Ruhestand *m* • *(SozR: prestation)* Ruhegehalt *n* (der Beamten), Ruhegeld *n*; Altersruhegeld (der Arbeitnehmer), Pension *f*; **admission à la –** Versetzung in den Ruhestand; **âge de la –** Rentenalter *n*; **caisse de –** Ruhegeld- *od.* Pensionskasse; **départ en –, départ à la –** Eintritt *m* in den Ruhestand; **droit à la –** Anspruch auf Altersversorgung; Ruhegehaltsanspruch *m*; **mise à la –** Versetzung in den Ruhestand; **pension de –** • *(BeamR)* Ruhegehalt, Alterspension, Ruhegeld • *(ArbR)* Altersrente; **régime complémentaire de –** Zusatzversorgung.

**RETRAITE | d'ancienneté** Altersruhegeld; **– anticipée** vorzeitige Pensionierung; **– complémentaire** zusätzliche Altersversorgung, Zusatzrente; **– d'entreprise** Betriebsrente; **– d'invalidité** Invaliditätsrente; **– par répartition** Rentenversicherung durch Beiträge im Rahmen der Sozialversicherung; **– de vieillesse** Altersversorgung, Altersrente.

**RETRAITÉ** *adj/m* Ruhegehaltsempfänger *m*, Ruheständler, Altersrentner *m*.

**RÉTRIBUER** *v.tr.* bezahlen, entlohnen, vergüten, besolden.

**RÉTRIBUTION** *f* • Entgelt *n*, Vergütung *f* • Lohn *m*, Besoldung *f*.

**RÉTROACTIF** *adj* **: avec effet –** rückwirkend; **effet –** Rückwirkung *f*.

**RÉTROACTIVEMENT** *adv* rückwirkend.

**RÉTROACTIVITÉ** *f* Rückwirkung.

**RÉTROCÉDER** *v.tr.* • *(SchuldR)* rückübertragen, wieder (an den Gläubiger) abtreten • *(HR)* (weiter-) veräußern.

**RÉTROCESSION** *f* • Rückübertragung, Rückabtretung *f* • *(HR)* Wei-terveräußerung *f*, Abtretung.

**RÉTROGRADATION** *f (BeamR)* Dienstgradherabsetzung, Rückstufung.

**RÉUNION** *f* • Versammlung *f*, Sitzung *f*; Besprechung *f* • Vereinigung *f* • Verbindung *f*, Wiedervereinigung *f*, Anschluss *m*; **droit de –** Versammlungsrecht; **liberté de –** Versammlungsfreiheit.

**REVALORISATION** *f* • *(ZR, ZPR)* Anpassung einer Leistung (an neue Gegebenheiten) • *(BankR)* Aufwertung (einer Währung); **– des pensions et retraites** Rentenanpassung.

**RÉVÉLATION** *f* Enthüllung *f*, Aufdeckung *f*; **– de secret** *(StR)* Verletzung der Geheimhaltungspflicht.

**RÉVÉLER** *v.tr.* (Geheimnis) enthüllen.

**REVENDEUR** *m* • *(HR)* Händler *m* • *(drogues)* Dealer *m*; **– de voitures** Gebrauchtwagenhändler *m*.

**REVENDICATION** *f* • *(SchuldR)* Rückforderung • *(SachR)* Herausgabeanspruch *m* • *(PatR, ArbR)* Anspruch *m*, Forderung; **– d'hérédité** Erbschaftsanspruch *m*; **– d'une invention** Inanspruchnahme einer Erfindung; **–s salariales** Lohnforderung *fpl*.

**REVENDRE** *v.tr.* weiterveräußern.

**REVENIR** *v.intr.* *(HR: revenir à)* kosten, sich belaufen auf; **– sur des aveux forcés** *(StPR)* ein mit Gewalt erpresstes Geständnis widerrufen; **– sur une décision** *(PrzR)* eine Entscheidung aufheben.

**REVENTE** *f (HR)* Wiederverkauf *m*, Weiterveräußerung.

**REVENU 1.** *m* • *(Vwirt, GesR)* Ertrag *m*, Gewinn *m*, Rendite *f*, Einnahme *f* • *(ArbR)* Einkommen *n*, Einkünfte *fpl*, Entgelt *n*, Lohn *m*; **sources de –** Einnahmequellen *fpl*; **– accessoire, – annexe** Nebeneinkommen; **– disponible** verfügbares Einkommen *n*; **– imposable** steuerpflichtiges Einkommen; **– individuel** Pro-Kopf-Einkommen; **– locatif** Mieteinnahmen *pl*; **– des ménages** Einkommen der Privathaushalte; **– minimum d'insertion (= RMI)** Sozialleistung zur Gewährleistung eines Mindesteinkommens.

**REVENU | national** *(Vwirt)* Volkseinkommen; **– en nature** *(ArbR)* Sachbezüge *pl*; **– net** • *(HR)* Reinerlös • *(Vwirt)* Nettoeinkommen; **– soumis à cotisations** *(SozR)* beitragspflichtiges Einkommen; **– par tête d'habitant** Pro-Kopf-Einkommen.

**REVENUS 2. : déclaration des –** Einkommensteuererklärung; **impôt sur les – des sociétés (= IS)** Körperschaftssteuer *f*; **perte de –** Einkommenseinbuße *f*; **politique des –** Einkommenspolitik *f*; **– agricoles** Einkünfte aus landwirtschaftlichem Betrieb; **– du capital** Kapitalerträge; **– périodiques** wiederkehrende Einkünfte; **– des professions industrielles ou commerciales** Einkommen aus Gewerbebetrieb; **– des professions libérales** Einkommen aus selbständiger Arbeit; **– de transfert** Sozialbezüge.

**REVERS** *m* • Rückseite *f* • *(monnaie)* Schriftseite *f* • *(fig)* Kehrseite *f*, Misserfolg *m*, Fehlschlag *m*.

**REVERSER** *v.tr.* zurückzahlen.

**RÉVERSION** *f* Rückzahlung; **pension de –** *(SozR)* Hinterbliebenenrente (des Ehegatten).

**REVIREMENT** *m (Pol)* Umschwung *m*, Wechsel *m*; **– de jurisprudence** Umschwung in der Rechtsprechung.

**RÉVISER** *v.tr.* revidieren, überprüfen; **– un procès** ein Verfahren wiederaufnehmen.

**RÉVISEUR** *m* Überprüfer *m*.

**RÉVISION** *f* • *(VerfR)* Änderung *f*, Abänderung *f*, Novellierung *f* (eines Gesetzes) • *(VwR)* Nachprüfung, Überprüfung • *(PrzR)* Wiederaufnahme *f* (des Verfahrens) • *(SozR)* Neufestsetzung (einer Rente) • *(UrhR: mise à jour)* Erneuerung, Bringen *n* auf den neuesten Stand; **clause de –** Preisgleitklausel; **recours en –** *(PrzR)* Antrag auf Wiederaufnahme; **– constitutionnelle** Verfassungsänderung *f*; **– au fond** *(PrzR, VwR)* sachliche Nachprüfung; **– partielle** teilweise Abänderung.

**RÉVOCABLE** *adj* • widerruflich • absetzbar • aufhebbar.

**RÉVOCATION** *f* • *(ZR)* Aufhebung *f*, Widerruf *m*, Ungültigkeitserklärung *f* • *(BeamR)* Absetzung *f*, Abberufung *f* • *(DiszR)* Entfernung aus dem Dienst • *(GVR)* (Amts-) Enthebung *f*; **action en –** *(ZPR)* Anfechtungsklage *f*; **droit de –** Widerrufsrecht *n*; Abberufungsrecht; **– d'un brevet** Widerruf *m* eines Patents; **– de la donation** Schenkungswiderruf; **– de l'offre** Widerruf *m* des Angebots; **– d'un testament** Widerruf eines Testaments.

**RÉVOCATOIRE** *adj* **: action –** *(ZPR: action paulienne)* revokatorische Klage, Gläubigeranfechtung (gerichtet gegen den Gläubiger seines Schuldners).

**REVOIR** *v.tr.* überprüfen; **– à la baisse / à la hausse** nach unten / oben korrigieren.

**RÉVOLTE** *f* Aufruhr *m*; Aufstand *m*; **incitation à la –** *(StR)* Aufforderung zu Gewalttätigkeiten.

**RÉVOLU** *adj* **: à l'âge de 18 ans –s** bei Vollendung des 18. Lebensjahres.

**RÉVOQUER** *v.tr.* • *(ZR)* widerrufen; für nichtig erklären; rückgängig machen • *(ArbR)* absetzen.

**REVUE** *f* • Durchsicht *f*, genaue Prüfung • Zeitschrift *f*; **exercice sous –** *(GesR)* Bezugsjahr *n*.

**RIGOUR | EUX** *adj* **: sanction –euse** strenge Strafe.

**RIGUEUR** *f* Strenge *f*, Härte *f*; Genauigkeit; **délai de –** Frist des Fixgeschäfts.

**RISQUE 1.** *m* • Gefahr *f*, Gefährdung *f* • Risiko *n*, Wagnis *n*; Verlustmöglichkeit *f* • *(VersR)* Versicherungsfall *m* • *(SchuldR)* unvorhersehbares Ereignis, höhere Gewalt; **acceptation d'un –** freiwillige Gefahrenübernahme *f*; **évaluation du –** Risikoabschätzung.

**RISQUE | d'accidents** Unfallgefahr; **– aggravé** erhöhtes Risiko; **– assurable** versicherbares Risiko; **– couvert** gedecktes Risiko; **– de l'entreprise** *ou* **d'exploitation** Betriebsgefahr.

**RISQUE | locatif** *(SchuldR)* Haftung des Mieters eines Gebäudes *od.* einer Wohnung für einen an den vermieteten Räumen entstandenen Brandschaden; **– maladie** Erkrankungsgefahr; **– non couvert** ausgeschlossenes Risiko; **– de pollution** Umweltgefährdung, Immissionsgefahr; **– professionnel** Arbeitsunfallrisiko, Berufsrisiko; **– technologique majeur** größter anzunehmender Unfall (= GAU).

**RISQUES 2. : aggravation des –** Gefahr- *od.* Risikoerhöhung; **catégorie de –** Gefahrenklasse *f*; **clause d'exclusion des –** Risikoausschlussklausel *f*; **couverture des –** Risikodeckung; **transfert des –** Gefahrübergang *m*.

**RISQUES ET PÉRILS : agir à ses – –** auf eigene Gefahr handeln.

**RISTOURNE** *f* • *(HR)* (Treue-)Rabatt *m*; Rückerstattung, Rückvergütung • *(Buchf)* Ab- u. Zuschreibung eines Postens (in der Buchhaltung).

**RIVERAIN** *m* • *(VwR)* Anlieger *m* • *(SachR)* Grenznachbarn *pl*; **– de la voie publique** (Straßen-)Anlieger *m*.

**RIXE** *f (StR)* Raufhandel *m*, Rauferei *f*, Schlägerei *f*.

**ROBE** *f* Amtstracht *f*, Robe *f*; **gens de –** Juristen *mpl*.

**ROGATOIRE** *adj* **: commission –** *(PrzR, IPR)* Rechtshilfeersuchen *n*; Amtshilfeersuchen.

**RÔLE** *m* • *(ZPR)* (Gerichts-)Terminliste *f*, Verhandlungskalender *m* • *(VwR: registre)* Liste *f*, Rolle *f*, Register *n* • *(ZR: feuille d'un acte notarié)* Blatt *n* einer Urkunde, Urkunde *f* • Funktion *f*, Aufgabe *f*, Bedeutung *f*; **mise au –** Eintragung in die Gerichtsterminliste.

**RÔLE | d'audience** *(ZPR)* Gerichtsterminliste; **– des contributions** *(SteuerR)* Hebe- *od.* Steuerrolle; **– du tribunal** *(ZPR)* Terminliste.

**ROMPRE** *v.tr.* **| le contrat** den Vertrag brechen *od.* verletzen; **– les relations diplomatiques** die diplomatischen Beziehungen abbrechen.

**ROTATION** *f* **| des capitaux** Kapitalumschlag; **– du personnel** *(ArbR)* Fluktuation der Belegschaft; **– des stocks** Lagerumschlag *m*.

**ROULEMENT** *m* Umsatz *m*; **capital fonds de –** Umlaufvermögen, Betriebsmittel *npl*; **travail par –** Schichtarbeit *f*.

**ROUTE** *f* (Land-)Straße *f*, Weg *m*; Strecke *f*, Kurs *m*; **code de la –** frz. Straßenverkehrsordnung, kodifziertes frz. Straßenverkehrsrecht.

**ROU | TIER** *adj* **: circulation –tière** Straßenverkehr; **entreprise de transports –tiers** Rollfuhrunternehmen.

**ROUTINE** *f* **: enquête de –** Routineüberprüfung.

**ROYALTIES** *fpl (UrhR, PatR)* Lizenzgebühr *f*.

**RUE** *f* **de Grenelle** • Sitz des frz. Erziehungsministeriums; frz. Erziehungsminister • Sitz des frz. Ministeriums für Arbeit u. Soziales; frz. Arbeitsminister; **– de Rivoli** Sitz des frz. Finanzministeriums; frz. Finanzminister.

**RUINE** *f* • *(SchuldR)* Ruine *f*, Trümmer *pl* • *(GesR)* Insolvenz *f*, Konkurs *m*; **– d'un bâtiment** Einsturz *m*, Verfall *m* (eines Gebäudes).

**RUMEUR** *f* Gerücht *n*.

**RUPTURE** *f* Abbruch *m*; Bruch; **– abusive du contrat** *(SchuldR)* Vertragsbruch; **– abusive du contrat de travail** *(ArbR)* rechtsmissbräuchliche Kündigung des Arbeitsverhältnisses; **– de fiançailles** *(FamR)* (grundloser) Rücktritt vom Verlöbnis; **– des négociations** Abbruch der Verhandlungen.

**RURAL** *adj* **: code –** frz. Landwirtschaftsgesetzbuch; **exploitation –e** landwirtschaftlicher Betrieb.

**RYTHME** *m* Rhythmus *m*, Tempo *n*; Ablauf *m*, Bewegung *f*, Takt *m*; **– de croissance** Wachstumsprozess *m*; **– de travail** Arbeitstempo.

## S

**SABBATIQUE** *adj* **: année –, congé –** *(ArbR)* Fortbildungsurlaub *m*, Sabbatjahr *n*.

**SABOTAGE** *m (StR)* (staatsgefährende) Sabotage *f*; **– de négociations** Hintertreibung der Verhandlungen.

**SACCAGE** *m* Ausplünderung *f*, mutwillige Zerstörung; Sachbeschädigung.

**SACRIFIER** *v.tr.* **un article** eine Ware zu stark herabgesetzten Preis veräußern.

**SAISI** *adj/m* Gepfändete(r) *m*; **débiteur –** Pfändungsschuldner *m*; **tiers –** gepfändeter Drittschuldner *m*; **tribunal –** befasstes Gericht.

**SAISIE** *f* • *(StR, VwR)* Beschlagnahme *f*, Einziehung • *(Zwangs-VR)* Pfändung *f* (eines beweglichen oder unbeweglichen Gegenstandes), Mobiliarvollstreckung; dinglicher Arrest; **avis de –** Pfändungsanzeige *f*; **décision de –** Pfändungsbeschluss *m*; **dénonciation de la –** Pfändungsbenachrichtigung (an den Drittschuldner); **mainlevée de la –** Aufhebung der Pfandverstrickung; **ordre de –** Pfändungsbeschluss *m*; **procès-verbal de –** • Pfändungsprotokoll *n* • *(ÖfR)* Beschlagnahmeprotokoll; **– administrative** Beschlagnahme im Verwaltungszwangsverfahren; **– -arrêt** *(ZwangsVR: remplacée en 1991 par la saisie-attribution)* Pfändungs- und Überweisungsbeschluss *m*.

**SAISIE | -attribution** *(Zwangs-VR)* Pfändung in dritter Hand (mit direkter Einziehung der Forderung); **– -brandon** Pfändung von Früchten auf dem Halm; **– complémentaire** Nachpfändung; **– conservatoire** (dinglicher) Arrest *m*; **– contrefaçon** *(HR, Wz)* Beschlagnahme von Nachahmungen u. Fälschungen; **– -exécution** • *(ZPR)* Zwangsvollstreckung in das bewegliche Vermögen • Pfandverkauf *m*, Pfandversteigerung; **– exécutoire** *(ZPR)* Pfändung (zwecks Befriedigung am Erlös); **– -gagerie** Vermieterpfandrecht *n*; **– immobilière** Immobiliarpfändung; **– judiciaire** gerichtliche Beschlagnahme.

**SAISIE | mobilière** Pfändung einer beweglichen Sache, Arrest in das bewegliche Vermögen; **– -revendication** • Pfändung von Gegenständen, die sich im Besitz eines

Dritten befinden • einstweilige Verfügung zur Sicherung eines Eigentumsherausgabeanspruchs; – **sur** – Anschlusspfändung; – **totale** Kahlpfändung.

**SAISINE** *f* • *(PrzR)* Anrufung *f* des Gerichts; Einleitung des (Urteils-) Verfahrens • *(ZPR)* Klageerhebung *f*, Einreichung *f* der Klageschrift • *(VwR)* Anrufung (einer Behörde) • *(ErbR)* Übergang *m* des Besitzes auf den Erben kraft Gesetzes; – **directe** *(StPR)* beschleunigtes (Straf-) Verfahren (mit abgekürzter Ladungsfrist).

**SAISIR** *v.tr.* • *(SachR)* ergreifen, in Besitz nehmen • *(PrzR)* ein Gericht anrufen, Klage erheben, ein Verfahren einleiten • pfänden, beschlagnahmen, mit Arrest belegen • *(StR)* festnehmen • *(comprendre)* verstehen, erfassen; wahrnehmen; – **un tribunal** ein Gericht anrufen.

**SAISIR-ARRÊTER** vorpfänden, pfänden und überweisen lassen.

**SAISISSABILITÉ** *f* Pfändbarkeit *f*.

**SAISISSABLE** *adj* : **quotité** – pfändbarer Betrag *m od.* Teil.

**SAISISSANT** *m* pfändender Gläubiger *m*, Pfandgläubiger.

**SAISON | NIER** *adj* : **ajustement** – **nier** saisonale Anpassung; **en données corrigées des variations** – **nières** saisonbereinigt.

**SALAIRE 1.** *m* • *(ArbR)* Arbeitseinkommen *n*, Verdienst *m* • *(rémunération des ouvriers)* Lohn *m*, Arbeitslohn • *(appointements des employés et cadres)* Gehalt *n*, Einkünfte *pl*, Arbeitsentgelt *n* • *(BeamR)* Dienstbezüge *f*, Besoldung; **accessoires du** – Lohnzuschläge *pl*; **allocation de** – **unique** Alleinverdienerbeihilfe, Zulage für die nichtberufstätige Ehefrau; **bulletin de** – Lohnzettel *m*; **disparités de** – Lohnunterschiede *mpl*; **maintien du** – Lohnfortzahlung (im Krankheitsfall); **perte de** – Verdienstausfall *m*; **préten-tions de** – Gehaltsansprüche *pl*; **retenues sur** – Lohnabzüge *pl*.

**SALAIRE | accessoire,** – **d'appoint** Nebeneinkommen, Zusatzverdienst; – **de base** Grundlohn; – **dissimulé** verschleiertes Arbeitseinkommen; – **familial** Familienlohn, Soziallohn; – **forfaitaire** Pauschalentgelt; – **mensuel** Monatsgehalt; – **minimum interprofessionnel de croissance (= SMIC)** frz. indexierter Mindestlohn; – **en nature** Sachbezüge *pl*; – **net** Nettolohn; – **aux pièces** Stücklohn; Akkordlohn; – **de référence** Ecklohn; – **au rendement** Leistungslohn; – **de sauvetage** Bergegeld *n*.

**SALAIRES 2.** : **accord sur les** – Lohntarifvertrag *m*; **blocage des** – Lohnstopp *m*; **échelle mobile des** – gleitende Lohnskala; **grille des** – Lohntabelle *f*; **impôt sur les** – Lohnsteuer; **négociation sur les** – Lohnrunde *f*, Lohnverhandlungen *fpl*; **pouvoir d'achat des** – Kaufkraft der Arbeitseinkommen; **rajustement des** – Lohnangleichung; **spirale des** – **et des prix** Lohn-Preis-Spirale.

**SALARIAT** *m* • Arbeitnehmerschaft *fpl* • Beschäftigung im Lohnverhältnis.

**SALARIÉ** *m* Lohnempfänger *m*, Arbeitnehmer *m*, nichtselbständige(r) Erwerbstätige(r) *m*; **syndicat de –s** Arbeitnehmerverband *m*, Gewerkschaft *f*; **travail** – unselbstständige Arbeit; – **intérimaire** Zeitarbeitskraft *f*; – **à temps partiel** Teilzeitbeschäftige(r) *m*.

**SALE** *adj* : **argent** – Bargeldeinnahmen aus illegalen Geschäften; Drogengelder, schmutziges Geld.

**SALLE** *f* | **d'audience** Gerichtssaal *m*; – **de conférence** Vortragssaal *m*; – **des délibérations** Beratungszimmer *n*; – **de police** Arrestlokal; – **de réunion** Sitzungsraum; – **du tribunal** Gerichtssaal; – **des ventes** Versteigerungslokal *n*.

**SALUBRITÉ** *f* **publique** *(ÖfR)* öffentliche Gesundheitspflege, Gesundheitsschutz *m*; Gesundheitspolizei.

**SANCTION** *f* • *(VwR)* Billigung *f*, Genehmigung *f*, Bestätigung *f*, Anerkennung *f* • *(ZR, StR)* Rechtsfolge *f*; Straffolge *f*, Strafbestimmung *f*, Strafandrohung *f* • *(StR)* Strafe *f*, Zwangsmaßnahme *f*, Sanktion *f* • *(VR)* Vergeltungsmaßnahme, Sanktionen *fpl* • *(SchulR)* ordnungsmäßiger Abschluss *m* (der Ausbildung); **– administrative** Ordnungsstrafe, Geldbuße *f*, Ordnungsgeld *n*; **– disciplinaire** Disziplinarstrafe; **– pécuniaire** *(StR)* Geldstrafe.

**SANCTIONNER** *v.tr.* • *(VwR: approuver)* billigen, gutheißen, zustimmen, genehmigen, anerkennen • *(StR: punir)* ahnden, verfolgen, bestrafen.

**SANITAIRE** *adj* **: service –** Gesundheitsamt *n*.

**SANTÉ** *f* • Gesundheit *f* • *(VwR)* Gesundheitsamt *n*; **– publique** öffentliches Gesundheitswesen *n*.

**SATISFAIRE** *v.tr./v.tr.ind.* **un créancier** einen Gläubiger befriedigen.

**SAUF | avis contraire** Änderungen vorbehalten; **– erreur ou omission** Irrtum vorbehalten.

**SAUVEGARDE** *f* • *(i. w. S.)* Erhaltung *f*, Wahrung *f* • *(FamR)* vorläufige gerichtliche Pflegschaft (bis zur Bestellung eines Vormundes); **clause de –** Sicherungsklausel *f*; Vorbehaltsklausel; **– de l'environnement** Umweltschutz *m*; **– du patrimoine culturel** Schutz der Kulturgüter.

**SAUVETAGE** *m* • *(SeeHR: navire en détresse)* Bergen *n*, Bergung *f* • Rettung *f*; Rettungswesen *n*; **indemnité de –** Bergelohn *od.* -geld.

**SAVOIR-FAIRE** *m* *(HR)* Know-how *n*, technisches Wissen (über Fertigungsverfahren).

**SCEAU 1.** *m* Siegel *n*; Siegelabdruck *m*; **sous le – du secret** unter dem Siegel der Verschwiegenheit; **– officiel** Amtssiegel.

**SCEAUX 2.** *mpl* **: apposer les –** das Siegel anbringen; **apposition des –** Anlegung von Siegeln; **contrefaçon** *ou* **falsification de –** Siegelverfälschung; **Garde des –** frz. Justizminister; **– de l'État** Staatssiegel.

**SCELLÉ 1.** *m* Stoff- oder Papierband zum Versiegeln; **– douanier** Zollverschluss *m*.

**SCELLÉS 2.** *mpl* Amtssiegel *n*, Dienstsiegel, Siegel; **altération de –** Siegelbruch *m*; **apposition des –** Versiegelung; **bris de –** *(StR)* Siegelbruch.

**SCELLEMENT** *m* Versiegelung.

**SCELLER** *v.tr.* **| un acte** eine Urkunde mit einem Siegel versehen; **– un local** die Tür eines Raums versiegeln.

**SCHÉMA** *m* Schema *n*, Entwurf *m*, Plan *m*; **– directeur (= S. D.)** Flächennutzungsplan; **– directeur d'amé-nagement et d'urbanisme (= S. D. A.U.)** Erschließungsplan; Bauleitplan.

**SCIEMMENT** *adv* wissentlich, absichtlich, mit Vorbedacht.

**SCIENCE** *f* **| juridique** Rechtswissenschaft; **– pénitentiaire** Strafvollzugswissenschaft.

**SCISSION** *f* (Ab-)Spaltung, Lostrennung; Aufteilung; Splitting *n*.

**SCOLAIRE** *adj* **: année –** Schuljahr *n*; **enseignement –** Schulunterricht *m*; **établissement –** öffentliche Schule; **livret –** amtliches Schulzeugnisheft.

**SCOLARISATION** *f* Einschulung *f*.

**SCOLARITÉ** *f* • *(SchulR)* Schulbesuch *m*, Schulzeit *f* • *(HochschulR)* Studienzeit; **âge de –** schulpflichtiges Alter; **dispense de –** Bewilligung einer verkürzten Studienzeit; **– obligatoire** Schulpflicht.

**SCRIPTURAL** *adj* **: monnaie –e** Buch- *od.* Giralgeld *n*; **paiements en monnaie –e** bargeldloser Zahlungsverkehr.

**SCRUPULEUSEMENT** *adv* **: respecter – les formes** die Formvorschriften genau beachten *od.* einhalten.

**SCRUTATEUR** *m* Wahlvorsteher *m*; Stimmenzähler *m*, Wahlhelfer *m*.

**SCRUTIN** *m* Wahl *f*, Wahlgang *m*, Abstimmung; **clôture du –** Schluss der Wahl; **dépouillement du –** Auszählen *n* der Stimmzettel; **mode de –** Wahlmodus *m*; Abstimmungsverfahren *n*; **tour de –** Wahlgang *m*; **résultat du –** Wahlergebnis *n*; **violation du secret du –** *(StR)* Verletzung des Wahlgeheimnisses; **– par appel nominal** namentliche Abstimmung; **– de ballottage** zweiter Wahlgang, Stichwahl; **– direct** unmittelbare Wahl; **– indirect** Wahl durch Wahlmänner; **– individuel** Persönlichkeitswahl, Mehrheitswahl; **– de liste** Listenwahl, Verhältniswahl; **– majoritaire** Mehrheitswahl; **– primaire** Urabstimmung; **– public** offene Abstimmung; **– secret** geheime Wahl; **– uninominal** Persönlichkeitswahl.

**SDF** *m* (= sans domicile fixe) Obdachlose *m*.

**SÉANCE** *f* • Sitzung *f* • *(tribunal)* mündliche Verhandlung; Termin *m*; **lever la –** die Sitzung beenden; **ouvrir la –** • die Sitzung eröffnen • *(PrzR)* in die mündliche Verhandlung (der Sache) eintreten, die Sache aufrufen; **suspension de –** Unterbrechung der Sitzung; **– de clôture** Schlusssitzung; **– inaugurale** Eröffnungssitzung; **– plénière** Vollversammlung, Plenum *n*; **– publique** öffentliche Sitzung.

**SÉANCE tenante** *loc* • *(PrzR)* während der Sitzung • unverzüglich, sofort *adv*, auf der Stelle.

**SECOND** *adj* **: en – lieu** zeitens, andererseits; **– original** Zeitschrift *f*.

**SÉCONDAIRE** *adj* **: effet –** Nebenwirkung; **résidence –** Ferienwohnung; Wochenendhaus *n*; **secteur –** Industrie *f*, gewerbliche Produktion.

**SECONDER** *v.tr.* (qqn.) jmdm. helfen, beistehen *od.* behilflich sein.

**SECOURS** *m* • Hilfe *f*, Unterstützung, Hilfeleistung • Hilfs- *od.* Unterstützungsgelder; **abstention de porter –** unterlassene Hilfeleistung; **devoir de –** *(FamR)* Verpflichtung zur Sorge für den anderen Ehegatten; Verpflichtung zur Unterstützung im Haushalt.

**SECRET, secrète** *adj* **: agent –** Geheimagent *m*; **délibération –e** Geheimbeschluss *m*; Beschlussfassung unter Ausschluss der Öffentlichkeit; **documents –s** Geheimdokumente *npl*; **fonds –** Geheimfonds *m*; **services –s** Geheimdienst *m*.

**SECRET** *m* Geheimnis *n*; Geheimhaltung *f*; Verschwiegenheit *f*; **conservation du –** Geheimhaltung; **divulguer un –** ein Geheimnis offenbaren, die Schweigepflicht verletzen; **être au –** in Isolierhaft sein; **garder le –** geheimhalten; **obligation au –** Schweigepflicht; **révélation de –** Verletzung der Verschwiegenheitspflicht; **– administratif** *(VwR)* Geheimhaltung von Verwaltungsangelegenheiten; **– d'affaires** *(HR)* Geschäftsgeheimnis; **– bancaire** Bankgeheimnis.

**SECRET de la correspondance : violation du – –** Verletzung des Briefgeheimnisses

**SECRET | -défense** (Verteidigungs-) Geheimsache; **– des délibérations** Beratungsgeheimnis; **– d'exploitation** Betriebsgeheimnis; **– de fabrication** *(WirtR, StR)* Fabrikations- *od.* Werksgeheimnis; **– de l'instruction** *(StPR)* Verpflichtung des Ermittlungsrichters, seine Untersuchungen nicht öffentlich bekanntzugeben; **– médical** ärztliche Schweigepflicht *f*; **– postal** Postgeheimnis.

**SECRET professionnel** • Berufsverschwiegenheit, berufliche Schweigepflicht • Dienstgeheimnis, Amtverschwiegenheit; **obligation au – –** Pflicht zur Wahrung des Dienstgeheimnisses; **violation du – –** Verletzung des Dienstgeheimnisses; Verletzung der beruflichen Schweigepflicht.

**SECRÉTAIRE** *m/f* Sekretär *m*; Schreiber *m* (bei einem Amt);

Sekretärin *f*; Protokollführer *m*; – **adjoint** *(OTAN)* Abteilungsleiter *m*; – **administratif** Verwaltungsbeamte(r); – **d'ambassade** Botschaftssekretär; – **de direction** Chefsekretärin.

**SECRÉTAIRE | d' État** *(VerfR)* frz. Minister (ohne automatische Beteiligung am Ministerrat, mit *od.* ohne eigenen Geschäftsbereich); – **général** *(UNO)* Generalsekretär; – **greffier** *(PrzR)* (verbeamteter) Gerichtskanzler; – **de légation** *(VR)* Legations- *od.* Gesandtschaftssekretär.

**SECRÉTARIAT** *m* Sekretariat *n*; Geschäftsstelle *f*, Kanzlei *f*; Amt *n*; Archiv; Büro *n*.

**SECTEUR** *m* • Sektor *m*, Zweig *m*, Bereich *m* • *(Vwirt)* wirtschaftliche Hauptsektoren; – **d'activité** Geschäftsbereich; Tätigkeitsbereich *m*; – **bancaire** Bankwesen *n*, Kreditwirtschaft; – **économique** Wirtschaftszweig; – **parapublic** gemischtwirtschaftlicher Bereich; – **de pointe** Hitech-Bereich; – **primaire** *(Vwirt)* Urproduktion; Bergbau u. Landwirtschaft; – **public** staatlicher Wirtschaftsbereich; – **quaternaire** *(Vwirt)* Bereich Informatik und Forschung; – **sauvegardé** *(BauR)* historischer zu bewahrender Stadtkern; – **secondaire** *(Vwirt)* Industrie und produzierendes Gewerbe; – **des services,** – **tertiaire** *(Vwirt)* Dienstleistungsbereich *m*.

**SECTION** *f* • *(VwR)* Referat *n*, Abteilung • *(StVR)* Teilstrecke *f* • Abschnitt *m* (eines Buches); – **de commune** Ortsteil *m*, Stadtbezirk *m*; – **contentieuse (du Conseil d'Etat)** *(VwPR)* Unterabteilung des frz. Staatsrates, der Rechtsprechungsbefugnisse übertragen wurden; – **du contentieux** • *(HR: in Privatbetrieben)* Rechtsabteilung • *(VwPR)* große Entscheidungskammer des frz. Staatsrates (als oberstes frz. Verwaltungsgericht); – **syndicale d'entreprise** *(ArbR)* betriebliche Gewerkschaftssektion.

**SÉCURITÉ** *f* • *(ÖfR)* Sicherheit *f*, Schutz *m*, öffentliche Ruhe u. Ordnung • *(SozR)* Sicherung • *(WirtR)* Deckung, (Forderungs-) Sicherheit • *(Technik)* Zuverlässigkeit *f*, sichere Beschaffenheit; **ceinture de** – *(StVR)* Sicherheitsgurt; **conseil de** – *(UNO)* Sicherheitsrat *m*; **consigne de** – Sicherheitsvorschrift; **délégué à la** – *(ArbR)* Sicherheitsbeauftragte(r) *m*; **mesure de** – *(ArbR)* Unfallverhütungsmaßnahme *f*; **volant de** – *(FinanzW)* Sicherheitsrücklage *f*.

**SÉCURITÉ | civile** *(ÖfR)* Zivilschutz *m*; – **de l'emploi** Sicherheit der Arbeitsplätze, Arbeitsplatzschutz; – **d'exploitation** Betriebssicherheit; – **juridique** Rechtssicherheit; – **publique** öffentliche Sicherheit.

**SÉCURITÉ sociale** frz. System der sozialen Sicherung; soziale Sicherheit (nach frz. Modell); **Agence centrale des organismes de** – Zentralstelle der frz. Sozialleistungsträger; **caisse de** – Sozialversicherungskasse *f*; **code de la** – frz. Sozialgesetzbuch; **contentieux de la** – frz. Sozialgerichtsbarkeit; Sozialversicherungsstreitigkeit; **institution de** – Sozialleistungsträger; **juridiction de la** – frz. Sozialgericht; **régime de la** – Sozialleistungssystem; **trou de la** – *(umg)* Sozialversicherungsdefizit *n*.

**SÉCURITÉ du travail** Arbeitssicherheit, Unfallverhütung *f*.

**SÉDITION** *f* Aufstand *m*, Aufruhr *m*.

**SÉDUCTION** *f* **dolosive** *(StR)* Verführung *f*.

**SÉGRÉGATION** *f* **raciale** Rassentrennung.

**SEING** *m* **: blanc** – Blankovollmacht.

**SEING-PRIVÉ** *m* **: acte sous** – privatschriftliche Urkunde.

**SÉJOUR** *m* Aufenthalt *m*; **autorisation de** – Aufenthaltserlaubnis *f*; **carte de** – **d'étranger** Ausländerausweis, Aufenthaltsgenehmigung; **interdiction de** – Aufenthaltsverbot *n*; Aufenthaltsbeschränkung *f*; **lieu de –** Aufenthaltsort *m*; **permis de –** Aufenthaltserlaubnis; **titre de –** Aufenthaltserlaubnis.

**SÉLECTION** *f* Auswahl *m*; Auslese *f*, Selektion *f*; **critères de –** Auswahlkriterien *npl*; **examen de –** Auswahlprüfung; **– naturelle** natürliche Auslese; **– professionnelle** fachliche Auslese; **– des risques** *(VersR)* Risikoauslese.

**SEMAINE** *f* Woche *f*, Wochenarbeit *f*; **dans une –** binnen einer Woche; **fin de –** Wochenende *n*.

**SEMESTRIEL** *adj* halbjährlich.

**SEMI-LIBERTÉ** *f (StVZ)* Unterbringung in einer offenen Anstalt.

**SEMONCE** *f* • *(DiszR)* Ermahnung *f*, Verweis *m* • Aufforderung *f*.

**SÉNAT** *m (VerfR)* frz. Senat *m*, zweite gesetzgebende Kammer.

**SÉNATEUR** *m* Senator *m*; **– inamovible** Senatsmitglied auf Lebenszeit.

**SÉNATORIAL** *adj* **: élections –les** Wahlen zum frz. Senat.

**SENS** *m* • Sinn *m*, Gefühl *n* • Vernunft *f*, Verstand *m* • Bedeutung *f*, Sinn *m* • Meinung *f* • Richtung *f*; **bon –** gesunder Menschenverstand; **circulation dans les deux –** *(StVR)* mit Gegenverkehr; **– de l'organisation** Organisationstalent; **– des responsabilités** Verantwortungsgefühl.

**SENTENCE** *f* • *(ZPR)* Urteil *n* des frz. Kleininstanzgerichts • *(i. w. S.)* Entscheidung *f*, Ausspruch *m*, Bescheid *m*, Urteilsspruch • Lehrspruch *m*; **prononcer une –, rendre une –** ein Urteil fällen; **– arbitrale** Schiedsspruch *m*; **– de condamnation** *(StPR)* auf Strafe lautendes Urteil, Verurteilung; **– du conseil des prudhommes** Urteil des frz. Arbeitsgerichts; **– pénale** Strafurteil des frz. Kleininstanzgerichts.

**SÉPARATION** *f* Trennung *f*; Scheidung *f*; **indemnité de –** Trennungszulage *f*; **mur de –** *(SachR)* Grenzmauer *f*; **– des biens** *(EheR)* Gütertrennung; **– de corps** Trennung von Tisch und Bett, Aufhebung der ehelichen Lebensgemeinschaft; **– de fait** Getrenntleben *n*.

**SÉPULTURE** *f* Beerdigung *f*, Begräbnis *n*; Grab(stätte) *f*.

**SÉQUELLE** *f (SozR)* Folge *f*; Folgeschaden *m*.

**SÉQUESTRATION** *f* • *(StR)* Freiheitsberaubung *f* • *(ZPR)* Anordnung der Hinterlegung.

**SÉQUESTRE** *m* • *(ZPR)* Hinterlegung *f*, Aufbewahrung einer streitigen Sache • *(ZPR)* Verwahrer *m*, Sequester *m*; **biens sous –** Sequestervermögen *n*.

**SÉQUESTRER** *v.tr.* • *(StR)* der Freiheit berauben • *(ZPR)* hinterlegen, sequestrieren.

**SÉRIE** *f* Reihe *f*, Folge *f*, Serie *f*; **accident en –** Massenkarambolage *f*; **fabrication en –** Serienfertigung; **vente de fins de –s** Verkauf eines Restposten.

**SERMENT** *m* • *(PrzR)* Eid *m*, Eidesleistung *f* • *(VwR, BeamR)* Diensteid *m*, Gelöbnis *n* (bei Angestellten im öffentlichen Dienst) • *(StR)* Schwur *m* • *(VerfR)* politischer Treueid; **déclarer sous la foi du –** unter Eid beteuern *od.* bekräftigen, beschwören; **déférer le –** • *(par le tribunal à une partie)* zur Eidesleistung laden • *(d'une partie à une autre)* den Eid zuschieben; **déposition sous –** eidliche Aussage.

**SERMENT : faux –** *(StR)* Meineid, Falscheid; **formule de –** Eidesformel *f*, Beteuerungsformel; **prestation de –** Eidesleistung; Beeidigung; **prêter –** den Eid leisten, schwören; **refus de prêter –** Verweigerung der Eidesleistung, Eidesverweigerung; **sous la foi du –** an Eides Statt, eidesstattlich.

**SERMENT | de crédibilité** Glaubhaftmachung (durch eidesstattliche Versicherung) nichts zu schulden; **– décisoire** zugeschobener Eid (der für die Entscheidung des Rechtsstreits maßgebend ist); **–judiciaire, – en justice** vor Gericht geleisteter Eid; **– supplétif, –**

**supplétoire** (vom Richter angeordnete) Eidesleistung zur Beweisergänzung.

**SERRURE** *f* : **crocheter une –, forcer une –** ein Schloss aufbrechen; **– de sûreté** Sicherheitsschloss.

**SERVICE 1.** *m* • *(SchuldR, ArbR: prestation)* Dienstleistung *f*, Dienst *m*; Tätigkeit *f* (im Angestelltenverhältnis); Arbeit *f*, Arbeitsleistung *f* • *(ÖfR)* (staatliche) Stelle *f*, Dienststelle, Amt *n*, Behörde *f*; Verwaltung *f*, Verwaltungszweig *m* • *(VwR)* Bedienstete *mpl*, Dienstkräfte *fpl*, öffentlicher Dienst • *(SozR)* Hilfe *f*, Unterstützung *f* • *(ArbR)* Trinkgeld *n* • *(BW)* Abteilung *f* (eines Betriebes); **absence du –** *(BeamR)* Dienstversäumnis *n*; **accident de –** Dienstunfall *m*; **ancienneté de –** Dienstalter; **chef de –** • *(BW)* Betriebsleiter *m* • *(VwR)* Abteilungsleiter, Referatsleiter.

**SERVICE : empêchement de –** Dienstverhinderung; **faute de –** *(DiszR)* Dienstvergehen, Verletzung der dem Beamten obliegenden Pflichten; **heures de –** Dienststunden *fpl*; **inapte au –** dienstuntauglich; **inaptitude au –** Dienstunfähigkeit; **instruction de –** Dienstanweisung, Dienstvorschrift *f*.

**SERVICE : marche du –** Dienstbetrieb; **nécessités du –** dienstliche Erfordernisse *npl*; **obligation de –** Amtspflicht; **organisation du –** Aufbau einer Dienststelle; **prestation de –** Dienstleistung; **règlement de –** Dienstordnung.

**SERVICE | des achats** *(HR)* Einkaufsabteilung *f*; **– administratif** Verwaltungsbehörde.

**SERVICE anthropométrique** *(Kripo)* zentrale Dienststelle für erkennungsdienstliche und kriminaltechnische Untersuchungen und Forschungen.

**SERVICE après vente (= S. A. V.)** Kundendienst *m*.

**SERVICE armé** *(MilR)* Dienst mit der Waffe; **exemption de –** Befreiung vom Wehrdienst; **inapte au –** wehrdienstuntauglich.

**SERVICE | communal** Gemeindeamt *n*; **– compris (= S.C.)** Bedienung inbegriffen; **– du contentieux** Rechtsabteilung; **– des dettes** *(BankR)* Schuldendienst; **– de l'emploi** staatliche Arbeitsvermittlung, Arbeitsbehörde; **– de l'état-civil** Standesamt; **– de garde** Wach- *od.* Bereitschaftsdienst.

**SERVICE | de l'identité judiciaire** *(StPR)* Erkennungsdienst *m*; **– d'information** Nachrichtendienst; **– des intérêts** Schuldendienst; **– juridique** Rechtsabteilung; **– linguistique** Sprachendienst; **– de la main d'œuvre** frz. Arbeitsbehörde, Arbeitsverwaltung.

**SERVICE national** (Grund-)Wehrdienst; **exemption de –** Befreiung *f* vom Wehrdienst.

**SERVICE | d'ordre** • *(VwR: police)* Polizeiaufgebot *n* • Ordner- *od.* Ordnungsdienst; **– payeur** *(ÖfR)* auszahlende Dienststelle; **– de permanence** Bereitschaftsdienst; **– de proximité** *(SozR)* Nachbarschaftshilfe *f*

**SERVICE | public** • *(ÖfR)* Leistungsverwaltung, Daseinsvorsorge *f*; Sozialfunktion des Staates, Eingriffsverwaltung (der Behörden); Verwaltungstätigkeit *f* • *(VwR)* öffentliche Einrichtung; öffentlicher Betrieb; Anstalt *f* des öffentlichen Rechts; staatliche Behörde; **– administratif** Verwaltungsbehörde; **– commercial et industriel** staatlicher Gewerbebetrieb, Wirtschaftsunternehmen der öffentlichen Hand.

**SERVICE | de renseignements** Nachrichtendienst; **– d'une rente** Rentenzahlung, Versorgungsleistung; **– technique des véhicules** *(StVR)* frz. technischer Überwachungsverein für Kraftfahrzeuge; **– après vente** Kundendienst.

**SERVICES 2. : ancienneté de –** Dienstalter *n*; **louage de –** *(SchuldR)* Dienstvertrag *m*, Arbeitsvertrag; **prestataire de –** Leistender *m*; **prestation de –** Dienstleistung; **– de sécurité** Notdienst *m*; Unfallverhütung; **– secrets** Nachrichtendienst.

**SERVITEUR** *m* **à gages** Hausangestellte(r) *m*.

**SERVITUDE** *f (SachR)* Grunddienstbarkeit; **rachat d'une –** Ablösung einer Grunddienstbarkeit.

**SERVITUDE | d'alignement** Verpflichtung zur Einhaltung der Baulinie; **– d'appui** Balkenrecht; **– de ne pas bâtir** Dienstbarkeit, derzufolge ein Grundstück nicht bebaut werden darf; **– d'écoulement des eaux nuisibles** *ou* **d'égout** Wasserablaufgerechtigkeit; **– établie par le fait de l'homme** rechtsgeschäftliche Grunddienstbarkeit; **– établie par la loi** durch das Gesetz begründete Dienstbarkeit; **– foncière** Grunddienstbarkeit; **– de hauteur** Dienstbarkeit, derzufolge ein Gebäude nicht erhöht werden darf; **– non aedificandi** Bauverbot *n*; Dienstbarkeit, derzufolge ein Grundstück nicht bebaut werden darf; **– de passage** Wegerecht; **– de prise d'eau** Wasserentnahmerecht; **– de reculement** Dienstbarkeit, die dazu verpflichtet, hinter die Baufluchtlinie zurückzugehen; **– de riveraineté** Anliegerlast *f*; **– de vue** Fenster- *od.* Lichtgerechtigkeit.

**SESSION** *f* Sitzungsperiode *f*; **– d'information** Informationstagung; **– ordinaire** ordentliche Sitzungsperiode; **– plénière** Plenarsitzung, Vollversammlung.

**SEUIL** *m* Schwelle *f*; **– de commande** *(HR)* Meldebestand (im Rahmen der Lagerhaltung); **– obligatoire** *(StVZ)* mindestens zu verbüßender Teil der Strafe (vor einer Strafaussetzung zur Bewährung).

**SÉVÉRITÉ** *f* Strenge *f*; **– du verdict** ein hartes Urteil.

**SÉVICES** *mpl* **| à enfant** Kindesmisshandlung; **– sexuels** sexueller Missbrauch.

**SÉVIR** *v.intr.* durchgreifen, streng vorgehen.

**SEXISME** *m* Sexismus *m*, diskriminierendes Verhalten gegenüber Frauen.

**SEXUEL** *adj* **: éducation –le** Sexualerziehung; **harcèlement –** sexuelle Belästigung; **maniaque –, obsédé –** Triebtäter *m*.

**SEXUELLEMENT** *adv* **: maladies – transmissibles (= MST)** Geschlechtskrankheiten.

**S. G. D.G.** (= sans garantie du gouvernement) *(PatR)* ohne staatliche Garantie.

**SIDA** *m* (= Syndrome d'immunodéficience acquise) AIDS *n* (= acquired immune deficiency syndrome).

**SIÈGE** *m* • *(GesR)* (Gesellschafts-) Sitz *m*; Standort (einer Gesellschaft) • *(PrzR)* Richterstuhl *m*; Gerichtshof *m*; die (das Urteil fällenden) Richter *mpl* • *(VerfR)* Parlamentssitz, Sitz; **état de –** Belagerungszustand *m*; **magistrat du –** Richter *m*; **magistrature du –** Richterstand *m*, Richterschaft *f*; **– administratif** Verwaltungssitz.

**SIÈGE social** Gesellschafts- *od.* Geschäftssitz, Firmensitz; **transfert du – –** Sitzverlegung.

**SIÉGER** *v.intr.* • tagen, an einer Tagung teilnehmen • *(PrzR)* als Richter tätig sein • *(ÖfR)* sitzen, seinen Sitz (in der Regierung) haben; ein Mandat haben.

**SIGLE** *m* Abkürzung(szeichen); Kurzwort *n*.

**SIGNAL** *m* Signal *n*, Zeichen *n*; **– de détresse** Notruf *m*; **– d'interdiction** *(StVR)* Verbotszeichen; **– lumineux** Lichtzeichen, Verkehrsampel *f*; **– d'obstacle** Warnzeichen.

**SIGNALEMENT** *m* Kennzeichnung *f* (im Personalausweis), Signalement *n*, Personenbeschreibung *f*; **lettre de –** *(StR)* Steckbrief *m*.

**SIGNALER** *v.tr.* anzeigen, hinweisen auf, aufmerksam machen auf; feststellen.

**SIGNALÉTIQUE** *adj* **: fiche –** Steckbrief *m.*

**SIGNALISATION** *f* Kennzeichnung *f*, Zeichengebung *f*, Beschilderung; **panneau de –** Verkehrsschild *n.*

**SIGNATAIRE** *m* Unterzeichner *m* (eines Vertrages), Signatar *m*; **– d'un contrat** vertragsschließende Partei.

**SIGNATURE** *f* Unterschrift *f*; Unterzeichnung; **délégation de –** Übertragung der Zeichnungsbefugnis; **légalisation de –** Unterschriftsbeglaubigung *f*; **spécimen de –** Unterschriftsprobe *f*; **–autographe** eigenhändige Unterschrift; **– bancaire** Bankunterschrift; **– en blanc** Blankounterschrift; **– sociale** *(GesR)* Zeichnungsbefugnis für eine Firma.

**SIGNE** *m* Zeichen *n*, Merkmal *n*, Kennzeichen *n*; **– de démarcation** *(SachR)* Grenzzeichen; **– distinctif** Unterscheidungsmerkmal.

**SIGNER** *v.tr.* unterschreiben, unterfertigen, unterzeichnen; **– un contrat** einen Vertrag abschließen.

**SIGNIFICATION** *f* • Bedeutung *f*, Sinn *m* • *(ZPR: notification faite par huissier)* Zustellung *f*; **acte de –, exploit de –** Zustellungsurkunde *f*; **– par acte au palais** Zustellung von Anwalt zu Anwalt; **– de la demande** Klagezustellung; **– à domicile** Ersatzzustellung; **– faite d'office** Zustellung von Amts wegen; **– du jugement** Urteilszustellung; **– d'office** Zustellung von Amts wegen; **– au parquet** *(StPR)* Zustellung bei der Staatsanwaltschaft (falls der Betroffene keinen feststellbaren Wohnsitz im Inland hat); **– à partie** Parteizustellung; **– à personne** persönliche Zustellung; **– par voie postale** Postzustellung.

**SIGNIFIER** *v.tr.* • bedeuten • *(ZPR: Urkunden)* (von Amts wegen) zustellen • mitteilen, bekanntgeben.

**SILENCE** *m* Stillschweigen *n*; Verschweigen *n*; **– malicieux** arglistiges Verschweigen.

**SIMILAIRE** *adj* **: produit –** Ware gleicher Art und Güte.

**SIMILITUDE** *f* Gleichartigkeit; Ähnlichkeit.

**SIMULATION** *f* Vortäuschung *f*, Simulierung, Vorspiegeln *n*; **action en déclaration de –** *(ZPR)* Klage zur Aufdeckung eines Scheingeschäftes.

**SIMULÉ** *adj* **: contrat –** Scheingeschäft *n*, Scheinvertrag.

**SIMULER** *v.tr.* (sich) verstellen, (etwas) vortäuschen, simulieren, (falsche Tatsachen) vorspiegeln.

**SIMULTANÉITÉ** *f* Gleichzeitigkeit.

**SINCÉRITÉ** *f* • *(personne)* Aufrichtigkeit *f* • *(document)* Echtheit *f*; **devoir de –** Verpflichtung zur Ehrlichkeit und Aufrichtigkeit (während der Vertragsverhandlungen); **– d'un titre** Echtheit einer Urkunde.

**SINISTRE 1.** *m* Schaden *m*, Schadensereignis *n*, Schadensfall *m*; **– facultés** Warenschaden; **– maritime** Seeschaden, Seeunfall *m*; **– tardif** Spätschaden, nachgemeldeter Schaden.

**SINISTRES 2. : expert en matière de –** Schaden-Sachverständiger; **garantie en excédent de –** Schadenexzedentendeckung; **probabilité de –** Schadenerwartung; **réserve pour –** Schadenrückstellung *f.*

**SINISTRÉ** *m* Geschädigte(r) *m*; **– de guerre** Kriegsgeschädigte(r).

**SIS** *adj* gelegen, liegend.

**SITE** *m* • *(situation)* Lage *f* • *(paysage)* Landschaft *f*; Ensemble *n*; **– classé** *(UmweltR)* Naturschutzgebiet *n* (= NSG); Naturdenkmal *n*; **– de déchets radioactifs** Endlager *n* für Atommüll; Zwischenlager; **– protégé** Landschaftsschutzgebiet (= LSG); Arten- *od.* Biotopschutz.

**SITUATION** *f* • Lage *f*, Sachlage *f*, Situation *f*, Zustand *m* • *(ArbR)* Dienststellung *f*, Anstellung *f*, Posten *m* • *(BankR)* die (finanziellen) Verhältnisse *npl*, Vermögensverhältnisse, (Betriebs-) Ausweis *m*;

**étranger en – irrégulière (= ESI)** *(AuslR)* Ausländer ohne gültige Aufenthaltsgenehmigung.

**SITUATION | de caisse** • Kassenlage, Kassenbestand *m* • Kassenbericht *m*; – **de l'emploi** Arbeitsmarktlage; – **de fait** • *(ZR)* faktisches Vertragsverhältnis • tatsächliche Lage, faktischer Rechtszustand; – **de famille** Familienstand, Familienverhältnisse *npl*; – **de fortune** Vermögensverhältnisse *npl*, Vermögenslage *f*; – **hebdomadaire** *(BankR)* Wochenausweis *m*; – **juridique** (juristischer *od.* rechtlicher) Tatbestand *m od.* Sachverhalt *m*, Rechtsstellung *f*, Rechtslage *f*; – **pécuniaire** Vermögensverhältnisse; – **sociale** *(individu)* gesellschaftliche Stellung.

**SMIC** *m (SozR: salaire minimum interprofessionnel de croissance)* frz. gesetzlicher dynamischer Mindestlohn für sämtliche Arbeitnehmer.

**SMICARD** *m* Mindestlohnempfänger *m*.

**SOCIAL** *adj* : **dénomination –e** Firmenbezeichnung (einer Kapitalgesellschaft); **raison –e** Firmenbezeichnung (einer Personengesellschaft); **siège –** Gesellschaftssitz.

**SOCIÉTAIRE** *m* • *(VereinsR)* Vereinsmitglied *n* • *(GesR: coopératives)* Genossenschafter *m*, Genossenschaftsmitglied *n* • *(GesR: associé)* Gesellschafter *m*.

**SOCIÉTAL** *adj* gesellschaftlich; **contrainte –e** *(Pol)* gesellschaftlicher Zwang.

**SOCIÉTÉ** *f* • *(ZR, HR)* Gesellschaftsvertrag *m* • *(GesR)* (Handels-) Gesellschaft *f*, Unternehmung *f*, Unternehmen *n*; Betrieb *m* • *(ÖfR)* Gemeinschaft *f*, Gesellschaft; Gruppe *f*; führende Schicht *f*; **apport en –** Gesellschaftereinlage *f*; **contrat de –** Gesellschaftsvertrag, Satzung; **dissolution d'une –** Gesellschaftsauflösung; **objet de la –** Gesellschaftszweck *m*; **personnalité de la –** Rechtsfähigkeit der Gesellschaft.

**SOCIÉTÉ | absorbante** *(GesR)* übernehmende Gesellschaft; – **absorbée** übernommene Gesellschaft; – **par actions** • *(i. w. S.)* Kapitalgesellschaft • *(i. e. S.)* Kommanditgesellschaft auf Aktien; – **anonyme (= S.A.)** frz. Aktiengesellschaft; – **d'armement,** – **d'armateurs** Reederei *f*; – **d'assurances** Versicherungsgesellschaft *f*; – **d'assurances mutuelles** Versicherungsverein auf Gegenseitigkeit.

**SOCIÉTÉ | de bienfaisance** Wohltätigkeitsverein; – **à but lucratif** Erwerbsgesellschaft; – **de capitaux** Kapitalgesellschaft; – **civile** *(ZR)* bürgerlich-rechtliche Gesellschaft, Gesellschaft des bürgerlichen Rechts; – **civile immobilière (= S. C. I.)** bürgerlichrechtliche Immobiliarinvestitionsgesellschaft; – **civile professionnelle (= S. C. P.)** bürgerlich-rechtliche Gesellschaft für Freiberufler; Ärzte- *od.* Rechtsanwaltsgemeinschaftspraxis; Architektenbüro; – **en commandite par actions** Kommanditgesellschaft auf Aktien; – **en commandite simple (= S.C.S.)** Kommanditgesellschaft; – **commerciale** Handelsgesellschaft; – **de conseil** Beratungsbüro *n*; – **de consommation** *(Vwirt)* Konsumgesellschaft; – **de contrôle** Dachgesellschaft; – **contrôlée** abhängiges Unternehmen; – **coopérative** Genossenschaft.

**SOCIÉTÉ | de crédit** Kreditinstitut *n*; – **de crédit bail** Leasing-Gesellschaft, Industriefinanzierungsgesellschaft; – **de crédit immobilier** Bodenkreditgesellschaft; – **créée de fait** faktische Gesellschaft, De-facto-Gesellschaft; – **dépendante** abhängige Gesellschaft; – **de droit civil** Gesellschaft des bürgerlichen Rechts; – **de droit commercial** Handelsgesellschaft; – **d'écono-mie mixte (= S. E. M.)** frz. gemischtwirtschaftliches Unternehmen, Gesellschaft des Handelsrechts mit staatlicher Kapitalbeteiligung; **– écran** Briefkastengesellschaft; Scheinfirma *f*; **– entre époux** Handelsgesellschaft mit Beteiligung beider Ehegatten; **– d'expertise** Prüfungsgesellschaft.

**SOCIÉTÉ | de fait** faktische Gesellschaft; **– fictive** Scheingesellschaft; **– fiduciaire** Treuhandgesellschaft; **– foncière** Immobiliengesellschaft; **– en formation** Gründungsgesellschaft; **– holding** Dachgesellschaft; **– immobilière** Immobiliengesellschaft; **– d'ingéniérie** Unternehmensberatungsgesellschaft, Planungsbüro *n*; **– par intérêt** • *(i. w. S.)* Personengesellschaft • *(i. e. S.)* Kommanditgesellschaft; **– intérimaire de travail** Zeitarbeitunternehmen; Steuerberatungsgesellschaft.

**SOCIÉTÉ | d'investissement** (Kapital-) Anlagegesellschaft, Investmentgesellschaft; **– d'investissement à capital variable (= SICAV)** frz. Investionsgesellschaft mit wechselndem Grundkapital; **– léonine** Gesellschaft ausschließlich im Interesse eines Beteiligten; **– de loisirs** *(Vwirt)* Freizeitgesellschaft; **– de lotissement** Siedlungsgesellschaft; **– -mère** Dach- *od.* Muttergesellschaft; **– mixte** *(ÖfR)* gemischtwirtschaftliches Unternehmen; **– multinationale** multinationale Gesellschaft; *umg* Multi *m*; **– mutuelle d'assurances** Versicherungsverein auf Gegenseitigkeit.

**SOCIÉTÉ | en nom collectif (= SNC)** frz. offene Handelsgesellschaft; **– occulte** Innengesellschaft; **– en participation** stille Gesellschaft, reine Innengesellschaft; **– à participations croisées** Verschachtelung, Schachtelgesellschaft; **– de personnes** Personengesellschaft; **– de placement de capitaux** Investmentgesellschaft; **– de portefeuille** • Holding *f*, Dachgesellschaft • Effektenhaltegesellschaft.

**SOCIÉTÉ | à responsabilité limitée (= SARL)** frz. Gesellschaft mit beschränkter Haftung; **– qui se révèle aux tiers** Außengesellschaft; **– à succursales multiples** Handelskette *f*; **– taxi** Scheingesellschaft (zum Ausstellen von fingierten Rechnungen); **– à terme (convenu)** *(BankR)* Gelegenheitsgesellschaft, Konsortium *n*; **– transnationale** multinationaler Konzern; **– de travail temporaire** Zeitarbeit-Unternehmen; **– unipersonelle** Einmanngesellschaft; **– en voie de dissolution** Abwicklungsgesellschaft.

**SOIN** *m* • Sorgfalt *f*, Sorgsamkeit • Wartung *f*; Pflege *f*, Behandlung *f*, Betreuung *f*; **aux bons –s de** *(auf Briefen)* z. H., zu Händen; **–s médicaux** ärztliche Behandlung *od.* Versorgung; **–s palliatifs** Sterbehilfe *f*.

**SOL** *m* Boden *m*, Grund *m*; Erde *f*; **– en jachère** Brachland.

**SOLDE 1.** *f* • *(BeamR)* (Dienst-)Gehalt • *(MilR)* (Wehr-)Sold *m*.

**SOLDE 2.** *m* • Rest *m*, Restbetrag *m* • *(Buchf)* Saldo *m*, Unterschiedsbetrag *m* (zwischen der Soll- u. Habenseite eines Kontos); Rechnungsüberschuss *m*; **paiement pour – de tout compte** Ausgleichszahlung, Saldoausgleich; **report du –** Saldovortrag *m*; **– en caisse** Kassenbestand *m*; **– de clearing** *ou* **de compensation** Abrechnungssaldo; **– créditeur** Habensaldo; **– débiteur** Soll-, Debet-, Passivsaldo; **– final** Abschlusssaldo; **– négatif** Minussaldo; **– à nouveau** Saldovortrag, Übertrag; **– à régler** Restschuld; **– reporté** Saldovortrag *m*; **– résiduel** Restsaldo.

**SOLDES 3.** *mpl* • Ausverkauf *m*, Schlussverkauf *m*, Räumungsverkauf • Ladenbestände im Aus- *od.* Schlussverkauf; **– fin de saison** Saisonschlussverkauf; Winter- *od.* Sommerschlussverkauf.

**SOLDER** *v.tr.* • *(Buchf)* saldieren, abschließen • *(HR)* (aus)verkaufen (zu herabgesetzten Preisen); **– à vil prix** zu Schleuderpreisen verkaufen.

**SOLENNEL** *adj* • förmlich, in aller Form • feierlich, festlich; **acte –** formbedürftiges Rechtsgeschäft.

**SOLIDAIRE** *adj* **: débiteurs –s** Gesamtschuldner *mpl*; **responsabilité –** gesamtschuldnerische Haftung.

**SOLIDAIREMENT** *adv* **: être tenu –** gesamtschuldnerisch haften.

**SOLIDARITÉ** *f* • *(SchuldR)* Gesamtschuld *f*, Gesamtschuldnerschaft *f* • *(SchuldR)* Gesamtgläubigerschaft *f* • *(Pol)* Solidarität *f*, Zusammengehörigkeitsgefühl *n*; **– conventionnelle** auf Vertrag beruhende Gesamtschuld; **– pénale** *(StR)* gesamtschuldnerische Haftung für Geldstrafen (aller an einer Straftat Mitbeteiligten).

**SOLLICITATION** *f* • *(VwR)* Aufforderung, Ersuchen *n*, Gesuch *n*, dringende Bitte *f* • *(ArbR)* Bewerbung (um eine Stelle) • *(ZPR)* Antrag.

**SOLLICITER** *v.tr.* • *(StR)* aufreizen, verleiten • *(VwR, ZPR)* nachsuchen, beantragen • *(ArbR)* sich bewerben (um eine Stelle).

**SOLLICITEUR** *m* • *(VwR)* Bittsteller *m* • *(ArbR)* Bewerber *m*.

**SOLUTION** *f* | **amiable** gütliche Einigung; **– de rechange** Ersatzlösung.

**SOLVABILITÉ** *f* Zahlungsfähigkeit *f*, Solvenz *f*.

**SOLVABLE** *adj* zahlungsfähig, solvent.

**SOMMAIRE** *adj* **: connaissances –s** nur lückenhafte Kenntnisse; **examen –** schnelle und oberflächliche Prüfung; **exécution –** Hinrichtung ohne ein ordentliches Verfahren; **procédure –** abgekürztes und vereinfachtes Verfahren.

**SOMMAIRE** *m* Inhaltsübersicht *f*; Zusammenfassung *f*.

**SOMMATION** *f* • *(ZPR)* (schriftliche) Aufforderung durch den Gerichtsvollzieher (eine bestimmte Handlung vorzunehmen) • *(StR)* Verwarnung; Aufforderung der Polizei (zu einem Tun *od.* Unterlassen) • *(ZR)* Mahnbescheid, Zahlungsaufforderung; **acte de –** Mahnbescheid *m*; **frais de –** Mahngebühr *f*; **procédure de –** Mahnverfahren *n*; **– sans frais** gebührenfreie Mahnung.

**SOMMATION | de payer** Zahlungsaufforderung *f* (durch den Gerichtsvollzieher); **– publique** • *(ZPR)* Ladung durch amtliche Aufforderung • *(StR)* (polizeiliche) Anordnung.

**SOMME** *f* • Summe *f*, Gesamtbetrag *m*; Posten *m* • *pl* Gelder, Geldbeträge; **– d'argent** Geldsumme; **– consignée** (als Sicherheit) hinterlegter Geldbetrag; **– due en cas de décès** Sterbegeld; **–s engagées** Aufwendungen *pl*; **– exigible** fälliger Betrag; **– en litige** *ou* **litigieuse** Streitwert *od.* -summe.

**SOMMER** *v.tr.* mahnen, (amtlich) auffordern; **– qqn. à comparaître** jmdn. (vor-)laden.

**SOMMET** *m* **: conférence au –** Gipfelkonferenz *f*.

**SOMMIER** *m* • *(Buchf)* Haupt- *od.* Kassenbuch *n* • *(VwR)* Haushaltsregister *n*; **– judiciaire** *(StPR)* Strafregister *n*; **– de police technique** Verbrecherkartei *f*.

**SOMPTUAIRE** *adj* **: dépenses –s** Repräsentationsausgaben.

**SONDAGE** *m* Umfrage *f*; Stichprobe *f*; Erhebung; Meinungsforschung, Umfrageforschung; **– d'o-pinion** (Meinungs-)Umfrage, Repräsentativerhebung.

**SONDEUR** *m* Meinungsforscher *m*, Demoskop *m*.

**SORTIE** *f* • Ausgang *m*, Ausfahrt *f* • *(personnes)* Abgang *m*, Austritt *m* • *(argent)* Abfluss *m*, Ausgang, Storno *n*; **prohibition de –** Ausfuhrverbot *n*; **visa de –** Ausreisevisum *od.* -sichtvermerk.

**SOUCHE** *f* • Stamm *m* • Stammabschnitt *m*, Stammblatt *n*; **carnet** *ou* **chéquier à –s** (Scheck-) Heft mit Stammabschnitten; **partage par –s**

*(ErbR)* Aufteilung (der Erbschaft) nach Stämmen.

**SOUDOYER** *v.tr. (StR: corrompre)* bestechen, kaufen.

**SOUFFRANCE** *f* • Schmerz *m*, Leiden *n* • Duldung *f*, Zugeständnis *n* • *(FinanzW)* Aufschub *m*, zusätzliche Frist *f*; Verzug *m*; **en –** unerledigt, in der Schwebe; ungedeckt; **lettre en –** unzustellbarer Brief; **lettre de change en –** notleidender *od.* nicht eingelöster Wechsel.

**SOULÈVEMENT** *m* Aufstand *m*, Aufruhr *m*, Erhebung *f*.

**SOULEVER** *v.tr.* • *(fig: une question)* aufwerfen • (auf)heben; **se –** *(Pol)* sich erheben (gegen jn.); **– une exception** *(PrzR)* eine Einrede erheben, eine Einwendung geltend machen, einwenden.

**SOULIGNER** *v.tr.* unterstreichen; *fig* besonders hervorheben.

**SOULTE** *f (ErbR, FamR)* Ausgleichsbetrag; Wertausgleich *m*; **échange avec –** *(SchuldR)* (Um-) Tausch mit Zahlung des Wertunterschiedes; **– successorale** Erbabfindung.

**SOUMISSION** *f* • *(VerfR)* Unterwerfung, Gehorsam *m* • *(ÖfR: marchés publics)* Angebot *n* (auf eine Ausschreibung); **par voie de –** durch (öffentliche) Ausschreibung; **– de prix** Preisstellung; **– publique** öffentliche Ausschreibung.

**SOUMISSIONAIRE** *m* Bieter, Bewerber (bei öffentlichen Aufträgen), Submittent *m*.

**SOUMISSIONNER** *v.tr.* ein Preisangebot vorlegen, ein Angebot einreichen.

**SOUPÇON** *m (StR)* Tatverdacht *m*, Vermutung; **– justifié** begründeter Verdacht.

**SOUPÇONNER** *v.tr.* Verdacht schöpfen, verdächtigen; mutmaßen.

**SOUPLESSE** *f fig* Nachgiebigkeit *f*, Anpassungsfähigkeit; Spielraum *m*.

**SOURCE** *f* : **imposition à la –** Quellenbesteuerung; **– d'achat** Bezugsquelle; **– de financement** Finanzierungsquelle; **– juridique** Rechtsgrundlage; **– de revenu(s)** Einnahmequelle.

**SOUS-ACQUÉREUR** *m (SchuldR)* Endabnehmer *m*, Endverbraucher *m*.

**SOUSCRIPTEUR** *m* • *(VersR)* Versicherungsnehmer *m* • *(BankR)* Zeichner *m* (einer Anleihe, einer Aktie) • Subskribent *m*, Unterzeichner *m*.

**SOUSCRIPTION** *f* • *(VersR)* Zeichnung *f*, Subskription *f* • Unterschrift *f*, Unterzeichnung; **avis de –** Zeichnungsaufforderung; **droit de –** Bezugsrecht; **– d'une assurance** Versicherungsabschluss *m*.

**SOUS-ENTREPRENEUR** *m* Subunternehmer *m*.

**SOUS-ENTREPRISE** *f* Subunternehmertum *n*; **– de main-d'œuvre** *(ArbR)* Arbeitnehmerüberlassung *f*.

**SOUS-LOCATAIRE** *m* Untermieter *m*, **– -location** *f* Untermiete *f*.

**SOUS-LOUER** *v.tr.* • in Untermiete nehmen • in Untermiete geben, weitervermieten.

**SOUS-PRÉFECTURE** *(VwR)* frz. Unterpräfektur; **– -préfet** *m* Unterpräfekt *m*.

**SOUSSIGNÉ** *m* Unterzeichnete(r) *m*, Unterfertigte(r) *m*.

**SOUSTRACTION** *(StR)* Wegnahme *f*, Zueignung; Hinterziehung *f*; **– frauduleuse** rechtswidrige Zueignung, Gewahrsamsbruch *m*.

**SOUS-TRAITANCE** • Zulieferindustrie *f* • Vergabe von Aufträgen an Subunternehmer.

**SOUS-TRAITANT** *m* Zulieferer *m*, Zulieferant *m*, Subunternehmer *m*.

**SOUTENEUR** *m (StR)* Zuhälter *m*.

**SOUTENIR** *v.tr.* • unterstützen, helfen • wahren, verteidigen • behaupten, bekräftigen, bestätigen.

**SOUTIEN** *m* • Unterstützung *f*, Beihilfe *f* • *(FamR)* unterhaltspflichtige Person • Stütze *f*, Halt *m*;

**grève de –** Solidaritätsstreik *m*; **– pécuniaire** finanzielle Unterstützung.

**SOUTIRER** *v.tr.* **de l'argent** Gelder *npl* unterschlagen.

**SOUVERAIN** *adj* **: État –** souveräner Staat; **– pontife** Papst *m*.

**SOUVERAINETÉ** *f (ÖfR)* Souveränität *f*, Hoheitsrechte *npl*; Rechtshoheit *f*, Oberhoheit; Staatsgewalt *f*, Staatshoheit; **abandon de –** Aufgabe von Hoheitsrechten; **acte de –** *(ÖfR)* Regierungsakt *m*; **emblème de –** Hoheitszeichen *n*; **violation de la –** Souveränitätsverletzung.

**SOUVERAINETÉ | dans le domaine aérien** Lufthoheit; **– financière** Finanz- *od.* Steuerhoheit; **– des juges de fond** *(PrzR)* alleinige Zuständigkeit (der Erstintanz- und Berufungsrichter) für die Tatsachenfeststellung; **– du peuple** Volkssouveränität; **– territoriale** Gebiets- *od.* Territorialhoheit.

**SPÉCIAL** *adj* **: autorisation –e** Sondergenehmigung; **contrats spéciaux** die einzelnen Schuldverhältnisse.

**SPÉCIALITÉ** *f* • *(ArbR)* Fachgebiet *n* • *(Wz)* Markenartikel *m* • Spezialität *f*; **– pharmaceutique** Arzneimittel *n*.

**SPÉCIFICATION** *f* • *(SachR)* Verarbeitung eines Stoffes zu einer neuen Sache • *(SchuldR)* Spezifikation, nähere Bestimmung der Leistung • *(précision)* (nähere) Angabe *f*; (besondere) Bezeichnung; Einzelaufzählung.

**SPÉCIFICITÉ** *f* Eigenart *f*, Sondercharakter *m*, Besonderheit *f*.

**SPÉCIMEN** *m* • *(HR: échantillon)* Probe *f*, Probestück *n*, Muster *n* • *(Buch)* Probeexemplar *n*; **– de signature** Unterschriftsprobe.

**SPECTACLE** *m* Schauspiel *n*; Bühnenwerk *n*; **procès- –** Schauprozess *m*.

**SPÉCULATEUR** *m (BörR)* Spekulant *m*.

**SPÉCULATION** *f* **| sur les changes** Devisenspekulation; **– foncière** *ou* **immobilière** Bodenspekulation.

**SPHÈRE** *f* Bereich *m*, Wirkungskreis *m*; **– d'activité** Tätigkeitsfeld *m*, Wirkungsbereich; **– d'attributions** *ou* **de compétence** Zuständigkeitsbereich; **– d'influence** Einflussbereich *m*.

**SPOLIATION** *f* Ausplünderung *f*; **– de biens** Vermögensentziehung.

**SPOLIER** *v.tr.* ausplündern, berauben.

**SPONSOR** *m* Sponsor *m*, Förderer, Geldgeber (z. B. im Sport).

**SPONSORING** *m*, **sponsorisation** *f*, **sponsorisme** *m (= parrainage publicitaire)* Sponsoring *n*, Werbung durch Förderung (von Sport u. Kunst).

**SPOT** *m* **publicitaire** (kurze) Werbesendung, Werbespot *m*.

**SQUAT** *m*, **squattage** *m (StR)* (rechtswidrige) Hausbesetzung *f*.

**SQUATTER** *v.tr.* **un immeuble inoccupé** ein leerstehendes Haus besetzen.

**SQUATTER** *m/v*, **squatteur** *m* Hausbesetzer *m*; **immeuble squatté** besetztes Haus.

**STABILITÉ** *f* Festigkeit, Beständigkeit, Stabilität *f*; **– de l'emploi** Sicherheit der Arbeitsplätze.

**STADE** *m* **| de la commercialisation** Handelsstufe *f*; **– de la procédure** *(PrzR)* Verfahrensabschnitt *od.* -stadium *n*.

**STAGE** *m* • *(BeamR)* Vorbereitungsdienst • *(ArbR)* Ausbildungs- *od.* Probezeit; Praktikum *n*; **emploi de –** Praktikantenstelle; **– des avocats** Ausbildungszeit der Rechtsanwaltsanwärter; **– de conversion professionelle** beruflicher Umschulungslehrgang; **– dans l'entreprise** Betriebspraktikum; **– de formation** Fortbildungsmaßnahme *f*; **– de formation professionnelle** Berufsausbildungslehrgang; **– d'initiation** Einführungslehrgang; **– de perfectionnement** Fortbildungslehrgang; **– préparatoire** *(BeamR)* Vorbereitungsdienst; **– probatoire** Probezeit *f*; **– de**

**reconversion** Umschulungslehrgang.

**STAGIAIRE** *m* • *(BeamR)* Beamtenanwärter *m* • *(ArbR)* Praktikant *m*, Volontär *m*, Berufsanwärter *m*; Teilnehmer an einem Lehrgang.

**STANDARD** *m* • Standard *m*, Normalmaß *n*, Durchschnittsbeschaffenheit • *(Vwirt)* allgemeines Leistungs-, Qualitätsniveau *n* • *(HR)* Qualitätsmuster *n*, Normalausführung (einer Ware), Standard, anerkannter Qualitätstyp; **– de vie** Lebensstandard.

**STANDARDISATION** *f* Normung *f*; Standardisierung *f*; Vereinheitlichung; Normierung, Typisierung.

**STARIES** *fpl* *(SeeHR)* Liegezeit *f*, Ladezeit; **jours de –** Liegetage *pl*.

**STATION** *f* | **d'épuration d'eau** Kläranlage *f* (zur Abwässerreinigung); **– -service** Tankstelle *f*.

**STATIONNEMENT** *m* Parken *n*; **droit de – des riverains** *(VwR)* Anliegergebrauch *m*.

**STATISTIQUE** *f* : **institut des -s** statistisches Amt; **– de la criminalité** Verbrechens- *od.* Kriminalstatistik.

**STATUER** *v.tr.* • *(ZPR, StPR)* entscheiden, befinden (über) • *(VwR: ordonner)* anordnen, bestimmen, regeln; **refus de –** *(StR: déni de justice)* Rechtsverweigerung; **sursis à –** Entscheidungsaussetzung.

**STATUER** | **en appel** als Rechtsmittelinstanz entscheiden; **– à charge d'appel** unter Vorbehalt der Berufung entscheiden; **– au contentieux** im streitigen Verfahren entscheiden; **– contradictoirement** bei Anwesenheit beider Parteien (*od.* ihrer Vertreter) entscheiden; **– discrétionnairement** nach freiem Ermessen entscheiden; **– au fond** in der Sache selbst entscheiden; **– sur pièces** nach Aktenlage entscheiden; **– en référé** im beschleunigten Verfahren entscheiden.

**STATU QUO** *m* gegenwärtiger Zustand *m*, Status quo; **– ante** Stand vor dem bezeichneten Ereignis; **– minus** Verschlechterung *f* gegenüber dem gegenwärtigen Zustand.

**STATUT 1.** *m* • *(situation de fait)* Stellung *f*, Lage *f* • Rechtsstellung *f*, Rechtsstatus *m*; Rechtsverhältnisse *npl* • Gesetz *n*, Verordnung *f*, Recht *n*, Statut *n*; **– juridique** Rechtsstellung, rechtliche Stellung, Rechtsstatus *m*; Rechtsgrundlage *f*; **– légal** gesetzliche Regelung *od.* Grundlage; **– de la magistrature** *(GVR)* Rechtsstellung der Richter und Staatsanwälte; **– pécuniaire** *(BeamR)* Besoldungsordnung *f*; **– personnel** *(IPR)* Personalstatut; **– du personnel** • *(ArbR)* Rechtsstellung der Belegschaft • *(BeamR)* Personalordnung, Personalstatut, Recht der Beamten und Angestellten; **– réel** *(IPR)* Anwendbarkeit des Rechts des Orts der belegenen Sache.

**STATUTS 2.** *mpl* *(GesR)* Satzung *f* (einer Gesellschaft); **modification aux –** Satzungsänderung; **violation des –** Satzungsverletzung; **– d'une association** Vereinssatzung; **– type** Mustersatzung.

**STATUTAIRE** *adj* satzungsmäßig *od.* -gemäß; **gérant –** durch die Satzung bestimmter Geschäftsführer.

**STIPULATION** *f* • (Vertrags-) Klausel *f*, Vereinbarung, Vertragsbestimmung, Abmachung • Bedingung *f*, Voraussetzung; **– pour autrui** Vertrag zugunsten Dritter.

**STIPULER** *v.tr.* verabreden, vereinbaren, vertraglich abmachen, ausbedingen; **– pour autrui** zugunsten eines Dritten einen Vertrag abschließen.

**STOCK** *m* • Bestand *m*, Vorrat *m*, Lagervorrat • Warenlager, Lager; **gestion des –s** Lagerverwaltung; **liquidation du –** Räumungsverkauf *m*; **rotation des –s** Lagerumschlag *m*; **– d'alerte** *ou* **critique** Meldebestand *m*; **– de marchandises** Warenbestand *m*; Warenlager *n*; **– de sécurité**

Mindestlagerbestand, eiserner Bestand.

**STOCKAGE** *m* Einlagerung *f*, Lagerhaltung; Vorratshaltung *f*; **capacité de –** Lagerkapazität.

**STOCK-OPTION** *f* Aktienvorkaufsrecht *n*.

**STRICT** *adj* **: interprétation –e** restriktive Auslegung; **au sens –** *(= stricto sensu)* im engeren Sinne.

**STRICTEMENT | confidentiel** höchstvertraulich; **– défendu** streng verboten; **– personnel** höchstpersönlich.

**STRUCTURE** *f* • *(disposition ordre)* Aufbau *m*, Struktur *f*, Gliederung *f*, Gefüge *n* • *(régime)* System *n*, Ordnung *f*; **– administrative** Verwaltungsaufbau; **– juridique** Rechtsordnung; **– du marché** Marktordnung; **– des prix** Preisgefüge.

**STUPÉFIANT(S)** *m(pl)* *(StR)* Rauschgift *n*, Betäubungsmittel *n*; **brigade des –s** Rauschgiftdezernat *n*; **trafic de –** Rauschgifthandel *m*; **usage de –** Betäubungsmittelverbrauch *m*.

**STYLE** *m* **: clause de –** Wendung, Formel *f* (in Verträgen)

**SUBALTERNE** *m* Untergebene(r) *m*, Beamte(r) des einfachen Dienstes.

**SUBDÉLÉGATION** *f* Untervollmacht *f*; Unterbevollmächtigung *f*.

**SUBDIVISION** *f* Unterteilung *f*; **– administrative** Verwaltungsuntergliederung, Verwaltungsbezirk *m*.

**SUBIR** *v.tr.* **| un dommage** einen Schaden erleiden; **– un examen médical** einer ärztlichen Untersuchung unterzogen werden; **– un interrogatoire** *(StPR)* verhört werden; **– une peine** eine Strafe verbüßen; **– une perte** einen Verlust erleiden.

**SUBORDINATION** *f* *(ArbR)* Unterordnung *f*; **lien de –** Unterordnungsverhältnis; Weisungsbefugnis *f* (des Arbeitgebers).

**SUBORDONNÉ** *m* Untergebene(r) *m*, Untergeordnete(r) *m*.

**SUBORNATION** *f* **de témoin(s)** *(StR)* Verleiten *n* eines Zeugen zum Meineid; Zeugenbestechung; verbotene Zeugenbeeinflussung.

**SUBORNER** *v.tr.* verleiten, bestechen.

**SUBROGATIF** *adj* an die Stelle tretend (von).

**SUBROGATION** *f* *(SchuldR)* Gläubigereintritt, Gläubigerwechsel *m*; **– de l'assureur** gesetzlicher Forderungsübergang auf den Versicherer; **– conventionnelle** Gläubigereintritt auf Grund Vereinbarung; **– légale** Gläubigereintritt kraft Gesetzes; **– des poursuites** *(ZPR)* Ersatzvornahme *f*.

**SUBROGEANT** *m* der bisherige Gläubiger.

**SUBROGÉ** *m/adj* • der neue Gläubiger, Erfüllende(r) *m* • *(ZPR)* gerichtlich ernannt; **– tuteur** *(FamR)* frz. Gegenvormund *m* (unter Umständen auch: Ersatzvormund).

**SUBROGER** *v.tr.* ersetzen; (einen neuen Gläubiger) in die Rechte eintreten lassen.

**SUBSÉQUENT** *adj* **: degré – de parenté** nachfolgender Verwandtschaftsgrad.

**SUBSIDE(S)** *m(pl)* Beihilfe *f*, Unterstützung aus staatlichen Mitteln, Unterstützungsgelder *pl*; **action à fins de –s** Unterhaltsklage (des nichtehelichen Kindes).

**SUBSIDIAIRE** *adj* subsidär, zweitrangig; unterstützend; Hilfs-; **conclusion –, demande –, moyen –** *(ZPR)* Eventualantrag *m*, Hilfsantrag; **droit –** subsidäres Recht.

**SUBSIDIAIREMENT** *adv* hilfsweise, subsidär, ersatzweise, an zweiter Stelle.

**SUBSIDIARITÉ** *f* **: principe de –** *(EuR)* Subsidiaritätsprinzip *n*.

**SUBSISTANCE** *f* (Lebens-) Unterhalt *m*, Verpflegung; **allocation de –** Unterhaltsbeihilfe; **moyens de –** Unterhaltsmittel *npl*; **– de la famille** Familienunterhalt *m*.

**SUBSTANCE** *f* • *(corps)* Stoff *m*, Substanz *f*, Element *n* • *(contenu, nature)* Inhalt *m* • *(SchuldR)* Beschaffenheit der Sache; **en –** sinngemäß; **erreur sur la –** *(SchuldR)* Irrtum über (verkehrswesentliche) Eigenschaften der Sache; **– toxique** *(UmweltR)* giftige Substanz, Giftstoff.

**SUBSTANTIEL** *adj* wesentlich; **droit –** materielles Recht; **formalités –les** unabdingbare Formvorschriften; **qualités –les** wesentliche Eigenschaften.

**SUBSTITUER** ersetzen, austauschen.

**SUBSTITUT** *m (StPR)* Vertreter der Staatsanwaltschaft, frz. Staatsanwalt *m*; **–s à l'emprisonnement** *(StVZ)* Ersetzung der Freiheitsstrafe durch andere Rechtsfolgen (wie Führerscheinentzug).

**SUBSTITUTION** *f* Austausch *m*; Ersetzung, Ersatz *m*; **peine de –** *(StR)* an Stelle einer Freiheitsstrafe verhängte (mildere) Strafe; Entziehung der Fahrerlaubnis; **pouvoir de –** *(VwR)* Recht auf ersatzweise Vornahme; **– d'héritier** Nacherbschaft; **– de motif** *(PrzR)* Ersetzung falscher durch richtige rechtliche Erwägungen (in den Entscheidungsgründen); **– de part** *(StR)* Kindesunterschiebung; **– de pièces à conviction** *(StR)* Unterschlagung von Beweisstücken.

**SUBVENIR (à)** *v.tr. ind.* helfen, beistehen, sorgen (für); **– aux besoins de qqn.** die Bedürfnisse befriedigen; **– aux frais** zu den Kosten beitragen.

**SUBVENTION** *f (HaushR)* (staatliche) Subvention *f*, (Staats-) Zuschuss *m*, Beihilfe *f*, Unterstützung; **accorder une –** einen Zuschuss gewähren, bezuschussen; **– avec affectation** zweckgebundener Zuschuss; **– de l'État** Staatszuschuss, staatliche Beihilfe, Subvention; **– à fonds perdu** nicht rückzahlungspflichtiger Zuschuss.

**SUBVENTIONNER** *v.tr.* einen Zuschuss gewähren, bezuschussen.

**SUBVERSION** *f* Umsturzbewegung *f*; **tentative de – de l'État** *(StR)* Gefährdung des Rechtsstaates.

**SUCCÉDER** *v.tr.ind.* • (im Amte) nachfolgen • *(ErbR)* jmdn. beerben; **habile à –** erbfähig.

**SUCCÈS** *m* **: avec –** erfolgreich; **sans –** erfolglos.

**SUCCESSEUR** *m* • *(ErbR)* Erbe *m*; Vermächtnisnehmer *m*, • *(SchuldR)* Rechtsnachfolger *m* • *(BeamR)* Amtsnachfolger; **– légitime** ordentliche(r) Erbe *m*; **– particulier** Einzelrechtsnachfolger.

**SUCCESSIBILITÉ** *f* Vererblichkeit *f*; **ordre de –** Erbfolgeordnung.

**SUCCESSIBLE** *adj* **: parent au degré –** erbberechtigte(r) Verwandte(r).

**SUCCESSIF** *adj* • wiederkehrend • aufeinanderfolgend • die Erbfolge betreffend; **infractions –ives** Tatmehrheit *f*.

**SUCCESSION** *f* • *(ZR)* (Rechts-) Nachfolge *f* • *(ErbR)* Erbanfall *m*, Erbfolge *f* • *(ErbR)* Erbschaft *f*, Hinterlassenschaft *f*, Nachlass *m;* **acceptation d'une –** Erbschaftsannahme *f*; **créancier de la –** Nachlassgläubiger; **curateur de la –** Nachlassverwalter *m*; **dévolution de la –** Übergang des Nachlasses; **droit de(s) –** Erbrecht *n*.

**SUCCESSION : ordre de –** Erbfolgeordnung; **ouverture de la –** Anfall der Erbschaft, Eintritt des Erbfalls; **pacte sur – future** Erbvertrag *m*; **règlement d'une –** Erbauseinandersetzung; **renonciation à la –** Erbschaftsausschlagung *f*; **transmission de la –** Erbfolge, Erbanfall.

**SUCCESSION | ab intestat** *(ErbR: succession légale)* gesetzliche Erbfolge, Intestat-Erbfolge; **– bénéficiaire** *(ErbR: succession acceptée sous bénéfice d'inventaire)* Erbschaft mit beschränkbarer Haftung des Erben für die Nachlassverbindlichkeiten; **– dévolue** angefallene Erbschaft; **– légale** gesetzliche Erbfolge; **– obérée** überschuldeter Nachlass; **– régulière** gesetzliche Erbfolge; **– testamentaire** gewillkürte Erbfolge; **– vacante** ruhende Erbschaft, erbenlose Erbschaft (deren Erbe noch nicht ermittelt ist).

**SUCCESSORAL** *adj* : **action –e** Erbschaftsklage; **droit –** Erbrecht *n*; **indivision –e** Erbengemeinschaft; **masse –e** Erbschaftsmasse; **ordre –** Erbfolge.

**SUCCURSALE** *f* *(HR)* Zweigniederlassung, Filiale *f*, Zweigstelle *f*.

**SUFFRAGE** *m* • Abstimmung *f* • Stimme *f*; **–s exprimés** abgegebene Stimmen; **– de liste** Listenwahl *f*; **– majoritaire** Mehrheitswahl; **– nominal** Personenwahl; **– nul** ungültige Stimme; **– proportionnel** Verhältniswahl; **– universel** allgemeines Wahl- *od.* Stimmrecht.

**SUGGESTION** *f* • Vorschlag *m*, Anregung • *(ErbR)* Erbschleicherei.

**SUICIDE** *m* Selbstmord *m*, Freitod *m*.

**SUICIDÉ** *m* Selbstmörder *m*.

**SUITE** *f* • Verfolgung *f* • Folge *f*, Fortsetzung *f*, Aufeinanderfolge; **donner – à une demande** einem Antrag stattgeben.

**SUIVI** *m* *(HR)* langfristige Kontrolle; Kundenbetreuung; **– d'une affaire** Bearbeitung einer Angelegenheit; langzeitige Überwachung.

**SUIVRE** *v.tr.* **la voie hiérarchique** *(VwR)* den Dienstweg beschreiten.

**SUJET** *m* • Thema *n*, Gesprächsstoff *m*, Sache *f* • *(hist)* Untertan *m*; **– de droit** Rechtssubjekt *n*; **– du droit des gens** *ou* **de droit international public** *(VR)* Völkerrechtssubjekt; **– mixte** Mehr- *od.* Doppelstaatler.

**SUJÉTION** *f* Unterwerfung *f*, Abhängigkeit *f*, Verpflichtung, (staatsbürgerliche) Pflicht; **– financière** finanzielle Abhängigkeit.

**SUPERCHERIE** *f* Betrug *m*.

**SUPERFICIE** *f* • Oberfläche *f*, Flächeninhalt *m* • *(SachR)* Überbau *m*; **droit de –** Recht, auf fremden Grund zu bauen und zu pflanzen.

**SUPÉRIEUR** *adj* : **cadre –** Führungskraft; *m* Vorgesetzte(r) *m*, Ranghöhere(r); **– hiérarchique** *(BeamR)* Dienstvorgesetzte(r).

**SUPERMARCHÉ** *m* Supermarkt *m* (Verkaufsfläche zwischen 400 u. 2500 qm).

**SUPERVISER** *v.tr.* überwachen.

**SUPPLÉANCE** *f* • *(PrzR, VwR)* gesetzlich geregelte, vorübergehende Ersetzung eines Richters *od.* Beamten • *(ArbR)* Stellvertretung.

**SUPPLÉANT** *m* • *(PrzR)* beisitzender Richter • Stellvertreter *m*, Ersatzmann *m* • *(VerfR)* Nachfolgekandidat (im Parlament).

**SUPPLÉER** *v.tr.* ergänzen, (Fehlendes) hinzufügen; jmdn. vertreten.

**SUPPLÉMENT** *m* • *(ArbR)* (Lohn-)Zulage, Zuschlag • *(HR)* (Preis-)Zuschlag; **– pour cause de retard** Verspätungszuschlag; **– de couverture** *(VersR)* Deckungszuschuss *m*; **– de dépenses** Mehraufwand; **– familial** Familienzulage; **– de frais** Mehrkosten *pl*; **– d'information** *(StPR)* Durchführung zusätzlicher Ermittlungen.

**SUPPLÉMENTAIRE** *adj* : **délai –** Fristverlängerung; **frais –s** Mehrkosten; **heures –s** Überstunden *fpl*.

**SUPPLÉTIF** *adj* • zusätzlich, Zusatz- • abdingbar, nicht zwingend vorgeschrieben; **dispositions légales –ives** nachgiebiges Recht; vertraglich beliebig abänderbares Recht.

**SUPPLÉTIF** *m* *(ArbR)* Aushilfskraft *f*.

**SUPPLÉTOIRE** *adj* zur Ergänzung bestimmt; **serment –** *(ZPR)* Bekräftigung eines Beweises durch Eid(es)leistung.

**SUPPLIQUE** *f* *(VwR)* Gesuch *n* (an eine Behörde); Bittschrift *f*.

**SUPPORT** *m* (Werbe-)Träger *m*; Medium *n*; Datenträger.

**SUPPORTER** *v.tr.* | **les conséquences** die Folgen tragen; **– une dépense** eine Ausgabe bestreiten; **– un dommage** für einen Schaden aufkommen; **– les frais** die Kosten tragen.

**SUPPOSITION** *f* • Vermutung *f*, Annahme *f* • Verdacht *m* • *(StR)* Ausgeben eines falschen Sachverhalts für die Wahrheit; **– d'enfant**

*ou* **de part** *(StR)* Kindesunterschiebung; – **de testament** Vorlage einer gefälschten letztwilligen Verfügung, Testamentfälschung.

**SUPPRESSION** *f* • Aufhebung *f*, Abschaffung *f* • Beseitigung *f*, Streichung *f*, Entfernen *n* • Verheimlichung *f*; Unterdrückung *f*; – **de borne** Grenzsteinentfernung *f*; – **d'un document** Unterdrückung einer Urkunde; – **d'emplois** Freisetzung von Arbeistkräften; Stellenabbau; – **d'état-civil** *(StR)* Fälschung standesamtlicher Urkunden; – **du risque** Risikowegfall.

**SUPPRIMER** *v.tr.* aufheben, abschaffen, beseitigen; unterdrücken.

**SUPRÉMATIE** *f* **du droit communautaire** Vorrang *m* des Gemeinschaftsrechts.

**SUPRÊME** *adj* **: Cour –** Oberstes Gericht, frz. Kassationshof.

**SÛR** *adj* sicher; gewiss, zuverlässig; gefahrlos; **placement –** mündelsichere (Geld-)Anlage.

**SURABONDANT** *adj* überflüssig, entbehrlich; **motif –** *(PrzR)* nicht zur Sache gehörende Begründung.

**SURCHARGE** *f* • Ersetzen eines Wortes einer Urkunde durch ein anderes • übermäßige Beanspruchung, Überlastung; – **pondérale** Übergewicht.

**SURCHOIX** *m (HR)* Spitzenware *f*, beste Qualität, 1A-Auslese *f*.

**SURCOÛT** *m* Zusatzkosten *pl*.

**SURCROÎT** *m* Zuwachs *m*; Gewinn *m*; – **de charges** Mehrbelastung; – **de frais** Mehrkosten, Mehraufwand *m*.

**SURENCHÈRE** *f* Übergebot *n*, Übersteigerungsbetrag *m*, höheres Gebot; **adjudication sur –** Zuschlag auf Grund eines Übergebotes.

**SURENDETTEMENT** *m* Überschuldung *f*.

**SURESTIMATION** *f* Überbewertung.

**SÛRETÉ** *f* • *(ÖfR: sécurité)* Sicherheit *f*, Sicherung *f* • *(SchuldR)* Sicherheit für die Erfüllung einer Schuld; Bürgschaft *f*; Deckung *f*; Gewähr *f* • *(VerfR, StR)* persönliche Freiheit, Sicherheit gegen willkürliche Verhaftungen und Bestrafungen • *(VwR)* Staatsschutz- *od.* Sicherheitspolizei; **cession à titre de –** *(ZR)* Sicherungsübereignung; **constitution de –** Sicherheitsleistung *f*; **mesure de –** *(StR)* Maßregel der Sicherung (und Besserung).

**SÛRETÉ | sans dépossession, – sans dessaisissement** besitzloses Pfandrecht; – **individuelle** Schutz vor willkürlicher Verhaftung; – **judiciaire** *(ZPR)* durch das Gericht angeordnete Sicherheitsleistung; – **nationale** *(VwR: Direction générale du Ministère de l'Intérieur)* Oberste frz. Polizeibehörde, Fachabteilung des frz. Innenministeriums zuständig für Sicherheit und Staatsschutz; – **personnelle** *(SchuldR)* persönliche Sicherheit; – **publique** öffentliche Sicherheit und Ordnung; – **réelle** dingliche Sicherheit.

**SUREXPLOITER** *v.tr.* Raubbau *m* betreiben.

**SURFACE** *f* • Oberfläche *f*; Außenseite *f* • *(BankR)* Kreditbasis *f*; Sicherheiten (die ein Unternehmen Kreditgebern bieten kann); – **bâtie** bebaute Fläche; – **cultivée** Anbau- *od.* Nutzfläche; – **habitable** Wohnfläche; – **improductive** Brachland *n*; – **locative** Wohnfläche; – **de vente** Verkaufsfläche.

**SURFACTURATION** *f* Ausstellung einer überhöhten Rechnung.

**SURLOYER** *m* Mietzuschlag *m*.

**SURNOM** *m* Spitzname *m*, Beiname, Zuname.

**SURNUMÉRAIRE** *m (BeamR)* Beamtenanwärter *m*; außerplanmäßiger Beamter (der untersten Stufe).

**SURPLUS** *m* • Rest *m*, Restbetrag *m* • Überschuss(güter) • Mehrerlös *m*; – **agricoles** landwirtschaftliche Überschüsse *pl*; – **de recettes** Mehreinnahmen *pl*.

**SURPOPULATION** *f* | **carcérale** Überbelegung einer Justizvollzugsanstalt; **– étrangère** Überfremdung.

**SURSEOIR** *v.tr.ind.* | **à l'exécution** die (Zwangs-)Vollstreckung aussetzen *od.* aufschieben; **– à statuer** (eine Entscheidung) aussetzen.

**SURSIS** *m* • *(VwPR)* Aussetzung eines Verfahrens; Aussetzung der Verhandlung • *(ZR)* (Zahlungs-) Aufschub *m* • *(StPR)* Verwarnung mit Strafvorbehalt *m*, Strafaufschub *m*; Strafaussetzung; Verurteilung mit Bewährungsfrist; **– à l'emprisonnement** Haftaufschub *m*; **– à exécution** *(ZwangsVR)* Vollstreckungsaufschub; **– à l'exécution de la peine** Strafaufschub *m*, Strafaussetzung, bedingter Strafvollzug; **– avec mise à l'épreuve** *(StR: sursis probatoire)* Strafaussetzung zur Bewährung; **– de paiement** Zahlungsaufschub, Stundung *f*; **– à statuer** *(PrzR)* Entscheidungsvertagung.

**SURTAXE** *f* • Strafporto *n* • *(SteuerR)* Zuschlag(sgebühr); zusätzlicher Steuerbetrag; **– de péréquation** Ausgleichsabgabe; **– de retard** Säumniszuschlag.

**SURVEILLANCE** *f* Aufsicht *f*, Beaufsichtigung *f*, Kontrolle *f*, Aufsichtsführung *f*, Überwachung *f*; **autorité de –** Aufsichtsbehörde; **conseil de –** *(GesR: société anonyme)* Aufsichtsrat *m*; **défaut de –** *(ZR, StR)* Verletzung der Aufsichtspflicht; **droit de –** *(FamR)* Aufsichtsrecht *n*; Kontrollbefugnis; **obligation de –** Aufsichtspflicht; **personnel de –** Aufsichtspersonal *n*; **pouvoir de –** Aufsichtsgewalt *f*, Überwachungsbefugnis *f*.

**SURVEILLANCE | du crédit** Bankenaufsicht *f*; **– à distance** Videoüberwachung; **– hiérarchique** Dienstaufsicht; **– judiciaire** gerichtliche Aufsicht.

**SURVEILLANCE policière** *(StR)* Polizeiaufsicht; **mettre sous – –** unter Polizeiaufsicht stellen.

**SURVEILLANT** *m* Aufseher *m*, Aufsichtsperson *f*.

**SURVEILLER** *v.tr.* überwachen, beaufsichtigen, kontrollieren.

**SURVENANCE** *f* | **de la condition** Eintritt der Bedingung; **– d'un dommage** *ou* **du sinistre** Schadenseintritt *m*.

**SURVENIR** *v.intr.* • ereignen, eintreten • unvermutet erfolgen, ausbrechen.

**SURVIE** *f* **: assurance de –** Erlebensfallversicherung; **présomption de –** Vermutung des Überlebens.

**SURVIVANT** *m* • Überlebende(r) *m* • *(ErbR)* Hinterbliebene(r) *m*.

**SUSCEPTIBLE** *adj* empfindlich, verletzlich; **– d'être prouvé** nachweisbar; **– de recours** *(PrzR)* durch ein höheres Gericht nachprüfbar.

**SUSCITER** *v.tr.* • hervorrufen, erregen, anstiften • entstehen lassen, erwecken; **– des troubles** *(StR)* Unruhe *f* stiften.

**SUSCRIPTION** *f* Aufschrift *f*; Urkundeneingang; Teil der Urkunde, in dem der Verfasser (seinen) Namen, Beruf u. Eigenschaft (in der er tätig wird) vermerkt.

**SUSDIT, susmentionné, susnommé** *adj* obengenannt; vorgenannt; oben erwähnt.

**SUSPECT** *m (StR)* (Tat-) Verdächtige(r); **le – numéro un** der Hauptverdächtige.

**SUSPECTER** *v.tr.* jmdn. verdächtigen.

**SUSPENDRE** *v.tr.* • unterbrechen, hemmen • *(reporter à plus tard)* verschieben, aufschieben, vertagen • vorübergehend des Amtes entheben; **– une audience** eine Verhandlung aussetzen; **– les débats** die (mündliche) Verhandlung unterbrechen; **– les paiements** die Zahlungen einstellen; **– la prescription** die Verjährung hemmen.

**SUSPENS : en –** in der Schwebe, unentschieden, ungelöst, offen; **affaire en –** eine (noch) unentschiedene (Streit-)Sache.

**SUSPENSI | F** *adj* aufschiebend, suspensiv; **appel –f** *(PrzR)* Suspensiveffekt der Berufung; **condition –ive** aufschiebende Bedingung.

**SUSPENSION** *f* • Aussetzung *f*, Unterbrechung *f*, Hemmung; Einstellung, Ruhen *n* • *(BeamR)* vorläufige (Dienst-)Enthebung; **– d'audience** *(PrzR)* Verhandlungspause *f*; kurze Unterbrechung der Gerichtssitzung; **– conditionnelle (de l'exécution)** bedingte Aussetzung (der Vollstreckung); **– conditionnelle de la peine** *(StVZ)* bedingte Strafaussetzung; **– du délai** Fristhemmung.

**SUSPENSION | des paiements** Zahlungseinstellung; **– du permis de conduire** *(StR)* Führerscheinentzug *m* (auf Zeit); **– des poursuites** *(StPR)* Aussetzung der Strafverfolgung; **– de la prescription** Hemmung des Ablaufs der Verjährungsfrist; **– de la procédure** Ruhen *od.* Unterbrechung des Verfahrens; **– provisoire des poursuites** *(InsolvenzR)* vorübergehende Aussetzung des Verfahrens; **– de séance** Unterbrechung der Sitzung; **– du travail** Arbeitsniederlegung.

**SUSPICION** *f* Verdacht *m*; Argwohn *m*; **– de fuite** *(StPR)* Fluchtgefahr *od.* -verdacht.

**SUSPICION légitime** *(PrzR)* Besorgnis der Befangenheit *f*, begründeter Verdacht der Befangenheit des Richters; **récuser pour cause de – –** wegen Befangenheit (einen Richter) ablehnen.

**SYMBOLIQUE** *adj* **: obtenir le franc – de dommages et intérêts** *(StR)* der Form halber einen Franken Schadensersatz erhalten.

**SYMPATHISANT** *m (Pol)* Mitläufer *m*, Sympathisant *m*.

**SYNALLAGMATIQUE** *adj (ZR)* gegenseitig, zweiseitig, verbindlich; **contrat –** gegenseitiger Vertrag, Austauschvertrag.

**SYNDIC** *m* • *(ZR)* (durch die Versammlung der Wohnungseigentümer ernannter) Hausverwalter; **– du concordat** Vergleichsverwalter *m*; **– de copropriété** Hausverwalter; **– de la liquidation des biens, – du règlement judiciaire** Insolvenzverwalter.

**SYNDICAL** *adj* **: action –e** Klage der Gewerkschaft (zur Wahrnehmung eigener Interessen); **droit –** Gewerkschaftsrecht; **liberté –e** positive Koalitionsfreiheit.

**SYNDICALISTE** *m* Gewerkschaftler *m*.

**SYNDICAT** *m* • *(ArbR: groupement professionnel)* Berufsverband *m*, Berufsvereinigung *f*, Interessenverband • *(groupement ouvrier)* Gewerkschaft *f*, Arbeitnehmervereinigung *f* • *(groupement patronal)* Arbeitgebervereinigung, Arbeitgeberverband • *(VwR)* öffentlich-rechtliche Anstalt, *f*; Zweckverband; **– de communes** *(VwR)* frz. Gemeindeverband (in der Rechtsform einer Anstalt des öffentlichen Rechts), Arbeitsgemeinschaft von Gemeinden.

**SYNDICAT | d'employés** Angestelltengewerkschaft; **– d'employeurs** Arbeitgeberverband; **– d'entreprise** Betriebsgewerkschaft; **– d'études** Studiengruppe *f*; **– d'initiative** *(VwR)* Verkehrsverein *m*; **– intercommunal** frz. Gemeindeverband; **– mixte, – d'obédience patronale** *(ArbR)* Harmonieverband *m*, unternehmerfreundliche u. -abhängige Gewerkschaft; **– ou-vrier** Arbeitergewerkschaft; **– patronal** Arbeitgeberverband; **– représentatif** *(ArbR)* tariffähige Gewerkschaft; **– unitaire** Einheitsgewerkschaft.

**SYNDIQUÉ** *m (ArbR)* Gewerkschaftsmitglied *n*, gewerkschaftlich organisierter Arbeitnehmer.

**SYNDIQUER** *v.pron.* **: se –** • einem Berufsverband *od.* einer Gewerkschaft beitreten • sich zu einem Berufsverband zusammenschließen.

**SYNOPTIQUE** *adj* **: tableau –** Schaubild *n*, Übersichtstafel *f*.

**SYSTÈME** *m* • System *n*, Methode *f*; Ordnung *f* • *(ÖfR)* Regierungsform *f*; Gesellschaftsordnung *f*; – **économique** Wirtschaftsordnung; – **juridique** Rechtsordnung; – **monétaire européen (= SME)** Europäisches Währungssystem; – **de répartition** Umlageverfahren; – **social** Gesellschaftsordnung; – **tarifaire** (Zoll-) Tarifordnung; – **du tourniquet** *(VerfR)* Rotationssystem (der Mandatsträger).

## T

**TABLE** *f* Verzeichnis *n*, Tabelle *f*, Tafel *f*; **dessous de** – Schmiergelder *pl*; – **de conversion** Umrechnungstabelle; – **généalogique** Stammbaum *m*; – **des matières** Register *n*, Inhaltsverzeichnis *n*; – **de mortalité** Sterbetafel; – **ronde** Gesprächsrunde *f*.

**TABLEAU** *m* • Aufstellung *f*, Tabelle *f*, Verzeichnis *n*, Liste *f* • Gemälde *n*, Bild *n*; **avocat inscrit au** – im Anwaltsverzeichnis eingetragener Anwalt; – **d'affichage** Anschlagstafel *f*, Schwarzes Brett *n*; **–noir** schwarzes Brett.

**TÂCHE** *f* • Tätigkeit *f*, Funktion *f*, Aufgabe *f*, Obliegenheit *f* • *(ArbR)* Arbeitsauftrag *m*, Arbeit *f*, Arbeitsverrichtung; **rémunération à la** – Akkordlohn *m*.

**TACITE** *adj* **: consentement** – stillschweigende Vertragsannahme, schlüssiges Handeln; – **reconduction** stillschweigende Verlängerung.

**TAILLE** *f* • Größe *f*, Umfang *m* • *(SteuerR, hist)* Kopfsteuer *f*.

**TALON** *m* Stammabschnitt *m*, Erneuerungsschein *m*.

**TAMPON** *m (cachet)* Stempel *n*; – **de la poste** Poststempel.

**TANTIÈME** *m* • *(UrhR)* Tantieme *f* • *(GesR)* Umsatzbeteiligung *f*, Gewinnbeteiligung (für Vorstandsmitglieder), Tantieme *f*.

**TAPAGE** *m* **nocturne** *(StR)* nächtliche Ruhestörung.

**TARD** *adv* spät; **au plus** – spätestens (bis, zum).

**TARDER** *v.intr.* zögern, säumen; zaudern; **sans** – unverzüglich.

**TARDIF** *adj* verspätet, mit Verspätung, säumig.

**TARDIVETÉ** *f* Säumnis *f*, Versäumnis.

**TARE** *f* • *(défectuosité)* Fehler *m*, Unzulänglichkeit *f*, Mangel *m*, Manko *n* • *(poids de l'emballage)* Tara *f*, Leergewicht, Verpackungsgewicht *n* • Abzug *m* der Verpackung.

**TARIF** *m* • *(HR)* Preisverzeichnis *n*, Preis *m* • *(SteuerR, VwR)* Steuertabelle *f*; Gebührenordnung *f*; amtlich festgesetzter Preis • *(ZollR)* (Zoll-)Tarifschema *n*, Nomenklatur *f*; **à – réduit** zu ermäßigtem (Fahr-) Preis; **plein** – Volltarif.

**TARIF | extérieur commun** *(EU)* Gemeinsamer Zolltarif der EU; Brüsseler Zolltarifschema; – **des droits et émoluments** Gebührenordnung; – **de frais de justice** Gerichtsgebührenordnung; – **d'honoraires** Honorarordnung; – **d'hospitalisation** Krankenhauspflegesatz; – **médical** ärztliche Honorarsätze; – **des notaires** Kostenordnung der Notare; – **postal** Postgebührenordnung; – **public** amtliche Gebührenordnung.

**TARIFAIRE** *adj* **: dispositions –s** Bestimmungen über die Zollbehandlung *od.* Zollgebühren.

**TARIFICATION** *f* Gebührenfestsetzung; staatliche Preisfestsetzung; – **bancaire** Bankgebührenordnung.

**TAS** *m* **: formation sur le** – Ausbildung am Arbeitsplatz.

**TAUX** *m* • Satz *m*, Prozentsatz, Rate *f*, Quote *f*, Grad *m* • *(SchuldR)*

Zinsfuß *m*, Zinsen *mpl*, Zinssatz • staatlich festgesetzter Preis • *(BörsenR)* Kurs *m* • *(SteuerR)* Steuersatz; **– actuariel brut** *(WertpR)* Effektivzinssatz, Rendite *f*; auf die kapitalisierte Dividende bezogene Rendite, Bruttozinssatz (einer Anleihe); **– d'amortissement** Abschreibungssatz, Tilgungsrate; **– des avances sur titre** *(BankR)* Lombardsatz; **– de base** Richtsatz, Grundtarif; **– de change** Wechselkurs; Devisenkurs *m*, Umrechnungskurs *m*; **– de chômage** Arbeitslosenquote *f*; **– de compétence** Streitwert für die sachliche Zuständigkeit; **– de cotisation** Beitragssatz; **– de croissance** Wachstumsrate; **– directeurs** Leitzinsen *pl*.

**TAUX d'escompte (bancaire)** *(WechselR)* Diskontsatz, Bankrate *f*, Bankzinsfuß, Bankdiskont *m*; **– forfaitaire** Pauschalsatz; Einheitssatz; **– de fret** Frachtrate; **– d'imposition, – de l'impôt** Steuersatz *od.* -fuß *m*; **– d'inflation** Inflationsrate, Preissteigerungsrate.

**TAUX d'intérêt** Zinsfuß *m*, Zinssatz; **à – – fixe** festverzinslich; **– – nominal** Nominalzinssatz.

**TAUX | d'invalidité** *(SozR)* Grad *m* der Erwerbsunfähigkeit *od.* Arbeitsunfähigkeit, Invaliditätsgrad; **– légal** gesetzlich festgelegter Zinssatz; **– de mortalité** Sterblichkeitsziffer *f*; **– de natalité** Geburtenrate *od.* -ziffer; **– de nuptialité** Eheschließungshäufigkeit; **– de participation (au vote)** Wahlbeteiligung *f*; **– de réescompte** *(BankR)* Diskontsatz der frz. Zentralbank, Rediskontsatz; **– de référence** Richtsatz; **– de ressort** • *(ZPR: appel)* Berufungssumme *f* • *(ZPR: cassation)* Revisionssumme.

**TAXATEUR** *m* • *(SteuerR)* Steuerfestsetzer • *(HR)* Schätzer *m*, Taxator *m*, Wertsachverständige(r) *m* • *(ZPR)* Richter als Festsetzer der Prozesskosten.

**TAXATION** *f* • *(SteuerR)* Steuerfestsetzung *f*, Besteuerung *f* • *(HR)* Bestimmung des Geldwertes (einer Sache *od.* einer Leistung), Preisfestsetzung • *(WirtR)* staatliche Preisfestsetzung, staatliche Festsetzung von Höchstpreisen.

**TAXE** *f* • *(SteuerR)* Steuer *f*, (öffentliche) Abgabe *f* • *(PrzR: frais)* Gebühr *f*, Kostenschuld *f* • *(ÖfR)* Beitrag *m*, Benutzungsgeld *n*; **assiette de la –** (Steuer-) Bemessungsgrundlage; **ordonnance de –** Kostenfestsetzungsbeschluss *m*; **supplément de –** Nachgebühr; **toutes –s comprises (= TTC)** einschließlich Steuern u. Abgaben.

**TAXE | d'aéroport** Flughafengebühr; **– annuelle** • Jahresgebühr *f* • *(PatR)* Patentgebühr; **– d'audience** Verhandlungsgebühr; **– de balayage** Kehrgebühr; **– de base** Grundgebühr; **– sur le chiffre d'affaires** • *(pl.: Oberbegriff)* Umsatzsteuer • *(sing.: i. e. S.)* Mehrwertsteuer; **– compensatoire** *(EU)* Ausgleichsbeträge *pl*, Grenzausgleich für Agrarprodukte; **– de déversement à l'égoût** Kanalgebühr *f*, Dolengebühr, Sielbenutzungsgebühr; **– d'enlèvement des ordures ménagères** Müllabfuhrgebühr; **– d'enregistrement** Eintragungsgebühr, Registergebühr; **– d'entrepôt** Lagergeld *n*.

**TAXE | foncière** Grundsteuer *f*; **– forfaitaire** Pausch(al)gebühr *f*; **– d'habitation** (vom Mieter zu entrichtende) Wohnraum- *od.* Wohnungsnutzungsteuer; **– locale** Gemeindesteuer; **– sur les mutations de propriété** Grunderwerbsteuer; **– sur les opérations de bourse** Börsenumsatzsteuer; **– parafiscale** • *(i. e. S.)* öffentliche Gebühren u. (Gemeinde-) Abgaben • *(i. w. S.)* (sämtliche) Pflichtversicherungsbeiträge; **– de péage** • Autobahnbenutzungsgebühr *f*, Maut *f* • Wegegeld; Brückengeld.

**TAXE | de péréquation** Ausgleichsabgabe; **– sur les produits pétroliers** Mineralölsteuer; –

**professionnelle** frz. Gewerbesteuer; – **de raccordement** Anschlussgebühr; – **radiophonique** Rundfunkgebühr; – **pour retard** Säumniszuschlag; – **de séjour** Kurtaxe; – **sur les spectacles** Vergnügungssteuer; – **sur les tabacs** Tabaksteuer.

**TAXE à la** *ou* **sur la valeur ajoutée (= TVA)** Mehrwertsteuer; – **à la valeur déclarée** *(Gütertransport)* Wertangabegebühr; – **de voirie** Straßenanliegerbeitrag.

**TAXER** *v.tr.* • schätzen • den Preis festsetzen • besteuern, zur Steuer heranziehen.

**TECHNICIEN** *m* Fachmann *m*, Spezialist *m*, Experte *m*, Sachverständige.

**TECHNICO-COMMERCIAL** *adj* **: agent** – Sachbearbeiter *m*.

**TECHNIQUE** *adj* **: enseignement** – Fachkunde *f*, Fachunterricht *m*; **escale** – Zwischenlandung; **incident** – Betriebsstörung *f*, Versagen *n* (eines Geräts), Panne *f*.

**TECHNIQUE** *f* • Technik *f* • Verfahren *n*, Arbeitsweise *f*, **état de la** – Stand *m* der Technik; – **d'avant garde** Spitzentechnologie *f*.

**TECHNOLOGIE** *f* **avancée** Spitzentechnologie; – **des matières** Stoffkunde *f*; – **de pointe** Spitzentechnologie.

**TÉLÉ | CONFÉRENCE** *f* Videokonferenz *f*, **–copie** *f* Fax *n*; Telefax; **–enseignement** audiovisueller Fernunterricht *m*.

**TÉLÉINFORMATIQUE** *f (DV)* Datenfernverarbeitung.

**TÉLÉPHONE** *m* **à carte** Kartentelefon *n*; – **cellulaire,** – **mobile,** – **portable** Mobiltelefon *n*; Handy *n*; – **à fil à ressort,** – **filaire** (klassisches) Haustelefon; – **vert** gebührenfreie Rufnummer; Telefon zum Nulltarif.

**TÉLÉPHONIQUE** *adj* **: appel** – Anruf *m*; **cabine** – Telefonzelle *f*; **conversation** – Telefongespräch *n*; **écoutes –s** Telefonüberwachung *f*, Lauschangriff *m*; **ligne** – Telefonanschluss *m*; **répondeur** – Anrufbeantworter *m*.

**TÉLÉ | RÉUNION** *f* Videokonferenz *f*, **–scripteur** *m* Fernschreiber *m*.

**TÉLÉVISÉ** *adj* **: publicité –e** Fernsehwerbung.

**TÉLÉVISION** *f* Fernsehen *n*; **chaîne de** – Fernsehanstalt *f*, Fernsehsender *m*; **émission de** – Fernsehsendung; **œuvre** *ou* **production de** – Fernsehwerk *n*; – **par câble** Kabelfernsehen; – **privée** Privatfernsehen, Kommerzkanal *m*; – **publique** öffentlich-rechtliche Fernsehanstalt *f*; – **par satellite** Satellitenfernsehen.

**TÉMOIGNAGE** *m (PrzR)* Zeugnis *n*, Zeugenaussage *f*, **faux** – falsche Zeugenaussage *f*, – **indirect** *(StR)* Zeugnis vom Hörensagen; – **en justice** Zeugenaussage vor Gericht; – **véridique** wahrheitsgemäße Aussage.

**TÉMOIGNER** *v.tr.* bezeugen, Zeugnis ablegen; **autorisation de – en justice** Aussagegenehmigung *f*, **obligation de** – Aussagepflicht *f*, **refus de** – Zeugnisverweigerung, Verweigerung der Zeugenaussage; – **sous serment** unter Eid aussagen.

**TÉMOIN** *m* Zeuge *m*; **assignation** *ou* **citation à** – Zeugenladung *f*, **audition d'un** – Zeugenvernehmung; **confrontation de –s** (Zeugen-)Gegenüberstellung; **constitution d'un** – Zeugenbenennung, Namhaftmachung (eines Zeugen); **déposition d'un** – Zeugenaussage; **faux** – falsch aussagender Zeuge; **preuve par** – Zeugenbeweis; **serment du** – Zeugeneid.

**TÉMOIN | auriculaire** Ohrenzeuge; – **à la barre** Zeuge *m* im Zeugenstand, vor Gericht aussagender Zeuge; – **à charge** Belastungszeuge; – **cité à comparaître** geladener Zeuge; – **clé** Kronzeuge; – **à décharge** Entlastungszeuge; – **défaillant** ausbleibender Zeuge; – **du mariage** Trauzeuge; – **de**

**moralité** Leumundszeuge; – **muet** Indizienbeweis, Anzeichenbeweis; Fingerabdruck; Tatwaffe; – **numéro un** Kronzeuge; – **oculaire** Augenzeuge; – **par ouï-dire** Zeuge vom Hörensagen; – **principal** Hauptzeuge; – **récusable** *ou* **reprochable** ablehnbarer Zeuge; – **reproché** abgelehnter Zeuge.

**TEMPÉRAMENT** • *(personnalité)* Temperament *n*, Wesensart *f*, Gemütsart, Natur *f* • *(mesure)* Zurückhaltung *f*, Abgewogenheit *f* • *(atténuation)* Milderung *f*, Abschwächung *f*; **achat à –, vente à –** Abzahlungskauf, Teilzahlungsgeschäft, Ratenkauf.

**TEMPORAIRE** *adj* **: nomination à titre –** Ernennung auf Zeit *od.* auf Widerruf; **personnel –** Zeitarbeitskräfte *pl*; **travailleur –** Leiharbeiter.

**TEMPS** *m* • *(durée)* Zeit *f*, Dauer *f* • *(époque)* Zeitalter *n*, Zeitabschnitt *m* • *(date)* Zeitpunkt *m*, Termin *m* • Wetter *n*, Witterung *f*; **emploi à – partiel** Teilzeitbeschäftigung; **en – utile, en – voulu** rechtzeitig; **emploi du –** Stundenplan; Zeiteinteilung.

**TEMPS | d'antenne** Sendezeit *f*; – **d'arrêt** Ruhepause *f*; – **creux** *(HR)* Flaute *f*; – **mort** Leerlauf *m*; – **de parole** Redezeit; – **de préparation** Vorbereitungszeit; – **de réflexion** Bedenkzeit *f*; Widerrufsfrist *f*; – **de repos** Ruhepause; – **de travail** Arbeitsstunden; – **universel** (T. U.) mittlere Greenwich-Zeit (MGZ); – **utilisé** Zeitaufwand *m*; – **vide** Leerlauf; Zwischenzeit.

**TENANCIER** *m* Pächter *m*, Verwalter *m*; (Gast-)Wirt *m*.

**TENANT** *adj* **: séance –te** noch in derselben Sitzung, sogleich.

**TENANTS et aboutissants** *(SachR)* angrenzende Grundstücke *npl*; – **et – d'une affaire** *(ZPR)* die gesamten Umstände einer Streitsache.

**TENEUR** • *(n.f.: contenu exact)* Inhalt *m*, Wortlaut *m*, Tenor *m*; Gehalt *m* • *(n.m.)* (Buch-) Führer *m*, Halter *m*; – **de caisse** Kassenführer *m*; – **du contrat** Vertragsinhalt; – **du jugement** wesentlicher Inhalt des Urteils; – **de la loi** Gesetzeswortlaut; – **de registre** Registerführer.

**TENIR** *v.tr.* • *(garder)* (fest)halten • *(posséder)* besitzen • *(exercer une fonction)* ausüben, (ein Amt) innehaben • *(gérer)* leiten, führen; – **compte de** berücksichtigen; – **conseil** sich beraten; – **ses engagements** seinen Verpflichtungen nachkommen; – **lieu de** ersetzen; – **parole** Wort halten.

**TENTATIVE** *f (a. StR)* Versuch *m*, Versuchshandlung *f*; **désistement volontaire de la –** *(StR)* freiwilliger Rücktritt (vom Versuch); – **de délit** *(StR)* versuchtes Vergehen; – **d'évasion** Fluchtversuch; – **impossible** *(StR)* untauglicher Versuch; – **de suicide** Selbstmordversuch.

**TENUE** *f* • Abhaltung *f* (einer Sitzung) • Führung *f*, Haltung *f*; – **de la comptabilité** Buch- *od.* Rechnungsführung; – **de livres du commerce** kaufmännische Buchführung; – **du registre** Registerführung.

**TERGIVERSATION** *f (PrzR)* Ausflucht *f*; Ablenkungsmanöver *n*.

**TERMAILLAGE** *m (BankR)* Fälligkeitsaufschub *od.* -vorverlegung, Zahlungsterminänderung.

**TERME** *m* • *(ZR: expiration du délai)* Fristablauf *m*, Fristende *n*, Termin *m*, Zeitpunkt *m* • *(période qui s'achève au terme)* Frist *f*, Zeitbestimmung • Dreimonatsfrist • *(somme due au terme)* Miete *f*, Mietzins *m*; Pachtzins • Wort, Ausdruck; *pl* Wortlaut *m*; **arrivée du –** Fälligkeit; **déchéance du –** sofortige Fälligkeit (bei Zahlungsunfähigkeit); **échéance du –** Fristablauf, Eintritt der Fälligkeit.

**TERME | certain** genaue Zeitbestimmung; – **convenu** vereinbarter Zeitpunkt; – **de déclaration** Meldefrist; – **de droit** gesetzliche Leistungsfrist; – **extinctif** Endtermin *m*; Zeitpunkt, an dem ein

Recht erlischt; **– de grâce** *(ZPR: terme judiciaire)* (durch den Richter festgesetzte) Nachfrist, gerichtliche Stundung (der Leistung), richterliche Nachfrist; **– suspensif** Anfangstermin *m*, aufschiebende Frist.

**TERMINAL** *m* Abfertigungshalle *f* für Fluggäste; **– d'ordinateur** *(DV)* Terminal *n*, Ein- u. Ausgabeeinheit einer EDV-Anlage.

**TERRAIN** *m (SachR)* (unbebautes) Grundstück *n*, Grund und Boden *m*, Gelände *n*; **– à bâtir** Baugrund, Bauplatz, Baufläche.

**TERRE** *f* Erde *f*; Feld *n*, Landgut *n*; Besitzung *f*; **– arable** landwirtschaftliche Nutzfläche, Anbaufläche; **– en friche, – inculte** Brache *f*.

**TERREUR** *f* Terror *m*, Schrecken *m*; Schreckensherrschaft *f*.

**TERRITOIRE** *m (ÖfR)* (Hoheits-) Gebiet *n*, Staatsgebiet, Territorium *n*; **– d'une commune** Gemeindegebiet; **– du contrat** *(ZR)* Vertragsgebiet; **– frontalier** Grenzgebiet; **– interdit** *(StR)* Sperrbezirk *m*; **– limitrophe** Randgebiet; **– national** Staatsgebiet; **– d'outre-mer (= TOM)** frz. Überseegebiet, überseeisches Gebiet; **– sous tutelle** *(VR)* Treuhandgebiet.

**TERRITORIAL** *adj* **: compétence –e** örtliche Zuständigkeit; **eaux –es** Hoheitsgewässer.

**TERRITORIALITÉ** *f* **: principe de la –** *(StR, IPR)* Territorialitätsprinzip *n*.

**TERRORISME** *m* **: acte de –** Terroranschlag *m*; **répression du –** Terrorismusbekämpfung.

**TERRORISTE** *adj* **: attentat –** Terroranschlag *m*, Gewalttat *f*; **bande –, groupe –, organisation –** terroristische Vereinigung.

**TERRORISTE** *m* Terrorist *m*, Gewalttäter *m*; Attentäter *m*.

**TERTIAIRE** *m (Vwirt)* Dienstleistungsbereich *m*, Tertiärsektor *m*.

**TESTAMENT** *m (ErbR)* Testament *n*, einseitige letztwillige Verfügung (von Todes wegen), letzter Wille; Testamentsurkunde *f*; **ouverture du –** Testamentseröffnung; **rédaction du –** Testamentserrichtung; **révocation d'un –** Widerruf eines Testaments, Aufhebung des Testaments.

**TESTAMENT | par acte public** öffentliches Testament; **– authentique** notarielles Testament; **– conjoint** *ou* **conjonctif** gemeinschaftliches Testament (von Ehegatten); **– mutuel** wechselseitiges Testament; **– mystique** in amtliche Verwahrung gegebenes eigenhändiges Testament; **– notarié** öffentliches Testament; **– olographe** eigenhändiges Testament; **– privilégié** Nottestament; **– public** notarielles *od.* öffentliches Testament; **– reçu par un notaire** in amtliche Verwahrung genommenes Testament.

**TESTAMENTAIRE** *adj* **: disposition –** letztwillige Verfügung; **exécuteur –** Testamentsvollstrecker; **héritier –** durch Testament eingesetzter Erbe.

**TESTATEUR** *m* Erblasser *m*.

**TESTER 1.** *v.intr.* **: droit de –** Testierfähigkeit.

**TESTER 2.** *v.tr.* testen, prüfen, einer Prüfung unterziehen.

**TESTIMONIAL** *adj* **: preuve –e** Zeugenbeweis *m*.

**TÊTE** *f* • *a. fig* Kopf *m*, Hauptvertreter *m*, führender Vertreter • *(ZR)* Person *f*, Rechtssubjekt; **revenu par – d'habitant** Pro-Kopf-Einkommen *n*; **– de liste** *(WahlR)* Spitzenkandidat *m*.

**TEXTE** *m* • (Gesetzes-)Text *m*, Wortlaut *m* (einer Vorschrift) • Vorschrift *f*, Bestimmung *f* • *(au pluriel: ensemble des sources du droit écrit)* Rechtsquellen *fpl*; Gesamtheit der Rechtsvorschriften, positives Recht.

**TEXTUEL** *adj* **: référence –le** Zitat *n*, wörtlich angeführte Belegstelle; **traduction –le** Wort-für-Wort-Übersetzung.

**TICKET** *m* (Flug-, Fahr-, Eintritts-) Karte *f*; Bezugsmarke *f*; **– de caisse** Kassenbon *od.* -zettel; **–**

**modérateur** *(SozVers)* Selbstbeteiligung (des Sozialversicherten); Selbstbehalt *m*.

**TIERCE-OPPOSITION** *f (ZPR)* Drittwiderspruchsklage *f*, Interventionsklage.

**TIERS** *m* • Dritte(r) *m* • Drittel *n*; **biens appartenant à des –** Drittvermögen *n*; **dommage aux –** Drittschaden *m*, Schädigung Dritter; **majorité des deux –** Zwei-Drittel-Mehrheit; **pays –** Drittländer *npl*; **– acquéreur** Dritterwerber *m*; **– assuré** Begünstigte(r) (aus einem Versicherungsvertrag); **– civilement responsable** Haftung eines Dritten (für unerlaubte Handlungen); **– intervenant** Nebenintervenient *m*, Streitgehilfe; **– lésé** Drittgeschädigte(r).

**TIERS-MONDE** *m* Dritte Welt *f*.

**TIERS | opposant** *(ZPR)* Drittwiderspruchskläger *m*; **– payant** *(SozVers)* Krankenversicherungsträger, der die Arzt- u. Krankenhauskosten direkt erstattet; **– provisionnel** *(SteuerR)* Einkommensteuerabschlagszahlung (eines Drittels des vermutlichen Steuerbetrages).

**TIMBRE** *m* • amtlicher *od.* staatlicher Stempel *m* • Briefmarke *f*, Postwertzeichen *n* • *(SteuerR: vignette)* Steuermarke; **– de cotisation** Beitragsmarke; **– dateur** Datumstempel; **– fiscal** Gebührenmarke *f*, Steuermarke, Steuerzeichen *n*; **– humide** Gummistempel; **– poste** Postwertzeichen; **– sec** Prägestempel, Trockenstempel; **– de service** Dienstmarke.

**TIMBRÉ** *adj* **: papier –** (Steuer-) Stempelpapier.

**TIRAGE** *m* • *(MedienR)* Druck *m*, Drucklegung *f* • *(UrhR)* Auflage *f*, Auflagenhöhe *f* • *(BankR)* Ausstellung *f*, Ziehung *f* • Auslosung *f*, Verlosung; **date de –** • Ziehungstag • Ausstellungstag *m*; **droit de –** Ziehungsrecht *n*; **– au sort** Entscheidung durch das Los, Losziehung, Verlosung.

**TIRÉ** *m (WechselR)* Bezogene(r) *m*.

**TIRÉ À PART** *m* Sonderdruck *m*.

**TIREUR** *m* • *(BankR)* Aussteller *m*, Trassant *m* • (Scharf-)Schütze *m*.

**TITRE 1.** *m* • *(ZR)* Urkunde *f*, Schriftstück *n* • *(HochschulR)* Diplom *n*, Befähigungsnachweis *m*, Prüfungsnachweis • *(HR: valeur mobilière)* Wertpapier *n*, Effekten *pl* • *(BeamR)* Amtsbezeichnung *od.* -titel • *(fondement d'un droit)* Rechtsgrund *m*, Anrecht *n*, Rechtsanspruch *m* • *(rapport)* innerer Gehalt, Feingehalt • Überschrift *f* • *(journal: gros titre)* Schlagzeile *f*; **sincérité d'un –** Echtheit der Urkunde; **usurpation de –** *(StR)* unbefugte Titelführung.

**TITRE | adiré** *(WertpR)* abhanden gekommenes Wertpapier; **– authentique** öffentliche Urkunde; **– de créance** Schuldschein; **– endossable** Traditionspapier; **– exécutoire** *(ZPR)* vollstreckbare Urkunde, vollstreckbarer Titel; **– falsifié** gefälschte Urkunde; **– de gage** Pfandbrief *m*; **– juridique** Rechtstitel; **– de légitimation** Personalausweis; **– négociable** börsengängiges Wertpapier; **– nominatif** Namenspapier; **– de paiement** Zahlungsanweisung; **– au porteur** Inhaberpapier; **– de propriété** Eigentumstitel; **– de transport** • Fahrkarte, Fahrschein *m* • Frachtschein, Beförderungsurkunde; **– universitaire** akademischer Grad.

**TITRES 2. : avance sur –** Effektenlombard, Lombardvorschuss *m*; **bordereau de –** Stückeverzeichnis *n*; **dépôt de –** Wertpapierdepot *n*; **gestion de –** Effektenverwaltung; **opération sur –** Effektengeschäft; **placement en –** Wertpapieranlage; **portefeuille de –** Wertpapierdepot, Effektenbestand.

**TITULAIRE** *m* • *(ZR)* Rechtsinhaber *m*, Anspruchsberechtigte(r) *m* • Beamte(r) auf Lebenszeit; **– du brevet** Patentinhaber; **– du compte** Kontoinhaber; **– d'un droit** *(ZR)* Rechtsinhaber, (Anspruchs-) Berechtigte(r); **– d'une fonction publique** Inhaber einer

Planstelle, Amtsträger *m*; **– du permis de conduire** Führerscheininhaber; **– d'une prestation** *(SozR)* Leistungsberechtigter.

**TITULARISATION** *f* • *(BeamR)* Berufung in das Beamtenverhältnis, Ernennung zum Beamten, Verbeamtung, Pragmatisierung (Aut) • *(ArbR)* feste Anstellung.

**TÔLE** *f* **froissée** *(StVR)* Blechschaden *m*.

**TOLÉRANCE** *f* • *(permission)* Duldung *f* • *(VerfR)* Meinungs- u. Glaubensfreiheit *f* • *(technique: marge)* zulässige Abweichung *f*, Toleranz *f*; **jour de –** Lichtdurchlass *m*.

**TORT 1.** *m* • *(ZR)* Unrecht *n*, Nachteil *m*, Schädigung *f* • *(EheR, StR: faute)* Verschulden *n*; **à –** zu Unrecht; grundlos; irrtümlich; **avoir –** Unrecht haben; **être dans son –** im Unrecht sein; **faire du – à qqn.** jmdn. schädigen, Schaden zufügen.

**TORTS 2.** *mpl* Schuld *f*; **avouer ses –** sich schuldig bekennen, sein Schuld gestehen; **– exclusifs** *(EheR)* Alleinschuld; **– réciproques** *mpl (EheR)* beiderseitiges Verschulden.

**TORTIONNAIRE** *m* Folterer *m*.

**TORTURE** *f* Tortur *f*, Quälerei *f*, Folter *f*.

**TOTAL** *m* Gesamtheit *f*, Summe *f*; **– du bilan** Bilanzsumme.

**TOTALITAIRE** *adj* **: régime –, État –** *(VerfR)* totalitärer Staat.

**TOTALITÉ** *f* Gesamtheit *f*, Vollständigkeit, Ganzheit *f*; **– des biens, – de la fortune** Gesamtvermögen *n*.

**TOUR** *m* • Hochhaus *n* • Drehbank *f*, • Drehung *f*, Umlauf *m* • *(tour de phrase)* Wendung • Umfang *m*, Umkreis *m* • *(artifice)* böser Streich; **– d'horizon** Gesamtüberblick *m*; **– de parole** Redeordnung; **– de scrutin** Wahlgang *m*.

**TOURISME** *m* Tourismus *m*, Fremdenverkehr; **accord sur le –** Fremdenverkehrsabkommen *n*.

**TOURISTE** *m* Tourist *m*, Urlauber *m*, Reisende(r) *m*.

**TOURNANT** *m* Wendepunkt *m*, Wende *f*; **– de jurisprudence** Änderung in der Rechtsprechung.

**TOXICOMANIE** *f* Rauschgiftsucht *f*; **– majeure** gemeingefährliche *od.* selbstgefährliche Rauschgiftsucht.

**TOXIQUE** *adj* giftig; **gaz –** Giftgas *n*.

**TRACASSERIES** *fpl* **administratives** schikanöse Behandlung (einer Person) durch die Behörden.

**TRACE** *f* Spur *f*; Fährte *f*; **–s de freinage** Bremsspur *f*; **–s papillaires** *(StR)* Fingerabdruck *m*.

**TRACÉ** *m* Umriss *m*, Plan *m*, Linienführung; **– de la frontière** Grenzführung *f*, Grenzverlauf *m*.

**TRACT** *m* Flugblatt *n*, Handzettel; **– électoral** Flugblatt im Wahlkampf.

**TRACTATIONS** *fpl (VR: négociations)* (oft geheime) Verhandlungen *fpl*.

**TRADITION** *f* • *(coutume, usage)* Überlieferung *f*, Brauch *m*, Tradition *f* • *(SachR)* Übergabe *f* (der Sache), Verschaffung des Besitzes; **– corporelle** Übergabe durch Verschaffung des tatsächlichen Besitzes; **– orale** mündliche Überlieferung; **– réelle** tatsächliche Übergabe.

**TRADUCTEUR** *m*, **-trice** *f* Übersetzer(in); **– assermenté** *ou* **juré** vereidigter *od.* beeideter Übersetzer; **– technique** Fachübersetzer.

**TRADUCTION** *f* Übersetzung *f*; Wiedergabe *f*; **bureau de –** Übersetzungsbüro; **droit de –** • *(UrhR)* Übersetzungsrecht *n* • Übersetzungsgebühr *f*; **pour – conforme (= p.t.c)** für die Richtigkeit der Übersetzung; **service de –** Übersetzungs- *od.* Sprachendienst *m*; **– fidèle** (wort-)getreue Übersetzung.

**TRADUIRE** *v.tr./v.pron.* • übersetzen; erklären • *(exprimer)* ausdrücken, wiedergeben • *(PrzR)* vorladen; **– qqn. en justice, – qqn. devant le tribunal** *(StPR)* jmdn. vor Gericht bringen *od.* stellen.

**TRAFIC** *m* • *(WirtStR)* (illegaler) Handel *m*, Inverkehrbringen *n*, Handeltreiben *n*, Überlassen *n* zum Gebrauch • *(StVR:)* Verkehr *m* • (Güter-) Umschlag *m*; **densité du –** Verkehrsdichte *f*.

**TRAFIC | aérien** Luftverkehr; **– d'armes** Waffenschmuggel *m*; **– à courte distance** Nahverkehr; **– de devises** unzulässiger Devisenhandel; **– de drogues** *(StR)* Rauschgifthandel *m*; **– frontalier** Grenzverkehr; **– d'influence** *(StR)* Vorteilsannahme für pflichtwidrige Amtshandlungen, Bestechlichkeit; **– inverse** *(StVR)* Gegenverkehr; **– local** Ortsverkehr; **– à longue distance** Fernverkehr.

**TRAFIC | de marchandises** Waren- *od.* Güterverkehr; **– maritime** Seeverkehr; **– à petite distance** Nahverkehr; **– de pointe** Spitzenverkehr; **– postal** Postverkehr; **– régulier** Linienverkehr; **– routier** Straßenverkehr, Kraftfahrzeugverkehr; **– de stupéfiants** *(StR)* Rauschgifthandel; **– en transit** Durchfuhrhandel *m*; Transitverkehr; **– urbain** Ortsverkehr.

**TRAFIQUANT** *m (StR)* Händler *m*; Schieber *m*, Geschäftemacher *m*; **– d'armes** Waffenhändler; **– clandestin** Schwarzhändler; **– de devises** Devisenschieber *m*; **– de drogue** Drogenhändler; **– de marché noir** Schwarzhändler.

**TRAFIQUER** *v.tr.* einen illegalen Handel treiben; **– un vin** Wein panschen.

**TRAHIR** *v.tr.* • verraten, verletzen • *(déformer)* fälschen, verfälschen, entstellen • *(dévoiler)* offenbaren, zeigen, enthüllen; **– un secret** ein Geheimnis verraten.

**TRAHISON** *f* : **haute –** *(StR)* Landesverrat; **– de secret** Geheimnisverrat.

**TRAIN** *m* Zug *m*; **– à grande vitesse (= TGV)** Hochgeschwindigkeitszug; **– de mesures fiscales** Steuerpaket; **– de vie** Lebensstandard; **– de vie du ménage** *(FamR)* Lebenszuschnitt der Ehegatten.

**TRAITANT** *adj* : **médecin –** behandelnder Arzt; **officier –** Führungsoffizier *m*.

**TRAITE** *f* • *(lettre de change)* Wechsel *m*, Tratte *f* • *(HR)* Handel *m*, Warenausfuhr *f*; **– de cavalerie** Reitwechsel; **– de complaisance** Gefälligkeitsakzept *n*; **– à date fixe** Tagwechsel, Präziswechsel; **– à délai de date** Datowechsel, Zeitwechsel; **– à délai de vue** Zeitsichtwechsel, Nachsichtwechsel; **– documentaire** Dokumententratte.

**TRAITE | des êtres humains** *(StR)* Menschenhandel *m*; **– des femmes** *(StR)* Mädchenhandel *m*, Frauenhandel; **– à vue** Sichtwechsel.

**TRAITÉ** *m* • Abhandlung *f*, Lehrbuch *n* • *(VR)* Staatsvertrag *m*, internationales Übereinkommen *n*, Bündnis *n*, Pakt *m*; **accession au –, adhésion au –** Beitritt zum (völkerrechtlichen) Vertrag; **– d'aide judiciaire** Rechtshilfeabkommen; **– d'alliance** Bündnis *n*; **– de conciliation et d'arbitrage** Schiedsvertrag; **– d'entraide judiciaire** Rechtshilfevertrag.

**TRAITÉ | de paix** Friedensvertrag; **– de pêche** Fischereiabkommen; **– pour la prévention de la guerre** Kriegsverhütungsabkommen; **– de protection des minorités** Minderheitenschutzvertrag; **– de renonciation à la guerre** Kriegsächtungsvertrag *m*.

**TRAITEMENT** *m* • *(BeamR)* Gehalt *n*, Entlohnung *f*, Dienstgehalt, Bezüge *pl* • *(SozVers)* Heilverfahren *n*, Krankenpflege *f*, Behandlung *f* • Bearbeitung; Verarbeitung *f*, Aufbereitung.

**TRAITEMENT | d'activité** Dienstbezüge *mpl*; **– de base** Grundgehalt; **– de consolidation** *(SozVers)* Nachbehandlung; **– curatif** Heilbehandlung; **– de déchets toxiques** Giftmüllentsorgung; Wiederaufbereitung von Sonderabfällen; **– de faveur** Sonderbehandlung, Kulanz *f*; – **initial** *(ArbR)* Anfangsgehalt; – **médical** ärztliche Behandlung; – **palliatif** Sterbebegleitung; – **préférentiel** Vorzugsbehandlung; – **social du chômage** Sozialplan *m*.

**TRANCHE** *f* Abschnitt *m*, Tranche *f*, Teil(betrag) *m*; – **d'âge** Altersklasse *f*; – **d'amortissement** Tilgungsrate *f*; – **horaire** Zeitspanne *f*; Zeitraum *m*; Sendezeit *f*.

**TRANCHER** *v.tr.* entscheiden, eine Entscheidung fällen; – **un conflit,** – **un différend** einen Streit beilegen.

**TRANSACTION** *f* • (Handels-)Geschäft *n*; • *(ZR)* Vergleich *m*; Prozessvergleich • *(SteuerR)* Bußgeldbescheid der Finanzbehörde (bei gleichzeitigem Verzicht auf ein weiteres Steuerstrafverfahren).

**TRANSCRIPTION** *f* • Eintragung *f* • *(copie)* Abschrift *f*, Kopie *f*; – **conditionnelle** Vormerkung.

**TRANSFÉRABILITÉ** *f* Übertragbarkeit *f*, Transferfähigkeit *f*.

**TRANSFÈREMENT** *m* **pénitentiaire** Gefangenentransport *m*, Überstellung von Gefangenen.

**TRANSFÉRER** *v.tr.* • *(SachR)* (das Eigentum) übertragen, (eine Sache) übergeben • *(HR)* den Standort wechseln • *(BankR: capitaux)* transferieren • *(Buchf)* umbuchen • *(StR: un détenu)* überstellen.

**TRANSFERT** *m* • *(SachR)* Übertragung *f*, Übergabe *f*, Übergang *m* • *(GesR)* Verlegung *f* • *(BankR: capitaux)* Transfer *m* • *(Buchf)* Umbuchung, Umschreibung *f* • *(StR)* Überstellung *f*, Überführung eines Häftlings; **principe du – immédiat de la propriété** *(SachR, SchuldR)* Grundsatz des sofortigen Übergangs des Eigentums mit Abschluss des Vertrages; – **de capitaux** Kapitaltransfer; – **de corps** Überführung eines Toten; – **de créance** Forderungsübergang *m*; – **de droits** Rechtsübertragung; – **de fonds** • Kapitaltransfer • Geldtransport; – **en garantie** Sicherungsübereignung; – **de propriété** Eigentumsübergang; Verfügungsgeschäft; – **des risques** Gefahr(en)übergang.

**TRANSFORMATION** *f* • *(conversion)* Umwandlung, Verarbeitung, Umgestaltung • *(rénovation)* Umbau *m*, Umstellung, Erneuerung, Verbesserung; **industrie de** – Veredelungsindustrie.

**TRANSGRESSION** *f* Übertretung *f*; – **de la constitution** Verfassungsverletzung, Verfassungsbruch *m*.

**TRANSIGER** *v.intr.* *(ZR)* sich vergleichen, einen Vergleich schließen.

**TRANSIT** *m* • Durchgang *m*, Durchfahrt *f*, Transit *m*; zollfreie Durchfuhr *f* • Transithandel *m*; **commerce de** – Durchfuhrhandel *m*; **pays de** – Durchfuhrland; Durchreiseland; **visa de** – Durchreisevisum, Durchreisesichtvermerk *m*.

**TRANSIT international routier (= T. I. R.)** internationaler Straßengütertransitverkehr.

**TRANSITAIRE** *m* *(HR)* Grenz- *od.* Transitspediteur *m*; – **en douane** Zollagent, Zollspediteur *m*.

**TRANSITOIRE** *adj* vorübergehend, zeitweilig; **droit** – Übergangsregelung; **période** – Übergangszeit.

**TRANSLATIF** *adj* : **contrat** – **de propriété** • *(SchuldR)* Kaufvertrag *m* (als Verfpflichtungs- und Verfügungsgeschäft in einem) • Schenkung.

**TRANSLATION** *f* • (Eigentums-)Übertragung *f* • *(transfèrement)* Verlegung *f*; – **de domicile** Wohnsitzwechsel *m*; – **de l'impôt** Steuerabwälzung.

**TRANSMISSION** *f* Übertragung *f*; Übermittlung, Überweisung, Übergabe *f*; Überlassung; **délai de** – Laufzeit; – **de dossier** Aktenübermittlung; – **des pouvoirs** *(VwR)* Amtsübergabe *f*; – **de propriété** Eigentumsübergang *m*, Eigentumsübertragung *f*; – **successorale** *(ErbR)* Erwerb von Todes wegen; **– à titre particulier** Stückvermächtnis *n*; **– à titre universel** Erbteilvermächtnis, Übertragung eines bestimmten Vermögensanteils; **– universelle** *(ErbR)* Universalvermächtnis *n*, Gesamtnachfolge.

**TRANSPORT** *m* • Beförderung *f*, Transport *m* • *(Vwirt meist: pl)* Transportwesen; Transportgewerbe *n* • *(ZR: Sachen)* Übertragung *f*, Übergabe *f*, Abtretung, Übereignung • *(HR: Wertpapiere)* Begebung • *(PrzR)* Abhaltung eines Lokaltermins; **conditions générales de –** allgemeine Transportbedingungen (= ATB); **contrat de –** Beförderungsvertrag; Speditionsvertrag; **entreprise de –** Speditionsfirma; **moyens de –** Verkehrsmittel *pl*; **titre de –** Fahrausweis *m*, Fahrkarte *f*.

**TRANSPORT | bénévole** Gefälligkeitsfahrt *f*; **– par charter** Charterverkehr; **– combiné rail-route** Huckepackverkehr; **–s en commun** öffentliche Verkehrsmittel; öffentliches Verkehrswesen; **– à la demande** Anforderungs- *od.* Bedarfsverkehr; **– d'un droit** Rechtsübergang; **– ferroviaire** Eisenbahntransport; **– par groupage** Sammelgutbeförderung; **– de justice, – sur les lieux** *(PrzR)* (Abhaltung eines) Lokaltermin(s) *m*, richterlicher Augenschein; **– de marchandises** Güterbeförderung; Warenverkehr; **– de voyageurs** Personenbeförderung.

**TRANSPORTEUR** *m* Frachtführer *m*, Beförderer *m*, Transportunternehmer, Rollfuhrunternehmen; **– public** öffentlicher Verkehrsbetrieb; **– routier** LKW-Transportunternehmen.

**TRAVAIL 1.** *m* • *(ArbR)* Arbeit *f*, Tätigkeit *f* • *(ArbR: emploi)* Beschäftigung *f*, Beschäftigungsverhältnis *n*, Arbeitsverhältnis • *(ouvrage, œuvre)* Werk *n*, Stück *n*; Abhandlung *f*; **absence du –** Arbeitsversäumnis *n*, Fehlen *n*; **accident du –** Arbeitsunfall *m*, Betriebsunfall; **aménagement du temps de –** Arbeitszeitgestaltung; **arrêt du –** Betriebsstillstand; Arbeitsniederlegung; **attestation de –** Arbeitsbescheinigung; **autorisation de –** Arbeitserlaubnis.

**TRAVAIL : bourse du –** Gewerkschaftshaus *n*; **camp de –** Arbeitslager *n*; **capacité de –** Arbeitsfähigkeit; Erwerbsfähigkeit; **certificat de –** • Arbeitsbescheinigung, Arbeitsbestätigung • Arbeitszeugnis *n*; **code du –** frz. Arbeitsgesetzbuch; **conditions de –** Arbeitsbedingungen *pl*; **contentieux du –** Arbeitsstreitsache; **contrat de –** (Einzel-)Arbeitsvertrag; **convention collective de – (= CCT)** Tarifvertrag.

**TRAVAIL : différend du –** Arbeitsstreitigkeit; **division du –** • *(Vwirt)* Arbeitsteilung • *(BW)* Arbeitseinteilung; **droit au –** *(VerfR)* Recht auf Arbeit; **droit du –** Arbeitsrecht *n*; **inaptitude au –** Arbeitsuntauglichkeit; **incapacité de –** Arbeitsunfähigkeit; Erwerbsunfähigkeit; **inspecteur du –** frz. Arbeitsaufsichtsbeamter, frz. Gewerbeaufsichtsamt *n*.

**TRAVAIL: législation du –** Arbeitsgesetzgebung; **lieu de –** Beschäftigungsort *m*, Arbeitsstätte *f*; **marché du –** Arbeitsmarkt *m*; **organisation scientifique du – (= O. S. T.)** wissenschaftliche Betriebsführung.

**TRAVAIL | d'appoint** Nebenbeschäftigung; **– à la chaîne** Fließbandarbeit; **– clandestin** Schwarzarbeit; **– continu** durchgehende Arbeitszeit; **– à domicile** Heimarbeit; **– à durée déterminée** zeitlich begrenzte Tätigkeit; **– sur écran** *(DV)* Bildschirmarbeit; **– d'équipe** Teamarbeit; **– par équipes** Schichtarbeit.

**TRAVAIL | indépendant** selbstständige Tätigkeit; **– intellectuel** geistige Tätigkeit; **– d'intérêt général** gemeinnützige Tätigkeit; **– intérimaire** Leiharbeitsverhältnis;

– **intermittent** zeitweise Beschäftigung; – **manuel** handwerkliche Tätigkeit; – **ménager** Hausarbeit; – **à mi-temps** Halbtagsarbeit; – **(au) noir** *(StR)* Schwarzarbeit.

**TRAVAIL | obligatoire** Arbeitspflicht *f*; – **occasionnel** Gelegenheitsarbeit; – **pénitentiaire** Gefängnisarbeit, Gefangenenbeschäftigung; – **physique** körperliche Arbeit; – **à la pièce** Akkordarbeit; – **à la pige** Tätigkeit als freier Journalist; – **à plein temps** Ganztagsbeschäftigung; – **posté** Schichtarbeit.

**TRAVAIL | saisonnier** Saisonarbeit; – **salarié,** – **subordonné** nichtselbständige Erwerbstätigkeit; – **à la tâche** Akkordarbeit; – **temporaire** Leiharbeit(sverhältnis), Zeitarbeit; – **à temps complet** Vollzeitbeschäftigung; – **à temps partiel** Teilzeitbeschäftigung; – **à temps réduit** Kurzarbeit.

**TRAVAILLEUR** *m* Arbeitnehmer *m*, Berufstätige(r) *m*, Arbeitskraft *f*, Arbeiter *m*, Erwerbsperson *f*; – **agricole** Landarbeiter; – **clandestin** Schwarzarbeiter; – **dépendant** (unselbständiger) Arbeitnehmer; – **à domicile** Heimarbeiter; – **sans emploi** Arbeitslose(r) *m*; – **étranger** Gastarbeiter; – **frontalier** Grenzgänger *m*; – **indépendant** Selbständige(r) *m*, Freiberufler *m*; – **intérimaire** Zeitarbeitskraft, überwiesener Arbeitnehmer (im Leiharbeitsverhältnis); – **intermittent** zeitweilig Beschäftigte(r).

**TRAVAILLEUR | manuel** Handarbeiter; – **migrant** Wanderarbeiter; – **à mi-temps** Halbtagskraft; – **au noir,** – **parallèle** Schwarzarbeiter; – **non qualifié** ungelernter Arbeiter; – **non salarié** Selbstständiger *m*, Freiberufler; – **occasionnel** Gelegenheitsarbeiter; – **à plein temps** Ganztagskraft; – **posté** Schichtarbeiter *m*; – **qualifié** Facharbeiter.

**TRAVAILLEUR | salarié** Lohnarbeiter, unselbständiger Erwerbstätige(r); – **social** Sozialhelfer *m*; – **stagiaire** Praktikant *m*, Volontär *m* (im Handel – **à temps complet** voll beschäftigter Arbeiter, Vollzeitkraft; – **à temps partiel** Teilzeitbeschäftigte(r).

**TRAVAUX 2.** *mpl (StVR)* Baustelle *f*; **bâtiment et – publics (= BTP)** Hoch- und Tiefbau; **exécution de –** Ausführung von Bauleistungen; – **d'aménagement** Ausbauarbeiten; – **de construction** Baumaßnahmen *fpl*, Bauarbeiten; – **de déblaiement** Aufräumungsarbeiten; – **de dépollution** Entseuchung *f*; Entsorgung von Abfallstoffen; – **d'entretien** Unterhaltungsarbeiten; – **forcés** *(StR, hist)* Zuchthaus *n*; Zwangsarbeit; – **sur mémoires** *(VwR)* Bauleistungen zum Nachweis (bei Vergabe im Preiswettbewerb).

**TRAVAUX | publics** öffentliche Aufträge über Bauleistungen, öffentliche Bauarbeiten; – **d'utilité collective** *ou* **publique (= TUC)** gemeinnützige Arbeiten (Beschäftigungsprogramm für Arbeitslose).

**TRÉFONCIER** *m (SachR)* Eigentümer des unter der Erdoberfläche liegenden Teils eines Grundstücks.

**TRÉFONDS** *m (SachR: sous-sol)* Untergrund *m* (des Grundstücks).

**TRÉSOR** *m* • *(ZR)* Schatz *m* • *(ÖfR)* Staatskasse *f*, Schatzamt *n*, oberste frz. Finanzbehörde (dem Finanzminister unterstellt); **bon du –** Schatzanweisung; – **public** *(ÖfR = Trésor)* Staatskasse, Schatzamt, oberste frz. Finanzbehörde.

**TRÉSORERIE** *f* • *(HR: disponibilités)* flüssige Mittel *npl*, Geldmittel *npl*, Geldbestand *m*, Barliquidität *f*, Bargeldbestand *m* • *(ÖfR)* Finanzverwaltung *f*; (Staats-) Haushaltswesen *n*; **besoins de –** Finanzbedarf *m*; **déficit de –** Kassenfehlbetrag; **situation de –** Liquiditätsausstattung *f*.

**TRÉSORIER** *m* • *(VereinsR)* Schatzmeister *m* • *(ÖfR)* Kassenverwalter *m*; Kämmerer *m*; – **payeur général** oberster frz. Finanzkassenbeamter auf Departementebene.

**TRÊVE** *f* Waffenruhe *f*; **– des confiseurs** Ruhen *n* der politischen Tätigkeit zwischen Weihnachten und Neujahr.

**TRIBUNAL 1.** *m* • Gericht *n*, Gerichtshof *m* • (Einzel-)Richter *m*; Richterkollegium *n* • Gerichtsgebäude *n*; **président du –** Gerichtspräsident *m*; **ressort d'un –** • Amtsbereich eines Gerichts • Gerichtsbezirk *m*; **saisir un –** ein Gericht anrufen.

**TRIBUNAL | administratif (= TA)** frz. Verwaltungsgericht *n*; **– d'appel** Berufungsgericht; **– de l'application des peines** frz. Strafvollzugsgericht; **– arbitral** Schiedsgericht; **– de commerce** frz. Handelsgericht (als eigenständiges Erstinstanzgericht in Handelssachen, bestehend aus ehrenamtlichen Richtern, d. h. Kaufleuten); **– compétent** zuständiges Gericht.

**TRIBUNAL des conflits (= TC)** frz. Kompetenzkonflikthof; höchstes, nicht ständiges, paritätisch besetztes frz. Gericht, das über Kompetenzkonflikte entscheidet; **– consulaire** frz. Handelsgericht; **– corporatif** Innungsspruchsbehörde *f*, Standesgericht.

**TRIBUNAL | correctionnel** frz. Strafgericht (beim Großinstanzgericht) zuständig für Vergehen; gerichtlicher Spruchkörper, der etwa der Strafkammer (beim Landgericht) entspricht; **– disciplinaire** Disziplinargericht, Dienststrafgericht; **– de droit commun** • ordentliches Gericht • *(au pluriel)* frz. ordentliche Gerichtsbarkeit; Sammelbegriff für Klein- u. Großinstanzgericht, Apellations- u. Kassationshof im Gegensatz zu den Sondergerichten (wie z. B. das Handels- u. Arbeitsgericht); **– pour enfants** frz. Jugendgericht, Jugendrichter u. zwei ehrenamtliche Richter als Beisitzer; **– d'exception** Ausnahmegericht; **– d'exécution des peines** *ou* **des sentences** *(StVZ)* Strafvollstreckungsgericht.

**TRIBUNAL | de grande instance (= TGI)** frz. Großinstanzgericht *n* (zumeist am Hauptverwaltungssitz des Departement); **– incompétent** unzuständiges Gericht; **– inférieur** unteres Gericht; **– d'instance (= TI)** frz. Kleininstanzgericht (auf Arrondissementebene); Gericht, das etwa dem Amtsgericht entspricht (mit einem Einzelrichter); **– judiciaire, – de l'ordre judiciaire** ordentliches Gericht; Zivilgericht; Strafgericht; **– paritaire des baux ruraux** frz. paritätisches Gericht für landwirtschaftliche Pachtverträge; **– permanent des forces armées (= TPFA)** frz. Wehrstrafgericht.

**TRIBUNAL | de police** frz. Einzelrichter als Strafrichter (beim Kleininstanzgericht, zuständig für Übertretungen); dem dt. Strafrichter beim Amtsgericht vergleichbar; **– de première instance des Communautés européennes (= TPICE)** Erstinstanzgericht der Europäischen Gemeinschaft; **– de renvoi** Gericht, an das eine Sache verwiesen wird; **– répressif** Strafgericht; **– de révision** Wiederaufnahmegericht; **– saisi** *ou* **saisi de l'instance** mit der Sache befasstes Gericht, angerufenes Gericht; **– de la situation de la chose** *(ZPR, IPR)* Gericht der belegenen Sache; **– suprême** Oberstes Gericht.

**TRIBUNAUX 2.** *mpl* Gerichtswesen *n*, Gerichtsbarkeit *f*; **accès auprès des –** Eröffnung des Rechtswegs; **– répressifs** Strafgerichtsbarkeiten.

**TRIMESTRE** *m* Vierteljahr *n*, Quartal *n*.

**TROC** *m* Tausch(handel) *m*.

**TROMPERIE** *f* Betrug *m*, Übervorteilung *f*; **– sur la qualité de la marchandise vendue** Betrug durch Lieferung einer minderen Qualität.

**TROMPEUR** *adj* : **emballage –** Mogelpackung *f.*

**TROUBLE 1.** *m* • *(ZR)* (Rechts-) Beeinträchtigung, Störung • *(ÖfR)* Unruhe *f*, Aufruhr *m* • Gesundheitsschädigung; **– d'exploitation** Betriebsstörung; **– de fait** unerheblicher Sachschaden (am Nachbargrundstück); **– de la possession** *(SachR)* Besitzstörung; **– de voisinage** Immission *f.*

**TROUBLES 2.** *mpl (Pol)* Unruhen *pl,* Störung *f*; **fauteur de –** Unruhestifter; **– sociaux** soziale Unruhen.

**TROUVAILLE** *f (SchuldR)* Fundsache *f*; **– d'objets de valeur** Wertfund *m.*

**TRUCAGE** *m*, **truquage** *m* Fälschung *f*, raffinierte Täuschung; **– d'un bilan** Bilanzkosmetik *od.* -verschleierung; **– électoral, – des élections** Wahlfälschung.

**TRUCHEMENT** *m* : **par le – de** durch Vermittlung von.

**TRUST** *m* • *(GesR)* Trust *m* • multinationaler Konzern (mit marktbeherrschender Stellung.

**TUEUR** *m* (gedungener) Mörder.

**TUMULTE** *m* Aufruhr *m*, Auflauf *m*, Tumult *m*, Lärm *m*, Unruhe *f.*

**TUTÉLAIRE** *adj* • *(VR)* schützend • *(FamR)* vormundschaftlich; **charge –** Amt *n* des Vormundes.

**TUTELLE** *f* • *(FamR)* Vormundschaft *f* • *(ÖfR)* Staatsaufsicht *f* (im Rahmen der Selbstverwaltung), Aufsicht • *(VR)* Treuhand *f*, Schutz *m*; **autorité de – •** *(FamR)* Vormundschaftsbehörde *f* • *(ÖfR)* Aufsichtsbehörde; **co- –** Mitvormundschaft; **juge des –s** Vormundschaftsrichter; **fonds de –** Mündelgelder *pl*; **ministre de –** *(VwR)* die Dienstaufsicht ausübender Minister; **ouverture de la –** Einleitung der Vormundschaft; **pouvoir de – •** *(ÖfR)* Aufsichtsgewalt *f* • vormundschaftliches Sorgerecht; **subrogée –** Gegenvormundschaft.

**TUTELLE | administrative** *(ÖfR)* Dienstaufsicht; **– d'un établissement public** *(VwR)* staatliche Aufsicht über eine Anstalt des öffentlichen Rechts; **– judiciaire** Vormundschaft kraft richterlicher Bestellung; **– légale** gesetzliche Vormundschaft; **– des majeurs** Erwachsenenvormundschaft.

**TUTEUR** *m* Vormund *m*; **co- –** Mitvormund; **constitution d'un –** Bestellung eines Vormundes; **contrôle du –** Überwachung des Vormundes; **subrogé –** frz. Gegenvormund (bei jeder Vormundschaft zwingend vorgeschrieben); **– légal** gesetzlicher Vormund.

**TYPE** *m* • *(modèle, norme)* Muster *n*, Bauart *f*, Grundform *f*, Modell *n* • *(espèce, genre)* Eigenart *f*, Typ *m*, charakteristische Eigenschaft *f*; **contrat –** Standardvertrag, Muster- *od.* Einheitsvertrag; Vertragsmuster; **statut –** Einheitssatzung; **– modèle** Standardausführung.

**TYRANNIE** *f* Willkür- und Gewaltherrschaft *f.*

## U

**ULTÉRIEUR** *adj* nachträglich; **reporter à une date –e** auf einen späteren Zeitpunkt verschieben.

**ULTIMATUM** *m (VR)* Ultimatum *n*, letzte Aufforderung.

**UNANIMEMENT** *adv* einstimmig.

**UNANIMITÉ** *f* Einstimmigkeit *f*, Einhelligkeit *f*, Einmütigkeit.

**UNIFICATION** *f* Vereinigung *f*, Einigung; **– du droit** Rechtsvereinheitlichung.

**UNILATÉRAL** *adj* : **contrat –** einseitiger Vertrag.

**UNION** *f* • *(EheR)* Bund *m*, Verbindung *f*, Ehe *f* • *(GesR)* Zusammenschluss *m*, Vereinigung *f*

• *(ArbR)* gewerkschaftliche Arbeitsgemeinschaft *f* • *(VR)* Bündnis *n*, Union *f*, Konföderation *f*; **convention d'– de Paris** Pariser (Verbands-) Übereinkunft (zum Schutz des gewerblichen Eigentums).

**UNION | économique** • *(VR)* zwischenstaatliche Wirtschaftsgemeinschaft • *(BW)* Wirtschaftsverband; **– européenne (= UE)** Europäische Union (= EU); **– européenne de paiements (= UEP)** Europäische Zahlungsunion (= EZU).

**UNION internationale | des chemins de fer (= UIC)** Internationaler Eisenbahnverband; **– – de droit pénal** internationale kriminalistische Vereinigung; **– – pour la protection des œuvres littéraires et artistiques** internationaler Verband zum Schutze von Werken der Literatur und Kunst; **– – pour la protection de la propriété industrielle** internationaler Verband zum Schutz des gewerblichen Eigentums.

**UNION | libre** *(FamR)* eheähnliche Gemeinschaft *f*, nicht-eheliche Lebensgemeinschaft; **– monétaire** Währungsunion; **– professionnelle** Berufsverband; **– réelle** *(VR)* Realunion; **– de recouvrement** *(SozR)* frz. Behörde zur Eintreibung der Sozialversicherungsbeiträge; **– syndicale** Berufsverband; **– de syndicats** • Gewerkschaftsunion • Verband von Berufsvereinigungen.

**UNIPERSONNEL** *adj* **: entreprise -elle** Einmanngesellschaft; **entreprise -elle à responsabilité limitée (= EURL)** frz. Einmann-GmbH.

**UNIQUE** *adj* einzig, ausschließlich; **allocation de salaire –** Alleinverdienerbeihilfe; **déposant –** Einzelanmelder *m*.

**UNITAIRE** *adj* einheitlich; **prix –** Stückpreis *m*.

**UNITÉ** *f* Einheit *f*, Einheitlichkeit; **– d'action** Aktionseinheit *f*; **– budgétaire** Grundsatz der sachlichen Einheit des Haushaltsplans; **– cadastrale** Parzelle *f*; **– de compte européenne (= U. C. E. = ECU)** Europäische Rechnungseinheit.

**UNITÉ | d'enseignement et de recherche (= U. E. R.)** Fachbereich *m* (einer frz. Universität); **– d'invention** Erfindungseinheit; **– de mesure** Maßeinheit *f*; **– monétaire** Währungseinheit; **– de production** Produktionseinheit.

**UNIVERSALITÉ** *f (ZR)* Gesamtheit (von Aktiven u. Passiven im Rahmen einer Rechtsgesamtheit); **– budgétaire** *(HaushR)* Grundsatz der Vollständigkeit des Haushalts; **– de droits** *(ZR)* Rechtsgesamtheit *f*.

**UNIVERSEL** *adj* **: héritier –** Gesamtrechtsnachfolger; **suffrage –** allgemeine Wahl(en).

**UNIVERSITÉ** *f* Hochschule *f*, Universität *f*; **– populaire** *ou* **du soir** Volkshochschule *f*.

**URBAIN** *adj* **: communication –e** Ortsgespräch *n*; **transports –s** städtische Verkehrsbetriebe; **voirie –e** städtische Erschließungs- und Entsorgungsanlagen (Straßenreinigung, Wasser- u. Stromversorgung, Müllabfuhr).

**URBANISATION** *f* • Verstädterung *f* • städtebauliche Entwicklung u. Erschließung, Urbanisierung *f*.

**URBANISME** *m* Städteplanung *f*.

**URGENCE** *f* Dringlichkeit *f*, größte Eile; **degré d'–** Dringlichkeitsstufe; **état d'–** *(VerfR)* Notstand *m*, Ausnahmezustand *m*.

**URGENT** *adj* vordringlich, dringend, eilig, unaufschiebbar; **mesure –e** Sofortmaßnahme *f*.

**URNE** *f* **électorale** Wahlurne *f*.

**US ET COUTUMES** *mpl* Sitten und Gebräuche, Gepflogenheiten *fpl*.

**USAGE** *m* • *(utilisation)* Benutzung, Gebrauch *m*, Verwendung *f*; Anwendung *f* • *(coutume)* Brauch *m*, Übung *f*, Verkehrssitte, Gepflogenheit *f*; **autorisation d'–** Nutzungsbewilligung; **cadeau d'–** übliches Gelegenheitsgeschenk *n*; **droit d'–** dingliches Gebrauchsrecht *n*, Nutzungsrecht.

**USAGE | abusif** • *(d'une chose)* rechtsmissbräuchliche Benutzung • *(d'un droit)* rechtsmissbräuchliche Ausübung (eines Rechts); **– commercial** *(HR)* Handelsbrauch, Handelsgepflogenheiten *fpl*, Usance; **– constant et reconnu** langdauernde u. allgemein anerkannte Übung; **– courant** *(ZR)* Verkehrssitte *f*.

**USAGE | diplomatique** diplomatische Übung *od.* Gepflogenheit; **– exclusif** Alleingebrauch; **– de la force** *(ÖfR)* Gewaltanwendung; **– immémorial** seit unvordenklichen Zeiten bestehender Brauch; **– ininterrompu** langjährige *od.* ununterbrochene Übung; **– des lieux** *ou* **local** örtliche Verkehrssitte; **– privatif** Alleingebrauch; **– privé** Privatgebrauch; **– de la profession** Verkehrssitte in einem Berufszweig; **– public** *(ÖfR)* Gemeingebrauch.

**USAGÉ** *adj* (Sache) gebraucht, benutzt.

**USAGER** *m* • *(SachR)* Inhaber *m* eines dinglichen Gebrauchsrechts • *(ÖfR)* Benutzer *m*; **– de la route** Verkehrsteilnehmer *m*.

**USÉ** *adj* abgenutzt, verschlissen; verbraucht; **eaux –es** *(UmweltR)* Abwässer *pl*.

**USINE** *f* Fabrik *f*, Werk *n*, Betrieb *m*; Industriewerk, Fabrikanlage *f*.

**USUCAPION** *f (SachR)* Ersitzung *f*.

**USUEL** *adj* üblich, gebräuchlich.

**USUFRUIT** *m (SachR: droit réel temporaire)* Nießbrauch *m*; **constitution d'–** Nießbrauchsbestellung.

**USUFRUITIER** *m* Nießbraucher *m*.

**USURAIRE** *adj* : **intérêts –s** Wucherzinsen *pl*; **prêt –** *(StR)* Kreditwucher.

**USURE** *f* • Abnutzung *f*, Verschleiß *m*, Verbrauch *m* • Wucherzins *m*.

**USURIER** *m (StR)* Wucherer *m*.

**USURPATION** *f* widerrechtliche Aneignung; gesetzwidrige Besitzergreifung; **– de brevet** Patentberühmung; **– d'un droit** Rechtsanmaßung *f*; **– d'état-civil** Führung eines falschen Namens; **– de fonctions** Amtsanmaßung; **– du pouvoir** • *(VerfR)* gesetzwidrige Machtergreifung • *(VwR)* Amtsanmaßung.

**USURPER** *v.tr.* sich widerrechtlich anmaßen, sich gewaltsam zueignen.

**UTÉRIN** *adj* (verwandt) mütterlicherseits; **frères –s** Halbbrüder; **sœurs –es** Halbschwestern.

**UTILE** *adj* nützlich, brauchbar; sachdienlich; **charge –** Nutzlast *f*.

**UTILISATEUR** *m* Verbraucher *m*; Benutzer *m*; **– antérieur** Vorbenutzer *m*; **– final** Endverbraucher.

**UTILISATION** *f* • Verbrauch; Verwertung *f* • Nutzung *f*, Nutzbarmachung, Auswertung • Benutzung, Gebrauch *m*, Einsatz *m* • Inanspruchnahme *f*, Heranziehung; **antériorité d'–** Vorbenutzung.

**UTILISATION | abusive** missbräuchliche Verwendung; **– antérieure** Vorbenutzung; **– d'une invention** Verwertung einer Erfindung.

**UTILISER** *v.tr.d.* anwenden, benutzen, gebrauchen; Nutzen ziehen aus, nutzbar machen, auswerten.

**UTILITÉ** *f* Nützlichkeit *f*, Nutzen *m*, Brauchbarkeit *f*; **modèle d'–** Gebrauchsmuster *n*; **– marginale** Grenznutzen; **– publique** Gemeinnützigkeit *f*.

# V

**VACANCE 1.** *f* • *(ArbR)* freie Stelle, offene Stelle *f* • *(VerfR)* Verhinderung des Amtsinhabers, Amtserledigung • *(ErbR)* Vermögen ohne Erbfolge.

**VACANCES 2.** *fpl* Ferien *pl,* Urlaub *m*; **étalement des –** Staffelung der Urlaubszeit; **– judiciaires** Gerichtsferien *pl*; **– scolaires** Schulferien.

**VACANT** *adj* • herrenlos • (bisher) erbenlos • unbesetzt, frei.

**VACATION 1.** *f* • *(ArbR)* Dienstzeit *f*; Zeitaufwand *m* für eine Tätigkeit • *(BeamR)* Arbeitsleistung (eines Beamten) • Vergütung (für eine Mühewaltung); **affaire de –** *(ZPR)* Feriensache *f*, Ferialsache (Aut).

**VACATIONS 2.** *fpl* • Gerichtsgebühren; amtliche Gebühren (der Notare); Sachverständigenhonorar *n* • *(ZPR)* Gerichtsferien *pl.*

**VAGABONDAGE** *m (StR)* Landstreicherei *f*; **– des déchets toxiques** Giftmülltourismus *m.*

**VALABLE** *adj* (rechts)gültig, rechtswirksam.

**VALEUR 1.** *f* • Wert *m* • *(validité)* Geltung *f* • *(titre)* Wertpapier *n*; **indication de la –** Wertangabe *f*; **mise en –** Erschließung, Auswertung; **objet de –** Wertsache *f*; **– à l'achat** Anschaffungspreis; **– actuelle** Gegenwartswert; **– affective** Affektionsinteresse, ideeller Wert; **– ajoutée** Mehrwert *m*; **– commerciale** Verkehrs- *od.* Handelswert; **– comptable** buchmäßiger Wert; Bilanzwert; **– en compte** Buchwert; **– déclarée** angegebener Wert; Wertangabe *f*; **– d'échange** Tauschwert; **– effective** tatsächlicher Wert; **– estimée** Taxwert, Schätzwert; **– à l'état d'avarie** Schadenswert; **– à l'état neuf** Neuwert; **– intrinsèque** Sachwert.

**VALEUR | en litige** *ou* **litigieuse** Streitwert; **– locative** Nutzwert einer Wohnung; **– marchande** Handelswert; **– sur le marché** Marktwert; **– marginale** Grenzwert; **– matérielle** Sachwert; **– mobilière** Wertpapier *n*; **– négligeable** geringfügiger Wert; **– à neuf** Neuwert; **– nominale** Nennwert *m*; **– patrimoniale** Vermögenswert; **– pécuniaire** Geldwert; **– réelle** Sachwert, Istwert; **– de remplacement** Wiederbeschaffungswert; **– résiduelle** Restwert; **– à revenu fixe** festverzinsliches Wertpapier; **– d'usage** Nutzungswert; **– usuelle** gemeiner Wert; **– vénale** Verkehrswert.

**VALEURS 2.** *fpl* Wertsachen *fpl*, Valoren *mpl*; Wertpapiere; Schmucksachen; **bourse des –** Effekten- *od.* Wertpapierbörse *f*; **courtier en – mobilières** Wertpapiermakler; **marché des –** Wertpapiermarkt.

**VALIDATION** *f* Gültigerklärung *f*, Wirksamerklärung; **– d'une élection** Erklärung der Ordnungsmäßigkeit einer Wahl.

**VALIDE** *adj* (rechts-)gültig, rechtswirksam.

**VALIDER** *v.tr.* für rechtswirksam erklären, für gültig erklären.

**VALIDITÉ** *f* (Rechts-)Gültigkeit *f*; **condition de –** Gültigkeitserfordernis *n*, Wirksamkeitsvoraussetzung; **– dans l'espace** räumliche Geltung; **– juridique** Rechtswirksamkeit; **– dans le temps** zeitliche Geltung; **– territoriale** räumlicher Geltungsbereich.

**VALISE** *f* Handkoffer *m*; **– diplomatique** diplomatisches Kuriergepäck.

**VALOIR** *v.intr.* • wert sein, einen Wert haben • gelten, rechtsgültig sein; **faire –** • *(un droit)* geltend machen • *(un bien)* bewirtschaften.

**VALORISATION** *f (Vwirt)* Wertschöpfung; Wertsteigerung.

**VANDALISME** *m (StR)* Zerstörungswut *f*; **acte de –** Sachbeschädigung.

**VÉHICULE** *m* **automobile** Kraftfahrzeug *n*; **– à deux roues** Zweirad *n*; **– poids lourd** Lastkraftwagen *m* (= LKW); **– de service** Dienstwagen; **– terrestre à moteur (= VTM)** Kraftfahrzeug *n* (= Kfz); **– de tourisme** Personenkraftwagen *m* (= PKW); **– utilitaire** Nutzfahrzeug.

**VÉNAL** *adj* • *(HR)* verkehrsfähig, im Handel • *(StR)* bestechlich; **valeur –e** Verkehrs- *od.* Handelswert.

**VÉNALITÉ** *f* • Käuflichkeit *f* (eines Amtes) • *(StR)* Bestechlichkeit *f*.

**VENDEUR** *m* Verkäufer *m*; **– ambulant** fliegender Händler; **– en gros** Großhändler *m*; **– professionnel** gewerblicher Verkäufer.

**VENDRE** *v.tr.* verkaufen, absetzen, vertreiben; **– aux enchères** versteigern; **– à perte** mit Verlust verkaufen.

**VÉNÉRIEN** *adj* : **acte –** Geschlechtsakt *m*, Koitus *m*; **maladies –nes** Geschlechtskrankheiten.

**VENGEANCE** *f* Rache *f*, Rachsucht *f*.

**VENIR** *v.intr.* • kommen • *(venir de)* herrühren, herkommen; abstammen; **– à l'aide** Hilfe leisten; **– en aide** (finanziell) unterstützen.

**VENTE** *f* • *(SchuldR)* Kaufvertrag *m*, Kauf *m* (nach französischem Recht gleichzeitig Verpflichtungs- und Verfügungsgeschäft); Veräußerung *f*; Verkauf *m* • *(BörR)* Abgabe *f* • *(WirtR)* Absatz *m*, Vertrieb *m*, Umsatz *m*; **acte de –** Verkaufsurkunde *f*; **augmentation des –s** Absatzsteigerung; **chef de –** Verkaufsleiter *m*; **contrat de –** Kaufvertrag *m*; **directeur des –s** Verkaufsleiter; **location- –** Mietkauf; **point de –** Vertriebsstelle; **prix de –** Verkaufspreis *m*; **service après –** Kundendienst; **territoire** *ou* **zone de –** Absatzmarkt, Verkaufsgebiet.

**VENTE | à l'agréage** Kauf auf Probe; **– (à) l'amiable** freihändiger Verkauf, Freihandverkauf; **– en bloc** Kauf in Bausch u. Bogen; **– caf** *(= coût, assurance, fret)* Cif-Verkauf; **– de la chose d'autrui** Verkauf einer fremden Sache; **– commerciale** *(HR)* (zweiseitiger) Handelskauf; **– par correspondance (= V. P. C.)** Versandhandel; **– à crédit** Kreditkauf; **– à délai préfix** Fixkauf; **– au détail** Einzelhandel; **– directe** Verkauf durch den Erzeuger; **– à distance** Versendungskauf; **– à domicile** Haustürgeschäft *n*; **– sur échantillon** Kauf nach Probe; **– aux enchères** öffentliche Versteigerung, Auktion *f*.

**VENTE | à l'essai** Kauf auf Probe; **– exclusive** Alleinvertrieb *m*; **– avec faculté d'échange** Kauf mit Umtauschvorbehalt; **– ferme à titre d'essai** Kauf zur Probe; **– fictive** Scheingeschäft; **– forcée** • Notverkauf • *(WirtStR) (vente par envoi d'office)* Zusendung unbestellter Waren; **– de gré à gré** freihändiger Verkauf; **– judiciaire** gerichtliche Versteigerung; **– jumelée** Koppelungsgeschäft; **– -liquidation** Räumungsverkauf, Ausverkauf; **– mixte** einseitiger Handelskauf; **– à paiements échelonnés** Ratenkauf; **– de porte à porte** Haustürgeschäft *n*; **– publicitaire** Werbeverkauf; **– publique** (öffentliche) Versteigerung; **– -réclame** Sonderangebot, Werbeverkauf; **– en solde** Ausverkauf; (Winter-, Sommer-)Schlussverkauf; **– avec réserve de propriété** Kauf unter Eigentumsvorbehalt; **– sur saisie** Zwangsversteigerung; **– à la sauvette** Schwarzmarktverkauf; illegaler Handel; **– à tempérament** Ratenkauf, Abzahlungsgeschäft; **– totale** Ausverkauf.

**VÉRACITÉ** *f* **du témoignage** wahrheitsgemäße Aussage.

**VERBAL** *adj* **: accord –** mündlich getroffene Vereinbarung, formlose Übereinkunft.

**VERBALISATEUR** *adj* **: agent –** • Protokollführer *m* • *(StR)* Verwaltungsbeamte(r) im Bußgeldverfahren.

**VERBALISATION** *f (StR)* (gebührenpflichtige) Verwarnung.

**VERBALISER** *v.intr.* einen Bußgeldbescheid erlassen.

**VERDICT** *m* • *(StPR: Cour d'Assises)* Ausspruch der frz. Geschworenen über die Schuldfrage • Entscheidung, Beschluss *m*; **– d'acquittement** Freispruch *m*; **– de culpabilité** Schuldspruch.

**VÉRIDIQUE** *adj* **: témoin –** glaubhafter Zeuge.

**VÉRIFICATEUR** *m* **aux comptes** Buchprüfer *m*, Rechnungsprüfer *m*; **– fiscal** (steuerlicher) Betriebsprüfer.

**VÉRIFICATION** *f* • Beglaubigung *f*, Feststellung *f* • Untersuchung *f*, Kontrolle *f*, Nachprüfung *f* **: – fiscale** Außenprüfung (bei Steuerpflichtigen); **– d'identité** Feststellung der Personalien; **– des passeports** Passkontrolle *f*.

**VÉRITÉ** *f* • *(authenticité)* Wirklichkeit *f*, Echtheit *f* • *(véracité)* Wahrheit *f* • *(justesse)* Richtigkeit *f*; **conforme à la –** wahrheitsgetreu; **contraire à la –** wahrheitswidrig.

**VERROUS** *mpl* **: être sous les –** eine Freiheitsstrafe verbüßen; **mettre qqn. sous les –** jmdn. inhaftieren.

**VERSEMENT** *m* • (Geld-) Einzahlung; Zahlung; Entrichtung (eines Geldbetrages) • *(dividendes)* Ausschüttung • geleisteter (Geld-) Betrag *m*; **– d'un acompte** Leistung einer Anzahlung; **– d'une caution** Sicherheitsleistung.

**VERSER** *v.tr.* • (ein-)zahlen, eine Zahlung leisten • ausschütten; **– une pièce au dossier** *(PrzR)* (eine Urkunde) zu den Akten geben.

**VERSO** *m* **: au –** auf der Rückseite.

**VETO** *m* Veto *n*, Einspruchsrecht *n*; **droit de –** Vetorecht *n*; **opposer le –** Einspruch erheben.

**VEUF** *m*, **veuve** *f* Witwer *m*; Witwe *f*.

**VIABILISATION** *f* Erschließung *f* (eines Geländes); **travaux de –** Erschließungsarbeiten.

**VIABILITÉ** *f* Bebauungsfähigkeit *f* infolge Erschließung; Befahrbarkeit (einer Straße).

**VIABLE** *adj* • dauerhaft; entwicklungsfähig; erschlossen • *(enfant)* lebensfähig.

**VIAG|ER** *adj* **: rente –ère** Rente auf Lebenszeit, Leibrente.

**VICE** *m* • (Sach-)Mangel *m*, Fehler *m* • Laster *n*; **couverture du –** Mängelheilung *f*; **– apparent** offenbarer Sachmangel; **– caché** verborgener Fehler, Sachmangel; **– du consentement** Willensmangel; **– de construction** Baufehler; **– de droit** Rechtsmangel; **– de fabrication** Fabrikationsfehler; **– de forme** Formmangel; **– de procédure** Verfahrensmangel; **– propre** der Sache innewohnender Mangel; **– rédhibitoire** Mangel der Kaufsache, der den Käufer zur Wandlung *od.* Minderung berechtigt; **– de la volonté** Willensmangel.

**VICE-CHANCELIER** *m* Vizekanzler *m*.

**VICE-PRÉSIDENT** *m* Vizepräsident *m*, stellvertretende(r) Vorsitzende(r).

**VICIÉ** *adj* mangelhaft, mit einem Mangel behaftet; rechtsunwirksam.

**VICIER** *v.tr.* • (Ware) verderben, verschlechtern • (Vertrag) ungültig machen, die Aufhebung bewirken.

**VICTIME** *f* **d'un accident** Unfallopfer, Unfallgeschädigter *m*; **– du dommage** Geschädigte(r) *m*.

**VIDE** *m* **juridique** Rechtsvakuum *n*; Gesetzeslücke *f*.

**VIDER** *v.tr.* | **un différend** eine Streitigkeit beilegen; **– les lieux** (eine Wohnung) räumen.

**VIDUITÉ : délai de –** *(EheR)* Wartezeit (der geschiedenen Ehefrau).

**VIE** Leben *n*; **allocation de – chère** Teuerungszulage *f*; **certificat de –** Lebensnachweis; **communauté de –** (eheliche) Lebensgemeinschaft; **coût de la –** Lebenshaltungskosten *pl*; **espérance de –** Lebenserwartung; **niveau de –** Lebensstandard *m*; **train de –** Lebenszuschnitt *m* (der Ehegatten); **– active** Erwerbsleben *n*, Berufsleben; **– commune** *(FamR)* eheliche Lebensgemeinschaft.

**VIEILLESSE** *f* : **assurance- –** Rentenversicherung; **pension de –** Altersruhegeld.

**VIGILE** *m* Werkschutzmitglied *n*.

**VIGNETTE** *f* **fiscale** Steuerzeichen *n*.

**VIGUEUR** *f* : **entrer en –** in Kraft treten; **mettre en –** in Kraft setzen.

**VIOL** *m (StR)* Vergewaltigung *f*; **– et agression sexuelle par personne ayant autorité** Vergewaltigung und sexueller Missbrauch von Schutzbefohlenen.

**VIOLATION** *f* • *(StR)* Zuwiderhandlung *f*, Verletzung (eines Gesetzes); strafbare Handlung • *(ZR)* Nichteinhaltung (einer Verpflichtung), Nichtbeachtung (einer Vertragsbestimmung); **– du contrat** Vertragsbruch; **– de domicile** *(StR)* Hausfriedensbruch; **– du droit** Rechtsverletzung; **– d'un engagement** Nichteinhaltung einer Verpflichtung; **– de l'espace aérien** *(VR)* Verletzung des Luftraums; **– de formes substantielles** Verletzung wesentlicher Formvorschriften.

**VIOLATION | de la loi** Gesetzesverstoß *m*, Rechtsverletzung *f*; **– du secret** Verletzung der Schweigepflicht; **– du secret de la correspondance** Verletzung des Briefgeheimnisses; **– du secret professionnel** • *(BeamR)* Verletzung des Dienstgeheimnisses, Verletzung der Amtsverschwiegenheit • *(ArbR)* Verletzung der beruflichen Schweigepflicht; **– de sépulture** *(StR)* Leichenschändung *f*, Grabschändung.

**VIOLENCE** *f* • *(ÖfR)* Gewalt *f*, Gewalttätigkeit *f* • *(SchuldR)* (widerrechtliche) Drohung; **acte de –** gewalttätige Handlung, Gewalttat; **délit de –s** *(StR)* Nötigung, rechtswidriger Zwang; **recours à la –** Gewaltanwendung.

**VIOLER** *v.tr.* • *(StR)* vergewaltigen • *(la loi)* verletzen, übertreten.

**VIREMENT** *m (BankR)* Überweisung *f*; bargeldlose Zahlung *f*; **avis de –** Gutschriftsanzeige *f*; **ordre de –** Überweisungsauftrag.

**VISA** *m* • *(VwR)* Visum *n*, Sichtvermerk *m* • *(PrzR)* Angabe *m* der Gesetzesgrundlagen und Prozessurkunden, Hinweis *m* auf die anwendbaren Normen.

**VISITE** *f* • Besuch *m* • Besichtigung *f*, Untersuchung *f*; **droit de –** *(FamR)* Besuchsrecht (des nichtehelichen Vaters); **heure de –** Besuchszeit *f*; **– corporelle** körperliche Durchsuchung, Leibesvisitation; **– domiciliaire** *(StR)* Haus(durch-)suchung; **– d'État** Staatsbesuch *m*; **– des lieux** *(PrzR)* Augenscheinseinnahme; **– médicale** ärztliche Untersuchung; **– technique (des véhicules)** technische Kfz-Überprüfung.

**VITESSE** *f* **limite** (zulässige) Höchstgeschwindigkeit.

**VOIE** *f* **administrative** Verwaltungsweg *m*; **– de communication** Verkehrsweg; **– de contrainte** Zwangsmittel *n*; **–s d'exécution** Zwangsvollstreckungsverfahren.

**VOIE** *f* **de fait** • *(StR)* Gewalttätigkeit, Handgreiflichkeit, Tätlichkeit *f* • *(VwR)* Rechtsverletzung durch die Verwaltung • *(ZR)* Rechtsbeeinträchtigung; Besitzstörung.

**VOIE publique** öffentliche Straße; **attroupement sur la – –** *(StR)* Zusammenrottung *f*; **manifestation sur la – – publique** *(StR)* Kundgebung unter freiem Himmel; Demonstration *f*, Massenkundgebung.

**VOIE | de recours** *(PrzR)* Rechtsbehelf *m*; Einlegung eines Rechtsmittels; – **de réformation** Berufung *f*; – **de rétractation** Einspruch (gegen Versäumnisurteil).

**VOIES et moyens** *(HaushR)* Einnahmequellen *fpl* des Haushalts.

**VOIRIE** • *(VwR)* öffentliche Wege, Straßen, Plätze, Anlagen, Wasserstraßen u. ähnliche Objekte als Bestandteile der Sachen im Gemeingebrauch • *(VwR)* Verwaltungsträger, dem die Unterhaltung dieser öffentlichen Sachen obliegt; Müllabfuhr *f*; Straßenreinigungsbetrieb *m*; Stadtwerk *n*; Straßenbaubehörde *f* • *(UmweltR)* Müllabladeplatz *m*, Deponie *f*; **aisances de** – Anliegernutzungsrechte *npl*; **concession de** – Nutzungsverleihung *f*.

**VOISIN** *adj* : **droits –s** *(UrhR)* verwandte Schutzrechte.

**VOISINAGE** *m* : **risque de** – Gefährdung durch die Nachbarschaft; **trouble de** – Immission *f* (von einem Grundstück ausgehend).

**VOITURAGE** *m* • Güterverkehr *m* zu Land, Lastwagengüterverkehr • Gewerbe *n* des Frachtführers • Fracht *f*, Warensendung *f*.

**VOITURE** *f* Wagen *m*; Fahrzeug *n*; Auto *n*; **lettre de** – *(HR)* Frachtbrief *m*; – **circulant à contresens** Geisterfahrer *m*; – **de location** Mietwagen; – **d'occasion** Gebrauchtwagen; – **officielle** Dienstwagen *m*; – **particulière** *(StVR)* Personenkraftwagen (= P.K.W.); – **piégée** mit Sprengstoff präpariertes Auto.

**VOITURIER** *m (HR)* Frachtführer *m*.

**VOIX 1.** *f* Stimme *f*; – **consultative** beratende Stimme; – **délibérative** Stimmrecht; – **exprimée** abgegebene Stimme; – **prépondérante** ausschlaggebende Stimme (bei Stimmengleichheit).

**VOIX 2.** *fpl* : **décompte des** – Stimmenzählung; **majorité des** – Stimmenmehrheit; **partage des** – Stimmengleichheit; **recensement des** – Stimmenzählung.

**VOL** *m* • *(StR: soustraction frauduleuse)* Diebstahl *m* • *(StR: vol criminel qualifié)* Raub *m* • Flug *m*; **assurance contre le** – Diebstahlsversicherung *f*; – **avec arme** Raub mit Waffendrohung, schwerer Raub; – **en bande** Bandendiebstahl; – **correctionnel** Diebstahl, der in den Zuständigkeitsbereich des frz. Strafgerichts beim Großinstanzgericht fällt; – **criminel** schwerer Diebstahl od. Raub, der in den Zuständigkeitsbereich des frz. Schwurgerichts fällt; – **par effraction** Einbruchsdiebstahl, – **par escalade** Einstiegsdiebstahl; – **à l'étalage** Ladendiebstahl, Warenhausdiebstahl; – **avec fausses clés** Nachschlüsseldiebstahl; – **à main armée** bewaffneter Raubüberfall; – **au rendezmoi** Diebstahl beim Geldwechseln; – **à la roulotte** Diebstahl von Gegenständen aus Kraftfahrzeugen; – **d'usage** • unbefugter Gebrauch eines Fahrzeugs • Gebrauchsdiebstahl; – **avec violence** Raub.

**VOLEUR** *m* Dieb *m*; – **à la tire** Taschendieb.

**VOLONTAIRE** *adj* • wissentlich u. willentlich, vorsätzlich • freiwillig; **coups et blessures –s** vorsätzliche Körperverletzung.

**VOLONTÉ** *f* • Wille *m* • Absicht *f*, Verlangen *n* • Entschluss *m*; **à** – nach Belieben; **accord de –s** Willensvereinbarung; **autonomie de la** – Willensfreiheit *f*, Privatautonomie *f*; **dernières –s** *(ErbR)* letztwillige Verfügung.

**VOLUME** *m* • Rauminhalt *m*; Umfang *m*; Volumen *n* • *(livre)* Band *m*; – **des affaires** Geschäftsumfang *m*; – **du chiffre d'affaires** Umsatz *m*.

**VOTANT** *m* Wähler *m*, Wahlbeteiligte *m*.

**VOTATION** *f* : **mode de** – Abstimmungsverfahren *n*.

**VOTE** *m* • Stimme *f* (bei einer Wahl) • Wahl *f*, Abstimmung *f* • Meinungsäußerung *f*, Urteil *n*; **bulletin de** – Stimmzettel *m*;

**bureau de –** Wahllokal *n*; **droit de –** Wahlrecht *n*, Stimmberechtigung; **secret du –** Wahlgeheimnis *n*; **– par appel nominal** namentliche Abstimmung; **– de défiance** *(VerfR)* Misstrauensvotum *n*; **– obligatoire** Wahlpflicht; **– par procuration** Stimmabgabe *f* durch Vertreter (auf der Grundlage einer Vollmacht); **– au scrutin secret** geheime Abstimmung.

**VOYAGE** *m* **: affrètement au –** Reisecharter *f*; **chèque de –** Reisescheck *m*; **– d'affaires** Dienstreise; **– organisé** Studienreise.

**VOYAGEUR** *m* Fahrgast *m*; Reisende(r) *m*; **commis –, – de commerce** *(HR)* Handlungsreisender *m*, (kleiner) (Handels-) Vertreter *m*.

**VOYAGEURS, représentants, placiers (= V. R. P.)** frz. Handlungsreisende *mpl*; arbeitnehmerähnliche Handelsvertreter (mit besondererem, im frz. Arbeitsgesetzbuch geregeltem Status).

**VOYAGISTE** *m (HR)* Reiseveranstalter *m*.

**VRAC** *m* **: marchandise en –** Massengut, Schüttgut *n*.

**VUE** *f* Ansicht *f*, Anschauung *f*, Meinung *f*; **– d'ensemble** Gesamtübersicht *f*; **– dégagée** *(StVR)* freie Sicht; **– des lieux** *(PrzR)* Augenschein *m*, Inaugenscheinnahme *f*.

## W

**WAGON** *m* Eisenbahnwagen *m*, Güterwagen; **franco sur –** frei Waggon.

**WARRANT** *m (HR)* Lagerschein *m*, Lagerpfandschein, Warrant *m*.

**WARRANTAGE** *m* Verpfändung gegen Lagerschein.

**WEEK-END** *m* **prolongé** verlängertes Wochenende.

## X

**X** *(StPR: personne inconnue)* unbekannter Straftäter; **information contre X** Ermittlungen (von Amts wegen) gegen Unbekannt.

**XÉNOPHOBE** *adj* ausländerfeindlich.

**XÉNOPHOBIE** *f* Hass gegen Ausländer, ausländerfeindliche Einstellung, Fremdenhass *m*.

## Z

**ZONE** *f* Raum *m*, Gebiet *n*, Bereich *m*, Zone *f*, Abschnitt *m*; **– d'activité industrielle** Gewerbegebiet *n*; **– d'aménagement concerté (= ZAC)** *(VwR)* Gebiet (im Sinne des Städtebaus) aufeinander abgestimmter Erschließung; **– d'aménagement différé (= ZAD)** *(VwR)* Baugebiet mit zurückgestellter Erschließung; **– d'attente** *(AuslR)* Abschiebehaftbereich *m* (in Flughäfen); **– d'attraction** *(BauR)* Einzugsgebiet; **– bâtie** bebaute Fläche; **– de**

**captage des eaux** *(UmweltR)* Wasserschutzgebiet; – **de concentration urbaine** *(VwR)* städtischer Verdichtungsraum.

**ZONE | contiguë** *(VR)* an das Küstengewässer angrenzende Zwölfmeilenzone; – **de conversion industrielle (= ZCI)** *(VwR)* gewerbliches Umstrukturierungsgebiet; – **courte** *(TransportR)* Nahverkehrszone; – **douanière** Zollgebiet *n*; – **économique maritime** *(VR)* 200-Meilen-Zone; – **d'environnement protégé (= ZEP)** Naturschutz- *od.* Umweltschutzgebiet; – **franche** (1) *(ZollR)* Freihafen; Freilager *n*; Zollfreigebiet, (2) steuerbegünstigtes Gewerbegebiet; – **frontière douanière** Zollgrenzbezirk; – **d'habitation (= ZH)** *(VwR)* Wohngebiet.

**ZONE | industrielle (= ZI)** Industriegebiet; – **d'intervention foncière (= ZIF)** Baulanderschließungsgebiet; – **de libre échange** Freihandelszone; – **limitrophe** angrenzendes Gebiet; – **longue** Fernverkehrszone; – **maritime douanière** Seezollzone; – **non aedificandi** *(BauR)* Bausperrgebiet; – **opérationnelle d'habitat (= ZOH)** Mischgebiet, Baugebiet für Wohnungsbau und Gewerbebetriebe; – **de rénovation (= ZR)** *(BauR)* Sanierungsgebiet; – **à urbaniser en priorité (= ZUP)** *(VwR)* Gebiet vorrangiger städtebaulicher Entwicklung, Mischgebiet (in dem ein besonderes Enteignungsverfahren die Bodenspekulation eindämmen soll); – **de vente** Vertriebsgebiet *n*.

## A

**ABÄNDERUNG** *f* • modification *f* • amendement *m*, révision *f* • infirmation; **berichtigende –** correction, rectification.

**ABÄNDERUNGS | GESETZ** *n* loi modificative; **–klage** (ZRP) action en réformation (d'un titre exécutoire); **–urteil** *n* jugement réformatoire.

**ABANDON** *n* *(ZwangsVR)* renonciation *f* à un droit; délaissement.

**ABBAU** *m* • *(Vwirt: Bodenschätze)* extraction *f*; exploitation *f* (d'une mine) • *(ArbR: Stellen)* compression du personnel; dégraissage *m* • *(BW: Preise)* réduction *f*, diminution *f* (graduelle).

**ABBERUFUNG** *f* • *(GesR)* révocation *f* (du directoire d'une société) • *(ÖfR)* destitution *f* (d'un fonctionnaire) • rappel *m* (d'un ambassadeur).

**ABBESTELLUNG** *f* annulation *f* (d'une commande), contrordre *m*.

**ABBEZAHLEN** *v* payer par mensualités *ou* par fractions.

**ABBILDUNG** *f* : **geschützte –** reproduction protégée.

**ABBRUCH** *m* *(BauR)* démolition *f*; **– der Schwangerschaft** interruption volontaire de la grossesse (= I.V.G.).

**ABBUCHUNG** *f* (inscription au) débit *m*, montant *m* débité; **–sverfahren** *(BankR)* prélèvement *m* automatique.

**ABDINGBAR** *adj* *(ZR)* (loi) dispositive, (disposition légale) supplétive.

**ABDRUCK** *m* reproduction *f*, copie *f*, tirage *m*; **unberechtigter –** reproduction non autorisée; **–recht** *(UrhR)* droit de reproduction, copyright *m*.

**ABERKENNEN** *v* • déchoir qqn. (d'un droit) • dénier à qqn. le droit (de faire valoir une prétention).

**ABERKENNUNG** *f* • *(StR)* déchéance *f* (d'un droit) • désaveu *m*.

**ABFALL** *m* • *(Pol)* défection *f*, dissidence *f* • *(UmweltR: häufig pl. Abfälle)* déchets *mpl*, résidus *mpl*, ordures *fpl*; **–aufbereitung recyclage** *m* des déchets; **–beseitigung** élimination et récupération des déchets; **–entsorgung** *f* gestion *f* des déchets; **–vermeidung** évitement des déchets; **–verwertung** *f* recyclage *m*; valorisation des déchets; **–wirtschaft** industries *fpl* de la dépollution; secteur *m* des éco-industries.

**ABFASSEN** *v* rédiger, formuler; **schriftlich –** mettre par écrit.

**ABFASSUNG** *f* • formulation, rédaction • libellé *m*; **mangelhafte –** vice *m* de forme.

**ABFINDUNG** *f* • *(ZR: von Gläubigern)* indemnité *f* (forfaitaire), compensation, dédommagement • *(ArbR)* indemnité de licenciement, pécule *m*.

**ABFÜHREN** *v* acquitter, payer; verser; **jmdn. –** conduire qqn. en prison.

**ABGABE 1.** *f* • remise *f*, livraison *f*, délivrance *f* • *(einer Erklärung)* (fait de) faire une déclaration • *(SteuerR)* contribution *f*, taxe *f*, impôt *m*; redevance *f* (fiscale); droit *m*; **–frist** *f* délai accordé pour faire une déclaration.

**ABGABEN 2.** *fpl* *(HaushR, SteuerR: öffentliche –)* contributions *f pl*, prélèvements (opérés par la puissance publique); **steuerähnliche –** taxes *fpl* parafiscales.

**ABGABENORDNUNG** *f* Code fiscal allemand (du 16 mars 1976).

**ABGEORDNETE(R)** *m* député *m*, représentant *m* du peuple.

**ABGEORDNETEN | HAUS** *n*, **–kammer** *f* chambre *f* des députés; **–sitz** *m* siège *m* de député.

**ABHÄNGIGKEITSVERHÄLTNIS** *n (ArbR)* lien de subordination.

**ABHÖREN** *n* (von Telefongesprächen) écoute *f*, branchement sur table d'écoute; interception *f* (des communications téléphoniques).

**ABKOMMEN** *n* • *(VR)* pacte *m*, accord *m*, convention *f* • *(PrivR)* contrat *m*, arrangement *m*; **mehrseitiges –** accord multilatéral.

**ABKÖMMLING** *m (FamR)* descendant *m*; enfant *m*, postérité *f*; **– in gerader Linie** descendant en ligne directe; fils; petit fils.

**ABKÜRZUNG** *f* abréviation *f*; **– einer Frist** raccourcissement *m* d'un délai.

**ABLAGE** *f* classement *m*; archives *fpl*; **zur –** pour classement.

**ABLAUF** *m* • *(Frist)* expiration *f* (du délai); écoulement *m* (d'un laps de temps); échéance *f* • *(Verlauf)* déroulement *m*.

**ABLEGUNG** *f* **des Eids** prestation de serment; **– eines Geständnisses** aveu *m*; passer aux aveux.

**ABLEHNBAR** *adj* récusable; **nicht –** irrécusable.

**ABLEHNEN** *v* • *(Angebot, Vorschlag)* refuser, décliner, rejeter, répudier • *(Person)* récuser (un juge), reprocher (un témoin); **jede Verantwortung –** décliner toute responsabilité.

**ABLEHNUNG** *f* • *(SchuldR)* non-acceptation; refus *m* (d'une prestation), rejet *m* (d'une offre) • *(PrzR)* récusation *f* (d'un témoin); infirmation (d'un jugement).

**ABLEUGNEN** *n* dénégation *f*, refus *m* de reconnaître un fait.

**ABLIEFERUNG** *f* • *(HR)* livraison *f* • *(Aushändigung)* délivrance *f*, remise *f*.

**ABLÖSE** *f* pas-de-porte *m*; **–betrag** *m*, **–summe** *f* forfait *m*.

**ABMACHUNG** *f (Vereinbarung)* convention *f*, arrangement *m*, stipulation.

**ABMAHNUNG** *f* • *(MietR)* avis *m* préalable (de remplir ses obligations) • *(ArbR)* menace *f* de sanction.

**ABMELDUNG** *f* déclaration de départ, déclaration *f* de sortie.

**ABNAHME** *f* • *(Fortnehmen)* enlèvement *m* • *(Verringerung)* décroissance *f*, affaiblissement *m*, déclin *m*, baisse *f*, perte *f* • *(SchuldR)* prise en charge, réception (des marchandises); retirement; prendre livraison • *(Absatz)* débit *m*, écoulement *m* • *(Bau)* réception *f*.

**ABNUTZUNG** *f* usure *f*, dépréciation *f*; **–sentschädigung** *f* indemnité de dépréciation.

**ABORDNUNG** *f* • délégation *f*, députation *f* • *(BeamR)* détachement *m*.

**ABRECHNUNG** *f* • arrêté *m* de compte, décompte *m* • *(Ausgleich)* compensation.

**ABSAGE** *f* • réponse *f* négative; refus *m* • *(Abbestellung)* contre-ordre *m*.

**ABSATZ** *m* • *(BW)* débouché *m*, écoulement *m*, vente *f*, débit *m* • *(Gesetz, Vertrag)* alinéa *m*; paragraphe *m*; **–gebiet** *n* territoire *m ou* secteur *m* de vente; débouché *m*, marché *m*.

**ABSCHAFFUNG** *f* suppression *f*, abolition *f*, élimination *f*.

**AB | SCHICKEN** *v* expédier; **–schieben** *v (AuslR)* reconduire (à la frontière).

**ABSCHIEBUNG** *f (AuslR)* reconduite *f*, refoulement *m*.

**ABSCHLAGSZAHLUNG** *f* acompte *m*, paiement partiel; mensualité *f*; **jährliche –** annuité *f*.

**ABSCHLIEẞEN** *v* • *(Verfahren)* clore; achever, terminer • *(Vertrag)* contracter, signer, conclure • *(Konto)* arrêter, clore.

**ABSCHLUSS** *m* • dénouement *m*, fin *f* • *(Geschäft)* marché *m* • *(Vertrag)* conclusion *f*, passation *f*, • *(Bücher)* arrêté *m*, clôture *f* • *(Konto)* apurement *m*.

**ABSCHLUSS | BERICHT** *m* rapport final; **–bilanz** *f* bilan de clôture; **–freiheit** *f* liberté contractuelle; **–prüfer** *m (GesR)* vérificateur *m* des comptes, commissaire *m* vérificateur.

**ABSCHNITT** *m* • *(Teilstück)* section *f*, secteur *m* • *(Entwicklung)* palier *m*, stade *m*, étape *f* • *(BankR)* coupure *f*; tranche *f*, coupon *m* • *(Buch)* chapitre *m*, partie *f*.

**ABSCHREIBEN** *v* • *(Text)* copier, reproduire • *(SteuerR)* amortir • *(Buchf)* déduire, décompter • *(BankR)* imputer • *(UrhR)* plagier, imiter.

**ABSCHREIBUNG** *f* • *(HR, SteuerR)* amortissement *m* (pour dépréciation subie par les éléments de l'actif) • *(BankR)* remboursement (d'un emprunt), amortissement financier.

**ABSCHRIFT** *f* copie *f*, double *m*, duplicata *m*; transcription *f*; **beglaubigte –** copie certifiée conforme, ampliation *f*.

**ABSENDUNG** *f* **: Rechtzeitigkeit der –** envoi *m* dans les délais.

**ABSETZEN** *v* • *(Personen)* destituer, révoquer • *(Waren)* écouler *ou* placer • *(SteuerR)* défalquer, déduire, décompter • *(ZPR: Verfahren)* renvoyer l'audience à une date ultérieure.

**ABSETZUNG** *f* • *(ÖfR)* destitution *f*, révocation *f* • *(Buchf)* déduction *f*, défalcation *f*, soustraction *f* • *(ZPR)* énoncé *m* (des faits et des motifs); **– für Abnutzung** *f (SteuerR: AfA)* déduction pour dépréciation.

**ABSICHT** *f* intention *f*; mobile *m*, dessein *m*; préméditation *f*; volonté *f* consciente; **betrügerische –** intention frauduleuse; **böse** *od.* **böswillige –** intention dolosive.

**ABSICHTLICH** *adv* intentionnellement, de propos délibéré.

**ABSOLUT** *adj* **: –es Recht** droit absolu, droit opposable à tous.

**ABSPRACHE** *f* • accord *m*, convention *f*, engagement *m*, marché *m* • arrangement *m*, compromis *m*, entente *f* • *(im Vertrag)* stipulation contractuelle • *(Kartell)* entente *f*, cartel *m*; **– im Strafprozess** transaction procureur-juge-défenseur.

**ABSTAMMUNG** *f* filiation *f*, lien *m* de parenté, descendance *f*; **eheliche –** filiation légitime; **nichteheliche –** filiation naturelle.

**ABSTAND** *m* • écartement *m*, espacement *m*, distance *f* • *(StVR)* écart *m*, espace *m*, intervalle *m*; créneau *m* • *(Verzichtleistung)* renonciation • *(Abtretung)* cession *f*.

**ABSTIMMEN** *v* • voter, exprimer son suffrage, donner sa voix à qqn., opiner; • *(Ansichten)* coordonner, harmoniser, rapprocher.

**ABSTIMMUNG** *f* • *(ÖfR)* scrutin *m*, consultation électorale, vote *m*, votation • *(informell)* concertation *f*; coordination *f* • *(PrzR)* délibération (des juges).

**ABSTREITEN** *v* contester, s'opposer à; dénier, nier, rétracter.

**ABTEILUNG** *f* • *(Verwaltung)* service *m*, section *f*, bureau *m* • *(Ministerium)* direction *f*.

**ABTEILUNGSLEITER** *m* • chef de service, chef de section • *(Ministerium)* directeur général.

**ABTREIBUNG** *f* • *(StR: legale Schwangerschaftsunterbrechung)* interruption *f* volontaire de la grossesse (IVG) • *(StR: strafbarer Schwangerschaftsabbruch)* avortement *m* criminel.

**ABTRETBAR** *adj* cessible, aliénable; transférable; **nicht –** incessible, inaliénable.

**ABTRETUNG** *f (SchuldR)* cession *f*, transmission (entre vifs); transfert *m*; vente *f*; **– einer Forderung** cession de créance.

**ABURTEILEN** *v* juger; condamner.

**ABWÄGUNG** *f* **der Interessen** *(VwR)* la prise en considération de tous les aspects *ou* des intérêts juridiques contradictoires.

**ABWÄLZEN** *v* • *(Kosten)* répercuter • *(Verantwortung)* rejeter, décliner.

**ABWEHRKLAGE** *(SachR)* demande *f* tendant à faire cesser un trouble apporté à la possession.

**ABWEISEN** *v* • *(Antrag, Anspruch)* rejeter, refuser • *(ZPR)* débouter, repousser.

**ABWEISUNG** *f* rejet *m*, refus *m*, débouté *m*; renvoi *m*.

**ABWERBUNG** *f* **von Arbeitskräften** débauchage *m* de salariés; **– von Kunden** détournement *m* de clientèle.

**ABWESENDE(R)** *m* • *(ZR)* absent *m* • *(ProzR)* défaillant *m*.

**ABWESENHEITS | URTEIL** *n* • *(StPR)* jugement par contumace • *(ZPR)* jugement par défaut; **–vermutung** *f* *(ZR)* présomption d'absence.

**ABWICKLUNG** *f* • *(Schaden)* règlement *m* • *(Geschäft)* suivi *m*, exécution *f*, • *(InsolvenzR)* liquidation *f* des éléments d'actif; **gerichtliche –** liquidation judiciaire.

**ABZAHLEN** *v* rembourser (par mensualités); payer à tempérament.

**ABZUG** *m* • *(vom Preis)* remise *f*, réduction *f*, rabais *m* • *(Steuern)* prélèvement *m*, abattement *m*, retenue *f*, déduction à la base, • retrait *m*.

**ABZUGSFÄHIG** *adj* déductible.

**ADHÄSIONS | VERFAHREN** *n* *(StPR)* constitution de partie civile; **–vertrag** *m* *(ZR)* contrat d'adhésion.

**ADOPTION** *f* *(FamR: Annahme als Kind)* adoption *f*.

**ADRESSE** *f* *(= Anschrift)* adresse *f* (postale), indication du domicile.

**AFFEKTIONS | INTERESSE** *n* *(SchuldR)* préjudice subi par une personne dans ses sentiments d'attachement à une chose matérielle (n'ayant pas de valeur économique mesurable).

**AGENT** *m* • *(HR: Handelsvertreter)* agent *m* commercial; mandataire *m*; représentant *m*; commis *m*; courtier *m* • *(VR)* émissaire *m* • *(StR)* espion *m*.

**AGENTUR** *f* agence *f*, établissement *m* commercial, bureau *m*, succursale *f*; **–vertrag** *m* contrat *m* d'agence, mandat *m*.

**AGIO** *n* *(BankR: Aufgeld)* commission *f* de banque, agio *m*.

**AHNDEN** *v* *(StR: bestrafen)* sanctionner, punir, réprimer.

**AHNDUNG** *f* répression *f*, punition *f*; **strafrechtliche –** sanction pénale, peine *f*.

**AIDS** *n* *(MedR: erworbenes Immunschwäche-Syndrom)* SIDA *m*, syndrome immuno-déficitaire acquis; **–ansteckung** infection par l'agent du SIDA; **–meldepflicht** obligation de déclarer les séropositifs; **–test** *m*, **–untersuchung** dépistage *m* du SIDA.

**AKKORDARBEIT** *f* travail *m* aux pièces; travail à la tâche.

**AKKREDITIV** *n* • *(BankR)* lettre *m* de crédit, accréditif • *(VR: völkerrechtliche Beglaubigung)* lettres *fpl* de créance.

**AKTE 1.** *f* *(Urkunde)* acte *m* juridique; écrit *m*; titre *m*; document *m*; dossier *m*.

**AKTEN 2.** *fpl* • dossier *m*; documents *mpl* • *(StR)* recueil *m* de procès-verbaux, (3) *(ZPR)* mémoire *m*; pièces *fpl* (du dossier); communication *f*.

**AKTEN | EINSICHTSRECHT** *n* droit à la communication du dossier, droit de regard; **–führung** *f* tenue *f* du dossier; **–vermerk** *m* mention *f* portée au dossier; **–zeichen** *n* cote *f* (d'un dossier); numéro *m* de référence; référence *f* du dossier.

**AKTIE** *f* *(GesR)* action *f*; **junge –** action nouvelle; **vollgezahlte –** action libérée.

**AKTIEN | GESELLSCHAFT** *f* • *(HR = AG)* Société *f* anonyme (de droit allemand) • *(i.w.S.)* société par actions, société de capitaux; **–kapital** *n* capital social (d'une société anonyme); **–kurs** *m* cote *f*; **–nennbetrag** valeur nominale.

**AKTIONÄR** *m* actionnaire *m*, porteur *m* de parts.

**AKTIV | LEGITIMATION** *f* *(ZPR: aktive Sachbefugnis)* qualité *f* pour faire valoir des droits en justice; **–posten** *m* élément *m* d'actif; **–seite** avoir *m*.

**AKZESSORISCH** *adj* **: –e Rechte** *(ZR)* droits accessoires.

**ALIBI** *n (StR)* prétexte *m*, justification; **ein – beibringen** fournir un alibi.

**ALIMENTE** *npl (ZR)* aliments *mpl*; pension *f* alimentaire.

**ALKOHOL | DELIKT** *n* délit *m* commis sous l'empire *m* d'un état alcoolique; **–missbrauch** *m* alcoolisme *m*, abus *m* de boissons alcooliques; **–test** *(StVR)* alcootest *m*, épreuve *f* de dépistage de l'imprégnation alcoolique.

**ALLEIN | BERECHTIGUNG** *f* exclusivité *f*, droit exclusif; **–besitz** *m (SachR)* possession exclusive; **–erziehende** *(SteuerR)* père *ou* mère assurant seul l'éducation (de l'enfant), famille monoparentale; **–gesellschafter** associé unique, société ne comprenant plus qu'un seul associé; **–vertretung** *f* représentation exclusive; **–verwertungsrecht** *n (PatentR)* monopole d'exploitation.

**ALLGEMEIN | E GESCHÄFTSBEDINGUNGEN** *fpl (= A.G.B.)* conditions *fpl* générales (de vente, de paiement et de fourniture); **–e Gütergemeinschaft** *(FamR)* (régime conventionnel de) communauté universelle.

**ALLGEMEIN | INTERESSE** *n* intérêt *m* général; **–wohl** *n* intérêt *m* général, bien *m* public.

**ALTEN | HILFE** *f (SozR)* allocation aux personnes âgées, minimum vieillesse; **–pflege** *f* aide sociale (pour le troisième âge).

**ALTER** *n* • *(Lebensalter)* âge *m* • *(alte Menschen)* troisième âge, vieillesse *f*, sénescence *f* • *(BeamR)* ancienneté *f*; **heiratsfähiges –** âge nubile.

**ALTERS | ERFORDERNIS** *n* condition *f* d'âge; **–fürsorge** *f* aide *f* aux personnes âgées; **–grenze** *f* limite *f* d'âge, âge-limite *m*; **–gruppe** *f* tranche *f* d'âge; **–heim** *n* maison *f* de retraite, hospice *m*; **betriebliche –versorgung** assurance retraite complémentaire (prévue par l'entreprise).

**AMNESTIE** *f (StR)* amnistie *f*; **–gesetz** *n* loi *f* d'amnistie; **–maßnahme** *f* grâce *f* amnistiante.

**AMT** *n* • *(VwR)* service *m*, office *m*, ministère *m*, administration *f* • *(BeamR)* charge *f*, emploi *m*, poste *m* • *(ÖfR)* fonction *f*, mission *f*, activité *f*, tâche *f*.

**AMTLICH** *adj* officiel, public; **–e Beglaubigung** authentification *f*, certification; **–e Bekanntmachung** avis *m* officiel; **–es Kennzeichen** plaque *f* minéralogique.

**AMTS | ANMAßUNG** *f (StR)* usurpation de fonctions; abus d'autorité; **–anwalt** *m* procureur (auprès d'un tribunal cantonal allemand n'appartenant pas au corps de la magistrature); **–arzt** *m* médecin du service de la santé publique; **–ausübung** *f* exercice des fonctions.

**AMTS | BEREICH** *m* étendue *f* de compétence; **–bereich eines Gerichts** ressort d'un tribunal, arrondissement *m* judiciaire; **–betrieb** *m* • *(PrzR: Offizialbetrieb)* procédure *f* inquisitoire • *(VwR)* activité administrative • période d'ouverture des bureaux; **–bezeichnung** *f* titre *m*; **–blatt** *n* journal *m* officiel.

**AMTS | DAUER** *f* durée *f* des fonctions; **–delikt** *n* délit commis dans l'exercice d'une fonction publique; **–diener** *m* huissier *m*; **–eid** *n* prestation du serment d'entrée en fonctions; **–enthebung** *f* destitution *f*, démission d'office; **–ermittlung** *f* enquête diligentée d'office.

**AMTS | FÜHRUNG** *f* gestion *ou* direction d'un service administratif; **–gebäude** *n* édifice public, hôtel *m*; **–gehilfe** agent *m* de service.

**AMTSGERICHT** *n (GVR)* tribunal cantonal (allemand), juridiction civile et pénale de première instance en Allemagne (correspondant approximativement au tribunal d'instance en France); **– -Familiengericht** *n* section des affaires matrimoniales du tribunal cantonal; **– in Strafsachen** tribunal cantonal en tant que tribunal de police.

**AMTSGERICHTS | BEZIRK** *m* ressort *m* du tribunal cantonal allemand; **–direktor** *m* vice-président du tribunal cantonal; **–präsident** *m* président *m* de tribunal cantonal; **–rat** *m* juge *m* près le tribunal cantonal.

**AMTS | GESCHÄFT** *n* acte accompli par un agent public *ou* un officier ministériel; **–gewalt** *f (ÖfR)* autorité *f*, pouvoir *m* (de commander appartenant à certains agents publics).

**AMTS | HAFTUNG** *f (VwR: Staatshaftung)* responsabilité *f* de l'administration; **–handlung** *f* acte administratif *ou* judiciaire; activité de puissance publique.

**AMTS | HILFE** *f* assistance (administrative), entraide *f* administrative; **–hilfeersuchen** *n* demande *f* d'assistance administrative; **–inhaber** *m* officier public; officier ministériel; **–leiter** *m* chef de service; directeur d'un organisme public.

**AMTSPFLICHT** *f (VwR)* obligation de service, devoirs *mpl* inhérents à une charge publique; **–verletzung** *f* faute de service.

**AMTS | RICHTER** *m* juge *m* auprès du tribunal cantonal allemand (correspond au juge d'instance); **–siegel** *n* sceau *m* officiel; scellés *mpl*; **–sitz** *m* siège *m* officiel, résidence *f*; **–sprache** *f* langue officielle; **–stunden** *fpl* heures *fpl* de bureau.

**AMTS | TRÄGER** *m* fonctionnaire *m* public, titulaire d'une fonction publique; **–übergabe** *f* passation des pouvoirs; **–übernahme** *f* entrée *f* en fonctions.

**AMTS | VERGEHEN** *n (StR: Amtsdelikt)* forfaiture *f*, délit commis dans l'exercice des fonctions; **–verkehr** *m* heures *fpl* d'ouverture d'un service public; **–verteidiger** *m* avocat (commis) d'office; **–vormundschaft** *f (FamR)* tutelle exercée par un office public.

**ANBERAUMUNG** *f* **eines Termins** *(ZPR)* fixation de la date (et du lieu) de l'audience.

**ANBIETER** *m* • auteur *m* de l'offre, offrant *m* • soumissionnaire *m*.

**ÄNDERUNG** *f* modification *f*, amendement *m*; remaniement *m*; **– der Anschrift** changement d'adresse; **– der Rechtsprechung** revirement de la jurisprudence.

**ÄNDERUNGS | ANTRAG** *m* demande *f* nouvelle *ou* modificative; **–kündigung** *(MietR, ArbR)* résolution en vue de modifier le contrat.

**ANDROHUNG** *f* : **unter – von Strafe** sous peine de.

**ANEIGNUNG** *f* appropriation *f*, occupation *f*, prise *f*, saisie *f*.

**ANERKENNTNIS** *n (ZPR)* acte *m* récognitif; reconnaissance *f*, déclaration de reconnaissance; **– der Vaterschaft** reconnaissance de paternité.

**ANERKENNTNISURTEIL** *n (ZPR)* jugement *m* récognitif, jugement d'accord *ou* convenu, jugement d'expédient.

**ANERKENNUNG** *f* • *(Bestätigung)* approbation (officielle), reconnaissance *f* (juridique) • *(lobende Würdigung)* éloge *m*; félicitation; **nachträgliche –** acte *m* récognitif.

**ANFANG** *m* début *m*, commencement *m*, départ *m*; **– der Ausführung** commencement d'exécution; **– einer Frist** départ d'un délai.

**ANFANGS | VERDACHT** *m (StPR)* preuves suffisantes en vue de la mise en examen; **–vermögen** *n (FamR)* patrimoine *m* initial.

**ANFECHTBAR** *adj* annulable; rescindable; attaquable; **–es Rechtsgeschäft** contrat annulable *ou* attaquable.

**ANFECHTBARKEIT** *f* • *(ZR: Rechtsgeschäft)* annulabilité *f* • *(InsolvenzR)* fait pour un acte du failli commis en fraude de ses débiteurs de pouvoir être attaqué en justice • *(VwR)* possibilité pour un acte administratif de pouvoir faire l'objet d'une demande d'annulation devant un tribunal administratif.

**ANFECHTEN** *f* • attaquer, contester, demander l'annulation • *(ZR)* révoquer une déclaration de volonté (faite par erreur, contrainte *ou* dol), rescinder • *(InsolvenzR)* recourir en justice contre les actes commis par un failli en fraude de ses débiteurs • *(VwR)* agir en annulation d'un acte administratif.

**ANFECHTUNG** *f* • *(SchuldR: Rechtsgeschäfte)* contestation *f*; fait d'attaquer un acte • *(ZR)* révocation d'une déclaration de volonté (faite par erreur, contrainte *ou* dol) • *(InsolvenzR)* fait de recourir en justice contre les actes commis par un failli en fraude de ses débiteurs • *(VwR: Verwaltungsakte)* recours contentieux, fait de recourir en annulation d'un acte administratif; **– von Willenserklärungen** action en nullité de manifestations de volonté; action en nullité pour dol; action en nullité pour erreur.

**ANFECHTUNGSKLAGE** *f* • *(SchuldR)* action en nullité relative *ou* absolue (d'un contrat) • *(Insolvenz)* recours judiciaire en annulation des actes d'un failli accomplis en fraude de ses débiteurs • *(VwR)* recours *m* pour excès de pouvoir.

**ANFERTIGEN** *v* • *(Urkunde)* dresser *ou* établir (un acte) • *(Produkt)* fabriquer, manufacturer, faire.

**ANFORDERN** *v* • *(Unterlagen)* réclamer, demander • *(PrzR)* requérir, réquisitionner.

**ANFÜHRER** *m (StR)* meneur *m*.

**ANGABE 1.** *f* • indication *f*, déclaration *f*, dires *mpl* • *(Buchführung)* élément *m* comptable; **betrügerische –** déclaration frauduleuse; **falsche –** déclaration mensongère, fausse déclaration; **– der Gründe** • énumération des arguments • *(PrzR)* indication des motifs.

**ANGABEN 2.** *fpl* données *fpl*; **sachdienliche –** renseigements utiles; **unwahre –** faux renseignements; **– zur Sache** faire une déposition sur les faits.

**ANGEBOT** *n* • *(Offerte)* offre *f*, pollicitation *f*; proposition *f* • *(Gegenstand des Angebots)* objet *m* de la proposition de contracter • *(ÖfR: öffentliche Aufträge)* soumission; **befristetes –** offre limitée dans le temps; **bindendes** *od.* **festes –** offre ferme; **freibleibendes –, unverbindliches –** offre sans engagement.

**ANGEKLAGTE(R)** *m (StPR: Beschuldigter oder Angeschuldigter gegen den ein Hauptverfahren eröffnet wurde)* prévenu *m* mis en accusation (et traduit devant un tribunal criminel *ou* correctionnel allemand); accusé *m* renvoyé devant un tribunal criminel *ou* correctionnel allemand.

**ANGELEGENHEIT** *f* affaire *f*, cas *m*, litige *m*; objet *m* (à régler); **streitige –** affaire litigieuse *ou* contentieuse; **– der freiwilligen Gerichtsbarkeit** affaire *ou* matière gracieuse.

**ANGEMESSEN** *adj* équitable, approprié, juste; **–er Preis** prix *m* raisonnable; **–er Unterhalt** *(FamR)* contribution à l'entretien à proportion des besoins.

**ANGESCHULDIGTE(R)** *m (StPR: der Beschuldigte, gegen den öffentliche Klage erhoben wurde)* prévenu *m* au cours de l'enquête policière et de l'instruction préparatoire (contre lequel une action publique a été engagée), personne *f* mise en cause.

**ANGESTELLTE(R)** *m* • *(ArbR)* employé *m*, cadre subalterne *ou* moyen • *(HR)* commis *m*, agent *m* subalterne • *(Behörde)* agent *m* contractuel (d'une administration publique); **kaufmännischer –** employé de commerce; **leitender –** cadre *m* supérieur.

**ANGRIFF** *m* attaque *f*, action offensive; atteinte *f* (à); **bewaffneter –** agression *ou* attaque à main armée; **gegenwärtiger, rechtswidriger –** *(Notwehr)* agression présente et injustifiée; **räuberischer –** attaque à main armée, braquage *m*, hold-up *m*, guet-apens *m*.

**ANHALTSPUNKT** *m (StPR)* élément *m* de preuve, indice *m*.

**ANHANG** *m* • annexe *f* (d'un dossier), pièce jointe • *(Vertrag)* clause additionnelle, additif *m*, codicille *m* (d'un testament); avenant *m*.

**ANHÄNGIGKEIT** *f (PrzR)* litispendance *f*, procès *m* en instance.

**ANHÖREN** *v* entendre, ouïr.

**ANHÖRUNG** *f (PrzR)* audition *f*; **öffentliche –** audition publique; **–srecht** *n (PrzR)* droit *m* d'être entendu (par le juge).

**ANKLAGE** *f (StPR: öffentliche Klage)* (mise en) accusation *f*, acte *m* d'accusation; action publique; poursuite *f* (pénale); **– erheben** mettre en accusation, accuser, inculper; **unter – stehen** être en état d'accusation.

**ANKLAGE | BANK** *f* banc *m* des accusés; **–behörde** *f* parquet *m*, ministère *m* public, magistrature *f* debout; **–erhebung** *f* saisine de la juridiction de jugement; mise en accusation; citation directe; **–grund** *m*, **–punkt** *m* chef *m* d'accusation.

**ANKLÄGER** *m (StPR: Staatsanwalt)* accusateur *m*, ministère *m* public.

**ANKÜNDIGUNG** *f* déclaration *f*, annonce *f*; avertissement *m*; **öffentliche –** avis *m* officiel; **ohne vorherige –** sans avis préalable.

**ANLAGE** *f* **1.** • *(BW)* placement *m*, investissement *m* • *(Einrichtung)* installation *f*, équipement *m ou* dispositif (technique) • *(Beilage)* annexe *f*, pièce jointe • *(Grünfläche)* espace vert • *(Erbanlage)* patrimoine *m* génétique; prédisposition héréditaire • *(Areal, Bodenfläche)* secteur *m*, terrain *m*; **gefährliche –** *(UmweltR)* installation *ou* établissement classé, établissement rangé dans la première classe (soumis à autorisation préalable); **(mündel)sichere –** placement de (bon) père de famille.

**ANLAGEN** *pl* **2.** • installations *fpl* • immobilisations, investissements *mpl*; **–haftung** *(UmweltR)* responsabilité pour (les) installations (industrielles) polluantes; **–sicherheit** sécurité *f* des installations (industrielles, électriques, etc.).

**ANLEGEN** *v* : **eine Akte –** constituer un dossier.

**ANLEIHE** *f (BankR)* emprunt *m*; prêt *m*.

**ANLEITUNG** *f* • *(Hinweis)* instruction, direction • *(Handbuch)* mémento *m*, manuel *m*, guide *m*; **– zu Straftaten** incitation à une infraction, provocation au crime.

**ANLIEGER** *m* riverain *m*, propriétaire *m* riverain; **–beitrag** *m* contribution *f* des riverains, taxe *f* de voirie; **–last** *f* servitude de riveraineté; **–rechte** *pl* aisances de voirie; **–staat** *m* État *m* riverain.

**ANMAßUNG** *f* | **eines Amtes** usurpation de fonctions; **– eines Rechtes** usurpation d'un droit.

**ANMELDE | AMT** *n* service municipal (allemand) de déclaration domiciliaire; **–bescheinigung** *f (Wohnsitz)* attestation de déclaration domiciliaire; **–frist** *f* délai *m* d'inscription, date *f* limite.

**ANMELDEN** *v* déclarer, annoncer; **eine Forderung –** produire une créance; **ein Gewerbe –** faire enregistrer un fonds de commerce *ou* une société; **ein Patent –** déposer un brevet.

**ANMELDUNG** *f* • déclaration *f* (préalable) • déclaration d'arrivée • *(PatentR)* demande *f* de brevet; **– zum Handelsregister** demande d'inscription au registre du commerce.

**ANMELDUNGS | FRIST** *f* délai *m* de production; délai pour déposer une demande; **–gebühr** *f* droit d'inscription.

**ANMERKUNG** *f* note *f*; annotation *f*; apostille *f*; observation, remarque *f*.

**ANNAHME** *f* • *(Erklärung)* acceptation *f*, agrément (de l'offre), consentement *m* formel • *(Gesetz)* adoption *f* • *(Ansicht)* hypothèse *f*, supposition; **bedingte –** acceptation conditionnelle; **unbedingte –, vorbehaltlose –** acceptation pure et simple; **– erfüllungshalber** acceptation sous condition; **– an Zahlungs statt** dation en paiement.

**ANNAHME | FRIST** *f* délai *m* prévu pour l'acceptation (d'une offre); **–verweigerung** *f* refus d'accepter (une offre); refus de prendre livraison; **–verzug** *m* • *(Erklärung)* retard dans l'acceptation • *(Leistung)* retard *m* dans la réception du paiement *ou* de la livraison.

**ANORDNEN** *v* • *(befehlen)* enjoindre; édicter, ordonner • *(ordnen)* disposer.

**ANORDNUNG** *f* • arrêté *m*; règlement *m*; injonction *f*, ordre *m*; instruction *f* • *(Aufstellung)* arrangement *m*, disposition • *(Ausgaben)* ordonnancement • *(letztwillige)* dernières volontés *fpl*; **einstweilige –** mesure *f* provisoire; **gerichtliche –, richterliche –** ordonnance judiciaire.

**ANRECHNEN** *v* imputer (sur); compenser.

**ANRECHNUNG** *f* • *(Buchf)* facturation; mise *f* en compte • *(BankR)* compensation *f*, affectation *f* d'une somme (à un service déterminé) • *(ErbR)* rapport *m* successoral, imputation (sur la part réservataire).

**ANRUF** *m* • *(Telefon)* appel *m ou* communication téléphonique • *(durch Posten)* sommation; **–beantworter** répondeur *m* automatique.

**ANRUFEN** *v* • *(Gericht)* saisir (un tribunal); engager une action en justice • *(Person)* interpeller, sommer (de faire) • *(Telefon)* donner un coup de fil à qqn.

**ANRUFUNG** *f* (des Gerichts) saisine *f* (d'un tribunal).

**ANSATZ** *m* • évaluation *f*, estimation *f* • *(Haushalt)* montant *m* d'un crédit, ligne *f* budgétaire • *(Buchf)* article *m*, poste.

**ANSCHAFFUNG** *f* acquisition *f*, achat *m*; **–s und Herstellungskosten** (= AHK) prix de revient complet; coût complet *ou* d'absorption.

**ANSCHAFFUNGSDARLEHEN** *n* prêt à la consommation (en vue de l'acquisition de biens durables).

**ANSCHEINS | BEWEIS** *m* *(ZR: prima-facie-Beweis)* preuve *f* par présomptions, présomption *f* du fait de l'homme; **–vollmacht** *f* mandat apparent.

**ANSCHLAG** *m* • *(ÖfR)* avis *m*; annonce *f*, proclamation; affiche *f* • *(StR)* attentat *m*; **öffentlicher –** affichage *m* public.

**ANSCHLIEẞUNG** *f* *(StR: als Nebenkläger)* constitution de partie civile (émanant de la victime).

**ANSCHLUSS** *m* • rattachement *m*, annexion *f* • *(Telefon)* abonnement; **– und Benutzungszwang** *(VwR)* obligation de raccordement à la canalisation municipale et de participation à l'enlèvement des ordures ménagères.

**ANSCHLUSS | REVISION** *f* recours *m* en cassation incident; **–verfahren** *n* *(StPR)* procédure relative aux demandes d'indemnisation de la victime devant le tribunal répressif.

**ANSCHREIBEN** *n* lettre *f ou* bordereau *m* d'envoi; fiche *f* de transmission.

**ANSCHRIFT** *f* adresse *f*; **ladungsfähige –** adresse résultant d'une élection de domicile; **–sänderung** changement *m* d'adresse.

**ANSCHULDIGEN** *v* accuser, inculper; incriminer, charger.

**ANSCHULDIGUNG** *f* accusation *f*, inculpation *f*; **vorsätzlich falsche –** dénonciation *f* calomnieuse.

**ANSCHULDIGUNGS | PUNKT** *m* chef *m* d'accusation; **–schrift** *f* acte *m* d'accusation.

**ANSEHEN** *n* : **geschäftliches –** réputation commerciale.

**ANSICHT** *f* avis *m*, vue *f*, aspect *m*, opinion *f*; **abweichende –** opinion différente.

**ANSPRUCH** *m* • *(ZR)* droit *m* (subjectif), prérogative (individuelle), droit d'exiger *ou* de faire • *(ZPR)* prétention *f*, demande *f*, réclamation *f* • *(SachR)* titre *m* • *(ArbR, PatentR)* revendication; **begründeter –** prétention fondée.

**ANSPRUCHS | BEGRÜNDUNG** *f* exposé *m* du fondement des prétentions; **–berechtigte(r)** *m* ayant *m* cause, ayant droit; **–grundlage** *f* fondement de la demande; **–steller** *m* requérant *m*; **–verjährung** *f* forclusion *f*, prescription du droit; **–verwirkung** *f* déchéance du droit; **–voraussetzung** *f* condition d'exercice d'un droit.

**ANSTALT** *f (ÖfR)* établissement *m* public, organisme *m* public, office *m*; **geschlossene –** *(Gesundhw)* hôpital psychiatrique, asile d'aliénés; **öffentliche –, öffentlich-rechtliche –, – des öffentlichen Rechts** établissement public (de droit allemand).

**ANSTELLUNG** *f* • *(Einstellung)* engagement *m*, embauche *f*, recrutement *m* • *(Stellung)* emploi *m*, poste *m*, place *f*, situation; **– auf Probe** engagement à l'essai; **– auf Zeit** engagement par contrat à durée déterminée.

**ANSTIFTEN** *v (StR)* inciter qqn. à (faire qqch.) *ou* à commettre une infraction, provoquer.

**ANSTIFTER** *m* instigateur *m*, auteur *m* intellectuel (d'une infraction), incitateur *m*; provocateur *m*.

**ANSTIFTUNG** *f (StR)* instigation *f*, incitation *f*; provocation *f*.

**ANSTRENGEN** *v* **: einen Prozess –** intenter une action en justice, agir contre qqn.

**ANTEIL** *m* • *(ZR, GesR)* part *f*, quote-part, quotité *f*; part sociale • *(GesR)* part d'intérêt; **prozentualer –** pourcentage *m*.

**ANTRAG** *m* • *(SchuldR)* offre *f* (de contrat), proposition *f* • *(ZPR, VwR)* demande *f* (en justice); requête *f* (adressée à un service administratif ou une juridiction); demande incidente à l'audience • *(Parlament)* motion *f* • *(Plural: Anträge vor Gericht)* conclusions *fpl*; **auf –** à la diligence de, à la requête de; **formloser –** *(VwR)* simple demande.

**ANTRAGS | ABLEHNUNG** *f* rejet *m* de la demande; **–befugnis** *f* qualité *f* en vue de présenter une requête; **–berechtigte(r)** *m* personne *f* pouvant requérir; **–delikt** *n* *(StPR)* délit dont la répression n'a lieu que sur plainte de la victime; **–gegner** *m* partie adverse, adversaire *m*; **–straftat** *f* infraction qui n'est réprimée que sur plainte de la victime.

**ANTRAG | STELLER** *m* demandeur *m* (en justice), requérant *m*, exposant *m*; **–stellung** *f* • *(ZPR)* dépôt *ou* introduction d'une demande en justice • *(ÖfR)* dépôt d'une motion.

**ANTWORT** *f* réponse *f*; réplique *f*; riposte *f*; **abschlägige –** réponse négative; **bejahende –** réponse affirmative.

**ANWALT** *m* • *(ZPR: Rechtsanwalt)* mandataire *m* au procès, avocat *m* (mandaté *ou* chargé d'une affaire) • *(StPR: Strafverteidiger)* défense *f*, défenseur *m* • *(WirtR: Syndikusanwalt)* conseil *m*, avocat-conseil *m* (salarié par une entreprise); **zugelassener –** avocat inscrit au barreau, avocat du barreau; **einen – bestellen** • *(durch die Partei)* constituer avocat • *(vom Richter)* commettre un avocat (d'office).

**ANWALTSCHAFT** *f* les Avocats, l'ensemble des avocats de l'ordre; la profession d'avocat, le barreau; **zur – zulassen** inscrire au barreau.

**ANWALTS | GEBÜHREN** *fpl* *(PrzR)* honoraires *mpl* tarifés (des avocats); **–honorar** *n* honoraires *mpl* fixés de gré à gré; **–kammer** *f* barreau *m*, ordre des avocats; **Präsident der –kammer** bâtonnier *m*.

**ANWALTS | KANZLEI** *f* bureau *m* d'un avocat, cabinet *m*; **–kosten** *pl* frais exposés par l'avocat; **–prozess** *m* monopole *m* d'avocat, procès où les parties sont obligatoirement représentées par des avocats; **–sozietät** *f* association d'avocats; société civile (allemande) d'avocats; **–vollmacht** *f* mandat *m* de procédure; **–zustellung** *f* communication d'avocat à avocat; **–zwang** *m* obligation de constituer avocat.

**ANWÄRTER** *m* • *(BeamR)* fonctionnaire non titularisé en formation

• *(Bewerber)* postulant *m*, candidat *m*.

**ANWARTSCHAFT** *f* • *(ZR)* expectative *f*, droit *n* en cours d'acquisition, droit en cours de formation • *(ÖfR)* pension de retraite prévue pour les fonctionnaires • *(SozVers)* droit (en formation) à une pension de retraite.

**ANWEISEN** *v* • *(anordnen)* assigner; ordonner, donner des directives; déterminer, fixer • *(die Auszahlung veranlassen)* affecter (une somme) à un paiement • *(jmdm. etwas zuweisen)* conférer, attribuer • *(Haushaltsmittel)* ordonnancer des dépenses.

**ANWEISUNG** *f* • *(ZR)* ordre *m*; injonction *f* • *(VwR)* directive *f*, instruction *f*, ordre (d'un supérieur hiérarchique) • *(HR)* mandat *m*, ordre *m* • *(Auftrag zwecks Auszahlung)* mandat (de paiement de virement) • *(BankR)* titre représentatif d'une créance; **– des Aufenthaltsortes** *(StR)* assignation à résidence; **unbedingte – zu zahlen** *(WertpR)* mandat pur et simple de payer.

**ANWENDBAR** *adj* **: –e Vorschrift** disposition applicable.

**ANWENDUNG** *f* application *f*; mise en œuvre, mise en pratique; **rückwirkende –** application rétroactive; **sinngemäße –** application par analogie; **– von Gewalt** usage *m* de la force.

**ANWENDUNGS | BEREICH** *m* domaine *ou* champ d'application; **örtlicher –bereich** domaine d'application dans l'espace; **zeitlicher –bereich** domaine *m* d'application dans le temps; **–gebiet** *n* domaine *m* d'application.

**ANWESENDE(R)** *m* *(PrzR)* personne *f* présente *ou* comparante.

**ANZAHLUNG** *f* • acompte *m*, provision *f* • *(bei Abzahlungsgeschäften)* apport *m* initial, premier versement; **eine – leisten** verser un acompte.

**ANZEICHEN** *n* indice *m*, fait connu pouvant servir de preuve; **–beweis** *m* *(Indizienbeweis)* preuve *f* par indices.

**ANZEIGE** *f* • *(ZR)* déclaration *f* • *(StR: Strafanzeige)* dénonciation (par un tiers); plainte *f* (de la victime de l'infraction) • *(Zeitung)* annonce *f*, insertion *f* • *(StVR)* signalisation; affichage; **– erstatten** dénoncer qqn.; porter plainte (contre qqn.); **unterlassene –** *(StR)* non-dénonciation (de faits délictueux); **–erstatter** *m* dénonciateur *m*; personne portant plainte.

**ANZEIGEN** *v* • *(mitteilen)* déclarer, communiquer • *(StR)* dénoncer; porter plainte.

**ARBEIT** *f* travail *m*, activité (professionnelle); étude *f*; **gefahrengeneigte –** travail dangereux; **geistige –** travail intellectuel; **körperliche –** travail physique; **selbständige –** travail indépendant.

**ARBEITER** *m* *(ArbR)* ouvrier *m*; **voll beschäftigter –** travailleur à temps complet *ou* à plein temps; **– auf Zeit** travailleur intérimaire.

**ARBEITGEBER** *m* • *(ArbR)* chef *m* d'entreprise, employeur *m* • *(mpl: Arbeitgeberschaft)* patronat *m* • *(ZR: Code civil)* maître *m*; donneur d'ouvrage; **–anteil** *m* *(SozVers)* part *f* patronale, cotisation *f* patronale (à la sécurité sociale de ses salariés).

**ARBEITGEBER | SCHAFT** *f* patronat *m*; **–verband** *m* organisation patronale; **–vereinigung** *f* groupement patronal.

**ARBEITNEHMER** *m* • *(ArbR)* salarié *m*, travailleur *m* • *(Angestellter)* employé *m* • *(Code civil:)* gens *pl* de travail.

**ARBEITNEHMER | ANTEIL** *m* *(SozVers)* part de cotisation du salarié (à la sécurité sociale); **–freibetrag** *m* *(SteuerR)* déduction *f* fiscale forfaitaire sur les traitements et salaires.

**ARBEITNEHMER | ÜBERLASSUNG** *f* *(ArbR)* marchandage *m*, prêt *m* de main-d'œuvre; louage *m* de personnel intérimaire; **–verband** *m*, **–vereinigung** *f* syndicat ouvrier, confédération.

**ARBEITSAMT** *n* office (allemand) du travail, agence *f* pour l'emploi (allemande); **Internationales –** (IAA) Bureau International du Travail (BIT).

**ARBEITS | AUFSICHT** *f* inspection du travail; **–aufwandsentschädigung** *f* indemnité de frais professionnels.

**ARBEITS | BEDINGUNGEN** *fpl* conditions de travail (réglées par le contrat de travail et les conventions collectives de travail); **–beschaffungsmaßnahmen** *fpl (SozR: ABM)* mesures *fpl* publiques de création d'emplois; **–bescheinigung** *f* certificat de travail.

**ARBEITS | DAUER** *f* durée *f* du travail; **–direktor** *(GesR)* membre *m* du directoire, responsable *m* des questions sociales et des problèmes relatifs au personnel.

**ARBEITSEINKOMMEN** *n* revenu du travail, salaire *m*; **unpfändbares –** partie *f* du salaire insaisissable.

**ARBEITS | EINKÜNFTE** *fpl (SteuerR)* revenus *mpl* imposables perçus en vertu d'un contrat de travail; **–einstellung** *f* cessation du travail, grève *f*; **–einteilung** *f* division du travail; **–entgelt** *n* rémunération *f*, salaire *m*; **–erlaubnis** *f* carte *f* de travail.

**ARBEITSFÄHIG** *adj* apte au travail; *(nach Krankheit)* apte à reprendre le travail.

**ARBEITS | FÄHIGKEIT** *f* • capacité *f* de travail • aptitude au travail; **–förderungsgesetz** (AFG) loi *f* sur l'incitation à l'emploi; **–frieden** *m* paix *f* sociale; **–gemeinschaft** *f (= ARGE)* coentreprise *f*, joint venture *f*.

**ARBEITS | GERICHT** *n (PrzR)* tribunal allemand du travail de première instance (composé de juges professionnels); **–gerichtsbarkeit** *f* ordre juridictionnel allemand compétent en matière de contentieux du travail; juridiction (allemande) du contentieux du travail; **–kampf** *m* conflit *m* collectif du travail.

**ARBEITSKRÄFTE** *fpl* travailleurs *mpl*, main-d'œuvre *f*, personnel *m*; **gelernte –, geschulte –** main-d'œuvre qualifiée; **–einsparung** *f* compression des effectifs.

**ARBEITSLOSE(R)** *m* chômeur *m*, demandeur *m* d'emploi.

**ARBEITSLOSEN | FÜRSORGE** *f* aide *f* aux chômeurs (en fin de droits), assistance *f* chômage; **–geld** *n (ArbR)* allocation *f* de chômage, allocation-chômage; **–quote** *f* taux de chômage; **–versicherung** *f* assurance *f* chômage.

**ARBEITSLOSIGKEIT** *f* chômage *m*; **dauernde –** chômage permanent, chômage chronique; **saisonbedingte –** chômage saisonnier; **teilweise –** chômage partiel.

**ARBEITSMARKT** *m* marché *m* du travail, marché de la main-d'œuvre.

**ARBEITS | NACHWEIS** *m* certificat de travail *ou* d'emploi, attestation d'emploi; **–niederlegung** *f* cessation concertée du travail, débrayage *m*, grève *f*; **–organisation** *f* **: internationale –organisation** Organisation internationale du travail (OIT).

**ARBEITS | PFLICHT** *f* travail obligatoire; obligation au travail; **–platz** *m* (poste de) travail; **–platzbeschaffung** *f* création *f* d'emplois; **–platzsicherung** sauvegarde *f* de l'emploi, lutte *f* contre la précarité de l'emploi; **–platzteilung** *f* partage *m* d'un poste de travail, job-sharing *m*, **–platzwechsel** *m* changement d'emploi.

**ARBEITS | RECHT** *n* droit du travail, droit social, législation industrielle; **–richter** juge *m* (professionnel) du tribunal du travail (allemand).

**ARBEITS | SACHEN** *fpl (PrzR)* contentieux *m* du travail, litiges *mpl* individuels nés du contrat de travail; **–schicht** *f* poste *m* (de travail); **–stätte** *f* lieu de travail; **–stunden** heures *fpl* de travail; **–suchender** demandeur *m* d'emploi.

**ARBEITS | TAG** *m* jour *m* ouvrable, journée de travail; **–teilung** *f* division du travail; **–unfähig** *adj* être incapable d'exercer son métier, incapacité d'assurer son travail; **–unfähige(r)** *m* personne se trouvant dans l'incapacité *f* de travailler.

**ARBEITS | UNFÄHIGKEIT** *f* • *(ArbR)* incapacité *f* de travail • *(AllgSpr)* inaptitude *f* au travail; **dauernde –unfähigkeit** incapacité (de travail) permanente; **dauernde teilweise –unfähigkeit** incapacité (de travail) permanente partielle (= I.P.P.); **längere –unfähigkeit** incapacité (de travail) prolongée; **völlige –** incapacité totale de travail; **zeitweilige –unfähigkeit** incapacité temporaire de travail (= I.T.T.).

**ARBEITSUNFALL** *m* accident du travail; **–meldung** *f* déclaration d'accident du travail; **–verhütung** prévention *f* des accidents du travail; **–versicherung** *f* assurance contre les accidents du travail.

**ARBEITS | VERGÜTUNG** *f* *(ArbR)* rémunération, salaire *m*; **–verhältnis** *n* (lien juridique créé par le) contrat de travail; **–vermittlungsbüro** *n* bureau *m* de placement de la main-d'œuvre.

**ARBEITS | VERTRAG** *n* contrat (individuel) de travail; **–vertragsrecht** *n* droit des contrats (individuels) de travail; **–wegunfall** *m* accident *m* de trajet.

**ARBEITSZEIT** *f* • horaire *m* de travail • durée *f* du travail; **gesetzliche –** durée légale du travail; **gleitende –** horaire *m* mobile, horaire à la carte, travail à temps choisi; **–verkürzung** *f* réduction du temps de travail.

**ARBEITS | ZEUGNIS** *n* certificat de travail; **–zimmer** *(SteuerR)* chambre *f* réservée au travail professionnel; **–zwang** *m* obligation au travail, travail obligatoire.

**ARGLIST** *f* dol *m*, manœuvre frauduleuse; **–einrede** *f* exception de dol.

**ARGLISTIG** *adj* : **–e Täuschung** dol *m*, machination *ou* tromperie *f* frauduleuse; **–es Verschweigen** réticence frauduleuse, omission volontaire équivalente au dol.

**ARREST** *m* • *(StR)* emprisonnement *m*, arrêts *mpl* • *(ZR, ZwangsVR)* saisie *f* conservatoire; **dinglicher –** saisie provisoire des biens pour assurer l'exécution d'une créance pécuniaire; **persönlicher –** *(ZwangsVR)* contrainte *f* par corps; emprisonnement (d'un débiteur) pour dettes.

**ARTENSCHUTZ** *m* *(UmweltR)* protection *f* des espèces animales.

**ARTIKEL** *m (Gesetz, Zeitung, Ware)* article *m*; **–gesetz** *n* loi (allemande) modifiant plusieurs lois existantes et réunissant les nouvelles dispositions en un seul nouvel ensemble.

**ARTVOLLMACHT** *f (HR)* procuration *f* spéciale commerciale.

**ARZT** *m* médecin *m*, docteur *m* (en médecine); **behandelnder –** médecin traitant; **beigezogener –** médecin consultant; **niedergelassener –** • *(Kassenarzt)* médecin conventionné • médecin exerçant en cabinet médical (en un lieu donné); **praktischer –** (médecin) généraliste *m*, omnipraticien *m*.

**ÄRZTLICH | E BEHANDLUNG** *f* traitement *m* médical; **–er Kunstfehler** faute *f* professionnelle du médecin; **–es Zeugnis** attestation médicale.

**ARZT | PRAXIS** *f* cabinet *m* médical; **–vertrag** *m* contrat médical, contrat d'entreprise conclu avec un médecin.

**ASSESSOR** *m* • *(BeamR)* titulaire du second examen d'Etat allemand (en droit) • *(PrzR: Beisitzer)* assesseur *m*.

**ASYL** *n* • *(AuslR)* asile *m* (diplomatique, politique), statut *m* de réfugié politique • *(SozR)* asile de nuit, refuge *m*, hospice *m*.

**ASYLANT** *m* réfugié *m* politique, asilé *m* (bénéficiant de facilités administratives).

**ASYL | ANTRAG** *m* *(AsylR)* demande *m* d'asile *ou* du statut de réfugié (politique); **–berechtigte(r)** personne ayant droit à l'asile politique; **–bewerber** *m* prétendant *m* à l'asile, demandeur du statut de réfugié politique; **–gewährung** *f* le fait d'accorder l'asile (politique); **–recht** *n* droit d'asile; **–suchende(r)** *m* prétendant au statut de réfugié politique.

**ATOM | ABFALL** *m* déchets *mpl* nucléaires *ou* radioactifs; **–anlage** *f* centrale *f* nucléaire.

**ATOM | KRAFTWERK** (AKW) centrale *f* nucléaire; **–müll** *m* déchets *mpl* radioactifs; **–reaktor** *m* réacteur *m* nucléaire.

**ATTENTÄTER** *m* auteur *m* d'un attentat.

**ATTEST** *n* **: ärztliches –** certificat médical.

**AUFBEWAHRUNGS | FRIST** *f* délai *m* de conservation, délai de garde; **–kosten** *pl* frais de garde; **–pflicht** *(HR)* obligation de conserver (les documents commerciaux et administratifs).

**AUFENTHALT** *m* résidence *f*, demeure *f*; séjour *m*; **dauernder –** résidence permanente; **gewöhnlicher –** résidence habituelle; **ständiger –** résidence permanente, domicile *m*; **ohne festen –** sans domicile fixe; **unbekannter –** résidence inconnue.

**AUFENTHALTS | ANWEISUNG** *f* *(StR)* assignation à résidence, assignation de résidence; **–befugnis** *f* *(AuslR)* autorisation de séjour pour motifs humanitaires; **–berechtigung** *f* droit de résidence permanent, autorisation de séjour sans limitation de durée (sur tout le territoire national); **–bescheinigung** *f* carte *f* de séjour; **–beschränkung** *f* interdiction de séjour (en certains lieux déterminés); **–bewilligung** *f* permis de séjour temporaire.

**AUFENTHALTS | ERLAUBNIS** *f* *(AuslR)* carte *f* *ou* permis de séjour (n'étant pas lié à un but *ou* un objectif déterminé du séjour); **–genehmigung** *f* permis de séjour; **–gestattung** *f* autorisation provisoire de séjour (pour l'asilé); **–ort** *m* lieu de résidence *ou* de séjour; **–recht** *n* autorisation de séjourner; **–sichtvermerk** *m* visa *m* de séjour; **–verbot** *n*, **–versagung** *f* interdiction de séjour.

**AUFERLEGEN** *v* • *(Steuer)* imposer, taxer, (frapper d'un impôt) • *(Strafe)* infliger (une peine).

**AUFFORDERN** *v* • convoquer, inviter • inciter, sommer, requérir • mettre en demeure.

**AUFFORDERUNG** *f* • *(Ladung)* convocation *f*, invitation *f* • *(Ermahnung)* injonction, sommation, avertissement *m* • *(StR)* incitation *f* • *(VwR)* réquisition *f*.

**AUFGABE** *f* • *(Obliegenheit)* attribution *f*, fonction *f*, devoir *m*, tâche *f*, mission *f*, mandat *m* • *(Verzicht)* abandon *m*, renonciation *f*, délaissement *m* • *(eines Amtes)* renonciation (à une fonction publique), démission *f* • *(Betrieb, Geschäft)* cessation *f* • *(Absendung)* expédition *f* (d'une lettre), remise *f* à la poste, envoi *m* • *(Gepäck)* enregistrement *m* • *(PatentR)* but *m*, objet *m*, problème *m* • *(einer Bestellung)* passation (d'une commande, d'un contrat.

**AUFGEBOT** *n* • *(ZR, ErbR)* invitation à déclarer des droits (sous peine de déchéance) • *(EheR)* publications de mariage, publications *fpl*, bans *mpl*; **das – bestellen** publier les bans (par affichage à la mairie).

**AUFGELD** *n* • *(BankR)* agio *m*, prime *f* • *(HR: Anzahlung)* arrhes *fpl* • *(HR: Erhöhung, Aufschlag)* majoration, augmentation (du prix).

**AUFHEBBAR** *adj* annulable, rescindable, abrogeable; résiliable.

**AUFHEBEN** *v* • *(Gesetz)* abroger, abolir • *(Vertrag)* résilier, rescinder • *(Urteil)* infirmer, réformer; casser • annuler, supprimer.

**AUFHEBUNG** *f* • *(Beendigung)* arrêt *m*, cessation *f*, mainlevée *f* • *(Außerkraftsetzung)* abrogation *f*, abolition *f*, annulation *f*, suppression • *(Vertrag)* résiliation *f*, résolution *f*, rescision *f* • *(Urteil)* infirmation; **ausdrückliche –** abrogation expresse; **stillschweigende –** abrogation tacite; **– des Haftbefehls** mainlevée *f* du mandat de dépôt.

**AUFKLÄREN** *v* informer, renseigner, mettre au fait; aviser, avertir, donner connaissance de; **eine Straftat –** découvrir un délinquant, élucider (une affaire).

**AUFKLÄRUNG** *f (StR)* élucidation *f*, recherche *f* des faits; **–sbeschluss** *m (ZPR)* ordonnance *f* (du juge enjoignant les parties) d'informer le tribunal (sur certains faits); décision *f* ordonnant un complément de preuves.

**AUFKLÄRUNGSPFLICHT** *f (SchuldR: des Käufers)* obligation d'informer, devoir *m* de conseil; obligation de mettre en garde (son cocontractant) contre le risque couru; **– des Arztes** obligation du médecin de faire connaître son diagnostic et ses moyens (son action) thérapeutiques; **– des Richters** obligation du juge d'informer (le prévenu) de ses droits.

**AUFLAGE** *f* • *(ZR, ÖfR)* obligation *f* (accessoire, implicite), contrainte *f* imposée (par l'État) • *(SchuldR)* modalité *f* • *(VerlagsR)* édition *f*, tirage *m*, diffusion • *(ErbR)* charge *f* d'hérédité.

**AUFLASSUNG** *f (SachR)* accord solennel (devant notaire) des parties (en présence) pour le transfert de propriété d'un immeuble, dessaisine-saisine.

**AUFLAUF** *m (StR)* attroupement *m* (illégal), rassemblement *m* (interdit).

**AUFLÖSEN** *v* • *(ex nunc)* résilier, dissoudre • *(ex tunc)* annuler, résoudre.

**AUFLÖSUNG** *f* • *(Aufhebung ex nunc)* résiliation *f*, dissolution *f* • *(Aufhebung ex tunc)* résolution *f* • *(Aufklärung eines Falls)* éclaircissement, solution, règlement (d'une affaire) • *(Zerfall)* décadence *f*, ruine *f*.

**AUFNAHME** *f* • admission *f*, entrée *f*, accueil *m* • *(Foto)* prise *f* de vue, photo *f* • *(Tonband)* enregistrement *m* • *(Darlehen)* emprunt *m*; **– in die Tagesordnung** inscription à l'ordre du jour.

**AUFRECHNUNG** • *f (SchuldR)* compensation *f* (conventionnelle); **gerichtliche –** compensation judiciaire.

**AUFRECHTERHALTUNG** *f* : **– des Haftbefehls** maintien *m* de la détention; **– der öffentlichen Ruhe und Ordnung** maintien de l'ordre public.

**AUFRUF** *m* appel *m*, citation; manifeste *m*, proclamation *f*; **namentlicher –** appel nominal; **– der Sache** appel de la cause.

**AUFRUHR** *m (StR)* soulèvement *m*, révolte *f*, émeute *f*.

**AUFSCHIEBEND** *adj* : **–e Bedingung** condition suspensive; **–e Wirkung** effet suspensif.

**AUFSCHUB** *m* • délai *m* d'attente; remise *f* (à plus tard), renvoi *m* (à une date ultérieure) • *(Verzögerung)* retard *m* • *(Vertagung)* ajournement *m* • *(Frist)* prorogation *f* • *(Strafe)* sursis *m*.

**AUFSETZEN** *v* • *(Urkunde)* dresser (un acte) • *(Vertrag)* rédiger, établir.

**AUFSICHT** *f* • *(Beobachtung, Kontrolle)* surveillance *f*, contrôle *m* • *(VwR: Staatsaufsicht)* tutelle *f* administrative • *(Person)* surveillant *m*; **mangelnde –** défaut *m* de surveillance.

**AUFSICHTS | BEHÖRDE** *f* autorité de tutelle *ou* de contrôle; **–beschwerde** *f* recours *m* hiérarchique; **–gewalt** *f* pouvoir *m* de tutelle *ou* de surveillance; **–spflicht** *f* devoir *m* de surveillance.

**AUFSICHTSRAT** *m (GesR)* conseil de surveillance; **–mitglied** *n* membre du conseil de surveillance; **–vorsitzender** président *m* du conseil de surveillance.

**AUFTRAG** *m* • *(ZR)* mandat *m*; procuration *f* • *(HR: Bestellung)* commande *f*, ordre *m* • *(Verpflichtung)* mission, charge *f* • *(ÖfR)* marché *m* (public) • *(AllgSpr: Vertragsangebot)* offre *f* (de contrat); **öffentlicher –** marché public.

**AUFTRAG | GEBER** *m* • *(ZR)* mandant *m* • *(HR)* commettant *m*; donneur *m* d'ordre, client *m*; **–nehmer** *m* • *(ZR)* mandataire *m* • *(HR)* fournisseur *m*, vendeur *m* • *(ÖfR)* adjudicataire *m*.

**AUFTRAGS | ERTEILUNG** *f* • *(HR)* passation de commande *ou* d'ordre • *(SchuldR)* le fait de conférer un mandat.

**AUFWAND** *m* dépense *f*; impense *f*; moyens *mpl* mis en œuvre; frais; **betrieblicher –** charges *fpl* d'exploitation générale; **ehelicher –** charges du mariage.

**AUFWANDS | ENTSCHÄDIGUNG** *f* • *(ArbR)* indemnité représentative des frais professionnels • *(ÖfR)* indemnité *f* pour charges administratives, frais de représentation; **–kosten** *pl*, **–spesen** *pl* frais *mpl* de représentation.

**AUFWENDUNGEN** *fpl* • dépenses *fpl*, frais *mpl*; débours *mpl*, sommes *fpl* engagées • *(ZR: Ausgaben für die Erhaltung einer Wohnung)* impenses *fpl*; **berufliche** (absetzbare) **–** *(SteuerR)* frais professionnels (déductibles); **betriebliche –** frais d'exploitation; **notwendige –** impenses nécessaires; **werterhöhende –** dépenses mélioratives.

**AUGENSCHEIN** *m* *(StPR)* descente *f* sur les lieux *ou* de justice, transport sur les lieux; **in – nehmen** procéder à une descente sur les lieux.

**AUGENZEUGE** *m* témoin *m* oculaire.

**AUSBESSERUNG** *f* réparation *f*, correction *f*; **–sarbeiten** travaux *mpl* de réfection, remise *f* à neuf, retouches *fpl*, rénovation.

**AUSBEZAHLUNG** *f* • paiement *m*, dédommagement *m* • *(ErbR)* règlement.

**AUSBILDUNG** *f* formation *f* (initiale), apprentissage *m*; **berufliche –** formation professionnelle; **innerbetriebliche –** formation sur le tas.

**AUSBILDUNGS | BETRIEB** *m* entreprise agréée pour former des apprentis; **–stätte** *f* centre *m* d'apprentissage; **–verhältnis** *n*, **–vertrag** *m* contrat d'apprentissage; contrat emploi-formation.

**AUSBLEIBEN** *n* *(ZPR)* défaut *m*, défaillance *f*; **das – feststellen** *n* constater le défaut (de comparution); donner défaut; **unentschuldigtes –** absence sans motif valable.

**AUSBÜRGERUNG** *f* perte *ou* déchéance de la nationalité, dénaturalisation.

**AUSDRÜCKLICH** *adj/adv* exprès, formel, explicite; formellement, explicitement, expressément; **–e Zustimmung** consentement exprès.

**AUSEINANDERSETZUNG** *f* • *(GesR)* liquidation *f*, dissolution (d'une société) • *(ErbR)* partage *m* • discussion *f*.

**AUSFALL** *m* • *(Maschine)* défaillance *f*, panne *f* • *(Gewinn)* perte *f*, déficit *m*; **–bürge** *m* arrière-caution *f*; **–bürgschaft** *f* cautionnement *m* pour le reliquat de la dette, garantie *f* de bonne fin; **–zeiten** *fpl* *(SozVers)* périodes pendant lesquelles aucune cotisation n'a été versée.

**AUSFERTIGEN** *v* établir *ou* dresser (un acte); faire une copie *ou* une expédition; **doppelt –** établir en double exemplaire.

**AUSFERTIGUNG** *f* • *(einer Urkunde)* expédition *f*, ampliation *f*; rédaction *ou* établissement (d'un acte) • *(eines Gesetzes)* promulgation *f*; **amtliche –** expédition authentique, copie conforme; **vollstreckbare –** grosse *f*.

**AUSFÜHREN** *v* • *(Arbeit)* exécuter, accomplir, réaliser • *(Waren)* exporter • *(Straftat)* consommer (un délit), perpétrer (un crime).

**AUSFUHR | LIZENZ** *f* *(EuR)* certificat d'exportation; **–markt** *m* marché d'exportation; **–preis** *m* prix à l'exportation; **–sperre** *f* embargo *m* sur les exportations.

**AUSGABE 1.** *f* • *(Geldaufwand)* dépense *f*, frais *mpl*, débours *mpl*, décaissement *m*, sortie *f* • *(Herausgabe)* émission *f*, délivrance *f*, remise *f* • *(Veröffentlichung)* édition *f* (d'un livre), publication *f*, tirage *m*; **–mittel** *(HaushR)* crédits de paiement, crédits budgétaires.

**AUSGABEN 2.** *fpl* charges *fpl*; dépenses *fpl*; **abzugsfähige –** frais *mpl* et charges *fpl* admis en déduction, frais déductibles; **laufende –** dépenses *fpl* courantes; **unvorhergesehene –** dépenses imprévues.

**AUSGANG** *m* • *(Verfahren)* fin *f*, extinction *f*; résultat *m* • *(Post)* départ *m* • *(AllgSpr)* sortie *f*, issue *f*; **– des Rechts-streits** solution du litige.

**AUSGEWOGENHEIT** *f* pondération *f*, équilibre *m*; **–sgrundsatz** *m* principe d'équité *ou* d'impartialité.

**AUSGLEICH** *m* • *(Verteilung)* répartition *f*, péréquation *f*, compensation *f* • *(Angleichung)* rajustement *m*, balance *f*, équilibre *m* • *(Entschädigung)* dédommagement *m*, réparation *f*, indemnité *f* compensatoire, compensation, soulte *f* • *(Vermittlung)* arrangement *m*, accommodement *m*, accord *m*, compromis *m*, concordat *m*; **gütlicher –** arrangement *m* à l'amiable; **– des Zugewinns** *(FamR)* prestation compensatoire.

**AUSGLEICHSANSPRUCH** *m* • droit à la compensation • *(HR)* droit *m* à une indemnité de clientèle.

**AUSGLEICHS | FONDS** *m* fonds de compensation; **–pflicht** *f* *(FamR)* obligation *f* de partage des acquêts, obligation de compensation; **–quittung** *f* *(ArbR)* reçu *m* pour solde de tout compte.

**AUSGLEICHSZAHLUNG** *f* • paiement *m* compensatoire, versement compensateur • *(ArbR)* paiement *m* pour solde (de tout compte).

**AUSGLEICHUNG** *f* • compensation *f*, égalisation *f* • *(ErbR)* rapport *m* successoral; **–spflicht** obligation au rapport.

**AUS | HÄNDIGUNG** *f* remise *f* (en main propre), délivrance *f* (d'un acte); **–hang** *m* affiche *f*; affichage *m*.

**AUSHILFE** *f* aide *m*, auxiliaire *m*, adjoint *m*; **–tätigkeit** *f* aide *f*, assistance *f*.

**AUSKUNFT** *f* information *f*, renseignement *m*; **behördliche –** renseignement administratif (sur les données stockées dans ses fichiers); **– aus dem Strafregister** extrait *m* du casier judiciaire.

**AUSKUNFTS | ERTEILUNG** *f* fourniture *ou* communication d'informations (sur son patrimoine); **–person** *(StR)* informateur *m*, source *f*; **–pflicht** *f* obligation *f* de fournir des renseignements; obligation d'informer le fisc (loyalement et sincèrement); **–recht** *n* • *(SteuerR)* pouvoir *m* d'investigation du fisc • *(VwR)* droit d'accès aux informations.

**AUSKUNFTSVERWEIGERUNGSRECHT** *n* *(StR)* droit (de la personne ayant un intérêt personnel et direct dans l'affaire) de ne pas répondre à une demande de renseignement.

**AUSLAGE(N)** *f(pl)* • *(nur im Plural)* dépenses *fpl* (avancées au profit d'un tiers), frais *mpl* exposés • *(SachR: dépenses sur un immeuble)* impenses *fpl* • *(PrzR)* débours *mpl*, sommes *fpl* déboursées • *(Sing.: Waren)* étalage *m*, vitrine *f*; **erstattungsfähige –** dépenses récupérables *ou* remboursables.

**AUSLÄNDER** *m* (ressortissant) étranger *m*; **unerwünschter –** (étranger) indésirable; **–amt** *n*, **–behörde** service *m* (municipal) des étrangers, office *m* pour les étrangers; **–eigenschaft** *f* extranéité *f*, statut d'étranger.

**AUSLÄNDER | GESETZ** *n* Loi (allemande) sur le statut des étrangers; **–kartei** *f* fichier des étrangers (installés en Allemagne); **–meldeamt** *n* Service (municipal) d'enregistrement des étrangers; **–polizei(recht)** police des étrangers; **–recht** *n* Législation relative aux conditions d'entrée et de séjour des étrangers en Allemagne; **–sicherheit** *f (IPR)* caution judicatum solvi; **–zentralregister** *n* registre central des étrangers.

**AUSLANDS | BESITZ** *m* avoirs *mpl* à l'étranger; **–delikt** *n* **eines Deutschen** infraction commise par un allemand (un national) à l'étranger; **–deutsche** ressortissants allemands vivant à l'étranger, allemands d'origine *ou* de souche.

**AUSLAUFEN** *v* • *(Vertrag)* prendre fin, venir à expiration, arriver à son terme • *(Schiff)* appareiller • *(Modell)* arriver en fin de série, ne plus être fabriqué.

**AUSLEGEN** *v* • *(Urkunde)* interpréter, commenter, expliquer • *(Waren)* étaler, disposer • *(Geld)* avancer • *(Patent)* publier (pour opposition).

**AUSLEGUNG** *f* interprétation *f*; exégèse *f*; glose *f*; explication *f*; **einengende –, einschränkende –, enge –** interprétation restrictive *ou* stricte; **richterliche –** interprétation par le juge; **wörtliche –** interprétation littérale.

**AUSLEIHEN** *v* prêter *ou* se faire prêter; **auf Zinsen –** prêter à intérêt.

**AUSLIEFERN** *v* • *(Waren)* expédier; livrer, remettre • *(Personen)* extrader (vers le pays requérant).

**AUSLIEFERUNG** *f* • *(HR)* livraison *f*, délivrance *f*, remise *f* • *(AuslR)* extradition *f*; **verspätete –** retard à la livraison; **zeitweilige –** extradition temporaire.

**AUSLIEFERUNGS | ABKOMMEN** *n (StR)* convention d'extradition; **–antrag** *m*, **–begehren** *n*, **–ersuchen** *n* demande d'extradition.

**AUSLIEFERUNGS | HAFTBEFEHL** *m* mandat d'arrêt aux fins d'extradition; **–häftling** *m* prisonnier *m* extradé; **–straftat** *f* infraction donnant lieu à extradition; **–termin** *m* • délai *m ou* date *f* de livraison • *(Bücher)* date de remise aux libraires; **–vertrag** *m* traité *m ou* convention d'extradition.

**AUSNAHME | BESTIMMUNG** *f* mesure dérogatoire au droit commun; **–bewilligung** *f* dispense *f*, exemption *f*, exonération *f*; **–fall** cas *m* d'exception, exception; **–gericht** *n* tribunal *m ou* juridiction *f* d'exception; **–gesetz** *n* loi d'exception *ou* de circonstance; **–zustand** *m* • *(VerfR)* état *m* d'urgence • circonstances *fpl* exceptionnelles.

**AUSPUFFGASE** *npl* gaz *m* d'échappement, (émission de) gaz *mpl* polluants des moteurs des véhicules automobiles.

**AUSREDE** *f* prétexte *m*, excuse *f*, tergiversation *f*, faux-fuyant *m*.

**AUSREISE** *f* départ *m* (pour l'étranger), sortie *f* (du pays); **–erlaubnis** *f* autorisation de sortie; **–sperre** *f* interdiction *f* de sortie; **–visum** *n (Sichtvermerk)* visa *m* de sortie.

**AUSRÜSTUNG** *f* • équipement *m*, aménagement *m* • *(Schiff)* armement.

**AUSSAGE** *f* • *(StPR)* déposition *f*, témoignage *m* • affirmation *f*, énoncé *m*; **belastende –** déposition à charge; **eidliche –, – unter Eid** déclaration faite sous la foi du serment; **falsche – (vor Gericht)** fausse déposition (devant la Cour); **unbeeidigte –, uneidliche –** déclaration sans prestation de serment (devant la Cour); **die – verweigern** refuser de déposer *ou* de témoigner.

**AUSSAGEN** *v* déposer, témoigner; **für jmdn. –** déposer en faveur de qqn.; **gegen jmdn. –** déposer contre qqn., charger qqn.

**AUSSAGE | ERPRESSUNG** *f* extorsion d'aveux; **–genehmigung** *f* autorisation de témoigner en justice; **–notstand** *m (StPR)* témoignage mensonger, l'auteur se trouvant dans un état de nécessité; **–verweigerungsrecht** *n* droit de refuser de témoigner (de l'avocat, du témoin, etc.).

**AUSSCHLAGEN** *v* refuser (une offre), rejeter (une proposition), repousser; renoncer à (un héritage).

**AUSSCHLAGGEBEND** *adj* : **–e Stimme** voix prépondérante.

**AUSSCHLAGUNG** *f* renonciation *f*; **– der Erbschaft** renonciation à la succession.

**AUSSCHLIEẞEN** *v* exclure; forclore; **die Öffentlichkeit –** ordonner le huis clos.

**AUSSCHLIEẞLICH** *adj* : **–er Gerichtsstand** compétence *f* exclusive d'une juridiction; seul tribunal compétent en cas de litige; **–e Gesetzgebung** *(VerfR)* compétence normative exclusive du Bund (*ou* de l'État fédéral); **–e Zuständigkeit** compétence exclusive.

**AUSSCHLIEẞUNG** *f* • *(= Ausschluss)* exclusion *f* • *(SchuldR: Frist)* forclusion *f*; **– aus dem Anwaltsstand** radiation du barreau; **strafweise – vom Dienst** mise à pied; **– von der Erbfolge** exhérédation *f*; **– von Gerichtspersonen** suspicion *f* légitime, récusation *f*; **– der Öffentlichkeit** huis clos *m*.

**AUSSCHLUSS** *m* • *(von Personen u. Rechten)* exclusion *f* • *(von Rechten infolge Fristablaufs)* forclusion *f*; **zeitweiliger –** exclusion temporaire; **– einer Einrede** *f* inopposabilité *f* d'une exception; **– jeglicher Haftung** exclusion de la responsabilité; **– des Rechtsweges** exclusion *f* du recours devant les tribunaux.

**AUSSCHLUSS | FRIST** *f* délai d'exclusion, délai *m* de forclusion, délai de péremption; **–recht** *n* pouvoir *m* d'exclure qqn.; **–urteil** *n (ZPR)* jugement de forclusion, jugement prononçant la déchéance de certains droits.

**AUSSCHÖPFUNG** *f* **des Rechtsweges** épuisement *m* des voies de recours (devant les tribunaux).

**AUSSCHREIBEN** *v (ÖfR: Stelle)* mettre en concours; **öffentlich –** mettre en adjudication; recourir à une procédure de mise en concurrence.

**AUSSCHREIBUNG** *f* • *(VwR: öf. Aufträge)* (avis *m* d')appel *m* d'offres • *(ÖfR: Stellen-)* mise au concours, avis de concours; **beschränkte –** appel *m* d'offres restreint, adjudication restreinte; **beschränkte – mit Leistungs- und Ideenwettbewerb** appel d'offres restreint avec concours; **engere –** adjudication *f* restreinte; **– mit Ideenwettbewerb** marché *m* sur concours; **öffentliche –** appel d'offres ouvert *ou* public; appel à la concurrence, mise en adjudication publique.

**AUSSCHREITUNG** *f* • *(Privatperson)* écart *m* de conduite • *(Polizei usw.)* bavure *f*; **gewalttätige –** violences *fpl*.

**AUSSCHUSS** *m* • *(Organe)* commission *f*, comité *m* • *(Ware)* (produit de) rebut *m*; **auswärtiger –** commission des affaires étrangères; **beratender –** comité consultatif; **geschäftsführender –** comité directeur; **ständiger –** commission permanente.

**AUẞEN | GESELLSCHAFT** *f* société *f* qui se révèle aux tiers; **–handel** *m* commerce *m* extérieur, échanges *mpl* internationaux.

**AUẞENSTÄNDE** *mpl* arriérés *mpl*; arrérages *mpl*; impayés *mpl*; montant *m* échu; dette *f* échue et due; créances *fpl* à recouvrer; **abgetretene –** créances cédées pour encaissement; **nicht beitreibbare –** créances irrécouvrables.

**AUẞENSTELLE** *f* succursale *f*, établissement *m* annexe, dépôt *m*, comptoir *m*; **–nvertreter** directeur *m* de (la) succursale.

**AUẞERACHTLASSEN** *n* **der durchschnittlichen Sorgfalt** faute in abstracto, faute *f* objective; **– der in eigenen Angelegenheiten angewandten Sorgfalt** faute in concreto, faute subjective; **– der im Rechtsverkehr erforderlichen Sorgfalt** ne pas apporter tous les soins requis (*ou* d'un bon père de famille) à l'exécution des obligations.

**AUßEREHELICH** *adj* (enfant) naturel; extraconjugal, hors mariage; **–er Verkehr** rapports *mpl* extraconjugaux.

**AUßERGERICHTLICH** *adj* extrajudiciaire *adj*; extrajudiciairement *adv*; à l'amiable; **–er Vergleich** transaction (extra-judiciaire), arrangement à l'amiable.

**AUßERKRAFTSETZUNG** *f* abrogation, annulation, invalidation, infirmation; **– des Geldes** démonétisation.

**ÄUßERUNG** *f* dire *m*, affirmation *f*; déclaration *f*; **abfällige –, ehrenrührige –, geringschätzige –** déclaration constituant un dénigrement, expression outrageante *ou* diffamatoire; **dienstliche –** déclaration faite dans le service.

**AUßERVERFOLGUNGSETZUNG** *f (StPR)* renvoi *m* des fins de la poursuite, non-lieu *m*.

**AUSSETZEN** *v* • *(Tätigkeit, Leistung)* interrompre, suspendre • *(Verfahren)* surseoir à statuer, surseoir à prononcer, surseoir • abandonner un enfant • *(Belohnung)* promettre; **sich einer Gefahr –** s'exposer (volontairement) à un danger.

**AUSSETZUNG** *f* • *(SchuldRst)* interruption *f*, suspension *f* • *(PrzR)* sursis *m* à statuer • *(StR)* abandon *m ou* exposition *f* d'enfant; **– Hilfloser** *(StR)* exposition *ou* délaissement, en un lieu solitaire, d'un incapable hors d'état de se protéger lui-même; **– des Verfahrens** suspension du procès; **– der (Zwangs)Vollstreckung** sursis à l'exécution.

**AUSSÖHNUNG** *(EheR)* réconciliation *f*.

**AUSSONDERUNG** *f (InsolvenzR)* distraction, revendication (d'un bien), séparation *f*.

**AUS | SPÄHEN** *n* **von Daten** *(StR)* accession illégale à un système informatique, infiltration sur un réseau informatique; **–spähung von Staatsgeheimnissen** atteinte *f* à la sûreté de l'État, espionnage *m*; **–spannen von Arbeitskräften** débauchage *m* de main-d'œuvre; **–sperren** appliquer le lock-out, lockouter.

**AUSSPERRUNG** *f* lock-out *m*.

**AUSSPRUCH** *m* • *(Person)* déclaration, affirmation, dire *m* • *(Gericht)* sentence *f*, jugement *m*, verdict *m*.

**AUSSTAND** *m (ArbR)* grève *f*, débrayage *m*; **in den – treten** débrayer, se mettre en grève.

**AUSSTATTEN** *v* doter, pourvoir de; **mit einer Vollmacht –** mandater qqn.

**AUSSTELLEN** *v* • *(Güter)* exposer • *(Urkunde)* délivrer, établir, dresser • *(Scheck, Wechsel)* créer, tirer.

**AUSSTELLER** *m* • *(HR)* exposant *m* • *(WechselR)* tireur *m*, souscripteur *m*; **–ausweis** carte *f* de légitimation (pour exposant); **–haftung** responsabilité du tireur; **–verzeichnis** *n* répertoire *m* des exposants.

**AUSSTELLUNG** *f* • *(HR)* exposition *f*, salon *m* • *(Urkunde)* délivrance *f*, établissement *m* • *(WechselR)* création *f*, tirage *m*; **– einer Urkunde** établissement d'un acte.

**AUSTAUSCH** *m* échange *m*, remplacement *m*; **–geschäft** *n* opération de troc; **–pfändung** *f* saisie-exécution dans un bien mobilier en principe insaisissable avec remplacement de cet objet mobilier indispensable au débiteur (mais de valeur) par un bien de valeur moindre.

**AUSTRITT** *m* • *(ZR: freiwilliges Ausscheiden)* départ *m*, retrait *m*, démission *f* • *(KirchR)* abjuration *f* (d'une religion); **– eines Gesellschafters** retrait d'un associé; **– aus der Kirche** renonciation *f* solennelle à l'appartenance à une association cultuelle.

**AUSÜBEN** *v* exercer (un droit *ou* un métier); remplir (une fonction); exercer (un droit); produire (un effet); lever (une option); **–der Künstler** *(UrhR)* artiste interprète de l'œuvre d'un tiers.

**AUSÜBUNG** *f* • exercice *m* (d'un droit) • levée *f* (d'une option); **unbefugte – eines öffentlichen Amtes** usurpation de fonction; **unerlaubte – eines Berufs** exercice illégal d'une profession; **– eines Patents** exploitation d'un brevet; **– eines Rechts** exercice d'un droit.

**AUSVERKAUF** *m* • vente *f* intégrale *ou* complète, vente-liquidation *f*, liquidation totale (du stock) • *(Schlussverkauf)* soldes *mpl.*

**AUSWAHL** *f* choix *m*, sélection *f*; échantillonnage *m*; **–prüfung** *f* concours *m*; **–verfahren** procédure *f* de sélection.

**AUSWÄRTIGES AMT** *n* ministère (allemand) des affaires étrangères.

**AUSWEIS** *m* • carte (nationale) d'identité, pièce d'identité; permis *m*, laissez-passer *m*, sauf-conduit *m* • preuve *f*, légitimation.

**AUSWEISEN** *v (Ausländer)* expulser; **sich –** justifier de son identité, décliner ses nom et qualités.

**AUSWEIS | FÄLSCHUNG** *f* falsification de carte d'identité; **–kontrolle** *f* contrôle d'identité, vérification *f* des papiers d'identité; **–missbrauch** *m* usage *m* de documents d'identité contrefaits, falsifiés *ou* altérés.

**AUSWEISPAPIERE** *npl* (= Legitimationspapiere) carte *f ou* pièce d'identité, pièce de légitimation; **gültige –** carte d'identité en règle.

**AUSWEISPFLICHT** *f* obligation de se faire établir une carte d'identité et de la présenter pour vérification à l'autorité administrative habilitée.

**AUSWEISUNG** *f* • *(Ausländer)* expulsion *f* • *(StR: Inländer)* bannissement *m.*

**AUSWIRKUNG** *f* impact (sur), effet *m*, conséquence *f*, résultat *m*, suite *f*, répercussion *f*; **finanzielle –** incidence *f* financière.

**AUS | ZAHLEN** *v* payer, verser, décaisser; **–zählen** *(Stimmen)* dépouiller (un scrutin).

**AUSZAHLUNG** *f* paiement *m*, versement *m*, décaissement *m*; **eigenhändige –** paiement fait de ses propres mains; **– zu eigenen Händen** paiement en mains propres.

**AUSZAHLUNGS | ANORDNUNG** *f*, **–anweisung** *f* • mandat de paiement • ordonnancement *m*, ordre de paiement; **–provision** *f* commission de paiement; **–stelle** *f* bureau *m* payeur.

**AUSZUBILDENDER** *m (ArbR: Azubi)* personne *f* en cours de formation professionnelle, apprenti *m.*

**AUSZUG** *m* • extrait *m*, abrégé *m*, résumé *m*, sommaire *m* • *(Rechnung)* relevé *m*; **– aus den Akten** extrait d'actes.

**AUTO | DIEBSTAHL** *m* • vol *m* de voiture • *(Sachen aus dem Auto)* vol à la roulotte; **–fahrer** *m* conducteur *m* d'un véhicule automobile; automobiliste *m.*

**AUTOFALLE** *f* • *(StR)* vol *m* commis sur un chemin public dans un véhicule motorisé par embûche *f ou* traquenard *m* • *(StVR)* contrôle radar banalisé.

**AUTO | FÜHRER** *m (Kfz-Führer)* automobiliste *m*, conducteur *m*; **–haftpflichtversicherung** *f* assurance RC-automobile; **–halter** *m* gardien du véhicule terrestre à moteur; **–händler** *m* concessionnaire (en automobiles); **–insassenunfallversicherung** *f* assurance individuelle des personnes transportées; **–kaskoversicherung** *f* assurance dommage au véhicule *ou* corps de véhicule; **–unfall** *m* accident *m* automobile.

**AUTOMATEN | AUFSTELLUNG** *f* installation et exploitation de billards électriques *ou* d'autres appareils de jeu *ou* de distributeurs automatiques; **–diebstahl** vol *m* dans un distributeur automatique; **–missbrauch** *m* soustraction frauduleuse par emploi de fausses pièces dans un appareil de jeu ou un distributeur automatique; **–verkauf** *m* vente *f* par distributeur automatique.

**AUTOR** *m (UrhR)* auteur *m*; écrivain *m*; homme *ou* femme de lettres.

**AUTOREN | ANTEIL** *m* redevance versée à l'auteur; **–exemplar** *n* spécimen *m*; **–honorar** *n* rémunération de l'auteur (d'une œuvre); **–rabatt** *m* réduction sur le prix (d'un ouvrage) accordée à l'auteur; **–recht** *n* droit exclusif d'exploitation d'une œuvre, copyright *m*.

**AUTO | UNFALLVERSICHERUNG** *f* assurance contre les accidents d'automobile; **–vermietung** louage *m* de véhicule(s); **–wrack** *n* épave *f*.

## B

**BAföG** *n (= Bundesausbildungsförderungsgesetz)* Loi fédérale portant sur les bourses d'études.

**BAGATELL | SCHADEN** *m* dommage mineur, petit sinistre; **–strafsache** *f* infraction minime (en matière de contravention).

**BAHN** *f* chemin *m* de fer; **–polizei** *f* police *f* ferroviaire; **–sendung** *f*, **–versand** *m* envoi *ou* expédition par voie ferrée; **–spedition** entreprise de ferroutage; **–übergang** *f* passage à niveau.

**BANCOMAT** *m* billetterie *f*, distributeur *m* automatique de billets de banque (= DAB).

**BANDE** *f (StR)* groupe *m* de malfaiteurs, bande *f* organisée; gang *m*, groupe de terroristes; **bewaffnete –** bande armée.

**BANDEN | DIEBSTAHL** *m (StR)* vol *m* en bande; **–kriminalität** *f* délinquance *f* par bande de malfaiteurs organisée; **–mitglied** *n* gangster *m*, membre d'un gang; **–raub** *m* acte *m* de brigandage; **–unwesen** *n* gangstérisme *m*, actes *mpl* de grand banditisme; **–werbung** *f* publicité par banderole.

**BANK** *f* • *(i.e.S.)* banque *f* (de dépôt) • *(i.w.S.: Kreditinstitut)* établissement *m* financier, institution *f* de crédit; **– für internationalen Zahlungsausgleich** (= BIZ) Banque des règlements internationaux; **internationale – für Wiederaufbau** Banque internationale pour la reconstruction.

**BANK | ADRESSE** *f* références bancaires, adresse bancaire; **–aufsichtsbehörde** *f* organisme *m* (allemand) de contrôle des banques; **–auskünfte** *pl* renseignements *mpl* bancaires; **–bedingungen** *pl* conditions générales de banque; **–bürgschaft** *f* cautionnement bancaire; **–darlehen** *n* prêt *m* bancaire.

**BANKEN | AUFSICHT** *f* contrôle (étatique) exercé sur les banques; **–konsortium** *n* consortium *ou* pool *m* bancaire; **–moratorium** *n* moratoire *m* bancaire.

**BANK | FACH** *n* coffre-fort *m*; compartiment *m* de coffre-fort; **–filiale** *f* agence *f*, succursale *f* bancaire; **–geheimnis** *n* secret *m* bancaire; **–geld** *n* monnaie scripturale; **–geschäft** *n* transaction *f* bancaire; **–gewerbe** les entreprises bancaires, les Banques; **–guthaben** *n* avoir *m* bancaire, fonds *mpl* déposés en banque.

**BANK | HAUS** *n*, **–institut** *n* banque *f*, établissement de crédit; **–kaufmann** *m* banquier *m*, employé bancaire diplômé; **–konditionen** *fpl* conditions générales (d'une banque); **–konto** *n* compte en banque; **–kosten** agios *mpl*; **–kredit** *m* crédit *m* bancaire; **–leitzahl** (= BLZ) numéro *m* de code bancaire.

**BANKNOTE** *f* billet *m* de banque; **gültige –** billet en cours; **kleine –** petite coupure.

**BANK | RAUB** *m* hold-up *m* contre une banque, braquage *m* d'une banque; **–räuber** auteur *m* d'un hold-up.

**BANKROTT** *m* banqueroute *f*, cessation *f* des paiements, faillite *f* personnelle; **betrügerischer –** faillite *ou* banqueroute frauduleuse; **versteckter –** banqueroute camouflée.

**BANK | SAFE** *m (Fach im Tresor einer Bank)* case *f* dans le coffre-fort d'une banque; **–satz** *m* taux *m* d'escompte appliqué par les banques (à leurs clients); **–schalter** guichet *m* (de banque); **–schließfach** *n* case dans le coffre-fort d'une banque; **–spesen** *pl* commission (perçue par la banque); **–tresor** *m* coffre-fort *m*.

**BANK | VERBINDUNG** *f* référence *f* bancaire; adresse *f* bancaire; **–verkehr** *m* transactions *fpl* bancaires; **–vertrag** *m (BankR: Geschäftsbesorgungsvertrag)* mandat *m* donné à une banque; **–wesen** *n* système *m* bancaire, «les Banques».

**BAR** *adj* **: in** *od.* **gegen – bezahlen** payer au comptant compté.

**BARGELD** *n* argent *m* liquide, numéraire *m*, espèces *fpl*, deniers *mpl* comptants, avoir *m* liquide; **–auszahlung** *f* paiement en espèces *ou* en numéraire; **–automat** *m* billetterie *f*; **–bestand** *m* encaisse *f*; **–durchfluss** *m* cash flow, liquidités; marge brute d'autofinancement.

**BARGELDLOS** *adj* par virement, sans numéraire; scriptural; **–er Zahlungsverkehr** transactions par virement *ou* sans argent liquide.

**BARSCHAFT** *f* espèces *fpl ou* argent liquide (dont qqn. dispose).

**BAR | ZAHLUNG** *f* paiement *m* en numéraire, versement *m* en numéraire, paiement comptant, paiement en espèces; **–zahlungsnachlass** *m*, **–zahlungsrabatt** *m* remise *f ou* escompte sur les paiements au comptant; **–zahlungspreis** *m* prix *m* (pour paiement) au comptant.

**BAU | ABNAHME** *f* • *(durch den Bauherren)* réception *f* de la construction • *(durch die Bauaufsichtsbehörde)* délivrance *f* du certificat de conformité; **–abrechnung** *f* mémoire *m*, état *m* des sommes dues à un entrepreneur; **–auflage** *f* servitude de construction; **–aufsicht** *f* • inspection *f ou* surveillance *f* des travaux de construction • *(Behörde)* office *m* chargé de la surveillance des travaux publics.

**BAU | BEHÖRDE** *f* administration compétente en matière de police administrative des constructions; **–beschränkung** *f* servitude (légale) établie pour les constructions; **–betreuer** *m (= Bauleiter, Baufirma)* maître *m* d' œuvre; promoteur *m* de construction; **–betreuungsvertrag** mandat *m* accordé en vue de la réalisation d'un ouvrage; contrat *m* de promotion immobilière; **–bewilligung** *f* permis de construire, autorisation de bâtir; **–denkmal** *n* monument *n* historique.

**BAUERLAUBNIS** *f* permis *m* de construire; **Gewährung** *f* **der –** délivrance *f* du permis de construire.

**BAU | FEHLER** *m* vice de construction; **–firma** constructeur *m* d'un ouvrage; entrepreneur *m* (en bâtiments); **–fluchtlinie** *f* alignement *m*; **–fortschrittsplan** *m* planning *m* d'avancement des travaux; **–führer** *m* maître d' œuvre délégué.

**BAU | GESELLSCHAFT** *f* société *f* immobilière; **–gesetzbuch** *n* (= BauGB) code (allemand) de la construction; **–gewährleistung** *f* garantie du maître d'œuvre; **–grund** *m*, **–grundstück** *n* terrain à bâtir.

**BAU | HERR** *m* maître *m* de l'ouvrage (qui passe commande pour le travail à effectuer), propriétaire *m* pour le compte duquel une construction est entreprise; **–herren-Modell** *n* modèle de maîtrise d'ouvrage en vue d'édifier des immeubles locatifs en mettant des fonds en commun.

**BAUKOSTEN** *pl* frais *mpl* de construction, coût *m* de la construction; **–voranschlag** *m* devis *m* (de construction) estimatif; **–zuschuss** *m* • aide *f* de l'État à la construction d'immeubles • apport *m* personnel (des locataires) aux frais de construction.

**BAULEITPLAN** *m* schéma *m* directeur d'aménagement et d'urbanisme; plan *m* d'occupation des sols.

**BAU | MANGEL** *m* vice *m* de construction; **–meister** *m* architecte *m* diplômé; **–nutzungsordnung** *f* législation relative à l'usage et à la destination des immeubles.

**BAU | ORDNUNG** *f* législation *f* sur les constructions; **–plan** *m* plan de construction; plan de masse; **–platz** *m* terrain à bâtir; chantier *m*; **–polizei** *f* police des constructions, police *f* des bâtiments; **–recht** *n* • droit de construire • droit relatif aux constructions.

**BAUSCHÄDEN** *mpl* malfaçon *f*, vices *mpl* de construction; défectuosités dans la réalisation des travaux, défauts de construction.

**BAUSPAR | DARLEHEN** *n* prêt *m* d'épargne-logement; **–kasse** *f* caisse d'épargne pour la construction, caisse d'épargne-logement; **–vertrag** *m* contrat d'épargne-logement.

**BAUTEN** *pl* édifices *mpl*, constructions *fpl*, bâtiments *mpl*.

**BAU | TRÄGER** *m* *(BauR: Baubetreuer)* promoteur-constructeur, maître d' uvre (chargé de coordonner les travaux de construction); **–trägervertrag** *m* contrat de promotion immobilière; **–unternehmer** *m* entrepreneur *m* (en bâtiments), constructeur *m* de l'ouvrage; **–werk** *n* édifice *m*, construction *f*; **–wich** *m* distance *f* pour les construction.

**BAYRISCHES OBERSTES LANDESGERICHT** (= BayObLG) Haute Cour bavaroise de justice (compétente en matière de cassation).

**BEACHTEN** *v* respecter (une règle); prendre en considération (un avis); tenir compte (d'un conseil).

**BEAMTE(R)** *m* fonctionnaire *m* (public), membre *m* de la fonction publique, agent de l'autorité publique.

**BEAMTENTUM** *n* fonction *f* publique; corps des fonctionnaires.

**BEAMTENVERHÄLTNIS** *n* statut *m* de fonctionnaire; **in das – berufen, in das – übernehmen** • nommer fonctionnaire, fonctionnariser • titulariser.

**BEANSPRUCHEN** *v* revendiquer, réclamer, demander, exiger.

**BEANSTANDEN** *v* • *(tadeln)* critiquer, s'opposer • *(Mängel anzeigen)* réclamer, faire valoir un vice (de la marchandise) • soulever une objection (contre).

**BEANSTANDUNG** *f* opposition *f*, réclamation *f*, remontrance *f*; **amtliche –** objection officielle; **berechtigte –** objection justifiée.

**BEANTRAGEN** *v* • *(PrzR, VwR)* demander (par écrit), solliciter • *(StPR: Staatsanwalt)* requérir.

**BEANTWORTUNG** *f* réponse *f*; réplique *f*; **–sfrist** *f* délai *m* de réponse.

**BEARBEITEN** *v* • *(Produkte)* travailler une matière première (sans en changer le caractère), façonner • *(Sachverhalt, Akten)* étudier, traiter, examiner, préparer (un dossier) • *(Schaden)* suivre, gérer, traiter • *(UrhbR)* adapter une œuvre.

**BEARBEITER** *m* • *(UrhR)* adaptateur *m*, auteur *m* d'une adaptation • *(HR: Sachbearbeiter)* agent *m* technico-commercial (responsable ou chargé d'une affaire).

**BEARBEITUNG** *f* • *(Material)* travail *m*, façon *f*, façonnage *m* • étude *f*, examen *m*, préparation *f* • *(Kunstwerk)* adaptation *f* • *(Erledigung)* exécution.

**BEAUFSICHTIGUNG** *f* • surveillance *f*, contrôle *m*, inspection • *(Kinder)* garde *f*; **mangelnde –** défaut de surveillance.

**BEAUFTRAGEN** *v* commettre, mandater, déléguer; **jemanden mit etwas –** charger qqn. de faire qqch.

**BEAUFTRAGTE(R)** *m* • *(ÖfR)* délégué *m* • *(ZR)* mandataire *m*, fondé *m* de pouvoir.

**BEDARF** *m* besoin *m*; les besoins *mpl* (en matières premières, etc.), demande.

**BEDARFS | GEFÄHRDUNG** *f* *(StR)* infraction consistant dans le fait de mettre en péril le ravitaillement en matières premières; **–güter** biens *mpl* de consommation courante.

**BEDENKZEIT** *f* temps *m ou* délai de réflexion.

**BEDEUTEN** *v* • signifier, vouloir dire • *(ankündigen)* annoncer • *(zu verstehen geben)* déclarer, faire comprendre qqch. à qqn.

**BEDEUTUNG** *f* • *(Sinn)* signification, sens *m*, acceptation (d'un mot) • *(Wichtigkeit)* importance *f*, portée *f*; **rechtliche –** signification juridique.

**BEDIENSTETE(R)** *m* • *(VwR)* préposé *m* • *(ArbR)* salarié *m*; **leitender –** agent *m* de direction, cadre (supérieur).

**BEDIENUNG** *f* • *(in Gaststätten)* service *m* • *(Maschinen)* maniement *m*, commande *f*, manœuvre *f* • personnel de service, domestique; **–sanleitung, –sanweisung** mode *m* d'emploi, instructions *fpl* de service, manuel *m* d'instruction; **–sfehler** erreur *f* de manipulation.

**BEDINGUNG** *f* • *(Voraussetzung)* condition *f* • *(Erfordernis)* exigence *f*, prétention *f* • *(Vertrag)* clause *f*, stipulation *f*, modalité *f* • *(Politik)* préalable *m*; **allgemeine –** condition générale; **auflösende –** condition résolutoire; **aufschiebende –** condition suspensive; **nicht erfüllte –** condition non remplie; **unerlässliche –** condition sine qua non; **unerlaubte –** condition illicite; **zwingend notwendige –** condition nécessaire, condition sine qua non.

**BEDROHEN** *v* menacer, intimider (par des menaces); **gewalttätig –** menacer en employant des voies de fait.

**BEDROHUNG** *f* menace *f*, intimidation; **– von Leib und Leben** menaces *fpl* de mort; **– der öffentlichen Ordnung** menace pour l'ordre public.

**BEDÜRFNIS** *n* • besoin *m* • nécessité *f*, exigence *f*; **dienstliches –** motif *m* de service.

**BEDÜRFTIGE(R)** *m* économiquement faible, indigent *m*.

**BEDÜRFTIGKEIT** *f* indigence *f*, insuffisance *f* des moyens d'existence *ou* des ressources.

**BEEIDEN** *v od.* **beeidigen** • déclarer sous la foi du serment, faire une déposition sous serment, jurer • faire prêter serment, assermenter.

**BEEIDIGUNG** *f* prestation de serment, serment *m*.

**BEEINTRÄCHTIGEN** *v* porter atteinte à, léser, désavantager.

**BEEINTRÄCHTIGUNG** *f* atteinte *f*; préjudice *m*, dommage *m*, tort *m*; **– der Erwerbsfähigkeit** incapacité de travail partielle; capacité professionnelle réduite.

**BEENDEN, BEENDIGEN** *v* • *(schließen)* terminer • *(vollenden)* achever • *(zu Ende führen)* finir; **eine Verhandlung –** clore une négociation, une séance.

**BEERBEN** *v* hériter (de qqn.), succéder à qqn.; recueillir par succession.

**BEERDIGUNGS | ANSTALT** *f*, **–institut** *n* entreprise *f* de pompes funèbres; **–kosten** *pl* frais *mpl* funéraires.

**BEFÄHIGEN** *v* conférer à qqn. la capacité; habiliter qqn. (à passer un acte).

**BEFÄHIGUNG** *f* • *(SchuldR)* capacité *f* • *(ArbR: Eignung)* aptitude *f*, qualification *f* • *(Sachverstand)* compétence *f*; **berufliche –, fachliche –** qualification *ou* compétence *f* professionnelle.

**BEFANGENHEIT** *f* • *(PrzR: Richter, Zeuge)* partialité *f* • *(Vorein-*

*genommenheit)* prévention *f*, parti pris *m*, opinion préconçue; **wegen – ablehnen** récuser pour cause de suspicion légitime.

**BEFASSEN** *v (PrzR)* saisir (un tribunal); **sich – mit etwas** examiner (un dossier).

**BEFEHL** *m* ordre *m*; commandement *m*, injonction *f*, sommation *f*; instruction *f*; **einen – verweigern** refuser d'obtempérer.

**BEFOLGEN** *v* respecter, observer (à la lettre).

**BEFÖRDERUNG** *f* • *(Beamte)* avancement *m* de grade, promotion *f* • *(Ware)* transport *m*, acheminement *m*.

**BEFRACHTER** *m* affréteur *m*; chargeur *m*, expéditeur *m*.

**BEFRACHTUNG** *f* • affrètement *m*; chargement • *(Fracht)* charge *f*, fret *m*.

**BEFRAGEN** *v* interroger *ou* questionner qqn. sur qqch.; demander qqch. à qqn.

**BEFREIEN** *v* • mettre en liberté, élargir (un détenu); libérer, délivrer • *(Gebühren)* exempter qqn. de qqch., dispenser; exonérer de.

**BEFREIUNG** *f* • *(Rettung)* libération *f*, dégagement (d'un blessé) • *(Gefangene)* délivrance *f*, mise en liberté (d'un détenu), élargissement *m* • *(Entlastung)* exemption *f*, exonération *f*; immunité *f*; **– vom Alterserfordernis** dispense d'âge.

**BEFRIEDIGEN** *v* satisfaire (son créancier), désintéresser; payer, régler (sa dette); **einen Anspruch –** s'exécuter, payer.

**BEFRIEDIGUNG** *f (SchuldR)* paiement *m*, acquittement *m* (d'une dette); exécution *f* (d'une obligation); satisfaction *f* (du créancier); **abgesonderte –** *(InsolvenzR)* droit pour un créancier de recouvrer individuellement sa créance (dans le cadre de la liquidation judiciaire); distraction *f*; **volle –** dédommagement *m* intégral.

**BEFRISTEN** *v* fixer un délai, limiter dans le temps.

**BEFUGNIS 1.** *f* autorisation *f*, droit *m*, compétence *f*, pouvoir *m*, attribution *f*; **– zur Enteignung** pouvoir d'expropriation.

**BEFUGNISSE 2.** *fpl* : **seine – überschreiten** outrepasser ses pouvoirs, excéder ses pouvoirs, transgresser ses pouvoirs; **– übertragen** déléguer les pouvoirs; se dessaisir (d'une affaire).

**BEFUND** *m* constat *m*, fait *m* constaté; **amtlicher –** constat officiel.

**BEFÜRWORTEN** *v* recommander, conseiller, préconiser; **einen Antrag –** soutenir *ou* appuyer une demande.

**BEGEBEN** *v* émettre, lancer (un emprunt); **sich an Ort und Stelle –** se transporter sur les lieux.

**BEGEHEN** *v (Straftat)* commettre, perpétrer, exécuter (un acte criminel).

**BEGEHR** *n*, **Begehren** *n* demande *f*, requête *f*; souhait *m*; désir *m* intense.

**BEGEHUNG** *f* • *(Verübung einer Straftat)* commission, le fait de commettre (une infraction) • inspection des lieux; **– eines Verbrechens** perpétration d'un crime.

**BEGEHUNGS | DELIKT** *n* délit *m* de commission; **–ort** *m* lieu *m* de perpétration (du crime).

**BEGINN** *m* commencement *m*, début *m*, départ *m*; **– der Ausführung** commencement d'exécution; **– der Verjährung** point *m* de départ de la prescription.

**BEGLAUBIGEN** *v* • *(Urkunde)* authentifier, conférer l'authenticité (à un acte); certifier conforme à l'original, vidimer • *(Unterschrift)* légaliser, attester la véracité d'une signature.

**BEGLAUBIGUNG** *f* • *(Unterschrift)* légalisation *f*, certification de signature • *(Urkunde)* authentification (d'un acte); certification *f* (d'un document); **gerichtliche –** homologation (par le tribunal); authentification judiciaire; **nota-**

**rielle –** • *(Urkunden)* attestation *f* *ou* authentification notariée, certification de l'authenticité (par le notaire) • *(Unterschriften)* légalisation de la signature (par le notaire); **öffentliche –** authentification.

**BEGLEICHEN** *v* acquitter (une dette), régler, payer.

**BEGNADIGEN** *v* gracier, faire grâce à (un condamné).

**BEGNADIGUNG** *f* grâce *f*; mesure *f* de clémence.

**BEGRÄBNIS** *n* (= *Beerdigung)* enterrement *m*, sépulture *f*; **–kosten** *pl* frais d'inhumation *ou* d'obsèques; **–stätte** *f* cimetière *m*, lieu *m* consacré aux inhumations; caveau *m* (de famille).

**BEGRENZUNG** *f* (dé)limitation *f*, bornage *m*; **gesetzliche –** limitation légale; **zeitliche –** limitation dans le temps.

**BEGRIFF** *m* notion *f*, concept *m*, critère *m*; **allgemeine –e des Rechts** principes généraux du droit; **juristischer –** notion juridique; **gesetzlicher –** concept légal.

**BEGRÜNDEN** *v* • *(Urteil)* motiver, indiquer les motifs • *(Anspruch)* fonder, établir, constituer, justifier.

**BEGRÜNDETHEIT** *f* • *(Urteil)* conformité *f* au droit • *(Recht)* légitimité *f*, bien-fondé *m*, fondement *m*; **– eines Anspruchs** bien-fondé *m* d'une prétention.

**BEGRÜNDUNG** *f* • *(Rechtsverhältnis)* création *f*, formation *f*, constitution *f*, institution *f*, fondation *f* • *(Urteil)* motifs *mpl*, attendus *mpl* • *(Gründe)* exposé *m* des motifs, arguments *mpl*, argumentation *f* • *(Beweise)* preuves *fpl*; **fehlende –, mangelnde –** absence *f* de motifs.

**BEGÜNSTIGTE(R)** *m* bénéficiaire *m*.

**BEGÜNSTIGUNG** *f* • *(Bevorzugung)* traitement *m* préférentiel, faveur *f*, favoritisme *m* • *(Beistand)* aide *f*, assistance *f*; **persönliche –** *(StR)* recel *m* de malfaiteur; **sachliche –** *(StR)* recel de chose; **– im Amt** prévarication.

**BEGUTACHTEN** *v* donner son avis, faire une expertise.

**BEGUTACHTUNG** *f* expertise *f*, avis *m* (d'expert); consultation *f*.

**BEHANDLUNG** *f* • *(das Behandeln)* traitement *m*; régime *m* (juridique) • *(ärztliche Betreung)* soins *mpl* (médicaux), traitement médical • *(das Bearbeiten)* transformation; travail; manipulation; **bevorzugte –** traitement préférentiel *ou* de faveur; **diskriminierende –** pratiques *fpl* discriminatoires.

**BEHANDLUNGS | FEHLER** *m* (des Arztes) faute *f* du médecin lors d'un acte médical, imprudences et négligences au cours du traitement; **–pflicht** *f* • obligation de soigner (une personne) • obligation de se faire traiter (en cas d'une maladie vénérienne); **–vertrag** *m* contrat *m* de soins (médicaux).

**BEHAUPTEN** *v* • *(vorgeben, versichern)* affirmer, alléguer, prétendre • *(aufrechterhalten)* soutenir, défendre.

**BEHAUPTUNG** *f* affirmation *f*, allégation *f*, assertion *f*, argument *m*, prétention *f*; **beleidigende –** imputation *f* diffamatoire; **unwahre –** allégation mensongère.

**BEHEBEN** *v* **: den Fehler –** corriger une erreur; **einen Missstand –** pallier à un inconvénient; **einen Schaden –** réparer un dommage.

**BEHERBERGUNGS | BETRIEB** *m* exploitation *f* d'hôtelier-logeur; **–betrug** *m* filouterie *f* de logement; **–gewerbe** *n* industrie hôtelière, hôtellerie *f*; **–vertrag** *m* contrat d'hôtellerie.

**BEHERRSCHUNG** *f* **: die – des Fahrzeugs verlieren** perdre la maîtrise de son véhicule.

**BEHINDERN** *v* gêner, entraver; **behindert sein** avoir un handicap, être infirme.

**BEHINDERTE(R)** *m* • *(körperlich)* infirme *m*, handicapé *m* physique, personne à mobilité réduite • *(geistig)* handicapé mental.

**BEHINDERUNG** *f* • *(Gebrechen)* déficience *f* des capacités physiques *ou* mentales • *(Hemmnis)* empêchement *m*, gêne *f*, entrave *f*; **körperliche und geistige –** handicap physique et mental; **– im Straßenverkehr** gêne *f* à la circulation.

**BEHÖRDE 1.** *f* administration *f*, service *m*, office *m*, **ersuchende –** administration *f ou* autorité *f* requérante; **ersuchte –** administration *ou* autorité requise; **vorgesetzte –** autorité de tutelle; **zuständige –** autorité *f* compétente.

**BEHÖRDEN 2.** *pl* les pouvoirs publics, l'Administration; **–apparat** *m* appareil *m* administratif; **–aufbau** *m* organisation *f* administrative, structure *f* administrative; **–weg** *m* (suivre la) voie hiérarchique.

**BEIBRINGEN** *v* • *(Unterlagen, Beweise)* fournir, présenter • *(Zeugen)* produire • *(Gründe)* alléguer • *(Arznei, Gift)* administrer.

**BEIDERSEITIG** *adj* **: im –en Einverständnis** d'un commun accord.

**BEIFÜGEN** *v* annexer, joindre; ajouter.

**BEIHILFE** *f* • *(StR)* complicité *f* par aide *ou* assistance • *(WirtR)* subside *f*, subvention *f*, allocation *f* • *(BeamR, SozR)* assistance *f*, secours *m*, aide *f*.

**BEILAGE** *f* annexe *f*, pièce jointe.

**BEILEGEN** *v* • *(beifügen)* joindre, annexer • *(Streit)* régler, résoudre, vider (une affaire); **gütlich –** régler à l'amiable.

**BEILEGUNG** *f* *(Schlichtung)* règlement à l'amiable, arrangement, accommodement; **gütliche –** amiable composition, règlement à l'amiable; **– von Streitigkeiten** règlement (pacifique) de différends.

**BEIRAT** *m* commission consultative; **juristischer –** conseil juridique.

**BEISCHLAF** *m* relations *fpl* sexuelles, coït *m*; **–diebstahl** *m* entôlage *m*; **–erzwingung** *f* agression sexuelle avec acte de pénétration, viol *m*.

**BEISITZER** *m* assesseur *m*; conseiller; **– im Schiedsgericht** *n* arbitre *m* assesseur.

**BEISTAND** *m* • *(Hilfe)* assistance *f*, secours *m*, aide *f* • *(Berater)* conseil *m*, conseiller *m*, consultant *m* • *(Rechtsbei-stand)* assistance *f* judiciaire, défense *f*; défenseur *m*; avocat *m*; **gerichtlicher –** conseil judiciaire; **– leisten** assister, aider, seconder; prêter main forte.

**BEITRAG 1.** *m* • *(Geld)* cotisation *f*, contribution *f*, apport *m*, quote-part *f* • *(Zeitung)* article *m* • *(VersR: Prämie)* prime *f*; **rückständiger –** arriéré *m* de cotisation, cotisation arriérée; **verlorener –** contribution à fonds perdu.

**BEITRÄGE 2.** *mpl* contributions *fpl*, taxe *f*; **öffentliche –** contributions spéciales pour prestations particulières des services publics; **– zur Sozialversicherung** cotisations *fpl* à la sécurité sociale.

**BEITRAGEN** *v* participer; cotiser; **zu den Kosten – contribuer aux frais.**

**BEITRAGS | PFLICHT** *f* *(SozVers)* obligation de cotiser, cotisation obligatoire; **–rückstand** *m* arrérages *mpl* de cotisation; **–zahlung** *f* versement *m* des cotisations; paiement des primes; **–zeiten** *fpl* *(SozVers)* périodes *fpl* cotisées.

**BEITREIBUNG** *f* *(Geldforderungen, Steuern)* recouvrement *m* (d'une dette, de l'impôt); **– von Kosten** recouvrement des frais exposés (par la contrainte).

**BEITRETEN** *v* adhérer à; entrer (dans un syndicat, une société).

**BEITRITT** *m* adhésion *f*, inscription *f*; **Antrag auf –** demande d'adhésion.

**BEKANNT** *adj* connu, manifeste, évident; renommé, réputé; notoire; **allgemein –** de notoriété publique; **–e Tatsache** fait *m* patent *ou* notoire.

**BEKANNTGABE** *f* publication *f*, communication *f*, annonce *f*, avis *m*.

**BEKANNTMACHUNG** *f* communication *f*, avis *m* (à la population); publication *f*; **amtliche –** communication officielle; annonce légale; **gerichtliche –en** annonces *fpl* judiciaires.

**BEKENNTNIS | FREIHEIT** *f* liberté *f* religieuse *ou* philosophique; **–schule** *f* école *f* confessionnelle.

**BEKLAGEN** *v* • *(betrauern)* plaindre qqn., déplorer qqch. • *(pronominal: sich über jmdn. beschweren)* se plaindre de qqn., de qqch., exprimer son mécontentement, • *(ZPR: jmdn. verklagen)* citer qqn. à comparaître en justice, assigner.

**BEKLAGTE(R)** *m* défendeur *m*, partie défenderesse; **– in der Berufungsinstanz** intimé *m*, défendeur en appel.

**BEKLEIDEN** *v* **: ein öffentliches Amt –** occuper une fonction publique, exercer une charge publique.

**BEKRÄFTIGEN** *v* corroborer, confirmer et renforcer (solennellement).

**BEKRÄFTIGUNG** *f* affirmation solennelle; **–sformel** *f* formule (religieuse) de prestation de serment.

**BELANGE** *pl* intérêts *mpl*; affaires *fpl*; **dienstliche –, öffentliche –** motif *m* de service, raisons *fpl* de service.

**BELANGEN** *v* demander des comptes (à qqn.); **gerichtlich –** traduire qqn. en justice, engager des poursuites (contre qqn.).

**BELASTEN** *v* • *(Konto)* débiter • *(Grundstück)* grever • *(StPR)* accuser, incriminer, inculper; charger qqn, apporter des preuves (de la culpabilité).

**BELÄSTIGEN** *v* incommoder; molester; importuner; **sexuell –** harceler (une femme).

**BELÄSTIGUNG** *f* molestation *f*, vexation *f*, tracasserie *f*, chicane *f*; **– von Frauen** harcèlement *m* sexuel; **– im Straßenverkehr** gêne *f* de la circulation.

**BELASTUNG** *f* • *(ZR)* charge *f* • *(StR)* accusation *f* • *(UmweltR)* nuisance *f*; **dingliche –** charge réelle.

**BELEG** *m* pièce *f* justificative; quittance *f*; preuve écrite; source *f* (d'un document).

**BELEGEN** *v* • *(nachweisen)* justifier, prouver • *(sichern)* réserver, retenir • *(belasten)* grever de; **mit Strafe –** infliger une peine à qqn.

**BELEGSCHAFT** *f* personnel *m* (d'une entreprise), l'effectif *m*.

**BELEHRUNG** *f* instruction *f*, information; renseignement *m*; avis *m*, leçon *f*; **– über die Rechte** information sur les droits (dont dispose une personne).

**BE | LEIDIGEN** *v* offenser, insulter, injurier; **–leidigend** *adj* offensant, injurieux; choquant; **–leidiger** *m* offenseur *m*, insulteur; **–leidigte(r)** *m* offensé *m*, personne *f* outragée.

**BELEIDIGUNG** *f* *(StR)* injure *f*, expression outrageante, outrage *m*; **– durch Beschimpfung** invective *f*, injure par termes de mépris; **– eines Polizeibeamten** outrage à agent.

**BELEIHUNG** *f* prêt *m* sur gage.

**BELOHNUNG** *f* récompense *f*; **eine – aussetzen** promettre une récompense.

**BEMESSUNGS | GRENZE** *f* *(SozVers)* plafond *m* (de salaire servant au calcul de la cotisation); **–grundlage** *f* • base *f* de calcul, base d'évaluation • *(SteuerR)* assiette *f*.

**BENACHRICHTIGEN** *v* aviser, informer, avertir; **jmdn. schriftlich –** informer qqn. par écrit.

**BENACHRICHTIGUNG** *f* avis *m*, information *f*; **–sschreiben** *n* lettre d'avis; **–sverfahren** *n* procédure de notification.

**BENACHTEILIGEN** *v* léser qqn., porter préjudice à qqn., désavantager.

**BENACHTEILIGUNG** *f* désavantage *n*, traitement inégalitaire; tort *m*; **unangemessene –** désavantage injustifié.

**BENENNUNG** *f* • *(Name, Bezeichnung)* dénomination *f*, appellation • *(das Nahmhaftmachen)* le fait de nommer qqn. *ou* de désigner qqn.; **handelsübliche –** dénomination *f* commerciale; **– von Zeugen** constitution de témoins; **– eines Zustellungsbevollmächtigten** élection de domicile.

**BENUTZUNG** *f* utilisation *f*, usage *m*, emploi *m*, maniement *m*; **ausschließliche –** utilisation exclusive; **mißbräuchliche –** usage *m* abusif, abus *m* de jouissance.

**BERATEN** *v* • *(v. tr.)* conseiller qqn., diriger, guider, aviser • *(v. intr.)* délibérer de *ou* sur qqch.; **sich –** délibérer.

**BERATER** *m* conseiller *m*, conseil *m*, expert *m* conseil, consultant *m*, audit *m*; **juristischer –** conseil juridique; **technischer –** conseiller technique, ingénieur *m* conseil.

**BERATUNG** *f* • *(Person)* conseil *m* • *(Versammlung)* délibération *f*, discussion *f*, lecture *f* • *(Gericht)* délibéré *m* • *(Jurist, Arzt)* consultation *f*; **in die – eintreten** *(PrzR)* mettre en délibéré.

**BERAUBEN** *v* dévaliser, dépouiller, voler; **jmdn. der Freiheit –** priver qqn. de sa liberté.

**BERECHNEN** *v* • *(ausrechnen)* calculer, compter • *(schätzen)* évaluer, estimer • *(in Rechnung stellen)* débiter, facturer, porter au débit • *(fordern)* exiger, percevoir, prélever, demander.

**BERECHNUNG** *f* calcul *m*; facturation *f*; **– der Fristen** computation des délais; **– der Gebühren** liquidation *f* des droits.

**BERECHTIGEN** *v* habiliter, autoriser qqn. à, conférer le droit à qqn. de faire qch.

**BERECHTIGTE(R)** *m* • *(ZR)* ayant droit, titulaire *m* d'un droit, ayant cause • *(SozVers)* bénéficiaire *m*.

**BERECHTIGUNG** *f* • *(Befugnis)* droit *m*, capacité *f* • *(Ermächtigung durch Dritte)* autorisation *f*, pouvoir *m*, qualité *f* • *(Rechtsgrund)* titre *m* • *(ZPR: Begründetheit des Anspruchs)* bien-fondé *m* • *(Vorrecht)* privilège *m*; **ohne –** sans titre, sans aucun droit.

**BEREICH** *m* • *(Geltungsbezirk)* ressort *m*, secteur *m*, district *m*, région *f* • *(Feld)* domaine *m*, matière *f*, spécialité *f*; **Einfluss–** sphère *f* d'influence.

**BEREICHERUNG** *f* enrichissement *m*; **sittenwidrige –** lucre *m*, profit illicite; **ungerechtfertigte –** *(SchuldR)* enrichissement injuste ou sans droit; **unrechtmäßige –** enrichissement sans cause.

**BERICHT** *m* rapport *m*, compte-rendu *m*; exposé *m*; communiqué *m*; relation *f*; **ausführlicher –** rapport circonstancié; **vertraulicher –** rapport *m* confidentiel.

**BERICHTEN** *v* relater, faire un rapport, exposer, rendre compte de.

**BERICHTERSTATTER** *m* • *(PrzR)* rapporteur *m*, juge *m* rapporteur • *(Zeitung)* correspondant *m*.

**BERICHTERSTATTUNG** *f* • rapport *m*, relation *f*, compte-rendu *m* • *(Zeitung)* reportage *m*; **Freiheit der –** *(Presse)* liberté d'information.

**BERICHTIGUNG** *f* rectification *f*, correction *f*; rectificatif *m*; **– falscher Angaben** *(StPR)* rectification d'une fausse déposition; **– des Grundbuchs** rectification du livre foncier.

**BERICHTS|JAHR** *n* exercice *m* (considéré); année *f* de référence *ou* sous revue; **–zeitraum** *m* période *f* sous référence.

**BERÜCKSICHTIGUNG** *f* le fait de tenir compte de qqch.

**BERUF** *m* • *(ArbR)* profession *f*, métier *m* • *(VwR)* fonction *f*, mission, état *m*.

**BERUFEN** *v* • *(BeamR: in ein Amt einsetzen)* nommer (à un poste) • *(PrzR: Aut – Berufung einlegen)* interjeter appel; **sich – auf** se prévaloir de, invoquer.

**BERUFSAUSBILDUNG** *f* formation professionnelle; **–svertrag** *m* contrat de formation professionnelle, contrat *m* d'apprentissage.

**BERUFSAUSSICHTEN** *fpl* perspectives d'avenir (professionnel).

**BERUFSAUSÜBUNG** *f* exercice *m* d'une profession; **Recht der –** droit relatif à l'exercice d'une profession; **unbefugte –** exercice illégal d'une profession.

**BERUFS | BERATER** *m* conseiller *m* en matière d'orientation professionnelle; **–beratung** *f* orientation *f* (scolaire et) professionnelle; **–bild** *n* profil *m* professionnel.

**BERUFSGEHEIMNIS** *n* secret *m* professionnel; *(Pflicht)* obligation de discrétion *ou* de réserve.

**BERUFS | RICHTER** *m* juge de carrière, magistrat de carrière; **–schule** *f* établissement *m* d'enseignement technique; centre *m* de formation professionnelle; **–soldat** *m* militaire *m* de carrière.

**BERUFS | STAND** *m* • profession *f* • *(Anwälte usw.)* ordre *m* professionnel; **–tätigkeit** *f* activité *f* professionnelle.

**BERUFS | VERBAND** *m* association *ou* organisation professionnelle, organisme *m* syndical, union *ou* fédération professionnelle; **–verbot** *n* • *(HR)* interdiction d'exercer une profession • *(StaatsR)* interdiction professionnelle (pour opinions politiques indésirables).

**BERUFUNG** *f* • *(PrzR: Rechtsmittel)* appel *m*, voie *f* d'appel, pourvoi *m* en appel; recours *m* • *(BeamR: Ernennung)* nomination *f*, promotion *f* • *(Einberufung)* convocation (d'une assemblée); **– einlegen** faire appel, interjeter appel, se pourvoir en appel, appeler d'un jugement; **die – zurückweisen** juger l'appel irrecevable *ou* infondé.

**BERUFUNGS | EINLEGUNG** *f* pourvoi *m* en appel; **–führer** *m* appelant *m*, demandeur en appel; **–gegner** *m* défendeur en appel, intimé, partie intimée; **–gericht** *n* cour d'appel; **–kläger** *m* appelant *m*, partie *f* appelante, demandeur en appel.

**BESCHÄDIGUNG** *f* • *(das Beschädigen)* endommagement *m*, détérioration *f*, dégradation • *(der Schaden)* dommage *m*, dégât *m* matériel; avarie *f*; perte *f*; **– von Siegeln** bris *m* de scellés.

**BESCHAFFEN** *v* trouver, procurer; **Kapital –** réunir des fonds.

**BESCHAFFENHEIT** *f* • *(Zustand)* état *m*, constitution, structure *f* • *(Eigenschaft)* qualité *f*, attribut *m*; **wesentliche –** qualité *f* substantielle, substance *f* même (de la chose).

**BESCHAFFUNG** *f* • acquisition *f* • fourniture *f*, approvisionnement *m*; **–skosten** *pl* prix *m* d'achat, frais *mpl* d'acquisition.

**BESCHÄFTIGUNG** *f* emploi *m*, travail *m*, occupation *f*; **geringfügige –** emploi *m* de proximité (avec un nombre d'heures peu élevé et une rémunération minimale); **nebenberufliche –** activité professionnelle d'appoint.

**BESCHEID** *m* • *(Mitteilung)* avis *m*, communication *f* • *(VwR: Auskunft)* renseignement *m*, information *f*, réponse *f* • *(VwR: Anweisung)* directive *f*; ordre *m*, injonction *f*; notification *f* • *(PrzR: Entscheidung)* sentence *f*; verdict *m*; décision administrative; **abschlägiger –** refus *m*.

**BESCHEINIGEN** *v (schriftlich bestätigen)* certifier, attester (par écrit).

**BESCHEINIGUNG** *f* certification *f*, certificat *m*, attestation *f*; **notarielle –** attestation notariée.

**BESCHENKTE(R)** *m* donataire *m*; bénéficiaire *m* de la donation.

**BESCHLAGNAHME** *f* • *(ÖfR, StR)* confiscation *f*; réquisition *f* • *(ZwangsVR)* saisie *f*; **gerichtliche –** saisie judiciaire; **die – aufheben** lever la saisie.

**BESCHLIEẞEN** *v* • *(beenden)* terminer, achever, conclure, mettre fin à, • *(entscheiden)* décider, convenir de, se déterminer à, • *(bestimmen)* décréter, statuer, arrêter • *(abstimmen)* délibérer, voter.

**BESCHLUSS** *m* • *(ZPR: Gericht)* ordonnance *f*, décision (judiciaire) • *(ÖfR: gesetzgebende Versammlung)* délibération *f*, vote *m* • *(ÖfR: Exekutive)* arrêté *m* • *(Ende, Abschluss)* conclusion *f*, dénouement *m*, fin *f*; **prozessleitender –** *(ZPR)* jugement avant dire droit.

**BESCHLUSS | FÄHIGKEIT** *f* quorum *m*; **–fassung** *f* délibération *f*; vote *m*; **–verfahren** *n* procédure judiciaire spéciale (en matière de cartels, de contentieux du travail, etc.).

**BESCHRÄNKEN** *v* limiter, restreindre.

**BESCHRÄNKUNG** *f* limitation *f*, restriction *f*; **– des Anspruchsumfangs** limitation de la portée de la revendication.

**BESCHREIBEN** *v* • *(schildern)* décrire, exposer, raconter • *(schreiben)* noter; **ausführlich –** détailler, (faire un rapport) circonstancié.

**BESCHREITEN** *v* **: den Rechtsweg –** intenter une action en justice.

**BESCHULDIGEN** *v* inculper, mettre en cause, mettre sous le coup d'une inculpation; **jmdn. –** charger qqn., accuser qqn.

**BESCHULDIGTE(R)** *m* *(StPR: Person, gegen die ein Strafverfahren betrieben wird)* personne mise en examen, prévenu *m* contre lequel une procédure pénale est ouverte (même au stade de l'enquête de police).

**BESCHULDIGUNG** *f* mise *f* en examen; inculpation *f*, accusation *f*, imputation *f*; **falsche –** dénonciation calomnieuse.

**BESCHWER** *f* • *(ZPR)* grief *m*, préjudice *m* donnant intérêt à agir • sujet *ou* motif de plainte.

**BESCHWERDE** *f* • *(ZPR)* recours *m* ouvert contre une décision gracieuse, recours *m ou* appel en matière gracieuse; exception; contredit • *(VwPR: Verwaltungsbeschwerde)* recours administratif • *(BW)* réclamation *f*, plainte *f*; **– im Aufsichtswege** recours hiérarchique.

**BESCHWÖREN** *v* • *(eidlich bekräftigen)* affirmer par serment *ou* sous la foi du serment • *(dringend bitten)* supplier.

**BESETZUNG** *f* *(Gericht)* composition, organisation.

**BESICHTIGUNG** *f* visite *f*, vue *f*; examen *m*; inspection *f*; **– des Tatorts** transport *m ou* descente *f* sur les lieux.

**BESIEGELN** *v* sceller, apposer son sceau; confirmer.

**BESITZ** *m* • *(SachR: Eigenbesitz – § 872 BGB)* possession *f* (d'une chose par soi-même), possession à titre de propriétaire • *(SachR: Fremdbesitz)* possession *f* d'une chose pour autrui; **fehlerhafter –** possession entaché d'un vice; **mittelbarer –** possession par l'intermédiaire d'autrui, possession pour autrui; **ungestörter –** possession paisible.

**BESITZ | DIENER** *m* détenteur *m* précaire; **–einweisung** *f* envoi en possession.

**BESITZER** *m* • *(Eigenbesitzer)* possesseur *m* (à titre de propriétaire) • *(Fremdbesitzer)* possesseur *m* pour autrui • *(AllgSpr)* propriétaire *m* • *(Wertpapiere)* porteur *m*; **bösgläubiger –** possesseur de mauvaise foi; **eigenmächtiger –** occupant sans titre; **gutgläubiger –** possesseur de bonne foi.

**BESITZ | KEHR** *f* réintégration dans la possession (après une voie de fait); **–klage** *f* action *f* possessoire; **–mittler** détenteur précaire; **–mittlungsverhältnis** *n* détention subordonnée; **–nachfolger** *m* possesseur *m* subséquent; **–nachweis** *m* preuve *f* de la possession; **–schutz** protection de la possession paisible, protection possessoire; **–störung** *f* trouble de la possession.

**BESOLDUNG** *f* rétribution *f*, appointement *m*, traitement *m*.

**BESTAND** *m* • *(Dauer, Fortdauer)* durée *f*, persistance *f*, permanence *f*, continuité *f*, stabilité *f* • *(HR)* stock *m*; réserve *f* • *(Buchf)* encaisse *f*, avoir *m*; solde *m* • *(BankR, GesR)* portefeuille *m*, affaires *fpl* en portefeuille.

**BESTANDS | AUFNAHME** *f* • inventaire *m*, inventorisation *f*, vérification des stocks • état des lieux; **–bewertung** *f* évaluation des stocks; **–kraft** *f (VwR)* autorité *f* de l'acte administratif (après l'épuisement des voies de recours); **–sicherung** *f* • *(GesR: Unternehmen)* mesures *fpl* tendant à faciliter le redressement économique et financier d'une entreprise • *(BW)* gestion des stocks.

**BESTANDTEIL** *m (SachR: unselbständige Sache)* partie *f* constituante, composante *f*, partie intégrante; **wesentlicher –** *(SachR: § 93 BGB)* incorporation *f*, élément incorporé (à un immeuble ou meuble et ne pouvant plus, sans destruction, en être détaché), adjonction (à une partie principale); bien affecté à un immeuble à perpétuelle demeure, immeuble *m* par destination.

**BESTÄTIGEN** *v* • *(amtlich für richtig erklären)* attester, certifier, homologuer • *(Auftrag)* confirmer, accuser réception • *(Entscheidung)* approuver, entériner • *(zugeben)* reconnaître; **eidlich –** affirmer par serment; **die Gültigkeit –** valider.

**BESTÄTIGUNG** *f* • certificat *m*, certification *f*, attestation *f*, homologation *f*, confirmation *f*, approbation *f*, entérinement *m* • reçu *m*, quittance *f*, récépissé *m*; **gerichtliche –** homologation judiciaire; **schriftliche –** confirmation écrite.

**BESTECHEN** *v* corrompre, soudoyer; **einen Zeugen –** suborner un témoin.

**BESTECHLICH** *adj* vénal, corruptible, soudoyable.

**BESTECHUNG** *f* • *(StR)* corruption *f* (active) de fonctionnaire, trafic *m* de fonction • *(Zeuge)* subornation (de témoin); **aktive –** corruption active; **passive –** corruption passive, trafic *m* d'influence; **–sgelder** *npl* pot-de-vin *m*, dessous *m* de table, gratification *f* cachée et illicite.

**BESTELLEN** *v* • *(Ware)* commander, passer une commande • *(Person)* nommer, désigner • *(Anwalt)* constituer.

**BESTELLER** *m* • constituant *m* (d'un droit) • celui qui passe une commande, client *m*; **– des Nießbrauchs** constituant de l'usufruit.

**BESTELLUNG** *f* • *(HR: Auftragserteilung)* commande *f*, ordre *m*, demande *f* • *(BeamR: Ernennung)* désignation *f*, nomination *f* • *(PrzR: Anwalt)* constitution (d'avocat) • *(SachR)* constitution (d'un droit réel); **– eines Bevollmächtigten** constitution d'un mandataire.

**BESTELLVERTRAG** *(VerlR)* contrat *m* de louage d'ouvrage portant sur une œuvre littéraire (commandée par un entrepreneur de spectacles *ou* éditeur).

**BESTEUERN** *v* imposer, frapper d'une imposition, taxer.

**BESTEUERUNG** *f* imposition, taxation; **–sfähig** *adj* imposable.

**BESTIMMEN** *v* • *(festsetzen)* fixer, arrêter, ordonner, déterminer • *(näher erklären)* définir, préciser • *(vertraglich vereinbaren)* régler, disposer, stipuler • *(beeinflussen)* influencer, agir (sur).

**BESTIMMUNG** *f* • *(Festsetzen)* fixation *f*, détermination *f* • *(SchuldR: vertraglich)* stipulation *f*, clause *f* • *(ÖfR: gesetzlich)* disposition *f*, norme *f*, prescription *f* • *(Ziel, Zweck)* destination *f*, affectation *f* • *(nähere Erklärung)* définition.

**BESTRAFEN** *v* punir, pénaliser, frapper d'une peine, sanctionner par une peine, châtier.

**BESTRAFUNG** *f* punition *f*, pénalité *f*, pénalisation *f*, châtiment *m*, peine *f*, sanction *f*; **disziplinarische –** peine *ou* sanction disciplinaire, punition disciplinaire.

**BESTREITEN** *v* contester, nier, contredire, discuter; **die Kosten –** subvenir aux frais (engagés).

**BESTREITEN** *n* • *(PrzR)* contestation, dénégation • *(Ausgaben)* paiement *m*; **– der Echtheit der Urkunde** inscription de faux.

**BESTREITUNG** *f* • *(Kosten)* acquittement *m* (des frais), le fait de faire face aux dépenses • (Aut) contestation *f*, litige *m*.

**BESUCHS | ERLAUBNIS** *f (StPR)* autorisation de rendre visite (à un détenu); **–recht** *n (FamR: Umgangsrecht)* droit de visite.

**BETÄUBUNGSMITTEL** *n (StR: Suchtstoff)* stupéfiant *m*, drogue *f*; **–gesetzgebung** *f* législation sur les stupéfiants.

**BETEILIGEN** *v* faire participer, accorder une participation; **sich –** participer, prendre une participation.

**BETEILIGUNG** *f* • *(GesR)* participation *f*, quote-part *f* • *(SteuR)* contribution *f*, part contributive • *(der Arbeitnehmer)* intéressement *m*.

**BETEUERUNG** *f* affirmation solennelle; **– unter Eid** affirmation sous la foi du serment.

**BETEUERUNGSFORMEL** *f* formule *f* de serment.

**BETRAG** *m* montant *m*, somme *f*; **fälliger –** montant *m* échu; **geschuldeter –** somme due; **rückständiger –** arriéré *m*.

**BETRAUEN** *v* **: jmdn. mit etwas –** charger qqn. de faire qqch.

**BETREFF** *ou* **betreffs** *präp* concernant, touchant, à propos de, au sujet de.

**BETREFFEN** *v* concerner, se rapporter à, porter sur, intéresser, regarder, toucher; **auf frischer Tat –** prendre qqn. sur le fait *ou* en flagrant délit.

**BETREIBEN** *v* poursuivre; **auf – von** à la diligence de; **gemeinschaftlich (ein Gewerbe) –** exploiter (un commerce) en commun.

**BETREIBER** *m* • *(UmweltR: eines AKWs z.B.)* entreprise *f* exploitant une installation classée (générant des risques majeurs) • *(WirtR)* exploitant *m* (d'une carrière); entreprise *f* commerciale; société *f* de production.

**BETREUEN** *v* • *(Sache)* prendre soin de, s'occuper de • *(Personen)* servir, aider • *(Kranke)* soigner.

**BETREUER** *m (ZR)* assistant *m* à la personne, personne chargée de représenter et de veiller aux intérêts d'un majeur, incapable de s'occuper lui-même de ses propres affaires (cet assistant remplace en Allemagne le tuteur à la personne).

**BETREUUNG** *f (ZR: § 1896 BGB)* assistance *f* à la personne, nouveau régime (allemand) de protection des majeurs incapables de pourvoir eux-mêmes à leurs intérêts.

**BETRIEB** *m* • *(WirtR, ArbR)* entreprise *f*, établissement *m* (commercial); unité *f* de production; affaire *f* • *(ohne Pl.: Tätigkeit)* fonctionnement *m*; activité *f*; marche *f*; service *m*; maniement *m*; **gewerblicher –** établissement *m* industriel *ou* commercial; **handwerklicher –** entreprise *ou* exploitation artisanale.

**BETRIEBS | ANLEITUNG** *f*, **–anweisung** *f* mode *m* d'emploi; **–arzt** *m (ArbR)* médecin d'entreprise *ou* du travail; **–aufwendungen** *fpl* charges d'exploitation; **–ausgaben** *fpl* frais *mpl* d'exploitation; **–ausschuss** *m (ArbR: Ausschuss des Betriebsrates)* conseil d'entreprise restreint.

**BETRIEBS | BERATER** *m* ingénieur-conseil *m*, consultant *m*, auditeur *m*; **–beratung** *f* audit *m*, mission d'évaluation des activités d'une entreprise; cabinet *m* d'audit; **–buchführung** *f* comptabilité générale; comptabilité *f* (analytique) d'exploitation; comptabilité de gestion.

**BETRIEBS | EINHEIT** *f* unité de production; **–einnahmen** *fpl* recettes *fpl* d'exploitation; résultat *m* analytique; résultat d'exploitation élémentaire; **–erfindung** *f* invention faite par un salarié; **–erfordernisse** *npl* exigences *fpl* du service; **–ergebnis** *n* résultat d'exploitation; **–erlaubnis** *f* • *(WirtR)* licence *f* d'exploitation • *(StVR)* réception *f* (par le service des mines).

**BETRIEBS | FERIEN** *pl* congé *m* collectif, fermeture *f* annuelle;

**–führer** *m* chef d'entreprise, chef d'établissement; gérant *m*; **–führung** *f* direction de l'entreprise, management *m*, gestion.

**BETRIEBS | GEFAHR** *f* • risque *ou* danger d'exploitation • *(StVR)* risque *m* résultant de l'utilisation d'un véhicule; **–geheimnis** *n* secret *m* de fabrication.

**BETRIEBS | HAFTUNG** *f* responsabilité (objective) du risque créé par l'exploitation d'une entreprise; **–inhaber** *m* propriétaire *m* de l'entreprise; **–jahr** *m* exercice *m*; **–kapital** *n* fonds de roulement, capital *m* technique; **–kennzahlen** *fpl* données *fpl* de l'entreprise.

**BETRIEBSKOSTEN** *pl* charges *fpl* communes (d'exploitation); frais généraux; **–kalkulation** *f* détermination des frais généraux.

**BETRIEBS | LEITER** *m* chef d'entreprise, directeur d'usine; **–leitung** *f* management *m*, direction de l'entreprise, gestion de l'entreprise.

**BETRIEBS | MITTEL** *fpl* capital *m* technique, moyens de production; biens *mpl* matériels (d'une entreprise) en tant que facteur de production; **–ordnung** *f* • règlement d'entreprise, règlement *m* de service intérieur, règlement d'atelier • règlement d'exploitation; **–planung** *f* gestion prévisionnelle; **–prüfung** *f* *(SteuerR)* contrôle *m* fiscal (de la société).

**BETRIEBS | RAT** *m* *(ArbR)* délégués *mpl* du personnel, conseil *m* d'entreprise allemand (à ne pas confondre avec le *comité d'entreprise* français, se trouvant sous la direction du chef d'entreprise!); **–ratsvorsitzende(r)** président du conseil d'entreprise; **–rechnung** *f* compte *m* d'exploitation générale.

**BETRIEBS | RISIKO** *n* risques *mpl* commerciaux et financiers (assumés par l'entreprise); risques techniques ou technologiques et risques aléatoires ou accidentels; **–schädigung** *f* faute *f* dommageable envers une entreprise.

**BETRIEBS | SICHERHEIT** *f* • *(ArbR)* sécurité du travail, sécurité d'exploitation • *(Maschine)* sécurité de fonctionnement, fiabilité *f*; **–stätte** *f* établissement *m*, unité *f* technique de production de biens et de services marchands; lieu *m* de l'exploitation; **–stillegung** *f* fermeture *f* d'une entreprise; **–störung** *f* incident *m* technique.

**BETRIEBS | VEREINBARUNG** *f* accord d'entreprise (conclu entre le chef d'entreprise et les représentants du personnel); **–verfassung** *f* organisation *f* (sociale) des entreprises; **–verfassungsgesetz** *n* Loi relative aux relations salariés-entrepreneur(s) au sein de l'entreprise; **–versammlung** *f* *(ArbR: Organ der Betriebsverfassung)* assemblée générale du personnel d'une entreprise (convoquée par le Betriebsrat); **–wert** *m* survaloir *m*, goodwill *m*, gain lié à la bonne image de la firme; **–wirt** *m* diplômé *m* (d'une université allemande) en gestion d'entreprise.

**BETRIEBS | WIRTSCHAFT** *f* gestion de l'entreprise, technique d'administration des entreprises, technique *f* de gestion; management *m*; économie et organisation de l'entreprise; **–wirtschaftler** *m* économiste *m* d'entreprise, spécialiste (diplômé universitaire) des sciences de gestion; **–wirtschaftslehre** *f* sciences *fpl* de gestion, science (départementalisée) d'organisation et de gestion des entreprises; science du management; **–zugehörigkeit** *f* *(ArbR)* ancienneté *f*, durée *f* de travail dans l'entreprise.

**BETROFFENE(R)** *m* *(VwR)* personne privée amoindrie dans ses droits par un acte administratif, administré *m* tombant sous le coup d'un acte administratif restreignant ou anéantissant ses droits.

**BETRUG** *m* *(StR: § 263 StGB)* escroquerie *f* (par emploi de manœuvres frauduleuses).

**BETRÜGER** *m* escroc *m*; fraudeur *m*.

**BETRÜGERISCH** *adj* frauduleux; **–e Absicht** intention coupable constitutive de l'escroquerie; **–e Handlung** manœuvre frauduleuse, machination, stratagème *m*,.

**BETRUNKENE(R)** *m* • personne *f* en état d'ébriété • *(StVR)* conducteur sous l'empire d'un état alcoolique *ou* dans un état d'imprégnation alcoolique.

**BETRUNKENHEIT** *f* état *m* d'ébriété; ivresse *f* manifeste.

**BETTELEI** *f* mendicité *f*.

**BEUGE | HAFT** *f* astreinte *f* par corps; **–maßnahme** *f (ZPR: Ordnungsmittel)* astreinte *f*; **–mittel** *fpl (VwR: Ordnungsgeld)* sanctions *ou* amendes de la police administrative; **–strafe** *f* astreinte *f*.

**BEUGUNG** *f* **des Recht(e)s** partialité du jugement *ou* de la procédure; violation du droit.

**BEURKUNDEN** *v* • instrumenter, certifier l'authenticité (d'un acte), rendre authentique, authentifier • dresser acte, attester par écrit, constater.

**BEURKUNDUNG** *f* • *(notariell)* authentification, certification de l'authenti-cité • *(einfache Schriftform)* constatation par écrit, certification; **öffentliche –** authentification par un officier public.

**BEURLAUBEN** *v* • *(ArbR)* mettre en congé • *(BeamR)* mettre en disponibilité.

**BEURLAUBUNG** *f* • mise en congé • *(VwR: Beamte)* disponibilité *f* d'office • *(StR)* libération *f* conditionnelle.

**BEURTEILEN** *v* apprécier, juger de qqch., porter un jugement sur qqch..

**BEURTEILUNG** *f* appréciation *f*, jugement *m*; notation *f*, note *f*; **dienstliche –** appréciation générale de la valeur professionnelle du fonctionnaire; notation (chiffrée) d'un fonctionnaire.

**BEUTE** *f*, **–gut** *n* butin *m*; **–kunst** *f* œuvres d'art obtenues par spoliation.

**BEVÖLKERUNG** *f* population *f*, peuplement *m*; **arbeitsfähige –** personnes *fpl* en âge (et capables) de travailler; **arbeitssuchende –** population disponible à la recherche d'un emploi (= P.D.R.E.); **erwerbstätige –** population active; actifs *mpl* occupés.

**BEVOLLMÄCHTIGEN** *v* mandater qqn., donner à qqn. pouvoir *ou* procuration de faire qqch.

**BEVOLLMÄCHTIGTE** *m* • *(SchuldR, HR)* mandataire *m*, fondé *m* de pouvoir, fondé de procuration • *(VR)* plénipotentiaire *m*; **gesetzlicher –** mandataire légal.

**BEVOLLMÄCHTIGUNG** *f* mandat *m*, pouvoir *m*; commissionnement *m*.

**BEVORRECHTIGUNG** *f* privilège *m*; préférence *f*; avantage *m*, faveur *f* (accordée à une personne).

**BEWACHUNG** *f* gardiennage *m*, surveillance *f*; **–sdienst** service *m* de gardiennage, entreprise privée de surveillance.

**BEWAFFNUNG** *f* armement *m*, matériel *m* de guerre; **passive –** *(StR)* moyens de protection (des manifestants).

**BEWAHREN** *v* • *(behalten, beibehalten)* conserver, garder • *(beschützen, behüten)* protéger, mettre à l'abri (d'un danger).

**BEWÄHRUNG** *f (StPR)* mise à l'épreuve, probation *f*; **Entlassung zur –** libération conditionnelle; **Strafaussetzung zur –** sursis *m* avec mise à l'épreuve, sursis probatoire.

**BEWÄHRUNGS | AUFLAGE** *f (StPR)* condition *ou* obligation *ou* mesure particulière à observer par le condamné pendant le délai d'épreuve; **–aufsicht** *f* mesures d'assistance et de contrôle aux libérés conditionnels *ou* aux sursitaires; **–frist** *f* délai d'épreuve; **–helfer** *m* éducateur *m* délégué à la probation; **–hilfe** *f* mesures d'assistance et de surveillance d'un condamné avec sursis par l'intermédiaire d'assistants sociaux, sous la haute direction d'un juge.

**BEWEGGRUND** *m* motif *m*, mobile *m*; **niedriger –** motif particulièrement répréhensible; **sittenwidriger –** cause immorale; **unerlaubter –** cause illicite.

**BEWEGLICH** *adj* • *(SachR)* mobilier, meuble • amovible, mobile; **–e Sachen** meubles *mpl*, biens mobiliers; **–es Vermögen** patrimoine *m* mobilier.

**BEWEIS** *m* • *(ZR u. StR)* (élément de) preuve *f* • *(StR: Nachweis)* charge *f* (retenue contre qqn.); **aus Mangel an –en** *(StPR)* (non-lieu) par suite de charges insuffisantes (contre l'inculpé); **eindeutiger –** preuve indéniable; **hinreichender –** preuve convaincante, formelle; **materieller –** preuve matérielle; **schlüssiger –** preuve convaincante; **schriftlicher –** preuve littérale; **voller –** preuve entière; **zulässiger –** moyen de preuve recevable.

**BEWEIS** *m* **: den – antreten** • administrer une preuve • indiquer ses moyens de preuve; **den – erbringen** fournir *ou* apporter *ou* faire la preuve; **den – führen** administrer la preuve, prouver; **– des ersten Anscheins** *(prima-facie-Beweis)* preuve par indices, preuve indiciaire; preuve de l'homme; **– durch Augenschein** preuve par examen oculaire *ou* par constatation sur place.

**BEWEISAUFNAHME** *f* • *(StPR)* instruction (à l'audience), le fait d'apporter la preuve au cours des débats, administration de la preuve • *(ZPR)* enquête *f*; **Abschluss der –** clôture de l'instruction; **Anordnung der –** • ordonnance *f* relative à l'administration de la preuve • *(ZPR)* décision ordonnant l'enquête.

**BEWEIS | BESCHLUSS** *m* décision ordonnant d'apporter une preuve, ordonnance *f* de preuves; **–einrede** *f* exception *f* relative à la preuve.

**BEWEISEN** *v* prouver, apporter *ou* faire la preuve de, justifier.

**BEWEIS | ERHEBUNG** *f* procédure judiciaire visant à prouver des obligations; **–ersuchen** *n* commission *f* rogatoire; **–führer** *m* celui qui administre *ou* apporte la preuve; **–führung** *f* administration de la preuve.

**BEWEISGEGENSTAND** *m* • fait à prouver • (en Aut. aussi:) pièce à conviction.

**BEWEISKETTE** *f* **: lückenlose –** concordance des indices; preuves concordantes.

**BEWEISKRAFT** *f* force probante *ou* probatoire.

**BEWEISKRÄFTIG** *adj* faisant foi, ayant valeur de preuve.

**BEWEISLAST** *f* charge *f ou* fardeau *m* de la preuve; **Umkehrung der –** renversement de la charge de la preuve.

**BEWEISMATERIAL** *n* preuves *fpl*; pièces *fpl* justificatives, documents *mpl* à l'appui; **– sammeln** rassembler des preuves.

**BEWEISMITTEL** *n* moyen de preuve, moyen *m* probatoire; mode *m* de preuve; **zulässiges –** moyen de preuve recevable; **zusätzliches –** preuve complémentaire.

**BEWEIS | NOT** *f*, **–notstand** *m* absence *f* de preuve; incapacité *f* d'apporter la preuve; difficulté *f* de preuve; incertitude et doute subsistant à la suite de la production de la preuve; **–pflicht** *f* charge *f* de la preuve; **–sicherungsverfahren** procédure relative aux mesures conservatoires concernant la preuve.

**BEWEIS | STÜCK** *n* • pièce justificative, document *m* justificatif, • pièce *f* à conviction, pièce probante, pièce probatoire; **–umkehrung** *f* renversement de la charge de la preuve; **–unterlage** *f* pièce *f* justificative; **–urkunde** *f* preuve littérale; acte *m* authentique.

**BEWEIS | VERFAHREN** *n* (procédure de) l'administration judiciaire de la preuve; **–vermutung** *f* présomption légale; **–verwer-**

**tungsverbot** *n* interdiction *f* de recevoir un moyen de preuve, preuve non recevable; **–würdigung** *f* appréciation souveraine des preuves (par le juge).

**BEWERBER** *m* candidat *m*; postulant *m*; solliciteur *m*.

**BEWERBUNG** *f* candidature *f*; **–sbedingungen** *fpl* profil *m* (du candidat), aptitudes professionnelles requises; **–sschreiben** acte *m* de candidature; **–unterlagen** *fpl* dossier *m* de candidature.

**BEWERTUNG** *f* • appréciation *f*, estimation *f*, évaluation • notation, note *f*; **steuerliche –** évaluation fiscale; **– von Amts wegen** évaluation d'office.

**BEWILLIGEN** *v* consentir (à), accorder; autoriser; concéder; octroyer (un crédit).

**BEWILLIGUNG** *f* • autorisation *f*, consentement *m* • *(HR)* licence *f* • *(Kredite)* octroi *m*; **– der Prozesskostenhilfe** *(PrzR)* admission au bénéfice de l'aide juridictionnelle.

**BEWIRKEN** *v* • *(verursachen)* provoquer, causer, occasionner • *(hervorbringen)* avoir pour résultat, déterminer.

**BEWUSSTSEIN** *n* conscience *f*; **– der Rechtswidrigkeit** connaissance *f* du caractère illégal (de l'acte).

**BEZAHLEN** *v* • payer • *(Rechnung, Schuld)* régler, rembourser (une dette); acquitter (ses impôts); s'acquitter de (son dû) • *(entlohnen)* rémunérer, rétribuer, (4) *(Arzt, Anwalt)* honorer; **im voraus –** payer par anticipation, payer d'avance; **in bar –** payer au comptant compté.

**BEZAHLUNG** *f* • *(SchuldR)* paiement *m*; acquittement *m* (d'une dette); règlement *m* • *(ArbR: Lohn)* rémunération, salaire *m*; rétribution.

**BEZEICHNUNG** *f* : **amtliche –** désignation officielle; **handelsübliche –** dénomination *f* commerciale, nom *m* commercial.

**BEZICHTIGEN** *v* accuser qqn. de qqch., incriminer.

**BEZIEHUNGEN** *pl* relations *fpl;* vie relationnelle; **außereheliche –, ehewidrige –** relations extraconjugales; **geschäftliche –** relations professionnelles.

**BEZIRK** *m* • *(VwR)* circonscription territoriale bavaroise (correspondant au département en France) • *(PrzR: Zuständigkeitsbereich)* ressort *m* (d'un tribunal); district *m* administratif.

**BEZOGENE(R)** *m (WechselR)* tiré *m*.

**BEZÜGE** *mpl (ArbR: Einkommen)* salaire *m*, appointements *mpl*, traitement *m*; **– der Vorstandsmitglieder** rémunération (sous forme de somme fixe annuelle), jetons *mpl* de présence.

**BEZUGNAHME** *f* référence *f*; **mit – auf, unter – auf** en se référant à, s'en rapporter à, par référence à.

**BEZUGS|QUELLE** *f* fournisseur *m*; source *f* d'approvisionnement; **–vertrag** *m* contrat de livraison.

**BILANZ** *f* • *(Außh)* balance *f* • *(HR, GesR)* bilan *m*, état *m*, résultat *m* global; **konsolidierte –** bilan consolidé.

**BILANZ|JAHR** *n* exercice *m* commercial; **–klarheit** *f* lisibilité *f* et transparence *f* du bilan; **–prüfer** *m* • expert *m* comptable • *(bei A.G.)* commissaire aux comptes; **–verschleierung** *f* falsification *f* de bilan.

**BILD** *n* • *(Abbildung)* image *f*; illustration *f*; reproduction • *(Gemälde)* tableau *m* • *(Bildnis)* portrait *m*; photo *f* (d'identité); **–zeichen** *n* logo *m*; marque figurative; pictogramme *m*.

**BILDUNG** *f* • *(Gestaltung)* composition *f*; organisation • *(Kultur)* culture *f*; éducation *f*; formation *f* • constitution *f*, établissement *m*; **– von Rücklagen** constitution de réserves.

**BILLIG** *adj* • *(Preis: wohlfeil)* modique, modéré; bon marché • *(Urteil: gerecht)* équitable, juste.

**BILLIGEN** *v* accepter, donner son accord; approuver; agréer; sanctionner.

**BILLIGES ERMESSEN** *n* appréciation souveraine, pouvoir *m* discrétionnaire.

**BILLIGUNG** *f* approbation *f*, acceptation *f*; **– von Straftaten** acquiescement à des crimes et délits (soit par des discours soit par des écrits).

**BINDEND** *adj* (avoir force) obligatoire; **–es Angebot** offre *f* ferme.

**BINDUNG** *f* • *(Verpflichtung)* engagement *m*, obligation *f* • *(Verbindung)* liaison *f*, lien *m*, rapports *mpl;* **– an den Vertragsantrag** force obligatoire de l'offre; **– an Weisungen** obligation de respecter certaines instructions.

**BINNEN** *präp* dans le délai de; en l'espace de; **– einer Woche** sous huitaine, dans les huit jours.

**BLANKO | UNTERSCHRIFT** *f*, **–vollmacht** *f* blanc-seing *m*; procuration *f* en blanc.

**BLECHSCHADEN** *m* dégâts *mpl* de carosserie, tôle *f* froissée, dommage *m* matériel.

**BLINKLICHT** *n* feu *n* (de position) clignotant; indicateurs à lumière clignotante; **blaues –** gyrophare *m*.

**BLUT | ALKOHOLGEHALT** *m od.* **–alkoholwert** *m* taux *m* (légal) d'alcoolémie; **–alkoholmessgerät** *n* éthylomètre *m*; **–entnahme** *f* prise *f* de sang; **–gruppenbestimmung** *f* détection *ou* identification des groupes sanguins; **–probe** *f* alcootest *m*, dépistage *m* de l'imprégnation alcoolique.

**BLUTTAT** *f* crime *m* de sang.

**BODEN** *m* • *(Erdboden)* fond *m*, terre *f*; sol *m* • *(Grund und Boden)* terrain *m*, fonds *m*, bien *m* foncier, immeuble *m* non bâti • *(Grundlage)* fondement *m*, base *f*.

**BONUS** *m (VersR)* bonification *f*, bonus *m* (pour non-sinistre).

**BORD** *m* **: frei an –** franco à bord (= FOB), rendu à bord.

**BÖRSE** *f* • *(Effekten)* bourse *f* de valeurs *ou* bourse des valeurs mobilières • *(Waren)* bourse de commerce *ou* de marchandises • *(Devisen)* marché *m* des changes.

**BÖSGLÄUBIGKEIT** *f* mauvaise foi *f*, attitude *f* contraire à la bonne foi; déloyauté *f*; fraude *f*.

**BÖSWILLIG** *adj* de mauvaise foi; malveillant *adj*; **–e Schädigung** *f* préjudice *m* avec intention de nuire; **–es Verlassen** *n (FamR)* abandon *m* prémédité de foyer; abandon moral ou matériel d'enfant.

**BÖSWILLIGKEIT** *f* malveillance *f*, malignité *f*; intention de nuire.

**BOTE** *m* • *(ZR)* messager *m*, personne chargée de transmettre une offre, • *(VersR)* transporteur *m* de fonds • *(AllgSpr)* garçon de courses, coursier.

**BOTSCHAFT** *f* • message *m*, dépêche *f*, lettre *f*, missive *f*, pli *m* • avis *m*, annonce *f*, communication • *(VR)* ambassade *f*; fonction *f* d'ambassadeur.

**BOTSCHAFTER** *m* ambassadeur *m* ordinaire (chargé d'une mission permanente), chef *m* de mission.

**BOTSCHAFTS | GEBÄUDE** *n* hôtel *m* de l'ambassade, Ambassade (de. . .); chancellerie *f*; bureaux *mpl*; **–personal** *n* personnel diplomatique, administratif et technique (d'une ambassade); **–rat** *m* conseiller *m* d'ambassade; **–sekretär** *m* secrétaire *m* d'ambassade.

**BOYKOTT** *m (WirtR: Verrufserklärung)* boycottage *m ou* boycott *m*.

**BRAND | STIFTER** *m* incendiaire *m*; **vorsätzliche –stiftung** incendie volontaire *ou* criminel; **–verhütung** *f* prévention des risques d'incendie; **–versicherung** *f* assurance-incendie; **–wache** *f* piquet d'incendie.

**BRANNTWEIN** *m* boissons *fpl* alcooliques du cinquième groupe, boissons spiritueuses, spiritueux *mpl;* **–ausschank** *m* débit de boissons (à régime spécial); **–brenner** *m* distillateur *m*; bouilleur *m* de cru; **–brennerei** *f* distillerie *f* (de la fabrication des eaux de vie); **–steuer** *f* taxe *f* sur les spiritueux.

**BRAUCH** *m* • *(Gewohnheitsrecht)* coutume *f* • *(Sitte)* usage *m*; **handelsrechtlicher –** usage commercial.

**BREMS | LEUCHTEN** *fpl* signaux *mpl* de freinage lumineux, feux *mpl* rouges arrière, feux stop; **–spur** *f* trace *f* de freinage; **–weg** *m* distance *f* d'arrêt.

**BRIEF** *m* • lettre *f*; missive *f*; message *m*; courrier *m*, correspondance *f* • *(Börse)* offre *f*; **anonymer –** lettre anonyme; **blauer –** *(ArbR)* avis *m ou* lettre *f* de congédiement; **eingeschriebener –** lettre recommandée.

**BRIEF | GEHEIMNIS** *n* secret *m* des correspondances et lettres missives; **–hypothek** *f* hypothèque immobilière (constatée par un titre au porteur); **–kastenfirma** *f* société *f* fictive; **–kopf** *m* en-tête *m* (d'une lettre); **–marke** *f* timbre-poste *m*; **–wahl** *f* vote *f* par correspondance; **–wechsel** *m* échange *m* de lettres, correspondance *f*; **–zensur** *f* censure *f* postale; **–zustellung** *f* distribution *f* du courrier.

**BRINGSCHULD** *f* *(SchuldR: Leistungsort)* dette *f* portable.

**BRUCH** *m* • *(Glas)* casse *f*, bris *m* • *(Knochen)* fracture *f* • *(Abmachung)* rupture *f*, dénonciation *f*; **– der Amtsverschwiegenheit** violation du secret professionnel; **– des Ehrenworts** rupture de la parole donnée; **– der Verschwiegenheitspflicht** révélation de secret.

**BRUCH | SCHADEN** *m* sinistre *m* dû à un bris; **–stücke** *mpl* éclats *mpl* (de verre), débris *mpl*; fragments *mpl*.

**BRUCHTEIL** *m* quote-part *f*, fraction *f*.

**BRUCHTEILSEIGENTUM** *n* *(SachR)* propriété *f* indivise, indivision *f* ordinaire.

**BRUCHTEILS | EIGENTÜMER** *m* indivisaire *m*, propriétaire indivis, propriétaire *m* par indivis; **–gemeinschaft** *f* indivision *f*, communauté par quote-parts.

**BRUTTO | BETRAG** *m* montant brut; **–einkommen** *n* revenu *m* brut; **–ertrag** *m* rendement *ou* produit *m* brut.

**BSE** *f* *(MedizinR: Bovine Spongiforme Encephalopathie – beim Menschen: Creutzfeld-Jakob-Erkrankung)* maladie de la vache folle, encéphalopathie *f* spongiforme bovine (= ESB); maladie *f* de Creutzfeld-Jakob.

**BUCH 1.** *n* livre *m*; registre *m*; **–abschluss** *m* arrêté des comptes; **–einsicht** *f* examen des livres; **– führen** tenir les livres (comptables).

**BUCHEN** *v* • *(Platz)* réserver, faire réserver • *(verbuchen)* écriturer, passer en écriture, porter (une écriture) en compte, comptabiliser.

**BÜCHER 2.** *pl (des Kaufmanns)* livres *mpl* de commerce, livres comptables; **–einsicht** *f* examen des livres; **–revision** *f* vérification comptable; **–revisor** *m* vérificateur *m* comptable, expert-comptable *m*.

**BUCH | ERSITZUNG** *f* *(SachR)* acquisition par voie de prescription (inscription au registre foncier); **–führer** *m* comptable *m*, teneur de livres.

**BUCHFÜHRUNG** *f* • comptabilité *f* (analytique, de gestion *ou* interne), tenue *f* des comptes • *(Durchschreibe-)* comptabilité à enregistrement unique; **–spflicht** *f* obligation de tenir un livre-journal.

**BUCH | GELD** *n* monnaie *f* scripturale *ou* de banque; **–gewinn** *m* bénéfice *f* comptable; **–grundschuld** *f* dette foncière transcrite dans le registre foncier; **–halter** *m* comptable *m*.

**BUCHHALTUNG** *f* *(= Betriebsbuchführung)* comptabilité *f* (commerciale *ou* de gestion); **doppelte –** comptabilité à *ou* en partie double, double partie; **einfache –** comptabilité simple *ou* à partie simple.

**BUCH | PRÜFER** *m (HR: Abschlussprüfer)* expert-comptable *m*, vérificateur *m* des livres; **vereidigter –prüfer** expert-comptable assermenté; comptable agréé (par les tribunaux); **–prüfung** *f* • *(HR)* vérification des livres, contrôle de la comptabilité • *(GesR)* révision légale • *(GesR: Ergebnis der Buchprüfung)* certification des comptes; **–revisor** *m* audit *m*, réviseur *m*.

**BUCHUNG** *f* • écriture *f* (comptable), inscription *f* au livre comptable, passation d'une écriture comptable; comptabilisation *f* • *(Flug, Hotel)* réservation *f*.

**BÜHNEN | AUFFÜHRUNG** *f* représentation *f* (sur la scène); **–dienstvertrag** *m* contrat *m* d'engagement théâtral; **–künstler** *m* acteur *m*, artiste *m* (de théâtre); **–stück** *n*, **–werk** *n* pièce *f* de théâtre.

**BUND** *m* • *(VerfR: Gesamtstaat)* République fédérale (d'Allemagne) • (S) confédération (helvétique) • *(VR)* alliance *f*, coalition, ligue *f*.

**BUNDESAMT** *n (VwR: Bezeichnung für zahlreiche Bundesoberbehörden)* service *m ou* office *m* fédéral; **– für Verfassungsschutz** Service fédéral de défense de la constitution.

**BUNDESANGESTELLTENTARIF-(VERTRAG)** *m* (= BAT) convention collective nationale des employés non-fonctionnarisés de l'État fédéral.

**BUNDESANSTALT** *f (VwR)* institut *m* fédéral, office *m* fédéral, direction *f* fédérale; **– für Arbeit** Office *m* fédéral pour l'emploi.

**BUNDES | ANWALT** *m* • procureur *m* fédéral (allemand) • chef de la police politique helvétique; **–anwaltschaft** *f* ministère public fédéral; **–anzeiger** *m* Bulletin *m* des annonces officielles (édité par le gouvernement fédéral).

**BUNDES | ARBEITSGERICHT (BAG)** *n* Cour *f* fédérale (allemande) du travail; **–aufsicht** *f (VerfR)* contrôle fédéral de l'exécution des lois, surveillance *f* fédérale; tutelle exercée par l'État fédéral; **–auftragsverwaltung** exécution des lois fédérales par les États fédérés *ou* Länder; **–autobahnen** *fpl* autoroutes fédérales.

**BUNDES | BANK** *f* Banque *f* d'émission fédérale, Banque centrale (allemande); **–beauftragter für Datenschutz** *m* commissaire fédéral de protection des libertés dans le domaine informatique; **–behörde** *f* administration fédérale, autorité *f* centrale de l'État fédéral.

**BUNDES | BÜRGER** *m* citoyen *m ou* ressortissant *m* de la R.F.A.; **–disziplinargericht** *n* Cour fédérale disciplinaire; **–finanzhof (BFH)** *m* Cour *f* fédérale des finances; **–finanzministerium** *n* Ministère fédéral des finances.

**BUNDESGERICHTSHOF (BGH)** *m* Cour fédérale de justice (correspond dans ses grandes lignes à la Cour de Cassation, mais le BGH n'est pas compétent en matière commerciale et sociale).

**BUNDESGESETZ** *n* loi fédérale; **–blatt (BGBl)** *n* Journal officiel (de la République fédérale d'Allemagne).

**BUNDESGRENZSCHUTZ (BGS)** *m* Service *m* fédéral de protection des frontières; **–kommando** *n* Direction régionale du Service de protection des frontières.

**BUNDES | HAUSHALTSGESETZ** *n* Loi fédérale relative aux finances publiques; **– -Immissionsschutzgesetz (BImSchG)** *n* Loi anti-pollution allemande; **–justizministerium** *n* Ministère fédéral de la justice; **–kabinett** *n* cabinet *m* fédéral; **–kanzlei** *f* (S) Chancellerie *f* fédérale.

**BUNDESKANZLER** *m* • (BRD) chancelier *m* fédéral, chef du gouvernement allemand • (S) chancelier de la Confédération; **–amt** *n* chancellerie *f* fédérale.

**BUNDESKARTELLAMT (BKartA)** *n* Office fédéral du contrôle des ententes illicites et des procédés concurrentiels déloyaux.

**BUNDES | KRIMINALAMT (BKA)** *n* Office fédéral de la police judiciaire; **–land** *n* • Etat fédéré, Land *m* • (Aut) province *f*; **–minister** *m* ministre *m* fédéral; **–ministerium** *n* ministère fédéral.

**BUNDES | NACHRICHTEN-DIENST (BND)** *m* Service de contre-espionnage allemand, service fédéral de renseignements; **–naturschutzgesetz** *n* Loi fédérale (allemande) sur la protection de la nature.

**BUNDES | PATENTAMT** *n* Office fédéral des brevets; **–patentgericht** *n* Cour fédérale des brevets.

**BUNDES | PRÄSIDENT** *m* • *(S)* président de la Fédération • *(RFA, Aut)* Président de la République fédérale d'Allemagne *ou* d'Autriche; **–präsidium** *n* direction supérieure des affaires fédérales; **–presseamt** *n* Service de presse et d'information du gouvernement fédéral allemand; **–prüfstelle** *f* commission *f* fédérale chargée de la surveillance et du contrôle des publications destinées à la jeunesse.

**BUNDESRAT** *m* • *(RFA)* deuxième chambre fédérale, Bundesrat *m* • *(en Aut. et S. aussi:)* conseiller *m* fédéral, ministre *m* • *(S)* gouvernement *m* de la confédération helvétique, conseil fédéral.

**BUNDESRECHNUNGSHOF (BRH)** *m* Cour des comptes fédérale allemande.

**BUNDES | RECHT** *n* droit *m* fédéral; **–rechtsanwaltsordnung (BRAO)** *f* Loi allemande concernant l'activité professionnelle des avocats; **–regierung (BReg)** *f* gouvernement *m* fédéral.

**BUNDESREPUBLIK** *f* République *f* fédérale; **– Deutschland (BRD)** République fédérale d'Allemagne (RFA).

**BUNDES | RICHTER** *m* • juge auprès de la Cour fédérale de justice (correspond à un conseiller à la Cour de cassation) • juge fédéral; **–schatzanweisung** *f* emprunt *m* de l'Etat fédéral à court terme, effet public à court *ou* à moyen terme; **–schuldbuch** *n* grand livre fédéral de la dette publique; **–schuldenverwaltung** *f* gestion *f* fédérale de la dette publique.

**BUNDESSOZIALGERICHT (BSG)** *n* Cour fédérale du contentieux social; **–sozialhilfegesetz (BSHG)** *n* Loi fédérale concernant l'aide aux indigents; **–sozialrichter** *m* conseiller près la Cour fédérale du contentieux social; **–staat** *m* État *m* fédéral.

**BUNDES | TAG** *m* diète *f* fédérale, première chambre du parlement fédéral, Bundestag *m*; **–tagsabgeordnete(r)** *m* député *m* du Bundestag; **–tagspräsident** *m* président du Bundestag; **–tagswahl** *f* élection du Bundestag.

**BUNDESVERFASSUNGS | GERICHT** *n* **(BVerfG)** Cour *f* constitutionnelle fédérale (allemande à Karlsruhe); **–gesetz** *n* (Aut) loi *f* constitutionnelle fédérale; **–richter** *m* juge *m* auprès de la Cour constitutionnelle fédérale.

**BUNDES | VERMÖGENSVERWALTUNG** *f* service fédéral des domaines; **–versammlung** *f* *(VerfR)* congrès fédéral (se composant des députés du Bundestag et d'un nombre égal de députés des différents Länder – et se réunissant uniquement pour élire le Président de la RFA); **–versicherungsanstalt** *f* **für Angestellte (BfA)** Caisse *f* fédérale de retraite pour les employés et cadres.

**BUNDES | VERWALTUNGS-GERICHT (BVerwG)** *n* Cour *f* fédérale administrative; **–wahlgesetz** Code électoral de l'État fédéral allemand; **–wahlleiter** *m* superviseur *m* des élections au Bundestag; **–wappen** *n* armoiries *fpl* fédérales.

**BUNDES | WEHR** *f* forces *fpl* armées fédérales, Bundeswehr *f*; **–wehrersatzamt** *n* service *m* central *ou* régional de recrutement; **–zentral(straf)register** *n* casier *m* judiciaire central fédéral.

**BÜNDNIS** *n* alliance *f*; coalition *f*; union *f*; **–vertrag** *m* traité d'alliance.

**BÜRGE** *m* • *(ZR)* caution *f* • *(HR)* garant *m*, répondant *m*, porte-fort *m* • *(WechselR)* avaliste *m*; **selbstschuldnerischer –** caution qui a renoncé au bénéfice de discussion.

**BÜRGEN** *v* cautionner, garantir, se porter garant de ..., se porter caution.

**BÜRGER** *m* • *(Staatsbürger)* citoyen *m*; national *m*; ressortissant *m* d'un État • *(Stadtbewohner)* citadin *m*, bourgeois *m*; **–ausschuss** *m* • conseil *m* municipal • commission *f* permanente (Hambourg); **–beauftragte(r)** médiateur *m*; **–begehren** *n* requête *f* présentée par des citoyens pour solliciter un référendum; **–entscheid** *m* référendum populaire communal; **–initiative** *f* comité *m* de citoyens (d'une commune), association d'action et de défense; **–krieg** *m* guerre *f* civile.

**BÜRGERLICH** *adj* civil; **–e Rechtsstreitigkeit** litige *m* de droit commun; **–es Gesetzbuch** *n* (BGB) Code civil allemand; **–es Recht** *n* droit civil;

**BÜRGERMEISTER** *m* maire *m*; bourgmestre *m* (B–L); président de commune (S); **stellvertretender –** adjoint au maire, adjoint *m*; **–stellvertreter** *m* adjoint au maire, adjoint *m*.

**BÜRGERSCHAFT** *f* • ensemble des citoyens d'une commune • *(Bremen, Hamburg: Landesparlament)* parlement *m*, assemblée législative.

**BÜRGSCHAFT** *f* • *(SchuldR)* cautionnement *m* • *(WechselR)* aval *m*; **gerichtliche –** cautionnement judiciaire; **selbstschuldnerische –** cautionnement sans bénéfice de discussion.

**BÜRGSCHAFTS | GEBER** *m* caution *f*; **–geschäft** acte *m* de cautionnement, opération de garantie; **–nehmer** *m* bénéficiaire du cautionnement, créancier *m*; **–schein** *m* • acquit-à-caution • certificat de cautionnement; promesse *f* de garantie; **–übernahme** *f* engagement par cautionnement; **–vertrag** *m* cautionnement; contrat de garantie.

**BÜRO | ANGESTELLTE(R)** *m* employé *m* de bureau; **–automation** *f*, **–kommunikation** bureautique *f*; **–bedarf** *m* fournitures *fpl ou* matériel *m* de bureau; **–kraft** employé(e) de bureau, sténodactylo, secrétaire.

**BÜRO | SCHREIBER** *m* commis *m* aux écritures, clerc *m*; **–stunden** *pl* heures *fpl* de bureau; **–vorsteher** *m* chef de bureau.

**BUßE** *f* • *(StR)* amende *f* pénale (payable à une institution d'intérêt général ou à verser à une œuvre de bienfaisance) • *(JugendStR)* pénitence *f* infligée au délinquant mineur (en vue d'éviter l'engagement d'une action publique) • *(VwR: Bußgeld)* amende administrative, amende de composition.

**BUßGELD** *n* • *(StR: Geldbuße bei Ordnungswidrigkeiten)* amende *f* forfaitaire administrative, amende de composition • *(ZR)* amende civile • *(SteuerR)* amende fiscale; **–bescheid** *m* *(StR)* avis *m* d'amende forfaitaire, ordonnance pénale; **–katalog** *m* tableau des amendes et sanctions administratives; **–verfahren** procédure *f* relative aux amendes forfaitaires administratives.

## C

**CHANCEN | GLEICHHEIT** *f* *(Pol)* égalité de traitement des partis politiques (du point de vue financier); **–ungleichheit** *f* inégalité *f* de traitement, discrimination.

**CHARTER** *m* contrat *m* d'affrètement, charte *f*, charte-partie *f*.

**CHARTERER** *m* affréteur *m*, chargeur *m*, expéditeur *m*.

**CHARTER | FLUG** *m* vol *m* (en) charter; **–flugzeug** *n* avion *m* nolisé, charter *m*; **–fluggesellschaft** *f* compagnie *f* de charters; **–geld** *n* prix d'affrètement; **–luftfahrtunternehmen** *n* compagnie de charters; **–vertrag** *m* contrat d'affrètement, charter *m*.

**CHARTERN** *n*, **Charterung** *f* affrètement *m*, nolisement *m*, charter *m*; location d'un navire; **– eines Flugzeugs** affrètement d'un avion.

**CIF- | LIEFERUNG** *f* vente CAF (livraison coût, assurance, fret inclus); **–Preis** *m* prix *m* CAF *ou* CIF; **–Verkauf** *m* vente CAF *ou* CIF.

**CLEARING** *m* *(BankR)* clearing *m*, compensation; **–abkommen** *n* accord de clearing *ou* de compensation; **–stelle** *f* chambre de compensation.

**COMPUTER | BETRUG** *m* *(StR)* piratage *m* informatique, appropriation frauduleuse du logiciel; escroquerie par détournement du logiciel et d'informations; **–kriminalität** *f* infractions en matière d'informatique, délits *mpl* informatiques, criminalité informatique; **–manipulation** *f* altération de données; destruction de logiciel(s) (par infiltration de virus informatiques); **–sabotage** *f* sabotage *m* informatique; **–software** *f* logiciel *m*; **–zubehör** *m* périphérique(s) *mpl*; logiciels; accessoires *mpl*.

**CONTAINER** *m* conteneur *m*; **–hafen** *m* port *m* de transbordement pour conteneurs; **–schiff** *n* cargo *m* porte-conteneurs.

**COPYRIGHT** *m* *(UrhR: angloamerikanisches Urheberrecht)* droit exclusif d'exploitation (d'une œuvre littéraire ou artistique), copyright *m*.

**COURTAGE** *f* *(HR: Vermittlungsprovision)* courtage *m*; **–gebühr** *f* courtage *m*.

**CYBERGELD** *n* *(WirtR: elektronisches Geld)* monnaie électronique; **Zahlung mittels –** paiement par virement électronique.

## D

**DACH | GESELLSCHAFT** *f* société *f* de portefeuille, holding *m*; **–verband** *m* fédération, confédération (syndicale, professionnelle).

**DARLEGUNG** *f* présentation, exposé *m*; rapport *m*; énoncé *m*; explication; **vollständige – des Sachverhalts** présentation circonstanciée des faits; **–slast, –spflichten** *(PrzR)* obligation (légale) de présenter tous les faits (concernant un litige).

**DARLEHEN** *n* • *(SchuldR)* prêt *m* de consommation • *(Geld)* prêt d'argent *ou* à intérêt; **verbürgtes –** emprunt *m* cautionné; **verzinsliches –** prêt à intérêt; **– gegen Pfandbestellung** prêt sur gage.

**DARLEHENS | AUFNAHME** *f* emprunt *m*; **–geber** *m* prêteur *m*; **–gewährung** *f* octroi *m* d'un prêt; **–gläubiger** emprunteur *m*; **–nehmer** *m* emprunteur *m*.

**DARLEHENS | SCHULD** *f* somme due (par l'emprunteur); **– schuldner** *m* emprunteur (d'une somme d'argent); **–vertrag** *m* convention de prêt; **–zinssatz** *m* taux d'intérêt conventionnel.

**DARSTELLUNG** *f* exposé *m*, narration *f*, énoncé *m*, description; **bildliche –** présentation graphique, illustration; **– des Sachverhalts, – des Tatbestandes** exposé *m* des faits.

**DASEINSVORSORGE** *f (VerfR)* Etat-providence *m*; administration *f* prestataire de services.

**DATEI** *f* fichier *m* informatique; **in die – aufnehmen** • *(Personen)* ficher • *(Fakten)* saisir.

**DATEN** *pl* • caractéristiques *fpl*, indications *fpl* • *(DV)* données *fpl*, informations *fpl* automatisées; **personenbezogene –** données *fpl* *ou* informations nominatives, coordonnées *fpl*.

**DATENSCHUTZ** *m* protection des données, protection *f* contre l'utilisation tendancieuse et malhonnête des banques de données, protection *f* de la vie privée contre les abus de l'informatique; **–beauftragter** *m* mandataire du gouvernement fédéral (allemand) chargé du contrôle du traitement automatisé des informations nominatives, (en France: Monsieur Informatique); **–gesetz** *n* Loi (allemande) Informatique et libertés.

**DATEN | SICHERUNG** *f* protection des données informatisées contre l'accès illégal; **–träger** *m* support *m* d'informations; **–veränderung** *f* modification (illicite) des données; **–verletzung** *f* usage *m* abusif *ou* illégal des informations traitées par ordinateur; **–vernichtung** *f* destruction *f* des données mémorisées; **–zugang** *m* accès *m* aux informations automatisées.

**DATUMS | ANGABE** *f* indication du jour, du mois, de l'année; **–grenze** *f* date limite; **–stempel** *m* tampon-dateur *m*; cachet *m* de la poste.

**DAUER** *f* durée *f*, temps *m*, espace *m* de temps; **– der Bewährungszeit** durée de la liberté conditionnelle; **– der Unterbringung** durée de l'internement.

**DAUER | ARBEITSLOSIGKEIT** *f* chômage *m* de longue durée; **–arbeits-verhältnis** *n* contrat de travail à durée indéterminée (CDI); **–aufenthaltsberechtigung** *f* *(AuslR)* carte *f* de résident; droit de séjour pour une durée indéterminée; **–auftrag** *(für Zahlungen)* règlement par prélèvement automatique, domiciliation *f* (auprès d'une banque) pour paiements réguliers.

**DAUER | DELIKT** *n (StR)* délit *m* continu *ou* permanent; délit successif; **–folgen** *fpl* séquelles *fpl*, conséquences durables; répercussions, retombées *fpl*.

**DAUER | SCHULDVERHÄLTNIS** *n* contrat *m* à durée indéterminée; **–stellung** *f* emploi *m* stable; **–straftat** *f* délit *m* continu; **–wohnsitz** *m* domicile *m* permanent.

**DAUMENABDRUCK** *m* empreintes *fpl* digitales.

**DECK | ADRESSE** *f* adresse *f* convenue; **–blatt** *n (Buch)* jaquette *f*, enveloppe *f*.

**DECKEN** *v* • *(Person, Straftat)* camoufler, cacher, dissimuler, masquer • *(Schulden)* assurer un paiement, couvrir; combler (un déficit).

**DECKNAME** *m* pseudonyme *m*, nom de guerre, nom d'emprunt.

**DECKUNG** *f* • *(BankR)* couverture *f*, provision *f*, sûreté *f* • *(HR)* remboursement *m*; **genügende –** provision suffisante; **mangelnde –** défaut de provision.

**DECKUNGS | RÜCKLAGE** *f* *(GesR: bilanzrechtliche Rückstellung)* provision pour risques et charges, primes provisionnées; **–rückstellung** *f (VersR)* réserve *f* mathématique; **–zusage** *f (VersR)* note *ou* lettre de couverture, acceptation provisoire d'un risque.

**DEFIZIT** *n* • *(Fehlbetrag)* déficit *m*, découvert *m*, perte *f* • *(Mangel)* défaut *m*, manque *m*, carence *f*; **dauerndes –** déficit chronique.

**DELIKT** *n* • *(StR)* délit *m* pénal; infraction *f* • *(SchuldR: unerlaubte Handlung)* fait *m* (délictueux), délit civil.

**DELIKTSFÄHIGKEIT** *f* • *(StR: Strafmündigkeit)* majorité pénale; imputabilité • *(ZR)* responsabilité délictuelle ou civile.

**DELIKTS | HAFTUNG** *f (SchuldR)* responsabilité civile (délictuelle); **–tatbestand** *m* faits *mpl* constituant une infraction; délit civil; **–unfähigkeit** irresponsabilité civile, non-imputabilité *f*; **–verantwortlichkeit** *f* majorité pénale; responsabilité délictuelle.

**DEMOKRATISCH** *adj* : **–e Grundordnung** régime *m* démocratique, ordre *m* républicain; **–er Rechtsstaat** État *m* de droit démocratique.

**DEMONSTRANT** *m* manifestant *m*.

**DEMONSTRATION** *f* • *(Protestkundgebung)* manifestation *f*, rassemblement *m*, réunion *f* sur la voie publique; cortège *m*; défilé *m*; attroupement *m* • *(Beweisführung)* démonstration, justification.

**DEMONSTRATIONS | FREIHEIT** *f*, **–recht** *n* liberté *f* de rassemblement et de manifestation sur la voie publique; **–schäden** *mpl* dommages *mpl* causés par un attroupement; **–strafrecht** *n* dispositions légales pénales relatives aux manifestations sur la voie publique; **–teilnehmer** *m* participant à une manifestation; **–verbot** *n* interdiction de manifester sur la voie publique; **–zug** *m* cortège *m*, défilé *m*.

**DEPONIE** *f (UmweltR)* décharge publique; dépotoir *m*; déchetterie *f*; **–gelände** *n*, **–grundstück** *n* lieu *m* aménagé pour accueillir les déchets, décharge *f*.

**DEPOT** *n* • *(Effektenverwahrung)* dépôt *m* • *(Lager)* entrepôt *m* • *(aufbewahrter Gegenstand)* chose *f* déposée; **offenes –** dépôt à découvert, dépôt irrégulier; **verschlossenes –** dépôt régulier.

**DEREGULIERUNG** *f (WirtR)* déréglementation, dérégulation.

**DERELIKTION** *f (SachR: Besitzaufgabe)* abandon *m*, déréliction *f*.

**DESIGN** *n (HR: formgerechte Gestaltung)* esthétique industrielle, design *m*; conception; stylique *f*, esthétisme *m* moderne.

**DEUTSCHE(R)** *m* national *m* allemand, ressortissant *m* allemand; **–r im Ausland** allemand *m* à l'étranger.

**DEVISEN** *fpl* devise *f* (étrangère); **harte –** devise appréciée, devise forte.

**DEVISEN | RECHT** *n* régime *n* des changes, législation sur les devises; **–vergehen** *n* infraction au contrôle des changes; **–verkehr** *m* transactions sur les devises.

**DEVOLUTIV | EFFEKT** *m*, **–wirkung** *f (PrzR)* effet dévolutif.

**DEZENTRALISATION** *f*, **Dezentralisierung** *f (VwR)* décentralisation *f* territoriale.

**DEZER | NAT** *n (VwR: Geschäftsbereich)* section *f*, bureau *m*, division *f*; **–nent** *m* chef *m* de section, chef de division.

**DIÄTEN** *pl* • *(Tagegelder)* indemnité journalière • *(StaatsR)* indemnité parlementaire.

**DIEB** *m* voleur *m*.

**DIEBES | BANDE** *f* bande *f* organisée commettant des vols; **–beute** *f* objets *mpl* volés; **–falle** *f* vol astucieux; **–gehilfe** *m* complice *m* d'un vol; **–gut** *n* chose *f* volée, bien *m* volé.

**DIEBSTAHL** *m (StR)* vol *m*, soustraction frauduleuse; **einfacher –** vol simple; **qualifizierter –, schwerer –** vol qualifié; **räuberischer –** vol commis avec violence.

**DIEBSTAHL(S) | TATBESTAND** *m* faits *mpl* constitutifs d'un vol; **–sicherung** *f (Kfz)* dispositif *m* antivol; **–versuch** *m* tentative *f* de vol.

**DIENST** *m* • *(ArbR: abhängiges Arbeitsverhältnis)* travail *m* subordonné, service *m* (pour un employeur) • *(ÖfR: Amt)* office *m*, charge *f*, fonction *f* • *(Stellung)* place *f*, emploi *m*; **öffentlicher –** fonction publique; **– nach Vorschrift** grève *f* du zèle.

**DIENSTANWEISUNG** *f* instruction de service.

**DIENST | AUFSICHT** *f* tutelle *f* administrative (sur les actes et sur les personnes), surveillance *f ou* contrôle *m* hiérarchique; **–aufsichtsbehörde** *f* autorité *f* de tutelle, administration chargée du contrôle hiérarchique, ministre *m* intéressé; **–aufsichtsbeschwerde** *f* recours *m* hiérarchique.

**DIENSTAUSWEIS** *m* • *(BeamR)* insigne *m* d'identification, plaque *f* (d'un inspecteur de police) • *(HR)* carte professionnelle.

**DIENSTBARKEIT** *f* *(SachR)* servitude *f*, charge établie sur un immeuble; **beschränkte persönliche –** servitude *f* personnelle restreinte; **gesetzliche –** servitude légale.

**DIENST | BEFEHL** *m* ordre de mission; ordre de service; **–befreiung** *f* exemption de service; **–beginn** *m* • entrée dans la fonction publique • heure d'ouverture.

**DIENST | BEHÖRDE** *f* *(BeamR: personalaktführende Stelle)* autorité *f* responsable des dossiers *mpl* du personnel.

**DIENST | BEZEICHNUNG** *f* titre *m*, fonction *f*; **–bezüge** *pl* solde *f* budgétaire, solde d'activité *ou* de fonction, traitement d'activité, salaire *m*; **–bote** *m* serviteur *m*, domestique; garçon *m* de courses.

**DIENST | EID** *m (BeamR)* (prestation de) serment *m* de fidélité (au régime en place), serment d'obéissance à la constitution; **–enthebung** *f (DiszR)* exclusion temporaire de fonctions.

**DIENST | FEHLER** *m* faute *f* de service; **–flagge** *f* pavillon *m* de service; **–geber** *m* • *(BeamR)* collectivité *f* ayant engagé un fonctionnaire • (Aut) employeur *m*, patron *m*; **–geheimnispflicht** *f* obligation de discrétion professionnelle.

**DIENSTGRAD** *m* grade *m*, échelon *m* hiérarchique.

**DIENST | HANDLUNG** *f (VwR)* agissement *m* de l'administration, acte matériel; **–herr** *m* l'État *ou* une personne morale de droit public (bénéficiant de la prérogative d'avoir à son service ses propres fonctionnaires dont il est l'employeur), État-patron; supérieur hiérarchique.

**DIENSTLEISTUNG** • *(ArbR)* service *m*, prestation *f* de service • *(WirtR)* services *mpl*, biens *mpl* immatériels.

**DIENSTLEISTUNGS|AUFTRAG** *m* contrat de louage de services; **–betrieb** *m* entreprise *f* prestataire de services *ou* du secteur tertiaire; **–bilanz** *f (Außh)* balance *f* des invisibles *ou* des services; **–gewerbe** *n* secteur *m* tertiaire.

**DIENST | PERSON** *f* • *(BeamR)* membre de la fonction publique • *(ZR)* domestique *m ou f*; **–personal** *n* • *(ArbR)* personnel domestique, gens de service • *(VwR)* personnel de service.

**DIENSTPFLICHT** *f* • *(VwR)* devoir *m* imposé par une charge • *(BeamR)* obligation de servir; **–verletzung** *f (BeamR)* faute disciplinaire; faute de service (commise par un fonctionnaire).

**DIENST | PLAN** *m* organigramme *m*; **–posten** *m* charge *f*, fonction; rang *m*; **–recht** droit de la fonction publique.

**DIENSTSTELLE** *f* service *m*, bureau *m*, office *m*, organisme *m* administratif.

**DIENST | STELLUNG** *f* affectation d'un agent public, emploi assigné à un fonctionnaire; **–stempel** *m* cachet officiel; **–strafe** *f* sanction (disciplinaire).

**DIENSTSTRAF | GERICHT** *n* tribunal *m* disciplinaire; **–gewalt** *f* pouvoir *m* disciplinaire; **–recht** *n* droit *m* disciplinaire concernant la fonction publique.

**DIENSTSTUNDEN** *pl* heures de service *ou* de bureau.

**DIENSTVERHÄLTNIS** *n* • *(ArbR)* contrat de travail, relations juridiques résultant du contrat de travail • *(VwR)* position *f* administrative; **öffentlich rechtliches –** situation statutaire et réglementaire de fonctionnaire public.

**DIENSTVERTRAG** *m (SchuldR, ArbR)* louage *m* de service, contrat *m* de travail.

**DIENST | VERWEIGERUNG** *f* refus d'obtempérer d'un requis (à un ordre de l'autorité compétente), désobéissance *f* en cas de réquisition; **–vorgesetzter** *m* supérieur *m* hiérarchique, chef *m* hiérarchique; **–vorschrift** *f* instruction de service, note de service; **–waffe** *f* arme *f* de service; **–wagen** *m* voiture de fonction.

**DIENSTZEIT** *f* • *(Büro)* heures *fpl* d'ouverture *ou* de service • *(Beamte)* présence *f*, années *fpl* de service, temps *m* de service, ancienneté.

**DINGLICH** *adj* **: –er Anspruch** revendication réelle; **–er Arrest** saisie *f* réelle; **–e Berechtigung** prérogative résultant d'un droit réel; **–er Gerichtsstand** compétence juridictionnelle en matière d'actions réelles; **–es Recht** droit réel.

**DIN-VORSCHRIFTEN** *fpl* normes *fpl* de l'Institut allemand de normalisation.

**DIPLOMATEN | AUSWEIS** *m* laisser-passer *m*, sauf-conduit *m* diplomatique; **–gepäck** *n* valise *f* diplomatique; **–pass** *m* passeport *m* diplomatique.

**DIREKTIONS | AUSSCHUSS** *m* comité directeur; **–mitglied** *n* membre du directoire; **–recht** *(des Arbeitgebers)* pouvoir *m* de direction.

**DIREKTOR** *m* directeur *m*, administrateur *m*, président *m*; **stellvertretender –** sous-directeur *m*, directeur adjoint.

**DIREKTORIUM** *n (GesR)* directoire *m*, conseil *m ou* comité *m* de direction.

**DIREKT | SENDUNG** *f* (émission) en direct; **–versicherung** *f* assurance-vie *f* conclue par le chef d'entreprise en faveur du salarié.

**DISCOUNT** *m* ristourne *f*, rabais sur le prix; **–geschäft** *n*, **–laden** *m* magasin *m* de rabais, discounteur *m*; **–verkauf** *m* vente *f* au rabais *ou* à prix discompté.

**DISKONT** *m* • *(WechselR)* escompte *m* • *(kurz für: Diskontsatz)* taux *m* d'escompte • *(HR)* ristourne *f*.

**DISKONTFÄHIG** *adj* escomptable.

**DISPOSITIONS | MAXIME** *f (ZPR: Verfügungsgrundsatz)* principe dispositif, liberté des parties de mettre fin à l'instance (par accord *ou* décision unilatérale).

**DISPOSITIV** *adj* • *(SchuldR: nachgiebig)* facultatif, non impératif • *(ÖfR: anordnend, verfügend)* réglementaire, imposé; **–es Recht** disposition légale supplétive.

**DISSENS** *m* • *(Meinungsverschiedenheit)* dissentiment *m*, désaccord *m*, dissension • *(bei Willenserklärungen)* vice *m* de consentement; **offener –** volonté juridique lacunaire *ou* imparfaite; **versteckter –** absence de consentement réel sur certains points du contenu du contrat.

**DISTANZ | DELIKT** *n (StR)* délit *m* dans lequel le résultat se produit dans un lieu autre que celui où il est commis; **–geschäft** *n (HR)* vente d'une marchandise dans un lieu autre que celui où elle se trouve.

**DISZIPLINAR | AUSSCHUSS** *m* conseil de discipline; **–beschwerde** *f* recours *m* en matière disciplinaire.

**DISZIPLINARGERICHT** *n* juridiction *f* disciplinaire, conseil *m* disciplinaire.

**DISZIPLINAR | GEWALT** *f* pouvoir *m* disciplinaire *ou* hiérarchique; **–maßnahme** *f* sanction *f* disciplinaire; **–ordnung** *f* règlement *m* disciplinaire, code *m* disciplinaire; **–strafe** *f* sanction *f* disciplinaire.

**DISZIPLINAR | VERFAHREN** *n* procédure *f* disciplinaire; **–vergehen** *n* infraction *f* disciplinaire, manquement à la discipline; **–vorgesetzter** *m* supérieur *m* hiérarchique, supérieur détenteur du pouvoir disciplinaire; **–vorschrift** *f* prescription, règle *f* disciplinaire.

**DIVIDENDE** *f* dividende *m*; **aufgelaufene –** dividende cumulé.

**DOKUMENTEN | AKKREDITIV** *n* crédit *m* documentaire; **–tratte** *f* traite *f* documentaire.

**DOMÄNE** *f* • *(VwR: Staatsgut, Staatsbesitz)* domaine public; bien domanial, bien d'une personne publique • *(Fachbereich)* domaine, spécialité, ressort.

**DOMIZILI(I)ERUNG** *f (WechselR: Angabe des Zahlungsortes)* domiciliation *f*.

**DOPING** *n* dopage *m*, doping *m*.

**DOPPELBESTEUERUNG** *f* double imposition *f*; **–sabkommen** *n* convention relative à la double imposition.

**DOPPEL | STAATSANGEHÖRIGKEIT** *f*, **–staatsbürgerschaft** *f* double nationalité, double allégeance; **–verdiener** *m* • personne qui touche deux salaires • *pej* cumulards *mpl*, ménage qui touche deux salaires par suite de l'activité professionnelle des deux époux.

**DRAUFGABE** *f*, **Draufgeld** *n* *(SchuldR: Handgeld)* dédit *m*; arrhes *fpl*.

**DRINGEND** *adj* • *(eilig)* urgent, pressant • *(nachdrücklich)* insistant, impératif; **–e Gefahr** danger *m* imminent.

**DRINGLICHKEITS | ANTRAG** *m* requête *f* urgente, demande *f* en référé; **–beschluss** *m*, **–entscheidung** *f* ordonnance *f* de référé; **–fall** *m* urgence *f*, cas urgent; **–verfahren** *n* procédure *f* en cas d'urgence, procédure en référé.

**DRITT | ANFECHTUNGSKLAGE** *f* action en nullité engagée par un tiers intervenant; **–begünstigung** *f* recel *m* de malfaiteur; **–berechtigte(r)** *m* tiers *m* ayant droit, tiers bénéficiaire; **–bindung** *f* obligation contractuelle liant un tiers.

**DRITTE(R)** *m* tiers *m*, tierce personne *f*; **begünstigter –** tiers bénéficiaire; **geschädigter –** tiers lésé.

**DRITT | ERWERB** *m* acquisition par un tiers; **–erwerber** *m* tiers acquéreur; **–interessen** *npl* intérêts de tiers en jeu; **–schaden** *m* dommage aux tiers, dommage par ricochet, préjudice indirect.

**DRITTSCHULDNER** *m* tiers *m* saisi, tiers *m* débiteur; **–forderung** *f* créance du tiers saisi; **–klage** *f* action *f* indirecte, action oblique, action subrogatoire.

**DRITTWIDERSPRUCHS | KLAGE** *f (ZPR)* tierce opposition *f* (principale); **–kläger** *m* tiers *m* opposant.

**DRITTWIRKSAMKEIT** *f* opposabilité *f* (à un tiers).

**DRITTWIRKUNG** *f* effet à l'égard des tiers; **– der Grundrechte** *(VerfR)* effet des libertés publiques non seulement envers l'État, mais aussi envers les particuliers.

**DROGEN** *fpl* (produits) stupéfiants *mpl*, drogues illicites; **–abhängige(r)** toxicomane *m*; **–abhängigkeit** *f* dépendance *f*, toxicomanie *f*; **–besitz** *m* possession de stupéfiants; **–dealer** *m* revendeur de drogue; **–entzug** *m* sevrage *m*, cure de sevrage; **–konsum** *m* usage *m* de drogues; **–handel** trafic *m* de stupéfiants; **–händler** trafiquant de drogues; **–missbrauch** *m* abus *m* toxico-maniaque; **–sucht** *f* toxicomanie *f*, assuétude *f*; **–süchtige(r)** *m* toxicomane; **–verkauf** *m* trafic *m* de stupéfiants.

**DROH | ANRUF** *m* appel téléphonique exprimant des menaces;

**–brief** *m* lettre *f* de menace *ou* comminatoire.

**DROHUNG** *f* • *(StrR)* menace *f*, acte d'intimidation • *(i.w.S.)* avertissement; parole comminatoire; intimidation; **– mit Gefahr für Leib und Leben** acte d'intimidation consistant à inspirer (à une autre personne) la crainte d'un mal (projeté contre sa personne).

**DRUCKSCHRIFT** *f* prospectus *m*; imprimé *m*; document *m* (sur un produit); **periodische –** écrit *m* périodique.

**DUBIOSEN** *fpl* créances douteuses.

**DULDUNGS | ANORDNUNG** *f* *(VwR)* acte administratif contenant une obligation de tolérer; **–klage** *f* action ayant pour but de faire tolérer quelque chose; **–titel** *m* *(ZwangsVR)* obligation énoncée par un jugement de laisser procéder à une exécution forcée.

**DUMPING** *n* *(HR)* dumping *m*; **–preis** *m* prix de dumping.

**DUPLIKAT** *n* *(Zweitausfertigung)* duplicata *m*, double *m*, second exemplaire.

**DURCHFÜHREN** *v* exécuter, mettre à exécution *ou* en application.

**DURCHFUHR | HANDEL** *m* commerce de transit; **–land** *n* pays *m* de transit.

**DURCHFÜHRUNGS | ANORDNUNG** *f* arrêté *ou* texte d'application, modalité d'application; **–bestimmung** *f* modalité d'application *ou* d'exécution; **–gesetz** *n* loi d'exécution; **–vorschrift** *f* règlement *m* administratif, circulaire *f*, instruction *f* de service, mesure *f* d'ordre intérieur.

**DURCH | GRIFFSHAFTUNG** *f* • *(GesR)* responsabilité personnelle des actionnaires d'une société de capitaux • *(SchuldR)* responsabilité *f* du fabricant *ou* du producteur; **–laufposten** *m* compte d'ordre; **–lieferungsersuchen** *n* *(StR)* demande de transit (pour une personne extradée).

**DURCHREISE** *f* transit *m*, voyage en transit; **–erlaubnis** *f* permis de transit; **–sichtvermerk** *m* visa de transit.

**DURCHSCHLAG** *m* copie *f*; double *m*; **–papier** *n* papier *m* pelure.

**DURCHSCHRIFT** *f* second exemplaire, double *m*, duplicata *m*.

**DURCHSICHT** *f* examen *m*; vérification; analyse *f*; **nochmalige –** réexamen *m*.

**DURCHSTREICHEN** *v* biffer, rayer (la mention inutile).

**DURCHSUCHUNG** *f* *(StPR)* visite *f*, perquisition *f*, fouille *f*; **körperliche –** fouille à corps, visite corporelle; **polizeiliche –** enquête policière, descente *f* de police; **– zur Nachtzeit** visite *f* *ou* perquisition pendant la nuit; **– der Wohnung** perquisition au domicile, visite domiciliaire.

**DÜRFTIGKEIT** *f* indigence *f*, pauvreté *f*; insuffisance *f*; **– des Nachlasses** *(ErbR)* insuffisance *f* du patrimoine du de cujus.

## E

**ECHTHEIT** *f* authenticité *f*; véracité *f*; **– einer Unterschrift** authenticité de la signature; **– einer Urkunde** sincérité *f* d'un acte; **die – einer Urkunde bestreiten** s'inscrire en faux.

**EDIKT** *n* *(Aut: amtlicher Erlass)* règlement *m*; avis *m* officiel.

**EDITION** *f* • *(Ausgabe von Büchern, Verlag)* édition *f* • *(en Aut aussi: Vorlage bei Gericht)* production (en justice); **– von Ur-**

**kunden** (Aut) production de documents.

**EFFEKTEN** *pl* **(s. Wertpapier)** titres *mpl* négociables, effets *mpl*, valeurs *fpl* mobilières.

**EFFEKTEN | BÖRSE** *f* bourse *f* des valeurs; **–handel** *m* opérations *fpl* sur titres; **–makler** *m* courtier en valeurs mobilières.

**EHE** *f (FamR)* mariage *m*; union *f* légitime; lien *m* conjugal; **geschiedene –** mariage dissous par divorce; **hinkende –** *(IPR)* mariage boiteux; mariage valable selon une loi, mais nul ou dissous selon une autre; **nicht vollzogene –** mariage sans consommation charnelle; mariage blanc; mariage simulé.

**EHEÄHNLICHE | GEMEINSCHAFT** *f (FamR)* union *f* libre, cohabitation *ou* relation hors mariage, communauté de vie, union non-maritale, concubinage *m*; **– Partnerschaft** *f (FamR: eheähnliche, gesetzlich geregelte Lebensgemeinschaft)* pacte *m* civil de solidarité de droit allemand, PACS (en France).

**EHE | ANBAHNUNG** *f* • préliminaires *mpl* du mariage • courtage *m* matrimonial; **–anbahnungsinstitut** *n* agence *f* matrimoniale, *pej* marché *m* des solitaires; **–anfechtungsklage** *f* action en annulation du mariage; **–aufgebot** *n* bans *mpl*, publications (en vue du mariage).

**EHEAUFHEBUNG** *f* dissolution *f* du mariage sans effets rétroactifs (pour des motifs existant au moment du mariage.

**EHE | BERATER** *m* conseiller conjugal (et familial); **–beratungsstelle** *f* centre *m* de consultation conjugale.

**EHE | BRUCH** *m* adultère *m*; **–erschleichung** *f* obtention *f* du consentement (en matière de mariage) par artifices ou manœuvre dolosives.

**EHE | FÄHIGKEIT** *f* capacité de se marier, capacité *f* matrimoniale, nubilité *f*; **–fähigkeitszeugnis** *n* certificat *m* prénuptial, certificat de capacité matrimoniale; **–feststellungsklage** *f* action en constatation de l'existence du mariage; **–frau** *f* femme mariée, épouse *f*.

**EHEGATTE** *m* • époux *m*; mari *m* • *(au pl)* conjoints *mpl;* **alleiniges Vermögen** *n* **eines – -n** biens *mpl* propres d'un époux; **in Gütergemeinschaft lebender –** époux vivant sous le régime de la communauté; **schuldlos geschiedener –** conjoint *m* qui a obtenu gain de cause (dans une procédure en divorce); **überlebender –** conjoint survivant.

**EHEGATTEN | ERBRECHT** *n* vocation héréditaire du conjoint survivant, droits *mpl* successoraux du conjoint; **–gesellschaft** *f* société (constitutée) entre époux; **–haftung** responsabilité (solidaire) des époux; **–testament** *n* testament conjoint *ou* rédigé au nom des deux époux; **–unterhalt** *m* devoir de secours, obligation alimentaire entre époux.

**EHE | GATTIN** *f* femme *f*, épouse *f*; **–gesetz** *n* loi allemande relative au mariage; **–güterrecht** *n* droit fixant les régimes matrimoniaux; **–herstellungsklage** *f* action en rétablissement de la communauté de vie; **–hindernis** *n* empêchement *m* dirimant au mariage; **–leute** *pl* conjoints *mpl*.

**EHELICH** *adj* **: –e Abstammung** filiation légitime; **–es Güterrecht** législation *f* relative aux régimes matrimoniaux; **–e Lebensgemeinschaft** communauté *f* de vie (entre époux); **–e Pflichten** devoirs *mpl* respectifs des époux; **–er Vater** père *m* légitime; **–e Kinder** enfants *mpl* nés du mariage; **–e Wohnung** habitation *f* commune des époux.

**EHELICHERKLÄRUNG** *f* légitimation *f* (par mariage).

**EHE | MANN** *m* époux *m*, mari *m*; **–mündigkeit** *f* âge *m* requis pour contracter mariage, capacité *f* de contracter mariage, majorité *f* matrimoniale; **–mündigkeitserklärung** *f* dispense *f* d'âge (pour le mariage); **–name** *m* nom *m* acquis par (le) mariage; **–namensrecht** *n* droit relatif au nom des époux; **–nichtigkeit** *f* nullité *f* du mariage; **–paar** *n* couple *m*; **–partner** *m* conjoint *m*; **–pflichten** *fpl* obligations résultant du mariage.

**EHESACHE** *f* litige *m* en matière matrimoniale; **Verfahren in –n** procédure *f* relative à l'existence *ou* à la dissolution du mariage.

**EHESCHEIDUNG** *f* divorce *m*; **einverständliche –** divorce par consentement mutuel; **die – aussprechen** prononcer le divorce; **die – beantragen** demander le divorce; **auf – erkennen** prononcer le divorce; **– wegen Zerrüttung der Ehe** divorce pour rupture de la vie commune, divorce constat d'échec.

**EHESCHEIDUNGS | ANTRAG** *m* demande *f* en divorce; **–gesetz** *n* loi *f* sur le divorce; **–grund** *m* • cas d'ouverture (du divorce) • motif *m* de divorce, cause *f* du divorce; **–klage** *f* demande *f ou* action *f* en divorce, instance en divorce; **–prozess** *m*, **–verfahren** *n* procédure *f* de divorce; **–urteil** *n* jugement *m* de divorce.

**EHESCHLIEßUNG** *f* • conclusion *f* du mariage • *(Trauung)* célébration *f* du mariage; **nachfolgende –** mariage subséquent; **standesamtliche –** mariage *m* civil, mariage devant l'officier de l'état civil.

**EHESTAND** *m* possession d'état (d'époux), existence du mariage.

**EHE | STÖRUNG** *f* trouble *m* de la vie conjugale provoqué par un tiers; **–streitwert** *m* montant de la demande matrimoniale; **–tauglichkeitszeugnis** *n* certificat d'aptitude au mariage.

**EHE | VERBOT** *n* empêchement *m* au mariage, **–vereinbarung** *f* contrat *m* de mariage.

**EHEVERFEHLUNG** *f* violation des obligations nées du mariage; faute *f*; **schwere –** violation grave des obligations nées du mariage.

**EHE | VERTRAG** *n (FamR)* contrat de mariage, convention *f* matrimoniale, pacte matrimonial; **–wohnung** *f* lieu *m* d'habitation des époux; **–zerrüttung** *f* trouble *m* (irréparable) de la vie conjugale, faits *mpl* rendant intolérable le maintien de la vie commune, rupture *f* de la vie commune.

**EHRE** *f* • *(Anerkennung)* honneur *m*; dignité *f*; estime *f*, respect *m* de soi-même • *(Ansehen)* considération *f*, mérite *m*, honneur • *(Unbescholtenheit)* honneur, irréprochabilité *f*, honorabilité *f*.

**EHRENAMTLICH** *adj* honorifique; *adv* à titre honorifique, bénévolement; **–er Richter** juge *m* non-professionnel.

**EHRENGERICHT** *n (Gerichtsbarkeit für freie Berufe)* conseil *m* de discipline, juridiction disciplinaire professionnelle.

**EHREN | KODEX** *m* **der Ärzte** code de déontologie des médecins; **–mitglied** *n* membre d'honneur, membre *m* honoraire; **–präsident** *m* président d'honneur.

**EHREN | STRAFE** *f* peine *f* infamante; **–titel** *m* titre honorifique; **–verlust** *m* déchéance des droits civiques.

**EID** *m* • *(PrzR)* serment *m* (affirmatif, assertoire *ou* attestatoire) • *(PrzR: Zeugeneid)* serment de dire la vérité • *(BeamR)* serment de remplir fidèlement sa mission et de respecter la constitution; **an –es Statt** (affirmation) tenant lieu de serment, (déclaration) sur l'honneur; **gerichtlicher –** serment judiciaire.

**EIDESLEISTUNG** *f* prestation de serment; **zur – laden** demander (à qqn.) de prêter serment.

**EIDESSTATTLICH** *adj* tenant lieu de serment; **–e Versicherung** *(ZPR)* affirmation solennelle (concernant le patrimoine ou l'administration des biens) tenant lieu de serment; déclaration sur l'honneur du débiteur pour affirmer la sincérité de l'inventaire de son patrimoine (présenté au créancier).

**EIDES | VERWEIGERUNGSRECHT** *n* droit de refuser de prêter serment; **–zwang** *m* obligation de prêter serment.

**EIDGENOSSENSCHAFT** *f* : **schweizerische –** Confédération *f* helvétique (CH).

**EIGENBEDARFS | KLAGE** *f* *(MietR)* action intentée par le propriétaire d'un immeuble *ou* appartement contre son locataire pour s'installer (lui même *ou* des membres de sa famille); **–kündigung** *f* congé donné par le propriétaire à son locataire en vue d'occuper lui-même son appartement.

**EIGEN | BEHALT** *m (VersR: Selbstbehalt)* plein *m* de conservation, rétention pour compte propre; **–besitz** *m (SachR)* possession à titre de propriétaire, possession dans laquelle le détenteur possède une chose comme lui appartenant, possession pour son propre compte; **–besitzer** *m* possesseur pour son propre compte; **–betriebsgefahr** *f* risque inhérent à la conduite du véhicule endommagé et dont il est tenu compte lors du partage des dommages.

**EIGEN | GESCHÄFT** *n (HR: Kommission)* opération conclue en son nom propre; **–geschäftsführung** *f* gestion (d'affaires) dans son propre intérêt.

**EIGEN | MACHT** *f* • *(VwR)* décision (individuelle) arbitraire, décision de par sa propre autorité • *(ÖfR)* pouvoir absolu; despotisme *m*; arbitraire *m* • *(SachR)* privation illégale de la possession, trouble *m* dans la possession par voie de fait.

**EIGEN | MITTEL** *pl* fonds *mpl* propres; **–nutz** *m* • intérêt personnel, égoïsme *m* • *(StR)*: **strafbarer –nutz** gain *m* illicite.

**EIGENSCHAFT** *f (SchuldR)* qualité *f*, critère de valeur (d'une chose); caractéristique (d'une personne); propriété *f*; **in der – als** en sa qualité de, ès qualités; **wesentliche –** qualité substantielle.

**EIGENSCHAFTSIRRTUM** *m* *(SchuldR)* erreur *f* sur la substance, erreur sur la nature spécifique (de la chose).

**EIGENTUM** *n (SachenR)* propriété *f* (privée), droit individuel de propriété; **– an beweglichen Sachen** propriété mobilière; **– an unbeweglichen Sachen** *f* propriété immobilière; **befriedetes –** propriété enclose; **geistiges –** *(UrhR)* droits *mpl* intellectuels, propriété intellectuelle, propriété littéraire et artistique; **gewerbliches –** propriété industrielle; droit exclusif à l'usage d'un nom commercial *ou* d'une marque; **künstlerisches und literarisches –** propriété littéraire et artistique.

**EIGENTÜMER** *m* propriétaire *m*, titulaire *m* d'un droit de propriété; **rechtmäßiger –** propriétaire légitime; **–gemeinschaft** *f* copropriété *f*, indivision; **–grundschuld** *f* sûreté réelle immobilière constituée en faveur du propriétaire (et inscrite au livre foncier); **–wechsel** *m* changement de propriétaire.

**EIGENTUMS | AUFGABE** *f* *(SachR)* abandon *m* de propriété, déréliction; **–beeinträchtigung** *f* trouble *m* de fait *ou* de droit (de la propriété); **–beschränkung** *f* limitation *f* de propriété, restriction à l'exercice de la propriété; **–delikte** *pl* infractions *fpl* contre les biens; **–entziehung** *f* éviction *f*; **–ersitzung** *f* prescription *f* acquisitive (des immeubles).

**EIGENTUMS | ERWERB** *m* • *(ZR)* acquisition de la propriété • *(staatlich gefördert)* accession *f ou* accès *m* à la propriété; **–feststellungsklage** *f* action en constatation et confirmation d'un droit de propriété; **–herausgabeanspruch** *m* demande en restitution faite par le propriétaire; **–klage** *f* action *f* pétitoire, action en revendication (de la propriété immobilière); **–nachweis** *m* preuve *f* de la propriété.

**EIGENTUMS | RECHT** *n* • *(als Institution)* régime *m* de la propriété • droit de propriété; **gewerbliches –recht** droit de propriété industrielle; **–schutz** *m* protection de la propriété privée; **–störung** *f* trouble *m* du droit de propriété.

**EIGENTUMS | STÖRUNGS-KLAGE** *f* action exercée par le propriétaire en cas de troubles autres que l'usurpation *ou* la rétention de propriété; **–titel** *m* titre de propriété; **–übergang** *m* translation de propriété; transmission de la propriété.

**EIGENTUMSÜBERTRAGUNG** *f* • *(SachR: Auflassung)* acte *m* de dessaisine-saisine (avec inscription au livre foncier); transport de la chose en la puissance de l'acheteur (selon le principe de l'ensaisinement) • *(SachR: Einigung und Übergabe)* contrat de transfert de propriété (d'un bien meuble) avec mise de la chose à la disposition de l'acheteur; consentement et transfert de propriété avec tradition; **–santrag** *m* demande en saisine-dessaisine; **–surkunde** *f* acte *m* de transfert de propriété.

**EIGENTUMS | UMSCHREIBUNG** *f* inscription du nouveau propriétaire dans le registre foncier; **–urkunde** *f* acte *m* de propriété; **–verhältnisse** *npl* situation juridique relative à la propriété (d'un meuble ou d'un immeuble); **–verlust** *m* extinction *f* de la propriété; abandon *m* involontaire de la propriété; **–vermutung** *f* présomption de propriété; **–verwirkung** *f* perte du droit de propriété (par suite d'une prescription acquisitive); **–verzicht** *m* renonciation au droit de propriété.

**EIGENTUMSVORBEHALT** *m* réserve *f* de propriété; **erweiterter –** réserve de propriété élargie (portant sur toutes les créances); **verlängerter –** réserve de propriété prolongée (portant sur le prix reçu en contrepartie de la marchandise faisant l'objet d'une clause réservant au vendeur la propriété), réserve de propriété prolongée portant sur la chose nouvelle créée par incorporation du meuble dont le propriétaire s'est réservé la propriété.

**EIGENTUMSVORBEHALTS | KLAUSEL** *f* clause *f* de réserve de propriété, clause suspendant le transfert de propriété jusqu'au paiement intégral du prix, clause réservant au vendeur la propriété jusqu'à l'entier paiement du prix; **–käufer** *m* acheteur *m* d'un bien meuble sous réserve de propriété; **–sicherung** *f* garantie *f* relative à la réserve de propriété.

**EIGENTUMSWOHNUNG** *f* *(Wohnungseigentum)* appartement *m* dans un immeuble collectif; immeuble d'habitation en copropriété; appartement *m* soumis au statut de la copropriété des maisons divisées par étages ou par appartements, appartement en copropriété, appartement soumis au régime de la copropriété, logement *m* sous le régime de la copropriété, copropriété par étages *ou* par appartements.

**EIGNUNG** *f* aptitude *f*, capacité *f* acquise, qualification *f*; **berufliche –** qualification professionnelle; **körperliche –** aptitude physique; **– für Wohnzwecke** habitabilité *f*.

**EILBOTE** *m* porteur *m* de dépêches, courrier *m*; **per –n** par exprès.

**EILE** *f* diligence *f*, célérité *f*, promptitude; **mit der gebotenen – vorgehen** faire diligence, ne pas perdre de temps.

**EINBAUTEN** *fpl* *(SchuldR: der Mieter)* incorporation *f* (d'une chose mobilière à un autre meuble) par le locataire.

**EINBEHALTUNG** *f* *(SteuerR auch: Einbehalt)* retenue *f* (à la source), retenue de l'impôt sur le salaire, précompte *m*.

**EINBERUFUNG** *f* • convocation *f* • incorporation *f*; **– des Jahrgangs** appel du contingent.

**EINBEZIEHEN** *v* inclure, intégrer; joindre; **in einen Prozess –** mettre qqn. en cause.

**EINBRECHER** *m (StR)* auteur *m* d'un vol par effraction, cambrioleur *m*.

**EINBRINGEN** *v* • *(Einlage)* apporter • *(Geld)* rapporter; recouvrer, récupérer • *(Antrag)* présenter, déposer une requête • *(Sache)* déposer, apporter (un bien) • *(Klage)* introduire (une action en justice), agir (devant un tribunal).

**EINBRINGUNG** *f* • apport *m* • recouvrement *m* • présentation *f* • dépôt *m*; **– von Sachen** • *(bei Gastwirten)* dépôt d'objets (chez l'hôtelier), effets *mpl* personnels • *(in die Mietwohnung)* mobilier *m* du locataire (pouvant être saisi par le bailleur).

**EINBRUCH** *m* • *(StR)* effraction, cambriolage • *(Konjunktur)* effondrement *m*.

**EINBRUCHSDIEBSTAHL** *m* vol *m* qualifié avec effraction, cambriolage *m*.

**EINBÜRGERUNG** *f* naturalisation *f*, octroi de la nationalité.

**EINBÜRGERUNGS | ANTRAG** *m*, **–begehren** *n* demande *f* de naturalisation; **–behörde** *f* office *m* de naturalisation; **–bescheid** *m* décret de naturalisation; **–urkunde** *f* acte sur l'acquisition de la nationalité.

**EINBUßE** *f* perte *f*, dommage *m*, préjudice *m*; déficit *m*; **eine – erleiden** subir une perte.

**EINDEUTIG** *adj* certain, indubitable, incontestable, hors de question; **–er Beweis** preuve sûre et assurée.

**EINFLUSS** *m* • *(auf Sachen)* influence *f*, effet *m*, pression *f* • *(auf Personen)* ascendant *m*, emprise *f*, pouvoir *m* • *(von Personen)* autorité *f*, créance *f*, crédit *m*, importance *f*, prestige *m*; **–bereich** *m*, **–gebiet** *n*, **–sphäre** *f* sphère *f* d'influence, zone *f* d'influence; **–nahme** *f* immixtion, ingérence *f*.

**EINFRIEDUNG** *f* clôture *f*; **gemeinschaftliche –** clôture mitoyenne.

**EINFÜGEN** *v* insérer (une clause); intercaler (un texte); publier (une annonce dans un journal).

**EINFUHR | ABFERTIGUNG** *f* dédouanement à l'entrée; **–beschränkung** *f* restriction à l'importation; **–bewilligung** *f* permis d'importer, licence d'importation.

**EINFUHR | SPERRE** *f* embargo sur les importations; **–umsatzsteuer** *f* taxe *f* à la valeur ajoutée concernant l'importation (de biens économiques).

**EINFÜHRUNG** *f* introduction (d'une personne); mise en application (d'une loi); importation (d'une marchandise); **– in ein Amt** installation dans une fonction; **– an der Börse** admission à la cote; **– auf dem Markt** lancement *m* sur le marché.

**EINFÜHRUNGS | GESETZ** *n* loi d'introduction, texte *m* (de loi) préliminaire, dispositions (pré)liminaires; **–preis** *m* prix *m* de lancement; **–werbung** *f* campagne *ou* publicité de lancement.

**EINFUHRVERBOT** *n* interdiction d'importer, prohibition d'entrée.

**EINGABE** *f* • *(ÖfR)* requête *f*; pétition; supplique *f*, demande *f*, placet *m* • *(DV)* entrée *f ou* enregistrement *m* de données.

**EINGANG** *m* • *(Post)* réception, entrée *f*, arrivée *f* • *(Waren)* arrivage *m* • *(Geld)* encaissement *m*, recouvrement • *(Zutritt)* accès *m*; **– vorbehalten** sauf bonne fin, sous réserve d'encaissement.

**EINGANGS | DATUM** *n* date *f* de réception; **–formel** *f* intitulé; **–stelle** *f* • *(Register)* lieu *m* de dépôt • *(Gericht)* greffe *m*; **–stempel** *m* cachet de la date d'entrée.

**EINGEHEN** *v* • *(Waren, Gelder)* arriver, rentrer • *(Vertrag)* contracter, conclure • *(Risiko)* assumer; **auf Bedingungen –** accepter des conditions; **eine Ehe –** contracter mariage.

**EINGEMEINDUNG** *f* incorporation *f* dans une commune; fusion *f* de communes par absorption des plus petites par la plus grande.

**EINGRIFF** *m* • *(VR)* intervention, ingérence *f* • *(VwR)* empiètement *m*, immixtion *f*; **enteignungsgleicher –** empiètement équivalent à une expropriation, expropriation indirecte; **rechtswidriger –** empiètement illégal; **– in das Privateigentum** atteinte *f* à la propriété privée.

**EINGRUPPIERUNG** *f* classement *m*; classification *f* professionnelle.

**EINHALTUNG** *f* respect *m*, observation, obéissance *f*; **– der Frist** observation du délai prévu; **– der Rechtsvorschriften** respect *m* (le plus strict) des règles de droit; **– des Vertrages** exécution fidèle des obligations contractuelles.

**EINHEIT** *f* unité *f*; uniformité *f*; étalon *m*; **wirtschaftliche –** *(BW)* exploitation formant une unité économique.

**EINIGEN** *v* **: sich –** conclure un accord, se mettre d'accord, tomber d'accord; s'entendre, trouver un arrangement.

**EINIGUNG** *f* • *(SchuldR)* consentement *m*, accord *m* (de deux ou plusieurs volontés), acceptation de l'offre • *(SachR: dingliche Einigung)* contrat réel relatif à l'acquisition *ou* la transmission de la propriété *ou* d'un droit réel (selon le principe de l'ensaisinement du droit allemand) • *(VR: Herstellung der Einheit)* réunification; unification *f*; **gütliche –** accord *m* amiable; règlement *m* à l'amiable.

**EINKAUF** *m* achat *m*, acquisition; approvisionnement.

**EINKÄUFER** *m (HR)* acheteur *m*; agent d'achat (d'une firme); **–ausweis** *m* carte d'acheteur.

**EINKAUFS | BEDINGUNGEN** *fpl* conditions (générales) d'achat; **–beleg** *m* bon *m* de caisse; **–vereinigung** *f* groupement *m* d'achats; **–zentrum** *n* grande surface, hypermarché *m*, centre *m* commercial.

**EINKLAGEN** *v* agir en justice; **eine Forderung –** poursuivre le recouvrement d'une créance.

**EINKOMMEN** *n* revenu *m*, produits réguliers du travail *ou* du capital; **festes –** revenu fixe; **steuerpflichtiges –** revenu imposable.

**EINKOMMENSTEUER** *f* impôt sur le revenu (des personnes physiques), impôt général sur le revenu; **–bescheid** *m* avis d'imposition *ou* de mise en recouvrement du rôle; **–erklärung** *f* déclaration générale du revenu (complétée par des déclarations propres à certaines catégories de revenus).

**EINKÜNFTE** *pl (SteuerR)* revenus *mpl*, ressources *fpl*; **entgangene –** manque à gagner; **feste –** revenus fixes; **fortlaufende –** revenus périodiques; **– aus Gewerbebetrieb** bénéfices *mpl* provenant de l'activité de l'entreprise; **– aus Grundbesitz** revenus du patrimoine immobilier; **– aus Kapitalvermögen** gains *mpl* en capital *ou* plus-values; **– aus selbständiger Arbeit** bénéfices provenant de l'exercice d'une profession libérale; **– aus beweglichem Vermögen** revenus mobiliers.

**EINLAGE** *f* • *(GesR)* mise de fonds, apport *m* • *(Banken)* dépôt *m*, avoir *m*; **stille –** apport occulte; **täglich fällige –** dépôt à vue; **– in Sachwerten** apport en nature.

**EINLASSUNG** *f (PrzR)* exposé *m* (des motifs), argumentation *f*; **– zur Hauptsache** défense *f* sur le fond.

**EINLASSUNGSFRIST** *f* délai *m* d'avenir pour conclure, délai pour présenter son argumentation (entre la signification de l'action et l'audience).

**EINLEGEN** *v* mettre; apporter; verser; déposer; placer; **Berufung –** interjeter appel, se pourvoir en appel; **Einspruch –** faire opposition; **Revision –** se pourvoir en cassation; **Widerspruch –** faire opposition.

**EINLEGER** *m* déposant *m*, apporteur *m*.

**EINLEGUNG | DER BERUFUNG** *f* pourvoi *m* en appel; **– eines Rechtsmittels** introduction *f* d'un recours; **– der Revision** pourvoi *m* en cassation.

**EINLEITEN** *v* introduire; préparer; **ein Ermittlungsverfahren –** mettre en cause qqn., instruire une affaire; **Untersuchungen –** engager des poursuites.

**EINLEITUNG** *f* introduction *f*; préambule *m*; préface *f*; avant-propos *m*; **– schädlicher Stoffe** *(UmweltR)* déversement *m ou* écoulement *ou* rejet *m* de produits nocifs *ou* polluants; **– des Verfahrens** • *(ZPR)* introduction de l'instance; mise en uvre de la procédure • *(StPR)* engagement des poursuites.

**EINLIEFERUNG** *f (StPR)* remise *f* de l'extradé à la partie requérante; **– in die Justizvollzugsanstalt** le fait de mettre qqn. sous les verrous, enfermer, emprisonner.

**EINLÖSEN** *v* racheter, payer, dégager; **ein Pfand –** dégager un gage; **einen Scheck –** encaisser un chèque; **einen Wechsel –** honorer une traite.

**EINLÖSUNG** *f* • *(Pfand)* rachat *m*, dégagement *m* • *(Banknoten)* remboursement *m*, paiement *m* • *(Scheck)* encaissement *m* • *(Wechsel)* paiement *m*.

**EINMANNGESELLSCHAFT** *f* société unipersonnelle, société composée d'un seul membre, société réduite à une personne unique.

**EINMISCHUNG** *f* immixtion *f*, ingérence *f*.

**EINNAHMEN** *fpl* recettes *fpl*, rentrées *fpl* de fonds, ressources *fpl*, produit *m*; **außergewöhnliche –** recettes imprévues *ou* accidentelles; **zweckgebundene –** recettes affectées à des dépenses déterminées.

**EINPERSONENHAUSHALT** *m* ménage *m* d'une personne; famille *f* monoparentale.

**EINRÄUMEN** *v* • *(gewähren)* octroyer, conférer • *(zugestehen)* admettre, concéder.

**EINRÄUMUNG** *f* • *(Gewährung)* octroi *m*, attribution • *(Zugeständnis)* concession • *(Abtretung)* cession.

**EINREDE** *f* • *(ZPR: Gegenrecht)* exception *f*, moyen invoqué pour écarter une demande judiciaire • *(Einwendung)* objection; **dilatorische –** exception dilatoire; **prozesshindernde –** exception soulevée par le défendeur préalablement aux débats sur le fond (incompétence, irrecevabilité, clause d'arbitrage, litispendance, absence de caution judicatum solvi, etc.).

**EINREICHEN** *v* déposer, introduire, présenter, verser au dossier; **einen Antrag, ein Gesuch –** présenter une requête; **eine Klage –** porter une action devant une juridiction (civile), exercer une action; **Unterlagen –** produire des pièces.

**EINREISE | ERLAUBNIS** *f* autorisation de pénétrer sur le territoire, permis d'entrée; **–sperre** *f*, **–verbot** *n* interdiction *f* d'entrée; **–visum** *n* visa *m* d'entrée.

**EINRICHTUNG** *f* • institution *f*, organisme *m*, organisation *f* • installation *f*, équipement *m*; **gemeinnützige –** institution reconnue d'utilité publique.

**EINSCHLIEßEN** *v* • enfermer, mettre en lieu sûr, mettre sous clef • entourer complètement, enclaver • séquestrer, enfermer dans • interner • inclure.

**EINSCHLIEßLICH** *präp* y compris, inclusivement; **– Steuern u. Abgaben** toutes taxes comprises.

**EINSCHRÄNKEN** *v* **: die Befugnisse –** limiter le pouvoir de qqn.

**EINSCHRÄNKUNG** *f* limitation *f*, réduction *f*, restriction *f*; **– der Grundrechte** limitation *ou* aménagement des libertés publiques.

**EINSCHREIBEN** *n* **mit Rückschein** lettre recommandée avec demande d'avis de réception.

**EINSCHREITEN** *n* action *f*, intervention *f*; **zum – auffordern** requérir; **– von Behörden** intervention des autorités.

**EINSCHÜCHTERUNG** *f* intimidation, pressions *fpl*, menaces *fpl*; **–smittel** *n* moyen *m* de pression; **–sversuch** *m* man uvres *fpl* pour intimider qqn., tentative *f* d'intimidation.

**EINSEHEN** *v* • *(Schriftstücke)* examiner, consulter; étudier, explorer; contrôler • *(Irrtum)* reconnaître (une erreur).

**EINSEITIG** *adj* • unilatéral • partial *adj*; **–e Entscheidung** décision prise sans consultation préalable (de l'interessé); **–es Rechtsgeschäft** acte *m* unilatéral.

**EINSENDEN** *v* envoyer, adresser, transmettre, faire parvenir.

**EINSENDESCHLUSS** *m* dernier délai, date *f* limite.

**EINSENDUNG** *f* envoi *m* (d'une lettre); lettre *f* missive; **–stermin** *m* date *f* limite.

**EINSETZEN** *v* instituer, établir, investir, affecter, engager; **als Erben –** instituer en tant qu'héritier; **in die Rechte eines Dritten –** subroger dans les droits d'un tiers.

**EINSICHT** *f* • *(Prüfung)* examen *m*, regard *m* • *(Verständnis)* discernement *m*; jugement *m*; intelligence *f*; **– von Akten** examen *m* du dossier, (droit de) regard.

**EINSICHTNAHME** *f (PrzR, VwR, StR)* prise *f* de connaissance (d'informations nominatives), examen *m* (des fichiers, dossiers, livres comptables); **Recht auf –** droit de communication *ou* de regard.

**EINSPARUNG** *f* • *(Kosten)* économie *f* • *(Personal)* compression *f* (du personnel); **–smaßnahmen** *fpl* mesures *fpl* d'économie (d'énergie, etc.).

**EINSPERREN** *n (StR)* séquestration, enfermement arbitraire (d'une personne).

**EINSPRUCH** *m* • *(ZPR: bei Versäumnisurteil)* opposition *f* • *(StPR: Strafbefehl)* contestation *f*, réclamation *f* • *(VwR)* recours *m* préalable • *(SteuerR)* réclamation préalable • *(AllgSpr)* objection *f*; **formgerechter –** opposition en bonne et due forme; **nicht fristgerechter –** opposition hors délai; **unzulässiger –** opposition irrecevable; **– gegen ein Versäumnisurteil** opposition contre le jugement par défaut.

**EINSPRUCHS | FRIST** *f* délai *m* d'opposition; **–gesetz** *n (VerfR)* loi *f* fédérale au sujet de laquelle le Bundesrat peut faire opposition; **–recht** *n* droit d'opposition, faculté d'appeler; **–verfahren** *n* procédure *f* d'opposition.

**EINSTELLEN** *v* • *(aufhören)* interrompre, suspendre • *(Gegenstände)* ranger, classer • *(Personal)* embaucher, recruter; **die Zahlungen –** déposer le bilan.

**EINSTELLUNG** *f* • *(Verfahren)* suspension *f*, cessation provisoire de la procédure; interruption *f* de l'instance • *(StPR)* non-lieu *m*; cessation (des poursuites) • *(Meinung, Überzeugung)* attitude *f*, conception *f*, point *m* de vue • *(ArbR)* embauchage *m*, embauche *f*, recrutement *m*; **vorläufige – des Verfahrens** *(StPR)* suspension provisoire des poursuites; **– des Verfahrens** • arrêt *m* de la procédure • *(Strafrecht)* non-lieu *m*; **– der Zahlungen** cessation *ou* suspension des paiements.

**EINSTELLUNGS | BESCHLUSS** *m (StPR)* ordonnance de non-lieu; **–gespräch** *n* entretien *m* (d'embauche); **–schreiben** *n* lettre d'engagement; **–überprüfung** *(ÖfR, BeamR)* vérification de la fidélité à la constitution lors de l'entrée dans la fonction publique; **–voraussetzungen** *fpl* profil *m* (du candidat à l'embauche).

**EINSTIMMIG** *adj* unanime, unanimement, à l'unanimité, d'un commun accord.

**EINSTUFEN** *v* classer; grouper; catégoriser; conférer un grade.

**EINSTURZ** *m (eines Bauwerkes)* ruine *f* (d'un bâtiment); **–gefährdet** *adj* menaçant ruine.

**EINSTWEILIG** *adj* provisoire; qui peut être modifié; sujet à révision (judiciaire); **–e Anordnung** *(ZPR)* ordonnance *f* concernant une mesure provisoire, ordonnance sur requête *ou* de référé; **–e Geltung** validité provisoire; **–e Verfügung** ordonnance *f* portant mesure provisoire.

**EINTEILEN** *v* • *(verteilen)* répartir, diviser, partager, trier • *(gliedern)* subdiviser • *(Personen)* ordonner (de faire qqch.).

**EINTRAGEN** *v* enregistrer, immatriculer, inscrire; **in das Protokoll –** insérer au procès-verbal.

**EINTRÄGLICH** *adj* lucratif, rémunérateur; **–es Geschäft** affaire *f* rentable.

**EINTRAGUNG** *f* enregistrement *m*, inscription *f* (d'un acte sur un registre); **ändernde –** inscription modificative; **– im Grundbuch** inscription au registre foncier; **– im Handelsregister** inscription au registre du commerce; **– in das Strafregister** inscription au casier judiciaire; **– eines Warenzeichens** dépôt d'une marque de fabrique.

**EINTREIBEN** *v (ZwangsVR)* recouvrer, mettre en recouvrement.

**EINTREIBEN** *n*, **Eintreibung** *f* recouvrement *m*; perception (d'impôts); **– von Forderungen** recouvrement de créances; **zwangsweise –** recouvrement forcé (par voie judiciaire).

**EINTRETEN** *v* • *(in eine Gewerkschaft od. Partei)* adhérer à, s'affilier, s'inscrire à • *(für eine Person)* répondre de quelqu'un, prendre parti pour quelqu'un; remplacer • *(in die Rechte)* subroger • *(Schaden)* survenir, se réaliser • *(Prozess)* intervenir, agir par voie d'intervention.

**EINTRITT** *m* • *(Eintreten)* entrée *f* • *(in Verein, Gesellschaft, Partei)* adhésion *f*; **– der Bedingung** survenance *f* de la condition; **– des Erbfalls** ouverture *f* de la succession; **– des Fälligkeitstermins** échéance *f*, arrivée *f* du terme; **– in die Rechte (eines anderen)** subrogation *f*; **– des Schadenfalls** survenance d'un dommage; **– des Versicherungsfalls** réalisation du risque.

**EINVERNEHMEN** *n* • *(Verständigung, Einigung)* accord *m*, convention, pacte *m* • *(gutes Verhältnis)* bonne entente, intelligence *f*; **gegenseitiges –** consentement *m* mutuel.

**EINVERSTÄNDLICH** *adj (SchuldR)* d'un commun accord; **–e Scheidung** divorce *m* conventionnel.

**EINVERSTÄNDNIS** *n* • accord *m*, entente *f* • *(StR)* consentement de la victime; **beiderseitiges –, gegenseitiges –** consentement *m* mutuel; **geheimes –** collusion *f* d'intérêts; **strafbares –** connivence *f*, collusion *f*.

**EINWAND** *m* objection *f*, exception *f*; **einen – erheben** • faire une objection, contester • *(PrzR)* exciper, invoquer une exception.

**EINWANDERER** *m* immigrant *m*, immigré *m*; **– ohne gültige Papiere** un sans-papiers.

**EINWANDERUNG** *f* immigration *f*, flux *m* migratoire; **illegale –** immigration clandestine.

**EINWANDERUNGS | BEHÖRDE** *f* service *m* de l'immigration; office *m* allemand d'immigration; **–beschränkung** *f* restriction à l'immigration; **–quote** *f* quota *m* d'immigrants.

**EINWANDFREI** *adj* • *(unzweifelhaft)* indubitable, hors de doute, sûr, certain • *(tadelloser Zustand)* en très bon état, de qualité loyale et marchande.

**EINWEISEN** *v* • *(Arbeit)* initier, donner des directives • *(Amt)* installer (dans ses fonctions) • *(Krankenhaus)* hospitaliser.

**EINWEISUNG** *f* • *(ArbR: Schulung)* instruction *f*, initiation *f* • *(StR: Überstellung)* internement • affectation; installation *f*; **– in den Besitz** envoi en possession (définitive); **– in eine Suchtklinik** internement dans hôpital (psychiatrique) pour une cure de sevrage.

**EINWENDEN** *v* objecter, opposer (un fait, un argument), soulever une exception.

**EINWENDUNG** *f* objection *f*, exception *f*, réclamation *f*; **materiellrechtliche –** défense *f* quant au fond; **– der Nichtigkeit** exception de nullité; **– des Selbsteintrittsrechtes** exception de contre-partie.

**EINWILLIGEN** *v* consentir, donner son accord; accepter (l'offre); accéder (à la demande); souscrire; acquiescer.

**EINWILLIGUNG** *f* *(SchuldR)* consentement (préalable) *m*; autorisation *f*; assentiment *m*; **stillschweigende –** accord *m* tacite; **– des Verletzten** *(StR)* consentement de la victime.

**EINWOHNERMELDE | AMT** *n* service *m* communal (allemand) compétent en matière de déclaration de domicile, bureau des déclarations domiciliaires des habitants (d'une commune); **–pflicht** obligation de déclarer son domicile.

**EINZAHLEN** *v* verser, payer; acquitter; libérer (une action).

**EINZAHLUNG** *f* versement *m*, dépôt de fonds, paiement *m*; libération (d'actions); **– auf Sperrkonto** versement en compte bloqué.

**EINZEL | ABKOMMEN** *n* convention *f* particulière; **–akt** *m* • *(ÖfR)* mesure individuelle • *(ZR)* contrat entre deux particuliers • *(StR)* fait *m* individuel (imputable); **–arbeitsvertrag** *m* contrat individuel de travail.

**EINZEL | FALL** *m* cas *m* isolé; cas particulier; **–firma** *f* *(HR)* établissement en nom personnel, entreprise individuelle; **–geschäftsführer** *m* gérant d'affaires unique; **–geschäftsführung** *f* *(HR)* gestion *f* (d'affaires) individuelle.

**EINZELHAFT** *f* détention individuelle, emprisonnement cellulaire.

**EINZELHANDEL** *m* commerce *m* de détail, petit commerce.

**EINZELHANDELS | BETRIEB** *m*, **–firma** *f*, **–geschäft** *n* établissement commercial; en France: fonds *m* de commerce; **–kaufmann** *m* détaillant *m*.

**EINZELHÄNDLER** *m* débitant *m*, détaillant *m*, négociant au détail.

**EINZEL | KAUFMANN** *m* commerçant *m* (à titre individuel *ou* en nom personnel); **–person** *f* individu *m*, personne *f*; **–preis** *m* prix *m* unitaire; **–prüfung** *f* examen *m* cas par cas; **–rechtsnachfolger** *m* ayant-cause *m* à titre particulier; **–richter** *m* juge *m* unique.

**EINZEL | STATUT** *n* *(IPR)* statut *m* particulier; **–tat** *f* *(StR)* fait individuel; **–täter** *m* délinquant isolé (n'ayant pas de complice, n'agissant pas par bande); **–teile** *npl* pièces détachées *ou* de rechange.

**EINZEL | UNTERNEHMEN** *n* entreprise *f* *ou* exploitation individuelle, établissement; **–unternehmer** *m* chef *m* d'entreprise (indépendant *ou* individuel); **–vereinbarung** *f* accord *m* particulier; contrat *m*; **–verfügung** *f* acte *m* individuel (de disposition).

**EINZELVERMÄCHTNIS** *n* legs *m* particulier, legs à titre particulier; **–nehmer** *m* légataire *m* particulier.

**EINZEL | VERNEHMUNG** *f* audition *f* séparée (d'un témoin); interrogatoire séparé (d'un inculpé); **–vertretungsmacht, –vollmacht** *f* mandat *m* à titre individuel; **–vorgang** *m* fait isolé; **–zelle** *f* cellule d'isolement.

**EINZIEHEN** *v* • *(Sachen)* saisir, confisquer • *(Geld)* recouvrer, encaisser • *(Steuern)* percevoir, procéder au recouvrement.

**EINZIEHUNG** *f* • *(Sache)* saisie *f*, confiscation *f* • *(Geld)* recouvrement *m*; **– der Forderung** recouvrement de la créance; **– des Führerscheins** rétention *f* du permis de conduire; **– des Passes** annulation du passeport; **– von Schriften** (mit strafbarem Inhalt) confiscation d'écrits (illicites).

**EINZUGS | ERMÄCHTIGUNG** *f (BankR)* autorisation de prélèvement (mensuel); **–verfahren** *n* • *(BankR)* encaissement • *(VersR)* procédure de perception des cotisations d'assurance.

**EISENBAHN | FRACHTGESCHÄFT** *n* contrat *m* de transport de marchandises par chemin de fer; **–gefährdung** *f* atteinte à la sécurité des chemins de fer; **–gelände** *n* enceinte *f* du chemin de fer, dépendances *fpl* de la voie ferrée; **–kreuzung u. –übergang** passage *m* à niveau (muni de barrières *ou* non), traversée *f* (gardée); **–netz** *n* réseau *m* ferroviaire.

**EISENBAHN | RECHT** *n* • droit *ou* législation ferroviaire • police *f* des chemins de fer, règlements sur la sûreté et l'exploitation des voies ferrées; **–verkehr** *m* trafic *m* ferroviaire.

**ELEKTRIZITÄT | SENTZIEHUNG** *f* soustraction frauduleuse d'énergie électrique; **–sversorgung** *f* distribution *ou* fourniture *f* d'énergie électrique; **–szähler** *m* compteur *m* d'électricité.

**ELTERLICHE SORGE** *f (FamR früher: elterliche Gewalt)* autorité *f* parentale; **Aufhebung** *f* **der –n** – *(Klage)* action en déchéance de l'autorité parentale; **gemeinsame Ausübung** *f* **der –n** – exercice conjoint de l'autorité parentale; **Verlust** *m* **der –n** – déchéance *f* de l'autorité parentale.

**ELTERLICHES SORGERECHT** *n* modalités de l'exercice de l'autorité parentale, droit de garde, de surveillance et d'entretien.

**ELTERN** *pl* père et mère; parents *mpl (au sens strict du terme);* **leibliche –** père et mère par suite d'une filiation charnelle; **–haus** *n* domicile familial.

**EMPFANG** *m* réception *f*, accueil *m*; **den – bestätigen** accuser réception; **in – nehmen** recevoir, prendre livraison.

**EMPFÄNGER** *m* • destinataire *m* • *(Leistungen)* bénéficiaire *m*; titulaire *m*; ayant-droit *m* • *(Rundfunk, Fernsehen)* récepteur *m* radio *ou* de télévision.

**EMPFÄNGNIS** *f* conception, fécondation; **–verhütung** *f* contraception *f*, anticonception; **–verhütungsmittel** *npl* produits contraceptifs; préservatifs; **–zeit** *f* époque *f* de la conception.

**EMPFANGSBEDÜRFTIG** *adj* (offre, déclaration) nécessitant la réception; **–e Willenserklärung** déclaration *f* exigeant la réception (pour être valable).

**EMPFANGS | BESTÄTIGUNG** *f* accusé *m* de réception, quittance *f*, acquit *m*; **–bevollmächtigter** personne mandatée pour recevoir (les actes de procédure); **–datum** *n* date *f* de réception; **–schein** *m* récépissé *m*, reçu *m*.

**EMPFEHLUNG** *f* • *(a. EuR)* recommandation • *(ArbR)* références *fpl* • appui *m*, protection *f*.

**END | ABNEHMER** *m* consommateur *m* final; **–abrechnung** *f* compte *m* définitif, solde *m*; **–bescheid** *m (VwR)* décision définitive; **–betrag** *m* montant *m* total.

**ENDE** *n* • *(räumlich)* bout *m* • *(zeitlich)* fin *f* • *(Tod)* décès *m*, mort *f*.

**END | ERGEBNIS** *n* résultat *m* définitif; **–fertigung** *f* finition.

**ENDGÜLTIG** *adj* de façon définitive, irrévocable; sans appel; **–e Entscheidung** décision irrévocable; **–e Fassung** version définitive; **–es Urteil** jugement définitif, décision judiciaire ayant la force de la chose jugée.

**END | LAGERUNG** *f (UmweltR)* enfouissement (des déchets nucléaires), stockage *m* en profondeur; **–preis** *m* prix de vente (au public);

**–termin** *m* dernier délai, date limite.

**ENDURTEIL** *n (ZPR)* jugement *m* qui met fin à l'instance, jugement tranchant (tout) le principal, jugement sur le fond; sentence définitive.

**ENERGIE** *f* : **Entziehung elektrischer –** soustraction frauduleuse d'électricité; **–anlagenhaftung** *f* responsabilité pour les dommages résultant de l'exploitation d'une installation classée; **–bedarf** *m* besoins *mpl* en énergie; **–eigenversorgung** *f* autoconsommation et autosuffisance énergétique; **–einsparungsgesetz** *n* Loi *f* relative aux économies d'énergie.

**ENERGIE | GESETZ** *n* Loi *n* (allemande) relative à l'approvisionnement en énergie; **–lieferungsvertrag** *m* contrat *m* d'abonnement (entre l'usager et le fournisseur d'énergie); **–sicherungsgesetz** *n* loi sur la sauvegarde de l'approvisionnement énergétique.

**ENGINEERING** *n* ingénierie *f*, étude *f* globale de projets industriels; **–Büro** *n* bureau *m* d'études techniques; **–vertrag** *m* contrat *m* d'ingénierie.

**ENTBINDUNG** *f* • accouchement *m* • fait de relever d'un serment *ou* d'une obligation; **–sklinik** *f* maternité *f*, services *mpl* obstétricaux; **–skosten** *pl* frais *mpl* de maternité.

**ENTEIGNUNG** *f (ÖfR)* expropriation (pour cause d'utilité publique); **teilweise –** expropriation partielle d'immeubles *ou* de droits réels immobiliers; **– im öffentlichen Interesse, – zur Verfolgung öffentlicher Zwecke** expropriation pour cause d'utilité publique.

**ENTEIGNUNGS | ANORDNUNG** *f* arrêté *m* de cessibilité, ordonnance individuelle d'expropriation; **–behörde** *f* expropriant *m*; **–bescheid** *m*, **–beschluss** *m* ordonnance *ou* jugement d'expropriation; **–entschädigung** *f* indemnité d'expropriation.

**ENTEIGNUNGSGLEICHER EINGRIFF** *m* cession forcée considérée comme une expropriation (par le droit allemand), expropriation indirecte.

**ENTERBEN** *v* exhéréder (un héritier présomptif), déshériter.

**ENTFALLEN** *v* • *(nicht in Betracht kommen)* ne pas être applicable; (mention) étant sans objet • *(zugeteilt bekommen)* être alloué, être accordé à qqn.

**ENTFERNEN** *n* : **unerlaubtes – vom Unfallort** le fait de s'éloigner (illégalement) des lieux de l'accident.

**ENTFERNUNG** *f* distance *f*; **– des Angeklagten** *(StPR)* expulsion de l'accusé (de la salle d'audience); **– von Anschlägen** lacération *f* d'affiches; **– aus dem Dienst** *(BeamR)* révocation *f* (avec *ou* sans suspension *f* des droits à pension).

**ENTFLECHTUNG** *f (WirtR)* décartellisation, démantèlement *m* (d'un groupe monopolistique).

**ENTFÜHREN** *v* enlever (un enfant), détourner (un avion), kidnapper qqn.

**ENTFÜHRER** *m* • *(Kinder)* kidnappeur • *(Frauen)* ravisseur *m* • *(allgemein)* auteur *m* d'un enlèvement.

**ENTFÜHRUNG** *f (StR)* rapt *m*, enlèvement *m*, kidnapping *m*; **– von Flugzeugen** détournement *m* d'aéronef; **– Minderjähriger** enlèvement d'un mineur.

**ENTGANGENER GEWINN** *m* manque *m* à gagner, gain *m* manqué.

**ENTGEGENHALTEN** *v* • *(entgegnen)* objecter, opposer (un argument) • *(vergleichen)* comparer.

**ENTGEGNUNGSRECHT** *n* droit *m* de réponse.

**ENTGELT** *n* • *(Preis)* contre-valeur *f*, prix *m* • *(Vergütung)* rémunération *f*, salaire *m* brut • *(Entschädigung)* dédommagement *m*, compensation *f*.

**ENTGELTLICH** *adj* à titre onéreux.

**ENTHAFTUNG** *f* • *(Entlassung aus der Haft)* libération *f*, élargissement *m*, levée d'écrou • *(en BRD seulement)* dégagement *ou* exonération de la responsabilité.

**ENTHALTEN** *v* • contenir, comprendre, renfermer • *(sich –)* s'abstenir de, ne pas prendre parti, rester neutre.

**ENTHALTUNG** *f (Pol: Wahl)* abstention; **–spflicht** *f* obligation de ne pas exercer un droit.

**ENTHEBUNG** *f (BeamR)* destitution, relèvement des fonctions; mise à la retraite d'office.

**ENTKRÄFTEN** *v* infirmer, annuler, invalider; **einen Verdacht –** laver d'un soupçon.

**ENTLASSEN** *v* • *(kündigen)* congédier, renvoyer, licencier • *(StPR: Häftling)* élargir (un détenu), remettre en liberté.

**ENTLASSUNG** *f* • *(ArbR)* congédiement *m*, renvoi *m*, licenciement *m* • *(StPR)* élargissement *m* (d'un détenu) • *(ZR: Richter, Vormund)* destitution *f*, **bedingte –** *(StR)* libération conditionnelle.

**ENTLASSUNGS | SCHREIBEN** *n* lettre *m* de congédiement; **–verfügung** *f* • *(ArbR)* mesure *f* de licenciement • *(StPR)* levée *f* d'écrou.

**ENTLASTEN** *v* • *(Geschäftsführer)* donner décharge, accorder le quitus • *(Tatverdächtigen)* disculper, innocenter, décharger; exonérer • *(bei Schulden)* alléger; dégrever.

**ENTLASTUNG** *f (HR, GesR: Geschäftsführung)* décharge *f*, quitus *m*; **die – erteilen** donner *ou* accorder le quitus, donner décharge.

**ENTLASTUNGS | BEWEIS** *m (SchuldR)* preuve *f* d'exonération de la responsabilité (du maître *ou* commettant pour les préposés); **–gesetz** *n (PrzR)* Loi allemande relative au désengorgement des tribunaux (en particulier de la Cour fédérale de justice); **–tatsachen** *fpl* faits *mpl* à décharge; **–zeuge** *(StPR) m* témoin à décharge.

**ENTLOHNUNG** *f* rémunération *f*; **angemessene –** salaire *m* équitable.

**ENTMÜNDIGEN** *v (ZR)* priver de la capacité, mettre sous tutelle.

**ENTMÜNDIGTE(R)** *m* incapable *m*.

**ENTMÜNDIGUNG** *f* interdiction judiciaire, placement (d'un majeur) sous tutelle, ouverture *f* de la tutelle.

**ENTRICHTEN** *v* payer, verser, régler; **eine Schuld –** s'acquitter d'une dette; **eine Steuer –** acquitter *ou* payer un impôt.

**ENTSCHÄDIGEN** *v* dédommager, indemniser, désintéresser.

**ENTSCHÄDIGUNG** *f* dédommagement *m*; dommages-intérêts *mpl*; réparation *f*; indemnité *f*; indemnisation *f*; **angemessene –, billige –** juste indemnité, indemnisation équitable; **finanzielle –** réparation *f* pécuniaire; **volle –** pleine et entière indemnité, indemnisation de tout le préjudice subi; **– der Opfer von Gewalttaten** indemnisation *f* des victimes d'un attentat.

**ENTSCHÄDIGUNGS | ANSPRUCH** *m* droit à réparation *ou* à dédommagement; **–antrag** *m* • *(ZR)* demande de dommages-intérêts • *(VersR)* demande de règlement de sinistre.

**ENTSCHÄDIGUNGS | PFLICHT** *f* obligation de réparer le dommage causé; **–regelung** *f* indemnisation, dédommagement; **–verfahren** *n* modalités de règlement du sinistre.

**ENTSCHEID** *m* décision *f* judiciaire *ou* administrative; décision prise par un homme de l'art (médecin etc.); **begründeter –** décision motivée; **rechtskräftiger –** décision exécutoire; **– nach mündlicher Verhandlung** décision contradictoire.

**ENTSCHEIDEN** *v* • *(endgültig bestimmen)* arrêter, fixer, décider (une affaire) • *(ein Urteil fällen)* statuer, trancher, juger.

**ENTSCHEIDUNG** *f* • *(Erkenntnis eines Gerichts)* décision *f* (de justice) • *(Einzelrichter)* sentence *f* • *(Spruchkammer)* jugement *m* • *(Berufungs- od. Revisionsgerichts)* arrêt *m* • *(StPR: Schuldspruch der Geschworenen)* verdict *m* • *(Schiedsrichter)* sentence arbitrale • *(VwR)* décision individuelle, acte unilatéral à caractère individuel; **ablehnende –, abweisende –** décision de rejet, infirmation *f*; **angefochtene –** décision attaquée; **begründete –** décision motivée; **vorläufig vollstreckbare –** décision exécutoire par provision.

**ENTSCHEIDUNG** *f* : **eine – anfechten** • *(VwPR)* demander l'annulation d'un acte unilatéral • *(PrzR)* engager un recours; appeler (d'un jugement); **– nach Aktenlage** décision *f* rendue en tenant compte de l'état actuel du dossier; **eine – aufheben** infirmer un jugement; annuler une décision.

**ENTSCHEIDUNGS | AUSSPRUCH** *m* prononcé *m* du jugement; **–begründung** *f* les motifs *mpl*; fondement *m* d'une décision; **–formel** *f* dispositif *m*; **–freiheit** *f* (toute) latitude pour agir; **–gründe** *mpl* motifs *mpl* de la décision, attendus, considérants; **–leitsatz** *m* principe directeur (dégagé par une décision de justice).

**ENTSCHEIDUNGS | REIFE** *f* (jugement en) état *m*; degré d'achèvement de l'instruction d'une affaire; hauteur *f* de la procédure, degré *m* d'avancement de l'instance; **–sammlung** *f* recueil *m* de jurisprudence; **–spielraum** *m* marge de manœuvre; **–tenor** *m* dispositif *m*; **–träger** *m* autorité investie d'un pouvoir de décision; administration compétente et responsable.

**ENTSCHLIEßUNG** *f* délibération *f*, décision; **–santrag** *m* proposition *f* de résolution.

**ENTSCHLUSS** *m* décision *f*; **aus eigenem –** librement, de son plein gré.

**ENTSCHULDBARKEIT** *f* excusabilité *f*; possibilité *f* d'exclusion de la culpabilité.

**ENTSCHULDEN** *v* liquider les dettes, désendetter.

**ENTSCHULDIGEN** *v* • *(verzeihen)* excuser, pardonner • *(rechtfertigen)* défendre, décharger, justifier.

**ENTSCHULDIGUNG** *f* excuse *f*, défense *f*, explication *f*, justification *f*, motif *m*, raison *f*.

**ENTSCHULDIGUNGS | GRUND** *m* cause *f* d'excuse; **–umstände** *pl* *(StPR)* circonstances *fpl* absolutoires.

**ENTSCHULDUNG** *f* liquidation *f* des dettes, désendettement *m*.

**ENTSORGUNG** *f* *(UmweltR)* élimination des déchets; **– des Atommülls** gestion des déchets nucléaires; enfouissement des déchets radioactifs (dans des formations géologiques à grande profondeur); retraitement des combustibles usés; **–slager** *n* site *m* de stockage (à long terme); **–swirtschaft** *f* industrie *f* de la dépollution; **–szentrum** *n* déchetterie *f*; centre de tri et de retraitement des déchets.

**ENTSTEHEN** *v* • *(Recht, Anspruch)* résulter de, tirer son origine de • *(Schaden)* survenir, être causé par • *(Kosten)* être occasionné.

**ENTSTEHUNG** *f* • *(Recht, Anspruch)* origine *f*, naissance *f*, formation *f*, genèse *f* • *(Schaden)* survenance *f* (d'un sinistre), réalisation *f* (d'un risque).

**ENTSTEHUNGSGESCHICHTE** *f* *(VerfR: Gesetze)* travaux *mpl* préparatoires; antécédents *mpl*, origines *fpl*.

**ENTSTELLEN** *v* • *(Person)* défigurer • *(Bericht, Wahrheit)* déformer (les faits, la vérité), altérer, dénaturer, fausser.

**ENTSTRICKUNG** *f* *(ZwangsVR)* mainlevée *f* de la saisie.

**ENTWEICHEN** *n*, **Entweichung** *f* **aus der Gefangenschaft** évasion *f*.

**ENTWENDUNG** *f* larcin *m*, vol *m*.

**ENTWERTUNG** *f* • *(Geld)* dévaluation *f*, perte de valeur • *(Briefmarke)* oblitération *f* • *(Fahrkarte)* compostage *m* • *(Aussage)* invalidation *f*.

**ENTWICKLUNGSHELFER** *m* coopérant *m*.

**ENTWICKLUNGS | HILFE** *f* aide *f* au développement; **–land** *n* pays *m* en voie de développement; **–länder** *pl* les pays du Tiers et du Quart Monde, les pays les moins avancés (= PMA); **–politik** *f* politique de coopération; **–programm** *n* programme *m* de développement, schéma *m* directeur; **–vorhaben** *n* projet de coopération.

**ENTWIDMUNG** *f (VwR)* déclassement *m*, retrait *m* du domaine public.

**ENTWURF** *m* projet *m*, plan *m*; ébauche *f*, esquisse *f*; **endgültiger –** projet définitif; **–sunterlagen** dossier *m* d'un projet.

**ENTZIEHUNG** *f* • spoliation *f*, éviction *f*, dépossession *f* • retrait *m*; **– elektrischer Energie** soustraction frauduleuse d'électricité; **– der Fahrerlaubnis, – des Führerscheins** suspension *et/ou* annulation du permis de conduire; **– der elterlichen Sorge** déchéance de l'autorité parentale; **– einer Zulassung** retrait *m* d'agrément *ou* de permission.

**ERB | ANTEIL** *m* part *f* héréditaire *ou* successorale, quote-part *f*; **–anwartschaft** *f* vocation à recueillir une succession; **–auseinandersetzung** *f* partage *m* successoral.

**ERB | AUSGLEICH** *m* rapport à succession (afin de rétablir l'égalité entre les cohéritiers); **–ausschlagung** *f* répudiation *f* de la succession; **–ausschluss** *m* exhérédation.

**ERBBIOLOGISCHES GUTACHTEN** *n* expertise *f* hérédobiologique.

**ERBE 1.** *m (Gesamtnachfolger des Erblassers)* héritier *m*, successeur *m*; **alleiniger –** héritier unique; **benannter –, eingesetzter –** héritier institué; **gesetzlicher –** héritier légitime *ou* ab intestat; **mutmaßlicher –, vermeintlicher –** héritier présomptif; **vorläufiger –** (situation de l') héritier avant l'acceptation ou la répudiation de la succession.

**ERBE 2.** *n* **(s. Erbschaft)** héritage *m*, hérédité *f*, succession *f*; part *f* de succession; bien *m* dépendant de l'hérédité.

**ERBEN** *v* hériter, faire un héritage, recueillir par succession (le patrimoine de qqn).

**ERBEN | EINSETZUNG** *f* institution d'héritier; **–gemeinschaft** *f* indivision héréditaire *ou* successorale, pluralité *f* d'héritiers; **–gesamtheit** *f* indivision *f* héréditaire; **–haftung** *f* responsabilité des cohéritiers; **–losigkeit** *f* déshérence *f*; **–mehrheit** *f* cohéritiers *mpl*, pluralité *f* d'héritiers.

**ERBFÄHIGKEIT** *f* aptitude *f* à recueillir une succession, habileté *f* à succéder.

**ERBFALL** *m* succession déférée *ou* échue, ouverture de la succession; **Eintritt** *m* **des –s** ouverture de la succession.

**ERBFOLGE** *f (Gesamtrechtsnachfolge der Erben)* succession *f*, ordre de succession; dévolution *f* successorale; **gesetzliche –** succession légale, succession ab intestat; **gewillkürte –, testamentarische –** dévolution des biens par testament; **–ordnung** *f* ordre successoral.

**ERBKRANKHEIT** *f* maladie *f* héréditaire, maladie par aberration chromosomique.

**ERBLASSER** *m* • défunt *m*, de cujus *m*, • *(bei Vorliegen eines Testaments)* testateur *m*, auteur *m* du testament; **–schulden** *fpl* dettes *fpl* de la succession.

**ERBMASSE** *f* masse *f* successorale, biens de la succession, biens *mpl* indivis.

**ERBRECHT** *n* • *(im subjektiven Sinne)* droit *m* successoral, droit de succession • *(im objektiven Sinne)* législation en matière successorale, régime *m* de la succession et des libéralités à cause de mort (legs);

**gesetzliches –** succession légale, succession ab intestat; **testamentarisches –** succession testamentaire.

**ERBSCHAFT** *f* (**s. Nachlass** *m*) héritage *m*, succession *f*, hérédité *f*, hoirie *f*; **angefallene –** succession dévolue; **verschuldete –** succession obérée; **eine – ausschlagen** renoncer à une succession.

**ERBSCHAFTSANNAHME** *f* acceptation *f* de la succession, prise *f* de qualité d'héritier; **vorbehaltslose –** acceptation pure et simple; **– unter dem Vorbehalt der Errichtung eines Inventars** acceptation sous bénéfice d'inventaire.

**ERBSCHAFTS | ANSPRUCH** *m* revendication *ou* pétition d'hérédité; **–anteil** *m* part *f* successorale; **–antretung** *f*, **–antritt** *m* adition *f* d'hérédité; **–ausschlagung** *f* renonciation à la succession; **–inventar** *n* inventaire *m* successoral, inventaire de la succession; **–kauf** *m* vente successorale; **–klage** *f* action en revendication d'hérédité, pétition *f* d'hérédité; **–schulden** *fpl* passif *m* héréditaire; **–steuer** *f* impôt *m* sur les successions.

**ERBSCHAFTSTEILUNG** *f* partage *m* de la succession; **gerichtliche –** partage judiciaire; **gütliche –** partage amiable; **vorläufige –** partage provisionnel.

**ERBSCHAFTS | ÜBERGANG** *m* transmission *f* de la sucession *ou* de l'hérédité; **–vertrag** *m* pacte *m* sur une succession.

**ERB | SCHEIN** *m* certificat *m* d'héritier, attestation *f* de la qualité d'héritier; **–schleicher** *m* captateur *m* de succession; **–schleicherei** *f* captation *f* d'héritage.

**ERB | TEIL** *m* part *f* héréditaire, part successorale; **–teilung** *f* partage *m* successoral; **–teilvermächtnis** *n* legs *m* particulier.

**ERB | UNFÄHIG** *adj* qui n'a pas la qualité pour succéder; **–unwürdig** *adj* frappé d'indignité successorale.

**ERB | UNWÜRDIGKEIT** *f* indignité *f* successorale; **–vertrag** *m* pacte *m* sur succession future; **–verzicht** *m* renonciation *f* à la succession.

**EREIGNIS** *n* événement *m*, circonstance *f*; **nukleares –** accident *m* nucléaire; **schädigendes –** fait *m* dommageable, événement *m* dommageable; **zufälliges –** événement *m* casuel, aléa *m*.

**ERFAHRUNG** *f* • expérience *f*, pratique *f*, habitude *f* • connaissance *f*, savoir *m*, science *f*; **–saustausch** *m* échange *m* d'idées (sur un problème).

**ERFASSEN** *v* • saisir, comprendre • enregistrer, inventorier; **buchmäßig –** comptabiliser, ventiler; **karteimäßig –** cataloguer, ficher; **statistisch –** recenser; **zahlenmäßig –** dénombrer.

**ERFINDER** *m* inventeur *m*; **–(be)nennung** *f* mention *ou* désignation *f* de l'inventeur; **–recht** *n* droit conféré par le brevet à l'inventeur; **–schutz** protection conférée par le brevet à l'inventeur.

**ERFINDUNG** *f* invention *f*, découverte *f* d'une nouveauté scientifique; **patentfähige –** invention brevetable.

**ERFINDUNGS | HÖHE** *f* degré d'activité inventive; **–patent** *n* brevet d'invention; **–zweck** *m* objectif *m* de l'invention.

**ERFOLG** *m* succès *m*, réussite *f*; issue *f*; accueil favorable; **Aussicht auf –** expectative *f*, promesse *f* de succès.

**ERFOLGS | ABWENDUNGSPFLICHT** *f* *(StR)* obligation *f* de prévention (dans le cadre d'une infraction de commission par omission); **–aussichten** *fpl* possibilité *ou* probabilité de succès; **–delikt** *n* infraction de commission; **–haftung** *f* responsabilité *f* sans faute, responsabilité objective *ou* du risque créé; **–haftung** *f* garantie *f* pour le succès (d'une affaire, d'une prestation); **–honorar** *n* honoraires calculés en fonction du résultat final.

**ERFORDERN** *v* exiger, requérir.

**ERFORDERNIS** *n* condition *f*, exigence *f*; **materielles –** condition de fond; **wesentliches –** condition sine qua non.

**ERFORSCHUNG** *f* recherche *f*; enquête *f*; étude *f*; **– von Straftaten** procéder à des enquêtes.

**ERFÜLLEN** *v* • *(Leistung)* payer, s'exécuter, acquitter (une dette), exécuter une obligation • *(Handlung)* accomplir, faire • *(Bedingung)* remplir.

**ERFÜLLUNG** *f* • *(SchuldR)* exécution (d'une obligation), paiement volontaire (comme mode d'extinction de l'obligation) • *(SchuldR: bei Geldschulden)* versement (d'une somme d'argent), paiement • *(bei sonstigen Leistungen)* prestation de service; **Hingabe** *od* **Leistung an –s statt** dation en paiement; **teilweise –** exécution partielle; **– der Bedingung** réalisation *ou* accomplissement de la condition.

**ERFÜLLUNGS | GEHILFE** *m* *(SchuldR)* préposé *m*, personne dont se sert un débiteur pour exécuter une obligation qu'il a envers un tiers; **–geschäft** *n* contrat (de droit allemand) visant à réaliser le transfert de propriété de la chose vendue; **–haftung** *f* responsabilité *f* pour le défaut d'exécution *ou* de délivrance.

**ERFÜLLUNGSHALBER** *adj* *(SchuldR: Leistung an Erfüllungs Statt)* en substitution, en remplacement (d'une chose), en paiement *ou* pour extinction d'une obligation (en fournissant une chose).

**ERFÜLLUNGS | HANDLUNG** *f* accomplissement (par le débiteur) de la prestation due, exécution du contrat; **–interesse** *n* *(SchuldR: positives Interesse)* dommages-intérêts compensatoires; **–klage** *f* action en exécution *ou* en paiement; **–ort** *m* lieu *m* d'exécution *ou* de paiement.

**ERFÜLLUNGS STATT** *conj* **: an – –** *(SchuldR: erfüllungshalber)* en substitution, en remplacement, à titre de dation en paiement.

**ERGÄNZEND** *adj* **: –e Bestimmung** disposition complétive; **–er Bericht** mémoire *m* ampliatif.

**ERGÄNZUNG** *f* • *(Vervollständigung)* complément *m* • *(Zusatz)* addenda *m*; annexe *f*; appendice *m*, avenant *m* (au contrat) • *(nachträglicher Zusatz)* addition *f*, clause *f* additionnelle.

**ERGÄNZUNGS | RICHTER** *m* juge *m* suppléant; **–schöffe** *m* échevin *m* suppléant; **–vereinbarung** *f* avenant *m*, accord additionnel; **–verordnung** *f* (EU) règlement *m* complémentaire; **–versorgung** régime *m* complémentaire de retraite; **–wahl** *f* • *(StaatsR)* élection *f* partielle • cooptation.

**ERGEBNIS** *n* • *(Erfolg)* résultat *m*, réussite *f*, succès *m* • *(Folge)* conséquence *f*, fin *f*, issue *f*, solution *f*, suite *f* • *(Ertrag)* produit *m*, solution *f*, réalisation *f*.

**ERGREIFEN** *v* *(StR)* appréhender, arrêter, mettre en état d'arrestation; **einen Beruf –** devenir (avocat, etc.); embrasser la carrière (d'artiste, etc.); **Besitz –** prendre possession de; **das Wort –** prendre la parole (dans un débat).

**ERGREIFUNG** *f* arrestation, appréhension; **– auf frischer Tat** arrestation *f* sur le fait.

**ERHALT** *m* défense *f*; **– der Rechte** sauvegarde *f* des droits (acquis).

**ERHALTEN** *v* • *(bekommen)* recevoir, percevoir, encaisser • *(bewahren)* conserver, maintenir • *(unterhalten)* entretenir, nourrir.

**ERHALTUNG** *f* • *(Rechte)* conservation *f*, maintien *m* • *(Sachen)* entretien *m*; **– wohl erworbener Rechte** maintien *m* des avantages acquis.

**ERHALTUNGS | ARBEITEN** *fpl* • *(BauR)* travaux *mpl* d'entretien • *(ArbR)* travail à fournir par les salariés en cas de grève pour que l'entreprise puisse reprendre son activité à la reprise du travail; **–aufwand** *m*, **–aufwendungen** *fpl* frais de conservation; **–pflicht** *f* *(Gebäude)* obligation d'entretien.

**ERHÄRTEN** *v* : **durch Beweis –** prouver; corroborer, confirmer.

**ERHEBEN** *v* • *(Steuern, Abgaben)* percevoir, prélever • *(Erkenntnisse)* enquêter • *(Klage)* intenter (une action), former (un recours); **Einwendungen –** faire opposition.

**ERHEBLICH** *adj* important, considérable; pertinent, approprié; **–e Gefahr** *(ÖfR)* danger sérieux *ou* grave.

**ERHEBUNG 1.** *f* • *(Steuern)* perception *f*, prélèvement *m* • *(Statistik)* recensement *m*, enquête *f*, information *f*; **amtliche –** enquête officielle; **– einer Klage** introduction d'une action en justice.

**ERHEBUNGEN 2.** *pl* • instruction *f* • investigations *fpl*; **nachträgliche –** supplément d'information.

**ERHÖHUNG** *f* • *(Vermehrung)* augmentation *f*, accroissement *m*, amplification *f* • *(Heraufsetzung)* élévation *f*, hausse *f* • *(Verstärkung)* intensification *f*, renforcement *m*, accentuation.

**ERINNERUNG** *f* • *(Bewusstmachen)* mémorisation *f*, mémoire *f* • *(Mahnung)* rappel *m*, observation *f* • *(PrzR)* recours *m*; sommation respectueuse.

**ERINNERUNGS | LÜCKE** *f* oubli *m*, amnésie *f* sélective; **–schreiben** *n* lettre de rappel; **–werbung** *f* publicité *f* de soutien; **–wert** *m* *(Buchf)* valeur résiduelle.

**ERKENNEN** *v* • reconnaître; discerner • *(PrzR)* juger, décider, statuer; **antragsgemäß –** statuer conformément à la demande; **auf Schadensersatz –** accorder des dommages-intérêts; **auf Strafe –** condamner qqn. à une peine; **–der** *adj* **Richter** juge statuant au fond.

**ERKENNTNIS** *f* • compréhension *f* • connaissances *fpl*, savoir *m*; **–fähigkeit** *f* pouvoir *m* de discernement; **–lage** *f*, **–stand** *m* l'état actuel des connaissances.

**ERKENNTNIS** *n* • *(PrzR)* jugement *m*, décision *f* • argument *m*, considérant *m*; **–verfahren** *n* procédure de jugement.

**ERKENNUNGSDIENST** *m* : **polizeilicher –** service *m* de l'identité judiciaire.

**ERKLÄREN** *v* déclarer, faire connaître, affirmer, proclamer, commenter; avouer, reconnaître, assurer, prétendre, expliquer; **eidlich –** déclarer sous la foi du serment.

**ERKLÄRUNG** *f* • *(SchuldR: Willenserklärung)* déclaration *f* (de volonté), manifestation de la volonté, expression du consentement • *(VR, ÖfR: feierliche Verlautbarung)* manifeste *m*, proclamation *f* • *(PrzR: Deutung)* explication, interprétation, définition; **begründete –** avis *m* motivé; **eidesstattliche –, eidliche –** témoignage *m* sous serment, déposition avec prestation de serment; **– auf Ehrenwort** déclaration sur l'honneur.

**ERKLÄRUNGS | FEHLER** *m* erreur *f* dans la déclaration; **–frist** *f* délai de déclaration; **–irrtum** *m* erreur *m* dans l'expression de la volonté.

**ERKUNDEN** *v* faire une enquête, explorer, prospecter.

**ERKUNDIGEN** *v* : **sich –** se renseigner (sur), prendre des renseignements, s'informer de qqch. auprès de qqn., s'enquérir de qqch., enquêter.

**ERKUNDIGUNG** *f* *(Nachforschung)* information *f*, renseignement *m*; **–en einziehen** faire une enquête *ou* investigation, aller aux renseignements.

**ERLANGUNG** *f* obtention (d'un diplôme); acquisition *f* d'un droit.

**ERLASS** *m* • *(ÖfR)* arrêté *m*, décret *m* • *(StR)* remise *f*, exemption, dispense *f*; **–vertrag** *m* contrat *m* de remise de dette.

**ERLASSEN** *v* • *(verkünden)* édicter, promulger • *(befreien)* dispenser, exonérer, remettre, exempter.

**ERLAUBEN** *v* permettre, autoriser.

**ERLAUBNIS** *f* permission *f*, permis *m*, autorisation *f*, agrément *m*; **polizeiliche –** autorisation de police; **–erteilung** *f* (le fait d')accorder une permission *ou* une autorisation; **–rücknahme** *f* retrait *m* d'autorisation; **–vorbehalt** *m*, **–zwang** *m* le fait d'être soumis à autorisation (administrative).

**ERLAUBTHEIT** *f* licéité *f*.

**ERLÄUTERUNG** *f* commentaire *m*; explication *f*; renseignement *m* complémentaire, interprétation *f*.

**ERLEDIGEN** *v* régler; terminer, finir; **einen Auftrag –** s'acquitter d'une mission; remplir son mandat; **Formalitäten –** accomplir les formalités.

**ERLEDIGUNG** *f* • *(Arbeit)* exécution *f*, accomplissement *m* • règlement, le fait d'être réglé, sans objet; **– der Hauptsache** *(ZPR)* règlement *m* d'un litige (la demande devenant sans objet).

**ERLEIDEN** *v* • *(Schaden)* subir, supporter • *(Schmerzen)* souffrir, ressentir des douleurs.

**ERLIEGEN** *v* • *(Irrtum)* être induit en erreur • *(Versuchung)* succomber à la tentation.

**ERLÖS** *m* **(s. Ertrag)** recette *f*; montant *m*; produit *m* (d'une vente); **–minderung** *f* diminution du produit; **–steigerung** *f* augmentation du produit.

**ERLÖSCHEN** *v* • *(Frist)* expirer • *(Vertrag, Recht)* arriver à son terme, prendre fin; cesser; perdre son effet.

**ERLÖSCHEN** *n* expiration, extinction, disparition *f*, fin *f*; **– der Forderung** extinction de la créance *ou* de l'obligation; **– des Patentes** • *(Fristablauf)* expiration • *(Nichtzahlung der Gebühr)* déchéance du brevet; **– der Vollmacht** fin du mandat.

**ERMÄCHTIGEN** *v* habiliter, autoriser qqn. à faire qqch., donner pouvoir *ou* permettre qqch à qqn.

**ERMÄCHTIGUNG** *f* • *(ÖfR)* habilitation *f*, investiture légale • *(SchuldR: Auftrag)* pouvoir *m* • *(VwR)* autorisation *f*, permission; **gerichtliche –** autorisation de justice; **– zur Prozessführung** mandat *m* de procédure.

**ERMAHNEN** *v* exhorter à, recommander fermement; admonester.

**ERMAHNUNG** *f* • *(StR)* réprimande *f* (prononcée par le juge), admonestation *f* • *(i.w.S.)* remontrance *f*, semonce *f*.

**ERMÄSSIGEN** *v* • *(Beträge)* diminuer, réduire • *(Strafe)* modérer, mitiger.

**ERMÄßIGUNG** *f* • diminution *f*, réduction *f* • mitigation, adoucissement.

**ERMESSEN** *n* • *(VwR: Verwaltungsermessen)* pouvoir *m ou* compétence *f* discrétionnaire • *(Beurteilungsspielraum)* liberté *f ou* pouvoir d'appréciation; **billiges –** équité *f*; **freies –** pouvoir discrétionnaire libre, libre appréciation, appréciation souveraine, pouvoir souverain d'appréciation; **gebundenes –** pouvoir discrétionnaire lié; **richterliches –** appréciation souveraine (du juge).

**ERMESSENS | FEHLER** *m*, **–fehlgebrauch** *m* détournement de pouvoir par suite de motifs viciés *ou* illégaux; **–freiheit** *f* liberté *f* d'appréciation; **–missbrauch** *m* détournement de pouvoir.

**ERMESSENS | RAHMEN** *m* limites *fpl* du pouvoir discrétionnaire; **–spielraum** *m* latitude *f ou* marge *f* d'appréciation *ou* de liberté; **–überschreitung** violation *f* de la loi dans l'exercice du pouvoir discrétionnaire, excès de pouvoir; **–willkür** *f* forme très accentuée du détournement de pouvoir (avec violation du principe de l'égalité p. ex.), arbitraire *m* administratif.

**ERMITTELN** *v* • *(Polizei)* enquêter, rechercher • *(Ermittlungsrichter)* informer, instruire • *(Täter)* appréhender, arrêter, saisir au corps.

**ERMITTLER** *m* enquêteur *m* (de police); commissaire enquêteur; **verdeckter –** agent informateur.

**ERMITTLUNG** *f* • *(StPR: Voruntersuchung)* enquête *f*, enquête préliminaire *ou* préparatoire, recherche *f* • *(StPR: Untersuchung)* instruction *f* préparatoire, information *f*; poursuite *f* judiciaire, poursuites *fpl* • *(Feststellung)* constatation *f*, calcul *m*, évaluation, détermination • *(VersR)* recherche des éléments d'appréciation (d'un sinistre); **–en einleiten** ouvrir une enquête.

**ERMITTLUNGS | AKTE** *f* dossier *m* (d'une affaire, entre les mains du juge d'instruction *ou* du Parquet); **–ausschuss** *m* commission d'enquête; **–behörde** *f* autorité investie du pouvoir d'instruction; magistrat instructeur; **–grundsatz** *m* principe de la procédure inquisitoire; **–maßnahmen** *fpl* mesures *fpl* prises dans le cadre d'une instruction; **–pflicht** *f* obligation (légale) d'instruire (une affaire); **–richter** *m* juge *m* d'instruction, magistrat instructeur.

**ERMITTLUNGSVERFAHREN** *n* *(StPR)* instruction *f* préparatoire (sous la direction du Parquet), procédure d'enquête (par la police), procédure d'investigation (S); **das – betreiben** instruire; **Abschluss des –** clôture de l'instruction; **Eröffnung des –** ouverture *f* d'une information; **Durchführung des –** poursuite *f*, instruction devant le juge; **– gegen Unbekannt** information contre X.

**ERMORDUNG** *f* assassinat *m*.

**ERNENNEN** *v* nommer qqn. à (un emploi), désigner qqn., commettre qqn.

**ERNENNUNG** *f* nomination *f*, désignation *f*; recrutement *m*, engagement *m*; accès *m* à la fonction publique; avancement *m* de grade.

**ERNENNUNGS | BEFUGNIS** *f* pouvoir de nomination; **–bescheid** *m* décret *ou* arrêté de nomination; **–urkunde** *f* acte de nomination *ou* de titularisation.

**ERNEUERN** *v* renouveler, reconduire; moderniser, renover.

**ERNEUERUNG** *f* renouvellement *m*, reconduction *f*; **stillschweigende –** tacite reconduction; **– des Schuldverhältnisses** novation.

**ERNEUT** *adj* **: –e Ablehnung** refus *m* réitéré; **–e Vorladung** nouvelle convocation.

**ERNSTFALL** *m* **: im –** en cas de menace grave *ou* de péril imminent.

**ERNTE** *f* • *(LandwR)* récoltes *fpl*, produits *mpl* de la terre (arrivés à maturité) • *(Getreide)* moisson *f*; **– auf dem Halm** récolte *f* sur pied; **–(ausfall)schäden** *mpl* dégâts *mpl* causés à la récolte; perte *f* de récolte; **–jahr** *n* campagne *f*, saison *f*.

**ERNÜCHTERUNGSZELLE** *f* cellule *f* de dessoûlement.

**ERÖFFNEN** *v* • *(öffnen)* ouvrir, inaugurer • *(beginnen)* commencer, engager, entamer (une discussion) • *(mitteilen)* déclarer, notifier, faire savoir, communiquer; **ein Geschäft –** s'établir.

**ERÖFFNUNG** *f* ouverture *f*; commencement; communication, notification; **– des Hauptverfahrens** ouverture de l'audience; **– des Insolvenzverfahrens** ouverture de la procédure de liquidation des biens; **– des Testaments** ouverture *f* du testament.

**ERÖFFNUNGS | BESCHLUSS** *m* *(StPR)* ordonnance *f* de renvoi, arrêt de mise en accusation; **–bilanz** *f* bilan *m* d'ouverture; **–sitzung** *f* séance *f* inaugurale *ou* d'ouverture.

**ERÖRTERN** *v* discuter, conférer, débattre; traiter, examiner, étudier.

**ERÖRTERUNG** *f* discussion *f*, examen *m*, délibération; **Gegenstand der –** objet *m* de la délibération; ordre du jour.

**ERPRESSEN** *v* extorquer qqch sous la menace *ou* par la violence, faire du chantage; **jmdn. –** faire chanter qqn.

**ERPRESSER** *m* maître-chanteur *m*.

**ERPRESSUNG** *f* chantage *m*; **räuberische –** extorsion de fonds;

**–sversuch** *m* tentative de chantage.

**ERREICHEN** *v* • atteindre, parvenir à qqch. • obtenir, acquérir • *(jmdn.)* contacter qqn.; **die Volljährigkeit –** devenir majeur, atteindre la majorité.

**ERRICHTEN** *v* créer, établir, instituer, fonder, ériger; **eine Gesellschaft –** créer une société.

**ERRICHTUNG** *f* établissement *m*, fondation *f*, institution *f*, création *f*; **– der Gesellschaft** création de la société; **– des Testaments** rédaction du testament.

**ERRUNGENSCHAFT** *f* • acquis *m*, réalisation *f*, conquête *f* • *(FamR)* acquêts *mpl*, biens acquis (par un des époux).

**ERRUNGENSCHAFTSGEMEINSCHAFT** *f (EheR: vertraglicher Güterstand, wurde 1958 in der BRD abgeschafft)* communauté *f* d'acquêts, communauté réduite aux acquêts, société d'acquêts.

**ERSATZ** *m* • *(Auswechslung)* remplacement *m*, substitution *f*, rechange *m* • *(Ersatzstoff)* succédané *m*, équivalent *m*, produit de remplacement, produit de substitution, ersatz *m* • *(Schadensersatz)* compensation *f*, dommages-intérêts *mpl*, dédommagement *m*, indemnisation *f*, réparation *f*; **voller –** pleine et entière indemnité.

**ERSATZ | EINZIEHUNG** *f (StR)* confiscation *f* du produit du délit; **–erbe** *m* héritier substitué; **–erbschaft** *f* substitution *f* vulgaire; **–erfüllung** *f (SchuldR)* exécution par équivalent; **–freiheitsstrafe** *f* contrainte *f* par corps pour le recouvrement des amendes.

**ERSATZ | LEISTUNG** *f* indemnité compensatrice; **–lieferung** *f* livraison de remplacement (pour les produits défectueux); **–mitglied** *n* membre *m* suppléant; **–organisation** *f (StR)* association *f* politique créée en vue de poursuivre l'activité d'un parti politique interdit; **–schöffe** *m* échevin *ou* juré *m* suppléant.

**ERSATZ | STRAFE** *f* peine de substitution, système *m* des jours-amende; **–teil** pièce *f* de rechange, pièce détachée; élément de réserve; **–vornahme** *f* exécution d'office (par un tiers).

**ERSATZWEISE** *adv* : **Verurteilung zu einer Geldstrafe, – zu 50 Tagen Freiheitsstrafe** condamnation à une amende et en tant que pénalité de substitution (en cas de non-paiement) à 50 jours d'emprisonnement (ferme).

**ERSATZZEIT** *f (SozVers)* période assimilée (à un travail effectif), période d'assimilation *ou* équivalente.

**ERSATZ | ZUSTELLUNG** *f (PrzR)* notification qui n'est pas faite en mains propres, signification à domicile, notification *f* subsidiaire; **–zwangshaft** *f* contrainte *f* par corps.

**ERSCHEINEN** *v* : **persönlich –** comparaître en personne *ou* personnellement.

**ERSCHEINEN** *n* • *(Bücher)* parution *f* • *(Personen vor Gericht)* comparution *f*; **Nicht–** *n* non-comparution *f*, défaut *m*.

**ERSCHIENENE(R)** *m* • membre *m* présent • *(vor Gericht)* comparant *m*; **nicht –** • *(ZPR, StPR)* non-comparant *m*, défaillant, absent • *(StPR)* contumax *m*.

**ERSCHLEICHEN** *n*, **Erschleichung** *f (StR: von Leistungen)* obtention *f* frauduleuse, manœuvres *fpl* dolosives ayant pour effet d'obtenir qqch.; **– einer Erbschaft** captation *f* (d'héritage).

**ERSCHLIEẞUNG** *f* • *(Markt)* prospection *f*, ouverture *f* • *(Baugrundstück)* viabilisation • *(Wirtschaftsgut)* exploitation, mise en valeur; **–skosten** *pl* frais *mpl* de viabilisation.

**ERSCHÖPFEND** *adj* : **–e Aufzählung** énumération limitative.

**ERSCHÖPFUNG** *f* **des Rechtsweges** épuisement *m* des voies de recours.

**ERSCHWEREN** *v* • *(Strafe)* aggraver • rendre difficile; **–de Umstände** *mpl* circonstances *fpl* aggravantes.

**ERSETZEN** *v* remplacer, substituer, changer, suppléer, tenir lieu de; **Auslagen –** restituer, rembourser; **Schaden –** réparer, indemniser; **Verlust –** dédommager, compenser.

**ERSETZUNG** *f* remplacement *m*, compensation *f*, réparation; **–sbefugnis** *f (SchuldR)* faculté de changement d'objet de la prestation à effectuer.

**ERSITZUNG** *f (SachR: Eigentumserwerb)* prescription *f* acquisitive, usucapion *f*.

**ERSPARNIS 1.** *f* • *(Minderverbrauch)* économie *f* • *(Sparen)* épargne *f*.

**ERSPARNISSE 2.** *pl* économies *fpl*; **öffentliche –** épargne publique.

**ERSTATTEN** *v* • *(zurückgeben)* rendre, restituer, rembourser • *(Bericht)* faire un rapport; **Strafanzeige –** porter plainte; dénoncer qqn.

**ERSTATTUNGSFÄHIG** *adj* remboursable; restituable.

**ERSTEIGERN** *n od.* **Ersteigerung** *f* acquisition *f* aux enchères.

**ERSTELLEN** *v* établir, constituer, élaborer; **einen Bericht –** rédiger un rapport.

**ERSTINSTANZLICH** *adj* en première instance.

**ERSTRICHTER** *m* juge *m* statuant en première instance.

**ERST | SCHULDNER** *m* débiteur *m* en premier rang; **–stimme** *f (StaatsR)* première voix *f* (pour l'élection directe d'un candidat); **–urteil** *n* jugement *m* de première instance; **–versicherer** *m* assureur *m* direct, apériteur *m*.

**ERSUCHEN** *n* requête *f* (par commission rogatoire); **einem – stattgeben** faire droit à une requête.

**ERSUCHTER RICHTER** *m* juge *m* requis (par commission rogatoire).

**ERTAPPEN** *v* **: auf frischer Tat** *od.* **in flagranti –** surprendre sur le fait, arrêter pendant *ou* immédiatement après l'infraction.

**ERTEILEN** *v* **: Auftrag –** passer une commande; **Auskunft –** donner des informations; **Erlaubnis –** accorder la permission; **Vollmacht –** donner pouvoir.

**ERTRAG** *m* (Aut: **Erträgnis**) rendement *m*, produit *m*, revenu *m*, taux de capitalisation; **gewerblicher –** revenu des professions industrielles *ou* commerciales.

**ERWÄGUNG** *f* considération *f*, réflexion; **in – ziehen** prendre en considération; **rechtliche –en** exposé *m* des motifs.

**ERWÄHNEN** *v* mentionner, citer, faire mention (de), signaler.

**ERWEITERUNG** *f* extension *f*, accroissement *m*, élargissement *m*; **– des Klageantrags** conclusions *fpl* ampliatives, élargissement *m* de la demande.

**ERWERB** *m* • *(Kauf)* achat *m*, acquisition *f* • *(Lohn)* activité rémunérée, gain *m* • *(Erworbenes)* acquêt *m*, bien acquis; **entgeltlicher –** acquisition à titre onéreux; **gutgläubiger –** acquisition de bonne foi; **– vom Nichtberechtigten** acquisition (de la propriété) d'un tiers (qui se fait passer pour le véritable propriétaire); **– von Todes wegen** acquisition à cause de mort.

**ERWERBEN** *v* acquérir, gagner; **unter Lebenden –** recevoir entre vifs.

**ERWERBER** *m* acquéreur *m*, acheteur *m*; **gutgläubiger –** acquéreur de bonne foi; **späterer –** acquéreur subséquent.

**ERWERBSFÄHIGKEIT** *f* • *(SchuldR)* capacité *f* d'acquérir • *(Arbeitsfähigkeit),* capacité de travail; **geminderte –** capacité réduite (de subvenir à ses besoins).

**ERWERBS | GESELLSCHAFT** *f* société à but lucratif; **–leben** *n* vie active *ou* professionnelle; **–lose(r)** *m* chômeur *m*; **–losigkeit** *f* chômage *m*; **–minderung** *f* diminution de la capacité de travail.

**ERWERBSTÄTIGE(R)** *m* • personne active, travailleur *m* • *mpl* population active.

**ERWERBSTÄTIGKEIT** *f* travail *m* *ou* activité *f* rémunérée; **selbständige –** travail indépendant; **unselbständige –** travail subordonné *ou* salarié.

**ERWERBSUNFÄHIGKEIT** *f* *(ArbR: Arbeitsunfähigkeit)* incapacité de travail, invalidité *f*; **dauernde –** incapacité permanente; **völlige –** incapacité totale de travail; **vorübergehende –** incapacité temporaire.

**ERWIDERUNGSRECHT** *n* droit de réplique, droit de réponse.

**ERWIRKUNG** *f* obtention *f*; **– einer Erlaubnis** obtention d'une autorisation, **– eines Freispruchs** le fait d'obtenir une décision d'acquittement *ou* de relaxe.

**ERZEUGEN** *v* • *(Kind)* procréer, engendrer • produire, fabriquer.

**ERZEUGER** *m* • *(FamR)* procréateur *m*, père *m* • *(WirtR)* fabricant *m*, producteur *m*; **–betrieb** *m* entreprise *f* de production; **–preis** *m* prix à la production.

**ERZEUGNIS** *n* produit *m*; **gewerbliches –** produit manufacturé; **weiterverarbeitetes –** produit transformé.

**ERZIEHER** *m* éducateur, enseignant *m*.

**ERZIEHUNG** *f* éducation *f*, instruction *f*, formation *f*; initiation *f*.

**ERZIEHUNGS | ANSTALT** *f* centre *m* de rééducation, établissement *m* médico-pédagogique; **–aufsicht** *f* éducation surveillée; **–berechtigte(r)** *m* • *(FamR)* personne *f* à laquelle l'éducation de l'enfant a été confié • *(SchulR)* éducateur *m*, personne chargée de l'éducation; **–geld** *n* allocation d'éducation parentale; **–gewalt** *f* droit et devoir d'éducation; **–heim** *n* (= **–anstalt**) maison *f* d'éducation surveillée; **–maßnahmen** *fpl* mesures *fpl* éducatives.

**ERZIEHUNGS | PERSON** *f* éducateur *m*; **–pflicht** *f* obligation d'assurer l'éducation (de qqn.); **–urlaub** *m* congé parental (pour l'éducation des enfants), congé éducatif (accordé au père *ou* à la mère).

**ERZWINGEN** *v* obliger *ou* forcer à, imposer, contraindre.

**ERZWINGUNGS | HAFT** *f* contrainte *f* par corps; **–strafe** *f* astreinte *f*.

**ETAT** *m* *(ÖfR: [Staats-]Haushaltsplan)* budget *m* (de l'Etat).

**EUROPÄISCH | E WIRTSCHAFTSGEMEINSCHAFT** *f* (EWG) Communauté Economique Européenne (C.E.E.), Marché Commun (M.C.); **–er Gerichtshof (EuGH)** Cour de Justice des Communautés Européennes (C.J.C.E.); **–er Gerichtshof für Menschenrechte** Cour européenne des Droits de l'Homme; **–er Rechtsraum** *m* espace judiciaire européen (en matière pénale); **–es Gemeinschaftsrecht** Droit communautaire; **–es Parlament (EP)** Parlement *m* Européen.

**EUROPA | RAT** *m* Conseil de l'Europe; **–recht** *n* *(Gemeinschaftsrecht)* droit *m* européen *ou* communautaire.

**EVENTUAL | ANSPRUCH** *m* droit éventuel; **–antrag** *m* *(PrzR: Hilfsantrag)* demande *f* incidente; conclusions *fpl* subsidiaires; **–vorsatz** *m* dol *m* éventuel.

**EXEKUTIVE** *f* *(ÖfR: vollziehende Gewalt)* pouvoir *m* exécutif.

**EXEQUATUR** *n* *(VR)* exequatur *m*; **das – erteilen** délivrer l'exequatur.

**EXHIBITIONISTISCHE HANDLUNGEN** *fpl* exhibition des parties sexuelles et gestes lascifs et obscènes.

**EXIL** *n* *(VR: Verbannung)* exil *m*, bannissement *m*; **–organisation** *f* groupement d'entraide des exilés.

**EXISTENZ | GEFÄHRDUNG** *f* risque *m* de perte de ses moyens de subsistence; **–gründung** *f* création d'entreprise (en vue d'assurer son avenir); **–minimum** *n* minimum *m* vital.

**EXKLUSIV | VERTRAG** *m* *(MedienR)* contrat par lequel un informateur réserve ses témoignages à un seul organe de la presse écrite ou parlée; **–vertretung** *f* contrat *m* d'agent exclusif.

**EXKULPATIONSBEWEIS** *m* *(StR: Entlastungsbeweis)* excuse *f*, motif *m* légitime de décharge; preuve *f* de non-responsabilité.

**EXPERTEN | HEARING** *n* audition *f* des experts; **–meinung** *f* dires *mpl* d'expert.

**EXPONAT** *n* *(Messe: Ausstellungsstück)* matériel *m* exposé, marchandise *ou* bien d'exposition.

**EXPORT** *m* *(Ausfuhrhandel)* exportation *f*; échanges extérieurs; **–bestimmungen** *fpl* règlementation relative aux exportations.

**EXPORTEUR** *m* exportateur *m*.

**EXPORT | FÖRDERUNG** *f* aide à l'exportation; **–gemeinschaft** *f* vente à l'étranger en coopération interentreprises; portage *m ou* «piggy back»; **–handel** *m* vente *f* à l'exportation; commerce *m* d'exportation.

**EXTERRITORIALITÄT** *f* *(VR)* exterritorialité *f*; **Vorrecht der –** privilège *m* d'exterritorialité.

**EXTREMISTEN** *mpl* *(im öffentlichen Dienst)* extrémistes *mpl* (dans la fonction publique); **–beschluss** *m* *(ÖfR: Radikalenerlass)* arrêté *m* des chefs de gouvernement du Bund et des Länder tendant à épurer et à préserver la fonction publique des éléments jugés dangereux pour le régime constitutionnel à raison de leur extrémisme.

## F

**Fa.** *f* *(HR: Firma, als Anfang der Firmenbezeichnung)* nom sous lequel un commerçant allemand exerce son commerce comme partie intégrante de cette dénomination sociale (en France souvent: Ets. XY – cependant il ne faut pas traduire Fa. par Ets., mais laisser Fa. Tel quel devant la dénomination!).

**FABRIK** *f* *(GewR: industrielle Betriebsstätte)* exploitation industrielle, établissement *ou* unité *f* de production; *(a.hist)* manufacture *f*, usine *f*, fabrique *f*.

**FABRIKANLAGE** *f* établissement industriel; surface *f* d'exploitation.

**FABRI | KANT** *m* industriel *m*, fabricant *m*; **–kantenhaftung** *(SchuldR: Produkthaftung)* responsabilité des fabricants; **–kat** *n* produit *m* manufacturé, article *m*; **–kation** *f* production *f*, fabrication *f*.

**FABRIKATIONS | FEHLER** *m* vice *m* de fabrication *ou* de construction, défectuosité *f* de la chose vendue; **–geheimnis** *n* secret *m* de fabrication.

**FABRIKATIONS | MÄNGEL** *mpl* vices *mpl* de fabrication; défectuosités imputables au fabricant; **–marke** *f* marque de fabrique; **–preis** *m* prix *m* départ usine; **–stätte** *f* atelier *m* de fabrication; lieu *m* de production; **–verfahren** *n* procédé de fabrication.

**FABRIK | GEBÄUDE** *n* bâtiments *mpl* d'un établissement industriel, édifice *m*, construction *f*, atelier *m*; **–gelände** *n* aire *f* industrielle; **–grundstück** *n* emplacement d'une entreprise industrielle, terrain *m* sur lequel est établi une entreprise industrielle; **–markenverzeichnis** *n* répertoire *m* des marques; **–zeichen** *n* marque *f* de fabrique.

**FACH** *n* • *(Wissensgebiet)* branche *f*, domaine *m*, spécialité *f* • *(Studium)* discipline *f*, matière *f*; **–abteilung** section *f*; service spécialisé; **–akademie** *f* école professionnelle supérieure.

**FACHANWALT** *m* avocat *m* spécialiste; conseil *m* juridique spécialisé; avocat d'affaires.

**FACHARBEITER** *m* • ouvrier *m* qualifié, ouvrier professionnel, travailleur *m* qualifié • *(Plural)* main d'œuvre *f* qualifiée; **–brief** *m* certificat *m* d'aptitude professionnelle.

**FACH | ARZT** *m* (médecin) spécialiste *m*; médecin spécialisé (dans ...); **–aufsicht** *f (VwR)* tutelle administrative sur les actes, contrôle administratif; **–ausschuss** *m* comité *m* d'experts, commission technique.

**FACH | GEBIET** *n* domaine *m* professionnel *ou* technique, spécialité *f*, spécialisation *f*; **–gerichte** *npl* tribunaux de l'odre judiciaire et de l'ordre administratif (par opposition à la juridiction constitutionnelle); **–handel** commerce spécialisé.

**FACH | KAMMER** *f (PrzR: Arbeitsgericht)* section *f* spéciale; **–kenntnisse** *fpl* connaissances professionnelles; **–kräfte** *pl* spécialistes *mpl*, professionnels *mpl;* main-d'œuvre qualifiée; **–leute** *fpl* spécialistes *mpl*, experts *mpl.*

**FACH | LITERATUR** *f* • ouvrages de droit *ou* juridiques, études juridiques • *(i.w.S.)* bibliographie *f*, documentation spécialisée, publications techniques; **–mann** *m* expert *m*, spécialiste *m*, technicien *m*, professionnel *m*; **–messe** *f* salon *m*; **–richtung** *f* spécialité *f*, domaine *m.*

**FACH | SENAT** *m (GVR)* chambre spécialisée d'une cour de justice allemande; **–sprache** *f* • langage du droit, vocabulaire juridique • *(i.w.S.)* langage spécialisé *ou* technique; **–übergreifend** *adj* pluridisciplinaire.

**FACH | VERBAND** *m* syndicat patronal d'un secteur industrialisé particulier; **–wissen** compétence (technique), savoir professionnel, connaissances *fpl* en un domaine déterminé.

**FACTORING** *m* affacturage *m*, transfert *m* de créance commerciales à fin de recouvrement; **echtes –** affacturage avec garantie de bonne fin; **unechtes –** affacturage sans-garantie de bonne fin.

**FACTORING | GESCHÄFT** *n*, **–verhältnis** *n*, **–vertrag** *m* prise en charge *f* des créances, factoring *m*, contrat de factoring, contrat d'affacturage.

**FÄHIG** *adj* capable (de qqch.), apte (à qqch.); susceptible de; propre *ou* habile à.

**FÄHIGKEIT** *f* • *(SchuldR)* capacité *f*, aptitude *f* (à acquérir un droit) • *(ÖfR, PrzR)* compétence *f* • *(AllgSpr: Anlage)* talents *mpl*, moyens *mpl*; **– zum Richteramt** aptitude à la magistrature du siège.

**FAHNDEN** *v* rechercher qqn., poursuivre qqn.

**FAHNDER** *m* agent *m* de la force publique (ayant reçu l'ordre de rechercher une personne).

**FAHNDUNG** *f (StR)* recherche *f* de l'auteur d'une infraction (par la police judiciaire).

**FAHNDUNGS | BEHÖRDE** *f* police *f* judiciaire (chargée de la recherche d'un suspect); **–blatt** *n* avis *m* de recherches; **–buch** *n* livre de la police judiciaire allemande concernant les personnes recherchées (par la justice); **–ersuchen** *n* commission rogatoire en vue de la recherche d'un suspect; **–kartei** *f* fiche *f* signalétique; **–meldung** *f* avis *m* de recherche.

**FAHR | ANFÄNGER** *m* conducteur *m* débutant; **–ausbildung** *f* apprentissage *m* de la conduite des véhicules à moteur.

**FAHRAUSWEIS** *m* titre *m* de transport, billet *m ou* carte de circulation; **gültiger –** titre de transport valide.

**FAHR | BAHN** *f* • *(StVR)* chaussée *f* • *(Fahrstreifen)* voie *f* (en tant que subdivision de la chaussée) réservée à la circulation; **–bahnmarkierung** *f* lignes (longitudinales) sur la chaussée *ou* matérialisant les bords de la chaussée; **–behinderung** *f* entrave à la circulation, gêner la circulation; **–eignung** *f* aptitude *f* physique (à la conduite d'un véhicule automobile).

**FAHREN** *n* conduite *f* (d'un véhicule automobile); **– ohne Führerschein** conduite d'un véhicule automobile sans permis de conduire valide; **– unter Alkoholeinfluss** conduite *f* sous l'empire d'un état alcoolique.

**FAHRER** *m* conducteur *m*; chauffeur *m*; **–flucht** *f (StR)* délit de fuite; **–haftung** *f* responsabilité civile du conducteur.

**FAHRERLAUBNIS** *f* • *(Kfz)* autorisation de circuler • *(Führerschein)* permis *m* de conduire; **–entziehung** *f*, **–entzug** *m* retrait *m* du permis de conduire; annulation *ou* suspension du permis de conduite; **–inhaber** *m* détenteur *m* d'un permis de conduire; **– auf Probe** permis de conduire valable pour une période probatoire.

**FAHRFEHLER** *m* conduite *f* constituant une infraction aux lois et règlements concernant la police de circulation.

**FAHRGAST** *m* passager *m* (d'un véhicule automobile); **–beförderung** *f* transport *m* des voyageurs.

**FAHRGELD** *n* prix *m* du voyage; **–hinterziehung** *f* non-paiement du prix de transport, voyager sans titre de transport valable *ou* en situation irrégulière.

**FAHRGESCHWINDIGKEIT** *f* vitesse *f* du véhicule; **Überschreiten der zulässigen –** dépasser la vitesse maximum autorisée.

**FAHR | KARTE** *f* • titre *m* de transport, billet *m* • *(zur See)* billet de passage; **–kosten** *pl* frais *mpl* de voyage *ou* de transport.

**FAHRLÄSSIG** *adj* négligent, imprudent; par négligence *ou* par imprudence; **–e Körperverletzung** blessures *fpl* et coups *mpl* involontaires; **–e Tötung** homicide *m* involontaire *ou* par imprudence *ou* par négligence; **–s Handeln** acte *m* constituant une légèreté blâmable.

**FAHRLÄSSIGKEIT** *f* • *(Oberbegriff)* faute *f* (involontaire), faute simple, quasi-délit *m* • *(ZR)* faute civile; faute d'imprudence, faute de négligence; faute délictuelle; faute quasi-délictuelle • *(StR)* faute pénale, faute non-intentionnelle, infraction involontaire, infraction d'imprudence *ou* de négligence • *(ArbR, SozR)* faute inexcusable, faute grave; **bewusste –** faute lourde, imprudence consciente; **grobe –** faute lourde, imprudence *f ou* négligence *f* particulièrement caractérisée et grave, faute manifeste et d'une particulière gravité; **leichte –** faute légère; **unbewusste –** négligence *f*, imprudence *f*.

**FAHRLÄSSIGKEITS | DELIKT** *n* délit d'imprudence *ou* de négligence; **–haftung** *f* responsabilité pour faute non-intentionnelle.

**FAHRLEHRER** *m* moniteur *m* d'enseignement de la conduite des véhicules à moteur.

**FAHRNIS** *n (SachR: bewegliche Sache)* meuble *m*, bien *m* mobilier; **–gemeinschaft** *f* communauté de meubles, communauté *f* réduite aux meubles; **–pfändung** *f* saisie *f* mobilière.

**FAHR | PREIS** *m* prix *m* du transport; **–prüfung** *f* examen *m* en vue d'obtenir la délivrance du permis de conduire; **–rad** *n* bicyclette *f*; **–rad mit Hilfsmotor** motocyclette *f* (de 1[ère] catégorie); **–radfahrer** *m* cycliste *m*; **–schein** *m* titre de transport, billet *m*.

**FAHR | SCHULE** *f* établissement *m* d'enseignement de la conduite des véhicules à moteur, auto-école *f*; **–schüler** *m* élève-conducteur; **–sicherheit** *f* sécurité routière; **–streifen** *m*, **–spur** *f* voie *f* (pour la circulation des véhicules).

**FAHRTEN | BUCH** *n*, **–nachweis** *m* feuille *f ou* carnet *m* de route; **–schreiber** *m* enregistreur de route, disque *m* horodateur et horokilométrique.

**FAHRT | KOSTEN** *fpl* frais *mpl* de transport; **–richtungsänderung** *f* changement *m* de direction; **–richtungsanzeiger** *m* clignotant *m*, feu *m* de signalisation (des changements de direction); **–schreiber** *m* enregistreur *m* de route; boîte *f* noire.

**FAHR | UNTÜCHTIGKEIT** *f* • mauvais état du véhicule, véhicule dont l'état ne permet pas la circulation dans des conditions normales de sécurité • conducteur en état d'ivresse manifeste; **–verbot** *n* interdiction de circuler; **–verhalten** *n* comportement *m* pendant de la conduite d'un véhicule automobile.

**FAHRZEUG** *n* • véhicule automobile *m*, véhicule (en circulation) • *(amtliche Bezeichnung für Kfz)* véhicule *m* terrestre à moteur (= VTM); **–abstand** *m* distance *f* (de sécurité) entre deux véhicules; **–ausweis** *m* carte grise, certificat d'immatriculation; **–brief** *m* titre *m* de propriété du véhicule; **–eigentümer** *m* propriétaire du véhicule.

**FAHRZEUG | FÜHRER** *m* conducteur *m* (du véhicule automobile); **–halter** *m* • gardien *m* d'un véhicule automobile • conducteur et utilisateur *m* du véhicule; **–händler** *m* concessionnaire *m* d'automobiles, vendeur *m* agréé; **–hersteller** *m* fabricant *m* de véhicules automobiles, constructeur; **–insasse** *m* passager *m* (d'un véhicule automobile); **–lenker** *m* conducteur *m*; **–mängel** *mpl* défectuosités *fpl* du véhicule; **–papiere** *npl* documents *mpl* de VTM.

**FAHRZEUG | SCHEIN** *m (StVR: Zulassung)* carte grise, certificat *m* d'immatriculation; **–schaden** *m* dommage subi par un véhicule; **–totalschaden** *m* perte réputée totale; **–unterhaltung** *f* entretien *m* du véhicule; **–versicherung** *f (VersR: Kraftfahrzeugkaskoversicherung)* assurance dommages au véhicule, assurance tierce; **–vollversicherung** *f (= Vollkaskoversicherung)* assurance automobile tous risques; **–zulassung** *f* certificat d'immatriculation, carte grise; plaques *fpl* d'immatriculation; autorisation de mise en circulation; **–zustand** *m* état *m* du véhicule.

**FAKTISCH** *adj* de fait, de facto; **–e Gesellschaft** société *f* de fait; **–er Vertrag** situation *f* de fait assimilable à un contrat en bonne et due forme; **–es Arbeitsverhältnis** *n* situation économique et sociale assimilée à un contrat de travail.

**FAKULTATIV** *adj* facultatif, laissé au gré de l'intéressé; laissé à l'appréciation de qqn.; en option; supplétif

**FALL** *m* • *(Niedergang, Sturz)* chute *f*, baisse *f*, effondrement *m*, fin *f*; ruine *f*, dépréciation *f* • *(Vorkommnis, möglicher Umstand)* occurence *f*, circonstance *f*, situation *f* particulière • *(bestimmte, zu klärende Angelegenheit, Rechtsstreit)* cas *m*, cause *f*, affaire *f*, espèce *f*, procès *m*, litige *m*; **im –e** en cas de, le cas échéant; **im –e, dass** au cas où; **auf jeden –** en tout cas, de toute façon; **auf keinen –** en aucun cas, en aucune manière; **im vorliegenden –** dans le cas qui nous occupe.

**FALLEN** *v* tomber; baisser, fléchir; **die Anklage – lassen** abandonner les poursuites; **jmdm. zur Last –** être à la charge de qqn.; **in die Zuständigkeit –** relever de la compétence (de qqn.).

**FÄLLEN** *v* **: ein Urteil –** juger, rendre *ou* prononcer un jugement.

**FÄLLIG** *adj* qui vient à échéance, exigible, payable, dû; **– sein** être échu; **– werden** échoir, venir à échéance.

**FÄLLIGKEIT** *f* • *(SchuldR)* échéance *f* • exigibilité *f*; **bei –** à l'échéance; **vierteljährliche –** échéance trimestrielle; **– bei Sicht** échéance à vue.

**FÄLLIGKEITS | EINTRITT** *m* arrivée *f* du terme, échéance *f*; **–plan** *m* échéancier *m*; **–tag** *m* terme *m*, jour *m* d'échéance, date *f* d'échéance, échéance *f*; **–termin** *m* date *ou* délai d'échéance; **–zeitpunkt** *m* jour *m* du paiement; date d'échéance.

**FÄLLUNG** *f* **eines Urteils** délibéré *m* du jugement.

**FALSCH** *adj* faux, erroné; mensonger; **–e Angabe** fausse indication; **–e Anschuldigung** *f* dénonciation calomnieuse; **–e Behauptung** affirmation erronée *ou* entachée d'erreur(s); **–e Namensangabe** *f* indication d'un faux nom; **–e uneidliche Aussage** fausse déposition à l'audience sans avoir prêté serment.

**FALSCHANZEIGE** *f* dénonciation *f* calomnieuse.

**FALSCHAUSSAGE** *f* **: uneidliche –** *(StR: falsche uneidliche Aussage)* **faux témoignage** *m*, fausse déposition à l'audience sans avoir prêté serment.

**FALSCHBEURKUNDUNG** *f* faux *m* documentaire, fausse certification *f*; **mittelbare –** faux immatériel, faux *m* intellectuel; **– im Amt** faux en écritures publiques commis par un fonctionnaire.

**FALSCH | BEZEICHNUNG** *f (SchuldR)* emploi *m* d'une fausse dénomination (dans un contrat); **–buchung** *f* erreur *f* comptable, inscription dans un faux compte.

**FALSCHEID** *m* faux serment *m* par imprudence ou par négligence.

**FÄLSCHEN** *v* falsifier (des billets de banque); contrefaire (une signature); altérer (des monnaies, la vérité).

**FÄLSCHER** *m* falsifacteur *m*, contrefacteur *m*, faussaire *m*.

**FALSCH | GELD** *n* fausse monnaie; **–gelddelikt** *n* infraction de contrefaçon *ou* d'altération de monnaie.

**FÄLSCHLICH, FÄSCHLICHERWEISE** *adv* faussement, à tort, contre la vérité.

**FALSCH | LIEFERUNG** *f* marchandise livrée non conforme (à celle qui avait été promise); **–münzer** *m* faux-monnayeur *m*, fabricant *m* de fausse monnaie; **–münzerei** *f* faux-monnayage *m*, fabrication de fausse monnaie.

**FÄLSCHUNG** *f* • falsification *f*, contrefaçon *f* • faux *m*; **– im Amt** faux *m* commis (par un fonctionnaire) dans l'exercice de ses fonctions; **– von Ausweisen** faux commis dans des documents administratifs *ou* dans des cartes d'identité; **– von Urkunden** faux en écriture (privée *ou* de commerce); **– von Zahlungskarten** falsification de cartes de paiement.

**FALSCHURKUNDE** *f* faux *m* matériel, faux document, écrit altéré.

**FALTBLATT** *n* dépliant *m*.

**FAMILIE** *f* • *(FamR)* famille *f* (légitime) • *(Großfamilie)* famille patriarcale • *(Kleinfamilie)* famille nucléaire contemporaine • *(Kleinstfamilie: ein Elternteil mit Kind)* famille monoparentale (et sans cohabitation); **kinderreiche –** famille nombreuse.

**FAMILIEN | ANGEHÖRIGE(R)** *m* membre *m* d'une (même) famille; **–beihilfe** *f* allocations *fpl* familiales; **–betrieb** *m* entreprise *ou* exploitation familiale; **–buch** *n* livret *m* de famille; **–erhalter** *m* soutien *m* de famille.

**FAMILIEN | GERICHT** *n* chambre *f* du tribunal cantonal (allemand) compétente dans les affaires matrimoniales; **–hilfe** *f (VersR)* couverture familiale, prestation d'assistance familiale; **–lastenausgleich** *m* péréquation *f* des charges familiales; **–nachzug** *m* regroupement familial.

**FAMILIEN | NAME** *m* nom de famille, nom *m* patronymique; **–oberhaupt** *n* chef *m* de famille; **–papiere** *npl* papiers *mpl* de famille *ou* domestiques; **–pass** *m* passeport *m* familial; **–rat** *m* conseil de famille; **–recht** *n* droit de la famille, législation *f* familiale; **–richter** *m* juge *m* aux affaires matrimoniales.

**FAMILIEN | SACHE** *f* contentieux *m* matrimonial; **–senat** *m* chambre du Tribunal régional supérieur, chargée des recours en matière matrimoniale; **–stammbuch** *n* livret de famille, carnet de mariage (B); **–stand** *m* situation de famille;

**–unterhalt** *m* moyens *mpl* de subsistance de la famille, secours *m* et assistance *f* au sein de la famille.

**FAMILIEN | VATER** père *m*, chef *m* de famille; **–wohnsitz** *m* domicile *m* conjugal; **–wohnung** *f* logement familial **–zulagen** *fpl* prestations *fpl ou* allocations *fpl* familiales, avantages *mpl* familiaux, sursalaire *m* familial; **–zusammenführung** *f (AuslR: Gastarbeiter)* regroupement *m* familial.

**FANG | SCHALTUNG** *f (StR)* écoutes *fpl* en vue du repérage d'un malfaiteur; **–schuss** *m* coup *m* de grâce.

**FANTASIENAMEN** *m (HR)* nom commercial de fantaisie.

**FASSEN** *v* prendre, saisir; concevoir, comprendre; **einen Dieb –** arrêter un voleur; **einen Entschluss –** prendre une résolution; **sich kurz –** être bref.

**FASSUNG** *f* • *(Wortlaut)* version *f*, rédaction *f*, texte *m*, libellé *m* • *(Gemütsruhe)* contenance; **alte –** (libellé) ancien; **endgültige –** libellé définitif; **erste –** rédaction initiale; **maßgebliche –** texte *m* faisant foi; **neue –** (libellé) nouveau.

**FAUSTPFAND** *n* gage *m* mobilier, gage manuel, nantissement *m* d'une chose mobilière; **–darlehen** *n* prêt sur nantissement; **–gläubiger** *m* créancier *m* gagiste.

**FEHL | ANZEIGE** *f* état *m* néant; **–belegung** *f* occupation abusive d'un logement social; **–bestand** *m* déficit *m* (de caisse); manque *m*, insuffisance *f*; **–betrag** *m* déficit *m*, somme manquante.

**FEHLEN** *n* absence *f*, défaut *m*; **– der Geschäftsgrundlage** changement fondamental dans les circonstances existant au temps de la conclusion du contrat (et permettant son annulation); **– einer gesetzlichen Grundlage, – der gesetzlichen Voraussetzungen** défaut de base légale; **– der Vollmacht** défaut *m* de procuration.

**FEHL | ENTSCHEIDUNG** *f* décision *f* erronée; **–entwicklung** *f* défaut *m* de développement, carence *f*.

**FEHLER** *m* • *(Fehlverhalten)* faute *f*, imprudence *f*, négligence *f*; irrégularité *f* • *(SchuldR: Mangel)* vice *m*, défaut *m*, défectuosité *f* • *(Irrtum)* erreur *f*; **offenbarer –, offensichtlicher –** vice apparent; **sachlicher –** irrégularité de fond; erreur matérielle; **schwerer –** faute lourde; **unentschuldbarer –, unverzeihlicher –** faute inexcusable; **verborgener –** vice caché.

**FEHLERHAFT** *adj* entaché d'un vice, fautif, irrégulier; **–e Entscheidung** décision juridictionnelle présentant un vice grave; **–er Verwaltungsakt** décision administrative individuelle irrégulière.

**FEHLER | HAFTIGKEIT** *f* • défectuosité *f*, imperfection *f*, insuffisance *f* • caractère *m* fautif; **–quelle** *f* source *f* d'erreurs; **–quote** *f* pourcentage *ou* taux d'erreurs.

**FEHL | LIEFERUNG** *f* livraison *f* non conforme (à la commande); **–menge** *f* manquants *mpl*; **–schätzung** *f* évalution *f* inexacte; **–schlag** *m* échec *m*, revers *m*; **–tag** *m* jour d'absence; **–tritt** *m* inconduite *f*; **–urteil** *n* jugement *m* mal rendu, jugement erroné; **–zeiten** *fpl* heures *fpl* d'absence; heures non-effectuées.

**FEIER | ABEND** *m (ArbR)* fin *f* de la journée de travail; **–schicht** *f* poste *m* chômé; **–tag** *m* jour *m* férié (légal).

**FELD | FRUCHT** *f* produit *m* de la terre; **–hüter** *m* garde-champêtre *m*; **–polizei** *f* police *f* rurale; **–schaden** *m* dégât *m* causé aux champs; **–weg** *m* chemin *m* vicinal.

**FERIEN** *pl* • *(Betrieb)* fermeture annuelle • *(Gericht)* vacances judiciaires, vacations *fpl* • *(ArbR: Urlaub)* congés payés • *(Schule)* vacances *fpl* scolaires.

**FERIEN | KAMMER** *f (PrzR)* chambre des vacations; **–sache** *f* litige *m* traité pendant les vacances judiciaires, affaire de vacations; **–senat** *m* chambre des vacations.

**FERN | BLEIBEN** *n* (unentschuldigt) absence injustifiée; **–lerninstitut** *n* institut *m* d'enseignement par correspondance; **–leihe** *f (Bibliothek)* prêt *m* entre bibliothèques.

**FERNLICHT** *n (StVR)* feux *mpl* de route.

**FERNMELDE | ANSCHLUSS** *m* numéro *m* de téléphone; raccordement au réseau; **–geheimnis** *n* secret *m* des communications téléphoniques.

**FERNSEH | ANSTALT** *f* société *f* de télévision; **–gebühren** *fpl* redevance *f* télévisuelle; **–handel** *m* télé-achat *m*, télévente *f*; **–rechte** *npl* droit *m* d'émission télévisuelle; **–sender** *m* émetteur *m* de télévision; **–sendung** *f*, **–übertragung** *f* émission télévisée; **–werbung** *f* publicité télévisée; **–werk** *n* œuvre *f* (artistique) pour la télévision; **–zuschauer** *m* téléspectateur *m*.

**FERNSPRECH | ANLAGE** *f* appareil et installation de télécommunication; **–anschluss** *m* branchement *m* téléphonique; **–apparat** *m* appareil *m* de téléphone; **–gebühr** *f* redevance téléphonique; **–geheimnis** *n* secret *m* des conversations téléphoniques; **–nummer** *f* numéro *m* de téléphone; **–teilnehmer** *m* abonné *m*.

**FERN | STRAßENGESETZ** *n* Loi allemande relative aux routes fédérales allemandes; **–studium** *n* études *fpl* par correspondance; **–verkehr** *m* transport *m* (routier) en zone longue; **–wirkung** *f* effet *m* indirect; **–ziel** *n* objectif lointain.

**FERTIGUNG** *f* • fabrication, production • *(Protokoll)* établissement.

**FEST | AUFTRAG** *m*, **–bestellung** *f* ordre *m* ferme; **–betrag** *m* somme *f* fixe; **–dividende** *f* dividende *m* garanti.

**FEST | GELD** *n (BankR)* dépôt *m* à terme fixe; fonds immobilisés; **–genommene(r)** *m* personne *f* arrêtée *ou* retenue.

**FESTHALTUNG** *(StPR)* garde *f* à vue, le fait de retenir une personne (à la disposition de la police judiciaire).

**FEST | KONTO** *n* compte *m* bloqué *ou* gelé; **–kosten** *pl* coûts *mpl* fixes.

**FESTLEGEN** *v* • *(Geld)* placer, investir, immobiliser • *(Bedingungen)* fixer, arrêter, stipuler; **sich –** s'obliger à; **vertraglich –** fixer *ou* stipuler par contrat.

**FESTNAHME** *f (StPR)* arrestation *f*; **rechtswidrige –** arrestation illégale; **vorläufige –** garde à vue *f*, arrestation provisoire; **willkürliche –** arrestation arbitraire; **– auf frischer Tat** arrestation sur le fait; **–ort** *m* lieu *m* de l'arrestation.

**FESTNEHMEN** *v (StPR: verhaften)* arrêter qqn., appréhender, retenir prisonnier.

**FESTSETZEN** • *(Termin, Preis)* fixer • *(anordnen)* décréter.

**FESTSETZUNG** *f* • *(SchuldR)* liquidation *f* • *(HR: Preis)* fixation *f*, détermination • *(StPR: Verdächtiger)* arrestation *f*; **– der Entschädigung** *f* détermination *f* du montant des dommages-intérêts.

**FESTSETZUNGS | BESCHEID** *m*, **–beschluss** *m (PrzR)* ordonnance *f* de fixation des dépens; **–verfahren** *n (SteuerR)* procédure de fixation de l'impôt.

**FESTSTELLEN** *v* • déterminer, fixer, constater • liquider; **– der Verwaltungsakt** décision *f* administrative individuelle constatant l'existence de certains faits.

**FESTSTELLUNG** *f* • *(Festlegung)* détermination *f*, fixation *f* • *(Wahrnehmung)* constatation *f* (d'un fait), observation *f* • *(Saldo)* liquidation *f*; **gerichtliche –** constatation judiciaire; **– der Insolvenzforderung** vérification de la validité de la créance au cours de la procédure de liquidation des biens; **– der Personalien** contrôle *m* d'identité.

**FESTSTELLUNGSKLAGE** *f* • *(VwPR)* action *f* introduite devant le tribunal administratif afin de voir constater l'existence *ou* l'inexistence d'un rapport juridique subjectif • *(ZPR, ArbR)* action en constatation d'un droit *ou* d'une obligation, action en vérification.

**FESTSTELLUNGS | PFLICHT** *f (nach Verkehrsunfall)* obligation de rester sur place pour permettre les constatations d'usage; **–urteil** *n* jugement déclaratif (de droits); **–widerklage** *f* action reconventionnelle en constatation.

**FEUER** *n (VersR: Brand)* incendie *m*, feu *m*; **–alarmanlage** *f* dispositif *m* d'alarme; **–beschau** *f* contrôle (régulier) des mesures et installations de prévention des incendies; **–bestattung** *f* incinération *f*, crémation *f*; **–gefahr** *f* risque *m* d'incendie; **–löschgerät** *n* extincteur *m* (d'incendie); **–mauer** *f* mur coupe-feu; **–melder** *m*, **–meldeanlage** *f* avertisseur *m* d'incendie; **–schaden** *m* dommage *m* causé par incendie, sinistre *m* résultant d'un incendie.

**FEUERWEHR** *f* service *m* d'incendie et de secours, (corps des) sapeurs-pompiers *mpl*; **Berufs–** sapeurs-pompiers professionnels; **freiwillige –** sapeurs-pompiers bénévoles *ou* volontaires.

**FIDUZIARISCH** *adj (SchuldR: treuhänderisch)* fiduciaire; **–e Abtretung, – Rechtsübertragung** fiducie *f*, aliénation fiduciaire (à charge de rétrocession).

**FILIALBETRIEB** *m*, **Filiale** *f (HR: Zweigniederlassung)* succursale *f*.

**FILM** *m* film *m*; **–bewertungsstelle** *f* Office fédéral d'appréciation et de notation des œuvres cinématographiques; **–drehbuch** *n* scénario *m*; **–förderung** *f*, subvention des œuvres cinématographiques nationales; **–freiheit** liberté de réalisation d' œuvres cinématographiques; **–kunst** *f* art *m* cinématographique; **–regisseur** *m* régisseur *m*; **–theater** *m* salle *f* de cinéma; **–verleihvertrag** *m* contrat de location de film; **–vorführung** *f* représentation cinématographique; **–werk** *n* œuvre cinématographique; **–zensur** *f* censure *f* cinématographique.

**FINANZ 1.** *f* • *(Geldwesen)* organisation *f* des finances • *(Geldgeschäft)* activité bancaire, activité boursière • *(Hochfinanz, Gesamtheit der Bankfachleute)* haute finance *f*, financiers *mpl;* **–amt** *n* Hôtel des finances, perception *f*, service des impôts et trésorerie principale; **–amtsvorsteher** *m* directeur d'un service des impôts; **–anpassungsgesetz** *n* Loi allemande relative à la péréquation des charges (entre Länder).

**FINANZAUSGLEICH** *m* • *(HaushR)* péréquation financière (entre les collectivités territoriales allemandes) • *(StaatsR)* accord *m* financier.

**FINANZ | AUSSCHUSS** *m* commission des finances; **–ausstattung** *f* dotation, fonds attribués; **–beamte(r)** *m* fonctionnaire *ou* agent des contributions; percepteur *m*; **–bedarf** *m* besoins *mpl* financiers, besoin de trésorerie; **–berater** *m* conseiller *m* en placements financiers; **–bericht** *m (HaushR)* rapport *m* du ministre du budget sur l'évolution des finances publiques (au sein de l'économie générale); **–buchhaltung** *f* comptabilité générale *ou* financière.

**FINANZEN 2.** *fpl* • *(HaushR: öffentliches Geldwesen)* finances *fpl* publiques • *(ÖfR: Staatsgelder)* fonds *mpl* publics, recettes et dépenses de l'État • *(Staatskasse)* Trésor *m* public • *(Vermögenslage)* situation *f* financière.

**FINANZ | GERICHT** *n* tribunal *m* du contentieux fiscal; **–gerichtsordnung** *f* organisation *f* des juridictions du contentieux fiscal; **–gerichtsverfahren** *n* procédure devant les juridictions financières; **–gesellschaft** *f* société *f* financière; **–gesetz** *n* loi de finances; **–hoheit** *m (ÖfR, SteuerR)* souveraineté fiscale; **–hilfe** *n* aide financière, concours *m* financier.

**FINANZIELL** *adj* : **–er Aufwand, –e Aufwendung** débours *mpl*, somme affectée à certains frais; **–er Beitrag –e Entschädigung** indemnité *f* en argent; **–e Nachteile préjudice** *m* financier; **–e Schwierigkeiten** difficultés de trésorerie; **–e Unterstützung** subvention, allocation financière.

**FINANZIERUNG** *f* financement *m*; recours *m* au marché financier *ou* au crédit bancaire.

**FINANZIERUNGS | ABKOMMEN** *m*, **–abrede** *f (GesR)* convention de financement; **–bedarf** *m* besoins financiers.

**FINANZIERUNGS | LEASING** *n* crédit-bail financier; **–lücke** *f* découvert *m*; déficit *m* financier; **–modell** *n*, **–plan** *m* montage *m* financier; montage *m* financier; **–vertrag** *m* contrat de financement.

**FINANZ | INSTITUT** *n* établissement *m* de crédit; institution financière; **–konsortium** *n* consortium *m* financier, pool bancaire; **–kraft** *f* solidité *f ou* capacité *f* financière; moyens *mpl* financiers disponibles.

**FINANZ | MARKT** *m* marché financier, marché des capitaux disponibles à long terme; **–masse** *f* capitaux *mpl* disponibles; **–minister** *m* ministre *m* des finances, grand argentier *m*; **–mittel** *npl* moyens *mpl* financiers; capitaux disponibles; **–not** *f* (der Gemeinden) insuffisance *f* de recettes (des communes), misère *f* financière; **–ordnung** *f (HaushR)* régime *m* des finances publiques.

**FINANZ | PLANUNG** *f* programmation financière *ou* bugdétaire; **–quelle** *f* ressources *fpl* financières, source *f* de recettes; **–recht** *n* droit *m* budgétaire; **–reform** *f* réforme des finances publiques; **–senator** *m* ministre des finances (Brême, Hambourg).

**FINANZ | VERFASSUNG** *f* organisation *ou* régime des finances publiques; **–wesen** *n*, **–wirtschaft** *f* les Finances publiques; économie et institutions financières; **–zuweisung** *f (HaushR)* dotation (des communes), crédits *mpl* assignés aux communes, concours *m* financier.

**FINDER** *m (SachR: Fund)* découvreur *m*, inventeur *m*; **–lohn** *m* récompense *f* (accordée à celui qui trouve un objet).

**FINGERABDRUCK** *m* empreinte *f* digitale, dactylogramme *m*.

**FINGIERT** *adj* • fictif, simulé, apparent • considéré comme réel; **–e Erklärung** déclaration fictive; **–e Rechnung** facture simulée; **–es Rechtsgeschäft** acte simulé *ou* apparent.

**FIRMA** *f* • *(HR)* nom *m* commercial, appellation *f* de la maison de commerce • *(GesR: Personengesellschaft)* raison *ou* dénomination sociale • *(GesR: Kapitalgesellschaft)* dénomination sociale • *(HR: Phantasieworte)* dénomination de fantaisie (servant à individualiser un établissement commercial) • *(AllgSpr: Wirtschaftsleben)* maison *f*, firme *f*, établissements *mpl* = Ets., compagnie *f* = Cie. entreprise *f*.

**FIRMEN | BERATER** *m* ingénieur-conseil *m*, consultant *m*; **–beratungsdienst** *m* service *m* conseils et assistance aux entreprises, compagnie *f* d'Ingénieurs Conseils; **–bezeichnung** *f* raison *f* sociale; dénomination sociale; **–briefbogen** *m* papier *m* à lettres à en-tête d'une société.

**FIRMEN | EINHEIT** *f* unicité de la dénomination sociale; **–emblem** *n* signe distinctif (d'une société); **–fortführung** *f* continuation de la société (avec un tiers acquéreur *ou* avec l'héritier de l'associé prédécédé); **–grundstück** *n* immeuble *m ou* terrain *m* appartenant à une société commerciale; **–gründung** *f* création d'entreprises nouvelles; **–gruppe** *f* groupe *m* de sociétés; entreprises faisant partie d'un groupe; **–inhaber** *m* propriétaire *m* d'une firme.

**FIRMEN | KENNZEICHNUNG** *f* signe *m* tendant à individualiser un établissement commercial; **–kern** *m* raison sociale simple, sans indications complémentaires; **–logo** *n* logo *m* d'une firme, signes *mpl* graphiques constituant le symbole d'une firme; **–name** *m* nom social *ou* commercial.

**FIRMEN | RECHT** *n* • *(HR)* législation relative au nom commercial • *(GesR)* droit de l'entreprise (à agir, à effectuer des actes juridiques); **–schild** *n* enseigne *f*; **–schutz** *m* protection *f* du nom commercial; **–sitz** *m* siège *m* social; **–wahrheit** *f* univocité de la dénomination sociale; **–verletzung** *f* usage *m* abusif du nom commercial; **–zeichnung** *f* signature *f* sociale, pouvoir *m* (pour engager la société).

**FISCHEREI | ABKOMMEN** *n* convention de pêche; **–aufseher** *m* garde-pêche *m*; **–bezirk** *m* zone de pêche; **–delikt** *n* délit de pêche; **–erlaubnisschein** *m* permis *m* de pêche; **–gebiet** *n* zone *f* de pêche; **–genossenschaft** *f* société *ou* syndicat de pêche.

**FISKUS** *m* • *(WirtR)* État *m* exerçant des activités privées, État en tant que sujet de droits et d'obligations privés • *(SteuerR)* **fisc** *m*, administration fiscale; **–privileg** *n* privilège *m* du Trésor, garanties (spéciales) de recouvrement de la créance fiscale.

**FIXGESCHÄFT** *n (SchuldR)* contrat prévoyant un délai d'exécution indépassable, affaire conclue pour une date fixe.

**FIXKOSTEN** *pl* coût *m* fixe (indépendant des quantités produites).

**FIXUM** *n (HR)* fixe *m*, appointements *mpl* fixes (opposés à la commission).

**FLÄCHEN | ANGABE** *f* indication de la superficie; **–größe** *f*, **–inhalt** *m* étendue *f*, superficie *f*; **–nutzungsplan** *m* plan *m* d'occupation des sols; schéma *m* directeur d'aménagement et d'urbanisme; **–staat** *m (VerfR: im Gegensatz zum Stadtstaat)* État fédéré englobant toute une région (de l'État fédéral allemand).

**FLAGGE** *f* pavillon *m*, drapeau *m*; **billige –** pavillon de complaisance; **Schiff unter fremder –** navire *m* battant pavillon étranger; navire navigant sous un pavillon de complaisance.

**FLAUTE** *f* stagnation *f*, marasme *m* boursier.

**FLEXIBILISIERUNG** *f* : **– der Arbeitszeit** modulation de la durée du travail, aménagement d'horaires individualisés *ou* collectifs (de travail).

**FLEXIBILITÄT** *f* flexibilité *f*, souplesse *f*, aptitude *f* à s'adapter aux circonstances (nouvelles).

**FLEXIBLE ALTERSGRENZE** *f* âge *m* de départ à la retraite modulable.

**FLIEẞBAND** *n* chaîne *f* de fabrication *ou* de montage; **–arbeit** *f* travail à la chaîne.

**FLUCHT** *f* • *(a. StR)* fuite *f*, évasion *f* • *(BauR)* alignement *m*; **–auto** *n* *(StR: Fluchtfahrzeug)* véhicule *m* servant à prendre la fuite (après avoir commis un crime); **–befürchtung** *f*, **–gefahr** *f* *(StPR)* crainte *f* (de la juridiction d'instruction) que la personne mise en cause se soustraie volontairement à la justice; danger *m* de fuite du délinquant.

**FLÜCHTEN** *v* s'évader, prendre la fuite, s'enfuir, fuir.

**FLUCHT | HELFER** *m* passeur *m* d'immigrés clandestins, personne faisant passer clandestinement une frontière; **–hilfe** *f* aide *f* au passage clandestin d'une frontière; **–hilfeorganisation** *f* bande *f* de passeurs.

**FLÜCHTIG** *adj* • *(auf der Flucht)* en fuite, recherché par la police • *(fig. von kurzer Dauer)* passager, fugitif • *(oberflächlich)* superficiel, peu soigné.

**FLÜCHTIGE(R)** *m* personne évadée, individu en fuite.

**FLÜCHTLING** *m* • *(VR)* réfugié *m*; **politischer –** réfugié politique

• *(StPR)* personne en fuite *ou* recherchée, fugitif *m*.

**FLÜCHTLINGS | AUSWEIS** *m* carte *f* de reconnaissance du statut de réfugié; **–hilfe** *f* secours *mpl* (financiers) accordés aux réfugiés; **–hilfeorganisation** *f* organisation d'aide aux réfugiés; **–kommissar** *m* commissaire aux réfugiés.

**FLÜCHTLINGSORGANISATION** *f* : **internationale –** (IRO) Organisation internationale des réfugiés (OIR).

**FLÜCHTLINGS | LAGER** *n* camp *m* de réfugiés; **–recht** *n* régime *m* légal des réfugiés politiques; **–status** *m* statut *m* de réfugié politique; **–völkerrecht** *n* droit international public des réfugiés.

**FLUCHTLINIE** *f* *(BauR)* alignement *m*, **–nplan** *m* plan d'alignement.

**FLUCHT | VERDACHT** *m* *(StR)* le fait de redouter que la personne mise en cause ne cherche à s'enfuir, danger *m* *ou* suspicion de fuite; **–versuch** *m* tentative *f* de fuite *ou* d'évasion; **–vereitelung** *f* le fait d'empêcher une évasion.

**FLUG | AUFSICHT** *f* contrôle aérien; **–bereitstellungsvertrag** *m* contrat d'affrétement d'un avion; contrat de charter *ou* **de nolisage;** **–betrieb** *m* circulation aérienne; **–bewegungen** *fpl* nombre *m* de vols (par jour); **–blatt** *n* tract *m* (politique); brochure *f* publicitaire; **–gesellschaft** *f* compagnie *f* aérienne.

**FLUGHAFEN** *m* : **internationaler –** aéroport international; **–anlagen** *fpl* installations aéroportuaires; **–gebiet** *n* aire *f* aéroportuaire; **–gebühr** *f* taxe d'aéroport; **–terminal** *m* terminal *m*.

**FLUG | KAPITÄN** *m* commandant de bord; **–karte** *f* billet *m* d'avion; **–lärm** *m* pollution sonore provoquée par la circulation aérienne; **–linienverkehr** *m* service aérien (international), navigation *f* aérienne; **–lotse** *m* contrôleur de la navigation aérienne, aiguilleur du ciel.

**FLUG | PASSAGIER** *m* passager *m* (à bord d'un avion); **–platz** *m* aérodrome *m*, aérogare *f*, aéroport *m*; **–personal** *n* personnel *m* navigant; **–recht** *n* droit de circulation aérienne, droit de survol; **–schreiber** *m* boîte noire; **–schrift** *f* tract *m*; **–sicherung** *f* contrôle *m* de la circulation aérienne; centre de contrôle de la circulation aérienne; **–strecke** *f* parcours *m*; **–verbindung** *f* liaison aérienne.

**FLUGZEUG** *n* *(= Luftfahrzeug)* aéronef *m*; **–absturz** *m* crash *m*, écrasement au sol (d'un avion); **–bauer** *m* avionneur *m*; **–entführer** *m* pirate *m* de l'air, auteur d'un détournement d'avion; **–entführung** *f* *(StR)* détournement d'aéronef; **–führer** *m* pilote *m* (de ligne); **–industrie** *f* industrie *f* aéronautique; **–unglück** *n* accident *m* d'avion.

**FLUR | BEREINIGUNG** *f* remembrement *m* rural *ou* parcellaire; **–bezeichnung** *f* lieu-dit *m*; **–buch** *n* fichier immobilier, cadastre *m*, plan *m* cadastral; **–hüter** *m* garde *m* champêtre, brigadier-champêtre *m*; **–schaden** *m* dommage *m* causé aux cultures; **–stück** *n* parcelle *f*.

**FLÜSSIG** *adj (Gelder)* liquide, disponible; **–e Mittel** *npl* trésorerie *f*, avoirs *mpl* liquides.

**FOB-PREIS** *m* prix fob, prix franco à bord.

**FOLGE** *f* • *(Ergebnis, Wirkung)* conséquence *f*, effet *m*, résultat *m*; retentissement *m*, réaction *f*; aboutissement *m*; prolongement *m* • *(Reihe, Aufeinanderfolge)* suite *f*, série *f*, succession *f*; ordre *m*; séquence *m*; **–bescheid** *m* acte individuel (conséquence d'un acte individuel précédent).

**FOLGE | ANTRAG** *m* requête subséquente; **–bescheid** *m* *(SteuerR)* second avis de mise en recouvrement; **–beseitigungsanspruch** *m* demande *f* en réparation des conséquences d'un acte dommageable; **–lasten** *fpl (BauR)* charges *fpl* découlant de la viabilisation.

**FOLGEN | ABWÄGUNG** *f* pondération des risques; **–beseitigungsanspruch** *m (VwR)* droit *ou* action du particulier à l'encontre de l'État afin d'obtenir la réparation des suites préjudiciables d'un acte administratif entaché d'illégalité (par un rétablissement dans ses droits).

**FOLGERN** *v* conclure, déduire, démontrer.

**FOLGE | SACHE** *f (FamR)* litige relatif aux charges résultant du divorce; **–schaden** *m* dommage *m* consécutif *ou* indirect.

**FOLGLICH** *conj* par conséquent, ainsi, dès lors, en conséquence, donc.

**FOLTER** *f (VR: Folterung)* torture *f*, question *f*; **–knecht** *m* tortionnaire *m*, bourreau *m*; **–konvention** *f* convention sur la torture et autres actes de barbarie; **–opfer** *n* personne *f* ayant subie des tortures.

**FOLTERN** *v* torturer; mettre à la question.

**FONDS** *m* • *(Investmentfonds)* fonds *m* commun de placement • *(Bestand an Geld und Wertpapieren)* capitaux *mpl* monétaires et titres, ressources *fpl* financières et valeurs • *(BankR)* réserve *f* monétaire pour risques bancaires; **geheimer –** caisse *f* noire, fonds secrets.

**FÖRDERER** *m* promoteur *m*, sponsor *m*.

**FORDERN** *v* demander, exiger, revendiquer, réclamer; **von jmdn. etwas –** demander qqch. à qqn.; **jmdn. vor Gericht –** assigner qqn. en justice.

**FÖRDERN** *v* • promouvoir, favoriser, encourager, stimuler • exploiter (une mine, un puits).

**FORDERUNG** *f* • *(SchuldR)* créance *f*, droit *m* • *(ArbR)* exigence *f*, prétention *f*; revendication *f*; condition *f*; **abgetretene –** créance cédée; **anerkannte –** créance vérifiée; **angemeldete –** créance produite; **bestrittene –** créance contestée *ou* litigieuse; **bevorrechtigte –** créance privilégiée; **dubiose –** créance douteuse; **eintreibbare –** créance recouvrable; **fällige –** créance exigible *ou* échue; **fingierte –** créance simulée; **gemeinschaftliche –** créance indivise; **gepfändete –** créance saisie, créance saisie-arrêtée; **nicht übertragbare –** créance incessible; **streitige –** créance litigieuse *ou* contestée; **uneinbringliche –** créance irrécouvrable; **unpfändbare –** créance insaisissable; **verpfändete –** créance donnée en gage.

**FORDERUNGS | ABTRETUNG** *f* cession de créance; **–anmeldung** *f* déclaration *ou* production de créance; **–kauf** *m* cession de créance (à titre onéreux); **–klage** *f* demande *f* en paiement d'une créance.

**FORDERUNGS | SCHULDNER** *m* débiteur *m*; **–tilgung** *f* • paiement *m*, extinction d'une créance • amortissement *m* d'une créance; **–übergang** *m* transfert *m* de créance; **–übernahme** *f*, **–verkauf** *m* cession de créance; **–verletzung** *f (SchuldR: positive Vertragsverletzung od. Schlechterfüllung)* faute du débiteur dans l'exécution de ses obligations, inexécution d'une obligation contractuelle (imputable au débiteur), mauvaise exécution d'un contrat; **–verzicht** *m* renonciation à une créance, remise volontaire.

**FÖRDERUNG** *f* • *(Hilfe, Unterstützung)* promotion *f*, encouragement *m*; subvention, subside *m*, secours *m*, aide *f* • *(Bergbau)* extraction *f*; **– der Prostitution** *(StR)* aider, assister *ou* protéger la prostitution d'autrui; **sexueller Handlungen Minderjähriger** favoriser *ou* faciliter la débauche de mineurs.

**FORM** *f* • *(ZR: Urkunden, Schriftform)* forme *f*, formalité *f* spéciale; formule *f* • *(VerfR: Gesellschaftsordnung)* organisation *f*, régime *m*, statut *m*, structure • *(WirtR: Modell)* sorte *f*, type *m* • *(Pol: Förmlichkeit)* solennité *f*, cérémonial *m*, règle *f*

• *(Erscheinungsweise)* apparence *f*, aspect *m*.

**FORMAL** *adj* formel, formaliste; **–e Gleichheit** égalité (uniquement) formelle; **–er Mangel** • vice *m* de forme, irrégularité *f* dans la rédaction de l'acte • *(PrzR)* procédure irrégulière.

**FORMAL | BELEIDIGUNG** *f* *(StR)* allégation portant sur un fait exact, mais sous une forme offensante.

**FORMALIE(N)** *f(pl)* formalité *f* prescrite, forme juridique; solennité *f*; **gesetzlich vorgeschriebene –** formalité substantielle, forme exigée par la loi.

**FORMALITÄT** *f* • formalité *f*, forme *f* (prescrite par la loi) • procédure *f* (judiciaire), marche à suivre.

**FORMBEDÜRFTIG** *adj* (acte juridique) exigeant une forme particulière, exigeant (pour sa validité) une formalité, soumis à un formalisme déterminé; **–e Erklärung** acte solennel, déclaration exigeant l'accomplissement d'une formalité; **–es Rechtsgeschäft** contrat écrit, acte solennel, convention soumise à un (certain) formalisme.

**FORMBLATT** *n* formule *f*, imprimé *m*, modèle *m*; **–muster** *n* modèle *m* de formule.

**FORMEHE** *f* *(EheR: Namensehe)* mariage contracté dans le seul but d'acquérir le nom du mari *ou* de l'épouse.

**FORMEL** *f* • *(SchuldR)* formule *f*, clause *f* de style, expression consacrée • *(Urteil)* dispositif *m*; **Beschluss-** – dispositif *m* d'une ordonnance judiciaire.

**FORMELL** *adj* • selon la loi, formel • de pure forme, pour la forme; **–es Recht** droit procédural *ou* processuel; **–e Rechtmäßigkeit** validité *f* formelle, validité de pure forme (sans examen au fond).

**FORM | ERFORDERNIS** *n* condition *f* *ou* exigence de forme, formalité prescrite, forme exigée; **–fehler** *m* vice *m* de forme; **–freiheit** *f* soumis à aucune forme particulière.

**FORMGERECHT** *adj* régulier, en bonne et due forme, dans les formes, régulier dans la forme.

**FORM | GÜLTIGKEIT** *f* *(ZR)* validité *f* formelle; **–handelsgesellschaft** *f* société qui est réputée commerciale du fait de sa forme; **–heilung** *f* couverture *f* du vice de forme.

**FORMKAUFMANN** *m* *(HR)* société *f* ayant la capacité de commerçant de par sa forme.

**FORMLOS** *adj* consensuel, dépourvu de forme, résultant du seul échange des consentements; **–e Mitteilung** *(ZPR)* notification (d'un acte de procédure) par voie postale; **–er Vertrag** contrat consensuel.

**FORM | MANGEL** *m* vice *m* de forme, irrégularité *f* de forme, défaut *m* de forme; **–nichtigkeit** *f* nullité *f* de forme *ou* pour vice de forme; **–sache** *f* question de pure forme, question sans importance.

**FORMULAR** *n* formule *f*, document préétabli; imprimé *m*, modèle *m*; formulaire *m*.

**FORMULAR | KLAUSEL** *f* stipulation contenue dans un contrat-type; **–mietvertrag** *m* bail-type, formule de bail standardisé; **–sammlung** *f* formulaire d'actes; **–vertrag** *m* (= *Typenvertrag)* contrat-type *m*, (*pl*: les contrats-types).

**FORMULIERUNG** *f* formulation, énonciation; énoncé *m*; libellé *m*; **–smangel** *m* rédaction fautive, imperfection stylistique.

**FORM | UNGÜLTIGKEIT** *f* vice *m* de forme; **–unwirksamkeit** *f* nullité pour vice de forme; **–verletzung** *f*, **–verstoß** *m* violation *f* de la forme prescrite.

**FORMVORSCHRIFTEN** *fpl* : **wesentliche –** formes *fpl* substantielles, règles de forme d'ordre public.

**FORSCHUNGS | FREIHEIT** *f* liberté *f* de la recherche scientifique; **–institut** *n* centre d'études, organisme de recherches.

**FORST** *m* : **Staats–** forêt *f* domaniale.

**FÖRSTER** *m* agent technique forestier; ingénieur des Eaux et Forêts.

**FORST | FREVEL** *m* délit *m* forestier, infraction *f* forestière, contravention en matière forestière; **–hüter** *m* garde-forestier *m*; **–nutzungsrecht** *n* droit *m* d'exploitation forestière; **–recht** *n* régime *ou* code forestier; **–schaden** *m* dépérissement des forêts, dommage causé aux massifs forestiers; **–verwaltung** *f* gestion forestière; administration des eaux et forêts; **–wirtschaft** *f* foresterie *f*, forestage *m*.

**FORT | BESTAND** *m* • *(Fortdauer)* continuité *f*, persistance *f*, permanence *f*, maintien *m* • *(Fortführung)* continuation *f*, poursuite *f*, suite *f*, prolongation *f*.

**FORTBILDUNG** *f (ArbR: Weiterbildung)* formation continue; éducation permanente; **berufliche –** formation professionnelle continue (des adultes), cours *m* de qualification professionnelle; recyclage *m* (pour l'adaptation au changement des techniques); **– des Rechts** évolution du droit.

**FORTBILDUNGS | KURS** *m*, **–lehrgang** *m* stage *m* de formation complémentaire, stage de perfectionnement; **–urlaub** *m* congé *m* de formation (rémunérée).

**FORTFALL** *m* • *(Vorschrift)* caducité *f* • *(Bedingung)* péremption; résolution, réalisation.

**FORTGELTUNG** *f (des alten Rechts)* droit ancien *ou* antérieur toujours en vigueur.

**FORTGESETZTE HANDLUNG** *f (StR)* infraction continuée, succession d'infractions instantanées.

**FORTLAUFEND** *adj* : **–e Erpressung** chantage *m* à répétition; **–e Kontrolle** contrôle continu; surveillance permanente.

**FORTPFLANZUNG** *f* procréation *f*; **–smedizin** *f* procréatique *f*; **–sunfähigkeit** *f* stérilité *f*, inaptitude à la procréation.

**FORTSCHREIBUNG** *f (SteuerR)* réévaluation (légale) des bilans, réévaluation des immobilisations non amortissables.

**FORTSETZUNG** *f* suite *f*, continuation *f*; **– der Beweisaufnahme** *(StPR)* reprise *f* de l'information (sur charges nouvelles); **– des Verfahrens** *(ZPR)* reprise *f* d'instance; **– des Vertrages** maintien *m* du contrat.

**FORTSETZUNGS | DELIKT** *n* *(StR)* infraction continue *ou* successive; **–tat** *f* consommation d'une infraction s'étendant sur une certaine durée; **–zusammenhang** *m* *(StR)* lien *m* de continuité (dans l'infraction continuée).

**FORT | WIRKUNG** *f* prolongation (de la validité), continuité *f*; action ininterrompue; **–zahlung** *f* paiement *m* régulier (du salaire).

**FOTO | AUFNAHME** *f (Fotografie)* photo(graphie) *f*; **–kopie** *f* photocopie; **–montage** *f* photomontage *m*.

**FRACHT** *f* • *(Ladung)* charge *f*; cargaison *f* (d'un navire); chargement *m* (d'un avion *ou* d'un camion) • *(Frachtgut)* fret *m*, marchandise embarquée *ou* chargée • *(Frachtgeld)* fret, prix de location du navire, prix du transport (de marchandises); **–aufschlag** *m* surfret *m*, supplément de fret; **–behälter** *m* conteneur *m*.

**FRACHT | BRIEF** *m* • lettre *f* de voiture • *(SeeHR)* connaissement *m*; **–containerschiff** *n* navire *m* porte-conteneurs.

**FRACHTFREI** *adj* franco de port, fret *ou* port payé.

**FRACHT | FÜHRER** *m* voiturier *m*, transporteur *m*; **–fuhrunternehmen** *n* entreprise de transport *ou* de voiturage; **–geld** *n* fret *m*; **–geschäft** *n* contrat *m* de transport (de marchandises); contrat d'affrètement; **–gut** *n* marchandise (transportée *ou* à transporter), fret *m*, chargement *m*, cargaison *f*.

**FRACHT | KOSTEN** *pl* prix du transport; **–liste** *f* bordereau *m* de chargement; **–makler** *m* courtier de fret; **–papiere** *npl* documents de transport; **–rate** *f*, **–satz** *m* tarif de fret, barème des frets; **–vermittler** *m* courtier *m* de fret; **–vertrag** *m* • *(Schiff)* convention d'affrètement • *(Land, Luft)* contrat de transport.

**FRAGE** *f* • question *f*, demande *f*, interrogation *f* • affaire *f*, matière *f*, point *m* (litigieux), problème *m*; **sachlich-rechtliche –** question de fond; **– zur Person** *(StPR)* interrogatoire d'identité; **–bogen** *m* questionnaire *m*.

**FRAKTION** *f (VerfR)* : **parlamentarische –** groupe *m* (parlementaire).

**FRANCHISE** *f* • *(Zoll)* franchise *f* (douanière), exonération *f* des droits de douane, exemption *f* • *(VersR)* découvert *m*, franchise *f*.

**FRANCHISEVERTRAG** *m od.* Franchising *n* franchise *f*, contrat de franchisage, concession *f* d'une marque et de l'ensemble des moyens et méthodes.

**FRANCHISING | GEBER** *m* franchiseur *m*, concédant *m*; **–gebühr** *f* prix de la concession; **–nehmer** *m* franchisé *m*.

**FRAU** *f* femme *f*; *(als Anrede:)* Madame, M[me]; **alleinstehende –** femme seule; **berufstätige –** femme exerçant une profession; **geschiedene –** femme divorcée; **misshandelte –** femme victime de sévices, femme battue; **schwangere –** femme enceinte; **Gleichberechtigung von Mann und –** égalité des droits des femmes et des hommes, non-discrimination des femmes en raison du sexe.

**FRAUEN | ARBEIT** *f* travail *m* féminin; **–arbeitsschutz** *m* protection *f* des femmes exerçant une activité professionelle; **–beauftragte** *f* déléguée à la condition féminine; **–belästigung (am Arbeitsplatz)** harcèlement *m* sexuel; **–diskriminierung** *f* discrimination des femmes; **–handel** *m (StR)* traite des femmes; **–haus** *n* maison d'accueil pour femmes en détresse.

**FRAUEN | MISSHANDLUNG** *f (StR)* sévices *mpl ou* violences *fpl* subi(e)s par une femme; fait de faire subir des violences à une femme; **–quotenregelung** *f* mesures prises en faveur de la parité hommes-femmes.

**FREI | AN BORD** (= FOB) franco à bord; **– Grenze** franco frontière; **– Hafen und versichert** franco port et assuré; **– Haus** franco domicile; **– von Haverie** franc d'avarie; **– Längsseite Seeschiff** (= FAS) franco le long du navire; **– Lagerhaus** franco entrepôt; **– Verschiffungshafen** franco port d'embarquement.

**FREIBERUFLER** *m* non-salarié *m*, personne *f* exerçant une profession libérale, personne exerçant une profession industrielle, commerciale, artisanale.

**FREIBETRAG** *m* • *(Buchf)* solde *ou* montant *m* disponible • *(SteuerR)* **abattement** *m* à la base; tranche *f* non imposable des bénéfices industriels et commerciaux.

**FREIBLEIBEND** *adj (HR: ohne Obligo)* sans engagement.

**FREIGABE** *f* libération *f*, déblocage *m*; délaissement *m*; **–antrag** *m*, **–begehren** *n* demande *f* ayant pour objet la mainlevée d'une sûreté; **–klausel** *f* clause de renonciation (à un droit).

**FREIHANDEL** *m* libre-échange *m*, libre-échangisme *m*.

**FREIHEIT** *f* • *(ZR, ÖfR: Person)* liberté *f*; autonomie *f* • *(StaatsR: Selbstbestimmung)* auto-détermination, indépendance *f* • *(VwR: Spielraum)* **latitude** *f* • *(SteuerR: Befreiung)* franchise *f*, exemption, exonération; **religiöse –** liberté du culte; **– der öffentlichen Meinungsäußerung** liberté d'expression; **– der Person** liberté individuelle.

**FREIHEITSBERAUBUNG** *f (StR)* (délit de) séquestration; **eigenmächtige –** détention arbitraire.

**FREIHEITS | GARANTIE** *f*, **–gewährleistung** *f (VerfR)* garantie (constitutionnelle) de la liberté; **–recht** *n* liberté publique, droit fondamental.

**FREIHEITSSTRAFE** *f* peine *f* privative de liberté, peine d'emprisonnement; **entehrende –** peine afflictive et infamante; **ersatzweise verhängte –** peine privative de liberté subsidiaire (en cas de non-paiement de l'amende prévue); **lebenslange –, lebenslängliche –** peine perpétuelle privative de liberté; **zeitige –, zeitlich beschränkte –** peine d'emprisonnement limitée dans le temps.

**FREILASSUNG** *f (StR)* libération *f*, mise en liberté, élargissement *m*; **vorläufige –** mise en liberté provisoire; **– gegen Kautionsgestellung, – gegen Sicherheitsleistung** *f* mise en liberté sous caution: **–sbeschluss** *m* ordonnance *f* de mise en liberté.

**FREISPRECHEN** *v (StPR)* acquitter, relaxer, absoudre, déclarer non-coupable.

**FREISPRUCH** *m (StPR)* acquittement *m*, relaxe *f*; jugement absolutoire, absolution; **– in dubio pro reo** acquittement au bénéfice du doute; **– wegen erwiesener Unschuld** jugement absolutoire; **– mangels Beweises** acquittement au bénéfice du doute.

**FREISTAAT** *m* République *f*, État *m* libre *ou* démocratique (de Bavière, de Saxe).

**FREISTELLUNG** *f* libération *f*, exonération *f*; **– von der Haftung** exonération de la responsabilité.

**FREIWILLIGE | GERICHTSBARKEIT** *f* juridiction *f* en matière gracieuse, juridiction non-contentieuse; **– Selbstkontrolle** *f* (= FSK) commission d'autocontrôle de l'industrie cinématographique allemande.

**FREI | WILLIGE(R)** *m* volontaire *m*; **–willigkeit** *f* volontariat *m*.

**FREI | ZEICHEN** *n* • marque *f* du domaine public • marques *fpl* et dénominations ne pouvant pas faire l'objet d'un dépôt par suite de la pluralité des usagers déjà existants • insigne *f ou* marque non appropriable; **–zeichnungsklausel** *f*, **–zeichnungsvereinbarung** *f (SchuldR)* clause *f* d'exonération de la responsabilité.

**FREIZEIT** *f* loisirs *mpl*; congé *m*, repos *m*; **–ausgleich** *m* compensation (du travail supplémentaire) par des jours de repos.

**FREIZÜGIGKEIT** *f (VerfR)* liberté *f* de circulation, libre circulation; liberté d'établissement; **– der Arbeitskräfte** libre circulation des travailleurs.

**FREMD** *adj* : **für –e Rechnung** pour le compte d'autrui, pour le compte de tiers; **unter –en Namen** sous un nom d'emprunt, sous un faux nom.

**FREMD | BESITZ** *m* détention *f*, possession *f* pour autrui; **–besitzer** *m* (simple) détenteur *m* précaire, dépositaire (qui ne possède pas à titre de propriétaire); **–einwirkung** fait d'un tiers; cause externe.

**FREMDEN | POLIZEI** *f* police des étrangers; **–recht** *n* droit *m* des étrangers; **–verkehr** *m* tourisme *m*; **–verkehrsgebiet** *n* zone *f* touristique; **–verkehrsverein** *m* office *m* de tourisme, syndicat *m* d'initiative.

**FREMD | KAPITAL** *n* capital d'emprunt, capitaux *mpl* étrangers; **–mittel** *pl* moyens *mpl* financiers empruntés, fonds *m* d'emprunt; **–verschulden** *n* faute *f* d'un tiers; **–versicherung** *f* • *(Leben)* assurance pour compte d'un tiers *ou* pour le compte d'autrui • *(Feuer)* assurance pour objets d'autrui *ou* pour compte de qui il appartiendra.

**FRIEDEN** *m* paix *f*; **Störung des öffentlichen –s** trouble *m* apporté à la paix publique; **Wahrung des –s** • sauvegarde *f* de la paix • sauvegarde de la tranquillité publique.

**FRIEDENS | ABKOMMEN** *n* traité *m* de paix; **–demonstration**

*f* manifestation pour la paix (dans le monde); **–gebot** *n (ArbR)* obligation d'éviter tout conflit collectif de travail; **–pflicht** *f (ArbR)* obligation *f* d'éviter tout conflit collectif du travail (pendant la durée d'application de la convention collective); **–störer** *m* casseur *m*, manifestant violent; **–störung** *f (StR)* atteinte *f* à la paix publique.

**FRIEDENS | VERHANDLUNGEN** *fpl* négociations de paix; **–verrat** *m (StR)* infraction tendant à troubler la paix publique; **–vertrag** *m (VR)* traité de paix; **–völkerrecht** droit international public régissant les relations entre les États en temps de paix.

**FRIEDHOFS | GEBÜHREN** *pl* tarif *m* de concession pour sépultures; **–ordnung** *f* règlement (communal) du cimetière; **–ruhe** *f* respect *m* dû aux morts.

**FRIST** *f* • *(Zeitraum)* délai *m*, laps *m* de temps • *(Zeitpunkt)* échéance *f*, expiration du délai, terme *m*; **abgelaufene –** terme échu; **eingeräumte –, festgesetzte –** délai imparti; **gesetzliche –** délai légal, délai imparti par la loi; **letzte –** dernier délai; date butoir; **nicht verlängerbare–, präklusive –** délai préfix; **verfahrensrechtliche –** délai de procédure; **vertraglich festgesetze –** délai conventionnel.

**FRIST** *f* **: eine – bewilligen** accorder un délai (supplémentaire); **die – einhalten** respecter le délai imparti; **eine – gewähren** accorder un délai.

**FRIST | ABLAUF** *m* expiration du délai; **–beginn** *m* point *m* de départ du délai; **–berechnung** *f* computation *ou* calcul du délai; **–bestimmung** *f* fixation d'un délai.

**FRISTGEMÄß** *od.* **fristgerecht** *adj* dans les délais, en respectant le délai fixé, à la bonne date; **–e Kündigung** résiliation du contrat dans le délai prévu.

**FRISTEN | HEMMUNG** *f* interruption *f* provisoire de l'écoulement du délai, suspension du délai; **–lösung** *f*, **–regelung** *f (FamR, StR)* interruption volontaire de la grossesse dans un délai légal (avant la fin de la dixième semaine par un médecin).

**FRISTLOS** *adj* sans délai; **–e Kündigung** *(ArbR)* résiliation unilatérale (du contrat de travail); licenciement pour faute grave (privative du délai-congé).

**FRUCHT 1.** *f* fruit *m*; **–abgang** *m* avortement spontané, fausse couche; **–barkeit** *f* fécondité *f* (d'une espèce animale); fertilité *f* (du sol), productivité *f*.

**FRÜCHTE 2.** *fpl (SachR)* fruits *mpl*; **bürgerlich-rechtliche –** fruits civils; **erarbeitete –** fruits industriels; **stehende –** fruits pendants.

**FRUCHTZIEHUNG** *f (SachR)* perception *ou* acquisition des fruits; **übermäßige –** abus de jouissance; **–srecht** *n* droit d'usufruit.

**FRÜH | ERKENNUNG** *f (Krankheit)* dépistage *m* précoce; **–rente** *f* retraite anticipée, préretraite *f*.

**FÜHREN** *v* • *(conduire)* diriger, mener, gouverner, conduire, organiser • *(tragen)* porter • *(verwalten)* gérer, administrer; **die Aufsicht –** exercer le contrôle (sur); **den Beweis –** administrer *ou* apporter la preuve, prouver; **die Bücher –** tenir les livres de commerce; **einen Prozess –** exercer une action en justice; mener une procédure devant les tribunaux.

**FÜHRER** *m* • *(Politik)* dirigeant *m*, chef *m* • *(StR)* meneur *m*; responsable • *(Wirtschaft)* président directeur général; administrateur *m*, gérant *m* • *(Fahrzeug)* conducteur *m* du véhicule.

**FÜHRERSCHEIN** *m* permis *m* de conduire; **gültiger –** permis de conduire en état de validité; **– auf Probe** permis de conduite temporaire; **–entziehung, –entzug** *m* • annulation *ou* retrait *m* du permis de conduire • *(vorübergehend)* suspension du permis de conduire;

**–klasse** *f* catégorie *f* de permis; **–prüfung** *f* examen *m* en vue de l'obtention du permis de conduire.

**FÜHRUNG** *f* • *(Leitung)* direction *f*, organisation *f*, gestion *f*, management *m*; animation *f* • *(Betragen)* conduite *f*, comportement *m*; **– eines falschen Namens** usurpation d'état-civil; **– der Bücher** la tenue des livres comptables.

**FÜHRUNGS | AUFSICHT** *f (StR)* mesures *fpl* de contrôle, d'aide et d'éducation; **–kräfte** *fpl* cadres *mpl* supérieurs; **–zeugnis** *n* certificat de bonne vie et mœurs *ou* de bonne conduite.

**FUHR | UNTERNEHMEN** *n* entreprise *f* de transports routiers; **–unternehmer** *m* camionneur *m*, entrepreneur de transports routiers.

**FUND** *m* • *(aufgefundener Gegenstand)* objet de caractère artistique, historique *ou* scientifique découvert au cours de travaux de fouille • *(SchuldR: Ansichnehmen einer besitzlosen Sache)* découverte *f*, trouvaille *f*, invention *f*; **–amt** *n*, **–büro** *n* bureau *m* des objets trouvés; **–diebstahl** *m* vol *m* *ou* dissimulation *f* d'un objet trouvé.

**FÜNF | JAHRESFRIST** *f* prescription quiquennale; **– -Prozent-Klausel** *f* clause *f* de sauvegarde (prévoyant qu'aucun parti ne peut être représenté au Bundestag à moins d'avoir recueilli 5% des suffrages).

**FUNK | HOHEIT** *f*, **–regal** *n (ÖfR: Fernmeldehoheit)* souveraineté en matière d'émissions radiotélégraphiques; **–störung** *f* brouillage *m*, signal *m* parasite; **–streife** *f* patrouille *f* de police.

**FUNKTIONS | FÄHIGKEIT** *f (der Justiz)* la (sauvegarde de la) bonne administration de la justice; **–störung** *f* panne *f*, incident technique; **–träger** *m* responsable *m*.

**FÜRSORGE** *f* • *(SozR)* prévoyance *f* sociale, aide *ou* assistance sociale • sollicitude *f*; **öffentliche –** *(überholte Bezeichnung für Sozialhilfe)* assistance *f* aux indigents.

**FÜRSPRACHE** *f* intervention *f*, intercession *f*, entremise *f*.

**FUSION** *f* **(s. Verschmelzung)** concentration *f*; fusion *f*; absorption *f*.

**FUßGÄNGER** *m* piéton *m*; **–straße** *f*, **–zone** *f* rue *f ou* voie piétonne, aire *f* piétonne; **–übergang** *m* passage *m* clouté *ou* pour piétons.

## G

**GAGE** *f (ArbR: Künstlerhonorar)* rémunération *ou* salaire (de l'artiste-interprète).

**GANG 1.** *m* • *(räumlich)* couloir m, passage *m* • *(Bewegung)* mouvement *m*, marche *f*, action *f*, fonctionnement *m* • *(Ablauf)* succession, suite *f*, cours *m*; **– der Ermittlungen** déroulement de l'enquête policière; **– des Verfahrens;** déroulement *m* du procès.

**GANG 2.** *f (StR)* bande organisée; association de malfaiteurs, gang *m*.

**GANGSTER** *m* malfaiteur *m*, membre d'un gang; **–tum** *n*, **–unwesen** *n* gangstérisme *m*.

**GARANT** *m (SchuldR: Bürge)* garant *m*, caution *f*; répondant *m*; **als – auftreten** se porter garant.

**GARANTIE** *f* • *(VersR)* garantie *f*, couverture *f*; assurance *f* • *(ZR)* responsabilité *f*; engagement *m*; cautionnement *m* • *(SchuldR: Bürgschaft)* caution *f*, aval *m*.

**GARANTIE | FRIST** *f* délai de garantie; **–haftung** *f (MietR)* responsabilité du bailleur pour défauts de la chose louée.

**GARANTIE | VERTRAG** *m* (= *Gewährvertrag)* contrat *ou* promesse de garantie; **–zeit** *f* période *f* de couverture; **–zeugnis** *n* certificat de garantie; **–zusage** *f* promesse de garantie.

**GAST** *m* hôte *m*, invité *m*; client *m*, visiteur *m*; **–arbeiter** *m*, **–arbeitnehmer** *m* travailleur immigré, travailleur-hôte *ou* étranger, main-d'œuvre étrangère; **–land** *n (ArbR)* pays *m* d'accueil; **–stätte** *f* restaurant *m*; **–stättengewerbe** *n* industrie *f* de la restauration; hôtellerie-restauration *f*; **–stättenvertrag** *m* contrat *m* de restauration; **–wirt** *m* aubergiste *m*, restaurateur *m*; hôtelier *m*, logeur *m*.

**GASTWIRTS | HAFTUNG** *f* responsabilité *f* des hôteliers et restaurateurs; **–vertrag** *m* contrat *m* complexe de restauration et d'hôtelier-logeur.

**GATTE** *m* époux *m*, mari *m*, *ou pl.* époux *mpl*, conjoints *mpl*.

**GATTUNGS | BEGRIFF** *m (PatR)* préambule d'une revendication; **–kauf** *m (SchuldR)* achat *m ou* vente *f* ayant pour objet une chose de genre *ou* une chose déterminée seulement dans son genre; **–sache** *f* chose de genre, chose fongible; **–schuld** *f* dette *f* ayant pour objet une chose de genre; obligation de livrer une chose fongible; **–vollmacht** *f (HR: Handlungsvollmacht)* mandat *m* commercial général.

**GEBAREN** *n* • *(HR: Geschäftsführung)* gestion *f* (d'une entreprise), administration *f* • *(Benehmen)* comportement *m*, conduite *f* • *(Aut)* gestion financière.

**GEBÄUDE** *n* • *(Bauwerk)* construction • *(Wohnhaus)* bâtiment *m*, habitation • *(zumeist größeres Gebäude)* édifice *m*; **gewerbliches –** bâtiment à usage industriel *ou* commercial.

**GEBÄUDE | ABBRUCH** *m* démolition *f* (d'un bâtiment); **–abstand** *m* • espacement *m* des immeubles • zone *f* coupe-feu; **–besitzer** *m*, **–eigentümer** *m* propriétaire *m* d'un bâtiment; **–grundbuch** *n* livre foncier pour l'enregistrement des édifices; **–grundstück** *n* immeuble *m* bâti; **–haftung** *f* responsabilité du fait des bâtiments; **–sanierung** *f* réhabilitation des immeubles (anciens); **–schaden** *m* dommage causé aux immeubles.

**GEBIET** *n* • territoire *m*, zone *f*; terrain *m*, région *f* • *(Zuständigkeit)* ressort *m*, circonscription, domaine *m*.

**GEBIETS | GRENZE** *f* limite *f* territoriale; **–hoheit** *f* souveraineté *f* territoriale; **–körperschaft** *f* personne morale de droit public, collectivité *f* territoriale *ou* locale.

**GEBOT** *n* • *(Befehl)* ordre *m*, commandement • *(Angebot)* offre *f*; **geringstes –** mise *f*; **höheres –** enchère *f*.

**GEBRAUCH** *m* • *(Gewohnheit)* usage *m*, coutume *f*, us *mpl* et coutumes, habitude *f* • *(Nutzung)* usage *m*, utilisation *f*, emploi *m*; **anerkannter ständiger –** usage constant et reconnu; **ungestörter –** usage paisible; **ununterbrochener –** usage ininterrompu; **vertragsmäßiger –** usage conforme au contrat.

**GEBRAUCHS | ANLEITUNG** *f* mode *m* d'emploi; **–anmaßung** *f* *(StR)* **vol** *m* d'usage; **–anweisung** *f* mode *m* d'emploi, instructions *fpl* de service; **–artikel** *m* article d'usage courant; **–beeinträchtigung** *f* restriction du droit d'usage (d'un bien); fonctionnalité *f* moindre; réduction *f* de la capacité fonctionnelle (d'une chose).

**GEBRAUCHS | DIEBSTAHL** *m* *(StR)* appréhension momantanée (d'un véhicule automobile, d'un document, etc.) constituant un vol, vol d'usage; **–entwendung** *f (StR)* usage monantané d'un bien (ne constituant pas un vol); **–entziehung** *f (SchuldR)* privation de l'usage d'un bien; **–fahrzeug** *n* véhicule *m* utilitaire; **–gegenstand** *m* article *m* d'usage courant, ustensile *m* de ménage, objet *m* d'usage domestique; **–gewährung** *f* cession *ou* concession d'usage; **–güter** *pl* biens de consommation durable; **–leihe** *f* prêt à usage; **–minderung** *f* diminution des possibilités d'usage.

**GEBRAUCHSMUSTER** *n (MuW)* modèle d'utilité, modèle de fabrique, objet industriel (ayant un caractère de nouveauté); **eingetragenes –** modèle *m* déposé; **–berühmung** *f* action en vue de se prévaloir d'un modèle d'utilité; **–rolle** *f* registre des dessins et modèles; **–verletzung** *f* contrefaçon *f.*

**GEBRAUCHS | TAUGLICHKEIT** *f* aptitude *f* à l'usage prévu; **–überlassungsvertrag** *m* contrat de cession d'usage; **–wert** *m* valeur d'usage; **–zweck** *m* usage prévu (par contrat).

**GEBRAUCHT | FAHRZEUG** *n,* **–wagen** *m* voiture *f* d'occasion; **–wagenhandel** *m* vente *f* de voitures d'occasion; marché *m* des voitures d'occasion; **–warenhandel** *m* brocante *f,* chine *f.*

**GEBÜHR** *f* • *(ÖfR)* taxes *fpl*, droit *m* • *(VereinsR)* cotisation *f* • *(HR: Preis)* tarif *m*, frais *mpl* • *(PrzR)* honoraires *mpl* (fixés librement); vacation *f,* émoluments *mpl* (tarifés); **abgestufte –** droit gradué; **hinterzogene –** droit fraudé.

**GEBÜHREN | ERHEBUNG** *f* perception des taxes; **–erlass** *m* exemption de la redevance; **–festsetzung** *f* liquidation des frais et dépens; **–forderung** *f* état *m* des frais.

**GEBÜHRENORDNUNG** *f* tarification *f* (impérative), ordonnancement *m* des honoraires; ordonnance sur les taxes, tarif des droits et émoluments.

**GEBÜHRENPFLICHTIG** *adj* **: –e Verwarnung** *f (StVR)* contravention de police (en matière de police de circulation routière) passible d'une amende contraventionnelle, procès-verbal *m* de contravention.

**GEBURT** *f* naissance *f;* accouchement *m*, enfantement *m;* **eheliche –** naissance légitime; **nichteheliche –, uneheliche –** naissance d'un enfant naturel.

**GEBURTS | ANZEIGE** *f* déclaration de naissance; **–datum** *n* date *f* de naissance; **–helfer** *m* médecin-obstétricien; accoucheur; **–klinik** *f* maternité *f;* **–meldung** *f* déclaration de naissance; **–name** *m* nom de jeune fille; nom (acquis par la naissance *ou* par changement autorisé); **–ort** *m* lieu de naissance; **–register** *n* registre *m* des naissances; **–schein** *m* certificat *ou* bulletin de naissance, extrait de naissance; **–tag** *m* date *f* de naissance; **–urkunde** *f* acte *m* de naissance.

**GEDANKEN | FREIHEIT** *f* liberté *f* de la pensée; **–gang** *m* raisonnement *m*, argumentation *f;* **–losigkeit** *f* distraction, étourderie *f.*

**GEFAHR** *f* • *(i.w.S.)* danger *m*, péril *m* • *(Untergang einer Sache)* risque *m* • *(drohendes Unheil)* événement dommageable (dont la survenance est incertaine), menace *f* (pour un bien); **auf eigene –** à ses risques et périls; **die – tragen** supporter les risques; **– für Leib oder Leben** *(PolizeiR)* état présumé dangereux pour l'intégrité personnelle et la vie (des intéressés).

**GEFAHR | ABWEHRPFLICHT** *f,* **–abwendungspflicht** *f* obligation de minimiser le danger encouru.

**GEFÄHRDEN** *v* exposer à un danger, exposer à un risque, mettre en danger, compromettre.

**GEFÄHRDUNG** *f* menace *f* (pour), risque *m*, danger *m;* **– des demokratischen Rechtsstaats** atteinte à l'ordre républicain; **– von Leib, Leben und Gesundheit** fait constituant un danger pour la salubrité et santé publique; **– im Straßenverkehr** danger *m* pour la sécurité routière.

**GEFÄHRDUNGS | DELIKT** *n* *(StR)* délit consistant dans le fait de faire courir un risque à qqn. *ou* de mettre en péril qqch.; **–haftung** *f* *(SchuldR)* responsabilité du risque créé, responsabilité sans faute, responsabilité objective.

**GEFAHREN | ABWEHR** *f (PolizeiR)* mission *f* de maintien de la sécurité publique; **–anzeige** *f* déclaration *f* des circonstances aggravant le risque; **–bereich** *m* situation particulière faisant présumer un danger; domaine particulier dans lequel le risque créé doit être assumé par le vendeur *ou* l'acheteur.

**GEFAHREN | ÜBERGANG** *m* transfert *m* des risques; **–verdacht** *m (PolizeiR)* évidence *f* de l'actualité du danger (public); **–verhütung** *f* prévention des risques; **–zulage** *f (ArbR)* prime pour travail dangereux.

**GEFAHRTRAGUNG** *f (SchuldR)* obligation de supporter les risques (en cas d'inexécution du contrat).

**GEFÄLLIGKEITS | ATTEST** *n* attestation de complaisance; **–verhältnis** *n (SchuldR)* acte de complaisance *ou* de courtoisie, relation d'aide bénévole, assistance bénévole, entraide *f*.

**GEFANGENEN | BEFREIUNG** *f (StR)* le fait de libérer *ou* de faciliter l'évasion d'un détenu; **–beschäftigung** *f* travail pénitentiaire; **–meuterei** *f (StR)* rébellion *f* de prisonniers; **–transport** *m* transfert de détenus *ou* de prisonniers, transfèrement *m* pénitentiaire.

**GEFÄNGNIS** *n (StVR: Justizvollzugsanstalt)* établissement *ou* centre *m* pénitentiaire; maison d'arrêt, prison *f*; maison de correction; maison centrale; **–ausbruch** *m* évasion *f* de détenus; **–haft** *f* détention; **–personal** *n* personnel d'un établissement *m* pénitentiaire; **–register** *n* registre *m* d'écrou; **–strafe** *f (= Freiheitsstrafe)* peine d'emprisonnement; **–verwaltung** *f* administration pénitentiaire; **–wärter** *m* gardien *m* de prison.

**GEGEN | DARSTELLUNG** *f (PresseR)* rectification; **Recht auf –, –anspruch** *m*, **–verlangen** *n* droit de réponse; **–demonstration** *f* contre-manifestation *f*; **–entwurf** *m* contre-projet *m*; **–forderung** *f* • *(SchuldR)* créance en contrepartie (dans le cadre d'une compensation • *(ZPR)* demande reconventionnelle; **–geschäft** *n (HR)* affaire *f* en contrepartie; **–gutachten** *n* • contre-expertise *f* • avis *m* juridique opposé.

**GEGEN | KLAGE** *f (ZPR)* demande reconventionnelle, reconvention; **–leistung** *f* prestation en retour, dette *f* envers l'autre (contractant); contre-partie *f*, équivalent *m*; **–maßnahme** *f* contre-mesure *f*; mesure *f* de représailles.

**GEGEN | PARTEI** *f* partie *f* adverse; défendeur *m*; **–rechnung** *f* vérification des écritures, (nouveau) décompte *m*; **–rede** *f* réplique *f*; repartie *f*; **–seite** *f* partie *f* adverse; défendeur *m*.

**GEGENSEITIG** *adj* réciproque, mutuel; synallagmatique; **–e Erbeinsetzung** institution réciproque en tant qu'héritier; **–e Aufhebung der Kosten** *(ZPR)* compensation réciproque des frais procéduraux; **–es Einverständnis** accord mutuel; **–er Vertrag** contrat synallagmatique.

**GEGENSEITIGKEITS | PRINZIP** *n (IPR)* principe *ou* régime de réciprocité; **–verein** *m* mutuelle *f*; **–verhältnis** *n* interdépendance *f*; corrélation.

**GEGENSTAND** *m* • *(SchuldR)* chose *f* (corporelle), objet *m* (matériel); objet (de l'obligation *ou* du contrat); matière *f*, substance *f* • *(AllgSpr)* sujet *m*, thème *m* • *(ZPR)* objet du litige, cause (soumise au juge), affaire *f* en cours, espèce *f* • *(HR: Ware)* article *m*, produit *m*; **streitbefangener –** objet en litige, objet litigieux.

**GEGENSTANDSWERT** *m* • *(ZPR)* montant *m* du litige • *(ZR)* valeur *f* vénale.

**GEGEN | ÜBERSTELLUNG** *f* • *(StPR: Personen)* confrontation • *(Fakten)* rapprochement *m*, comparaison *f*; **–verkehr** *m (StVR)* circulation en sens inverse; **–vorbringen** *n* réponse *f* (à conclusions); prétention de la partie adverse; **–vormund** *m* subrogé tuteur *m* (en tant qu'organe de surveillance); **–vorschlag** *m* contre-projet *m*, contre-proposition *f*.

**GEGEN | ZEICHNER** *m* contresignataire; **–zeichnung** *f* contreseing *m*.

**GEGNER** *m* • *(AllgSpr u. PrzR)* adversaire *m*, partie *f* adverse • *(ZPR)* demandeur *m*; défendeur *m* • *(Politik)* opposant *m*.

**GEHALT 1.** *m* • *(Inhalt)* contenu *m*, teneur *f* • *(Rauminhalt)* capacité *f*, contenance *f* • *(Anteil)* taux *m*, titre *m*, pourcentage *m* • *(Wert)* valeur *f*, mérite *m*.

**GEHALT 2.** *n* • *(BeamR)* traitement *m*, appointements *mpl* • *(ArbR)* salaire *m*, revenu *m* du travail, rémunération *f*; **ein – beziehen** toucher un salaire *ou* des appointements.

**GEHALTS | ABRECHNUNG** *f* bulletin *m* de salaire *ou* de paye; **–abtretung** *f* cession *f* (de la partie saisissable) du salaire (à un créancier); **–abzug** *m* déduction *ou* défalcation faite sur le salaire.

**GEHALTS | FORDERUNG** *f* • créance de salaire • *(Bewerbung)* prétentions *fpl*; **–fortzahlung** *f* (im Krankheitsfalle) continuation du paiement du salaire; **–konto** *n* compte-salaire; **–nachzahlung** *f* rappel *m* de salaire.

**GEHALTS | PFÄNDUNG** *f* *(ZwangsVR)* saisie *f* (d'une fraction) du salaire, saisie-arrêt sur le salaire; **–streifen** *m* feuille *ou* bulletin de paye; **–tabelle** *f*, **–tafel** *f* barème des traitements *ou* des salaires, échelle *f ou* grille *f* des traitements; **–wünsche** *mpl* prétentions *fpl*.

**GEHEIM** *adj* : **–e Absprache** convention occulte, entente secrète; **–e Polizei** police *f* secrète; services *mpl* secrets; **–e Wahl** vote secret; **–er Vorbehalt** *m* réserve *f* mentale.

**GEHEIM | AKTE** *f* dossier secret *ou* classifié; **–bereich** *m (ZR, StR: Privatsphäre)* intimité *f*, vie privée; **–buchführung** *f* comptabilité *f* occulte; **–bund** *m (StR)* société *ou* organisation secrète; **–bündelei** *f (StR)* formation d`une société secrète.

**GEHEIMDIENST** *m* services *mpl* secrets; service *m* de renseignements; **–angehörige(r)** *m*, **–mitarbeiter** *m* agent *m* des services secrets *ou* de la police secrète.

**GEHEIMHALTUNG** *f* le fait de conserver le secret *ou* d'observer une discrétion absolue; **– anvertrauter Tatsachen** discrétion *f* relative aux faits confiés (par un tiers).

**GEHEIM | KLAUSEL** *f* clause *f* occulte; **–mittel** *pl* fonds *mpl* secrets.

**GEHEIMNIS** *n* secret *m* (professionnel); **–bruch** *m* divulgation de faits confidentiels (sanctionnée par la loi pénale); **–schutz** *m* interdiction de divulguer des faits confidentiels; **–träger** *m* personne *f* en possession de secrets de la défense nationale; **–verletzung** *f*, **–verrat** *m* divulgation *ou* révélation de secret.

**GEHEIM | ORGANISATION** *f* organisation secrète *ou* clandestine; **–polizei** *f* police secrète, services de renseignements généraux, deuxième bureau; **–vertrag** *m* contre-lettre *f*; **–zahl** *f* code secret.

**GEHILFE** *f* • *(ArbR: Erfüllungsgehilfe)* auxiliaire *m*, adjoint *m*, aide *m* • *(HR: Handlungsagent)* commis *m* • *(ZR: Verrichtungsgehilfe, unerlaubte Handlung)* préposé *m* • *(StR)* complice *m* (par aide ou assistance).

**GEHÖR** *n* : **Anspruch auf rechtliches –** *(PrzR)* droit d'être (personnellement) entendu en justice par le juge.

**GEHORSAM** *m* obéissance *f* (à la loi, aux règles); soumisssion *f*; discipline *f*, subordination; **unbedingter –** stricte obéissance.

**GEHORSAMS | PFLICHT** *f* • *(BeamR)* devoir *m* d'obéissance • *(ArbR)* obligation de se soumettre au pouvoir de commandement de chef d'entreprise; **–verweigerung** *f (MilR)* refus *m* d'obéissance.

**GEISEL** *f* otage *m*; **eine – nehmen** retenir qqn. comme otage; **–nahme** *f* prise *f* d'otage; **–nehmer** *m* preneur *m* d'otages.

**GEIST** *m* **: gegen den – des Gesetzes verstoßen** violer (non pas la lettre) mais le contenu *ou* l'esprit de la loi.

**GEISTERFAHRER** *m (Autobahn)* personne *f* roulant à contre-sens sur l'autoroute.

**GEISTES | FREIHEIT** *f* liberté *f* de pensée; **–kranke(r)** *m* aliéné *m*, dément *m*; **–krankheit** *f* aliénation *f* mentale, démence *f*, insanité *f* d'esprit; **–schwäche** *f* débilité *f* mentale; **–störung** *f* trouble *m* des facultés mentales.

**GEISTLICHER** *m* ministre *m* des cultes, ecclésiastique *m*, prêtre *m*.

**GELD 1.** *n* • *(Zahlungsmittel)* monnaie *f* (en tant qu'instrument légal de paiement), argent *m* • *(Münzen)* espèces *fpl*, pièce *f*, numéraires *mpl*, monnaie métallique • *(Banknote)* billet *m* de banque (en tant que monnaie fiduciaire); **gesetzliches –** monnaie ayant cours légal.

**GELD | ANLAGE** *f* placement *m* de fonds, investissement de capitaux; **–anleger** *m* épargnant *m*, investisseur *m*; **–(ausgabe)automat** *m* billetterie *f*, distributeur *m* automatique (de billets), DAB; **–automatenkarte** *f* carte (bancaire) de retrait de fonds.

**GELD | BESCHAFFUNG** *f* financement, montage *m* financier; **–betrag** *f* montant *m*, somme *f* (d'argent); **–beutel** *m* bourse *f*, porte-monnaie *m*; **–bote** *m* convoyeur *m* de fonds; **–bündel** *n* liasse *f* de billets.

**GELDBUßE** *f (StR, VwR: Ordnungswidrigkeit – qui a remplacé en Allemagne la contravention)* amende forfaitaire *ou* administrative; (correspond en France à l'amende pénale ou à la peine pécuniaire prononcée par le tribunal de police).

**GELD | DARLEHEN** *n* prêt d'argent; **–diebstahl** *m* vol *m* d'argent; **–einlage** *f* • versement *m* en numéraire • mise de fonds en espèces, apport *m* financier; **–entschädigung** *f* indemnité *f* en argent.

**GELDER 2.** *npl* fonds *mpl*, sommes *fpl*, deniers *mpl*, capitaux *mpl*; **festgelegte –** fonds immobilisés; **kündbare –** dépôt à préavis; **öffentliche –** deniers publics; **verfügbare –** disponibilités *fpl*.

**GELD | ERSATZ** *m* indemnité *f* sous forme d'argent, dommages-intérêts; **–ersatzanspruch** *m* droit à dommages-intérêts; **–fälscher** *m* faux-monnayeur *m*; **–fälschung** *f* falsification de monnaie, faux-monnayage *m*; **–forderung** *f* créance en argent.

**GELD | GEBER** *m* bailleur de fonds; **–geschenk** *n* don *m* d'une somme d'argent; **–hortung** *f* thésaurisation *f*; **–institut** *n* institution de crédit, banque *f*.

**GELD | LEISTUNG** *f* prestation *f* en argent *ou* en espèces, prestation en deniers *ou* pécuniaire; **–markt** *m* marché monétaire *m*; **–menge** *f* volume *m ou* masse *f* monétaire.

**GELDMITTEL** *pl* fonds *mpl*, ressources *fpl*, moyens *mpl* financiers; capitaux *mpl*, ressources *fpl*, trésorerie *f*.

**GELD | MÜNZE** *f* monnaie *f* (d'appoint, divisionnaire) **–prägung** *f* frappe *f* de la monnaie; **–quelle** *f* ressources *fpl* financières.

**GELD | SCHEIN** *m* billet *m* de banque; **–schöpfung** *f* création monétaire; **–schrank** *m* coffre-fort *m*; **–schuld** *f* dette d'argent; **–spende** *f* don en argent *ou* en espèces, libéralité; **–spielautomat** *m*, **–spielgerät** *n* machine *f ou* appareil *m* à sous; **–strafe** *f* amende pénale, peine *f ou* condamnation pécuniaire.

**GELD | STÜCK** *n* pièce *f* de monnaie; monnaie divisionnaire métallique (de faible valeur intrinsèque); numéraire *m*; **–summe** *f* somme *f* d'argent.

**GELD | TRANSPORT** *m* transfert *m ou* transport *m* de fonds; **–transportfahrzeug** *n* véhicule *m* blindé de transport de fonds; **–überweisung** *f* virement *m* bancaire; **–umlauf** *m*, **–verkehr** *m* circulation monétaire, masse *f* monétaire en circulation; **–verlegenheit** *f* embarras pécuniaire; **–verleiher** *m* prêteur de fonds.

**GELD | WÄSCHE** *f (StR)* blanchiment de fonds d'origine frauduleuse, blanchiment de narcodollars *ou* d'argent (de la drogue); **–wechslergeschäft** *n* opération de change.

**GELD | WERT** *m* pouvoir *m* d'achat de la monnaie; **–wertschwund** *m* dépréciation de la monnaie; **–zahlung** *f* paiement en espèces.

**GELEGENHEITS | ARBEIT** *f* travail *m* occasionnel; **–arbeiter** *m* travailleur occasionnel; **–diebstahl** *m* vol *m* occasionnel.

**GELEGENHEITS | GESELLSCHAFT** *f (GesR: Konsortium)* consortium *m*, association d'entreprises à titre temporaire (en vue de réaliser des opérations financières), groupe *m* bancaire (international); **–täter** *m*, **–verbrecher** *m* criminel *m ou* délinquant *m* occasionnel, délinquant d'occasion.

**GELÖBNIS** *n* serment *m*, promesse *f* solennelle; **–bruch** *m* rupture *f* de serment, rupture de promesse; **–feier** *f* prestation solennelle de serment (par les soldats).

**GELTEN** *v* • *(gültig, in Kraft sein)* être valable, être valide, n'être entaché d'aucune cause de nullité, être en vigueur • *(maßgebend sein)* valoir, faire autorité, faire loi • *(betreffen)* concerner, s'adresser à, regarder.

**GELTENDMACHUNG** *f* action de faire valoir (un droit), exercice *m* (d'un droit); **gerichtliche – eines Anspruchs** introduction d'une instance pour faire valoir une prétention, recours *m* contentieux.

**GELTUNG** *f* • *(Gültigkeit)* validité *f*, vigueur *f*, efficacité *f* • *(Ansehen)* **crédit** *m*, autorité *f*, considération *f*, réputation *f* • *(Bedeutung)* signification *f*, importance *f*, notoriété *f*; **allgemeine –** portée *f* générale; **räumliche –** validité dans l'espace; **zeitliche –** validité *f* dans le temps.

**GELTUNGSBEREICH** *m* domaine *m* d'application, sphère *f ou* champ *m* d'application, domaine de validité; **räumlicher –** (domaine de) compétence territoriale; champ d'application (dans l'espace), validité territoriale; **sachlicher –** (domaine de) compétence matérielle *ou* d'attribution; **zeitlicher –** domaine d'application dans le temps.

**GELTUNGS | DAUER** *f* durée *f* de validité; période *f* d'application; **Verlängerung der –dauer** prorogation *f* de validité; **–gebiet** *n* domaine *m* d'application, sphère *f* de validité, champ *m* d'application.

**GEMA** *f (UrhR: Gesellschaft für musikalische Aufführungs- und mechanische Vervielfältigungsrechte)* Société allemande de protection des droits d'auteur relatifs aux œuvres musicales et écrites.

**GEMÄß** • *Präp. mit Dativ* conformément à, aux termes de (l'article ...), d'après, selon, suivant, • *adj* conforme, adapté, ajusté, approprié, convenable.

**GEMEINDE** *f (VwR)* commune *f*; ville *f*; commune rurale; collectivité locale *ou* territoriale; **amtsangehörige** *od.* **kreisangehörige –** commune faisant partie d'une collectivité supérieure dont l'administration est regroupée avec celle d'autres communes voisines; **amtsfreie** *od.* **kreisfreie –** commune ayant sa propre administration, commune ne faisant pas partie d'une collectivité supérieure; **kreisunmittelbare –** commune constituant par elle-même un cercle *ou* district.

**GEMEINDE | ABGABE** *f* taxe locale *ou* communale; **–angelegenheit** *f* affaire *f* relevant de la compétence de la commune; **–bezirk** *m* arrondissement *m* (d'une ville); commune associée.

**GEMEINDE | DIREKTOR** *m* directeur communal, organe exécutif de la commune (dans certains Länder allemands); **–freiheiten** *pl* **libertés** *fpl* municipales; **–gebiet** *n* territoire *m* de la commune; **–haus** *n* mairie *f*.

**GEMEINDE | HAUSHALT** *m* budget *m* communal; **–hoheit** *f* autonomie *f* communale; **–ordnung** *f* (= *GemO*) **code** *m* allemand des communes; **–polizei** *f* police municipale; **–rat** *m* • conseil *m* municipal *ou* communal • conseiller *m* municipal.

**GEMEINDERATS | BESCHLUSS** *m* délibération du conseil municipal; **–mitglied** *n* conseiller *m* municipal; **–schreiber** *m od.* **–sekretär** *m* secrétaire de mairie.

**GEMEINDE | SELBSTVERWALTUNG** *f* autonomie administrative de la commune; **–steuer** *f* taxe locale; **–verband** *m* groupement *m* communal; **–verfassung** *f* statut *m* municipal, organisation communale.

**GEMEINDE | VERMÖGEN** *n* biens *mpl* communaux; **–vertretung** *f* conseil *m* municipal; **–vorstand** *m* maire *m*, bourgmestre *m*, municipalité *f*; **–wahlgesetz** *n* Loi allemande relative aux élections municipales; **–wald** *m* forêt *f* communale; **–weg** *m* chemin *m* vicinal; **–zusammenlegung, –zusammenschluss** *m* fusion communale.

**GEMEIN | EIGENTUM** *n* propriété collective *ou* publique; **–gebrauch** *m* usage *m* commun *ou* en commun *ou* public; **gesteigerter –gebrauch** utilisation privilégiée (par un riverain du domaine public), usage de la voie publique à des fins commerciales *ou* autres, aisance *f* de voirie.

**GEMEIN | GEFAHR** *f (StR: gemeine Gefahr)* danger *m* pour la communauté; risque *m* volontairement créé pouvant porter atteinte aux personnes *ou* aux biens; **–gut** *n* bien public; biens domaniaux.

**GEMEIN | HAFTUNG** *f* responsabilité *f* conjointe; **–interesse** *n* intérêt *m* commun; **–kosten** *pl* frais *mpl* généraux *ou* indivis; dépenses *fpl* communes.

**GEMEIN | NÜTZIGKEIT** *f* utilité *f* publique; **–nützigkeitsverordnung** *f* règlement *m* concernant l'utilité publique (dans le cadre des fondations et associations).

**GEMEINSCHAFT** *f* • *(Personen u. Vermögen)* communauté *f* • *(Rechte)* indivision *f* • *(SachR)* mitoyenneté *f*; **– nach Bruchteilen** indivision par fractions.

**GEMEINSCHAFTLICH** *adj* **: –es Eigentum** copropriété *f* (des parties communes), indivision (quant à la propriété); **–es Testament** • testament conjonctif *ou* commun (des époux) • *(Berliner Testament)* testament mutuel, dispositions réciproques des époux.

**GEMEINSCHAFTS | ANLAGE** *f (SachR)* installation commune (appartenant à tous les copropriétaires); **–aufgaben** *fpl (VerfR)* tâches *fpl* d'intérêt commun, fonctions *fpl* assumées par les Länder avec participation financière du Bund; **–bestellung** *f* achat groupé; **–eigentum** *n* copropriété *f* (des parties communes).

**GEMEINSCHAFTS | PATENT** *n* brevet *m* communautaire; **–patentgericht** *n* tribunal *m* européen des brevets; **–recht** *n (EuR)* **droit** *m* communautaire; **–rechtsordnung** *f* système juridique européen, régime juridique communautaire.

**GEMEINSCHAFTS | UNTERNEHMEN** *n (GesR: joint venture)* coentreprise *f*; **–verhältnis** *n (SachR: nachbarschaftliches –)* rapports *mpl* de bon voisinage; **–vorschrift** *f (EuR: acte de portée générale)* **règlement** *m* européen; prescription *f* communautaire.

**GEMEINSCHULDNER** *m* • *(InsolvenzR)* **entreprise** *f* soumise à la procédure de liquidation des biens, débiteur *m* insolvable contre lequel une procédure en liquidation des biens a été engagée • *(umg Bezeichnungen:)* failli *m*, débiteur *m* failli.

**GEMEIN | WESEN** *n* communauté nationale, État; **–wohl** *n* intérêt général, bien public, salut public.

**GEMISCHT** *adj* : **–e Schenkung** donation déguisée, acte à titre onéreux consenti à un prix inférieur (à la valeur réelle); **–er Vertrag** contrat *m* complexe.

**GENEHMIGEN** *v* approuver, autoriser, agréer, acquiescer (à), confirmer, ratifier; **nicht –** désapprouver; **einen Antrag –** consentir à une requête; **einen Vorschlag –** agréer une proposition.

**GENEHMIGT** *adj* (lu et) approuvé.

**GENEHMIGUNG** *f* • *(VwR: Erlaubnis)* autorisation *f*, agrément *m*, approbation *f*, permission • *(ÖfR: amtliche Eintragung)* homologation *f*, sanction • *(ZR: Einwilligung)* consentement *m*, acquiescement, assentiment *m*; **bedingte –** autorisation conditionnelle, accord *m* conditionnel; **befristete –** autorisation révocable, accord temporaire.

**GENEHMIGUNGSBEDÜRFTIG** *adj (VwR: genehmigungspflichtig)* soumis à autorisation; **–e gewerbliche Tätigkeit** établissements industriels et commerciaux soumis à l'autorisation (de l'administration); **–es Rechtsgeschäft** acte juridique nécessitant le consentement d'un tiers.

**GENERAL | AGENT** *m* agent *m* général; **–bevollmächtigter** *m* fondé *m* de pouvoir; **–bundesanwalt** *m* procureur général auprès de la Cour fédérale de justice.

**GENERAL | DIREKTION** *f* directoire *m*; direction *f* générale (de l'entreprise), management *m*; **–direktor** *m (GesR)* directeur *m* général, président directeur général (P.D.G.), membre du directoire (d'une société anonyme); **–inspekteur** *m* (der Bundeswehr) inspecteur *m* général (de l'armée allemande).

**GENERAL | KLAUSEL** *f* • *(gesetzlich)* principe général (du droit) • *(vertraglich)* clause *f* générale *ou* de style; **–konsul** *m* consul *m* général; **–konsulat** *n* consulat *m* général; **–police** *f (VersR)* police *f* d'abonnement *ou* flottante; **–prävention** *f (StR)* prévention collective.

**GENERAL | STAATSANWALT** *m* procureur *m* général auprès d'un tribunal régional supérieur (allemand); **–staatsanwaltschaft** *f* Parquet *m* auprès d'un tribunal régional supérieur allemand; **–streik** *m* grève générale; **–unternehmer** *m* entrepreneur principal (ayant recours à la sous-traitance); **–unternehmervertrag** *m* contrat *m* de sous-traitance.

**GENERALVERSAMMLUNG** *f (GesR: Hauptversammlung)* assemblée *f* générale; **außerordentliche –** assemblée générale extraordinaire; **ordentliche –** assemblée générale ordinaire; **–sbeschluss** *m* délibération de l'assemblée générale.

**GENERAL | VERTRETUNG** *f* agence *f* générale *ou* exclusive; **–vollmacht** *f* procuration *f* générale, pouvoir *m ou* mandat *m* général, pleins pouvoirs; **–vorsatz** *m (StR)* dol *m* général.

**GENETISCHE | DATENBANK** *f* génothèque *f*, banque *f* de génotypes; **–r Fingerabdruck** génotype *m* (d'un individu), empreinte *f* génétique.

**GENOSSENSCHAFTLER** *m* coopérateur *m*, membre *m* d'une coopérative.

**GENOSSENSCHAFTS | BANK** *f* banque coopérative, caisse *f* de crédit mutuel (à vocation générale); **–recht** *n* régime légal des coopératives; **–verband** *m* union de coopératives; groupement coopératif.

**GENUSS** *m* jouissance *f*; consommation; **–aktie** *f* action de jouissance; **–mittel** *npl* alcools et tabacs, spiritueux *mpl*, boissons alcooliques et stimulants, excitants *mpl* alimentaires; **–schein** *m* certificat *m* de jouissance, part *f* bénéficiaire.

**GENUS | SACHE** *f* chose *f* de genre, bien *m* fongible; **–schuld** *f* *(SchuldR)* obligation ayant pour objet une chose de genre.

**GEPÄCK** *n* • *(Koffer)* bagages *mpl*, effets *mpl* • *(verpackte Ausrüstung)* bagage *m*; **–aufbewahrungsschein** *m* bulletin *m* de consigne; **–raum** *m* coffre *m* (d'une voiture).

**GEPÄCK | SCHEIN** *m* bulletin de bagages; **–schließfach** *n* consigne *f* automatique; **–stück** *n* coffre *m*, malle *f*, valise *f*; **–träger** *m* bagagiste *m*; **–versicherung** *f* assurance des bagages.

**GERÄT** *n* *(Werkzeug)* outillage *m*, matériel *m*; appareil *m*, ustensile *m*; **–emängel** *mpl* vices *mpl* de fabrication; **–esicherheitsgesetz** *n* Loi relative à la prévention des accidents dus aux machines, aux appareils et à l'outillage.

**GERÄUSCH(E)** *n(pl)* • *(von Nachbargrundstücken)* bruits *mpl* de voisinage • *(von Verkehrswegen)* bruits sur la voie publique • *(durch Industriebetriebe)* bruits d'une installation industrielle • *(UmweltR)* pollution sonore, nuisances *fpl* provoquées par le bruit; **–belästigung** *f*, **–emission** *f*, **–immission** pollution sonore; **–pegel** *m* niveau *m* sonore.

**GERECHT** *adj* : **–e Behandlung** traitement *m* équitable; **–er Preis** juste prix *m*; **–e Sache** bonne cause; **–e Strafe** sanction méritée.

**GERECHTIGKEIT** *f* • *(gerechtes Verhalten)* justice *f*, droiture *f*, équité *f*, impartialité *f*, intégrité *f*, probité *f* • *(dem Gesetz entsprechend)* conformité *f* au droit • *(Berechtigung)* licence *f*, autorisation *f*; **soziale –** justice sociale.

**GERICHT** *n* • *(Organ der Rechtsprechung, allg.)* juridiction *f* • *(Gericht erster Instanz)* tribunal *m* • *(Berufungs- od. Revisionsgericht)* cour *f* (de justice) • *(Gerichtsgebäude)* palais *m* (de justice), tribunal (en tant que lieu où l'on rend la justice); **angerufenes –** tribunal saisi (de l'instance), juridiction saisie; **erkennendes –** juridiction de jugement; **ordentliches –** tribunal *ou* juridiction de droit commun, tribunal judiciaire.

**GERICHT** *n* : **ein – anrufen** saisir un tribunal *ou* une juridiction; **vor – erscheinen** comparaître en justice; **vor – geladen sein** être convoqué par le tribunal, être cité (en justice); **bei** *od.* **vor – klagen** attaquer en justice, poursuivre *ou* assigner en justice, agir *ou* aller en justice; **vor – stellen** traduire en justice; *pej* traîner en justice.

**GERICHTLICH 1.** *adj* • *(vom Gericht vorgenommen)* judiciaire • *(durch Gericht entschieden)* juridictionnel; **–e Beschlagnahme** saisie *f* par voie de justice; **–e Beurkundung** authentification judiciaire; **–e Entscheidung** décision judiciaire; **–e Untersuchung** instruction judiciaire; **–e Verhandlung** audience *f* (devant un tribunal), débats *mpl* (judiciaires).

**GERICHTLICH 2.** *adv* : **jmdn. – belangen** poursuivre qqn. en justice; **– bestellen** *(Anwalt)* constituer (avocat), se faire représenter en justice (par qqn.); **– geltend machen** faire valoir en justice; **– überprüfen** juger un litige, trancher, statuer; **– vertreten** représenter en justice.

**GERICHTS | AKTE(N)** *f(pl)* acte(s) *m(pl)* du palais, dossier *m*; **–apparat** *m* appareil *m* judiciaire; **–archiv** *n* archives *fpl* judiciaires, service de conservation des actes judiciaires; **–arzt** *m* médecin *m* légiste; **–assessor** *m* juge *m* suppléant;

substitut *m*; **–aufbau** *m* organisation des tribunaux.

**GERICHTSBARKEIT** *m* juridiction *f*; compétence *f* juridictionnelle; **ausschließliche –** juridiction exclusive; **bürgerliche –** juridiction civile; **freiwillige –** juridiction gracieuse; juridiction (de droit commun) en matière gracieuse; **ordentliche –** juridiction de droit commun; **streitige –** juridiction contentieuse.

**GERICHTSBEAMTER** *m* fonctionnaire responsable de la gestion de la procédure auprès d'un tribunal (correspondant, en partie, au secrétaire-greffier en France), auxiliaire *m* de justice fonctionnarisé.

**GERICHTSBEHÖRDEN** *fpl* autorités *fpl* judiciaires; administration judiciaire.

**GERICHTSBEISITZER** *m* • *(1. Instanz)* (juge) assesseur • *(2. u. 3. Instanz)* conseiller *m*.

**GERICHTS | BESCHEID** *m* *(VwPR)* jugement *m* du tribunal administratif allemand sur pièces (sans audience publique); **–beschluss** *m* ordonnance *f* judiciaire (forme simplifiée allemande de jugement qui n'est pas dans tous les cas pourvue de motifs); **–besetzung** *f* composition du tribunal.

**GERICHTSBEZIRK** *m* circonscription judiciaire, circonscription *f* de juridiction, ressort *m* d'un tribunal; **zu einem – gehören** relever d'une juridiction.

**GERICHTS | DIENER** *m* huissier *m* audiencier; appariteur *m*; **–dolmetscher** *m* interprète *m* devant les tribunaux; **–entscheid** *m*, **–entscheidung** *f* décision judiciaire *ou* de justice, jugement *m*; **–ferien** *pl* vacations *fpl*, vacances *fpl* judiciaires.

**GERICHTS | GEBÄUDE** *n* palais *m* de justice; **–gebühr** *f* frais *mpl* de justice, droits *mpl* judiciaire; **–hängigkeit** *f* litispendance *f*; **–hilfe** *f* aide *f* juridictionnelle.

**GERICHTSHOF** *m* Cour *f* (supérieure de Justice); **internationaler –** Cour internationale de justice; **Ständiger Internationaler –** Cour permanente internationale de justice.

**GERICHTS | HOHEIT** *f* *(PrzR: Justizhoheit)* compétence *f* juridictionnelle; autorité judiciaire; ressort *m*; **–kanzlei** *f* greffe *m* (du tribunal); **–kasse** *f* bureau *m* de perception (judiciaire).

**GERICHTSKOSTEN** *pl* frais *mpl* de justice *ou* judiciaires; dépens *mpl*; **–kostenfreiheit** *f* gratuité *f* (des actes judiciaires); **–vorschuss** *m* frais judiciaires provisionnels.

**GERICHTSKUNDIG** *adj* notoire; **–kundigkeit** *f* notoriété *f* publique.

**GERICHTS | MEDIZIN** *f* médecine *f* légale; **–öffentlichkeit** *f* publicité *f* des débats (judiciaires); **–ort** *m* siège *m* du tribunal; lieu *m* de juridiction; **–person** *f* magistrat *m*; fonctionnaire *m* de l'ordre judiciaire; juge *m*; membre *m* du personnel judiciaire; **–polizei** *f* *(PrzR: Sitzungspolizei)* maintien *m* de l'ordre à l'audience; **–präsident** *m* président du tribunal *ou* de la cour; **–protokoll** *n* procès-verbal *m* judiciaire; **–raum** *m* salle *f* d'audience; **–referendar** *m* auditeur *m* de justice allemand

**GERICHTS | SAAL** *m* salle *f* d'audience; enceinte *f* du tribunal; prétoire *m*; **–siegel** *m* sceau du tribunal; **–sitzung** *f* audience *f* du tribunal; **–sprengel** *m* ressort d'un tribunal, circonscription *f* judiciaire; **–staat** *m* pays du for, État du for.

**GERICHTSSTAND** *m* tribunal *m* compétent, compétence *f* territoriale; **allgemeiner –** compétence judiciaire de droit commun; **ausschließlicher –** compétence (judiciaire) exclusive; **dinglicher –** compétence matérielle *ou* en raison de la matière *ou* ratione materiae; **vereinbarter –** convention *ou* clause attributive de compétence; **– der belegenen Sache** compétence du tribunal de la situation; **– des**

**Tatortes** compétence du tribunal du lieu de commission; **– des Wohnortes** compétence du tribunal du lieu de résidence du prévenu; **– des Wohnsitzes des Beklagten** compétence du tribunal du domicile du défendeur.

**GERICHTSSTANDS | ABREDE** *f*, **–bestimmung** *f*, **–klausel** *f* *(ZPR)* clause *f* d'attribution de compétence *ou* attributive de juridiction • *(ZPR)* attribution *f* de juridiction *ou* de compétence • *(HR, IPR)* clause *f* compromissoire, clause arbitrale, clause d'arbitrage • *(PrzR: für die Zustellung der Urkunden)* élection de domicile.

**GERICHTS | STÄTTE** *f*, **–stelle** *f* • lieu et place où se trouve le tribunal • palais de justice; **–stempel** *m* cachet *m* du tribunal, sceau *m* judiciaire; **–tafel** *f* tableau *m* d'affichage du tribunal.

**GERICHTSTAG** *m* jour *m* d'audience; **auswärtiger –** audience *f* foraine.

**GERICHTS | TERMIN** *m* jour d'audience; date *f* de comparution; **–urkunde** *f* acte *m* judiciaire; **–urteil** *n* jugement *m* (d'un tribunal); arrêt *m* (d'une Cour); sentence *f*; **–verfahren** *n* procédure judiciaire; **–verfahrensrecht** *n* droit *m* processuel; droit procédural; **–verfassung** *f* organisation *f* judiciaire; **–verfassungsgesetz** *n* loi allemande portant sur l'organisation judiciaire.

**GERICHTSVERHANDLUNG** *f* audience *f* judiciaire, débats *mpl*; **nichtöffentliche –** audience à huis-clos.

**GERICHTS | VERWALTUNG** *f* administration *f* judiciaire; **–vollzieher** *m* huissier *m* (de justice); **–vorsitzende(r)** *m* président *m* du tribunal *ou* de la cour; **–wach(t)meister** *m* auxiliaire *m* de justice, huissier audiencier; **–zuständigkeit** *f* compétence *f* judiciaire; **–zwang** *m* coercition *f* judiciaire, contrainte *f* d'origine judiciaire.

**GERINGFÜGIGKEIT** *f* *(StR: Bagatellcharakter)* caractère insignifiant des faits; **ein Strafverfahren wegen – einstellen** prononcer le non-lieu en raison du caractère insignifiant des faits; **– des Schadens** dommage *m* mineur, sinistre *m* minime.

**GERINGWERTIG** *adj* de peu de valeur, d'une valeur insignifiante; **–er Gegenstand, –e Sache** *(StR)* chose (volée) d'une valeur minime; **–e Wirtschaftsgüter** *(SteuerR)* biens *mpl* économiques d'une valeur ne dépassant pas 400 Euro et faisant partie des immobilisations corporelles.

**GERÜCHT** *n* bruit *m*, rumeur *f*; **allgemeines –** rumeur publique; **ein – in Umlauf setzen** *od.* **verbreiten** faire courir un bruit, répandre une (fausse) nouvelle, se faire l'écho d'un bruit.

**GESAMT | ABTRETUNG** *f* cession globale; **–abwägung** *f* *(PrzR)* prise en compte de l'ensemble de la question; en considération de l'ensemble des arguments (soumis à la cour); **–anteil** *m* part *f* cumulée; **–arbeitsvertrag** *m* contrat collectif de travail; **–aufwand** *m* coût total; **–aufwendungen** *fpl* total des débours; **–ausgabe** *f* *(UrhR)* œuvres *fpl* complètes.

**GESAMT | BETRAG** *m* montant *m* total; **–betriebskosten** *pl* coût global (de la production); **–betriebsrat** *m* conseil *m* d'entreprise commun à plusieurs établissements d'un groupe.

**GESAMT | FLÄCHE** *f* superficie totale; **–flächennutzungsplan** *m* plan d'occupation des sols; **–freiheitsstrafe** *f* peine privative de liberté totale; **–geschäftsführung** *f* gestion *f* collective des affaires.

**GESAMT | GLÄUBIGER** *m(pl)* (l'ensemble des) créancier(s) *m(pl)* d'une obligation divisible; **–gläubigerverhältnis** *n* situation juridique dans laquelle se trouvent les créanciers ayant sur une chose un droit de même nature (chacun pour une quote-part); **–gut** *n* *(FamR)* communauté *f*, biens *mpl* communs; **–haftung** *f* responsabilité solidaire; responsabilité collective.

**GESAMTHAND** *f* *(ZR, GesR: Vermögensgemeinschaft)* indivision *f*, bien *m* objet de droits indivis; droits *mpl* indivis; indivision en propriété, copropriété.

**GESAMTHANDS | ANTEIL** *m* quote-part *f* (dans une indivision); **–besitz** *m* possession *f* en main commune; **–eigentum** *n* propriété *f* en main commune; **–eigentümer** *m* indivisaire *m*, coïndivisaire; **–gemeinschaft** *f* indivision *f* (dans laquelle l'indivisaire ne peut disposer seul de sa propre part).

**GESAMT | HYPOTHEK** *f* hypothèque *f* reposant sur plusieurs biens fonciers; **–interesse** *n* • *(ÖfR)* bien *m* public, intérêt *m* collectif *ou* national • *(SchuldR, GesR)* intérêt *m* de tous les créanciers *ou* associés.

**GESAMT | PROKURA** *f* procuration *f* conjointe; **–prüfung** *f* examen général; examen approfondi *ou* minutieux; **–quittung** *f* reçu *m* pour solde de tout compte; **–rechnung** *f* : **volkswirtschaftliche –rechnung** comptabilité *f* nationale.

**GESAMT | RECHTSNACHFOLGE** *f* transmission de la succession (ipso facto avec tous ses droits et obligations), acquisition de la propriété de l'hérédité de plein droit; **–rechtsnachfolger** *m* ayant-cause *m* universel; **–schaden** *m* préjudice total; montant total du dommage.

**GESAMT | SCHULD** *f* *(SchuldR)* dette *f* solidaire, solidarité passive; obligations plurales; **–schuldner** *m* coobligé *ou* codébiteur *m* solidaire; débiteur *m* tenu solidairement (avec d'autres) au paiement d'une dette.

**GESAMTSCHULDNERISCH** *adj/adv* : **– einstehen müssen** être responsable solidairement; **–e Haftung** solidarité *f* (passive), solidarité entre débiteurs.

**GESAMT | STAAT** *m* Etat *m* central (par opposition aux Etats-membres); **–strafe** *f* peine *f* globale (pour plusieurs infractions), peine totale encourue.

**GESAMT | TAT** *f* *(StR)* infraction continue *ou* successive; **–umsatz** *m* chiffre *m* d'affaires global; **–vermächtnis** *n* legs *m* universel; **–vermächtnisnehmer** *m* légataire *m* universel.

**GESAMT | VERMÖGEN** *n* patrimoine *m* (comprenant en Allemagne seulement les actifs), ensemble des biens *ou* des actifs; **–vertretungsmacht** *f* mandat représentatif pour plusieurs personnes; **–vollmacht** *f* *(GesR)* double signature *f*, collégialité *f* (dans la représentation de la société); **–vorsatz** *m* *(StR)* dol général (dans l'infraction continuée); **–vorstand** *m* directoire *m* en tant qu'organe collégial.

**GESAMT | WERK** *n* *(UrhR)* œuvres complètes; **–wohl** *n* bien public, intérêt général; **–würdigung** *f* appréciation générale (des faits litigieux).

**GESCHÄDIGTE(R)** *m* personne *f* lésée; victime *f* du dommage; **mittelbar –** personne victime d'un dommage par ricochet.

**GESCHÄFT** *n* • *(Tätigkeit)* affaire *f*, transaction *f*, opération *f* (commerciale) • *(Handel)* commerce *m*, négoce *m*, marché *m*, contrat *m* (de vente), vente *f*, débit *m* • *(Gewerbe)* entreprise *f* commerciale, fonds *m* de commerce • *(Laden)* magasin *m*; supermarché *m*; hypermarché *m*; point *m* de vente.

**GESCHÄFTS | ABSCHLUSS** *m* • conclusion d'une affaire, passation d'un acte (commercial), passation *f* du contrat • clôture *f* de l'exercice; **–abwicklung** *f* • *(HR)* suivi *m* (des affaires) • *(InsolvenzR)* liquidation.

**GESCHÄFTSÄHNLICHE | HANDLUNG** *f* acte *m* matérial assimilé à un acte juridique; fait *m* volontaire licite (soumis aux dispositions légales sur les actes juridiques); – **Willensäußerung** déclaration de volonté assimilée à un acte juridique.

**GESCHÄFTS | ANMAßUNG** *f* usurpation *ou* abus de la gestion d'affaires (en vue d'obtenir un avantage patrimonial); **–anschrift** *f* adresse commerciale.

**GESCHÄFTSANTEIL** *m (GesR)* part *f* sociale, part; **–haftung** *f* responsabilité jusqu' à concurrence de la participation (à une société).

**GESCHÄFTS | AUFGABE** *f* cessation du commerce; **–auslagen** *fpl* marchandises *fpl* exposées, étalage *m*, montre *f*, vitrine *f*; **–aussichten** *fpl* perspectives *fpl* commerciales; **–ausstattung** *f* matériel industriel et commercial; équipement *m* commercial; **–bank** *f* banque polyvalente.

**GESCHÄFTSBEDINGUNGEN** *fpl* : **allgemeine –** conditions *fpl* générales, conditions générales du contrat; conditions générales de vente et de livraison.

**GESCHÄFTS | BEREICH** *m* • *(ÖfR)* domaine de compétences, ressort *m* • *(Vwirt)* secteur *m* commercial, branche *f* d'activité économique; **–bericht** *m* rapport *m* de gestion, compte-rendu *m* de l'exercice; **–besorgung** *f* gestion *f* d'affaires.

**GESCHÄFTSBESORGUNGSVERTRAG** *m* contrat de gestion ou d'administration des affaires d'autrui (en tant qu'activité économique indépendante et rémunérée).

**GESCHÄFTS | BETRIEB** *m (HR)* activité commerciale, entreprise commerciale; **–betriebskosten** *pl* frais de gestion; **–bezeichnung** *f (HR)* dénomination emblématique *ou* nominale; **–brief** *m* lettre d'affaires, correspondance commerciale; **–(brief)bogen papier** *m* à en-tête; imprimé commercial; **–bücher** *pl* livres de commerce; **–einrichtung** matériel *ou* équipement commercial; **–eröffnung** *f* création d'un commerce, ouverture d'un magasin.

**GESCHÄFTSFÄHIG** *adj* (personne) ayant la capacité d'exercice, capable de contracter.

**GESCHÄFTSFÄHIGE(R)** *m* individu *m* ayant la capacité d'exercice, personne *f* ayant l'aptitude à faire valoir un droit (dont elle est titulaire).

**GESCHÄFTSFÄHIGKEIT** *f (SchuldR)* capacité *f* d'exercice, aptitude à être titulaire de droits et à les exercer; capacité contractuelle; **beschränkte –** capacité d'exercice partielle du mineur (relative aux actes de la vie courante); **mangelnde –** incapacité d'exercice, inaptitude à exercer un droit.

**GESCHÄFTS | FIRMA** *f* dénomination commerciale, nom commercial; raison *f* sociale; **–fortführung** *f* continuation des affaires; poursuite du commerce; **–freund** *m* correspondant *m*, personne avec laquelle on est en relation d'affaires.

**GESCHÄFTSFÜHRER** *m* • *(SchuldR: Geschäftsführung ohne Auftrag)* gérant d'affaires • *(GesR: gesetzlicher Vertreter einer Gesellschaft)* (directeur) gérant *m* (de société), mandataire chargé de la gestion des affaires sociales; associé *m* gérant; **alleiniger –** gérant unique; **alleinvertretungsberechtigter –** mandataire social unique; **– ohne Auftrag** gérant d'affaires (sans titre).

**GESCHÄFTSFÜHRUNG** *f* • *(HR: Tätigkeit)* direction *f*, gestion *f* • *(GesR: Personengesellschaft)* gérance *f*, gestion *f* d'une société • *(GesR: Kapitalgesellschaft)* directoire *m*, direction, administration • *(SchuldR: Geschäftsführung ohne Auftrag)* gestion d'affaires; **ordnungsmäßige –** gestion régulière; **unredliche –** gestion malhonnête; **– ohne Auftrag** gestion d'affaires (sans titre), gestion de fait.

**GESCHÄFTSFÜHRUNGS | BEFUGNIS** *f* pouvoir *m* de gestion; **–beschluss** *m* délibération de la direction (de l'entreprise); **–pflicht** *f* obligation résultant du mandat social.

**GESCHÄFTS | GANG** *m* marche *f* des affaires; **–gebaren** *n*, **–gebarung** *f* pratique commerciale; gestion *ou* administration conforme (*ou* non conforme) aux intérêts de l'entreprise *ou* de l'affaire; **–gegenstand** *m* objet *m* social; **–geheimnis** *n* secret *m* d'affaires *ou* commercial.

**GESCHÄFTSGRUNDLAGE** *f* *(SchuldR)* équivalence *f* des prestations en tant que fondement du contrat; **Fortfall der –, Wegfall der –** déséquilibre *m* des prestations, imprévision *f*, clausula rebus sic stantibus.

**GESCHÄFTS | GRUNDSTÜCK** *n* immeuble à usage commercial *ou* industriel; **–gründung** *f* création d'une entreprise; **–herr** *m* • *(ArbR)* commettant *m*, employeur *m* • *(ZR)* maître *m* de l'affaire, géré *m*; **–inhaber** *m* • *(HR)* exploitant d'un commerce • *(GesR)* **chef** *m* d'entreprise; **–irrtum** *(= Inhaltsirrtum)* erreur *f* sur la substance.

**GESCHÄFTSJAHR** *n* exercice social *ou* commercial, exercice *m*, année commerciale *ou* statutaire; **abgelaufenes –** exercice écoulé; **laufendes –** exercice en cours.

**GESCHÄFTS | KAPITAL** *n* capital *m* social; **–korrespondenz** *f* correspondance commerciale; **–kosten** *pl* charges *fpl* de l'entreprise; frais commerciaux; **–lage** *f* • situation de l'entreprise, marche des affaires • situation comptable; **–leiter** *m* directeur *m*, gérant *m*; gérant d'affaires; **–leitung** *f* • *(BW)* gestion de l'entreprise, management *m*, administration • *(GesR: Geschäftsleitungsorgan)* (organe de) direction; gérance *f*; **–leute** *pl* commerçants *mpl*, hommes *mpl* d'affaires; **–lokal** *n* local *m* commercial *ou* à usage commercial.

**GESCHÄFTS | MANN** *m* homme d'affaires; agent d'affaires; **–miete** *f* bail commercial; **–nachfolger** *m* cessionnaire *m* d'un fonds de commerce, successeur *m*; **–niederlassung** *f* établissement commercial; **–nummer** *f* référence *f*; numéro *m* du dossier.

**GESCHÄFTS | ORDNUNG** *f* règlement *m* intérieur; **–papiere** *npl* documents commerciaux, papiers *mpl* d'affaire; **–politik** *f* stratégie commerciale, politique générale de l'entreprise; **–prüfung** *f* audit *m*, contrôle *ou* vérification de gestion.

**GESCHÄFTSRAUM** *m* local à usage commercial, local *m* commercial; **–miete** *f*, **–mietvertrag** *m* bail *m* commercial.

**GESCHÄFTS | REISE** *f* voyage *m* d'affaires; **–reisende(r)** *m* représentant de commerce; **–schädigendes Verhalten** agissements déloyaux dans la vie commerciale causant un préjudice (à une autre entreprise); **–schädigung** *f* pratique *f* anticoncurrentielle, dommage *m* résultant d'actions frauduleuses; **–sitte** *f* usage commercial; us et coutumes de la vie économique; **–sitz** *m* siège *m* social.

**GESCHÄFTSSTELLE** *f* • *(HR)* bureau commercial, agence *f*, service *m*, établissement commercial • *(PrzR: bei Gericht)* service administratif d'une juridiction, secrétariat-greffe *m* (près d'un tribunal allemand); **–nbeamte(r)** *m* fonctionnaire préposé au secrérariat-greffe; **–nleiter** *m* • *(HR)* directeur d'agence • *(PrzR)* directeur des services administratifs d'une juridiction, (correspond approximativement au greffier en chef en France).

**GESCHÄFTS | STUNDEN** *fpl* heures *fpl* de bureau *ou* d'ouverture; **–tätigkeit** *f* activité *f* commerciale; **–teilhaber** *m* associé *m*; **–träger** *m* chargé d'affaires; **–übernahme** *f* reprise d'une affaire *ou* d'un fonds de commerce; **–umsatz** *m* chiffre d'affaires.

**GESCHÄFTSUNFÄHIG** *adj* *(SchuldR)* incapable (de contracter), frappé d'une incapacité d'exercice, inapte à exercer ses droits.

**GESCHÄFTSUNFÄHIGE(R)** *m* personne frappée d'une incapacité d'exercice; mineur *m*; majeur protégé.

**GESCHÄFTS | UNFÄHIGKEIT** *f* *(SchuldR)* incapacité d'exercice; **–unkosten** *pl* frais généraux (d'une entreprise); **–unterlagen** *pl* documents commerciaux, documentation, dossier *m*; **–veräußerung** *f* cession d'un commerce; **–verbindlichkeiten** *fpl* passif *m* social, dettes *fpl* d'une entreprise.

**GESCHÄFTS | VERKEHR** *m* • *(WirtR: zwischen Kaufleuten)* relations commerciales; vie économique, échanges commerciaux • *(ÖfR: zwischen den Behörden)* rapports au sein de l'Administration (entre les différents services); **–vermittler** *m* intermédiaire *m*, auxiliaire *m* du commerce; **–vermögen** *n* patrimoine commercial; actifs *mpl*.

**GESCHÄFTS | VERTEILUNGSPLAN** *m* organigramme *m* (des fonctions); **–wert** *m* valeur *f* marchande *ou* vénale d'un commerce; **–wille** *m* *(SchuldR)* volonté *f* en vue de produire un effet juridique; **–zeichen** *n* enseigne *f* (commerciale); **–zentrum** *n* centre *m* commercial; **–zimmer** *n* salle *f* (d'un tribunal); **–zweig** *m* branche *f* d'activité.

**GESCHENK** *n* libéralité *f*, cadeau *m*, don *m*, (objet offert en) présent *m*; **übliches –** cadeau d'usage; **–artikel** *m* article-cadeau; **–geber** *m* donateur *m*; **–packung** *f* emballage-cadeau *m*; **–sendung** *f* envoi *m* sans valeur commerciale.

**GESCHIEDENE(R)** *m/f* divorcé *m*; divorcée *f*.

**GESCHLECHT** *n* • *(Art, Gattung)* genre *m*, génération *f* • *(Abstammung)* race *f*, famille *f*, origine *f* • sexe *m* masculin *ou* féminin • *(S: Familienname)* nom *m* de famille.

**GESCHLECHTLICH** *adj* : **–e Beziehungen** rapports sexuels; **–e Triebhaftigkeit** pulsions sexuelles (perverses).

**GESCHLECHTS | AKT** *m* acte sexuel, coït *m*, copulation; **–änderung** *f* transsexualité *f*; **–diskriminierung** sexisme *m*, discrimination sexuelle; **–gemeinschaft** *f* communauté de vie (des époux), cohabitation *f*; **–krankheit** *f* maladie *f* sexuellement transmissible (= MST) *ou* vénérienne; **–name** *m* • (Aut) nom *m* patronymique • nom de jeune fille; **–verkehr** *m* rapports sexuels, coït *m*.

**GESCHLOSSENE | ORTSCHAFT** *f* *(StVR)* agglomération *f*; **– Verbände (im Straßenverkehr)** colonne *f* *ou* cortège *m* en marche.

**GESCHMACKSMUSTER** *n* *(MuW)* modèle *m* esthétique; dessin *m* ornemental, dessin de caractère décoratif; **–anmeldung** depôt *m* de la demande de modèle; **–berühung** le fait de se prévaloir d'un modèle esthétique; **–rolle** *f* registre *m* des modèles; **–urkunde** *f* certificat *n* d'enregistrement d'un modèle esthétique.

**GESCHÜTZT** *v* : **GESETZLICH –** (= ges. gesch.) protégé par la loi; **patentrechtlich –** breveté; **urheberrechtlich –** protégé par la loi (allemande) sur la propriété littéraire et artistique.

**GESCHWINDIGKEITS | BEGRENZUNG** *f*, **–beschränkung** *f* *(StVR)* limitation de (la) vitesse; **–kontrolle, –messung** contrôle (de la vitesse) par cinémomètre; **–überschreitung** *f* excès *m* de vitesse.

**GESCHWORENE(N)** *mpl* *(StPR: Aut - S - in der BRD wird diese Bezeichnung nicht mehr verwendet* **s. Schöffe**) les jurés, le jury; **–bank** *f* (banc du) jury *m*; **–gericht** *n* *(StPR: Aut - S)* cour criminelle, assises *fpl*; **–liste** *f* liste du jury, liste des jurés.

**GESELLEN | BRIEF** *m* brevet professionnel; **–prüfung** *f* examen de fin d'apprentissage (en vue d'acquérir la qualité de compagnon).

**GESELLSCHAFT** *f* • *(ÖfR)* société *f* (politique), communauté nationale; collectivité *f* • *(ZR, HR)* société (civile); société (commerciale); **faktische –** société de fait; **fehlerhafte –** société irrégulièrement constitutée; **gemischtwirtschaftliche –** société d'économie mixte; **handelsrechtliche –** société commerciale; **stille –** société en participation, association en participation; **übernehmende –** société absorbante *ou* reprenante.

**GESELLSCHAFT | mit beschränkter Haftung** (= G.m.b.H.) société à responsabilité limitée (de droit allemand); **– des bürgerlichen Rechts** société civile (allemande); **– auf Gegenseitigkeit** société de mutualité *ou* mutualiste, mutelle *f*; **– in Gründung** société en formation; **– des Handelsrechts** société commerciale.

**GESELLSCHAFTER** *m* • *(GesR)* associé *m*, membre d'un groupement sous forme de société • *(ZR: Verein)* sociétaire *m*, membre *m* d'une association; **geschäftsführender –** gérant *m*; **stiller –** bailleur de fonds, commanditaire *m*; **– einer offenen Handelsgesellschaft** associé en nom collectif; **–anteil** *m* part *f* sociale; **–beschluss** *m* délibération (des associés); **–einlage** *f* apport *m* social; **–eintritt** *m* admission *f ou* entrée *f* d'un associé; **–haftung** *f* responsabilité des associés; **–mehrheit** *f* quorum *m*; majorité des associés; **–stellung** *f* statut *m* d'associé; **–versammlung** *f* assemblée *f* des associés.

**GESELLSCHAFTS | ANTEIL** *m* part *f* sociale; **–art** *f* forme *f* juridique de société; **–auflösung** *f* dissolution *f* de la société; **–ausweis** *m* bilan *m* de société; **–bericht** *m* compte-rendu *m* de la situation de la société; **–beteiligung** *f* participation à une société; **–bildung** *f* création *f ou* constitution d'une société.

**GESELLSCHAFTS | FIRMA** *f* • *(Personengesellschaft)* raison *f* sociale, raison de commerce • *(Kapitalgesellschaft)* dénomination *f* sociale; **–form** *f* forme *f* juridique de la société; **–fortbestand** *m*, **–fortführung** *f* continuation de la société; **–gegenstand** *m* objet social; **–gewinne** *pl* bénéfices *mpl* sociaux; **–gründung** *f* constitution *ou* formation *f* de société; **–kapital** *n* capital *m* social.

**GESELLSCHAFTS | POLITIK** *f* politique économico-sociale; **–recht** *n* droit des sociétés; **–register** *n* registre des sociétés; **–satzung** *f* statuts *mpl* de la société; **–sitz** *m* siège *m* social.

**GESELLSCHAFTS | UNTERNEHMEN** *n* entreprise sociétaire; **–verbindlichkeiten** *fpl* passif social, dettes sociales; **verstecktes –verhältnis** société *f* occulte.

**GESELLSCHAFTS | VERMÖGEN** *n* biens sociaux, actif social, patrimoine social, fonds sociaux; **–vertrag** *m* contrat *m* de société; **–zweck** *m* objet *m* social.

**GESETZ** *n* • *(Rechtsnorm)* loi *f*, règle *f* de droit (impérative), norme *f* juridique • *(Gesetzbuch)* code *m*, texte *m*; législation *f*; réglementation; droit *m* • *(Grundsatz, Richtschnur)* principe *m* (général du droit); régime *m* juridique; **Kraft –es** de plein droit, de par la loi.

**GESETZ** *n* **: ein – abändern** amender une loi; **ein – aufheben** abroger une loi; **unter das – fallen** tomber sous le coup de la loi; **das – umgehen** tourner *ou* éluder la loi; **das – übertreten** violer *ou* enfreindre la loi; **ein – verabschieden** voter *ou* adopter une loi; **gegen das – verstoßen** enfreindre *ou* transgresser la loi.

**GESETZBLATT** *n* *(ÖfR: Bundesgesetzblatt)* journal *m* officiel (allemand); bulletin *m* des lois.

**GESETZBUCH** *n* code *m*; recueil *m* de lois; **Bürgerliches –** (BGB) code civil (allemand); **Allgemei-**

**nes Bürgerliches –** (ABGB) code civil (autrichien).

**GESETZENTWURF** *m* • *(der Regierung)* projet *m* de loi • *(eines Abgeordneten)* proposition *f* de loi.

**GESETZES | ÄNDERUNG** *f* modification du texte (légal) en vigueur; loi nouvelle; **–anwendung** *f* application de la loi; **–ausfertigung** *f* promulgation de la loi; **–auslegung** *f* interprétation *f* de la loi; **–begriff** *m* notion légale; **–bestimmung** *f* disposition *f* légale.

**GESETZES | EINHEIT** *f* *(StR)* concours *m* de qualifications; cumul idéal; **–entwurf** *m* projet *m* de loi; proposition de loi; **–fassung** *f* texte *m* de la loi, termes *mpl* de la loi; **–geschichte** *f* genèse *f* de la loi; **–grundlage** *f* fondement juridique.

**GESETZES | KONKURRENZ** *f* *(StR)* concours *m ou* cumul (idéal) de qualifications; **–kontrolle** *f* contrôle de la constitutionnalité des lois; **–kraft** *f* **erlangen** acquérir force de loi; **–lücke** *f* lacune *f* juridique, vide *m* législatif; **–materialien** *npl* recueil *m* des travaux préparatoires (de la loi); **–neufassung, –novelle** *f* modification d'une loi, loi modifiée, loi amendée, loi nouvelle; **–text** *m* texte *m* législatif.

**GESETZES | TREUE** *f* loyalisme *m*; fidélité *f* à la constitution (allemande); **–überschrift** *f* intitulé *m* (de la loi); **–umgehung** *f* fraude *f* à la loi; **–verletzung** *f*, **–verstoß** *m* violation *f* de la loi, infraction à la loi; **–vollzug** *m* application de la loi; exécution de la loi; **–vorbehalt** *m* • *(StaatsR)* restriction légale d'une liberté publique prévue par la loi fondamentale • *(VwR)* principe *m* de la légalité de l'administration; **–vorlage** *f* • *(der Regierung)* projet de loi • *(eines Abgeordneten)* proposition de loi; **–vorschrift** *f* prescription légale, norme *f*, règle; **–widrig** *adj* contraire à la loi; **–widrigkeit** *f* • *(ZR)* violation de la loi • *(StR)* absence *f* de faits justificatifs; infraction; **–wortlaut** *m* teneur *f* de la loi.

**GESETZGEBER** *m* législateur *m*; pouvoir législatif; parlement *m*.

**GESETZGEBUNG** *f* législation *f*, ensemble des lois, droit positif; pouvoir législatif, droit de légiférer; **ausschließliche –** pouvoir exclusif de légiférer; **konkurrierende –** pouvoir législatif réparti entre le Bund et les Länder.

**GESETZGEBUNGS | BEREICH** *m* domaine législatif; **–gewalt** *f* pouvoir de légiférer; pouvoir *m* législatif.

**GESETZGEBUNGS | NOTSTAND** *m* *(VerfR)* pouvoir *m* législatif gouvernemental (à l'aide du Bundesrat) en cas d'obstruction du Bundestag; **–organ** *n* assemblée législative; **–verfahren** *n* procédure *f* d'élaboration de la loi; **–werk** *n* code *m*; dispositif légal.

**GESETZLICH** *adj* légal; conforme à la loi; résultant de la loi; licite; **–e Bestimmung** disposition légale; **–e Erbfolge** succession ab intestat *ou* légale; **–e Fristen** délais *mpl* de prescription légaux; **–e Grundlage** base légale; **–er Güterstand** régime *m* matrimonial légal; **–e Ordnung** ordre public; **–e Rücklage** *(GesR)* réserve légale; **–e Schuldvermutung** présomption légale de la faute; **–e Unterhaltspflicht** *(FamR)* obligation d'entretien; devoir de secours; **–e Verjährungsfrist** prescription extinctive *ou* libératoire (légale); **–e Vermutung** présomption légale; **–er Vertreter** représentant légal; **–e Vertretungsbefugnis** pouvoir légal (de représentation); **–e Vorschrift** disposition légale; **–es Zahlungsmittel** instrument légal des paiements.

**GESETZMÄẞIG** *adj* conforme à la loi, légal, légitime; **–er Zustand** situation conforme au droit.

**GESETZMÄẞIGKEIT** *f* légalité *f*; conformité au droit; **– der Verwaltung** *(VerfR)* obligation pour l'Administration de respecter toutes les lois en vigueur.

**GESETZWIDRIG** *adj* : **–er Beschluss** délibération illégale; **–er Verwaltungsakt** acte individuel entâché d'illégalité (constituant un excès de pouvoir).

**GESETZWIDRIGKEIT** *f* illégalité *f*, acte illégal, irrégularité *f*; **– von Rechtsgeschäften** illégalité d'un acte juridique, contract illicite.

**GESINNUNG** *f* opinion *f*, conviction *f*; manière de voir, manière de penser; idée *f*; croyance *f*; **demokratische –** loyauté *f* face à l'État de droit; **niedrige –** motivation abjecte; **politische –** opinions politiques; **rechtsfeindliche –** mépris *m* du droit; **verwerfliche –** motivation répréhensible.

**GESINNUNGS | FREIHEIT** *f* liberté *f* de pensée; **–merkmal** *n (StR)* dol spécial (comme élément moral de l'infraction); **–schnüffelei** *f* délation; **–schutz** *m* protection de la liberté d'opinion; **–straftat** *f* délit *m* d'opinion; **–täter** *m* délinquant *m* ayant commis un délit politique; **–wandel** *m* volte-face *m*; versatilité *f*.

**GESPRÄCH** *n* • conversation, entretien *m*; dialogue *m* • *(Telefon)* communication *f*; **vorbereitendes –** réunion *f* préparatoire; **– unter vier Augen** entretien *m* particulier *ou* en aparté, tête-à-tête *m*; **–saufzeichnung** *f* enregistrement de la conversation; **–niederschrift** *f*, **–notiz** *f* compte-rendu *m* d'un entretien; **–spartner** *m* interlocuteur *m*.

**GESTALTUNGS | AKT** *m* acte constitutif de droit; **–freiheit** *f* autonomie *f* (de la volonté); **–recht** *n* droit de modifier un lien juridique existant; **–urteil** *n* jugement constitutif de droit(s).

**GESTÄNDNIS** *n* • *(ZR, i.w.S.)* aveu *m* • *(StPR)* aveux *mpl*; **gerichtliches –** aveux judiciaires; **umfassendes –** aveux circonstanciés; **ein – ablegen** passer aux aveux; **das – widerrufen** revenir sur ses aveux; rétracter un aveu.

**GESTATTUNG** *f* permission, autorisation; permis *m*, licence *f*; **stets widerrufliche –** autorisation révocable (à tout moment); licence provisoire.

**GESTEHEN** *v* • *(StR)* avouer, passer aux aveux • *(bekennen)* confesser • *(zugeben)* convenir de qqch.

**GESTEHUNGS | KOSTEN** *pl* frais de fabrication, coût *m*; **–preis** *m* prix de revient.

**GESTELLUNG** *f (ZollR)* présentation des marchandises (à la douane), présentation *f* d'objets aux fins de dédouanement.

**GESUCH** *n (PrzR: Antrag)* requête *f*; supplique *f*; demande *f*; **ein – ablehnen, ein – abweisen** rejeter une demande; **einem – stattgeben** satisfaire à une requête; **–steller** *m* requérant *m*.

**GESUNDHEIT** *f* : **Gefährdung von Leben und –** risque (immédiat) de mort ou de blessure; mise en danger de la personne (d'autrui); **schlechte –, zerrüttete –** santé chancelante, mauvaise santé.

**GESUNDHEITSAMT** *n* service *m* (allemand) de santé publique.

**GESUNDHEITS | ATTEST** *n* certificat *m* de santé; attestation médicale; **–beeinträchtigung** *f* altération de la santé; risque *m* pour la santé; **–behörde** *f* service *m* sanitaire; autorités *fpl* sanitaires; **–bescheinigung** *f* certificat *m* de salubrité; **–dienst** *m* service médical; **–fürsorge** *f* surveillance médicale; **–gefährdung** *f* acte constituant un risque pour la santé; **–kontrolle** *f* contrôle *m* sanitaire.

**GESUNDHEITS | POLIZEI** *f* police *f* sanitaire; **–recht** *n* législation *f* concernant la santé et la salubrité publiques; **–schaden** *m*, **–schädigung** *f* altération de la santé; atteinte à la santé; trouble *m*; lésion *f*, maladie *f*, **–verletzung** atteinte *f* à l'intégrité corporelle; **–vorsorge** *f* dépistage *m* précoce; **–wesen** santé et salubrité publiques; **–zeugnis** *n* attestation médicale; **–zustand** *m* état *m* de santé.

**GETRÄNK** *n* boisson *f*; **alkoholische –e** alcool *m*, boissons alcoolisées; **geistige –e** spiritueux *mpl*.

**GEWÄHR** *f* garantie *f*; sûreté *f*; engagement *m*; **ohne –, keine –** sous toutes réserves; sans garantie (de notre part); **– übernehmen** garantir.

**GEWÄHREN** *v* • *(bewilligen)* accorder, octroyer, consentir, concéder, conférer • *(geben, verschaffen)* donner, procurer; offrir; **Aufschub –** impartir *ou* accorder un délai (supplémentaire) *ou* un moratoire; **Akteneinsicht –** accorder un droit de regard; **eine Entschädigung –** allouer *ou* attribuer une indemnité; **ein Darlehen –** consentir *ou* octroyer un crédit.

**GEWÄHRLEISTEN** *v* garantir, se porter garant, donner sa garantie; **polizeilichen Schutz –** accorder la protection policière.

**GEWÄHRLEISTUNG** *f* • *(Sachen)* garantie *f* (des vices) • *(Personen)* sûreté personnelle; cautionnement.

**GEWÄHRLEISTUNGS | ANSPRUCH** *m* droit à garantie; **–ausschluss** *m* exclusion de tout recours en garantie, clause *f* de non-garantie; **–beschränkung** *f* limitation de la garantie; **–bürgschaft** *f* promesse de porte-fort; **–fehler** *m (Aut: Sachmangel)* vice *m* rédhibitoire; **–freizeichnung** *f* clause *f* d'exclusion de la garantie; **–frist** *f* délai de garantie.

**GEWÄHRLEISTUNGSKLAGE** *f* recours *m*, action *f* en garantie, assignation en garantie; **– wegen Rechtsmängeln** recours pour éviction; **– wegen Sachmängeln** recours *m* en garantie pour vices (de la marchandise).

**GEWÄHRLEISTUNGS | PFLICHT** *f* obligation *f* de garantie; garantie des vices cachés; **–vertrag** *m* contrat *m* de garantie; **–vorschriften** *fpl* dispositions légales relatives à la garantie d'éviction et des vices cachés; **–zeichen** *n* marque *f ou* poinçon *m* de garantie; **–zeit** *f*, **–zeitraum** *m* période *f* de garantie.

**GEWAHRSAM** *m* • *(StR: Haft)* rétention *f* (dans les locaux de la police), garde *f* à vue • *(SchuldR)* possession *f* précaire, détention *f* (subordonnée) • *(ZR: Aufsicht)* garde *f*, surveillance *f*; **in – nehmen** s'assurer de la personne de qqn.

**GEWAHRSAMS | BRUCH** *m (StR)* soustraction frauduleuse; **–inhaber** *m* gardien *m*, dépositaire *m*, possesseur *m* précaire.

**GEWÄHRS | MANN** *m*, **–person** *f* • *(ZR)* garant *m* • *(StR)* indicateur *m*, dénonciateur, informateur *m*.

**GEWÄHRUNG** *f* • *(VwR: Bewilligung)* octroi *m*, concession *f*, attribution *f* • *(HR: das Gewähren)* le fait d'accorder *ou* d'allouer qqch.; **– eines Rechtsanspruchs** ouverture d'un droit; **– einer Rente** versement d'une pension de retraite; **– von Unterhalt** le fait d'accorder des aliments.

**GEWALT** *f* • *(VR: Machtstellung)* force *f*, puissance *f* • *(StaatsR: Macht)* pouvoir *m*; fonction *f*; coercition • *(StR: unrechtmäßige Gewaltanwendung)* violence *f*, acte *m* de force illicite, contrainte *f*; voie *f* de fait; **ausführende –** pouvoir *m* exécutif, exécutif *m*; **elterliche –** autorité parentale; **gesetzgebende –** pouvoir *m* législatif; **höhere –** force *f* majeure; **oberste –** autorité *f* suprême; **öffentliche –** force *f* publique; **rechtsprechende –, richterliche –** pouvoir judiciaire; **verfassunggebende –** pouvoir constituant; **verfassungsmäßige –** pouvoir constitutionnel; **Vertreter der öffentlichen –** agent de la force publique; **vollziehende –** pouvoir exécutif, exécutif *m*.

**GEWALT | AKT** *m* • *(VR: Gewaltaktion)* mesure *f* d'intervention *ou* de pression, coup *m* de force • *(StR: Gewaltanwendung)* contrainte *f* illicite, violence *f*; **–androhung** *f* ordre *m* émanant d'une autorité; mesure *f* de caractère comminatoire; injonction des forces de l'ordre; **–anwendung** *f*, **–ausübung** *f* recours à la force, coercition; **–darstellung** *f (StR)* apologie *f* de la violence; **–delikt** *n* infraction constituant un acte de violence; élément constitutif de certaines infractions; **–einwirkung** *f (StR)* agression (sexuelle), atteinte sexuelle; coups et blessures, atteinte à l'intégrité corporelle; voie de fait.

**GEWALTEN | TEILUNG** *f*, **–trennung** *f* séparation des pouvoirs; **–verflechtung** *f*, **–verschränkung** *f* confusion de pouvoirs.

**GEWALTHABER** *m* • *(ZR)* mandataire *m* • *(StaatsR)* personne *f* détentrice de la puissance (publique).

**GEWALT | HANDLUNG** *f* voie *f* de fait, violence *f* envers une personne; **–herrschaft** *f* despotisme *m*; tyrannie *f*; régime *m* totalitaire; **–kriminalität** *f* actes de violence criminels; **–losigkeit** *f* non-violence *f*; **–maßnahme** *f* contrainte *f*, violence *f*; acte terroriste; voie de fait; **–monopol** *n* monopole *m* de la contrainte légale (exercé par l'État); **–opferentschädigung** *f* indemnisation des victimes d'actes de terrorisme; **–tat** *f* acte de violence, action terroriste; **–täter** *m* auteur *m* d'actes de violence *ou* d'agression.

**GEWALTSAM** *adj/adv* • *adj* violent • *adv* de vive force; **jmdn. – festhalten** retenir qqn. par la force, séquestrer qqn.; **eines –en Todes sterben** mourir de mort violente.

**GEWALTTÄTIGKEIT** *f* acte *m* de violence; brutalité *f*; sévices *mpl*; maltraitance *f*.

**GEWALT | VERHERRLICHUNG** *f* apologie *f* de la violence; **–verzicht** *m (VR)* renonciation à l'emploi de la force.

**GEWÄSSER | AUFSICHT** *f* police *f* des eaux; **–(be)nutzung** *f* utilisation des eaux publiques; **–güte** *f* qualité *f* de l'eau; **–schutz** *m* protection *f* des eaux; **–verunreinigung** *f* pollution *f* des eaux.

**GEWERBE** *n* • *(HR: berufsmäßige Erwerbstätigkeit)* activité *f* professionnelle, exercice d'une profession non salariée • *(Handwerk)* artisanat • *(mittelständische Betriebe)* petites et moyennes entreprises (commerciales et industrielles) • *(Industrie u. Handel)* industrie *f*, profession *f* industrielle *ou* commerciale • *(Beruf)* métier *m*, profession *f*; **ambulantes –** colportage *m*; **anmeldungspflichtiges –** profession soumise au régime de la déclaration; **ein – ausüben, ein – betreiben** exercer une activité commerciale, industrielle ou artisanale.

**GEWERBE | ABFÄLLE** *mpl* déchets industriels; **–anmeldung** *f* déclaration d'une activité professionnelle; **–anzeigepflicht** *f* obligation de déclarer une activité professionnelle; **–aufsicht** *f* inspection du travail.

**GEWERBEAUFSICHTS | AMT** *n*, **–behörde** *f* service d'inspection du travail; **–beamte(r)** (Aut) inspecteur *m* du travail.

**GEWERBE | AUSÜBUNG** *f* exercice d'une profession artisanale, commerciale ou industrielle; **–berechtigung** *f* droit d'exercer une profession (du point de vue capacité); **–betrieb** *m* entreprise industrielle *ou* commerciale; entreprise artisanale; entreprise de transport; entreprise hôtelière; **–erlaubnis** *f* autorisation d'exploitation; **–ertragssteuer** *f* impôt *m* sur les bénéfices industriels et commerciaux.

**GEWERBE | FLÄCHE** *f* superficie *f* de l'exploitation (industrielle, commerciale, artisanale); **–freiheit** *f* liberté *f* d'exercice d'une activité professionnelle; **–gebiet** *n*, **–gelände** *n* zone *f* industrielle; **–gericht** *n* (Aut) tribunal *ou* juridiction du travail; **–grundstück** *n* immeuble affecté à une exploitation industrielle, commerciale, artisanale; **–inspektor** *m* (Aut) inspecteur de travail.

**GEWERBE | ORDNUNG** *f* code (allemand) relatif à l'exercice des professions artisanales, commerciales et industrielles; **–polizeirecht** *n* droit relatif à la réglementation des entreprises industrielles, commerciales et artisanales; **–raummietvertrag** *m* bail commercial (de droit allemand); **–recht** *n* droit des professions industrielles et commerciales.

**GEWERBE | REGISTER** *n* registre *m* des professions commerciales, industrielles et artisanales; **–schädigend** *adj* constituant une entrave à l'exercice de la profession; **–schein** *m* licence d'exploitation; carte *f* de commerce; carte (d'identité) professionnelle.

**GEWERBESTEUER** *f* taxe *f* professionnelle; **–behörde** *f* administration fiscale (des entreprises); **–bescheid** *m* avis *m* d'imposition.

**GEWERBETÄTIGKEIT** *f* activité professionnelle; exercice d'une activité commerciale, industrielle ou artisanale.

**GEWERBETREIBENDE(R)** *m* commerçant *m*; industriel *m*; artisan *m*; personne exerçant une activité industrielle *ou* commerciale *ou* artisanale.

**GEWERBE | ÜBERWACHUNG** *f* contrôle du respect de la législation du travail dans les entreprises; **–untersagung** *f*, **–verbot** *n* interdiction professionnelle; **–verfassung** *f* organisation *f* professionnelle; régime des professions industrielles, commerciales et artisanales; **–zentralregister** *n* registre central (allemand) des entreprises industrielles et commerciales; **–zulassung** *f* autorisation *ou* licence d'exercer un commerce *ou* une industrie, carte *f* professionnelle; **–zweig** *m* branche professionnelle.

**GEWERBLICH** *adj* : **–e Anlage** installation à usage industriel *ou* commercial; **–e Betätigung** activité professionnelle; **–es Eigentum** • *(HR)* propriété à usage industriel *ou* commercial • *(UrhR)* propriété industrielle (et commerciale); **–e Prostitution** *(StR)* prostitution en tant qu'activité habituelle; **–er Rechtsschutz** protection de la propriété industrielle; **–e Schutzrechte** *npl* droits résultant de la propriété industrielle; **–e Tätigkeit** activité commerciale, industrielle.

**GEWERBSMÄßIG** *adj* : **–e Berufsausübung** faire d'une activité sa profession habituelle; **–es Handeln** le fait d'exercer des actes de commerce; **–e Unzucht** *(StR)* prostitution.

**GEWERKSCHAFT** *f* • *(ArbR: Arbeitnehmerverband)* syndicat *m* ouvrier *ou* de salariés (en Allemagne sous la forme d'une association non-déclarée), association professionnelle ouvrière • *(WirtR: Bergwerksunternehmen)* société *f* minière.

**GEWERKSCHAFT(L)ER** *m* syndicaliste *m*, membre *m* d'un syndicat ouvrier; militant syndical; **führender –** dirigeant *m* syndical; permanent *m*; secrétaire *m*.

**GEWERKSCHAFTS | BUND** *m* : **Deutscher –bund** (= DGB) confédération syndicale allemande; **–führer** *m* leader *m* syndical; **–führung** *f* dirigeants d'un syndicat; **–haus** *n* bourse du travail; **–mitglied** *n* syndiqué *m*; **–sekretär** *m* secrétaire général (syndical); **–verband** *m* union de syndicale; **–vertreter** *m* délégué *m* syndical; **–zugehörigkeit** *f* affiliation à un syndicat.

**GEWICHTUNG** *f* pondération *f*.

**GEWINN** *m* • *(HR: Ertrag)* gain *m* (matériel); bénéfice *m*; produit *m*; profit *m* (pécuniaire); rapport *m* • *(Nutzen)* avantage *m*, enrichissement *m*; **buchmäßiger –** bénéfice comptable; **entgangener –** manque à gagner; **erzielter –** bénéfice réalisé; **erwarteter –** bénéfice escompté; **gesetzwidriger –** profit illicite; **gewerblicher –** bénéfices industriels et commerciaux; **nicht ausgeschütteter –** bénéfice non distribué, bénéfice reporté à nouveau; **ungesetzlicher –** profit illicite; **verteilbarer –** bénéfice distribuable.

**GEWINN- UND VERLUST | KONTO** *n*, **–rechnung** *f* compte *m* de pertes et profits, compte de résultat.

**GEWINN | ANTEIL** *m (GesR: Dividende)* quote-part *f* de bénéfice, dividende *m*; **–ausfall** *m* manque *m* à gagner.

**GEWINNAUSSCHÜTTUNG** *f* distribution *ou* répartition des bénéfices; **verdeckte –** distribution de bénéfices sous une forme dissimulée.

**GEWINNBETEILIGUNG** *f* • *(GesR)* part *f* de bénéfices • *(ArbR)* participation (des travailleurs) aux bénéfices, intéressement *m*.

**GEWINNEN** *v* • gagner, réaliser des bénéfices, faire des bénéfices • *(Naturvorkommen abbauen)* extraire, exploiter • *(im Prozeß obsiegen)* avoir *ou* obtenir gain de cause.

**GEWINN | ERZIELUNGSABSICHT** *f*, **–erzielungszweck** *m* but *m* lucratif.

**GEWINN | GEMEINSCHAFT** *f* • société civile créée dans un but lucratif • *(GesR)* sociétés commerciales liées par un accord de mise en commun de bénéfices; **–spanne** *f* marge *f* bénéficiaire.

**GEWINN | VERHEIMLICHUNG** *f*, **–verschleierung** *f* dissimulation *f* de bénéfices; **–verteilung** *f* répartition *ou* partage des bénéfices.

**GEWISSEN** *n* **: auf Ehre und –** sur mon honneur et ma conscience (je déclare ...); **nach bestem Wissen und –** en mon âme et conscience, en vérité, en toute franchise, honnêtement; **–los** *adj* sans aucun scrupule.

**GEWOHNHEIT** *f* coutume *f* (comme source de droit); usage *m* (professionnel, commercial); règle traditionnelle; habitude *f*, tradition *f*, **handelsrechtliche –en** us et coutumes de la vie commerciale.

**GEWOHNHEITS | DELINQUENT** *m* délinquant *m ou* malfaiteur d'habitude, repris *m* de justice; **–dieb** *m* (Aut) voleur *m* professionnel; **–mäßig** *adj* professionnel; constituant un délit d'habitude.

**GEWOHNHEITSRECHT** *n* droit coutumier; règle coutumière; coutume *f*.

**GEWOHNHEITS | VERBRECHEN** *n* délit d'habitude; **–verbrecher** *m* délinquant *ou* malfaiteur d'habitude, repris de justice, criminel déjà condamné.

**GIFT** *n* substance *f* vénéneuse; poison *m*; produit *m* toxique; toxine *f*; **–anwendung** *f*, **–beibringung** *f* empoisonnement *m*; **–gas** *n* gaz *m* toxique; gaz de combat; **–stoffbelastung** *f* coefficient de toxicité.

**GIRO** *n (BankR)* endossement *m*, endos *m*; **–auftrag** *m* ordre de virement; **–bank** *f* banque *f* d'escompte; **–konto** *n* compte en banque *ou* de virement.

**GLAUBE(N)** *m* foi *f*; **böser –** mauvaise foi; **guter –** bonne foi; **öffentlicher –** présomption d'une qualité (juridique) aux termes des lois en vigueur.

**GLAUBENS- UND GEWISSENSFREIHEIT** *f* liberté de croyance et de conscience.

**GLAUB | HAFTIGKEIT** *f* crédibilité *f* de qqn.; **–haftmachung** *f (ZPR)* fait de rendre vraisemblable, fait de rendre croyable, fait de rendre digne de foi; commencement de preuve.

**GLÄUBIGER** *m (SchuldR)* créancier *m*, titulaire *m* d'une créance; **bevorrechtigter –** créancier privilégié; **pfändender –** créancier saisissant; **säumiger –** créancier retardataire, créancier forclos; **sichergestellter –** créancier nanti (d'un gage).

**GLÄUBIGER | ANFECHTUNG** *f* action en annulation (exercée par le créancier) contre les actes de disposition frauduleux du débiteur; **–aufgebot** *n*, **–aufruf** *m (Insol-*

*venzR)* appel *m* des créanciers; **–ausschuss** *m* **représentants** *mpl* des créanciers dans la liquidation judiciaire; **–beirat** *m* comité *m* des créanciers (dans un règlement judiciaire); **–benachteiligung** *f* fraude *f* paulienne.

**GLÄUBIGER | FORDERUNG** *f* créance *f*; **–gemeinschaft** *f* union des créanciers chirographaires (formant une assemblée délibérante); **–gleichbehandlung** *f* égalité *f* de traitement des créanciers.

**GLÄUBIGER | RANGFOLGE** *f* ordre *m* *ou* rang *m* des créanciers; **–schädigung** *f* fraude paulienne; **–schutz** *m* protection des créanciers (d'une société commerciale); **–versammlung** *f* assemblée des créanciers (de l'entreprise en liquidation); **–verzeichnis** *n* liste *f* des créanciers ayant déclaré leur créance; **–verzug** *m* *(SchuldR)* inexécution par le créancier de son obligation de procéder au retirement *ou* à la réception (des marchandises).

**GLAUBWÜRDIGKEIT** *f* véracité *f*, authenticité *f*; vraisemblance *f*, crédibilité *f*.

**GLEICHBEHANDLUNG** *f* non-discrimination *f*, égalité *f* de traitement; **–sgrundsatz** *m*, **–prinzip** *n* principe *m* de l'égalité de traitement.

**GLEICHBERECHTIGUNG** *f* égalité *f* (de droits); égalité de traitement, parité *f* (de droits); **–sgesetz** *n* Loi instituant l'égalité des droits civils de l'homme et de la femme; **–sgrundsatz** *m* principe *m* de la non-discrimination.

**GLEICHHEIT** *f* égalité *f*; parité *f*; **– des Arbeitsentgelts** égalité des rémunérations; **– vor dem Gesetz** égalité devant la loi.

**GLEICHHEITS | GEBOT** *n*, **–erfordernis** *n*; **–grundsatz** *m*, **–prinzip** *n*, **–satz** *m* principe *m* de l'égalité de traitement; **–verstoß** *m* discrimination, violation du principe de parité.

**GLEITENDE ARBEITSZEIT** horaire individualisé *ou* flexible.

**GLIEDSTAAT** *m* État *m* membre (d'une fédération), État fédéré.

**GLÜCKSSPIEL** *n* jeu *m* de hasard; **–gerät** *n* machine *f* à sous.

**GNADEN | AKT** *m* décret *m* de grâce, mesure *f* de clémence; **–entscheidung** *f*, **–erlass** *m* mesure *f* de grâce; **–gesuch** *n* recours *m* en grâce.

**GOODWILL** *m* *(HR: Geschäftswert, Firmenwert)* goodwill *m*, image *f* de marque; capacité *f* d'innovation; technicité *f* d'une entreprise; élément incorporel majorant la valeur du fonds de commerce.

**GOTTES | DIENST** *m* office *m* (divin), culte *m*; **–dienstgebäude** *n* édifice *m* du culte, église *f*; **–lästerung** *f* blasphème *m*, sacrilège *m*.

**GRAB** *m*, **–anlage** *f* tombeau *m*, sépulture *f*, caveau *m*; **–beschädigung** *f* détérioration, destruction d'une sépulture.

**GRABEN** *m* : **gemeinschaftlicher –** fossé *m* mitoyen.

**GRAB | LEGUNG** *f* inhumation, sépulture *f*; **–mal** *n* tombeau *m*, monument *m* funéraire; **–nutzungsrecht** *n* concession funéraire; **–schändung** *f* violation de sépulture; **–stätte** *f* sépulture *f*, tombe *f*.

**GRAD** *m* • *(ErbR)* degré *m* • *(VwR)* grade *m*; **akademischer –** titre *m* universitaire; **Verwandte ersten –es** parents *mpl* au premier degré; **– des Verschuldens** degré de culpabilité.

**GRAUSAMKEIT** *f* *(StR)* cruauté *f*, traitement inhumain particulièrement répréhensible; **seelische –** cruauté *f* psychique.

**GREMIUM** *n* *(Ausschuss, Körperschaft – Pl.: die Gremien)* comité *m*; groupe *m* (de travail); organisme *m*; organe *m*; instance *f*; **richterliches –** collège *m* de juges, chambre *f*.

**GRENZ | ABFERTIGUNG** *f* accomplissement des formalités de passage de la frontière; **–abmarkung** *f* abornement *m*; **–abstand**

*m (BauR)* limite *f ou* distance *f* à respecter entre deux terrains contigus (pour les constructions); **–anlagen** *fpl (ZR)* aires *fpl* et installations mitoyennes; **–ausgleich(sbeträge)** *(EG)* montants *mpl* compensatoires.

**GRENZ | BAUM** *m* • *(Schlagbaum)* poteau-frontière *m*, barrière *f* • *(Nachbarrecht)* arbre *m* mitoyen; **–bezirk** *m* zone *f* frontalière *ou* frontière.

**GRENZE** *f* • *(Trennungslinie)* frontière *f*, limite *f* (de propriété) • *(Schranke)* seuil *m* • *(Begrenzung nach oben)* plafond *m*; **ethnische –** frontière ethnique; **frei –** franco frontière; **obere –** plafond *m*, limite supérieure, maximum *m*, seuil *m*; **untere –** plancher *m*, limite inférieure, minimum *m*, seuil *m*.

**GRENZ | EIGENTUM** *n* propriété *f* limitrophe; **–ertrag** *m* rendement marginal; **–fahndung** *f* contrôle de la police aux frontières; **–fall** *m* cas *m* limite, cas extrême *ou* marginal; **–führung** *f* tracé *m* de la frontière.

**GRENZ | GÄNGER** *m* frontalier *m*, travailleur *m* frontalier; **–gebiet** *n* territoire frontalier, zone *f* frontière; **–gewässer** *pl* eaux *fpl* limitrophes *ou* frontières.

**GRENZ | LAGE** *f* • *(BauR)* immeuble situé directement sur la limite d'un terrain • *(Notsituation)* cas limite (de détresse); **–linie** *f* ligne-frontière *f*, limite *f*; **–markierung** *f (SachR)* borne *f* témoin, borne de parcelle; **–mauer** *m* mur mitoyen; **–pfahl** *m* poteau-frontière *m*.

**GRENZ | POLIZEI** *f* police (allemande) de l'air et des frontières; **–posten** *m* poste *m* frontière; garde *m* frontière.

**GRENZSCHUTZ** *m* surveillance *f* des frontières; **–amt** *n*, **–behörde** *f* service *m* de protection des frontières; **–gruppe 9** (= GSG) unité *f* de police antiterroriste.

**GRENZ | SICHERUNGSANLAGE** *f* installation en vue de sécuriser la frontière; **–sperre** *f* fermeture *f* de la frontière.

**GRENZSTEIN** *m* borne *f*, borne-frontière *f*; **–entfernung** *f* suppression de borne; **–versetzung** *f* déplacement de borne.

**GRENZ | STREIFE** *f* patrouille *f* de la police aux frontières; **–streifen** *m* bande *f* de terrain le long de la frontière, franc-bord *m*; **–übergangsstelle** *f* • bureau-frontière *m* • point de passage de la frontière.

**GRENZVERKEHR** *m* trafic *m* frontalier, circulation *f* frontalière; **kleiner –** régime *m* frontalier *ou* de petite frontière, petit trafic frontière.

**GRENZ | VERLAUF** *m* tracé *m* de la frontière; **–verletzung** *f* violation de frontière; **–wand** *m* mur *m* mitoyen; **–zeichen** *n* borne-frontière *f*, poteau *m* frontière, signe *m* démarcatif.

**GREUEL** *m* atrocité *f*, horreur *f*; **–tat** *f* acte inhumain, cruauté *f*, acte de barbarie.

**GROB | ANSTÖßIGE HANDLUNG** *f* acte particulièrement choquant *ou* indécent; **sich – fahrlässig verhalten** agir avec une imprudence *ou* négligence grave et intolérable; **– fehlerhaftes Verhalten** agissement constituant une faute lourde.

**GROB | E FAHRLÄSSIGKEIT** *f* • *(ZR)* faute quasi-délictuelle grave, imprudence *f ou* négligence caractérisée • *(StR)* faute non-intentionnelle inexcusable, faute d'imprudence *ou* d'inattention *ou* de maladresse; **–er Fehler** erreur grossière; **–e Pflichtverletzung** manquement grave aux obligations (professionnelles); **–e Unbilligkeit** injustice caractérisée, fait particulièrement inéquitable; **–er Undank** ingratitude manifeste; **–es Verschulden** faute lourde *ou* inexcusable.

**GROß | ABNEHMER** *m* client *m* important, acheteur en gros; **–anlage** *f* installation classée, établissement industriel de 1[ère] classe;

**–banken** *fpl* banques *fpl* d'importance nationale *ou* internationale; **–betrieb** *m* grande entreprise (de plus de 1000 salariés).

**GRÖßE** *f* **: genormte –** grandeur standardisée, normalisée; **– des Grundstücks** superficie *f* du bien immobilier; **– der Wohnung** surface *f* habitable.

**GROß | FAHNDUNG** *f* avis *m* de recherche au niveau national / international; *pej* chasse *f* à l'homme; **–feuerungsanlage** *f* installation (classée) d'incinération (des ordures et déchets); **–grundbesitz** *m* grande propriété *f* foncière; propriété latifundiaire; **–handel** *m* commerce *m* de gros.

**GROßHANDELS | FIRMA** *f* grossiste *m*; **–preis** *m* prix de gros; **–rabatt** *m* remise *f*; **–spanne** *f* marge *f* des grossistes; **–unternehmen** *n*; grossiste *m*; entreprise *f* de vente en gros.

**GROSS | HÄNDLER** *m od.* Grossist *m* commerçant en gros, négociant en gros, grossiste *m*; **–herzogtum** *n* grand-duché *m*; **–industrie** *f* grande *f* industrie.

**GROSS | JÄHRIGE(R)** *m* majeur *m*; **–jährigkeit** *f* majorité *f* (civile); **–jährigkeitserklärung** *f* émancipation *f*; **–markt** *m* centre *m* commercial, hypermarché *m*.

**GRUBE** *f* mine *f* (souterraine *ou* à ciel ouvert); **Preis frei –** prix *m* départ carreau de la mine.

**GRÜNANLAGEN** *fpl* espaces *mpl* verts.

**GRUND 1.** *m* • *(Grundbesitz)* fonds *m*, bien-fonds *m*, propriété foncière • *(Boden, Untergrund)* sol *m*; fond *m*; fondation *f* • *(Grundlage)* fondement *m*, base *f*, assise *f* • *(Anfang, Ursprung)* origine *f*, principe • *(Ursache, Beweggrund)* motif *m*, raison *f*, sujet *m*, cause *f*, objet *m*, mobile *m*, prétexte *m*; **– und Boden** *(SachR)* bien-fonds *m*, fonds de terre; **ausschlaggebender –** motif déterminant; **berechtigter –** cause *f ou* motif *f* légitime; **dienstbarer –** *(SachR)* fonds servant; **gerechtfertigter –** cause *ou* motif légitime; **herrschender –** *(SachR)* fonds dominant; **wichtiger –** motif grave.

**GRUND | BEDINGUNG** *f* condition fondamentale *ou* sine qua non; **–bedürfnis** *n* besoin *m* existentiel *ou* de base.

**GRUNDBESITZ** *m* propriété *f* immobilière; possession *f* foncière; bien-fonds *m*, domaine *m*; **bebauter –** propriété *f* bâtie; **unbebauter –** terrain *m*.

**GRUND | BESITZER** *m* propriétaire *m* d'un bien-fonds; possesseur *m* foncier; **–betrag** *m* montant de base.

**GRUNDBUCH** *n (SachR)* registre *m ou* livre *m* foncier (allemand) tenu par le tribunal cantonal (Amtsgericht), fichier immobilier (allemand) tenu sous la responsabilité d'un juge de l'Amtsgericht; **–abschrift** *f* extrait *m ou* copie *f* du registre foncier.

**GRUNDBUCH | AMT** *n (ZR: Abteilung des Amtsgerichts)* service chargé de la tenue des registres fonciers (près le tribunal cantonal allemand), office judiciaire du livre foncier; **–auszug** *m* extrait *m* du registre foncier; **–beamte(r)** *m* fonctionnaire *m* judiciaire préposé au registre foncier, conservateur *m*; **–bereinigung** *f* mise *f* à jour du registre foncier; **–berichtigung** *f* rectification *f* (d'une inscription) au livre foncier; **–bezirk** *m* circonscription territoriale d'un fichier immobilier; **–blatt** *n* feuillet *m* du registre foncier; **–einsicht** *f* communication *f* des renseignements inscrits au livre foncier; **–eintrag** *m*, **–eintragung** *f* inscription *f* au registre foncier.

**GRUNDBUCH | FÜHRER** *m* fonctionnaire préposé à la tenue du livre foncier, conservateur des hypothèques; **–lage** *f*, **–mäßige Lage** situation juridique au regard des inscriptions au livre foncier; **–ordnung** *f (= GBO)* Loi (allemande) relative à la tenue des registres fonciers et à la publicité foncière.

**GRUNDBUCH | RICHTER** *m* juge *f* préposé à la tenue du livre foncier; **–sachen** *fpl* contentieux *m* relatif aux inscriptions dans le registre foncier et aux publications relatives aux immeubles.

**GRUNDBUCH | UMSCHREIBUNG** *f* mutation par inscription au registre foncier, transcription au registre foncier; **–vermerk** *m* inscription au livre foncier; **–vermutung** *f* présomption *f* d'exactitude et de véracité des inscriptions au livre foncier; **–zwang** *m* obligation de faire enregistrer les biens immeubles et droits immobiliers au livre foncier.

**GRUNDDIENSTBARKEIT** *f* servitude *f*; charge foncière *ou* immobilière; services *mpl* fonciers.

**GRÜNDE 2.** *mpl (Urteil)* motifs *mpl* (d'un jugement), les attendus *mpl*; **sich widersprechende –** contrariété *f* de motifs; **– angeben** indiquer les motifs; donner ses raisons.

**GRUND | EIGENTUM** *n* propriété foncière *ou* immobilière; **–eigentümer** *m* propriétaire *m* foncier; **–eigentumserwerb** *(ZR)* acquisition d'un bien immeuble; **–eigentumsschutz** *m* garantie de la propriété.

**GRÜNDEN** *v* créer (un commerce), constituer (une société); fonder (une secte); former (un parti); ouvrir (un magasin); établir; instituer.

**GRÜNDER** *m (GesR)* créateur *m*, fondateur *m*; **–aktie** *f* action d'apport; **–anteil** *m* part *f* de fondateur; **–bericht** *m* rapport *m* des fondateurs; **–gesellschaft** *f* société anonyme pendant la période préconstitutive *ou* constitutive; **–haftung** *f* responsabilité (civile *ou* pénale) des fondateurs.

**GRUND | ERWERB** *m* acquisition d'un bien-fonds; cession foncière; **–erwerbssteuer** *f* taxe sur les mutations de propriété immobilière, droit de mutation; **–fläche** *f* • superficie *f*, étendue *f*, base *f* • *(BauR)* surface bâtie; **–freibetrag** *m* abattement; **–geschäft** *n* contrat principal (par opposition au contrat accessoire).

**GRUNDGESETZ** *n* (= GG) Loi *f* fondamentale allemande (du 23 mai 1949), Constitution de la République fédérale d'Allemagne; **–änderung** *f* révision de la constitution (allemande); **–mäßigkeit** *f* conformité *f* avec la constitution (allemande); **–verletzung** *f* violation de la constitution; **–widrig** *adj* anticonstitutionnel, contraire à la constitution.

**GRUND | HANDELSGESCHÄFT** *n* acte *m* de commerce; **–kapital** *n* capital *m* social (d'une société anonyme).

**GRUNDLAGE** *f* fondement *m* (d'une prétention), base *f* légale; moyens *mpl* de droit, moyen *m* de justification; cause *f*, motif *n* (juridique), source *f*; principe *m*; **gesetzliche –** base légale.

**GRUNDLAGEN | BESCHEID** *m* *(SteuerR)* avis *m* de fixation de l'assiette de l'impôt; **–forschung** *f* recherche *f* fondamentale; **–patent** *n (siehe: Grundpatent)* brevet *m* de base.

**GRÜNDLICH** *adj/adv* profond, radical; à fond, complètement, entièrement; **–e Klärung des Sachverhalts** élucidation des faits dans leur ensemble; **–e Überprüfung** examen approfondi.

**GRÜNDLICHKEIT** *f* exactitude *f*; (exigence de) rigueur; (examen en) profondeur; **mit – darlegen** aller au fond des choses; étudier (une question) dans les moindres détails.

**GRUNDLOS** *adj (PrzR: unbegründet)* mal fondé; dénué de fondement, sans fondement; **–e Klage** action *f* dépourvue de fondement; **–e Kündigung** • *(ArbR)* congédiement abusif • *(SchuldR)* résiliation non fondée en droit, rupture *f* (du contrat); **–e Vorwürfe** reproches injustifiés.

**GRUNDORDNUNG** *f* *(VerfR)* règles suprêmes (fondant l'ordre étatique); **freiheitliche demokratische –** (= FDGO) ordre *m* républicain allemand; système *m* politique libéral et démocratique; régime constitutionnel de la République fédérale d'Alemangne.

**GRUNDPFAND** *n* gage *m* immobilier; **–gläubiger** *m* créancier en vertu d'un gage immobilier; **–recht** *n* sûreté réelle portant sur un immeuble; rente foncière inscrite.

**GRUNDPFLICHTEN** *fpl (VerfR)* sujétions prévues par la constitution.

**GRUND | PREIS** *m* prix de base, prix de référence; **–prinzip** *n* principe *m*; règle *f* d'action.

**GRUNDRECHT** *n* • *(VerfR)* liberté *f*, droit fondamental; situation garantie par le droit • *(en S: Recht an Grund und Boden)* droit foncier; **staatsbürgerliche –e** libertés administratives *ou* publiques, droits individuels *ou* collectifs garantis par la constitution; **Eingriffe in die –, Einschränkung der –e** limitation *ou* restriction des libertés; **Schutz der –e** régime juridique des libertés; garantie des droits de l'homme; respect *m* de la liberté (de se syndiquer, etc.); **Verletzung der –e** atteinte *f* à la liberté (de conscience, etc.).

**GRUNDRECHTS | ADRESSAT** *m* Administration tenue de respecter les libertés individuelles; **–beeinträchtigung** *f* entrave *f* à la liberté (individuelle); **–beschränkung** *f* limitation d'un droit fondamental; **–bindung** *f* obligation de respecter les principes constitutionnels; **–eingriff** *m*, **–einschränkung** *f* atteinte *f* à la liberté (d'entreprendre, etc.).

**GRUNDRECHTS | FÄHIGKEIT** *f* personne *f* pouvant se prévaloir des libertés et garanties constitutionnelles; droit de se prévaloir des libertés; **–garantie** *f*, **–gewährleistung** *f*, **–schutz** *m* sauvegarde *f* des libertés, protection de la liberté (contractuelle, etc.); **–verletzung** *f* violation des libertés publiques; **–verwirkung** *f* déchéance des libertés individuelles.

**GRUND | RENTE** *f* • rente *f* foncière • (en Aut. aussi:) pension de base; **–riss** *m* • *(Lehrbuch)* précis *m* • *(Auszug)* abrégé • *(BauR)* vue *f* en plan, représentation planimétrique.

**GRUNDSATZ** *m* principe *m*; axiome *m*; maxime *f*; **–entscheidung** *f* décision *f ou* arrêt *m* de principe; **–frage** *f* question de principe; **–revision** pourvoi *m* en cassation ayant pour objet le maintien de l'unité du droit.

**GRUNDSÄTZLICH** *adj* en principe, théoriquement; de principe, a priori.

**GRUND | SCHULD** *f (SachR)* dette *f* foncière; **–schuldbrief** *m* titre *m* endossable constatant une dette foncière.

**GRUNDSTEUER** *f* impôt *m* foncier, contribution *ou* taxe foncière.

**GRUNDSTÜCK 1.** *n (SachR: unbewegliche Sache)* immeuble *m*, bien immeuble *ou* immobilier, bien *m* foncier, bien-fonds *m*, fonds *m*, chose immobilière, terrain *m*; **bebautes –** immeuble bâti, propriété bâtie; **belastetes –** fonds grevé, fonds hypothéqué, bien hypothéqué; **dienendes –** fonds servant, fonds assujetti; **eingefriedetes –** propriété *f* enclose, enclos *m*; **eingeschlossenes –** fonds enclavé; **erschlossenes –** immeuble viabilisé; **gewerbliches –** immeuble industriel; bien-fonds commercial; **herrschendes –** fonds dominant; **unbebautes –** terrain *m* (nu), propriété non bâtie; **unerschlossenes –** terrain non viabilisé.

**GRUNDSTÜCKE 2.** *pl* **: angrenzende –** tenants et aboutissants *mpl*; **zusammengefasste –** tènement *m*.

**GRUNDSTÜCKS | ANTEIL** *m* lot *m* (d'un immeuble bâti); parcelle *f* (d'un terrain); **–auflassung** *f (SachR)* accord des parties sur le transfert de la propriété d'un bien immeuble (en tant que contrat réel et abstrait); **–aufteilung** *f* lotissement; **–belastung** *f* charge *f* foncière; **–bestandteil** *m* chose mobilière attachée à un bien-fonds; **–eigentum** *n* propriété immobilière; **–eigentümer** *m* propriétaire d'un immeuble, propriétaire foncier; **–erwerb** *m* acquisition de la propriété d'un immeuble; **–erwerber** *m* acquéreur *m* d'un immeuble.

**GRUNDSTÜCKS | GEMEINSCHAFT** *f* immeuble en indivision; **–geschäft** *n* mutation, transfert *m* d'un bien immeuble; transaction immobilière; **–gesellschaft** *f* société immobilière; **–gleiche Rechte** droits assimilés à des biens immeubles; **–grenze** *f* limite *f* de propriété (d'un immeuble); **–kaufvertrag** *m* contrat de vente portant sur un bien immobilier.

**GRUNDSTÜCKS | LASTEN** *fpl* charges *fpl* foncières, droits réels grevant un immeuble; **–makler** *m* agent *m* immobilier, marchand de biens; **–markt** *m* marché immobilier; **–miteigentumsanteil** *m* lot *m*, quote-part *f* dans la copropriété; **–nutzung** *f* jouissance *f* d'un bien-fonds; **–preis** *m* prix *m* d'un immeuble; **–recht** *n* droit réel immobilier.

**GRUNDSTÜCKS | ÜBEREIGNUNG** *f (SachR)* accord des parties sur le transfert de la propriété d'un bien immeuble (en tant que contrat réel et abstrait) ET inscription au Livre foncier; **–übergabe** *f (SachR)* mise en possession d'un immeuble, transfert de la détention matérielle; **–veräußerung** *f*, **–verkauf** *m* vente *f* d'un immeuble; **–verkehr** *m* transactions immobilières; **–verwalter** *m* administrateur *m* de biens; **–verwaltung** *f* administration d'immeuble(s); gestion de biens; **–zubehör** *n* bien mobilier affecté à un immeuble, immeuble par destination économique.

**GRUNDTATBESTAND** *m (StR)* éléments constitutifs matériels de l'infraction simple.

**GRÜNDUNG** *f* constitution *f*, création *f*, formation, organisation; **in – befindliche Gesellschaft** société en formation.

**GRÜNDUNGS | AKT** *m* acte *m* constitutif (de la société); **–freiheit** *f* liberté d'entreprendre et de créer une entreprise; liberté du commerce et de l'industrie; **–gesellschaft** *f* société *f* en formation; **–kosten** *pl* frais de constitution *ou* d'établissement; **–mangel** *m* vice *m* de forme lors de la création d'une entreprise; **–prüfer** *m* commissaire-vérificateur *m* (de la constitution régulière); **–prüfung** *f* vérification des modalités de la constitution; **–stadium** *n* (société) en constitution; **–versammlung** *f* assemblée *f* constitutive; **–vertrag** *m* contrat *ou* acte *m* de constitution (d'une société).

**GRUND | URTEIL** *n (ZPR)* jugement portant sur le fond de la prétention (mais non pas sur le montant de la demande *ou* du préjudice); **–vergütung** *f (ArbR)* salaire *m* de base.

**GRUNDVERKEHRSSTEUER** *f* taxe sur les mutations immobilières.

**GRUND | VERMÖGEN** *n* • *(GesR)* capital *m* social • *(SachR)* biens *mpl* immobiliers (appartenant à une personne); **–versorgung** *f* • *(MedienR)* information minimum garantie (par l'intermédiaire de la radio et de la télévision publiques) • *(FamR)* subsides *mpl* en vue de garantir (à une personne) une existence décente.

**GRUND | VORAUSSETZUNG** *f* condition de fond *ou* nécessaire *ou* sine qua non, formalité obligatoire; **–wasser** *n (UmweltR)* nappe *f* phréatique.

**GÜLTIG** *adj* valable, valide; en vigueur; **für – erklären** valider.

**GÜLTIGKEIT** *f* validité *f* (d'une norme, d'un acte, d'un contrat); entaché d'aucune cause de nullité; **rückwirkende –** effet rétroactif; **die – verlängern** proroger la validité.

**GÜLTIGKEITS | DAUER** *f* durée *f* de validité; **–erfordernis** *n* condition de validité; **–erklärung** *f* validation, confirmation; homologation; **–prüfung** *f* examen *m* de la validité; **–verlängerung** *f* prorogation de validité; **–voraussetzung** *f* condition de validité.

**GURT** *m (StVR)* ceinture *f* de sécurité; **–anlegepflicht** *f* obligation d'attacher la ceinture de sécurité.

**GUT 1.** *n* • *(SchuldR: Vermögenswert)* bien *m* (corporel), élément *m* du patrimoine; meuble *m*; immeuble • *(HR: Ware)* marchandise *f*, bien économique • *(LandwR)* terre *f*, ferme *f* • *(Frachtgut)* marchandise transportée, chargement *m*; **bewegliches –** meuble *m*, bien *m* mobilier, bien meuble; **herrenloses –** bien sans maître *ou* vacant; **unbewegliches –** immeuble *m*, bien *m* immobilier.

**GUTACHTEN** *n (ZPR)* expertise *f*, rapport *m ou* avis *m* d'expert; avis consultatif, consultation *f*, étude *f*; **ärztliches –** expertise médicale; **erbbiologisches –** expertise hérédobiologique; **gerichtsärztliches –, gerichtsmedizinisches –** expertise *f* médico-légale.

**GUTACHTER** *m* expert *m*, technicien *m* (investi de ses pouvoirs par un juge); **beeidigter –** expert agréé, expert assermenté près les tribunaux; –gremium comité *m* d'experts; **–kosten** *fpl* frais d'expertise; **–protokoll** *n* procès-verbal *m* d'expertise.

**GUTE SITTEN** fpl bonnes mœurs *fpl*, minimum de moralité exigible dans la vie sociale.

**GÜTE** *f* • *(HR: Ware)* qualité *f* • *(PrzR)* amabilité *f*, bonté *f*, obligeance *f*, complaisance *f*; **sich in – einigen** s'arranger à l'amiable, traiter un différend à l'amiable; **Vorschlag zur –** proposition de conciliation, de gré à gré.

**GÜTE | ANTRAG** *m* citation en conciliation; **–prüfung** *f* contrôle *m* de la qualité *ou* fiabilité; **–termin** *m* audience *f* pour le règlement à l'amiable d'un litige; **–versuch** *m* tentative de règlement à l'amiable; **–zeichen** label *m* de qualité.

**GUTER GLAUBE** *m* • *(ZR)* bonne foi *f* • *(StR)* conviction (erronée) que l'on agit conformément au droit.

**GÜTER 2.** *npl* • *(SchuldR)* éléments mobiliers et immobiliers du patrimoine • *(HR)* marchandises *fpl*, biens *mpl* économiques; **handelsübliche –** biens marchands; **sperrige –** marchandises encombrantes; **wertbeständige –** biens *mpl* durables; **– des gehobenen Bedarfs** biens de luxe; **– des täglichen Bedarfs** biens de consommation courante.

**GÜTER | ABWÄGUNG** *f* prise en considération des différents intérêts *ou* points de vue (sur les biens juridiques en litige); **–beförderungsvertrag** *m* contrat de transport de marchandises; **–fernverkehr** *m* transport de marchandises à longue distance.

**GÜTERGEMEINSCHAFT** *f (EheR)* communauté de biens, régime *m* matrimonial de la communauté (de biens); **allgemeine –** communauté *f* universelle; **fortgesetzte –** continuation de la communauté après la mort de l'un des époux entre l'époux survivant et leurs descendants communs, communauté continuée; **gesetzliche –** communauté légalel.

**GÜTERICHTER** *m* • amiable compositeur *m* • *(ArbR)* bureau *m* de conciliation.

**GÜTER | KRAFTVERKEHR** *m* : **internationaler –kraftverkehr** transport *m* international de marchandises par route; **–nahverkehr** *m* transport de marchandises à courte distance.

**GÜTERRECHT** *n* : **eheliches –** (droit des) régimes matrimoniaux.

**GÜTERSTAND** *m* : **ehelicher –** régime *m* matrimonial; **gesetz-**

**licher** – • *(i.w.S.)* régime matrimonial légal • *(i.e.S.)* régime légal de la communauté réduite aux acquêts; **vertraglicher** – régime matrimonial conventionnel.

**GÜTERTRENNUNG** *f* séparation de biens; régime *m* matrimonial de séparation de biens; **gerichtlich ausgesprochene** – séparation de biens judiciaire; **vertragliche** – séparation de biens conventionnelle.

**GÜTERUMSCHLAG** *m* • trafic *m* marchandises, flux *m* de marchandises • *(Hafen)* trafic portuaire, transbordement.

**GUTE SITTEN** *fpl (ZR)* bonnes mœurs, règles imposées par la morale sociale; **Verstoß gegen die –n** – clause réputée contraire aux bonnes mœurs.

**GÜTE | STELLE** *f* bureau de conciliation; **–termin** *m* jour d'audience de conciliation; **–verfahren** *n* procédure de conciliation; **–versuch** *m* tentative de conciliation; **Scheitern des –versuchs** nonconciliation; **–zeichen** *n* • marque *f* de conformité • marque de qualité, label *m*, marque-label *f*, label de qualité.

**GUTGEWICHT** *n (HR)* don *m*, surdon, réduction sur le poids.

**GUTGLAUBENS | ERWERB** *m* acquisition de bonne foi; **–schutz** *m* protection de la bonne foi (de l'acquérur d'un bien).

**GUTGLÄUBIG** *adj* : **–er Eigenbesitz** possession de bonne foi; **–er Erwerb** acquisition (d'un droit, d'un bien) de bonne foi.

**GUTGLÄUBIGKEIT** *f* bonne foi, croyance erronée en l'existence d'une situation juridique régulière; comportement loyal; attitude d'intégrité et d'honnêteté.

**GUTHABEN** *n* avoir *m*, solde *m* créditeur, actif *m*, créance *f*; **ausländisches** – avoirs à l'étranger; **täglich verfügbares** – avoir disponible au jour le jour.

**GÜTLICH** *adj/adv* amiable, conciliatoire; à l'amiable; **–e Abmachung** transaction; arrangement à l'amiable; **–e Beilegung des Rechtsstreits** conciliation *f*, procès-verbal constatant la conciliation; **–er Vergleich** *(ZPR)* transaction.

**GUTSCHREIBEN** *v* porter à l'actif, inscrire au crédit, créditer.

**GUTSCHRIFT** • incription *ou* écriture au crédit • crédit *m*, avoir *m*.

**GUTS | HERR** *m* propriétaire *m* terrien; **–hof** *m* domaine *m*; **–verwalter** *m*, **–vorsteher** *m* intendant *m*, régisseur.

## H

**HABE** *f* patrimoine *m*; fortune *f*; **bewegliche –, fahrende** – biens mobiliers (d'une personne); **liegende** – biens immobiliers.

**HABEN** *n* • *(Einnahmen)* argent *m*, bien *m*, fortune *f* • *(Habenseite)* actif *m*, crédit *m*, avoir *m*; **Soll und** – doit et avoir; crédit et débit; **–saldo** *m* solde *m* créditeur; **–zinsen** *mpl* intérêts *mpl* créditeurs.

**HABGIER** *f* : **Tötung aus** – meurtre *m* commis par cupidité.

**HABHAFT** *adj* : **einer Person – werden** appréhender qqn., arrêter qqn.

**HABSUCHT** *f* avidité *f*, rapacité *f*, cupidité *f*.

**HACKER** *m* pirate *m* informatique, personne *f* portant atteinte aux systèmes de traitement automatisé de données.

**HAFEN** *m* port *m* (maritime de commerce); **–amt** *n* service portuaire, établissement (public) de gestion d'un port; **–arbeiter** *m* docker *m*; **–direktor** *m* capitaine du port; **–gebiet** *n* zone *f* portuaire; **–kosten** *pl* frais de relâche *ou* de port; **–meister** *m* capitaine *m* du port; **–ordnung** *f* règlement *m* portuaire; **–verwaltung** *f* administration *f* portuaire.

**HAFT** *f* détention *f*; privation de la liberté; emprisonnement *m*; captivité *f*; **–anordnung** *f* ordonnance *f* de prise de corps; **–anstalt** *f* maison d'arrêt; **–aufhebung** *f* levée d'écrou; **–aufschub** *m* sursis à la détention.

**HAFTBAR** *adj* responsable, (être) obligé de répondre d'un dommage; **persönlich –** personnellement responsable; **solidarisch –** solidairement responsable(s).

**HAFTBEDINGUNGEN** *fpl* conditions de détention (dans un établissement pénitentiaire).

**HAFTBEFEHL** *m* • *(StPR, Oberbegriff: richterliche Anordnung in Haft zu nehmen)* mandat *m* • *(gegen eine anwesende oder bereits vorläufig festgenommene Person)* mandat de dépôt • *(gegen einen flüchtigen Beschuldigten)* mandat d'arrêt • *(zur Vorladung)* mandat de comparution • *(zur Vorführung durch die Polizei)* mandat d'amener; **einen – erlassen** lancer *ou* décerner *ou* délivrer un mandat d'arrêt.

**HAFT | BESCHLUSS** *m* ordonnance de prise de corps; **–beschwerde** *f* demande de mainlevé du mandat d'arrêt, demande de mise en liberté.

**HAFTEN** *v* (für) • répondre de qqn., répondre pour qqn., s'engager envers un tiers, se porter garant, garantir • assumer la responsabilité, prendre la responsabilité, être (civilement) responsable; **unbeschränkt und gesamtschuldnerisch –** être indéfiniment et solidairement responsable.

**HAFT | ENTLASSUNG** *f* mise *f* en liberté, élargissement *m*, libération; **–entschädigung** *f* indemnisation (en cas de non-lieu *ou* d'acquittement) en raison de la détention provisoire injustement subie; **–entscheidung** *f* ordonnance relative au maintien en détention *ou* à l'élargissement; **–grund** *m* motif du placement en détention provisoire.

**HÄFTLING** *m* détenu *m*, personne incarcérée; prisonnier *m*; **ausgelieferter –** prisonnier extradé; **nichtpolitischer –** prisonnier de droit commun; **politischer –** prisonnier *ou* détenu politique; **–shilfe** *f* aide *f* aux détenus.

**HAFT | LOKAL** *n* local *m ou* localité *f* de la police servant pour la garde à vue; **–obergrenze** *f* durée maximale de détention.

**HAFTPFLICHT** *f* • *(ZR)* responsabilité *f* civile, obligation de répondre d'un dommage • *(SchuldR: Haftung für unerlaubte Handlungen)* responsabilité délictuelle; **beschränkte –** responsabilité limitée; **gesetzliche –** responsabilité civile légale; **unbeschränkte –** responsabilité illimitée; **vertragliche –** responsabilité contractuelle.

**HAFTPFLICHT | ANSPRUCH** *m* droit *m* à réparation d'un dommage (relevant de la responsabilité civile); **–gesetz** *n* Loi portant sur la responsabilité civile des établissements de chemins de fer, des concessionnaires de téléfériques, des producteurs d'énergie et des entrepreneurs de carrières et de mines; **–versicherung** *f* assurance responsabilité civile, ass. R. C.

**HAFTPFLICHTIG** *adj* responsable *adj*, (être) civilement responsable, (être) tenu de réparer le dommage causé.

**HAFT | PRÜFUNG** *f* *(StPR)* contrôle de la régularité et de la légalité de la détention; **–register** *n* registre d'écrou; **–richter** *m* juge statuant en matière de détention; **–schäden** *mpl* dommages physiques et psychiques résultant de la détention; **–strafe** *f* *(Freiheitsstrafe)* peine privative de liberté; **–unfähigkeit** *f* état *m* physique général rendant impossible l'emprisonnement *ou* la détention.

HAFTUNG *f* • *(ZR)* responsabilité *f*, sanction de la responsabilité; responsabilité civile (englobant responsabilité délictuelle et contractuelle) • *(SchuldR)* responsabilité (civile) délictuelle • *(SchuldR: aus Vertrag)* responsabilité contractuelle; obligation (de s'exécuter), obligation de remplir un engagement; **gesamtschuldnerische –** responsabilité solidaire; solidarité *f*; **gesetzliche –** responsabilité légale *ou* du fait de la loi; **unbeschränkte –** responsabilité illimitée; **zivilrechtliche –** responsabilité civile.

HAFTUNG *f* | **des Ausbilders** responsabilité civile du maître d'apprentissage; **– des Beamten** *(VwR)* responsabilité civile des fonctionnaires; **– für Dritte** responsabilité du fait d'autrui; **– für eigenes Tun** responsabilité du fait personnel; **– für Einsturz von Gebäuden** responsabilité du fait des bâtiments; **– der Eltern** responsabilité des père et mère; **– für Erfüllungsgehilfen** responsabilité (des commettants) du fait des préposés; **– des Halters** reponsabilité (délictuelle) du fait des choses inanimées; **– für Gebäudeschaden** responsabilité du fait des bâtiments; **– des Geschäftsherrn** responsabilité du maître *ou* du commettant; **– für Kinder** responsabilité pour les enfants mineurs; **– des Kfz-Halters** responsabilité du fait des véhicules automobiles *ou* des véhicules terrestres à moteur; **– des Lehrherrn** responsabilité du maître d'apprentissage; **– der Produzenten** responsabilité des producteurs *ou* fabricants et distributeurs, responsabilité-produits.

HAFTUNG *f* | **für durch Sachen verursachten Schäden** responsabilité du fait des choses inanimées; **– im Straßenverkehr** responsabilité pour les accidents causés par la circulation routière; **– des Tierhalters** responsabilité du dommage causé par les animaux; **– für Tierschäden** responsabilité du fait des animaux; **– für Schulunfälle** responsabilité du fait des accidents scolaires; **– für die Verkehrssicherheit (eines Kfz)** responsabilité pour le bon état de marche d'un véhicule; **– für Verkehrsunfälle** responsabilité des accidents de la circulation; **– aus vermutetem Verschulden** responsabilité présumée; **– für Verschulden des Erfüllungsgehilfen** responsabilité contractuelle (du cocontractant) du fait d'autrui *ou* pour le fait de son préposé; **– für Verschulden des Verrichtungsgehilfen** responsabilité délictuelle (du commettant) du fait des préposés.

HAFTUNGS | ABWÄLZUNG *f* socialisation du risque; collectivisation de la responsabilité; **–anerkenntnis** *n* reconnaissance *f* de responsabilité, déclaration *f* de responsabilité; **–anteil** *m* part *f* de responsabilité; **–ausschließungsklausel** *f* clause *f* d'irresponsabilité, clause *f* de non-responsabilité.

HAFTUNGSAUSSCHLUSS *m* exclusion *f* de garantie; exonération *ou* exclusion de la responsabilité, irresponsabilité *f*, non-responsabilité; **–grund** *m* cause *f* d'irresponsabilité; **–klausel** *f* clause exonératoire; **–vereinbarung** *f* convention de non-responsabilité.

HAFTUNGS | BEFREIUNG *f* exonération de la responsabilité; non-responsabilité *f*; **–beschränkung** *f*, **–beschränkungsklausel** *f* clause limitative (de la responsabilité); clause allégeant la responsabilité; clause limitant la réparation; limitation de responsabilité; **–bescheid** *m* *(SteuerR)* avis *m* d'imposition; avis de mise en recouvrement.

HAFTUNGS | DAUER *f* période *f* de couverture; **–durchgriff** *m* *(GesR)* responsabilité directe d'une société de personnes (pour ses associés); **–einschränkung** *f* limitation de la responsabilité; restriction de la garantie; **–erhöhung** *f* extension de la responsabilité *ou* de la garantie.

**HAFTUNGS | FALL** *m* • *(SchuldR)* fait générateur de la responsabilité • *(ZPR)* affaire *f* en responsabilité (soumise au juge), procès relatif à un délit civil; **–folgen** *fpl* effets *mpl* de la responsabilité; **–fonds** *m* • *(VersR)* fonds *m* de garantie • *(GesR)* réserve constituée en vue de faire face aux demandes en réparation du dommage causé; **–freistellung** *f* désengagement de toute responsabilité; exclusion de la garantie; **–freizeichnungsklausel** *f* exonération contractuelle de la responsabilité.

**HAFTUNGS | GEMEINSCHAFT** *f* coresponsabilité *f*; responsabilité pour faute commune; **–grund** *m* élément constitutif de la responsabilité; fait générateur (de la responsabilité).

**HAFTUNGS | GRUNDLAGE** *f* • *(SchuldR)* base (légale) de la responsabilité; fondement de la responsabilité • *(GesR)* capital *m ou* fonds servant de garantie; **–höchstbetrag** *m*, **–höchstgrenze** *f* plafond *m* de couverture, montant *m* maximum de la garantie.

**HAFTUNGS | KLAGE** *f* action en garantie *ou* en responsabilité (civile); demande *f* en dommages-intérêts (sur la base d'un délit civil); **–klausel** *f* clause de garantie; **–masse** *f (InsolvenzR)* actif *m* disponible (face au passif exigible); **–mitübernahme** *f* coresponsabilité; garantie conjointe.

**HAFTUNGS | OBERGRENZE** *f* limite *f* de garantie; garantie maximum; **–recht** *n* régime légal de la responsabilité civile; **–risiko** *n* garantie *f*, risque *m* découlant de l'engagement de la responsabilité de qqn.; **–summe** *f* • montant du dommage (à indemniser) *ou* de la garantie • somme due par la caution.

**HAFTUNGS | VERHÄLTNIS** *n* lien juridique résultant de l'obligation de garantie; **unwiderlegliche –vermutung** *f* responsabilité irréfragable; **–verschärfung** *f* aggravation de la responsabilité; **–zusage** *f* promesse *f* de garantie.

**HAFT | URLAUB** *m* mise en liberté limitée dans le temps, libération provisoire; **–verschonungsantrag** *m* requête pour demander de surseoir à l'exécution d'une peine *ou* à la mise en détention; **–vollzug** *m* exécution de la peine d'emprisonnement.

**HALB | JAHR** *n* semestre *m*, espace *m* de six mois; **–jährlich** *adj* semestriel.

**HALBPACHT** *f* métayage *m*; **–vertrag** *m* bail *m* à métayage.

**HALBTAGS | BESCHÄFTIGUNG** *f* travail *m* à mi-temps; **–kraft** *f* employé *m* à mi-temps; **–stelle** *f*, **–tätigkeit** *f* emploi *ou* occupation à mi-temps.

**HALTBARKEITSDAUER** *f* *(LebensmittelR)* date *f* de péremption, date jusqu'à laquelle la denrée conserve ses propriétés spécifiques.

**HALTE | GEBOT** *n (StVR)* obligation de marquer un temps d'arrêt; **–linie** *f* ligne transversale (sur la chaussée) matérialisant une obligation de respecter la priorité (d'autres véhicules).

**HALTEN** *n* • *(SchuldR)* garde *f*, le fait d'être gardien (d'une chose), mission *f* de surveillance (d'une chose ou d'une personne) • *(im Straßenverkehr)* arrêt *m*, immobilisation (momentanée) d'un véhicule sur une route.

**HALTER** *m* *(SchuldR: unerlaubte Handlungen)* gardien *m* (d'une chose inanimée ou d'un animal); personne ayant la garde ou la surveillance (d'un mineur); personne qui a la garde d'une chose; détenteur *m*; propriétaire *m*; utilisateur *m*.

**HALTER | BEGRIFF** *m* notion juridique de la garde; définition du gardien (d'une chose); **–eigenschaft** *f* qualité *f* de gardien; pouvoir indépendant d'usage, de direction et de contrôle sur une chose; **–haftung** *f* responsabilité civile *ou* délictuelle du gardien.

**HAND** *f* : **aus zweiter –** d'occasion; **zur gesamten –** solidairement; **öffentliche –** puissance *f* publique, pouvoirs *mpl* publics; **unter der –** secrètement, à la dérobée; **zu treuen Händen** (remettre) en main propre; **zu Händen von ...** personnel, pli confidentiel; à l'attention de.

**HANDAKTE** *f* dossier *m* de procédure (d'un avocat).

**HANDEL** *m* • *(HR: Ein- u. Verkauf von Waren)* commerce *m*, négoce *m*; trafic *m* • *(SchuldR: Vertrag, Geschäft)* contrat *m*, marché *m*; affaire *f* • *(Außh)* échanges *mpl* (internationaux) • *(PrzR: Auseinandersetzung)* contentieux *n*, litige *m*.

**HANDELN** *v* • *(verfahren)* agir, entreprendre, opérer • *(Handel treiben)* vendre, commercer, exercer une activité commerciale; *pej* trafiquer • *(über den Preis verhandeln)* marchander, débattre (le prix) • *(zum Thema, zum Inhalt haben)* traiter de; **auf eigene Gefahr –** agir à ses risques et périls; **im eigenen Namen –** agir en son (propre) nom, agir sous son nom social; **für fremde Rechnung –** agir pour le compte d'autrui, agir pour le compte d'un commentant *ou* d'un tiers.

**HANDELS | ABKOMMEN** *n* accord *m* commercial; **–agentur** *f* agence *f* commerciale; **–angestellte(r)** *m* commis *m*, employé *m* de commerce; **–artikel** *m* marchandise *f*, produit *m*, article *m*; **–attaché** *m* attaché *m* commercial.

**HANDELS | BANK** *f* banque *f* d'affaires, banque commerciale; **–betrieb** *m* entreprise *f* commerciale, commerce *m*; **–bezeichnung** *f* dénomination *f* commerciale; **–beziehungen** *fpl* relations *fpl* commerciales; **–bilanz** *f* • *(Außenhandel)* balance *f* du commerce extérieur, balance commerciale • *(BW)* bilan *m* commerical; **–blatt** *n* mercuriale *f*; journal commercial; **–boykott** *m* boycottage *m*, blocus *m* commercial; **–brauch** *m* usage *m* commercial, us et coutumes commerciaux; usage professionnel; **–brief** *m* lettre commerciale; **–briefe** *mpl* correspondance *f* commerciale; **–bücher** *npl* livres *mpl* de commerce.

**HANDELS | DELEGATION** *f* délégation *f* commerciale; **–embargo** *n* embargo *m* commercial; **–erschwernis** *n* entrave *f* à la liberté des échanges.

**HANDELS | FIRMA** *(HR)* nom commercial, appellation de la maison de commerce; **–flotte** *f* flotte de commerce *ou* marchande; **–forderung** *f* créance *f* commerciale; **–gebiet** *n* territoire de ventes; **–gebrauch** *m* usage commercial.

**HANDELS | GERICHT** *n* tribunal *m* de commerce, juridiction *f* commerciale; **–gerichtsbarkeit** *f* juridiction *f* commerciale.

**HANDELSGESCHÄFT** *n* • *(Vertrag)* acte *m* de commerce, transaction *f* commerciale, opération *f* commerciale, affaire *f* • *(Firma)* maison *f* de commerce, fonds *m* de commerce (allemand); **einseitiges –** acte *m* mixte (commercial pour l'une des parties, civil pour l'autre).

**HANDELSGESELLSCHAFT** *f* société commerciale, société *f* de commerce; **offene –** (= OHG) société en nom collectif (de droit allemand); **–er** associé *m* d'une société en nom collectif.

**HANDELS | GESETZ** *n* loi *f* commerciale; **–gesetzbuch** *n* (= HGB) code *m* de commerce (allemand).

**HANDELSGEWERBE** *n* commerce *m*, profession *f* commerciale, activité *f* commerciale; **ein – betreiben** exercer une profession commerciale.

**HANDELS | GUT** *n* bien *ou* produit commercial, marchandise *ou* denrée commerciale; **–gut mittlerer**

**Art und Güte** marchandise loyale et marchande.

**HANDELSKAMMER** *f (IHK = Industrie- u. Handelskammer)* chambre de commerce (et d'industrie) allemande; **internationale –** chambre de commerce internationale.

**HANDELS | KAUF** *m* • *(Oberbegriff)* vente *f* commerciale • *(konkreter Einkauf)* achat *m* commercial; **–klasse** *f (Qualitäts- od. Vermarktungsnorm)* label *m*, signe distinctif d'un produit (certifiant sa qualité); catégorie *ou* classe commerciale; **–klauseln** *fpl* clauses *fpl ou* stipulations *fpl* commerciales; **–kette** *f* chaîne *f* de distribution; **–korrespondenz** *f* correspondance *f* commerciale.

**HANDELS | KREDITBRIEF** *m* lettre *f* de crédit commerciale; **–kreise** *mpl* milieux *mpl* d'affaires; **–makler** *m* courtier *m*; mandataire *m* commercial; **–marine** *f* marine marchande; **–marke** *f* marque *f* de commerce; **–muster** *n* échantillon commercial; **–name** *m* nom *m* commercial, appellation commerciale; **–netz** *n* réseau *m* commercial *ou* de distribution.

**HANDELS | PAPIER** *n* valeur mobilière; effet *m* commercial; **–platz** *m* place *f* (commerciale); **–preis** *m* prix de vente (dans le commerce); **–qualität** *f* qualité loyale et marchande; **–rabatt** *m* rabais *m* commercial, remise *f*; **–rechnung** *f* facture commerciale.

**HANDELSRECHT** *n* droit commercial; droit des actes de commerce; droit des commerçants; régime *m* des obligations commerciales; droit des affaires.

**HANDELSREGISTER** *n (HR)* registre *m* du commerce allemand (tenu par le Amtsgericht – Registergericht); **–anmeldung** *f* déclaration au registre de commerce; **–auszug** *m* extrait du registre du commerce; **–eintragung** *f* inscription *ou* immatriculation au registre du commerce; **–führung** *f* tenue *f* du registre; fonctionnement administratif du registre de commerce; **–löschung** *f* radiation *f* de l'inscription (du registre du commerce).

**HANDELS | REISENDE(R)** *m (HR: Handlungsreisender)* voyageur de commerce, commis-voyageur *m*, placier *m*; VRP allemand; **–richter** *m* juge commercial, juge *m* consulaire.

**HANDELS | SCHIFF** *n* navire *m ou* bâtiment de commerce; **–schranken** *pl* restrictions au commerce, barrière *f* douanière; **–spanne** *f* marge *f* commerciale *ou* bénéficiaire; **–sperre** *f* blocus *m* commercial; **–stand** *m* commercants *mpl*, revendeurs *mpl*, profession commerciale; personnes ayant le statut de commerçant; **–tätigkeit** *f* activité *f* commerciale.

**HANDELS | UNTERNEHMEN** *n* entreprise *f* commerciale, maison de commerce; société commerciale; **–usancen** *fpl* usage *m* commercial, coutume *f* commerciale; **–verbot** *n* interdiction *f* de commercer; **–verkehr** *m* échanges *mpl* commerciaux.

**HANDELSVERTRETER** *m* • *(HR: großer Vermittlungs- oder Abschlussvertreter als Kaufmann)* agent *m* commercial, représentant *m* de commerce (en tant que commerçant à part entière), mandataire *m* commercial • *(HR: Handlungsreisender oder Handlungsgehilfe)* voyageur *m*, représentant *m*, placier *m*, VRP allemand; représentant de commerce (salarié); **–ausweis** *m* carte professionnelle de représentant de commerce; **–recht** *n* régime légal de la représentation commerciale; **–verhältnis** *n*, **–vertrag** *m* • contrat d'agent commercial, contrat d'agence • contrat de représentation, contrat de voyageur-représentant-placier (allemand).

**HANDELS | VERTRETUNG** *f* représentation *f* commerciale; **–vollmacht** *f* pouvoir *m* commercial, procuration *f* commerciale; **–ware** *f* article *m*, produit *m*, marchandise *f*.

**HAND | GELD** *n* • *(HR: Draufgabe)* dédit *m*, somme due en cas de rétractation • *(ArbR)* prime *f* de rengagement; **–geschenk** *n* don *m* manuel; **–greiflichkeit** *f (StR)* voie *f* de fait.

**HAND | KAUF** *m* vente à emporter; **–langer** *m* manœuvre *m*; acolyte *m*.

**HÄNDLER** *m* commerçant *m*, négociant *m*, marchand *m*; **fliegender –** petit marchand ambulant; vendeur à la sauvette; camelot *m*; **–einkaufspreis** *m* prix *m* de revente aux commerçants; **–rabatt** *m* remise accordée aux commerçants; **–spanne** *f* marge *f* bénéficiaire des revendeurs.

**HANDLUNG 1.** *f* • *(das Tun)* acte *m*, agissement *m*, fait *m* • *(das Geschehen)* intrigue *f*, action *f* • *(kaufmännisches Unternehmen)* maison *f* de commerce, établissement *m* commercial, magasin *m*, commerce *m*; **fortgesetzte –** *(StR)* délit continué, délit collectif par unité de but; **rechtsgestaltende –** acte constitutif de droit; **schadenstiftende –, schädigende –** acte préjudiciable, acte dommageable; **strafbare –** infraction *f*, acte *m* *ou* fait répréhensible *ou* délictueux, fait *m* punissable, acte punissable, délit *m* pénal; **unerlaubte –** délit civil; **verbotene –** acte illicite, fait illégal; **vorbereitende –** acte préparatoire; **– eines Dritten** fait d'un tiers; **eine strafbare – begehen** commettre une infraction.

**HANDLUNGEN 2.** *fpl* faits *mpl* et agissements; **betrügerische –** manœuvres *fpl* frauduleuses; **staatsfeindliche –** activités *fpl* subversives.

**HANDLUNGS | AGENT** *m (HR)* agent *m* commercial; **–bedarf** *m (ÖfR)* **nécessité** *f* de l'intervention du législateur; **–befugnis** *f* légitimation pour agir; liberté d'action; faculté d'agir en toute liberté; **–bevollmächtigte(r)** *m* mandataire commercial, fondé de pouvoir, fondé *m* de procuration; **–einheit** *f (StR: Zusammentreffen von Straftaten als Tateinheit)* acte matériel unique, concours *m* idéal.

**HANDLUNGS | FÄHIGKEIT** *f (ZR)* capacité d'exercice et délictuelle, aptitude à exercer (ses droits); obligation d'assumer la responsabilité pour faits fautifs; **–freiheit** *f (VerfR)* autonomie *f* de la volonté; **–gehilfe** *m (HR)* **commis** *m*, employé *m* de commerce; **–haftung** *f (Polizei- und Ordnungsrecht)* responsabilité *f* pour atteinte à la sécurité publique; **–mehrheit** *f (StR)* pluralité d'actes; **–rahmen** *m* latitude *f*, pouvoir *m* d'agir.

**HANDLUNGS | REISENDE(R)** *(HR) m* représentant de commerce; voyageur de commerce, commis-voyageur *m*, représentant *m*, placier *m*; **–spielraum** *m* marge *f* de manœuvre.

**HANDLUNGS | UNFÄHIGKEIT** *f (SchuldR)* incapacité *f* d'exercice, inaptitude à exercer ses droits; **–vollmacht** *f (HR: durch den Kaufmann oder seinen Prokuristen erteilte Vollmacht)* mandat commercial; procuration; **–volontär** *m* stagiaire *m*, personne non rétribuée (travaillant chez un commerçant pour sa formation professionnelle).

**HAND | REGISTER** *n* registre *m* portatif; **–schellen** *fpl* menottes *fpl*; *pej* bracelets *mpl*.

**HAND | SCHENKUNG** *f (SchuldR)* don *m* manuel; **–schrift** *f* • écriture *f* • manuscrit *m*; **–taschenraub** *m* vol *m* à l'arraché; **–waffe** *f* arme *f* de poing, pistolet *m*.

**HANDWERK** *n (WirtschaftsR)* métier *m* manuel, artisanat *m*; corps *m* de métier.

**HANDWERKER** *m* artisan *m* (indépendant); façonnier *m*; **–arbeiten** *fpl* travaux effectués par un artisan; ouvrage artisanal; **–kredit** *m* crédit *m* artisanal.

**HANDWERKS | BERUF** *m* profession *f* artisanale; **–betrieb** *m*, **–firma** *f* entreprise artisanale; **–geselle** *m* compagnon *m* (d'un artisan); **–innung** *f* corporation *f* artisanale; **–kammer** *f* chambre des métiers, chambre *f* de l'Artisanat; **–meister** *m* maître-artisan *m*; **–messe** *f* salon *m* de l'artisanat; **–ordnung** *f* code de l'artisanat; **–rolle** *f* répertoire *m* des métiers, registre *m* de l'artisanat.

**HANDZEICHEN** *n* paraphe *m*, signature abrégée; croix *f* (tenant lieu de signature).

**HANDZETTEL** *m* tract *m*; **– verteilen** distribuer des tracts.

**HANGTÄTER** *m* délinquant *m* réactionnel *ou* compulsif; délinquant débile mental.

**HANSESTADT** *f* ville *f* hanséatique.

**HARDWARE-SOFTWARE-VERTRAG** *m* contrat *m* de vente de matériel et de logiciel informatique.

**HÄRTE | AUSGLEICH** *m* • compensation des inégalités • indemnité compensatrice *ou* compensatoire; **–fall** *m* cas *m* où le débiteur se trouve dans une situation financière difficile; **–fonds** *m* fonds de solidarité.

**HÄUFUNG** *f*: **– der Ämter** cumul *m* des fonctions *ou* des mandats.

**HAUPT | ANGEKLAGTE(R)** *m* principal accusé *m*; **–anklagepunkt** *m* chef principal d'accusation; **–anmeldung** *(PatR)* demande principale *ou* de base; **–anspruch** *m* *(ZPR)* demande principale, prétention principale (que l'on fait valoir en justice).

**HAUPT | BEGEHREN** *n* requête principale; **–belastungszeuge** *m* témoin principal à charge; **–beruf** *m* activité *f* principale exercée (par qqn.); **–bestandteil** *m* élément principal; partie constituante; **–betrag** *m* montant (de la dette).

**HAUPTBUCH** *n* *(HR, Buchf)* grand-livre *m*, livre de commerce (réunissant tous les comptes de l'entreprise); **–halter** *m* chef *m* comptable, comptable *m* principal; **–haltung** *f* service de comptabilité générale.

**HAUPT | FORDERUNG** *f* montant *m* en principal de la créance; **–geschäftsführer** *m* administrateur (à la tête de l'entreprise), gérant de société principal; **–gesellschaft** maison mère; **–gesellschafter** *m* associé *m* principal *ou* dominant.

**HAUPT | INTERVENIENT** *m* *(ZPR)* intervenant *m* principal; **–intervention(sklage)** *f* *(ZPR)* intervention *f* principale; **–mangel** *m* vice *m* rédhibitoire.

**HAUPT | NIEDERLASSUNG** *f* établissement *m* principal; **–patent** *n* brevet *m* principal; **–recht** *n* droit proprement-dit.

**HAUPTSACHE** *f* *(ZPR: Streitgegenstand)* fond *m* du litige, principal *m*; **sich zur – einlassen** présenter ses conclusions quant au fond de l'affaire; **die – entscheiden, in der – entscheiden** juger au fond, statuer sur le fond, statuer au principal.

**HAUPT | SATZUNG** *f* *(VwR)* règlement d'administration publique concernant les communes et cercles; **–schriftleiter** *m* directeur de la publication; **–schuldner** *m* débiteur *m* principal; **–täter** *(StR)* *m* auteur *m* principal (d'une infraction).

**HAUPT | TERMIN** *m* *(ZPR)* audience principale; **–treffer** *m* gros lot *m*; **–verantwortliche(r)** *m* principal responsable; **–verbindlichkeit** *f* dette principale.

**HAUPT | VERFAHREN** *n* *(StPR)* procédure de jugement; **–verhandlung** *f* *(StPR)* débats *mpl*, audience principale; **–verkehrszeit** *f* heures *fpl* de pointe, heure de grande affluence; **–versammlung** *f* *(GesR: Aktiengesellschaft)* assemblée *f* générale; **–wohnsitz** *m* domicile *m* principal; **–zeuge** *m* témoin *m* principal.

**HAUS | ABRISS** *m* démolition d'un immeuble; **–angestellte** *f* employée de maison, domestique; **–arbeit** *f* ménage *m*; travaux de ménage; **–arrest** *m* assignation à résidence; **–arzt** *m* médecin de famille; **–bank** *f* banque *ou* banquier (tenant les comptes pour une entreprise *ou* un commerçant); **–besetzer** *m* squatter *m*, occupant sans droit ni titre (d'un logement vide); **–besetzung** *f* occupation illégale d'un logement vide, squattérisation *f*, appropriation illégale d'un immeuble; **–besuch** *m* visite *f* à domicile (du médecin); **–diebstahl** *m* vol *m* domestique.

**HAUS(DURCH)SUCHUNG** *f* perquisition *ou* visite *f* domiciliaire; **–sbefehl** *m* mandat *m* de perquisition.

**HAUS | FRAU** *f* mère *f* au foyer; **–frauenarbeit** *f* travaux *mpl* domestiques.

**HAUSFRIEDENSBRUCH** *m* *(StR)* violation *f* de domicile; **öffentlicher –, qualifizierter –, schwerer –** violation de domicile par plusieurs personnes et avec violences.

**HAUS | GEHILFE** *m* employé *m* de maison, valet de chambre; boy *m*; **–gehilfin** *f* femme de ménage, employée de maison, bonne *f*; **–grundstück** *n* immeuble bâti.

**HAUSHALT** *m* • *(FamR: Lebensgemeinschaft)* foyer *m*, communauté *f* *ou* foyer domestique, ménage *m* • *(StaatsR: Haushaltsplan)* budget *m* de l'État (en tant que loi de finances).

**HAUSHALTS | ABFÄLLE** *mpl* ordures ménagères; **–ansätze** *mpl* crédits *mpl* prévus au budget; **–ausgaben** *pl* dépenses *fpl* budgétaires; **–besteuerung** *f* imposition par foyer (par voie d'addition des revenus des différentes personnes qui y vivent); **–bewilligung** *f* vote *ou* approbation du budget.

**HAUSHALTS | DECKUNG** *f* couverture *f* (des dépenses par les recettes), **–defizit** *n* impasse *f* (budgétaire), découvert *m*, déficit *m*; **–einnahmen** *pl* recettes *fpl* budgétaires; **–entwurf** *m* projet *m* de loi de finances; **–fehlbetrag** *m* découvert *m* budgétaire.

**HAUSHALTS | FÜHRUNG** *f* • *(FamR)* activités et affaires liées à la communauté de vie d'un ménage • *(ÖfR)* gestion *f* des crédits budgétaires; **–gebarung** *f* gestion budgétaire; **–geld** *n (FamR)* argent *m* *ou* fonds *mpl* servant à couvrir les dépenses courantes du ménage.

**HAUHALTS | GESETZ** *n* loi *f* de finances; **–grundsätze** *mpl* principes *mpl* budgétaires, règles *fpl* budgétaires; **–hilfe** *f (SozR)* aide *f* ménagère.

**HAUHALTS | JAHR** *n* exercice *m*, année budgétaire; **–kürzung** *f* compressions budgétaires; **–lage** *f* situation *f* budgétaire; **–maßnahme** *f* mesure budgétaire; **–lage** *f* situation financière de l'État.

**HAUSHALTSMITTEL** *npl* crédits *mpl*, fonds *mpl* budgétaires; **verfügbare –** disponibilités *fpl* budgétaires; **– bereitstellen** mettre des crédits à la disposition de.

**HAUSHALTSORDNUNG** *f* loi *f* relative à la comptabilité publique et aux lois de finance.

**HAUSHALTSPLAN** *m* budget *m* (en tant que document chiffré décrivant l'ensemble des comptes), plan *m* budgétaire.

**HAUSHALTS | RECHT** *n* droit budgétaire; **–titel** *m* chapitre *m* budgétaire; **–überschreitung** *f* dépassement *m* de crédits budgétaires; **–verabschiedung** *f* vote *m* du budget; **–verschleierung** *f* dissimulation *f* de comptes; **–vorstand** *m (FamR)* chef *m* de famillle; **–zulage** *f (SozR)* complément familial.

**HAUSHALTUNG** *f* • *(Haushalt)* ménage *m*, foyer *m* • *(Wirtschaftsführung)* gestion financière.

**HAUSIER | HANDEL** *m* colportage *m*, vente à domicile; **–schein** *m* permis de colportage, licence *f* de colportage.

**HAUSJURIST** *m* • juriste *m* d'entreprise (industrielle), consultant *m* interne • avocat *m* défendant (de longue date) les intérêts d'une personne morale *ou* d'une société.

**HAUS | MEISTER** *m* gardien *m* d'immeuble, concierge *m*; **–mülldeponie** *f* décharge publique pour les ordures ménagères, déchetterie *f*; **–müllentsorgung** *f* ramassage *m* *ou* collecte *f* des ordures ménagères; **–ordnung** règlement intérieur d'un immeuble.

**HAUSRAT** *m (FamR)* tous les biens mobiliers que les deux époux utilisent pour l'entretien commun du ménage sans considération de la propriété, effets *mpl* mobiliers du ménage; meubles *mpl* meublants des époux.

**HAUSRATS | PFÄNDUNG** *f* saisie-exécution des objets mobiliers (indispensables au débiteur); **–versicherung** *f* assurance *f* mobilier d'habitation, assurance des effets mobiliers.

**HAUSRECHT** *n* • *(ZR)* droit du propriétaire d'imposer sa volonté (dans un lieu privé) • *(StR)* police *f* de l'assemblée.

**HAUSSTAND** *m* famille *f* et foyer familial; train *m* de vie du ménage; **eigener –** famille sans cohabitation, famille monoparentale.

**HAUSSUCHUNG** *f (StPR)* perquisition *f*, perquisition domiciliaire, visite *f* domiciliaire; **–sprotokoll** *n* procès-verbal *m* de perquisition.

**HAUSTÜRGESCHÄFT** *n* démarchage *m* à domicile; contrat *m* résultant d'un démarchage de porte-à-porte, vente (à tempérament) conclue par un démarcheur; **Widerruf von –en** rétractation, renonciation à la commande *ou* à l'engagement d'achat.

**HAUS | VERBOT** *n* interdiction formelle de pénétrer dans un immeuble *ou* un magasin *ou* un débit de boissons; **–verwalter** *m* • *(der Miteigentümer)* syndic *m* • gérant *m* d'immeuble, administrateur *m* (de biens).

**HAVEREI** *f* od. **Havarie** *f* • *(SeeHR)* avarie *f* • sinistre *m*, dommage *m*.

**HEHLER** *m* receleur *m*.

**HEHLEREI** *f* • *(StR)* recel *m* • *(ErbR)* recélé *m*, recel successoral; **gewerbsmäßige –** recel *m* continué *ou* professionnel.

**HEHLGUT** *n* recelé *m*, objets *mpl* divertis.

**HEIL- | UND PFLEGEANSTALT** *f* • dispensaire *m* d'hygiène sociale, centre *m* de désintoxication et de rééducation (pour alcooliques) • établissement psychiatrique.

**HEIL | BEHANDLUNG** *f* traitement médical; **–behandlungskosten** *pl* frais du traitement médical; **–berufe** *mpl* professions médicales et paramédicales.

**HEIL | KUNDE** *f*, **–kunst** *f* art médical, médecine *f*, thérapeutique *f*; **–mittel** *n* médicament *m*, préparation *f* pharmaceutique, remède *m*; **–praktiker** *m* personne *f* exerçant une profession paramédicale *ou* faisant profession de guérir (sans appartenir au corps médical – profession paramédicale reconnue par le droit allemand).

**HEILUNG** *f* • *(GesundheitsR)* guérison *f*; traitement *m* curatif • *(SchuldR: Behebung der Mängel eines Rechtsgeschäfts)* couverture *f* (du vice); **– von Verfahrensmängeln** couverture de la nullité des actes de procédure; régularisation ultérieure d'un acte de procédure.

**HEIM** *n* • foyer *m* • maison de retraite; hospice *m*; **–arbeit** *f* travail *m* à domicile; **–arbeiter** *m* travailleur à domicile; ouvrier façonnier; **–arbeitsvertrag** *m* contrat de travail à domicile.

**HEIMAT | LOSE(R)** *m* apatride *m*; **–losigkeit** *f* • apatridie *f*, heimatlosat *m*, • défaut de droit de bourgeoisie; **–recht** *n (IPR: Recht des Landes)* loi nationale, droit du pays d'origine; **–staat** *m* État d'origine; **–vertriebene(r)** *m* expulsé *m*, réfugié *m*.

**HEIM | AUFENTHALT** *m (StR)* internement d'un mineur dans un établissement spécialisé; **–einwei-**

**sung** *f* mesure *f* d'internement (administratif), ordonnance *f* de placement (dans un établissement spécialisé); **–erziehung** *f* formation *f* dans un établissement d'éducation surveillée, formation dans un centre de rééducation.

**HEIM | GESETZ** *n* Loi allemande du 23 avril 1990 sur les centres d'hébergement privés des personnes âgées et sur les soins nécessaires dispensés dans ces établissements; **–insasse** *m* personne résidant dans un centre d'hébergement.

**HEIMTÜCKE** *f (StR: bei Tötung)* le fait d'exploiter la confiance de la victime *ou* son impossibilité à se défendre; le fait d'abuser de manière tout à fait répréhensible de la confiance de qqn.

**HEIMTÜCKISCH** *adj* perfide, rusé.

**HEIMUNTERBRINGUNG** *f* internement *m*, (mesure de) placement; **–svertrag** contrat conclu entre une maison de retraite et une personne âgée en vue de pourvoir à son hébergement (et le cas échéant aux soins nécessaires).

**HEIRAT** *f (EheR)* mariage *m* civil, union légitime, acte *m* juridique solennel de formation du mariage (devant l'officier de l'état civil).

**HEIRATS | ALTER** *n* âge *m* nubile; **–aufgebot** *n* publication (des bans), annonce officielle du projet de mariage; **–buch** *n* registre *m* des actes de mariage; **–buchauszug** *m* extrait *m* de l'acte de mariage; **–fähig** *adj* nubile, apte à contracter mariage; mariable; **–register** *n* registre des mariages; **–schwindel** *m(StR)* escroquerie *f* au mariage; **–schwindler** *m* escroc au mariage; **–urkunde** *f* acte *m* de mariage, extrait *m* (certifié conforme) de l'acte de mariage; **–vermittler** *m* agent matrimonial; **–vermittlung** *f* • courtage matrimonial • *(Heiratsvermittlungsinstitut)* agence *f* matrimoniale.

**HELFER** *m* • auxiliaire *m*, aide *m/f*; assistant *m*, collaborateur *m* • *(StR: Gehilfe)* complice *m* par aide *ou* assistance.

**HELFERSHELFER** *m (StR)* complice *m*; suppôt *m*.

**HEMMNIS** *n* obstacle *m*, empêchement, entrave *f*; frein *m*, difficulté *f*, gêne *f*.

**HEMMUNG** *f* • *(Hindernis, Störung)* rétention, retardation; perturbation, entrave *f* • *(Ruhen des Ablaufs einer Frist)* suspension, interruption momantanée (du délai); **– der Ersitzungsfrist** suspension de la prescription; **– der Verjährung** interruption *f* de la prescription.

**HERABSETZUNG** *f* • *(Preis)* diminution *f*, réduction *f*, abaissement *m* • *(Wert)* dépréciation *f*; **– einer Strafe** mitigation *f* de peine; **– des Streitwerts** réduction du montant de la demande.

**HERANWACHSENDE(R)** *m (StPR)* jeune adulte âgé entre 18 et 21 ans au jour de l'infraction.

**HERAUSGABE** *f* • *(Rückgabe)* restitution *f*, répétition *f* • *(Übergabe)* remise *f*, délivrance *f* • *(Buch, Zeitung)* édition, publication *f*.

**HERAUSGABE | ANSPRUCH** *m* droit à restitution *ou* de répétition; **–antrag** *m*, **–klage** *f* • *(ErbR)* pétition d'hérédité • *(SachR)* action en restitution; **–pflicht** *f* obligation *f* de restituer (la chose indûment reçue).

**HERAUSGEBEN** *v* • restituer • remettre • éditer, publier.

**HERAUSGEBER** *m* éditeur *m*; *(Zeitung)* directeur *m* de la publication.

**HERGANG** *m* déroulement (d'une affaire), détail *m* des faits; **– der Straftat** circonstances *fpl* de l'infraction.

**HERKUNFT** *f* • *(Waren)* provenance *f*, origine *f* • *(Personen)* origine nationale; **von unbekannter –** d'origine inconnue.

**HERKUNFTS | ANGABE** *f* • appellation *ou* indication d'origine • indication de provenance, désignation d'origine; **–land** *n* pays de provenance.

**HERR** *m* • *(Anrede, allg.)* Monsieur; M. • *(Anwälte, Notare)* Maître, Me • *(Eigentümer)* propriétaire *m* • *(PrzR)* Sieur *m* • *(Religion)* Seigneur *m*.

**HERRENLOS** *adj* sans maître, vacant; **–e Sache** chose abandonnée.

**HERRSCHAFT** *f* • *(Regierungsgewalt)* pouvoir *m* politique • *(Befehlsgewalt)* autorité *f* • *(Macht)* puissance *f*, domination *f*; territoriale – souveraineté *f* territoriale.

**HERRSCHAFTS | GEBIET** *n* territoire *m* étatique; **–gewalt** *f* puissance publique; **–recht** *n (ZR)* droit *m* s'exerçant directement sur une chose, droit absolu, droit exercé contre toute personne, droit de tirer un avantage privatif d'une chose; **–verhältnis** *n (SachR: Herrschaftswille)* maîtrise *f* (effective).

**HERRSCHENDE | LEHRE** *f* doctrine *f* (presque) unanimement reconnue et défendue par les juristes (allemands); **– Meinung** opinion (relative à un point de droit) prévalant dans la jurisprudence et la doctrine.

**HERSTELLEN** *n* **unechter Urkunden** faux *m* en écriture, contrefaçon (d'un document).

**HERSTELLER** *m* producteur *m*, fabricant *m*; réalisateur *m*; constructeur *m*; **–angaben** *fpl* indications fournies par le fabricant; mode *m* d'emploi; **–betrieb** *m*, entreprise *f* de production; **–garantie** *f* garantie *f* du fabricant *ou* producteur.

**HERSTELLERHAFTUNG** *f* responsabilité *f* (civile) (délictuelle) des fabricants *ou* du producteur, responsabilité du fait des produits, responsabilité-produit.

**HERSTELLUNGS | FEHLER** *m* vice *m* de fabrication; **–klage** *f (EheR)* action en vue de rétablir la vie commune (des époux), action en rétablissement de la vie conjugale; **–mangel** *m* vice de fabrication; **–preis** *m* prix *m* de revient.

**HILFE** *f* secours *m*, aide *f*, assistance *f*, appui *m*, collaboration *f*, concours *m*, soutien *m*; **ärztliche –** aide médicale; **erste –** secours d'urgence, premiers secours; **finanzielle –** concours *m* financier; **technische –** assistance technique.

**HILFE | BEDÜRFTIGKEIT** *f* indigence *f*, pauvreté *f*; **–empfänger** *m* allocataire *m*, bénéficiaire d'une aide; **–gewährung** *f* le fait d'allouer une prestation d'aide.

**HILFELEISTUNG** *f* prestation *f* d'assistance, aide *f*, secours *m*; **unterlassene –** *(StR)* omission de porter secours (à une personne en péril), abstention de secours en cas de péril; **verweigerte –** *(StR)* abstention volontaire et consciente (de porter secours), refus *m* d'assistance.

**HILFE | PFLICHT** *f* obligation d'assistance; **–ruf** *m* demande pressante d'aide; **–suchende(r)** *m* personne indigente demandant une aide.

**HILFLOSE(R)** *m (StR)* personne particulièrement vulnérable en raison d'une maladie, d'une infirmité ou d'une déficience physique ou mentale, personne *f ou* incapable *m* hors d'état de se protéger elle-même; **Aussetzung von –n** abandon *m* d'une personne sans défense.

**HILFS | ANSPRUCH** *m (ZPR)* demande *f* subsidiaire; **–antrag** *m* conclusions *fpl* subsidiaires; **–arbeiter** *m* manœuvre *m*; auxiliaire *m*.

**HILFSBEAMTE(R)** *m* fonctionnaire *m* auxiliaire; **– der Staatsanwaltschaft** agent *m* de la police judiciaire, inspecteur *m* de police, officier *m* de la police criminelle.

**HILFSBEDÜRFTIG** *adj* indigent, nécessiteux.

**HILFS | BEDÜRFTIGE(R)** *(SozR)* personne *f* sans ressources (personnelles) suffisantes, économiquement faible *m*; **–bedürftigkeit** *f (SozR)* (personne) démunie de ressources suffisantes de subsister; **–begründung** *f (PrzR)* conclusions subsidiaires.

**HILFS | KRAFT** *f* auxiliaire *m*, contractuel *m*; **–leistungsvertrag** *m* contrat d'assistance.

**HILFS | MAßNAHME** *f* mesure *f* de circonstance *ou* d'urgence; **–personal** *n* personnel *m* auxiliaire; **–polizeibeamte(r)** *f*, **–polizist** *m* fonctionnaire de police auxiliaire; **–richter** *m* juge *m* suppléant; **–schöffe** *m* échevin *m* suppléant.

**HILFSWEISE** *adv* subsidiairement, à titre subsidiaire; **– geltend machen** demander à titre subsidiaire (si la prétention principale est rejetée).

**HINDERNIS** *n* empêchement *m*, obstacle *m*; entrave *f*; **gesetzliches** – empêchement légal; **unheilbares** – empêchement dirimant.

**HINDERUNG** *f* empêchement *m*, obstacle *m*; **gesetzliche – der Strafverfolgung** interdiction légale des poursuites pénales; **–sgrund** *m* cause d'empêchement, motif d'empêchement.

**HINGABE** *f* abandon *m*; transfert *m*; **– an Erfüllungs Statt, – an Zahlungs Statt** *(SchuldR)* dation en paiement.

**HINKENDE EHE** *f (FamR, IPR)* mariage *m* boiteux, mariage valable selon une loi, nul ou dissous selon une autre.

**HINRICHTUNG** *f* exécution *f* (capitale), mise à mort (d'un condamné).

**HINTERBLIEBENE(R)** *m/f* • conjoint *m* survivant • *(ErbR)* héritier *m*, descendant.

**HINTERBLIEBENEN | BEZÜGE** *mpl* prestations *fpl* (versées) aux (ayants droit) survivants, pension de réversion; **–pension** *f*, **–rente** *f* pension de réversion, pension *ou* rente de survivant.

**HINTERHALT** *m (StR)* guet-apens *m*, embuscade *f*; **einen – legen** tendre un guet-apens.

**HINTERLASSENSCHAFT** *f (ErbR)* hérédité *f*, héritage *m*, succession *f*.

**HINTERLEGEN** *v* déposer, consigner, mettre en dépôt.

**HINTERLEGER** *m* déposant *m*.

**HINTERLEGUNG** *f* • *(SchuldR)* dépôt *m* • consignation *f*; **gerichtliche** – consignation en justice *ou* judiciaire; **– von Pflichtexemplaren** *(VerlR)* dépôt légal.

**HINTERMANN** *m* • *(StR)* instigateur *m* (d'un projet délictueux); personne *f* agissant en sous-main; auteur intellectuel (d'un crime); promoteur *m*, inspirateur *m* • *(Bürgschaft)* répondant *m*.

**HINTERZIEHUNG** *f* détournement *m*, fraude *f*, soustraction *f*, malversation *f*.

**HINWEIS** *m* • *(Mitteilung)* information, indication *f*, renseignement *m* • *(Andeutung)* allusion *f*; **–e des Gerichts** *(auf Formularen)* «très important».

**HINWEIS | PFLICHT** *f (PrzR: des Gerichts)* obligation pour le juge (du fond) d'attirer l'attention des parties sur tous les points concernant l'objet du litige et les faits allégués; **–schild** *n*, **–zeichen** *n (StVR)* panneau *m* de signalisation.

**HINZUFÜGUNG** *f* ajout *m*; addition *f*; notes *fpl* additionelles, addenda *mpl*.

**HOCHRECHNUNG** *f* estimation, extrapolation; fourchette *f*.

**HOCHSCHULE** *f* université *f*, établissement *m* (allemand) d'enseignement supérieur, unité *f* d'enseignement et de recherche.

**HOCH | STAPELEI** *f (StR)* usurpation de titre, costume, uniforme, décoration et usage abusif d'un diplôme *ou* d'une distinction honorifique; **–stapler** *m* escroc *m*, chevalier *m* d'industrie.

**HÖCHST | GRENZE** *f* plafond *m*, maximum *m*, limite *f* supérieure; **–maß** *n (der Strafe)* peine *f* plafond *ou* maximale; **–preis** *m* prix-limite *m*, prix maximum.

**HÖCHSTRICHTERLICHE | ENTSCHEIDUNG** *f* arrêt de la Cour fédérale de justice (à Karlsruhe); **– Rechtsprechung** jurisprudence *f* des juridictions suprêmes allemandes.

**HOCH- UND TIEFBAU** *m* Bâtiments *mpl* et Travaux publics (BTP), génie *m* civil.

**HOCH | VERRAT** *m (StR)* haute trahison; entreprise tendant à séparer une portion du territoire national pour la rattacher à un autre pays *ou* visant à porter atteinte par la force à la constitution *ou* au gouvernement, complot contre la sûreté de l'Etat; **–verräter** *m* traître *m*, espion *n*.

**HOCHZEIT** *f (EheR: Trauung)* célébration *f* du mariage, mariage *m*, noces *fpl*.

**HOF** *m (LandwirtR)* bien *m* rural, fonds *m* agricole, exploitation *f* agricole.

**HÖHE** *f* • hauteur *f*, altitude *f*, niveau *m* • montant *m*, limite *f*; **– des Schadens** montant du préjudice; **– des Schadensersatzes** montant *m* des dommages-intérêts; **– der Strafe** gravité *f* de la peine; échelle *f* des peines; **– des Streitwerts** montant *m* du litige.

**HOHEITS | AKT** *m* acte de gouvernement; acte *m* d'autorité; **–bereich** *m* domaine *m* public; domaine de la compétence étatique; **–gebiet** *n* territoire *m* sur lequel s'exerce la souveraineté, territoire national.

**HOHEITS | GEWALT** *f* pouvoir de souveraineté; **–gewässer** *pl* eaux *fpl* territoriales; **–recht** *n* droit de souveraineté, droit *m* régalien; **–träger** *m* détenteur *m* de la souveraineté; **–zeichen** *n* insigne de souveraineté, marque de nationalité, emblème *m* national.

**HÖHERE GEWALT** *f (SchuldR)* force majeure, événement imprévisible et irrésistible, cause extérieure (au débiteur); cas fortuit.

**HÖHERER DIENST** *f (BeamtR)* corps de fonctionnaires de la catégorie A, corps des administrateurs civils (en Allemagne).

**HOLDINGGESELLSCHAFT** *f* société *f* holding, holding *f*, société *f* financière, société de portefeuille.

**HOLSCHULD** *f* dette *f* quérable.

**HOMOSEXUELLE HANDLUNGEN** *fpl (StR)* actes *mpl* homosexuels; relations pédérastiques.

**HONORAR** *n* • honoraires *mpl*, rémunération • *(Notar)* vacation *f*, émoluments *mpl* • *(Künstler)* cachet *m* • *(UrhR: Autor)* droits *mpl* d'auteur; **–abrede** *f* convention d'honoraires, convention relative à la rémunération (d'un technicien); **–anspruch** *m* créance *f* d'honoraires; **–berechnung** *f*, **–festsetzung** *f* liquidation des honoraires.

**HONORAR | KONSUL** *m* consul *m* honoraire; **–vereinbarung** *f*, **–vertrag** *m* convention relative au montant des honoraires, convention d'honoraires.

**HÖRENSAGEN** *n (Zeugen)* commune renommée *f*; **vom –** par ouï-dire, par la rumeur publique.

**HÖRER** *m* • auditeur • *(Telefon)* récepteur *m*, combiné *m*; **–lizenz** *f (Rundfunk)* licence *f* de radiodiffusion.

**HOTEL | GEWERBE** *n* industrie *f* hôtelière; **–ier** *m*, **–inhaber** *m* hôtelier *m*; **–kette** *f* chaîne hotelière; **–leitung** *f* direction (de l'hôtel); **–meldeschein** *m* fiche *f* d'hôtel; **– und Gaststättengewerbe** la restauration et l'hôtellerie.

**HUP | EN** *n* emploi *m* de l'avertisseur, usage *m* des signaux sonores *ou* lumineux; avertir, klaxonner; **–verbot** *n* interdiction de klaxonner.

**HYPOTHEK** *f* • *(SachR: Verkehrshypothek)* cédule *f* hypothécaire allemande (librement transmissible), hypothèque *f* (de droit allemand) • *(SachR: Buchhypothek)* hypothèque faisant l'objet d'une inscription hypothécaire, • *(i.w.S.)* sûreté réelle immobilière, gage *m* immobilier.

# I

**i.A.** • *(= im Auftrag)* par délégation, par ordre • *(= in Auflösung)* en liquidation.

**IDEALKONKURRENZ** *f (StR: Tateinheit)* concours *m* idéal d'infractions, concours formel d'infractions, cumul *m* idéal.

**IDEALVEREIN** *m* • *(ZR: nicht wirtschaftlicher Verein)* association *f* sans but lucratif *ou* poursuivant des activités dans un but autre que de partager des bénéfices • *(ZR: beim zuständigen Amtsgericht eingetragener, nicht wirtschaftlicher Verein)* association enregistrée de droit allemand (inscrite au registre du Tribunal cantonal).

**IDEELL** *adj* : **–e Zwecke verfolgen** poursuivre un but non lucratif; **–er (Nichtvermögens-) Schaden** *(SchuldR: immaterieller Schaden)* dommage moral, dommage portant atteinte à la considération, à l'honneur, à la joie de vivre.

**IDENTITÄTS | ÄNDERUNG** *f* changement d'état civil (nom et prénom); **–ausweis** *m* (Aut) pièce *f* d'identité; **–feststellung** *f (StPR)* vérification *ou* contrôle de l'identité (d'un individu); **–irrtum** *m (SchuldR)* erreur *f* sur l'identité d'une chose (*ou* d'une personne), confusion entre deux choses; **–kontrolle** *f*, **–prüfung** *f* contrôle d'identité, interpellation pour contrôle d'identité; **–täuschung** *f* • manœuvre frauduleuse tendant à induire qqn. en erreur sur le caractère authentique d'un acte juridique (ou d'un fait) • indication d'une fausse identité.

**ILLEGAL** *adj (gesetzwidrig)* illégal, illicite, prohibé; **–e Schriften** *(StR)* publications interdites.

**ILLEGALITÄT** *f (Gesetzwidrigkeit)* illégalité *f*, acte *m* illégal, fraude *f*, violation de la loi, illicéité, abus *m*.

**ILLEGITIM** *adj* • *(unrechtmäßig)* illégitime, frauduleux, abusif • *(unehelich)* naturel; adultérin; **–e Ziele verfolgen** poursuivre des objectifs contraires au droit (en vigueur).

**IMAGE** *n* image *f* de marque, notoriété *f*, réputation; **–pflege** *f* le fait de soigner son image; publicité en vue de rehausser l'image de marque (d'une société).

**IMMATERIALGUT** *n (ZR: unkörperliches, geistiges Gut)* bien incorporel, valeur *f* échappant à toute appréhension matérielle, bien dématérialisé; créance *f*; valeur mobilière.

**IMMATERIALGÜTERRECHTE** *mpl (ZR)* droits *mpl* incorporels *ou* intellectuels; propriété incorporelle; propriété littéraire et artistique; propriété industrielle.

**IMMATERIELLER | NACHTEIL** *m*, **– Schaden** *m (ZR: Nichtvermögensschaden)* dommage *m* moral, préjudice *m* d'ordre moral; dommages portant atteinte à la considération, à l'honneur, à l'affection ou à un élément de la joie de vivre d'une personne; **–Wirtschaftsgüter** *npl* propriété industrielle, monopole *m* d'exploitation (brevet, dessin *ou* modèle), droit exclusif à l'usage (d'une marque, d'un nom commercial).

**IMMI | GRANT** *m (Einwanderer)* immigrant *m*; **–gration** *f (Einwanderung)* immigration *f*; **–grationsbehörde** *f* service *m* d'immigration; office *m* des migrations internationales.

**IMMISSION** *f* • *(UmweltR)* immission, transfert de polluants (de l'atmosphère vers un récepteur); nuisance *f*; pollution *f*; bruit *m* • *(SachR)* trouble *m* de voisinage.

**IMMISSIONS | ABWEHR** *f* lutte *f* contre la pollution; **–belastung** *f* nuisance *f* résultant de l'immission; **–schäden** *mpl*, **–schädigung** *f* dommages *mpl* provoqués par les nuisances; **–schutz** *m* protection *f* contre les nuisances.

**IMMOBILIAR | KLAGE** *f* action *m* concernant un bien réel immobilier; **–kreditgesellschaft** *f* société *f* de crédit immobilier.

**IMMOBILIAR | NUTZPFAND** *n* antichrèse *f*; **–sicherheiten** *fpl* sûretés réelles immobilières; **–vermögen** *n* capital *m* immobilier; **–(zwangs)vollstreckung** *f* saisie *f* immobilière.

**IMMOBILIEN** *fpl* *(SachR: Grundstücke)* immeubles *m*, biens *mpl* immobiliers, biens-fonds *mpl*; **–besitz** *m*, **–eigentum** *n* propriété foncière; **–verwaltungsgesellschaft** *f* société *f* de gestion immobilière.

**IMMUNITÄT** *f* *(VR, ÖfR)* immunité *f*; privilège *m*; prérogative *f*; protection.

**IMPERATIV** *adj* impératif; obligatoire; contraignant; **–es Mandat** *n* *(VerfR)* mandat *m* impératif.

**IMPF | BESCHEINIGUNG** *f*, **–schein** *m* certificat de vaccination; **–schäden** *mpl* affections *fpl* résultant de la vaccination; **–stoff** *m* vaccin *m*; **–pflicht** *f*, **–zwang** *m* vaccination obligatoire.

**IMPORT** *m* • *(Einfuhr)* importation *f*, import *m*, introduction • marchandise importée *ou* en provenance d'un pays étranger; **–bestimmungen** règlementation des importations; modalités d'importation.

**IMPRESSUM** *n* • *(Zeitung)* directeur *m* de la publication • *(Bücher)* éditeur *m*, maison *f* d'édition, librairie *f* éditrice.

**INANSPRUCHNAHME** *f* • *(das Inanspruchnehmen)* (le fait d'avoir) recours à; demande *f*; revendication; réquisition • *(eines Rechts)* exercice *m* (d'un droit) • *(Vorgehen gegen Dritte)* recours contre, réquisiton.

**INAUGENSCHEINNAHME** *f* • examen *m* critique, investigation, inspection, vérification • *(StPR)* descente *f* sur les lieux (du procureur, du juge).

**INBE | SITZNAHME** *f* prise *f* de possession; **–triebnahme** *f*, **–triebsetzung** *f* mise *f* en exploitation; entrée *f* en service.

**INCOTERMS** *fpl* *(Außh: International Commercial Terms)* INCOTERMS, règles *fpl* internationales d'interprétation des termes employés dans le commerce international (FOB, CIF, etc).

**INDEX** *m* (*pl.*: Indizes) • *(Verzeichnis)* table *f* alphabétique, index *m*, répertoire *m* • *(statistische Messziffer)* indice *m*; **bereinigter –** indice corrigé des variations saisonnières, indice désaisonnalisé; **gewogener –** indice pondéré; **– der Lebenshaltungskosten** indice *m* du coût de la vie.

**INDIVIDUAL | ABREDE** *f* convention conclue de gré à gré, contrat individuel; clause particulière individuelle; **–arbeitsrecht** *n* partie *f* du droit du travail régissant les relations individuelles employeur-salarié; **– haftung** *f* responsabilité *f* individuelle.

**INDIVIDUAL | KLAGE** *f* action exercée à titre personnel; **–klausel** *f* clause particulière; **–rechtsgut** *n* droit inhérent à la personne humaine; **–sphäre** *f* vie privée, intimité *f*.

**INDIZ** *n* *(pl.: Indizien - Anzeichen - Verdacht erregender Umstand)* indice *m*; présomption *f* judiciaire; trace *f*; empreinte *f*; „témoin *m* muet".

**INDIZIEN | BEWEIS** *m* preuve *f* par indices, preuve tirée d'indices concordants; **–kette** *f* indices concordants; **–prozess** *m* procès pénal reposant entièrement sur des indices *ou* présomptions judiciaires.

**INDOSSAMENT** *n* *(WertpR: Übertragungsvermerk)* endossement *m*, endos *m*.

**INDOSSANT** *m* *(WechselR: Überträger)* endosseur *m*, cédant *m* (de la lettre de change).

**INDUSTRIE | ABFÄLLE** *mpl* déchets industriels; **–abgas** *n* émission dans l'atmosphère de fumées, suies, poussières ou gaz toxiques industriels; **–abwasser** *n* déversement industriel (de substances polluantes); **–anlage** *f* unité *f* industrielle; **–anlagen** *fpl* équipements industriels, installations industrielles; **–betrieb** *m* entreprise industrielle; **–erzeugnis** *n* produit industriel; **–gebiet** *n*, **–gelände** *n* zone industrielle.

**INDUSTRIE | MÜLL** *m* déchets *mpl* industriels; résidus industriels polluants; **–spionage** espionnage *m* industriel; **–unternehmen** *n* entreprise *f* industrielle; **–zweig** *m* branche *f* industrielle, secteur *m* économique.

**INDUSTRIE- UND HANDELSKAMMER** *f* (= I.H.K.) chambre *f* du commerce et d'industrie allemande.

**IN FLAGRANTI** *lat (StR: auf frischer Tat ertappen)* (infraction) qui vient de se commettre; constituant un flagrant délit.

**INFLATION** *f (WirtR)* inflation *f*; **galoppierende –** hyperinflation, inflation galopante; **hausgemachte –, heimische –** inflation interne induite par les coûts, les dépenses publiques et les profits; **schleichende –** inflation latente *ou* rampante *ou* larvée, inflation insidieuse *ou* sournoise.

**INFORMANT** *m* • informateur *m* • *(der Polizei)* indicateur, informateur de police; *pej* indic *m*, mouchard *m*; **–enschutz** *m* protection spéciale des informateurs de la police.

**INFORMATION** *f (Auskunft, Nachricht)* information *f*, renseignement *m*.

**INFORMATIONS | DIENST** *m* service *m* de presse; **–freiheit** *f* libre accès à l'information.

**INFORMATIONS | MATERIAL** *n* informations *fpl*, renseignements *mpl*; **–quelle** *f* source *f* d'information; **–recht** *n* droit à l'information; **–zugang** *m* accès *m* aux informations.

**INFRASTRUKTUR** *f (WirtR)* infrastructure *f*, équipements *mpl* économiques *ou* techniques.

**INGENIEUR | BÜRO** *n* bureau *m* d'ingénierie; **–leistung** *f* prestation d'un ingénieur (procédés).

**INHABER** *m* • *(Besitzer)* détenteur *m*; possesseur *m* précaire *ou* à titre précaire; gardien *m* • *(Gewerbetreibender)* exploitant *m*, tenancier *m*; gérant *m* • *(Besetzer)* occupant *m* • *(Eigentümer)* propriétaire *m* • *(WertpR)* porteur *m*; **– eines Amtes** titulaire d'une fonction publique; **– der elterlichen Gewalt** détenteur de l'autorité *f* parentale; **– eines Rechts** titulaire d'un droit.

**INHAFTIEREN** *v* emprisonner, incarcérer, écrouer.

**INHAF | TIERTE(R)** *m* détenu *m*; **–tierung** *f* emprisonnement *m*, incarcération, mise sous écrou *m*.

**INHALT** *m* contenu *m*, teneur *f*, substance *f*, texte *m* littéral; volume *m*, capacité *f*; **– des Eigentums** contenu et étendue du droit de propriété; **– des Urteils** teneur *f ou* contenu *m* du jugement.

**INHALTS | IRRTUM** *m (SchuldR)* erreur concernant le sens et le contenu de la déclaration; erreur sur la nature juridique du contrat; erreur *f* sur la substance de la chose *ou* les qualités essentielles d'une personne; **–kontrolle** *f*, **–prüfung** *f* contrôle (judiciaire) du contenu d'un contrat (du travail, de société); **–übersicht** *f*, **–verzeichnis** *n* table *f* des matières, répertoire *m*.

**INKASSO** *n* • *(Einziehen von Geldforderungen)* recouvrement *m* (de créances) • *(Buchf)* encaissement *m*; **–bank** *f* banque chargée du recouvrement des créances; **–büro** *n* bureau *m* de recouvrement de créances, facteur *m*, entreprise *ou* société d'affacturage; **–gebühr** *f* commission d'encaissement; **–geschäft** *n* • opération d'encaissement *ou* de recouvrement • contrat d'affacturage; **–provision** *f* commission d'encaissement *ou* de recouvrement; **–vollmacht** *f* procuration d'encaissement.

**INKRAFT | SETZUNG** *f* mise en vigueur; **–treten** *n (Gesetz)* entrée *f* en vigueur, mise en application.

**INLÄNDER** *m* ressortissant français, allemand etc. ...; national *m*, citoyen *m*; **–behandlung** *f (VR)* égalité de traitement (juridique) entre un national et un ressortissant étranger.

**INLANDS | TAT** *f (StR)* infraction commise sur le territoire national; **–wohnsitz** *m* domicile en Allemagne.

**INNEHABEN** *v* • *(Amt)* remplir (une fonction) • *(Sache)* détenir, posséder (à titre précaire).

**INNEN | AUSGLEICH** *m (SchuldR, VersR)* compensation entre les contractants, les auteurs d'un dommage; **–ausschuss** *m* commission des affaires intérieures; **–gesellschaft** *f* société *f* occulte, association *f* en participation.

**INNEN | MINISTER** *m* ministre de l'intérieur; **–recht** *n (einer Gesellschaft)* rapports *mpl* juridiques entre associés; **–revision** *f* vérification des comptes; **–revisor** *m* audit *m* interne.

**INNENVERHÄLTNIS** *n* liens *mpl* juridiques entre les parties contractantes; rapports *mpl* des contractants *ou* associés entre eux.

**INNERHALB** *präp* **: – einer Frist von** dans un délai de; **– kürzester Frist** dans les délais les plus brefs; **– der vorgeschriebenen Frist** dans le délai imparti.

**INNUNG** *f (HR)* chambre des métiers (en tant qu'établissement public à caractère corporatif); corps *m* de métier (regroupant les artisans d'une profession sur une base volontaire); organisation *f* professionnelle artisanale, corporation.

**INQUISITIONS | GRUNDSATZ** *m*, **–maxime** *f*, **–prinzip** *n* principe *m ou* procédure *f* inquisitoire, principe de l'instruction judiciaire inquisitoriale.

**INRECHNUNGSTELLUNG** *f* facturation; le fait d'inclure une somme dans la facture.

**INSE | RAT** *n (Anzeige in Zeitungen)* annonce *f*; **–rent** *f* annonceur *m*.

**INSICHGESCHÄFT** *n (HR)* opération au cours de laquelle la même personne est à la fois partie et partie adverse, agissant avec des qualités différentes; opération passée avec soi-même.

**INSIDER** *m (BörR: Eingeweihter)* initié *m*; *pej* agioteur *m*; **–handel** *m* (= Insidergeschäfte) opérations financières effectuées par des personnes disposant d'informations privilégiées (obtenues malhonnêtement).

**INSOLVENZ** *f (Zahlungsunfähigkeit)* insolvabilité *f*, cessation des paiements; dépôt *m* de bilan; déconfiture *f*; surendettement.

**INSOLVENZ | ANFECHTUNG** *f* action révocatoire (des fraudes commises par le débiteur pendant la période suspecte); **–antrag** *m* • demande d'ouverture de la procédure règlement du passif (d'une personne physique ou morale) • demande d'ouverture de la procédure collective de liquidation (d'une entreprise); **–delikt** *n* fraude commise par le débiteur insolvable; **–forderung** *f* créance *f* (dans le cadre d'une procédure collective ou de règlement du passif); **–gericht** *n* tribunal compétent en matière de procédures collectives de règlement du passif; **–gläubiger** *m* créancier d'une personne (physique ou morale) insolvable; **–grund** *m* cas d'ouverture d'une procédure collective; **–masse** *f* patrimoine (actif) du débiteur défaillant.

**INSOLVENZ | ORDNUNG** *f (= InsO)* nouveau code allemand des procédures collectives de règlement du passif concernant les personnes physiques et morales (commerçants et non-commerçants), (en vigueur depuis le 1er janvier 1999); **–plan** *m* plan d'apurement du passif; **–recht** *n* • *(i.w.S.)* droit (allemand) des procédures collectives de règlement du passif (concernant les personnes physiques et morales, les commerçants et les non-commerçants, ainsi que les masses de biens) • *(i.e.S.)* droit des entreprises en difficulté et des procédures collectives de liquidation judiciaires, droit des entreprises défaillantes; **–rücklage** *f* réserve *f* pour le cas de défaillance *ou* le sauvetage de l'entreprise (en difficulté); **–straftaten** *f* infractions concernant l'organisation frauduleuse de l'insolvabilité; **–verfahren** *n* procédure collective de règlement du passif; **–verwalter** *m* liquidateur *m*, personne chargée de la liquidation des biens.

**INSTAND | HALTUNG** *f* entretien *m*, maintenance *f*; **–setzung** *f* mise en état, réparation *f*; **–haltungskosten** *pl* frais de maintien en état, frais d'entretien.

**INSTANDSETZUNGS | ARBEITEN** *fpl* travaux *mpl* de maintenance *ou* de réparation; **–pflicht** *f* *(bei Wohnräumen)* obligation *f* de remettre (la chose louée) en l'état (où le preneur l'a reçue).

**INSTANZ** *f* • *(ZPR: Rechtszug)* instance *f*, degré *m* de juridiction; procédure engagée devant une juridiction, phase du procès • *(VwR)* service compétent; **erste –** première instance, juridiction *f* du premier degré; **höchste –** instance suprême; **letzte –** dernière instance, dernier ressort; **zweite –** juridiction du second degré, voie *f* de recours, appel *m*.

**INSTANZENWEG** *m* *(VwR)* (différentes) phases des démarches administratives, formalités administratives (à accomplir).

**INSTANZENZUG** *m* • *(GVR: Rechtsweg)* ordre *m* de juridiction (compétent pour un litige déterminé) • *(PrzR: Verfahren vor einem Gericht)* déroulement du procès; suite *f* d'actes de procédure; instance *f* • *(PrzR: Verfahren vor dem nächsthöheren Gericht)* engagement d'une voie de recours • *(VwPR: Dienstweg)* voie *f* hiérarchique (à suivre).

**INSTITUT** *n* • *(ZR: Gesamtheit von Rechtssätzen)* système *m* de normes, ensemble *m* de règles juridiques applicables à un domaine donné • *(VwR: Bildungs-, Forschungsanstalt, Einrichtung)* établissement *m* (public), institut *m* (de recherche), collège *m*, école *f*, institution *f*.

**INSTITUTION** *f* • *(VwR: Einsetzung in ein Amt)* désignation *f*, nomination *f* • *(ÖfR: staatliche Einrichtung)* institution *f* publique, institution étatique, organisme *m* public • *(ZR: Stiftung, Gesellschaft)* institution privée, fondation *f*.

**INSTITUTS | GARANTIE** *f*, **–schutz** *m* *(VerfR: Bestandsgarantie)* consécration et garantie constitutionnelles (de la propriété privée, du mariage, etc.)

**INSTRUKTIONS | FEHLER** *m* *(SchuldR)* instruction insuffisante (de l'utilisateur) sur le maniement d'un appareil, d'un produit, d'un logiciel; inexécution du devoir d'information *ou* de conseil (incombant au vendeur et au fabricant).

**INTEGRITÄT** *f* • *(Vollständigkeit)* intégralité *f*, plénitude *f*, totalité • *(Redlichkeit; Rechtschaffenheit)* intégrité *f*, honnêteté *f*, incorruptibilité *f* • *(Unversehrtheit)* intégrité *f*; **körperliche –** intégrité *f* physique; territoriale – intégrité territoriale.

**INTENDANT** *m* *(MedienR)* directeur *m* d'un établissement public de radio-diffusion-télévision (en Allemagne).

**INTERESSE** *n* • *(Aufmerksamkeit)* attention *f*, curiosité *f*, intérêt *m* • *(Anteilnahme)* sollicitude *f*, bienveillance *f* • *(Vorteil, Nutzen)* intérêt matériel, avantage *m* (pécuniaire); intérêt moral • *(ZPR: Rechtsschutzinteresse)* intérêt légitime *ou* juridique *ou* juridiquement protégé; **berechtigtes –** intérêt légitime; **dienstliches –** motif de service; **fehlendes –** défaut d'intérêt (légitime pour agir); **gegenwärtiges –** intérêt né et actuel; **öffentliches –** intérêt général, utilité publique, bien *m* public; **persönliches und unmittelbares –** intérêt personnel et direct; **rechtliches –** intérêt *m* juridiquement protégé.

INTERESSEN | ABWÄGUNG *f* prise *f* en compte des intérêts respectifs, pondération *f* des intérêts en présence; **–ausgleich** *m* conciliation *f* des intérêts divergents; **–gegensatz** *m* **conflit** *m* d'intérêts; **–gemeinschaft** *f*, **–gruppe** *f* groupe *m* de pression, lobby *m*; communauté *f* d'intérêts; **–kollision** *f*, **–konflikt** *m* conflit *m* d'intérêts.

INTERESSEN | VERBAND *m* groupe *m* de pression, lobby *m* (de producteurs); syndicat professionnel; **–vertreter** *m* lobbyiste *m*; **–vertretung** *f*, **–wahrnehmung** *f* défense *f* des intérêts (d'un groupe); groupe *m* de pression.

INTERESSENT *m* • *(potentieller Käufer)* acheteur éventuel • *(Bewerber)* postulant *m*, candidat *m*.

INTERNATIONALER | FÜHRERSCHEIN *m* permis de conduire international; **– Gerichtshof** *(VR = IGH)* Cour Internationale de Justice, siège: La Haye; **– Währungsfonds** *m* *(= IWF)* Fonds *m* Monétaire International (= FMI).

INTERNIERUNG *f* internement *m*, placement (dans un établissement); **– auf Grund einer Verwaltungsverfügung** internement administratif; **–slager** *n* camp *m* d'internement.

INTERVENIENT *m* *(PrzR)* intervenant *m*, partie *f* intervenante.

INTERVENTION *f* • *(ZRP: Beteiligung Dritter am Rechtsstreit)* intervention *f* • *(ÖfR, ArbR: Vermittlung)* médiation *f* • *(VR: Einmischung)* acte *m* d'ingérence.

INTESTAT | ERBE *m* *(ErbR: kraft Gesetz Erbender)* héritier *m* ab intestat; **–erbfolge** *f*, **–erbgang** *m*, **–erbrecht** *n* succession *f* ab intestat *ou* **légale**.

INTIM | BEREICH *m*, **–leben** *n*, **–sphäre** *f* vie *f* privée, intimité *f*; **Angriff auf die –sphäre** *od.* **Verletzung der –sphäre** atteinte à la vie privée.

INVALIDITÄT *f* *(SozR: Erwerbsunfähigkeit)* invalidité *f*, diminution *ou* réduction de la capacité de travail *ou* de gain stabilisée *ou* consolidée; infirmité *f* permanente.

INVENTAR *n* • *(HR: Verzeichnis)* inventaire *m*, état descriptif et estimatif; inventaire (périodique) du commerçant • *(HR: Vermögenswerte, die Gegenstände selbst)* relevé *m* estimatif des créances, des dettes et des biens; éléments *mpl* composant l'actif et le passif (d'un établissement commercial, d'une succession).

INVENTAR | ERRICHTUNG *f* établissement *m* d'un inventaire; **–verzeichnis** *n* état *m* descriptif et estimatif; livre d'inventaire.

INVENTUR *f* • *(Buchf: Inventarerrichtung)* inventaire *m* extracomptable (périodique et matériel), dénombrement *m*, recensement *m* • *(Stichtagsbestandsaufnahme)* inventaire intermittent, inventaire physique à intervalles périodiques.

INVERZUGSETZUNG *f* *(InsolvenzR)* mise *f* en demeure.

INVESTITION *f* • *(WirtR: langfristige Geldanlage)* investissement *m* (productif), placement *m* *ou* engagement (de capitaux) • *(Sachanlage)* investissement matériel *ou* industriel, investissement corporel • *(Aufwendung)* dépense *f*.

INVESTITIONS | GESELLSCHAFT *f* société de portefeuille; **–güter** *npl* biens de production *ou* d'équipement.

INVESTMENT *n* • *(Geldanlage)* capitaux placés sous forme de certificats d'investissement • investissement *m*; **–fonds** *m* *(Sondervermögen)* fonds commun de placement; **–gesellschaft** *f* *(GesR: Kapitalverwaltungsgesellschaft)* société d'investissement à capital variable, société de placement.

**IRREFÜHRUNG** *f* tromperie *f*, duperie *f*, manœuvre *f* frauduleuse, dol *m*; **– im Wettbewerb** concurrence déloyale par des affirmations grossièrement inexactes.

**IRRIG** *adj* erroné, faux; **–e Annahme** opinion préconçue; fausse interprétation (d'un fait).

**IRRTUM** *m* • *(Versehen)* erreur *f*, méprise *f*, malentendu *m*; chose erronée • *(falsche Vorstellung)* contre-vérité, fausseté, inexactitude *f*; illusion; **beachtlicher –** erreur constituant une cause de nullité; **offenbarer –** erreur manifeste; **rechtlicher – rechtserheblicher –** erreur constituant une cause de nullité; **sachlicher –** erreur sur le fond *ou* matérielle; **tatsächlicher –** erreur de fait; **unbeachtlicher –** erreur indifférente; **unentschuldbarer –** erreur inexcusable; **wesentlicher –** erreur substantielle, erreur-obstacle.

**IRRTUM** *m* **| im Beweggrund** erreur sur le mobile, erreur sur le motif; **– in der Erklärungshandlung** erreur dans l'expression; **– in der Erklärungsübermittlung** erreur de transmission; **– über den Gegenstand** erreur sur l'identité de l'objet; **– über die Geschäftsgrundlage** erreur sur les qualités substantielles; **– in der** *od.* **über die Person** erreur sur la personne du cocontractant, erreur dans la personne; **– über die Rechtswidrigkeit** *(StR)* erreur de droit; **– über die Strafbarkeit** erreur de droit; **– über den Tatbestand, – über Tatumstände** *(StR)* erreur de fait; **– über unwesentliche Eigenschaften** erreur sur les qualités non substantielles, erreur indifférente; **– über den Wert** erreur sur la valeur; **– über das Verbotensein** *(StR)* erreur de droit; **– über eine wesentliche Eigenschaft** *(SchuldR)* erreur sur une qualité substantielle de la chose, erreur sur la substance.

**IRRTUMS | ANFECHTUNG** *f* action en annullation (du contrat) pour cause d'erreur; **–erregung** *f* le fait d'induire qqn. en erreur.

**ISOLIER | HAFT** *f* emprisonnement *m* cellulaire; **–zelle** *f* cellule individuelle, cellule *f* d'isolement.

**i.V. = in Vertretung, in Vollmacht** par mandat, sur la base d'un mandat (de représentation); par procuration, en vertu d'une procuration.

## J

**JAGD | RECHT** *n* • droit de chasser • *(Jagdpolizeirecht)* règlement de chasse; **–revier** *n* terre *f* sur laquelle s'exerce le droit de chasse; lot *m* de chasse; **–schaden** *m* dommage causé dans l'exercice du droit de chasse.

**JAGDSCHEIN** *m* permis *m* de chasser (valable); licence *f* de chasse; **–gebühr** *f* taxe de permis de chasse; **–inhaber** *m* titulaire *m* du permis de chasser, permissionnaire.

**JAGD | VERBOT** *n* interdiction de chasser; **–vergehen** *n* délit de chasse; infraction à la loi sur la police de la chasse; **–verleihung** *f* concession de chasse; **–waffenschein** *m* permis de port d'armes de chasse; **–wilderei** *f* braconnage *m*; **–zeit** *f* période (d'ouverture) de la chasse.

**JAHR** *n* • an *m*; année *f* (*l'année* est le contenu d'un *an*) • *(Kalenderjahr)* année civile • *(Geschäftsjahr)* exercice *m*; **halbes –** semestre *m*; **im –e 1999** l'An 1999; **laufendes –** année en cours; **–buch** *n* annuaire *m*.

**JAHRESABSCHLUSS** *m* • bilan *m* de l'exercice, bilan annuel, arrêté de compte (annuel) • clôture de l'exercice.

**JAHRES | AUSGLEICH** *m (SteuerR)* déclaration contrôlée annuelle de l'impôt sur le revenu avec restitution du trop-perçu *ou* recouvrement de la dette fiscale restante; **–bericht** *m* compte-rendu *ou* rapport annuel; **–bilanz** *f* bilan *m* annuel.

**JAHRES | FRIST** *f* délai *m* annuel, annualité *f*; **–hälfte** *f* semestre *m*; **–nettoeinkommen** *n* revenu net annuel.

**JAHRGANG** *m* • année *f* • *(Jahrgangsklasse, -stufe)* classe de recrutement, classe *f* d'âge; (grandes écoles) promotion *f*; **schwacher –** classe creuse.

**JOB-SHARING** *n* travail à temps partiel avec partage de poste (entre deux salariés).

**JUDIKATIVE** *f (VerfR: rechtsprechende Gewalt)* pouvoir *m* judiciaire.

**JUGEND** *f* • *(i.w.S.: Jugendalter)* enfance *f*; jeunesse *f*; les jeunes • *(i.e.S.: junge Leute unter 18)* mineurs *mpl*, condition juridique du mineur; **straffällige –** délinquants mineurs; enfance délinquante; **verwahrloste –** enfants moralement abandonnés.

**JUGEND | AMT** *n* service *m* d'assistance aux jeunes; **–arbeit** *f* travail *m* des enfants; **–arbeitslosigkeit** *f* chômage *m* des jeunes; **–arbeitsschutzgesetz** *n* loi *f* sur la protection des jeunes travailleurs; **–fürsorge** *f* aide *f* sociale à l'enfance; protection de la jeunesse; mesures *fpl* d'assistance et de surveillance des mineurs; **–gericht** *n*, **–gerichtsbarkeit** *f* tribunal *ou* juridiction pour mineurs; **–heim** *n* • *(StR)* maison *f* de rééducation des jeunes • *(Freizeit)* foyer *m* de jeunesse; club *m* de jeunes; maison des jeunes et de la culture; **–kammer** *f (StPR)* chambre pénale spéciale (allemande) pour délinquants mineurs; **–kriminalität** *f* délinquance *f* juvénile.

**JUGENDLICHE(R)** *m/f/pl* mineur *m*; mineure *f*; mineurs *mpl*; jeunes *mpl*; adolescents *mpl* (de 14 à 18 ans); **misshandelter –** enfant maltraité, enfant victime de violences physiques *ou* de cruautés mentales.

**JUGEND | RICHTER** *m* juge *m* des enfants; **–schöffengericht** *n* tribunal échevinal allemand pour enfants; **–schutz** *m* protection *f* (morale) de la jeunesse, protection de l'enfance *ou* infantile.

**JUGENDSTRAF | ANSTALT** *f* maison de détention pour jeunes délinquants; **–kammer** *f* chambre pénale des mineurs; **–täter** *m* délinquant *m* mineur; **–verfahren** *n* procédure pénale engagée contre un mineur.

**JUGEND | VERTRETER** *m (ArbR)* délegué *m* des jeunes travailleurs (dans l'entreprise); **–wohlfahrtsgesetz** *n* Loi allemande relative à la protection de l'enfance; **–zentrum** *n* maison des jeunes et de la culture.

**JURA** *npl (Plural von Jus: Rechte, Rechtswissenschaft)* droit *m*, sciences juridiques et sociales; **–student** *m* étudiant *m* en droit; **–studium** *n* études *fpl* de droit.

**JURE : DE –** *(lat.: von Rechts wegen)* de plein droit, de jure.

**JURISDIKTION** *f* • *(PrzR: Gerichtsbarkeit; Befugnis, Recht zu sprechen)* juridiction, tribunal *m*; mission de juger • *(PrzR: Rechtsprechung)* jurisprudence *f*, ensemble *m* des décisions de justice.

**JURISPRUDENZ** *f (Rechtswissenschaft)* sciences *fpl* juridiques.

**JURIST** *m* • *(Rechtskundiger)* juriste *m*, homme de loi; jurisconsulte *m*; légiste *m* • *(Pl.: Juristen)* gens de robe; *(pej)* basoche *f* • *(in Betrieben)* conseil *m* juridique, juriste d'entreprise.

**JURISTEN | RECHT** *n* droit prétorien; **–sprache** *f* style du palais, langage *m* de l'administration; **–tag** *m* congrès *m* de juristes; **–zeitung** *f* gazette *f* du palais; revue *f* juridique.

**JURISTISCH** *adj* juridique; de droit; en droit.

**JURISTISCHE HANDLUNG** *f (ZR: Rechtshandlung)* fait *m* juridique volontaire et licite, acte matériel, fait doué de conséquences juridiques (en dehors des actes juridiques).

**JURISTISCHE PERSON** *f* personne *f* morale, groupement *m* de personnes (ou de biens) ayant la personnalité juridique; **– – des öffentlichen Rechts** personne morale de droit public; **– – des Privatrechts** personne morale de droit privé.

**JUSTITIAR** *m (PrzR: Rechtsbeistand, Syndikus)* conseil *m* juridique; juriste d'entreprise; avocat *m* d'affaires.

**JUSTIZ** *f* • *(Rechtspflege)* justice *f*, fonction juridictionnelle; service public de la justice; activité des organes de la justice • *(Gerechtigkeit)* équité *f*, justice *f*, conformité au droit, ce qui est idéalement juste • *(Gesamtheit der Gerichte)* les juridictions (allemandes); organisation du pouvoir judiciaire, organisation judiciaire (allemande); appareil judiciaire.

**JUSTIZ | APPARAT** *m* appareil *m* judiciaire; **–aufbau** *m* organisation de l'ordre judiciaire; **–behörden** *fpl* autorités *fpl* judiciaires; **–gebäude** *n* palais *m* de justice; **–geschäftsstelle** *f* greffe *m*, secrétariat *m* d'un tribunal; **–hauptwachmeister** *m* huissier *m* audiencier en chef.

**JUSTIZ | HOHEIT** *f* droit de rendre la justice, pouvoir (souverain) de juridiction; **–irrtum** *m* • erreur *f* judiciaire • déni de justice; **–kasse** *f* perception *f* des frais judiciaires; **–kostengesetz** *n* loi (allemande) relative aux frais judiciaires; **–minister** *m* ministre de la Justice, Garde des Sceaux; **–ministerium** *n* ministère de la Justice; Chancellerie *f*.

**JUSTIZ | SENATOR** *m* ministre de la justice dans une ville-État; **–verfassung** *f* statut *m* de la magistrature; organisation *f* judiciaire; **–verwaltung** *f* administration *f* de la justice; **–verwaltungsakt** *m* acte *m* d'administration intérieure de la juridiction; **–verweigerung** *f* déni *m* de justice; **–vollzug** *m* exécution des peines; **–vollzugsanstalt** *f* (= J.V.A.) établissement *m* pénitentiaire, maison *f* d'arrêt, centre *m* de détention; **–vollzugsbeamte(r) gardien** *m* de prison, fonctionnaire dans un établissement pénitentiaire; **–wachtmeister** *m* huissier *m* audiencier.

## K

**KABINETTS | BESCHLUSS** *m* délibération en conseil des ministres; **–chef** *m* chancelier allemand; **–sitzung** *f* (réunion du) conseil des ministres; **–umbildung** *f* remaniement *m* ministériel.

**KAHLPFÄNDUNG** *f* saisie totale.

**KALKULATION** *f (HR: Preisberechnung)* détermination *f* du prix, calcul *m* du prix; **–sfehler** *m*, **–sirrtum** *m* erreur *f* dans le calcul (du prix).

**KAMMER** *f* • *(PrzR: Gericht)* chambre *f* (d'un tribunal); section de tribunal • *(VerfR: Abgeordnete)* chambre des députés, assemblée *f* législative • *(Berufsvereinigung)* chambre (de métiers), chambre syndicale; corporation *f*, corps *m*; métier *m*; ordre *m*; **– für Handelssachen** *(PrzR)* chambre commerciale.

**KAMMERGERICHT** *n* • *(PrzR: das für Berlin zuständige Oberlandes-*

*gericht)* Tribunal *m* régional supérieur de Berlin, • *(hist)* cour d'appel.

**KAMPF | MAßNAHME** *f (ArbR)* mesure *f* d'action revendicative, mouvement *m* revendicatif; **–parität** *f* principe de l'égalité des partenaires sociaux en cas de conflits salariaux.

**KANDIDAT** *m* candidat *m*, postulant *m*, prétendant *m*; **sich als – aufstellen lassen** être candidat, faire acte de candidature.

**KANN | BESTIMMUNG** *f* disposition (légale) supplétive (applicable dans le silence des parties); prescription *f* facultative; **–leistung** *f* prestation *f* facultative; **–vorschrift** *f* règle supplétive, prescription *ou* disposition potestative *ou* facultative.

**KANTONS | BÜRGERRECHT** *n* (S) droit de cité cantonal; **–gericht** *n* (S) tribunal cantonal; **–polizei** *f* (S) police cantonale; **–rat** *m* (S) conseil *m* cantonal; **–regierung** *f* (S) gouvernement *m* cantonal; **–richter** *m* (S) juge *m* cantonal.

**KANZLEI** *f* • *(Behörde)* chancellerie *f* • *(Anwalt)* bureau *m*, étude *m* • secrétariat *m*; **–angestellte(r)** *m* employé aux écritures; clerc *m* (de notaire); **–betrieb** *m*, **–dienst** *m* office ministériel; **–kosten** *pl* frais de chancellerie; **–sitz** *m* étude *f* d'un officier ministériel; **–sprache** *f*, **–stil** *m* langage *m* de l'administration, style administratif.

**KANZLER** *m* • *(VerfR: Bundeskanzler)* chancelier *m* (de la République fédérale allemande), chef *m* du gouvernement allemand • *(HochschulR: leitender Verwaltungsbeamter)* haut fonctionnaire administratif d'une université allemande; **–amt** *n* chancellerie *f*.

**KAPITAL** *n* • *(GesR: Grundkapital)* capital *m* social; capital juridique • *(Vwirt: Produktionsfaktor)* capital économique *ou* financier • *(WirtR: Betriebsmittel)* capital technique • *(SchuldR: bei Geldschuld)* principal *m*, capital (opposé à intérêt); **angelegtes –** capital placé *ou* investi; **brachliegendes –** capital oisif *ou* improductif.

**KAPITALANLAGE** *f* placement de capitaux, placement *m* financier, investissement; **–gesellschaft** *f* société de placement *ou* de portefeuille, fonds d'investissement, organisme *m* de placements collectifs.

**KAPITAL | DECKE** *f* surface financière; **–delikt** *n (StR)* infraction grave; **–dienst** *m* service *m* de la dette; **–einkünfte** *pl* revenu *m* des capitaux; intérêts *mpl* (du capital); **–einlage** *f* mise de fonds, apport de capitaux; **–ertragsteuer** *f* impôt sur le revenu des capitaux mobiliers et des valeurs.

**KAPITAL | GEBER** *m* bailleur de fonds, organisme *m* investisseur; apporteur *m* (de fonds); **–gesellschaft** *f* société de capitaux.

**KAPITAL | KRAFT** *f* surface financière; **–markt** *m* marché *m* des crédits à long terme, marché financier; **–rücklage** *f* réserve *f* pour capitalisation (future).

**KAPITAL | STEUER** *f* impôt sur le capital; imposition du capital; droits *mpl* d'enregistrement; **–verbrechen** *n* crime *m* de sang; **–verkehrssteuer** *f* impôt *m* sur les transferts de capitaux.

**KAPITAL | VERMÖGEN** *n* capital *m*, ensemble du patrimoine et des actifs; **–verwaltungsgesellschaft** *f* société *f* de portefeuille *ou* de placement, société de gestion de capitaux.

**KARENZ** *f* • *(VersR: Wartezeit)* délai *m* d'attente *ou* de carence • *(Sperrfrist)* période *f* de blocage; **–zeit** *f (VersR)* période de blocage, délai pendant lequel l'assurance ne verse pas d'indemnité, délai de prise en charge.

**KARLSRUHE** *(PrzR)* ville allemande siège de la Cour fédérale de justice; *par extension:* cette Cour elle-même.

**KARTEI** *f* fichier *m*; **–führung** *f* tenue *f* de(s) fichiers; **–karte** *f* fiche *f*, enregistrement.

**KARTELL** *n* entente *f* (inter-entreprises), action *f* concertée (pour fausser le jeu de la concurrence), cartel *m*, coalition *f* (illicite); **anmeldepflichtiges –** entente devant être notifiée (à la commission).

**KARTELL | ABREDE** *f*, **–absprache** *f* entente, concertation, pratique concertée, accord d'association d'entreprises, convention de cartel; **–amt** *n (Bundeskartellamt)* Service fédéral allemand de contrôle des ententes; **–aufsicht** *f* contrôle de la concentration économique et répression des ententes illicites; **–gericht** *n* tribunal de répression des ententes illicites; **–gesetz** *n (GesR: Gesetz gegen Kartelle)* loi antitrusts, loi (allemande) relative au contrôle de la concentration économique et à la répression des abus de position dominante.

**KASKO | VERSICHERUNG** *f* • *(Teilkasko)* assurance vol, incendie et bris de glace • *(Vollkasko)* assurance tous accidents, assurance tierce complète; assurance dommages collision.

**KASSATION** *f* • *(PrzR: Aufhebung eines Gerichtsurteils)* cassation *f*, annulation d'une décision juridictionnelle, infirmation (d'un arrêt) • *(MilR: bedingungslose Entlassung aus dem Militärdienst)* dégradation, cassation.

**KASSE** *f* • *(Ladenkasse)* caisse *f* (enregistreuse); caissette *f*, coffre *m* • *(Vorrat an Geld)* encaisse *f*, fonds *mpl* en caisse, liquidités *fpl* • *(Schalter des Kassierers)* caisse *f*, guichet *m* • *(bar bezahlen)* au comptant compté • *(Krankenkasse)* Caisse d'assurance-maladie.

**KASSENARZT** *m* médecin *m* conventionné allemand, médecin agréé par les caisses d'assurance-maladie allemandes.

**KASSEN | BELEG** *m* pièce (justificative) de caisse; **–bestand** *m* actifs disponibles, encaisse *f*, situation de caisse, disponibilités *fpl* de la trésorerie, fonds *mpl* de roulement, liquidité *f*; **–bote** *m* garçon de recettes.

**KASSEN | FEHLBETRAG** *m* déficit *m* de trésorerie, déficit de caisse; **–führer** *m* comptable *m*; caissier *m*, teneur de caisse; **–führung** *f* gestion de la trésorerie; tenue de caisse; maniement des deniers *ou* des fonds; procédure comptable.

**KASSEN | LEISTUNG** *f (SozVers)* prestation de sécurité sociale; **–mitglied** *n* affilié *m*, assuré social (à une caisse); **–patient** *m (SozVers)* malade *m ou* consultant affilié à une caisse.

**KASSEN | PRÜFER** *m* • expert-comptable *m* • commissaire *m* aux comptes; **–prüfung** *f* vérification comptable; **–schalter** *m* guichet *m*; **–stunden** *fpl* heures *fpl* d'ouverture (de la caisse); **–tagebuch** *n* brouillard *m* de caisse, main-courante.

**KASSEN | WART** *m* trésorier *m* (d'une association); **–zwang** *m* obligation d'adhérer à une caisse (de secours, de maladie, etc.).

**KASSIERER** *m* caissier *m*, employé *ou* préposé à la caisse.

**KATALOG** *m* catalogue *m*; liste *f*; répertoire *m*; **–preis** *m* prix *m* catalogue; **–tat** *f (StPR)* infraction pour laquelle le code de procédure pénale allemand prévoit une écoute téléphonique.

**KATASTER** *m/n (SachR)* cadastre *m* officiel allemand (tenu sous l'autorité des Länder); matrice *f* cadastrale (d'un Land), fichier immobilier parcellaire, registre *m* public des biens fonds; **–amt** *n* service cadastral, bureau *m* du cadastre; **–buch** *n* registre cadastral; **–wert** *m* état évaluatif, valeur *f* cadastrale.

**KATASTROPHE** *f* • *(Naturkatastrophe)* calamité *f*, cataclysme *m*, catastrophe *f* naturelle • bouleversement *m*, désastre *m*, drame *m*, fléau *m*.

**KATASTROPHEN | ABWEHR** *f* prévention des catastrophes naturelles; **–gebiet** *n* région *f* sinistrée; **–hilfe** *f* aide *f* aux sinistrés; **–schaden** *m* sinistre *m*, dommage *m* résultant d'une catastrophe; **–schutzplan** *m* plan d'organisation des secours (en cas de cataclysme), mesures *fpl* en faveur des zones sinistrées.

**KAUF** *m* • *(Erwerb)* achat *m*, acquisition *f* • *(Kaufvertrag)* vente *f*, contrat *m* de vente; marché *m*; **fester –** vente ferme.

**KAUF** *m* | **unter Eigentumsvorbehalt** vente sous réserve de propriété; **– auf Kredit** vente à crédit; **– nach Muster** vente sur échantillon, vente sur modèle; **– auf Probe** vente à l'essai, vente sous bénéfice d'acceptation; **– nach Probe** vente sur échantillon *ou* conforme à tel échantillon; **– zur Probe** vente ferme à titre d'essai; **– auf Raten** achat à tempérament; **– auf Umtausch, – mit Umtauschrecht** vente avec faculté d'échange.

**KAUF | ABSCHLUSS** *m* conclusion *f* d'un contrat de vente; **–anwärtervertrag** *m*, **–anwartschaft** *f* promesse unilatérale de vente, option *f*; **–auftrag** *m* ordre *m* d'achat.

**KAUFEN** *v* • *(erwerben)* acheter, acquérir (contre paiement), obtenir à prix d'argent • *(bestechen)* corrompre, soudoyer, acheter.

**KÄUFER** *m* acheteur *m*, acquéreur *m*; cessionnaire *m*; opérateur *m*.

**KÄUFER | KREIS** *m*, **–schaft** *f* clientèle *f*; **–schutzbestimmungen** *fpl* disposition légales de protection des consommateurs; **–vereinigung** *f* groupement *m* d'achat.

**KAUF | GEGENSTAND** *m* chose *f* vendue; marchandise *f* achetée; **–geschäft** *n* opération *f* de vente; marché *m*; contrat de vente; **–gesetz** *n (IPR: einheitliches –)* droit uniforme de la vente internationale; **–haus** *n* (grand) magasin, galerie marchande; magasin à grande surface.

**KAUFKRAFT** *f* pouvoir *m* d'achat; **–ausgleich** *m (ArbR)* adaptation (des salaires) au pouvoir d'achat; **–minderung** *f*, **–schwund** *m*, **–verlust** *m* effritement *m ou* détérioration *f* du pouvoir d'achat; baisse *f ou* amputation du pouvoir d'achat.

**KAUFLEUTE** *pl* commerçants *mpl*; distributeurs *mpl*; revendeurs *mpl*; négociants *mpl*.

**KAUFMANN** *m* • *(HR)* commerçant *m* • *(HR)* société commerciale, commerçant (personne morale) • *(Großhändler)* négociant *m*, grossiste *m* • *(Kleinhändler)* marchand *m*, détaillant *m*, (petit) revendeur; **– kraft Rechtsform** *(= Formkaufmann)* commerçant de par la forme de l'entreprise.

**KAUFMANNS | EIGENSCHAFT** *f* qualité *f* de commerçant; **–gehilfe** *m (= Handlungsgehilfe)* employé de commerce, commis *m*.

**KAUFPREIS** *m* prix *m* (de vente *ou* d'achat); **–abtretung** *f* cession du prix de vente (pour encaissement); **–anzahlung** *f* acompte *m*; **– ermäßigung** *f* réduction sur le prix de vente; **–erstattung** *f* remboursement du prix payé au vendeur; **–höhe** *f* montant *m* à payer; **–klage** *f* action en paiement (du prix de vente); **–minderung** *f* réduction du prix (de vente); **–zahlung** *f* paiement *m*.

**KAUFRECHT** *n* régime *m* de la vente, dispositions légales relatives à la vente.

**KAUF | SACHE** *f* • chose achetée • chose vendue; **–urkunde** *f* acte *m* de vente (notarié, etc.); **–verpflichtung** engagement d'achat.

**KAUFVERTRAG** *m* (contrat de) vente; **– mit Auflassung** contrat de vente avec accord mutuel sur le transfert de propriété (selon le principe de l'ensaisinement applicable en Allemagne).

**KAUF | VORVERTRAG** *m* compromis de vente; **–wert** *m* valeur *f* à l'achat, valeur vénale; **–zwang** *f* obligation (illicite) d'achat, achat forcé.

**KAUSAL | ABLAUF** *m (Schaden: Kausalkette)* enchaînement *m* causal, lien causal; échelle *f* des causalités successives; **–geschäft** *n (SchuldR: Verpflichtungsgeschäft im Gegensatz zum dinglichen Erfüllungsgeschäft)* contrat consensuel (le contrat de vente n'entraînant pas en droit allemand le transfert immédiat de la propriété mais nécessitant un contrat translatif de propriété distinct - selon le principe de l'ensaisinement).

**KAUSALITÄT** *f (Kausalzusammenhang)* causalité *f*, rapport *m* de cause à effet; **–sbeweis** *m*, **–snachweis** *m* preuve *f* du lien de causalité; **–svermutung** *f* présomption du lien de causalité.

**KAUSAL | KETTE** *f*, **–nexus** *m*, **–reihe** *f*, **–zusammenhang** *m* relation *f* de cause à effet (entre la faute et le dommage), relation causale, rapport de causalité, lien de causalité (unissant la faute au préjudice).

**KAUTION** *f* • *(SchuldR: Bürgschaft)* cautionnement *m*, contrat passé entre le créancier et la caution • *(Sicherheitsleistung)* dépôt *m* d'argent *ou* de valeur (destiné à servir de garantie), nantissement *m* • *(Sicherheitsleistung bei Mietverträgen)* dépôt *m* de garantie • *(StPR: Untersuchungshäftling)* caution, versement *m* d'une caution par l'inculpé; **Freilassung gegen –** *(StPR)* mise en liberté sous caution.

**KAVALIERSDELIKT** *n* fait délictueux excusable, infraction vénielle *ou* digne de pardon, peccadille *f*.

**KENN | KARTE** *f* • carte (nationale) d'identité • *(Ausländer)* carte de séjour (temporaire); **–wort** *n* mot *m* de passe.

**KENNTNIS** *f* • *(Wissen)* connaissances *fpl*, savoir *m* • *(Erfahrung)* expérience *f*, pratique *f*; **– haben** avoir pris connaissance de, être informé; **zur – nehmen** prendre acte de qqch, prendre connaissance.

**KENNUMMER** *f* numéro *m* d'ordre, matricule *f*.

**KENNZEICHEN** *n* • signe *m* caractéristique, marque *f* distinctive • *(Auto)* plaque *f* d'immatriculation; **persönliche –** coordonnées *fpl*; **polizeiliches –** numéro *m* minéralogique *ou* d'immatriculation; **–missbrauch** *m (Wz)* contrefaçon *f*; **–recht** *n* droit des marques de fabrique; **–schutz** *m* protection des marques de fabrique.

**KENNZEICHNUNG** *f* marquage *m*, étiquetage *m*; signalisation *f*, identification.

**KERN | KRAFTANLAGE** *f*, **–kraftwerk** *n* centrale *f* nucléaire; **–reaktorunfall** *m* accident nucléaire; **–schmelzunfall** accident nucléaire maximal avec fusion du combustible nucléaire, *umg* syndrome chinois; **–waffen** *fpl* armes *fpl* nucléaires.

**KETTENARBEITS | VERHÄLTNIS** *n*, **–vertrag** *m* contrat *m* de travail à terme renouvelable, contrat de travail en chaîne.

**KETTENAUFFAHRUNFALL** *m* carambolage *m* (de voitures).

**KETTENGESCHÄFTE** *npl* vente *f* à la boule de neige, chaîne *f*.

**Kfz** *n (StVO: Kraftfahrzeug)* véhicule terrestre à moteur (= VTM); véhicule *m* automobile; **– -abstellplatz** *m* place *f* de stationnement, parking *f*.

**KIND** *n* enfant *m*; **außereheliches –** enfant né hors du mariage, enfant naturel; enfant adultérin; **eheliches –** enfant légitime; **für ehelich erklärtes –** enfant légitimé; **misshandeltes –** enfant maltraité, enfant ayant subi des sévices; **nichteheliches –** enfant naturel; **totgeborenes –** (enfant) mort-né *m*; **unterhaltsberechtigtes –** enfant à charge; **verwahrlostes –** enfant (moralement) abandonné.

**KINDER | ANWALT** *m* avocat *m* représentant un (enfant) mineur; **–arbeit** *f* travail *m* des enfants; **–ausweis** *m* carte *f* d'identité d'enfant; **–beihilfe** *f* allocations *fpl* familiales, allocation pour enfants à charge; **–betreuung** *f* garde *f* d'un enfant; **–erziehungszeiten** *fpl* *(SozVers)* période assimilée (pour cause de maternité); **–freibetrag** *m* abattement *m* pour enfant à charge; **–fürsorge** *f* assistance *f ou* aide sociale à l'enfance.

**KINDER | GELD** *n* allocations familiales, prestation familiale (d'entretien); **–handel** *m* traite *f* d'enfants mineurs; **–heim** *n* établissement d'éducation *ou* de formation pour enfants; **–kriminalität** *f* délinquance juvénile; **–prostitution** *f* prostitution infantile; **–unterhalt** *m* entretien *m* d'un enfant; **–verwechslung** *f* supposition *f* (involontaire) d'enfant *ou* de part, substitution *f* d'enfant.

**KINDES | ALTER** *n* minorité *f*, incapacité d'exercice; **–anhörung** *f* *(FamR)* audition d'un enfant (par le juge aux affaires matrimoniales); **–annahmevertrag** *m* contrat d'adoption; **–aussetzung** *f* abandon *m ou* exposition *f* d'enfant; **–betreuung** *f* garde *f* d'un enfant; **–entführung** *f* enlèvement *m* d'enfant; **–entziehung** *f* détournement *m* de mineur; **–misshandlung** *f* violence *ou* voie de fait à l'encontre d'un enfant, blessures *ou* coups portés à un enfant, mauvais traitement à enfant.

**KINDESRAUB** *m* enlèvement d'enfant, rapt *m* d'enfant, kidnapping *m*; **erpresserischer –** rapt avec chantage.

**KINDES | TÖTUNG** *f* infanticide *m*; **–unterhalt** *m* entretien *m* d'un enfant (à charge); **–unterschiebung** *f* • *(StR)* supposition d'enfant *ou* de part • *(Namensänderung)* substitution d'enfant *ou* de part; **–vermögen** *n* biens *mpl* de l'enfant (mineur), patrimoine *m* du mineur, fortune *f* personnelle de l'enfant; **–wohl** *n* bien-être physique et moral de l'enfant.

**KINDSCHAFTS | PROZESS** *m* action *f* relative à (la preuve de) la légitimité; action en désaveu; action en réclamation d'état; **–recht** *m* régime légal de la filiation (légitime *ou* naturelle).

**KIRCHEN | AUSTRITT** *m* abjuration, abandon solennel de l'opinion religieuse (catholique ou protestante) par déclaration à l'état civil ou devant le tribunal cantonal allemand; **–freiheit** *f* liberté religieuse; **–geld** *n* impôt cultuel (prélevé par l'État au profit des églises); **–gemeinde** *f* paroisse *f* **–güter** *npl* biens ecclésiastiques; **–kollekte** *f* quête *f*.

**KIRCHEN | MITGLIEDSCHAFT** *f* appartenance à une église; **–rat** *m* membre du consistoire; conseil de fabrique; **–raub** *m* sacrilège *m*, spoliation; **–recht** *m* régime *m* des cultes, organisation légale des cultes; **–steuer** *f* impôt *m* cultuel (prélevé d'office par l'État allemand au profit des églises); **–vorstand** *m* directeurs *mpl ou* administrateurs *mpl* d'une église, conseil *m* de fabrique.

**KLADDE** *f* • *(HR: Geschäftsbuch)* livre *m* du commerce • *(erste Niederschrift)* minute *f*; ébauche *f*, esquisse *f*, brouillon *n*; notes *fpl* de travail • *(Heft)* cahier *m*.

**KLAGBAR** *adj* *(ZPR: Ansprüche, Verbindlichkeiten)* (droit *ou* prétention) pouvant être allégué en justice; **nicht –** constituant une obligation naturelle, (droit) que l'on ne peut pas faire valoir en justice.

**KLAGE** *f* • *(ZPR: abstrakt, als Klagemöglichkeit)* action en justice • *(ZPR: konkret, im Sinne von Prozesshandlung)* demande *f* (en justice) • *(StPR: öffentliche Klage)* action publique • *(StPR: des Opfer der Straftat)* action civile • *(VwR)* recours *m* contentieux, requête *f*; **anhängige –** cause pendante; **gerichtliche –** action en justice; **öffentliche –** action publique; **vermögensrechtliche –** action patrimoniale.

**KLAGE** *f* : **eine – anstrengen** intenter *ou* entreprendre une action en justice, former un recours (devant un tribunal); **– erheben** saisir la justice, intenter une action (en justice), introduire *ou* exercer une action, engager un procès, intenter un procès.

**KLAGE** *f* | **auf Leistung** action en paiement *ou* en exécution; **– auf Minderung** action estimatoire, action en réduction (du prix); **– auf Nichtigerklärung** action en déclaration de nullité; **– auf Räumung** demande d'expulsion; **– auf Rückgabe** action en restitution; **– auf Schadensersatz** action en réparation du dommage causé; **– auf Widerruf einer Schenkung** action en révocation d'une donation.

**KLAGE | ABWEISUNG** *f* rejet de la demande (motifs de forme), débouté de la demande (motifs de fond); **–änderung** *f* modification de l'objet du litige énoncé dans la requête, modification de l'objet des conclusions; demande nouvelle; **–anspruch** *m* • prétention, chef *m* de (la) demande • droit de former un recours.

**KLAGEANTRAG** *m* demande en justice, demande *f* introductive d'instance; **den – abweisen** rejeter la demande (motifs de forme), débouter de la demande (motifs de fond).

**KLAGE | AUSSCHLUSSFRIST** *f* délai *m* de prescription de l'action (en justice); **–beantwortung** *f* mémoire en défense, contre-mémoire *m*; **–befugnis** *f* capacité *f* pour ester en justice, qualité *f* pour agir en justice, droit d'ester en justice.

**KLAGEBEGEHREN** *n* demande *f* (en justice), objet *m* de la demande.

**KLAGEBEGRÜNDUNG** *f* moyens *mpl* (de fait et de droit); arguments *mpl ou* motifs invoqués à l'appui de la demande; objet de la demande et exposé des moyens.

**KLAGE | BERECHTIGUNG** *f* qualité *f* pour agir; **–einreichung** *f* introduction de l'instance en justice; **–ergänzung** demande additionnelle complétant les prétentions antérieures.

**KLAGE | ERHEBUNG** *f* introduction *f* de l'action *ou* de l'instance; **–erweiterung** *f* demande additionnelle; **–erwiderung** *f* reconclusion *f*; **–erzwingungsverfahren** *n (StPR)* plainte *f* émanant de la victime avec constitution de partie civile.

**KLAGE | FÄHIGKEIT** *f* droit d'ester en justice; **–frist** *f* délai *m* pour intenter une action; **–gegenstand** *f* objet du litige; **–gegner** *m* partie adverse; défendeur; **–grund** *m* moyen *m*, grief *m*; **–grundlage** *f* fondement de la demande; **–häufung** *f* jonction *f* des causes *ou* des demandes; **–hilfsantrag** *m* demande subsidiaire.

**KLAGEN** *v* agir en justice, demander (en justice), assigner, actionner, intenter une action, introduire une instance; **auf Schadensersatz –** demander des dommages-intérêts.

**KLAGENDE(R)** *m* demandeur *m*; demanderesse *f*.

**KLAGEN | HÄUFUNG** *f od.* **–verbindung** *f* jonction des demandes, jonction de causes, jonction d'instances.

**KLÄGER** *m* • *(ZPR)* demandeur *m*, partie *f* demanderesse • *(VwR u. VerfR)* requérant *m* • *(umg)* plaideur *m*, partie plaidante; **– und Beklagte** plaideurs *mpl*, parties principales (au procès); **–vertreter** *m* mandataire *m* du demandeur.

**KLÄGERIN** *f* demanderesse *f*.

**KLAGE | RÜCKNAHME** *f* désistement *m* d'action; **–schrift** *f* requête *f*, demande introductive d'instance, exploit introductif d'instance; **–schriftsatz** *m* mémoire *m*, conclusions écrites; **–verzicht** *m* désistement d'action; **–vorbringen** *n* conclusions *fpl*, prétentions *fpl*.

**KLAGE | ZULÄSSIGKEIT** *f* recevabilité (de la demande); **–zurücknahme** *f*, **–zurückziehung** *f* (Aut) désistement d'instance; **–zustellung** *f* • *(durch die Post)* notification de l'action

• *(durch Gerichtsvollzieher)* signification de la demande.

**KLAUSEL** *f* • clause *f*, stipulation *f*; condition *f* • *(ZwangsVR)* clause exécutoire; **übliche –** clause de style.

**KLEIN | AKTIONÄR** *m* petit actionnaire *ou* porteur; **–anzeige** *f* petite annonce; **–betriebe** *mpl* petites (et moyennes) entreprises; **–familie** *f* famille nucléaire.

**KLEINGEDRUCKTE(S)** *n* clauses *fpl* contractuelles imprimées (au verso) en petits caractères, contrat prérédigé; contrat-type; clauses abusives.

**KLEIN | GELD** *n* monnaie divisionnaire, *ou* d'appoint, petite monnaie; **–gewerbe** *n* petite industrie *f*; entreprise *f* artisanale.

**KLEIN | HÄNDLER** *m* petit commerçant *m*, détaillant *m*; **–kind** *n* enfant en bas âge; **–kraftrad** *n* cyclomoteur *m* (d'une cylindrée n'excédant pas 50 $cm^3$), motocyclette *f*, vélomoteur *m*; **–kriminalität** *f* petite délinquance; **–schaden** *m* sinistre *m* peu important, dommage *m* mineur.

**KLIENTEL** *f* *(des Rechtsanwalts)* clientèle *f* (d'un avocat).

**KLINGELFAHRT** *f* vol *m* par effraction, commis après avoir sonné à la porte pour s'assurer que le local n'est pas occupé.

**KNEBELUNG** *f* bâillonnement *m*; **–svertrag** *m* contrat *m* d'asservissement, contrat léonin.

**KNOW-HOW** *n* *(HR: unternehmerisch-technisches Wissen)* savoir faire *m* (industriel *ou* commercial), connaissances techniques, know-how *m*; **–Vereinbarung** contrat de transfert de savoir faire *ou* de processus technologiques *ou* de know-how.

**KOALITIONS | AUTONOMIE** *f*, **–freiheit** *f* liberté *f* d'association professionnelle, liberté syndicale; **–regierung** *f* gouvernement *m* de coalition.

**KOLLEGIAL | BEHÖRDE** *f* autorité *f* collégiale, corps *m* délibérant; **–gericht** *f* tribunal *m* collégial.

**KOLLEKTIV** *n* *(Arbeitsgemeinschaft)* groupe *m* de travail; **–arbeitsvertrag** *m* contrat collectif de travail; **–beleidigung** *f* injure publique proférée envers un groupe et concernant leur ethnie, race, nation *ou* religion.

**KOMMANDITANTEIL** *m* part *f* de commandite; **–schein** *m* certificat *m* de part de société en commandite.

**KOMMANDITÄR** *m* *(Aut-S für: Kommanditist, Teilhafter)* commanditaire *m*, associé en commandite.

**KOMMANDITE** *f* *(GesR: Kommanditgesellschaft)* commandite *f*.

**KOMMANDITGESELLSCHAFT** *f* société *f* en commandite simple, commandite simple, commandite *f*; **– auf Aktien** société en commandite par actions.

**KOMMANDITIST** *m* *(GesR: Teilhafter)* commanditaire *m*, associé commanditaire, bailleur de fonds (d'une commandite).

**KOMMISSAR** *m* • *(Völkerrecht)* haut-commissaire *m* • *(Polizei)* commissaire *m* de police, officier *m* de police judiciaire.

**KOMMISSION** *f* • *(HR: Auftrag)* contrat de commission, commission *f* • *(ÖfR)* commission *f*, bureau *m*, comité *m*.

**KOMMISSIONÄR** *m* • *(HR)* commissionnaire *m* • *(i.w.S.)* intermédiaire *m*, mandataire *m*; **selbsteintretender –** commissionnaire contre-partiste.

**KOMMISSIONS | AGENT** *m* *(HR)* commissionnaire *m* agissant en son propre nom pour le compte d'une entreprise (à laquelle il est lié par contrat à durée indéterminée); **–gut** *n*, **–ware** *f* marchandise *f* en commission.

**KOMMITTENT** *m* *(HR: Auftraggeber des Kommissionärs)* mandant *m*, commettant *m*.

**KOMMUNAL | RECHT** *n* droit des collectivités locales; **–steuer** *f* impôt *m* communal, taxe locale;

**–verband** *m* syndicat *m* de communes; communauté urbaine; **–verfassung** organisation communale; **–wahlen** *fpl* élections *fpl* municipales.

**KOMPENSATIONSGESCHÄFT** *n* • *(Banken)* opération de compensation • *(BörR)* marché *m* d'application.

**KOMPETENZ** *f* • *(Zuständigkeit)* compétence *f*, attribution *f*, pouvoir *m* • *(Urteilsfähigkeit)* qualification.

**KOMPETENZKONFLIKT** *m* • *(PrzR)* conflit *m* de compétence (entre deux juridictions) • dissension relative aux fonctions (d'une personne, d'un organe).

**KOMPETENZ | ORDNUNG** *f* *(EU)* répartition des compétences entre la communauté et les États membres; **–überschreitung** *f* excès de pouvoir; **–verteilung** *f* répartition des compétences; **–zuordnung** *f*, **–zuweisung** *f* attribution de compétence.

**KOMPLEMENTÄR** *m* *(HR)* (associé) commandité *m*.

**KOMPLIZE** *m* • *(StR: Mittäter)* coauteur *m* • *(i.w.S.)* complice *m*.

**KOMPLIZENSCHAFT** *f* complicité *f*, collusion, entente *f*, intelligence *f*.

**KOMPLOTT** *n* *(StR)* complot *m*, conjuration *f*, conspiration *f*, machination *f*.

**KONFERENZ** *f* conférence *f*; congrès *m*, réunion (de travail); **– der Staats- u. Regierungschefs** *(EU)* Conseil européen (des 15 chefs d'État et de gouvernement).

**KONFESSIONS | LOSIGKEIT** *f* libre pensée *f*; le fait d'être sans appartenance confessionnelle; **–schule** *f* école *f* libre *ou* privée confessionnelle, établissement *m* libre; **–zugehörigkeit** *f* appartenance *f* à une religion.

**KONFLIKT** *m* • conflit *m*, antagonisme *m*, discorde *f* • contrariété *f* d'intérêts, litige *m*, différend *m*; **–beratung** *f* médiation; **–forschung** polémologie; **–lösung** *od* **–regelung** amiable composition.

**KONJUNKTUR** *f* • *(VW: wirtschaftliche Gesamtlage)* conjoncture *f*, situation *f* économique • *(VW: wirtschaftlicher Aufschwung)* essor conjoncturel; **rückläufige –** régression *f*; **überhitzte –** surchauffe conjoncturelle.

**KONKURRENZ** *f* • *(HR: Wettbewerb)* concurrence *f*, compétition *f* • *(StR: Zusammentreffen von Straftaten)* concours *m* *ou* cumul *m* d'infractions; conviction de plusieurs crimes et délits.

**KONKURRENZ | KLAUSEL** *f* clause *f* de non-concurrence; **–verbot** *n* interdiction de concurrence; **–verhältnis** *n* *(StR)* situation de cumul *m* *ou* de concours *m* de qualifications.

**KONKURRIEREN | DE GESETZGEBUNGSBEFUGNIS** *f* *(StaatsR)* compétence législative concurrente de l'État central et des États fédérés en Allemagne (selon l'art. 72 GG); **–des Verschulden** *(SchuldR)* faute *f* de la victime.

**KONKURS** *m* • *(alte Bezeichnung für das seit dem 1.1.1999 geltende Insolvenzrecht)* faillite *f* • *(älterer Oberbegriff für Konkurs u. Vergleich)* procédure *ou* voie d'exécution collective (concernant les entreprises en difficulté), concours *m*, liquidation judiciaire (des entreprises) • *(in Anbetracht der Person des Schuldners)* faillite personnelle • *(im Hinblick auf das Unternehmen, in der Wirtschaftssprache)* déconfiture *f* de l'entreprise; **betrügerischer –** banqueroute frauduleuse.

**KONNOSSEMENT** *n* *(SeeHR: Frachtbrief)* connaissement *m*.

**KONSENS** *m* • *(Einwilligung)* acceptation *f*, échange *m* de consentements • *(Übereinstimmung)* accord *m* de volonté.

**KONSENSUALVERTRAG** *m* contrat consensuel, contrat *m* formé par le seul consentement des parties.

**KONSORTEN** *pl* • *(GesR: Mitglied eines Konsortiums)* membres d'un consortium, consorts *mpl* • *(StR: Mitbeteiligte, Mittäter)* co-auteurs *mpl*; complices *mpl*.

**KONSORTIUM** *n (GesR)* consortium *m*, groupement d'entreprises; pool *m* bancaire.

**KONSPIRATIVE WOHNUNG** *f (StR)* appartement *m* dans lequel se cachent des terroristes (en vue de préparer des attentats).

**KONSULAT** *n* • *(Dienstgebäude)* résidence *f* du consul, consulat *m*, services consulaires • *(Amt)* charge *f* de consul.

**KONSUMENTEN | KREDIT** *m* crédit *m* à la consommation; **–leasing** *f* location-vente *f*; **–ratenkreditvertrag** *m* vente *f* à tempérament; **–schutz** *m* protection *f* des consommateurs, consumérisme *m*.

**KONSUM | GENOSSENSCHAFT** *f* coopérative *f* de consommation; **–güter** *pl* biens *mpl* de consommation.

**KONTAKT | ADRESSE** *f*, **–anzeige** *f* petite annonce «rose», offre *f* par petite annonce d'ébats sexuels; **–büro** *n (HR)* bureau *m* de contact (en vue d'engager *ou* d'entretenir des relations d'affaires; **–lokal** *n (Drogen)* local *m ou* lieu de rencontre entre trafiquants et usagers de drogues; **–pflege** *f* relations publiques; **–sperre** *f (StR)* interdiction faite à un détenu convaincu d'activités terroristes de communiquer avec l'extérieur et ses codétenus (par écrit ou oralement).

**KONTEN | ABSCHLUSS** *m* arrêté *m* de comptes; **–bewegung** *f* jeu *m* d'écritures; **–führung** *f* tenue *f* des comptes; comptabilité financière; **–inhaber** *m* titulaire *m* d'un compte en banque; **–sperrung** *f* blocage *m* d'un compte (bancaire); **–stand** *m* situation; arrêté *m* de compte; **–überziehung** *f* tirage *m* à découvert.

**KONTO** *n* • *(Bankkonto)* compte *m* en banque • *(Post)* compte courant postal *ou* chèque postal • *(Aufstellung)* décompte *m*, bilan *m*, état *m* • *(Aufzeichnung)* écritures *fpl*, inscription (sur un compte); **gemeinschaftliches –** compte joint; **gesperrtes –** compte bloqué; **totes –** compte de matières; **überzogenes –, ungedecktes –** compte *m* à découvert.

**KONTO | ABSCHLUSS** *m* • *(Saldoermittlung)* arrêté *m* du compte • *(Beendigung des Vertragsverhältnisses)* clôture de compte; **–auszug** *m* relevé *m* de compte; **–führung** *f* tenue *f* de compte; **–führungsgebühren** *fpl* agios *mpl*; **–gutschrift** *f* passation d'une créance en compte; **–inhaber** *m* titulaire d'un compte.

**KONTOKORRENT** *n*, **–konto** *n (BankR: laufende Rechnung)* compte-courant *m*, compte courant à découvert réciproque; **–kredit** *m* crédit *ou* avance en compte courant; **–verbindlichkeiten** *pl* engagements en compte courant.

**KONTO | NUMMER** *f* numéro *m* du *ou* de compte; **–stand** *m* situation *f ou* position *f* d'un compte; **–überziehung** *f* découvert *m*.

**KONTRADIKTORISCH** *adj* • *(PrzR: streitig)* contradictoire, en présence des parties; après convocation régulière de tous les intéressés • *(widersprüchlich)* contraire, opposé, contradictoire; antinomique, incompatible; **–es Urteil** *(ZPR: streitiges Urteil)* jugement *m* contradictoire (opposable à tous).

**KONTRAHIERUNGS | FREIHEIT** *f* autonomie contractuelle (des parties); **–zwang** *m (SchuldR: Abschlusszwang)* obligation de contracter.

**KONTROLLE** *f* • *(Aufsicht)* contrôle *m*, surveillance *f*, droit de regard • *(Prüfung)* vérification *f* (d'un fait); inspection *f* • *(Probe)* essai *m*, test *m*, mise *f* à l'épreuve • *(Beherrschung, Gewalt)* maîtrise *f*, contrôle; **nachträgliche –** contrôle a posteriori.

**KONTROLL | ORGAN** *n* organisme *m* de contrôle; **–sichtvermerk** *m* visa pour contrôle; **–stelle**

*f (StR)* cordon *ou* point de surveillance et de contrôle policier; **–uhr** *f* horodateur *m*, horloge *f* de pointage.

**KONVENTION** *f* • *(Vereinbarung)* convention *f*, contrat *m*, engagement *m*, entente *f* • *(völkerrechtl. Vertrag)* accord *m*, traité *m*, convention, pacte *m*; **– zum Schutze der Menschenrechte und Grundfreiheiten** Convention de sauvegarde des droits de l'homme et des libertés fondamentales.

**KONZERN** *m (GesR: Sonderfall der verbundenen Unternehmen - mit einheitlicher Leitung)* groupe *m* de sociétés (indépendantes, dont l'une restreint les pouvoirs de décision et de gestion des autres), groupement *m* d'entreprises, consortium *m*, konzern *m*; **multinationaler –** multinationale *f*.

**KONZESSION** *f* • *(ZR: Zugeständnis)* concession *f*, compromis *m*, transaction *f* • *(ÖfR: behördl. Genehmigung)* autorisation *f*, licence *f* • *(VwR: Nutzungsverleihung)* concession *f* (sur le domaine public), permis *m* exclusif.

**KOPF | GELD** *n* prime *f* de capture; **–geldjäger** *m* chasseur *m* de primes (traquant les criminels); **–tuch** *n* foulard *m* (islamique); **–verletzung** *f* traumatisme crânien; **–zeile** *f* en-tête *m*.

**KOPIERSCHUTZ** *m* protection contre le piratage *ou* les copies illégales (de logiciels).

**KOPPELUNGS | GESCHÄFT** *n*, **–kauf** *m* vente liée *ou* jumelée.

**KOPRODUKTIONSVERTRAG** *m* contrat *m* de coproduction (cinématographique).

**KÖRPER | BEHINDERTE(R)** *m* handicapé *m*, diminué *m* physique, invalide *m*; **–behinderung** *f* infirmité *f*, handicap *m* physique, invalidité.

**KÖRPERLICH** *adj* : **–e Gegenstände** biens *mpl* corporels, choses *fpl* matérielles; **–e Sachen** meubles *mpl* corporels; **–e Untersuchung** *f* • *(StR)* fouille *f* à corps • visite *f* médicale, examen *m* médical; **–e Unversehrtheit** intégrité corporelle.

**KÖRPER | SCHADEN** *m*, **–schädigung** *f* dommage *m ou* préjudice *m* corporel, atteinte *f* à l'intégrité; blessure *f*, mutilation.

**KÖRPERSCHAFT** *f* • *(ÖfR: juristische Person des öffentlichen Rechts)* collectivité territoriale, personne morale de droit public • *(WirtR: mitgliedschaftlich verfasste Personenvereinigung)* corporation *f*, corps *m* de métiers; groupement professionnel • *(VerfR: Staatsorgane)* institution, organe *m* étatique; **öffentlich-rechtliche –, – des öffentlichen Rechts** collectivité de droit public.

**KÖRPERSCHAFTSSTEUER** *f* impôt sur les sociétés (frappant l'enrichissement de l'entreprise pendant l'exercice).

**KÖRPERVERLETZUNG** *f* • blessure *f ou* lésion *f* corporelle, dommage *m* corporel • *(StR)* blessure *f*, coups *mpl* et blessures, violences *fpl ou* voies de fait; **einfache –** • lésions *fpl* corporelles légères • *(StR)* coups et blessures sans circonstances aggravantes; **fahrlässige –** blessures involontaires; **gefährliche –** coups et blessures avec circonstances aggravantes; **schwere –** coups et blessures ayant entraîné la cécité, la perte d'un œil ou d'autres infirmités permanentes; **– mit Todesfolge, – mit tödlichem Ausgang** coups et blessures ayant entraîné la mort (sans intention de la donner).

**KOSTEN** *pl* • *(Ausgaben)* frais *mpl*, dépenses *fpl*, charges *fpl*, débours *mpl*, coûts *mpl* • *(ZPR)* dépens *mpl;* **abzugsfähige –** frais déductibles; **eintreibbare –** sommes *fpl* recouvrables; **erstattungsfähige –, erstattungspflichtige –** frais *mpl ou* dépens *mpl* récupérables; **feste** *od.* fixe – coûts fixes; **nicht eintreibbare –** frais irrépétibles, débours *mpl;* **unvorhergesehene –** faux frais; **verauslagte –** frais exposés.

**KOSTEN | ABRECHNUNG** *f* décompte *m* des frais encourus; **–ansatz** *m (PrzR)* décision motivée sur le montant des dépens; **–anschlag** *m* devis *m*; **–anteil** *m* quote part *f* des frais; **–auferlegung** *f* condamnation aux dépens; **–aufstellung** *f* état *m* des frais *ou* des dépens.

**KOSTEN | BEFREIUNG** *f* exemption *f* (des frais); **–beitrag** *m* contribution aux frais, participation aux frais; **–beitreibung** *f* recouvrement des frais; **–berechnung** *f* • *(BW)* calcul *m* du prix de revient • *(ZPR)* état *m* des dépens.

**KOSTENBESCHEID** *m (VwPR)* état de frais, relevé des frais au titre de dépenses administratives, ordonnance relative aux sommes dues (à l'administration); **vollstreckbarer –** état *m* exécutoire.

**KOSTEN | BESCHLUSS** *m (PrzR)* condamnation aux dépens, décision relative au recouvrement des frais judiciaires; **–deckung** *f* couverture des frais.

**KOSTEN | EINTREIBUNG** *f* recouvrement des frais; **–entscheidung** *f* décision de condamnation aux dépens.

**KOSTENERSATZ** *m od.* **Kostenerstattung** *f* remboursement *m* des frais; **–(s)anspruch** droit *m* au remboursement des frais procéduraux.

**KOSTENFESTSETZUNGS | BESCHEID** *m*, **–beschluss** *m (ZPR)* ordonnance *f* de taxe; condamnation *f* aux dépens, décision *f* sur la liquidation des dépens; **–verfahren** *n* procédure de vérification et de recouvrement des dépens.

**KOSTEN | FREIHEIT** *f od.* **–freistellung** *f* exonération de frais; gratuité *f* de la procédure; **–gesetz** *n (PrzR: KostG)* loi relative aux frais et dépens judiciaires.

**KOSTENLOS** *adj/adv (unentgeltlich)* gratuit, exempt de frais, exonéré de frais; sans frais, gratuitement.

**KOSTEN | PLAN** *m (VersR)* devis *m* relatif au coût (d'un traitement médical); **–rechnung** *f* décompte *ou* état *m* des frais; **–schuldner** *m* débiteur *m* des frais procéduraux.

**KOSTEN | TRÄGER** *m* personne *f* devant supporter les frais; service *ou* institution chargé d'assumer les frais; **–übernahme** *f* prise en charge des frais; **–umlage** *f* répartition des charges *ou* des frais; **–verteilungsschlüssel** *m* code *m* de ventilation des frais; **–voranschlag** *m* devis *m* estimatif; **–vorschuss** *m* provision *f*, avance *f* à titre provisionnel.

**KRAFT** *f* **: rückwirkende –** effet rétroactif; **außer – setzen** abolir, abroger, annuler, suspendre; **in – setzen** mettre en vigueur, mettre en application.

**KRAFTFAHRER** *m* conducteur *m* d'un véhicule à moteur; automobiliste *m*.

**KRAFTFAHRZEUG** *n (Abk. Kfz)* véhicule *m* terrestre à moteur (= VTM); automobile, voiture *f* automobile; **–abgase** *npl* polluants *mpl* provenant de la combustion incomplète des carburants des véhicules automobiles; **–aufbruch** *m* vol à la roulotte avec effraction; **–brief** *m* carnet *m* de propriété d'un véhicule automobile, document établi lors de la mise en circulation d'un véhicule et suivant ses propriétaires successifs; **–diebstahl** *m* vol *m* de voiture; **–fahrer, –führer** *m* conducteur *m* (d'un véhicule à moteur); automobiliste *m*.

**KRAFTFAHRZEUG | HAFTPFLICHT-VERSICHERUNG** *f* assurance *f* de la responsabilité civile pour véhicules terrestres à moteur, assurance R.C.; **–haftung** *f* responsabilité *f* pour véhicules terrestres à moteur; **–halter** *m* gardien *m* du véhicule, détenteur *m* d'un véhicule automobile; **–insasse** *m* passager *m*; **–kennzeichen** *n* plaque *f* minéralogique; **–lenker** *m* conducteur *m*; **–reparaturwerkstatt** *f* garagiste, garage *m*.

**KRAFTFAHRZEUG | SCHADEN** *m* dommage causé à un véhicule automobile; **–schein** *m* carte *f* grise; **–steuer** *f* taxe (de circulation) sur les véhicules à moteur; **–überwachungsverein** (TÜV) Service allemand de contrôle des véhicules à moteur; **–unfall** *m* accident *m* de la route *ou* de la circulation; **–unfallversicherung** *f* assurance *f* contre les accidents d'automobile; **–verkehr** *m* circulation *f* automobile; **–vollversicherung** *f* assurance automobile tous risques, assurance-omnium (B); **–zulassungsstelle** *f* service *m* d'immatriculation des véhicules à moteur.

**KRAFT | RAD** *n* motocycle *m*, véhicule automobile à deux roues; **–radfahrer** *m* conducteur *m* d'un deux roues.

**KRAFT | WAGEN** *m* véhicule *m* automobile; **–wagendiebstahl** *m* vol *m* de voiture; **–werksbetreiber** *m* exploitant *m* d'une centrale *ou* installation de production d'énergie (nucléaire).

**KRANKEN | AKTE** *f* dossier *m* médical (d'un malade); **–anstalt** *f* hôpital *m*, établissement *m* hospitalier, centre *m* hospitalier; **–behandlung** *f* soins médicaux; **–bericht** *m* rapport médical; **–besuch** *m* visite *f* au lit d'un malade; **–bett** *n* lit *m* d'hôpital; **–blatt** *n* feuille de maladie; **–tagegeld** *n* indemnité *f* journalière (de maladie), prestations *fpl* journalières (de maladie).

**KRANKENHAUS** *n* hôpital *m*, établissement hospitalier, clinique *f*; **–aufenthalt** *n* séjour dans un hôpital, hospitalisation; **–aufnahmevertrag** *m* contrat d'hospitalisation (les soins médicaux étant assurés par un médecin n'étant pas employé par l'hôpital); **–behandlung** *f* soins hospitaliers; **–kosten** *pl* frais d'hospitalisation; **–leistung** *f* prestation hospitalière; **–patient** *m* malade *m* hospitalisé; **–personal** *n* personnel soignant et non soignant; **–pflege** *f* soins *mpl* hospitaliers; **–pflegesatz** *m* tarif *m* d'hospitalisation; **–vertrag** *m* contrat de soins hospitaliers.

**KRANKEN | KASSE** *f* caisse maladie; **–kassenarzt** *m* médecin *m* conventionné, médecin de caisse; **–kassenbeiträge** *mpl* cotisations assurance-maladie; **–kassenleistungen** *fpl* prestations de la caisse d'assurance maladie; **–kassenpatient** *m* malade assuré à une caisse maladie (publique); **–kosten** frais de soins; **–pflege** *f* soins médicaux; **–pfleger u. -schwester** personnel soignant, personnel médical secondaire des hôpitaux, infirmiers et infirmières, auxiliaires *mpl* médicaux; **–pflegeversicherung** *f* assurance des soins médicaux et pharmaceutiques.

**KRANKEN | SCHEIN** *m* attestation d'affiliation à une caisse maladie (à remettre au médecin traitant pour toute consultation - ne pas confondre avec la feuille maladie ou de soins en France); **–stand** *m* (taux de) morbidité; **–tagegeld** *n* indemnité journalière; **–transport** *m* transport sanitaire; **–unterlagen** *pl* dossier médical; **–urlaub** *m* congé *m* de maladie.

**KRANKENVERSICHERTEN-KARTE** *f* carte *f* attestant l'affiliation à une caisse d'assurance maladie.

**KRANKENVERSICHERUNG** *f* assurance *f* maladie; **private** *od.* **privatrechtliche –** assurance maladie privée; **soziale** *od.* **öffentlichrechtliche –** assurance sociale maladie; **–sbeiträge** *pl* cotisation assurance maladie; **–skasse** *f* caisse *f* d'assurance maladie; **–sleistungen** *fpl* prestations *fpl* (en nature *ou* en espèces) de l'assurance maladie; **–spflichtgrenze** *f* plafond *m* de l'assurance maladie obligatoire; **–sträger** *m* caisse d'affiliation; **–svertrag** *m* contrat d'affiliation à une caisse d'assurance maladie.

**KRANKHEIT** *f* maladie *f*, affection *f*; **ansteckende** *od.* **übertragbare –** maladie contagieuse ou infectieuse; **gemeingefährliche –** fléau *m* social; **langwierige** *od.* **lange dauernde –** longue maladie.

**KRANKHEITS | BEFUND** *m* maladie diagnostiquée; **–bescheinigung** *f* certificat de maladie; **–bild** *n* signes *mpl* cliniques; **–kosten** *pl* coût *m* de la maladie; **–urlaub** *m* congé *m* de maladie.

**KRANK | MELDUNG** *f* avis *m* d'arrêt de travail (pour cause de maladie); **–schreibung** *f* attestation du médecin de l'arrêt de travail pour cause de maladie.

**KRAWALLSCHÄDEN** *mpl* *(VersR)* dommages *mpl* résultant d'une manifestation violente.

**KREDIT** *m* • *(Gelddarlehen)* crédit *m*, prêt *m* (d'argent), emprunt *m*, avance *f* (de fonds) • *(Kreditwürdigkeit)* honorabilité *f*, (bonne) réputation *f* de solvabilité • *(Buchf)* colonne *f* de droite constatant les créances; augmentation de ressource; diminution d'emploi; **ungedeckter –** crédit à découvert; **unwiderruflicher –** crédit irrévocable.

**KREDIT | ANSCHWÄRZUNG** *f* atteinte *f* au crédit; **–anstalt** *f* établissement *m* de crédit; **–aufsicht** *f* (service de) surveillance du crédit; **–ausfallversicherung** *f* assurance crédit.

**KREDITBANK** *f* établissement de crédit; banque de crédit à moyen et à long terme; **landwirtschaftliche –** caisse *f* de crédit agricole.

**KREDIT | BEDARF** *m* besoin de crédit; besoins en crédits; **–begrenzung** *f* encadrement *m* du crédit; **–betrug** *m* escroquerie *f* au crédit; **–bewilligung** *f* octroi *m* d'un crédit.

**KREDIT | BRIEF** *m* lettre *m* de crédit, accréditif *m*; **–erleichterung** *f* facilités de crédit; **–eröffnung** *f* octroi *m* *ou* ouverture *f* d'un crédit.

**KREDIT | FÄHIGKEIT** *f* • honorabilité *f*, garanties *fpl* contre les risques de crédit • *(Bank)* capacité *f* de consentir des crédits *ou* des prêts; **–geber** *m* bailleur *m* de fonds, prêteur *m*, donneur de crédit; **–gefährdung** *f* atteinte *f* au crédit; **–geschäft** *n* • (contrat de) prêt *m* à intérêt • opération de crédit.

**KREDITINSTITUT** *n* établissement de crédit, établissement financier, banque *f* d'affaires, banque de crédit à long et à moyen terme.

**KREDITKARTE** *f* carte *m* de crédit *ou* de paiement; carte bleue, intercarte; carte accréditive; carte Eurocard, Master card (etc.); **–nbetrug** *m* escroquerie *f* *ou* utilisation frauduleuse d'une carte de crédit *ou* de prélèvement automatique; **–ninhaber** *m* titulaire *m* de la carte; **–nmissbrauch** *m* utilisation frauduleuse d'une carte de crédit; **–nvertrag** *m* contrat-adhérent *m*.

**KREDIT | KAUF** *m* vente *f* à crédit; **–linie** *f* limite d'escompte; plafond *m* du crédit; **–mittel** *n* crédits *mpl*; **moyen** *mpl* financiers; **–nehmer** *m* emprunteur *m*, bénéficiaire *m* du crédit.

**KREDIT | SCHÄDIGUNG** *f* atteinte *f* au crédit; **–schöpfung** *f* création *f* de monnaie fiduciaire; **–schuldner** *m* emprunteur *m*; **–sperre** *f* blocage du crédit.

**KREDIT | TILGUNG** *f* remboursement *m* du crédit; **–versicherung** *f* assurance-crédit *f*; **–vertrag** *m* convention (d'ouverture) de crédit.

**KREDIT | WECHSEL** *m* effet financier; **–wesen** *n* les crédits bancaires; **–würdigkeit** *f* honorabilité *f*, surface *f* financière de l'emprunteur; **–zusage** *f* promesse *f* de crédit *ou* de prêt.

**KREIS** *m* • *(VwR: dt. Verwaltungseinheit in den Ländern)* district *m* (en tant que collectivité territoriale allemande autonome), circonscription *f* territoriale *ou* administrative allemande, division *f* administrative territoriale allemande • *(Personengruppe)* groupe *m* (de personnes).

**KREIS | BEHÖRDE** *f* administration d'un district; **–direktor** *m* secrétaire général du district; **–freie Stadt** ville *f ou* cité urbaine non-intégrée dans un district, ville *f* s'administrant de manière autonome (sans faire partie d'un cercle); **–gericht** *n (PrzR: Aut)* tribunal de district, tribunal dont les fonctions correspondent approximativement à celles d'un tribunal de grande instance; **–sparkasse** *f* caisse *f* d'épargne d'un arrondissement allemand.

**KREISSTADT** *f* chef-lieu *m* du district (c'est-à-dire d'un arrondissement allemand); **unmittelbare –** ville constituant par elle-même un district.

**KREIS | TAG** *m* assemblée *f* délibérante du district; **–tagsmitglied** *n* conseiller de l'assemblée délibérante du district; **–wehrersatzamt** *n* bureau *m* du service national (et centre de sélection d'un arrondissement allemand).

**KREUZUNG** *f* • *(Straßen)* croisement *m*, carrefour *m*, intersection *f* • *(Scheck)* barrement *m*.

**KREUZVERHÖR** *n* • *(Täter)* contre-interrogatoire *m*, interrogatoire contradictoire • audition des experts et témoins par les deux parties, audition *f* contradictoire.

**KRIDA** *f (Aut: Bankrott)* faillite *f*, liquidation *f* des biens, banqueroute simple; **betrügerische –** *(Aut)* banqueroute frauduleuse; **fahrlässige –** banqueroute simple.

**KRIECHSPUR** *f* voie *f* réservée aux véhicules lents.

**KRIEGSDIENST** *m* service *m* militaire; **– mit der Waffe** service militaire (destiné à répondre aux besoins des armées); **–verweigerer** *m* objecteur *m* de consience; insoumis *m*; **–verweigerung** *f* • objection de conscience • *(Totalverweigerung)* insoumission.

**KRIEGS | GEFANGENE(R)** *m* prisonnier de guerre; **–gefangenenlager** *n* camp *m* de prisonniers de guerre; **–gefangenschaft** *f* captivité *f*; **–gericht** *n* tribunal *m* militaire.

**KRIEGS | HANDLUNG** *f* acte de guerre, fait *ou* opération *ou* événement de guerre; **–hetze** *f* bellicisme *m*, excitation *f* à la guerre; **–recht** *n* droit de la guerre, lois et coutumes de la guerre, lois et usages de la guerre; **–rente** *f* pension de guerre.

**KRIEGS | STRAFRECHT** *n* loi *f* martiale; **–verbrechen** *n* crime de guerre; **–verbrecher** *m* criminel *m* de guerre.

**KRIEGS | VÖLKERRECHT** *n* droit international de la guerre; **–waffenkontrollgesetz** *n* Loi relative au contrôle des armes de guerre; **–zustand** *m* état de guerre, état de belligérance.

**KRIMINAL | AKTE** *f* fichier *m* de la police criminelle; **–aktenführung** *f* tenue et actualisation des fichiers; **–amt** *n* service de la police criminelle; **–anthropologie** *f* anthropométrie *f*; **–hauptkommissar** *m* commissaire principal de la police criminelle allemande; **–hauptmeister** *m* commissaire de la police criminelle allemande.

**KRIMINALITÄT** *f (Straffälligkeit)* criminalité *f*; **organisierte –** criminalité organisée; syndicat *m* du crime; **–svorbeugung** *f* prévention *ou* prophylaxie criminelle.

**KRIMINAL | KOMMISSAR** *m* commissaire de la police criminelle; **–polizei** *f* **(= Kripo)** police *f* criminelle, (en France:) police judiciaire (P. J.), sûreté *f*; **–polizeidienststelle** *f* service régional de la police criminelle.

**KRIMINELLE VEREINIGUNG** *f* association *f* de malfaiteurs; bande *f*, réseau; maf(f)ia *f*, criminalité organisée.

**KRISEN | GEBIET** *n* région en crise *ou* sinistrée; **–lage** *f*, **–situation** *f* situation critique; **–stab** *m* cellule *f* de crise.

**KRONZEUGE** *m (StPR)* témoin-clé *ou* principal.

**KUCKUCK** *m (scherzhaft: Siegel des Gerichtsvollziehers bei der Pfändung)* sceau *m* de l'huissier allemand collé sur les biens saisis.

**KULANZ** *f* • *(VersR: Entgegenkommen)* facilité *f*, flexibilité *f* • *(HR: Erleichterungen)* traitement *m* de faveur (pour un client).

**KULTUR | ABKOMMEN** *n* accord *m* culturel, convention *f* culturelle; **–attaché** *m* attaché *m* culturel; **–besitz** *m* patrimoine culturel; **–denkmal** *n* monument historique, édifice *m* de caractère historique *ou* artistique; **–güter** *pl* biens *mpl* du patrimoine culturel; **–hoheit** *f* (der Länder) compétence exclusive (des Länder) pour les affaires culturelles et l'instruction publique; **–schaffende** *pl* artistes, auteurs, compositeurs, gens de lettres.

**KULTUS | FREIHEIT** *f* liberté *f* des cultes; **–ministerium** *n* ministère des cultes (et de l'éducation); **–verein** *m*, **–vereinigung** *f* association *f* cultuelle.

**KÜNDBAR** *adj* résiliable, dénonçable.

**KUNDE** *m* • *m* client *m*, acheteur *m*, preneur *m*, importateur *m* • *mpl* clientèle *f*.

**KUNDEN | ABWERBUNG** *f* détournement frauduleux de clientèle; **–aufklärung** devoir d'information et de conseil, informations à fournir à la clientèle; **–berater** *m* informateur professionnel des clients; **–besuch** *m* démarchage *m*; **–betreuung** *f* suivi *m*; **–dienst** *m* service après vente; assistance *f* technique; **–dienstnetz** *n* réseau *m* après vente; **–karte** *f* carte client, carte de fidélisation de la clientèle; **–kreis** *m* clientèle *f*; **–liste** *f* fichier *m* des clients (d'une société); **–stamm** *m* clientèle *f* fidèle *ou* habituelle.

**KUNDEN | VERKEHR** *m* heures d'ouverture (d'un commerce); relations avec la clientèle; **–werber** *m* démarcheur *m*; **–werbung** *f* prospection de la clientèle, démarchage *m*.

**KUNDGEBUNG** *f* • *(Massenveranstaltung)* manifestation *f*, réunion publique • *(Äußerung)* expression *f*, manifestation *f* de volonté; **–steilnehmer** manifestant *m*, personne prenant part à une manifestation.

**KÜNDIGEN** *v* • *(ZR: Vertrag)* dénoncer, résilier • *(ArbR: durch Arbeitgeber)* congédier, licencier, renvoyer, donner congé • *(ArbR: durch Arbeitnehmer)* demander son congé, dénoncer (son contrat), se démettre • *(VwR)* donner sa démission, démissionner.

**KÜNDIGUNG** *f* • *(SchuldR: Dauerschuldverhältnisse allg.)* résolution *f* (= effacement rétroactif), résiliation *f* (= effacement pour l'avenir) • *(ArbR: Arbeitsverträge allg.)* résiliation *ou* rupture *f* du contrat de travail, congé *m* • *(ArbR: durch Arbeitgeber, Einzelkündigung)* congédiement *m*, renvoi *m*, licenciement *m* individuel • *(ArbR: Massenkündigung)* licenciement collectif (d'initiative patronale) • *(ArbR: durch Arbeitnehmer)* démission *f* • *(SchuldR)* résiliation par consentement mutuel • *(Tarifvertrag)* dénonciation (d'une convention collective); **außerordentliche –** résiliation unilatérale (sans préavis) pour faute grave; **betriebsbedingte –** licenciement pour raisons économiques; **fristlose –** licenciement sans préavis; **ordentliche –** résiliation unilatérale en respectant le délai congé; **rechtsmissbräuchliche** *od.* **unrechtmäßige –** licenciement arbitraire, renvoi *ou* congé abusif, brusque rupture *f*, résiliation sans motifs sérieux; **willkürliche –** renvoi *m* arbitraire.

**KÜNDIGUNGS | ABFINDUNG** *f* indemnité *f* de licenciement; **–androhung** *f* annonce *f* comminatoire de la possibilité d'une résiliation du contrat; **–anzeige** *f* avis de dénonciation; notification du congédiement; **–brief** *m* lettre *f* de licenciement.

**KÜNDIGUNGS | DROHUNG** *f* lettre *f* comminatoire annonçant un licenciement; **–entschädigung** *f* • indemnité de licenciement *ou* de congédiement *ou* de résiliation • indemnité de rupture abusive; **–freiheit** *f* liberté *f* de licenciement; liberté de résilier (le contrat de travail); **–frist** *f* délai de préavis, délai-congé *m*, préavis *m* de licenciement.

**KÜNDIGUNGSGRUND** *m* motif du licenciement, cause *f* de la rupture du contrat; **rechtmäßiger –** motif réel et sérieux du licenciement; **Nachschieben von –en** indication a posteriori des motifs (de la résiliation *ou* du congédiement).

**KÜNDIGUNGSRECHT** *n* • *(objektiv)* droit *n* de licenciement, régime de la résiliation (unilatérale) des contrats de travail à durée indéterminée • *(subjektiv)* liberté *f* de licenciement, faculté *f* de résiliation unilatérale, droit de dénonciation (du contrat de travail).

**KÜNDIGUNGSSCHREIBEN** *n* avis de résiliation; lettre de licenciement.

**KÜNDIGUNGSSCHUTZ** *m* • *(SchuldR: Mietvertrag)* protection des locataires contre l'éviction • *(ArbR)* protection contre le licenciement (à caractère unilatéral) par l'employeur; **–klage** *f* action en protection contre un licenciement (abusif).

**KÜNDIGUNGS | SENAT** *m (PrzR: BAG)* chambre compétente en matière de licenciement de la Cour suprême allemande du travail; **–verbot** *n* interdiction de licencier, interdiction de résilier le contrat de travail *ou* le bail; **–voraussetzungen** *fpl* conditions exigées pour le licenciement.

**KUNDMACHUNG** *f* • publication *f* • communication *f*, publicité *f*; **öffentliche –** promulgation *f*.

**KUNDSCHAFT** *f* clientèle *f*, achalandage *m*; **feste –** clientèle habituelle; **örtliche –** clientèle locale; **–sentschädigung** indemnité *f* de clientèle.

**KUNST | AKADEMIE** *f* école *f* des beaux-arts; **–fälschung** *f* imitation frauduleuse; **–fehler** *m* faute professionnelle; **ärztlicher –fehler** faute *f* médicale, faute dans l'opération du chirurgien, faute professionnelle du médecin; **–gewerbe** *n* arts *mpl* industriels, arts et métiers; **–griff** *m* artifice *m*, ruse *f*; **–handel** *m* commerce *m* des œuvres d'art; **–händler** *m* marchand *m* d'objets d'art; **–handwerk** *n* art *m* artisanal, arts appliqués.

**KÜNSTLER** *m* artiste *m*; auteur *m*; compositeur *m*; gens de lettres; créateur *m* (d'une œuvre d'art); **ausübender –** artiste du spectacle, interprète *m*; **–agentur** *f* agence *f* artistique.

**KÜNSTLER | NAME** *m*; pseudonyme *m*; nom de fantaisie, nom de guerre; **–persönlichkeitsrecht** *n* droit extrapatrimonial de l'auteur d'une uvre d'art; **–vertrag** *m* contrat de louage de services conclu avec un artiste de spectacle.

**KÜNSTLICHE | BEFRUCHTUNG** *f* fécondation in vitro, procréation artificielle; **– Ernährung** alimentation artificielle.

**KUNST | MARKT** *m* marché des œuvres d'art; **–sammler** *m* collectionneur (d'objets d'art); **–sammlung** *f* collection; **–schaffende** *m* artiste *m*; écrivain; peintre (etc.); **–urhebergesetz** *n* Loi concernant la protection des créateurs et artistes; **–werk** *n* œuvre *f* artistique.

**KUPPELEI** *f (StR)* aide *f* à la prostitution d'autrui, faire office d'intermédiaire entre les personnes se livrant à la prostitution; **gewerbsmäßige –** proxénétisme *m*.

**KUPPLER** *m* **: gewerbsmäßiger –** proxénète *m*, souteneur *m*.

**KURATOR** *m* • *(FamR: Pfleger)* curateur *m* • *(Verwalter einer Stiftung)* administrateur d'une fondation; **– des Nasciturus** curateur au ventre.

**KURATORIUM** *n (GesR: Aufsichtsorgan)* conseil de surveillance d'une association *ou* d'une personne morale de droit public; comité *m* consultatif.

**KUR | BEHANDLUNG** *f* cure *f*; **–gast** *m* curiste *m*; **–gebiet** *n* station thermale.

**KUR | KLINIK** *f* clinique thermale; **–ort** *m* station thermale; **–pfuscher** *m* rebouteur *m*, rebouteux *m*, guérisseur *m*, charlatan *m*, personne *f* qui exerce illégalement la médecine; **–pfuscherei** exercice *m* illégal de la médecine.

**KURS** *m* • *(BörR)* cours *m* (du change), cote *f*, taux *m* • *(Fahrtrichtung)* route *f*, itinéraire *m* • *(Politik)* orientation *f*, ligne politique • *(Lehrgang)* cours *m*, leçon *m*.

**KURZ | ANZEIGE** *f* petite annonce; **–arbeit** *f* chômage *m* partiel, travail à temps réduit; **–arbeiter** *m* chômeur *m* partiel; **–ausbildung** *f* formation *f* accélérée; **–bericht** *m* compte-rendu *m* analytique; **–bezeichnung** *f* sigle *m*.

**KURZFRISTIG** *adv* à bref délai; prochainement; rapidement, promptement; à court terme.

**KURZ | KOMMENTAR** *m* code annoté; **–lehrgang** *f* cours *m* de formation professionelle accélérée; **–nachrichten** *pl* flash *m* d'information; **–protokoll** *n* procès-verbal *m* résumé; **–schlussreaktion** *f* réaction irréfléchie *ou* **impulsive**.

**KÜRZUNG** *f* réduction *f*, diminution *f*, abattement *m*, déduction *f*; **– der Leistungen** réduction des prestations.

**KÜSTENSCHIFFAHRT** *f* cabotage *m*; **internationale –** cabotage international; **kleinere –** navigation *f* côtière, navigation au bornage, bornage *m*.

# L

**LABOR** *n (Forschungsstätte)* laboratoire *m* (d'essais, d'études, d'analyse); **–befund** *m* résultat *m* des analyses.

**LADE | ARBEITER** *m* docker *m*, débardeur *m*; **–geschäft** *n* opération de chargement/déchargement; **–gut** *n* cargaison *f*, fret *m*, chargement *m*; **–liste** *f* bordereau *m* de chargement.

**LADEN** *v* • *(jmdn. vor Gericht)* donner citation à qqn., citer qqn. à se présenter devant une juridiction • *(einen Zeugen)* convoquer (un témoin) • *(Waren verladen)* charger (un navire, un camion) • *(eine Waffe laden)* charger (une arme).

**LADEN** *m (HR)* débit *m*, commerce *m*, magasin *m* (de détail); fonds *m* de commerce.

**LADEN | BESITZER** *m* propriétaire *m* d'un fonds de commerce; **–dieb** *m* voleur *m* (dans un magasin); **–diebstahl** *m* vol *m* à l'étalage *ou* dans les magasins; **–gehilfe** *m* employé de magasin, vendeur *m*; **–geschäft** *n* commerce *m* de détail, fonds de commerce *ou* de boutique; **–hüter** *m* marchandise *f* invendable, rossignol *m*.

**LADEN | INHABER** *m* propriétaire *m* d'un fonds de commerce; **–kasse** *f* caisse *f* enregistreuse; **–kette** *f* chaîne *f* de magasins; **–öffnungszeiten** *fpl* heures *fpl* d'ouverture des magasins; **–preis** *m* prix de vente au public, prix de détail; **–räume** *mpl* locaux commerciaux.

**LADE | PLATZ** *m* embarcadère *m*; débarcadère *m*; **–raum** *m (Schiff)* cale *f* (pour la cargaison); soute *f* (à charbon); **–zeit** *f* staries *fpl*, jours de planche.

**LADUNG 1.** *f* • *(ZPR: Aufforderung vor Gericht zu erscheinen)* assignation (à comparaître), citation *f* (en justice) • *(Ladungsurkunde)* acte *m* d'assignation en justice, ajournement *m* à comparaître, avenir d'audience; *umg* papier bleu

• *(Zeuge)* convocation • *(StPR)* citation directe par le ministère public • *(VwR: Behörde)* sommation, convocation, invitation; erneute – réassignation.

**LADUNG 2.** *f* • *(HR: Transport zu Lande)* chargement *m* (d'un camion *ou* d'un wagon) • *(SeeHR)* cargaison *f* (d'un navire), fret *m*, charge *f*; **sperrige –** chargement encombrant; **– auf Deck** chargement en pontée, pontée *f*.

**LADUNGS | FRIST** *(ZPR)* délai de comparution, délai pour comparaître, délai d'ajournement; **–schrift** *f od.* **–urkunde** *f* *(ZPR)* acte d'assignation (devant le tribunal de ...); exploit à fin de comparution, cédule *f* de citation.

**LAGE** *f* • *(Stelle)* situation *f*, emplacement *m*, implantation *f* • *(bestehende Situation)* état *m* actuel, situation présente, circonstances *fpl*; **finanzielle –** situation financière *ou* pécuniaire; **rechtliche –** situation juridique; **nach – der Akten entscheiden** statuer sur la base de la situation caractérisée (du dossier).

**LAGER** *n* • *(HR: Warenlager)* magasin *m*, entrepôt *m*, dépôt • *(VR: Feldlager)* camp *m* • *(WirtR: Erze, Kohle)* gîte *m*; **ab –** départ *ou* ex magasin; **–arbeiter** *m* manutentionnaire; **–aufseher** *m* magasinier *m*; **–bestand** *m* stocks *mpl*, marchandises en magasin.

**LAGERBUCH** *n* livre *m* de magasin, registre *m* magasinier; registre d'entrepôt; **–führung** *f od.* **–haltung** *f* tenue *f* de la comptabilité matières.

**LAGER | GELD** *n* taxe d'entrepôt, droits *ou* frais de magasinage; **–geschäft** *n* opération d'entrepôt; **–gut** *n* marchandise entreposée *ou* en entrepôt; **–halter** *m* entrepositaire *m*, magasinier *m*; **–haltung** *f* magasinage *m*, stockage *m*, tenue *f* des stocks; **–haltungsvertrag** *m* contrat de d'entrepôt (en magasin).

**LAGERHAUS** *n* entrepôt *m*, magasin *m*; **öffentliches –** magasin général.

**LAGER | KOSTEN** *pl* frais d'entrepôt, frais de magasinage; **–miete** *f* droits *mpl* de magasinage, frais d'entrepôt.

**LAGER | RAUM** *m* hangar *m* pour l'entreposage; entrepôt *m*; **–schein** *m* warrant *m*; **–umschlag** *m* rotation *f* des stocks.

**LAGERUNG** *f* magasinage *m*, dépôt *m*; **–skosten** frais de magasinage; **–sschäden** *pl* dommages *mpl* résultant de l'entreposage *ou* de la manutention.

**LAGER | VERTRAG** *m* contrat *m* d'entrepôt; **–verwalter** *m* magasinier *m*; **–verwaltung** *f* administration d'un magasin d'entreposage, manutention.

**LAIEN | GERICHT** *n* tribunal échevinal (composé uniquement de magistrats non professionnels); **–richter** *m* magistrat non professionnel; juge échevinal, échevin *m*.

**LAND** *n* • *(ÖfR: Gliedstaat des Bundesstaates)* État *m* fédéré; Land *m*; territoire *m* (d'un État fédéré) • *(VR: Staat)* État *m*; nation • *(Landschaft, Gegend)* campagne *f*, pays *m* • *(SachR: Grund und Boden)* terre *f*, terrain *m*.

**LÄNDER | BEHÖRDEN** *pl* administrations d'un Land; **–finanzausgleich** *m* péréquation des charges financières entre les États fédérés; **–gesetze** *npl* lois adoptées par les États fédérés; **–kammer** *f* *(VerfR: Bundesrat)* seconde chambre (en RFA) représentant les gouvernements des Länder.

**LANDES | ANWALTSCHAFT** *f* Parquet *m* auprès d'un tribunal administratif régional; **–arbeitsamt** *n* office *m* de l'emploi (au niveau) du Land; **–arbeitsgericht** *n* tribunal *m* supérieur (allemand) du travail; **–aufgaben** *fpl* compétences *fpl* d'un État fédéré.

**LANDES | BEHÖRDE** *f* administration d'un État fédéré, service *m* administratif régional (au niveau du Land); **–finanzbehörden** *fpl* services fiscaux d'un État fédéré.

**LANDES | GERICHT** *n* (Aut) tribunal de première instance (correspond approximativement au tribunal de grande instance; **–gesetzgebung** *f* législation de Land; **–grenze** *f* • frontière *f* d'un Land • frontière nationale; **–hauptmann** *m* (Aut) chef *m* du gouvernement provincial; **–hauptmannschaft** *f* (Aut) services du gouvernement provincial; **–hauptstadt** *f* capitale d'un État fédéré (allemand).

**LANDES | JUSTIZVERWALTUNG** *f* administration judiciaire intérieure d'un Land; **–kriminalamt** *n* service de police judiciaire d'un État fédéré; **–meldegesetz** *n* Loi d'un État fédéré relative à l'obligation de déclaration domiciliaire.

**LANDES | PARLAMENT** *n* parlement d'un Land; **–polizeibehörde** service de police d'un État fédéré.

**LANDES | RECHNUNGSHOF** *m* Cour des comptes d'un État fédéré; **–recht** *n* droit *m* de l'État fédéré, législation du Land; **–regierung** *f* gouvernement du Land, gouvernement de l'État fédéré; **–sozialgericht** *n* tribunal supérieur (allemand) du contentieux social; **–sozialrichter** *m* juge *m ou* **magistrat** *m* auprès du tribunal du contentieux social; **–staatsgerichtshof** *m* Cour constitutionnelle d'un Land.

**LANDES | VERFASSUNG** *f* constitution du Land, constitution *f* provinciale; **–verfassungsgericht** *n* cour constitutionnelle d'un Land; **–verfassungsschutzbehörde** *f* service *m* de protection de la constitution d'un Land; **–verrat** *m* *(StR)* haute trahison *f*; **–verteidigung** *f* défense *f* nationale; **–vertretung** *f* représentation *f* du Land, représentation d'un État fédéré (auprès du Bund); **–verwaltungsgericht** *n* cour administrative d'appel allemande (au niveau du Land); **–zentralbank** *f* banque centrale d'un Land.

**LAND | FRIEDENSBRUCH** *m* violences commises par une personne agissant au sein d'un attroupement dans un lieu public; **–gemeinde** *f* commune *f* rurale.

**LANDGERICHT** *n* tribunal *m* régional (allemand), (le Landgericht est une juridiction collégiale allemande correspondant approximativement au tribunal de grande instance français); **–sbezirk** *m* ressort *m* du tribunal régional; **–sdirektor** *m* directeur auprès du Landgericht, vice-président du tribunal régional; **–spräsident** *m* président auprès du Landgericht, président du tribunal régional; **–srat** *m* conseiller auprès du Landgericht, conseiller près le tribunal régional.

**LAND | KREIS** *m* collectivité territoriale allemande dans un Land (entre le Regierungsbezirk et la commune); personne morale territoriale de droit public (allemande); **–kreisordnung** *f* régime juridique du Landkreis; **–kreistag** *m* assemblée délibérante du Landkreis.

**LAND | RAT** *m* • *(VwR: Leiter der [Land-]Kreisverwaltung)* chef des services administratifs du Landkreis (en RFA), détenteur du pouvoir exécutif du Landkreis • (S) conseil cantonal; **–ratsamt** *m* services *mpl* (administratifs) du Landkreis.

**LANDSCHAFT** *f* espace *m* naturel, boisé, vert; paysage *m*; **–samt** *n* service d'aménagement, d'entretien et de préservation des espaces naturels; **–sbild** *n* site *m*, zone *f* d'environnement protégée; **–spflege** *f* préservation des sites; **–splaner** *m* architecte paysagiste; **–sschutz** *m* sauvegarde des paysages; **–schutzgebiet** *n* zone *f* protégée, site *m* protégé; **–sumfeld** *n* périmètre *m* sensible; secteur sauvegardé; **–sverband** *m* groupement *m* de communes pour la conservation du patrimoine naturel.

**LANDSTREICHEREI** *f* vagabondage *m*.

**LANDTAG** *m* parlement du Land, Landtag *m*; diète *f* provinciale allemande; **–sabgeordnete(r)** *m* député *m* du Landtag; **–spräsident** *m* président de l'assemblée législative d'un Land.

**LAND | VERMESSUNG** *f* arpentage *m*; **–vermögen** *n* patrimoine foncier; **–wirt** *m* exploitant *m* agricole, agriculteur *m*.

**LANDWIRTSCHAFTS | AMT** *n* service régional (allemand) de l'agriculture; **–betrieb** *m* exploitation agricole; **–gericht** *n* tribunal *m* des affaires rurales; **–kammer** *f* chambre de l'agriculture.

**LANGFRISTIG** *adj* à long terme.

**LANGZEIT | ARBEITSLOSE(R)** *m* chômeur *m* de longue durée; **–folgen** *fpl* séquelles durables (d'une maladie).

**LÄRM** *m* bruit *m*, pollution *f* sonore; **–abwehr** *f*, **–bekämpfung** *f* lutte *f* contre la pollution sonore; **–belästigung** *f* nuisance *f* sonore; **–(belastungsgrenz)wert** *m* limite *f* tolérable du bruit (exprimé en décibels); **–pegel** *m* niveau du bruit; **–quelle** *f* bruits provenant de *ou* causés par *ou* émis par . . .; **–schutz** *m* insonorisation; **–schutzbereich** *m* périmètre protégé; **–schutzwall** *m* écran *m ou* talus *m* acoustique.

**LAST** *f* • *(Gewicht, Bürde)* charge *f*, poids *m*, fardeau *m* • *(Fracht, Frachtgut)* cargaison *f*, charge • *(Wirtschaft, meist pl: Verbindlichkeiten, Schulden, Steuern)* obligations *fpl*, charges *fpl* publiques, impôt *m*, redevance *f*, dette *f*; **jmdm. etwas zur – legen** incriminer qqch. à qqn.; considérer qqn. comme responsable.

**LASTEN | AUSGLEICH** *m* péréquation des charges; **–gleichheit** *f* égalité *f* devant les charges; **–heft** *n* cahier des charges; **–tragung** *f* obligation de supporter les charges (publiques); **–verteilung** *f* péréquation *ou* répartition des charges.

**LASTKRAFTWAGEN** *m (StVR: LKW)* poids *m* lourd, camion *m*; **–verkehr** *m* trafic *m* des poids lourds.

**LASTSCHRIFT** *f* débit *m*; **–abbuchung** *f* débit automatique; **–anzeige** *f* avis *m* de débit; **–einzugsverfahren** *n* procédure *f* de prélèvement automatique pour règlements périodiques.

**LAUFBAHN** *f* carrière *f*; corps *m* (de fonctionnaires) doté d'un statut particulier; **–beamte(r)** *m* fonctionnaire *m* de carrière; **–gruppe** *f* catégorie *f* de corps (de la fonction publique) (A-B-C *ou* D).

**LAUF | KUNDSCHAFT** *f* clientèle *f* de passage; **–schreiben** *n* note *f* circulaire, circulaire *f*.

**LAUFZEIT** *f* durée *f* (d'application, de validité etc.); **– des Patents** *n* durée de validité du brevet; **– des Vertrages** durée d'application du contrat; **–verlängerung** *f* prorogation de la validité

**LAUFZETTEL** *m* bordereau *m*; fiche *f*.

**LAUSCHANGRIFF** *m* écoute *f* téléphonique (officielle ou clandestine); **großer –** écoutes tous azimuts (dans le cadre de la recherche de criminels particulièrement dangereux).

**LAUT** *präp* vu, conformément à; suivant.

**LEASING** *n* • *(SchuldR: Mietvertrag – mit oder ohne Kaufoption)* location (avec achat en option), crédit-bail *m*, leasing *m* • *(HR)* crédit-bail portant sur un immeuble à usage professionel *ou* sur un bien d'équipement *ou* un matériel d'outillage • *(ZR)* crédit-bail ayant pour objet un bien d'équipement familial *ou* ménager; **–bank** *f* société financière de leasing; **–geber** *m* crédit-bailleur *m*; **–gesellschaft** *f* entreprise *f ou* société *f* de crédit-bail, société immobilière pour le commerce et l'industrie, société de leasing; **–nehmer** *m* crédit-locataire *m*, preneur *m*; **–rate** *f* loyer *m* (mensuel); **–sache** *f* objet *m* du contrat de crédit-bail; **–vertrag** *m* • *(Industriegüter)* contrat de crédit-bail • *(Gebrauchsgüter)* contrat de location-vente.

**LEBEN** *n* : **jmdm. nach dem – trachten** attenter à la vie de qqn.;

**ums – kommen** périr, perdre la vie.

**LEBENS | AUFWAND** *m* train *m* de vie; **–bedarf** *m* minimum vital; **–bereich** *m* intimité *f*, domaine privé (d'une personne); **–bestätigung** *f* certificat de vie.

**LEBENS | DATEN** *npl* repères *mpl* biographiques; **–dauer** *f* • *(Menschen)* vie *f*, durée *f* de la vie, longévité *f* • *(Maschinen)* durabilité *f*, durée de vie utile, durée de service; **–erwartung** *f* espérance *f* de vie.

**LEBENS | FÄHIGKEIT** *f* viabilité *f*, capacité naturelle de vivre; **–führung** *f* conduite *f*; train *m* de vie; **–führungskosten** coût *m* de la vie, dépenses en vue de subvenir à ses propres besoins; **–gefahr** *f* danger *m* de mort; **–gefährdung** *f* le fait de mettre qqn. dans une situation périlleuse, le fait d'exposer la vie de qqn. à un grave danger; **–gefährte** *m* partenaire *m*; personne *f* avec laquelle on vit; époux; **–gefährtin** *f* • épouse *f* • partenaire *f*, compagne *f*, concubine *f*; **–gemeinschaft** *f* • *(ehelich)* communauté de vie conjugale • *(nichtehelich)* union libre, cohabitation, concubinage • *(eingetragene Lebenspartnerschaft)* pacte civil de solidarité.

**LEBENSHALTUNGS | KOSTEN** *pl* coût *m* de la vie; **–kostenindex** *m* indice *m* du coût de la vie.

**LEBENSLÄNGLICH** *adj* à perpétuité *loc adv* à vie, perpétuel; viager; **–e Anstellung, –e Einstellung** *(BeamR)* emploi permanent; **–e Freiheitsstrafe** réclusion (criminelle) à perpétuité.

**LEBENS | LAUF** *m* curriculum vitae, un C.V.; **–leistung** *f* (der Ehegatten) effort économique commun des époux en vue de leur retraite commune.

**LEBENSMITTEL | GESETZ** *n* loi *f* sur les additifs alimentaires; **–industrie** *f* Agro-alimentaire *m*; **–kennzeichnung** *f* indications *fpl* sur les denrées alimentaires, étiquetage *m*; appellation (des produits); **–recht** législation *f* relative aux denrées alimentaires; **–überwachung** *f* répression *f* des fraudes et des falsifications des denrées alimentaires; **–vergiftung** *f* intoxication alimentaire; **–zusatzstoffe** *mpl* additifs *mpl* alimentaires; ingrédients *mpl*.

**LEBENS | NACHSTELLUNG** *f* attentat *m* à la vie; **–nachweis** *m* certificat *m* de vie; **–partner** *m* • époux *pl* • concubins.

**LEBENSPARTNERSCHAFT** *f* : **eingetragene –** pacte civil de solidarité de droit allemand.

**LEBENS | RECHT** *n* droit à la vie; **–stellung** *f* permanence de l'emploi; emploi permanent; **–unterhalt** *m* entretien *m*, moyens *mpl* d'existence, subsistance *f*, dépenses de ménage; **–vermutung** *f* présomption de survie; **–versicherung** *f* assurance sur la vie, assurance vie.

**LEBENS | VORSORGE** *f* prévoyance *f* vieillesse; **–wandel** *m* conduite *f*; mœurs *pl*, mode de vie; **–weise** *f* mode *m* de vie.

**LEBENS | ZEIT** *f* vie *f*; **auf –zeit** • *(BeamR)* à vie • *(StR)* à perpétuité; **–zeugnis** *n* certificat de vie; **–zuschnitt** *m* train *m* de vie.

**LEGAL** *adj* • *(gesetzlich)* légal, ayant nature de loi, qui a valeur de loi • *(gesetzmäßig)* licite, conforme au droit • *(gesetzlich vorgeschrieben)* prescrit par la loi, imposé par la loi.

**LEGALDEFINITION** *f* concept légal, définition légale.

**LEGALISIERUNG** *f* • *(Unterschriftsbeglaubigung)* légalisation *f* • *(Urkundenbeglaubigung)* authentification *f*.

**LEGALITÄT** *f* *(Gesetzmäßigkeit)* légalité *f*, état *m* conforme au droit; **–sgrundsatz** *m*, **–sprinzip** *n* *(StR)* principe *m* de légalité.

**LEGISLATIVE** *f*, **Legislativorgan** *n* *(VerfR: gesetzgebende Gewalt)* pouvoir *m* législatif.

**LEGITIM** *adj* • *(rechtmäßig)* légitime *adj*, fondé en droit, fondé en équité • *(gesetzlich anerkannt)* consacré par la loi • *(gesetzlich zulässig)* reconnu conforme au droit; **–e Interessen** intérêts légitimes.

**LEGITIMATION** *f* • *(FamR)* légitimation *f*, bienfait *m* de la loi; bénéfice de la légitimité • *(SchuldR)* qualité *f*, justification en vue de recevoir qqch. • *(ÖfR)* certification de l'authenticité; **– durch nachfolgende Ehe(schließung)** légitimation par mariage subséquent.

**LEGITIMIEREN** *v* • *(beglaubigen)* légaliser, certifier conforme • *(für gesetzmäßig erklären)* légitimer • *(als ehelich erklären)* légitimer, rendre légitime (un enfant) • *(sich ausweisen)* établir son identité.

**LEGITIMITÄT** *f* • *(ÖfR)* légitimité *f*, conformité d'une institution à la norme supérieure • *(ZR)* licéité *f*, légalité *f*, validité *f*.

**LEHRE** *f* • doctrine *f* • *(ArbR)* formation professionnelle, apprentissage *m*; **herrschende –** doctrine *ou* théorie dominante (communément professée par les professeurs de droit).

**LEHR | FACH** *n* discipline *f*, matière (enseignée); **–freiheit** *f* liberté d'enseignement, liberté de l'enseignement; **–gang** *m* stage *m*, cours *m* de formation professionelle; **–herr** *m* maître *m* (d'apprentissage), chef *m* d'établissement, patron (qui emploie un apprenti); **–körper** *m* corps *m* enseignant; **–kraft** *m* enseignant *m*; personnel enseignant.

**LEHR | MEINUNG** *f* doctrine *f*; opinion exprimée par un professeur de droit; **–mittel** *n* matériel *m* pédagogique; **–mittelfreiheit** *f* gratuité *f* des livres scolaires.

**LEHRSTELLE** *f* place *f* d'apprenti; **–nbewerber** *m* candidat à une place d'apprenti; **–nvermittlung** *f* service public pour la recherche d'une place de formation professionnelle.

**LEHR | VERTRAG** *m* contrat d'apprentissage; **–zeugnis** *n* brevet d'apprentissage, certificat *m* d'apprentissage.

**LEIBES | FRUCHT** *f* fœtus *m*, enfant *m* conçu; **–strafe** *f* punition *f* corporelle; **–visitation** *f* fouille *f* à corps.

**LEIBRENTE** *f* rente *f ou* pension *f* viagère, rente constituée.

**LEICHEN | AUSGRABUNG** *f* exhumation *f*; **–beförderung** *f* transport *m* de dépouilles mortelles; **–bergung** *f* transport d'un corps à la morgue; **–bestatter** *m* ordonnateur des pompes funèbres; **–bestattung** *f* inhumation *f*; **–bestattungsgewerbe** *n* pompes funèbres; **–fledderei** *f* vol commis sur des cadavres; **–fledderer** *m* détrousseur de cadavres; **–fund** *m* découverte *f* du cadavre (d'un inconnu); **–halle** *f* morgue *f*; **–öffnung** *f* autopsie *f*; **–pass** *m* laissez-passer mortuaire; **–raub** *m* vol *m* de cadavre; **–schändung** *f* violation de sépulture *ou* de tombeau; **–schau** *f* autopsie *f*, examen *n* du cadavre; **–verbrennung** *f* crémation *f*; **–wagen** *m* corbillard *m*, char *m* funèbre; **–zug** *m* convoi *m* funèbre, cortège *m* funéraire.

**LEICHEN- UND BESTATTUNGSWESEN** *n* sépultures et funérailles *fpl*, pompes funèbres.

**LEICHNAM** *m* dépouille mortelle, cadavre *m*, corps *m*.

**LEICHTFERTIGKEIT** *f* légèreté *f* blâmable, négligence *f*, étourderie *f*.

**LEICHT | KRAFTRÄDER** *pl* motocycle *m* (jusqu'à 50 ccm); **–lohngruppen** *fpl* salaires *mpl* réduits pour les travaux répétitifs (considérés comme faciles).

**LEICHTSINN** *m* légèreté *f*, imprudence *f*; **vorwerfbarer –** légèreté blâmable.

**LEIHARBEITNEHMER** *m* salarié *m* faisant l'objet d'une mise à disposition.

**LEIHARBEITSVERHÄLTNIS** *n* • *(echtes Lav)* contrat de travail temporaire (sur la base d'un contrat de mise à disposition) • *(unechtes Lav)* louage *m* de main-d'œuvre, contrat de louage de personnel.

**LEIHE** *f (SchuldR)* prêt *m*, prêt à usage, commodat *m*.

**LEIHEN** *v* • *(ausleihen)* prêter • *(entleihen)* emprunter.

**LEIH | FRIST** *f* durée *f* du prêt; **–fristüberschreitung** *f* dépassement de la date de restitution; **–gebühr** *f* • prix *m* de la location, redevance *f ou* taxe de prêt • *(Filme)* redevance d'exploitation; **–haus** *n* maison *f* de prêts sur gages, établissement *m* de prêt sur gage, mont-de-piété *m*; **–mutter** *f* mère porteuse (avec prêt d'utérus); **–vertrag** *m* contrat de prêt.

**LEISTEN** *v* • *(SchuldR)* payer; exécuter (un contrat) • *(ArbR: vollbringen)* accomplir (une tâche), effectuer (un travail *ou* un paiement) • *(UrhR: ein Werk schaffen)* faire, réaliser (une œuvre); **Bürgschaft –** se porter garant; **einen Eid –** jurer, prêter serment; **Hilfe –** secourir, porter secours à qqn.; **seine Unterschrift –** apposer sa signature; **eine Zahlung –** payer, effectuer un paiement.

**LEISTENDE(R)** *m* prestataire *m*, débiteur *m* d'une prestation.

**LEISTUNG 1.** *f* • *(ArbR)* prestation *f* de service, service *m* • *(SchuldR: Erfüllung)* paiement *m*, exécution *f* • *(BW: Ertrag)* rendement *m*, performance *f*; **ärztliche –** acte *m* médical; **geldwerte –** prestation évaluable en argent; **gewerbliche –** prestation commerciale *ou* industrielle; **vereinbarte –** prestation convenue; **wiederkehrende –** prestations successives; redevance *f* périodique.

**LEISTUNG | AN ERFÜLLUNGS STATT** dation *f* en paiement; **– erfüllungshalber** remise *f* d'un bien meuble (ou d'une créance) à un créancier en vue du paiement; **– in Naturalien** prestation en nature; **– Zug um Zug** donnant donnant.

**LEISTUNGEN 2.** *pl* réalisations *fpl*, performances *fpl*; **Bilanz der unentgeltlichen –** balance *f* des services et transferts, les échanges dits «invisibles»; **– aus der Sozialversicherung** prestations d'assurances sociales.

**LEISTUNGS | ANGEBOT** *n* offre *f* de service(s); **–anspruch** *m* droit à une prestation (de service); droit à l'exécution du contrat; **–antrag** *m* • *(ZPR)* demande *f* en justice en vue de l'exécution du contrat • *(SozR)* requête pour obtenir le bénéfice d'une prestation sociale; **–aufforderung** *f* injonction de payer; sommation de s'exécuter; **–ausschluss** *m (SozR)* refus *m* de prise en charge.

**LEISTUNGS | BEGEHREN** *n* demande de paiement; demande d'exécution de la prestation; **–bemessung** *(SozR)* couverture *f* des frais; **–berechtigter** *m* bénéficiaire *m ou* titulaire *m* d'une prestation, allocataire *m*, ayant droit *m*; **–bescheid** *m (VwR)* décision exécutoire (dans le cadre de l'exécution par voie administrative); **–beschreibung** *f* spécifications *fpl*; **–bewirkung** *f* exécution, paiement.

**LEISTUNGS | DRUCK** *m* contraintes *fpl* de temps, de cadence; **–empfänger** *m* bénéficiaire *m* d'une prestation *ou* d'un paiement; **–erbringung** *f od.* **–erfüllung** *f* prestation de service, paiement, exécution; **–erschleichung** *f* fraude *f ou* fausse déclaration pour obtenir une prestation indue.

**LEISTUNGSFÄHIG** *adj* performant, dynamique, efficient, efficace.

**LEISTUNGSFÄHIGKEIT** *f* • *(Schuldner)* ressources *fpl ou* fortune du débiteur • *(Arbeitnehmer)* aptitudes *ou* capacités *fpl* manuelles *ou* intellectuelles • *(Betrieb)* performances *fpl*, efficacité *f* de l'entreprise, efficience *f*.

**LEISTUNGSFRIST** *f* délai *m* d'exécution, délai de prestation, délai de paiement.

**LEISTUNGS | GEFAHR** *f* risques *mpl* inhérents au paiement; **–gegenstand** objet *m* du contrat;

**–gesellschaft** *f* méritocratie *f*; **–gewährung** *f* allocation (d'une prestation en argent); **–hindernisse** *pl* troubles *mpl* au cours de l'exécution du contrat; défaut *m* de délivrance; **–klage** *f (ZPR)* action *f* en exécution (d'une prestation *ou* d'un contrat); **–kürzung** *f (StR)* concussion *f* (commise par un fonctionnaire public); **–lohn** *m* salaire au rendement.

**LEISTUNGS | MANGEL** *m* • *(SchuldR)* carence *f* du vendeur *ou* de l'acheteur • défaut *m* de livraison *ou* de paiement • inexécution de l'obligation d'information et de conseil; **–minderung** *f* efficacité réduite (par suite de l'âge *ou* des cadences *ou* de l'abus d'alcool); **–nachweis** *m* examen partiel (dans le cadre du contrôle continu); **–ort** *m* lieu *m* du paiement; **–pflicht** *f* obligation de payer *ou* de délivrer *ou* de fournir une prestation; **–pflichtige(r)** débiteur *m* de la prestation.

**LEISTUNGS | SCHUTZ** *m (UrhR)* protection contre la reproduction illicite de l' uvre; **–schutzrechte** *pl (UrhR: geistiges Eigentum)* droits *mpl* voisins, droits apparentés; **–störung** *f (SchuldR)* inexécution *f ou* mauvaise exécution (du contrat).

**LEISTUNGS | TRÄGER** *m* • *(ÖfR: öffentlich-rechtliche Einrichtung)* service public, organisme satisfaisant un besoin d'intérêt général • *(SozR)* organisme *m* de sécurité sociale, caisse *f* d'assurance (maladie *ou* vieillesse); **–umfang** *m (SchuldR)* contenu *m* des obligations; **–unfähigkeit** *f (FamR)* impossibilité *f* de faire face à l'obligation d'entretien; **–unmöglichkeit** *f* impossibilité de l'exécution (du contrat par le débiteur); **–unwilligkeit** *f* mauvaise foi dans l'exécution (du contrat).

**LEISTUNGS | VERPFLICHTUNG** *f* obligation contractuelle de s'exécuter *ou* de fournir une prestation; **–versprechen** *n* promesse *f*, engagement d'accomplir un acte; **–verwaltung** *f (ÖfR: Daseinsvorsorge)* ensemble des fonctions de l'action administrative, ensemble des services destinés à satisfaire des besoins collectifs déterminés, service *m* public (au sens matériel du terme).

**LEISTUNGS | VERWEIGERUNGSRECHT** *n (ZR)* droit *m* de refuser le paiement du prix convenu, droit de ne pas délivrer la chose vendue; **–verzeichnis** *n (VwR)* cahier des charges, cahier des clauses et conditions générales; **–verzug** *m* retard *m* dans l'exécution; **–wettbewerb** *m* concurrence loyale (entre les entreprises actives sur le marché); **–zeit** *f*, **–zeitpunkt** *m* date du paiement *ou* de l'exécution du contrat.

**LEITEN** *v* • *(Pol.: führen)* mener, conduire, gouverner • *(ArbR: anleiten)* guider, instruire • *(HR, GesR: Geschäft)* gérer, diriger • *(Versammlung)* présider à.

**LEITEND** *adj* : **–er Angestellter, –er Mitarbeiter** cadre *m* supérieur, membre du personnel d'encadrement; responsable *m*; **–e Tätigkeit** poste *m*, fonction de direction.

**LEITER 1.** *m* directeur *m*, dirigeant *m*, responsable *m*, chef *m*; chef de service, chef de bureau; **kaufmännischer –** directeur commercial.

**LEITER 2.** *f* échelle *f*; **–gerüst** *n* échafaudage *m*; **–recht** *n* servitude *f* d'appui d'une échelle, droit d'échelage.

**LEIT | FADEN** *m* guide *m*, vademecum *m*; précis *m*, abrégé *m*; **–gedanke** *m* idée directrice; **–kultur** *f* la culture allemande en tant culture de référence (pour les étrangers vivant en RFA); **–linie** *f* directive *f*; **–planke** *f* glissière *f* de sécurité; **–satz** *m* • *(PrzR: Urteil)* dispositif *m*, principe *m* énoncé dans le dispositif • *(BörR)* cours de référence.

**LEITUNG** *f* • *(Führung)* direction *f*, conduite *f* • *(Verwaltung)* gestion *f*, administration *f* • *(Versammlung)* présidence *f* • *(Rohr, Kabel)* conduit *m*; câble *m*.

**LEITUNGS | BEFUGNIS** *f*, **–gewalt** *f* pouvoir de direction; **–gremium** *n*, **–organ** *n* organisme *m* directeur *ou* de direction; **–wasserschaden** *m* dégât *m* des eaux.

**LEIT | URTEIL** *n* décision de principe, arrêt à la base d'une (nouvelle) jurisprudence; **–zahl** *f* numéro de code (postal, etc.).

**LENKUNG** *f* • *(Leitung)* direction *f*, conduite *f* • *(Wirtschaft)* dirigisme *m*.

**LERN | FREIHEIT** *f* libre choix de l'enseignement; **–mittelfreiheit** *f* liberté *f* de choix du matériel pédagogique.

**LESUNG** *f* **: erste –** *(VerfR: Gesetz)* première lecture.

**LETZTES WORT** *n* *(StPR: des Angeklagten)* le droit (de l'accusé) d'être entendu le dernier, la dernière parole (réservée à l'accusée).

**LETZTWILLIG** *adj/adv* **: –e Verfügung** *f* dernières volontés *fpl*; **–e Zuwendung** *(ErbR)* disposition par laquelle le testateur désigne une personne appelée à recueillir certains biens déterminés.

**LEUGNEN** *v* • nier, désavouer • *(bestreiten)* contester • *(widerrufen)* rétracter • *(Nachricht)* démentir.

**LEUMUNDS | ZEUGE** *m* témoin *m* de moralité; **–zeugnis** *n* certificat *m* de bonne vie et mœurs *ou* de moralité, attestion de bonne vie et mœurs.

**LICHT | BILDAUSWEIS** *m* pièce *f* d'identité avec photographie; **–gerechtigkeit** *f (SachR)* servitude *f* de vue; **–hupe** *f (StVR)* avertisseur *m* lumineux; appel de phares; **–reklame** *f* publicité lumineuse; **–zeichen** *n (StVR)* feux *mpl* de signalisation.

**LIEBHABER | INTERESSE** *n*, **–wert** *m* valeur *f* affective, valeur morale.

**LIEFER | ANSCHRIFT** *f* adresse *f* du destinataire; **–anspruch** *m* droit à la délivrance (de la marchandise).

**LIEFERANT** *m* fournisseur *m*; pourvoyeur *m* (de fonds); commerçant *m* approvisionneur.

**LIEFERANTEN | HAFTUNG** *f* responsabilité *f* du fournisseur; **–kredit** *m* crédit fournisseur.

**LIEFERAUFTRAG** *m* commande *f*, ordre *m* de livraison; **marché** *m* public de fournitures.

**LIEFERBAR** *adj* livrable, disponible.

**LIEFER | BEDINGUNGEN** *pl* conditions de livraison; **–engpass** *m* rupture *f* de stocks; **–er** *m*, **–firma** *f* fournisseur *m*.

**LIEFERFRIST** *f* délai de livraison; **–überschreitung** *f* dépassement du délai de livraison.

**LIEFER | GEGENSTAND** *m* marchandise livrée *ou* à livrer; **–menge** *f* quantité à livrer; **–möglichkeiten** *fpl* possibilités *fpl* de fourniture.

**LIEFERN** *v* • *(zustellen)* livrer qqch. à qqn. • *(aushändigen)* délivrer • *(vorlegen)* fournir • *(hervorbringen)* produire.

**LIEFER | ORT** *m* lieu de livraison; **–pflicht** *f* obligation de délivrance *ou* **de** livraison; **–preis** *m* prix *m* à la livraison, prix de livraison; **–rückstand** *m* arriéré *m* de livraison, livraison *f* arriérée; **–schein** *m* bulletin *m* de livraison, bon *m* de livraison, bordereau *m* de livraison.

**LIEFERUNG** *f* • *(HR: das Liefern an den vereinbarten Ort)* livraison *f* (au destinataire par le transporteur), délivrance *f*, remise *f* (au destinataire), envoi *m* • *(HR: die gelieferte Ware)* marchandise fournie, fourniture *f* • *(SchuldR: fälschlich für Übergabe)* prestation *f* (du vendeur), remise *f* (en mains propres); **termingemäße –** délivrance dans les délais impartis; **verspätete –** retard à la livraison *ou* dans la livraison; **– per Nachnahme** envoi *m* contre remboursement.

**LIEFERUNGS | BEDINGUNGEN** *fpl* conditions *fpl* de livraison *ou* de fourniture; **–vertrag** *m* contrat de livraison *ou* de fourniture, marché *m* à livrer; **–verzug** *m* retard *m* de livraison; **–zeitraum** *m* délai de livraison.

**LIEFER | VERPFLICHTUNG** *f* obligation de livrer *ou* de fournir (une marchandise); **–vertrag** *m* contrat de fourniture; **–verzug** *m* retard *m* de livraison, non-respect *m* du délai de livraison; **–wagen** *m* camionette *f*, fourgonnette.

**LIEFERZEIT** *f* délai *m* de livraison, date *f* de (la) délivrance; **die – überschreiten** ne pas respecter le délai de livraison.

**LIEFER | ZETTEL** *m* bordereau *m* de livraison *ou* de fourniture, fiche de livraison; **–zusage** *f* promesse *f* de vente.

**LIEGE | GELD** *n (SeeHR)* estaries *fpl*; indemnité *f* pour retard; **–tage** *pl*, **–zeit** *f* estarie, jours de planche, délai de planche.

**LIEGENSCHAFT** *f (SachR häufig: fpl)* propriété *f* foncière, immeuble *m*, domaine *m*, bien-fonds *m*.

**LIEGENSCHAFTS | AMT** *n* service municipal des bien-fonds; **–anteil** *m* part de propriété (immobilière); **–recht** *n* droit des biens immobiliers; **–vermögen** *n* bien-fonds *m*, patrimoine immobilier.

**LINIE** *f* • *(ErbR)* ligne *f*, branche *f* • *(ErbR)* lignée *f*, descendance *f*, postérité *f* • *(Transport)* ligne *f* régulière • *(Strich)* ligne, trait *m*; **absteigende –** ligne descendante; **aufsteigende –** ligne ascendante; **direkte** *od.* **gerade –** ligne directe.

**LIQUIDATION** *f* • *(Pol.: Tötung aus mafiosen Gründen)* liquidation *f* (d'un témoin gênant) • *(BörR)* exécution d'un marché à terme; liquidation (mensuelle) • *(SchuldR)* note *f* d'honoraires • *(GesR: Abwicklung)* liquidation *f* de l'actif (social), désintéressement *f* des créanciers.

**LIQUIDITÄT** *f (Buchf)* liquidité *f* générale, fonds de roulement; disponibilités *fpl*; trésorerie *f*.

**LISTE** *f* • liste *f*; état *m* • *(Aufstellung)* relevé *m*, bordereau *m* • *(Verzeichnis)* registre *m* • *(Steuerliste)* rôle *m*.

**LISTEN | BEWERBER** *m (VerfR)* candidat de liste (élu à la proportionnelle); **–führer** *m* tête de liste; **–platz** *m* place *f* sur la liste des candidats à des fonctions électives; **–preis** *m* prix catalogue *ou* barème; **–verbindung** *f* jumelage *m* de listes; **–wahl** *f* scrutin *ou* suffrage de liste.

**LITERATUR** *f* **: Schutz von Werken der –** protection *f* des œuvres littéraires.

**LIZENZ** *f (UrhR, PatentR: Nutzungsrecht)* licence (d'exploitation); autorisation d'exploiter (un brevet, une œuvre).

**LIZENZ | INHABER** *m* titulaire *ou* concessionnaire de licence, licencié *m*; **–vertrag** *m* contrat de licence d'exploitation, contrat de fabrication sous licence.

**LOBBY** *f* lobby *m*, groupe *m* de pression.

**LOCKSPITZEL** *m* agent *m* provocateur.

**LOCKVOGEL | ANGEBOT** *n* pratique *f* des prix d'appel; offre promotionnelle frauduleuse.

**LOGO** *n (WirtR)* logo *m*, symbole *m* formé d'un ensemble de signes graphiques constituant une marque (pour un produit, une firme).

**LOHN** *m* • *(ArbR: Arbeitslohn)* salaire *m*, rémunération *f*, paye *f* • *(ÖfR: Beamte)* traitement *m* • *(WirtR: freie Berufe)* honoraires *mpl* • *(GesR: Führungskräfte)* appointements *mpl*, émoluments *mpl* • *(Hausangestellte)* gages *mpl* • *(Künstler)* cachet *m* • *(Belohnung)* récompense *f*; **gleitender –** échelle *f* mobile (des salaires); **leistungsbezogener –** salaire au rendement.

**LOHN | ABBAU** *m* réduction *f* des salaires; **–abhängiger** *m od.* **–empfänger** salarié *m*; **–abtretung** *f* cession de la créance salariale; **–abzug** *m* retenue *f* sur le salaire; **–angleichung** *f* rajustement *m* des salaires; **–arbeit** *f* travail salarié *ou* rémunéré; **–arbeitsvertrag** *m*, **–auftrag** *m* contrat *m* de travail à façon; **–aufwand** *m* charges *fpl* salariales; **–ausfall** *m* perte *f* de salaire, manque *m* à gagner.

**LOHN | DRÜCKEREI** *f* *(ArbR)* pression exercée par les sous-traitants de main-d'œuvre étrangère clandestine bon-marché sur les salaires (des salariés normaux); **–einkommen** *n*, **–einkünfte** *fpl* revenus salariaux; **–empfänger** *m* salarié *m*, travailleur percevant un revenu salarial.

**LOHN | FESTSETZUNG** *f*, **–findung** *f* fixation *f* du salaire; **–forderung** *f* • créance de salaire • revendications *fpl* salariales; **–fortzahlung** *f* maintien *m* du revenu salarial *ou* du salaire (en cas de maladie).

**LOHN | GEFÄLLE** *n* disparité *f*, éventail des salaires; **–gefüge** *n* hiérarchie *f* *ou* grille *f* des salaires; **–gleichheit** *f* parité *f* salariale, égalité *f* des salaires (masculins et féminins); **–gruppe** *f* échelon *m* de salaire, catégorie *f* salariale; **–höhe** *f* niveau *ou* taux *m* des salaires.

**LOHN | KOSTEN** *pl* charges *fpl* salariales, coût *m* de la main-d'œuvre; **–kürzung** *f*, **–minderung** *f* réduction de salaire; **–nebenkosten** *pl* charges salariales annexes; **–pfändung** *f* saisie-arrêt sur le salaire; **–runde** *f* négociations *fpl* salariales; rentrée sociale.

**LOHNSTEUER** *f* impôt sur les salaires (dans le cadre de l'impôt sur le revenu des personnes physiques); **–abzugsverfahren** *n* procédé *m* de la retenue à la source (par l'employeur au profit de l'État) de l'impôt sur les salaires; **–jahresausgleich** *m* régularisation *f* en fin d'année des retenues mensuelles; **–freibetrag** *m* abattement à la base; **–karte** *f* fiche individuelle officielle du contribuable assujetti à l'impôt sur les salaires.

**LOHN | STREIFEN** *m* bulletin *m* de paie, fiche *f* de paye; **–stufe** *f* échelon de salaire; **–summensteuer** *f* impôt sur le montant des salaires payé par l'entrepreneur (à la commune); **–tabelle** *f*, **–tafel** *f* barème des salaires, grille *f* des salaires; **–tarifvertrag** *m* convention *f* (collective) salariale.

**LOHN | UNGLEICHHEIT** *f* disparité *f* des salaires; **–veredelungsgeschäft** *n* contrat *m* de travail à façon, finissage *m* à l'étranger; **–verschleierung** *f* versement *m* d'un salaire déguisé; **–zulagen** *fpl* accessoires *mpl* de rémunération; **–zuschlag** *m* complément salarial, avantages *mpl* annexes.

**LOKALAUGENSCHEIN** *m* descente *f* sur les lieux, visite *f* des lieux, transport sur les lieux; **einen – vornehmen** procéder à une descente sur les lieux.

**LOKAL | TERMIN** *m* *(StPR)* descente *f* *ou* transport *m* sur les lieux, descente de justice; **–verbot** *n* interdiction de pénétrer dans un local (commercial); **–verwaltung** administration locale.

**LOMBARDDARLEHEN** *n* avance *f* sur titres.

**LOS** *n* • *(Schicksal)* sort *m*, (bonne, mauvaise) fortune *f* • *(Anteil)* lot *m* • billet de loterie, lot; **Entscheidung durch das –** tirage au sort.

**LÖSCHEN** *v* • *(Eintragung)* radier, rayer • *(Schiffe)* décharger • *(Feuer)* éteindre (un incendie).

**LÖSCHUNG** *f* • *(Grundbuch)* radiation *f*, cancellation matérielle (la mention est rayée par un trait à l'encre rouge) • *(Schiff)* déchargement *m* • *(Schuld)* amortissement *m*.

**LÖSEGELD** *n* rançon *f*; **–erpressung** *f* extorsion d'une rançon.

**LÖSUNG** *f* • *(Ergebnis)* solution *f* • *(Vertrag)* résiliation *f*, dégagement (d'un contrat) • *(Verhältnis)* rupture *f*, dissolution *f*, annulation *f*; **gütliche –** solution amiable; **– im Vergleichswege** solution transactionnelle.

**LOTSE** *m* pilote *m* (chargé du lamanage), lamaneur *m*.

**LUFT** *f* **und Raumfahrtindustrie** industrie *f* aérospatiale; **–aufnahme** *f* vue aérienne; **–aufsichtsbe-**

**hörde** *f* service de contrôle de la circulation aérienne; **–beförderung** *f* transport aérien; voyage en avion.

**LUFTFAHRT** *f* navigation *f* aérienne; **–bundesamt** *n* service fédéral allemand de la surveillance aérienne; **–gesellschaft** *f* compagnie de navigation aérienne; **–industrie** *f* industrie *f* aéronautique.

**LUFTFAHRZEUG** *n* aéronef *m*, appareil d'aviation; avion *m*; aérodyne *m*; **–führer** *m* pilote *m*; **–halter** *m* utilisateur *m* d'un aéronef; **–rolle** *f* registre *m* d'immatriculation des aéronefs.

**LUFTFRACHT** *f* fret *m* aérien; expéditions par avion; **–brief** *m* lettre de transport aérien; **–büro** *n* bureau *m* des frets aériens.

**LUFTPIRAT** *m (StR: Flugzeugentführer)* pirate *m* de l'air.

**LUFT | PIRATERIE** *f* détournement *m* d'avion, détournement illicite d'aéronef, piraterie *f* aérienne; **–polizei** *f* police *f* de l'air; **–post** *f* poste *f* aérienne.

**LUFTRAUM** *m* espace *m* aérien.

**LUFT | REINHALTEGESETZ** *n* loi relative à la protection de la qualité de l'air; **–schadstoffe** *mpl* polluants *mpl* atmosphériques.

**LUFT | SCHIFFAHRT** *f* navigation *f* aérienne; **–schneise** *f* couloir *m* aérien, corridor *m* aérien; **–sperrgebiet** *n* espace aérien interdit; **–stützpunkt** *m* base *f* aérienne.

**LUFTVERKEHR** *m* : **gewerblicher –** trafic aérien commercial.

**LUFT | VERSCHMUTZUNG** *f (UmweltR)* pollution atmosphérique; **–verschollenheit** *f* disparition *f* dans un accident d'avion.

**LÜGENDETEKTOR** *m* détecteur *m* de mensonges.

## M

**MACHENSCHAFTEN** *fpl* manœuvres *fpl*, agissements *mpl*, intrigues *fpl*, machinations *fpl*, menées fpl; **betrügerische –** tromperie *f*, manœuvres *fpl* frauduleuses; **unlautere –** manœuvre *f* déloyale; **verbrecherische –** manœuvres criminelles.

**MACHT 1.** *f* • *(Herrschaft)* pouvoir *m*, autorité *f* • *(Gewalt)* force *f*, puissance *f*, violence *f* • *(Staat)* État *m*, (grande) puissance • *(Einfluss)* ascendant *m*.

**MACHT | APPARAT** *m* pouvoir étatique, appareil *m* de l'État; **–ausübung** *f* exercice *m* du pouvoir; **–befugnisse** *fpl* pouvoirs *mpl*, pleins pouvoirs, autorité *f*.

**MÄCHTE 2.** *pl* : **(Groß-)** grandes puissances; **vertragschließende –** puissances contractantes.

**MACHT | ERGREIFUNG** *f* prise *f* de pouvoir; **–fülle** *f* omnipotence *f*, toute-puissance, plénitude de pouvoir; hégémonie *f*, suprématie *f*; **–haber** *m* gouvernant *m*, maître *m* (souverain); puissants *mpl*.

**MACHT | MISSBRAUCH** *m* abus *m* d'autorité, détournement de pouvoir; **–mittel** *n* moyen *m* de coercition; **–position** *f* position-clef *f*; **–stellung** *f* • *(WirtR)* position dominante sur le marché • *(Politik)* position de force; **–überschreitung** *f* excès de pouvoir.

**MAGISTRAT** *m* • *(BRD: Gemeindevorstand)* exécutif *m* collégial communal dans certains Länder (correspond approximativement à la municipalité en France) • *(Aut: städtische Verwaltungsbehörde)* mairie *f* (de Vienne notamment), municipalité *f* • *(S: Inhaber eines hohen öffentlichen Amtes)* haut fonctionnaire, magistrat *m*.

**MAHN | ANTRAG** *m* requête *f* en vue de l'obtention d'une ordonnance portant injonction de payer;

**–bescheid** *m* ordonnance *f* portant injonction de payer; **–bescheidsantrag** *m* requête *f ou* demande *f* en délivrance d'une ordonnance portant injonction de payer; **–brief** *m* • *(privat)* lettre de rappel, lettre de relance • *(öffentlich)* mise en demeure, acte de sommation.

**MAHNEN** *v* • sommer, mettre en demeure • avertir.

**MAHNUNG** *f* • *(Zahlungserinnerung)* lettre de rappel • *(gerichtlich)* procédure d'injonction (de payer), sommation • *(Aufforderung)* avis *m*, avertissement *m*.

**MAHNVERFAHREN** *n (ZPR)* procédure *f* d'injonction *ou* en vue de la délivrance d'une injonction de payer; procédure *f* de sommation *ou* de mise en demeure; injonction *f* de payer; **außergerichtliches –** sommation extrajudiciaire.

**MÄKLER** *m*, **Makler** *m* • *(HR)* courtier *m* • *(Börse)* agent *m* de change • *(Immobilien)* agent immobilier, agent de ventes (*ou* de location) d'immeubles • *(Inhaber eines öffentlichen Amtes)* courtier officier ministériel.

**MALUS** *m (VersR)* malus *m*, majoration de prime.

**MANAGEMENT** *n* • *(Leitungsorganisation)* techniques *fpl* d'organisation et de gestion (des entreprises) • *(Unternehmensführung)* direction participative et gestion dynamique d'une société (commerciale *ou* industrielle), management *m*.

**MANAGER** *m* cadre supérieur, dirigeant *m* d'entreprise.

**MANDANT** *m* • *(SchuldR: Auftraggeber)* commettant *m*, délégant *m*, mandant *m* • *(PrzR)* client *m* (d'un avocat).

**MANDAT** *n* • *(SchuldR: Auftrag)* mandat *m*, contrat de mandat; pouvoir de représentation • *(VerfR)* mandat parlementaire *ou* législatif).

**MANDATAR** *m (SchuldR, ÖfR: Beauftragter)* mandataire *m*; intermédiaire *m*, agent *m*, d'affaires.

**MANGEL** *m* • *(SchuldR)* vice *m*, défaut *m* (affectant une chose), défectuosité *f*; malfaçon *f*; imperfection • *(VWirt)* absence *f*; pénurie *f*, disette *f*; carence *f*, manque *m*; insuffisance *f*; **geheimer –** vice caché, défaut rédhibitoire; **innerer –** défaut de construction; vice inhérent à la chose; vice propre; **nicht erkennbarer –** vice indécelable, caractère occulte du vice; **offener –, offensichtlicher –** vice apparent, défaut ostensible, défectuosité immédiatement perceptible; **verborgener –** vice caché, défaut caché.

**MÄNGEL | ANZEIGE** *f* réclamation *f* pour vice de la marchandise *ou* pour livraison défectueuse; **–beseitigungsanspruch** *m* droit à la réparation de la chose défectueuse; **–einrede** *f* exception *f* (soulevée par le défendeur) (et) invoquant le vice de la chose.

**MANGELFOLGESCHADEN** *m* dommage *m* causé aux biens du vendeur par suite de l'impropriété *ou* du vice de la chose.

**MÄNGEL | FREIHEIT** *f* absence *f* de vice *ou* de défaut (de la chose vendue); **–gewähr** *f* • *(Rechtsmängel)* garantie d'éviction • *(Sachmängel)* garantie *f* des vices cachés, garantie contre les défauts (cachés) de la chose.

**MANGELHAFT** *adj* défectueux, entaché d'un vice, vicieux, détérioré, impropre à l'usage (prévu); **–es Gerät** appareil impropre à l'usage prévu; **–e Sache** chose entachée d'un vice.

**MÄNGEL | HAFTUNG** *f* responsabilité *f* pour défauts de la chose vendue, garantie *f* à raison des vices (de la chose); **–haftungsrecht** *n* régime *m* juridique des vices cachés; **–heilung** *f* • *(Rechtsmängel)* couverture *f* d'un vice • *(Sachmängel)* réparation (de la défectuosité) • *(ungültige Rechtsgeschäfte)* validation *f* d'un acte entaché de nullité.

**MÄNGELRÜGE** *f* • *(HR: Handelskauf)* réclamation *f*, demande *m* en garantie pour vices de la marchandise • *(ZR: Werkvertrag)* réclamation soulevée par le maître en vue de faire constater la responsabilité pour malfaçon (de l'entrepreneur).

**MANTEL | GESETZ** *n (VerfR)* loi cadre, loi programme; **–kauf** *m (GesR)* acquisition d'une société n'existant plus que sur le papier; **–police** *f* police *f* globale; **–tarifvertrag** *m (ArbR)* convention *f* collective générale.

**MARKE** *f* • *(HR)* signe distinctif, marque de fabrique *ou* de commerce *ou* de service, • *(Briefmarke)* timbre-poste *m*.

**MARKETING** *n (BW: Absatzförderung)* mercatique *f*, marketing *m*, organisation (rationnelle) de la vente; étude *f* de marché, stratégie commerciale; technique *f* de vente, marchéage *m*.

**MARKT** *m* marché *m*; débouché *m*; lieu public de vente des biens et des services; **amtlicher –** marché officiel; **grauer –** marché parallèle *ou* en marge de la légalité (toléré par les autorités de contrôle); **schwarzer –** marché noir *ou* clandestin.

**MARKT | NISCHE** *f* créneau *m*; **–ordnung** *f (EuR)* règlement *ou* organisation du marché agricole; **–preis** *m* prix pratiqué sur le marché.

**MARKTWIRTSCHAFT** *m* économie *f* de marché.

**MAß** *n* • mesure *f*, dimensions *fpl*, évaluation d'une grandeur • *fig* modération, retenue, réserve.

**MASSE** *f* • *(Menge)* quantité *f* • *(InsolvenzR)* patrimoine *m* du débiteur failli; **–anspruch** *m* droit à l'encontre du patrimoine du débiteur failli; **–gläubiger** *pl* union des créanciers (pour réaliser les biens du failli); **–schuld** *f* dette exigible; **–schuldner** *m* débiteur *m* d'une dette exigible; **–verwalter** *m* administrateur judiciaire.

**MASSEN | AKTION** *f* action politique directe; journée d'action nationale; **–arbeitslosigkeit** *f* chômage massif; **–ausschreitungen** *fpl (StR)* voies de fait *ou* menaces commises par un attroupement; **–delikt** *n* infraction commise par la foule; **–entlassung** *f (ArbR: Massenkündigung)* licenciement *m* collectif; **–grab** *m* fosse commune; **–güter** *pl* marchandise en vrac, produits *mpl* pondéreux.

**MASSEN | KÜNDIGUNG** *f* licenciement *m* collectif; **–kundgebung** *f* manifestation sur la voie publique, cortège et rassemblement de personnes; **–medien** *pl* mass media, masse-médias *mpl*, moyens de communication de masse.

**MASSEN | VERANSTALTUNG** *f* spectacle *m* grand public; **–verhaftungen** *pl* arrestations en masse, rafle *f*; **–vernichtungswaffen** *fpl* armes *fpl* de destruction massive.

**MÄßIGUNGS | GEBOT** *n*, **–pflicht** *f (VwR)* obligation de réserve, obligation de réagir de façon modérée.

**MAßNAHME** *f* • *(Regelung)* mesure *f*, disposition *f* • *(zweckbestimmtes Handeln)* opération *f*, initiative *f*, politique *f* • *(StR)* sanction *f*; mesure de sûreté; **diskriminierende –** mesure discriminatoire; **einstweilige –** mesure provisoire; **gerichtliche –** mesure judiciaire; **polizeiliche –** mesure de police; **vorsorgliche –** mesure conservatoire *ou* provisionnelle; **willkürliche –** mesure arbitraire.

**MAßNAHME | GESETZ** *n (ÖfR: [unzulässiges] Einzelfallgesetz)* loi *f* destinée à régir un cas particulier; **–(n)katalog** *m*, **–(n)paket** *n* train *m* de mesures.

**MAßREGEL** *f* • *(Richtlinie)* direction, instruction, ordre *m* • *(StR)* mesure *f* de précaution, interdiction; **–n der Besserung und Sicherung** mesures *fpl* de sûreté (et d'éducation).

**MAßSTAB** *m* échelle *f*; *fig* critère *m*, norme *f*.

**MATERIAL** *n* • *(Stoff)* matières *fpl* consommables, matériau *m* • *(Baustoffe)* matériaux *mpl* (de construction) • *(Ausrüstung)* matériel *m*; **neuheitsschädliches –** *(PatR)* état de la technique opposable, affectant la nouveauté.

**MATERIELL** *adj* : **das –e Recht** droit matériel, droit substantiel (par opposition au droit procédural); **–e Rechtskraft** autorité *f* de la chose jugée; **–es Strafrecht** droit pénal (par opposition à la procédure pénale).

**MAUT** *f* péage *m*; **–autobahn** *f* autoroute *f* à péage.

**MEDIEN** *npl* • *(zusammenfassende Bezeichnung für Film, Funk, Fernsehen und Presse)* mass media *mpl*; moyens de télécommunication • techniques *fpl ou* supports *mpl* d'information; **–aufsicht** *f* conseil supérieur allemand de l'audiovisuel; **–freiheit** *f* liberté de la presse écrite et parlée; **–landschaft** *f* paysage *m* audiovisuel; **–recht** *n* droit de l'audiovisuel; **–werbung** *f* publicité audiovisuelle.

**MEHRARBEITS | STUNDEN** *fpl* heures *f* supplémentaires; **–vergütung** *f od.* **–zuschlag** *m* indemnité *ou* majoration *f* pour heures supplémentaires.

**MEHR | AUFWAND** *m*, **–aufwendungen** *fpl* excédent *m* de dépenses, surcroît *m* de frais; dépenses supplémentaires; **–bedarf** *m* *(FamR)* besoins accrus (du créancier de la pension alimentaire); **–einnahmen** *pl* plus-values *fpl*, excédent *m* de recettes.

**MEHR | FAMILIENHAUS** *n* maison *f* en copropriété; maison en rangée; **–firmenvertreter** *m* représentant *m* multi-cartes; **–gebot** *n* enchère *f*.

**MEHRHEIT** *f* pluralité *f*; majorité *f* (des voix, des suffrages); **absolute –** majorité absolue; **einfache –** majorité relative *ou* simple; **(die) erforderliche –** (la) majorité requise; **qualifizierte –** majorité spéciale *ou* qualifiée.

**MEHRHEITS | AKTIONÄR** *m* actionnaire *m* majoritaire; **–beschluss** *m* décision prise à la majorité; décision *f* majoritaire; **–besitz** *m*, **–beteiligung** *f (GesR)* participation majoritaire; **–erwerb** *m* *(GesR)* prise *f* de contrôle.

**MEHR | KOSTEN** *pl* frais *mpl* supplémentaires; supplément *ou* surplus de coûts, surcroît de frais; **–leistung** *f* prestation supplémentaire; contribution facultative; **–parteienprinzip** *n* système *m* pluripartite; **–phasensteuer** *f* : **kumulative –** taxe cumulative en cascade.

**MEHR | STAAT(L)ER** *m* sujet *m* mixte; **–staatigkeit** *f* double (triple) nationalité.

**MEHRWERT** *m* plus-value *f*; excédent *m*; **–steuer** *f (SteuerR: Nettoumsatzsteuer)* taxe *f* sur *ou* à la valeur ajoutée (T.V.A.); **–steuersatz** *m* taux de la T.V.A.

**MEINEID** *m (ZPR, StPR)* faux serment *m*, témoignage *m* sciemment mensonger.

**MEINUNG** *f* opinion *f*, avis *m*; conviction *f*; appréciation *f*; **abweichende –** opinion dissidente; **herrschende –** doctrine dominante; **irrige –** point de vue erroné; **öffentliche –** opinion publique; **vorgefasste –** parti pris, opinion préconçue.

**MEINUNGS | ÄUßERUNG** *f* expression d'une pensée *ou* d'une conviction; **–äußerungsfreiheit** liberté d'expression; **–forschung** *f* sondage *m* d'opinion, enquête *f*; **–forschungsinstitut** *n* institut *m* démoscopique; **–freiheit** *f* liberté *f* d'opinion; **–umfrage** *f* sondage *m* d'opinion, enquête *f* par sondage.

**MEISTBEGÜNSTIGUNGS-KLAUSEL** *f* clause de la nation la plus favorisée.

**MEISTER** *m* • *(Handwerk)* maître *m*, patron *m* • *(Industriebetrieb)* contremaître *m*; **–brief** *m* brevet *m* de maîtrise, lettre *f* de maîtrise.

**MELDE- UND AUSWEISWESEN** *n* Service public municipal (allemand) de déclarations domiciliaires et de l'établissement des pièces d'identité.

**MELDE | AMT** *n od.* **–behörde** *f* • *(VwR: Einwohnermeldeamt)* Service municipal allemand de déclaration (obligatoire) d'arrivée et de départ du citoyen (dans la commune), service des déclarations domiciliaires obligatoires • bureau de recensement; **–auflage** *f (StR)* obligation (pour une personne) de se présenter régulièrement à un commissariat de police; **–kartei** *f* fichier des déclarations domiciliaires.

**MELDEN** *v* • *(mitteilen)* annoncer, communiquer, signaler, dire • *(Nachricht geben)* informer, aviser • *(amtlich ankündigen)* ordonner, mander; rapporter, faire savoir • *(anzeigen)* dénoncer.

**MELDE | PFLICHT** *f* obligation de déclaration de l'arrivée et du départ du citoyen (s'établissant dans une commune en RFA), déclaration domiciliaire obligatoire.

**MELDUNG** *f* • *(Ankündigung)* annonce *f*, avis *m*, notification *f* • *(Mitteilung)* information *f*, déclaration *f*, communication *f*, • *(MilR)* rapport *m*.

**MEMORANDUM** *m (VR: Denkschrift)* mémorandum *m*, aide-mémoire *m*.

**MENSCHEN | ANSAMMLUNG** *f*, **–auflauf** *m (StR)* attroupement *m*; **–führung** *f* direction (d'une équipe, d'un groupe); commandement *m*; **–raub** *m (StR)* enlèvement *m*, rapt *m*.

**MENSCHEN | RECHTE** *pl* droits de l'homme; **–rechtskonvention** *f (VR)* convention *f* des droits de l'homme; **–rechtsschutz** *m* protection des droits de l'homme; **–schmuggler** *m (StR)* passeur *m* (d'immigrés clandestins); **–versuche** *mpl* essais *mpl* avec des êtres humains.

**MENSCHENWÜRDE** *f* dignité *f* de la personne humaine; **die – ist unantastbar la** dignité de l'être humain est intangible.

**MENSCHLICHKEIT** *f* sentiment d'humanité, commisération devant la détresse d'autrui; **–sverbrechen** *n (VR)* crime *m* contre l'humanité.

**MENTALRESERVATION** *f (ZR: geheimer Vorbehalt)* restriction mentale, réserve tacite (sur ce que l'on dit).

**MERCHANDISING** *n (HR: verkaufsfördernde Maßnahmen)* marchandisage *m*, marchéage, merchandising, technique de présentation du produit.

**MERKBLATT** *n* notice *f*, feuille *f* de renseignemens, fiche *f*.

**MESSE** *f* • *(HR)* **foire** *f* (professionnelle) • *(Ausstellung)* exposition *f*, salon *m*; **–amt** *n* comité *m* d'organisation (de la foire); **–aussteller** *m* exposant *m*; **–gelände** *n* parc *m* des expositions; **–gut** *n* marchandise *f* à exposer, bien *m* d'exposition; **–stand** *m* stand *m* (de foire); **–veranstalter** *m* organisateur *m*.

**MEUCHELMORD** *m* meurtre par empoisonnement *ou* par tout autre procédé particulièrement répréhensible.

**MEUTEREI** *f* mutinerie *f*, sédition *f*, révolte *f*.

**MIET | ABLÖSUNG** *f* pas-de-porte *m*; **–abrechnung** *f* avis *m* d'échéance; **–beihilfe** *f* aide personnalisée au logement; **–dauer** *f* durée du bail.

**MIETE** *f* • *(SchuldR)* louage *m* de choses • *(Wohnraummiete)* bail *m* immobilier *ou* d'habitation, location (d'un immeuble); prise à bail (d'un logement) • *(bewegliche Sachen)* bail mobilier • *(Mietzins)* loyer *m*.

**MIETEN** • *(Sachen)* louer, prendre à bail, prendre en location, prendre à louage • *(Schiffe)* affréter.

**MIETER** *m* locataire *m*, preneur à bail; **–barkaution** *f* dépôt de garantie *ou* caution en espèces versée par le preneur; **–einbauten** *pl* constructions effectuées par le preneur, travaux *mpl* d'amélioration.

**MIETERHÖHUNG** *f* augmentation *ou* majoration du loyer; **–sklage** *f* demande (judiciaire) en augmentation de loyer; **–sklausel** *f* clause *f* d'indexation des loyers.

**MIETERSCHUTZ** *m* protection *f* (légale) des locataires; **–gesetz** loi sur la défense des droits des locataires; **–recht** *n* régime *m* de protection des preneurs.

**MIET | FAHRZEUG** *n* voiture de location; **–forderung** *f* créance de loyer; **–kauf** *m* location-vente *f*; **–kaution** *f* dépôt de garantie *ou* caution (versée en vue de garantir le paiement du loyer); **–kosten** *pl* frais liés à la location, frais de location; **–nebenkosten** *fpl* charges *fpl* locatives (récupérables par le bailleur).

**MIET | PARTEI** *f* preneur à bail; bailleur *m*; **–preis** *m* loyer *m*, prix de location; **–preisbindung** *f* fixation *f* impérative du loyer; **–preiserhöhung** *f* augmentation *ou* révision du loyer; **–preisspiegel** *m* grille des loyers; **–rate** *f* loyer mensuel (hebdomadaire, trimestriel); **–raum** *m* local loué; logement loué; **–recht** *f* régime légal du bail (à loyer).

**MIET | SACHE** *f* • chose louée, lieux loués • *(ZPR)* litige *m* en matière de bail à loyer; **–schulden** *f* montant dû (et non payé dans les délais) au bailleur, loyer échu; **–spiegel** *m* loyers *mpl* de référence; **–verhältnis** *n* rapports *mpl* juridiques résultant du bail à loyer, lien *m* juridique entre locataire et bailleur; **–verlängerung** *f* prorogation du bail.

**MIETVERTRAG** *m* bail *m*, bail à loyer; contrat de location; **den – kündigen** résilier le bail; **den – verlängern** proroger le bail.

**MIETVERTRAGS | ABSCHLUSS** *m* conclusion du bail; signature du contrat de location; **–beginn** *m* entrée en jouissance (de la chose louée); **–dauer** *f* durée *f* du bail; **–muster** *n* contrat de location type, bail type; **–parteien** *fpl* les parties au contrat, le bailleur et le preneur.

**MIET | WAGEN** *m* voiture *f* de location; **–wert** *m* valeur *f* locative; **–wohnung** *f* logement *m* locatif; **–wucher** *m* loyer *m* excessif, hausse *f* illicite des loyers; **–zeit** *f*, **–zeitraum** *m* durée *f* du bail.

**MIETZINS** *m* loyer *m*; **–anpassung** *f* révision du loyer; **–klage** *f* action en paiement du loyer; **–zahlung** *f* paiement du loyer.

**MIET | ZUSCHLAG** *m* • *(Nebenkosten)* charges locatives • *(für Besserverdienende in Sozialwohnungen)* surloyer; **–zuschuss** *m* allocation logement.

**MILDE** *f* clémence *f*, indulgence *f*.

**MILDERN** *v* • *(Strafe)* commuer, atténuer, mitiger • modérer, adoucir.

**MILDERUNG** *f* • *(Abschwächung)* atténuation *f* • adoucissement *m*.

**MINDER | AUSGABEN** *fpl* réduction des dépenses; **–bestand** *m* manquants *mpl*; **–einnahme** *f* moins-value *f*, déficit *m*, moins-perçu, *au pl:* pertes de recettes; **–erlös** *m* manque *m* à gagner, déficit *m*.

**MINDERHEIT** *f* minorité *f*; **sprachliche –** minorité linguistique; **völkische –** minorité ethnique.

**MINDERHEITS | AKTIONÄR** *m* actionnaire *m* minoritaire; **–rechte** *npl (GesR)* droits *mpl* reconnus à la minorité des actionnaires.

**MINDERJÄHRIG** *adj* mineur, (personne) n'ayant pas atteint l'âge de la majorité civile, (personne de) moins de 18 ans.

**MINDERJÄHRIGE(R)** *m* mineur *m* (non émancipé); **– unter Vormundschaft** mineur en tutelle.

**MINDERJÄHRIGKEIT** *f* minorité *f*, condition juridique du mineur.

**MINDERUNG** *f* • *(Verringerung)* diminution *f*, amoindrissement *m*, réduction *f* • *(Abschwächung)* atténuation *f*, modération *f* • *(beim Kauf)* réduction du prix de vente et des frais de la vente, restitution *f* d'une partie du prix • *(des Schadens)* mesures *fpl* conservatoires.

**MINDERUNGS | ANSPRUCH** *m (SchuldR)* demande *f* en réfaction *ou* en réduction *ou* en restitution d'une partie du prix; **–klage** *f* action dite estimatoire, action en réduction du prix, action en restitution d'une partie du prix.

**MINDEST | ABSTAND** *m (StVR)* distance minimum (de sécurité); **–alter** *n* âge *m* d'admission; **–bedarf** *m* besoins *mpl* de subsistance.

**MINDEST | FRIST** *f* délai *m* minimum; **–haftpflicht** *f* montant minimum de la responsabilité civile; **–haltbarkeitsdatum** *n* date *f* limite d'utilisation *ou* de consommation.

**MINDESTLOHN** *m* salaire *m* minimum (garanti).

**MINIMIERUNGSGEBOT** *n (SchuldR)* obligation de limiter (autant que possible) les conséquences du préjudice subi.

**MINISTER** *m* ministre *m*; **der aufsichtsführende – le** ministre de tutelle.

**MINISTERIAL | BEAMTE(R)** *m* (haut-) fonctionnaire de ministère; **–direktor** *m* Directeur *m* de ministère, directeur général; **–dirigent** *m* sous-directeur *m* (de ministère; **–erlass** *m* arrêté *m* ministériel; **–rat** *m* administrateur *m* civil, chef *m* de bureau (d'un ministère); **–runderlass** *m* circulaire *f* ministérielle; **–verordnung** *f* arrêté ministériel.

**MINISTER | PRÄSIDENT** *m* Ministre-président *m* (d'un Land), président du conseil (des ministres) au niveau d'un Land; **–präsidentenkonferenz** *f* conférence des Ministres-présidents des Länder en RFA; **–rat** *m* • *(EG)* conseil des ministres • *(StaatsR)* cabinet *m* gouvernemental, conseil de cabinet; **–ratsbeschluss** *m* délibération du conseil des ministres.

**MISCH | EHE** *f* mariage *m* mixte; **–gebiet** *n (BauR)* zone *f* mixte d'habitation et de commerce.

**MISSACHTUNG** *f* • *(Vorschrift)* inobservation *f* (des lois, d'un contrat) • *(Person)* mépris *m*, dédain *m*; **– des Gerichts** offense envers le tribunal, attitude insultante envers la justice.

**MISSBILLIGUNG** *f* désapprobation *f*, réprobation *f*; **–santrag** *m* motion *f* de défiance.

**MISSBRAUCH** *m* abus *m* (de droit), mauvais usage (d'un droit), usage *m* irrégulier, usage frauduleux, usage excessif d'une prérogative juridique; **– der Amtsgewalt** forfaiture *f*, prévarication *f*, abus d'autorité, abus de pouvoir.

**MISSBRAUCHEN** *v* • *(Amt)* abuser de son autorité, outrepasser ses fonctions • *(Person)* abuser d'un enfant *ou* d'une femme, violer.

**MISSBRÄUCHLICH** *adj* abusif, entaché d'abus; **–e Ausnutzung einer beherrschenden Stellung** abus *m* d'une position dominante.

**MISSDEUTUNG** *f* fausse interprétation, conclusion erronée.

**MISSE | TAT** *f* méfait *m*, forfait *m*; délit *m*; crime *m*; **–täter** *m* malfaiteur *m*; délinquant *m*; criminel *m*.

**MISSHANDELN** *v* maltraiter, infliger des sévices, malmener; brutaliser; **ein Kind –** infliger des sévices à un enfant.

**MISSHANDLUNG** *f* maltraitance *f*, mauvais traitements *mpl*, sévices *mpl* (corporels); **grobe –** sévices graves.

**MISSTRAUENS | ANTRAG** *m* motion de censure, motion de défiance; **–votum** *n* vote *m* de défiance.

**MIT | ANGEKLAGTE(R)** *m* coaccusé *m*; **–anmelder** *m (Patent)* codéposant *m* d'un brevet; **–arbeit** *f* • *(HR: Eheleute)* le fait de participer à la gestion sociale • *(ArbR)* collaboration *f*; **–arbeiter** *m* collaborateur *m*; **–beklagte(r)** codéfendeur *m*; **–berechtigte(r)** cotitulaire d'un droit; **–besitzer** *m* co-possesseur *m*.

**MITBESTIMMUNG** *f (ArbR)* cogestion *f*, participation (du personnel) à la gestion; contrôle de gestion; **betriebliche –** cogestion dans l'entreprise; **einfache –** cogestion simple (les salariés nomment 1/3 des membres du conseil de surveillance); **paritätische –** cogestion paritaire (les salariés choisissent la moitié des membres du conseil de surveillance).

**MIT | BEWERBER** *m* • *(HR)* concurrent • *(ArbR, VwR)* postulant *m*, candidat *m* (à un poste); participant (à une épreuve); **–bewohner** *m* voisin *m*, (autre) locataire.

**MIT | BÜRGE** *m* *(ZR)* **caution** *f* solidaire, cofidéjusseur *m*; **–bürgschaft** *f* cautionnement *m* solidaire; **–eigentum** *n* copropriété *f*, indivision (quant à la propriété); **–eigentümer** *m* copropriétaire *m*.

**MITERBE** *m* cohéritier *m*.

**MITGLIED** *n* • *(Partei, Gewerkschaft)* membre *m*, adhérent *m* • *(SozR: Krankenkasse usw.)* affilié *m* • *(GesR)* associé *m*, sociétaire *m*; **ausscheidendes –** membre sortant; **förderndes – ordentliches –** membre actif *ou* titulaire; **– kraft Amtes** membre de droit.

**MITGLIEDER | BEITRÄGE** *mpl* cotisations *fpl*; **–bestand** *m* nombre des membres cotisants, nombre *m* d'affiliés; **–versammlung** *f* assemblée *f* générale des membres *ou* des sociétaires; **–verzeichnis** *n* répertoire *m* des affiliés; **–zahl** *f* effectif *m*, nombre des membres *ou* associés.

**MITGLIEDSCHAFT** *f* qualité de membre, affiliation *f*; **–srecht** *n* droit attaché à la qualité de membre.

**MIT | HAFTUNG** *f* coresponsabilité *f*, part *f* de responsabilité; **–herausgeber** *m* co-éditeur; **–hilfe** *f* • aide *f*, assistance *f*, concours *m*, coopération *f* • *(StR)* complicité *f*; **–inhaber** *m* • *(Sache)* codétenteur *m* • *(Firma)* coassocié *m*, associé *m*.

**MIT | SCHULD** *f* faute *f* partagée, faute *f* commune, torts *mpl* du demandeur, torts réciproques; **–schuldige(r)** *(StPR)* co-inculpé; coupable *m*; **–schuldner** *m* codébiteur *m*, coobligé; **–spracherecht** *n* droit d'être consulté; droit de regard.

**MIT | TÄTER** *m* *(StR)* coauteur *m*; **–täterschaft** *f* coactivité *f*, fait de participer à un crime *ou* à un délit, participation *f* coupable.

**MITTEILEN** *v* communiquer; notifier; **jmdm. etwas –** informer qqn. sur qqch., faire part de qqch. à qqn.

**MITTEILUNG** *f* communication *f*, information *f*, avis *m*, communiqué *m*, notification *f*; **dienstliche –** note de service; **vertrauliche –** lettre confidentielle.

**MITTEILUNGSBLATT** *n* **: amtliches –** journal d'annonces légales.

**MITTEL** *n* • *(Hilfsmittel)* moyen *m* • *(Gelder meist pl)* fonds *mpl*, crédits *mpl*, ressources *fpl*, moyens *mpl* • *(Durchschnitt)* moyenne *f*, valeur *f* moyenne; **eigene – fonds** *mpl ou* ressources *fpl* propres; **flüssige –** liquidités *fpl*, trésorerie *f*, disponibilités *fpl*; **verfügbare –** disponibilités *fpl*, fonds *mpl* disponibles.

**MITTEL | KLASSE** *f* *(Waren)* qualité loyale et marchande; (voiture de) milieu de gamme; **–leitplanke** *f* *(StVR)* glissière centrale de sécurité; **–linie** *f* ligne médiane, ligne longitudinale axiale (séparative de voies de circulation).

**MITTEL | LOSE(R)** *m* indigent *m*; **–losigkeit** *f* indigence *f*, absence *f* de ressources, manque *m* d'argent.

**MITTELS | MANN** *m*, **–person** *f* • *(ZR, HR)* prête-nom *m*, *pej* homme de paille • *(StR)* comparse *m*, personne interposée.

**MITTEL | STAND** *m* commerçants et artisans; **–standsbetriebe** *pl* petites et moyennes entreprises (= PME).

**MITTLER** *m* médiateur m; négociateur.

**MIT | UNTERZEICHNER** *m* cosignataire *m*; **–unterzeichnung**

*f* contreseing *m*; **–urheber** *m* *(UrhR)* coauteur *m*.

**MIT | VERANTWORTLICHKEIT** *f* *(SchuldR: Mitverantwortung)* coresponsabilité *f*, responsabilité collective.

**MIT | VERPFLICHTETE(R)** *m* coobligé *m*; **–verschulden** *n* faute commune; faute partagée; faute de la victime; **–verursacher** personne impliquée; **–verursachung** *f* coexistence de plusieurs causes; **–vormund** *m* cotuteur *m*.

**MIT | WIRKEN** *n* *(StR)* participation criminelle, complicité *f*; **–wirkung** *f* participation *f*, concours *m*, collaboration.

**MÖBEL** *pl* meubles *mpl*; meubles meublants, mobilier *m*; **–leihvertrag** *m* contrat *m* de location de meubles; **–spediteur** *m* entreprise de déménagement.

**MOBILIAR** *n* *(bewegliche Habe, Hausrat)* ameublement *m*, meubles meublants.

**MOBILIAR | KLAGE** *f* action *f* mobilière; **–pfändung** *f* saisie mobilière; **–(zwangs)vollstreckung** *f* saisie exécution mobilière.

**MOBILIEN** *pl* *(SachR: bewegliche Sachen)* biens *mpl* meubles, effets mobiliers; **–leasing** *n* crédit-bail concernant des biens mobiliers.

**MODELL** *n* • *(UrhR)* modèle *m* (de fabrique), modèles et dessins *mpl*, création ornementale • *(HR: Muster)* échantillon *m*, exemple *m* • *(Industrie)* prototype *m*, maquette *f*, standard *m*.

**MOFA** *n* *(StVR: Motorfahrrad: 25 km/h)* cyclomoteur *m*, motocyclette.

**MOGELPACKUNG** *f* emballage *m* factice *ou* trompeur, attrape *f*.

**MÖGLICHKEIT** *f* • éventualité *f*, possibilité *f* • *(Fähigkeit)* capacité *f* de faire, faculté *f*.

**MONATS | ABSCHLUSS** *m* bilan *m* mensuel; **–ausweis** *m* situation *f* mensuelle; **–bericht** *m* rapport *m* mensuel; **–betrag** *m* mensualité *f*; **–einkommen** *n* revenu *m* mensuel; **–ende** *n* (en) fin de mois; **–frist** *f* à un mois d'échéance; **–lohn** *m* salaire mensuel; **–miete** *f* loyer mensuel; **–mitte** *f* le quinze (de chaque) mois; **–rate** *f* mensualité.

**MONOPOL** *n* • monopole *m*, marché *m* sans concurrence • *(fig.: Vorrecht)* privilège exclusif.

**MOPED** *n* cyclomoteur *m*, vélomoteur *m*, mobylette *f*; **–fahrer** *m* cyclomotoriste *m*.

**MORATORIUM** *n* *(Zahlungsaufschub)* moratoire *m*, concordat *m*, échelonnement des paiements.

**MORD** *m* *(StR)* meurtre *m* aggravé, homicide *m* commis volontairement dans le dessein de permettre *ou* de cacher une autre infraction *ou* en employant des tortures *ou* actes de barbarie, *ou bien* pour des motifs particulièrement répréhensibles; assassinat *m* selon le § 211 du Code Pénal allemand; **–anschlag** *m* attentat *m* (à la vie de qqn.).

**MORDEN** *v* assassiner, tuer; massacrer.

**MÖRDER** *m* assassin *m*; (en Aut. et en S:) meurtrier *m*.

**MORD | FALL** *m* meurtre *m* commis avec circonstances aggravantes, assassinat *m*; **–gehilfe** *m* complice *m* d'un assassinat; **–tatbestand** *m* éléments matériels de l'assassinat; **–versuch** *m* tentative *f* d'assassinat; **–vorsatz** *m* élément moral de l'assassinat; **–waffe** *f* arme *f* du crime.

**MOTIV** *n* • *(StR: Beweggrund)* motif *m*, mobile *m* • *(ZR)* **cause** *f* (du contrat), motif déterminant (du contrat); **–irrtum** *n* erreur sur le mobile, erreur *f* sur le motif.

**MÜLL** *m* • *(Haushalt)* ordures *fpl* ménagères • *(Industrie)* déchets *mpl* industriels; **–abfuhr** *f* service *m* de collecte des ordures ménagères; **–abfuhrgebühr** *f* taxe *f* d'enlèvement des ordures ménagères; **–ablageplatz** *m* déchetterie *f*; **–aufbereitungsanlage** *f* usine *f* de traitement de déchets industriels et ménagers; **–deponie** *f* décharge *f* publique; **–entsorgung**

*f* collecte et élimination des déchets; **–fahrzeug** *n* benne *f* à ordures; **–halde** *f*, **–kippe** *f* dépotoir *m*, décharge *f*; **–tonne** *f* poubelle *f*; **–verbrennungsanlage** *f* incinérateur à ordures, usine *f* d'incinération des ordures ménagères.

**MULTI** *m* firme multinationale.

**MÜNDEL** *m (FamR)* pupille *m*; orphelin *m* en tutelle; **–geld** *n* deniers *mpl* pupillaires, fonds *mpl* du pupille.

**MÜNDIG** *adj* majeur, ayant atteint l'âge de la majorité.

**MÜNDIGKEIT** *f* majorité *f* civile, âge légal de la pleine capacité d'exercice.

**MÜNDLICH** *adj* • oral, verbal, de vive voix, oralement • *adv* verbalement; **–e Vereinbarung** accord *m* verbal; **–e Verhandlung** *(PrzR)* audience *f*, débats *mpl*.

**MÜNZE** *f* • monnaie *f* (d'appoint), pièce de monnaie, monnaie métallique • *(Münzprägeanstalt)* La Monnaie; **falsche –** fausse monnaie.

**MÜNZ | FÄLSCHER** *m* faux-monnayeur *m*; **–geld** *n* espèces *fpl*, pièce de monnaie, monnaie *f* métallique; **–verbrechen** *n* crime *m* de faux monnayage; **–verfälschung** *f* faux monnayage.

**MUSS | BESTIMMUNG** *f*, **–vorschrift** *f* prescription *f* impérative *ou* obligatoire.

**MUSTER** *n* • dessin *m*; modèle *m*, spécimen *m*, échantillon *m* • type *m*, standard *m*, patron *m*; **Kauf nach –** vente conforme à un échantillon déterminé; **– ohne (Handels-)Wert** échantillon sans valeur commerciale.

**MUSTER | ANMELDUNG** *f* dépôt *m* d'un modèle, déclaration de modèle; **–arbeitsvertrag** *m* contrat-type de travail; **–fall** *m* cas *m* type; **–formular** *n* formulaire *m* modèle, formule *f* type; **–kollektion** *f* échantillonnage, collection d'échantillons; **–mietvertrag** *m* contrat de location type; **–prozess** *m* procédure engagée en vue d'éclaircir un point de droit (particulièrement important); **–register** *n* registre *m* des dessins et modèles; **–rolle** *f* • registre des dessins et modèles • *(SeeHR)* rôle de l'équipage.

**MUTMAßLICH** *adj* présomptif; probable; plausible; **–es Einverständnis** *n* consentement vraisemblable; **–er Täter** auteur *m* présumé d'une infraction.

**MUTTER** *f* : **alleinerziehende –** mère élevant seule son (*ou* ses) enfant(s); **erwerbstätige –** mère exerçant une activité professionnelle; **ledige –** mère célibataire, parent isolé; **nicht berufstätige –** mère au foyer.

**MUTTER | GESELLSCHAFT** *f* *(GesR)* société-mère *f*; **–land** *n* métropole *f*, territoire *m* métropolitain; **–pass** *m* carnet de santé de la femme enceinte.

**MUTTERSCHAFTS | GELD** *n* allocation *f* pré- et postnatale, indemnité du congé de maternité; **–hilfe** *f* aide *f* aux femmes en couches; **–urlaub** *m* congé maternité; congé parental d'éducation.

## N

**NACHAHMEN** • *(nachmachen)* imiter, copier • *(fälschen)* contrefaire, falsifier.

**NACHAHMEN** *n od.* Nachahmung *f* • imitation *f*, copie *f*, reproduction, imitation • contrefaçon *f*, falsification *f*, plagiat *m*; **sklavische –** copie servile.

**NACHAHMER** *m* contrefacteur *m*, falsificateur *m*, plagiaire, imitateur.

**NACHBAR | GEFAHR** *f* risque *m* de voisinage; **–grundstück** *n* immeuble *m* limitrophe; **–recht** *n* • législation relative aux obligations d'un propriétaire foncier envers ses voisins, droit des rapports de voisinage; servitude de voisinage • *(UrhR)* droits voisins, droits riverains *ou* apparentés; **–rechtsschutz** *m* protection juridique contre les troubles de voisinage *ou* les abus de droit; **–schaftsbefragung** *(Polizei)* enquête *f* de voisinage.

**NACHBESSERUNG** *f* réparation *f* des défectuosités *ou* des vices.

**NACHBILDUNG** *f (UrhR)* contrefaçon *f*, imitation *f*; **widerrechtliche –** œuvre *f* contrefaite.

**NACHDRUCK** *m (UrhR)* réimpression *f ou* reproduction *f* après l'écoulement du délai de protection; **unerlaubter –** reproduction illicite.

**NACHEILE** *f* • *(ZPR)* droit de poursuite • *(StR)* poursuite *f* d'un malfaiteur.

**NACH | ERBE** *m* héritier subséquent; **–erbfolge** *f* substitution *f* d'héritier.

**NACHFLUCHTGRUND** *m (AsylR)* raison invoquée en faveur de l'asile politique et reposant sur le fait de représailles prévisibles pour avoir demandé l'asile.

**NACHFOLGE** *f* succession *f*; dévolution du patrimoine héréditaire; **–lasten** *fpl (VwR)* charges *fpl* de dépollution.

**NACHFOLGER** *m*, **Nachfolgerin** *f* successeur *m*; personne appelée à recueillir une succession comme héritier *ou* comme héritière.

**NACHFORDERUNG** *f* • *(SteuerR)* redressement *m* et taxation d'office • *(PrzR)* rappel *m* des dépens • *(ZR)* demande en sus; **–sklage** *f* action *f* complémentaire en garantie de rente *ou* de pension alimentaire.

**NACHFORSCHUNG** *f* • recherche *f*, investigations *fpl* • *(amtlich u. gerichtlich)* enquête *f*, instruction *f*; **polizeiche –en** enquête policière.

**NACHFRAGE** *f* • recherche *f*, information *f* • *(Handel)* demande *f*.

**NACHFRIST** *f* délai *m* supplémentaire; délai de grâce, moratoire *m*; **eine – setzen** impartir un (dernier) délai à qqn.

**NACHGIEBIGES RECHT** *n* dispositions juridiques supplétives.

**NACHKOMME** *m* descendant *m*.

**NACHLASS** *m* • *(ErbR)* patrimoine *m* successoral (du de cujus), hérédité *f*; succession • *(HR: Preisnachlass)* remise *f* (sur le prix), abattement *m* • *(Steuererlass)* dégrèvement *m* (fiscal), détaxe *f*; réduction *f*.

**NACHLASS | ERÖFFNUNG** *f* ouverture *f* de la succession; **–gericht** *n* tribunal compétent en matière successorale.

**NACHLÄSSIGKEIT** *f* négligence *f*, faute non intentionnelle, défaut dû au manque de soins.

**NACHLASS | INVENTAR** *n* inventaire de la succession; **–masse** *f* masse *f* successorale; **–pflegschaft** *f* administration de l'indivision successorale, curatelle de la succession vacante; **–schulden** dettes de la succession.

**NACHLASS | VERWALTER** *m* curateur de la succession; **–verwaltung** *f* administration *f ou* curatelle de la succession; **–verzeichnis** *n* inventaire de la succession.

**NACHNAHME** *f* **: gegen –** contre remboursement.

**NACHPRÜFEN** *v* vérifier (l'exactitude, l'authenticité), contrôler (la véracité).

**NACHPRÜFUNG** *f* vérification *f*, contrôle *m*, révision *f*; **gerichtliche –** contrôle juridictionnel; **sachliche –** révision au fond.

**NACHREDE** *f* **: üble –** diffamation *f*.

**NACHRICHTEN | MANIPULATION** *f* truquage *m*, falsification des informations; **–quelle** *f* source *f* d'informations; **–sendung** *f* informations *fpl*, émission *f* d'informations; **–sperre** *f* black-out *m*, silence gardé sur une décision officielle.

**NACHSCHLÜSSEL** *m* fausse clef *f*, clef imitée *ou* contrefaite, rossignol *m*, passe-partout *m*, crochet *m*; **– diebstahl** vol *m* commis avec de fausses clefs.

**NACH | SCHÖPFUNG** *f* imitation frauduleuse; **–schrift** *f* post-scriptum *m*.

**NACHTAT** *f* : **straflose –** infraction connexe punie par la peine principale *ou* avec le fait principal.

**NACHTEIL** *m* inconvénient *m*, désavantage *m*, préjudice *m*, dommage *m*.

**NACHTRAG** *m* • *(bei Vertrag)* avenant *m* (à un contrat), additif *m* • *(bei Testament)* codicille *m*; **– zum Versicherungsvertrag** avenant au contrat d'assurance.

**NACHWEIS** *m* preuve *f*, pièce *f* justificative; référence *f*; **lückenlose –e** preuve *f* sans faille.

**NACHWEISBAR** *adj* : **–e Fakten** faits indubitables; **–e Gefahr** danger réel; **–e Gefährdung** risque *m* évident (pour qqn.); **–er Nachteil** préjudice certain.

**NACHZAHLUNG** *f* • paiement *m* ultérieur, rappel *m* (de paiement), versement *m* complémentaire; contribution supplémentaire • *(Gehalt)* rappel *m* de traitement, arriéré *m*.

**NACHZUG** *m* *(AsylR)* entrée et séjour en Allemagne (France, etc.) au titre du regroupement familial.

**NAHRUNGSMITTEL** *npl* : **gefälschtes –** denrée alimentaire falsifiée; **verdorbenes –** denrée alimentaire avariée.

**NAHVERKEHR** *m* trafic *m* à courte distance; trafic suburbain *ou* régional.

**NAME** *m od.* **Namen** *m* • *(Benennung)* dénomination *f*, nom *m* • *(Familienname)* nom *m* de famille, nom patronymique • *(guter Ruf)* **renom** *m*, réputation *f*; **angenommener –** pseudonyme *m*, nom de guerre; **vollständiger –** nom et prénom.

**NAMENS | ANBRINGUNG** *f* *(HR)* obligation d'indiquer au public son nom commercial; **–änderung** *f* *(ZR)* changement de nom; **–anmaßung** *f* usurpation d'état-civil; **–ehe** *f* mariage *m* contracté dans le seul but d'acquérir le nom du mari, mariage blanc; **–fälschung** *f* indication d'un faux nom; **–firma** *f* *(HR)* raison sociale (empruntée au nom du commerçant).

**NAMENS | GLEICHHEIT** *f* homonymie *f*; **–missbrauch** *m* usage *m* abusif *ou* usurpation de nom; **–recht** *n* droit au nom; législation relative au nom patronymique et aux prénoms; **–schild** *n* *(HR)* enseigne *f*; **–schutz** *m* • *(HR)* protection de la dénomination sociale *ou* du nom commercial • *(ZR)* protection *f* (de l'usage) du nom; **–täuschung** usurpation de nom; emploi *m* d'un nom autre que son nom légal; **–verzeichnis** *n* liste *f* nominative, état nominatif; **–vetter** *m* homonyme *m*; **–zug** *m* parafe *m*, signature *f*, griffe *f*.

**NATUR** *f* • *(UmweltR)* environnement, monde physique (où vit l'homme); nature *f*; monde *m*; univers *m* • *(Beschaffenheit)* essence *f*, entité *f*, nature • *(Körperbeschaffenheit)* complexion, constitution.

**NATURAL | ERSATZ** *m*, **–herstellung** *f* réparation en nature.

**NATUR | DENKMAL** *n* site *m* classé; **–ereignis** *n* phénomène *m* naturel; cataclysme *m*; **–katastrophe** *f* catastrophe *f* naturelle, cataclysme.

**NATURSCHUTZ** *m* protection de la nature et de l'environnement; sauvegarde *f* des sites; **–behörde** *f* service chargé de la protection de la nature et de l'environnement; **–gebiet** *n* espace naturel protégé; réserve *f* naturelle; zone *f* de protection *ou* d'environnement protégé.

**NEBEN | ABREDE** *f* contrat accessoire, clause *ou* stipulation *f* annexe; **–anlage** *f* *(BauR)* (bâtiment) annexe *f*; **–anspruch** *m* • *(PatentR)* revendication parallèle • *(SchuldR)* prétention *f* accessoire; droit subsidiaire; **–beschäftigung** *f* activité *f* annexe, occupation accessoire.

**NEBEN | EINKOMMEN** *n*, **–einkünfte** *pl* revenu annexe *ou* accessoire; **–erwerbstätigkeit** *f* activité *f* d'appoint, profession *f* accessoire.

**NEBEN | FOLGE** *f* • effet *m* secondaire • *(StR)* peine accessoire • *(VwPR)* décision unilatérale faisant grief; **–forderung** *f* • *(SchuldR)* créance *f* accessoire *ou* annexe • *(ZPR)* demande additionnelle (s'ajoutant aux prétentions principales).

**NEBEN | INTERVENIENT** *m* *(ZPR)* (tiers) intervenant *m*, partie *f* intervenante, intervenant à titre accessoire; **–intervention** *f* *(ZPR)* intervention (volontaire) accessoire; **–klage** *f* *(StPR)* constitution de partie civile; **–kläger** *m* *(StPR)* partie *f* civile.

**NEBENKOSTEN** *pl* • *(allg)* frais divers, charges *fpl* accessoires, faux-frais *mpl* • *(Wohnung)* charges *fpl* locatives.

**NEBENLEISTUNG** *f* • *(SchuldR)* prestation accessoire (d'un commerçant); devoir complémentaire d'information et de conseil (du vendeur) • *(PrzR)* faux frais, dépenses nécessaires exposées par un officier ministériel.

**NEBEN | RECHT** *n* • *(ZR)* droit *m* accessoire *ou* annexe • *(UrhR)* droit riverain; **–sache** *(ZR: Zubehör)* bien meuble accessoire, meuble destiné économiquement à un objet principal; **–strafe** *f* *(StR)* peine *f* complémentaire.

**NEBEN | TÄTER** *mpl* *(StR)* auteurs d'une infraction n'agissant pas de concert, mais lésant la même victime (comme s'ils avaient agi ensemble); **–tätigkeit** *f* • *(ArbR)* activité *f* accessoire, occupation *f* annexe • activités *fpl* auxiliaires.

**NENN | BETRAG** *m* montant *m* nominal; **–wert** *m* valeur nominale.

**NETTO | EINKOMMEN** *n*, **–lohn** *m* rémunération *f* nette, salaire *m* net; **–preis** *m* prix *m* net.

**NEU | ABSCHLUSS** *m* *(SchuldR, ArbR)* renégociation d'un contrat (d'une convention collective de travail); **–auflage** *f* réédition, nouvelle édition; **–bearbeitung** *f* refonte *f*, révision *f*, remaniement *m*.

**NEU | ERÖFFNUNG** *f* *(Geschäft)* changement de propriétaire; **–fassung** *f* refonte *f*, nouvelle version *f*, nouveau texte *m*; **–gründung** *f* *(GesR)* nouvelle constitution (d'une société).

**NEU | WERT** *m* valeur à l'état neuf, valeur *f* à neuf; **–zulassung** *f* *(StVR)* immatriculation pour mise en circulation (pour la première fois d'un véhicule); nouvelle immatriculation.

**NICHT | ANZEIGE** *f* **von Verbrechen** non-dénonciation de crime; **–beachtung** *f*, **–befolgung** *f* inobservation *f*, non-observation, violation, manquement *m*; **–beantwortung** *f* (einer Frage) refus *m* de répondre (à une question); **–berechtigung** *f* défaut *m* de droit, absence *f* d'autorisation.

**NICHTEHE** *f* inexistence *f* du mariage.

**NICHTEHELICH** *adj* : **–e** Abstammung filiation naturelle; **–es Kind** enfant naturel.

**NICHTEINHALTUNG** *f* inobservation *f*, violation *f*, non-respect *m*; **– der Entscheidungspflicht** déni de justice; **– der Frist** inobservation du délai, non-respect d'un délai.

**NICHT | ERFÜLLUNGSSCHADEN** *m* dommage résultant de l'inexécution; **–erscheinen** *n* *(PrzR: vor Gericht)* non-comparution *f*, défaut de comparution.

**NICHTIG** *adj* • *(ungültig)* nul, sans effet, nul et non avenu • *(belanglos)* sans importance, insignifiant, négligeable; **–es Rechtsgeschäft** acte *m* entaché de nullité absolue; **null-und –** nul et non avenu.

**NICHTIGERKLÄRUNG** *f* annulation *f*, déclaration de nullité, rescision *f*.

**NICHTIGKEIT** *f* nullité *f*; invalidité *f*; inopposabilité; **absolute –** nullité absolue, nullité d'ordre public; **heilbare –, relative –** nullité relative, nullité de protection; annulabilité *f*; **teilweise –** nullité partielle; **unheilbare –** nullité absolue.

**NICHTIGKEITS | ANTRAG** *m* demande *f* en annulation; **–beschwerde** *f* recours *m* en nullité; **–gründe** *mpl* motifs *mpl* invoqués en faveur de la nullité; **–einrede** *f* *od.* **–einwand** *m* exception de nullité; **–erklärung** *f* annulation *f*, déclaration de nullité; **–feststellungsklage** *f* demande *f* en annulation (d'un acte entaché d'un vice); **–klage** *f* action en annulation, demande en déclaration de nullité.

**NICHT | KENNTNIS** *f* ignorance *f* (d'un fait); **–leistung** *f* défaut de prestation, carence *f* (du débiteur); **–lieferung** *f* non-livraison *f*; défaut *m* de délivrance.

**NICHT | RECHTSFÄHIG** *adj* **: –e Person** incapable *adj u. m*; **–rechtsfähiger Verein** association sans personnalité juridique; **–rechtskräftiges Urteil** jugement n'ayant pas la force de la chose jugée.

**NICHTVERMÖGENSSCHADEN** *m* dommage *m* moral, préjudice *m* extrapatrimonial.

**NICHTVERTRETBARE SACHE** *(ZR)* corps *m* certain, chose *f* non fongible.

**NICHT | ZAHLUNG** *f* défaut *m* de paiement, non-paiement *m*; **–zulassung** *f* • fait *m* de ne pas admettre un recours • fait de refuser un candidat; **–zuständigkeit** *f* défaut *m* de compétence.

**NIEDERLASSUNG** *f* • *(HR: Zweiggeschäft)* succursale *f*, agence *f* • *(HR: Gründung einer Firma)* établissement, le fait de s'établir, implantation; **gewerbliche –** établissement professionnel (industriel *ou* commercial).

**NIEDERLASSUNGSFREIHEIT** *f* liberté d'établissement.

**NIEDERLEGUNG** *f* **des Amtes** résignation des fonctions, démission *f*.

**NIEDERSCHLAGEN** *v* • *(Angelegenheit)* classer sans suite (une affaire) • *(Person)* terrasser, assommer • *(Aufstand)* réprimer • *(Kosten)* distraire, retrancher.

**NIEDERSCHLAGUNG** *f* • *(Verfahren)* classement sans suite • *(PrzR)* exonération du paiement (des frais procéduraux).

**NIEDERSCHRIFT** *f* • *(Protokoll)* procès-verbal *m* • *(Beurkundung)* acte dressé par un officier ministériel (notaire); constat *m* • *(Aufzeichnung)* compte-rendu *m*; rapport *m*.

**NIEDRIG** *adj* **: –e Beweggründe** *(StR)* motifs *mpl* particulièrement répréhensibles; **–er Preis** prix modique.

**NIESSBRAUCH** *m (SachR)* usufruit *m*, droit réel viager; **lebenslänglicher –** usufruit viager; **rechtsgeschäftlicher –** usufruit établi par contrat.

**NIEßBRAUCHER** *m* usufruitier *m*, titulaire de l'usufruit.

**NOMINAL | BETRAG** *m* montant *m* nominal; **–zins** *m* taux d'intérêt nominal.

**NORM** *f* • *(Regel)* norme *f*, règle *f*; standard *m*; modèle • *(Rechtssatz)* règle de droit, règle juridique, norme, loi *f* (au point de vue du fond, au sens matériel); **dispositive –** règle facultative *ou* supplétive; **zwingende –** règle impérative *ou* contraignante.

**NORMATIV** *adj* normatif, qui énonce une règle; **–e Grundlage** *f* loi *f* à la base d'une réglementation; **–e Wirkung** *(ArbR: Tarifvertrag)* (convention collective du travail qui) s'impose aux employeurs et salariés.

**NORMENKONTROLLE** *f* contrôle *m* de la constitutionnalité des textes ayant valeur législative; **abstrakte –** contrôle de la constitutionnalité d'une loi (à la demande du gouvernement *ou* d'un tiers des membres de la diète fédérale) en vue d'éclaircir un point de droit; **konkrete –** contrôle de la constitutionnalité d'une loi à l'occasion d'un litige (par la cour constitutionnelle) sur renvoi juridictionnel.

**NORMIERUNG** *f od.* **Normung** *f* standardisation *f*, normalisation; **technische –** normalisation dans le domaine de la technique.

**NOT** *f* • *(Armut, Elend)* détresse *f*, indigence *f*, misère *f*, dénuement *m (Notwendigkeit)* nécessité *f*, urgence *f* • *(Gefahr)* danger *m*.

**NOT | ADRESSE** *f* désignation d'un besoin *ou* recommandataire, adresse au besoin; **–anwalt** *m* avocat *m* commis d'office (au cas où la partie ne trouve pas elle-même un avocat pour assurer sa défense).

**NOTAR** *m* notaire *m*; **amtierender –, beurkundender –** notaire instrumentaire; **–anwalt** *m* notaire exerçant également la profession d'avocat.

**NOTAR | GEBÜHR** *f* émoluments *mpl* (avec référence au tarif); **–gehilfe** *m* clerc *m* de notaire; **–haftung** *f* responsabilité civile des notaires.

**NOTARIATS | GEBÜHR** *f* émoluments *mpl* (dus aux notaires); **–kammer** *f* chambre des notaires; **–kanzlei** *f* étude *f* de notaire; **–kosten** *pl* déboursés *mpl*; émoluments dus aux notaires; **–ordnung** *f* règlement des offices notariaux; **–praxis** *f* pratique *f* notariale.

**NOTARIATS | SIEGEL** *n* sceau *m* du notaire; **–tarif** *m* émoluments *mpl* tarifés (fixes *ou* proportionnels); tarif *m* des notaires; **–schild** *n* panonceau *m*; **–urkunde** *f* acte *m* notarié, acte devant notaire.

**NOTARIELL** *adj* notarié; authentique; **–e Beurkundung** *f* • authentification *f* d'un acte • établissement *m* d'un acte; **–es** *od.* **öffentliches Testament** testament authentique (reçu par devant notaire); **–e Urkunde** acte fait devant notaire, contrat notarié.

**NOTAR | KAMMER** *f* chambre des notaires; **–kanzlei** *f* étude *f ou* **cabinet** *m* de notaire; **–kosten** *pl* frais d'actes notariés; **–zwang** *m* monopole notarial (pour certaines actes de la procédure gracieuse).

**NOT | ARZT** *m* médecin du service d'aide médicale d'urgence; **–bedarf** *m* aliments *mpl* de première nécessité; **–behelf** *m* expédient *m*, moyen *m* de fortune.

**NOTE 1.** *f* • *(Mitteilung)* note *f*, avis *m*, communication *f*, communiqué *m*, notice *f* • *(Anmerkung)* remarque *f*, annotation *f*, note • *(Geld)* billet *m* de banque, coupure *f* • *(Bewertung)* note *f*.

**NOTEN 2.** *fpl* billets de banque; **umlaufende –** billets en circulation; **–ausgabe** *f* émission *f* de billets de banque.

**NOTENBANK** *f* banque *f* d'émission.

**NOTFALL** *m* • cas *m* de nécessité *ou* de besoin • urgence *f* (médicale); **im –** en cas de besoin, au besoin; à la rigueur.

**NOTFRIST** *f (PrzR: Einlassungsfrist)* délai *m* préfix, délai de rigueur.

**NOT | HILFE** *f* • aide *f*, secours *m*, assistance *f* • *(StR)* légitime défense pour venir en aide d'un tiers (victime d'une agression injustifiée); **–hilfepflicht** *f* obligation de secours.

**NÖTIGEN** *v* forcer, contraindre, obliger qqn. à faire qqch.

**NÖTIGUNG** *f (StR)* menaces *fpl*; contrainte *f*; voie *f* de fait; menace *f* faite avec ordre (d'agir *ou* de s'abstenir), atteinte *f* à la sécurité morale (par voie de fait *ou* menace); **– zur Unterschriftsleistung** *f* extorsion de signature; **– zu einer unzüchtigen Handlung** attentat à la pudeur avec violence.

**NOT | LAGE** *f* situation désespérée, péril *m* imminent, cas *m* de péril imminent, cironstances exceptionnelles; **–lüge** *f* expédient *m*.

**NOTORISCH** *adj (offenkundig)* notoire, avéré; **– sein** être de notoriété publique.

**NOT | RUF** *m* • *(Telefon)* numéro d'appel de secours • appel *m* au secours • signal de détresse; **–rufmelder** *m*, **–rufsäule** *f* borne *f* (d'appel) de détresse.

**NOTSTAND** *m* • *(ZR u. StR)* état *m* de nécessité • *(ÖfR)* état d'urgence; **äußerer –** *(= Verteidigungsfall)* état de siège, état de guerre, cas de péril national; **entschuldigender –** *(StR)* état de nécessité entant qu'excuse absolutoire; **innerer –** *(VerfR)* état *m* d'urgence résultant d'atteintes graves à l'ordre républicain; **rechtfertigender –** *(StR)* état de nécessité en tant que fait justificatif; **ziviler –** (= Naturkatastrophe) état d'urgence par suite de calamité publique.

**NOTSTANDS | FALL** *m* état d'urgence; **–gebiet** *n* zone de détresse, zone critique; **–gesetz** *n* loi *f* d'exception; **–lage** *f* situation de déteresse; **–maßnahme** *f* mesure de crise.

**NOT | VERKAUF** *m (ZPR)* vente effectuée en vue de pouvoir assurer les frais procéduraux; **–verordnung** *f* ordonnance *f* en application des pleins pouvoirs.

**NOTWEHR** *f (StR)* légitime défense *f*; **berechtigte –** (S), **gerechte –** (Aut) légitime défense comme fait justificatif; **–exzess** *m*, **–überschreitung** *f* excès *m* de légitime défense, légitime défense non proportionnée à l'attaque; **–lage** *f* agression, situation de légitime défense, atteinte injustifiée; **–überschreitung** *f* défense qui n'est pas proportionnée à la gravité de l'attaque.

**NOTWENDIG** *adj* • nécessaire, indispensable • *(zwangsläufig)* inéluctable, inévitable; **–e Auslagen** débours *mpl*; **–e Streitgenossenschaft** *(ZPR)* intervention forcée.

**NOT | ZEICHEN** *n* signal *m* de détresse; **–zucht** *f (StR: Vergewaltigung)* viol *m*, acte de pénétration sexuelle.

**NOVATION** *f (SchuldR)* novation *f*.

**NOVELLE** *f (VerfR)* loi modificative, loi modifiée par amendement.

**NUMMER** *f* **: laufende –** numéro *m* d'ordre, numéro de série.

**NUMMERN | KONTO** *n* compte numéroté *ou* à numéro; **–schild** *n* plaque *f* d'immatriculation *ou* minéralogique; plaque de police.

**NUTZEN** *m* • utilité *f* • *(Gewinn)* profit *m*, gain *m* • *(Vorteil)* avantage *m*.

**NUTZ | FAHRZEUG** *n* véhicule *m* utilitaire; **–fläche** *f* • surface utile • surface cultivée *ou* cultivable.

**NUTZNIEẞER** *m* • *(SachR: Nießbraucher)* usufruitier *m* • *(umg)* profiteur *m*.

**NUTZNIEẞUNG** *f (SachR: Nießbrauch)* usufruit *m*, usage et jouissance (d'une chose); **gesetzmäßige –** jouissance paisible; **–srecht** *n* usufruit *m*.

**NUTZPFAND** *n* antichrèse *f*; **–gläubiger** *m* créancier *m* antichrésiste.

**NUTZUNG** *f* • *(Gebrauch)* utilisation *f*, exploitation *f*, usage *m*, mise *f* à profit • *(Ertrag od. Früchte)* revenus *mpl*, rapport *m*, rendement *m* • *(Nutznießung)* jouissance *f*; **Entzug der –** privation de jouissance.

**NUTZUNGS | ART** *f* • *(BauR)* destination (de l'immeuble) • affectation, destination, finalité particulière; **–befugnis** *f*, **–berechtigung** *f* droit de jouissance; **–beschränkung** *f* limitation du droit de jouissance; **–entziehung** *f*, **–entzug** *m* privation de la jouissance (d'un bien).

**NUTZUNGSPFAND | GLÄUBIGER** *m* créancier *m* antichrésiste; **–recht** *n* antichrèse *f*.

**NUTZUNGS | RECHT** *n* • *(ZR: Fruchtziehungsrecht)* droit de jouissance *ou* d'usufruit, droit d'utilisation, droit de percevoir les fruits • *(UrhR, Lizenz)* droit d'exploitation; licence *f*; **–überlassung** *f* le fait d'accorder l'usage d'un bien (à qqn.); **–untersagung** *f od.* **–verbot** *n* interdiction d'user (d'une chose) *ou* d'en jouir; **–vergütung** *f* • *(ZR)* **indemnité** *f* pour privation de jouissance • *(UrhR)* redevance *f*; **–vertrag** *m* concession *f* (d'un droit d'exploitation *ou* d'usage).

## O

**OBDACHLOS** *adj* sans domicile fixe; sans logis.

**OBDACHLOSE(R)** *m* personne *f* sans domicile fixe, SDF; sans-logis *m*; **–nheim** *n*, **–nunterkunft** *f* centre *m* d'hébergement (pour les sans-logis).

**OBDUKTION** *f (StR: Leichenöffnung)* autopsie *f*; **–sbericht** *m* rapport *m* d'autopsie.

**OBER | AMTSRICHTER** *m* premier juge du tribunal cantonal allemand; **–bundesanwalt** *m* premier avocat général près de la Cour fédérale allemande; **–bürgermeister** *m* maire *m*, bourgmestre (grandes villes).

**OBER | FINANZDIREKTION** *f* direction *f* régionale des finances (impôts, douanes et domaines); **–finanzkasse** *f* perception centrale; **–flächeneigentum** *n* propriété *f* du sol.

**OBER | GERICHT** *n* • *(PrzR)* juridiction supérieure • *(PrzR – S: Kantonsgericht)* tribunal cantonal suisse; **–gesellschaft** *f* société dominante (dans un consortium), société-mère; **–grenze** *f* limite *f* supérieure, plafond *m*.

**OBERHAUPT** *n* • *(StaatsR)* chef d'État • *(FamR)* chef de famille.

**OBERLANDESGERICHT** *n (PrzR)* Tribunal *m* régional supérieur (allemand), tribunal allemand correspondant approximativenemt à une Cour d'appel française; **–sbezirk** *m* ressort *m* du tribunal régional supérieur; **–spräsident** *m* Premier président auprès du Tribunal régional supérieur; **–srat** *m* conseiller *m* au tribunal régional supérieur.

**OBER | STAATSANWALT** *m* procureur général; **–staatsanwaltschaft** *f* parquet auprès d'un tribunal supérieur; **–stadtdirektor** *m* chef des services de l'administration municipale.

**OBERST | ES BUNDESGERICHT** *n* Cour suprême (fédérale) allemande (elle n'a jamais été créée dans les faits); **–es Fachgericht** *n* Cour supérieure allemande spécialisée; terme employé pour désigner l'une des quatre Cours supérieures spécialisées allemandes (Cour fédérale sociale, financière, du travail et du contentieux administratif); **Bayerisches –es Landesgericht** (= BayOLG) Cour suprême bavaroise.

**OBERVERWALTUNGSGERICHT** *n (PrzR)* Tribunal *m* administratif supérieur (allemand), tribunal allemand correspondant approximativement à la Cour administrative d'appel française.

**OBHUTSPFLICHT** *f (FamR)* obligation de surveillance; **Verletzung der –** *(StR)* abandon *m* d'une personne sans défense (malade, handicapé) *ou* d'un mineur de 18 ans.

**OBJEKTIV** *adj* : **–er Mangel** vice *m* de construction, défaut provenant de l'exécution défectueuse; **–es Recht** droit objectif; **–e Rechtslage** les faits (de l'espèce), les éléments de fait; les données de base (dans le débat); **–es Tatbestandsmerkmal, –e Tatseite** *(StR)* élément matériel (de l'infraction); **–e Unmöglichkeit der Leistung** impossibilité *f* objective d'exécuter le contrat (par suite de la perte de la chose due, etc.).

**OBJEKT | SCHUTZ** *m* *(StR)* protection des immeubles *ou* bâtiments *ou* installations particulièrement sensibles (à un attentat terroriste); **–steuer** *f* *(SteuerR),* impôt réel (frappant les biens et les revenus); **–wert** *n* valeur vénale d'un immeuble.

**OBLIEGENHEIT** *f* • *(Amt)* office *m*, charge *f*; fonction *f*; attributions *fpl* • *(Pflicht)* obligation *f*, devoir *m*; **–sverletzung** *f* non-respect *m* d'une obligation, violation *f* des obligations.

**OBLIGATION** *f* • *(SchuldR)* obligation *f* (du débiteur), engagement *m*; dette *f* • *(HR: Schuldverschreibung)* obligation *f* (en tant que valeur mobilière).

**OBMANN** *m* • *(ArbR)* responsable *m*, porte-parole des salariés (d'une entreprise) • *(PrzR: Schiedsrichter)* tiers arbitre *m*, surarbitre *m*.

**OBRIGKEIT** *f* autorité *f* civile, pouvoirs *mpl* publics.

**OBSIEGEN** *v* gagner (un procès).

**OFFEN** *adj* : **–e Handelsgesellschaft** *f* (= OHG) société *f* en nom collectif; **–e Police** police *f* flottante; **–e Rechnung** *f* facture *f* impayée; **–er Dissens** dissentiment *m ou* divergence *f* manifeste.

**OFFENBAR** *adj* manifeste, évident, notoire; **–er Schreibfehler** erreur *f* matérielle *ou* d'écriture.

**OFFENBAREN** *v* dévoiler; découvrir; révéler, déclarer; divulguer (un secret).

**OFFENBARUNGS | EID** *m* *(ZwangsVR)* serment *m* prêté par le débiteur insolvable, serment de manifestation de l'insolvabilité, serment révélatoire (du débiteur); **–pflicht** *f* • *(SchuldR)* obligation d'informer, obligation de fournir toutes les informations nécessaires • *(StPR: bei Verurteilungen)* obligation de révéler les condamnations antérieures.

**OFFENKUNDIG** *adj* manifeste, évident, notoire, patent, public; **–e Rechtsverletzung** violation évidente du droit en vigueur.

**OFFENLEGUNG** *f* publication *f*, divulgation, mise *f* à la disposition du public; **– der Eigentumsverhältnisse** *(ÖfR)* publication de la situation patrimoniale *ou* de fortune.

**ÖFFENTLICH** *adj* public, officiel; commun, général; **–e Anstalt** établissement public; **–er Auftrag** marché public; **–e Auslegung** *f* *(ÖfR)* publicité par voie de présentation du dossier; **–er Bauleistungsauftrag** marché de travaux publics; **–e Beglaubigung** • *(Unterschrift)* légalisation • *(Urkunde)* authentification, certification; **–e Bekanntmachung** communiqué *m* officiel; **–e Beurkundung** authentification *f*; **–er Dienst** fonction publique, administration (publique), «les fonctionnaires»; **–e Erregung von Ärgernis** *(StR)* outrage *m* public à la pudeur; **–e Fürsorge** aide sociale; **–e Gelder deniers** *mpl* publics; **–e Gewalt** puissance publique; **–e Hand** État *m*, secteur *m* public, pouvoir *m* public; **–es Interesse** intérêt général, utilité publique; **–e Klage** *(StPR)* action publique; **–e Körperschaft** personne morale de droit public, collectivité territoriale; **–e Lasten** *fpl* charges publiques; **–e Meinung** opinion publique; **–e Ordnung** ordre public; **–es Recht** droit public; **–e Sache** domaine *m* public, bien appartenant à l'État; **–e Sitzung** séance publique; **–e Urkunde** acte authentique; **–e Verhandlung** *(PrzR)* audience publique, débats publics; **–e Verkehrsmittel** *pl* transports en commun.

**ÖFFENTLICHKEIT** *f* • *(Publikum)* public *m*, assistance *f*, auditoire *m*, audience *f* • *(Bekanntmachung)* publicité *f*; notoriété *f*; **unter Ausschluss der –** à huis clos, en chambre de conseil.

**ÖFFENTLICHKEITS | ARBEIT** *f* relations *fpl* publiques, public relations; **–beteiligung** *f (VwR)* participation des citoyens à la réalisation d'un projet initié par de l'autorité publique; **–grundsatz** *m*, **–prinzip** *n (PrzR)* principe de la publicité des débats.

**ÖFFENTLICH-RECHTLICH** *adj* de droit public; **–e Anstalt** établissement public; **–e Körperschaft** personne morale de droit public, collectivité publique.

**OFFERTE** *f (SchuldR: Angebot)* offre *f* (de contrat), pollicitation.

**OFFIZIAL|DELIKT** *n (StPR)* infraction poursuivie d'office par le parquet (indépendamment de la volonté de la victime); **–maxime** *f od.* **–prinzip** *n (StPR)* principe *m* de la poursuite pénale réservée à l'État; principe de la procédure inquisitoire; **–verteidiger** *m* avocat commis d'office, défenseur d'office.

**OFFIZIELL** *adj* • *(amtlich)* officiel, administratif • *(feierlich)* solennel • *(öffentlich)* public, notoire, connu de tous.

**OPFER** *n* • *(Mensch)* victime *f* • *(Verzicht)* sacrifice *m*; **–entschädigung** *f* indemnisation des victimes (d'attentats).

**OPPORTUNITÄTS|GRUNDSATZ** *m*, **–prinzip** *n* • *(StR)* principe directeur du procès pénal selon lequel le parquet décide de l'engagement des poursuites pénales • *(VwR)* principe de l'opportunité (de l'action administrative), principe selon lequel une autorité est libre d'agir (sans y être obligée).

**ORDENTLICH** *adj* : **–es Gericht** juridiction de l'ordre judiciaire (c'est-à-dire la Cour fédérale de justice, les tribunaux régionaux supérieurs, les tribunaux régionaux et les tribunaux cantonaux allemands); **–e Gerichtsbarkeit** les juridictions allemandes de l'ordre judiciaire (en tant que le premier des cinq ordres judiciaires allemands); **–e Kündigung** résiliation du contrat de travail dans le délai conventionnel; **–es Mitglied** membre à part entière.

**ORDNER** *m* • *(Versammlung)* organisateur *m*, préposé *m* au service d'ordre • *(Akte)* classeur *m*; **–dienst** *m* service *m* d'ordre.

**ORDNUNG** *f* • *(Zustand)* ordre *m*, ordre social, organisation *f* sociale • *(Verfassung)* régime *m*, règlement *m*, statut *m* • *(Stand, Klasse)* rang *m*, suite *f*, classement *m*, règle *f*; **öffentliche –** ordre public, tranquillité *f* publique.

**ORDNUNGS|AMT** *n* service communal administratif (compétent en matière de cartes d'identité et de passeports); **–behörden** *fpl* • *(i.w.S.)* services *mpl* administratifs responsables pour le maintien de l'ordre, services *mpl* de police administrative générale *et* spéciale • *(i.e.S.)* polices administratives spéciales: Direction des affaires sanitaires et sociales; préfecture; mairie; inspection du Travail; Direction de l'équipement; **–buße** *f* amende administrative; **–dienst** *m* service d'ordre; **–geld** *n* astreinte *f*, sanction pécuniaire.

**ORDNUNGSGEMÄß** *adj* : **–e Ausübung eines Amtes** exercice régulier d'une fonction; **–e Buchführung** tenue régulière des livres de compte, comptabilité conforme au droit (comptable), comptabilité régulière et sincère.

**ORDNUNGS|GEWALT** *f (ÖfR)* police administrative (chargée de maintenir et de rétablir l'ordre public); **–haft** *f (PrzR)* peine de prison (d'un jour à six semaines) pour trouble de l'audience *ou* pour obliger une personne impliquée dans une procédure de faire ou de ne pas faire qqch.

**ORDNUNGS|HÜTER** *m* gendarme *m*, agent de la force publique; **–kräfte** *fpl* force *f* publique, police *f*.

**ORDNUNGSMÄßIG** *adj* : **–e Durchführung der Hauptverhandlung** audience ayant lieu conformément aux conditions de forme et de fond requises; **–e Erfüllung des Vertrages** exécution régulière du contrat.

**ORDNUNGS | POLIZEI** *f* • *(VwR)* police administrative, police urbaine • *(Versammlungen)* service *m* d'ordre; **–prinzip** *n* règle *f* d'organisation; **–recht** *n (ÖfR)* partie du droit public relative au maintien de l'ordre et de la sécurité; **–ruf** *m* rappel à l'ordre, rappel au règlement (en S); **–strafe** *f* sanction *f* pécuniaire, amende *f* disciplinaire.

**ORDNUNGSWIDRIG** *adj (VwR)* : **–e Handlung** acte contraire à la loi et passible d'une sanction administrative; **–er Zustand** *(BauR)* état de délabrement d'un immeuble passible d'une amende administrative.

**ORDNUNGSWIDRIGKEIT** *f (VwR)* violation de la loi *ou* illégalité réprimée par une amende administrative, violation d'une loi assortie d'une sanction administrative (correspondant à une contravention en France).

**ORDNUNGSWIDRIGKEITEN | GESETZ** *n (VwR: OwiG in der Fassung vom 19.2.1987)* Loi allemande relative aux sanctions administratives; **–recht** droit (allemand) relatif aux violations de dispositions légales, ne constituant plus une infraction pénale, mais l'inexécution de règlements administratifs (en Allemagne les contraventions ont été supprimées dès 1975 pour laisser la place à des sanctions administratives).

**ORGANISATION** *f* • *(Aufbau, Ordnung, Gliederung)* organisation *f*, structure *f*, agencement *m*, aménagement *m* • *(Zusammenschluss)* groupement *m*, organisme *m*, organisation *f*; **gemeinnützige –** organisation sans but lucratif.

**ORGANISATIONS | PLAN** *m* organigramme *m*, tableau d'emplois; **–recht** *n* régime juridique d'une organisation professionnelle.

**ORGAN | KLAGE** *f (VerfR)* action intentée par un organe d'une collectivité territoriale *ou* un établissement public auprès de la Cour constitutionnelle; **–mandat** *n* (Aut) amende *f* infligée en cas de flagrant délit pour des infractions aux règlements administratifs; **–mitglied** *n* membre d'un organe (d'une société commerciale).

**ORGANSCHAFTSVERTRAG** *m*, **Organvertrag** *m (GesR)* contrat par lequel une société (société-mère, société dominante) assume la gestion des affaires d'une ou plusieurs sociétés (sociétés dépendantes), contrat dit organique.

**ORGANSTREIT** *m* • *(VerfR: Organstreitigkeit)* litige constitutionnel relatif aux droits et obligations *ou* aux compétences des organes de l'État fédéral • *(VwR)* litige administratif *ou* constitutionnel opposant deux collectivités locales; **–verfahren** *n* procédure relative aux compétences des organes de l'État fédéral.

**ORIGINAL** *n (Urschrift, Vorlage)* original *m*, titre original *ou* originaire, écrit *m* établi par les parties; **–aufnahme** *f* enregistrement original (sur support magnétique *ou* optique); **–beleg** *m* pièce *f* originale justificative, original *m*; **–fassung** *f* version initiale; version originale; **–rechnung** *f* facture originale; **–urkunde** *f* document *m* original *ou* primitif, minute *f*; **–verpackung** *f* emballage *m* d'origine; **–werk** *n* ouvrage *m* original, œuvre *f* originale.

**ORT** *m* • agglomération *f*, lieu *m*, endroit *m*, hameau *m* • *(HR)* place *f*; localité *f*; **an – und Stelle** sur les lieux.

**ORTS | ANGABE** *f* indication du lieu; **–besichtigung** *f* descente *f* sur les lieux; **–bezirk** *m* arrondissement *m*, secteur *m ou* fraction *f* de commune.

**ORTSCHAFT** *f* (petite) commune; localité *f*; lieu-dit *m*; **geschlossene –** *(StVR)* agglomération *f*.

**ORTS | DURCHFAHRT** *f (StVR)* traversée *f* d'une agglomération; **–kennzahl** *f (Telefon)* indicatif *m*; **–kern** *m* cité *f*, centre-ville *m*; **–krankenkasse** *f* caisse *f* primaire d'assurance maladie.

## P

**PACHT** *f (SchuldR)* bail *m* à ferme, affermage *m*.

**PACHTEN** *v* prendre à bail, prendre à ferme, affermer, louer.

**PÄCHTER** *m* preneur à bail, fermier *m*; **– einer Herde** cheptelier *m*.

**PACHT | ERTRÄGE** *mpl* produits *mpl* du fonds loué; **–geld** *n* fermage *m*; **–grundstück** *n*, **–land** *n* terre affermée; bien pris à bail; **–preis** *m* fermage *m*; **–recht** *n* régime (juridique) des contrats de louage; droit *m* des baux ruraux.

**PACHT | VERTRAG** *m*, **–verhältnis** *n* bail *m*, contrat de louage *ou* d'affermage; bail à ferme; contrat d'amodiation.

**PACKUNG** *f* boîte *f*; carton *m*; **Warnhinweise auf der –** mise *f* en garde (apposée sur la boîte *ou* l'emballage*)*; **–sbeilage** *f* notice *f*.

**PAKT** *m (VR)* pacte *m*, convention *f*; accord *m* international.

**PAPIER 1.** *n* • *(Schriftstück)* écrit *m*, document *m*, papier *m* • *(Wertpapier)* titre *m*, valeur *f* mobilière • *(Börse)* offre *f*; **mündelsicheres –** valeur sûre.

**PAPIERE 2.** *npl* • *(Schriftstücke)* **documents** *mpl*, papiers *mpl*, pièces *fpl* d'archives • *(Ausweispapiere)* carte *f ou* pièce *f* d'identité, papiers d'identité • *(Aktien)* valeurs *fpl*, actions *fpl*.

**PARAGRAPH** *m (fortlaufend numerierter Absatz eines Gesetzes – Zeichen: §, Plural: §§)* signe typographique (§) placé en Allemagne devant chaque prescription légale des différents codes et lois (sauf pour les articles de la constitution), correspond à l'article (art.) en France [mais ne transformez jamais les §§ allemands en art. français, cela prêterait à confusion!]

**PARITÄT** *f (Gleichstellung)* parité *f*; **– zwischen den Sozialpartnern, – der Tarifpartner** égalité *f* du rapport de forces entre les partenaires sociaux.

**PARLAMENT** *n* parlement *m*; **Europäisches –** Parlement européen; **Mitglied des –s** député *m*, membre du parlement.

**PARLAMENTARIER** *m (VerfR: Abgeordneter)* député *m*.

**PARLAMENTARISCH | E ANFRAGE** *f* question orale; question écrite; **–er Staatssekretär** secrétaire d'État parlementaire; **–er Untersuchungsausschuss** commission d'enquête (du Bundestag).

**PARLAMENTS | AUFLÖSUNG** *f* dissolution d'une assemblée délibérante; **–ausschuss** *m* commission (permanente) parlementaire; **–bericht** *m* compte-rendu des débats parlementaires; **–debatte** *f* débats *mpl*; **–fraktion** *f* groupe *m*; **–geschäftsordnung** *f* règlement *m*; **–mitglied** *n* député *m*; **–sitz** *m* siège *m* de député; **–sitzung** *f* séance *f* du parlement; **–sitzungsperiode** *f* session parlementaire.

**PARTEI** *f* • *(Pol)* parti *m* politique, formation *f ou* mouvement *m* politique • *(SchuldR)* partie *f* (au contrat), (co)contractant • *(ZPR)* partie *f* demanderesse *ou* défenderesse; plaideur *m*; demandeur *m*; défendeur *m*; **antragstellende –** partie demanderesse *ou* requérante; **beklagte –** défendeur *m*, partie défenderesse; **betreibende –** demandeur *m*; partie diligente; **erschienene –** partie présente *ou* comparante; **geladene –** partie assignée; **klagende –** partie demanderesse, demandeur *m*; **nicht erschienene –** partie défaillante; **obsiegende –** partie obtenant gain de cause; **säumige –** partie défaillante; **unterlegene –** partie perdante *ou* succombante; **vertragschließende –** partie contractante, contractant *m*.

**PARTEI | ABREDE** *f*, **–absprache** *f* accord *m* entre les parties; convention (conclue par les parties); **–anhörung** *f* le fait d'entendre les parties dans leurs explications.

**PARTEI | BEITRITT** *m* (als Streitgenosse) intervention *f* (agressive *ou* conservatoire); **–betrieb** *m (PrzR: Dispositionsmaxime)* direction *f* du procès confiée aux parties; procédure *f* accusatoire; **–eid** *m* serment *m* déféré par le juge à l'une des parties; **–einvernahme** *f* interrogatoire *f* sur faits et articles.

**PARTEIEN | FINANZIERUNG** *f (StR, Pol)* financement *m* (occulte) des partis politiques, financement des partis politiques (par voie légale *ou* frauduleuse); **–staat** *m* démocratie multipartite; **–verkehr** *m* admission du public, heures d'ouverture pour le public; **–vernehmung** *f* audition des parties, interrogatoire sur faits et articles; **–vorbringen** *n* dires *mpl* d'une partie, requête d'une partie.

**PARTEIFÄHIGKEIT** *f (ZPR)* capacité d'ester en justice; capacité à être partie (en nom) devant les tribunaux, capacité de se présenter en justice comme plaideur; **aktive –** capacité d'agir en justice comme demandeur; **passive –** capacité de se présenter en justice comme défendeur.

**PARTEI | FÜHRER** *m* secrétaire général *ou* dirigeant d'un parti politique, chef de parti, président (d'un parti); **–führung** *f* direction d'un parti, présidence *f* d'une formation politique; **–funktionär** *m* cadre *m* d'un parti politique; **–herrschaft** *f (ZPR: Parteibetrieb)* procédure *f* selon le principe du dispositif.

**PARTEI | MITGLIEDSCHAFT** *f* appartenance *f* à un parti politique; **–öffentlichkeit** *f* • *(ZPR)* participation *f* des parties lors du constat, reconstitution *f* des faits en présence des parties • *(StPR)* participation *f* de l'avocat du prévenu lors de la procédure d'instruction; **–prozess** *m (ZPR)* procédure *f* (civile) diligentée par les parties elles-mêmes (et se déroulant sans l'intervention d'un avocat).

**PARTEI | VERNEHMUNG** *f (ZPR)* audition d'une partie (sur l'objet du litige), explications de fait fournies par les parties (constituant un élément de preuve); **–verrat** *m (StR)* prévarication *f*, trahison *f* des intérêts d'une partie par son avocat *ou* un conseiller juridique; **–vertreter** *m* • *(ZPR)* représentant légal de la partie au procès • *(zumeist ein Anwalt)* mandataire de procédure; **–vorbringen** *n* allégations d'une partie propre à fonder ses prétentions; **–vorsitz** *m*, **–vorstand** *m (Pol)* secrétaire général; comité directeur (d'un parti politique).

**PARTEI | VORTRAG** *m (ZPR)* exposé *m* des prétentions, des faits et des arguments; conclusions *fpl*; présentation orale explicative; **–wechsel** *m* • *(PrzR: Parteiänderung)* substitution *f* d'une partie (à une autre) • *(Pol)* abandon d'un parti et ralliement au parti adverse, dissidence *f*.

**PARTIE** *f* • *(HR: Posten)* lot *m* (de marchandises) • *(HR: Partieware)* marchandise vendue au rabais.

**PARTNER** *m* • *(GesR)* partenaire *m*, associé *m* • *(FamR)* partenaire *m* lié par un pacte civil de solidarité.

**PARTNERSCHAFT** *f* • *(GesR)* partenariat *m*, accord *m* en partenariat • *(FamR: Lebensgemeinschaft)* état *m* de partenaires liés par un pacte civil de solidarité • *(Städte)* jumelage *m*; **eingetragene Lebens–** pacte civil de solidarité enregistré (par l'officier d'état civil allemand).

**PARTNERSCHAFTS | BUCH** *n (FamR)* livret *m* de pacte civil de solidarité; **–svertrag** *m (FamR)* pacte civil de solidarité (allemand) entre des personnes de même sexe.

**PARZELLE** *f (BauR: Flurstück)* parcelle *f*, unité *f* cadastrale; **eingeschlossene –** parcelle enclavée.

**PASS** *m* passeport *m*; **abgelaufener –** passeport expiré; **gültiger –** passeport en cours de validité.

**PASSAGIER** *m* **: blinder –** passager clandestin; **–schiff** *n* paquebot *m*; **–vertrag** *m* contrat *m* de transport passager maritime.

**PASS | AMT** *n*, **–behörde** *f* bureau *m* de délivrance *ou* d'établissement des passeports, autorité administrative chargée de la délivrance des passeports; **–bild** *n* photo *f* d'identité; **–entziehung** *f od.* **–entzug** *m* • *(kurzfristig)* rétention • retrait *m* du passeport.

**PASSIVA** *pl od.* Passiven les passifs; passif *m* social; dettes *fpl*; les apports (des associés).

**PASSIV | LEGITIMATION** *f (ZPR)* qualité *f* pour défendre en justice; **–masse** *f (InsolvenzR)* passif *m* de l'entreprise (en cessation de paiements); **–posten** *m (Buchf)* poste *m* passif; **–saldo** *m* solde *m* débiteur.

**PASS | KONTROLLE** *f* contrôle des passeports; **–verlängerung** *f* prorogation d'un passeport.

**PATENT** *n* • *(PatR)* brevet *m* (d'invention), titre *m* de propriété industrielle • *(SeeHR)* patente *f*; **abgelaufenes –, erloschenes –** brevet expiré; **entgegengehaltenes –** brevet opposé; **verfallenes –** brevet tombé en déchéance; **vorläufiges –** brevet de précaution.

**PATENTAMT** *n* office *m* des brevets; **deutsches –** Office allemand des brevets; **Europäisches –** Office européen des brevets (= OEB); **Internationales –** Institut international des brevets.

**PATENT | ANMAßUNG** *f* usurpation de la qualité de breveté; **–anmelder** *m* déposant *m*; **–anmeldung** *f* (dépôt de la) demande de brevet; **–anspruch** *m* revendication d'un brevet; **–antrag** *m* demande *f* de brevet; **–anwalt** *m* avocat allemand spécialisé en matière de brevets.

**PATENT | BERÜHMUNG** *f* • *(berechtigt)* le fait pour le breveté de se prévaloir des prérogatives rattachées à un brevet, mention du brevet, indication de l'existence d'un brevet • *(unberechtigt)* acte d'exploitation d'un contrefaisant, usurpation de brevet; **–beschreibung** *f* description de l'invention.

**PATENT | FÄHIGKEIT** *f* brevetabilité *f*; **–gebühr** *f* annuité(s), montant (progressif) des annuités (dues pour le brevet); **–gericht** Cour (allemande) des brevets, tribunal compétent pour les actions en contrefaçon de brevet; **–hindernis** *n* irrecevabilité de la demande; obstacle à la délivrance du brevet.

**PATENT | INHABER** *m* • breveté *m*, titulaire *m* d'un brevet, brevetaire *m*, bénéficaire *m* du brevet • *(SeeHR)* titulaire de la patente; **–laufzeit** *f* durée *f* de protection du brevet; **–lizenzabgabe** *f* royalties *fpl*, redevance *f*; **–löschung** *f* radiation du brevet; **–missbrauch** *m* usage abusif d'un brevet; **–prüfer** *m* examinateur *m*; **–register** *n*, **–rolle** *f* registre des brevets.

**PATENT | SCHRIFT** *f* fascicule *m* de brevet, brevet; exposé *m* de l'invention; **–schutz** *m* protection du brevet; **–senat** *m* Xe chambre civile en tant que chambre des brevets de la Cour fédérale de justice allemande; **–streit(sache)** contentieux relatif à un brevet; **–sucher** *m* déposant *m*; **–urkunde** *f* brevet, acte *m* de brevet; **–verletzung** *f* violation de brevet, contrefaçon *f* *ou* imitation du brevet.

**PAUSCHAL | ABFINDUNG** *f* indemnité *f* forfaitaire; **–auftrag** *m*

*(BauR)* ouvrage *m* à forfait; **–besteuerung** *f* imposition *ou* taxation *f* forfaitaire; **–betrag** *m* montant *m* forfaitaire, forfait *m*.

**PAUSCHALE** *f* forfait *m*.

**PAUSCHAL | REISE** *f* voyage *m* à prix forfaitaire, voyage organisé; **–reiseanbieter** *m*, **–reiseveranstalter** *m* forfaitiste *m*.

**PENDLER** *m* travailleur *m* migrant; banlieusard *m*; **–verkehr** *m* navette *f*, migration quotidienne.

**PENSION** *f* • *(SozVers: Ruhegehalt)* retraite *f*, pension de retraite, pension *f* de vieillesse, revenu *m* de remplacement après cessation de l'activité professionnelle • *(Ruhestand)* retraite *f* • pension (complète); demi-pension.

**PERSON** *f* • *(der einzelne Mensch als Rechtssubjekt)* personne *f* (humaine); individu *m*; particulier *m*, sujet *m* de droit; être humain • *(Pol.: hochgestellte Persönlichkeit)* personnalité *f*, notable *m*; **bevollmächtigte –** mandataire *m*.

**PERSON** *f* **: juristische –** personne morale; groupement doté de la personnalité juridique; sujet *m* de droit fictif; **juristische – des öffentlichen Rechts** personne morale de droit public, personne publique; personne administrative; **juristische – des Privatrechts** personne morale de droit privé, personne privée; **natürliche –** personne physique; **nicht erschienene –** *(PrzR)* (plaideur) défaillant *m*.

**PERSONAL** *n* main-d'œuvre f; salariés *mpl*, personnel *m*; employés *mpl*; **leitendes –** personnel de direction, cadres *mpl* supérieurs, management *m*.

**PERSONAL | ABBAU** *m* réduction *ou* licenciement de personnel, compression des effectifs, dégraissage *m*; **–abteilung** *f* bureau *f* du personnel, département de gestion des ressources humaines; **–akte** *f* dossier personnel *ou* individuel; **–aufwand** *m*, **–ausgaben** *fpl* coûts *mpl* salariaux; **–ausweis** *m* carte *f* d'identité, papiers *mpl* d'identité.

**PERSONAL | BOGEN** *m* fiche individuelle; **–chef** *m* directeur *m* des ressources humaines, chef du personnel; **–fehlquote** *f* taux *m* d'absentéisme; **–fluktuation** *f* le turn-over, taux de départs et de remplacements; **–führung** *f* gestion des ressources humaines, politique du personnel; fonction sociale (de l'entreprise); **–gesellschaft** *f (ZR: Personengesellschaft)* société de personnes, société par intérêt.

**PERSONALIEN** *pl* qualités *fpl* (d'une personne); coordonnées *fpl*; renseignements *mpl* concernant l'identité, état signalétique, signalement *m*; identité *f*.

**PERSONAL | KOSTEN** *pl* frais de personnel et coûts *mpl* salariaux; **–leiter** *m* chef *m* du personnel, directeur des ressources humaines; **–politik** *f* gestion des ressources humaines.

**PERSONAL | RAT** *m (öffentlicher Dienst)* conseil *m* directeur de la représentation du personnel au sein de la fonction publique; **–referent** *m* haut-fonctionnaire préposé à la direction du personnel (dans la fonction publique); **–stand** *m*, **–stärke** *f* effectifs *mpl*; **–statut** *n (IPR)* statut personnel.

**PERSONAL | VERSAMMLUNG** *f (ÖfR)* assemblée générale du personnel dans un service public; **–vertretung** *f (ÖfR)* représentation du personnel dans la fonction publique, délégation du personnel dans la fonction publique.

**PERSONEN | BEFÖRDERUNG** *f* transport *m* de personnes; **–beförderungsvertrag** *m* contrat de transport des voyageurs; **–beschreibung** *f (StR)* fiche *f* signalétique, signalement *m*; **–durchsuchung** *f* fouille à corps; palpation de sécurité.

**PERSONEN | GESELLSCHAFT** *f* société *f* de personnes; **–hehlerei** *f* recel de malfaiteurs; **–kennziffer** *f* numéro *m* matricule; **–kraftwagen**

(= Pkw) voiture particulière *ou* de tourisme, véhicule automobile; **–schaden** *m* préjudice *m ou* dommage *m* corporel.

**PERSONENSORGE** *f (FamR)* obligation d'éducation, d'entretien et de surveillance de l'enfant.

**PERSONENSTAND** *m (FamR)* état-civil *m*, état *m* d'une personne.

**PERSONENSTANDS | ÄNDERUNG** *f* modification d'un élément de l'état civil (en particulier du nom); **–fälschung** *f* falsification d'état-civil; **–register** *n* registre d'état-civil; **–urkunde** *f* acte de l'état-civil, pièce d'état-civil; **–wesen** l'état civil.

**PERSONEN | VEREINIGUNG** *f (ZR)* association, groupement de personnes; **–verkehr** *m* • *(Nahverkehr)* transports de banlieue *ou* régionaux • transports *ou* trafic *m* voyageurs; **–verwechslung** *f* confusion de personnes, méprise *f*.

**PERSÖNLICHKEITS | BEREICH** *m* intimité *f*, vie privée *ou* intime; **–recht** *n (VerfR)* ensemble des droits destinés à protéger la personnalité humaine, droit général de la personnalité, droit à l'intégrité physique et morale; **–sphäre** *f* intimité *f*, vie privée; **–wahl** *f* scrutin *m* uninominal; **–verletzung** *f* violation des droits de la personnalité.

**PFAND** *n* • *(ZR)* objet gagé, gage *m*, chose engagée *ou* remise en gage • *(HR)* consignation *f*, dépôt *m* • *(AllgSpr: Sicherheit)* sûreté *f*, garantie *f*.

**PFÄNDBAR** *adj* : **–er Teil des Arbeitseinkommens, – des Lohns** portion *f* saisissable du salaire, fraction *f* saisissable (de la rémunération).

**PFAND | BESITZER** *m* détenteur du gage, détenteur *m* gagiste; **–besteller** *m* constituant du gage, bailleur du gage; **–bestellung** *f* constitution de gage, mise en gage.

**PFANDBRIEF** *m* lettre *ou* titre de gage représenté(e) par une cédule hypothécaire transmissible.

**PFAND | BRUCH** *m (StR)* bris *m* de scellés; **–darlehen** *n* prêt *m ou* avance sur gage.

**PFÄNDEN** *v* • *(etwas pfänden)* prendre qqch. comme gage • *(jmdn. pfänden)* saisir un bien meuble (de qqn.), procéder à une saisie, pratiquer une saisie.

**PFAND | FREIGABE** *f* main-levée *f* de la saisie; **–geber** *m* constituant *m* du gage; **–gegenstand** *m* objet gagé; **–gläubiger** *m* créancier *m* gagiste, gagiste *m*.

**PFAND | KEHR** *od.* **–kehrung** *f (StR)* détournement de gage; **–leihanstalt** *f* établissement de prêt sur gage, mont-de-piété, maison de prêt sur gage.

**PFANDRECHT** *n (ZR)* droit de gage; **besitzloses –** gage sans dépossession *ou* sans déplacement; **gesetzliches –** gage commun, droit de gage général, droit des créanciers sur l'ensemble des biens de leur débiteur; **vertragliches –** *(= Faustpfandrecht)* gage conventionnel, nantissement d'une chose mobilière.

**PFAND | REIFE** *f* défaut *m* de paiement (permettant au créancier de vendre le gage et de se payer sur le prix); **–sache** *f* chose donnée en gage, objet engagé; **–schein** *m* reconnaissance *f* de prêt (sur gage); **–schuldner** *m* débiteur *m* gagiste; **–siegel** *n* scellés *mpl* (en cas de saisie); **–siegelbruch** *m* bris *m* de scellés; **–siegelmarke** *f* scellé *m* sous forme de cachet sur papier (au sceau de l'État).

**PFÄNDUNG** *f* saisie *f* (mobilière exécutoire de droit commun); saisie-exécution; mise (d'un bien) sous main de justice; **Aufhebung der –** mainlevée de la saisie; **fruchtlose –** constatation (par procès-verbal) de la carence; **– von Arbeitseinkommen** saisie-arrêt des salaires et traitements; **– von Forderungen** saisie(-arrêt) de créances.

**PFÄNDUNGS- UND ÜBERWEISUNGSBESCHLUSS** *m*

ordonnance *f* de saisie-arrêt, saisie-arrêt (opérée en vertu d'une décision de justice).

**PFÄNDUNGS | ANORDNUNG** *f* ordre *m* de saisie; **–anzeige** *f* acte d'huissier énumérant les biens saisis; **–befehl** *m* commandement *m* (de saisie), ordre de saisie; **–beschluss** *m* décision *f* *ou* ordonnance *f* de saisie.

**PFÄNDUNGS | FREIGRENZE** *f* portion (du salaire) non saisissable, tranche *f* insaisissable; **–grenze** *f* • quotité saisissable, étendue de la saisie • proportions *fpl* dans lesquelles une rémunération peut être saisie.

**PFÄNDUNGS | PROTOKOLL** *n* procès-verbal *m* de saisie; **–verbot** *n* interdiction de saisir (un bien); **–verfügung** *f* ordonnance *f* de saisie.

**PFAND | VERÄUßERUNG** *f*, **–verkauf** *m* réalisation *ou* vente du bien saisi; réalisation du gage, saisie-exécution; **–verleiher** *m* prêteur sur gage; **–versteigerung** *f* vente *f* aux enchères du bien saisi.

**PFANDVERTRAG** *m (ZR: Pfandbestellung)* contrat de gage, nantissement *m*, contrat réel de garantie, contrat constitutif du droit de gage.

**PFLEGE** *f* • *(Obhut)* garde *f*, surveillance *f*, protection *f*, charge *f* • *(Krankheit)* soins *mpl* de santé, traitement *m*, action curative • *(Sachen)* entretien *m*, maintien *m* en bon état, maintenance *f*.

**PFLEGE | ANSTALT** *f* *(SozVers)* établissement médical *ou* centre *m* de traitement de personnes dépendantes; **–bedürftigkeit** *f* dépendance *f*, (personne) nécessitant des soins de santé *ou* une action curative; **–eltern** *pl (FamR)* parents *mpl* nourriciers; **–fall** *m* dépendance *f*, état d'une personne infirme (ayant besoin de soins particuliers).

**PFLEGE | GELD** *n* • *(ZR)* frais *ou* allocation d'entretien • *(VersR)* allocation *f* pour assistance à une tierce personne; indemnité *f* de soins; **–heim** *n (Alten-)* asile *m*, établissement d'assistance publique *ou* privée; **–kind** *n* enfant *m* en nourrice *ou* en garde; enfant sous curatelle; **–kosten** • *(FamR)* **frais** *mpl* d'entretien • *(SozVers)* **coût** *m* des soins de santé (d'une personne dépendante).

**PFLEGER** *m* • *(FamR)* curateur *m*; conseil *m* judiciaire; gardien *m* judiciaire, tuteur *m* ad hoc • *(SozVers)* infirmier *m*, garde-malade *m*.

**PFLEGE | SATZ** *m* tarif *m* d'hospitalisation, prestation en nature tarifée (pour soins médicaux et traitements hospitaliers aux personnes dépendantes); **–stufe** *f* degré *m* du handicap physique (d'une personne dépendante); **–versicherung** *f* assurance *f* dépendance *ou* pour soins de santé.

**PFLEGSCHAFT** *f (FamR)* curatelle *f*; **– für eine Leibesfrucht** curatelle d'un enfant conçu (avant sa naissance); **– für nichteheliche Kinder** curatelle des enfants naturels.

**PFLICHT** *f* **: eheliche –en** devoirs des époux l'un envers l'autre; **gesetzliche –** obligation légale; **vertragliche –** obligation contractuelle; **– zum Erscheinen** *(PrzR)* obligation de comparaître en personne.

**PFLICHTEN | ABWÄGUNG** *f* *(StR)* pondération entre les intérêts divergents en présence; **–heft** *n* cahier de charges; **–kollision** *f* *(StR)* état de nécessité avec contrariété *f* d'obligations (le bien sacrifié ne devant pas être supérieur au bien sauvegardé); **–widerstreit** *m* contrariété *f* des intérêts en présence.

**PFLICHT | ERBE** *m* réservataire *m*, héritier *m* réservataire; **–exemplar** *n (Presse- u. VerlagsR)* exemplaire remis à titre de dépôt légal.

**PFLICHT | LEISTUNGEN** *fpl* prestations *fpl* obligatoires *ou* réglementaires; **–mitglied** *n* affilié *m* à une caisse (d'assurance maladie) obligatoire, assuré obligatoire; **–teil** *m (ErbR)* part *f* réservataire, réserve légale *ou* héréditaire (égale à la moitié de la quotité normale).

**PFLICHTTEILS | ANSPRUCH** *m* *(ErbR)* droits *mpl* du bénéficiaire de la réserve; **–berechtigte(r)** *m* héritier *m* réservataire, réservataire *m*; **–unwürdigkeit** *f* indignité *f* de l'héritier réservataire.

**PFLICHT | UNTERSUCHUNG** *f* visite médicale obligatoire; **–verletzung** *f* inobservation d'une obligation, violation d'une disposition légale imposant une obligation; **–versicherung** *f* assurance *f* obligatoire, affiliation obligatoire à l'assurance; **–verteidiger** *m* avocat *m* commis d'office.

**PHANTOMBILD** *n* portrait-robot *m*, photo-robot *f*.

**PHARMA | INDUSTRIE** *f* industrie *f* pharmaceutique; **–ka** *pl* substances *fpl* thérapeutiques, médicaments; **–kopöe** *f* *(MedR: amtliches Arzneibuch)* pharmacopée *f*.

**PLÄDOYER** *n* *(StPR)* plaidoyer *m*; plaidoirie *f*; défense *f* (par l'avocat); **ein – halten** plaider; postuler.

**PLAGIAT** *n* *(UrhR)* plagiat *m*; vol *m* littéraire; emprunt *m* illicite.

**PLAKAT** *n* affiche *f*; **–werbung** *f* affichage *m* publicitaire.

**PLAN** *m* • *(Wirtschaft)* plan *m* économique • *(Karte)* carte *m*, plan • *(Vorhaben)* projet *m*, dessein *m*, visée *f* • *(Studium)* programme *m* (d'études) • *(Stunden-)* horaire *m*.

**PLANFESTSTELLUNG** *f* • *(VwR: Verfahren allg.)* procédure *f* préalable à la déclaration d'utilité publique (pour des travaux ou des constructions: chantiers nucléaires, autoroutes etc.) • *(VwR: Anhörungsverfahren)* enquête publique et étude d'impact; **–santrag** *m* demande de réalisation d'une enquête publique; **–sbeschluss** *m* arrêté *f* d'autorisation d'une étude d'impact; **–sverfahren** étude d'impact, enquête publique.

**PLANKE** *f* *(StVR)* glissière *f* de sécurité.

**PLANSTELLE** *f* *(BeamR)* poste *m* *ou* emploi *m* budgétaire; **freie –** poste *m* vacant.

**PLANUNG** *f* étude prévisionnelle; établissement d'un calendrier; programmation *f*; **betriebliche –** planning *m*, plan de travail, programme détaillé et chiffré.

**PLANUNGS | BÜRO** *n* bureau d'études, ingénierie *f*; **–gebiet** *n* *od.* **–raum** *m* territoire *m* concerné par un schéma directeur d'aménagement; **–hoheit** *f* *(BauR)* compétence en matière d'urbanisme; **–recht** *n* *(VwR, BauR)* législation en matière d'aménagement du territoire et de plans d'occupation des sols; **–träger** *m* *(BauR)* organisme habilité à établir des plans d'utilisation du sol (urbain); autorité chargée de la planification urbaine.

**PLASTIK | GELD** *n* monnaie électronique; carte *f* de crédit plastifiée, carte à piste *ou* informatique bancaire; monétique *f*; **–sprengstoff** *m* plastic *m*; **–tüte** *f* sachet *m* en plastique.

**PLATZ** *m* place *f*, emplacement *m*, endroit *m*, espace *m*; **–miete** *f* prix de l'emplacement *ou* du stand; **–reservierung** *f* réservation *f*; **–vertreter** *m* placier *m*, agent sur place; **–verweisung** *f* *(PolizeiR)* obligation de déguerpir.

**PLEITE** *f* *(InsolvenzR, umg)* déconfiture *f*, défaillance *f* d'entreprise, faillite *f*, dépôt de bilan; **– gehen** faire faillite; **–geier** *m* *(pej: Kuckuck)* scellés de saisie.

**PLENAR | BESCHLUSS** *m* décision prise en assemblée plénière; **–sitzung** *f*, **–versammlung** *f* assemblée générale *ou* plénière.

**POLICE** *f* *(VersR: Versicherungsschein)* police *f*, conditions *fpl* particulières; **laufende –** police flottante *ou* d'abonnement; **offene –** police non évaluée.

**POLITIK** *f* *(VerfR)* **: Bestimmung der Richtlinien der –** déterminer et conduire la politique de la Nation.

**POLITIKER** *m* homme d'État, homme politique.

**POLIZEI** *f* • *(Abwehr der Gefahren)* maintien *m* de l'ordre public, sauvegarde *f* de l'intérêt général • *(im institutionellen Sinn)* police (administrative *ou* publique), forces *fpl* de l'ordre • *(Dienstkräfte der Präventivpolizei)* fonctionnaire *m* de police; agent *m* de police (administrative, municipale), gardien *m* de la paix • *(Hilfsbeamte der Staatsanwaltschaft)* agent *m* de police judiciaire.

**POLIZEI | AKTION** *f* descente *f* de police, transport sur les lieux, opération policière; **–aufgaben** missions de police; tâches *fpl* confiées à la police administrative; attributions des agents de police.

**POLIZEIAUFSICHT** *f* • *(StPR)* contrôle *m* judiciaire • *(PolizeiR)* surveillance *f* par la police; inspection générale de la police; **unter – stellen** placer sous contrôle judiciaire.

**POLIZEI | BEAMTE(R)** *m* agent *m* de police, gardien *m* de la paix; **–befugnisse** *fpl* pouvoirs *mpl* de police; **–behörde** *f* autorité de police, services *mpl* de police; **–dienststelle** *f* commissariat *m* de police; brigade territoriale; **–direktion** *f* direction de la police (administrative); **–einheit** *f* service (régional) de police; **–einsatz** *m* mesure policière, intervention de la police; **–exzess** *m* bavure *f* policière.

**POLIZEI | FAHRZEUG** *n* voiture *f* de police; **–gefahr** *f* danger pour le maintien de l'ordre public; **–gefängnis** *n* locaux de garde à vue; **–gesetz** *n* loi (d'un Land allemand) relative au maintien de l'ordre et de la sécurité publique.

**POLIZEIGEWAHRSAM** *m* garde *f* à vue, rétention (d'une personne) dans les locaux de la police; prise *f* de corps; **in – nehmen** arrêter, appréhender, mettre en état d'arrestation.

**POLIZEI | GEWALT** *f* autorité publique; pouvoirs *mpl* de police; **–hauptkommissar** *m* commissaire principal de la police judiciaire; **–hauptwachtmeister** *m* brigadier-chef de police (municipale); **–inspektion** *f* inspection générale de la police; **–kommissar** *m* commissaire *m* de police; **–kommissariat** *n* commissariat de police; **–knüppel** *m* matraque *f*, bidule *m*; **–kräfte** *pl* forces de police, force *f* publique; **–leiter** *m* officier de paix principal.

**POLIZEILICH** *adj* : **–e Beobachtung** surveillance policière; **–e Durchsuchung** visite domiciliaire; **–e Ermittlungen** enquête préliminaire (de la police); **–e Gefahr** atteinte à la paix publique, trouble de l'ordre; **–er Gewahrsam** rétention d'une personne dans les locaux de police, garde à vue; **–e Maßnahme** mesure de police, mesure de sécurité; **–er Rettungsschuss** *(= finaler Todesschuss)* emploi *m* des armes à feu (par la police) avec l'intention de donner la mort; **–e Untersuchung** enquête *ou* investigation policière; **–e Vernehmung** audition par un agent de police; **–e Verwarnung** sanction administrative policière, amende forfaitaire, amende de composition; **–e Zwangsmittel** *npl* moyens de coercition policière.

**POLIZEI | PRÄSIDENT** *m* directeur (général) de la police; commissaire divisionnaire; **–präsidium** *n* direction territoriale de police; **–revier** *n* poste *ou* commissariat de police; **–sperre** *f* barrage policier; **–spitzel** *m* indicateur *m*; **–staat** *m* régime policier, dictature policière; **–stelle** *f* poste de police; **–streife** *f* patrouille *f* de police; **–streifengang** *m* ronde *f* d'agents (de police); **–streifenwagen** *m* voiture *f* de police.

**POLIZEI | STUNDE** *f* *(VwR: Sperrzeit)* heure réglementaire de fermeture des débits de boisson, restaurants, etc.; **–übertretung** *f* *(StR: nur in S!)* contravention *ou* infraction de simple police; **–verfügung** *f* mesure *f* individuelle de police; **–vollzugsbeamte(r)** agent de la police judiciaire; **–vollzugsdienst** *m* service de la police judiciaire; **–vorschrift** *f* règlement de police; **–wache** *f* poste *m* de police, commissariat *m*; **–wagen** *m* fourgon *m ou* voiture *f* cellulaire, *(umg)* «panier à salade»; **–widrigkeit** *f* état *m ou* comportement *m* contraire à la sûreté publique.

**POLIZIST** *m* agent *m* de police, policier *m*, gardien *m* de la paix.

**PORTO** *n (Post: Beförderungsgebühr)* port *m*, prix *m* du transport (d'une lettre, d'un colis).

**PORTOFREI** *adj* franc *ou* franco de port, port payé.

**POSITI | VE ANTWORT** *f* réponse affirmative; **–ve Forderungsverletzung** *(SchuldR: Vertragsverletzung)* inexécution *ou* retard dans l'exécution résultant d'une faute du débiteur; **–ves Recht** droit positif, normes en vigueur.

**POST** *f* • *(Sendung)* poste *f*, courrier *m* • *(Postamt)* bureau *m* de poste.

**POST | ANSCHRIFT** *f* adresse *f* postale; **–anweisung** *f* mandat-poste *m*, mandat postal, mandat-carte; **–bank** *f* banque postale; **–bedienstete(r)** préposé *m ou* agent *m* des postes (non fonctionnarisé), postier *m*; **–beschlagnahme** *(StR) f* saisie de lettres *ou* de la correspondance; **–bezirk** *m* district postal; **–bote** *m* facteur *m*, préposé *m*.

**POST | DIEBSTAHL** *m* vol *m ou* suppression *f* de lettre(s) *ou* colis postaux; **–eingangsstelle** *f* bureau „arrivée du courrier"; **–empfangsschein** *m* récépissé postal.

**POSTEN** *m* • *(ÖfR: Amt)* charge *f*, fonction *f*; poste *m*; emploi *m* • *(Buchf)* poste *m*; somme *f*; montant *m* • *(HaushR)* division *f* du budget, poste *m* budgétaire • *(HR: Waren)* lot *m* de marchandises; stock *m* • *(Wachtposten)* gardien *n*; veilleur *m* (de nuit), rondier *m*; sentinelle *f*.

**POST | FACH** *n* boîte *f* postale (= B. P.), case *f* postale (S); **–gebühr** *f* • taxe *f* postale • *(Plural)* tarif *m* postal; **–geheimnis** *n* secret *m* des correspondances.

**POST | LEITZAHL** *f* (numéro de) code postal; **–nachnahmesendung** *f* envoi *m* contre remboursement; **–nebenstelle** *f* bureau *m* de poste auxiliaire; **–paket** *n* colis *m* postal; **–schalter** *m* guichet *m* (de la poste).

**POSTSCHECK** *m* chèque *m* postal; **–amt** *n* centre *m* de chèques postaux; **–konto** *n* compte *m* de chèques postaux.

**POST | SCHLIEßFACH** *n* boîte *f* postale; **–sendung** *f* envoi *m* postal, envoi par la poste; objet *m* postal; **–sparbuch** *n* livret *m* de caisse d'épargne postale; **–stempel** *m* cachet *m* de la poste.

**POSTULATIONSFÄHIGKEIT** *f* *(ZPR)* qualité pour agir en justice et accomplir valablement tous les actes de procédure, qualité pour ester en justice.

**POST | WERTZEICHEN** *n* timbre-poste *m*, figurine *f* postale, valeur *f* postale; **–wurfsendung** *f* envoi *m* postal collectif, courrier *m* hors-sac; **–zensur** *f* censure *f* postale; **–zustellung** *f* acheminement *m* du courrier; notification *f* par voie postale.

**POTESTATIV | BEDINGUNG** *f* *(SchuldR)* condition *f* potestative.

**PRÄJUDIZ** *n* • *(ZPR)* jugement relatif à une question préjudicielle • *(PrzR)* droit jurisprudentiel, règles jursprudentielles, les antécédents • *(SchuldR: Nachteil)* préjudice *m* • *(SchuldR: Vorbehalt)* réserve *f*, restriction à titre de précaution.

**PRÄKLUSION** *f (SchuldR, PrzR)* forclusion *f*, déchéance d'un droit (non exercé dans les délais prescrits).

**PRÄKLUSIVFRIST** *f* délai de forclusion.

**PRAKTIKUM** *n (SchulR, ArbR)* stage *m*, période d'études pratiques.

**PRÄMIEN | SATZ** *m* taux des primes; **–verzug** *m* arriéré *m* de prime, prime échue et impayée;

**–zulage** *f*, **–zuschlag** *m* surprime *f* d'assurance.

**PRÄSENZ** *f (Anwesenheit)* présence (au lieu de travail, sur les lieux); **–liste** *f* registre *m ou* liste *f* de présence.

**PRÄSIDENT** *m* • *(Vorsitzender)* président *m*; directeur *m* • *(Staatsoberhaupt)* président de la République, chef *m* de l'État, premier magistrat; **amtierender –** président en exercice; **stellvertretender –** vice-président; **vorläufiger –** président par intérim.

**PRÄSIDENTSCHAFT** *f* présidence *f*; mandat présidentiel; **–swahlen** *fpl* élections présidentielles.

**PRÄSIDIAL | AMT** *n* présidence *f*; **–beschluss** *m (PrzR)* décision (à caractère interne) du président d'une juridiction; **–demokratie** *f* régime *m* présidentiel; **–verfassung** régime présidentiel.

**PRÄSIDIUM** *n* • *(Vorsitz, Leitung)* direction, présidence; organisme directeur • *(Polizei)* préfecture de police, direction de la police • *(GVR)* organe judiciaire autonome (chargé d'affecter les magistrats aux fonctions de jugement au sein d'un tribunal) • *(Partei)* bureau *m*.

**PRÄVENTIV | HAFT** *f* emprisonnement préventif, détention préventive; **–krieg** *m* guerre préventive; **–maßnahme** *f* mesure prophylactique; **–schlag** *m* acte d'agression à effet préventif.

**PRAXIS** *f* • *(Berufsausübung)* pratique *f* (d'une profession), exercice *m* (d'un métier) • *(Anwälte, Notare)* cabinet *m* (d'avocat); étude *f* (de notaire) • *(Beruf)* expérience *f* • *(Gerichtsgebrauch)* usage judiciaire; style de pratique • *(Kunden)* clientèle *f* (d'un médecin).

**PRÄZEDENZFALL** *m (PrzR)* précédent *m*, décision antérieure prise comme référence.

**PREIS** *m* • *(Geldwert)* prix *m* (d'achat, de vente) • *(Belohnung)* récompense *f*, (premier) prix; **angemessener –** juste prix *ou* raisonnable; **empfohlener –** prix indicatif, prix d'orientation *ou* pilote; **gebundener –** prix réglementé *ou* imposé; **herabgesetzter –** prix démarqué *ou* barré; **übermäßiger –, unerschwinglicher –** prix exorbitant; **vereinbarter –** prix convenu *ou* stipulé; **wucherischer –** prix exorbitant *ou* usuraire.

**PREIS | -KOSTEN-VERHÄLTNIS** *n* analyse (financière) de la rentabilité; **– -Leistungsverhältnis** analyse coûts-efficacité; **– frei Grenze** prix franco frontière; **– frei Haus** prix franco domicile; **– ab Werk** prix départ usine.

**PREIS | ABREDE** *f* • *(WirtStR)* entente illicite sur les prix • convention sur les prix, accord sur les prix; **–abschlag** *m* rabais *m*; remise *f*; **–absprache** *f* • *(WirtStR)* entente illicite sur les prix • accord *ou* convention sur les prix; **–abzug** *m* réfaction *f*, réduction *f*, escompte *m*.

**PREIS | ANGLEICHUNG** *f* ajustement des prix, alignement des prix; **–anpassungsklausel** *f* clause *f* de réajustement des prix; **–aufkleber** *m* étiquette *f*; **–aushang** *m* affichage des prix; **–ausschreiben** *n (ÖfR)* avis de concours, mise en concours; mise en adjudication; **–auszeichnung** *f* affichage *m ou* indication des prix, marquage *m* des prix.

**PREIS | BERECHNUNG** *f* calcul *m ou* établissement du prix; **–bildung** *f* formation du prix (sur le marché).

**PREISBINDUNG** *f* pratique *f* des prix minimums imposés, administration des prix; **– der zweiten Hand** prix imposé, imposition *f* d'un prix minimum au revendeur, fixation *f* directe des prix de vente par le producteur.

**PREISEMPFEHLUNG** *f* prix *m* indicatif; **unverbindliche –** prix (de vente) conseillé au public.

**PREIS | ERMÄẞIGUNG** *f* réduction *f* de prix, baisse *f* des prix; **–festsetzung** *f* taxation, fixation *ou* détermination du prix; **–findung** *f* calcul *m* du prix.

**PREISGABE** *f* abandon *m*, renonciation (à qqch.); **–recht** *n* droit d'abandon *ou* de délaissement.

**PREIS | GEFAHR** *f* risque *m* inhérent au paiement du prix; **–gefälle** *n* disparité *f* des prix; **–gericht** *n* jury *m*; **–gestaltung** *f* fixation du prix de vente; **–gleitklausel** *f* clause *f* d'échelle mobile des prix, clause d'indexation.

**PREIS | HERABSETZUNG** *f* réduction sur le prix; **–indexklausel** *f* clause *f* d'échelle mobile, clause d'indexation des prix; **–kampf** *m* dumping *m*, pratique qui consiste à casser les prix; **–kartell** *n* entente *f* sur les prix; **–limit** *n* prix plafond; **–liste** *f* prix-courant, barème des prix, tarif *m*; **–Lohn-Spirale** spirale *f* des salaires et des prix; **–minderungsklage** *f* action en réduction du prix, action estimatoire.

**PREIS | NACHLASS** *m* • *(Oberbegriff)* réduction *f* sur le prix • *(bei schadhafter Lieferung)* rabais *m* • *(Mengenrabatt)* remise *f* • *(Treuerabatt)* ristourne *f*; **–obergrenze** *f* plafond *m*, prix plafond.

**PREIS | SCHERE** *f* écart *m* entre les prix; **–schild** *n* étiquette *f*; **–spanne** *f* marge *f* sur les prix; décalage *m* des prix.

**PREIS | TREIBEREI** *f* hausse *f* illicite des prix, pratique *f* de prix discriminatoires; **–überwachung** *f* contrôle des prix; **–untergrenze** *f* prix plancher, prix minimum.

**PREIS | VERGLEICH** *m* pratique de la publicité comparative en matière de prix; **–verzeichnis** *n* prix courant; **–verzerrung** *f* distorsion *f* (dans la structure) des prix.

**PRELLEREI** *f* • tromperie *f*, escroquerie *f*, arnaque *m* • *(StR: Aut)* fait d'assister frauduleusement à un spectacle ou de se servir d'un moyen de transport public sans payer.

**PRESSE** *f* presse écrite, publications périodiques *ou* de presse, journaux *mpl*; organe *m ou* organisme de presse (écrite); **–agentur** *f* agence *f* de presse; **–amt** *n* service *m* d'information du gouvernement, porte-parole *m* gouvernemental; **–ausweis** *m* carte *f* de journaliste; **–bericht** *m* reportage *m*, article *m*; **–chef** *m* porte-parole *m*; **–delikt** *n* délit de presse; **–erwiderung** *f* publication sur la base du droit de réponse *ou* de rectification; **–erzeugnisse** *npl* journaux et autres périodiques, publications périodique *ou* de presse.

**PRESSE | FREIHEIT** *f* liberté de la presse; **–geheimnis** *n* droit des journalistes de garder secrètes leurs sources d'information; **–haftung** *f* responsabilité des organes de presse; **–kampagne** campagne *f* de presse; **–konferenz** conférence *f* de presse; **–korrespondent** *m* correspondant *m* (local, à l'étranger, spécial); reporter *m*; **–meldung** *f* information dans la presse écrite; **–organ** *n* organe *m* de presse; entreprise éditrice (d'un journal).

**PRESSE | SPRECHER** *m* porte-parole *m* du gouvernement; **–stelle** *f* service *m* d'information; **–straftat** *f* délit commis par publication de presse; **–vergehen** *n* délit de presse; **–veröffentlichung** *f* publication, écrit périodique, écrit publié; **–wesen** *n* la Presse.

**PRIMA-FACIE-BEWEIS** *m (PrzR: Anscheinsbeweis)* présomption *f* du fait de l'homme, preuve *f* préconstituée.

**PRIVAT | ABRECHNUNG** *f* *(VersR: Ärzte)* liquidation (d'honoraires) à titre privé; **–anleger** *m* investisseur non-professionnel; **–anschrift** *f* adresse privée; **–autonomie** *f* autonomie *f* de la volonté, liberté *f* contractuelle.

**PRIVAT | BANK** *f*, **–bankhaus** *n* banque *f* privée; **–behandlung** *f* soins médicaux non remboursés (par la caisse maladie); **–bereich** *m* intimité *f*, vie privée; **–besitz** *m* propriété *f* privée.

**PRIVAT | EIGENTUM** *n* propriété privée; **–fernsehen** *n* télévision privée; **–grundstück** *n* propriété immobilière privée; **–haftpflichtversicherung** *f* assurance *f* responsabilité civile du chef de famille, assurance R. C. du simple particulier; **–haushalte** *mpl* les ménages.

**PRIVATISIERUNG** *f* privatisation *f*, le fait de transférer au secteur privé des activités confiées jusqu'alors au secteur public, dénationalisation.

**PRIVAT | KAUF** *m* vente civile; **–klage** *f (StPR)* action pénale engagée par la victime elle-même (sans que le parquet n'intervienne obligatoirement); **–klagedelikt** *n* infraction poursuivie uniquement par la victime de l'infraction; **–kläger** *m* plaignant exerçant la „Privatklage" (en cas d'injures, de violation du domicile, de dépradations ou de coups et blessures); **–krankenkasse** *f* caisse privée de maladie.

**PRIVAT | LEBEN** *n* vie privée; **–patient** *m* client privé (dans un hôpital public); **–person** *f* personne privée, particulier *m*; **–polizei** *f* milice *f*, service *m* de gardiennage *ou* de sécurité.

**PRIVATRECHT** *n* droit *m* privé; **internationales –** droit international privé.

**PRIVAT | SCHULE** *f* école privée, école libre; **–sphäre** *f* vie privée, intimité *f*; **–testament** *n* testament *m* olographe; **–unternehmen** *n* entreprise privée.

**PRIVAT | URKUNDE** *f* acte *m* sous seing privé, écrit *m* privé; **–verbrauch** *m* consommation des ménages; **–verhältnisse** *npl* situation personnelle et familiale; **–vermögen** *n* patrimoine *m*; biens *mpl ou* capitaux *mpl* privés; **–weg** *m* voie privée, chemin *m* privé.

**PRIVILEG** *n (Vorrecht – Pl.: Privilegien)* privilège *m*; prérogative *f*; droit de préférence.

**PROBE** *f* • *(Muster)* spécimen *m*, échantillon *m* • *(Versuch)* épreuve *f*, essai *m*; **–abstimmung** *f* scrutin blanc; **–anstellung** *f od.* **–arbeitsvertrag** *m* engagement à l'essai; stage *m* probatoire; **–beamte** *m* fonctionnaire en période de probation; agent nommé mais non-titularisé; **–fahrt** *f* essai *m* (d'un véhicule) sur route; **–führerschein** *m* permis de conduire accordé à titre provisoire; **–kauf** *m* • *(Kauf auf Probe)* vente à l'essai • *(Kauf zur Probe)* vente *f* ferme à titre d'essai; **–lieferung** *f*, **–sendung** *f* envoi *m* d'échantillons; **–stück** *n* spécimen *m*, échantillon *m*; **–zeit** *f* période *f* probatoire.

**PRODUKT | BEANSTANDUNG** *f* réclamation (pour vice de la marchandise); **–beschaffenheit** *f*, **–beschreibung** *f* caractéristiques *fpl* du produit; **–eigenschaften** *fpl* propriétés du produit.

**PRODUKT | FEHLER** *m* vice *m* du produit; défaut *m ou* défectuosité *f* d'un produit; **–gefahren** *fpl* dangers résultant de l'usage d'un produit; **–gestaltung** *f* design *m*, stylique *f*, conception (d'un produit); **–haftpflicht** *f od.* **–haftung** *f (ZR)* responsabilité du professionnel pour vice de la marchandise (face à l'acheteur), responsabilité du fabricant (et distributeur *ou* revendeur) d'un produit, responsabilité (du fait des) produit(s); **–hersteller** *m* producteur *m*, fabricant *m*; professionnel *m*; **–information** *f* information du consommateur sur le produit *ou* la prestation.

**PRODUKTION** *f* • *(WirtR: Erzeugung)* production *f*, fabrication • *(Prokukte)* produits (agricoles, industriels, manufacturés).

**PRODUKTIONS | BETRIEB** *m* entreprise industrielle; **–einheit** *f* unité de production; **–güter** *npl* biens *mpl* de production, biens intermédiaires *ou* indirects; biens d'équipements; **–kosten** *pl* coût de (la) production; **–piraterie** *f* piratage *m*, espionnage industriel;

**–rückstände** *mpl* rebuts *mpl*, déchets *mpl*; **–stätte** *f* établissement *m* *ou* lieu *m* de production.

**PRODUKTIONS | VERFAHREN** *n* procédé *m* de fabrication; **–verlagerung** *f* déplacement de la production (à l'étranger), délocalisation; **–zweig** *m* secteur de production, branche *f* d'activité.

**PRODUKT | MANGEL** *m* vice *m* de la production, défectuosité *f*; défaut *m*; **–merkmal** *n* caractéristique *f* du produit; **–piraterie** *f* piratage *m* de produits; **–risiko** *n* risque *m* inhérent au produit; **–sortiment** *n* assortiment de produits; **–verantwortung** *f* responsabilité du fabricant; **–vergleich** *m* publicité comparative; **–warnung** *f* avertissement concernant la dangerosité *ou* la mauvaise qualité d'un produit; **–werbung** *f* publicité-produits.

**PRODUZENT** *m* producteur *m*, fabricant *m*; constructeur *m*; manufacturier *m*.

**PRODUZENTEN | HAFTUNG** *f* *(WirtR: Produkthaftung)* responsabilité du producteur *ou* fabricant (pour les vices de la chose vendue); **–preis** *m* prix à la production.

**PROFORMA-RECHNUNG** *f* facture *f* simulée, facture pro forma.

**PROGNOSE** *f* pronostic *m*, prévision *f*; **–fehler** *m* erreur *f* de pronostic, prévision eronnée.

**PROGRAMM** *n* programme *m*; **–anbietervertrag** *m* *(MedienR)* contrat de téléopérateur; **–angebot** *n* offre *f* de programmes de radiodiffusion et de télévision; **–aufsicht** *f* contrôle des programmes des opérateurs de l'audiovisuel; **–austrahlung** *f* diffusion des programmes; **–freiheit** *f* liberté de la création audiovisuelle.

**PROKURA** *f* *(HR)* procuration *f* commerciale très large, (autorisant son titulaire à procéder à toutes les opérations et actes judiciaires et extrajudiciaires qu'entraîne l'exercice d'un commerce), mandat *m* commercial général.

**PROKURIST** *f* *(HR)* fondé *m* de pouvoir commercial, mandataire *m* commercial; (en S:) fondé de procuration.

**PROPAGANDA** *f* • *(Pol, StR)* propagande *f* • *(HR)* publicité *f*; **subversive** *od.* **zersetzende –** propagande subversive; **verfassungsfeindliche –** propagande anticonstitutionnelle.

**PROPORZ** *m* *(Pol)* partage *m* des postes *ou* sièges à proportion des voix obtenues, de l'influence politique *ou* en fonction de la confession; **–wahlsystem** *n* représentation *f* proportionnelle, proportionnelle *f*.

**PROROGATION** *f* • *(PrzR)* élection *f* de domicile; clause attributive de juridiction • *(Verlängerung)* prorogation, prolongation.

**PROSPEKT** *m* • *(HR: Werbeschrift)* prospectus *m*, annonce *f*, brochure *f*, imprimé *m* publicitaire • *(BauR: Aussicht, Ansicht)* perspective *f*, vue panoramique.

**PROSPEKT | ANGABEN** *pl*, **–beschreibung** *f* indications fournies par un prospectus *ou* contenues dans une brochure publicitaire; **–aufklärungspflicht** *f* obligation de fournir toutes les informations utiles; **–haftung** *f* • *(HR)* responsabilité pour les renseignements fournis (dans un prospectus) • *(BankR)* responsabilité pour les indications figurant sur un prospectus d'émission; **–material** *n* matériel *m* de publicité.

**PROSTITUTION | SAUSÜBUNG** *f* activité habituelle de se livrer à la prostitution; **–swerbung** *f* racolage *m*.

**PROTEST** *m* • *(Einspruch, Widerspruch)* protestation, témoignage *m* de désapprobation *ou* de refus • *(WechselR)* protêt *m*; **–aktion** *f* contestation, action contestataire, protestation.

**PROTEST | KUNDGEBUNG** *f* manifestation sur la voie publique contre qqch.; **–marsch** *m* marche *f* de protestation; **–note** *f (VR)* **note** de protestation.

**PROTOKOLL** *n* • *(ÖfR, PrzR)* procès-verbal *m*; compte-rendu *m* (de séance) • *(VR)* protocole *m* • *(StR: Verwarnung)* procès-verbal de contravention; **amtliches –** constat *m* dressé par un officier ministériel; **gerichtliches –** procès-verbal *m* judiciaire, plumitif *m*; **polizeiliches –** procès-verbal de contravention.

**PROTOKOLL | AUFNAHME** *f* établissement du procès-verbal; **–auszug** *m* extrait des minutes du procès-verbal; **–führer** *m* • personne qui dresse le procès-verbal, rédacteur de procès-verbal • greffier *m* audiencier.

**PROTOKOLLIEREN** *v* dresser procès-verbal, consigner au procès-verbal.

**PROVISION** *f (HR: Vermittlungsgebühr)* commission *f*, pourcentage *m*; **vertragliche –** commission contractuelle.

**PROVISIONS | ABREDE** *f*, **–absprache** *f* accord relatif à la commission *ou* la rémunération d'un agent commercial.

**PROVISIONS | SATZ** *m* taux *m* de la commission, pourcentage *m*; **–vertreter** *m* représentant travaillant à la commission; **–vorschuss** *m* acompte sur les commissions futures.

**PROVISORISCH** *adj* provisoire, pour une période transitoire, temporaire, intérimaire.

**PROVOKATION** *f (StR: Aufwiegelung)* provocation *f*, excitation *f*, incitation *f*.

**PROZENT** *n* pourcentage *m*, point *m*, (proportion) pour cent; **–satz** *m* pourcentage *m*, taux *m*; prorata *m*.

**PROZESS** *m* • *(Rechtsstreit)* procès *m*, cause *f*, instance *f*, litige *m* • *(Vorgang)* processus *m* • *(Verfahrensart)* procédé *m*, manière *f* de procéder; **anhängiger –** procès en instance, procédure engagée.

**PROZESS | ABLAUF** *m* déroulement de la procédure; **–agent** *m* conseil *m* juridique; **–akte** *f* dossier du procès, pièce de procédure; **–beobachter** *m* reporter judiciaire; **–bericht** *m* compte-rendu *m*; relation du procès (dans la presse); **–beschleunigung** *f* accélération de la procédure; **–beteiligte(r)** *m* partie *f* au procès, plaideur *m*; **–betrieb** *m* marche *f ou* déroulement *m* d'un procès; **–betrug** *m* détournement *m* de procédure; **–bevollmächtigte(r)** *m* mandataire de procédure *ou* ad litem; **–bevollmächtigung** *f* mandat de procédure *ou* ad litem.

**PROZESS | FÄHIGKEIT** *f (ZPR)* capacité d'ester en justice, capacité pour diligenter les actes de procédure; qualité pour agir en justice; qualité pour défendre en justice; **mangelnde –** incapacité *f* d'ester en justice.

**PROZESSFÜHRUNGS | BEFUGNIS** *f (ZPR)* droit *m* d'engager une action en son propre nom et capacité de disposer du droit litigieux; **–ermächtigung** *f* mandat *m* de procédure; **–recht** *n (VersR)* droit *m* de l'assureur de diriger le procès.

**PROZESS | GEBÜHR** *f* frais *pl* de procédure *ou* de justice; **–gegenstand** *m* objet *m* du litige; **–gegner** *m* partie *f* adverse, adversaire *m*, défendeur *m*; **–gericht** *n* tribunal *n* saisi, juridiction chargée de l'instance.

**PROZESSHANDLUNG** *f* acte *m* de procédure; **nachgeholte –** acte de procédure fait tardivement (mais régulièrement).

**PROZESS | HERRSCHAFT** *f* qualité pour être partie agissante (dans une procédure); **–hindernisse** *npl (ZPR: prozesshindernde Einreden)* exceptions invoquées par le défendeur (faisant obstacle à l'action), fin *f* de non-recevoir.

**PROZESSKOSTEN** *pl* • *(i.e.S.)* dépens de l'instance, dépens *mpl* • *(i.w.S.)* frais *pl* de justice, frais de (la) procédure *ou* juridictionnels; **–hilfe** *f* aide *f* juridictionnelle; aide juridique; **–hilfeantrag** *m*, **–gesuch** *n* demande d'aide juridictionnelle; **–sicherheit** *f* caution judicatum solvi; **–vorschuss** *m* avance *f* sur frais de procédure; provision *f* ad litem.

**PROZESS | LEITUNG** *f* direction des débats (par le juge); pouvoir de commandement du juge; **–ordnung** *f* code de procédure (civile, pénale, administrative); **–partei** *f* partie *f* au procès, partie à un litige; **–recht** *n* droit *m* processuel *ou* juridictionnel; **–rechtsverhältnis** *n* relations *fpl* juridiques procédurales entre les parties; **–schrift** *f (Klageschrift)* requête *f*, placet *m*, demande (en justice).

**PROZESS | STANDSCHAFT** *f (PrzR)* fait de faire valoir en justice en son propre nom le droit de tiers; **–stoff** *m* éléments *mpl* des débats, matière du procès, faits *mpl* invoqués (au soutien des prétentions); **–trennung** *f* disjonction *f* d'instance.

**PROZESS | ÜBERWEISUNGS-BESCHLUSS** *m* ordonnance *f* de renvoi; **–unfähigkeit** *f* incapacité d'ester en justice, défaut de qualité; **–verbindung** *f* jonction d'instances *ou* de causes; **–vergleich** *m* transaction (judiciaire) par des concessions réciproques; **–verlauf** *m* déroulement de la procédure; **–verschleppung** *f* manœuvres *fpl* dilatoires (visant à retarder le déroulement normal de la procédure); **–vertreter** *m* mandataire de procédure; **–vertretungsbefugnis** *f* pouvoir pour accomplir les actes de procédure.

**PROZESS | VOLLMACHT** *f* mandat *m* de procédure, mandat at litem; **–voraussetzung** *f* condition *f* à l'action *ou* de recevabilité de l'action en justice; **– vorbereitung** *f* • préliminaires du procès • procédure de mise en état; **–vorbringen** *n* conclusions, prétentions élevées en justice; **–weg** *m* voie *f* de droit.

**PRÜF | BERICHT** *m* compte-rendu *m* d'un contrôle, analyse *f*, expertise *f*; **–bescheinigung** *f* certificat d'examen.

**PRÜFEN** *v* • *(auf Richtigkeit)* examiner, vérifier • *(amtlich, Rechnungsprüfung)* apurer • *(erproben)* éprouver, mettre à l'épreuve, essayer.

**PRÜFER** *m* • *(Schule)* examinateur *m* • *(GesR)* expert-comptable *m*, expert *m*, contrôleur *m*, réviseur *m* (B–S) • *(GesR: Jahresabschluss)* commissaire *m* aux comptes.

**PRÜF | NACHWEIS** *m* certificat *m* de contrôle; **–stelle** *f* bureau *m* de vérification.

**PRÜFUNG** *f* • *(SchulR)* examen *m*, contrôle *m* des connaissances; épreuve *f* (écrite); test *m* • *(Buchf)* expertise *f*, vérification *f*; apurement *m* • *(PrzR, VwR)* enquête *f*, contrôle *m* (par le juge).

**PRÜFUNGSBERICHT** *m* • *(GesR)* rapport *m* de contrôle de la gestion et des finances (d'une entreprise) • rapport d'expertise *ou* d'expert, état d'inspection • *(PatR)* rapport d'examen.

**PRÜFUNGS | FEHLER** *m (PrzR)* fausse appréciation des faits; **–gebühr** *f* droit d'expertise, droit d'examen, droit d'essai; **–gegenstand** *m* matières faisant l'objet de l'examen; **–gesellschaft** *f* société d'audit.

**PRÜFUNGS | KOMISSION** *f* jury *m ou* commission d'examen; **–pflicht** *f* • *(PrzR)* obligation faite aux juges d'apprécier une question de droit ou de fait • obligation de vérifier, de contrôler; **–protokoll** *n* procès-verbal d'examen.

**PRÜFUNGS | STELLE** *f (PatR)* section *ou* bureau d'examen des demandes en brevet; **–termin** *m (InsolvenzR)* audience relative à la vérification du bien-fondé des créances; **–umfang** *m (PrzR)* étendue du contrôle judiciaire.

**PUBLIKUMS | GESELLSCHAFT** *f* société anonyme (ou en commandite par actions) faisant appel public à l'épargne; **–information** *f* notice *f* (destinée aux éventuels souscripteurs), publication d'information; **–verkehr** *m* ouverture *f* au public; heures d'ouverture.

**PUBLIZITÄT** *f (ZR, HR)* mesure *f* de publicité (par inscription au registre du commerce par expl.); **–serfordernis** *n* obligation de publier; **–sgesetz** *n* Loi relative à la publicité des résultats et du bilan (de la société anonyme).

**PUTATIV** *adj (StR, ZR: vermeintlich)* putatif, purement imaginaire, qui n'existe que dans la pensée (d'une personne); supposé; présomptif.

**PUTATIV | DELIKT** *n* délit *m* putatif; **–ehe** *f* mariage *m* putatif; **–erbe** *m* héritier *m* présomptif; **–notstand** *m* fait pour l'auteur de se croire à tort en état de nécessité; **–notwehr** *f* fait pour l'auteur de se croire à tort en état de légitime défense.

**PUTSCH** *m (VerfR)* putsch *m*, coup *m* d'État; **–ist** *m* putschiste *m*.

## Q

**QUÄLEN** *n (StR)* supplice *m*, torture *f*; le fait de maltraiter qqn.; **– von Jugendlichen** violences *fpl ou* voies de fait sur un mineur; **– von Tieren** cruauté *f* envers les animaux.

**QUALIFIKATION** *f* • *(IPR: Festlegung der Anknüpfung)* qualification *f*, détermination de la nature juridique d'un fait • *(ArbR: Eignung)* aptitudes et connaissances acquises; **berufliche –** qualification professionnelle; **fachliche –** compétence technique.

**QUALIFIZIERT** *adj* : **–er Diebstahl** vol *m* qualifié; **–es Geständnis** *(ZPR)* aveu *m* spécifié, aveu au sens de la loi; **–e Mehrheit** majorité *f* qualifiée *ou* convenue; **–e Mitbestimmung** *f* cogestion *f* paritaire.

**QUALITÄT** *f* • *(Sache: Güte)* qualité *f*; aloi *m* • *(Personen)* caractère *m*, mérite *m*; **durchschnittliche –** qualité loyale et marchande.

**QUALITÄTS | ARBEIT** *f* finition excellente, main-d'œuvre de qualité; **–gewährleistung** *f* garantie *f* de qualité; **–kontrolle** *f* contrôle de la qualité; **–mangel** *m* vice affectant la qualité d'une marchandise, défaut de qualité; **–marke** *f* label *m* de qualité; **–ware** *f* marchandise *f* de qualité, article *m* de premier choix; **–zeichen** *n* label *m* de qualité.

**QUARTALS | ABSCHLUSS** *m (HR)* bilan trimestriel; **–termin** *m* échéance *f* trimestrielle.

**QUELLEN | ABZUG** *m (SteuerR)* retenue *f* à la source; **–angabe** *f (UrhR)* indication des sources, mention des références; **–besteuerung** *f* imposition *ou* taxation à la source; **–steuer** *f* impôt *m* retenu à la source.

**QUITTIEREN** *v* • *(Rechnung)* acquitter, quittancer • *(Dienst)* quitter, abandonner (un emploi).

**QUITTUNG** *f (SchuldR)* quittance *f*; reçu *m*; acquit *m* de paiement.

**QUOTE** *f* • *(Bruchteil)* pourcentage *m*, quota *m*, quote-part *f* • *(Anteil)* quotité *f*, contingent *m*.

**QUOTEN | REGELUNG** *f (Pol: Frauenquote)* réglementation de la parité femmes-hommes (lors d'élections ou de partage de postes); quote-part de mandats *ou* de postes réservés aux femmes; **–schaden** *m (InsolvenzR)* dommage résultant de la réduction de la créance à une quotité; **–überschreitung** *f* dépassement de la quote-part.

# R

**RABATT** *m* • *(Mengen-)* remise *f* • *(Treue-)* ristourne *f* • *(bei schadhafte Lieferung)* rabais *m* • *(Preisnachlass, allgemein)* réduction *f* sur le prix • *(Barzahlungsnachlass)* escompte *m* (de caisse).

**RADAR | FALLE** *f* contrôle radar inopiné; **–foto** *n (StVR)* **photo** *f* de contrôle-radar (de la vitesse des véhicules); **–streifenwagen** *m* voiture banalisée de la police de contrôle-radar; **–warnanlage** *f*, **–warngerät** *n* appareil de détection des contrôles-radar (de la police).

**RÄDELSFÜHRER** *m* meneur *m*, agitateur *m*, chef *m* d'un complot.

**RAD | FAHRER** *m* cycliste *m*; **–fahrverkehr** *m* circulation des cyclistes (sur les pistes cyclables); **–fahrweg** *m* piste *f* cyclable.

**RADIKALEN | BESCHLUSS** *m*, **–erlass** *m* décret «anti-extrémistes» du chancelier allemand et des présidents des Länder du 28 janvier 1972 (réglementation allemande relative à l'interdiction pour les extrémistes d'entrer dans la fonction publique).

**RAHMEN | ABKOMMEN** *n* accord-cadre *m*; **–gebühren** *pl (Anwälte)* honoraires *mpl* tarifés; **–gesetz** *n* loi-cadre *f*, loi de programme; **–gesetzgebung** *f (VerfR)* compétence légale du Bund pour fixer les principes généraux de la législation en certaines matières intéressant les Länder.

**RAHMEN | KOMPETENZ** *f (VerfR: Rahmenrecht)* compétence du Bund en vue d'édicter des règles générales (permettant aux Länder de fixer les détails); **–tarifvertrag** *m* convention *f* collective type; **–strafe** *f* peine d'emprisonnement dont seuls le minimum et le maximum sont indiqués, peine à durée indéterminée.

**RAMSCHWARE** *f* marchandises (de moindre qualité) vendues en bloc; camelote *f*.

**RANDALIERER** *m* personne *f* troublant la tranquillité publique.

**RAND | BEMERKUNG** *f* mention *f* marginale, mention en marge; **–gebiet** *n* zone *f* limitrophe; **–streifen** *m*, **–spur** *f (StVR: Autobahn – Seitenstreifen, Standspur)* bande *f* d'arrêt d'urgence; accotement (en bordure de la chaussée); voie *f* d'évitement; **–vermerk** *m* mention marginale *ou* en marge, apostille *f*, addition faite en marge (d'un écrit).

**RANG** *m* • *(Stellung)* rang *m*, place *f*, position *f*, titre *m* • *(Stufe)* échelon *m*, classe *f*, fonction *f*; **–älteste(r)** *m* doyen *m*, doyen d'âge; **–änderung** *f (GB)* **modification du rang**.

**RANG | FOLGE** *f* • ordre (des héritiers); ordre de préséance • hiérarchie *f*; classement; **–liste** *f* tableau d'ancienneté; **–ordnung** *f* • *(SachR)* **rang** *m* • *(HR)* catégorie *f*, classe *f* • *(ArbR)* hiérarchie professionnelle; **–ordnungsverfahren** *n (InsolvenzR)* procédure de collocation; **–stufe** *f* place *f*, position; rang *m*; degré *m*; **–verhältnis** *n* classement *m* (des privilèges), priorité *f* (d'un privilège par rapport à un autre).

**RASSEN | DISKRIMINIERUNG** *f* discrimination *f* raciale; **–hass** *m* haine raciale; **–ideologie** *f (Pol: Rassismus)* racisme *m*; **–trennung** *f* ségrégation *f* raciale.

**RASTERFAHNDUNG** *f* méthode de recherche ou d'investigation policière par recoupements (à l'aide de banques de données).

**RAT** *m* • *(Ratschlag)* conseil *m*, avis *m* • *(Beratung, Beschluss)* délibération *f*, résolution • *(Berater)* conseiller *m*; **engerer –** conseil restreint; **– der Europäischen Gemeinschaften** Conseil (européen) des ministres.

**RATE** *f* • *(Abzahlung)* fraction *f ou* tranche (à payer), quote-part *f*, mensualité *f*, terme *m* • *(Prozentzahl)* taux *m* • *(HR: Fracht)* fret *m*, prix *m* du transport; **rückständige –** arriéré *m*, arrérages *mpl*; **überfällige –** somme échue et impayée.

**RATEN | RÜCKSTAND** *m* arrérages *mpl* résultant d'achats à crédit; **–stundung** *f* report *m* de l'échéance; moratoire *m*; **–zahlung** *f* paiement *m* par échéances successives, paiement *m* fractionné *ou* échelonné *ou* à tempérament.

**RATGEBER** *m* • *(Person)* conseiller *m*, conseilleur *m*, conseil *m* • *(Buch)* guide *m* pratique.

**RATHAUS** *n* hôtel *m* de ville.

**RATS | KOLLEGIUM** *n* sénat *m*, conseil; **–mitglied** *n* membre du conseil municipal; **–verfassung** *f* système *m* d'organisation municipale dans lequel le conseil municipal prédomine; **–vorsitzender** *m* président *m* du conseil municipal.

**RAUB** *m (StR)* vol aggravé accompagné de violences ou menaces sur autrui; extorsion (d'un bien) par la force, la violence *ou* la contrainte; **schwerer –** *(StR)* vol à main armé, vol aggravé commis avec emploi d'une arme *ou* d'un instrument dangereux; brigandage *m*; rapine *f*.

**RÄUBER** *m* personne ayant commis un vol aggravé; brigand *m*, bandit *m*; **–unwesen** *n* banditisme *m*.

**RÄUBERISCH** *adj* **: –er Diebstahl** *(StR)* vol aggravé par des violences en vue de conserver les biens d'autrui soustraits; **–e Erpressung** *(StR)* chantage commis à l'aide de menaces et violences sur autrui.

**RAUB | BAU** *m* surexploitation; **–druck** *m* édition pirate; **–gut** *n* bien *m* volé, chose soustraite à autrui; **–kopie** *f* piratage *m*; reproduction *ou* copie illégale; **–mord** *m* vol aggravé par un assassinat.

**RAUBÜBERFALL** *m* vol avec agression; **bewaffneter –** attaque à main armée dans un lieu public (pour effectuer un cambriolage), hold-up *m*, *umg* braquage *m*.

**RAUFEREI** *f*, **Raufhandel** *m* rixe *f*.

**RAUM** *m* • espace *m*, territoire *m* • *(Ort)* place *f*, local *m* • *(Zimmer)* **pièce** *f* • *(Inhalt)* capacité *f*, volume *m* • *(Schiff)* tonnage *m*; **gewerblicher –** local *m* professionnel; **rechtsfreier –** lacune *f* du droit, vide *m* juridique.

**RAUM | AUFTEILUNG** *f (UmweltR: Planung)* plan d'occupation des sols; **–charter** *m (SeeHR)* contrat d'affrètement sous forme de cession de tonnage.

**RÄUMEN** *v* évacuer, déguerpir, vider les lieux.

**RAUM | FAHRT** *f* astronautique *f*, navigation spatiale; **–fahrtbehörde** *f* agence spatiale; **–fahrtindustrie** *f* industrie aéro-spatiale; **–fahrzeug** *n* engin *m* spatial *ou* cosmique, astronef *m*; **–frachtvertrag** *m (SeeHR)* contrat d'affrètement par cession d'un tonnage.

**RÄUMLICH** *adj* **: –er Anwendungsbereich** *m*, **–er Geltungsbereich** domaine d'application (dans l'espace).

**RÄUMLICHKEITEN** *fpl* locaux *mpl*, place *f*, localité *f*.

**RAUM | LUFTBELASTUNG** *f* pollution à l'intérieur des locaux; **–maße** *npl* superficie *f* d'un local; **–miete** *f* bail *m* d'un local; **–not** *f* pénurie *f* de locaux, absence *f* de locaux suffisants; **–nutzung** *f* exploitation des locaux (commerciaux).

**RAUMORDNUNG** *f* • aménagement *m* du territoire • aménagement régional; **–sbehörde** *f* service *m* chargé de l'aménagement du territoire; **–splan** *m* schéma *m* d'aménagement du territoire; **–sverfahren** *n* procédure concernant l'aménagement du territoire.

**RÄUMUNG** *f* • *(Beseitigung)* enlèvement, évacuation • *(SachR: Aufgabe des Eigentums)* déguerpissement *m*, abandon *m* de la propriété; **gewaltsame –** éviction; **zwangsweise –** expulsion *f*.

**RÄUMUNGS | ANORDNUNG** *f* ordonnance *f* d'expulsion; **–aufschub** *m* maintien *m* provisoire dans les lieux; **–befehl** *m* ordre *m* d'expulsion; **–frist** *f* délai d'expulsion; **–klage** *f* action en évacuation, demande d'expulsion; **–schutz** *m* protection du locataire en cas de résolution du bail, maintien *m* dans les lieux; **–urteil** *n* jugement d'expulsion; **–verkauf** *m* vente-liquidation *f*.

**RAUSCHGIFT** *n* stupéfiants *mpl*, produit *m* stupéfiant, drogue *f* **–delikt** *n* délit résultant du trafic et de l'usage des stupéfiants; **–dezernat** *n* brigade *f* des stupéfiants; **–handel** *m* trafic *m* de stupéfiants; **–händler** *m* trafiquant *m* de drogue; **–sucht** *f* toxicomanie *f*; **–süchtige(r)** *m* toxicomane *m*, personne *f* faisant un usage illicite de stupéfiants.

**RAUSCH | MITTEL** *n* drogue *f* (dure, douce); produit enivrant *ou* provoquant une intoxication alcoolique; stupéfiant; **–mittelsucht** *f* toxicomanie *f*; **–tat** *f* acte *m ou* infraction *f* commis(e) sous l'empire d'un état alcoolique; **–zustand** *m* état *m* d'ébriété, ivresse *f*.

**RAZZIA** *f* rafle *f*, descente de police.

**REAKTOR** *m* réacteur *m* nucléaire, pile *f* atomique; **–linie** *f* filière *f* (à laquelle appartient une centrale); **–sicherheit** *f* sécurité *f* d'une centrale nucléaire; **–unfall** *m* accident d'un réacteur nucléaire.

**REALAKT** *m (SchuldR)* acte *m* matériel, fait *m* volontaire (auquel se rattachent des conséquences juridiques).

**REAL | ANGEBOT** *n* offre *f* réelle; **–firma** *f* raison sociale (empruntée à l'objet du commerce); **–folium** *n* (= Grundbuchblatt) feuille *f* du livre foncier (prévue pour chaque immeuble).

**REAL | KONKURRENZ** *f (StR: Tatmehrheit)* concours matériel *ou* réel d'infractions, cumul *m* réel; **–kredit** *m* crédit *m* immobilier; **–last** *f* charge *f* foncière, redevance foncière, charge réelle; **–sicherheit** *f* sûreté d'ordre réel, garantie.

**RECHENSCHAFT** *f* rapport *m*, compte *m* rendu; **von etwas – ablegen, – geben** rendre compte de qqch.

**RECHENSCHAFTS | BERICHT** *m od.* **–legung** *f* rapport sur les comptes, reddition *f* de comptes, rapport *m* d'activité; **–pflicht** *f* obligation *f* de rendre compte.

**RECHERCHE** *f (StR)* enquête *f* (policière), investigation, recherche *f*.

**RECHNEN** *v* • *(zählen)* compter • *(berechnen)* **calculer**; estimer; évaluer à • *(sparsam haushalten)* savoir calculer, dépenser avec mesure.

**RECHNUNG** *f* • *(Berechnung)* compte *m*, calcul *m* • *(Schriftstück)* facture *f*, note *f*, mémoire *m*, état *m*; **auf** *od.* **für eigene –** pour son propre compte; **für fremde –** pour compte d'autrui; **fingierte –** facture simulée, fausse facture; **laufende –** compte-courant *m*; **offene –** facture impayée; **pro-forma –** facture pro forma; **überhöhte –** surfacturation; **unbezahlte –** facture impayée.

**RECHNUNGS | ABGRENZUNGSPOSTEN** *m* compte *m* de régularisation; **–abschluss** *m* arrêté de compte, clôture des comptes, règlement de compte; **–aufstellung** *f* état *m* comptable; **–auszug** *m* extrait de compte, relevé de compte, bordereau de compte.

**RECHNUNGS | BELEG** *m* pièce *f* comptable, document *m* comptable; **–betrag** *f* montant de la facture; **–buch** *n* facturier *m*; livre *m* de comptabilité.

**RECHNUNGS | EINHEIT** *f* unité *f* de compte (monétaire); **–erstellung** *f*, **–erteilung** *f* facturation, établissement d'une facture; **–führer** *m* (= Buchhalter) comptable *m*; **–führung** *f* comptabilité *f*, tenue de la comptabilité, gestion de comptes, gestion *f* comptable.

**RECHNUNGSHOF** *m (VwR)* cour des comptes; juridiction administrative chargée de juger les comptes des services publics.

**RECHNUNGSJAHR** *n* exercice *m* budgétaire, année *f* budgétaire; exercice comptable, année financière; **abgeschlossenes –** exercice *m* clos.

**RECHNUNGS|LEGUNG** *f* • *(SchuldR)* reddition de comptes (de la gestion) • *(GesR)* établissement du bilan et des comptes de gestion; **–posten** *m* • *(HR)* détail *m* des marchandises vendues, fourniture *f* • *(Buchf)* article de compte, poste de comptabilité; **–preis** *m* prix facturé.

**RECHNUNGS|PRÜFER** *m* • *(HaushR)* vérificateur *ou* contrôleur *m* des comptes • *(GesR)* expert *m* comptable, comptable agréé, commissaire aux comptes; vérificateur *m* comptable; **–prüfung** *f* vérification des comptes, contrôle *m* de l'emploi des fonds; **–schluss** *m* arrêté *m* de compte.

**RECHNUNGSWESEN** *n* comptabilité *f*; **öffentliches –** comptabilité publique.

**RECHT** *n* • *(Rechtsnorm)* Droit *m* (objectif); règle *f* juridique; norme *f*, loi *f* • *(Befugnis)* droit (subjectif), faculté *f*, prétention *f*, demande *f* • *(Gerechtigkeit)* justice *f*, équité *f* • *(Gesamtheit der Gesetze)* législation *f*, codification *f*, système juridique • *(Rechtstitel)* titre *m* • *(Rechtswissenschaft)* science *f* du Droit, étude *f* du Droit; **von –s wegen** de plein droit; à bon droit.

**RECHT** *n* **: abdingbares –** droit supplétif, règle supplétive; **absolutes –** droit absolu, règle impérative, droit efficace à l'égard de tous; **abtretbares –** droit cessible; **anwendbares –, anzuwendendes –** droit applicable; **ausschließliches –** droit privatif *ou* exclusif.

**RECHT** *n* **: bedingtes –** droit conditionnel; **beschränkt dingliches –** droit réel accessoire; **bürgerliches –** droit civil; **dingliches –** droit réel; **einklagbares –** droit d'agir (en justice); **geltendes –** droit en vigueur, législation applicable; **gesetztes –** droit positif; **gutgläubig erworbenes –** droit acquis de bonne foi.

**RECHT** *n* **: ideelles –, immaterielles –** droit non évaluable en argent, droit moral, droit extra-patrimonial; **innerstaatliches –** droit national, loi interne; **internationales –** droit international; **künftiges –** droit futur, expectative.

**RECHT** *n* **: materielles –** règle de fond, droit matériel; **nachgiebiges –** droit non impératif, règle supplétive *ou* interprétative; **nicht übertragbares –** droit incessible; **objektives –** droit objectif, norme *f*, règle de droit; **öffentliches –** droit public; **positives –** droit positif, légalité *f*.

**RECHT** *n* **: relatives –** droit relatif, droit produisant un effet entre certaines personnes déterminées; **streitbefangenes –, strittiges –** droit litigieux; **subjektives –** droit subjectif, prérogative *f*; **subsidiäres –** droit supplétif *ou* subsidiaire.

**RECHT** *n* **: übertragbares –** droit cessible *ou* négociable; **unabdingbares –** règle impérative; **uneingeschränktes –** droit absolu; **unkörperliches –** droit immatériel; **unveräußerliches –** droit inaliénable; **unverjährbares –** droit imprescriptible.

**RECHT** *n* **: veräußerliches –** droit aliénable, droit cessible; **zukünfiges –** droit futur; **zwingendes –** • droit strict • règle d'ordre public, droit impératif, prescription impérative ou obligatoire.

**RECHT** *n* **: ein – abtreten** céder un droit; **sich ein – anmaßen** s'arroger un droit; **ein – ausüben** exercer un droit; **auf seinem – beharren, auf seinem – bestehen** persister et signer; **sich auf ein – berufen** invoquer un droit, se prévaloir d'un droit; **jmdm. ein – einräumen** conférer un droit à quelqu'un; **ein – entziehen** priver qqn. d'un droit; **sein – fordern** demander que justice soit faite; **ein – geltend machen** faire valoir un droit.

**RECHT** *n* : **– haben** être dans son bon droit; **ein – missbrauchen** abuser d'un droit; **im – sein** avoir raison, être dans son bon droit; **– sprechen** rendre la justice, dire le droit; **ein – verleihen** conférer un droit; **das – verletzen** violer une loi, enfreindre *ou* transgresser une règle de droit; **ein – wahrnehmen** se prévaloir d'un droit.

**RECHT** *n* | **auf Arbeit** droit au travail; **– auf vorzugsweise Befriedigung** droit de préférence; **– auf Einsicht, – auf Einsichtnahme, – zur Einsichtnahme** droit de communication *ou* de regard; **– auf Gegendarstellung** droit de réponse *ou* réplique; **– auf rechtliches Gehör** principe de la contradiction; droit d'être entendu (par un juge); **– der Schuldverhältnisse** droit des obligations.

**RECHTFERTIGEN** *v* • *(jemanden od. sich rechtfertigen)* justifier, couvrir, décharger, défendre, disculper, excuser • *(Rechtmäßigkeit nachweisen)* légitimer, autoriser, prouver (le bien-fondé), justifier de, apporter la preuve de; **–der Grund** motif justificatif; excuse *f* légitime; fait exonératoire.

**RECHTFERTIGUNG** *f* justification *f*; décharge *f*; défense *f*; excuse *f*; explication *f*; preuve *f*.

**RECHTLICH 1.** *adj* : **bürgerlich- –** de droit privé; **öffentlich- –** de droit public; **Anspruch auf –es Gehör** le droit d'être entendu par le juge; **–er Beistand** avocat; conseil juridique; **–e Grundlage** fondement juridique; **–e Grundsätze** principes de droit.

**RECHTLICH 2.** *adv* juridiquement; légitimement; **– nicht zu beanstanden, – begründet** (être) fondé en droit; **– geschützt** juridiquement protégé; **– unerheblich** sans effet juridique; **– vertretbar** fondé en droit.

**RECHTMÄßIG** *adj* légitime; conforme à la loi, légal.

**RECHTMÄßIGKEIT** *f* légitimité *f*, légalité *f*; **–skontrolle** *f* contrôle de la légalité; **–svermutung** *f* présomption *f* de légalité; **–svoraussetzungen** *fpl* conditions de validité juridique.

**RECHTSABTEILUNG** *f* service *m* juridique, département des affaires juridiques; bureau *m* du contentieux; **Leiter der –** chef du service juridique, chef du contentieux.

**RECHTS | ABTRETUNG** *f* cession, transmission d'un droit; **–akt** *m (SchuldR)* fait *m* entraînant des conséquences juridiques; **–akte** *f (EuR)* acte *m* communautaire; directive *f*, règlement communautaire; **–angleichung** *f* harmonisation juridique, rapprochement *m* des législations; **–anmaßung** *f* usurpation d'un droit; **–anschauung** *f*, **–ansicht** *f* opinion *f ou* doctrine *f* juridique.

**RECHTSANSPRUCH** *m* droit *m* (subjectif), prérogative individuelle; titre *m*; **einen – ableiten** alléguer les faits propres à fonder un droit; **einen – geben, einen – gewähren** ouvrir un droit.

**RECHTSANWALT** *m* • avocat *m*; conseil juridique • *(StPR)* défenseur *m* (dans un procès pénal); **– der eigenen Wahl** avocat librement choisi; **– des Beklagten** mandataire de procédure du défendeur; **einen – beiordnen** commettre un avocat (d'office).

**RECHTSANWALTS | LISTE** *f* tableau *m* des avocats; **–anwärter** *m* avocat *m* stagiaire, avocat admis au stage; **–büro** *n* cabinet *m* d'avocat, étude *f*.

**RECHTSANWALTSCHAFT** *f* profession d'avocat; ensemble des avocats établis auprès d'une même cour d'appel allemande.

**RECHTSANWALTS | GEBÜHREN** *fpl* honoraires *mpl* tarifés d'avocat, rémunération *f*; **–ge-**

**bührenordnung** *f* barème *m* des honoraires d'avocat; **–gehilfin** *f* employée d'un avocat; **–gesellschaft** *f* société civile professionnelle d'avocats; **–gesetz** *n (= RAG)* Loi allemande du 13 septembre 1990 régissant la profession d'avocat; **–haftung** *f* responsabilité de l'avocat; **–honorar** *n* honoraires *mpl* d'un avocat.

**RECHTSANWALTSKAMMER** *f* chambre allemande des avocats (dans le ressort d'une cour d'appel allemande – cette chambre est en Allemagne une collectivité de droit public), ordre des avocats (près d'une cour d'appel allemande); (en France: barreau *m*); **Präsident der –** président de la chambre des avocats; (en France: bâtonnier *m*).

**RECHTSANWALTS | KANZLEI** *f* cabinet *m* d'avocat; **–kosten** *pl* frais *mpl* d'avocat; **–ordnung** *f (Bundesrechstanwaltsordnung = BRAO)* règlement allemand concernant le statut des avocats; **–praxis** *f* cabinet *m* d'avocat; **–sozietät** *f* société civile professionnelle (allemande) d'avocats; **–vergütung** *f* rétribution de l'avocat, honoraires *mpl;* **–vertrag** *m* mandat *m*; **–zulassung** *f* admission d'un avocat (auprès d'une cour d'appel allemande) pour l'exercice de sa profession.

**RECHTS | ANWENDUNG** *f* application du droit; **–anwendungsfehler** *m* fausse interprétation d'une disposition légale; **–anwendungsgesetz** *n (IPR)* loi relative a l'application du droit; **–assessor** *m* titulaire du second examen d'État allemand (en droit); **–aufsicht** *f (VwR)* tutelle *f* (administrative); **–aufsichtsbehörde** *f*, **–aufsichtsorgan** *n* autorité *f* de tutelle; **–auskunft** *f* consultation, avis *m* juridique; **–auskunftsstelle** *f* bureau *m* de consultation juridique; **–auslegung** *f* interprétation du droit; **–ausschluss** *m* forclusion *f*; **–ausschuss** *m* • *(VerfR: Parlament)* commission des lois • comité *m ou* commission *f* juridique; **–ausübung** *f* exercice *m* d'un droit.

**RECHTS | BEDENKEN** *n* doute *f* sérieux quant à la légalité (d'une mesure); **–bedingung** *f* condition (de droit); **–beeinträchtigung** *f* atteinte *f* au droit, lésion *f* d'un droit; **–befolgung** *f* respect (strict) du droit, soumission au droit en vigueur; **–befugnis** *f* prérogative *f*, faculté *f*; **–begehren** *n* demande *f* en justice; **–begriff** *m* concept *m* juridique, notion *f* de droit.

**RECHTS | BEGRÜNDUNG** *f* fondement *m* juridique; création d'une situation juridique nouvelle; le fait de fonder une prétention; **–behelf** *m (Oberbegriff gegenüber Rechtsmittel)* recours *m*, voie *f* de droit; voie *f ou* moyen *m* de recours (dans un sens très général); **–behelfsbelehrung** *f* instruction relative aux voies de recours; **–beeinträchtigung** *f* atteinte portée à un droit; préjudice *m*; **–beistand** *m* conseil *m* juridique, personne agréée comme défenseur *ou* conseil par un tribunal (mais ne remplissant pas les conditions d'admission au barreau); **–belehrung** *f* information (d'une personne sur les droits dont elle dispose), avertissement sur les droits d'une partie.

**RECHTS | BERATER** *m* conseil *m* juridique, consultant *m*; **–beratung** *f* consultation (juridique); avis *m* donné par l'avocat (au cours de la consultation); **–beratungsstelle** *f* bureau *m* de consultations juridiques.

**RECHTSBESCHWERDE** *f* • *(PrzR, ArbR)* recours devant une juridiction du contentieux du travail allemande fondé sur des questions de fond • *(PrzR: Bußgeldverfahren)* recours fondé sur une violation de la loi dans le cadre du droit allemand des sanctions administratives; **–führer** *m* personne exerçant un recours pour violation du droit.

**RECHTS | BESORGUNG** *f* défense des intérêts de qqn.; **–bestimmung** *f* disposition légale, norme *f*; **–beugung** *f* application volontairement incorrecte du droit par un magistrat, prévarication *f*; **–beziehung** *f* lien *m* juridique; **–bindung** *f* • caractère obligatoire du droit • obligation de respecter le droit en vigueur.

**RECHTS | BRECHER** *m* malfaiteur *m*, délinquant *m*; **erstmaliger –brecher** *m* délinquant primaire; **–bruch** *m* violation *f* du droit.

**RECHTS | DOGMATIK** *f* doctrine *f* juridique (concernant le droit en vigueur); **–durchsetzung** *f* (la) traduction du droit dans les faits; **–einräumung** *f* *(UrhR)* cession de droits (relatifs à une œuvre); **–empfinden** *n* conscience (collective) du droit; le sens de ce qui est juste; **–entscheid** *m* décision d'une cour de justice sur une question de droit; **–entstehung** *f* genèse *f* du droit; **–entwicklung** *f* évolution de la lé-gislation; **–entzug** *m* déchéance *f* *ou* privation d'un droit.

**RECHTSETZUNG** *f* élaboration des lois; activité législative; création *f* de nouvelles normes.

**RECHTSETZUNGS | AKT** *m* acte-règle *m*, acte *m* législatif; **–befugnis** *f* pouvoir de légiférer, compétence *f* législative; **–ermächtigung** *f* habilitation, délégation du pouvoir normatif; **–hoheit** *f*, **–macht** *f* pouvoir législatif, pouvoir de légiférer.

**RECHTSFÄHIG** *adj* • *(natürliche Person)* capable juridiquement, possédant la capacité de jouissance (d'un droit) • *(Gesellschaft, Verein)* doté de la personnalité morale; **–e Körperschaft** collectivité publique dotée de la personnalité juridique; **nicht –e Personenvereinigung** regroupement de personnes n'ayant pas la capacité juridique.

**RECHTSFÄHIGKEIT** *f* *(SchuldR)* capacité *f* de jouissance, personnalité *f* juridique; **bürgerliche –** capacité civile.

**RECHTS | FAHRGEBOT** *n* *(StVR)* obligation de maintenir le véhicule près du bord droit de la chaussée; **–fall** *m* • litige *m*, affaire soumise au juge, cause *f*, cas *m* • faits *mpl* juridiquement qualifiés; **–fehler** *m* erreur *f* dans l'application *ou* l'interprétation du droit; **–fiktion** *f* fiction juridique, artifice *m* de technique juridique; **–findung** *f* recherche *f* de la solution juridiquement valide.

**RECHTS | FOLGE** *f* conséquence *f* *ou* effet *m* juridique; **–folgenbelehrung** *f* avertissement au sujet des conséquences juridiques; **–folgenirrtum** *m* erreur relative aux effets juridiques; **–form** *f* formalité (exigée pour la formation d'un acte), condition de forme; forme *f* (écrite, orale); forme *f* légale; **–fortentwicklung** *f* évolution du droit.

**RECHTS | FRAGE** *f* point de droit, question *f* de droit, question *ou* problème *m* juridique; **–freier Raum** vide *m* juridique; lacune *f* du droit; **–frieden** *m* • *(ZR)* usage *m* paisible d'un droit • *(ÖfR)* paix publique, tranquillité publique; **–früchte** *fpl* fruits *mpl* civils; **–gebiet** *n* domaine *m* juridique, branche *f* du droit.

**RECHTS | GEFÄHRDUNG** *f* atteinte *f* à un droit; **–gelehrte(r)** *m* jurisconsulte *m*, légiste *m*; **–geltung** *f* domaine *m* d'application d'une règle de droit; **–gemeinschaft** *f* • *(ÖfR, VR)* société (humaine); collectivité *f* • *(ZPR)* communauté *f* d'intérêts; **–genuss** *m* jouissance *f* d'un droit; **–gesamtheit** *f* entité *f* juridique; indivision.

**RECHTSGESCHÄFT** *n* *(ZR)* acte *m* juridique; **abstraktes –** *(SchuldR: Verfügungsgeschäft)* convention relative à la délivrance d'une chose; mise à disposition de la chose (en vertu du principe de l'ensaisinement); **anfechtbares –** convention annulable, contrat rescindable, contrat entaché d'un vice;

**bedingtes –** obligation conditionnelle; **befristetes –** obligation à terme; **einseitiges –** acte unilatéral; manifestation unilatérale de volonté; **entgeltliches –** contrat à titre onéreux; **formbedürftiges –** acte solennel; **formfreies –** acte consensuel; **kausales –** *(SchuldR: Verpflichtungsgeschäft)* contrat consensuel (obligeant le vendeur à transférer la propriété de la chose *ou* à fournir une prestation); **mehrseitiges –** contrat *m*; acte multilatéral; **nichtiges –** convention inexistante; contrat annulable; **schwebend unwirksames –** contrat encourant l'annulation (en raison du vice qui l'entache); **sittenwidriges –** convention contraire aux bonnes mœurs; **unwirksames –** convention nulle; contrat annulable; **zweiseitiges –** acte bilatéral.

**RECHTS | GESCHICHTE** *f* histoire *f* du droit; **–grund** *m* fondement d'une prétention; fondement juridique; motif *m ou* intention juridique; juste cause; titre *m*; **–grundlage** *f* • *(ZR, ZPR)* moyens *mpl* de droit (propres à justifier en droit une prétention); base *f* juridique, fondement *m* d'un droit • *(VerfR)* soubassement de l'ordre juridique; **–grundsatz** *m* principe juridique, principe fondamental du droit.

**RECHTS | GUT** *n* • *(ZR)* droit subjectif • *(SchuldR: bei unerlaubte Handlungen)* bien protégé par une disposition légale (en matière de responsabilité délictuelle); **–gutachten** *n* consultation *f* juridique, avis *m* juridique, expertise *f* juridique; **–güterabwägung** *f* pondération entre des normes protégeant des biens différents; **–güterschutz** *m* garantie légale des droits (d'une personne); **–gutsverletzung** *f* violation d'un droit.

**RECHTS | HANDLUNG** *f* • *(ZR: juristische Handlung i.w.S.)* comportement de l'homme, action; omission; fait personnel; fait d'autrui • *(ZR: rechtsgeschäftsähnliche Handlung)* fait volontaire licite (visant un effet juridique *ou* engageant la responsabilité d'une personne) • *(ZR: Tathandlung, Realakt)* fait personnel (ne visant pas directement un effet juridique, mais auquel la loi rattache une responsabilité); **–hängig** *adj (PrzR)* litispendant, pendant, en instance; **–hängigkeit** *f* litispendance *f*.

**RECHTSHILFE** *f (PrzR)* entraide *f* judiciaire, entraide juridique (S); **gegenseitige –** aide judiciaire mutuelle; **innerstaatliche –** coopération entre autorités judiciaires d'un même pays; ordre donné par une autorité chargée d'instruire une affaire à une autre autorité judiciaire (pour rechercher des preuves, entendre un témoin); **internationale –** entraide judiciaire sur le plan international; **– in Strafsachen** entraide judiciaire en matière pénale; **–ersuchen** *n* commission *f* rogatoire (sur le plan international *ou* national); **–gericht** *n* tribunal requis (dans la cadre d'une commission rogatoire).

**RECHTS | HOHEIT** *f* souveraineté *f*; **–informatik** *f* informatique juridique documentaire *ou* de gestion; documentation juridique automatisée; informatique judiciaire; **–inhaber** *m* titulaire d'un droit; **–irrtum** *m (StR)* erreur *m* de droit; erreur sur l'existence *ou* le sens d'une disposition légale; **–kauf** *m* acquisition de créances (à titre de sûreté); **–kenntnis** *f* connaissance du droit *ou* de la loi.

**RECHTS | KRAFT** *f (PrzR)* efficacité *f* d'une décision de justice; irrévocabilité *f*; **formelle –kraft** *(die Entscheidung ist nicht [mehr] anfechtbar)* force *f* de chose jugée; épuisement des voies de recours; caractère exécutoire d'une décision; **materielle –kraft** *(PrzR: der Inhalt der Entscheidung ist für die Parteien maßgeblich)* autorité *f* de chose jugée; force de vérité légale (d'une décision de justice pour les parties).

**RECHTSKRAFT | BESCHEINIGUNG** *f* attestation de la force de chose jugée; **–erstreckung** *f* extension de l'autorité de la chose jugée (à un tiers); **–wirkung** *f* effet *m* de chose jugée, force *f* de la chose jugée; fin *f* de non-recevoir; **–zeugnis** *n* certificat *m* attestant qu'un jugement est passé en force de chose jugée, certificat de chose jugée.

**RECHTSKRÄFTIG** *adj* • ayant force de chose jugée, passé en force de chose jugée, définitif • ayant l'autorité de la chose jugée; **– werden** acquérir la force de la chose jugée.

**RECHTS | LAGE** *f* situation *f* juridique; état de la législation (dans un domaine particulier); régime *m* juridique; **–leben** *n* vie *f* juridique; **–lehre** *f* doctrine *f*; **–lücke** *f* lacune *f* juridique, hiatus *m* juridique.

**RECHTS | MANGEL** *m* *(SchuldR)* vice *m* de droit (conduisant à l'éviction), trouble de droit *ou* de fait; **–mängelgewähr, –mängelhaftung** *f* *(SchuldR)* garantie *f* d'éviction; **–mäßigkeit** *f* conformité *f* à la loi, légalité *f*.

**RECHTS | MEDIZIN** *f* médecine *f* légale; **–mediziner** *m* médecin légiste; **–medizinisches Institut** institut *m* médicolégal, morgue *f*; **–missbrauch** *m* abus *m* de droit, abus d'un droit, exercice d'un droit dans le dessein de nuire à autrui.

**RECHTSMITTEL** *n* *(PrzR)* voie *f* de recours, voie de droit, moyen de recours; appel *m*; cassation; **ein – einlegen** *od.* **einreichen** former *ou* présenter un recours, se pourvoir (en justice).

**RECHTSMITTEL | AUSSCHLUSS** *m* exclusion *f* des voies de recours; **–belehrung** *f* instruction relative aux voies de recours; **–frist** *f* délai applicable à une voie de recours, délai d'appel; **–führer** *m* appelant *m*; **–gegner** *m* intimé *m*.

**RECHTSMITTEL | KLÄGER** *m* appelant *m*, demandeur en appel; **–richter** *m* juge *m* en appel; **–rücknahme** *f* renonciation à l'appel au cours de l'instance; **–schrift** *f*, **–schriftsatz** *m* mémoire *m* du pourvoi; **–verzicht** *m* renonciation aux voies de recours; **–zulassung** *f* ouverture du pourvoi; déclarer recevable le pourvoi.

**RECHTS | NACHFOLGE** *f* • *(ErbR)* succession *f* (juridique), transmission du patrimoine • *(SchuldR)* acquisition d'un droit; **–nachfolger** *m* ayant droit, ayant cause *m*; **–norm** *f* règle *f* de droit, loi *f*; **–ordnung** *f* • *(Recht im objektiven Sinne)* droit objectif, système *ou* ordre juridique • *(en S: Anordnung)* ordonnance *f* juridique, règlement *m*.

**RECHTSPFLEGE** *f* *(PrzR)* attributions conférées par la loi aux tribunaux; fonction juridictionnelle; administration de la justice; **–organ** *n* juridiction; tribunal *m*.

**RECHTSPFLEGER** *m* *(PrzR: Justizinspektor, Justizamtmann)* collaborateur *m* du magistrat (compétent pour les procédures d'injonction de payer, les affaires de tutelle, de partage de succession, de l'enregistrement au livre foncier et au registre de commerce, du partage des successions, de la procédure simplifiée concernant les pensions alimentaires et de celle l'exécution forcée (cette liste n'est pas exhaustive); fonctionnaire (de cat. B) de l'administration judiciaire allemande chargé de certaines fonctions juridictionnelles (notamment en matière de juridiction gracieuse); auxiliaire *m* de justice des tribunaux judiciaires allemands (assumant certaines fonctions dévolues en France aux magistrats du siège); **–gesetz** *n* Loi allemande du 5 novembre 1969 relative aux collaborateurs du magistrat exerçant de façon indépendante certaines fonctions juridictionnelles.

**RECHTSPRECHENDE GEWALT** *f (VerfR)* pouvoir *m* judiciaire (englobant en Allemagne cinq ordres de juridiction: l'ordre judiciaire, administratif et financier, du contentieux du travail et du contentieux social).

**RECHTSPRECHUNG** *f* • *(PrzR)* jurisprudence *f*, action de dire le droit *ou* de trancher les litiges • *(PrzR)* jurisprudence, ensemble des décisions de justice rendues (pendant une certaine période) • *(PrzR)* jurisprudence, les solutions apportées par les décisions de justice dans l'application du droit; droit prétorien; **feststehende –, herrschende –, ständige –** jurisprudence bien établie; jurisprudence constante ou fixée.

**RECHTSPRECHUNGS | ÄNDERUNG** *f* revirement de jurisprudence; **–organ** *n* organe *m* juridictionnel; **–recht** *n* droit prétorien; **–sammlung** *f* recueil *m* de jurisprudence; **–verfahren** *n* procédure *f* juridictionnelle.

**RECHTS | PRINZIP** *n* principe *m* (de droit), règle juridique générale, maxime générale juridiquement obligatoire; **–quelle** *f* source *f* du droit; **–raum** *m* espace juridique (européen); sphère *f* juridiquement protégée; **–referendar** *m* titulaire du 1[er] examen d'État allemand (en droit).

**RECHTSSACHE** *f (PrzR)* cause *f*, affaire *f*, litige *m*, contentieux *m*; **anhängige –** affaire pendante; **bürgerliche –** matière *f ou* affaire civile; **nichtstreitige –** affaire gracieuse, matière gracieuse.

**RECHTS | SATZ** *m* règle *f* juridique, règle de droit, norme *f*, loi *f*; **–schein** *m (SchuldR: Gutglaubensschutz)* apparence *f* du droit; signe extérieur par lequel se manifeste un droit; **–scheingrundsatz** *m* principe *m* selon lequel une personne est engagée, sans l'avoir voulu, par le seul fait de l'apparence; **–scheinvollmacht** *f* mandat apparent.

**RECHTSSCHUTZ** *m* • *(i.w.S.)* protection *f* juridique *ou* légale, protection par les tribunaux • *(VersR)* garantie *f* défense-recours; **gewerblicher –** protection de la propriété commerciale *ou* industrielle, propriété industrielle; **–bedürfnis** *n* intérêt *m* légitime; **–garantie** *f* garantie défense-recours; **–interesse** *n (PrzR)* intérêt *m* légitime (pour agir en justice); **–versicherung** *f* assurance défense et recours, assurance contentieux.

**RECHTS | SETZUNG** *f* fonction législative; **–setzungsbefugnis** *f* pouvoir législatif, fonction normative; **–sicherheit** *f* sécurité *f* découlant de la certitude de la stabilité du droit, sécurité juridique; **–sprechung** *f* jurisprudence; **–spruch** *m* décision judiciaire *ou* de justice.

**RECHTS | STAAT** *m* État de droit, État *m* fondé sur le droit; ordre *m* républicain; **–staatsgefährdung** *f (StR)* atteinte *f* à l'ordre constitutionnel; **–staatsprinzip** *n* principe *m* de légalité; **–status** *m*, **–stellung** *f* statut *m* juridique; **–stellung der Ausländer condition** *f* des étrangers.

**RECHTS | STREIT** *m*, **–streitigkeit** *f* litige *m*, contentieux *m* juridique, procès *m*, instance *f*; litige *m*, procès *m*, instance *f*; **–subjekt** *n* sujet *m* de droit; personne physique; personne morale; **–suchende(r)** *m* requérant *m*; plaideur *m*; justiciable *m*; **–system** *n* ordre *m* juridique.

**RECHTS | TECHNIK** *f* pragmatique *f* juridique; **–terminologie** *f* terminologie juridique, vocabulaire du droit; **–theorie** *f* doctrine juridique; théorie du droit; **–titel** *m* titre *m* juridique; **–träger** *m (ÖfR, ZR: Vollinhaber eines Rechts)* organisme (public ou privé); service public; personne morale de droit public *ou* de droit privé; sujet de droit.

**RECHTS | ÜBERGANG** *m*, **–übertragung** *f* transfert de droits;

**–überzeugung** *f* conviction intime; **–unfähigkeit** *f* incapacité juridique; **–ungleichheit** *f* inégalité sur le plan juridique; **–ungültigkeit** *f* défaut de validité, invalidité juridique; **–unkenntnis** *f* ignorance *f* du droit.

**RECHTS | UNSICHERHEIT** *f* insécurité *f* du droit; **–unterworfene(r)** *m* sujet *m* de droit, justiciable *m*, administré *m*; **–unwirksamkeit** *f* inefficacité *f* juridique, nullité *f* juridique; **–vakuum** *n* hiatus *m* juridique, lacune *f* juridique, vide *m* juridique.

**RECHTS | VEREINHEITLICHUNG** *f* • unification *f* du droit, harmonisation juridique • *(EU)* création d'un espace juridique européen; **–verfolgung** *f* exercice *m* d'un droit; le fait de faire valoir un droit en justice.

**RECHTS | VERGLEICHUNG** *f* droit *m* comparé, étude comparative (de deux Droits); **–verhältnis** *n* rapport de droit, rapport *m* juridique, situation *f* juridique, lien *m* juridique; **–verkehr** *m* vie *f* juridique; **–verletzung** *f* violation du droit; violation de la loi; lésion *f*; **–verlust** *m* déchéance *f* d'un droit, perte d'un droit; **–vermutung** *f* présomption *f* légale.

**RECHTS | VERORDNUNG** *f* *(ÖfR: RVO)* règlement *m* (allemand) subordonné à la loi, décret d'application de la loi; **–verstoß** *m* violation de la loi; inobservation d'une règle légale; **–vertreter** *m* représentant légal; mandataire *m*; **–vertretung** *f* représentation *f* juridique

**RECHTS | VERWEIGERUNG** *f* déni *m* de justice, abstention de juge; **–verwirkung** *f* déchéance *f* d'un droit; **–verzicht** *m* renonciation à un droit; **–vorgänger** *m* • personne *f* ayant cédé un droit, prédécesseur *m* dans les droits • *(GesR)* société cédante • auteur *m*; **–vorschrift** *f* règle *f* de droit, disposition légale.

**RECHTS | WAHL** *f* *(IPR)* choix *m* du droit applicable; **–klausel** *f*, **–wahlvereinbarung** *f* clause *ou* convention de détermination du droit applicable (à une convention); **–wahrung** *f* (sous) réserve de toute voie de droit.

**RECHTSWEG** *m* voie *f* de droit, voie judiciaire; **unter Ausschluss des –es** sans possibilité d'un recours aux tribunaux, «le recours aux tribunaux étant exclu»; **ordentlicher –** procédure devant une juridiction de droit commun; **–erschöpfung** *f* épuisement des voies de recours; **–garantie** *f* *(VerfR)* garantie constitutionnelle d'un recours de l'administré (s'il s'estime lésé par un acte de l'Administration).

**RECHTSWESEN** *n* le Droit; l'ensemble des règles de conduite socialement édictées et sanctionnées.

**RECHTSWIDRIG** *adj* : **–er Angriff** *n* atteinte illégale (à la vie); **–e Eigentumsverletzung** atteinte (juridique) à la propriété; **–es Eingreifen** ingérence *f*, empiétement; **–er Eingriff in ein Rechtsgut** trouble *m* de droit; **–e Handlung** acte *m* illicite; **–e Maßnahme** mesure *f* illégale; **–e Tat** *(StR)* fait *m* contraire à la loi, infraction par détermination de la loi; **–es Verhalten** comportement légalement inadmissible.

**RECHTS | WIDRIGKEIT** *f* • *(ZR, ÖfR)* illégalité *f*, illicéité *f* • *(StR)* **absence** *f* de faits justificatifs; **–wirksamkeit** *f* validité *f* juridique; **–wirkung** *f* effet *m* juridique; **–wissenschaft** *f* science *f* du droit.

**RECHTS | ZUG** *m* *(PrzR)* instance *f*, phase *f* d'un procès; degré *m* de juridiction; **–zustand** *m* situation *f* juridique; état *m* du droit (dans un pays); **–zweck** *m* finalité *f* du droit; **–zweig** *m* branche *f* du droit; division du droit.

**RECHTZEITIG** *adj/adv* à bonne date, en temps utile, en temps voulu; au moment opportun.

**REDAKTIONS | AUSSCHUSS** *m* comité *m* de rédaction; **–geheimnis** *n* secret *m* rédactionnel; **–leiter** *m* rédacteur en chef.

**REDE** *f* discours *m*; **–freiheit** *f* liberté de parole; **–kunst** *f* rhétorique *f* (juridique).

**REDISKONT** *m* réescompte *m*, escompte auprès de la banque centrale; **–bank** *f* banque *f* de réescompte.

**REDLICHKEIT** *f* probité *f*, loyauté *f*; intégrité *f*; honnêteté *f*; bonne foi *f*; **– des Erwerbs** bonne foi dans l'acquisition d'un bien.

**REEDER** *m* *(SeeHR: Schiffseigner)* armateur *m*, fréteur *m*.

**REEDEREI** *f* *od.* **–gesellschaft** *f* société d'armement; **–statut** *n*, **–vertrag** *m* contrat d'armement; **–vertreter** *m* agent *m* maritime.

**REFERAT** *n* • *(Abteilung)* service *m*, département *m*, section *f*, *(im Ministerium:)* bureau *m* • *(Bericht, Vortrag)* rapport *m*, compte *m* rendu; exposé *m*.

**REFERATSLEITER** *m* chef *m* de division (dans un ministère).

**REFERENDAR** *m* *(BeamR)* fonctionnaire stagiaire (titre conféré en Allemagne au titulaire du premier examen d'État, lorsqu'il entre au service de l'État et se prépare pour le second examen d'État).

**REFERENT** *m* • *(Berichterstatter)* rapporteur *m* • *(Ministerium)* chef adjoint de division, chef de bureau; **persönlicher –** secrétaire particulier; chef de cabinet (d'un ministre).

**REFERENTENENTWURF** *m* *(StaatsR)* projet *m* de loi élaboré par des hauts fonctionnaires (d'un ministère).

**REFORM** *f* réforme *f*, amélioration *f*, réorganisation *f*; **–bestrebungen** *fpl* tendances réformatrices.

**REGEL** *f* • *(allg.)* règlement *m*, norme *f*, règle *f* • *(Einzelfall)* consigne *f*, ordre *m*.

**REGEL | ALTERSRENTE** *f* *(SozVers)* bénéfice *m* de la prestation de l'assurance vieillesse du régime général; **–anfrage** *f* *(ÖfR)* demande adressée par les services publics à l'Office de protection de la constitution (lors de l'admission d'une personne à un emploi public en vue de vérifier sa fidélité à la constitution); **–anknüpfung** *f* *(IPR)* rattachement *m* selon un procédé de localisation fondé sur le sujet *ou* l'objet du rapport de droit.

**REGEL | BEDARF** *m* *(FamR)* besoins *mpl* d'un mineurs (établis par la loi); **–betrag** *m* *(FamR)* subsides dus à l'enfant mineur (et se réglant d'après les besoins élémentaires de ce dernier); **–bußgeld** *n* amende administrative tarifée; **–entgelt** *(SozVers)* base *f* de calcul pour l'indemnité journalière.

**REGEL | FALL** *m* règle générale; cas *m* conforme à l'usage; **–entgelt** *n* prestation minimum prévue par la loi; **–frist** *f* délai usuel; délai légal; **–leistung** *f* *(SozVers)* prestation réglementaire *ou* obligatoire; **–mäßigkeit** *f* régularité *f*.

**REGEL | SATZ** *m* *(SozVers)* taux *m* normal (de l'aide sociale); **–strafe** *f* peine *f* normale; **–überwachung** *f* *(ÖfR)* surveillance régulière par les services de protection de la constitution.

**REGELUNG** *f* • *(Vorschrift)* règlement *m*, réglementation *f* • *(Angelegenheit)* **arrangement** *m*, mise *f* en ordre, accord *m*; **gesetzliche –** réglementation légale, régime juridique; **gütliche –** arrangement *m* amiable *ou* à l'amiable *ou* de gré à gré.

**REGELUNTERHALT** *m* *(FamR)* subsides *mpl* en forme de pension dus à l'enfant (naturel) et dont le montant est fixé d'après les besoins élémentaires de ce dernier.

**REGELWIDRIG** *adj* contraire à la règle, irrégulier.

**REGELWIDRIGKEIT** *f* irrégularité *f*, illégalité *f*, passe-droit *m*.

**REGIE** *f* • *(Leitung, Verwaltung)* direction, gestion, organisation, administration • *(VwR, MedienR)* régie *f*.

**REGIEBETRIEB** *m (ÖfR)* régie *f*; gestion d'une entreprise publique (communale) par des fonctionnaires; **reiner –** service en régie directe.

**REGIERUNG** *f* • *(Ausübung der Staatsgewalt)* gouvernement *m* • *(Exekutive)* pouvoir exécutif • *(Herrschaft)* régime *m*, règne *m*, autorité *f*, pouvoir *m*.

**REGIERUNGS | ABKOMMEN** *n* accord *m* gouvernemental *ou* intergouvernemental; **–antritt** *m* • entrée en fonction du gouvernement • prise de pouvoir, accès au pouvoir.

**REGIERUNGS | BANK** *f* banc *m* des ministres (au Parlement); **–bezirk** *m (VwR: Mittelbehörde)* circonscription administrative allemande (dans un Land, équivalente à peu près de par sa grandeur au département français); **–bildung** *f* formation du gouvernement.

**REGIERUNGS | CHEF** *m* chef du gouvernement, premier ministre; **–direktor** *m (BeamR)* administrateur *m* civil (de 1[ère] classe), attaché *m* d'administration centrale, attaché principal; **–entwurf** *m* projet *m* de loi gouvernemental; **–erklärung** *f* déclaration *f* du gouvernement.

**REGIERUNGS | PRÄSIDENT** *m (VwR: leitender Beamter einer Bezirksregierung)* chef des administrations d'un Regierungsbezirk, représentant *m* du gouvernement du Land dans sa circonscription; **–präsidium** *n* subdivision *f* administrative allemande.

**REGIERUNGS | RAT** *m (BeamR)* attaché *m*, inspecteur *m*, attaché d'administration centrale de 2[e] classe; **–sprecher** *m* porte-parole *m* du gouvernement; **–system** *n* régime gouvernemental; **–umbildung** *f* remaniement *m* ministériel.

**REGIME** *n (Pol)* forme *f* de gouvernement, régime *m*, système gouvernemental; **–gegner** *m*, **–kritiker** *m* opposant *m* au régime en place, contestataire *m*.

**REGISTER** *n* • *(amtlich geführtes Verzeichnis)* registre *m*, livre *m*, rôle *m* • *(Sach- od. Inhaltsverzeichnis)* table *f* des matières, index *m* • *(Steuerliste)* rôle *m*; **öffentliches –** registre public, livre public.

**REGISTER | ANMELDUNG** *f* demande *f* d'inscription au registre; **–auszug** *m* extrait *m* du registre; **–berichtigung** *f* rectification; **–einsicht** *f* consultation *f* du registre; **–eintrag** *m*, **–eintragung** *f* inscription sur *ou* dans un registre; **–führer** *m* teneur du registre, dépositaire *m* du registre; **–führung** *f* tenue du registre.

**REGISTER | GERICHT** *n (ZR, HR: Amtsgericht)* tribunal (d'instance allemand) chargé de la tenue du registre (de commerce, des associations, des biens immeubles); **–nummer** *f* numéro *m* d'enregistrement, numéro d'inscription au registre.

**REGISTRATUR** *f* • *(Eintragung)* enregistrement, inscription • *(Raum)* archives *fpl*; dépôt *m*; greffe *m*.

**REGRESS** *m (SchuldR: Rückgriff)* recours *m* (contre un tiers responsable); recours subrogatoire; **–anspruch** *m* droit de recours; **–ausschluss** *m* exclusion du recours subrogatoire; **–klage** *f* action *f* récursoire; **–vorbehalt** *m* sous réserve de l'action à titre subrogatoire.

**REGULIERUNG** *f* • *(Regelung)* réglementation; régularisation *f* • *(Abrechnung)* règlement *m*, paiement *m*; liquidation.

**REHABILITATION** *f* • *(StR)* réhabilitation *f* (en matière d'outrage) • *(StPR)* réhabilitation judiciaire *ou* légale, relèvement *m* d'interdiction, effacement *m* de la condamnation, • *(SozVers)* réadaptation *f* professionelle (des handicapés physiques), rééducation *f*.

**REIFE** *f* maturité *f*; **–zeugnis** *n* *(SchulR: Abitur, Matura)* diplôme *m* de fin d'études secondaires (en Allemagne, S, Aut), certificat de maturité (S).

**REIHEN | FOLGE** *f* • ordre *m* de préséance • rang *m*; **–regress** *m*, **–rückgriff** *m* *(WechselR)* recours *m* dans l'ordre (par ex. des endossements).

**REIN | ERLÖS** *m*, **–ertrag** *m* produit *m* net; **–gewicht** *n* poids *m* net; **–gewinn** *m* bénéfice *n* net; **–haltung der Luft** protection contre les pollutions atmosphériques.

**REISE** *f* voyage *m*; **–AGB** conditions générales régissant les rapports entre les agences de voyage et leur clientèle; **–agentur** *f* agence *f* de voyages, organisateur de voyages et de séjours, voyagiste *m*; **–agenturvertrag** *m* conditions particulières.

**REISE | BEDINGUNGEN** *fpl* conditions générales de transport (d'hôtellerie et de restauration); **–büro** *n* agence *f* de voyage(s), agent *m* de voyages; **–gepäckversicherung** *f* assurance bagages; **–gewerbe** *n* • *(HR: Haustürgeschäfte)* démarchage *m* (à domicile) • *(HR: Hausierer, Schausteller)* commerce ambulant, marchands *mpl* ambulants et forains, profession commerciale non sédentaire • profession touristique.

**REISEKOSTEN** *pl* • prix *m* du voyage • *(ArbR, BeamR)* frais de déplacement; **–entschädigung** *f*, **–vergütung** *f* indemnité de déplacement, indemnité de frais de route.

**REISE | LEITER** *m*, **–leitung** *f* organisateur *m*; responsable (local); accompagnateur *m*, guide *m*; **–mängel** *pl* prestation non conforme au contrat de voyage, prestation non fournie, irrégularités et négligences.

**REISENDE(R)** *m* • voyageur *m*, passager *m*, touriste *m*, visiteur *m*, consommateur touristique • *(HR: Handlungsreisender)* voyageur de commerce, représentant de commerce, commis-voyageur.

**REISE | PASS** *m* passeport *m*; **–recht** *n* droit du tourisme (et des voyages organisés); **–rücktrittskosten** *pl* frais d'annulation d'une inscription (pour un voyage ou un séjour); **–rücktrittsversicherung** *f* assurance frais d'annulation; **–scheck** *m* chèque *m* de voyage, travellers-chèque *m*.

**REISE | VERANSTALTER** *m* professionnel *m* du tourisme, prestataire *m* de services touristiques: transporteur, hôtelier; agence *f* organisatrice (sur place), voyagiste *m* à l'étranger *ou* sur place; **–veranstaltungsvertrag** *m* contrat de voyage et de séjour (individuel *ou* collectif); **–verkehr** *m* tourisme *m*; **–versicherung** *f* • *(SeeHR)* assurance au voyage • *(Personen)* assurance individuelle contre les accidents en cours de voyage; **–vertrag** *m* contrat de voyage et de séjour.

**REKLAMATION** *f* *(SchuldR: Mängelrüge)* réclamation (pour vice de la marchandise), exercice de la garantie (pour impropriété de la chose à l'usage à laquelle on la destine).

**REKLAME** *f* *(Werbung, oft pej.)* publicité *f*, réclame *f*; **–artikel** *m* cadeau *m* publicitaire *ou* promotionnel; **–fachmann** *m* publicitaire *m*, expert *m* en publicité; **–fläche** *f* panneau *m* publicitaire.

**REKTO** *n* *(Urkunde: Vorderseite)* recto *m*, premiere page (d'un feuillet).

**RELIGIONS | AUSÜBUNGSFREIHEIT** *f* libre pratique des cultes; **–bekenntnis** *n* foi *f* religieuse, religion *f*, confession *f*; **–diener** *m* ministre *m* du culte; **–freiheit** *f* liberté *f* des cultes; **–gemeinschaft** *f* • association *f* cultuelle • secte *f* religieuse; **–unterricht** *m* instruction religieuse, catéchisme *m*; **–zugehörigkeit** *f* appartenance *f* à une église *ou* à une confession.

**RENDITE** *f* *(WirtR)* rendement *m* financier (annuel), taux *m*, rapport *m*.

**RENOVIERUNG** *f* *(BauR: Instandsetzung)* remise *f* à neuf, rénovation, réhabilitation (d'un immeuble ancien).

**RENTABILITÄT** *f* rentabilité *f*, productivité *f* financière, bon rendement *m*; **–sgrenze** *f* limite *ou* seuil de rentabilité.

**RENTE** *f* • *(WirtR)* rente *f*, annuité *f*, rapport *m*, revenu *m* • *(SozR: Altersrente)* pension de retraite, pension *f* (de) vieillesse, retraite *f*.

**RENTEN | ALTER** *n* âge *m* de la retraite; **–angleichung** *f*, **–anpassung** *f* rajustement *m* des pensions de retraite; **–anspruch** *m* droit *m* à pension; **–anwartschaft** *f* expectative *f* d'une pension de retraite, droit de pension vieillesse en formation.

**RENTEN | BESCHEID** *m* décision d'attribution d'une pension de retraite, avis *m* de pension; **–bezieher** *m* titulaire *m* d'une pension; rentier *m*.

**RENTEN | EMPFÄNGER** *m* bénéficiaire *m* d'une pension vieillesse; **–formel** *f* formule *f* pour le calcul des pensions; **–kasse** *f* caisse d'assurance vieillesse.

**RENTEN | LEISTUNGEN** *fpl* prestations de l'assurance vieillesse; **–recht** *n* droit de la sécurité sociale, branche assurance vieillesse; **–reform** *f* réforme *f* du régime de l'assurance-vieillesse.

**RENTEN | SCHULDNER** *m* débiteur de rente, débirentier *m*; **–splitting** *n* *(ZR: Ehescheidung)* compensation (entre les époux) des expectatives de pension vieillesse; **–versicherung** *f* assurance vieillesse, ass.-retraite *f*, ass. invalidité-vieillesse; **–versicherungsträger** *m* organisme *m* d'ass. vieillesse.

**RENTNER** *m* • rentier *m*, crédirentier *m*, titulaire *m* d'une rente • *(SozVers)* titulaire d'une pension de retraite, retraité *m*, pensionné *m*.

**REPARATUR** *f* *(SchuldR)* **–arbeiten** *pl* travaux de réfection *ou* de réparation; **–kosten** *pl* **–werkstatt** *f* *(Kfz)* garagiste *m*; entreprise *f* de dépannage, dépanneur *m*.

**REPRÄSENTATIONS | GELDER** *pl*, **–spesen** *pl*, **–kosten** *pl* frais *ou* indemnité de représentation, indemnité pour frais de représentation.

**REPRODUKTION** *f* *(UrhR: Nachbildung)* reproduction *f*, copie *f*, imitation; **–srecht** *n* droit de reproduction.

**RESERVE 1.** *f* • *(Vorrat)* réserve *f*, provision *f*, stock *m* • *(MilR: Ersatzreserve)* disponibilité *f* • *(BeamR)* (devoir de) réserve.

**RESERVEN 2.** *pl* • *(Rücklagen, Vorrat)* réserves *fpl* • *(Rückstellung)* provision *f*; **gebundene –** réserves affectées *ou* engagées; **gesetzliche –** réserves légales *ou* obligatoires; **satzungsmäßige –** réserves statutaires; **stille –** réserves occultes.

**RESOLUTIVBEDINGUNG** *f* *(SchuldR: auflösende Bedingung)* condition résolutoire, condition extinctive.

**RESSORT** *m* *(ÖfR, PrzR: Zuständigkeitsbereich)* ressort *m*, domaine *m*, compétence *f*; département *m* ministériel; **–chef** *m*, **–leiter** *m* directeur d'un département ministériel.

**RESSOURCEN** *pl* *(WirtR)* ressources *fpl*, richesses *fpl*, moyens *mpl* (de production), facultés *fpl*, capital *m* (humain), potentiel (économique).

**REST | POSTEN** *m* invendus *mpl*, marchandises invendues; **–risiko** *n* risque *m* ne pouvant être couvert; **–schuld** *f* solde (à régler), montant *m* restant dû; **–strafe** *f* *(StVZ: bei Strafaussetzung)* peine d'emprisonnement qui n'a pas encore été purgée et dont l'exécution a été suspendue.

**RETTUNG** *f*, **Rettungs | aktion** *f* sauvetage *m*; **–dienst** *m* service de secours *ou* d'aide médicale d'urgence; **–kosten** *pl* frais *pl* de secours d'urgence; **–pflicht** obligation *f* de procéder à des mesures conservatoires.

**REUE** *f* *(StR)* : **tätige –** repentir *m* actif.

**REU(E)GELD** *n (SchuldR, HR)* dédit *m*, arrhes *fpl* (perdues).

**REVIER** *n* • *(kurz: Polizeirevier)* commissariat *m* de police • *(Jagdrevier)* réserve *f* de chasse • *(Bergbau)* bassin minier (en particulier de la Ruhr).

**REVISION** *f* • *(PrzR)* pourvoi *m* en dernier ressort (pour violation de la loi), correspond en France au pourvoi en cassation (l'expression: *recours en révision* est un faux ami, il concerne en France seulement les décisions définitives entachées d'une erreur judiciaire) • *(HR, GesR)* vérification des comptes • *(Nachprüfung)* vérification *f*, examen *m*; expertise *f*; **– einlegen** former un pourvoi en cassation, se pourvoir en cassation.

**REVISIONS | ANTRAG** *m* (le fait de) former un pourvoi en cassation; mémoire *m* ampliatif; **–begründung** *f* mémoire *m* indiquant les moyens de cassation.

**REVISIONS | ENTSCHEIDUNG** *f* arrêt *m* de la Cour fédérale de justice (ou d'une autre Cour fédérale allemande; **–führer** *m* demandeur *ou* requérant *m* en cassation, auteur d'un recours en cassation; **–gegner** *m* défendeur au pourvoi en cassation; **–gericht** *n* juridiction statuant en cassation; **–grund** *m* cas *m* d'ouverture à cassation *ou* du pourvoi; moyen *m* de cassation.

**REVISIONS | RICHTER** *m* juge allemand siégeant à la Cour fédérale de justice (ou une autre cour suprême allemande); **–schrift** *f* acte de pourvoi en cassation, mémoire introductif; **–summe** *f* montant *m ou* valeur-limite d'un litige pour pouvoir exercer un recours en cassation; **–urteil** *n* arrêt *m* de la Cour fédérale de justice (ou d'une autre cour suprême allemande); **–verfahren** *n* procédure devant l'instance de cassation; **–zulassungsgründe** *mpl* motifs de la recevabilité (du pourvoi en cassation).

**REVISOR** *m* • *(Buchf: Wirtschaftsprüfer)* commissaire *m* aux comptes, expertcomptable *m* • correcteur *m*.

**RICHTEN** *v* • *(ein Urteil fällen)* juger, statuer, prononcer un jugement, décider; condamner qqn. • *(auf ein Ziel hinlenken)* diriger vers, tourner; pointer, braquer (une arme) sur qqn. • *(Brief, Mahnung)* adresser, envoyer, faire parvenir • *(reparieren)* remettre en état, réparer • *(aufstellen)* dresser, lever; aligner.

**RICHTER** *m* • *(Oberbegriff)* magistrat *m* (du siège) • *(Gerichte 1. Instanz)* juge *m* • *(Berufungs- u. Revisionsinstanz)* conseiller *m* • *(Richterin)* Madame le/la juge; **abgelehnter –** juge récusé *ou* dessaisi; **beauftragter –** juge commis, juge délégué; **beisitzender –** juge *m* assesseur; **berichterstattender –** juge rapporteur; **ersuchter –** juge requis *ou* commis; **gesetzlicher –** juge naturel; **ordentlicher –** juge de droit commun.

**RICHTER | ABLEHNUNG** *f* demande *f* de dessaisissement (d'un juge), requête *f* de renvoi pour cause de suspicion légitime; **–amt** *n* charge de judicature, fonctions *fpl* judiciaires; magistrature *f*; **–anklage** *f* accusation *f* portée contre un juge; **–ausschluss** *m* récusation d'un juge (et son remplacement); **–kollegium** *n* collège *m* de juges.

**RICHTERLICH** *adj* **: –e Anordnung** décision du juge (unique), ordonnance *f*; **–e Aufklärungspflicht** obligation du juge d'informer les plaideurs sur leurs droits et obligations; **–er Augenschein** transport (du juge) sur les lieux; **–er Beschluss** ordonnance *f*; **–e Beweiswürdigung** libre appréciation des preuves par le juge; **–es Ermessen** pouvoir *m* discrétionnaire du juge; **–e Gewalt** pouvoir judiciaire; **–e Neutralität** obligation du juge à l'impartialité; **–es Prüfungsrecht** pouvoir *m* de contrôle judiciaire de la légalité; **–e Rechtsfortbildung** élaboration du droit prétorien; **–e Vernehmung**

**(zur Sache)** audition par un magistrat; interrogatoire *m* par le juge (sur le fond).

**RICHTER|RECHT** *n* droit prétorien *ou* jurisprudentiel; **–schaft** *f* magistrature *f* assise, magistrature du siège; **–spruch** *m* sentence *f* judiciaire, jugement *m*; **–stand** *m* magistrature assise, magistrature du siège; **–vorbehalt** *m (StPR)* compétences reconnues au seul juge d'instruction; **–vorlage** *f* recours *m* introduit par un magistrat pour contrôle de la constitutionnalité; **–wahlausschuss** *m* commission de désignation des magistrats.

**RICHTGESCHWINDIGKEIT** *f (StVR)* vitesse maximale conseillée *ou* recommandée.

**RICHTIGKEIT** *f* • justesse *f*, exactitude *f* • *(Aussage)* véracité *f*, vérité *f* • *(Übersetzung)* fidélité *f*, correction *f*; **für die – der Abschrift** • copie *f* certifiée conforme • *(Notar)* pour ampliation; **für die – der Übersetzung** pour traduction conforme à l'original; **–svermutung** *f* présomption de l'exactitude *ou* de la véracité (d'une déclaration) *ou* de l'authenticité (d'un acte).

**RICHTIGSTELLUNG** *f* rectification *f*, mise *f* au point; **–sanspruch** *m (PresseR)* droit de réponse.

**RICHTLINIE** *f* directive *f*; **amtliche –** directives officielles; **– zur Durchführung von Gesetzen** règlement(s) d'application de la loi, décret nécessaire à l'application de la loi; **–nkompetenz** *f* compétence en vue de déterminer et de conduire (la politique de la Nation).

**RICHT|PREIS** *m* • *(HR)* prix *m* recommandé, prix conseillé, prix indicatif • prix-objectif; **–satz** *m* barème *m*, taux de référence; **–schnur** *f* règle *f* de conduite, gouverne *f*.

**RICHTUNG** *f* direction, orientation, ligne *f*; **–sanzeiger** *m (StVR)* indicateur *m* de changement de direction.

**RICHT|WERT** *m* valeur *f* indicative, valeur standard *ou* pilote, valeur de référence.

**RIESTERRENTE** *f* pension de vieillesse complémentaire par capitalisation (prévue par la loi Riester du 26. 6. 2001 [= AvmG]).

**RISIKO** *n (VersR: Gefahr)* risque *m*; péril *m*; danger *m* éventuel; **auf eigenes –** (faire qqch.) à ses propres risques et périls; **auf – des Käufers** aux risques et périls de l'acheteur; **ausgeschlossenes –** risque non couvert; **gedecktes –** risque couvert; **unversicherbares –** risque inassurable.

**RISIKO|BEGRENZUNG** *f* limitation *f* des risques; **–deckung** *f* couverture *f* du risque, garantie des risques; **–streuung** *f* répartition *ou* dispersion des risques; **–übernahme** *f* prise en charge du risque; **–umfang** *m* étendue du risque encouru *ou* couvert; **–zuschlag** *m* surprime *f* de risque.

**ROH|ENTWURF** *m* projet *m* primitif; **–gewicht** *n* poids *m* brut; **–ölpreis** *m* prix *m* du (pétrole) brut.

**ROHSTOFF|E** *mpl* matières premières; **–knappheit** *f* pénurie *f* de matières premières; **–preise** *mpl* prix *m* des matières premières; **–versorgung** *f* approvisionnement en matières premières.

**ROLLE** *f* • *(Register)* rôle *m*, registre *m* • *(Schriftstück)* feuille *f*; **–nauszug** *m* extrait *m* de registre.

**ROLL|FUHRDIENST** *m* entreprise *f* de camionnage; **–fuhrunternehmer** *m* camionneur *m*, entrepreneur *m* de camionnage; **–geld** *n* frais de camionnage; coût *m* du transport par route.

**ROTATIONSPRINZIP** *n (Pol)* principe *m* de l'exercice d'un mandat politique par roulement (des députés).

**ROTE ZAHLEN** *fpl (HR)* déficit *m*, perte *f*.

**ROTLICHT** *n* feu *m* rouge; **–missachtung** *f*, **–verstoß** *m* non-respect du passage interdit au feu rouge, fait de brûler un feu rouge.

**RUBRUM** *n* • *(Aktenaufschrift)* en-tête *m*, intitulé *m* • *(Urteilskopf)* intitulé *m* du jugement, en-tête *m* du jugement.

**RÜCK | ABTRETUNG** *f* rétrocession *f*, transmission en retour; **–antwort** *f* **: bezahlte –antwort** réponse *f* payée.

**RÜCK | BUCHUNG** *f* contrepassation *f*, rectification d'une écriture; **–bürgschaft** *f* arrière-caution *f*, certification *f* de caution, contre-caution *f*; **–datierung** *f* antidate *f*; **–erstattung** *f* • *(Geld)* remboursement *m* • *(Sache)* répétition, restitution *f*.

**RÜCKFALL** *m* • *(Straftat)* récidive *f*, réitération *f*, rechute *f* • *(Rechte)* réversion; **erster –** première récidive; **–diebstahl** *m* vol *m* avec récidive.

**RÜCK | FÄLLIGE(R)** *m* récidiviste *m*; **–fälligkeit** récidive *f*; **–fallquote** *f* taux *m* de récidive, pourcentage de récidivistes.

**RÜCKFALL | TÄTER** *m* récidiviste *m*, multi-récidiviste; **–verschärfung** *f* aggravation des peines en cas de récidive.

**RÜCK | FORDERUNGSANSPRUCH** *m* réclamation de ce qui a été versé sans être dû; **–forderungsbescheid** *m (VwR)* avis *m* de mise en recouvrement; **–forderungsklage** *f* action en répétition de l'indû; **–frage** *f* demande *f* de plus amples informations; **–gespräch** (= R-Gespräch) communication téléphonique en P.C.V. (= paiement contre vérification); **–führung** *f* • *(AusländerR)* rapatriement *m* (dans le pays d'origine ou le lieu de départ) • *(Forderung)* reprise *f* de la somme versée.

**RÜCKGABE** *f* restitution *f*, retour *m*, répétition; **–forderung** *f* demande *f* de restitution; **–pflicht** *f* obligation de remettre (une chose à qui de droit).

**RÜCK | GANG** *m* recul *m*, fléchissement *m*; **–gängigmachung** *f* annulation, infirmation, invalidation.

**RÜCKGRIFF** *m* **(s. Regress)** recours *m* (cambiaire); voie *f* de recours; **– auf Reserven** mobilisation *f* de réserves, prélèvement sur les réserves; **– mangels Zahlung** recours faute de paiement.

**RÜCKGRIFFS | ANSPRUCH** *m* droit de recours, droit de se retourner contre qqn.; **–haftung** *f* responsabilité du garant; **–klage** *f* action *f* récursoire.

**RÜCKKAUF** *m* rachat *m*, (vente à) réméré *m*, reprise *f* de la chose vendue.

**RÜCKKEHR** *f* rapatriement *m*, retour *m*; **–bereitschaft** *f* intention de retourner (au pays); **–er** *m* rapatrié *m*; **–hilfe** *f* aide *f* au retour.

**RÜCKLAGE** *f (GesR)* réserves *fpl* (d'argent, de capitaux); **ausgewiesene –** réserve figurant au bilan; **freie –** réserve facultative *ou* contractuelle; **gesetzliche –** réserve légale *ou* obligatoire (de la société); **stille –** réserve occulte.

**RÜCKNAHME** *f* • *(Willenserklärung)* retrait *m*, repentir *m* • *(Gegenstand)* reprise *f*, rachat *m* • *(VwR)* décision de retrait; **– der Klage** désistement d'action; désistement d'instance.

**RÜCKNAHME | BESCHEID** *m*, **–entscheidung** *f (VwR)* décision de retrait; **–klage** *f* requête *f* pour demander le retrait d'une décision administrative.

**RÜCK | RUFAKTION** *f* rappel *m* des marchandises (voitures) présentant un défaut; **–schaffung** *f* rapatriement *m*.

**RÜCK | SCHIEBUNG** *f* refoulement (à la frontière); **–seite** *f* verso *m*; **–sendung** *f* renvoi *m*, envoi en retour, renvoi à l'origine.

**RÜCKSICHT** *f* considération *f*, égards *mpl*, attention *f*, respect *m*; **dienstliche –** motif *m* de service.

**RÜCKSICHTS | LOSIGKEIT** *f* imprudence *f*, insouciance *f*, légèreté *f* blâmable, manque *m* de prévoyance *ou* de précaution; **–nahmegebot** *n*, **–pflicht** *f* obligation de prudence et de prévoyance.

**RÜCK | SITZ** *m* banquette *f* arrière (d'une voiture); **–spiegel** *m* rétroviseur *m*.

**RÜCKSPRACHE** *f* entretien *m*, consultation, conciliabule *m*.

**RÜCKSTAND** *m (meist pl)* • *(Gelder)* arriéré *m* • *(Produktion)* retard *m* • *(Abfall)* résidu *m*, déchet *m*.

**RÜCKSTELLUNG** *f* • *(GesR – Bilanz)* provision *f* pour exigibilités *ou* pour pertes et charges *ou* pour risques • *(Zurückstellen)* désistement *m*, le fait de remettre qqch à plus tard.

**RÜCKTRITT** *m* • *(SchuldR: Vertrag)* résiliation *f*, dénonciation du contrat • *(StR: Straftat)* désistement *m* volontaire, abandon spontané de l'infraction • *(BeamR)* démission *f*, retrait *m*; **freiwilliger –** retrait volontaire; **– vom Versuch einer Straftat** *(StR)* désistement lors du commencement d'exécution d'une infraction.

**RÜCKTRITTS | ERKLÄRUNG** *f* • *(Vertrag)* déclaration de résolution (du contrat), résiliation • *(Amt)* présenter *ou* remettre sa démission; **–gesuch** *n* offre *f* de démission; **–recht** *n* droit de dénoncer un contrat, droit de résiliation; droit de retrait *ou* de désistement; **–vorbehalt** *m* (sous) réserve du droit de résilier (le contrat).

**RÜCK | ÜBEREIGNUNG** *f* rétrocession *f*, cession en retour; **–überstellung** *f* extradition *f*; **–übertragende(r)** *m* rétrocédant *m*; **–übertragung** *f* rétrocession *f*.

**RÜCK | VERGÜTUNG** *f* remboursement *m*, ristourne *f*; **–vermächtnis** *n (ErbR)* legs *m* grevé de rétrocession *ou* restitution; **–versicherer** *m* réassureur *m*.

**RÜCKVERSICHERUNG** *f* réassurance *f*; **laufende** *od.* **obligatorische –** réassurance obligatoire *ou* automatique.

**RÜCKVERWEISUNG** *f* *(IPR)* renvoi *m*, renvoi au premier degré; **versteckte –** renvoi implicite.

**RÜCKWIRKEND** *adj* **: –e Anerkennung** reconnaissance *f* à effet rétroactif; **–e Geltung** validité emportant report des effets (au jour de la passation de l'acte).

**RÜCKWIRKUNG** *f* rétroactivité *f*, effet rétroactif, force rétroactive; **–sverbot** *n (StR)* principe de la non-rétroactivité *ou* de la légalité du droit pénal.

**RÜCKZAHLUNG** *f* • remboursement *m* (d'une dette, d'un emprunt) • *(ratenweise)* amortissement; **vorzeitige –** remboursement anticipé.

**RUF** *m* • *(Ansehen)* réputation *f*, renom *m*, notoriété *f*, (commune) renommée *f*, crédit *m* • *(Berufung)* nomination *f*.

**RUF | AUSBEUTUNG** *f* *(Wz)* atteinte *f* illicite à la marque; **–beeinträchtigung** *f* le fait de discréditer qqn.; **–mord** *m* campagne diffamatoire, imputations calomnieuses; **–name** *m* prénom *m* usuel; **–nummer** *f* numéro *m* d'appel *ou* de téléphone; **–schädigung** *f* dénigrement systématique, détraction (d'une personne).

**RÜGE** *f* • *(PrzR: Behauptung der Gesetzesverletzung)* pourvoi *m* pour inobservation d'une règle de procédure, recours *m* pour méconnaissance d'une obligation légale; grief *m* (d'appel contre le jugement critiqué) • *(HR: Mängelrüge)* réclamation *f* • *(VwR u. DiszR)* avertissement *m*, blâme *m*, réprimande *f* • *(StPR)* recours invoquant l'application inexacte de la loi *ou* se fondant sur une erreur de qualification des faits.

**RUHE | BEZÜGE** *pl*, **–gehalt** *n* *(BeamR)* pension de retraite, retraite *f*; solde *f* de retraite.

**RUHE | GELD** *n* *(ArbR, SozR)* retraite *f*, pension de retraite; **–geldanspruch** *m* droit à une pension de retraite.

**RUHEN** *n* **| der Ansprüche, – der Rechte** suspension (temporaire, provisoire) des droits; **– der Strafverfolgung** suspension des poursuites; **– des Verfahrens** suspension *f* de la procédure.

**RUHESTAND** *m* retraite *f*; **einstweiliger** *od.* **vorläufiger –** disponibilité *f*; **vorzeitiger –** préretraite *f*, retraite anticipée.

**RUHESTÖRUNG** *f* trouble *m*, tapage *m*; **nächtliche –** tapage nocturne.

**RUHETAG** *m* jour *m* de repos; **wöchentlicher –** repos *m* hebdomadaire.

**RUND | BRIEF** *m* circulaire *f*; **–erlass** *m (VwR)* circulaire *f* réglementaire.

**RUNDFUNK** *m* • radiodiffusion *f*, télédiffusion; communication audiovisuelle (par le canal du son) • *(Gerät)* poste *m* (de radio), appareil *m* récepteur; **öffentlich-rechtlicher –** radiodiffusion publique; **privater –** radiodiffusion du secteur privé; **–anstalt** *f* office *m* de radio-diffusion; **–freiheit liberté** *f* de la radiophonie; **–gebühr** *f* redevance *f* radio- (télévision); **–intendant** *m* directeur d'un office de radiodiffusion; **–rat** *m* conseil supérieur allemand de la communication audiovisuelle; **– und Fernsehrecht** droit de l'audiovisuel; **–sender** *m* station *f* de radio, radio *f*; **–wesen** *n* l'Audiovisuel.

**RUND | SCHREIBEN** *n* circulaire *f*, note *f* circulaire; **innerdienstliches –** instruction (adressée par un supérieur hiérarchique au personnel), circulaire *f*; avis de service; **–verfügung** *f* circulaire *f* réglementaire.

**RÜSTUNGS | AUSGABEN** *fpl* dépenses militaires; **–betrieb** *m* entreprise *f* de production de matériel militaire; **–güter** *pl* matériels de guerre, équipements de l'armée, armements; **–wettlauf** *m* course *f* aux armements.

# S

**SAAL** *m* • *(Wartesaal)* salle *f* d'attente; salle des pas perdus (d'un tribunal) • *(Verhandlungsraum)* salle d'audience (d'un tribunal); **–ordner** *m* membre *m* du service d'ordre (d'une réunion politique).

**SACH | ABWÄGUNG** *f* pondération des faits; **–abweisung** *f (ZPR)* rejet *m* de la demande comme étant mal fondée *ou* non justifiée en droit *ou* non établie en fait; **–akten** *fpl (StPR)* dossier *m* concernant les faits et infractions commis par un délinquant; **–anlagevermögen** *n* immobilisations corporelles *ou* non financières; **–antrag** *m (ZPR)* demande *f* au fond, requête concernant le fond de l'affaire; **–aufklärung** *f (StPR)* instruction *f* de l'affaire; information en vue d'élucider (une infraction); **–aufwand** *m*, **–aufwendungen** *fpl* dépenses *fpl* en matériel; **–aussage** *f* déposition concernant les faits.

**SACH | BEARBEITER** *m* • *(ArbR)* agent *m* commercial *ou* technique; aide *m* administratif et financier; assistant *m*; responsable *m* (des achats, des ventes etc.); adjoint *m*; chargé *m* de fonctions, attaché *m* (commercial etc.) • *(BeamR)* fonctionnaire *m* d'encadrement • *(PresseR)* rédacteur *m*; **–befugnis** *f*, **–legitimation** *f (PrzR)* aptitude *f* à faire valoir soi-même ses droits en justice; **–bereich** *m* domaine *m* d'activité; matière *f*; spécialité *f*; ressort *m*.

**SACH | BESCHÄDIGUNG** *f* • *(ZR)* dommage *m* matériel, dommage aux biens • *(StR)* destruction, dégradation *ou* dommage concernant un objet mobilier *ou* un bien immobilier (appartenant à autrui); **–beweis** *m (StPR)* preuve *f* de la matérialité des faits; **–bezüge** *mpl* salaire *m ou* rémunération en nature; **–darstellung** *f* exposé *m* des faits.

**SACHDIENLICH** *adj* : **–e Anträge** conclusions appropriées; **–e Beweisaufnahme** administration des preuves ayant un rapport à la question posée; **–e Hinweise** (fournir) tous renseignements utiles.

**SACHE** *f* • *(ZR: körperlicher Gegenstand)* chose *f* corporelle, objet *m* matériel, bien *m* corporel • *(PrzR: Fall)* litige *m*, cas *m*, affaire *f*, cause *f* • *(ÖfR, ZR: Pflicht)* devoir *m*, obligation; **anhängige –** cause *f* pendante *ou* en instance; **belastete –** bien *m* grevé; **belegene –** bien sis (à tel endroit); **beschlagnahmte –** objet *m* réquisitionné; **bestimmte –** corps *m* certain; **bewegliche –** bien meuble *ou* mobilier, meuble *m*, objet mobilier corporel; **bewegliche körperliche –** meuble corporel; **bewegliche unkörperliche –** meuble incorporel; **entscheidungsreife –** affaire *f* en état; **fremde –** chose d'autrui; **früchtetragende –** chose frugifère; **gepfändete –** objet saisi; **herrenlose –** bien sans maître *ou* vacant; **körperliche –** bien corporel, chose matérielle; **künftige –** chose future, bien futur; **öffentliche –** bien *m* (du domaine) public; **rechtshängige –** affaire *f* en instance, cause *f* pendante; **rechtskräftig entschiedene –** chose jugée, chose ayant la force de la chose jugée; **spruchreife –** affaire en état; **streitbefangene –** objet du litige; **streitige –** matière contentieuse; **unbewegliche –** immeuble, bien immobilier; **unkörperliche –** bien incorporel, droit; **unpfändbare –** bien insaisissable; **unteilbare –** chose indivisible; **verkehrsfähige –** bien dans le commerce; **vertretbare –** chose fongible, chose de genre.

**SACH | EIGENTUM** *n* propriété *f* portant sur un bien corporel; **–eigentümer** *m* propriétaire *m* d'une chose; **–einlage** *f* mise *f* de fonds en nature, apport *m* en nature.

**SACHENRECHT** *n (SachR)* régime *m* des biens meubles et immeubles, le droit de la propriété et de ses démembrements; «les Biens»; **–sordnung** *f* régime des biens.

**SACH | ENTSCHEIDUNG** *f (ZPR)* décision *f* au fond, jugement sur le fond; **–erwerber** *m* acquéreur *m* d'un bien; **–firma** *(HR) f* dénomination sociale (empruntée à l'objet de l'entreprise); **–folgeschäden** *m pl* dommages *mpl* matériels indirects; **–frage** *f* question *f* de fond; **–gebiet** *n* domaine *m*, matière *f*; **–gefahr** *f* danger *m* inhérent à une chose.

**SACHGERECHT** *adj* : **–e Beurteilung** appréciation selon les règles prévues à cet effet; **–e Lösung** solution adéquate.

**SACH | GESAMTHEIT** *f* indivision (conventionnelle ou légale), ensemble *m* de biens constituant une entité juridique; **–gründe** *mpl* motifs concernant le fond de l'affaire; **–gründung** *f (GesR)* fondation d'une société dans laquelle les apports sont faits en nature; **–güter** *npl* biens corporels, choses matérielles; **–hehlerei** *f* recel *m* de biens.

**SACH | HERRSCHAFT** *f* garde *f* de la chose, pouvoir indépendant d'usage, de direction et de contrôle sur une chose; **–inbegriff** *m* ensemble *m* de biens, patrimoine *m*; **–kenntnis** *f* connaissance *f* des faits; compétence *f*.

**SACH | KUNDE** *f (Sachverstand)* compétence *f*, connaissances approfondies; **–kundige(r)** *m* expert *m*, personne compétente; **–lage** *f* état *m* des faits, les faits (de l'espèce); éléments de fait; données *fpl* de base; **–legitimation** *f* aptitude *f* à faire valoir ses droits en justice; faculté *f* d'exercice d'une action en justice; **–leistung** *f* prestation *f ou* avantage *m* en nature.

**SACHLICH** *adj* • *(unparteiisch)* objectif, impartial • *(zutreffend)* conforme aux faits, réaliste, pratique; – **nicht begründet** sans fondement, infondé; **–e Begründung** fondement d'une prétention; **–e Prüfung** examen quant au fond; **–er Zusammenhang** corrélation quant au fond de l'affaire; **–e Zuständigkeit** compétence d'attribution *ou* ratione materiae.

**SACH | LIEFERUNG** *f* fourniture *f* de marchandises *ou* de biens matériels; **–mangel** *m (SchuldR)* vice *m* de la chose, défaut *m* affectant une chose fabriquée; défectuosité *f* (inhérente à la chose même); **–mängelgewähr(leistung)** *f*, **–mängelhaftung** *f* garantie *f* des vices (cachés *ou* rédhibitoires), obligation de garantie; **–miete** *f* louage *m* de choses; **–patent** *n* brevet *m* de produit; **–pfändung** *f* saisie mobilière; **–prüfung** *f* examen *m* au fond.

**SACH | RÜGE** *(StPR)* recours *m* tendant à faire reconnaître une erreur dans la qualification des faits; **–schaden** *m* dommage *ou* préjudice *m* matériel; **–stand** *m* état *m* des faits (à un moment donné), situation actuelle; **–steuer** *f* impôt réel, impôt sur les biens; **–übernahme** *f* reprise *f* de biens; reprise d'apports en nature; **–urteil** *n* jugement au fond; décision quant au fond du litige sur l'ensemble des éléments de fait.

**SACHVERHALT** *m* • *(Tatbestand)* faits *mpl* matériels, état *m* des faits *ou* des choses • *(PrzR)* faits *mpl* de l'espèce, éléments de fait; circonstances *fpl* (de l'affaire); **–saufklärung** *f* clarification des faits litigieux; **–sdarstellung** *f*, **–sschilderung** *f* énoncé *m* des faits, exposé *m* des faits; relation des faits; **–swürdigung** *f* appréciation des faits.

**SACH | VERMÖGEN** *n* biens matériels faisant partie du patrimoine; **–vernehmung** *f* interrogatoire *m* sur le fond; **–versicherung** *f* assurance de choses; garantie des dommages causés aux biens; **–verstand** *m* compétence *f*, capacité *f*.

**SACHVERSTÄNDIGE(R)** *m* expert *m*, technicien *m*, homme de l'art, spécialiste; **gerichtlich beeideter –** *od.* **gerichtlich bestellter –** expert près les tribunaux; **öffentlich bestellter –** expert agréé et assermenté; **vereidigter –** expert-juré *m*, juré-expert *m*.

**SACHVERSTÄNDIGEN | ANHÖRUNG** *f* audition d'un expert; **–ausschuss** *m* comité *ou* commission d'experts; **–beweis** *m* preuve *f* par technicien *ou* par expert; **–gutachten** *n* rapport *m* d'expertise, dires *mpl* d'experts, expertise *f*.

**SACH | VERZEICHNIS** *n* • inventaire *m*, nomenclature *f*, listing *m ou* listage *m* • *(Buch)* table des matières; **–vorlage** *f*, **–vortrag** *m* exposé *m* des faits (à l'audience); **–walter** *m* • *(Vergleich)* syndic au règlement judiciaire • administrateur *m* de biens; **–wert** *n* valeur *f* matérielle *ou* réelle (d'un bien); **–zusammenhang** *m* corrélation des faits.

**SAFE** *m* coffre-fort *m*, compartiment *m* en chambre forte, coffre *f* de déposant.

**SAISONBEREINIGT** *adj* corrigé des variations saisonnières, désaisonnalisé.

**SAISON | KREDIT** *m* crédit *m* de campagne *ou* saisonnier; **–schlussverkauf** *m* soldes *mpl* de fin de saison; **–schwankung** *f* variation *f ou* fluctuation *f* saisonnière.

**SALDO** *m* solde *m*; reliquat *m*; **–ausgleichszahlung** *f* paiement *m* pour solde de tout compte; **–übertrag** *m*, **–vortrag** *m* report du solde.

**SAME(N)** *m* • *(SachR)* semence *f*, graines *fpl* • *(Sperma)* sperme *f*, liquide *m* séminal; **–bank** *f* banque *f* du sperme; **–spende** *f* don *m* de spermes.

**SAMMEL | AKTION** *f* collecte *f* sur la voie publique; **–beleidigung** *f* injure proférée à l'encontre d'un groupe; **–bezeichnung** *f* désignation *f* générique; **–buchhaltung** *f* comptabilité *f* récapitulative.

**SAMMEL | DEPOT** *n* dépôt *m* collectif de titres; **–gut** *n* marchandises *fpl* en transport groupé; **–klage** *f* action engagée par plusieurs personnes ayant un intérêt commun.

**SAMMEL | PASS** *m* passeport *m* collectif; **–spediteur** *m* commissionnaire de transport se chargant d'un groupage; **–stelle** *f* bureau *m* centralisateur *ou* collecteur; **–straftat** *f* infraction collective; **–werk** *n* • *(UrhR)* œuvre *f* collective • répertoire *m*, recueil *m*.

**SAMMLUNG** *f* • *(Geld)* quête *f*, souscription *f* publique, collecte *f* • *(Sachen)* collection *f*; **– der Rechtsprechung** recueil *m* de jurisprudence.

**SANIERUNG** *f* assainissement *m* (du budget), redressement *m* financier, réorganisation *f* financière; **– von Gebäuden** réhabilitation des immeubles anciens.

**SANIERUNGS | ARBEITEN** *fpl* travaux *mpl* d'assainissement; **–gebiet** *n* zone *f* de rénovation; **–plan** *m* • *(InsolvenzR)* plan *m* de redressement • *(GesR)* plan d'assainissement.

**SANKTION** *f* • *(VwR: Bestätigung)* approbation, ratification • *(VR: Bestrafung)* rétorsion, sanction; **wirtschaftliche –** sanction économique.

**SATZ** *m* • *(Tarif)* taux *m*, barème *m*, tarif *m* • *(Rechtssatz)* norme *f* • *(Gegenstände)* série *f*, assortiment *m*; **fester –** taux fixe; **veränderlicher –** taux variable.

**SATZUNG** *f* • *(Verein)* contrat d'association • *(GesR)* statuts *mpl*, contrat de société, pacte social.

**SÄUMIG** *adj* : **–er Kläger** demandeur défaillant; **–e Partei** partie (au procès) qui n'accomplit pas ses actes de procédure dans les délais impartis; **–er Schuldner** débiteur ne s'exécutant pas dans le délai prévu.

**SÄUMNIS** *f/n* • *(PrzR: Abwesenheit)* défaillance *f*, défaut de comparution (à l'audience) • *(Fristversäumnis)* non respect du délai, tardiveté *f*.

**SCHADEN** *m* • *(ZR, StR: Nachteil)* dommage *m*, préjudice *m*; atteinte *f* subie • *(SchuldR: Sachschaden)* préjudice matériel; atteinte à une valeur patrimoniale; dégât *m* causé aux choses • *(SchuldR: Personenschaden, Körperschaden)* dommage corporel, atteinte à la personne • *(SchuldR: Nichtvermögensschaden)* dommage moral, préjudice extra-patrimonial • *(VersR: Schadensfall)* sinistre *m* • *(VersR: reiner Vermögensschaden)* dommage immatériel (pur) • *(WirtR: Verlust)* perte • *(HR: Transportschaden)* avarie *f*, dommage survenu au cours du transport.

**SCHADEN | BEGRENZUNG** *f* limitation du préjudice; **–berechnung** évaluation (chiffrée) du dommage, calcul du préjudice; **–deckung** *f* couverture *f ou* garantie *f* des dommages; **–ersatz** *m* **(siehe: Schadensersatz); –ersatzanspruch** *m* demande *f* en indemnisation, droit *m* à réparation du dommage; **–ersatzforderung** *f* créance *f* résultant du préjudice subi; **–ersatzleistung** *f* réparation du dommage, indemnisation *f*, dédommagement *m*; **–ersatzpflicht** *f*, **–ersatzverpflichtung** *f* obligation à réparer le dommage, obligation de réparer le préjudice causé.

**SCHADENS | ABLAUF** *m* faits *mpl* générateurs du dommage, déroulement des faits ayant causé le préjudice; **–abwehr** *f*, **–abwendung** *f* prévention des risques; **–abwicklung** *f* procédure d'indemnisation; **–anfälligkeit** *f* (matériel) sujet à de nombreux incidents, de fiabilité réduite; **–anmeldung** *f*, **–anzeige** *f* déclaration de sinistre; **–ausgleich** *m* réparation du dommage; **–ausmaß** *n* étendue *f* du préjudice, montant *m* du dommage.

**SCHADENS | BERECHNUNG** *f* évaluation du dommage *ou* du sinistre; **–bericht** *m* relation du sinistre; **–beseitigungsanspruch** *m* droit à réparation du préjudice subi; **–beteiligung** *f* fait d'un tiers; fait de la victime.

**SCHADENS | EINTRITT** *m*, **–entstehung** *f* survenance *f* d'un dommage; réalisation du risque; **–ereignis** *n* fait *m ou* événement *m* dommageable, sinistre *m*; **–ermittlung** *f* constatation du préjudice; examen *m* du sinistre.

**SCHADENSERSATZ** *m* • *(SchuldR)* dommages-intérêts *mpl*, dommages et intérêts (pour la réparation du dommage causé) • *(SchuldR: die Leistung als solche)* indemnisation *f*, compensation (de la perte subie), dédommagement *m* • *(SchuldR)* indemnité *f*, réparation *f* civile; **zugesprochener –** indemnité allouée; **– für Beeinträchtigung der Benutzung** indemnité pour privation de jouissance; **– in Geld** réparation *f* pécuniaire; **– für entgangenen Gewinn** indemnité pour manque à gagner; **– wegen Nichterfüllung** dommages-intérêts *mpl* compensatoires pour non-exécution (du contrat); **– für verspätete Erfüllung** dommages-intérêts pour non-exécution dans le délai prévu.

**SCHADENSERSATZ | ANSPRUCH** *m*, **–antrag** *m*, **–begehren** *n* demande *f* de dommages-intérêts; **–haftung** *f* responsabilité civile; **–klage** *f* action *f* en indemnité *ou* en indemnisation, action en dommages-intérêts, demande en réparation du dommage subi; **–leistung** *f* paiement d'une indemnité (en réparation du dommage causé); **–recht** *n* régime *m* de la responsabilité contractuelle; le droit de la responsabilité civile; **–zahlung** *f* paiement de dommages-intérêts.

**SCHADENS | FALL** *m* fait *m* dommageable, réalisation *f* du risque; **–feststellung** *f* constatation du dommage subi; constat *m* d'avarie(s); **–folgen** *fpl* conséquences *fpl* résultant d'un dommage subi; **–geschehen** *n* faits préjudiciables *ou* dommageables; **–haftung** *f* responsabilité *f* pour le dommage (causé à autrui); **–handlung** *f* faits générateurs du dommage; faute du fait de l'homme; **–hergang** *m* les éléments matériels; les faits.

**SCHADENS | MELDUNG** *f* avis *m* de sinistre, avis de dommage, déclaration d'avarie(s); **–minderungspflicht** *f* obligation (pour la victime) de limiter le dommage subi (par elle); **–nachweis** *m* preuve *f* du dommage subi; **–quote** *f* taux *m* de sinistres, rapport *m* des sinistres aux primes.

**SCHADENS | REGULIERUNG** *f* indemnisation de la victime d'un dommage; règlement *m* des sinistres *ou* des dommages; **–umfang** *m* montant du préjudice subi; **–urheber** *m* auteur du dommage; **–ursache** *f* fait générateur (du dommage), cause *f* (efficiente) du dommage.

**SCHADENS | VERANTWORTUNG** *f* responsabilité *f* pour le dommage causé (à un tiers); **–verhütung** *f* prévention des sinistres; **–verursacher** *m* personne ayant causé un dommage; **–verursachung** *f* rapport de cause à effet entre le dommage et le fait générateur; fait générateur d'un dommage; **–vorsorge** *f* prévention des risques.

**SCHADHAFT** *adj* **: –e Bremsanlage** freins défectueux; **–er Zustand der Mietsache** chose louée en mauvais état (de réparations de toute espèce).

**SCHADHAFTIGKEIT** *f* défectuosité *f*, défaut *m* (affectant une chose), vice *m*, imperfection *f*.

**SCHÄDIGEN** *v* léser (une personne), faire du tort à qqn., causer un dommage à, porter préjudice à.; **die Gesundheit –** nuire à la santé; être nocif (pour la santé).

**SCHÄDIGER** *m* auteur *m* d'un dommage; personne ayant commis les faits.

**SCHÄDIGUNG** *f* préjudice *m*, lésion *f*, dommage *m*, tort *m*; endommagement *m*; **schuldhafte –** dommage résultant d'une faute; **vorsätzliche –** préjudice par acte intentionnel, dommage résultant de l'intention de nuire à qqn.; **wirtschaftliche –** préjudice pécuniaire *ou* patrimonial; **– eines Dritten** préjudice causé à un tiers.

**SCHÄDLICHKEIT** *f* dangerosité *f*; nocivité *f*; nocuité *f*.

**SCHADSTOFF** *m* polluant *m*, produit nocif; **–belastung** *f*, **–konzentration** *f* concentration d'un polluant; **–gehalt** *m* teneur *f* en (dioxyde de soufre = $SO_2$).

**SCHALTER | BEAMTE(R)** *m* fonctionnaire *m* guichetier; préposé *m* au gichet; **–geschäft** *n* opération *f* au comptant; **–öffnungszeiten** *fpl*, **–stunden** heures *fpl* d'ouverture (des guichets).

**SCHÄNDUNG** *f* • *(Frau)* viol *m* • *(Grab)* profanation; violation *f* de sépulture.

**SCHANK | ERLAUBNIS** *f* licence *f* de débit de boissons; **–wirt** *m* tenancier *m*, propriétaire *ou* gérant d'un débit de boissons.

**SCHATTENWIRTSCHAFT** *f* économie souterraine.

**SCHATZ** *m (SachenR: Fundsache)* trésor *m*; **–amt** *n (HaushR)* Trésor *m*; **–anweisung** *f* bon *m* du Trésor; **–fund** *m (SachenR)* découverte *f* d'un trésor; **–meister** *m (Verein)* trésorier *m*.

**SCHÄTZUNG** *f* évaluation *f* estimation, taxation *f*; **annähernde –** évaluation approximative; **gerichtliche –** évaluation judiciaire.

**SCHATZWECHSEL** *m* bon *m* du Trésor (à court terme).

**SCHÄTZWERT** *m* valeur *f* d'estimation, valeur estimative, prix taxé.

**SCHAU** *f (HR: Ausstellung)* exposition *f*; **–fenster** *n* vitrine *f*, étalage *m*, devanture *f*; **–fensterauslagen** *fpl* contenu *m* d'une vitrine, vitrine *f*.

**SCHAU | PROZESS** *m* procès *m* spectaculaire *ou* sensationnel; **–spiel** *n* pièce *f* de théatre; spectacle *m*; **–spieler** *m* acteur *m*; comédien *m*; **–spielkunst** *f* art *m* dramatique; **–steller** *m* forain *m*; montreur *m*; **–stellung** *f* attraction foraine.

**SCHECK** *m* • *(BankR)* chèque *m* (ordinaire *ou* bancaire) • formule *f* de chèque (en blanc); **gefälschter –** chèque falsifié *ou* contrefait; **gesperrter –** chèque nul; **rückdatierter –** chèque antidaté; **unausgefüllter –** chèque en blanc; **ungedeckter –** chèque sans provision.

**SCHECK | AUSSTELLER** *m* tireur *m* du chèque; **–begebung** *f* émission d'un chèque; **–begünstigte(r)** *m* bénéficiaire *m* du chèque; **–betrag** *m* montant du chèque émis; **–betrug** *m* escroquerie *f* par émission d'un chèque sans provision; **–bezogener** *m* tiré *m*.

**SCHECK | DECKUNG** *f* provision *f* du chèque; **–einreichung** *f* présentation *f* du chèque (à la banque) pour encaissement; **–einziehung** *f*, **–einzug** *m* encaissement *m* du chèque; **–fälschung** *f* falsification d'un chèque; **–formular** *n* formule *f* de chèque.

**SCHECK | GESETZ** *n* Loi uniforme concernant le chèque; **–heft** *n* chéquier *m*, carnet de chèques; **–inhaber** *m* porteur du chèque; **–karte** *f* carte *f* (de) chèque, carte de garantie de chèque, carte de banque, carte accréditive; **–kartenmissbrauch** *m* usage délictueux des cartes de crédit.

**SCHECK | RECHT** *n* régime *m* juridique des chèques; législation relative aux chèques; **–regress** *m*, **– rückgriff** *m* recours *m* faute de paiement; **–sperre** *f*, **–sperrung** *f* opposition *f*; **–umlauf** *m* chèques en circulation, circulation des chèques; **–vordruck** *m* formule *f* de chèque.

**SCHEIDUNG** *f* • *(FamR: Ehescheidung)* divorce *m*, dissolution du mariage (par jugement) • séparation, scission; **– aus beiderseitigem Verschulden** divorce aux torts réciproques; **– wegen Aufhebung der häuslichen Gemeinschaft** divorce pour cessation de la vie commune; **– ohne Verschulden** divorce d'accord (sans con-statation de la faute); **– wegen Verschuldens** divorce par la faute (d'un conjoint); **– nach dem Zerrüttungsprinzip** divorce pour rupture de la vie commune.

**SCHEIDUNGS | ANTRAG** *m* demande *f* en divorce, requête *f* à fin de divorce; **–anwalt** *m* avocat *m* spécialisé en matière de divorces; **–ausspruch** *m* prononcé *m* du divorce; **–begehren** *n* demande *f* en divorce; **–folgenregelung** *f* règlement judiciaire des conséquences du divorce; **–folgenvereinbarung** *f* convention relative aux conséquences du divorce.

**SCHEIDUNGS | GERICHT** *n* tribunal *m* compétent en matière de divorce; **–grund** *m* cause *f* du divorce, motif *m* de divorce; **–klage** *f* demande *f* en divorce, action en divorce, instance *ou* procès en divorce; **–prozess** *m* instance *f* en divorce; **–rechtsstreit** *m*, **–sache** *f* procédure *f* de divorce; litige *m ou* cause *f* relative à un divorce.

**SCHEIDUNGS | URTEIL** *n* jugement *m* de divorce; arrêt *m* qui prononce le divorce; **–vereinbarung** *f* divorce conventionnel *ou* d'accord; **–verfahren** *n* procédure en divorce; **–widerklage** *f* demande reconventionnelle en divorce.

**SCHEIN** *m* • *(Bescheinigung)* attestation *f*, certificat *m* • *(Quittung)* récépissé *m* • *(Anschein)* apparence *f*, caractère fictif.

**SCHEIN | BILANZ** *f* bilan *m* fictif; **–ehe** *f (FamR: Nichtehe)* mariage *m* inexistant; mariage simulé; **–firma** *f* société inscrite au registre de commerce, mais n'exerçant aucune activité réelle; **–geschäft** *n* transaction *f ou* opération *f* fictive, acte *m* simulé; **–gesellschaft** *f* société *f* fictive.

**SCHEIN | KAUF** *m* vente fictive, achat *m* simulé; donation déguisée; **–rechnung** *f* fausse facture, facture simulée; **–tod** *m* mort apparente; **–verkauf** *m* vente *f* simulée *ou* fictive; **–vertrag** *m* contrat *m* fictif.

**SCHEITERN** *n* échec *m*, insuccès *m*; faillite *f* (d'un projet); déconvenue *f*, déboire *m*; **– des Güteversuchs, – des Sühneversuchs** non-conciliation *f*.

**SCHENKEN** *v* disposer d'un bien en faveur d'autrui; faire une donation.

**SCHENKENDE(R)** *m*, **Schenker** *m* donateur *m*, disposant *m* à titre gratuit (par donation en faveur d'un donataire).

**SCHENKUNG** *f* donation *f*, don *m*, libéralité *f* (entre vifs); **bedingte –** donation conditionnelle; **belastende –** donation avec charge; **belohnende –** donation *ou* libéralité rémunératoire; **gegenseitige –** donation réciproque *ou* mutuelle; **gemischte –** libéralité couplée à un contrat de vente, donation indirecte; **verschleierte –** donation déguisée.

**SCHENKUNGS | ABSICHT** *f* intention libérale; **–anfechtung** *f (InsolvenzR)* action en révocation de la donation; **–auflage** *f* charge *f* dont est affectée la donation; **–gegenstand** *m* objet *m* d'une donation; libéralité *f*; **–urkunde** *f* acte *m* de donation; **–versprechen** *n* promesse *f* de donation; **–vertrag** *m* (contrat de) donation; **–widerruf** *m* révocation de la donation.

**SCHICHT** *f* • *(Arbeitszeit)* poste *m*, journée *f* (de travail), jour *m*, tournée *f* • *(Arbeitsgruppe)* équipe *f* • *(Personengruppe)* couche *f* sociale.

**SCHICHT | ARBEIT** *f* travail *m* en équipe, travail posté *ou* par roulement; **–arbeiter** *m* ouvrier *m* travaillant par postes, travailleur *m* posté; **–führer** *m* chef *m* d'équipe.

**SCHICKSCHULD** *f (SchuldR)* dette *f* portable (au lieu du destinataire).

**SCHIEDS|ABKOMMEN** *n*, **–abrede** *f* convention *f* d'arbitrage; clause *f* compromissoire; **–amt** *n* office *m* arbitral, section d'arbitrage; **–einrede** *f* opposition à la procédure judiciaire (en arguant la clause compromissoire).

**SCHIEDSGERICHT** *n* tribunal *m* arbitral, cour *f* d'arbitrage, juridiction *f* arbitrale, organisme *m* arbitral.

**SCHIEDSGERICHTS|ABREDE** *f (HR)* clause compromissoire *ou* arbitrale; **–entscheidung** *f* sentence *f* arbitrale.

**SCHIEDSGERICHTS|HOF** *m* cour d'arbitrage, cour *f* arbitrale; **–klausel** *f* clause compromissoire; **–ordnung** *f* règlement d'arbitrage.

**SCHIEDSKLAUSEL** *f* clause *f* d'arbitrage *ou* arbitrale, clause compromissoire.

**SCHIEDSRICHTER** *m* arbitre *m*, juge-arbitre *m*; **–kollegium** *n* collège *m* arbitral.

**SCHIEDS|SPRUCH** *m* sentence *f* arbitrale, arbitrage *m*, jugement *m* arbitral; **–stelle** *f* bureau d'arbitrage, organe *m* arbitral; **–vereinbarung** convention d'arbitrage, compromis *m* arbitral; **–verfahren** *n* procédure *f* arbitrale; **–vertrag** *m* compromis *m* d'arbitrage.

**SCHIFF** *n* • *(Seeschiff)* navire *m* marchand, bâtiment *m* • *(Frachtschiff)* cargo *m* • *(Personen)* paquebot *m* • *(Binnenschiff)* bateau *m*, embarcation *f*.

**SCHIFFFAHRT** *f* navigation *f*, transports *mpl* maritimes; **– auf großer Fahrt** navigation au long cours; **nationale –** cabotage *m*; bornage *m*.

**SCHIFFFAHRTS|POLIZEI** *f* police de la navigation; **–recht** *n* droit de la navigation (fluviale, maritime); **–register** *n* registre *m* des navires marchands; **–unternehmen** *n* entreprise *f* de transports maritimes, messageries *fpl* maritimes.

**SCHIFFS|AGENT** *m* courtier *m* maritime; **–ausrüster** *m* **(s. Reeder)** armateur *m*, fréteur *m*; **–bau** *m* construction navale; **–bedarf** *n* avitaillement *m* de bord; **–befrachter** *m* affréteur *m*; **–besatzung** *f* équipage *m*; **–buch** *n* livre *m* de bord; **–eigentümer** *m*, **–eigner** *m (HR: Reeder)* propriétaire *m* du navire *ou* du bâtiment; propriétaire *m* du bateau.

**SCHIFFS|FLAGGE** *f* pavillon *m*; **–fracht** *f* fret *m*; cargaison *f* d'un navire; **–frachtbrief** *m* connaissement *m*; **–führer** *(Kapitän)* capitaine; **–journal** *n* journal de bord, livre de bord; **–kapitän** *m* capitaine *m*; **–klarierer** *m* courtier *m* maritime; **–ladeschein** *m* connaissement *m*; **–ladung** *f* cargaison *f*, chargement *m*, fret *m*; **–liegegebühr** *f* redevance *f* pour jours de planche *ou* (e)staries; **–makler** *m* courtier *m* maritime.

**SCHIFFS|PAPIERE** *npl* documents *mpl* de bord; **–part** *f* quirat *m*, part de copropriété d'un navire; **–passagier** *m* passager *m* à bord d'un paquebot; **–patent** *n* patente d'un navire *ou* d'un bateau; **–raum** *m* cale *f*; jauge *m* nette.

**SCHIFFS|REEDER** *m* armateur *m*; **–register** *n* registre *m* des navires, registre maritime (allemand); **–reise** *f* voyage *m* à bord d'un paquebot; croisière *f*; **–rolle** *f* rôle de l'équipage; **–sicherheit** *f* navigabilité *f*; **–tagebuch** *n* journal *m* de bord, livre *m* de bord; **–unfall** *m* accident maritime; avarie *f*; **–verkehr** *m* trafic *m* maritime; **–vermessungszeugnis** *n* certificat *m* de jaugeage; **–werft** *f* chantier *m* naval; **–versicherung** *f* assurance corps de navire; **–zusammenstoß** *m* abordage *m* maritime *ou* en mer, collision de (deux) navires.

**SCHILD** *n* • *(HR: Ladenschild)* enseigne *f*, écriteau *m*, pancarte *f* • *(Kfz-Kennzeichen)* plaque *f* d'immatriculation, numéro *m* minéralogique • *(Straßenverkehr)* panneau *m* de signalisation, poteau *m* indicateur.

**SCHILDERUNG** *f* description *f*; exposé *m*; relation (des faits); compte rendu *m*; rapport *m*.

**SCHIRMHERR** *m* protecteur *m*, patron *m*; **–schaft** (haut) patronage *m*; parrainage *m*; **unter der –schaft von** sous les auspices de, sous le patronage de.

**SCHLÄGEREI** *f (StR)* rixe *f*.

**SCHLECHTERBEHANDLUNG** *f* discrimination *f*; différenciation contraire au principe de l'égalité civile; traitement différentiel constituant une pénalisation.

**SCHLECHTERFÜLLUNG** *f (SchuldR: positive Vertragsverletzung)* mauvaise exécution *f* (d'un contrat), exécution incorrecte; exécution défectueuse (d'un travail); fourniture *f* d'une marchandise de mauvaise qualité *ou* de qualité insuffisante; livraison tardive; marchandise *f* non conforme.

**SCHLEICH | HANDEL** *m* marché *m* noir, contrebande *f*, commerce *m* interlope, trafic *m* clandestin; **–händler** *m* trafiquant *m* de marché noir; **–werbung** *f* publicité *f* clandestine.

**SCHLEPPER** *m (AuslR)* passeur *m*.

**SCHLEPP | NETZFAHNDUNG** *f (StPR)* recherche *f* d'un délinquant par exploitation des fichiers informatisés (de la police aux frontières en particulier); **–schiffahrt** *f* remorquage *m*.

**SCHLEUDER | PREIS** *m* prix sacrifié *ou* écrasé; **–trauma** *n* traumatisme *m* des vertèbres cervicales.

**SCHLICHTEN** *v* **: einen Streit –** régler une affaire à l'amiable *ou* de manière pacifique; arbitrer un litige.

**SCHLICHTER** *m* médiateur *m*; conciliateur *m*; amiable compositeur.

**SCHLICHTUNG** *f* • *(ArbR)* médiation *f* aux fins de favoriser le règlement amiable d'un conflit collectif • conciliation, entremise; arbitrage.

**SCHLICHTUNGS | KLAUSEL** *f* clause d'un accord collectif soumettant les conflits collectifs du travail à une procédure conventionnelle de conciliation; **–stelle** *f* bureau *ou* office de conciliation; **–verfahren** *m* procédure de conciliation *ou* de médiation, procédure de règlement amiable.

**SCHLIEßEN** *v* • *(Vertrag)* conclure, passer • *(beenden)* finir, terminer • *(Sitzung)* clore, lever • *(folgern)* déduire, conclure, inférer.

**SCHLIEßFACH** *n* • *(Post)* boîte postale • *(Bank)* coffre-fort *m*, compartiment *m* de coffre(-fort).

**SCHLIEßUNG** *f* • *(Vertrag, Ehe)* conclusion *f* • *(Sitzung)* clôture *f* • *(Geschäft)* fermeture *f*; **zwangsweise –** fermeture d'office.

**SCHLUSS** *m* • *(Ende)* fin *f*, clôture *f* • *(Folgerung)* conclusion • *(Schließung)* fermeture *f*; **– der Verhandlung** clôture des débats.

**SCHLUSS | ABNAHME** *f (BauR)* réception (à l'achèvement d'un immeuble); **–abrechnung** *f* règlement *m ou* décompte *m* final; note *f* de frais; **–abstimmung** *f* vote *m* final; **–anhörung** *f od.* **–gehör** *n (im Strafverfahren)* dernière parole (de l'accusé); **–anträge** *pl* conclusions (finales à l'audience); **–bilanz** *f* bilan de clôture.

**SCHLÜSSEL** *m* • clé *f* • code *m*; **–dienst** *m* service *m* de serrurerie; **–fertig** *adj* clés *fpl* en main.

**SCHLÜSSEL | GEWALT** *f (FamR)* **mandat** *m* domestique; **–stellung** *f* position-clé *f*, levier de commande; **–übergabe** *f* remise des clés (en mains propres).

**SCHLUSS | FOLGERUNG** *f* déduction *f*, conclusion finale; **–formel** *f* phrase finale, conclusion; formule de politesse.

**SCHLÜSSIGKEIT** *f (PrzR)* pertinence *f* (de la demande en justice), validité *f*, recevabilité *f*; **–sprüfung** examen *m* de la recevabilité (de l'action).

**SCHLUSS | KUNDGEBUNG** *f* manifestation de clôture (d'une action syndicale *ou* politique); **–lichter** *npl (StVR)* feux *pl* rouges arrière; **–rechnung** *f* • *(Buchf)* solde *m* (d'un compte *ou* d'une facture), solde en caisse • *(InsolvenzR)* bilan économique de l'entreprise faillie.

**SCHLUSS | SALDO** *n* solde *m* (d'un compte); **–urteil** *n (ZPR)* jugement final (faisant suite à un jugement partiel); **–verkauf** *m (HR)* soldes *mpl* (d'été, d'hiver); **–verteilung** *f (InsolvenzR)* distribution des deniers dégagés par la liquidation totale de l'actif; **–vortrag** *m* • *(PrzR)* conclusions *fpl* • résumé des résultats de l'instruction, des conclusions et des plaidoiries; **–wort** *n* mot *m* de la fin; conclusion, épilogue *m*.

**SCHMERZENSGELD** *n (SchuldR)* indemnité *f ou* dommages-intérêts *mpl* pour préjudice moral, compensation *f ou* réparation *f* du dommage moral, indemnité compensatrice d'un préjudice moral, prix *m* de la douleur, pretium doloris.

**SCHMERZENSGELD | ANSPRUCH** *m*, **–antrag** *m*, **–begehren** *n* demande *f* en réparation d'un dommage moral, droit au pretium doloris, droit à compensation de la douleur morale; **–bemessung** *f* évaluation du préjudice esthétique *ou* du dommage moral; **–höhe** *f* montant des dommages-intérêts pour préjudice moral.

**SCHMIERGELDER** *npl* • *(StR: Bestechung)* somme *f* d'argent, don *m ou* avantage pécuniaire accordé en vue de corrompre qqn. • *(umg)* dessous-de-table *m*, enveloppe *f*, pot-de-vin *m*.

**SCHMUGGEL** *m (Zollhinterziehung)* contrebande *f* (de cigarettes, d'armes); **–gut** *n* marchandise *f* de contrebande, bien *m* passé en fraude; **–handel** *m* trafic *m* de contrebande.

**SCHMUGGLER** *m* contrebandier *m*; trafiquant *m*.

**SCHMUTZ- UND SCHUNDGESETZ** *n (StR)* Loi allemande relative aux messages violents ou pornographiques accessibles aux mineurs.

**SCHNELL | AUSBILDUNG** *n* formation professionnelle accélérée; **–gericht** *n (StPR)* tribunal *m* des flagrants délits; **–richter** *(ZPR)* juge *m* en référé; **–straße** *f* route *f* à grande circulation, route à deux chaussées séparées par un terre-plein central; **–verfahren** *n (StPR)* procédure de flagrants délits *ou* de saisine directe, procédure accélérée *ou* sommaire.

**SCHÖFFE** *m (StPR)* échevin *m*, juge échevinal; juge-assesseur *m* non-professionnel; juré *m* de jugement.

**SCHÖFFENGERICHT** *n* tribunal répressif siégeant auprès du tribunal cantonal allemand et comprenant deux juges-assesseurs non-professionnels *ou* jurés; **erweitertes –** tribunal répressif siégeant auprès du tribunal cantonal allemand et comprenant deux juges-assesseurs non-professionnels à côté de deux magistrats de carrière.

**SCHÖFFEN | RICHTER** *m* échevin *m*, juge assesseur (non-professionnel; **–senat** *m* (Aut) chambre criminelle (composée de 2 juges et de 2 échevins).

**SCHÖNHEITSREPARATUREN** *fpl* réparations locatives réputées d'agrément, travaux d'entretien et de réparation (effectués par le locataire).

**SCHÖPFER** *m (UrhR)* auteur *m* d'une œuvre de l'esprit.

**SCHÖPFUNG** *f (UrhR)* création littéraire et artistique; œuvre *f* de l'esprit; **geistige –** création *f* intellectuelle.

**SCHRANKE** *f* • *(an Bahnübergängen)* barrières *fpl* d'un passage à niveau • *(Grenze)* borne *f*, limite *f* (à ne pas dépasser) • *(im Gericht)* barre *f*.

**SCHREIB | ARBEITEN** *fpl* travaux *mpl* de rédaction (d'un texte); **–auslagen** *fpl*, **–kosten** *pl* frais relatifs à la rédaction de l'acte, frais de papeterie *ou* de bureau.

**SCHREIBEN** *n* • *(Schriftstück)* écrit *m*, pièce *f*, document *m* • *(Brief)* lettre *f*, missive *f*; **amtliches –** missive officielle; **anwaltliches –** mémoire *m* rédigé par un avocat; **beigefügtes –** lettre annexée (à un dossier); **vertrauliches –** lettre confidentielle.

**SCHREIBER** *m* • *(beim Notar)* clerc *m* (de notaire) • *(bei Gericht)* commis-greffier *m* (en tant que préposé aux écritures) • *(Angestellter)* secrétaire *m* (de rédaction), rédacteur *m* • *(Brief)* auteur *m* (de la lettre).

**SCHREIB | FEHLER** *m* faute *f* d'orthographe; erreur *f* d'écriture; faute de frappe; **offenbarer –fehler** erreur d'écriture purement matérielle *ou* manifeste; **–gebühr** *f* frais *mpl* d'écriture, droit de greffe, taxe *f* d'écritures, émolument *m*; **–kraft** *f* sténodactylo *f*; employée de secrétariat; **–tischtäter** *m* auteur *m* moral d'une infraction.

**SCHRIFT** *f* • *(Schriftstück)* écrit *m*, document *m*; pièce *f* (de procédure), acte *m* • *(Handschrift)* écriture *f* • *(Abhandlung)* traité *m*; brochure *f*; **pornographische –, unzüchtige –** publication *f* pornographique; **staatsgefährdende –** écrit séditieux; **unleserliche –** écriture illisible.

**SCHRIFTFORM** *f* forme *f* écrite; formalisme *m*; formalité particulière; solennité *f*; **–fordernis** *n* forme spéciale requise.

**SCHRIFT | FÜHRER** *m* • greffier *m* • secrétaire *m*; **–gutachten** *n* expertise *f* graphologique; **–gutachter** *m* expert en écritures; **–leiter** *m* rédacteur responsable, rédacteur *m* en chef, directeur *m* (du journal); **–leitung** *f* rédaction *f*, rédacteur *m* en chef, directeur *m* (du journal).

**SCHRIFTLICH** *adj* : **–e Erklärung** déclaration rédigée par écrit; **–e Stellungnahme** prise *f* de position écrite.

**SCHRIFTSATZ** *m* acte *m* (écrit), mémoire *m*, pièce *f* de procédure; document *m*; **ergänzender –** mémoire *m* ampliatif.

**SCHRIFTSTÜCK** *n* écrit *m*, acte *m* (écrit), pièce *f* (à l'appui d'une prétention), document *m*; **beweisfähiges –** écriture *f*, acte *m ou* document *m* constituant un moyen de preuve; **gerichtliches –** acte judiciaire; **privates –** écrit privé.

**SCHRIFTTUM** *n* sources *fpl ou* textes *mpl* concernant un domaine (juridique) particulier; bibliographie *f*; littérature *f*; **–shinweis** *m*, **–snachweis** *m* indication des sources, bibliographie.

**SCHRIFT | VERGLEICH** *m* vérification *ou* comparaison d'écriture.

**SCHRIFT | VERKEHR** *m od.* **–wechsel** *m* échange *m* de lettres, correspondance *f*; **amtlicher –** correspondance officielle.

**SCHRIFT | WERK** *n (UrhR)* œuvre *f* (de l'esprit) écrite; œuvre littéraire; création littéraire; **–zug** *m* griffe *f*, signature *f*.

**SCHRITT** *m* : **gerichtliche –e** démarches *fpl* judiciaires.

**SCHUBHAFT** *f (AuslR)* détention *f* en vue de l'expulsion.

**SCHUFA-KLAUSEL** *f (BankR)* clause contractuelle relative à la mise en fiche de toutes les informations relatives à emprunteur.

**SCHUL | BEHÖRDE** *f* service *ou* administration responsable de l'enseignement scolaire; **–besuchspflicht** *f* obligation scolaire; **–bus** *m* car *m* de ramassage scolaire.

**SCHULD 1.** *f* • *(SchuldR)* obligation (au paiement); dette *f* (d'une somme d'argent) • *(ZR: Verschulden)* faute *f* (civile); faute délictuelle • *(StR: Vorwerfbarkeit)* faute pénale, culpabilité *f*, intention criminelle; imputabilité • *(FamR)* torts *mpl*; **buchmäßige –** dette scripturale; **dingliche –** obligation réelle; **schwere –** faute grave.

**SCHULD | ANERKENNTNIS** *n* reconnaissance *f* de dette; **–ausgleich** *m (StR)* juste rétribution de la faute; **–ausschließungsgrund** *m (StR)* élément moral excluant la culpabilité (mais non le caractère illégal d'un fait), cause *f* de non-imputabilité; **–ausschluss** *m* exclusion de la faute; **–ausspruch** *m* • *(StPR)* sentence *f* *ou* verdict *m* de culpabilité • *(FamR: bei der Ehescheidung)* déclaration *f* des torts.

**SCHULDBEFREIEND** *adj* : **–e Wirkung der Zahlung** effet libératoire du paiement.

**SCHULD | BEITREIBUNG** *f* • *(InsolvenzR)* recouvrement *m* des dettes (à l'échéance) • *(ZwangsVR – S)* exécution forcée, saisie *f*, poursuite pour dettes; **–beitritt** *m* délégation *f* imparfaite; **–bekenntnis** *n (StR)* aveu *m* d'une faute, reconnaissance *f* de culpabilité.

**SCHULDBUCH** *n* • *(ÖfR: öffentliches Schuldbuch)* grand-livre *m* de la dette publique • *(HR)* livre des comptes débiteurs; **–forderung** *f* • *(ÖfR)* créance *f* inscrite au grand-livre de la dette publique • *(HR)* créance *f* comptable.

**SCHULD | EINGESTÄNDNIS** *n* reconnaissance *f* de la culpabilité *ou* de la faute commise.

**SCHULDEN** *v* devoir qqch. à qqn., avoir à payer qqch., être tenu à qqch.; être redevable de qqch. à qqn.

**SCHULDEN 2.** *fpl (SchuldR: Passiva, Verpflichtungen)* dettes *fpl*, obligations *fpl*; passif *m*; engagements *mpl*; **rückständige –** arriérés *mpl*; **– machen** s'endetter, contracter des dettes; **in – stecken** être obéré (de dettes), être criblé de dettes.

**SCHULDEN | ABLÖSUNG** *f* rachat des dettes; **–bereinigung** *f* apurement des dettes; **–dienst** *m* service *m* de la dette; **–erlass** *m* remise *f* de dette (extinctif de l'obligation).

**SCHULDEN | HAFTUNG** *f* responsabilité pour les engagements pris; **–last** *f* endettement *m*; passif *m*; **–masse** *f* (= Gesamtheit der Insolvenzforderungen) créances *fpl* produites à la masse.

**SCHULDEN | REGULIERUNG** *f* acquittement *ou* règlement des dettes, libération, paiement d'une dette; **–tilgung** *f* paiement *m*, amortissement (de la dette); **–verzeichnis** *n* état *m* des dettes.

**SCHULDFÄHIG** *adj (StR)* (personne) doté(e) de facultés intellectuelles normales (pour reconnaître sa faute); (personne) pénalement responsable (devant la loi).

**SCHULD | FÄHIGKEIT** *f (StR)* imputabilité *f* (morale); **–feststellung** *f* constatation de la faute intentionnelle *ou* du dol; **–geständnis** *n* aveux *mpl*, reconnaissance *f* de la culpabilité.

**SCHULDIG** *adj* • *(SchuldR)* débiteur, redevable, qui doit qqch. • *(StR: die Schuld tragend)* fautif, coupable; **sich – bekennen** plaider coupable, se reconnaître coupable; **für – erklären, jn. – sprechen** déclarer coupable; condamner qqn.

**SCHULDIGE(R)** *m* coupable *m*; **Beteiligung mehrerer –** pluralité de participants (à l'infraction).

**SCHULDLOSIGKEIT** *f* absence *f* de faute, innocence *f*.

**SCHULD | MAß** *n (StR)* étendue *f* de la faute d'intention, degré *m* de culpabilité; **–milderungsgrund** *m*, **–minderungsgrund** *m* excuse atténuante; **–mitübernahme** *f (SchuldR)* délégation imparfaite.

**SCHULDNER** *m (SchuldR)* débiteur *m*, sujet passif de l'obligation, celui qui est tenu d'une dette; **beklagter –** débiteur assigné; **säumiger –** débiteur défaillant; **zahlungsunfähiger –** débiteur insolvable *ou* défaillant; **zahlungsunwilliger –** débiteur récalcitrant.

**SCHULDNER | BEGÜNSTIGUNG** *f (InsolvenzR)* fait *m* de favoriser frauduleusement un débiteur; **–haftung** *f* responsabilité du débiteur; **–insolvenz** *f* insolvabilité du débiteur; **–kartei** *f* fichier *m* des débiteurs *ou* obligés; **–schutz** *m* protection *f* du débiteur (en cas de saisie-arrêt); **–verzeichnis** *n* registre *m* des débiteurs insolvables;

**–verzug** *n* demeure *f* (du débiteur), inexécution *f* du débiteur.

**SCHULDRECHT** *n* • *(SchuldR als Recht der Schuldverhältnisse)* régime *m* des obligations civiles, droit des obligations (tel qu'il est fixé dans le livre 2 du Code civil allemand • *(SchuldR als das einzelne Schuldverhältnis)* droit de créance, droit personnel; droit pour le créancier d'exiger du débiteur l'exécution de son engagement.

**SCHULDRECHTLICH** *adj* : **–er Anspruch** droit personnel, droit de créance; **–e Leistungsverpflichtung** obligation de fournir la prestation promise; obligation de délivrance (de la chose); **–e Verträge** les contrats spéciaux.

**SCHULD | SCHEIN** *m* reconnaissance *f* de dette, titre *m* de créance; **–spruch** *m (StPR)* sentence *f* de culpabilité, verdict *m* de culpabilité *ou* positif; **–strafrecht** *n* droit pénal reposant sur la culpabilité pour faute d'intention (ou d'imprudence, ou de négligence); **–tatbestand** *m* élément moral (de l'infraction).

**SCHULDÜBERNAHME** *f* • *(befreiende S.)* délégation parfaite, cession de dettes, prise en charge d'une dette • *(kumulative S.)* délégation imparfaite.

**SCHULD | ÜBERNEHMER** *m* délégué *m* (se substituant au délégant), subrogé à la dette; **–umschaffung** *f*, **–umwandlung** *f* novation; **–umschaffungsvertrag** *m* contrat portant allègement de la dette; **–unfähigkeit** *f (StR)* irresponsabilité *f* pénale, non-imputabilité de l'infraction.

**SCHULD | VERDACHT** *m* suspicion; **–vergeltung** *f* expiation (pour l'infraction commise); **–verhältnis** *n* lien *m* de droit unissant le créancier au débiteur, rapport juridique (de droit commun) entre le créancier et le débiteur, rapport fondamental; **–vermutung** *f* présomption de faute.

**SCHULDVERSCHREIBUNG** *f (HR, BankR: Obligation)* obligation *f* (en tant que titre négociable); **–sbesitzer** *m*, **–sgläubiger** *m*, **–sinhaber** *m* créancier *m* obligataire.

**SCHULD | VORWURF** *m (StR)* le fait d'imputer une faute à qqn.; culpabilité reprochée à qqn.; **–zinsen** *pl* intérêts *mpl* débiteurs.

**SCHULE** *f* établissement *m* d'enseignement *ou* scolaire, école *f*; **bekenntnisfreie –** école *f* laïque; **konfessionelle –** établissement d'enseignement privé à caractère religieux, école confessionnelle; **öffentliche –** école publique; **private –** école privée, établissement d'enseignement privé.

**SCHUL | GEBRAUCH** *m (UrhR)* (prévu pour) l'utilisation dans l'enseignement; **–geld** *n* droit de scolarité, taxe *f* scolaire (B), minerval *m* (B), écolage *m* (S); **–hoheit** *f* autorité *f* des Länder allemands sur l'enseignement public et privé; **–jahr** *n* année *f* scolaire.

**SCHUL | LEITER** *m* directeur d'un établissement scolaire; principal *m*; **–medizin** *f* médecine *f* allopathique *ou* classique; **–pflicht** *f* obligation *f* scolaire, scolarité *f* obligatoire; **–recht** *n* régime juridique de l'enseignement primaire et secondaire.

**SCHUL | TRÄGER** *m* service *m ou* administration responsable d'un établissement scolaire; **–unfall** *m* accident *m* ayant lieu dans l'établissement scolaire *ou* sur le chemin de l'école.

**SCHULUNG** *f* • *(Lehrgang, Kurs)* stage *m ou* cours *m* de formation (professionnelle) • *(Fortbildung)* formation continue *ou* permanente (des adultes); recyclage *m*; **–skurs** *m* stage *m*; **–sleiter** *m* formateur *m* (responsable); **–sveranstaltung** *f* stage *m*.

**SCHUL | VERWEISUNG** *f* exclusion de l'établissement scolaire; **–weg** *m* trajet *m* de l'école; **–wesen** *n* éducation nationale, instruction publique; enseignement public et privé; **–zeugnis** *n* bulletin *m* (de notes); certificat de scolarité.

**SCHUND** *m* *(HR: Ausschussware)* camelote *f*, pacotille *f*; **–literatur** *f* *(StR)* écrits, imprimés, dessins et gravures contraires aux bonnes mœurs et présentant un danger pour la jeunesse.

**SCHUSS** *m* coup *m* (d'arme à feu); tir *m* (à l'aide d'une arme à feu); **gezielter –** tir de neutralisation; **–waffengebrauch** *m* usage *m* d'une arme à feu.

**SCHUTZ** *m* • *(Sachen)* protection *f*, sauvegarde *f*, défense *f* • *(Personen)* garde *f* • *(VersR)* garantie *f*, couverture *f*; **gerichtlicher –** protection judiciaire; **persönlicher –** sauvegarde *f* de la personne, protection rapprochée.

**SCHUTZ|BEDÜRFNIS** *n* nécessité *f* de protéger (les intérêts de qqn.); **–bedürftigkeit** *f* *(StR)* nécessité d'accorder une protection appropriée à qqn.; **–befohlene(r)** *m* enfant mineur dont qqn. assume la garde; élève *ou* apprenti que qqn. a sous sa surveillance; **–begehren** *n* *(AuslR)* demande *f* de protection (exprimée par un réfugié politique).

**SCHUTZ|BEHAUPTUNG** *f* *(StR)* allégation *f* mensongère (avec l'intention de se disculper), prétexte fallacieux; **–bereich** *m* • *(StVR)* aire protégée (pour entrée et sortie de véhicules) • *(PatR)* étendue *f* de la protection (d'un brevet); **–bezirk** *m* périmètre de protection; **–brief** *m* • *(VR)* sauf-conduit *m* • *(VersR)* carte verte (d'assurance automobile).

**SCHUTZ|FÄHIGKEIT** *f* • *(PatR)* brevetabilité • *(Wz)* marque enregistrable, enregistrabilité; **–gesetz** *n* • *(SachR)* loi sur l'établissement de zones de servitudes • *(ÖfR)* loi relative aux restrictions du droit de propriété dans l'intérêt de la défense nationale; **–frist** *f* délai *m* de protection; durée *f* de la sauvegarde (des droits).

**SCHUTZ|GEBIET** *n* • *(VR)* protectorat *m*, • périmètre de protection • *(UmweltR)* réserve *f* naturelle; **–gebühr** *f* *(Prospekte usw.)* contribution (modérée) en argent lors de l'acquisition d'une brochure *ou* d'un opuscule; **–gesetz** *n* *(ZR: unerlaubte Handlung)* loi protégeant les intérêts d'une personne; **–gewahrsam** *m* *(PolizeiR)* rétention *f* d'une personne (par la police) pour sa propre sauvegarde.

**SCHUTZ|HAFT** *f* détention *f* préventive; **–haftbefehl** *m* ordonnance de mise en détention préventive; **–helmpflicht** *f* *(StVR)* port *m* du casque obligatoire.

**SCHUTZ|MANN** *m* agent de police, gardien de la paix; **–marke** *f* marque *f* protégée, marque de fabrique; **–maßnahme** *f* mesure *f* de protection *ou* de sauvegarde, mesure conservatoire; **–pflicht** *f* *(VerfR)* obligation de l'État de protéger les intérêts privés; **–pflichtverletzung** *f* violation de l'obligation de sauvegarde; **–polizei** *f* *(VwR)* police administrative (générale), police municipale *ou* nationale.

**SCHUTZ|RECHT** *n* droit de protection; **verwandte –rechte** *(UrhR)* droits *mpl* voisins, droits apparentés; **–schrift** *f* *(PrzR)* mémoire *m* transmis par le défendeur au tribunal en vue de se prémunir contre une décision (à l'instigation du demandeur) sans discussion orale à l'audience; mémoire en défense de sauvegarde des droits.

**SCHUTZ|VORSCHRIFTEN** *fpl* *(ArbR)* dispositions relatives au contrôle de l'application de la législation et de la réglementation du travail; **–zeichen** *n* signe *m* distinctif, emblème *m* distinctif; **–zoll** *m* droit *m* protecteur, taxe prohibitive à l'importation; **–zone** *f* *(UmweltR)* périmètre de protection.

**SCHWÄGERSCHAFT** *f* alliance *f*, parenté *f* par alliance.

**SCHWANGERE** *f* femme *f* en état de grossesse, femme enceinte.

**SCHWANGEREN | BERATUNG** *f* consultation prénatale; **–fürsorge** *f* aide *f* aux futures mères; **–konfliktberatung** *f* consultation des femmes ayant l'intention d'avorter.

**SCHWANGERSCHAFTS | ABBRUCH** *m* interruption volontaire de la grossesse (= IVG); **–beginn** *m* date présumée du début de la grossesse; **–beratung** *f* consultation d'un établissement d'information agréé; conseils d'un service social; **–nachweis** *m* diagnostic biologique de la grossesse; **–unterbrechung** *f* • avortement *m* provoqué, avortement thérapeutique • *(illegal)* avortement clandestin *ou* criminel; **–urlaub** *m* congé *m* de maternité.

**SCHWARZ | ARBEIT** *f* travail *m* au noir *ou* clandestin; **–arbeiter** *m* travailleur clandestin; **–brenner** *m* bouilleur *m* de cru; **–fahrer** *m* • *(öff. Verkehrsmittel)* voyageur *m* en situation irrégulière, utilisateur *m* d'un moyen de transport sans titre régulier • *(umg)* fraudeur *m*, resquilleur; **–fahrt** *f* • utilisation irrégulière d'un moyen de transport • utilisation d'un véhicule à l'insu du gardien; **–hörer** *m* possesseur d'un poste de radiodiffusion non déclaré; **–geld** *n* dessous-de-table *m*, enveloppe *f*; **–sender** *m* radio *f* *ou* station pirate.

**SCHWEBE** *f* **: in der –** en suspens, en souffrance, remis à plus tard.

**SCHWEBEND** *adj* **: –er Rechtsstreit** litige en instance (devant un tribunal); **–e Unwirksamkeit** invalidité provisoire d'un contrat (jusqu'à l'approbation par le représentant légal).

**SCHWEBE | ZEIT** *f* • *(InsolvenzR)* période suspecte • *(ZR)* période au cours de laquelle le contrat est provisoirement exécutoire; **–zustand** *m* état *m* de droit demeurant (momentanément) irrésolu *ou* dans l'incertitude.

**SCHWEIGEN** *n* silence *m*; discrétion *f*; **– als Annahme** silence équivalant à une acceptation (de l'offre).

**SCHWEIGE | PFLICHT** *f* obligation de discrétion, obligation de conserver le secret; **ärztliche –pflicht** secret *m* médical; **berufliche –pflicht** secret professionnel.

**SCHWELLEN | LAND** *n* pays *m* émergeant; **–preis** *m* prix *m* de seuil.

**SCHWER | ARBEIT** *f* travail *m* pénible *ou* de force; **–arbeiter** *m* travailleur *m* de force; **–behinderte(r)** *m* handicapé *m* grave; grand handicapé; infirme *m*; **–behinderung** *f* infirmité *f*; incapacité de travail permanente (totale ou partielle).

**SCHWERE** *f* • *(Strafe)* rigueur *f*, sévérité *f*, gravité *f* • *(Verbrechen)* atrocité *f* • *(Arbeit)* difficulté • *(Verlust)* grandeur *f*, montant *m*; **–grad** *m* degré *m* (de gravité).

**SCHWER | GÜTER** *pl* marchandises pondéreuses, pondereux *mpl;* **–hörigkeit** *f* acuité auditive diminuée; **–industrie** *f* industrie lourde; **–transport** *m* transport *m* exceptionnel.

**SCHWERVERBRECHER** *m* grand criminel *m*; **–tum** *n* (milieu *m* du) grand banditisme.

**SCHWERWIEGEND** *adj* **: –e Beeinträchtigung, –e Eingriffe** atteinte grave; **–e Vertragsverletzung** violation grave des obligations contractuelles.

**SCHWINDEL** *m* tromperie *f*, escroquerie *f*; **–firma** *f* société fictive, société constitutée frauduleusement.

**SCHWÖREN** *v* jurer, prêter serment; **– die reine Wahrheit zu sagen, nichts zu verschweigen und nichts hinzuzufügen** jurer de dire toute la vérité, rien que la vérité et de ne rien ajouter ou retrancher.

**SCHWUR** *m* serment *m*; **vorsätzlich falscher –** *(StR)* faux serment.

**SCHWURGERICHT** *n* *(StPR)* Cour d'Assises allemande auprès du tribunal régional (composée de trois juges professionnels et de deux jurés).

**SEE | AMT** *n* service maritime civil allemand (chargé des enquêtes en cas d'accidents maritimes); **–beförderung** *f* transport *m* maritime, transport par mer; **–fahrt** *f* navigation; **–fahrtsbuch** *n* livret du marin, livret professionnel maritime.

**SEE | FRACHT** *f* fret *m* maritime; **–frachtbrief** *m* connaissement *m*; **–frachtführer** *m* fréteur *m* (en la personne de son représentant, le capitaine); **–frachtgeschäft** *n* contrat d'affrètement maritime, contrat de transport maritime; **–freihafen** *n* port *m* autonome, port franc maritime.

**SEE | GEFAHR** *f* risque *m* maritime, fortune *f* de mer; **–gerichtsbarkeit** *f* justice maritime; **–hafen** *m* port *m* maritime, port de mer; **–handelsrecht** *n* droit du commerce maritime; **–konnossement** *n* connaissement *m* maritime; **–lotse** *m* pilote *m*, lamaneur *m*.

**SEEL | SORGE** *f* tâches *f* pastorales, charge *f* d'âmes; activité pastorale; **–sorger** *m* prêtre *m*; pasteur *m*; ministre *m* des cultes.

**SEE | MANNSCHAFT** *f* équipage *m*; **–meile** *f* lieue *f* marine; **–not** *f* détresse *f* maritime; **–notrettungsdienst** *m* service *m* de secours en mer; **–räuber** *m* pirate *m*; **–räuberei** *f* piraterie *f*.

**SEERECHT** *n* droit de la mer, législation maritime; **–schaden** *m* avarie *f*, sinistre *m* maritime; **–schadensberechner** *m* dispatcheur *m*; **–schadenberechnung** *f* régulation de l'avarie; **–schiff** *n* bâtiment de mer, navire *m*; **–schifffahrtsamt** *n* Office de la navigation maritime; **–schifffahrtspapiere** *npl* titres *mpl* de navigations, documents *mpl* de bord; **–tüchtigkeit** *f* navigabilité *f*.

**SEE | VÖLKERRECHT** *n* droit maritime international; **–wache** *f* garde-côte *m*; **–warte** *f* observatoire *m* maritime; **–wechsel** *m* *(SeeHR: Bodmereibrief)* lettre *f* de grosse; **–weg** *m* voie maritime; route *f*; **–wurf** *m* jet *m* à la mer.

**SEH | BEEINTRÄCHTIGUNG** *f* diminution de l'acuité visuelle; **–behinderte(r)** *m* malvoyant *m*; **–fähigkeit** *f*, **–kraft** *f* acuité visuelle; **–test** *m* mesure de l'acuité visuelle.

**SEITENLINIE** *f* *(ErbR)* ligne *f* collatérale; **zur – gehörig** (héritier) collatéral.

**SEITEN | NUMERIERUNG** *f* *(Register)* cote *f*, cotation, pagination; **–rand** *m* marge *f* (latérale); **–streifen** *(Fahrbahn)* bande *f* d'arrêt d'urgence, accotement *m*; **–verwandte(r)** *m* parent *m* en ligne collatérale, collatéral *m*.

**SEKRETARIAT** *n* secrétariat *m*, bureau *m*, service *m*; **–sarbeit** *f* travail *m* de bureau; **–sleiter** *m* chef *m* de bureau.

**SEKRETÄRIN** *f* secrétaire *f*, employée de bureau.

**SEKTE** *f* secte *f* (religieuse); **–nwesen** *n* sectarisme *m*; **–nzugehörigkeit** *f* appartenance *f* à une secte.

**SEKTIONS | BEFUND** *m* résultat *m* de l'autopsie; **–chef** *m* *(VwR – Aut)* fonctionnaire d'État placé à la tête d'une administration, chef *m* de section.

**SELBST | ABHILFE** *(ZR)* fait de remédier soi-même à un défaut; **–abholer** *m* acheteur *m* dans une vente à emporter *ou* à enlever; **–ablehnung** *f* *(einer Gerichtsperson)* abstention de juge, le fait de se récuser soi-même d'office.

**SELBSTÄNDI | GE(R)** *m* travailleur *m* non-salarié, personne *f* exerçant une profession libérale, profession *f* libérale, non-salarié *m*, travailleur indépendant; **die –gen** *mpl* les professions *fpl* libérales; catégorie *f* des travailleurs indépendants.

**SELBSTANZEIGE** *f* *(SteuerR)* autodénonciation *f* (en cas de fraude fiscale).

**SELBST | BEDIENUNGSLADEN** *m*, **–bedienungsgroßmarkt** *m* grande surface, hypermarché *m*;

**–begünstigung** *(StR)* aide apportée à un tiers en vue de se soustraire soi-même à une arrestation.

**SELBST | BEHALT** *m* • *(VersR)* franchise *f* d'assurance, franchise d'avarie • plein de conservation; **–bestimmung** *f* autodétermination *f*, autarcie *f*.

**SELBSTBESTIMMUNGS | RECHT** *n (VerfR)* droit de disposer librement de soi-même, droit d'autodétermination.

**SELBST | BETEILIGUNG** *f* • *(VersR: Selbstbehalt)* franchise *ou* découvert *m* d'assurance, franchise d'avarie • *(SozVers: Kostenbeteiligung)* ticket *m* modérateur; **–bewirtschaftung** *f* exploitation *f* directe.

**SELBST | EINTRITT** *m (HR)* fait pour le commissionnaire d'entrer dans le contrat en qualité de contrepartie; **–finanzierung** *f* autofinancement *m*, financement *m* propre; **–gefährdung** *f* le fait de s'exposer soi-même (inconsidérément) à un danger.

**SELBSTHILFE** *m* autodéfense *f* (légitime); **–gruppe** *f* groupe *m* d'entraide; **–recht** *n* droit de se faire justice, légitime défense; **–verkauf** *m (HR)* vente d'office pour le compte de l'acheteur.

**SELBST | JUSTIZ** *f* autodéfense *f* (illégitime); **–kontrahent** *m* personne *f* se portant contrepartie de son commettant, contrepartiste *m*.

**SELBSTKONTROLLE** *f (MedienR)* autocensure *f*; **Freiwillige – der Filmwirtschaft (= FSK)** organisme *f* de l'industrie cinématographique allemande compétente en matière d'octroi du visa d'exploitation pour les films commerciaux.

**SELBSTKOSTEN** *pl* coût *m* (d'une chose), prix de revient; **–preis** *m* prix de revient, prix coûtant; **–rechnung** *f* calcul du prix de revient.

**SELBST | MORD** *m* suicide *m*, mort *f* par suicide; **–mörder** *m* suicidé *m*; suicidant *m*; **–mordgefahr** *f* tendance *f* suicidaire, comportement suicidaire; **–mordversuch** *m* tentative *f* de suicide; **–organschaft** *f (GesR)* le fait de représenter en personne (une société).

**SELBSTSCHULDNERISCH** *adj* : **–e Bürgschaft** cautionnement solidaire, cautionnement sans bénefice de discussion; **–er Bürge** caution *f* solidaire.

**SELBST | TÖTUNGSABSICHT** *f*, **–tötungswille** *m* volonté (avérée) de mettre fin à ses jours; **–verantwortlichkeit** *f*, **–verantwortung** *f* responsabilité *f* pour soi-même; **–verlag** *m* publication aux frais de l'auteur; le fait d'être son propre éditeur; auto-édition; **–verletzung** *f* automutilation; **–verschulden** *n* responsabilité *ou* faute personnelle.

**SELBSTVERSICHERUNG** *f* • propre assurance, franchise *f* d'assurance *ou* d'avarie • *(SozVers)* assurance *f* volontaire.

**SELBST | VERSTÜMMELUNG** *f* mutilation *f* volontaire; **–verteidigung** *f* autodéfense *f*.

**SELBSTVERWALTUNG** *f* • *(VwR)* décentralisation des autorités locales, autonomie administrative • *(BW)* autogestion *f*; **– der Gemeinden** autonomie communale *ou* municipale.

**SELBSTVERWALTUNGS | ANGELEGENHEIT** *f*, **–aufgabe** *f*, **–befugnis** *f* affaire *f* de la compétence propre; **–körperschaft** *f* • collectivité *f* territoriale dotée de l'autonomie administrative, organisme *m ou* institution *f* décentralisée • personne morale de droit public, personne *f* morale autonome; **–recht (der Gemeinden)** droit communal; autonomie *f* communale *ou* municipale, droits et libertés des communes; **–träger** *m* service communal, service municipal.

**SELBST | VORSORGE** *f* prévoyance privée (pour la retraite); **–widerspruch** *m* contradictio in adjecto; **–zensur** *f* autocensure *f*;

**–zweck** *m* but *m* absolu, fin *f* en soi.

**SENAT** *m* • *(PrzR)* chambre *f*; assemblée plénière • *(GemeindeR)* exécutif *m* collégial (dans les villes-État allemandes); municipalité *f* • *(VerfR)* sénat *m*, deuxième chambre.

**SENATOR** *m* • *(Legislativorgan)* sénateur *m* • *(Stadtstaaten)* membre *m* de l'exécutif collégial dans une ville-État allemande, ministre *m* (Berlin et villes hanséatiques).

**SENATS | BESCHLUSS** *m* *(GemeindeR)* arrêté municipal; **–entscheidung** *f* *(PrzR)* décision de l'assemblée plénière; **–mehrheit** *f* majorité *f* des juges (de la chambre); **–mitglied** *n* membre *m* de la municipalité; **–präsident** *m* • *(Gericht)* président de chambre • *(Legislative)* président du sénat, **–verwaltung** *f* ministère *m* de la ville-État de Berlin.

**SENDE | ANLAGE** *f* *(MedienR)* émetteur radio *ou* de télévision; **–anstalt** *f* office (public) de radiodiffusion et/ou de télévision.

**SENDEN** *v* • *(Waren, Briefe)* envoyer qqch., expédier • *(Radio)* diffuser, transmettre, émettre.

**SENDERECHT** *n* • *(UrhR)* droit de diffusion des paroles, des sons *ou* des images, droit de transmission d'une œuvre radio- *ou* télédiffusée • *(Rundfunkrecht)* droit de faire des émissions *fpl* radiotélégraphiques, droit d'émettre.

**SENDUNG** *f* • *(Ware; Brief; Fax)* envoi *m*, expédition *f*; courrier *m*; lettre *f*; pli *m*; paquet *m* • *(Radio)* émission *f*, diffusion *f*, transmission *f*; **eingeschriebene –** objet *m* recommandé; **postlagernde –** envoi poste restante; **– per E-mail** (envoi par) courrier électronique, e-mail *m*; **– per Telefax** envoi par fax; télécopie *f*.

**SENKUNG** *f* • *(Kosten, Arbeitszeit)* réduction, diminution • *(Personalbestand)* dégraissage *m*, compression du personnel.

**SEQUESTRATION** *f* *(PrzR)* séquestre *m*, dépôt *m* d'une chose litigieuse; administration des biens placés sous séquestre.

**SERIEN | EINBRECHER** *m* cambrioleur *m* d'habitude *ou* récidiviste; **–erzeugnis** *n* produit *m* de masse; **–fahrzeug** *n* voiture de série; **–fertigung** *f*, **–herstellung** *f*, **–produktion** *f* production *ou* fabrication en série; **–nummer** *f* numéro *m* de série; **–straftaten** *fpl* infractions nouvelles constituant une récidive; **–straftäter** *m*, **–täter** *m* récidiviste *m*, délinquant en état de récidive; **–unfall** *m* accidents *mpl* en chaîne, en cascade *ou* en série.

**SERVICE | ABTEILUNG** *f* service *m* après-vente; **–leistungen** *fpl* prestations fournies dans le cadre d'un contrat de service (après-vente *ou* de maintenance); **–netz** *n* réseau *m* de service après-vente; **–paket** *n*, **–vertrag** *m* contrat *m* de service après-vente.

**SEUCHE** *f* épidémie *f*; pandémie *f*; fléau *m*; **–namt** *n* **: internationales –namt** Office international des épizooties; **–nabwehr** *f*, **–nbekämpfung** *f* lutte *f* contre les épidémies, lutte contre les fléaux sociaux, hygiène *f* sociale; **–ngefahr** *f* risque *m* d'épidémie; **–nsperre** *f* cordon *m* sanitaire.

**SEXUAL | AUFKLÄRUNG** *f*, **–erziehung** *f* éducation sexuelle; **–beleidigung** *f* sexisme *m*, rabaissement *ou* dénigrement des femmes, dévalorisation du sexe féminin; **–bereich** *m* intimité sexuelle; **–delikt** *n*, **–straftat** *f* *(neue Bezeichnung für Sittlichkeitsdelikt)* agression sexuelle; attentat *m* aux mœurs; **–tat** *f*, **–verbrechen** *n* agression sexuelle constituant un crime; **–verkehr** *m* coït *m*, acte de pénétration sexuelle, accouplement.

**SEXUELLE | BELÄSTIGUNG** *f* harassement sexuel; **– Gewaltanwendung** *f* agression sexuelle; **– Handlung** *f* *(StR: neue Bezeichnung für unzüchtige Handlung)* agression sexuelle (autre que le viol); acte *m* impudique *ou* obscène; **– Nöti-**

**gung** agression sexuelle commise avec menace (une arme etc.).

**SEXUELLER MIẞBRAUCH | VON JUGENDLICHEN** *m* agression sexuelle imposée à un adolescent de seize ans; **– – von Kindern** agression sexuelle imposée à un mineur de quatorze ans; **– – von Schutzbefohlenen** agression sexuelle imposée à un mineur de seize ans par une personne ayant autorité sur la victime; **– – widerstandsunfähiger Personen** agression sexuelle concernant une personne dont la particulière vulnérabilité est due à son âge, une maladie, une infirmité, à une déficience physique ou psychique.

**SICHERHEIT** *f* • *(Gefahrlosigkeit)* sécurité *f*, sûreté *f* • *(Gewißheit)* certitude *f* • *(WirtR)* garantie *f*, gage *m* • *(SchuldR)* sûreté (personnelle *ou* réelle), privilège *m*.

**SICHERHEITS | ABKOMMEN** *n* *(VR)* accord *m* de sécurité; **–abstand** *m (StVR)* distance *f* de sécurité; **–abtretung** *f* cession à titre de sûreté; **–behörde** *f* service *m* de police administrative; **–bestimmung** *f* règle *f* de police.

**SICHERHEITS | DIENST** *m* service *m* de gardiennage, service privé de surveillance; **–gefährdung** *f* mise *f* en danger de la sécurité, de la tranquillité et de la salubrité publique; **–geleit** *n* sauf-conduit *m*; **–gurt** *m* ceinture *f* de sécurité; **–haft** *f* (S) détention *f* préventive; **–klausel** *f* clause de sauvegarde, clause *f* de sécurité.

**SICHERHEITSLEISTUNG** *f* • *(ZR, HR)* cautionnement (conventionnel, bancaire); (constitution de) sûreté • *(ZPR)* provision, somme allouée par le juge à titre provisionnel (au créancier) • *(StPR)* consignation; **– für die Prozesskosten** caution *f* judicatum solvi.

**SICHERHEITS | MANGEL** *m* vice *m* relatif à la sécurité d'un produit; **–maßregeln** *fpl (StR)* mesures *fpl* de sûreté; **–polizei** *f* (SIPO) Sûreté *f*; **–prüfung** *f* contrôle technique de la sécurité (d'un véhicule terrestre à moteur).

**SICHERHEITS | RAT** *m* conseil *m* de sécurité; **–recht** *n (UmweltR)* législation relative à la protection des populations contre les risques majeurs; **–rücklage** *f* réserve de garantie, volant de sécurité; **–vorkehrung** *f*, **–vorrichtung** *f* dispositif *m* de sécurité **–vorschrift** *f* prescription *ou* consigne *f* de sécurité, règle de sécurité; règlement de sécurité.

**SICHERSTELLUNG** *f* • *(ÖfR, ZR: Schutz)* garantie *f*; sécurité *f*; protection *f*; constitution de sûreté • *(StR: Beschlag-nahme)* mise *f* sous séquestre; saisie *f* d'objets.

**SICHERUNG** *f* • *(Schutz)* sauvegarde *f*, protection *f*, préservation *f* • *(Sicherheit)* garantie *f*, sûreté *f*, gage *m*; **soziale –** sécurité *f* sociale.

**SICHERUNGS | ABTRETUNG** *f* cession *f* à titre de garantie *ou* de sûreté; **–eigentum** *n* propriété *f* fiduciaire sur un bien vendu sous réserve de propriété; **–fall** *m (InsolvenzR)* exigibilité *f* de la créance munie d'une sûreté; **–grundschuld** *f* dette foncière en vue de garantir une créance; **–haftbefehl** *m (StPR)* mandat *m* de dépôt.

**SICHERUNGS | MAẞNAHME** *f* mesure *f* conservatoire; **–maßregel** *(StR)* mesure de sûreté; **–pflicht** *f (StVR)* obligation de signalisation en cas d'accident de la route; **–recht** *n* sûreté *f*; privilège *m*; garantie *f* de paiement; **–übereignung** *f* remise *f* d'un bien (en propriété) à titre de garantie; cession à titre de sûreté; **–verfahren** *n (StR)* procédure *f* de placement sous les verrous (en cas de révocation du sursis); **–verwahrte(r)** *m* interné *m*; **–verwahrung** *f (StR)* détention à titre de mesure de sûreté; internement.

**SICHERUNGSVERWAHRUNGS | ANSTALT** *f* établissement *m* d'internement préventif; **–häftling** *m* détenu *m* par mesure de sûreté.

**SICHERUNGS | VOLLSTRECKUNG** *f* saisie-exécution sur un bien donné à titre de sûreté; **–vorkehrung** *f* mesure *f* de sûreté; **–vorschrift** *f* disposition de sécurité.

**SICHT | BEEINTRÄCHTIGUNG** *f*, **–behinderung** *f* mauvaises conditions de visibilité; **–einlage** *f* dépôt *ou* avoir à vue.

**SICHTVERMERK** *m* (= Visum) visa *m*.

**SIEGEL** *n* • *(ÖfR: dienstlich)* cachet *m* officiel, sceau *m* • *(PrzR: Siegelmarke)* scellé(s) *m(pl)*, cachet sur bande de papier *ou* de cire; **–bruch** *m (StR)* bris de scellés; **–fälschung** *f* contrefaçon *f* de sceaux; **–verfälschung** *f* falsification de sceaux.

**SIGNAL** *n* • signe *m* convenu *ou* conventionnel • *(StVR)* signal de route, panneau *m* de signalisation, poteau *m* indicateur; **–anlage** *f* feux *mpl* (tricolores).

**SIMU | LATION** *f* simulacre *m*, feinte *f*; simulation (d'accident); **–liertes Geschäft** acte simulé *ou* fictif *ou* déguisé.

**SINN** *m* • *(Bedeutung)* signification, sens *m* • *(Gedanke)* pensée *f*, idée *f* • *(Ansicht)* opinion, vue *f* • *(Gefühl)* sentiment *m*, sens; **–bild** *n* symbole *m*.

**SINNGEMÄß** *adv* : **die Vorschriften gelten –** les dispositions (légales) sont applicables par voie d'analogie.

**SITTE** *f* • *(VerfR, ZR: Verkehrssitte)* règle traditionnelle *ou* jurisprudentielle (pour interpréter un texte) • *(HR: Brauch)* usage *m*, pratique professionnelle particulière; **die guten –n** les bonnes mœurs; les règles imposées par la morale sociale.

**SITTENWIDRIG** *adj* immoral, contraire aux bonnes mœurs; **–e Abmachung, –es Geschäft, –es Rechtsgeschäft** acte juridique immoral.

**SITTENWIDRIGKEIT** *f* immoralité *f*; acte *m* contraire aux bonnes mœurs.

**SITTLICHKEIT** *f* bonnes mœurs *fpl*, moralité *f*; **die – verletzen** porter atteinte à l'intégrité physique ou psychique d'une personne; commettre un acte contraire aux bonnes mœurs.

**SITTLICHKEITS | DELIKT** *n*, **–verbrechen** *n*, **–vergehen** *n* *(StR - heute: Sexualstraftat)* atteinte sexuelle (constituant soit un délit, soit un crime); agression sexuelle; atteinte à l'intégrité d'une personne; attentat *m* aux mœurs, outrage aux bonnes mœurs, attentat à la pudeur.

**SITZ** *m* • *(ÖfR)* siège *m*; résidence *f* (de fonction); rayon *m* d'activité • *(ZR: Wohnsitz)* domicile *m* • *(GesR)* siège *m* social • *(auch Auto)* siège *m*; banquette arrière; **satzungsmäßiger –** siège *m* statutaire.

**SITZ | BLOCKADE** *f*, **–demonstration** *f (ArbR, StR)* blocage *m* (d'une route, d'une entrée) par sit-in, occupation de lieux publics (en s'asseyant par terre); **–gesellschaft** *f (GesR)* société commerciale qui a son siège (au Liechtenstein p. exp.), mais dont l'activité se déploie hors du territoire de ce pays; **–streik** *m* grève *f* des bras croisés, grève avec occupation d'usine, grève sur le tas.

**SITZUNG** *f* • séance *f*, réunion *f* • *(Sitzungsperiode)* session *f* • *(Gericht)* audience *f*; **feierliche –** séance solennelle; **nichtöffentliche –** • réunion *f* à huis clos • audience en chambre de conseil; **öffentliche –** séance *ou* audience publique; **ordentliche –** séance ordinaire.

**SITZUNGS | GELD** *n* jeton(s) *m* de présence; **–niederschrift** procès-verbal de séance; **–polizei** *f*, **–polizeigewalt** *f* police *f* de l'audience; police de l'assemblée; **–präsident** *m* président de séance; **–protokoll** *n* • compte-rendu *m* de séance • *(Gericht)* procès-verbal d'audience; **–raum** *m*, **–saal** *m* salle *f* (de réunion), auditoire *m*; **–termin** *n* jour de l'audience; **–unterbrechung** *f* suspension *f* de la séance, interruption *f* de l'audience.

**SKONTO** *n (HR, BankR)* escompte *m*, escompte de caisse, escompte sur les paiements au comptant; **–abzug** *m* déduction de l'escompte de caisse.

**SOFORTHILFE** *f* • *(VwR)* aide *f* immédiate • *(SozR)* allocation de premier secours.

**SOFORT | MAẞNAHME** *f* • *(VerfR)* opération concertée d'intervention urgente • mesure *f* immédiate, mesure d'urgence; **–vollzug** *m* exécution immédiate.

**SOFTWARE** *f (EDV)* logiciel *m*, software *m*; **–fehler** *m* bogue *m*, bug *m*, défaut *m* du logiciel; **–hersteller** *m* producteur de logiciels; **–mängel** *mpl* défauts du logiciel; **–paket** *n* progiciel *m*, package *m*; **–pflegevertrag** *m* contrat *m* d'entretien du logiciel; **–piraterie** *f* piratage *m* des logiciels, reproduction illicite.

**SOLAWECHSEL** *m* billet *m* à ordre.

**SOLIDAR | BEITRAG** *m* contribution à titre de solidarité; **–gemeinschaft** *f* solidarité *f* au sein d'une collectivité (des assurés, etc.) *ou* d'un groupe professionnel; **–haftung** *f* responsabilité *f* solidaire.

**SOLIDARITÄTS | AKTION** *f*, **–streik** *m* grève *f ou* débrayage *m* de solidarité; **–zuschlag** *m (SteuerR)* contribution générale de solidarité (pour promouvoir l'économie de l'ex-RDA).

**SOLL** *n* • *(Buchf)* doit *m*, débit *m* • *(BW: geplante Menge)* objectif prévisionnel; **ins – eintragen** porter au débit, débiter; **– und Haben** doit et avoir.

**SOLL | POSTEN** *m* poste débiteur; **–seite** *f* colonne *f* débit, doit *m*; **–vorschrift** *f* prescription *f* non impérative, disposition légale modifiable (par la volonté des parties).

**SONDER | ABFALL** *m* déchets spéciaux toxiques; **–abschreibung** *f* dégrèvement fiscal sous la forme d'un amortissement spécial; **–angebot** *n* offre spéciale; **–ausgaben** *(SteuerR)* dépenses exceptionnelles (déductibles).

**SONDER | BEDARF** *m (EheR)* besoins *mpl* accrus par suite de circonstances particulières; **–bedingungen** *pl* conditions particulières; **–behandlung** *f* traitement préférentiel.

**SONDER | EIGENTUM** *n* partie privative (dans la copropriété des immeubles); propriété individuelle; **–erlaubnis** *f* autorisation spéciale; **–fall** *m* cas spécial *ou* atypique *ou* particulier; **–gericht** *n* juridiction d'exception.

**SONDER | NUTZUNGSRECHT** *n (SachR: Eigentum)* jouissance spéciale (empiétant sur le domaine public); **–opfer** *n (StaatsR)* sacrifice *m* excédant la mesure normale; **–prüfer** *m* audit spécial; expert comptable.

**SONDER | RECHT** *n* privilège *m*, droit *m* exorbitant; **–rechtsnachfolge** *f* succession testamentaire; **–regel** *f*, **–regelung** *f* • disposition particulière • réglementation *f* spéciale; **–stellung** *f* position *f* spéciale, originalité *f* juridique.

**SONDER | VEREINBARUNG** *f* accord *m* spécial; **–verjährung** *f* prescription abrégée; **–vermögen** *n* • *(ÖfR)* établissement *m* public (avec ou sans personnalité morale propre) ayant un budget spécial • *(ZR)* propre *m*, bien *m* spécial, patrimoine *m* distinct.

**SONDER | VOLLMACHT** *f* procuration spéciale, pouvoirs spéciaux; **–vorrecht** *n* super-privilège *m*; **–votum** *n (PrzR: abweichende Meinung)* avis *m* des juges constituant une minorité lors de la décision collégiale; **–ziehungsrechte** *pl* droits de tirage spéciaux (D.T.S.).

**SONNTAGS | ARBEIT** *f* travail dominical; **–ruhe** *f* repos dominical.

**SORGE** *f* • *(ÖfR, FamR)* intérêt *m*, charge *f*, responsabilité *f* • *(SchuldR: Sorgfalt)* soin *m* (d'un bon père de famille); **elterliche –** autorité parentale; **– für die Person der Kinder** *(FamR)* autorité parentale sur les enfants, garde des enfants; **–berechtigte(r)** *m* *(FamR)* personne investie du droit de garde, personne à qui l'enfant a été confié.

**SORGE | PFLICHT** *f* *(FamR: der Eltern)* obligation d'assurer la garde (des enfants), devoir de garde; **–recht über die Kinder** modalités de l'exercice de l'autorité parentale, droit de garde sur les enfants; **–rechtsverletzung** *f* violation des règles relatives à l'autorité parentale (par celui à qui l'enfant a été confié).

**SORGFALT** *f* • *(ZR, HR: Gewissenhaftigkeit)* diligence *f*, soin *m* attentif *ou* appliqué, vigilance *f*, surveillance attentive, attention • *(Genauigkeit)* exactitude *f*, minutie *f*; **Außerachtlassung der im Verkehr erforderlichen –** manquement *m* à l'obligation de se comporter en bon père de famille, manquement à la prudence; faute *f* (dans le comportement), erreur *f*; absence de diligence.

**SORGFÄLTIG 1.** *adv* soigneusement, avec le plus grand soin; en bon père de famille; diligemment; **– aufbewahren** conserver en lieu sûr; **– beachten** respecter scrupuleusement.

**SORGFÄLTIG 2.** *adj* soigneux; appliqué; diligent; sérieux; minutieux; **–e Aufklärung des Sachverhalts** élucidation complète des faits; **–e rechtliche Prüfung** examen juridique approfondi.

**SORGFALTS | ANFORDERUNGEN** *fpl*, **–maßstab** *m* critères *mpl* de l'obligation de diligence; **–pflicht** *f* obligation d'apporter (à qqch.) tous les soins d'un bon père de famille, obligation d'agir avec soin et diligence; **–pflichtverletzung** *f*, **–verletzung** *f*, **–verstoß** *m* non-respect de l'obligation d'agir en bon père de famille, défaut *m* d'attention, défaut de vigilance; manque *m* de diligence.

**SORTIMENT** *n* assortiment *m*, choix *m*.

**SOZIAL** *adj* • *(VerfR)* social, qui concerne la société entière et l'intérêt général • *(ArbR)* qui concerne le droit social; **–e Fürsorge** assistance *ou* aide sociale; **–e Indikation** interruption volontaire de la grossesse pour des raisons sociales; **–es Jahr** année de service social volontaire (d'un jeune entre 17 et 25 ans); **–er Wohnungsbau** accession à la propriété de personnes physiques ayant des ressources modestes.

**SOZIAL | ABBAU** *m* démantèlement de la législation sociale; réduction des prestations de la sécurité sociale; **–abgaben** *fpl* charges *fpl* sociales, versements *mpl* aux assurances sociales; **–adäquanz** *f* • *(ArbR)* justification *f* du point de vue social, adaptation des moyens aux buts poursuivis (par une grève) • *(StR)* agissement considéré comme non répréhensible par la société; **–amt** *n* service *m* d'aide sociale; **–arbeiter(in)** assistant(e) social(e); **–aufwendungen** *fpl* charges *fpl* sociales; **–ausgaben** *pl* dépenses *fpl* sociales.

**SOZIAL | BEHÖRDE** *f* service *m* d'aide sociale; **–bindung des Eigentums** exercice du droit de propriété dans le cadre des lois existantes et en tenant compte de sa fonction sociale; **–charta** *f* **: europäische –charta** charte sociale européenne; **–einrichtung** *f* œuvres *fpl* sociales (d'une entreprise).

**SOZIAL | FÜRSORGE** *f* aide *f* sociale; **–gebundenheit** *f* *(VerfR)* obligation de respecter les règles élémentaires de la vie sociale; **–gericht** *n* tribunal (allemand) du contentieux social; **–gerichtsbar-**

**keit** *f* juridiction *f* sociale; **–gerichtsverfahren** *f* contentieux social *ou* de la sécurité sociale.

**SOZIAL | GESETZBUCH** *n* (S.G.B.) code *n* (allemand) de la sécurité sociale; **–gesetzgebung** *f* législation *f* sociale; **–helfer** *m* assistant *m* de service social, aide *m* social, travailleur *m* social.

**SOZIALHILFE** *f* • *(Tätigkeit)* aide *f* sociale (aux personnes en difficulté), assistance *f* (aux indigents); travail social • *(Behörde)* service d'aide sociale, service *m* social • *(Unterstützung)* allocation d'aide sociale; **–empfänger** *m* assisté *m*, personne bénéficiant de l'aide sociale; **–leistung** *f* prestation au titre de l'aide sociale; **–träger** *m* organisme *n* d'aide sociale.

**SOZIAL | KLAUSEL** *f* *(MietR)* clause *f* de protection sociale (en faveur du locataire); **–lasten** *fpl* charges *fpl* sociales; **–leistungsempfänger** *m* bénéficiaire *m* d'une prestation de sécurité sociale; **–lohn** *m* salaire *m* familial *ou* social; **–ordnung système** *m* social; organisation de la sécurité sociale; **–partner** *mpl* partenaires *mpl* sociaux.

**SOZIAL | PFLICHTIGKEIT** *f* **des Eigentums** obligation de respecter les limitations de la propriété ayant pour but de protéger la société; **–pflichtversicherung** *f* assurance sociale obligatoire; **–plan** *m (GesR, ArbR)* plan de protection sociale, plan social pour les ouvriers licenciés (en vue de la préretraite *ou* du reclassement professionnel); **–prognose** *f (StVZ)* pronostic relatif à la réinsertion sociale (d'un délinquant).

**SOZIAL | RECHT** *n* droit *m* social, régime *m* de la sécurité sociale; **–staat** *m (VerfR)* État démocratique libéral à tendance sociale; **–staatsgrundsatz** *m*, **–staatsprinzip** *n* obligation de solidarité sociale de l'État de droit.

**SOZIALVERSICHERUNGS | ABGABEN** *fpl* cotisations, contributions imposés aux assurés sociaux; **–ausweis** *m* carte *f* d'assuré social; **–grenze** *f* plafond d'assujetissement à la sécurité sociale légale; **–recht** *n* droit des assurances sociales; **–träger** *m* organisme *m* de l'assurance sociale.

**SOZIAL | VERTRÄGLICHKEIT** *f* adéquation sociale, proportionnalité des moyens mis en œuvre avec le but à atteindre; **–widrigkeit** *f* *(ArbR: Kündigung)* licenciement irrégulier pour violation des règles sociales; **–wohnung** *f* logement *m* social.

**SOZIETÄT** *f* • *(GesR)* groupement d'intérêt économique • *(Zusammenschluss in der Form einer [Anwalts-]Gemeinschaft)* société civile professionnelle (d'avocats), S.C.P.; **–sanwalt** *m* avocat faisant partie d'une S.C.P. allemande.

**SPANNE** *f* marge *f*; différence *f*.

**SPAR | BUCH** *n* livret *m* de caisse d'épargne; **–buchinhaber** *m* titulaire *m* d'un livret de caisse d'épargne; **–einleger** *m* épargnant *m*, déposant *m*.

**SPAREN** *v* • *(zurücklegen)* épargner, conserver *ou* accumuler par l'épargne • *(einsparen)* économiser, utiliser avec mesure • *(horten)* thésauriser, accumuler, amasser de l'argent.

**SPARER** *m* épargnant *m*; **kleiner –** petit épargnant.

**SPARKASSE** *f* *(BankR)* caisse *f* d'épargne; **–nbuch** *n (= Sparbuch)* livret *m* de caisse d'épargne; **–nzweigstelle** *f* agence locale de la caisse d'épargne.

**SPAR | KONTO** *n* compte *m* d'épargne sur livret; **–maßnahmen** *fpl* plan *m* de rigueur *ou* d'austérité, mesures d'économie; **–quote** *f (VWirt)* rapport entre l'épargne et le revenu national.

**SPÄT | FOLGEN** *fpl* conséquences éloignées (d'un préjudice); **–schaden** *m* dommage *m* consécutif *ou* tardif.

**SPEDITEUR** *m (HR)* commissionnaire *m* de transport; **–bedingun-**

**gen** conditions générales du commissionnaire de transport de marchandises.

**SPEDITION** *f* • *(Versendung)* commission de transport; expédition *f*, envoi *m* • *(Speditionsfirma)* société de commission de transport de marchandises; entreprise *f* de transport • *(Versandabteilung)* service *f* d'expédition (dans une entreprise).

**SPEDITIONS | FIRMA** *f* entreprise *f* de commission de transport; **–kaufmann** *m* commissionnaire de transport; **–vertrag** *m* contrat de commission de transport.

**SPENDE** *f* • *(Gabe)* don *m* (aux œuvres), libéralité *f* à une œuvre de bienfaisance; présent *m*; cadeau *m* • *(Schenkung)* donation *f*, aliénation *f* à titre gratuit, disposition gracieuse • *(kleiner Beitrag)* obole *f*, petite contribution en argent; aumône *f*.

**SPENDEN | ABZUG** *m* *(SteuerR)* libéralité *f* donnant lieu à une réduction d'impôt; **–aktion** organisation d'une quête publique (pour une œuvre charitable); **–bescheinigung** *f* *(SteuerR)* certificat *m* de déductibilité fiscale; **–betrug** *m* escroquerie *f* par quête frauduleuse; **–quittung** *f* certificat *m* de déductibilité fiscale.

**SPENDER** *m* donateur *m*, disposant *m*; bienfaiteur *m*.

**SPERR | BEREICH** *m*, **–bezirk** *m* • lieux *mpl* réservés à la prostitution • zone *f* interdite.

**SPERREN** *v* • *(Konto)* bloquer, geler (un compte), faire opposition • *(Gebiet)* interdire, faire un barrage • *(Scheck)* barrer • *(Ausfuhr)* prohiber • *(Zufuhr)* couper, intercepter • *(Urlaub)* supprimer.

**SPERR | FRIST** *f* • *(Vergleichsverfahren)* période suspecte de 30 jours (avant l'ouverture du règlement judiciaire) • *(StR)* période *f* de retrait du permis de conduire; **–gebiet** *n* zone *f* interdite; **–gut** *n* marchandise encombrante, colis *m* encombrant; **–guthaben** *n* avoir *m* bloqué.

**SPERR | KLAUSEL** *f* *(VerfR: Wahlen)* clause prévoyant l'obtention de 5% de voix au minimum au niveau national (pour l'obtention de mandats électoraux); **–konto** *n* compte *m* bloqué *ou* gelé; **–minderheit** *f*, **–minorität** *f* *(VerfR u. GesR)* minorité dont l'importance permet de paralyser les décisions de la majorité, minorité de blocage; **–müll** *m* déchets encombrants; **–patent** *n* brevet *m* de barrage; **–stunde** *f* *(VwR: Polizeistunde)* heure *f* de clôture (des établissements ouverts au public); couvre-feu *m*.

**SPESEN** *pl* *(ArbR)* frais *mpl* exposés, débours *mpl*, dépenses *fpl* (pour autrui); **–abrechnung** *f* liquidation *f* *ou* décompte *m* des frais; **–aufstellung** *f* état des frais; **–rechnung** *f* note de frais; **–reiterei** *f* usage abusif des notes de frais.

**SPEZIAL | FALL** *n* cas particulier; **–gesetz** *n* loi réglementant une situation particulière.

**SPEZIAL | PRÄVENTION** *f* *(StR)* prévention *f* individuelle; **–vollmacht** *f* procuration *f* spéciale, mandat *m* spécial.

**SPEZIES | KAUF** *m* *(SchuldR: Kauf eines bestimmten Gegenstandes)* achat *m* *ou* vente *f* portant sur une chose non fongible *ou* un corps certain, achat d'un objet déterminé individuellement; **–sache** *f* corps *m* certain, chose *f* non fongible, objet *m* déterminé individuellement; **–schuld** *f* *(SchuldR: Stückschuld)* dette *f* portant sur un corps certain.

**SPIEL** *n* jeu *m* (de hasard), (contrat de) jeu, contrat aléatoire; **–automat** machine *f* à sous; **–automatenbetreiber** *m* tenancier *m* d'une maison de jeux de hasard et d'appareils de jeux; **–bank** *f* casino *m* (municipal).

**SPIEL | FILM** *m* œuvre *f* cinématographique, film *m*; **–geld** *n* jetons et plaques; **–geräte** *pl* appareils (distributeurs) fonctionnant moyennant un enjeu, appareils *mpl* *ou* machines *fpl* à sous; **–gewinn** *m* produit *m* du jeu; **–halle** *f*, **–kasino** *n* maison de jeu, casino *m*.

**SPIEL | RAUM** *m* marge *f* de manœuvre; marge de liberté; latitude *f*; **–schuld** *f* dette *f* de jeu; **–sucht** *f* ludopathie *f*, addiction au jeu; **–steuer** *f* taxe *f* sur les jeux de hasard; **–verbot** *n* interdiction de fréquenter les cercles et casinos.

**SPIONAGE** *f* • *(StR: Landesverrat)* espionnage *m* (par un étranger); trahison *f* (par un national) • *(WirtR: Betriebsspionage)* espionnage industriel; communication illicite de renseignements d'ordre économique; **–abwehr** *f*; **–dienst** *m* contre-espionnage *m*; **–netz** *n*; **–ring** *m* réseau *m* d'espionnage.

**SPIRITUOSEN** *fpl* boissons spiritueuses *ou* fortes (avec une proportion d'alcool de 20% au moins).

**SPITZEL** *m* indicateur *m*, informateur (de la police).

**SPITZEN | ERZEUGNIS** *n* produit *m* haut de gamme; **–funktionär** *m* leader *m* syndical; **–kandidat** *m* (candidat) tête de liste; **–leistung** • rendement *ou* productivité maximum • performance *f*; travail remarquable.

**SPITZENORGANISATION** *f* organisme *m* supérieur; confédération; organisation centrale; **gewerkschaftliche –** centrale *f* syndicale, confédération.

**SPITZEN | REITER** *m* palmarès *m* des meilleures ventes; **–sport** *m* sport *m* de haut niveau; **–technologie** *f* technologie avancée; technique *f* de pointe.

**SPITZEN | VERBAND** *m* confédération; organisme *m* à l'échelon national, centrale *f* (syndicale), confédération (patronale); **–verkehr** *m* pointe de trafic; **–zeit** *f* heures *fpl* d'affluence maximale, heures de pointe.

**SPITZNAME** *m* surnom *m*, sobriquet *m*.

**SPLITTINGVERFAHREN** *n* *(SteuerR)* procédure fiscale de la division du revenu (des époux) en deux parts (en vue de déterminer l'impôt sur le revenu).

**SPONSOR** *m* commanditaire *m*, parraineur *m*, parrain *m*, sponsor *m*; **–namen** *m*, **–nennung** *f*, **–hinweis** *m* indication du parraineur.

**SPONSORING** *n*, **Sponsorschaft** *f* *(SteuerR)* sponsorisation, parrainage, mécénat *m*.

**SPONTAN | DEMONSTRATION** *f* manifestation spontané, non organisée; **–kauf** *m* achat compulsif *ou* addictif; **–reaktion** *f* acte réflexe *ou* irréfléchi.

**SPORT** *m* • sport, activité physique • *(Schule)* éducation physique; **–bund** *m* association sportive, club *m*; **–förderung** *f* sponsoring *m*; **–gericht** *n* instance *f* disciplinaire sportive; **–kampf** *m* compétition *ou* épreuve sportive; **–lehrer** *m* moniteur *m* d'éducation physique; **–ler** *m* sportif *m*; **–unfall** *m* accident d'un sportif; **–verein** *m* club *m*, association sportive; **–unterricht** *m* éducation physique.

**SPOT** *m* • *(Werbung)* court film publicitaire • *(HR: Geschäft)* marché spot, marché au coup par coup; **–preis** *(Rohöl)* prix sur le marché spot.

**SPOTT** *m* dérision, persiflage *m*; **–preis** *m* prix *m* dérisoire.

**SPRACH | GEMEINSCHAFT** *f* communauté linguistique; **–grenze** *f* frontière *f* linguistique; **–minderheit** *f* minorité linguistique; **–raum** *m* territoire *m* sur lequel on parle la même langue; **–regelung** *f* version officielle, formule consacrée; **–rohr** *n* porte-parole *m*; **–werke** *pl (UrhR)* écrits *mpl* littéraires, artistiques et scientifiques, livres *mpl*, brochures *fpl*.

**SPRECHBEWILLIGUNG** *f (StPR)* permis *m* de communiquer.

**SPRECHEN** *v* : **Recht –** rendre la justice; **schuldig –** condamner qqn.

**SPRECHER** *m* porte-parole *m*; orateur *m*; **– der Bundesregierung** porte-parole du gouvernement fédéral allemand.

**SPRECH | STUNDE** *f* heure(s) de consultation; **–zimmer** *n* parloir *m.*

**SPRENGEL** *m (PrzR)* ressort *m*, compétence *f* (territoriale) d'une juridiction.

**SPRENGSTOFF** *m* substance *f ou* matière explosive, explosif *m*; **–anschlag** *m* plasticage *m*; **–verbrechen** *n* • attentat commis à l'aide d'explosifs • infraction en matière de détention et d'usage d'explosifs.

**SPRUCH** *m* • *(PrzR: Urteil)* jugement *m*, sentence *f* • *(PrzR: Urteilstenor)* dispositif *m* (du jugement) • *(Ausspruch)* sentence *f*; maxime *f*; **–band** *n* banderole *f*; **–kammer** *f* chambre (d'un tribunal); **–körper** *m* tribunal *m*; collège *m* de juges.

**SPRUCHREIF** *adj (PrzR)* (litige) en état.

**SPRÜH | DOSE** *f* atomiseur *m*, bombe *f* (de peinture), aérosol *m*; **–parole** *f* mot *m* d'ordre *ou* parole tagué ou bombé (sur un mur).

**SPRUNG | BERUFUNG** *f (SteuerPrzR)* recours direct (devant le tribunal financier); **–revision** *f (PrzR)* recours direct en cassation devant la Cour fédérale de Justice (sans passer par l'instance d'appel); **–rückgriff** *m* recours *m* direct (sans passer par les instances intermédiaires).

**SPUR** *f* • *(StR)* trace(s) *fpl* (de freinage, de sang); indice *m*; marque *f* • *(StVR)* file *f*, voie *f*; **–ensicherung** *f* constatations matérielles (d'un crime); examen et description des indices recueillis; saisie *f* des instruments d'un crime.

**STAAT** *m* • *(VerfR)* État *m* • *(VR: Staatsgewalt)* autorité souveraine *ou* suprême • *(VR: Staatsgebiet)* territoire national; **ersuchender –** État *ou* gouvernement requérant; **ersuchter –** État *ou* gouvernement requis; **kriegführender –** État belligérant.

**STAATEN | BUND** *m (VR: Konföderation)* confédération d'États; **–bündnis** *n* alliance *f*; **–gemeinschaft** *f* communauté d'États, concert des nations.

**STAATENLOS** *adj* apatride, sans nationalité, sans-patrie, heimatlos.

**STAATEN | LOSE(R)** *m* apatride *m*, personne *f* sans nationalité, heimatlos *m*; **–losigkeit** *f* apatridie *f*, absence de nationalité, heimatlosat *m.*

**STAATLICH** *adj* : **–e Aufsicht** *(VwR)* tutelle étatique; **–es Handeln** agissements *mpl* (criminels) de l'État; **–e Ordnung** ordre juridique d'un État; **–e Verfolgung** persécution par des organes étatiques.

**STAATS | ABGABEN** *fpl* charges publiques; impôts publics; **–affäre** *f* affaire de la plus haute importance; **–akt** *m* • *(Hoheitsakt)* acte *m* de gouvernement, acte de la puissance publique • *(feierliche Handlung)* cérémonie *f* officielle.

**STAATSANGEHÖRIGE(R)** *m* national *m*, citoyen *m* (d'un État), sujet *m*, ressortissant *m*; **ausländischer –** ressortissant *m* étranger; **deutscher –** citoyen allemand, citoyen de nationalité allemande.

**STAATSANGEHÖRIGKEIT** *f* nationalité *f*, citoyenneté *f*; **Entlassung aus der –** perte *f ou* déchéance de la nationalité; **Erwerb der –, Verleihung** *f* **der –** acquisition de la nationalité, naturalisation; **Verzicht auf die –** répudiation de la nationalité, renonciation à la nationalité; **– kraft Geburt** nationalité d'origine par filiation.

**STAATSANGEHÖRIGKEITS | GESETZ** *n* code *m* (allemand) de la nationalité; **–urkunde** *f*, **–zeugnis** *n* certificat de nationalité.

**STAATSANWALT** *m* • *(PrzR)* magistrat *m* du parquet, magistrat debout • *(vor Gerichten erster Instanz)* procureur de la République; substitut *m* • *(Berufungs- u. Revisionsgericht)* procureur général, avocat général; **–schaft** *f* • *(als gerichtliche Behörde)* Parquet *m* • *(Amtstätigkeit der Strafverfolgung)* ministère *m* public • *(Laufbahn)* magistrature *f* debout.

**STAATS | ANZEIGER** *m* journal *m* officiel; **–apparat** *m* appareil *m* étatique; **–aufbau** *m* organisation étatique, structure *f* de l'État; **–aufgaben** *pl (StaatsR)* activités exercées par la collectivité publique en vue de donner satisfaction à des besoins d'intérêt général; **–aufsicht** *f* tutelle *f* (étatique), contrôle *m* exercé par l'État; **–auftragsangelegenheiten** *pl (VwR)* activités exercées par une collectivité locale au nom de l'État central; **–ausgaben** *fpl* dépenses *fpl* publiques.

**STAATS | BEAMTE(R)** *m* fonctionnaire *m* public, agent *n* de l'État, fonctionnaire fédéral *ou* d'un Land (par opposition aux fonctionnaires des collectivités locales); **–begräbnis** *n* obsèques *fpl* nationales; **–besuch** *m* visite officielle (d'un chef d'État), visite d'État.

**STAATSBÜRGER** *m* citoyen *m*, national *m*, ressortissant *m*; **–kunde** *f* instruction *f* civique; **–pflicht** *f* sujétion imposée par l'État; **–recht** *n* • *(Singular)* citoyenneté *f* • *(Plural)* droits *mpl* civiques, libertés publiques; **–schaft** *f* nationalité *f*, citoyenneté *f*.

**STAATS | CHEF** *m* chef d'État, chef de l'État; **–dienst** *m* service *m* de l'État, administration *f* étatique *ou* publique; **–domäne** *f*, **–eigentum** *n* propriété *f* nationale, domaine *m* (national), domaine de l'État; **–empfang** *m* réception officielle.

**STAATS | FARBEN** *fpl* emblème national allemand (noir-rouge-or); **–feiertag** *m* fête nationale; **–feind** *m* ennemi *m* public; **–feindliche Bestrebungen** *(StR)* activités en vue de nuire à l'État; **–finanzen** *fpl* finances *fpl* publiques; **–flagge** *f* drapeau *m* (d'une nation); **–form** *f* régime *m* (étatique); **–führung** *f* dirigeants étatiques.

**STAATS | GEBIET** *n* territoire *m* national; **–gefährdung** *f* atteinte *f* au crédit et à la sûreté de l'État; **–gelder** *pl* fonds *mpl* publics, deniers *mpl* publics; **–gewalt** *f* • *(i.w.S.)* puissance *f* étatique, pouvoirs *mpl* publics, autorité *f* publique • *(i.e.S.)* pouvoir exécutif; **–grenze** *f* frontière *f* de l'État.

**STAATS | HAFTUNG** *f* responsabilité *f* de l'État *ou* étatique; **–haftungsrecht** *n* régime légal de la responsabilité étatique; **–hoheit** *f* souveraineté *f* de l'État; **–hymne** *f* hymne *m* national; **–interesse** *n* intérêt national.

**STAATS | KANZLEI** *f* Chancellerie *f* (d'État), siège *m* du gouvernement allemand (dans les Länder); **–kanzler** *m* Chancelier *m* (allemand); **–kasse** *f* Trésor *m* public; **–kunde** *f*, **–kunst** *f* politique *f*, art *m* de gouverner; **–lasten** *fpl* charges *fpl* publiques; **–lehre** *f* sciences *fpl* politiques; théorie de l'État.

**STAATS | MANN** *m* homme *m* politique, homme d'État; **–minister** *m* ministre d'État (en Bavière *ou* en Saxe); **–neutralität** *f* impartialité *ou* neutralité de l'État (dans les conflits collectifs de travail); **–notstand** *m (VerfR: Ausnahmezustand)* état d'exception, état *m* d'urgence national; **–oberhaupt** *n* chef d'État, Président de la République; **–ordnung** *f* système juridique étatique; ordre public.

**STAATS | POLIZEI** *f* police nationale *ou* étatisée; **–präsident** *m* président *m* de la République, Chef de l'État; **–recht** *n* droit *m* public.

**STAATSSCHUTZ** *m* sûreté *f* de l'État; **–behörde** *f* service de sûreté de l'État, service de renseignements généraux; **–delikt** *n* infraction contre la sûreté de l'État; atteinte aux intérêts fondamentaux de la nation; **–kammer** *f* chambre *f* du Tribunal régional (allemand) compétente en matière de crimes et délits contre la sûreté de l'État.

**STAATSSCHÜTZER** *m (VerfR: Umgspr.)* fonctionnaire *m* de l'Office fédéral de protection de la constitution, agent *m* des renseignements généraux allemands.

**STAATS | SEKRETÄR** *m* • *(VerfR)* secrétaire *m* d'État (en tant que représentant et assistant du ministre) • *(parlamentarischer –)* secrétaire d'État parlementaire (obligatoirement député du Parlement fédéral); **–sicherheit** *f* sûreté *f* de l'État; **–sicherheitsdienst** *m (hist.: Stasi – DDR)* services *mpl* de sécurité dans l'ancienne RDA; **–siegel** *n* sceaux de l'État; **–treue** *f* loyalisme *m* républicain, fidélité *f* aux institutions établies.

**STAATS | VERANTWORTLICHKEIT** *f*, **–verantwortung** *f* responsabilité *f* étatique; **–verbrechen** *pl* crimes et délits contre la chose publique; **–verdrossenheit** *f* mécontentement général face à l'ordre établi, ras-le-bol général; **–verfassung** *f* constitution *f*, Loi fondamentale; **–verleumdung** *f* atteinte au crédit de l'État *ou* de la nation; **–vermögen** *n* patrimoine *m* de l'État, biens *mpl* publics; **–verschuldung** *f* dettes publiques.

**STAATSVERTRAG** *m (VR: völkerrechtlicher Vertrag)* traité *m*, convention internationale; **mehrseitiger –** traité multilatéral; **zweiseitiger –** traité bilatéral.

**STAATSVERWALTUNG** *f* administration *f* publique, action *f* administrative de l'État, Administration *f*; **mittelbare –** administration décentralisée *ou* autonome; **unmittelbare –** administration directe *ou* centralisée.

**STAATS | VOLK** *n* communauté *f* d'hommes (au sein de l'État), citoyens *mpl*, nationaux *mpl*; **–wappen** *pl* armoiries de l'État; emblème *m* étatique; **–wesen** *n* État, chose *f* publique; **–wirtschaft** *f* • *(i.e.S.)* finances publiques • *(i.w.S.)* économie *f* politique; **–wirtschaftslehre** *f* économie politique; **–wissenschaft** *f* sciences *fpl* politiques; **–wohl** *n* bien *m* public, salut *m* public.

**STADT** *f* • *(größere Gemeinde)* commune urbaine, ville *f* • *(Innen-)* cité *f* • *(Stadtverwaltung)* municipalité *f*; **freie –** ville libre; **kreisangehörige –** ville intégrée dans un district communal; **kreisfreie –** ville ne faisant pas partie d'un district communal, communauté urbaine autonome; **Kreis–** chef-lieu *m* de cercle.

**STADT | BAUAMT** *n* service municipal d'urbanisme; **–baurat** *m* conseiller municipal préposé à l'urbanisme; **–behörde** administration municipale; **–bezirk** *m* district *m* municipal, arrondissement (urbain); **–direktor** *m* chef *m* des services municipaux.

**STÄDTEBAU** *m* urbanisme *m*; réglementation de l'urbanisme; **–recht** *n* droit de l'urbanisme; **–plan plan** *m* urbanistique.

**STÄDTE | ORDNUNG** *f* code communal; **–partnerschaft** *f* jumelage *m* (de villes); **–planung** *f* schéma directeur communal; **–tag** *m* assemblée générale des communes allemandes.

**STADT | GEMEINDE** *f* commune *f* urbaine, ville *f*; **–kämmerer** *m* trésorier *m* municipal; **–kern** *m* centre-ville *m*; **–kreis** *m* • *(= kreisfreie Stadt)* ville n'étant pas intégrée dans un district communal • arrondissement municipal.

**STADT | PLANER** *n* urbaniste *m*; **–planung** *f* urbanisme *m*, aménagement de l'habitat urbain; **–randsiedlung** *f* banlieue *f* urbaine; **–rat** *m* • *(Gemeindevertretung)* conseil *m* municipal • *(Stadtratsmitglied)* conseiller municipal (d'une ville); **–ratsbeschluss** *m* délibération du conseil municipal; **–ratsmitglied** *n* conseiller municipal; **–reinigung** *f* voirie *f* urbaine.

**STADT | STAAT** *m* ville-État *f*, ville ayant le statut d'un Land (Berlin, Hambourg, Brème); **–streicher** *m* personne *f* sans domicile fixe, «un S.D.F.», vagabond *m*; **–verordneter** *m* conseiller *m* municipal; **–verwaltung** administration municipale; **–viertel** *n* quartier *m*, arrondissement; **–werke** *mpl* entreprise communale, régie municipale (eau, éctricité); **–zentrum** *n* centre-ville *m*.

**STAFFELUNG** *f* classement *m*; échelonnement *m*; hiérarchisation *f*; gradation, progression; **– der Löhne und Gehälter** hiérarchie *f* des rémunérations; **– der Ferien** *od.* **der Urlaubszeit** étalement *m* des vacances; **– der Zahlungen** échelonnement des paiements.

**STAMM | ABSCHNITT** *m* souche *f*, talon *m*; **–aktie** *f* action *f* ordinaire *ou* de capital; **–baum** *m* arbre *m* généalogique; **–belegschaft** *f* effectifs *mpl* permanents; **–betrieb** *m* entreprise-mère *f*, entreprise d'origine; **–blatt** *n* • fiche individuelle • souche *f*; **–buch** *n* livret *m* de famille; **–einlage** *f* apport *m* initial, part sociale (dans une société à responsabilité limitée).

**STAMM | KAPITAL** *n* capital *m* social, capital initial; **–kundschaft** *f* clientèle habituelle *ou* attitrée; **–lieferant** *m* fournisseur habituel *ou* attitré; **–patent** *n* brevet *m* d'origine; **–personal** *n* personnel *m* permanent; **–sitz** *m* siège social principal; **–wähler** *pl* électorat *m* fidèle (d'un parti).

**STAND 1.** *m* • *(Beruf)* situation *f*, profession *f* • *(Personenstand)* état-civil *m* • *(Standort)* place *f*, emplacement *m*, situation *f* • *(gesellschaftliche Stellung)* situation *f*, condition *f*, classe *f*, rang *m*, état *m* • *(Höhe)* niveau *m*, hauteur *f*, degré *m* • *(Preise)* cote *f*, cours *m* • *(Messe)* stand *m*, emplacement réservé à un exposant; **– der Technik** *(PatR)* état de la technique, art antérieur.

**STÄNDE 2.** *mpl* corps *mpl* constitués; **–kammer** *f* assemblée corporatiste; **–ordnung** *f* corporatisme; **–rat** *m* • conseil des corporations • (S) Conseil des États • (S) conseiller aux États; **–recht** *n* droit corporatif.

**STANDARD** *m (Norm)* standard *m*, norme *f* de fabrication en série, type *m*; **–brief** *m* disposition normalisée de la lettre commerciale; **–klausel** *f* clause-standard, clause *f* type; **–muster** *n* échantillon-type *m*; **–vertrag** *m* contrat type.

**STANDESAMT** *n (VwR)* état-civil *m*, Registres *mpl* de l'état-civil.

**STANDESAMTLICH** *adj* : **–e Trauung** mariage civil.

**STANDESAMTS | BEAMTE(R)** *m* fonctionnaire (allemand) préposé à l'état-civil; **–register** *n* registre de l'état-civil.

**STANDES | ETHIK** *f* éthique professionnelle, déontologie *f*; **–gericht** *n* juridiction *f* professionnelle; **–pflichten** *fpl* obligations *fpl* professionnelles, déontologie *f*; **–recht** *n* droit professionnel *ou* corporatif; **–verfehlung** *f*, **–verstoß** *m* violation des règles professionnelles.

**STÄNDIG** *adj* : **–e Rechtsprechung** jurisprudence constante *ou* inchangée.

**STAND | LICHT** *n (Kfz)* feux *mpl* de position; **–miete** *f* loyer *m* pour un stand (d'exposition).

**STANDORT** *m* • *(WirtR)* lieu *m* d'implantation (d'une entreprise), localisation, emplacement *m*, lieu *m* d'établissement; point d'attache; situation *f* géographique • *(MilR)* garnison *f*; **– Deutschland** l'Allemagne, en tant pays favorable aux investisseurs (dans le cadre de la mondialisation); **–entscheidung** *f* choix *m* de l'emplacement (d'une centrale nucléaire); **–nachteile** *mpl* handicaps *mpl* quant à la localisation (d'une entreprise); **–verlagerung** *f* délocalisation (à l'étranger).

**STAND | PUNKT** *m* point *m* de vue, opinion *f*, conviction; **–recht** *n* loi martiale; **–spur** *f*, **–streifen** *m* *(StVR)* bande *f* d'arrêt d'urgence.

**STÄRKE** *f* force *f*, puissance *f*, pouvoir *m*; **– und Gefährlichkeit des Angriffs** *(StR: Notwehr)* intensité et dangerosité de l'agression; **– des Tatverdachts** gravité *f* des présomptions (pesant sur qqn).

**START** *m* lancement (d'une campagne publicitaire); **–gleichheit** *f* égalité *f* de chances au départ;

**–hilfe** *f* aide *f* au premier établissement.

**STATTGEBEN** *v (Antrag usw.)* donner suite à qqch.; acquiescer (à une demande), consentir (à), donner son consentement; **einem Anspruch –** faire droit à une demande.

**STATTHAFT** *adj* permis, autorisé, admissible; recevable; légal; **–e Revision** pourvoi *m* en cassation recevable.

**STATUS** *m (ZR, ÖfR: Rechtsstellung)* statut *m ou* état *m* juridique; **–klage** *f* action relative à la reconnaissance de l'état familial; action en recherche de paternité.

**STATUT** *n* • *(GemeindeR – Aut)* constitution communale • *(ÖfR: Reglementierung)* réglementation, règlements *mpl*, prescriptions; charte *f*.

**STATUTEN** *fpl* • *(GesR: Satzung)* statuts *mpl* • *(ZR: Verein)* statuts d'une association; **–änderung, –wechsel** *m* changement *m* des statuts.

**STECK | BRIEF** *m* • avis *m* de recherche (d'un criminel); mandat *m* d'arrêt • *(Personenbeschreibung)* signalement, fiche *f* signalétique *ou* anthropométrique.

**STELLE** *f* • *(VwR: Amt)* service *m*, organisme *m* public, instance *f*, charge *f*, office *m* • *(ArbR: Beschäftigung)* emploi *m*, poste *m*, situation • *(Ort, Platz)* place *f*, lieu *m*, endroit *m* • *(VwR: Planstelle)* emploi *m* budgétaire.

**STELLEN** *v* • *(Antrag)* déposer, faire une demande • *(Frage)* poser (une question) • *(Verbrecher)* interpeller • *(Kaution)* fournir (une caution) • mettre, placer.

**STELLEN | ABBAU** *m* suppression *f* d'emplois, compression *f* des effectifs; **–angebot** *n*, **–anzeige** *f* offre d'emploi; **–ausschreibung** *f* avis *m* de recrutement, avis de vacance d'un poste; **–bewerber** *m* postulant *m*, candidat *m*; **–bewerbung** *f* postulation; **–inhaber** *m* titulaire d'un poste; **–markt** *m* marché *m* du travail; **–nachweis** *m* agence *f* pour l'emploi; **–plan** *m* tableau *m* des effectifs, organigramme *m*; **–suchende(r)** *m* demandeur d'emploi, travailleur *m* en quête d'un emploi; **–vermittlung** *f* • service *m* de placement • placement *m* (de la main-d'œuvre).

**STELLUNG** *f* • *(Anstellung)* place *f*, position *f*, fonction *f*, situation *f*, poste *m* • *(Amt)* charge *f*, emploi *m* • *(Antrag)* dépôt *m* d'une demande • *(Beschaffung)* fourniture *f*; **marktbeherrschende –** situation de monopole, position dominante sur le marché; **rechtliche –** statut *m* juridique.

**STELLUNGNAHME** *f* prise *f* de position, commentaire *m*; **ablehnende –** avis *m* défavorable; **mit Gründen versehene –** avis motivé; **günstige –** avis favorable; **schriftliche –** observations écrites.

**STELLVERTRETER** *m* • *(SchuldR)* mandataire *m*, fondé *m* de pouvoir, délégué *m*, représentant *m* • *(ÖfR: amtlich bestellt)* adjoint *m*, substitut *m*, suppléant *m* • *(durch Wahl)* représentant, délégué; **– des Bürgermeisters** adjoint au maire.

**STELLVERTRETUNG** *f* • *(ZR, HR: Vertretungsmacht)* représentation *f*, pouvoir *m* de représentation • *(ÖfR)* suppléance *f*, remplacement *m*; **gesetzliche –** représentation légale; **gewillkürte –** représentation sur la base d'un mandat; **mittelbare –, verdeckte –** fonction de prête-nom.

**STEMPEL** *m* • *(Abdruck)* timbre *m* humide (marqué à l'encre), tampon *m*, cachet *m* • *(Gerät)* timbre de caoutchouc; timbre de cuivre • *(Post)* cachet (sur une lettre), cachet d'oblitération de la poste • *(Handel, Technik)* poinçon *m*, estampille *f*, marque *f* distinctive; **–bogen** *m* papier timbré; **–feld** *n* case *f* d'estampille.

**STERBE | ANZEIGE** *f* déclaration de décès; **–buch** *n* registre *m* des décès; **–datum** *n* jour *m* du décès;

**–fall** *m* décès *m*; **–fallsanzeige** *f* déclaration de décès.

**STERBEGELD** *n* allocation de décès, indemnité pour frais funéraires.

**STERBE | HILFE** *f* • soins palliatifs • euthanasie *f* (active ou passive); **–kasse** *f* mutuelle *f* de capital-décès.

**STERBE | ORT** *m* lieu *m* du décès; **–register** *n* registre *m* des décès; **–urkunde** *f* acte *m* de décès.

**STERBLICHKEIT** *m*, **–srate** *f*, **–ziffer** *f* mortalité *f*, taux *m* de mortalité, létalité *f*.

**STEUER** *f* • *(Abgaben i.w.S.)* contributions *fpl*, prélèvement pécuniaire obligatoire • *(Abgabe i.e.S.)* impôt *m* • *(Gemeindesteuer, Umsatzsteuer)* taxe *f* • *(Sonderabgabe)* prélèvement *m*; droit *m*; **einbehaltene –** impôt retenu à la source; **hinterzogene –** impôt éludé; **kommunale –** taxe locale.

**STEUER | ABKOMMEN** *n* accord *m* fiscal; **–abwälzung** *f* répercussion de l'impôt, incidence fiscale; **–abzug** *m* déduction *f* fiscale (des versements effectués au profit d'œuvres charitables).

**STEUERÄHNLICH** *adj* : **–e Abgabe** taxe *f* parafiscale.

**STEUER | AKTE** *f* dossier fiscal (d'un contribuable); **–amnestie** *f* amnistie *f* fiscale; **–ansatz** *m* taux *m* d'imposition; **–anspruch** *m* • sacrifice imposé par l'État en vue de couvrir les charges publiques, droit de l'État de percevoir des impôt • impôt à recouvrer, créance au profit du Trésor; **–anteil** *m* part *f* contributive.

**STEUER | AUFKOMMEN** *n* recettes *fpl* fiscales, produit *m* de l'impôt; **–ausfall** *m* déficit *m* des recouvrements fiscaux; **–ausgleich** *m* péréquation *f* des impôts; **–ausländer** *m* étranger n'ayant pas son domicile en RFA et imposable sur certains de ses revenus; **–ausweichung** *f* le fait d'éviter un impôt sans cependant commettre une fraude, fuite *f* devant l'impôt.

**STEUER | BEFREIUNG** *f* exonération fiscale, dégrèvement d'impôts, détaxation *f*, décote *f*, dispense *f*; **–begriff** *m* • Service *m* des impôts, administration fiscale • Perception *f*, hôtel des finances; **–beitreibung** *f* recouvrement *m* de l'impôt; **–belastung** *f* charge fiscale.

**STEUER | BEMESSUNGSGRUNDLAGE** *f* assiette *f* de l'impôt, base *f* d'imposition; **–berater** *m* conseil *m* *ou* conseiller *m* fiscal, fiscaliste *m*; **–berechnung** *f* calcul *m* de l'impôt.

**STEUER | BESCHEID** *m* • avis *m* d'imposition *ou* communication de la mise en recouvrement (du rôle), feuille *f* d'impôt • copie *f* *ou* extrait *m* du rôle • avertissement-extrait du rôle (B); **–betrug** *m* fraude *f* fiscale; **–bevollmächtigte(r)** *m* mandataire *m* en matière fiscale; **–bürger** *m* contribuable *m*; **–bußgeldverfahren** procédure relative aux amendes fiscales.

**STEUER | DELIKT** *n* infraction fiscale; **–ehrlichkeit** *f* sincérité *f* en matière fiscale; sens *m* du devoir fiscal; **–einbehalt** *m* retenue *f* à la source (de l'impôt sur le revenu des salariés); **–eingänge** *mpl* recettes fiscales; **–einnehmer** *m* percepteur, receveur des finances; **–einschätzung** *f* taxation fiscale, évaluation de la matière imposable.

**STEUER | EINTREIBUNG** *f* recouvrement d'impôts; **–erhebung** *f* perception d'un impôt, recouvrement *m*; **–erhöhung** *f* augmentation des impôts; **–erklärung** *f* déclaration fiscale *ou* (de feuille *f* d'impôt; **–erklärungsvordruck** *m* imprimé *m* pour la déclaration des revenus; **–erleichterung** *f* allègement *m* fiscal; **–ermäßigung** *f* réduction *ou* abattement d'impôt, détaxe *f*, dégrèvement *m* (d'impôt); **–erstattung** *f* remboursement d'impôts trop-perçus; **–ertrag** *m* rendement de l'impôt.

**STEUER | FAHNDER** *m* inspecteur des impôts, contrôleur *m*; **–fahndung** *f*, **–fahndungsdienst** *m*, **–fahndungsstelle** *f* direction des vérifications, service *m* de la répression des fraudes fiscales; **–festsetzung** *f* détermination du montant de l'impôt; liquidation *f* de l'impôt; **–flucht** *f* évasion *f* fiscale, fuite devant l'impôt; **–flüchtling** *f* contribuable fraudeur se dérobant au pays où il doit l'impôt.

**STEUER | FORDERUNG** *f* créance *f* d'impôt, créance fiscale (de l'État); **–formular** *n* formulaire *m* fiscal à remplir; **–freie Einnahmen** revenu *m* non imposable; **–freibetrag** *m* seuil *m* d'imposition; abattement *m* à la base; **–freigrenze** *f* limite d'imposition; **–freiheit** *f* exonération fiscale; immunité fiscale.

**STEUER | GEGENSTAND** *m* matière *f* imposable; **–geheimnis** *n* secret professionnel en matière de fiscalité; **–gelder** *npl* recettes fiscales; **–gerechtigkeit** *f*, **–gleichheit** *f* égalité devant l'impôt, justice *f* fiscale; **–grenze** *f* limite *f* d'imposition; **–guthaben** *n* crédit *m* d'impôt, avoir fiscal.

**STEUER | HINTERZIEHUNG** *f* fraude *f* fiscale (interne et internationale); dissimulation de la matière imposable; fausse qualification; omission volontaire de déclaration; fuite devant l'impôt; soustraction *f* fiscale (S); **–hoheit** *f* souveraineté *f* en matière fiscale; **–inspektor** *m* inspecteur *m* des contributions (directes).

**STEUER | KARTE** *f* (= *Lohnsteuerkarte)* feuille *f* *ou* carte fiscale préidentifiée (à remettre par le salarié à son employeur pour l'inscription des prélèvements forfaitaires automatiques et libératoires de l'impôt sur le revenu); **–klasse** *f* régime fiscal (suivant la situation familiale); catégorie d'imposition, classe d'imposition; **–kraftausgleich** *m* péréquation fiscale; **–last** *f* charge *f* fiscale; **–lehre** *f* finances publiques; théorie de l'impôt; **–marke** *f* timbre *m* fiscal, vignette *f*.

**STEUERMESS | BESCHEID** *m* décision de fixation de la dette d'impôt; **–betrag** *m* quotité de base pour l'assiette des impôts communaux, indice *m* de l'impôt; **–zahl** *f* coefficient *m* applicable aux sommes imposables (impôts communaux).

**STEUER | MINDESTSATZ** *m* taux de base (du prélèvement opéré); **–moral** *f* conscience fiscale, sens du devoir fiscal, honnêté scrupuleuse en matière fiscale; **–nachforderung** *f* rappel *m* d'impôt; **–nachlass** *m* dégrèvement *m*, remise *f* de l'impôt; **–nachzahlung** *f* rappel *m* (d'impôts); redressement *m*.

**STEUER | OASE** *f* paradis *m* fiscal; **–oberbelastungsgrenze** *f* taux maximal d'imposition; **–objekt** *n* matière *f* imposable; **–ordnungswidrigkeit** *f* sanction administrative fiscale; irrégularité frauduleuse; **–paradies** *m* paradis fiscal; **–pauschalierung** *f* impôt forfaitaire.

**STEUERPFLICHTIG** *adj* • *(Person)* contraignable, assujetti à l'impôt • *(Ware)* imposable; **–e Einnahmen** ensemble des ressources du contribuable (y compris les revenus de source étrangère).

**STEUER | PFLICHTIGE(R)** *m* contribuable *m*, personne *f* astreinte au paiement de l'impôt; **–pflichtigkeit** *f* assujettissement à l'impôt; **–progression** *f* progressivité de l'impôt; **–prüfer** *f* vérificateur *m* *ou* contrôleur *m* (de la direction des enquêtes fiscales).

**STEUER | RECHT** *n* droit fiscal; régime *m* des finances publiques; système fiscal (en vigueur); **allgemeiner Teil des –rechts** théorie générale de l'impôt; **besonderer Teil des –rechts** réglementation positive; **–rechtsprechung** *f* jurisprudence fiscale; **–reform** *f* réforme fiscale; **–rückerstattung** *f* remboursement d'impôts, restitution *f* fiscale; **–rückstände** *mpl* arriéré d'impôts, impôts arriérés, arrérage *m ou* reliquat *m* d'impôts; **–rückstellung** *f* provision pour charges fiscales; **–rückvergütung** *f* remboursement d'impôts.

**STEUER | SACHEN** *fpl* contentieux *m* relatif à la fiscalité et à l'imposition; **–satz** *m* taux d'imposition; barème *m* d'imposition; tarif *m* de l'impôt (recensant les taux et les montants); **–schuld** *f* dette *f* d'impôt; impôt dû, impôt liquidé; impôt exigible; **–schulderlass** *m* remise *f* d'impôt; **–schuldner** *m* redevable *m* légal, contribuable de droit; débiteur *m* d'impôt; **–staffelung** *f* progressivité de l'impôt; **–strafe** *f* sanction pénale (de la fraude fiscale); amende fiscale.

**STEUERSTRAF | RECHT** *n* droit *m* pénal fiscal; **–tat** *f* infraction *f* fiscale, délit *m* fiscal; fraude fiscale du contribuable; **–verfahren** *n* contentieux fiscal, procédure devant le tribunal des finances.

**STEUER | STREIK** *m* grève *f* de l'impôt, refus *m* collectif de l'impôt; **–stufe** *f* tranche *f* d'imposition; **–stundung** *f* le fait d'accorder en matière d'impôt un délai de paiement; **–sünder** *m* fraudeur *m* (fiscal); **–system** *n* régime *m* fiscal.

**STEUER | TABELLE** *f* barème *m* d'imposition, document récapitulant les taux s'appliquant à la base imposable; **–tarif** *m* tarif *m* (de l'impôt), tableau *m* recensant les montant ou taux à payer; **–tatbestand** *m* éléments servant à l'établissement de l'assiette de l'impôt; **–überwälzung** *f* • répercussion de l'impôt • incidence *f* fiscale; **–umgehung** *f* fuite devant l'impôt; manœuvre frauduleuse (pour éviter l'imposition).

**STEUER | VERANLAGUNG** *f* établissement de l'assiette de l'impôt, calcul *m* de l'impôt à payer; **–vereinbarung** *f* décision individuelle en faveur d'un contribuable; **–vergehen** *n* infraction *f* fiscale; **–vergünstigung** *f* privilège *m* fiscal, allègement *m* fiscal; **–verheimlichung** *f* dissimulation volontaire de la matière imposable; dissimulation comptable; fausse qualification; **–verkürzung** *f* minoration des revenus imposables; le fait d'éluder l'impôt.

**STEUER | VERPFLICHTUNG** *f* assujettissement *m* à l'impôt; **–voranschlag** *m* évaluation *f* des impôts (à payer); **–vorauszahlung** *f* acompte provisionnel; **–vorrecht** *n*, **–vorteil** *m* privilège *m* fiscal; **–wesen** *n* système *m* fiscal, fiscalité *f*, régime *m* des impôts et taxes; **–wohnsitz** *m* domicile *m* fiscal; **–zahler** *m* contribuale *m*; **–zahlung** *f* versement *ou* paiement de l'impôt; **–zuwiderhandlung** *f* contravention *f* fiscale.

**STICH | ENTSCHEID** *m (VerfR)* second tour (après un ballottage); **–tag** *m* jour *ou* date de référence, jour *m ou* date d'échéance, limite *f* (fixe); **–waffe** arme blanche; **–wahl** *f* scrutin *m* de ballottage; **–wunde** *f* blessure *f* causée par une arme blanche.

**STIFTER** *m* • *(Stiftung)* disposant *m*, fondateur *m* • *(Schenkung)* donateur *m*, auteur *m* d'une donation.

**STIFTUNG** *f* fondation *f*, œuvre *f* à but non lucratif fondée; **fromme –, milde –** fondation pieuse; **– des Privatrechts** fondation dotée de la personnalité morale privée.

**STILL** *adj* : **–e Gesellschaft** société *f* en participation.

**STILLLEGUNG** *f (des Betriebes)* fermeture *f* (de l'entreprise), arrêt *m* (de l'exploitation); désaffectation *f* (de la centrale nucléaire).

**STILLSCHWEIGEN** *n* discrétion (absolue), silence *m* (sur une chose), secret *m*, réserve *f*; **–verpflichtung** *f* obligation de discrétion; obligation de ne pas divulguer un secret professionnel.

**STILLSCHWEIGEND** *adj* : **–e Annahme** acceptation tacite; **–e Bestellung** (eines Anwalts) constitution implicite (d'un avocat); **–e Vereinbarung** accord *m* tacite; **–e Verlängerung** prorogation tacite; **– erteilte Vollmacht** mandat *m* tacite.

**STILLSTAND** *m* • *(Aufhören)* cessation • *(Einstellung)* suspension; **– der Rechtspflege** arrêt *m* du fonctionnement de la justice; **– des Verfahrens** interruption du déroulement de la procédure.

**STIMM | BERECHTIGUNG** *f* droit de vote; **–bezirk** *m* circonscription *f* électorale; **–bindungsabkommen** *n (GesR)* pacte *m* dit de votation.

**STIMME** *f* voix *f*, vote *m*, suffrage *m*; **abgegebene –** suffrage exprimé; **ausschlaggebende –** voix prépondérante; **beratende –** voix consultative; **beschließende –** (avec) voix délibérative; **ungültige –** bulletin *m* nul.

**STIMMEN | ABGABE** *f* vote *m*; votation; **–anteil** *m* nombre *m* de voix *ou* de suffrages obtenus; **–auszählung** *f* dépouillement des votes *ou* du scrutin, décompte *m* des suffrages exprimés; **–gewichtung** *f* pondération des voix; **–gleichheit** *f* égalité *ou* partage des voix; **–kauf** *m* fraude consistant dans l'achat de suffrages; **–mehrheit** *f* majorité *f* des suffrages exprimés; **–prüfung** *f* vérification *f* du scrutin.

**STIMMENTHALTUNG** *f* abstention *f* (de vote).

**STIMMEN | ZÄHLER** *m* scrutateur *m*; **–zählung** *f* dépouillement du scrutin, décompte des voix, recensement des votes *ou* des voix.

**STIMMRECHTS | ABTRETUNG** *f (GesR: Aktiengesellschaft)* cession du droit de vote; **–aktie** *f* action à vote plural; action à droit de vote privilégié.

**STIMM | ZÄHLUNG** *f* décompte *m* des voix, dépouillement *m* du scrutin; **–zettel** *m* bulletin *m* de vote; **unbeschriebener –** bulletin blanc; **ungültiger –** bulletin nul.

**STIPENDIUM** *n* bourse *f* d'études.

**STOFF** *m* • *(Gewebe)* étoffe *f*, tissu *m* • *(Substanz)* substance *f*, matière *f* • *(UrhR)* matériel *m*, matériaux *pl* • *(Gegenstand)* sujet *m* • *(Rauschgift)* stupéfiant *m*, drogue *f*; **–anspruch** *n (PatR)* revendication de produit; **–mängel** *mpl* vice *m* de la substance; **–patent** *n* brevet *m* de produit.

**STÖRER** *m (StR)* provocateur *m*, fauteur *m* de désordre; personne *f* troublant la sûreté *ou* la sécurité publique.

**STÖR | FALL** *m (AtomR)* incident *m* nucléaire; **–fallverordnung** *f* règlement relatif à un plan d'organisation des secours et d'évacuation en cas d'incident nucléaire.

**STORNIEREN** *v (Buchf)* annuler; contre-passer.

**STORNO** *n* • *(Berichtigung, Rückbuchung)* rectification *f*, redressement *m*, contre-passation • *(Abgang)* annulation *f*, sortie *f* • *(Rückvergütung)* ristourne *f*.

**STÖRUNG** *f* • *(ÖfR, StR, ArbR)* trouble *m*, atteinte *f* à la paix publique; perturbation *f*, dérangement *m*, désordre • *(WirtR: Betrieb)* arrêt *m* interruption *f*, panne *f*, incident *m* • *(MedienR: Sendung)* brouillage *m* • *(Gesundheit)* trouble *m* (mental ou physique); **– des Arbeitsfriedens** entrave *f* à la liberté du travail; **– des eingerichteten und ausgeübten Gewerbebetriebes** atteinte directe portée aux droits découlant de l'exploitation d'un commerce; **– der öffentlichen Sicherheit und Ordnung** troubles *mpl* apportés à l'ordre public; **– der Totenruhe** atteinte *f* au respect dû aux morts.

**STRAF | AKTE** *f* dossier *m* concernant une infraction pénale; **–aktion** *f* expédition punitive; **–androhung** *f* avis *m* comminatoire; **unter –androhung** sous peine de; **–anstalt** *f* établissement *m* pénitentiaire; **–anstaltsordnung** *f* règlement *m* pénitentiaire.

**STRAFANTRAG** *m* • plainte *f* avec constitution de partie civile • citation directe; **einen – stellen** porter plainte (en se constituant partie civile); **einen – zurücknehmen, einen – zurückziehen** retirer sa plainte; **–ssteller** *m* personne portant plainte.

**STRAFANZEIGE** *f* • *(des Opfers)* plainte *f*, plainte pénale (S) • *(eines Dritten)* dénonciation *f* (d'un tiers); **eine – erstatten** porter plainte, déposer une plainte; dénoncer qqn. (auprès de la police).

**STRAF | AUFHEBUNGSGRUND** excuse *f* absolutoire; **–aufschub** *m* sursis *m* à l'exécution de la peine; **–ausmaß** *n* quantum *m* de la peine; **–ausschließungsgrund** *m* excuse *f* absolutoire.

**STRAFAUSSETZUNG** *f* sursis *m*, dispense de l'exécution (de la peine); **– zur Bewährung** • sursis *m* avec mise à l'épreuve • *(nach teilweiser Strafverbüßung)* libération conditionnelle.

**STRAF | AUSSPRUCH** *m* prononcé *m* de la peine; **–bann** *m* interdiction pénale de se rendre en un lieu déterminé.

**STRAFBAR** *adj* : **–e Beihilfe** complicité punissable; **–e Handlung** acte *m* punissable; **–e Werbung** publicité déloyale assimilée à une infraction pénale.

**STRAFBARKEIT** *f* caractère *m* répréhensible, le fait d'être punissable.

**STRAFBARKEITS | IRRTUM** *m* erreur *f* portant sur la croyance qu'un acte déterminé est punissable; **–lücke** *f* lacune *f* dans le catalogue des peines; **–voraussetzungen** *fpl* conditions (légales) de l'acte punissable; élément légal (de l'infraction).

**STRAF | BEFEHL** *m* ordonnance pénale (prononcée sans débats par le juge cantonal pour des délits mineurs); **–befreiung** *f* exemption de peine, impunité *f*; **–bemessung** *f* calcul *m* de la peine, fixation *f* de la peine; **–bescheid** *m (VwR)* décision administrative comportant une sanction pénale; sanction prononcée par un tribunal administratif; **–beschluss** *m* pénalité (infligée par une autorité administrative); **–bestimmung** *f* disposition *f* pénale; **–drohung** *f* peine prévue.

**STRAFE** *f* • *(im Strafrecht)* peine *f*, châtiment (infligé à l'auteur d'une infraction) • *(Strafmaßnahme)* sanction *f*, pénalité *f* • *(Geldstrafe)* amende *f* • *(Züchtigung)* punition *f*, correction *f* • *(Verurteilung)* condamnation *f*; **auferlegte –** peine infligée à qqn.; **geringfügige –** peine légère; **gesetzliche –** peine de droit; **harte –** peine sévère *ou* draconienne; **körperliche –** peine afflictive *ou* corporelle; **lebenslange –, lebenslängliche –** peine perpétuelle; **milde –** peine légère; **schwere –** peine sévère; **verbüßte –** peine purgée; **verhängte –** peine infligée *ou* prononcée.

**STRAF | ENTLASSENE(R)** *m* libéré *m*, personne (re)mise en liberté; **–entlassenenhilfe** *f* aide aux malfaiteurs ayant purgé leur peine; **–entscheidung** *f* jugement prononçant une peine; **–erhöhung** *f* aggravation de la peine.

**STRAF | ERLASS** *m* • remise *f* de la totalité de la peine, remise gracieuse de peine • réduction *f* de peine, amnistie *f* partielle; **–ermäßigung** *f* remise *f* (d'une partie de la peine), réduction de peine; **–erschwerungsgrund** *m* fait aggravant la peine prévue.

**STRAF | FÄLLIGE(R)** *m* malfaiteur punissable, délinquant *m* ne pouvant pas faire valoir un fait justificatif; criminel *m*; **–festsetzung** *f*, **–findung** *f* fixation de la peine, détermination de la peine; **–folge** *f* peine *f*; mesure *f* de sûreté; **–freierklärung** *f* amnistie *f*; dispense *f* de peine.

**STRAF | FREIHEIT** *f* impunité *f*; **–freiheitsgesetz** *n* loi *f* d'amnistie; **–gefangenenarbeit** *f* travail *m* pénitentiaire; **–gefangener** *m* détenu *m* (de droit commun); prisonnier *m*; **entlassener –gefangener** libéré *m*.

**STRAFGERICHT** *n* tribunal *m* répressif, juridiction *f* pénale *ou* répressive.

**STRAFGERICHTLICH** *adj* : **–es Berufsverbot** interdiction professionnelle prononcée par un tribunal répressif; **–e Entscheidung** décision judiciaire au pénal; **–e Verfolgung** répression pénale, poursuite judiciaire (contre qqn.); **–e Verurteilung** condamnation pénale.

**STRAFGERICHTS | BARKEIT** *f* juridiction pénale *ou* répressive, justice *f* répressive, justice criminelle, juridiction criminelle, justice pénale; **–hof** *m* Cour pénale (internationale).

**STRAFGESETZ** *n* loi *f* pénale, loi répressive; **–buch** *n (= StGB)* code *m* pénal (allemand); **–gebung** *f* législation *f* pénale.

**STRAF | HERABSETZUNG** *f* réduction de peine, mitigation d'une peine; **–justiz** *f* justice pénale; **–kammer** *f* chambre *f* correctionnelle; chambre criminelle; **–klage** *f* action publique; **–klageverbrauch** *m* non bis in idem, infraction tombant sous le coup de l'autorité de la chose jugée; **–lager** *n* camp *m* pénitentiaire.

**STRÄFLING** *m* condamné *m*, détenu *m*; **–sanzug** *m*, **–kleidung** *f* tenue *f* de prison.

**STRAFLOS** *adj* impuni; couvert par l'immunité; **–e Vorbereitungshandlung** *f* acte préparatoire n'encourant pas de sanction pénale *ou* restant impuni.

**STRAFLÖSCHUNG** *f* radiation *f* d'une condamnation du casier judiciaire.

**STRAFLOSIGKEIT** *f* impunité *f*.

**STRAF | MAKEL** *m (JugendStR)* condamnation portée au casier judiciaire (et pouvant être radiée); **–mandat** *n (StVR: gebührenpflichtige Verwarnung)* contravention (pour infraction au code de la route).

**STRAFMAß** *n* peine *f* (édictée), quantum de la peine, montant de la peine; **das – festsetzen** fixer une peine; **–berufung** *f* appel interjeté pour réduire le quantum de la peine.

**STRAFMAßNAHME** *f* sanction *f* pénale; mesure *f* punitive; **wirtschaftliche –** sanction économique.

**STRAFMILDERND** *adj (a. srafmindernd)* atténuant; **–e Umstände** circonstances atténuantes.

**STRAF | MILDERUNGSGRUND** *m* excuse *f ou* circonstance *f* atténuante; **–monopol** *n* monopole *m* de l'État d'infliger des sanctions pénales; **–mündigkeit** *f* majorité *f* pénale.

**STRAF | NACHLASS** *m* remise *f* (gracieuse) de peine; **–nachricht** *f* avis *ou* bulletin de condamnation; **–obergrenze** *f* peine maximale; **–porto** *n* (= Nachgebühr) surtaxe postale; **–protokoll** *n* procès-verbal *m* de contravention.

**STRAFPROZESS** *m* procès *m* pénal; **–ordnung** *f* code (allemand) de procédure pénale; **–recht** *n* droit de la procédure pénale; **–vollmacht** *f* mandat de procédure pour une procédure pénale.

**STRAF | PUNKT** *m* point de pénalisation; **–rahmen** *m* limites *fpl* de la peine, peine de ... à ...; échelle *f* des peines.

**STRAFRECHT** *n* droit pénal; **– allgemeiner Teil** droit pénal général; **– besonderer Teil** droit pénal spécial, étude des différentes infractions.

**STRAFRECHTLICH** *adj* : **–e Angelegenheit** affaire pénale; **–es Ermittlungsverfahren** procédure d'instruction (criminelle); **–e Rechtswidrigkeit** absence *f* de faits justificatifs; **–e Verurteilung** condamnation au pénal; **–er Vorwurf** imputation.

**STRAFRECHTS | PFLEGE** *f* justice *f* pénale; **–rechtsprechung** *f* jurisprudence pénale; **–schutzversicherung** *f* assurance défense et recours; **–wissenschaft** *f* science pénale, étude *f* du droit criminel.

**STRAFREGISTER** *n* casier *m* judiciaire, sommier *m* judiciaire; **– ohne Eintragung, – ohne Vermerk** casier judiciaire vierge; **–auszug** *m* extrait *m* du casier judiciaire.

**STRAF | REST** *m* reliquat *m* de peine (à purger); **–restaussetzung** *f* sursis *m* relatif à la partie de la peine encore à purger; **–richter** *m* juge *m* pénal; **–rückfälligkeit** *f* récidive *f*; **–sache** *f* affaire *m* pénale, cause *f*, matière pénale, cause *f* criminelle.

**STRAFSCHÄRFEND** *adj* : **–es Merkmal** élément constitutif d'aggravation de la peine.

**STRAF | SCHÄRFUNG** *f* aggravation *f* de peine; **–schärfungsgründe** circonstances aggravantes; **–senat** *m* chambre *f* criminelle auprès de la Cour d'appel allemande *ou* auprès de la Cour fédérale de Justice (à Karlsruhe).

**STRAFTAT** *f* • *(strafbare Handlung)* infraction *f* • *(Verbrechen)* crime *m* • *(Vergehen)* délit *m*; **Ausführung der –** perpétration de l'infraction; **eine – begehen** commettre un délit *ou* un crime, perpétrer une infraction; **fortgesetzte –** délit continué; **nichtpolitische –** délit *m* de droit commun; **politische –** infraction politique; **im Rausch begangene –** infraction commise sous l'empire d'un état alcoolique; **versuchte –** infraction tentée, tentative (punissable); **vollendete –** infraction consommée; **zusammenhängende –** délit connexe.

**STRAFTATBESTAND** *m* éléments *mpl* constitutifs de l'infraction.

**STRAFTATBESTANDS | ERFÜLLUNG** *f* réunion de tous les éléments de l'infraction; matérialisation de l'attitude coupable; consommation de l'infraction; **–merkmal** *n* élément constitutif de l'infraction; **–verwirklichung** *f* réunion de tous les éléments de l'infraction.

**STRAFTÄTER** *m* auteur *m* d'un crime *ou* d'un délit; criminel *m*; délinquant *m*; **jugendlicher –** délinquant mineur.

**STRAF | TERMIN** *m* audience pénale; **–umwandlung** *f* commutation de peine; **–unmündige(r)** *m* mineur de moins de 14 ans (au pénal); **–unmündigkeit** *f* minorité *f* pénale; **–unterbrechung** *f* interruption de l'exécution de la peine; **–urteil** *n* jugement *m* pénal; condamnation *f* pénale; sentence *f* pénale.

**STRAF | VERBÜßUNG** *f* exécution *f* *ou* expiation *f* de la peine; **–vereitelung** *f* • connivence *f* à évasion • *(persönliche Begünstigung)* le fait de soustraire qqn. aux poursuites ordonnées par la loi.

**STRAF | VERFAHREN** *n* procédure *f* pénale *ou* criminelle; **–verfahrensrecht** *n* droit de la procédure pénale, procédure pénale; **–verfolgung** *f* poursuite pénale, action répressive, répression pénale.

**STRAFVERFOLGUNGS | BEHÖRDE** *f* • police *f* judiciaire (de l'instruction), police criminelle • service *m* de répression (des fraudes); **–maßnahme** *f* décision de mettre en mouvement l'action publique; **–organ** *n* autorité chargée de mettre l'action publique en mouvement; **–verjährung** *f* prescription *f* en matière d'infractions *ou* criminelle.

**STRAFVERFÜGUNG** *f* • ordonnance *f* pénale • (S) prononcé *m* pénal.

**STRAF | VERHANDLUNG** *f* audience *f* pénale; **–verhängung** *f* prononcé de la peine, (jugement de) condamnation; **–vermerk** *m* inscription *f* d'une condamnation au casier judiciaire; **–verschärfung** *f* aggravation *f* *ou* majoration *f* de (la) peine; **–versetzung** *f* déplacement d'office, mutation *f* par mesure disciplinaire.

**STRAF | VERTEIDIGER** *m* • *(Wahl-)* avocat *m* (plaidant au pénal) • *(Offizial-)* défenseur *m* désigné d'office; **–verteidigung** *f* défense devant les tribunaux répressifs; **–vollstreckung** *f* exécution de la peine; **–vollstreckungsgericht** *n* tribunal compétent en matière d'application des peines; **–vollstreckungsrichter** *n* juge de l'application des peines; **–vollstreckungsverjährung** *f* prescription *f* de l'exécution de la peine.

**STRAFVOLLZUG** *m* • *(Behörde)* administration pénitentiaire • exécution des peines; **bedingter –** sursis *m* à l'exécution de la peine; **offener –** régime *m* de semi-liberté.

**STRAFVOLLZUGS | ANSTALT** *f* *(StPR: J.V.A. = Justizvollzugsanstalt)* établissement *m* pénitentiaire, centre *m* de détention (fermé); **–beamte(r)** *m* gardien fonctionnarisé d'un établissement pénitentiaire; **–bedienstete** *mpl* personnel *m* d'un centre de détention; **–behörde** *f* administration pénitentiaire; **–ordnung** *f*, **–wesen** *n* régime *m* pénitentiaire.

**STRAF | VORBEHALT** *m* *(Verwarnung mit Strafvorbehalt)* sursis *m* à l'exécution de la peine prononcée; **–würdigkeit** *f* appréciation sur l'opportunité de réprimer certains faits.

**STRAF | ZEIT** *f* durée *f* de la peine; **–zeitberechnung** *f* calcul *m* de la peine; **–zettel** *m* procès-verbal *m* de contravention.

**STRAFZUMESSUNG** *f* calcul *m* de la peine, fixation de la peine; **–sgründe** *mpl* motivation de la peine prononcée.

**STRAHLEN | BELASTUNG** *f* irradiation subie; **–krankheit** *f* mal *m* des irradiations pénétrantes; **–schutzrecht** *n* législation relative à la protection contre les irradiations; **–verseuchung** *f* contamination par une substance radioactive, irradiation.

**STRAHLUNG** *f* *(AtomR)* rayonnement ionisant; **–sverbrechen** crime *m* commis à l'aide de combustibles nucléaires.

**STRANDUNG** *f* échouage *m*; **– mit Schiffbruch** échouement *m* avec bris; **freiwillige –** échouement volontaire.

**STRANG** *m* corde *f*; **zum –e verurteilen** condamner à être pendu.

**STRAßE** *f* • *(Landstraße)* voie *f* routière, route *m* • *(in der Stadt)* voie urbaine, rue *f*; **öffentliche –** voie publique; **private –** voie privée; **– erster Ordnung** voie prioritaire de trafic à grande distance; **–n und Wegerecht** *n* droit *m* de la voirie terrestre.

**STRAßEN | ABLAUF** *m* bouche *f* d'égout; **–anlieger** *m* riverain (de la voie publique); **–anliegerbeitrag** *m* taxe *f* de voirie; **–anrainer** *m* riverain (de la voie publique); **–arbeiten** *pl* travaux *mpl* de réfection (d'une route); **–ausbau** *m* aménagement du réseau routier.

**STRAßEN | BAHN** *f* tramway *m*; **–bahnfahrer** *m* machiniste *m*; **–bauamt** *n*, **–baubehörde** *f* service *m* des ponts et chaussés, voirie *f*; **–bauarbeiten** *fpl* travaux d'entretien du réseau routier; **–baulast** *f* charges *fpl* résultant de l'ouverture, de l'aménagement et de l'entretien des voies routières; servitude *f* de voirie; **–bauverwaltung** *f* service *m* de la voirie; **–bauwerk** *n* ouvrage *m* d'art; **–begrenzungslinie** *f* ligne *f* de démarcation routière; **–beleuchtung** *f* éclairage *m* des rues; éclairage public; **–benutzung** *f* aisance *f* de voirie; **–benutzungsgebühr** *f* péage *m*; **–benutzungsvertrag** *m* concession de voirie; **–bettelei** *f* mendicité *f* sur la voie publique; **–blockade** *f* entrave *f* à la libre circulation; **–dienst** *m* service de la voirie.

**STRAßEN | FAHRZEUG** *n* véhicule terrestre à moteur (= VTM); **–feger** *m* balayeur *m*; éboueur *m*; **–fernverkehr** *m* trafic routier longue distance; **–führung** *f* tracé *m* de la route; **–gabelung** *f* bifurcation *f*; **–güterverkehr** *m* transport routier de marchandises; **–handel** *m* commerce *m* sur la voie publique; **–händler** *m* marchand *m* ambulant, marchand des quatre saisons; **–kreuzung** *f* intersection, croisement, carrefour *m*; **–kundgebung** *f* manifestation *f* sur la voie publique; **–lärm** *m* pollution sonore (de la rue); **–laterne** *f*, **–leuchte** *f* lampadaire *m*; **–netz** *n* réseau *m* routier; **–nutzung** *f* aisance *f* de voirie; **–ordnung** *f* régime *m* de la voirie.

**STRAßEN | PROSTITUTION** *f* prostitution sur la voie publique; **–raub** *m* vol *m* avec violence sur la voie publique; **–reinigung** *f* entretien de la voirie, ébouage *m*, nettoyage *m* des rues; **–reinigungsgebühr** *f* redevance de voirie; **–sammlung** *f* collecte *f* sur la voie publique; **–schäden** *pl* mauvais état (de la chaussée); **–sperre** *f* barrage *m*, rue barrée.

**STRAßEN | ÜBERGANG** *m* passage protégé (pour piétons); **–unterhaltung** *f* entretien *m* des voies publiques; **–unterhaltungsbeitrag** *m* taxe *f* de voirie; **–verhältnisse** *npl* état *m* du réseau routier; conditions de circulation; **–verkehr** *m* circulation *m* routière, trafic *m* routier.

**STRAßENVERKEHRS | AMT** *n*, **–behörde** *f* direction (générale) des routes et de la circulation routière, autorité *f* compétente pour la réglementation de la circulation routière, service *m* administratif de la voirie; **–delikt** *n* infraction au code de la route; **–gefährdung** *f* le fait de compromettre la sécurité de la circulation routière; **–ordnung** *f* (StVO) Code de la route allemand, (partie décrets gouvermentaux); **–ordnungswidrigkeit** *f* comportement contraire au code de la route et entraînant une sanction administrative; **–recht** *n* droit de la circulation routière; **–sicherheit** *f* sécurité *f* routière; **–unfall** *m* accident *m* de la circulation *ou* de la route; carambolage *m*; collision *f*; **–wacht** *f* prévention routière; **–zulassung** *f* • conditions de la circulation routière • homologation et réception (des véhicules).

**STRAßEN | VERLAUF** *m* tracé *m* de la route; **–verschmutzung** *f*, **–verunreinigung** *f* salissure *f* des voies routières; **–wacht** *f* prévention routière; **–wesen** *n* voirie *f*; **–zustand** *m* état *m* des routes.

**STREICHEN** *v* • *(ausstreichen und durchstreichen)* rayer, biffer, barrer • *(löschen)* radier, annuler; **nichtzutreffendes bitte –** prière de rayer la/les mention(s) inutile(s).

**STREICHUNG** *f* radiation *f*, annulation *f*, suppression *f*, biffage *m*.

**STREIK** *m* grève *f*, conflit *m* du travail, mouvement *m* revendicatif, cessation *f* collective et concertée du travail; **befristeter –** grève limitée (dans le temps); **politischer –** grève politique; **rechtswidriger –** grève abusive; grève illégitime *ou* illégale; **rollender –** grève tournante; **unbefristeter –** grève illimitée; **unzulässiger –** grève abusive; **wilder –** grève sauvage; **– mit Betriebsbesetzung** grève avec occupation d'usine, grève sur le tas.

**STREIK | AKTION** *f* mouvement revendicatif; **–ankündigung** *f* préavis *f* de grève; **–aufforderung** *f* *od.* **–aufruf** *m* appel à la grève; **–ausschuss** *m* comité de grève; **–bewegung** *f* mouvement de grève; **–brecher** *m* briseur de grève; *pej* jaune *m*; **–drohung** *f* menace *f* de grève.

**STREIKEN** *v* faire grève, être en grève, débrayer, se mettre en grève.

**STREIKENDE(R)** *m* gréviste *m*, travailleur en grève, participant à un mouvement revendicatif.

**STREIK | ERKLÄRUNG** *f* dépôt *m* du préavis de grève; **–fähigkeit** *f* conditions d'exercice du droit de grève; **–fonds** *m* caisse de soutien *ou* de solidarité (aux grévistes); **–freiheit** *f* droit *m* de (faire) grève; **–führer** *m* meneur *m* de grève;

**–führung** *f* • responsables *mpl* de la grève; syndicat instigateur de la grève • conduite *f* de la grève.

**STREIK | GELD** *n* indemnité *f ou* allocation *f* de grève; **–kasse** *f* fonds *m* de soutien (aux grévistes); **–komittee** *n*, **–leitung** *f* comité *m* de grève; **–posten** *m* piquet *m* de grève (placé à la porte de l'usine); **–recht** *n* droit de grève; régime juridique des grèves; **–verbot** *n* interdiction de la grève; **–voraussetzungen** *fpl* conditions d'exercice du droit de grève; conditions de licéité de la grève; **–wache** *f* piquet *m* de grève; **–welle** *f* mouvement revendicatif.

**STREIT** *m* • *(PrzR)* différend *m*, litige *m*, affaire *f* (litigieuse) • *(Meinungsverschiedenheit)* démêlé *m*; dispute *f*; querelle *f*; conflit *m* • *(Schlägerei)* rixe *f*; **gerichtlicher –** litige judiciaire.

**STREIT | ANHÄNGIGKEIT** *f* litispendance *f*; **–befangenheit (der Sache)** *(ZPR)* (bien) faisant l'objet d'un litige; **–beilegung** *f*, **–bereinigung** *f* règlement d'un litige par la voie de la négociation; **–beteiligte(r)** *m* partie intervenante; personne mise en cause.

**STREIT | FALL** *m* litige *m*, contentieux *m*, affaire contentieuse, différend *m*, cas *m* litigieux; **–frage** *f* question *f* controversée, point *m* en litige, question litigieuse; **–gegenstand** *m* objet de la demande, objet du litige; **–gegner** *m* partie adverse; **–gehilfe** *m* intervenant *m*.

**STREITGENOSSEN** *pl* litisconsorts *mpl*, consorts *mpl*; **aktive –** codemandeurs; **passive –** codéfendeurs.

**STREIT | GENOSSENSCHAFT** *f* *(ZPR)* requête conjointe, parties exposant leurs prétentions par requête conjointe; **–gericht** *n* juridiction du fond; **–gespräch** *n* débat *m*; **–helfer** *m* intervenant *m*, partie intervenante.

**STREITHILFE** *f* *(ZPR: Nebenintervention)* intervention *f*, demande incidente; **–antrag** *m* demande *f* incidente (par laquelle un tiers entre dans un procès déjà engagé).

**STREITIG** *adj* • *(strittig)* litigieux, contentieux • contradictoire; **–e Forderung** créance litigieuse; **–e Frage** question controversée; point litigieux; **–e Gerichtsbarkeit** juridiction compétente en matière contentieuse; **–es Urteil** jugement contradictoire.

**STREITIGKEIT** *f* différend *m*, litige *m*.

**STREIT | PARTEI** *f* partie *f* en cause, partie au différend; **–patent** *n* brevet litigieux; **–punkt** *m* point *m* litigieux; **–richter** *m* juge *m* du contentieux.

**STREITSACHE** *f* litige *m*, contentieux *m*; affaire *f* litigieuse; objet *m* litigieux, objet en litige, objet du litige; affaire contentieuse, matière *f* litigieuse *ou* contentieuse.

**STREIT | SCHLICHTUNG** *f* conciliation *f*; **–schrift** *f* pamphlet *m*, écrit *m* polémique; **–stand** *m* *(PrzR)* état *m* du litige; **–stoff** *m* matière *f* litigieuse.

**STREITVERFAHREN** *n* procédure *f* contentieuse, contentieux *m*.

**STREIT | VERKÜNDUNG** *f* intervention *f* forcée, mise en cause, action en déclaration de jugement commun; **–wert** *m* montant *m* de la demande, valeur *f* du litige; **–wertfestsetzung** *f* détermination du montant des prétentions; **–wertgrenze** *f* taux *m* du ressort.

**STRENG** *adj/adv* sévère, strict, rigide, rigoureux, catégorique, impérieux, exact.

**STRENGBEWEIS** *m* preuve *f* parfaite; preuve littérale *ou* par écrit; **–verfahren** *n* procédure engagée sur la base d'une preuve parfaite.

**STRENGE** *f* • *(Härte)* sévérité *f*, rigueur *m*, rigidité *f*, austérité *f* • *(Genauigkeit)* exactitude.

**STRENGSTENS VERBOTEN** formellement interdit.

**STRICH** *m* ligne *f*; trait *m*; **–junge** *m* jeune prostitué; **–code** *m* code *m* à barres, code-barre.

**STRITTIG** *adj* **: –e Frage** question controversée; **–er Punkt** point litigieux.

**STROH | FIRMA** *f* société *f* écran; **–mann** *m* homme de paille, prête-nom *m*, personne *f* interposée.

**STROM | ABNEHMER** *m* abonné *m* à la distribution de l'électricité; **–anschluss** *m* prise *f* de courant, branchement *m*; **–ausfall** *m* panne *f* de courant; **–bezug** *m*, **–entnahme** *f* consommation de courant; **–entwendung** *f* soustraction *f* frauduleuse d'électricité; **–lieferungsvertrag** *f* contrat d'abonnement (d'électricité); **–rechnung** *f* facture *f* (d'électricité); **–unterbrechung** *f* coupure *f* du courant électrique; suspension de l'alimentation; **–versorgungsvertrag** *m* contrat d'abonnement; **–zähler** *m* compteur *m* électrique.

**STRUKTUR** *f* • *(Aufbau)* structure *f*, disposition *f*, agencement *m*, composition • *(Gefüge)* constitution, armature *f*; **–fonds** *(EU)* fonds d'aide aux régions défavorisées; **–krise** *f* crise structurelle; **–politik** *f* politique *f* d'aménagement régional, politique d'amélioration des structures économiques.

**STÜCK** *n* • *(Teil eines Ganzen)* morceau *m*; partie *f* • *(Abschnitt)* passage *m* (d'un chapitre) • *(als selbständiges Ganzes)* pièce *f*, unité *f* • pièce *f* de théâtre *ou* de musique; **–arbeit** *f* travail *m* aux pièces.

**STÜCKGÜTER** *pl* petites marchandises *fpl*, marchandises en colis distincts.

**STÜCK | KAUF** *m* *(SchuldR: Spezieskauf)* achat *ou* vente d'une chose non fongible *ou* d'un corps certain; **–lohn** *m* salaire *m* aux pièces.

**STÜCK | PREIS** *m* prix *m* unitaire; **–schuld** *f* dette portant sur un corps certain *ou* une chose non fongible; **–vermächtnis** *n* *(ErbR)* legs *m* particulier; **–werk** *n* travail bâclé.

**STUDIEN | BERATUNG** *f* orientation professionnelle; **–bewerber** *m* postulant *m*; **–fach** *n* discipline *f* choisie; **–förderung** *f* allocation de bourses d'études; **–gang** *m* filière choisie.

**STUDIEN | ORDNUNG** *f* réglementation des études (supérieures); **–platztausch** *m* échange d'une place d'études contre une autre; **–platzvergabe** *f* fait pour le service universitaire central d'accorder une place d'études; **–reise** *f* voyage *m* d'études.

**STUDIUM** *n* • *(HochschulR)* études universitaires • étude *f* d'une question.

**STUFEN | GRÜNDUNG** *f* constitution *f* (de société) au moyen de souscription, fondation par étapes; **–klage** *f* *(ZPR: Klagenverbindung)* demandes en justice portant sur des litiges ayant un lien entre eux, actions *fpl* successives.

**STUNDEN** *v* • *(verschieben)* différer, remettre, ajourner, accorder un délai • *(Zahlung)* atermoyer, renvoyer (un paiement) à un terme plus éloigné.

**STUNDEN | LOHN** *m* salaire *m* horaire; **–plan** *m* emploi *m* du temps.

**STUNDUNG** *f* prorogation du délai (de paiement); ajournement *m* (de l'exécution); sursis de paiement; terme de grâce; paiement *m* différé.

**STURMSCHÄDEN** *mpl* dommages résultant d'une tempête, d'un cyclone, d'un cataclysme; **–versicherung** *f* assurance cataclysmes.

**STÜTZEN** *v* consolider, soutenir; **sich – auf** se fonder *ou* s'appuyer sur.

**SUBJEKT** *n* • *(ZR)* sujet *m* de droit; personne physique; personne morale; titulaire d'un droit; débiteur d'une obligation • *(PrzR)* sujet de l'action, titulaire de l'action, personne investie du droit d'agir en justice; **–fähigkeit** *f* *(SteuerR)* assujetissement à l'impôt, fait d'être assujetti à l'impôt sur les sociétés.

**SUBJEKTIV** *adj* **: –er Anspruch** *m*, **–e Berechtigung** *f* droit subjectif, prérogative *f*; **–es Recht** *(ZR)* droit subjectif, pouvoir *m*, prérogative *f*; **–e Unmöglichkeit** impossibilité personnelle (de fournir une prestation).

**SUBSIDIÄRHAFTUNG** *f* responsabilité *f* subsidiaire.

**SUBSIDIARITÄTS | GRUNDSATZ** *m*, **–prinzip** *n* • *(EU)* principe de la subsidiarité • *(Haftung)* principe de la garantie *ou* responsabilité subsidiaire.

**SUBSTANZ** *f* • *(Stoff)* substance *f*, composition physico-chimique, matière *f* • *fig* contenu *m*, objet; **–wert** *m* valeur *f* intrinsèque.

**SUBSUMIEREN** *v* qualifier, déterminer (par rattachement d'un fait au texte de la loi); rattacher un acte à une catégorie juridique.

**SUBSUMIERUNG** *f*, Subsumtion *f* • *(StR)* qualification *f* • *(Rechtsanwendung)* application de la règle de droit; **–fehler** *m*, **–sirrtum** *m* application erronée d'une règle de droit.

**SUBUNTERNEHMEN** *n*, **Subunternehmung** *f* entreprise *f* de sous-traitance.

**SUBUNTERNEHMER** *m* *(WirtR: Zulieferer)* sous-traitant *m*, sous-entrepreneur; **–vertrag** *m* sous-traité *m*, contrat *m* de sous-traitance.

**SUBVENTION** *f* *(WirtR)* subvention *f*, soutien financier.

**SUBVENTIONIEREN** *v* subventionner, accorder une subvention, aider financièrement.

**SUBVENTIONS | BETRUG** *m*, **–schwindel** *m* escroquerie *f* aux subventions.

**SUCH | AKTION** *f* *(ZR, StR)* recherche *f* (d'un disparu); enquête *f* (sur place); **–anzeige** *f* avis *m* de recherche.

**SUCHT** *f* • manie *f* • *(Rauschgift)* toxicomanie *f* • *(Alkohol)* alcoolisme *m*, éthylisme • *(Tabak)* tabagisme, nicotinisme; **–erkrankung** *f* toxicomanie *f*.

**SUCHT | MITTELGESETZ** *n* loi relative aux stupéfiants; **–stoff** *m* stupéfiant *m*, drogue *f* (illicite).

**SÜHNE** *f* expiation *f*; **–attest** *n* procès-verbal de conciliation *ou* de non-conciliation; **–termin** *m* audience de conciliation; **–versuch** *m* procédure *ou* tentative de conciliation.

**SUKZESSIV | GRÜNDUNG** *f* fondation par étapes; **–lieferungsvertrag** *m* contrat *m* de vente par livraisons successives, contrat successif.

**SUMMARISCH** *adj* : **–es Verfahren** procédure de référé.

**SUMME** *f* • *(Betrag)* somme *f*, total *m* • *(Rechnung)* montant *m*.

**SURROGAT** *n* *(SchuldR)* objet *m* de remplacement; **–wert** *m* valeur d'un objet de remplacement.

**SURROGATION** *f* *(SchuldR)* subrogation *f*; **dingliche –** subrogation réelle; **vertragsmäßige –** subrogation conventionnelle; **– kraft Gesetzes** subrogation légale.

**SUSPENSIV | BEDINGUNG** *f* condition *f* suspensive; **–effekt** *m* effet *m* suspensif.

**SYMPATHISANT** *m* *(StR)* sympathisant *m*, personne partageant les idées terroristes (des néonazis p.ex.) sans commettre elle-même des actes terroristes.

**SYNALLAGMATISCH** *adj* *(SchuldR: gegenseitig)* synallagmatique; **–er Vertrag** *m* contrat *m* bilatéral, contrat synallagmatique.

**SYNDIKAT** *n* • *(ArbR: Arbeitgeberverband)* syndicat patronal; confédération patronale • *(GesR: Kartell)* entente *f* *ou* cartel *m* pour l'achat *ou* la vente en commun • *(Bankenkonsortium)* pool *m* bancaire, consortium *m* de banque • *(StR: organisierte Kriminalität)* organisation criminelle, maffia *f*.

**SYNDIKUS** *m* • *(Geschäftsführer von Verbänden)* président *m* • *(Justitiar)* conseil *m* juridique (au sein d'une entreprise), juriste-consulte; **–anwalt** *m* avocat *m* d'affaires, avocat lié à une entreprise par un contrat de louage de services.

**SYSTEM** *n* • *(VerfR)* régime *m*, système *m* • *(DV)* système d'exploitation *ou* de gestion de bases de données.

# T

**TABAK | STEUER** *f* impôt *m* sur le tabac; **–trafik** *f* (Aut) bureau *m* de tabac; **–trafikant** *m* (Aut) buraliste *m*.

**TABELLARISCH** *adj* : **–er Lebenslauf** C.V. synoptique; **–e Übersicht** tableau *m* synoptique (de la jurisprudence).

**TABELLE** *f* table *f*, tableau *m*; barème *m*; classement *m*; groupement *m*.

**TABLETTEN | MISSBRAUCH** *m* abus *m* de produits pharmaceutiques; **–sucht** *f* pharmacodépendance *f*.

**TABULAR | BESITZ** *m* *(SachR: Grundbuch)* possession *f* d'un immeuble en vertu d'un droit (présumé) transcrit au registre foncier; **–ersitzung** *f (SachR: Buchersitzung)* prescription *f* acquisitive (d'un immeuble).

**TADELSANTRAG** *m* motion *f* de blâme; motion de censure.

**TAG** *m* jour *m*, journée *f*; **Frist nach –en** computation des délais au jour le jour; **– der Zustellung** date *f* de la signification.

**TAGE | BUCH** *n* • *(HR)* livre-journal *m* • journal *m* intime; **–löhner** *m* journalier *m*.

**TAGEN** *v* siéger, s'assembler, se réunir.

**TAGES | ABLAUF** *m* déroulement de la journée (de travail); **–geld** *n* argent *m* au jour le jour; **–mutter** *f* nourrice *f*, assistante maternelle.

**TAGESORDNUNG** *f* ordre *m* du jour, (= O.J.); **Absetzung von der –** suppression d'une question à l'O.J.; **Änderung der –** modification de l'O.J.; **Antrag zur –** motion d'ordre.

**TAGES | SATZ** *m* • *(StR)* amende pénale au taux journalier (comprise entre 1 et 5000 €) • *(StR: Ersatzfreiheitsstrafe bei uneinbringlicher Geldstrafe – einem Tagessatz entspricht ein Tag Freiheitsstrafe)* peine *f* d'emprisonnement en cas d'irrécouvrabilité de l'amende pénale (en prenant pour base le taux journalier); **–schau** *f* journal télévisé.

**TAGUNGS | ORT** *m* lieu *m* de réunion; **–stätte** *f* lieu *m* du congrès; **–teilnehmer** *m* congressiste *m*.

**TANK | STELLE** *f* poste *m* de distribution d'essence, station-service *f*; **–stellenpächter** *m* gérant *m* de station-service, *umg* pompiste *m*; **–vertrag** *m* contrat de location d'une station-service; **–wart** *m* pompiste *m*.

**TARA** *f* • *(HR: Verpackungsgewicht)* tare *f*, poids *m* de l'emballage • emballage *m*; **verkehrsübliche –** tare d'usage.

**TARIF** *m* • *(HR)* tarif *m*, barème *m* • *(ArbR)* barème *m* des salaires • *(SteuerR)* tarif fiscal; tarif douanier.

**TARIF | ABKOMMEN** *n* • *(ZollR)* convention tarifaire • *(ArbR)* accord *m* collectif, convention *f* collective de travail; – accord tarifaire; **–autonomie** *f (ArbR)* autonomie *f* des partenaires sociaux, liberté syndicale (pour conclure des C.C.T.).

**TARIF | FÄHIGKEIT** *f* capacité *f* (d'un syndicat) en vue de conclure des conventions collectives; **–gebiet** *n* domaine d'application d'une C.C.T.

**TARIF | LOHN** *m* salaire *m* conventionnel; **–partei** *f*, **–partner** *m* partie à une C.C.T.; partenaires *mpl* sociaux; **–politik** *f* politique salariale; **–runde** *f* négociation *f* portant sur la conclusion d'une nouvelle C.C.T.; rentrée sociale.

**TARIF | VEREINBARUNG** *f* • *(ZollR)* arrangement *m* tarifaire • *(ArbR)* convention collective; **–verhandlungen** *f pl (ArbR)* négociations *fpl* collectives *ou* entre les partenaires sociaux.

**TARIF | VERTRAG** *m* *(ArbR)* convention *f* collective (de travail) (= C.C.T.); accord collectif d'entreprise; accord *m* catégoriel; accord salarial; accord interprofessionnel; **–vertragsfreiheit** *f* liberté des partenaires sociaux de conclure des conventions collectives.

**TASCHEN | DIEB** *m* voleur *m* à la tire; **–diebstahl** *m* vol *m* à la tire; **–geld** *n* argent *m* de poche; **–geldparagraph** *m* disposition du Code civil allemand accordant une capacité de contracter limitée aux mineurs (lorsqu'ils emploient les fonds mis à leur disposition); **–kontrolle** *f* contrôle *m* des sacs à main.

**TAT** *f* • *(Handlung)* acte *m*, action *f* • *(Ergebnis der Handlung)* fait *m*; délit *m*; crime *m*; **strafbare –** infraction *f*; **Verübung der –** commission, fait de commettre l'infraction, perpétration *f* de l'infraction; **auf frischer – betreffen, auf frischer – ergreifen** *od.* **ertappen** prendre en flagrant délit, prendre sur le fait, surprendre en flagrant délit.

**TAT | ABLAUF** *m* déroulement de l'action; **–aufklärung** *f* élucidation des faits; **–ausführung** *f* exécution (de l'infraction); consommation (du délit); **–beendigung** *f* consommation; infraction consommée; **–begehung** *f* perpétration de l'infraction; **–beginn** *m* commencement d'exécution; **–bekenntnis** *n* aveu *m*.

**TATBESTAND** *m* • *(ZR, ZPR: Sachverhalt)* état *m* de choses, situation *f* d'une affaire, faits *mpl*, énoncé des faits • *(StR)* éléments constitutifs de l'infraction; élément matériel et élément moral; **einen – aufnehmen** procéder aux constatations d'usage.

**TATBESTANDS | AUFNAHME** *f* constat *m*, procès-verbal *m* de constatation, constatations *fpl*; **–erfüllung** *f* commission (de l'infraction); **–handlung** *f* acte positif (comme élément constitutif de l'infraction); **–irrtum** *m* erreur *f* portant sur un élément constitutif de l'infraction.

**TATBESTANDSMÄßIG** *adj* **: –e Handlung** *f* acte positif en tant qu'élément de l'infraction.

**TATBESTANDSMÄßIGKEIT** *f* *(StR)* réunion de tous les éléments constitutifs de l'infraction.

**TATBESTANDS | MERKMAL** *n* *(StR)* élément *m* constitutif, fait constitutif d'une infraction; **–vollendung** *f* matérialisation de l'attitude coupable *ou* de l'infraction, existence *f* de l'élément matériel; **–voraussetzungen** *fpl* conditions devant être réunies pour l'existence de l'élément matériel.

**TAT | BETEILIGTE(R)** *m* personne *f* participant à une infraction; co-auteur *m*; complice *m*; **–beteiligung** *f* participation criminelle, complicité *f*.

**TATEINHEIT** *f* *(StR)* concours *m* *ou* cumul *m* formel d'infractions, concours idéal d'infractions, concours *ou* conflit de qualifications légales; **in – mit** *(StR)* en réunion *ou* en cumul avec.

**TATENTSCHLUSS** *m* résolution criminelle.

**TÄTER** *m* *(StR)* auteur *m* (accomplissant lui même les faits incriminés), personne *f* commettant une infraction; malfaiteur *m*; coupable *m*; **mittelbarer –** auteur moral, auteur intellectuel; **unmittelbarer –** auteur principal, auteur direct (de l'infraction); **–kreis** *m* groupe *m* de personnes présumées responsables (d'une infraction).

**TÄTERSCHAFT** *f* fait d'être l'auteur d'une infraction; **mittelbare –** fait d'être indirectement l'auteur d'un délit (en ayant fait agir quelqu'un d'autre à sa place).

**TÄTER | STRAFE** *f* peine encourue par l'auteur (d'une infraction); **–strafrecht** *n* droit criminel axé sur la personnalité du délinquant (plus que sur l'infraction elle-même); **–vorsatz** *m* intention criminelle de l'auteur.

**TAT | FESTSTELLUNG** *f* constatation des faits; **–folgen** *pl* conséquences résultant des faits incriminés; **–frage** *f (ZPR)* question de fond, point de fait, question de fait; **–gehilfe** *f* complice *m* (par aide ou assistance); **–gericht** *n (ZPR)* juge *m* statuant au fond; **–geschehen** *n (StR)* les faits (incriminés); déroulement des faits; **–handlung** • *(StR)* acte (positif); élément matériel de l'infraction • *(ZR: Realakt)* fait juridique; fait délictueux; **–hergang** *m* déroulement des faits; **–herrschaft** *f* maîtrise *f* de l'action *ou* de l'exécution de l'infraction.

**TÄTIG** *adj* : **–e Reue** *(StR)* repentir actif, désistement volontaire (de l'exécution).

**TÄTIGKEIT** *f* • activité *f*, action • *(Beruf)* profession *f*, fonction *f*, emploi *m*, métier *m* • *(Beschäftigung)* occupation *f*, travail *m*, tâche; **berufliche –** activité professionelle; **ehrenamtliche –** activité bénévole; fonction assumée à titre honorifique; **freiberufliche –** exercice *m* d'une profession libérale; **gewerbliche –** activité industrielle *ou* commerciale; **selbständige –** exercice d'une profession non-salariée; **unerlaubte –** activité illicite.

**TÄTIGKEITS | BEREICH** *m* sphère *f* d'activité, domaine *m ou* secteur d'activité, champ *m* d'action; **–beschreibung** *f* spécification *f* du travail, description *f* des fonctions; **schlichtes –delikt** *n* acte positif, infraction de commission; délit *m* formel; **–feld** *n*, **–gebiet** *n*, **–kreis** *m* champ *m* d'activités.

**TÄTLICH** *adv* : **jmdn. – angreifen** exercer des violences (envers une personne); **–er Angriff** *(StR)* voie de fait.

**TÄTLICHKEIT** *f* voie *f* de fait, excès *m*, violence *f*; **–en gegen Familienangehörige** violences physiques exercées sur des membres de la famille.

**TAT | MEHRHEIT** *f (StR)* pluralité *f* d'infractions, concours réel d'infractions; **–mittler** *m* personne agissant sur ordre d'une autre (pour commettre un crime); complice *m*, aide *m*, assistant *m*; **–mitwirkung** *f* coactivité *f*; **–opfer** *n* victime *f* d'une infraction; **–ort** *m* lieux *mpl*, lieu *m* du crime, lieu de l'infraction; **–ortbesichtigung** *f* descente *f* sur les lieux, transport *m* sur les lieux; **–plan** *m*, **–planung** *f* préméditation, dessein réfléchi (de commettre un crime *ou* une infraction).

**TATRICHTER** *m* juge *m* du fond (du litige).

**TATSACHE** *f* fait *m*, événement *m* (susceptible de produire un effet juridique); réalité *f*; **belastende –** fait à charge; **beweiserhebliche –** élément de preuve (consistant en un fait, un événement, une trace); **entlastende –** fait à décharge; **feststehende –** fait acquis; **gerichtsnotorische –** fait connu du tribunal; **rechtfertigende –** fait justificatif; **unbestrittene –** fait constant, fait incontesté; **zugestandene –** fait reconnu (comme étant vrai).

**TATSACHEN | ABLAUF** *m* déroulement de l'action; enchaînement *ou* succession des faits; **–behauptung** *f* allégation (d'un fait), affirmation; **–berichtigung** *f* rectification (des faits); **–ermittlung** *f* enquête *f* sur les faits; **–feststellung** *f* constatations *fpl* (d'une enquête); **–gericht** *n* juridiction statuant sur le fond (d'un litige); **–instanz** *f* juge *m* du fond, juridiction jugeant les éléments de fait et de droit; **–irrtum** *m* erreur de fait.

**TATSACHEN | PRÜFUNG** *f* examen *m* des faits; **–richter** *m* juge *m* du fond; **–schilderung** *f* relation des faits; **–überprüfung** *f* vérification *f* des faits; **–verhandlung** *f* débats *mpl* sur le fond de l'affaire; **–vermutung** *f* présomption *f* de fait; **–vorbringen** *n* allégation des faits; **–vortrag** *m* présentation orale des faits (à l'audience); **–würdigung** *f* appréciation (des faits).

**TAT | SCHILDERUNG** *f* relation des faits; constat *m*; **–schwere** *f* gravité *f* des faits (reprochés); **–seite** *f* • *(StR: äußere Tatseite)* élément matériel (de l'attitude coupable) • *(StR: innere Tatseite)* élément moral; **–spuren** *pl* indices *mpl*, traces *fpl*; **–umstände** *pl* circonstances *fpl* de l'infraction, éléments *mpl* (constitutifs) du délit; **–unrecht** *n* élément injuste, absence *f* de faits justificatifs; **–urheber** *m* auteur *m* (de l'infraction).

**TAT | VERDÄCHTIGE(R)** *m* auteur présumé d'une infraction; **–verlauf** *m* déroulement *ou* enchaînement des faits; **–verwirklichung** *f* matérialisation de l'attitude coupable; **–vollendung** *f* accomplissement de l'acte incriminé; infraction consommée; **–vorbereitung** *f* préparation de l'infraction; projet *m* pour mener à bien une infraction; **–vorwurf** *m* fait imputé *ou* reproché; **–waffe** *f* arme *f* du crime; **–werkzeug** *n* instrument du délit *ou* ayant servi à perpétrer une infraction; **–wille** *m* intention coupable; **–zeit** *f*, **–zeitpunkt** *m* heure *f* du crime, heure de perpétration de l'infraction; **–zeuge** *m* témoin oculaire, témoin des faits.

**TAUB | HEIT** *f* surdité *f*; **–stumme(r)** *m* sourd-muet *m*; **–stummheit** *f* surdimutité *f*.

**TAUGLICH** *adj* • *(geeignet)* bon, apte à, propre à • *(Person)* capable; **–es Beweismittel** moyen de preuve approprié.

**TAUSCH** *m* • échange *m*; troc *m* • *(Wechselgeschäft)* change *m*; **– mit Zahlung des Wertunterschiedes** échange avec soulte; **–aktion** *f* vente promotionnelle avec reprise des appareils usagés.

**TÄUSCHEN** *v* induire (volontairement) en erreur, tromper; abuser, berner, duper.

**TÄUSCHUNG** *f* • *(Betrug)* manœuvre *f* frauduleuse, tromperie *f*, duperie *f* • *(Irrtum)* erreur *f*, mécompte *m* • *(Einbildung)* illusion; **arglistige –** dol *m* (en tant que vice du consentement).

**TÄUSCHUNGS | ABSICHT** *f* intention *f* dolosive, manœuvre frauduleuse (ayant pour objet de tromper qqn.); **–anfechtung** *f* (demande en) anullation pour cause de dol; **–mittel** *n* moyen frauduleux.

**TAUSCH | WERT** *m* valeur *f* d'échange; **–wirtschaft** économie reposant sur le troc.

**TAXE** *f* • *(Gebühr)* taxe *f*, impôt *m* • *(amtlich festgesetzter Preis)* tarif *m*, barème *m*, droit *m* • *(Schätzung)* évaluation *f* • *(StVR: Taxenfahrzeug)* taxi *m*.

**TECHNIK** *f* • *(Herstellungsverfahren)* technique *f*, méthode *f*, procédé *m* • la technique, sciences appliquées; **Stand der –** *(PatR)* état actuel de la technique, art antérieur (à la nouvelle invention).

**TEIL** *m* • *(Stück)* partie *f*, portion *f* • *(Anteil)* part *f*, quote-part *f* • *(Einzelteil)* pièce *f* détachée • *(Bestandteil)* élément *m* • *(Prozesspartei)* partie *f*; plaideur *m*; **allgemeiner –** *(Gesetz)* dispositions générales.

**TEIL | ABTRETUNG** *f* cession partielle (de créances); **–abweisung** *f (PrzR)* rejet partiel (de la demande); **–akt** *m* • *(StR)* partie *f* d'un acte dommageable • *(VwR)* décision individuelle portant sur une partie des mesures prévues; **–annahme** *f* acceptation d'une partie (de l'offre); **–aufhebung** *f* annullation partielle.

**TEIL | BEREICH** *m* domaine spécial, secteur partiel; **–beschäftigung** *f* emploi à temps partiel; chômage *m* partiel; **–charter** *f*, **–charterung** *f* affrètement *m* partiel.

**TEIL | EIGENTUM** *n* quote-part *f* (de propriété) en ce qui concerne les parties communes d'un immeuble bâti (avec un statut de copropriété); **–eigentümer** *m* copropriétaire (pour les parties communes de la copropriété).

**TEIL | ENDURTEIL** *n* jugement *m* au fond concernant seulement une partie des prétentions; **–entlastung** *f (GesR)* quitus partiel; **–entschädigung** *f* dédommagement *m* partiel; **–entscheidung** *f* jugement tranchant une partie du principal; **–erfolg** *m* succès partiel; **–erfüllung** *f* exécution partielle; **–habe** *f* participation; intéressement; concours *m*.

**TEILHABER** *m* associé *m*; partenaire *m*; copartageant *m*; **geschäftsführender –** associé-gérant *m*; **stiller –** associé *f* d'une société en participation.

**TEIL | HAFTER** *m (GesR: KG)* associé *m* commanditaire; **–haftung** *f* partage *m* de responsabilité, responsabilité partielle; **–invalidität** *f* invalidité partielle, infirmité permanente partielle.

**TEIL | KASKOVERSICHERUNG** *f* assurance multirisque limitée (vol, incendie, bris de glace); **–leistung** *f* • prestation *ou* exécution partielle, délivrance incomplète • paiement d'une partie du prix convenu; **–lieferung** livraison partielle *ou* incomplète.

**TEILNAHME** *f* • participation *f*; collaboration • *(StR)* complicité *f*; connivence *f* • *(Mitgefühl)* sympathie *f*; pitié *f*; intérêt *m*; **–handlung** *f (StR)* contribution à la réalisation d'une infraction.

**TEILNEHMER** *m* • participant *m*; intéressé *m*; associé *m* • *(Telefon)* abonné *m* • *(Verkehr)* usager *m*; **–kreis** *m* personnes participantes.

**TEILNICHTIG | ERKLÄRUNG** *f* annullation partielle; **–keit** *f* nullité *f* partielle.

**TEILUNG** *f* • partage *m*, répartion *f*, fractionnement *m* • division (du travail) • *(VR)* partition; scission; **gerichtliche –** partage judiciaire.

**TEILUNGS | KLAGE** *f* action *f* en partage; **–plan** *m* plan de partage (mettant fin à l'indivision); partage amiable; **–vertrag** *m* convention de partage.

**TEIL | UNWIRKSAMKEIT** *f* nullité partielle; **–urteil** *n* jugement qui tranche dans son dispositif une partie du principal, jugement *m* partiel (sur le fond); **–veräußerung** *f* cession partielle (d'un droit).

**TEILZAHLUNG** *f* paiement partiel *ou* échelonné; **–sabrede** *f* convention relative à un paiement échelonné *ou* fractionné; **–spreis** *m* prix stipulé dans la vente à tempérament; **–srate** *f* tempérament *m*, fraction à payer, mensualité *f*.

**TEILZEIT | ARBEIT** *f* emploi *m ou* travail à temps partiel; **–arbeiter, –arbeitnehmer** *m* salarié employé à temps partiel; **–arbeitsverhältnis** *n* contrat de travail à temps partiel; **–beschäftigte(r)** *m* • *(ArbR: Arbeitsvertrag mit reduzierter Arbeitszeit)* travailleur à temps partiel, salarié à temps réduit • *(ArbR: nur periodische Beschäftigung)* intérimaire *m*, travailleur *m* temporaire; **–beschäftigung** *f* • travail *m ou* emploi *m* à temps partiel • travail intérinaire; **–kraft** *f* salarié à temps partiel; **–nutzungsrecht** *n*, **–wohnrecht** *n (SachR)* multipropriété *f*, jouissance d'un immeuble à temps partagé.

**TELE | FAX** *n* (= Fernkopie) télécopie *f* (transmise par téléphone), fax *m*, téléfax *m*; **–faxen** (= fernkopieren) faxer, envoyer un fax; **–faxgerät** *n* télécopieur *m*, fax *m*.

**TELEFON | ABHÖRANLAGE** *f* table *f* d'écoute; **–abhörung** *f* écoute *f* téléphonique, mise *f* sur table d'écoute; **–anruf** *m* appel *m* téléphonique; **–anrufbeantworter** *m* répondeur *m* enregistreur (téléphonique); **–anschluss** *m* ligne *f* téléphonique, branchement du téléphone; abonnement; poste *m* d'abonné; **–apparat** *m* téléphone *m*, poste *m* téléphonique (à clavier, à cadran); **–at** *n* appel *m* téléphonique; **–buch** *n* annuaire *m* téléphonique.

**TELEFON | GEBÜHR** *f* taxe *f* (de base), redevance *f* téléphonique; **–geheimnis** *n* secret *m* des télécommunications; **–gespräch** *n* communication téléphonique; **–handel** *m* transactions *fpl* par téléphone; **–hörer** *m* combiné *m*.

**TELEFON | NETZ** *n* réseau *m* téléphonique; **–nummer** *f* numéro *m* de téléphone; **–überwachung** *f* mise *f* sur table d'écoute, écoute *f* des conversations téléphoniques; télésurveillance *f*; **–zensur** *f* censure *f* téléphonique.

**TENDENZ | BETRIEB** *m*, **–unternehmen** *n (ArbR)* entreprise de droit public *ou* privé poursuivant un but religieux, caritatif, politique, artistique *ou* éducatif.

**TENOR** *n (PrzR)* dispositif *m* du jugement, énoncé *m* d'une décision de justice.

**TERMIN** *m* • *(Zeitpunkt)* terme *m*, échéance *f*, (date de) l'expiration *f* du délai • *(Zeitraum)* délai *m* • *(Gerichtssitzung)* audience *f* • *(Ladung)* assignation • rendez-vous *m* (d'affaires); **fester –** date *f* fixe; terme certain; **früher erster –** séance préliminaire du juge de la mise en état (de l'affaire); **letzter –** dernier délai; date *f* limite.

**TERMIN(S) | ANBERAUMUNG** *f*, **–bestimmung** *f* fixation de l'audience; **–ladung** *f* assignation à jour et à heure fixes; **–tag** *m* jour *m* de l'audience; **–überschneidung** *f* chevauchement des délais; **–überschreitung** *f* dépassement d'un délai; **–vereinbarung** *f* fixation d'un rendez-vous; fixation de l'audience; **–verlängerung** *f* prorogation du délai; **–versäumung** *f* défaillance *f*, noncomparution; **–vorbereitung** *f* mise *f* en état de l'affaire; **–wahrnehmung** *f* comparution à l'audience.

**TERROR | AKT** *m* acte *m* de terrorisme *ou* de violence, attentat *m* terroriste; **–aktion** *f*, **–anschlag** *m* attentat *m ou* agression terroriste; **–gruppe** *f* groupe *m* de terroristes; **–herrschaft** *f* régime *m* de la terreur.

**TERRORISMUS** *m* (= Gewaltherrschaft) terrorisme *m*; **–bekämpfung** *f* lutte *f* anti-terroriste.

**TERRORISTEN | BANDE** *f*, **–vereinigung** *f* groupe *m* terroriste, commando *m* de terroristes, association criminelle de terroristes.

**TERRORISTISCH** *adj* : **–er Anschlag** attentat *m* terroriste; **–e Vereinigung** *f* organisation *ou* groupe terroriste.

**TERROR | ORGANISATION** *f* organisation terroriste; **–welle** *f* vague d'attentats et d'actes de violence, activités *fpl* terroristes.

**TESTAMENT** *n (ErbR)* testament *m*; disposition testamentaire; libéralité *f*; dernière(s) volonté(s); **eigenhändig geschriebenes –, eigenhändiges –, eigenschriftliches –** testament olographe *ou* écrit (daté et signé de la main du testateur); **gemeinsames –, gemeinschaftliches –** testament conjoint ou conjonctif; **gültiges –** testament valide; **mündliches –** testament verbal ou nuncupatif; **notarielles –, notariell beurkundetes –** testament authentique *ou* notarié; **öffentliches –** testament par acte public.

**TESTAMENTARISCH** *adj* : **–e Verfügung** disposition testamentaire; legs *m*, clause contenue dans un testament.

**TESTAMENTS | ANFECHTUNG** *f* action *f* en révocation (judiciaire) du testament, action *f* en révocation d'un legs testamentaire; **–aufhebung** *f* annulation du testament; **–eröffnung** *f* ouverture du testament; **–errichtung** rédaction du testament (par devant notaire); **–erschleichung** *f* (Aut) fait d'obtenir *ou* de faire modifier un testament par contrainte *ou* par dol, captation d'héritage.

**TESTAMENTS | FÄLSCHUNG** *f* falsification d'un testament; **–nachtrag** *m* codicille *m*; **–verkündung** *f* ouverture *f* du testament; **–verwahrung** *f* conservation de l'acte; **–wortlaut** *m* énoncé *m ou* libellé *m* du testament; **–zeuge** *m* témoin *m* testamentaire; **–zusatz** *m* codicille *m*.

**TESTAT** *m* attestation *f*, certificat *m*.

**TESTATOR** *m (ErbR: Erblasser)* testateur *m*, disposant *m*.

**TESTIER | FÄHIGKEIT** *f (ErbR)* capacité de tester *ou* de disposer par testament; **–freiheit** *f* liberté *f* de disposer par testament.

**TESTIERUNFÄHIGKEIT** *f* incapacité *f* de tester *ou* de disposer par testament.

**TEUERUNGS | ZULAGE** *f* indemnité *f* de vie chère *ou* de cherté de vie; **–zuschlag** *m* majoration *f* de vie chère.

**TEXT | FASSUNG** *f* teneur *m*, substance *f*, texte *m*, libellé *m*; **–gestaltung** conception *f*, rédaction; **–sammlung** *f* recueil *m* (de textes); **–stelle** *f*, **–teil** *m* passage *m* (d'un texte).

**TIEF | BAU** *m* travaux publics; **Hoch- und –bau** Bâtiment et travaux publics (= B.T.P.); **–bauunternehmen** *n* entreprise *f* de travaux publics; **–bauwerk** *n* ouvrage *m* d'art, construction (pont, tunnel).

**TIER | BESITZER** *m* propriétaire *m* d'un animal; **–biss** *m* morsure *f*; **–gefahr** *f* risque *m* inhérant à un animal; **–gesundheitsamt** *n* service *m* vétérinaire; **–haftpflicht, –haftung** *f* responsabilité *f* du fait d'un animal.

**TIERHALTER** *m* gardien *m* d'un animal; **–haftpflichtversicherung** *f* assurance *f* responsabilité civile propriétaire *ou* gardien d'animaux; **–haftung** *f* responsabilité du fait des animaux, responsabilité du gardien d'un animal.

**TIER | KRANKHEIT** *f* épizootie *f*; maladie *f* frappant les animaux; **–medizin** *f* art *m* vétérinaire; **–quälerei** *f (StR)* cruautés *fpl* envers les animaux.

**TIERSCHADEN** *m* dommage causé par des animaux; **–haftung** *f* responsabilité du fait des dommages causés par des animaux.

**TIER | SCHUTZGESETZ** *n* Loi sur la protection des animaux; **–schutzverein** *m* société *f* protectrice des animaux (= S.P.A.); **–seuche** *f* épizootie *f*; **–seuchenpolizei** *f* police *f* sanitaire vétérinaire; **–versuche** *mpl* expériences *fpl* sur des animaux.

**TILGEN** *v* • *(Schuld)* rembourser, amortir • *(Hypothek)* purger.

**TILGUNG** *f* • *(Rückzahlung)* amortissement *m* (financier), remboursement *m* (d'un crédit), extinction *f* d'une dette • *(Löschung)* suppression *f*, radiation, extinction.

**TIME-SHARING** *n (ArbR)* partage *m* du travail; réduction du temps de travail; travail *m* en temps partagé.

**TITEL** *m* • *(Dienstbezeichnung)* titre *m*, nom *m* de fonction; qualification; diplôme *m*; désignation *f* honorifique • *(Abschnitt)* tête *f*, entête *m*, titre (d'un livre) • *(Zeitung)* manchette *f*, (gros) titre *m*, titre (sur plusieurs colonnes) • *(Rechtsgrund)* titre *m* (de propriété), acte *m* juridique (qui constate un droit), titre (de créance) • *(Aufschrift, Überschrift)* titre (d'un livre), désignation d'un sujet; **vollstreckbarer –** titre exécutoire.

**TITELSCHUTZ** *m (UrhR, WettbR)* protection des désignations et dénominations *ou* des titres (d'une œuvre).

**TOCHTER | FIRMA** *f*, **–gesellschaft** *f*, **–unternehmen** *n (GesR)* filiale *f*, société *f* filiale; **–rechte** *npl* droits *mpl* dérivés.

**TOD** *m* mort *f*, décès *m*; **gewaltsamer –** mort violente; **vorzeitiger –** décès prématuré; **jmdn. zum –e verurteilen** condamner qqn. à mort.

**TODES | ANZEIGE** *f* avis *m* de décès; **–art** *f* cause *f* du décès; **–begriff** *m* définition légale de la mort; **–eintritt** *m* heure *f* du décès.

**TODESERKLÄRUNG** *f* jugement déclaratif de décès, déclaration judiciaire de décès.

**TODESFALL** *m* décès *m*; **Versicherung auf den –** assurance *f* décès; **–entschädigung** *f* indemnité *f* en cas de décès; **–kapital** *n* capital-décès; **–versicherung auf verbundene Leben** assurance-vie *f* réversible.

**TODES | FESTSTELLUNG** *f* constatation *f* du décès; **–folge** *f* ayant entraîné la mort de qqn; **–gefahr** *f* danger *m* de mort; **–nachweis** *m* preuve *f* du décès; **–schein** *m* (= Totenschein) certificat de décès, acte *m* de décès.

**TODES | SCHUSS** *m (Polizei)* tir *m* mortel; **finaler –schuss, gezielter –schuss** tir en vue de donner la mort; **–schütze** *m* tireur *m* (ayant provoqué la mort de qqn.); **–strafe** *f* peine *f* de mort, peine capitale, condamnation à mort; **–tag** *m* • jour *m* du décès • anniversaire *m* de la mort; **–ursache** *f* cause *f* du décès; **–urteil** *n* condamnation à mort; **–vermutung** *f* présomption *f* de décès; **–zeit** *f*, **–zeitpunkt** *m* date *f* du décès.

**TON | BANDAUFZEICHNUNG** *f* enregistrement sur bande magnétique; **–bandprotokoll** *n* procès-verbal enregistré sur bande; **–bandverwertung** *f* utilisation d'une bande magnétique comme moyen de preuve; **–kunst** *f (UrhR)* art *m* musical.

**TONTRÄGER** *m (UrhR)* support *m* pour l'enregistrement des sons.

**TOT** *adj* **: –e Hand** mainmorte *f*, biens *mpl* inaliénables; **–es Inventar** matériel *m* d'exploitation; **–es Kapital** capital improductif; **–es Konto** compte *m* matières.

**TOTAL | INVALIDITÄT** *f (VersR: Ganzinvalidität)* infirmité *f* permanente totale, invalidité *f* totale; **–schaden** *m* dommage *m* intégral, perte *f* totale; **–streik** *m* grève générale; **–verlust** *m* perte *f* totale.

**TÖTEN** *v* donner la mort à qqn., tuer qqn., mettre qqn. à mort.

**TOTEN | BESTATTUNG** *f* inhumation *f*; **–buch** *n*, **–register** *n* registre mortuaire; **Störung der –ruhe** atteinte *f* au respect dû aux morts; profanation des tombeaux *ou* des sépultures; **–schau** *f* autopsie *f*; **–schein** *m* certificat *m* de décès; **–starre** *f* rigidité *f* cadavérique.

**TOT | SCHLAG** *m* • *(StR: BRD – § 212 I StGB)* meurtre *m* (puni d'une peine privative de liberté de cinq ans au minimum), homicide *m* intentionnel *ou* volontaire • *(StR: Aut)* homicide involontaire *ou* par imprudence; **–schläger** *m* • meurtrier *m* • (Aut) auteur *m* d'un homicide involontaire.

**TÖTUNG** *f* homicide *m*, atteinte *f* à la vie d'une personne, le fait de donner la mort à qqn.; **fahrlässige –** homicide par imprudence *ou* involontaire; **vorsätzliche –** homicide intentionnel *ou* volontaire, meurtre *m*; **– auf Verlangen** homicide par pitié avec le consentement de la victime, euthanasie *f*.

**TÖTUNGS | ABSICHT** *f* intention de donner la mort; **–handlung** *f* le fait de donner la mort à autrui, l'acte tendant à donner la mort; **–versuch** *m* tentative *f* d'homicide; **–vorsatz** *m* intention de donner la mort.

**TRADITION** *f* • *(SachR: Übergabe)* transfert *m* de la possession, remise matérielle, tradition • *(mündliche Überlieferung)* pratique héritée du passé, tradition.

**TRÄGER** *m* • *(ZR, HR: Inhaber)* porteur *m*, détenteur *m*, titulaire *m* • *(ÖfR: Institution)* organisme *m*, institution *f*, autorité *f ou* organe *m* doué d'une certaine autonomie financière avec affectation de ressources propres et chargé de gérer celles-ci (sous le contrôle des pouvoirs publics); **– der Krankenversicherung** organisme d'assurance-maladie.

**TRÄGERSCHAFT** *f (ÖfR: öffentlich-rechtliche Verantwortung)* responsabilité institutionnelle *ou* administrative *ou* publique; mission de service public.

**TRÄNENGAS** *n* gaz *m* lacrymogène; **–sprühdose** *f* bombe *f* lacrymogène.

**TRANSFER | LEISTUNGEN** *fpl* *(SozR)* transfert *m*, changement *m* d'affectation de ressources; **–zahlung** *f* paiement *m* (à l'étranger), virement *m* de devises.

**TRANSIT | HANDEL** *m* commerce de transit; **–schein** *m* passavant *m*, passe-debout *m*, acquit-à-caution *m*; **–verkehr** *m* circulation en franchise de douane.

**TRANS | PARENT** *n (StR: Spruchband)* banderole *f*; **–parenz** *f (ÖfR, HR: Durchschaubarkeit)* transparence *f* (fiscale, politique); **–parenzgebot** *n*, **–parenzpflicht** *f (HR, BankR)* obligation d'indiquer clairement toutes les clauses (y compris les frais).

**TRANSPORT** *m* transport *m*; factage *m*; **–auftrag** *m* contrat de fret; **–bedingungen** *pl* conditions générales de transport; **–behälter** *m* conteneur *m*.

**TRANSPORTEUR** *m* transporteur *m*, entrepreneur *m* de transports, voiturier *m*.

**TRANSPORT | FIRMA** *f* transporteur, entreprise de transport; **–gefahr** *f* risques *mpl* inhérents au transport; **–gefährdung** *f (StR)* entrave *f ou* gêne *f* de la circulation (sur les voies de transport); **–gewerbe** *n* les Transports; **–gut** *n* marchandise transportée.

**TRANSPORT | KOSTEN** *pl* fret *m*; frais *mpl* de transport; coût du camionnage; **–mittel** *n* moyen *m* de transport; **–schaden** *m (HR)* avarie *f*, dommage subi pendant le transport, sinistre *m* en cours de transport; **–schwund** *m* freinte *f*, creux *m* de route; **–unternehmen** *n*, **–unternehmung** *f*, **–unternehmer** *m* voiturier *m*, transporteur *m*, entreprise *f* de transport; **–vertrag** *m* contrat de transport(s); **–wesen** *n* les Transports; **–zettel** *m* • *(HR)* bordereau *m* de transport • *(StR)* réquisition de transport (d'un détenu).

**TRATTE** *f (WechselR)* traite *f*, lettre *f* de change acceptée.

**TRAU | RING** *m* alliance *f*; **–schein** *m* extrait *m* des actes de mariage, acte *m* de mariage.

**TRAUUNG** *f* célébration *f* du mariage; **kirchliche –** mariage *m* religieux; **standesamtliche –, zivilstandesamtliche –** (S) mariage civil.

**TRAUZEUGE** *m* témoin *m* du mariage.

**TREIB | GAS** *n* hydrofluorocarbone *m*; **–gut** *n* corps *mpl* flottants; **–hauseffekt** *m* effet *m* de serre; **–stoffsteuer** *f* impôt *m* sur les carburants.

**TRENNUNG** *f* • *(auch Eheleute)* séparation • *(Entzweiung)* désunion *f*, division *f*, disjonction *f*; **– der Gewalten** séparation des pouvoirs.

**TRENNUNGS | ENTSCHÄDIGUNG** *f (ArbR)* indemnité de séparation *ou* de travail à l'étranger *ou* loin du domicile familial; **–unterhalt** *m (EheR)* aliments *mpl* payable en cas de vie séparée (d'un couple en instance de divorce); **–zulage** *f* prime de séparation, indemnité *f* d'absence.

**TREU UND GLAUBEN** *m (SchuldR)* bonne foi (objective), obligation de ne pas abuser d'un droit (conféré à qqn.); loyauté *f* et confiance *f* réciproque (dans l'exécution des contrats).

**TREUBRUCH** *m* • *(StR: Untreue)* abus *m* de confiance • *(Verrat)* trahison *f* • *(Meineid)* parjure *m*.

**TREUE** *f* fidélité *f* (à tenir ses engagements); loyauté *f*; **eheliche –** fidélité conjugale.

**TREUEID** *m* serment *m* de fidélité; **politischer –** serment politique.

**TREUE | PFLICHT** *f* • *(ArbR: Arbeitnehmer)* devoir *m* de loyauté *ou* de fidélité du salarié (envers son employeur) • *(GesR)* devoir *m* de loyauté et de dévouement des associés • *(BeamR)* devoir de loyalisme républicain; **–prämie** *f* prime de fidélité; **–rabatt** *m* ristourne *f*.

**TREUEVERHÄLTNIS** *n (VwR: Beamte)* obligation *f* de servir fidèlement l'État de droit, devoir *m* de loyalisme républicain.

**TREUGEBER** *m* fiduciant *m*, personne *f* chargant un tiers de l'administration de ses biens *ou* de certains de ses biens, disposant *m* (du droit).

**TREUHAND** *f* • *(ZR)* contrat *m* d'administration des biens, fiducie *f* • *(ÖfR: Treuhandanstalt)* établissement fiduciaire de gestion du partrimoine industriel de l'ex-RDA.

**TREUHAND | ABREDE** *f* convention fiduciaire; **–eigentum** *n (ZR)* propriété *f* fiduciaire; forme de propriété dans laquelle le fiduciaire (en tant qu'administrateur des biens en fiducie) est tenu à restitution envers le fiduciant.

**TREUHÄNDER** *m od.* **Treuhandverwalter** *m* fiducié *m*, fiduciaire *m*, administrateur *m* de biens.

**TREUHÄNDERISCH** *adj* : **–e Übertragung** aliénation fiduciaire (à charge de rétrocession); **–e Verwaltung** administration fiduciaire.

**TREUHAND | GESELLSCHAFT** *f* société *f* fiduciaire; **–rat** *m (VR)* Conseil de tutelle; **–schaft** *f* fiducie *f*.

**TREUNEHMER** *m* (= Treuhänder) fiduciaire *m*, fiducié *m*; administrateur *m* de biens.

**TRICKDIEBSTAHL** *m* vol *m* à la tire, vol qualifié par artifice.

**TRIEB** *m* instinct *m*, pulsion *f*; **–mörder** *m* meurtrier *m* sous l'emprise d'une pulsion irrésistible; **–störung** *f* trouble *m* psychique *ou* neuropsychique (ayant aboli le discernement et le contrôle des actes); démence *f*; **–täter** *m* psychopathe *m* délinquant.

**TRIFTIG** *adj* • *(wohlbegründet)* bien fondé, plausible, valable • *(nicht widerlegbar)* probant, ayant la force *ou* valeur probante; **–er Grund** motif *m* fondé (en droit) et établi (en fait); **ohne –en Grund** sans raison valable.

**TRINKWASSER** *n* eau *f* potable; **–aufbereitung** *f* épuration *ou* traitement des eaux usées; **–gewinnungsanlage** *f* installation de captation et d'exploitation de l'eau potable; **–qualität** *f* potabilité *f*; **–verschmutzung** pollution *f* des eaux potables.

**TRÖDEL | HANDEL** *m* brocantage *m*; **–markt** *m* foire *f* à la brocante, chine *f*.

**TRÖDLER** *m* brocanteur *m*, chineur *m*, fripier *m*.

**TRUG** *m* tromperie *f*; imposture *f*; fraude *f*; **–schluss** *m* paralogisme *m*.

**TRUNKENHEIT** *f* ébriété *f*, ivresse *f* manifeste; **– im Verkehr** ivresse *f* sur la voie publique; **– am Steuer** conduite *f* en état d'ivresse, conduite sous l'empire d'un état alcoolique caractérisé; **–sgrad** *m* degré *m* d'imprégnation alcoolique, alcoolémie *f*; **–stäter** *m* auteur présumé d'une infraction commise sous l'empire d'un état alcoolique.

**TRUNKSUCHT** *f* alcoolisme *m*, éthylisme *m*.

**TRUST** *m (GesR: Konzern)* groupe *m*, trust *m*, coalition *f* d'intérêts (économiques et financiers).

**TUMULT** *m* attroupement sur la voie publique (troublant la tranquillité publique); tumulte *m*, agitation; **–schäden** *mpl* dommages causés par des attroupements.

**TURNUSMÄẞIG** *adj* à tour de rôle, en alternance.

**TÜV** *m (StVR: Technischer Überwachungsverein)* Service *m* (allemand) des visites techniques des véhicules.

**TYPEN | BEZEICHNUNG** *f* (Kfz) dénomination du véhicule; **–vertrag** *m* (= Formularvertrag) contrat *m* type *ou* standardisé *ou* d'adhésion.

## U

**ÜBEL** *n* mal *m*; préjudice *m*, dommage *m*; affliction; **–androhung** *f* menaces *fpl* de mort *ou* d'autres violences et voies de fait.

**ÜBEL | TAT** *f* infraction *f*, forfait *m*, méfait *m*, crime *m*; **–täter** *m* malfaiteur *m*, criminel *m*, délinquant *m*.

**ÜBER | ALTERUNG** *f* • *(Menschen)* vieillissement *m* • *(Maschinen)* vétusté *f*; **–angebot** *n* • excès *m* d'offres, suroffre *f* • surenchère *f*, mise *f* supérieure.

**ÜBER | ARBEITUNG** *f* refonte *f* (d'un ouvrage), remaniement; **–bau** *m (SachR)* empiètement *m*, construction faite de bonne foi sur le terrain d'autrui; **–belegung** *f (Schulen, Gefängnisse)* surpopulation *f*.

**ÜBERBRINGER** *m* porteur *m*, présentateur *m*; **–scheck** *m* chèque *m* au porteur.

**ÜBERBRÜCKUNGS | BEIHILFE** *f*, **–geld** *n* allocation *f* de reclassement, indemnité *f* de réemploi; **–darlehen** *n*, **–kredit** *m* crédit *m* de soudure, crédit-relais, termaillage *m*.

**ÜBEREIGNUNG** *f (SchuldR, SachR: Eigentumsübertragung – le principe du transfert immédiat de la propriété par le seul effet du contrat n'existe pas en droit allemand)* ensaisinement, transport de la chose en la puissance de l'acheteur, transfert *m* de propriété, mise de la chose à la disposition de l'acheteur.

**ÜBEREIGNUNGS | ANSPRUCH** *m* droit au transfert de propriété, prétention à l'ensaisinement; **–erklärung** *f* déclaration d'ensaisinement; **–geschäft** *n (SachR: Verfügungsgeschäft)* convention sur la délivrance *ou* l'ensaisinement de la chose; **–pflicht** *f* obligation de transporter la chose en la puissance de l'acheteur; **–vertrag** *m* contrat *m* translatif de propriété (par ensaisinement), clause *f* de dessaisine-saisine; **–vorgang** *m* dessaisine-saisine *f*.

**ÜBEREINKOMMEN** *n (VR)* accord *m*, convention *f*.

**ÜBEREINKUNFT** *f (VR: syn. mit Übereinkommen)* convention *f*, arrangement *m*, composition *f*, entente *f*, accord *m*; **Internationale – zum Schutze des gewerblichen Eigentums** Union *f* internationale pour la protection de la propriété industrielle; **Internationale – zum Schutze von Werken der Literatur und Kunst** Convention internationale pour la protection des œuvres littéraires et artistiques.

**ÜBEREINSTIMMUNG** *f* accord *m*, conformité, entente *f*; **in – bringen** faire accorder, harmoniser.

**ÜBERFAHREN** *v* • *(Person)* écraser qqn. • *(Verkehrszeichen)* ne pas respecter, ignorer.

**ÜBERFALL** *m* • *(StR)* attaque *f* (imprévue *ou* par surprise) • *(VerfR: Handstreich)* coup *m* de main • *(VR: Militär)* invasion *f*, incursion *f* • *(ZR: Früchte)* fruits *mpl* tombant sur la propriété voisine; **bewaffneter –** *(StR)* attaque à main armée.

**ÜBERFALLEN** *v* attaquer à l'improviste, assaillir; envahir.

**ÜBERFÄLLIG** *adj* • *(Leistung)* en souffrance, en retard • *(Schiff)* disparu, porté manquant; **–e Leistung** créance échue et impayée.

**ÜBER | FRACHT** *f* surcharge *f*; surpoids *m*; **–fremdung** *f* • *(AuslR)* surpopulation *f* étrangère • *(GesR)* mise en minorité par un groupe étranger.

**ÜBERFÜHREN** *v* • conduire, transporter • *(StR: Täter)* confondre un malfaiteur.

**ÜBERFÜHRUNG** *f* • transport *m*, transfert *m* • *(Täter)* conviction *f*;

pièce *f* à conviction; – **eines Toten** transfert *m* de corps.

**ÜBERGABE** *f* • *(HR: Waren)* remise *f* matérielle, délivrance *f*, livraison *f* • *(SchuldR: Rechte)* transfert *m*, transmission *f*, «traditio» *f*, tradition *f* • *(SachR: Eigentumsübertragung)* dessaisine-saisine *f*, transfert *m* de propriété, tradition; – **als Sicherheit** affectation en nantissement.

**ÜBERGABE | ERSATZ** *m (SachR)* tradition fictive *ou* feinte (de la propriété d'un bien); **–pflicht** *f (SachR)* obligation au transport en la puissance; **–vertrag** *m (SachR, ErbR)* contrat translatif de propriété; contrat de bail à nourriture; **–verweigerung** *f* refus *m* de délivrance.

**ÜBERGANG** *m* • *(Rechte)* transfert *m*, transmission, dévolution *f* • *(Abstufung)* gradation *f*, nuances *fpl*.

**ÜBERGANGS | FRIST** *f (ArbR)* délai *m* de transition; **–geld** *n* • *(ArbR)* indemnité de licenciement • *(SozVers)* indemnité *f* transitoire; **–gesetz** *n* loi de transition.

**ÜBERGANGS | RECHT** *n* droit *m* intermédiaire; **–regelung** *f* régime *m* transitoire; mesures *fpl* provisoires; **–zeit** *f*, **–zeitraum** *m* période *f* transitoire.

**ÜBERGEBEN** *v* transférer, remettre, délivrer.

**ÜBER | GESETZLICHER NOTSTAND** *m* état *m* de nécessité; **–gewicht** *n* • surpoids *m*, excédent *m* (de poids) • *(Personen)* surcharge pondérale • *(fig.)* supériorité *f*, prépondérance *f*.

**ÜBERGRIFF** *m (VwR, StR)* empiètement *m*, abus *m* de pouvoir; **polizeilicher –** violence policière, bavure *f* policière.

**ÜBER | HANGMANDAT** *n (VerfR)* mandat parlementaire supplémentaire; **–hangsrecht** *n (SachR)* droit relatif aux branches et racines d'un arbre poussant au-delà des limites d'un champ.

**ÜBERHOLUNGSARBEIT** *f* travail *m* de remise en état, révision générale.

**ÜBERHOLVERBOT** *n* interdiction *f* d'effectuer un dépassement.

**ÜBERLASSUNG** *f* remise *f*, abandon *m*; cession *f*; **leihweise –** mise à disposition de matériel locatif; **–spflicht** *f* • *(MietR)* obligation de mettre les lieux loués à la disposition du locataire • *(UmweltR)* obligation de remise (des déchets).

**ÜBER | LEBENDE(R)** *m* • *(ErbR)* (conjoint) survivant *m* • *(Katastrophe)* rescapé *m*.

**ÜBERLEBENS | FÄHIGKEIT** *f* viabilité *f*; **–fall** *m* survie *f*; **–klausel** *f* clause de survie.

**ÜBERLEGUNG** *f* • réflexion *f*, délibération *f*, raisonnement *m* • *(StR)* préméditation.

**ÜBERLEGUNGSFRIST** *f* délai *m* de réflexion.

**ÜBERLEITUNGS | BESTIMMUNGEN** *fpl* mesures *ou* dispositions *fpl* transitoires, **–recht** *n* droit *m* intermédiaire.

**ÜBER | LIEFERUNG** *f* tradition *f*, usage établi; **–liegegeld** *n*, taxe *f* de surplanche, surestarie *f*.

**ÜBERMAẞVERBOT** *n (VwR)* interdiction *f* (pour l'administration) de prendre des mesures excessives.

**ÜBERMITTLUNG** *f* remise *f*, transmission *f*; **–sirrtum** *m* erreur *f* faite au cours de la transmission d'une déclaration de volonté *ou* d'une commande.

**ÜBERNAHME** *f* • *(Rechte)* prise *f* en charge, acceptation *f* • *(Besitz)* prise de possession • *(Erbschaft)* acceptation *f*; – **in das Beamtenverhältnis** titularisation *f*; – **einer Gesellschaft** absorption *f* d'une société.

**ÜBERNAHME | GERICHT** *n* tribunal de renvoi; **–grenze** *f (VersR)* limite *f ou* plein *m* d'acceptation; **–vertrag** *m (GesR)* contrat de reprise (d'une entreprise), convention de cession d'entreprise.

**ÜBERNEHMEN** *v* prendre (en charge), prendre possession de, assumer, recevoir, réceptionner;

die Haftung – assumer la responsabilité.

**ÜBERNEHMER** *m* • cessionnaire *m*, preneur *m*, reprenant *m* (B) • *(Werkauftrag)* entrepreneur *m*.

**ÜBERPRÜFEN** *v* vérifier, réviser; examiner; contrôler; faire un audit.

**ÜBERPRÜFER** *m* réviseur *m*; contrôleur.

**ÜBERPRÜFUNG** *f* vérification *f*, contrôle *m*, révision *f*; enquête *f*; **– der Personalien** vérification d'indentité.

**ÜBERRASCHEN** *v* surprendre; **auf frischer Tat –** prendre qqn. en flagrant délit *ou* sur le fait.

**ÜBERRASCHUNGSKLAUSEL** *f* *(AGB)* clause à laquelle un non-professionnel n'est pas censé devoir s'attendre.

**ÜBER|REAKTION** *f* réaction pathologique; **–redung** *f* persuasion; **–redung zum Selbstmord** provocation au suicide.

**ÜBER|REICHEN** *v* présenter, remettre; offrir; transmettre; **–rest** *m* reliquat *m*; restes *mpl*.

**ÜBERSCHREIBUNG** *f* *(Buchf)* transfert *m* (comptable).

**ÜBERSCHREITEN** *n*, **Überschreitung** *f* • *(Grenze)* franchissement *m*, passage *m* • *(Geschwindigkeit)* excès *m* (de vitesse), dépassement *m* (de la vitesse autorisée) • *(Vorschriften)* violation, infraction (à la loi), transgression; **– der Amtsbefugnisse** empiètement de fonctions; **– der Lieferfrist** retard à la livraison.

**ÜBERSCHRIFT** *f* titre *m* (d'un chapitre); intitulé *m*; en-tête *m*; rubrique *f*, manchette *f* (d'un journal).

**ÜBERSCHULDET** *adj* surendetté, obéré, criblé (de dettes).

**ÜBERSCHUSS** *m* excédent *m*; surproduction, surplus *m*; boni *m*.

**ÜBERSENDUNG** *f* transmission *f*; envoi *m*; expédition; **– per Post** envoi par voie postale.

**ÜBERSETZER** *m* : **allgemein beeideter –** *od.* **vereidigter und gerichtlich bestellter –** traducteur *m* assermenté et inscrit dans un liste spéciale (du tribunal régional allemand), traducteur-juré et enregistré.

**ÜBERSETZUNG** *f* traduction *f*; *(in die Muttersprache)* version *f*; *(aus der Muttersprache)* thème *m*; **auszugsweise –** traduction partielle; **beglaubigte –** traduction certifiée conforme; **sinngetreue –, wortgetreue –** traduction fidèle; **wörtliche –** traduction littérale; **für die Richtigkeit der –** pour traduction conforme.

**ÜBERSETZUNGS|DIENST** *m* service *m* de traduction; **–fehler** *m* faute *f* de traduction; **–kosten** *pl* frais *pl* de traduction.

**ÜBERSICHT** *f* • *(Zusammenfassung)* résumé *m*, sommaire *m*; vue générale, état récapitulatif • *(Abriss)* aperçu *m*, état *m*, tableau *m* • *(Auszug)* abrégé *m*.

**ÜBERSTELLUNG** *f* transfert *m*; **– von Gefangenen** transfert de détenus ou de prisonniers, transfèrement pénitentiaire.

**ÜBERSTIMMEN** *v* mettre en minorité.

**ÜBERSTUNDEN** *fpl* heures *fpl* supplémentaires; **–ausgleich** *m* repos compensateur; **–geld** *n*, **–vergütung** *f* rémunération des heures supplémentaires; **–zulage** *f*, **–zuschlag** *m* majoration de salaire pour heures supplémentaires.

**ÜBERTRAG** *m* *(Buchf)* report *m* à nouveau.

**ÜBERTRAGBAR** *adj* transmissible, cessible; transférable; endossable; négociable; **nicht –** incessible.

**ÜBERTRAGEN** *v* • *(ZR: Vermögenswerte)* transférer, transmettre, conférer, muter • *(übersetzen)* traduire • *(Buchführung)* reporter (des crédits) • *(Wechsel)* endosser.

**ÜBERTRAGUNG** *f* • *(SchuldR: Abtretung)* transfert *m* (d'une créance); transmission *f* (d'un bien); dévolution *f* (d'un héritage); mutation *f*, translation *f* • *(Übersetzung)* traduction *f* • *(Buchf: Übertrag)* report *m* (à nouveau), solde *m* reporté • *(WechselR)* endossement *m*, endos *m* • *(MedienR: Sendung)* diffusion, reportage *m*, retransmission *f* • *(BankR: Geldmittel)* report *m* de crédits, virement *m*.

**ÜBERTRETEN** *v* enfreindre, transgresser, violer (la loi); **eine Verkehrsvorschrift –** contrevenir à une disposition du code de la route.

**ÜBERTRETUNG** *f* • *(StR)* contravention (de simple police) • infraction *f* (à la loi); violation *f* (d'une règle).

**ÜBER- U. UNTERORDNUNG** *f* *(ArbR, BeamR)* lien *m* de subordination, situation de dépendance; subalternité *f*.

**ÜBERVORTEILEN** *v* léser, porter préjudice à qqn.; désavantager à son profit.

**ÜBERVORTEILUNG** *f* lésion *f*, acte lésionnaire; désavantage *m*, tromperie *f*.

**ÜBERWACHUNG** *f* • surveillance *f*, contrôle *m*, inspection • *(Telefon)* écoute *f* • *(durch Videogeräte)* télésurveillance, vidéosurveillance; **fachliche –** contrôle technique; **– des Fernmeldeverkehrs** écoutes *fpl* téléphoniques; **– von Kraftfahrzeugen** visite technique des véhicules; **– von Personen** observation, surveillance *f* systématique des activités d'un suspect.

**ÜBERWACHUNGS | ANLAGE** *f* installation de vidéosurveillance (contre les cambriolages); **–anordnung** *f*, **–beschluss** *m* *(StR)* ordonnance *f* de surveillance *ou* de contrôle judiciaire; **–dienst** *m* entreprise *f* de gardiennage, service *m* de surveillance.

**ÜBER | WÄLTIGUNG** *f* capture *f*, arrestation; **–wälzen** *v* répercuter; **–wälzung** *f* *(SteuerR)* répercussion (de l'impôt sur un tiers).

**ÜBERWEISUNG** *f* • *(BankR)* virement *m* (bancaire), transfert *m* (de fonds) • *(Anweisung)* assignation • *(Abtretung)* cession • *(eines Patienten)* envoi *m* en consultation (chez un médecin spécialiste); **elektronische –** virement électronique; **– an den Ausschuss** renvoi à la *ou* en commission.

**ÜBERWEISUNGS | AUFTRAG** *m* mandat *m* *ou* ordre *m* de virement; **–beleg** *m* avis *m* d'opéré; **–beschluss** *m* *(ZwangsVR)* ordonnance de saisie et de remise (au créancier saisissant).

**ÜBERZEUGUNG** *f* • conviction *f*, certitude *f* intime • persuasion *f*, opinion *f*; **die innerste – haben** avoir l'intime conviction que ..., être sûr de qqch.

**ÜBERZEUGUNGSTÄTER** *m* *(StR)* délinquant par conviction *ou* par idéologie; criminel motivé par des idées généreuses *ou* par un esprit de sacrifice.

**ÜBER | ZIEHUNG** *f* découvert *m* (en banque); **–ziehungskredit** *m* (convention d'ouverture d'un) crédit à découvert.

**ÜBLE NACHREDE** *f* *(StR)* imputations diffamatoires à l'encontre d'un tiers s'appuyant sur des faits matériels.

**ÜBLICH** *adj* **: allgemein –** généralement admis; **nicht mehr –** hors d'usage, désuet, tombé en désuétude, obsolète.

**ÜBUNG** *f* • usage *m*, pratique *f* (d'une profession) • exercice *m* étude *f*; **ununterbrochene –** usage ininterrompu.

**U.-HAFT** *f* *(StPR:Untersuchungshaft)* détention *f* provisoire.

**ULTIMATUM** *n* • *(VR)* ultimatum *m* • *(VwR: Anweisung)* exigence impérative, sommation.

**ULTIMO** *m* *(HR)* dernier jour ouvrable du mois; fin de mois; **–abrechnung** *f*, **–abwicklung** *f*, **–regulierung** *f* liquidation de fin de mois.

**UMÄNDERUNG** *f* modification *f*, remaniement *m*, révision, refonte *f*; changement *m*, novation *f*.

**UM | ARBEITUNG** *f* remaniement *m*; refonte *f* (d'un ouvrage); **–bau** *m* reconstruction; nouveau bâtiment.

**UM | BENENNUNG** *f* *(GesR)* changement *m* de la dénomination *ou* raison sociale; **–besetzung** *f* changement *m* de poste *ou* d'affectation, mutation *f*.

**UMBILDUNG** *f* remaniement *m*, modification *f*; transformation.

**UMBUCHUNG** *f* • *(Buchf)* jeu d'écritures • *(Haushalt)* changement *m* d'imputation, réimputation *f* dans le budget • *(Reise)* modification de réservation.

**UMDEUTUNG** *f* • *(eines Rechtsgeschäfts)* conversion d'un acte nul (en un acte valide) • réinterprétation (d'une loi).

**UMFANG** *m* étendue *f*, volume *m*, dimension *f*; **– eines Rechts** étendue *f* d'un droit, domaine *m* d'application d'un droit; **– des Schadens** ampleur *f ou* importance *f* du dommage; **– des Verschuldens** degré de culpabilité.

**UMFELD** *n* contexte *m*, milieu *m*; **soziales –** environnement social, entourage *m*.

**UMFRAGE** *f* enquête *f*, sondage *m*.

**UMGANG** *m* fréquentation; rapports *mpl*; relations *fpl*; commerce *m*; **–sbefugnis** *f (FamR)* droit reconnu par les parents à leur enfant de fréquenter qqn.; **–srecht** *(FamR)* droit d'entretenir des relations personnelles (avec ses enfants); droit de visite et d'hébergement; **–sverbot** *n* interdiction de fréquenter qqn.

**UMGEHEN** *v (Gesetz)* tourner (la loi), frauder.

**UMGEHEND** *adv* immédiatement, sans délai, sur-le-champ, sur l'heure.

**UMGEHUNG** *f* déviation; action d'éluder (une loi); **–sgeschäft** *n* contrat *m* fictif (pour tourner la loi).

**UMGESTALTUNG** *f* refonte *f*, réorganisation *f*, remaniement *m*, transformation *f*; réforme *f*.

**UMKEHRSCHLUSS** *m* raisonnement *m* a contrario.

**UMKEHRUNG** *f* **der Beweislast** *(ZR)* renversement de la charge de la preuve.

**UMLAGE** *f* • *(Kostenverteilung)* répartion *ou* ventilation (des frais) • *(Sonderbeitrag)* cotisation *f*, contribution *f*, paiement *m* spécial, prélèvement *m*; impôt de répartition; répartition *f*, prélèvement.

**UMLAGE | SCHLÜSSEL** *m* clé *f* de répartition; **–verfahren** *n* • *(VersR)* système *m* de répartition • *(VwR)* procédure de répartition (des taxes) • répartition proportionnelle des charges entre participants.

**UMLAUF** *m* • *(Geld)* circulation *f* • *(Rundschreiben)* circulaire *f*; **in – setzen** mettre en circulation.

**UMLEGUNG** *f* • *(Kosten)* répartition *f*, ventilation *f*, imputation *f*, affectation *f* • *(Straße)* déviation *f* • *(Grund u. Boden)* remembrement *m* (urbain).

**UMLEITUNG** *f* • *(StVR)* déviation *f* • *(Schiff)* déroutement *m*.

**UM | NACHTUNG** *f* : **geistige –** aliénation mentale; **–organisation** *f* réorganisation; **–qualifizierung** *f* requalification.

**UMRECHNUNG** *f* conversion *f*; **–skurs** *m* taux *m* de change.

**UMSATZ** *m* • *(HR: Absatz)* transactions *fpl* (de biens et de services); écoulement (de marchandises), débit *m* • *(GesR)* chiffre *m* d'affaires, valeur ajoutée • *(Buchf)* recettes *fpl* • *(UmweltR)* rendement *m* (énergétique).

**UMSATZ | PROVISION** *f* commission de mouvement *ou* sur le chiffre d'affaires; **–steigerung** *f* progression *f* du chiffre d'affaires; **–steuer** *f (Mehrwertsteuer)* taxe *f* à la valeur ajoutée.

**UMSCHLAG** *m* • *(Güter)* transbordement *m*, manipulation *f*, manutention *f* • *(Buch)* couverture *f* • *(Brief)* enveloppe *m* • *(Absatz)* débit *m* (des ventes).

**UMSCHREIBUNG** *f* • *(Buchf)* jeu *m* d'écritures (comptables), transfert *m* • *(SachR)* transcription *f* (au livre foncier) • *(GesR)* transfert *m* • périphrase *f*.

**UMSCHULDUNG** *f* conversion *f* de dettes; allègement *m* de la dette.

**UMSCHULEN** *v* : **sich – lassen** se reconvertir, acquérir une nouvelle qualification.

**UMSCHULUNG** *f* • *(ArbR - nicht zu verwechseln mit der Weiterbildung = recyclage!)* reconversion professionnelle • *(nach Krankheit, Unfall usw.)* rééducation professionelle • *(für den beruflichen Aufstieg)* requalification; formation professionnelle (accélérée).

**UMSEITIG** *adj* au verso.

**UMSIEDLUNG** *f* transfert *m ou* déplacement de population, changement *m* (forcé) de résidence.

**UMSTAND 1.** *m* : **gefahrerhöhender –** circonstance aggravant le risque; **mildernder –** circonstance atténuante; **strafschärfender –** circonstance aggravante; **unvorhersehbarer –** circonstance imprévisible.

**UMSTÄNDE 2.** *mpl* • *(Einzelheiten)* détails *mpl* particuliers • *(Lage)* situation *f*, position *f*; **die näheren –** les détails; **neue –** faits *mpl* nouveaux; **unter keinen –n** sous aucun prétexte.

**UM | STIMMEN** *v* : **jmdn. –** faire changer d'avis à qqn.; **–stritten** *adj* discuté, contesté, controversé.

**UMTAUSCH** *m* • *(Waren)* échange *m*, troc *m* • *(Wertpapiere)* arbitrage *m* • *(Währungen)* change *m*; **–kurs** *m* taux *m* de change; **–option** *f*, **–recht** *n* droit d'échange; **–vorbehalt** *m (HR)* vente à l'agréage *ou* à l'essai.

**UMTRIEBE** *pl* manœuvres *fpl* subversives, menées *fpl*, agissements *mpl*; **staatsfeindliche –** menées antinationales, activités subversives; **verbrecherische –** manœuvres criminelles.

**UMWANDLUNG** *f* • *(Gesellschaft)* transformation *f* • *(Wertpapiere)* conversion *f* • *(Strafe)* commutation *f* (de peine).

**UMWELT** *f* environnement *m*, biosphère *f*, écosphère; **–abgabe** *f* écotaxe *f*, taxe *f* pour la sauvegarde de l'environnement; **–beauftragte(r)** *m* Monsieur Environnement; **–beeinträchtigung** *f* pollution, nuisance *f*; **–belastung** *f* nuisance *f*, dégradation de l'environnement; **–bundesamt** *n* (U.B.A.) Office fédéral (allemand) de protection de l'environnement; **–chemikalien** *fpl* produits *mpl* chimiques polluants.

**UMWELT | DELIKT** *n* infraction à la réglementation de protection de l'environnement; **–einwirkungen** *fpl* action *ou* effet dommageable sur l'environnement; **–faktoren** *mpl* facteurs dégradant l'environnement; **–gefährdung** *f* (tout) fait susceptible d'altérer la qualité de l'environnement; **–gesetzbuch** *n* (= UGB) Code de l'environnement; **–gifte** *npl* produits toxiques, polluants *mpl*; **–güter** *npl* les biens à protéger: les eaux, l'air, le sol, la nature.

**UMWELT | HAFTUNGSGESETZ** *f* Loi relative à la responsabilité civile pour les dommages résultant de la pollution *ou* de la dégradation de l'environnement; **–kriminalität** *f* infractions écologiques; **–schützer** *m* écologiste, environnementaliste; vert *m*, *pej* écolo; **–recht** *n* droit de l'environnement; **–schaden** *m* atteinte *f* à l'environnement; destruction de l'environnement; nuisance *f*; **–schutz** *m* protection de l'environnement; **–(schutz)strafrecht** *n* droit pénal de l'environnement; **–straftat** *f* infraction écologique; **–verschmutzung** *f* pollution *f*; **–verträglichkeitsprüfung** *f* examen *m* de tolérance écologique; **–zerstörung** *f* destruction *ou* dégradation de l'environnement.

**UMWIDMUNG** *f (VwR)* modification de l'affectation.

**UMZUG** *m* • *(Demonstration)* cortège sur la voie publique, défilé *m* • *(Wohnungswechsel)* changement *m* de domicile *ou* de résidence, déménagement *m*.

**UMZUGS | BEIHILFE** *f* indemnité *f* de déménagement; **–bereitschaft** *f* mobilité *f*; **–entschädigung** *f* indemnité de transfert de domicile, prime de déménagement.

**UN** *f (VR: United Nations)* (Organisation des) Nations Unies (= ONU); **–Charta** *f* Charte des Nations Unies; **–Friedenstruppen** *pl* Casques *mpl* bleus, soldats *mpl* onusiens.

**UNABÄNDER | BAR, –lich** *adj* invariable, non modifiable, irrévocable.

**UNABDINGBAR** *adj* : **–es Recht** droit intangible; **–e Vorschrift** règle *f ou* disposition impérative.

**UNABDINGBARKEIT** *f* caractère *m* impératif, inaliénabilité *f*, caractère indispensable.

**UNABHÄNGIGKEIT** *f* indépendance *f*, autonomie *f*; **richterliche –** indépendance de la magistrature.

**UNABSEHBAR** *adj* : **–e Folgen** conséquences incalculables; **auf –e Zeit** indéfiniment.

**UNABSETZBAR** *adj* inamovible.

**UNABSETZBARKEIT** *f* inamovibilité *f*.

**UNABTRETBAR** *adj* incessible.

**UNABWENDBAR** *adj* inévitable, inéluctable, fatal, certain; **–es Ereignis** *(SchuldR)* événement irrésistible.

**UNACHTSAMKEIT** *f* inattention *f*, négligence *f*.

**UNANFECHTBAR** *adj* ne pouvant être annulé, inattaquable, incontestable, qui ne peut être remis en cause; **–e Entscheidung** décision ayant force de chose jugée.

**UNANFECHTBARKEIT** *f* inattaquabilité *f*; force *f* de chose jugée.

**UNAN | GEBRACHT** *adj* inadmissible, inacceptable; **–gemessen** *adj* inadéquat, sans commune mesure; **–nehmbar** *adj* inacceptable, irrecevable; **–tastbar** *adj* inviolable.

**UNANWENDBAR** *adj* non applicable, inapplicable.

**UNAUF | FINDBAR** *adj* • *(Straftäter)* en fuite • *(Sache)* égaré, perdu; **–gefordert** *adv* spontanément, de son propre chef, sans y être invité; **–geklärt** *adj (Straftat)* non élucidé; **–lösbar, –löslich** *adj* indissoluble *adj*.

**UNAUF | MERKSAMKEIT** *f* inattention *f*, distraction *f*; **–richtigkeit** *f* manque *m* de sincérité, insincérité *f*.

**UNBE | ABSICHTIGT** *adj* non voulu, non projeté, par inadvertance; **–achtlich** *adj* négligeable, insignifiant; **–aufsichtigt** *adj* sans surveillance; **–baubar** *adj* inconstructible; **–baut** *adj* • non bâti • inculte.

**UNBE | BEDEUTEND** *adj* insignifiant, ne présentant aucun intérêt; **–dingt** *adv* absolument, purement et simplement; **–eidigt** *adj* non assermenté; **–einflusst** *adj* ne subissant aucune influence *ou* pression extérieure; **–endet** *adj*, **–endigt** *adj* inachevé; **–fangen** *adj* impartial.

**UNBEFANGENHEIT** *f* impartialité *f*, objectivité *f*.

**UNBE | FRISTET** *adj* à durée indéterminée; sans délai, immédiat; **–fugt** *adj* sans droit, non autorisé, incompétent.

**UNBEFUGTE(R)** *m* personne *f* non autorisée *ou* ne possédant pas la qualité requise.

**UNBE | GRENZT** *adj* illimité; indéterminé; **–gründet** *adj* mal fondé (en droit); non fondé; dénué de (tout) fondement; injustifié.

**UNBEGRÜNDETHEIT** *f* mal-fondé *m*, fait d'être mal fondé *ou* sans fondement *ou* injustifié.

**UNBE | LASTET** *adj (SachR)* n'étant pas grevé d'une hypothèque; libre de toute charge; **–bemerkt** *adj* inaperçu, ni vu ni connu; **–mittelt** *adj* indigent, économiquement faible.

**UNBE | NANNT** *adj* innommé; **–nutzbar** *adj* inutilisable; **–nutzt** *adj* inemployé, inutilisé; **–rechenbar** *adj* imprévisible.

**UNBERECHTIGT** *adj* • *(Person)* non autorisé • *(Anspruch)* mal fondé • *(Vorwurf)* injustifié, injuste; **–erweise** *adv* sans autorisation.

**UNBE | SCHADET** *präp* sauf, excepté, hormis, à l'exception de; **–schädigt** *adj* sans dommage, en bon état; **–scholten** *adj* • non condamné, ayant un casier judiciaire vierge • intègre, irréprochable.

**UNBESCHRÄNKT** *adj* : **–e Bürgschaft** *f* cautionnement pour un montant illimité; **–e Haftung** responsabilité illimitée, responsabilité sur tous les biens (pour le passif social); **–es Recht** droit absolu.

**UNBE | STIMMBAR** *adj* indéterminable; **–stimmt** *adj* indéterminé; incertain; **auf –stimmte Zeit** à durée indéterminée.

**UNBE | STRAFT** *adj* impuni; **–streitbar** *adj* incontestable, indéniable, certain, avéré; indiscutable; **–strittene Tatsache** fait constant, fait incontesté; **–teiligt** *adj* n'ayant pas participé, s'étant abstenu (d'intervenir).

**UNBEWEGLICH** *adj* *(SachR)* immobilier; **–e Sache** immeuble *m*, bien immobilier; **–es Vermögen** biens immobiliers (faisant partie du patrimoine).

**UNBE | WEISBAR** *adj* improuvable, qu'on ne peut pas prouver; **–bewusst** *adj* involontairement, sans le vouloir; inconsciemment; **–zweifelbar** *adv* indubitablement.

**UNBRAUCH | BAR** *adj* impropre à l'usage (auquel on destine une chose); inutilisable.

**UNDANK** *m* **: grober –** ingratitude grave; **–barkeit** *f* ingratitude k.

**UN | DULDSAMKEIT** *f* intolérance *f*; **–durchführbarkeit** *f* inexécutabilité *f*; **–durchsetzbarkeit** *f* inexécutabilité *f*.

**UNECHT** *adj* • faux • *(nachgemacht)* contrefait, imité; **–echtheit** *f* inauthenticité *f* (d'un document).

**UNEHE | LICH** *adj* *(FamR: nichtehelich)* illégitime, naturel; **–lichkeit** *f* le fait d'être un enfant naturel, illégitimité *f*.

**UN | EHRLICH** *adj* malhonnête, déloyal, indélicat; **–ehrlichkeit** *f* malhonnêteté *f*, déloyauté *f*, improbité *f*.

**UNEIDLICHE | AUSSAGE** *f* déposition *ou* déclaration (faite) sans prêter serment; **– Falschaussage** déclaration mensongère sans avoir prêté serment.

**UNEINBRINGLICH** *adj* irrécouvrable.

**UNEIN | GESCHRÄNKT** *adj* illimité, absolu, sans réserve(s); **–heitlich** *adj* • non uniforme • *(Kurse)* irrégulier.

**UN | EINIGKEIT** *f* désaccord *m*; dissentiment; mésentente *f*; **–einschränkbar** *adj* ne pouvant être limité; à durée indéterminée; **–einsichtig** *adj* ne voulant entendre raison; obtus, borné.

**UNENTGELTLICH** *adj* gratuit, gracieux, à titre gratuit, à titre gracieux; **–keit** *f* gratuité *f*.

**UNENT | SCHULDBAR** *adj* inexcusable, injustifiable; **–schuldigtes Ausbleiben** • *(StPR)* non comparution de la personne mise en cause • *(ZPR)* défaillance du défendeur; **–schuldigtes Fernbleiben (vom Dienst)** *(BeamR, ArbR)* absence (du service) dénuée de tout fondement valable.

**UNER | FÜLLBAR** *adj* inexécutable; **–füllbarkeit** *f* inexécutabilité *f*; **–heblich** *adj* négligeable, sans importance, de peu d'importance; **–klärlich** *adj* inexplicable; **–lässlich** *adj* indispensable, absolument nécessaire.

**UNERLAUBT** *adj* interdit, illicite, défendu; **–es Führen einer Waffe** port *m* d'arme prohibé; **–e Handlung** *f* délit *m* civil, quasi-délit *m*, fait *m* juridique illicite; **–e Werbung** publicité *f* déloyale.

**UNER | LEDIGT** *adj* en souffrance *ou* en suspens, non réglé; **–setzbar** *adj* irremplaçable, indispensable; **–schwinglich** *adj* inabordable, exorbitant, hors de prix; **–sitzbar** *adj* imprescriptible; **–wartet** *adj* inattendu, inopiné, par surprise, à l'improviste.

**UNFÄHIG** *adj* incapable, frappé d'incapacité; soumis à un régime d'incapacité.

**UNFÄHIGKEIT** *f* • *(ZR)* incapacité *f* • *(ArbR)* inaptitude physique

• incompétence *f*, inhabilité *f* • impossibilité *f*.

**UNFALL** *m* accident *m*; panne *f*; incident *m*; catastrophe *f*; événement particulier et inattendu (entraînant des conséquences graves); **– auf dem Weg zur Arbeitsstätte** accident *m* de trajet; **dienstlicher –** accident de service; **fingierter –** accident simulé; **größter anzunehmender –** (= GAU) risque *m* technologique majeur; catastrophe industrielle; **tödlicher –** accident mortel.

**UNFALL | ABLAUF** *m* déroulement des faits (ayant provoqué l'accident); **–anzeige** *f* déclaration *f* d'accident, avis *m* d'accident; **–arzt** *m* urgentiste *m*, médecin *m* du service d'aide médicale d'urgence; **–aufnahme** *f* constat *m* d'accident; **–bericht** *m* • *(Kfz)* constat *m* amiable, constat contradictoire lors d'un accident de voitures • relation *f* d'accident; **–beteiligte(r)** *m* personne *f* impliquée dans un accident; **–darstellung** *f* relation des faits; **–ereignis** *n* sinistre *m*.

**UNFALL | FAHRER** *m* conducteur ayant provoqué l'accident; **–fahrzeug** *n* véhicule accidenté *ou* impliqué dans un accident de la circulation; **–flucht** *f (StR)* délit *m* de fuite; non-assistance à personne en péril; **–gefahr** *f* risque *m* d'accident; probabilité de réalisation du risque; exposition au risque; **–geschädigte(r)** *m* victime *f* d'un accident, accidenté *m*; **–haftung** *f* responsabilité civile; **–helfer** *m* secouriste *m*; **–hergang** *m* circonstances *fpl* de l'accident; **–meldung** *f* avis *m* d'accident, déclaration d'accident; **–opfer** *n* victime *f* d'accident, victime d'un accident mortel; **–ort** *m* lieu *m* de l'accident; **–risiko** *n* risque *m* d'accidents.

**UNFALL | SCHADEN** *m* dommage *m* résultant d'un accident, dommage dû à un accident; **–schädiger** *m* auteur *m* responsable de l'accident; **–stelle** *f* • poste *m* de secours • lieu *m* de l'accident; **–tod** *m* mort *f* accidentelle; **–ursache** *f* cause *f* de l'accident; **–verhütung** *f* • prévention *f* des accidents • *(ArbR)* lutte contre les accidents (du travail), sécurité *f* du travail; **–verlauf** *m* déroulement des faits; **–verletzung** *f* lésion *ou* blessure résultant d'un accident; **–versicherung** *f* assurance *f* contre les accidents corporels, assurance individuelle accidents; **–verursacher** *m* auteur *m* de l'accident; **–wagen** *m* véhicule *m* impliqué dans l'accident; **–zeuge** *m* témoin *m* d'un accident.

**UN | FRANKIERT** *adj*, **–frei** *adj* non affranchi, en port dû; **–freiwillig** *adj* contre son gré, à son corps défendant.

**UNGE | BÜHR** *f (vor Gericht)* outrage *m* (à l'audience) envers un magistrat de l'ordre judiciaire.

**UNGE | FÄHRLICH** *adj* inoffensif, qui n'est pas dangereux; **–fährlichkeit** *f* innocuité *f*; **–hindert** *adv* librement, sans entrave.

**UNGEHORSAM** *m* désobéissance *f*, insubordination *f*; **–sstrafe** *f* (S) astreinte *f*.

**UNGE | KLÄRT** *adj* (crime) qui n'a pas pu être élucidé; **–kündigt** *adj* toujours en fonction; n'ayant pas été congédié; **–kürzt** *adj* • *(Text)* intégral, non abrégé • *(Bezüge)* complet, sans réduction.

**UNGE | LERNTER ARBEITER** *m* manœuvre *m*, ouvrier *m* sans qualification professionnelle; **–nannt** *adj* innommé; anonyme; **–nau** *adj* approximatif, vague, imprécis, confus.

**UNGENAUIGKEIT** *f* manque *m* de précision, le fait d'être entaché d'erreurs, imprésion, inexactitude *f*; **– der Übersetzung** infidélité de la traduction.

**UNGENEHMIGT** *adj* : **–e Kontoüberziehung** découvert *m* sans l'autorisation requise; **–e Veröffentlichung** publication illicite.

**UNGE | NÜGEND** *adj* (nettement) insuffisant; médiocre; **–prüft** *adj* sans examen (préalable); **–recht** *adj* injuste, inéquitable; *(unbillig)* inique.

**UNGERECHTFERTIGT** *adj* injustifié, non justifié, sans cause; **–e Bereicherung** enrichissement sans cause.

**UNGE | RECHTIGKEIT** *f* injustice *f*, iniquité *f*; partialité *f*; **–rügt** *adj* n'ayant pas fait l'objet d'un recours.

**UNGE | SETZLICH** *adj* illégal, *(unrechtmäßig)* illégitime; **–setzlichkeit** *f* illégalité *f*; **–sichert** *adj* qui n'a pas été prouvé; (fait) non avéré; non protégé; **–stört** *adj* sans être troublé, paisible; **–straft** impuni *adj*; impunément *adv*, en toute impunité.

**UNGEWOLLT** *adj* involontaire; automatique, irréfléchi; **–e Nebenfolge** effet (dommageable) collatéral.

**UN | GLAUBHAFT** *adj* invraisemblable, contestable; **–glaubwürdig** *adj* douteux, qui n'est pas digne de foi.

**UNGLEICH | BEHANDLUNG** *f* traitement *m* discriminatoire; différenciation contraire au principe de l'égalité (des sexes, en raisonde l'appartenance à une ethnie); **–heit** *f* inégalité *f*; disparité *f*, disproportion *f*.

**UNGLÜCKS | FALL** *m* sinistre *m*, accident *m*; **besonders schwerer –fall** catastrophe *f*, accident très grave; **Hilfeverweigerung beim –fall** non assistance à personne en danger; **–ort** *m*, **–stelle** *f* lieu *m* de l'accident.

**UNGÜLTIG** *adj* nul, invalide, qui n'est pas valable; **für – erklären** annuler, déclarer nul et non avenu, invalider.

**UNGÜLTIG | ERKLÄRUNG** *f* annulation *f*, déclaration de nullité.

**UNGÜLTIGKEIT** *f* défaut *m* de validité, invalidité *f*, nullité *f*; **bei sonstiger –** à peine de nullité, sous peine de nullité; **–wegen Formmangels** nullité de forme.

**UNHEILBAR** *adj* • *(SchuldR)* (vice) qui ne peut être couvert, (acte) qui ne peut pas être validé • *(Krankheit)* incurable, inguérissable.

**UNIVERSALBANK** *f* banque *f* polyvalente, banque exerçant toutes les catégories d'opérations bancaires, banque «à tout faire».

**UNIVERSAL | ERBE** *m*, **–nachfolger** *m* héritier *m ou* légataire *m* universel; **–sukzession** *f (Gesamtrechtsnachfolge)* fait d'être ayant cause *ou* ayant droit *m* à titre universel.

**UNKENNTNIS** *f* ignorance *f*, méconnaissance *f* (de ses droits); **– des Gesetzes schützt vor Strafe nicht** nul n'est censé ignorer la loi.

**UNKLAGBAR** *adj* qui ne peut faire l'objet d'une action en justice; **–er Anspruch** *m* obligation *f* naturelle.

**UN | KONTROLLIERBAR** *adj* incontrôlable, invérifiable; **–kontrolliert** *adj* incontrôlé; échappant à l'autorité.

**UNKOSTEN** *pl* • *(allg.)* frais *mpl* (ordinaires), dépenses *fpl* • *(unvorhergesehen)* faux frais *mpl*; **abzugsfähige –** charges déductibles; **allgemeine –** frais généraux; **feste –** charge fixe, frais fixes; **laufende –** coût variable (sur une certaine période).

**UNKOSTEN | ERSATZ** *m*, **–erstattung** *f* remboursement des frais; **–pauschale** *f* indemnité *f* forfaitaire (pour couvrir les frais); **–vergütung** *f* indemnité pour les frais exposés.

**UNKÜNDBAR** *adj* (contrat) non dénonçable, non résiliable.

**UNLAUTER** *adj* déloyal; **–e Benachteiligung** atteinte *f* illicite aux intérêts de qqn.; **–e Machenschaften** manœuvres *fpl* frauduleuses; **–e Vorteile** avantages illicites; **–e Werbung** pratiques déloyales en matière de publicité; **–er Wettbewerb** *m* concurrence *f* déloyale.

**UN | MAßGEBLICH** *adj* négligeable, sans intérêt, insignifiant; qui ne peut servir de règle; **–menschlich** *adj* inhumain, barbare; **–missverständlich** *adj* clair, indubitable, incontestable; formel.

**UNMITTELBAR** *adj* direct, immédiat; **–er Besitz** possession *f* directe; **–e Rechtswirkung** effet (juridique) immédiat; **–er Zwang** *(VwR)* exécution d'office; exécution forcée.

**UNMÖGLICHKEIT** *f* impossibilité *f*; **nachträgliche –** impossibilité survenue après l'engagement *ou* la conclusion du contrat); **offenbare –** impossibilité manifeste; **teilweise –** impossibilité partielle; **– der Erfüllung, – der Leistung** impossibilité d'exécution *ou* de s'exécuter.

**UN | MÜNDIG** *adj* incapable, mineur; **–mündige(r)** *m* mineur (non émancipé); **–mündigkeit** *f* minorité *f*.

**UNPARTEILICHKEIT** *f* impartialité *f*; objectivité *f*; neutralité *f*.

**UNPFÄNDBARKEIT** *f* insaisissabilité *f*; **–svoraussetzungen** *fpl* conditions (légales) de l'insaisissabilité (d'un bien du débiteur).

**UNPÜNKTLICHKEIT** *f* absence de ponctualité; non-respect *m* de l'horaire prévu.

**UNRECHT** *n* injustice *f*, tort *m*, iniquité *f*; partialité.

**UNRECHT** *adj* injuste, arbitraire; inéquitable; **jmdm. – geben** donner tort à qqn.; **– haben** avoir tort; **zu –** injustement; à tort.

**UNRECHTMÄßIG** *adj* illégitime, illicite, illégal; **in –er Weise** illégalement; **–e Benutzung** usage abusif; **–e Bereicherung** enrichissement sans cause; **–er Besitzer** possesseur sans titre; **–e Kündigung** congé abusif.

**UNRECHTS | AUSSCHLIEßUNGSGRÜNDE** *mpl (StR)* faits justificatifs; **–bewusstsein** *n (StR: Bewusstsein der Rechtswidrigkeit)* connaissance du caractère illicite des faits commis; **–einsicht** *f*, **–erkenntnis** *f* connaissance du caractère illicite (de l'infraction).

**UNREDLICH** *adj* : **–er Erwerb** acquisition de mauvaise foi; **–e Machenschaften, –e Mittel** manœuvres frauduleuses; **–es Verhalten** comportement déloyal.

**UNREDLICHKEIT** *f* mauvaise foi *f*, mal-honnêteté *f*, déloyauté *f*.

**UNREGELMÄßIGKEIT** *f* irrégularité *f*, non-conformité à la règle; vice *m* (de forme ou de fond); indélicatesse *f*.

**UNREIFE** *f* immaturité *f*; impuberté *f*.

**UNRICHTIG** *adj* : **–e Angabe** fausse déclaration; **–e Auskunft** information erronée; **–e Aussage** faux témoignage, déposition intentionnellement inexacte; **–e Feststellung** constatation erronée.

**UNRICHTIGKEIT** *f* inexactitude *f*, erreur (matérielle); **– eines Verwaltungsaktes** • décision administrative matériellement inexacte • décision impliquant une erreur de droit.

**UNRUHE** *f* • *(Aufruhr)* désordre *m*, troubles *mpl*, agitation *f* • *(Besorgnis)* inquiétude *f*; agitation; **–schäden** *mpl* dommages *mpl* résultant de troubles sur la voie publique; **–stifter** *m* fauteur de troubles, perturbateur *m*.

**UN | SACHGEMÄß** *adj* incorrect, impropre, fautif, irrégulier; **–sachlich** *adj* • partial, subjectif • étranger aux faits.

**UNSACHLICHKEIT** *f* partialité *f*, parti pris *m*.

**UN | SCHÄDLICH** *adj* : **jmdn. –schädlich machen** mettre qqn. hors d'état de nuire; tuer qqn.; **–schädlichkeit** *f* innocuité *f*.

**UNSCHLÜSSIG** *adj* • *(PrzR: unzulässig, unbegründet)* non recevable, non fondé • *(Person)* irrésolu, indécis • *(zögernd)* hésitant.

**UNSCHULD** *f* innocence *f*, absence *f* de faute, non-culpabilité *f*; **–schuldig** *adj* innocent, non coupable.

**UNSCHULDS | BETEUERUNG** *f* affirmation de sa bonne foi *ou* de son innocence; **–vermutung** *f (StR)* présomption d'innocence.

**UNSELBSTÄNDIG | ER** *m* salarié *m*; **–keit** *f* subordination *f*; situation de salarié.

**UNSICHERHEIT** *f* • *(Person)* insécurité *f* • *(Recht)* précarité *f* • incertitude *f*.

**UNSITTLICH** *adj* immoral, contraire aux bonnes mœurs; illicite.

**UNSITTLICHKEIT** *f* immoralité *f*; illicéité *f*.

**UN | SORGFÄLTIG** *adj* (comportement) fautif, d'une personne peu avisée; ne faisant pas preuve du sens de responsabilité qui s'impose; **–statthaft** *adj* défendu, inadmissible; irrégulier, illicite.

**UN | STATTHAFTIGKEIT** *f* illicéité *f*; **–stimmigkeit** *f* • divergence *f* d'idées *ou* d'opinions • irrégularités *fpl*.

**UN | STREITIG** *adv* incontestablement, certainement, indubitablement, indéniablement; **–strittig** *adj* certain, sûr, avéré.

**UNTAT** *f* crime *m*, méfait *m*.

**UNTÄTIGKEITS | BESCHWERDE** *f*, **–klage** *f (VwPR)* recours *m* en cas d'inaction de l'administration, recours contre le silence gardé par l'administration, recours en carence.

**UNTAUGLICH** *adj* impropre (à), inapte; **–er Versuch** *m (StR)* infraction *f* impossible.

**UNTER | ANSPRUCH** *m* prétention subsidiaire; **–beteiligung** *f (GesR)* participation indirecte à une société; **–bevollmächtigung** *f* le fait d'accorder un sous-mandat; **–bewertung** *f* sous-évaluation *f*, sous-estimation *f*.

**UNTERBIETEN** *v* offrir au-dessous du prix réel, pratiquer le dumping.

**UNTERBINDEN** *v* arrêter, interdire, frapper d'interdiction.

**UNTERBINDUNGSGEWAHRSAM** *m (StR)* arrestation préventive (par la police) en vue d'empêcher une infraction.

**UNTERBRECHUNG** *f* interruption *f*; suspension *f*; arrêt *m*, coupure *f*; **ohne –** sans interruption; séance tenante; **– der Hauptverhandlung** interruption de l'audience; **– der Schwangerschaft** interruption volontaire de (la) grossesse (= IVG); **– der Sitzung** suspension de séance; **– der Strafvollstreckung** suspension de l'exécution (de la peine); **– des Verfahrens** suspension de la procédure; interruption de l'instance; **– der Verjährung** interruption de (la) prescription.

**UNTER | BREITEN** *v* • *(Angebot)* soumettre • *(Gesuch)* présenter; **–bringen** placer, héberger, loger; implanter.

**UNTERBRINGUNG** *f* • *(Person)* internement • *(Geld)* placement; **– in einer Heil- oder Pflegeanstalt** internement dans un asile (d'aliénés) *ou* placement dans un établissement (psychiatrique).

**UNTERBRINGUNGS | ANORDNUNG** *f*, **–befehl** *m*, **–beschluss** *m (StPR)* ordre *m* d'internement, internement *ou* placement d'office.

**UNTERDRÜCKEN** *v* • *(Personen)* opprimer • *(Aufstand)* réprimer • *(Papiere, Tatsachen)* supprimer; retenir.

**UNTER | ENTWICKLUNG** *f* sous-développement *m*; **–ernährung** *f* sous-alimentation, malnutrition; **gefährliches –fangen** affaire risquée.

**UNTERFERTIGEN** *v (unterschreiben)* signer.

**UNTERGANG** *m* • *(Sache)* perte *f* • *(Schiff)* naufrage *m* • *(Kultur)* déclin *m*.

**UNTER | GEBENE(R)** *m* subordonné *m*, inférieur *m*, subalterne *m*; **–gebenenverhältnis** *n* lien de subordination.

**UNTER | GEHEN** *v* se perdre, *(Schiff)* couler, *(Sache)* périr, péricliter.

**UNTER | GEORDNETE(R)** *m* subordonné *m*, subalterne *m*, inférieur *m*; **–gesellschaft** *f* société *f* membre d'un holding.

**UNTER | GRENZE** *f* limite *f* inférieure, plancher *m*; **–grundbewegung** *f*, **–grundorganisation** *f* mouvement *m* clandestin *ou* subversif.

**UNTERHALT** *m* • *(SozialR, FamR: Lebensunterhalt)* pension *f* alimentaire, aliments *mpl*, entretien *m* • *(FamR: nichteheliche Kinder)* subsides *mpl*; **gesetzlicher –** pension *f* alimentaire légale; **notdürftiger –** entretien *m* réduit au minimum vital.

**UNTERHALTEN** *v* • *(Person)* subvenir aux besoins de qqn. • *(Sachen)* entretenir, maintenir en bon état.

**UNTERHALTS | ABÄNDERUNGSKLAGE** *f (FamR)* action *f* en révision *ou* en réévaluation de la pension alimentaire; **–anspruch** *m* créance *f* alimentaire; droit à l'entretien; **–bedürftig** *adj* devant être secouru; indigent; sans ressources; **–berechtigte(r)** *m* personne ayant droit à une pension alimentaire, créancier *m* d'aliments; personne *f* à charge.

**UNTERHALTS | KLAGE** *f* • action en prestation d'aliments *ou* en versement d'une pension alimentaire • *(nichteheliches Kind)* action à fins de subsides; **–kosten** *pl* frais *mpl* d'entretien; **–leistung** *f* pension *ou* prestation alimentaire, prestation d'aliments, rente alimentaire (B); **–mittel** *pl* moyens de subsistance; **–pflicht** *f* • *(allgemein)* devoir *m* d'entretien; charges *fpl* du ménage; dette d'aliments *ou* alimentaire • *(der Eltern)* obligation d'entretien (et d'éducation) • *(der Ehegatten untereinander)* devoir d'entretien du ménage, obligation *f* réciproque d'entretien des époux.

**UNTERHALTS | PFLICHTIGE(R)** *m (FamR)* débiteur d'aliments; **–pflichverletzung** *f* violation du devoir d'entretien; **–regelung** *f* convention relative au devoir d'entretien; **–rente** *f* pension *f* alimentaire; **–schuldner** débiteur d'aliments; **–vernachlässigung** *f* (délit d') abandon de famille; **–verpflichtung** *f* devoir *m* d'entretien; dette *f* alimentaire, dette d'aliments; **–verzicht** *m* renonciation aux aliments; **–zahlung** paiement d'une pension alimentaire.

**UNTERHALTUNG** *f* • *(Instandhaltung)* maintien *m* en bon état, entretien *m;* maintenance *f* • *(Gespräch)* conversation, entretien, entrevue *f* • *(Vergnügen)* divertissement; **–sarbeiten** *fpl* travaux *mpl* d'entretien; **–skosten** *pl* frais d'entretien *ou* de maintenance; **–spflicht** *(Gebäude)* obligation d'entretien.

**UNTERHÄNDLER** *m* • intermédiaire *m*; courtier *m* • *(VR)* parlementaire *m*.

**UNTERLAGEN** *fpl* dossier *m*; documents *mpl*; pièces relatives à une affaire; **beweiskräftige –** pièces probantes; **buchmäßige –** pièces *fpl* justificatives.

**UNTERLASSEN** *v* • *(sich enthalten)* s'abstenir, omettre • *(nicht durchführen)* négliger de faire qqch.

**UNTERLASSUNG** *f* • *(ZR)* négligence *f*, manquement *m*, omission *f* • *(StR)* infraction *f* d'omission.

**UNTERLASSUNGS | ANSPRUCH** *m*, **–antrag** *m*, **–begehren** *n* demande *f* tendant à sanctionner le trouble actuel (d'un droit *ou* de la possession).

**UNTERLASSUNGS | DELIKT** *n (StR)* infraction d'omission; **echtes –delikt** *(StR: das Unterlassen ist ausdrücklich unter Strafe gestellt)* omission proprement dite; **unechtes –delikt** *(StR: der Straftatbestand wird durch eine Unterlassung verwirklicht)* infraction *f* de commission par omission; **–klage** *f* • *(Besitzschutzklage)* complainte *f* • *(bei Rechtsverletzungen)* action *f* personnelle en rétablissement dans les droits; **–pflicht** *f*, **–verpflichtung** *f* obligation de ne pas faire, devoir *m* d'abstention.

**UNTERLIEFERANT** *m* sous-traitant *m*.

**UNTERLIEGEN** *v* • *(Prozess)* perdre (un procès) • *(der Zuständigkeit)* relever (d'une administration ou d'une instance).

**UNTER | MIETE** *f* sous-location *f*, sous-bail *m*; **–mieter** *m* sous-locataire *m*.

**UNTERNEHMEN** *n* • *(Wirtschaftsbetrieb)* entreprise *f*, firme *f*; exploitation *f*, affaire *f* • *(Tat, Handlung, Unternehmung)* action *f*; opération *f*; ouvrage *m*, travail *m* • *(Straftat)* infraction *f* de commission; **gemeinnütziges –** entreprise sans but lucratif *ou* d'utilité publique; **gemischtwirtschaftliches –** société d'économie mixte (= S.E.M.); **gewerbliches –** entreprise commerciale, industrielle ou artisanale; **kleinere und mittlere –** petites et moyennes entreprises (= P.M.E.); **marktbeherrschendes –** entreprise monopolistique; **mittelständische –** *pl* petites et moyennes entreprises (= P.M.E.); **wechselseitig beteiligte –** entreprises à participations croisées *ou* réciproques.

**UNTERNEHMENS | BERATER** *m* conseil *m* d'entreprise, auditeur; **–beratung** *f* audit *m*; le fait de conseiller une entreprise; **–führung** direction *ou* dirigeants d'une entreprise.

**UNTERNEHMENS | GEGENSTAND** *m* objet *m* (de la société); **–gesellschafter** *m* associé *m*; **–größe** *f* taille *f* d'une entreprise; **–gründung** • *(BW)* création d'une entreprise • *(GesR)* constitution d'une société; **–gruppe** *f* groupe *m*, regroupement *m* (de sociétés).

**UNTERNEHMENS | LEITUNG** *f* direction *f* de l'entreprise, management *m*, conduite *f* et organisation *f* de l'entreprise; **–leiter** *m* chef *m* d'entreprise; **–planung** *f* planning, programmation; **–recht** *n* droit des entreprises; **–sanierung** *f* redressement d'une entreprise; **–sitz** *m* siège *m* de l'entreprise; **–vertrag** contrat de société, pacte *m* social; **–zusammenschluss** *m* concentration d'entreprises, entente *f* industrielle; **–zweck** *m* objet *m* de l'entreprise.

**UNTERNEHMER** *m* • *(GesR)* chef *m* d'entreprise • *umg* entrepreneur *m*, patron *m*; **beliehener –** concessionnaire *m* d'un service public.

**UNTERNEHMER | FREIHEIT** *f* liberté d'entreprendre; **–haftung** *f* responsabilité *f* de l'entrepreneur; **–risiko** *n* risque *m* attaché à l'entreprise *ou* à l'activité d'un entrepreneur privé; **–schaft** *f*, **–tum** *n* patronat *m*, les dirigeants *mpl* d'entreprise, les patrons *mpl*; **–verband** *m* syndicat *m* patronal, organisation patronale.

**UNTERNEHMUNG** *f* • *(GesR: Unternehmen)* entreprise *f* (industrielle, commerciale) • *(zielgerichtete Tätigkeit)* activité *f*; action; opération; **erwerbswirtschaftliche –** entreprise à but lucratif; **verbrecherische –** organisation de malfaiteurs.

**UNTERORDNUNG** *f* subordination; **–sverhältnis** *n* rapport *m ou* lien *m* de subordination.

**UNTERRICHTEN** *v* • *(lehren)* enseigner, donner un enseignement, instruire, éduquer, former, initier • *(benachrichtigen)* informer, renseigner, instruire qqn. de qqch., aviser.

**UNTERRICHTS | FREIHEIT** *f* liberté *f* de l'enseignement; **–minister** *m* ministre de l'éducation nationale *ou* de l'instruction publique; **–wesen** *n* enseignement public.

**UNTERRICHTUNG** *f* information, communication des résultats d'une enquête (à une instance supérieure); **–spflicht** *f* obligation d'informer (le supérieur hiérarchique).

**UNTERSAGEN** *v* interdire, défendre, prohiber, proscrire; **eine Demonstration –** interdire une manifestation sur la voie publique.

**UNTERSCHEIDUNGS | FÄHIGKEIT** *f* pouvoir de discernement; **–kraft** *f* *(Bezeichnungen)* caractère distinctif; **–merkmal** *n* critère de distinction, caractéristique *f*, marque *f* distinctive.

**UNTERSCHIEBUNG** *f (FamR: eines Kindes)* substitution *f* d'enfant *ou* de part.

**UNTERSCHIED** *m* différence *f*, distinction *f*; dissemblance *f*, divergence *f*.

**UNTERSCHIEDLICH** *adj* • *(verschieden)* différent • *(vielartig)* divers; **–e Behandlung** *f* traitement *m* discriminatoire, discrimination *f*.

**UNTERSCHLAGEN** *v* • *(Geld)* détourner (des fonds); divertir (de l'argent mis en dépôt); soustraire (par la fraude), distraire (une somme d'argent) • *(Schriftstücke)* intercepter (au passage), capter.

**UNTERSCHLAGUNG** *f* • *(StR)* détournement (de fonds ou d'objets); dissipation d'une chose remise par autrui • *(Arbeitnehmer im Betrieb)* vol *m* par salarié, coulage *m*, fraude *f*, indélicatesse *f*; **– öffentlicher Gelder** détournement de fonds publics, malversation *f* de deniers publics.

**UNTERSCHREIBEN** *v* signer, apposer sa signature (sur un acte).

**UNTERSCHRIFT** *f* • signature *f*; signe *m* graphique manuscrit • *(PrzR)* **paraphe** *f* (d'un magistrat); **eigenhändige –** signature autographe; **gefälschte –** signature falsifiée; **gemeinsame –** signature sociale commune (de deux personne), (pouvoir d'engager une société par) signature conjointe.

**UNTERSCHRIFTS | BEGLAUBIGUNG** *f* légalisation, attestation de la véracité de la signature (apposée sur un acte); **–fälschung** *f* imitation (frauduleuse) de la signature de qqn.; **–leistung** *f* apposition de la signature; **–probe** *f* signature *f* type (du titulaire d'un compte).

**UNTER | STELLUNG** *f* supposition; conjecture *f*; **–stützen** soutenir, secourir, assister, aider; subventionner; **–stützer** *m* (S) soutien *m* de famille.

**UNTERSTÜTZUNG** *f* • *(i.w.S.: Hilfe)* secours *m*, soutien *m*, appui *m* • *(Beihilfe)* aide *f*, assistance *f* • *(Subvention)* subvention *f* (de l'État) • *(FamR)* entretien *m*; aliments *mpl*; **finanzielle –** soutien *m* financier, subvention; **gegenseitige –** assistance *f* mutuelle, aide *f* réciproque.

**UNTERSTÜTZUNGS | BEDÜRFTIGER** *m SozR* personne *f* nécessiteuse, indigent *m*, économiquement faible *m*; **–bedürftigkeit** *f* indigence *f*; **–empfänger** *m* allocataire *m*, personne *f* assistée, assisté *m*; **–fonds** *m* fonds d'assistance *ou* d'entr'aide; **–handlung** *f (StR)* aide *f*, assistance *f*; **–kasse** *f* fonds *m* de prévoyance.

**UNTERSUCHEN** *v* enquêter; instruire (une affaire); examiner, rechercher; étudier.

**UNTERSUCHUNG** *f* • *(StR: polizeilich)* enquête *f* (préliminaire *ou* sur commission rogatoire); investigations (policières) • *(StPR: richterlich)* instruction *f* (dite préparatoire) • *(Analyse)* examen *m* • *(Arzt)* visite *f* médicale; **gerichtliche –** instruction judiciaire; **körperliche –** • *(Arzt)* examen médical • *(Polizei)* fouille *f* à corps • *(Blutprobe)* le fait de soumettre qqn. à une épreuve de dépistage de l'imprégnation alcoolique; prise *f* de sang.

**UNTERSUCHUNGS | AKTEN** *fpl* dossier de l'instruction; **–ausschuss** *m* commission d'enquête; **–befund** *m* résultat *m* de l'enquête; **–bericht** *m* rapport *m* d'enquête; **–gefangene(r)** *m* personne *f* en détention provisoire, *umg* préventionnaire *m*; **–gefängnis** *n* prison *f*, maison d'arrêt; **–grundsatz** *m (StPR)* principe *m* de la procédure inquisitoire.

**UNTERSUCHUNGS | HAFT** *f (StPR: U-Haft)* détention *f* provisoire; **–haftanstalt** *f* centre de détention provisoire; **–haftdauer** *f* durée (maximale) de la détention provisoire; **–häftling** *m* personne *f* (mise en cause) en détention provisoire; **–pflicht** *f (SchuldR: Käufer)* obligation de vérifier le bon état (de la marchandise achetée).

**UNTERSUCHUNGS | RICHTER** *m* juge *m* d'instruction, magistrat *m* instructeur; **–tätigkeit** *f* mesures *fpl* d'instruction, le fait de procéder aux recherches (tendant à établir les circonstances et conséquences d'une infraction); **–verfahren** *n* procédure d'instruction.

**UNTER | VERMÄCHTNIS** *n* legs *m* avec charge; **–vermieter** *m* sous-locataire *m*; **–vermietung** *f* sous-location *f*.

**UNTER | VERSICHERUNG** *f* assurance *f* insuffisante, sous-assurance *f*; **–vertreter** *m* sous-agent *m*; **–vollmacht** *f* sous-délégation *f*.

**UNTERWEISUNG** *f* instruction *f*, prescription.

**UNTERWERFEN** *v* assujettir; soumettre, subjuger, asservir.

**UNTERWERFUNGS | BESCHEID** *m* avis de transaction; **–verfahren** *n (SteuerR)* procédure de règlement amiable pour certaines infractions fiscales; **–vertrag** *m (ZR)* contrat d'adhésion.

**UNTERZEICHNEN** *v* signer; souscrire; **ein Schriftstück –** revêtir un acte de sa signature, apposer sa signature sur un acte.

**UNTERZEICHNER** *m* • *(Schriftstücke allg.)* signataire *m*, partie *f* signataire • *(Briefe)* soussigné *m* • *(Vertrag)* contractant *m*, partie *f* contractante.

**UNTERZEICHNETE(R)** *m* soussigné *m*.

**UN | TILGBAR** *adj* non amortissable; **–tragbar** *adj* intolérable, inadmissible, insupportable.

**UNTREUE** *f* • *(EheR)* infidélité *f* • *(WirtR)* gestion infidèle • *(StR)* détournement *m* de fonds (commis dans l'exercice d'un mandat); abus *m* de confiance; malversation.

**UNÜBER | PRÜFBAR** *adj* incontrôlable, qui échappe au contrôle; **–sichtlich** *adj (StVR: Kreuzung)* visibilité réduite (à un carrefour); **–tragbar** *adj* incessible, intransférable, intransmissible.

**UNÜBERTRAGBARKEIT** *f* incessibilité *f*, intransférabilité *f*, intransmissibilité *f*, inaliénabilité; **–sklausel** *f* clause *f* d'inaliénabilité.

**UNÜBER | WINDBAR** *adj*, **–windlich** *adj* insurmontable, invincible.

**UN | ÜBLICH** *adj* inusité; inhabituel; rare; **–umgänglich** *adj* indispensable, inévitable; **–umstößlich** *adj* qui ne peut être remis en cause, intangible; irrévocable; **–umstritten** *adj* incontesté; **–unterbrochen** *adj* sans interruption, de façon ininterrompue; sans discontinuer; **–veränderbar** *adj* immuable, permanent, invariable.

**UNVERANTWORTLICH** *adj* irresponsable, qui n'a pas à répondre de ses actes.

**UNVERANTWORTLICHKEIT** *f* irresponsabilité *f*; exclusion de la responsabilité; exonération de responsabilité; immunité *f*.

**UNVER | ARBEITET** *adj* non-ouvré; à l'état brut; **–äußerlich** *adj* inaliénable.

**UNVERÄUßERLICHKEIT** *f* inaliénabilité *f*; **–sklausel** *f* clause *f* d'inaliénabilité.

**UNVER | BINDLICH** *adj* • sans engagement • non obligatoire; **–dächtig** *adj* au-dessus de tout soupçon; **–einbar** *adj* incompatible, inconciliable.

**UNVEREINBARKEIT** *f* incompatibilité *f*; **– der Charaktere** incompatibilité d'humeur; **–serklärung** *f (VerfR)* déclaration de non-conformité (à la constitution).

**UNVERERBLICHKEIT** *f* intransmissibilité *f* par voie d'héritage.

**UNVERFALLBAR** *adj* pérenne, permanent.

**UNVER | FALLBARKEIT** *f* pérennité *f*; **–folgbarkeit** *f* immunité *f* de poursuites, immunité de juridiction; **–fügbar** *adj* indisponible, inaliénable; incessible; intransmissible; **–fügbarkeit** *f* indisponibilité *f*, inaliénabilité *f*.

**UNVERHÄLTNISMÄßIG** *adv* (mesure) disproportionné(e), (action) sortant du cadre de la légalité, (pratique) violant le principe de la légalité; sans commune mesure; mesure (de police) excessive *ou* constituant un excès de pouvoir.

**UNVERHÄLTNISMÄßIGKEIT** *f (VwR)* absence *f* de proportionnalité (entre les moyens employés par l'administration et les fins qu'elle vise); non respect du principe de la juste proportion; disproportion entre les mesures prises et le cas d'espèce *ou* entre la sanction et la faute; inadaptation de la mesure à la gravité des faits.

**UNVER | HEIRATET** *adj* célibataire; **–jährbar** *adj* imprescriptible.

**UNVERJÄHRBARKEIT** *f* imprescriptibilité *f*, qui ne peut s'éteindre par la prescription.

**UNVER | KÄUFLICH** *adj* invendable; inaliénable; **–kürzt** *adv* in extenso, intégralement; **–langt** *adj (HR: Zusendung von Waren)* sans avoir passé commande.

**UNVERLETZLICH** *adj* inviolable, intangible.

**UNVERLETZLICHKEIT** *f* inviolabilité *f*; **persönliche –** intégrité *f* de la personne; **– des Brief- u. Postgeheimnisses** secret *m* de la correspondance; **– des Hausrechts (Aut), – der Wohnung** inviolabilité du domicile.

**UNVERMEIDBARKEIT** *f* irrésistibilité *f*, caractère irrésistible *ou* inéluctable (d'un fait).

**UNVERMÖGEN** *n* impuissance *f*; incapacité *f*; impossibilité *f*; **subjektives –** impossibilité pour le débiteur de s'exécuter; **– zur Leistung** *(SchuldR)* impossibilité *f* d'exécution, impossibilité de s'exécuter; **– zur Zahlung** insolvabilité *f*.

**UNVER | ÖFFENTLICHT** *adj* impublié, qui n'a pas encore été publié; **–packt** *adj* en vrac, sans emballage; **–schuldet** *adj* sans avoir commis de faute, en toute bonne foi; **–sehens** *adv* • *(unvermutet)* à l'improviste, de façon inopinée • *(aus Versehen)* par mégarde.

**UNVERSEHRTHEIT** *f* : **körperliche –** intégrité corporelle.

**UNVER | VERSICHERBAR** *adj* inassurable; **–ständlich** *adj* incompréhensible; inintelligible; **–steuert** *adj* avant impôt; sans avoir acquitté les droits prévus.

**UNVER | WERTBARKEIT** *f* fait de ne pouvoir être utilisé; impossibilité de tirer parti de qqch.; **–wirkbar** *adj* imprescriptible; **–wirkbarkeit** *f* imprescriptibilité *f*.

**UNVER | ZICHTBAR** *adj* ne pouvant faire l'objet d'une renonciation; (droit) auquel on ne peut renoncer; **–zinsbar** *adj*, **–zinslich** *adj* sans intérêt, non productif d'intérêts.

**UNVERZÜGLICH** *adj* sans délai, tout de suite, sur-le-champ; dans les plus brefs délais; avec toute la diligence requise.

**UNVOLL | KOMMENES RECHT** *n* droit en formation; **–ständig** *adj* incomplet, fragmentaire, lacunaire.

**UNVOR | EINGENOMMEN** *adj* sans parti pris, objectif; **–hergesehen** *adj* imprévu, inattendu, fortuit, inopiné; **–hergesehene Kosten** faux frais, frais occasionnels; **–hersehbar** *adj* imprévisible.

**UNVORHERSEHBARKEIT** *f* imprévisibilité *f*, imprévision *f*.

**UNVOR | SÄTZLICH** *adj* par inadvertance, par négligence, involontairement; **–schriftsmäßig** *adj* en violation des règles prescrites, en ne respectant pas la réglementation en vigueur.

**UNWÄHLBARKEIT** *f* inéligibilité *f*.

**UNWAHR** *adj* faux, erroné, qui ne correspond pas à la vérité.

**UNWAHRHEIT** *f* mensonge *m*; contrevérité; affirmation contraire à la vérité.

**UN | WESENTLICH** *adj* insignifiant, accessoire; **–wetter** *n* cataclysme *m*, catstrophe naturelle; **–wichtig** *adj* sans importance, négligeable; **–widerlegbar** *adj*, **–wi-**

**derleglich** *adj* incontestable, indubitable, indéniable, sûr, irréfutable; **–widerrufbar** *adj*, **–widerruflich** *adj* irrévocable; inamovible.

**UNWIDERRUFLICHKEIT** *f* irrévocabilité *f*; inamovibilité *f*.

**UNWIRKSAM** *adj* nul, inexistant; invalide; caduc; sans effet légal; **schwebend –** annulable, rescindable, attaquable.

**UNWIRKSAMERKLÄRUNG** *f* déclaration *f* de nullité, annulation, infirmation, invalidation.

**UNWIRKSAMKEIT** *f* nullité *f*, défaut *m* de validité; **relative –** inapplicabilité entre les parties; **bei sonstiger –** à peine de nullité; **–serklärung** *f* annulation *f*, invalidation *f*, déclaration de nullité.

**UN | WISSENTLICH** *adv* par ignorance, sans le savoir; **–würdig** *adj* indigne.

**UN | WÜRDIGKEIT** *f* indignité *f*; **–zeitgemäß** démodé, suranné.

**UNZUCHT** *f (StR: alte Bezeichnung für sexuelle Handlung)* attentat *m* à la pudeur (avec *ou* sans violence, contrainte *ou* surprise), violence *f* impudique.

**UNZULÄSSIG** *adj* • *(SchuldR)* irrégulier, non admis, non autorisé • *(PrzR: Klage)* non recevable, irrecevable; **–e Beeinflussung** *f* emprise illégale; trafic d'influence; **–e Rechtsausübung** abus *m* de droit.

**UNZULÄSSIGKEIT** *f* irrecevabilité *f*, non-recevabilité; **–seinrede** *f* exception d'irrecevabilité.

**UNZUMUTBAR** *adj* inacceptable, intolérable, inadmissible; n'étant pas exigible (selon les normes en vigueur dans la vie sociale et économique).

**UNZUMUTBARKEIT** *(ZR)* le fait d'être inacceptable *ou* inadmissible; fait de ne pouvoir être exigé de qqn.

**UNZURECHNUNGSFÄHIG** *adj* irresponsable, incapable de discernement.

**UNZURECHNUNGS | FÄHIGE(R)** *m (StR)* personne à laquelle un acte n'est pas imputable; délinquant *m* irresponsable; **–fähigkeit** *f* non-imputabilité *f*; insuffisance des facultés intellectuelles.

**UNZUSTÄNDIGKEIT** *f* : **örtliche –** incompétence à raison du lieu *ou* ratione loci; **sachliche –** incompétence à raison de la matière *ou* ratione materiae.

**UNZUSTELLBAR** *adj* • *(Ware)* non délivrable • *(Post)* qui n'a pas pu être distribué, ne pouvant être remis au destinataire *ou* à son représentant • *(Urkunde)* ne pouvant être signifié à personne.

**UNZU | TREFFEND** *adj* faux, controuvé, erroné; incorrect; **–verlässig** *adj* peu sûr; douteux; incertain.

**UNZWECKMÄßIG** *adj* inopportun, non indiqué; impropre.

**UNZWECKMÄßIGKEIT** *f* inopportunité *f* (d'une mesure).

**UP-DATE** *n (DV)* mise à jour, nouvelle version; **–Geschäft** *n* opération de vente de la nouvelle version (d'un logiciel) avec reprise de l'ancienne.

**URABSTIMMUNG** *f* • élection *f* primaire • *(ArbR: Streik)* consultation *f* de la base.

**URHEBER** *m* • *(UrhR)* auteur *m* (d'une uvre de l'esprit) • *(UrhR: Mit-)* coauteur *m* • *(Verursacher)* auteur, responsable *m*, initiateur *m*; **– eines Unfalls** auteur d'un accident.

**URHEBER | RECHT** *n* • *(i.w.S.)* législation relative à la propriété littéraire et artistique • *(i.e.S.)* droit d'auteur (moral et pécuniaire); droits d'ordre intellectuel, moral et patrimoniaux de l'auteur; **–rechtsübertragung** *f* transmission des droits patrimoniaux sur l'œuvre; **–rechtsverletzung** *f* atteinte *f* au droit d'auteur; **–rechtsvertrag** *m* contrat d'exploitation d'une œuvre, contrat d'édition.

**URHEBERSCHAFT** *f* • *(StR)* fait d'être l'auteur d'un crime *ou* d'un délit • *(UrhR)* la qualité d'auteur, paternité de l'œuvre (littéraire ou artistique); **– am Werk** paternité *f* de l'œuvre, droit exclusif d'exploiter une œuvre.

**URHEBER | VERGÜTUNG** *f* rémunération de l'auteur; **–vertrag** *m (Verlagsvertrag)* contrat d'édition.

**URKUNDE** *f (ZR, StR,)* acte *m* (instrumentaire); instrumentum *m*; document *m* (écrit); pièce *f*; titre *m*; **amtliche –** acte officiel, document officiel; **beglaubigte –** acte certifié conforme, acte authentifié; **beweiserhebliche –** acte à fin de preuve; moyen de preuve; écrit *m* probatoire; **eigenhändig geschriebene –, eigenschriftliche –** acte rédigé et signé par les parties concernées; document olographe; **formgebundene –, förmliche –** acte solennel *ou* formaliste; **gefälschte –** pièce contrefaite, acte falsifié, faux document; **gerichtliche –** acte judiciaire; **notarielle –, notarische –** acte notarié, acte devant notaire, acte notarial (B); **öffentlich beglaubigte –** acte authentifié; **öffentliche –** acte authentique, acte rédigé par un officier public; document officiel; **privatschriftliche –** acte sous seing privé; **standesamtliche –** acte d'état-civil; **unechte –** faux document, faux titre; **verfälschte –** acte falsifié; **vollstreckbare –** titre *m* exécutoire.

**URKUNDEN | AUSFERTIGUNG** *f* rédaction d'un acte, le fait de dresser un acte; **–aussteller** *m* officier ministériel dressant l'acte; **–beamte(r)** *m* fonctionnaire préposé au greffe; officier ministériel; **–beweis** *m* preuve *f* par acte écrit, preuve littérale; **–delikt** *n* faux *m* en écriture; **–einsicht** *f* communication et consultation d'un document; **–fälscher auteur** *m* d'un faux, faussaire *m*, contrefacteur; **–fälschung** *f (StR)* faux intégral, faux *m* en écriture (privée *ou* publique); falsification *f* d'écritures, contrefaçon *f* d'écritures, faux documentaire; faux et usage de faux.

**URKUNDEN | KLAGE** *f* action se fondant sur la production d'actes écrits (en vue d'accélérer la procédure); **–unterdrückung** *f*, **–unterschlagung** *f* détournement de pièces *ou* de document; **–verbrechen** *n* falsification de documents, faux et usage de faux; **–verfälschung** *f* altération d'une partie du document (par exemple de la signature); altération d'écritures, faux et usage de faux; **–vernichtung** *f* suppression *ou* soustraction d'acte; **–vorlage** *f*, **–vorlegung** *f* production de documents *ou* d'actes.

**URKUNDS | BEAMTE** *f* **der Geschäftsstelle** secrétaire greffier (auprès d'un tribunal); **–notar** *m* notaire dressant un acte; **–person** *f* personne préposée à la rédaction *ou* à l'authentification d'un acte.

**URLAUB** *m (ArbR)* congé *m*, vacances *fpl*; congé(s) payé(s); **bezahlter –** congés payés; **unbezahlter –** congés non rémunérés.

**URSACHE** *f* • *(SchuldR: Schadensverursachung)* cause *f* (génératrice du préjudice) • point *m* de départ • motif *m*; **adäquate –** cause *ou* causalité adéquate, cause découlant du cours habituel des choses; **dazwischentretende –** cause concomitante; **entscheidende –** cause déterminante; **unmittelbare –** cause immédiate, événement causal direct.

**URSACHEN | ABLAUF** *m* déroulement d'une série de causes; **–kette** *f*, **–reihe** *f* enchaînement d'événements causaux; **–zusammenhang** *m* rapport *m* de causalité, lien *m* de causalité (entre le dommage et le fait générateur), relation de cause à effet.

**URSÄCHLICH** *adj* causal; causé par, trouvant son origine dans; **den –en Zusammenhang nachweisen** établir la relation de cause à effet.

**URSCHRIFT** *f* • original *m* • *(PrzR)* minute *f*; **doppelte –** double original; **– des Urteils** minute *f* du jugement.

**URSPRUNG** *m* • origine *f*, provenance *f* • *(Abstammung)* ascendence *f*, lignée k, filiation *f* • *(Beginn)* point *m* de départ, commencement *m*, source *f*, cause *f*.

**URSPRUNGS | BEZEICHNUNG** *f* appellation d'origine, désignation d'origine; **–zeugnis** *n* certificat *m* d'origine.

**URTEIL** *n* • *(Oberbegriff)* décision *f* de justice • *(Einzelrichter u. Schiedsrichter)* sentence *f* • *(Richterkollegium erster Instanz)* jugement *f* • *(bei Berufung u. Revision)* arrêt *m* • *(Geschworene)* verdict *m*; **abänderndes –** jugement réformatoire; **angefochtenes –** jugement attaqué; **bestätigendes –** jugement confirmatif; **erkennender Teil des –s** dispositif *m*; **erstinstanzliches –** jugement en première instance; **freisprechendes –** jugement de relaxe *ou* d'acquittement; **klagabweisendes –** jugement déboutant le demandeur (en ses conclusions); **letztinstanzliches –** jugement en dernier ressort *ou* définitif; **mildes –** jugement clément; **rechtsgestaltendes –** jugement constitutif de droit; **rechtskräftiges –** jugement passé en force de chose jugée, jugement définitif; **vorläufig vollstreckbares –** jugement exécutoire par provision.

**URTEILS | ABSCHRIFT** *f* expédition d'une décision de justice; **–anerkennung** *f* reconnaissance *f* d'un jugement, renonciation aux voies de recours; **–aufhebung** *f* infirmation d'un jugement; **–ausfertigung** *f* levée *f ou* expédition *f* du jugement; **–ausspruch** *m* dispositif du jugement; **–begründung** motifs *mpl*; les attendus *mpl*; **–beratung** *f* délibéré *m*; **–eingang** *m* entête *m* d'une décision de justice, chapeau *m*.

**URTEILSFÄHIGKEIT** *f* faculté *f* de jugement, discernement *m*; **mangelnde –** manque *ou* défaut de discernement.

**URTEILS | FÄLLUNG** *f* délibéré *m*; prononcé du jugement; **–formel** *f* *(= Tenor)* dispositif *m* du jugement; **–gegenstand** *m* faits *mpl*; **–gründe** *pl* motifs du jugement, attendus *mpl*, considérants *mpl*; **–inhalt** *m* teneur *f* du jugement; **–kopf** *m* (= Rubrum) en-tête *m* du jugement, intitulé *m*; **–kraft** *f* autorité *f* de (la) chose jugée.

**URTEILS | RUBRUM** *n* en-tête *m*, intitulé *m*; **–sachverhalt** *m* faits *mpl*; **–sammlung** *f* recueil *m* d'arrêts; **–satz** *m*, **–spruch** *m*, **–tenor** *m* dispositif *m* du jugement; **–tatbestand** *m* les faits *mpl*, énoncé *m* des faits; **–verfahren** *n* procédure *f* de jugement; **–verkündung** *f* prononcé *m* du jugement; **–vermögen** *n* faculté *f* de discernement; **–vollstreckung** *f* exécution du jugement; **–zustellung** *f* signification *ou* notification du jugement.

## V

**VALIDATION** *f*, Validierung *f* *(ÖfR: Gültigkeitserklärung)* validation; homologation; entérinement *n*.

**VALUTA** *f* • *(WirtR)* monnaie étrangère, devises *fpl*; eurodevises, xénodevises • *(Außh: ausländische Wertpapiere – nur Pl.)* titres étrangers.

**VATER** *m* père *m* (de famille); auteur *m* d'un enfant; **gesetzlicher –** père légitime; **nichtehelicher –** père naturel.

**VATERSCHAFT** *f* paternité *f*; **außereheliche –** paternité naturelle *ou* hors mariage; **biologische –** paternité biologique *ou* génétique, paternité de fait; **eheliche –** paternité légitime; **nichteheliche –, uneheliche –** paternité naturelle *ou* hors mariage.

**VATERSCHAFTS | ANERKENNTNIS** *n*, **–anerkennung** *f* reconnaissance *f* de paternité; **–anfechtungsklage** *f* action en désaveu de paternité.

**VATERSCHAFTSFESTSTELLUNG** *f* preuve *f* de la filiation paternelle; établissement de la filiation naturelle; **–surteil** *n* déclaration judiciaire de la paternité.

**VATERSCHAFTSKLAGE** *f* action en recherche de la paternité naturelle.

**VERABREDEN** *v* convenir, stipuler; arrêter, fixer; **etwas –** convenir de qqch.; **sich –** fixer un rendez-vous (d'affaires).

**VERABREDUNG** *f* • *(StR)* collusion *f*, connivence *f* (en vue de détruire des preuves) • *(SchuldR)* entente *f*, accord *m*, arrangement *m*, convention *f* • *(Zusammenarbeit)* concertation *f*, action *f* concertée; **– einer Straftat** concert frauduleux, collusion en vue de commettre une infraction, pratique concertée.

**VERABSCHIEDEN** *v* voter, adopter (une loi); congédier, destituer qqn.

**VERABSCHIEDUNG** *f* • *(Entlassung)* renvoi *m* • *(Gesetz)* vote *m*, adoption *f* d'une loi.

**VERALTET** *adj* • *(Gesetz)* désuet, tombé en désuétude • *(Sache)* vétuste; suranné.

**VERÄNDERBAR** *adj* modifiable; transformable.

**VERÄNDERLICH** *adj* changeant, variable, incertain.

**VERÄNDERN** *v* • changer • *(umgestalten)* transformer, modifier • *(nachteilig)* altérer; **sich –** changer de métier; aller habiter ailleurs.

**VERÄNDERUNG** *f* changement *m*; modification *f*, transformation *f*; altération *f*; **– der Rechtsgrundlage** • changement du fondement juridique • substitution de moyens.

**VERANLAGEN** *v* • *(SteuerR)* établir l'assiette (de l'impôt) • imposer qqn.

**VERANLAGUNG** *f* • *(Wesensart)* prédisposition *f*, hérédité *f* • *(SteuerR: Bemessungsgrundlage)* assiette *f* d'un impôt • *(Steuerfestsetzung)* imposition *f*.

**VERANLASSUNG** *f* • *(Antrieb)* incitation, impulsion • *(Ursache, Beweggrund)* cause *f*, motif *m*, raison *f* • *(Gelegenheit)* occasion, prétexte *m*; **auf –** von à la demande de, sur requête de.

**VERANSTALTER** *m* organisateur *m*, responsable *m*.

**VERANSTALTUNG** *f* manifestation *f*, fête *f*, céremonie *f*; **–skalender** *m* calendrier *m* des foires *ou* manifestations.

**VERANTWORTEN** *v* • *(die Verantwortung auf sich nehmen)* répondre de, garantir, s'engager à • *(die Folgen tragen)* accepter les conséquences, prendre sur soi.

**VERANTWORTLICH** *adj* **: für etwas –** sein être responsable de qqch.; **für etwas – zeichnen** assumer (par sa signature) la responsabilité pour qqch.

**VERANTWORTLICHE(R)** *m* • *(Pol)* responsable *m*, dirigeant *m* • *(StR)* auteur *m* (d'un crime); coupable *m*.

**VERANTWORTLICHKEIT** *f* responsabilité *f*; **strafrechtliche –** responsabilité pénale.

**VERANTWORTUNG** *f* • *(i.w.S.)* responsabilité *f*, faute *f* • *(ZR)* obligation de réparer (le dommage) • *(StR)* élément moral de l'infraction; obligation de subir la peine prévue.

**VERANTWORTUNGSLOSIGKEIT** *f* irresponsabilité *f*; légèreté *f* blâmable.

**VERARBEITUNG** *f* • travail de transformation, usinage *m*, façonnage *m*, traitement *m* • *(SchuldR)* spécification *f*.

**VERARBEITUNGS | BETRIEB** *m* entreprise *f* de transformation; **–vertrag** *m* contrat *m* de façonnage.

**VERARMUNG** *f* appauvrissement *m*, paupérisation (du tiers-monde); **– des Schenkers** (révocation de la donation pour cause d')indigence *f* du donateur.

**VERÄUßERER** *m* aliénateur *m*, vendeur *m*; cédant *m*.

**VERÄUßERN** *v* aliéner, vendre, disposer (d'un bien), céder.

**VERÄUßERUNG** *f* aliénation *f*, vente *f*, cession *f*; réalisation *f*.

**VERBAND** *m* • *(i.w.S.)* regroupement *m*, union *f* • *(ZR: Verein)* association *f* • *(ArbR)* chambre *f* syndicale, syndicat *m*, fédération *f* • *(GesR)* groupement d'entreprises; groupement professionnel; organisme économique.

**VERBANDS | KLAGE** *f* *(VwPR)* action exercée par un groupement et tendant à la défence d'un intérêt collectif; action de groupe *ou* collective; **–körperschaft** *f* personne morale de droit public; **–mitglied** *n* associé *m*, adhérent *m*, affilié *m*, membre *m* d'une association.

**VERBANDS | ZEICHEN** *n* *(Wz)* marque collective; **–zeichenrolle** *f* registre *m* des marques collectives.

**VERBANNUNG** *f* bannissement *m*, proscription; *(Zustand, Ort)* exil *m*.

**VERBEAMTUNG** *f* *(BeamR)* titularisation, nomination comme agent public titulaire.

**VERBERGEN** *v* couvrir, cacher, dissimuler, recéler.

**VERBESCHEIDUNG** *f* • *(VwR)* délivrance d'un acte administratif (en particulier d'un permis de construire) • communication administrative, avis *m*.

**VERBESSERUNGS | ERFINDUNG** *f* perfectionnement d'invention; **–patent** *n* brevet de perfectionnement.

**VERBIETEN** *v* interdire, défendre, prohiber, proscrire.

**VERBINDLICH** *adj* • *(verpflichtend)* obligatoire, valable; ferme • *(gefällig)* prévenant, serviable; **allgemein –** de portée générale; opposabilité à l'égard de tous *ou* erga omnes; **– sein** faire foi; **–es Angebot** *n* offre *f* ferme.

**VERBINDLICHERKLÄRUNG** *f* • le fait d'accorder la force de la chose jugée • *(ArbR)* extension *ou* élargissement d'une convention collective.

**VERBINDLICHKEIT** *f* • *(SchuldR)* obligation *f*, engagement *m* • *(HR, Buchf – fpl)* dettes *fpl*, obligations *fpl*, exigibilités *fpl* • *(ÖfR)* force obligatoire; **ohne –** sans engagement.

**VERBINDUNG** *f* • *(Verbundensein)* connexité *f*, relation *f*, rapport *m*, association *f* • *(Vereinigung)* réunion *f*, liaison *f*, jonction *f*, interconnexion du réseau • *(Ferngespräch)* communication *f*; **– von Klagen** jonction de demandes.

**VERBINDUNGS | AUSSCHUSS** *m* comité de liaison; **–mann** *m*, **–person** *f* • *(Polizei)* informateur *m*, indicateur • *(Geheimdienst)* agent *m* de liaison • *(HR, ArbR)* intermédiaire *m*; médiateur *m*.

**VERBORG | EN** *adj* *(geheim)* caché, secret, occulte, clandestin; **–er Mangel** vice caché *ou* non-apparent; **–es Merkmal** caractérisque non-dévoilée.

**VERBOT** *n* interdiction *f*, défense *f*, prohibition *f*; proscription *f*; **gesetzliches –** prohibition légale; **polizeiliches –** interdiction de la police administrative.

**VERBOTEN** *adj* : **strengstens –** formellement *ou* strictement interdit.

**VERBOTS | IRRTUM** *m* *(StR)* ignorance du fait qu'un acte constitue une infraction; **–schild** *n*, **–tafel** *f* panneau d'interdiction; **–unkenntnis** *f* ignorance d'une interdiction; **–urteil** *n* jugement d'interdiction; **–vorschrift** *f* disposition *f ou* règle *f* prohibitive.

**VERBRAUCH** *m* : **gewerblicher –** consommation industrielle, commerciale et artisanale.

**VERBRAUCHEN** • *(Waren)* consommer • *(durch Gebrauch abnutzen)* user, altérer • *(Geld)* dépenser • *(vollständig verwenden)* épuiser.

**VERBRAUCHER** *m* consommateur *m*; utilisateur *m*; **–aufklärung** *f* information (et éducation) du consommateur; **–beratung** *f* défense *f* et information des consommateurs; **–markt** *m (Laden)* grande surface, hypermarché *m*; **–preis** *m* prix de vente au consommateur, prix à la consommation; **–schutz** *m* protection des consommateurs, consumérisme *m*.

**VERBRAUCHSTEUER** *f* impôt *m* sur la consommation, taxe de consommation, accise *f*.

**VERBRECHEN** *n (StR)* crime *m*; forfait *m*; **Aufforderung zum –** provocation au crime; **gemeines –** crime crapuleux; **nichtpolitisches –** délit de droit commun; **politisches –** crime politique; **versuchtes –** infraction tentée, tentative *f* d'un crime; **vollendetes –** crime consommé; **– im Amt** forfaiture *f*, crime commis par un fonctionnaire public (dans l'exercice de ses fonctions); prévarication; **– gegen die Menschlichkeit** crime contre l'humanité.

**VERBRECHENS | BEKÄMPFUNG** *f* lutte *f* contre la criminalité; **–häufung** *f* cumul *m* d'infractions; **–opfer** *n* victime *f* d'une infraction.

**VERBRECHER** *m* criminel *m*, malfaiteur *m*, délinquant *m*; **jugendlicher –** mineur *m* délinquant; **rückfälliger –, vorbestrafter –** repris *m* de justice.

**VERBRECHER | ALBUM** *n* sommier *m*; fichier *m* (du casier judiciaire); **–bande** *f* organisation criminelle; **–bekämpfung** *f* répression (des crimes); criminalistique *f*; recherche *f* de la preuve des crimes et de leurs auteurs.

**VERBRECHER | KARTEI** *f* sommier *m* (de la police technique); **–syndikat** *n* syndicat *m* du crime, maf(f)ia *f*, organisation criminelle.

**VERBRECHERTUM** *n* criminalité *f*; activité *f* criminelle; **berufsmäßiges –, gewerbsmäßiges –** criminalité professionnelle.

**VERBRECHER | VEREINIGUNG** *f* association *f* de malfaiteurs; **–welt** *f* pègre *f*, milieu *m* du (grand) banditisme.

**VERBREITUNG** *f* diffusion *f*, propagation; **– von Falschgeld** mise *f* en circulation de monnaies contrefaites ou altérées; **– jugendgefährdender oder unzüchtiger Schriften** communication d'écrits destinés à la jeunesse, contraires aux bonnes mœurs.

**VERBRINGUNG** *f* transport *m* (d'un détenu); **–sgewahrsam** *m* détention en vue du transfert (dans une autre prison *ou* renvoi dans le pays d'origine).

**VERBUCHEN** *v* (= buchen) comptabiliser, porter en compte, passer en écritures, passer en comptabilité, enregistrer.

**VERBUCHUNG** *f* • *(Buchf)* comptabilisation *f*, passation *f* en écritures • *(GB)* enregistrement *m* (au livre foncier); **– der Ausgaben** imputation.

**VERBUND** *m* • *(GesR)* regroupement *ou* concentration d'entreprises • *(VwR)* organisation intercommunale, syndicat de communes.

**VERBÜRGEN** *v* cautionner, garantir; **sich für etwas –** se porter garant de qqn. pour qqch.

**VERBÜßEN** *v* purger (une peine), subir (sa peine), expier.

**VERBÜßUNG** *f* exécution de la sentence pénale, expiation *f*.

**VERDACHT** *m* soupçon *m*; suspicion *f*; **begründeter –** soupçon justifié, de graves soupçons (pesant sur qqn.); **–erregen** se rendre suspect, éveiller des soupçons.

**VERDÄCHTIG** *adj* • *(Person)* suspect, soupçonnable, qui prête au soupçon • *(Sache)* douteux, sujet à caution; **dringend –** (personne) sur laquelle pèsent de fortes présomptions.

**VERDÄCHTIGEN** *v* suspecter qqn. de qqch., tenir qqn. pour suspect; mettre qqn. en cause *ou* en accusation; signaler comme coupable.

**VERDÄCHTIGE(R)** *m* personne mise en cause, suspect *m*, individu soupçonné, auteur présumé d'une infraction; **Haupt- –** suspect numéro un.

**VERDÄCHTIGUNG** *f* incrimination, suspicion *f*; mise *f* en accusation; **falsche –** *(StGB)* dénonciation calomnieuse; **politische –** dénonciation *f* en raison des opinions politiques.

**VERDATUNG** *f* fichage *m*, mise *f* en fiche; informatisation (des fichiers).

**VERDIENST** *n* mérite *m*, valeur *f*; **erfinderisches –** intelligence inventive, esprit inventif.

**VERDIENST** *m* • *(ArbR: Lohn)* rémunération *f*, salaire *m* • *(HR: Gewinn)* profit *m*, bénéfice *m* • *(Hausangestellte)* gages *mpl*.

**VERDIENST | AUSFALL** *m* • manque à gagner • perte de salaire; **–spanne** *f* marge *f* bénéficiaire, marge de bénéfice.

**VERDINGUNG** *f (VwR: öffentliche Vergabe)* adjudication *f* publique, conclusion d'un marché public; **freihändige –** adjudication restreinte.

**VERDINGUNGSORDNUNG** *f* **für Bauleistungen (VOB)** cahier de prescriptions pour les marchés de construction; **– für Leistungen (VOL)** cahier de prescriptions pour les marchés publics (autres que de construction).

**VERDUNKELUNG** *f (StPR)* dissimulation de documents *ou* de faits (propres à éclairer la justice).

**VERDUNKELUNGSGEFAHR** *f (StPR)* danger *m* de disparition des indices *f ou* de corruption des témoins; **Festnahme wegen –, Untersuchungshaft wegen –** détention *f* provisoire comme unique moyen de conserver les preuves *ou* à cause du risque de destruction des preuves (existantes).

**VEREIDIGEN** *v (PrzR: jmdn. beeidigen)* assermenter, faire prêter serment à, déférer le serment d'office à qqn.

**VEREIDIGUNG** *f (PrzR: Beeidigung)* le fait de faire prêter serment à qqn.; faire attester solennellement (par qqn.) la véracité d'une d'une déclaration; prestation de serment.

**VEREIN** *m* • *(ZR)* association *f* (de droit allemand, inscrite au registre des associations) • *(VerfR)* club *m*, cercle *m*; amicale *f*; ligue *f* • *(ArbR)* association syndicale, syndicat professionnel; mutualité *f*; **eingetragener –** (= e.V.) association enregistrée (auprès du tribunal cantonal allemand); **als gemeinnützig anerkannter –, gemeinnütziger –** association reconnue d'utilité publique; **ideeller –** association sans but lucratif; **nicht rechtsfähiger –** association de fait (sans personnalité civile); **rechtsfähiger –** association ayant acquis la personnalité civile; **wirtschaftlicher –** association à but lucratif; **nicht wirtschaftlicher –** (= Idealverein) association sans but lucratif; **– auf Gegenseitigkeit** mutuelle *f*.

**VEREINBAREN** *v* convenir de, tomber d'accord sur; **einen Termin –** convenir d'une date; **schriftlich –** stipuler par écrit.

**VEREINBARKEIT** *f* compatibilité *f*; **– mit dem Grundgesetz** conformité *f* avec la loi fondamentale, constitutionnalité (d'une prescription légale).

**VEREINBARUNG** *f* convention *f*; arrangement *m*; accord *m*, contrat *m*; stipulation *f*; **ausdrückliche –** convention formelle, accord exprès; **formlose –** contrat consensuel; **mündliche –** accord verbal; **schriftliche –** convention écrite; **stillschweigende –** accord tacite; **vertragliche –** accord *m*, convention, arrangement *m* contractuel; **wechselseitige –, zweiseitig verbindliche –** convention synallagmatique.

**VEREINBARUNGSGEMÄß** *adv* comme convenu, conformément à ce qui a été convenu.

**VEREINFACHT** *adj* : **–e Ladung** notification en la forme simplifiée; **–es Verfahren** procédure simplifiée *ou* sommaire.

**VEREINHEITLICHUNG** *f* unification *f*; uniformisation *f*, standardisation *f*; **– von Gesetzen** harmonisation légale.

**VEREINIGEN** *v* unir, réunir; associer; assembler; fédérer; **sich –** fusionner.

**VEREINIGUNG** *f* • *(ZR: Verein)* association *f*, amicale *f*, groupement *m* • *(VerfR: Versammlung)* réunion *f*, rassemblement *m* • *(GesR: Verschmelzung)* fusion *f*; **gemeinnützige –** association sans but lucratif; **kriminelle –** association de malfaiteurs; **rechtsfähige –** association dotée de la personnalité juridique; **verbotene –** association interdite *ou* dissoute.

**VEREINIGUNGS | FREIHEIT** *f* liberté d'association; liberté syndicale, liberté de coalition; **–recht** *n* droit d'association.

**VEREINS | AUFLÖSUNG** *f* dissolution d'une association; **–austritt** *m* le fait de se retirer d'une association; **–beitritt** *m* adhésion; **–freiheit** *f* liberté d'association; **–gründungsvertrag** *m* contrat *m* *ou* acte *m* d'association; **–haftung** *f* responsabilité *f* de l'association; **–mitgliedschaft** *f* qualité *f* de membre; **–name** *m* dénomination (de l'association); **–recht** *n* régime *m* juridique des associations (allemandes); **–register** *n* registre des associations; **–satzung** *f* statuts *mpl*; **–vermögen** *n* actif *m* d'une association; **–vorstand** *m* bureau *m*; organe directeur; directeur(s) *m* *(pl)* d'une association, président (du bureau).

**VEREITELUNG** *f* (le fait de) faire échouer qqch.; *umgspr* torpillage *m*; **– einer Bestrafung** (le fait de) soustraire un malfaiteur à l'arrestation *ou* aux recherches, fait d'aider un criminel à se cacher *ou* à prendre la fuite.

**VERERBEN** *v* laisser en héritage, transmettre à un héritier.

**VERERBLICH** *adj (ErbR)* transmissible par succession.

**VERERBUNG** *f* • *(ErbR: Vermögen)* transmission *f* successorale • *(MedizinR)* hérédité *f*, transmission héréditaire; **– durch Testament** transmission testamentaire; **– durch Gesetz** transmission successorale ab intestat *ou* en vertu de la loi.

**VERFAHREN** *v (in einer bestimmten Weise vorgehen)* faire; exécuter; procéder (à qqch.); **rücksichtslos –** agir sans aucun ménagement.

**VERFAHREN** *n* • *(PrzR)* procédure *f*; procès *m*; instance *f* • méthode *f*; procédé *m*, façon *f* de procéder; **abgekürztes –** procédure sommaire; **abgetrenntes –** affaire disjointe; **anhängiges –** procédure en instance *ou* pendante; **beschleunigtes –** procédure accélérée, procédure en référé; **gerichtliches –** procédure judiciaire, instance en justice; **mündliches –** procédure orale; **nichtstreitiges –** procédure gracieuse; **ordentliches –** procédure devant une juridiction de droit commun; **ordnungsgemäßes –** procédure en bonne et due forme; **rechtshängiges –** procédure pendante, litispendance; **schiedsgerichtliches –** procédure d'arbitrage *ou* arbitrale; **schwebendes –** procédure en cours *ou* pendante; **strafgerichtliches –** procédure pénale.

**VERFAHREN** *n* | **gegen Abwesende** *(ZPR)* procédure contre un plaideur défaillant; **– in Abwesenheit des Angeklagten** *(StPR)* procédure contre un accusé non présent à l'audience; **– zur Anerkennung eines ausländischen Urteils** instance en exequatur; **– zur friedlichen Beilegung (eines Rechtsstreits)** procédure de règlement pacifique (d'un litige); **– in Handelssachen** procédure en matière commerciale.

**VERFAHRENS | ABLAUF** *m* déroulement de la procédure; **–abschluss** *m* clôture *f* des débats; **–antrag** *m* demande *f*, requête *f*; **–arten** *fpl (ZPR: Prozessarten)* classification des actions en justice; **–aussetzung** *f* • suspension de l'instance par un sursis à statuer • interruption de l'instance; **–beteiligte** *mpl* parties *fpl* au procès, plaideurs *mpl*; **–bevollmächtigte(r)** *m* mandataire *m* (de procédure); **–einstellung** *f* • *(StPR)* non-lieu *m* • *(ZPR)* radiation de l'affaire.

**VERFAHRENS | FÄHIGKEIT** *f* *(ZPR: Prozessfähigkeit)* capacité *f* d'ester en justice; **–fehler** *m* vice *m* de procédure; **–frist** *f* délai de procédure; **–gebühr** *f* droit de procédure; **–gegenstand** *m* objet *m* du litige; **–grundsätze** *mpl* principes directeurs du procès, principes généraux de la procédure (civile *ou* pénale); **–hindernis** *m* obstacle *m* à la procédure, empêchement; **–kosten** *pl* dépens *mpl*, frais *mpl* de procédure; **–mangel** *m* vice *m* de procédure; **–patent** *n* brevet *m* de procédé.

**VERFAHRENS | RECHT** *n* droit *m* procédural *ou* processuel; procédure; **–rüge** *f* recours fondé sur une violation des règles de procédure; **–trennung** *f* disjonction d'instance; **–unterbrechung** *f* interruption de l'instance; **–verbindung** *f* jonction d'instance; **–verschleppung** *f* manœuvres dilatoires tendant à retarder la procédure; **–vorschrift** *f* règle *f* de procédure.

**VERFALL** *m* • *(StR)* confiscation *f*; expropriation; saisie *f* • *(SchuldR: Verfalltag)* jour *m* de l'échéance, terme *m* (échu) • *(ZPR)* péremption, anéantissement *m* des actes de procédure • *(ÖfR, VwR: Rechte)* déchéance *f* • *(Gebäude)* ruine *f* (d'un bâtiment), délabrement (d'un édifice) • *(Sitten)* dépravation, corruption; **–frist** *f* date *f* de péremption; délai de forclusion; prescription extinctive; **–klausel** *f* clause de déchéance.

**VERFALLEN** *v* • confisquer • échoir, tomber en déchéance • être anéanti • être déchu (de ses droits) • tomber en ruine, se délabrer.

**VERFALLS | DATUM** *n* date *f* limite, date de péremption; **–erklärung** *f* • *(VwR)* ordonnance *f ou* décision de confiscation • *(ZPR)* déclaration de saisie; **–tag** *m* • date *f* de péremption *ou* d'expiration, date *ou* jour d'échéance, échéance • *(BankR)* date de valeur.

**VERFÄLSCHUNG** *f* **(s. Fälschung)** falsification *f*, altération, contrefaçon *f*, faux *m* matériel.

**VERFASSEN** *v* *(schriftlich niederlegen)* rédiger (un contrat); dresser (un acte); écrire (un texte).

**VERFASSER** *m* *(UrhR: Autor)* auteur *m* (d'une œuvre de l'esprit).

**VERFASSUNG** *f* • *(physischer, psychischer Zustand)* état *m* (physique, mental) • *(ÖfR)* constitution (d'un État); charte *f*; loi *f* fondamentale • *(GesR)* statuts *mpl*; contrat *ou* pacte social.

**VERFASSUNGS | ÄNDERUNG** *f* révision *f* constitutionelle; **–beschwerde** *f* recours *m* devant la Cour constitutionnelle allemande; **–feind** *m* *(VwR, StR)* ennemi *m* de la constitution, extrémiste *m*.

**VERFASSUNGS | GERICHT** *n* Cour constitutionnelle; **–gerichtsbarkeit** *f* juridiction constitutionnelle; **–gerichtshof** *m* Cour *f* constitutionnelle, Cour (constitutionnelle) suprême; **–grundsatz** *m* principe constitutionnel; **–hüter** *m* agent *m* du service de protection de la constitution.

**VERFASSUNGSMÄẞIG** *adj* : **–e Ordnung** régime constitutionnel; ordre *m* républicain.

**VERFASSUNGS | MÄẞIGKEIT** *f* conformité à la constitution, constitutionnalité *f*; **–ordnung** *f* ordre *m* constitutionnel; **–organ** *n* organe *m* prévu par la constitution; **–recht** *n* droit constitutionnel; **–richter** *m* juge *m* auprès de la Cour constitutionnelle fédérale.

**VERFASSUNGS | SCHUTZ** *m* • *(ÖfR: Bundesamt für Verfassungsschutz)* Service allemand de protection de la constitution • *(VerfR)* normes légales et services étatiques visant à protéger le régime constitutionnel en place • *(VerfR)* sauvegarde *f* du régime constitutionnel allemand; **–staat** *m* État reposant sur une constitution démocratique et libérale; **–streitigkeit** *f* litige en matière constitutionnelle; **–treue** *f* fidélité *f* à la constitution.

**VERFASSUNGS | WIDRIGKEIT** *f* inconstitutionnalité *f*; **–wirklichkeit** *f* vie *f* politique comme jeu complexe des forces sociales; **–streitigkeit** *f* litige *m* porté devant la Cour constitutionnelle allemande; contestation relevant de la compétence de la cour constitutionnelle d'un Land; **–widrigkeit** *f* inconstitutionnalité *f*, anticonstitutionnalité *f*.

**VERFEHLUNG** *f* faute *f* (morale); manquement *m*; déloyauté *f*; **eheliche –** infidélité *f*; **– gegen den Schenker** ingratitude *f*.

**VERFLECHTUNG** *f* • *(GesR: Firmen)* formation de trust, concentration *f*, participations *fpl* croisées • *(HR: Märkte)* interdépendance *f*, interpénétration *f*.

**VERFOLGEN** *v* • *(StPR: Verdächtige)* engager des poursuites, poursuivre (en justice) • *(VR: bedrohen)* persécuter; menacer de mort; opprimer • *(StPR: beschatten)* filer qqn., prendre qqn. en filature; **jmdn. gerichtlich –** • *(StPR)* mettre qqn. en examen, inculper qqn. • *(ZPR)* intenter contre qqn. une action en justice.

**VERFOLGTE(R)** *m* • personne persécutée • personne prise en filature (par la police); **politisch –** réfugié *m* politique.

**VERFOLGUNG** *f* • *(StPR: gerichtlich)* poursuites *fpl*, poursuite judiciaire (pour vol) • *(VR: ungerechtes Vorgehen)* persécution *f*, brutalités *fpl* • *(durch die Polizei)* filature *f*; **außer – setzen** *(StPR)* cesser les poursuites; renvoyer des fins de la poursuite, prononcer le non-lieu; **polizeiliche –** recherche *ou* enquête policière; **rassische –** persécution raciale.

**VERFOLGUNG** *f* | **auf frischer Tat** (le fait d') engager une procédure de flagrance, appréhension de l'auteur d'une infraction flagrante, intervention (de la police) selon la procédure du flagrant délit; **– aus politischen Gründen** persécution du seul fait de ses opinions politiques; **– rassischer Minderheiten** persécution de minorités ethniques.

**VERFOLGUNGS | GRUNDSATZ** *m (StPR)* principe du déclenchement obligatoire de l'action publique (par le parquet); **–recht** *n (ZR)* droit de suite, droit de poursuite; **–schutz** *m (VwR: Asylverfahren)* protection contre des poursuites arbitraires; **–verjährung** *f* prescription des poursuites, prescription de l'action pénale; **–zwang** *m (StPR)* obligation pour le ministère public d'engager des poursuites.

**VERFRACHTER** *m* fréteur *m*, armateur *m* (comme partie au contrat d'affrètement).

**VERFRACHTUNG** *f* • *(SeeHR)* affrètement *m*, frétement *m* • expédition, chargement.

**VERFÜGBAR** *adj* • *(HR: Ware)* disponible • *(SchuldR: abtretbar)* cessible; **–e Mittel** *npl* disponibilités *fpl*, fonds *m* de roulement.

**VERFÜGEN** *v* • *(zur Verfügung haben)* disposer de qqch. • *(SchuldR: über eine Sache)* céder, transporter la propriété de qqch. (à une autre personne), se dessaisir de qqch., transférer • *(ÖfR: anordnen)* décider, ordonner, décréter.

**VERFÜGENDE(R)** *m* disposant *m*; cédant *m*.

**VERFÜGUNG** *f* • *(SchuldR)* disposition *f*, acte *m* de disposition; cession • *(ÖfR, VwR: behördliche Anordnung)* arrêté *m*, ordonnance *f*, décret *m*, décision *f* • *(Befehl)* (S) ordonnance *f*; **amtliche –, behördliche –** acte administratif unilatéral, décision individuelle administrative; **einstweilige –** ordonnance *f* de *ou* sur référé, référé *m*, décision *ou* disposition provisoire; **gerichtliche –** ordonnance *f*, décision émanant d'un juge; **letztwillige –** dernières volontés *fpl*, disposition testamentaire; **polizeiliche –** mesure de police; **richterliche –** ordonnance judiciaire; **testamentarische –** (acte de) disposition testamentaire; **unentgeltliche –** disposition à titre gratuit.

**VERFÜGUNGS | BERECHTIGTE(R)** *m* personne habilitée à disposer (d'un bien *ou* d'un droit); **–berechtigung** *f* capacité *f* de disposer; **–fähigkeit** *f* capacité de disposer; **–freiheit** *f* pouvoir de disposer (d'un bien, par contrat); **–geschäft** *n (SchuldR, SachR)* contrat translatif de propriété *ou* de transport (de la chose) en la puissance de l'acheteur (selon le principe de droit allemand de l'ensaisinement), contrat sur la délivrance du bien vendu (le droit allemand ne connaissant pas le principe du transfert immédiat de la propriété par le seul effet du contrat); **–gewalt** *f* pouvoir de disposition; **–grundsatz** *m (ZPR)* principe *m* selon lequel les parties conduisent l'instance; **–verbot** *n* interdiction d'aliéner *ou* de céder (un bien *ou* un droit); **–vertrag** *m* (=V.geschäft) contrat de transfert de propriété, tradition.

**VERFÜHRUNG** *f (StR)* séduction dolosive d'une personne mineure.

**VERGABE** *f* • *(VwR: im Leistungswettbewerb)* appel *m* d'offres • *(öffentlicher Auftrag)* adjudication, passation *f* d'un marché public • *(PatR, UrhR)* cession (de l'exploitation d'un brevet); accord de cession (par contrat à compte d'auteur) • *(SchulR: Stipendium)* attribution *f*, allocation *f*, distribution *f*; **freihändige –** *(VwR)* marché de gré à gré; **– von Aufträgen** passation d'un marché public.

**VERGEBEN** *v (VwR)* adjuger, passer un marché, attribuer une livraison *ou* l'exécution de travaux; **ein Aktenzeichen –** attribuer un numéro de dossier; **ein Amt –** conférer une charge à qqn.; **einen Auftrag –** passer une commande.

**VERGEBUNGSBEDINGUNGEN** *pl (VwR, ZR)* cahier *m* des charges, conditions imposées pour l'exécution d'un contrat.

**VERGEHEN** *n (StR: Straftat – § 12 II StGB)* délit *m* (dans la répartition bipartite allemande des infractions), délit correctionnel allemand (puni d'un peine d'emprisonnement de moins d'un an en principe ou d'une amende); **zusammengesetztes –** délit *m ou* infraction *f* complexe; **– im Amte** forfaiture *f*, délit *m* commis par un fonctionnaire public (dans l'exercice de ses fonctions).

**VERGEHENSSTRAFE** *f* peine correctionnelle allemande.

**VERGELTUNGS | MAßNAHME** *f* mesure *f* de représailles *ou* de rétorsion; **–schlag** *m* représailles *fpl*, riposte *f*; **–recht** *n* droit de représailles; **–zölle** *mpl* droits de rétorsion.

**VERGEWALTIGUNG** *f (StR)* viol *m*, acte de pénétration sexuelle.

**VERGIFTUNG** *f* • *(StR)* empoisonnement *m* • *(UmweltR)* contamination, pollution • *(Lebensmittel)* intoxication (alimentaire).

**VERGLEICH** *m* • *(SchuldR)* transaction *f*, règlement *m ou* acte *m* transactionnel; arrangement *m* (par concessions réciproques); accomodement *m* • *(InsolvenzR)* règlement *m* judiciaire, concordat *m*; **außergerichtlicher – compromis** *m* extrajudiciaire; **gerichtlicher –** compromis *ou* transaction judiciaire; **gütlicher –** amiable composition.

**VERGLEICHEN** *v* comparer, contrôler; **die Abschrift mit dem Original –** collationner un texte; **sich –** transiger, régler un différend par voie de transaction.

**VERGLEICHENDE WERBUNG** *f* publicité comparative.

**VERGLEICHS | JAHR** *n* année de référence *ou* de comparaison;

**–klausel** clause *f* transactionnelle; **–lohn** *m* salaire *m* de référence.

**VERGLEICHS | MIETE** *f* loyer *m* de référence; **–monat** *m* mois *m* de référence (de l'année précédente); **–ordnung** *f (InsolvenzR)* ancienne loi allemande sur le règlement judiciaire; **–studie** *f* étude *f* comparative.

**VERGLEICHS | VERFAHREN** *n* • *(InsolvenzR)* ancienne procédure de règlement judiciaire, procédure de concordat *ou* concordataire (S) • *(Prozessvergleich)* procédure *f* de conciliation, compromis *m* judiciaire; **–vertrag** *m* • *(ZR)* transaction *f* • *(VwR)* contrat administratif de règlement amiable; **–wert** *m* valeur de référence; **–zeitraum** *m* période *f* de référence.

**VERGNÜGUNGS | BETRIEB** *m* établissement de spectacles *ou* de distractions; **–fahrt** *f*, **–reise** *f* voyage *m* d'agrément; **–steuer** *f* impôt sur les spectacles.

**VERGÜNSTIGUNG** *f* • *(Vorteil)* (régime de) faveur *f*, avantage *m* • *(Vorrecht)* privilège *m*; **steuerliche –** dégrèvement fiscal, abattement, décote *f*.

**VERGÜTEN** *v* • *(Arbeit)* rémunérer • *(Auslagen)* rembourser • *(Schaden)* dédommager, indemniser.

**VERGÜTUNG** *f* • *(ArbR, UrhR)* rémunération *f*, prestation en argent • *(HR)* indemnité *f*, remboursement *m* • *(VersR)* dédommagement *m* • *(der Sozialversicherung)* prestations *fpl*; **– der Überstunden** paiement des heures supplémentaires.

**VERHAFTEN** *v (StR: festnehmen)* arrêter, appréhender, saisir au corps.

**VERHAFTUNG** *f (StR: Festnahme)* arrestation *f*, appréhension *f* (d'un individu), prise *f* de corps; **– auf frischer Tat** arrestation dans le cadre d'un flagrant délit, appréhension sur le fait; **– wegen Fluchtverdachts, – wegen Fluchtgefahr** appréhension coercitive d'une personne risquant de prendre la fuite; **– wegen Verdunklungsgefahr** arrestation opérée afin d'éviter le danger de disparition des indices *ou* de corruption des témoins.

**VERHALTEN** *n* manière *f* d'agir, conduite *f*, comportement *m*; **arglistiges –** agissement *m* dolosif; **betrügerisches –** agissements *mpl* frauduleux; **diskriminierendes –** pratiques *fpl* discriminatoires; **gesetzwidriges –** agissements *mpl* illicites; **strafbares –** agissements délictueux, délit pénal; **vertragswidriges –** faute *f* contractuelle.

**VERHÄLTNIS** *n* • *(persönliche Beziehung)* relations *fpl*, rapports *mpl* • *(Liebelei)* liaison *f* amoureuse • *(Größenverhältnis)* porportion *f*; **im – zu** proportionnellement à, au prorata de; **–se** *npl* circonstances *fpl*, état *m* de choses, conditions *fpl*; **die persönlichen –se des Angeklagten** situation personnelle (et familiale) du prévenu.

**VERHÄLTNISMÄßIG** *adv* relativement, proportionellement; **– sein** être proportionné (à l'importance et aux caractères de qqch).

**VERHÄLTNISMÄßIGKEIT** *f (VwR)* proportionnalité *f* et adéquation *ou* absence de disproportion *ou* adaptation (d'une mesure administrative) à la gravité des faits; le fait d'être proportionné, proportionnalité entre une mesure (de police administrative) et les circonstances de fait; **fehlende –** mesure *f* (de police) excessive *ou* disproportionnée *ou* inadéquate; disproportion entre la sanction et la faute commise.

**VERHÄLTNISMÄßIGKEITS-GRUNDSATZ** *m (VwR: Übermaßverbot)* principe *m* de la proportionnalité, principe (de l'action administrative) des moyens *mpl* proportionnés (au but).

**VERHÄLTNIS | WAHL** *f* proportionnelle *f*; **–wahlsystem** *n* représentation *f* proportionnelle, scrutin à la proportionnelle; **–zahl** *f* quotient *m*.

**VERHANDELN** *v* négocier, débattre, délibérer, traiter avec qqn.

**VERHANDLUNG** *f* • *(PrzR: gerichtlich)* débats *mpl*, audience *f* • *(Erörterung)* discussion *f* • *(Unterredung)* pourparlers *mpl* • *(Verhandeln)* négociations *fpl*, tractation • *(Beratung)* délibération *f*; **mündliche –** audience *f*, procédure *f* orale; **nichtöffentliche –** séance *f* non publique, audience à huis clos; **öffentliche –** audience publique; séance publique (d'une juridiction); **– in Strafsachen** audience pénale.

**VERHANDLUNGS | FÄHIGKEIT** *f (StPR)* aptitude *f* de l'accusé de prendre part aux débats; **–führer** *m* chef *m ou* président de la délégation; **–gebühr** *f* droit de plaidoirie, droit de représentation (en justice); **–gegenstand** *m* objet *m* du litige.

**VERHANDLUNGS | GRUNDSATZ** *m (PrzR)* principe dispositif, (principe de la) procédure accusatoire; **–leitung** *f* direction *f* des débats; **–maxime** *f* principe *m* dispositif; **–niederschrift** *f* procès-verbal *m* des délibérations, procès-verbal des débats; **–partner** *m* négociateur *m*; partenenaire *m*; cocontractant *m*; **–pause** *f* suspension d'audience.

**VERHANDLUNGS | RUNDE** *f* round *m*, épisode *m* d'une négociation difficile; **–saal** *m* salle *f* des audiences *ou* des séances; **–schluss** clôture *f* des débats; **–spielraum** *m* marge *f* de manœuvre; **–termin** *m* calendrier *m* des négociations; **–tisch** *m* table *f* ronde; **–unfähigkeit** *f (StPR)* empêchement (du prévenu) de comparaître à l'audience (par suite de son état de santé précaire).

**VERHÄNGEN** *v* • *(StR)* infliger (une peine) • *(VerfR)* déclarer l'état d'urgence.

**VERHEIMLICHEN** *v (= verhehlen)* celer, tenir secret, dissimuler, cacher.

**VERHEIMLICHUNG** *f* dissimulation *f*, recelé *m*, recèlement *m*; **– einer Geburt** recel de naissance; **– eines Kindes** suppression d'enfant *ou* de part, recelé d'enfant; **– gestohlener Sachen** recel *m* d'objets volés.

**VERHEIRATUNG** *f (= Eheschließung)* mariage *m*.

**VERHELFEN** *v* **: zur Flucht –** procurer *ou* faciliter l'évasion (d'un détenu).

**VERHINDERUNG** *f* empêchement *m*; contrariété *f*; contretemps *m*; **– des Bundespräsidenten** empêchement *m* du président fédéral; **– von Verbrechen** prévention de crimes.

**VERHÖR** *n* • *(Vernehmung)* audition de l'inculpé, audition-interrogatoire, interrogatoire *m* • *(Zeugenaussage)* déposition *f*, audition-témoignage.

**VERHÖREN** *v* interroger, faire subir un interrogatoire; entendre qqn.

**VERHÜTUNG** *f* prévention *f*; **– von Betriebsunfällen** prévention des accidents du travail; **– von Straftaten** prévention criminelle; **– von Straßenverkehrsunfällen** prévention routière; **–smittel** *npl* contraceptifs *mpl*.

**VERJÄHRBAR** *adj* prescriptible; faisant l'objet d'une prescription libératoire *ou* extinctive; **nicht –** imprescriptible.

**VERJÄHRBARKEIT** *f* prescriptibilité *f*.

**VERJÄHREN** *v* s'éteindre par prescription, se prescrire; périmer, tomber en péremption.

**VERJÄHRUNG** *f* prescription extinctive *ou* libératoire; péremption; **anspruchsvernichtende –** prescription extinctive; **dreißigjährige –** prescription ordinaire *ou* trentenaire; **einjährige –** prescription annale; **zehnjährige –** prescription décennale; **zweijährige –** prescription biennale.

**VERKAUF** *m* • *(SchuldR)* vente *f*, contrat de vente • *(SachR: Grund-*

*stück)* vente d'un immeuble, mutation, transmission • *(HR: Handelsgüter)* revente, cession *f*; débit *m*, écoulement *m*; achat *m* • *(Verkaufsabteilung)* service *m* des ventes; **freihändiger –** vente de gré à gré; **gerichtlicher –** vente par autorité de justice, vente judiciaire.

**VERKAUF** *m* | **mit** *od.* **unter Eigentumsvorbehalt** vente avec réserve de propriété; **– einer fremden Sache** vente de la chose d'autrui; **– gegen bar** vente au comptant; **– auf Grund gerichtlicher Anordnung** vente par autorité de justice; **– unter der Hand** vente clandestine, vente à la sauvette; **– auf Probe** vente à l'essai; **– nach Probe** (*od.* **– nach Muster**) vente sur échantillon; **– zur Probe** vente ferme à titre d'essai; **– mit Rückkaufsrecht** vente à réméré.

**VERKAUFEN** *v* vendre; débiter; écouler; céder; **(gegen) bar –** *od.* **gegen Kasse –** vendre au comptant compté; **einzeln –** détailler, vendre au détail; **günstig –** vendre à un prix avantageux; **mit Verlust** *od.* **unter Wert –** vendre à perte, brader, sacrifier, solder.

**VERKÄUFER** *m* • *(HR)* vendeur *m*, marchand *m*; commercial *m* • *(ArbR: Angestellter im Laden)* employé *m* de magasin, vendeur.

**VERKAUFS | AUFTRAG** *m* ordre *m* de vente, commission de vente; **–auslage** *f* vitrine *f*, devanture *f*, étalage *m*; **–automat** *m* distributeur automatique; **–bedingungen** *fpl* conditions de vente.

**VERKAUFS | FÖRDERUNG** *f* promotion *f* des ventes; **–gebiet** *n* secteur *m ou* territoire *m* de vente; **–monopol** *n* exclusivité *f*, monopole de vente; **–netz** *n* réseau *m* de ventes; **–preis** *m* prix de vente; **–prospekt** *n* prospectus *m*, dépliant *m*, imprimé publicitaire; **–schlager** *m* (grand) succès *m* de vente; **–stelle** *f* point *m* de vente, magasin *m*.

**VERKAUFS | VERSPRECHEN** *n* promesse de vente; **–vorvertrag** *m* compromis de vente; **–werbung** promotion des ventes; **–wert** *m* valeur vénale, valeur à la vente; **–zentrum** *n* centre commercial, grande surface.

**VERKEHR** *m* • *(Straße)* trafic *m* routier, circulation *f* (des véhicules) • *(Handel)* commerce *m* • *(Geld)* circulation *f* • *(Verbindung)* communication *f* • *(gesellschaftlich u. geschlechtlich)* relations *fpl*.

**VERKEHRS | ABGABE** *f* taxe *f* de circulation; **–ampel** *f* feux *mpl*; **–amt** *n* syndicat *m* d'initiative; **–anwalt** *m* avocat *m* établi au domicile du mandant (et assurant la correspondance avec celui établi au siège du tribunal et chargé de défendre les intérêts du représenté); **–auffassung** *f (HR)* pratique *f* commerciale, coutumes *fpl* commerciales, usages *mpl*.

**VERKEHRS | BEEINTRÄCHTIGUNG** *f*, **–behinderung** *f* gêne *f* pour la circulation (routière), entrave *f* à la libre circulation; **–behörde** *f* administration de voirie; **–beruhigter Bereich** «Zone 30», périmètre des «zones 30»; **–beschränkung** *f* limitation *ou* restriction de la circulation; **–betrieb** *m* entreprise *f* de transports en commun.

**VERKEHRS | DELIKT** *n* infraction au code de la route; **–dichte** *f* densité *ou* intensité du trafic; **–einrichtungen** *pl* installations servant à la circulation routière (feux, barrières, panneaux etc.); **–erziehung** *f* apprentissage *m* des règles de la circulation routière (aux enfants, dans les écoles).

**VERKEHRSFÄHIG** *adj (SchuldR, HR)* qui est dans le commerce, négociable.

**VERKEHRS | FÄHIGKEIT** *f (SchuldR, HR)* le fait d'être dans le commerce; **–gefährdung** *f* mise *f* en danger, le fait de compromettre la sécurité des usagers de la route; **–geltung** *(Wz)* marque nominale constituant une dénomination nécessaire et vulgaire (d'un produit).

**VERKEHRS | HAFTPFLICHT** *f*, **–haftung** *f* responsabilité civile délictuelle (du fait des véhicules terrestres à moteur); **–hindernis** *n* entrave *f* à la circulation; **–hypothek** *f* hypothèque *f* conventionnelle transmissible et négociable; **–netz** *n* réseau *m* de communications.

**VERKEHRS | OPFER** *n* victime *f* d'un accident de la route; **–ordnung** *f* code *m* de la route (partie réglementaire); **–ordnungswidrigkeit** *f* sanction administrative en cas d'infraction au code de la route; (en France: contravention au code de la route); **–polizei** *f* police *f* de la circulation; **–polizist** *m* agent *m* de la circulation.

**VERKEHRS | SCHILD** *n* panneau *m* de signalisation; **–schutz** *m* *(SchuldR)* protection de la vie juridique (en particulier dans le cadre de la représentation); **–sicherheit** *f* sécurité *f* de la circulation (routière, aérienne, ferroviaire); **–sitte** *f (HR)* coutume commerciale, usage *m*; **–steuer** *f* impôt *m* (indirect) sur la circulation (et la consommation); **–straftat** *f* infraction au code de la route; **–streife** *f* voiture *f* de police (de surveillance de la circulation routière); **–sünder** *m (StR)* contrevenant *m* au code de la route; **–sünderkartei** *f* (= Verkehrszentralregister) fichier *m* central allemand des infractions à la circulation routière.

**VERKEHRS | TEILNEHMER** *m* usager *m* (des voies ouvertes à la circulation publique); **–unfall** accident de la route *ou* de la circulation; **–unfallflucht** *f* délit de fuite; **–unfallschaden** *m* dommage *m* résultant d'un accident (de la circulation); **–untüchtigkeit** *f* inaptitude *f* à conduire un véhicule automobile; **–verbindung** *f* communication, réseau *m* (des lignes), ligne *f*; **–verbund** *m* réseau régional et métropolitain associés; **–verein** *m* syndicat d'initiative; **–vorschrift** *f* règle de circulation routière.

**VERKEHRS | WACHT** *f* prévention routière; **–weg** *m* voie ouverte à la circulation (publique); **–wert** *(HR)* valeur vénale *ou* commerciale, valeur du jour; **–wesen** *n* transports *mpl*, trafic *m*, service *m* des voies et communications; **–wirtschaft** *(Vwirt)* économie *f* de marché, économie régie par le principe de la libre circulation des biens et des services; **–zeichen** *n* panneau *m* de circulation *ou* de signalisation (routière); **–zentralregister** *n* fichier *m* central des contraventions de circulation.

**VERKLAGEN** *v* introduire une action en justice (au civil contre qqn.), agir en justice, assigner (qqn. devant un tribunal); **auf Schadensersatz –** demander *ou* réclamer des dommages-intérêts (à qqn. en justice).

**VERKÜNDEN** *v* • *(Maßnahme)* annoncer, publier, proclamer • *(Gesetze)* promulguer • *(Urteil)* prononcer (un jugement).

**VERKÜNDUNG** *f* • annonce *f*, publication *f*, proclamation *f* • *(Gesetz)* promulgation *f* (d'une loi) • *(Urteil)* prononcé *m ou* prononciation *f* (d'un jugement).

**VERKÜRZEN** *v* • raccourcir, abréger, écourter, réduire, diminuer • *(Rechte schmälern)* léser; faire subir un préjudice; désavantager.

**VERLAG** *m* maison *f* d'édition, éditeur *m*, société éditrice.

**VERLAGERUNG** *f* transfert *m*; **– eines Betriebes** délocalisation (d'une entreprise).

**VERLAGS | ANSTALT** *f*, **–betrieb** *m* maison *f* d'édition; **–buchhandel** *m* librairie *f* d'édition, commerce *m* de libraire-éditeur, édition; **–buchhändler** *m* libraire-éditeur *m*; **–direktor** *m* éditeur responsable; **–erzeugnisse** *npl* publications, ouvrages *mpl;*

**–geschäft** *n* commerce *m* d'éditeur; opération d'édition; **–haus** *n* maison *f* d'édition; **–leiter** *m* directeur de la publication; **–recht** *n* • régime *m* juridique du contrat d'édition • droit d'exploitation exclusif de l'auteur d'une œuvre de l'esprit; **–vertrag** *m* contrat *m* d'édition; **–wesen** *n* les Éditeurs.

**VERLANGEN** *v (= fordern)* exiger, revendiquer, demander, réclamer; **Schadensersatz –** réclamer à qqn. des dommages-intérêts.

**VERLANGEN** *n* **: Tötung auf –** euthanasie *f*, meurtre *m* par pitié.

**VERLÄNGERN** *v* • *(Frist)* prolonger, proroger • *(Vertrag)* reconduire • *(räumlich)* allonger, rallonger.

**VERLÄNGERUNG** *f* • *(zeitlich)* prolongation *f*, prorogation *f* • *(räumlich)* allongement, rallongement • *(Vertrag)* reconduction, renouvellement *m*; **ausdrückliche –** reconduction expresse; **stillschweigende –** renouvellement par tacite reconduction.

**VERLASSEN** *n* abandon *m*; **– der ehelichen Wohnung** abandon *m* du domicile conjugal; **böswilliges – der Familie** abandon de foyer *ou* de famille; **– in hilfloser Lage** délaissement d'une personne incapable *ou* hors d'état de se protéger elle-même (à raison de son état physique ou mental).

**VERLÄSSLICH** *adj* • *(Person: zuverlässig)* crédible, sérieux; qui mérite une entière confiance, digne de confiance • *(Maschine: funktionstüchtig)* fiable • *(verbürgt)* avéré, reconnu vrai; **–e Auskunft** information sûre.

**VERLAUTBARUNG** *f* • publication *f* • communication; **amtliche –** annonce *f* officielle.

**VERLEGEN** *v* • *(Geschäftssitz)* déplacer, transférer • *(Termin)* ajourner, différer, reporter à une date ultérieure, remettre à une autre date • *(Buch)* publier, éditer • *(Sache)* égarer (une clé), perdre momentanément.

**VERLEGER** *m* éditeur *m* (responsable), maison d'édition; directeur de la publication.

**VERLEGUNG** *f* • *(des Geschäftssitzes)* délocalisation; déplacement *m*, transfert *m* • *(von Terminen)* report *m*, remise *f* (à une date ultérieure); **– von Gefangenen** transfèrement de détenus; **– der Sitzung** report de l'audience à une date ultérieure.

**VERLEIH** *m* • *(das Verleihen)* prêt *m* • entreprise *f* de prêt (sur gage).

**VERLEIHEN** *v* • *(Recht)* accorder, concéder • *(unentgeltlich)* prêter • *(gegen Entgelt)* louer • *(Amt, Titel)* conférer, donner • *(Subvention)* octroyer • *(Auszeichnung)* décerner.

**VERLEIHER** *m* prêteur *m*, commodant *m*; **– der Konzession** concédant *m*.

**VERLEIHUNG** *f* • *(VwR)* octroi *m*, concession *f* • *(ZR)* prêt *m*, location *f* • *(Auszeichnung)* remise *f ou* attribution *f* (d'une décoration).

**VERLEITEN** *n*, **Verleitung** *f* • *(zu Straftaten)* incitation *f* (à une infraction) • *(eines Minderjährigen)* excitation *f* (à la débauche), détournement (de mineur); **– zur falschen Zeugenaussage** incitation *f* au faux témoignage; **– zum Vertragsbruch** • *(SchuldR)* incitation à la rupture du contrat • *(ArbR)* débauchage *m*.

**VERLESEN** *v* lire à haute voix; **die Namen –** faire l'appel nominal.

**VERLESUNG** *f* lecture *f* (publique); récolement *m*; **nach –** lecture faite.

**VERLETZEN** *v* • *(verwunden)* blesser • *(Recht)* léser • *(Vorschrift)* enfreindre, transgresser, violer (la loi) • *(Person)* offenser, humilier, blesser • *(Patent)* contrefaire (un brevet); **den Gleichheitsgrundsatz –** ne pas respecter la parité; discriminer.

**VERLETZTE(R)** *m* • *(StR)* personne blessée (par coups, violences *ou* voies de fait) • *(ZR: Geschädigter)* personne lésée, victime *f*.

**VERLETZUNG** *f* • *(Körper)* blessure *f*, lésion corporelle • *(Recht)* violation, infraction • *(Pflicht)* manquement *m*, faute *f* • *(Patent)* contrefaçon *f*; **– des Amtsgeheimnisses, – der Amtsverschwiegenheit, – der beruflichen Schweigepflicht, – der beruflichen Verschwiegenheitspflicht** violation du secret professionnel, le fait de révéler un secret professionnel, le fait de ne pas respecter une obligation de discrétion professionnelle; **– des Briefgeheimnisses** violation du secret de la correspondance; **– des Hausrechts** violation de domicile; **– der Unterhaltspflicht, – der Unterhaltsverpflichtung** *(FamR)* abandon de famille, le fait de se soustraire à ses obligations d'ordre matériel résultant de l'autorité parentale; **– des Warenzeichens** contrefaçon *f* de marque.

**VERLETZUNGS | DELIKT** *n* *(StR)* infraction causant un dommage patrimonial *ou* corporel; **–handlung** *f* violence *f* provoquant une blessure.

**VERLEUGNUNG** *f* reniement *m*, désaveu *m*.

**VERLEUMDEN** *v* diffamer, calomnier, détracter, parler mal de qqn.

**VERLEUMDER** *m* diffamateur *m*, calomniateur *m*; détracteur.

**VERLEUMDERISCH** *adj* diffamatoire, calomnieux.

**VERLEUMDUNG** *f (StR)* calomnie *f*, imputation mensongère en vue d'attaquer la réputation de qqn., fait *m* diffamatoire; médisance *f*; dénigrement.

**VERLIEREN** *v* perdre; être privé de qqch.; égarer (un livre); **durch Zeitablauf seine Gültigkeit –** encourir la forclusion.

**VERLÖBNIS** *n* fiançailles *fpl*, promesse *f* de mariage (et la situation juridique qui en résulte); **–bruch** *m* rupture *f* de fiançailles; **–vertrag** *m* convention de fiançailles.

**VERLUST** *m* • *(Verlorengehen)* perte *f* • *(Geld)* déficit *m* • *(Schaden)* dommage *m*, préjudice *m* • *(Recht)* déchéance *f*; **unwiderbringlicher –** perte irrémédiable.

**VERMACHEN** *v* léguer, céder par disposition testamentaire.

**VERMÄCHTNIS** *n (ErbR)* legs *m* particulier *ou* à titre particulier, disposition à titre gratuit par testament (portant sur un bien *ou* droit particulier), disposition *ou* libéralité *f* testamentaire; **– mit** *od.* **unter einer Auflage** legs avec charge; **–nehmer** *m* légataire *m*, bénéficiaire *m* d'un legs.

**VERMARKTUNG** *f* commercialisation *f*, mise *f* en vente (d'un produit).

**VERMERK** *m* énonciation, mention *f*; indication, relation (d'un fait dans un acte); remarque *m*, note *f*; **– im Strafregister** inscription *ou* mention au casier judiciaire.

**VERMESSUNGS | AMT** *n*, **–behörde** *f* Service *m* du cadastre; **–ingenieur** *m* arpenteur-géomètre diplômé.

**VERMIETEN** *v* louer, donner à bail, donner en location.

**VERMIETER** *m* bailleur *m*; loueur *m*; logeur *m*; propriétaire (d'un immeuble locatif); **–pfandrecht** *n* droit de gage *ou* privilège du bailleur.

**VERMIETUNG** *f* location *f*, louage *m* de choses; bail *m* à loyer.

**VERMINDERTE SCHULDFÄHIGKEIT** *f (StR)* responsabilité pénale restreinte, présomption d'irresponsabilité pénale simple.

**VERMINDERUNG** *f* diminution *f*, réduction *f*, amoindrissement *m*; **– der Strafe** mitigation de la peine.

**VERMISSTENANZEIGE** *f* avis *m* de disparition.

**VERMITTELN** *v* • *(Geschäfte)* négocier; servir d'intermédiaire • *(Streit)* servir de médiateur, concilier; **in einer Sache –** servir de conciliateur dans un litige.

**VERMITTLER** *m* • *(HR)* intermédiaire *m*; courtier; agent commercial • *(ArbR)* médiateur *m*; **–provision** *f* • *(Makler)* courtage *m* • *(Handelsvertreter)* commission.

**VERMITTLUNG** *f* • *(HR)* entremise *f*, négociation • *(PrzR)* conciliation; médiation *f*; intervention, intercession; **– von Arbeitskräften** placement *m* de la main d'œuvre.

**VERMITTLUNGS | AGENT** *m* *(HR)* agent *m* négociateur, intermédiaire *m*; **–ausschuss** *m* *(VerfR)* commission mixte paritaire; commission de conciliation; **–provision** *f* commission *f* (d'apport); rémunération (du commissionnaire); **–stelle** *f* *(ArbR)* office *m* de placement de la main-d'œuvre; bureau *m* de placement.

**VERMÖGEN** *n* • *(ZR: Fähigkeit)* pouvoir *m*; faculté *f*; capacité *f* • *(SchuldR: Gesamtheit der Aktiva einer Person)* patrimoine *m* actif de droit allemand (ne comprenant ni les dettes ni les obligations); fortune *f*; biens *mpl* d'une personne; **bewegliches –** biens mobiliers; **gegenwärtiges –** biens *mpl* présents; **künftiges –** biens à venir *ou* futurs; **persönliches –** *(EheR)* propres *mpl;* **unbewegliches –** avoirs *mpl* immobiliers; **zweckgebundenes –** patrimoine *m* d'affectation.

**VERMÖGENS | ANLAGE** *f* placement *m* de biens; **–aufstellung** *f* inventaire du patrimoine; **–auseinandersetzung** *f* *(FamR)* liquidation et partage des intérêts patrimoniaux.

**VERMÖGENS | BERATER** *m* administrateur de biens, conseiller *m* en matière de placements; **–beschlagnahme** *f* *(StR)* confiscation des biens.

**VERMÖGENS | DELIKT** *n* *(StR)* infraction contre les biens; appropriation frauduleuse d'un bien; dégradation; **–einbuße** *f* perte *f* pécuniaire.

**VERMÖGENS | LAGE** *f* situation *f* pécuniaire *ou* de fortune; **–nachteil** *m* préjudice *m* pécuniaire, dommage patrimonial; **–recht** *n* régime *m* des biens patrimoniaux; **–rechte** *pl* droits *mpl* patrimoniaux, actifs *mpl* du patrimoine, avoir *m*; **–schaden** *m*, **–schädigung** *f* dommage *m* patrimonial, lésion *f* aux biens (d'un individu), dommage *ou* préjudice *m* pécuniaire; **–strafe** *f* peine *f* pécuniaire, amende *f* pénale; **–straftat** *f* infraction contre les biens.

**VERMÖGENS | VERHÄLTNISSE** *npl* état de la fortune, situation pécuniaire *ou* matérielle, situation de fortune; **–verschleierung** *f* dissimulation de biens; **–verwalter** *m* administrateur de biens, gérant *m* de fortune (S); **–verwaltung** *f* administration des biens; **–verzeichnis** *n* inventaire des biens.

**VERMUMMUNG** *f* *(StR)* port *m* d'une cagoule *ou* d'un masque; **–sverbot** *n* interdiction (aux manifestants) de porter des masques et des casques, des capuchons *ou* foulards.

**VERMUTLICH** *adv* selon toute apparence, probablement; **der –e Erbe** l'héritier présomptif.

**VERMUTUNG** *f* présomption *f*, supposition *f*; soupçon *m*, crainte *f*; **gesetzliche –** présomption légale; **tatsächliche –** présomption du fait de l'homme, indice *m*; **unwiderlegbare –, unwiderlegliche –** présomption irréfragable, présomption absolue *ou* ne souffrant pas la preuve contraire; **widerlegbare –, widerlegliche –** présomption simple *ou* souffrant la preuve contraire.

**VERNACHLÄSSIGUNG** *f* négligence *f*; abandon *m*; **– des Kindes** délaissement d'un enfant; **grobe – der Pflichten** faute lourde, négligence grave; **– der Sorgfalt** négligence *f*.

**VERNEHMEN** *v* interroger, entendre, procéder à l'audition d'un témoin *ou* l'interrogatoire du prévenu; **dem – nach** à ce qu'on dit.

**VERNEHMUNG** *f* • *(StPR: Beschuldigter)* interrogatoire *m* (du prévenu) • *(PrzR: Zeuge)* audition (du témoin); **beeidete –, eidliche**

– audition sous serment; **öffentliche** – interrogatoire public *ou* au cours de l'audience publique; **polizeiliche** – interrogatoire *m* par la police (judiciaire); **richterliche** – interrogatoire *m* par un magistrat (du siège) *ou* par le juge; – **zur Person** interrogatoire d'identité; – **zur Sache** audition *ou* interrogatoire au fond *ou* sur les faits.

**VERNEHMUNGS | BEAMTE(R)** *m* fonctionnaire autre qu'un juge qui interroge un prévenu *ou* auditionne un témoin au cours de la procédure préparatoire; **–ersuchen** *n* commission rogatoire pour procéder à l'interrogatoire d'un suspect *ou* d'un témoin; **–niederschrift** *f*, **–protokoll** *n (StPR)* procès-verbal d'audition; procès-verbal d'interrogatoire; **–richter** *m* juge *m* qui interroge un inculpé *ou* un témoin hors de la procédure d'audience.

**VERNEINUNG** *f* dénégation, refus *m* de reconnaître (un fait); – **des Anspruchs** refus d'accorder un droit; refus de reconnaître le droit de l'adversaire.

**VERNICHTUNG** *f* destruction; anéantissement *m*; extermination *f*; – **von Urkunden** suppression d'actes *ou* de pièces.

**VERNÜNFTIG** *adj* • *(überlegt, besonnen)* raisonnable, sensé, fondé, judicieux, conforme à la raison • *(einleuchtend)* clair, acceptable; **–er Preis** prix raisonnable *ou* modéré.

**VERÖFFENTLICHEN** *v* • publier, rendre public • *(Geheimnisse)* divulguer.

**VERÖFFENTLICHUNG** *f* • publication *f*, publicité *f* • *(von Geheimnissen)* divulgation *f*; **amtliche** – publication officielle; **unzüchtige** – publication pornographique; – **des Aufgebots** publication des bans.

**VERÖFFENTLICHUNGS-RECHT** *n (UrhR)* droit de reproduction (en vue de communiquer une œuvre au public).

**VERORDNEN** *v* • *(befehlen, ärztlich anordnen)* ordonner, prescrire; décréter • *(einsetzen)* instituer, établir.

**VERORDNUNG** *f* • *(Rechtsverordnung)* règlement *m*, décret *m* d'application de la loi • *(Verwaltungsverordnung)* règlement administratif; – **der Europäischen Gemeinschaften** règlement des Communautés européennes.

**VERPACHTEN** *v* affermer, donner à bail, mettre en fermage.

**VERPÄCHTER** *m* bailleur *m* à ferme.

**VERPACHTUNG** *f* bail *m* (à ferme), affermage *m*, mise *f* en fermage.

**VERPACKUNG** *f* : **mangelhafte –, Mängel der –** défectuosité *f* de l'emballage, emballage *m* défectueux.

**VERPACKUNGS | ABFALL** *m* déchets *mpl* provenant des emballages et conditionnements; **–gewicht** tare *f*, poids *m* de l'emballage; **–verordnung** *f (UmweltR)* décret allemand du 12 juin 1991 relatif à la reprise et au recyclage des conditionnements et emballages.

**VERPFÄNDEN** *v* donner *ou* mettre en gage, engager (ses bijoux etc.).

**VERPFÄNDER** *m* débiteur *m* (engageant un bien), engagé *m*.

**VERPFÄNDUNG** *f* mise *f* en gage, dation *f* en gage, nantissement *m* d'une chose mobilière.

**VERPFLICHTEN** *v* • *(SchuldR)* obliger, lier, assujettir • *(ArbR)* engager qqn. • *(ÖfR, PrzR)* astreindre, contraindre, forcer; prescrire; **sich vertraglich** – s'obliger *ou* s'engager par contrat.

**VERPFLICHTUNG** *f* • *(SchuldR)* obligation *f*, engagement *m* • *(ÖfR)* sujétion *f*; **gesamtschuldnerische** – engagement *ou* obligation solidaire; **gesetzliche** – obligation légale; **höchstpersönliche** – obligation strictement personnelle; **natürliche** – *(= Naturalobligation)* obligation naturelle; **vertragliche**

– engagement conventionnel *ou* contractuel.

**VERPFLICHTUNGS | ANTRAG** *m*, **–begehren** *n (VwPR)* requête *f* en vue d'obliger l'administration (à faire qqch.); **–ermächtigung** *f (HaushR)* crédit d'engagement; **–geschäft** *n (SchuldR)* acte *ou* contrat aboutissant à une obligation personnelle (de donner *ou* de faire); **–klage** *f (VwPR)* requête *f* tendant à obtenir un acte *ou* une omission.

**VERRAT** *m* trahison *f*; déloyauté *f*; manquement au devoir de fidélité.

**VERRECHNUNG** *f* • *(Buchf)* passation en compte, virement *m* • *(BankR)* compensation, règlement *m* par voie de compensation, imputation.

**VERRICHTUNG** *f* • *(Ausführung)* exécution *f*, accomplissement *m*, exercice d'un travail • *(Obliegenheit)* (le fait de remplir ses) fonctions *fpl*, acomplissement des devoirs de sa charge.

**VERRICHTUNGSGEHILFE** *m (SchuldR)* préposé *m* (se trouvant dans un rapport de subordination *ou* de préposition et agissant pour un commettant); **Haftung für den –n** responsabilité *f* du commettant pour les dommages causés aux tiers par son préposé (dans l'exercice de ses fonctions).

**VERSAMMLUNG** *f* • *(Vorgang)* réunion *f*, rassemblement, manifestation (sur la voie publique) • *(Einberufung)* convocation; assignation • *(die Versammelten)* assemblée *f* • *(spontan)* attroupement sur la voie publique; **aufrührerische –** *(StR)* réunion séditieuse, rassemblement illicite; **beratende –** assemblée consultative; **beschließende –** assemblée délibérante; **öffentliche –** *(unter freiem Himmel)* réunion publique, manifestation sur la voie publique; **ordentliche –** assemblée ordinaire; **verfassunggebende –** constituante *f*.

**VERSAMMLUNGS | AUFLÖSUNG** *f* dissolution de la réunion sur la la voie publique *ou* un lieu public; **–freiheit** *f* liberté de réunion (sur la voie publique); **–leiter** *m* responsable *m* de la réunion; **–ort** *m* lieu *m* de réunion; **–recht** *n* • droit de réunion • droit des assemblées; **–teilnehmer** *m* participant *m* à une manifestation sur la voie publique; **–verbot** *n* interdiction de la réunion; **–zug** *m* cortège *m*, défilé *m*.

**VERSAND** *m* • livraison *f*; envoi *m*; expédition *f*; *(ins Ausland)* exportation • *(Abteilung)* service de livraison.

**VERSAND | ANZEIGE** *f* avis d'expédition; **–auftrag** *m* ordre d'expédition; **–buchhandel** *m* vente de livres sur catalogue; **–datum** *n* date *f* de l'envoi; **–firma** *f* expéditeur *m*; vendeur *m*; **–geschäft** *n* maison *f* de vente par correspondance; **–gut** *n* marchandise livrée, fret *m*.

**VERSAND | HANDEL** *m* vente *f* par correspondance (= V.P.C.); **–haus** *n* • maison *f* de vente par correspondance • maison d'exportation; **–kosten** *pl* frais d'expédition, frais de transport; **–liste** *f*, **–schein** *m* bordereau *m* de livraison *ou* d'expédition.

**VERSÄUMEN** *v* • *(Pflicht)* manquer à (une obligation) • *(unterlassen)* négliger, omettre (de faire), faire défaut à • *(Termin)* ne pas respecter un délai, être défaillant • *(Treffen)* manquer un rendez-vous.

**VERSÄUMNIS** *n* • *(Unterlassung)* manquement *m*, négligence *f*, omission *f*, tardiveté *f* • *(ZPR)* défaut *m* de comparution; **–gründe** *mpl* motifs *mpl* de la non-comparution.

**VERSÄUMNIS | URTEIL** *n (ZPR)* jugement *m* (rendu) par défaut (à l'encontre du défaillant – demandeur ou défendeur); **–verfahren** *n* procédure *f* par défaut.

**VERSÄUMUNG** *f (SchuldR: das Versäumen)* défaut *m*, le fait de s'abstenir (d'accomplir un acte), inobservation *f*; inexécution; **– der Frist** non-respect du délai; **– der**

**Lieferzeit** inobservation du délai de livraison, inexécution; **– des Termins** défaut de comparution à l'audience; **– der Zahlung** défaut de paiement, non-paiement.

**VERSCHACHTELUNG** *f (GesR)* participations *fpl* croisées, holding *m*.

**VERSCHÄRFUNG** *f* • *(Strafe)* aggravation *f* • recrudescence *f*, redoublement *m*.

**VERSCHIEBEN** *v* • *(Termin)* différer, décaler, ajourner • *(Waren)* accaparer, faire un trafic clandestin de; **auf einen späteren Termin –** remettre à une date ultérieure.

**VERSCHLEIERN** *v* dissimuler, masquer, cacher.

**VERSCHLEIERUNG** *f* dissimulation *f*, camouflage *m*; **– der wirklichen Vermögenslage** dissimulation de la situation patrimoniale réelle.

**VERSCHLEPPEN** • *(entführen)* enlever • *(verzögern)* traîner en longueur, retarder • *(mit Gewalt wegbringen)* déporter, exiler.

**VERSCHLEPPUNG** *f* action de retarder volontairement, retardement; **–sabsicht** *f (ZPR)* volonté de retarder (le cours de la justice); **–shandlung** *f* manœuvre *f* dilatoire.

**VERSCHLEUDERN** *v* • *(Ware)* vendre à vil prix, brader, liquider • *(Vermögen)* gaspiller, dilapider.

**VERSCHLUSS** *m* fermeture *f*, clôture *f*; serrure *f*; **unter –** • *(Sache)* sous clé • *(Person)* sous les verrous; **–sache** *f* (= VS) document ayant un caractère secret *ou* confidentiel.

**VERSCHMELZUNG** *f (GesR)* fusion *f*, regroupement d'entreprises.

**VERSCHOLLENE(R)** *m* personne présumée absente, absent *m*.

**VERSCHOLLENHEIT** *f (ZR)* absence *f*, disparition *f*; **nachrichtenlose –** défaut de nouvelles.

**VERSCHONUNG** *f (StPR: Haft)* dispense de l'incarcération (dans le cadre de la détention provisoire).

**VERSCHROTTUNG** *f (Kfz)* casse *f*.

**VERSCHULDEN** *v* • *(ZR, StR: verursachen)* causer, être la cause de qqch., causer par sa faute • *(StR: schuld sein)* être responsable de, se rendre coupable de • *(SchuldR: sich ~)* s'endetter.

**VERSCHULDEN** *n* • *(SchuldR)* faute *f* (contractuelle), inexécution *f* fautive • *(ZR: unerlaubte Handlung)* faute (civile *ou* délictuelle *ou* quasi-délictuelle), fait *m* (juridique) illicite, imprudence *f*, négligence *f* • *(StR: Schuld)* faute pénale, faute intentionnelle, culpabilité *f*; **Haftung für eigenes –** responsabilité du fait personnel; **Haftung für fremdes –** responsabilité du fait d'autrui; **beiderseitiges –** *(EheR)* torts *mpl* réciproques; **eigenes –** faute personnelle, faute propre; **fremdes –** fait d'un tiers *ou* d'autrui; **grobes –** faute lourde; **mitwirkendes –** fait concomitant; **persönliches –** faute *ou* fait personnel; **– Dritter** fait *m* d'autrui; **– beim Vertragsschluss** *(SchuldR: culpa in contrahendo)* faute lors de la conclusion du contrat.

**VERSCHULDENS | GRAD** *m (StR)* degré *m* de culpabilité; **–haftung** *f (SchuldR)* responsabilité pour faute causée, responsabilité subjective *ou* dérivant de la faute; **–maßstab** *m* critère *m* pour la détermination de la responsabilité; **–nachweis** *m* preuve *f* de la responsabilité; **–vermutung** *f* présomption de faute.

**VERSCHWEIGEN** *v* • *(nicht sagen)* taire, passer sous silence • *(verheimlichen)* dissimuler.

**VERSCHWEIGEN** *n* silence *m*, non-déclaration *f*; réticence *f*; dissimulation; **arglistiges –** silence dolosif.

**VERSCHWENDER** *m* prodigue *m*, dilapidateur *m*, dissipateur.

**VERSCHWENDUNG** *f* dilapidation (des biens), dissipation *f*, prodigalités *fpl*, dépenses *fpl* excessives; **–ssucht** *f* prodigalité.

**VERSCHWIEGENHEIT** *f* discrétion (absolue), réserve *f*; **–sgebot** *n*; **–spflicht** *f*, **–sverpflichtung** *f* devoir *m* de discrétion, obligation au secret professionel, obligation de conserver le secret; **ärztliche –spflicht** *f* secret *m* médical.

**VERSCHWÖREN** *v* : **sich –** comploter, conspirer, se conjurer.

**VERSCHWÖRER** *m* conjuré *m*, conspirateur *m*.

**VERSCHWÖRUNG** *f* complot *m*, conspiration *f*, conjuration *f*; **– gegen die öffentliche Sicherheit** complot tendant à troubler la sécurité *ou* l'ordre public.

**VERSEHEN** *n* *(Fehler)* faute (très légère), méprise *f*, erreur *f*; **aus –** *od.* **versehentlich** par mégarde, par inadvertance.

**VERSEHRTE(R)** *m* handicapé *m* physique, mutilé *m*, invalide *m*, infirme.

**VERSENDUNG** *f* envoi *m*, expédition *f*.

**VERSENDUNGS | KAUF** *m* vente dans laquelle il est stipulé que la marchandise sera envoyée en un lieu autre que le lieu d'exécution (du contrat); **–kosten** *pl* frais d'envoi *ou* de livraison.

**VERSETZEN** *v* • *(insbes. Beamte)* muter, déplacer • *(Pfandbestellung)* mettre en gage • *(im Leihhaus)* porter au mont-de-piété.

**VERSETZUNG** *f* • *(Gegenstände)* déplacement *m* • *(ArbR, BeamR)* mutation *f* (professionnelle), nouvelle affectation • *(Schüler)* passage *m* (dans la classe supérieure); **strafweise –** mutation *ou* déplacement d'office, déplacement *ou* mutation par mesure disciplinaire; **– in den Anklagezustand** mise en accusation.

**VERSEUCHUNG** *f* • *(UmweltR)* pollution, contamination • *(mit radioaktiven Strahlen)* irradiation.

**VERSICHERER** *m* assureur *m*, compagnie d'assurance.

**VERSICHERTE(R)** *m* assuré *m*; **freiwillig –** assuré facultatif *ou* volontaire.

**VERSICHERUNG** *f* • *(VersR)* assurance *f* • compagnie d'assurance • contrat d'assurance • *(PrzR: Beteuerung)* affirmation, déclaration (sous la foi du serment); **eidliche –** déclaration sous la foi du serment, caution juratoire; **laufende –** police flottante *ou* d'abonnement; **mehrfache –** ass. multiple, pluralité *f* d'assureurs (pour le même risque); **verbundene –** ass. multirisque *ou* combinéee.

**VERSICHERUNGS | ABLAUF** *m* expiration *f* de l'ass.; **–abschluss** souscription *f* d'une ass.; **–agent** *m* agent d'ass.; **–agentur** *f* agence *f* d'ass.; **–art** *f* • régime *m* d'assurance • genre *m* *ou* catégorie d'assurance, formule *f* (choisie).

**VERSICHERUNGSBEDINGUNGEN** *pl* clauses *ou* conditions d'assurance; **allgemeine –** conditions générales de la police; **besondere –** stipulations *fpl* spéciales (d'assurance).

**VERSICHERUNGS | BEGINN** *m* point *m* de départ de la garantie, prise d'effet de l'ass.; **–beitrag** *m* • *(SozVers)* cotisation *f* • prime *f* d'assurance; **–bestätigung** *f* certificat *ou* attestation d'ass., carte *f* jaune; **–betrug** *m* escroquerie à l'assurance.

**VERSICHERUNGS | DAUER** *f* période d'ass., durée du contrat d'ass.; **–deckung** *f* couverture de l'assurance; **–fachmann** *m* assureur-expert *m*, expert *m* en matière d'assurance.

**VERSICHERUNGS | FÄHIGKEIT** *f* assurabilité *f*; **–fall** *m* réalisation *f* du risque, sinistre *m*; **–gegenstand** *m* chose *f* assurée, objet *m* de l'assurance; **–gewerbe** *n* assurances *fpl*; **–grenze** *f* limite *f* de l'assurance, plafond *m* de la garantie; **–jahr** année d'affiliation *ou* d'assurance.

**VERSICHERUNGS | NACHTRAG** *m* avenant *m* d'ass.; **–nachweisheft** *(SozVers)* carnet *m* d'ass. sociales; **–nehmer** *m* assuré *m*, preneur *m* d'ass., souscripteur de police *ou* d'assurance; **–nummer** *f* *(SozVers)* numéro d'affiliation.

**VERSICHERUNGS | PFLICHT** *f* obligation légale de s'assurer, affiliation obligatoire (à la caisse d'assurance sociale); **–pflichtgrenze** *f* plafond *m* d'affiliation; **–police** *f* police d'assurance; **–prämie** *f* prime *f* d'ass.

**VERSICHERUNGS | RECHT** *n* Droit des Assurances, régime *m* juridique des assurances; **–schein** *m* police d'assurance, police *f*; **–summe** *f* montant assuré.

**VERSICHERUNGS | TRÄGER** *m* organisme *m* assureur, institution *f* d'assurance; **–vertragsgesetz** *n* (VVG) Loi allemande régissant les contrats d'ass.; **–vertreter** *m* agent *m* d'ass.

**VERSICHERUNGSWERT** *m* valeur *f* assurable, valeur d'assurance.

**VERSICHERUNGS | WESEN** *n*, **–wirtschaft** *f* les Assurances; **–zeitraum** *m* durée de l'assurance; **–zwang** *m* obligation de s'assurer, assurance obligatoire.

**VERSIEGELUNG** *f* apposition *f* des scellés, mise sous scellés.

**VERSORGUNG** *f* • *(SozR: Vorsorge)* prévoyance *f*, aide *f* sociale, prestation d'assistance • *(HR: Lieferung)* fourniture *f*, approvisionnement *m* • *(WirtR: Energie, Nahrung)* alimentation, ravitaillement • *(FamR: Personen)* entretien, le fait de subvenir aux besoins d'une personne; **ärztliche –** soins médicaux; assistance médicale.

**VERSORGUNGS | AMT** *n* servive public d'aide sociale; **–anrecht** *n*, **–anspruch** *m* droit à (une) pension; **–anstalt** *f* • caisse *f* de retraite • institution de prévoyance et de sécurité sociale (complémentaire); **–anwartschaft** *f* droit *m* en cours de formation *ou* d'acquisition (d'une pension); **–aufwendungen** *fpl*, **–ausgaben** *fpl* dépenses de prévoyance sociale; **–ausgleich** *m* *(EheR)* répartition compensatoire des droits à la retraite (entre conjoints en cas de divorce).

**VERSORGUNGS | KASSE** *f* caisse de retraite et de prévoyance; **–leistungen** *fpl* prestations d'une pension de retraite; prestations d'aide sociale; **–lücke** *f* carence *f* (dans l'approvisionnement); pénurie *f*.

**VERSPÄTUNG** *f* retard *m*; **wegen – ausschließen** *(ZPR)* forclore.

**VERSPRECHEN** *n*, **Versprechung** *f* promesse *f*; engagement; **bindendes –** engagement irrévocable; offre ferme; **ernst gemeintes –** promesse sérieuse *ou* réfléchie.

**VERSTECKT** *adj* : **–er Dissens** manifestations de volontés non-concordantes (l'accord n'ayant pas été réalisé en tous les points *ou* étant ambigu); **–er Mangel** vice caché.

**VERSTEIGERER** *m* commissaire-priseur *m*.

**VERSTEIGERN** *v* vendre aux enchères, procéder à une vente publique aux enchères.

**VERSTEIGERUNG** *f* *(ZR)* vente *f* (privée) aux enchères, mise *f* aux enchères, vente à l'encan; **gerichtliche –** vente *f* judiciaire (d'immeubles ou de meubles).

**VERSTEUERN** *v* • déclarer (ses revenus) • verser des impôts, payer des impôts, acquitter les droits sur.

**VERSTORBENE(R)** *m* défunt *m*, personne décédée.

**VERSTOẞ** *m* • *(StR)* infraction; contravention; délit *m* • *(ZR)* faute *f*, manquement *m* (à une obligation); **geringfügiger –** • *(ZR)* faute légère • *(StR)* infraction légère.

**VERSTREICHEN** *v* *(Frist, Zeit)* s'écouler, passer, expirer; **– lassen** ne pas respecter *ou* laisser expirer (un délai).

**VERSTRICKUNGSBRUCH** *m* *(StR)* détournement *m* d'objets saisis.

**VERSTÜMMELUNG** *f* • *(Gliedmaßen, Organe)* mutilation *f* • *(Text)* fait de tronquer un texte, altération *f*.

**VERSUCH** *m* • *(StR)* tentative *f*, infraction tentée *ou* non consommée • *(i.w.S.)* essai *m*, expérience *f*; démarche *f*; **beendeter –** *(StR)* commencement d'exécution n'ayant pas manqué son effet; **freiwilliger Rücktritt vom –** désistement *m* volontaire *ou* spontané (de la tentative); **strafbarer –** tentative punissable; **unfreiwilliger Rücktritt vom –** interruption involontaire de l'exécution, absence de désistement volontaire; **untauglicher –** délit *m ou* infraction *f* impossible.

**VERSUCHS | BEGINN** *m* *(StR)* première phase dans la matérialisation de l'infraction; résolution criminelle, acte préparatoire; **–handlung** *f* tentative *f*, commencement *m* d'exécution; **–strafbarkeit** *f*, **–tat** *f* tentative punissable.

**VERTAGEN** *v* ajourner, remettre (à plus tard), surseoir à statuer, reporter.

**VERTAGUNG** *f* ajournement *m*, renvoi *m* à une date ultérieure; **– auf unbestimmte Zeit** ajournement sine die, renvoi à une date indéterminée.

**VERTEIDIGEN** *v* défendre (la cause de qqn.), plaider (pour qqn.); prendre fait et cause pour qqn.

**VERTEIDIGER** *m* *(StPR: Strafverteidiger)* défenseur *m* au pénal; **gerichtlich bestellter –** avocat *m* désigné d'office; **gewillkürter –** défenseur librement choisi.

**VERTEIDIGUNG** *f* • *(PrzR)* défense *f*, assistance par un avocat; plaidoirie *f* • *(StR: Notwehr)* légitime défense (contre une aggression injuste actuelle ou imminente) • *(MilR)* action défensive, défense *f* (de l'intégrité du territoire); **materiell-rechtliche –, sachliche –** défense au fond.

**VERTEIDIGUNGS | FALL** *m* *(VerfR)* état *m* de nécessité résultant d'une menace grave et immédiate pour l'intégrité du territoire; **–handlung** *f* acte *m* résultant de la nécessité de défendre sa personne; **–mittel** *n* *(PrzR)* moyen *m* de défense.

**VERTEIDIGUNGS | NOTSTAND** *m* *(ZR, StR)* état *m* de nécessité (pour éviter un péril imminent); **–rechte** *npl* *(PrzR)* droits de la défense (en matière civile ou pénale); **–rede** *f* • *(Vorbringen)* plaidoirie *f*, défense *f*; conclusions • *(PrzR: insbesondere vor dem Strafrichter)* plaidoyer *m*; **–schrift** *f* mémoire en défense; **–vorbringen** *n* moyens *mpl* invoqués en défense; **–vortrag** *m* plaidoyer *m*.

**VERTEILEN** *v* • *(austeilen)* répartir; partager; distribuer • *(Nachrichten)* diffuser; **anteilig –** distribuer au prorata; **gleichmäßig –** répartir équitablement.

**VERTEILER** *m* • *(HR: Gewerbe)* distributeur *m* • répartiteur *m*; **–schlüssel** *m* *(Kosten)* clé *f* de ventilation.

**VERTEILUNG** *f* • répartition *f*; partage *m*; distribution *f* • diffusion *f*; **quotenmäßige –** partage au prorata; **– der Kosten** ventilation des frais.

**VERTEUERUNG** *f* renchérissement *m*, augmentation *f ou* élévation *f* du prix.

**VERTRAG** *m* • *(ZR, VR: Vereinbarung)* convention *f*, accord *m* • *(SchuldR: Rechtsgeschäft)* contrat *m* • *(VR: internationales Abkommen)* traité *m*; *(Bündnis)* pacte *m* • *(HR, Außh, VwR)* marché *m* • *(Vergleich)* transaction *f*, compromis *m* • *(InsolvenzR, KirchR)* concordat *m* • *(Urkunde)* acte *m* juridique.

**VERTRAG** *m* **: anfechtbarer –** contrat annulable; **atypischer –** contrat innommé; **befristeter –** contrat à durée déterminée *ou* à durée limitée; **diktierter –** (= Typen- *od.* Formularvertrag) contrat d'adhésion; **dinglicher –** contrat réel, contrat exigeant la remise d'une chose; **einseitig verpflichtender –, einseitiger –** contrat unilatéral; **entgeltlicher –** contrat à titre onéreux.

**VERTRAG** *m* **: fehlerhafter –** contrat annulable, contrat entaché d'un vice; **formbedürftiger –** acte *m* solennel; **formfreier –** acte consensuel; **formgebundener –** *od.* **förmlicher –** acte solennel *ou* formel; **formloser –** acte consensuel; **gegenseitiger –** contrat synallagmatique, contrat bilatéral.

**VERTRAG** *m* **: langfristiger –** contrat à durée indéterminée, convention à long terme; **laufender –** contrat en cours; **mehrseitiger –** convention multilatérale; **mündlich geschlossener –** contrat oral *ou* verbal; **notarieller –** contrat notarié, acte *m* par devant notaire.

**VERTRAG** *m* **: schwebend unwirksamer –** contrat dont la validité est en suspens; **stillschweigend geschlossener –** contrat tacite; **unbefristeter –** contrat à durée indéterminée; **unentgeltlicher –** contrat à titre gratuit; **zweiseitiger –** *od.* **zweiseitig verbindlicher –** contrat synallagmatique, contrat bilatéral.

**VERTRAG** *m* **: einen – abschließen** conclure un contrat, contracter; **einen – anfechten** demander l'annulation *ou* la résolution d'un contrat; **einen – aufsetzen** rédiger un contrat; **einen – schließen** • *(ZR, HR)* conclure un contrat, passer un contrat, contracter • *(VR)* conclure un traité; **sich durch – verpflichten** s'engager par contrat; **von einem – zurücktreten** se désister du contrat.

**VERTRAGS | ABSCHLUSS** *m* • *(ZR, HR)* conclusion du contrat, consentement; formation d'un contrat; passation d'un marché • *(VR)* conclusion d'un traité; **–anfechtung** *f* annulation du contrat; **–angebot** *n* offre *f* de contrat; **–annahme** *f* acceptation de l'offre (de contrat), consentement (de la partie qui s'oblige); **–antrag** *m* proposition *f* de contrat, offre *f*, pollicitation; **–aufhebungsklage** *f* action *f* en résolution d'un contrat.

**VERTRAGS | BEDINGUNG** *f* stipulation (contractuelle), clause du contrat; **allgemeine –bedingungen** • *(ZR)* conditions générales • *(VwR)* cahier *m* des charges, cahier des clauses et conditions générales.

**VERTRAGS | BESTIMMUNG** *f* stipulation ou clause *f* contractuelle; **–bindung** *f* force obligatoire du contrat; **–bruch** *m* rupture *f* du contrat, violation d'un engagement contractuel; **–buße** *f* pénalité *f* conventionnelle, clause pénale.

**VERTRAGS | DAUER** *f* durée *f* du contrat, durée contractuelle; **–erfüllung** *f* exécution du contrat, paiement *m*; **–ergänzung** *f* avenant *n*; additif *m*; **–erneuerung** *f* reconduction *f* du contrat.

**VERTRAGS | FÄHIGKEIT** *f* capacité *f* de contracter, capacité contractuelle, pouvoir *m* de contracter; **–fassung** *f* version (du contrat); **–freiheit** *f* liberté de contracter; (principe de l')autonomie *f* de la volonté.

**VERTRAGS | GEBIET** *n* • champ *m* d'application *ou* territoire *m* du contrat • *(HR: Vertreter)* secteur attribué (à qqn), champ d'activité; **–gegenstand** *m* objet *m* du contrat.

**VERTRAGS | HAFTUNG** *f (ZR)* responsabilité *f* contractuelle; **–händler** *m (HR)* concessionnaire *m*; **–händlervertrag** *m* contrat *m* de concessionnaire (exclusif), concession *f* commerciale.

**VERTRAGS | KLAUSEL** *f* clause contractuelle; **–kündigung** *f* résiliation *f* du contrat; **–laufzeit** *f* durée *f* du contrat.

**VERTRAGS | MANGEL** *m* vice *m* (du consentement) affectant le contrat; **–muster** *n* contrat-type *m*.

**VERTRAGS | PARTEI** *f*, **–partner** *m* partie contractante, partie *f* au contrat, contractant *m*; **–pflichtverletzung** *f* violation des obligations contractuelles; **–recht** *n* droit des obligations conventionnelles.

**VERTRAGS | SCHLUSS** *m* conclusion du contrat; **–schluss** *m* **unter Abwesenden** contrat par correspondance *ou* entre absents; **–strafe** *f (Konventionalstrafe)* pénalité conventionnelle, clause *f* pénale, dédit *m*, arrhes *fpl*.

**VERTRAGS | TEXT** *m* contenu *m* du contrat, libellé *m*, termes *mpl* d'un accord; **–unfähigkeit** *f* incapacité de contracter; **–verhältnis** *n* lien *m* juridique résultant du contrat; **–verhandlungen** *pl* négociations préalables, pourparlers *mpl* en vue de la conclusion d'un contrat; **–verlängerung** *f* reconduction *f ou* prorogation d'un contrat.

**VERTRAGS | VERLETZUNG** *f* violation du contrat, inexécution (du contrat), faute intentionnelle *ou* lourde; **–verpflichtung** *f* obligation contractuelle; **–werk** *n* • *(ZR)* ensemble des actes juridiques formant le contrat, document contractuel • *(VR)* traité *m*; **–werkstatt** *f (Kfz)* garagiste-réparateur conventionné *ou* lié par contrat à un groupe industriel.

**VERTRAGSWIDRIG** *adj* (stipulation) ne respectant pas les clauses du contrat *ou* contraires au contrat; **–e Benutzung, –er Gebrauch, –e Verwendung** utilisation *ou* usage non conforme au contrat.

**VERTRAGS | WIDRIGKEIT** *f* violation *ou* rupture du contrat, non-respect d'une clause contractuelle; **–zusatz** *m* avenant *m*; **–zweck** *m* cause *f* du contrat.

**VERTRAUENSFRAGE** *f (VerfR)* question de confiance.

**VERTRAUENS | HAFTUNG** *f* responsabilité contractuelle pour les personnes participant aux négociations et à l'exécution du contrat; **–interesse** indemnité pour les frais engagés (en vue de la conclusion d'un contrat); **–mann** *m od.* **–person** *f* • *(i.w.S.)* homme de confiance • *(ArbR)* délégué *m* (du personnel) • *(Geheimdienst: V-Leute)* informateur *m*, honorable correspondant.

**VERTRAUENS | SCHADEN** *m (ZR)* dommage résultant de dépenses faites en vue de conclure un contrat; **–schutz** *m (ZR)* protection garantie par la loi aux personnes de bonne foi; **–stellung** *f* poste *m* de confiance.

**VERTRAULICHKEIT** *f* discrétion *f*; confidentialité *f*, caractère *m* confidentiel; **– des Wortes** *(UrhR)* protection de la parole contre la divulgation illicite.

**VERTRETBAR** *adj* • *(Gegenstände)* fongible, remplaçable • *(berechtigte Ansicht)* justifiable, soutenable, défendable; **–e Sache** chose fongible.

**VERTRETEN** *v* • *(Vertreter sein)* représenter qqn. • *(an die Stelle treten)* suppléer, remplacer, faire fonction de • *(befürworten)* défendre, soutenir • *(verantworten)* répondre de; **gerichtlich –** agir en tant que mandataire ad litem; **sich durch einen Anwalt – lassen** se faire représenter par un avocat (dans les actes de procédure), confier sa cause à un avocat.

**VERTRETENMÜSSEN** *n (ZR)* le fait d'être responsable de ses actes, l'obligation de devoir réparer le dommage causé fautivement.

**VERTRETER** *m* • *(SchuldR: Stellvertreter)* mandataire *m*; représentant *m*; personne mandatée; fondé de pouvoir • *(HR: der „große" Handelsvertreter, früher: Handlungsagent)* agent *m* commercial • *(HR: der „kleine" Handelsvertreter od. Handlungsreisende)* voyageur *m*, représentant *m*, placier *m* (= V.R.P.), représentant *m* de commerce • *(HR und ÖfR: für eine Tätigkeit)* remplaçant, suppléant *m*; intermédiaire *m* • *(PrzR: Verteidiger)* défenseur *m*, avocat *m* • *(VR: Abgesandter)* délégué *m*; **gesetzlicher –** représentant légal.

**VERTRETER** *m* | **des öffentlichen Interesses** *(VwPR)* représentant officiel d'une personne morale de droit public auprès d'un tribunal administratif; **– ohne Vertretungsmacht** mandataire apparent, prétendu mandataire sans pouvoirs; **– des Staatsanwalts** *(StPR)* substitut *m*.

**VERTRETER | PROVISION** *f* commission du représentant; **–vertrag** *m* • *(ArbR: kleiner Handelsvertreter)* contrat *m* de représentant V.R.P. • *(HR: großer Handelsvertreter)* contrat d'agence, contrat de représentation commerciale.

**VERTRETUNG** *f* • *(ZR, HR)* mandat *m* (pour représenter un tiers); représentation (dans les actes juridiques); pouvoir *m* de représentation; procuration • *(HR: Niederlassung)* succursale *f*, comptoir *m*, agence *f* • *(vorübergehende Stellvertretung)* intérim *m*, remplacement *m* • *(VR)* mission diplomatique; **in –** • *(HR, ZR: i.V.)* par représentation • *(ÖfR)* par délégation; par ordre • par intérim.

**VERTRETUNGS | BEFUGNIS** *f* *(ZR, HR, GesR)* mandat *m*; qualité pour représenter qqn.; pouvoir *m* de représentation; **–berechtigte(r)** *m* personne dûment mandatée.

**VERTRETUNGS | MACHT** *f* pouvoir de représentation, mandat *m*; **–vertrag** *m* *(HR)* contrat *m* d'agence, contrat de représentation commerciale; **–vollmacht** *f* pouvoir *m* de représentation, procuration; **–zwang** *m* obligation *f* de se faire représenter (en justice par un avocat).

**VERTRIEB** *m* • *(HR)* vente *f*, écoulement *m*, débit *m*, placement *m* • *(Handelsgeschäft)* commerce *m*, distribution; **direkter –** vente directe; **gewerbsmäßiger –** commercialisation *f*, placement de marchandises (en qualité de commerçant).

**VERTRIEBS | GEBIET** *n* champ *m* d'activités, secteur de placement (de marchandises); **–händler** *m* revendeur *m*; négociant *m*; **–leiter** *m* chef des ventes; **–netz** *n* réseau *m* de distribution; **–stelle** *f* point de vente; **–vereinbarung** *f* contrat *m* de distribution; **–weg** *m* filière *f* (de vente), voie *f* de distribution.

**VERUNGLIMPFUNG** *f* calomnie *f*, diffamation *f*.

**VERUNTREUEN** *v* commettre des malversations (en détournant des fonds).

**VERUNTREUUNG** *f* *(StR: Untreue)* abus *m* de confiance; **– im Amt** détournement de fonds par un dépositaire public.

**VERURSACHEN** *v* • causer, provoquer • *(veranlassen)* occasionner • *(hervorbringen)* faire naître, produire.

**VERURSACHER** *m* • personne ayant causé un dommage *ou* ayant à répondre d'un dommage • *(UmweltR)* pollueur *m*; **–prinzip** *n* *(UmweltR)* principe du pollueur-payeur.

**VERURSACHUNG** *f* le fait de causer, le fait d'être à l'origine de qqch., causalité *f*, cause *f*; **–shaftung** *f* responsabilité sans faute, responsabilité *f* objective.

**VERURTEILEN** *v* • *(StR)* condamner (un coupable à une peine), frapper d'une peine • *(VwR)* sanctionner • *(AllgSpr)* faire subir une punition.

**VERURTEILUNG** *f* jugement *m* de condamnation, condamnation (de l'accusé par les juges); **– in Abwesenheit** *(ZPR)* condamnation par défaut; **– in Abwesenheit des Angeklagten** *(StPR)* condamnation par contumace; **– in die Kosten, – zu den Kosten, – zur Tragung der Kosten** condamnation aux dépens.

**VERVIELFÄLTIGUNG** *f* polycopiage, reproduction en polycopie (de documents).

**VERWAHREN** *v* garder, conserver; **sich – gegen** protester contre.

**VERWAHRER** *m* dépositaire *m*, gardien *m*, consignataire *m*; **gesetzlicher –** dépositaire légal.

**VERWAHRUNG** *f* • *(ZR: Sachen)* dépôt *m* (volontaire), conservation *f*, garde (d'un objet) • *(ÖfR: Perso-*

*nen)* internement *m*, garde *f* (à vue) • *(PrzR: Einspruch)* réclamation, protestation.

**VERWAHRUNGS | BRUCH** *m* détournement d'objets en garde; **–gesetz** *n (ÖfR: Unterbringungsgesetz)* loi relative à l'internement des malades mentaux dangereux; **–kosten** *pl* frais de conservation (de la chose déposée); **–ort** *m* • *(Person)* lieu de détention • *(Sachen)* lieu *m* du dépôt; **–vertrag** *m* dépôt *m* volontaire.

**VERWALTEN** *v* • *(Sache)* administrer, gérer, régir • *(Amt)* exercer *ou* remplir (une fonction).

**VERWALTER** *m* • *(ÖfR)* administrateur *m* • *(HR, ZR)* gestionnaire *m*, gérant *m*; **gerichtlich bestellter –** séquestre *m* judiciaire; **gesetzlicher –** administrateur légal; **treuhänderischer –** administrateur fiduciaire.

**VERWALTUNG** *f* • *(VwR: Behörden)* administration *f*, service *m* public, organisme *m* administratif • *(WirtR: Betriebe)* gestion *f*, direction *f*; régie *f* • *(GesR: Vorstand u. Aufsichtsrat)* directoire et conseil de surveillance, conseil d'administration.

**VERWALTUNGSAKT** *m (ÖfR)* acte *m* (administratif) individuel, décision *f* (administrative) (particulière) individuelle; **beeinträchtigender –** acte individuel faisant grief; **begünstigender –** acte *ou* décision créant un droit particulier individuel; **belastender –, beschwerender –** acte *ou* décision créant une obligation *ou* limitant un droit; **feststellender –** acte individuel *ou* décision particulière individuelle constatant l'existence de certains faits relatifs aux personnes *ou* aux choses; **rechtsgestaltender –** décision individuelle créant une situation juridique particulière, (acte de nomination, décision de naturalisation).

**VERWALTUNGS | ANORDNUNG** *f* règlement intérieur d'une administration; **–anweisung** *f* instruction de service; **–aufbau** *m* organisation *ou* structure de l'Administration; **–aufgaben** *pl* tâches *fpl ou* activités *fpl* assumées par une collectivité publique; **–ausgaben** *pl* dépenses de fonctionnement.

**VERWALTUNGS | BEHÖRDE** *f* organe *ou* service administratif, administration; **–bereich** *m* circonscription administrative; **–bericht** *m (GesR)* rapport de gestion; **–bezirk** *m* subdivision *f* administrative (territoriale), circonscription administrative; **–dienststelle** *f* service administratif; **–direktor** *m* chef *m* de service.

**VERWALTUNGS | ENTSCHEIDUNG** *f* décision administrative *ou* exécutoire; **–ermessen** *n* pouvoir discrétionnaire de l'administration.

**VERWALTUNGS | GERICHT** *n* tribunal administratif (allemand), juridiction administrative (de première instance); **–gerichtsbarkeit** *f (VwPR)* justice administrative allemande.

**VERWALTUNGSGERICHTS | HOF** *m* Tribunal administratif supérieur (en Bavière, Hesse et le Land de Bade-Wurtemberg); **–ordnung** *f (VwPR: Verwaltungsstreitverfahren, geregelt in der VwGO)* Loi du 21 janvier 1960 relative à l'organisation des tribunaux administratifs (allemands) et à la procédure contentieuse (devant lesdits tribunaux); **–präsident** *m* président *m* du tribunal administratif; **–rat** *m* conseiller auprès du tribunal administratif; **–urteil** *n* jugement administratif; **–verfahren** *n* procédure *f* devant les tribunaux administratifs.

**VERWALTUNGS | GESCHÄFT** *n (SchuldR: Vermögenssorge)* acte d'administration (légale); **–gesellschaft** *f* société de gestion (souvent sous la forme d'une SARL); **–handeln** *n* • opération *f* administrative • *(schlichtes –handeln)* acte de gestion; **–handlung** *f* acte matériel, acte conservatoire.

**VERWALTUNGS | KONTROLLE** *f* contrôle administratif (exercé par le supérieur hiérarchique), pouvoir de tutelle; **–kosten** *pl* • coût *m* de l'administration publique • frais *mpl* administratifs; **–leiter** *m* chef *m* de service.

**VERWALTUNGS | MAßNAHME** *f* acte (administratif) réglementaire, règlement *m* administratif; **–personal** *n* personnel *m* administratif; **–polizei** *f* police administrative générale; **–prozess** *m* recours *m* devant un tribunal administratif, contentieux *m* administratif; **–prozessordnung** *f* (= VwPO) Code allemand relatif à la procédure devant les tribunaux administratifs.

**VERWALTUNGS | RECHT** *n* droit administratif; **allgemeiner Teil des –rechts** droit administratif général; **besonderer Teil des –rechts** droit administratif spécial; **–richter** *m* juge administratif; **–rundschreiben** *n* circulaire *f*.

**VERWALTUNGS | SACHEN** *pl* contentieux *m* administratif, litige *m* d'ordre administratif; **–sitz** *m* siège administratif; **–stelle** *f* service administratif, organisme administratif; **–stil** *m* style *m* administratif, langage de l'administration.

**VERWALTUNGS | STRAFE** *f* sanction administrative; **–streitsache** *f* contentieux *m* administratif; **–streitverfahren** *n* procédure contentieuse administrative; **–träger** *m* organisme administratif.

**VERWALTUNGS | VERFAHREN** *n* recours *m* administratif, procédure devant le tribunal administratif; **–verfahrensgesetz** (= VwVfG) Loi allemande relative à la procédure devant les tribunaux administratifs; **–verordnung** *f* règlement administratif; **–vertrag** *m* contrat administratif, marché *m* (de travaux publics *ou* de fourniture); offre *f* de concours.

**VERWALTUNGS | VORVERFAHREN** *n* recours administratif hiérarchique, recours gracieux; **–weg** *m* voie administrative *ou* hiérarchique; **–zustellungsgesetz** *n* (= VwZG) Loi allemande sur la signification des actes administratifs; **–zwang** *m* exécution administrative d'office (d'une décision exécutoire), contrainte administrative; **–zweig** *m* • branche *f* de l'administration, domaine public • *(Geschäftsbereich)* domaine *m* de compétence.

**VERWANDTE(R)** *m* parent *m*; membre *m* de la famille; **– in absteigender Linie** descendant *m*; **– in aufsteigender Linie** ascendant *m*, grand-père *ou* grand-mère.

**VERWANDTSCHAFT** *f* parents *mpl*; parenté *f*; **– durch nichteheliche Geburt** parenté illégitime *ou* naturelle; **– väterlicherseits** consanguinité *f*.

**VERWANDTSCHAFTS | GRAD** *m* degré *m* de parenté; **–verhältnis** *n* lien *m* de parenté.

**VERWARNEN** *v* • *(StVR)* verbaliser • *(i.w.S.)* avertir, donner un avertissement, mettre en garde.

**VERWARNENDE(R)** *m (Verkehrspolizist)* agent *m* verbalisateur.

**VERWARNUNG** *f* • *(StVR)* contravention, avis *m* de contravention • *(ArbR: Abmahnung)* sanction édictée par l'employeur, avertissement *m*, admonestation *f*; **gebührenpflichtige –** amende *f* forfaitaire, avertissement *m* taxé.

**VERWARNUNGS | BESCHEINIGUNG** *f* avis *m* de contravention, procès-verbal *m* (= P.V.); **–geld** *n* pénalité *f*, amende administrative, timbre-amende *m*.

**VERWECHSLUNGSGEFAHR** *f od.* **Verwechselbarkeit** *f (Wz)* risque *m* de confusion.

**VERWEIGERN** *v* refuser (de faire qqch.), ne pas accepter, opposer un refus à qqn.

**VERWEIGERUNG** *f* • *(ZR, ÖfR)* refus *m*, réponse négative, non-acceptation *f*; non-exécution *f* • *(PrzR)* fin *f* de non recevoir, rejet *m*, débouté *m*, non-admission (d'un droit); déni *m* de justice; **– der Leistung** refus *m* de l'exécution (du contrat); **– der Zeugenaussage, – des Zeugnisses** refus de témoigner.

**VERWEIS** *m* • *(Tadel)* blâme *m*, réprimande *f*, avertissement *m* • *(Hinweis)* renvoi *m*, référence *f*.

**VERWEISEN** *v* • *(ZPR)* renvoyer à mieux se pourvoir, se déclarer incompétent • *(bezugnehmen auf)* se référer à, faire référence à • *(Aufenthalt verbieten)* expulser, bannir, exiler qqn. • *(jmdn. tadeln)* blâmer, admonester • *(verbieten)* interdire, prohiber.

**VERWEISUNG** *f* • *(PrzR)* renvoi *m*, déclinatoire *m* • référence *f*, renvoi à un autre endroit du texte • *(AuslR, VwR, StR)* exclusion, expulsion *f*; **– an den Ausschuss** renvoi à la *ou* en commission.

**VERWENDUNG 1.** *f* • *(Gebrauch)* usage *m*, emploi *m*, utilisation; maniement; application • *(Fürsprache)* intercession *f*, entremise *f*, démarche *f*; **rechtsmissbräuchliche –** utilisation abusive.

**VERWENDUNGEN 2.** *pl (ZR: Aufwendungen)* impenses *fpl*, moyens financiers employés en vue de réparer une chose; **notwendige –** impenses nécessaires.

**VERWENDUNGS | ERSATZ** *m* indemnité *f* pour les travaux entrepris (pour maintenir la chose d'un tiers en état); **–fehler** *m* erreur *f* dans le maniement; **–hinweise** *mpl* mode *m* d'emploi, instructions; **–zweck** *m* destination, emploi *m* (prévu).

**VERWERFEN** *v* • *(Plan, Argument)* rejeter, refuser, écarter (un argument), repousser • *(Urteil)* infirmer, rejeter une requête *ou* un pourvoi • *(Zeugen)* récuser • *(verurteilen)* condamner, réprouver.

**VERWERFLICHKEIT** *f (StR)* fait pour un acte *ou* une conduite d'être répréhensible, nature condamnable.

**VERWERFUNG** *f* rejet *m*, refus *m*; récusation *f*, réprobation *f*; **– des Einspruches** débouté *m* de l'opposition.

**VERWERTEN** *v* utiliser, employer; mettre à profit, faire valoir, exploiter.

**VERWERTUNG** *f* • *(Sache)* utilisation *f*, emploi *m* • *(HR, PatR, UrhR)* exploitation *f* • *(ZwangsVR: Pfand)* réalisation du gage; **gewerbliche –, gewerbsmäßige –** exploitation industrielle *ou* commerciale; commercialisation.

**VERWERTUNGS | BEFUGNIS** *f* droit de disposer d'un bien (dans son intérêt); **–recht** *n* droit *m* d'exploitation; **–verbot** *n (StPR)* interdiction d'utiliser qqch. (comme moyen de preuve).

**VERWIRKEN** *v* perdre; **sein Leben –** mériter la mort; encourir la peine de mort; **ein Recht –** être déchu d'un droit.

**VERWIRKLICHUNG** *f* réalisation; création; exécution; accomplissement.

**VERWIRKUNG** *f* déchéance *f*, perte *f*; forclusion *f*; **– der elterlichen Sorge** déchéance de l'autorité parentale; **– von Grundrechten** déchéance de droits fondamentaux; **– eines Rechtes** déchéance d'un droit.

**VERZEICHNIS** *n* répertoire *m*, inventaire *m*, état *m*, liste *f*; bordereau *m*; **amtliches –** registre *m*, rôle *m*; **namentliches –** état *m* nominatif; **zusammenfassendes –** état *m* récapitulatif.

**VERZICHT** *m* • *(Aufgabe)* renonciation *f* (à un droit) • *(Abtretung)* désistement *m*, abandon *m* (d'un droit); **– auf die Erbschaft** renonciation à succession, répudiation.

**VERZICHTEN** *v* renoncer, déclarer forfait, se désister; décliner; abandonner; **auf ein Amt –** se démettre *ou* renoncer à une fonction; **auf einen Anspruch –** se dessaisir d'un droit, abandonner un droit, renoncer à un droit.

**VERZINSUNG** *f* • *(Zahlung)* paiement des intérêts • *(Ertrag)* rapport *m* • *(Zinsfuß)* intérêt *m*, taux d'intérêt.

**VERZÖGERN** *v* retarder, différer; surseoir à, remettre à plus tard.

**VERZÖGERUNG** *f* retard *m*; **ohne weitere –** sans délai, sur le champ; **ungerechtfertigte –** retard *m* injustifié; **– des Rechtsstreits** manœuvre *f* dilatoire.

**VERZOLLUNG** *f* dédouanement *m*, acquittement *m* des droits (d'entrée).

**VERZUG** *m* • *(Verzögerung)* retard *m*, demeure *f* • *(Rückstand)* état *m* de carence; arriéré *m*; arrérages *mpl* • *(Lieferung)* non-respect *m* du délai de livraison • *(Zahlung)* non-respect du délai de paiement; défaut *m* (de paiement); **in – setzen** constituer ou mettre en demeure.

**VERZUGS | SCHADEN** *m* dommage *m* résultant d'un retard; **–strafe** *f* pénalité *f* de retard; **–zinsen** *pl* intérêts moratoires, intérêts de retard.

**VETO** *n* **: das –** einlegen mettre *ou* opposer le veto.

**VIDEO | AUFZEICHNUNG** *f* enregistrement sur bande vidéo; **–überwachung** *f (Polizei)* contrôle vidéo des lieux publics (par la police).

**VIEH | HALTER** *m* personne responsable des dommages causés par les animaux; **–handel** *m*, **–kauf** *m* vente *f* de bestiaux; **–mastvertrag** *m* contrat *m* d'embouche.

**VISUM** *n (AuslR: Sichtvermerk)* visa *m*; **befristetes –** visa provisoire.

**VIZE | KANZLER** *m* vice-chancelier *m*; **–präsident** *m* vice-président *m*.

**VÖLKERMORD** *m* génocide *m*.

**VÖLKERRECHT** *n* droit des gens, droit international public.

**VOLKS | ABSTIMMUNG** *f* consultation *f* populaire, plébiscite *m*, référendum *m*, votation populaire (S); **–befragung** *f* consultation populaire, référendum *m*, plébiscite; **–begehren** *n* pétition *f*, initiative populaire; **–deutsche(r)** *m* personne d'origine ethnique allemande; **–entscheid** *m* référendum *m*, plébiscite.

**VOLKS | GEMEINSCHAFT** *f* communauté nationale, la Nation; **–gerichtshof** *m (hist)* Haute Cour criminelle nazie; **–gesundheit** *f* santé publique; **–gruppe** *f* ethnie *f*.

**VOLKS | VERHETZUNG** *f (StR)* excitation à la haine (ethnique, raciale etc.); **–vertreter** *m* représentant du peuple, député *m*, élu *m*; **–wirtschaft** *f* économie *f* politique *ou* nationale; **–wirtschaftslehre** *f* science économique, cours d'économie politique; **–zählung** *f* recensement *m* démographique; **–zugehörigkeit** *f* appartenance *f* ethnique *ou* raciale.

**VOLLENDEN** *v* achever, finir, terminer; parachever; **eine Straftat –** consommer (une infraction).

**VOLLENDUNG** *f* achèvement (d'un ouvrage); **– einer Straftat** consommation *f* (d'une infraction).

**VOLLGÜLTIG** *adj* valide sans restriction aucune; **–er Beweis** preuve formelle.

**VOLLHAFTER** *m (GesR: Komplementär)* commandité *m*.

**VOLLJÄHRIG** *adj* majeur; **für – erklären** émanciper; **– werden, – sein** avoir dix-huit ans accomplis *ou* révolus.

**VOLL | JÄHRIGE(R)** *m* majeur *m*; **–jährigkeit** *f* majorité *f*, majorité civile; **–jährigkeitserklärung** *f* émancipation *f*.

**VOLLJURIST** *m* juriste *m* titulaire des deux examens d'État allemands (Referendarexamen u. Assessorexamen).

**VOLLKASKOVERSICHERUNG** *f* assurance automobile tous risques, assurance *f* omnium, ass. tierce complète, ass. dommages collision et ass. dommages tous accidents.

**VOLLMACHT** *f* • *(SchuldR)* pouvoir *m*; mandat *m* • *(Gesamtvollmacht)* mandat *m* général, pouvoir de gestion, plein(s)-pouvoir(s) *m(pl)*, pouvoir de représentation • *(Einzelvollmacht)* mandat spécial, mandat pour l'accomplissement d'un (seul) acte juridique • *(Bevollmächtigung)* habilitation *f*, (le fait de) donner procuration, mandater • *(Vollmachtsurkunde)* (acte de) procuration, procuration écrite • *(Auftragsvertrag)* mandat conventionnel, (contrat de) mandat • *(PrzR: Gericht)* mandat de procédure *ou* ad litem; **in – (= i.V.)** par procuration; **allgemeine –** pouvoir général; **ordnungsgemäße –** pouvoir en bonne et due forme, pouvoir régulier; **privatschriftliche –** procuration sur papier libre; **schriftliche –** pouvoir écrit; **stillschweigende –** mandat tacite; **unbeschränkte –** mandat illimité, pleins pouvoirs.

**VOLLMACHT** *f* **: jmdm. eine – erteilen** *od.* **geben** mandater, conférer un pouvoir de représentation à qqn., donner *ou* délivrer une procuration; **seine – überschreiten** outrepasser ses pouvoirs.

**VOLLMACHT | ERTEILUNG** *f (SchuldR: Bevollmächtigung)* (le fait de) conférer un pouvoir de réprésentation; investir qqn. d'un mandat, mandater qqn.; **–geber** *m* mandant *m*, représenté *m* (S); **–missbrauch** *m* détournement de pouvoirs.

**VOLLMACHTS | ANFECHTUNG** *f* demande en annulation du mandat; **–begrenzung** *f*, **–beschränkung** *f* limitation des pouvoirs conférés; pouvoir spécial; **–nehmer** *m* mandataire; **–umfang** *m* étendue *f* des pouvoirs; **–urkunde** *f* procuration.

**VOLL | MITGLIED** *n* membre à part entière, membre *m* titulaire; **–rausch** *m* ivresse *f* manifeste, intoxication alcoolique aiguë, état *m* d'ébriété; **–recht** *n* droit absolu; **–rente** *f* pension *f* liquidée au taux plein; **–schaden** *m* dommage *m* intégral *ou* à cent pour cent.

**VOLLSTÄNDIGKEIT** *f* intégralité *f*; **Richtigkeit und – der Übersetzung** fidélité et intégralité de la traduction.

**VOLLSTRECKBAR** *adj* • *(Urteil)* exécutoire • *(Vorhaben)* exécutable; **für – erklären** déclarer (un jugement) exécutoire; **– sein** avoir force exécutoire; **sofort –** immédiatement exécutoire; **vorläufig –** (jugement) exécutoire à titre provisoire *ou* par provision; **–e Ausfertigung** expédition du jugement revêtue de la formule exécutoire.

**VOLLSTRECKBAR | ERKLÄRUNG** *f* • déclaration d'exécution • *(ZPR u. IPR)* ordonnance *f* d'exequatur; **–keit** *f* force exécutoire; **vorläufige –keit** (règle de l')exécution provisoire (d'une décision); **–keitserklärung** *f* exequatur *m*, ordonnance d'exequatur.

**VOLLSTRECKEN** *v* exécuter, procéder à l'exécution forcée.

**VOLLSTRECKUNG** *f* • saisie-exécution, saisie d'exécution, exécution forcée • saisie *f* conservatoire • réalisation du gage; **fruchtlose –** (procès-verbal de) carence *f*; **vorläufige –** exécution provisoire *ou* par provision; **die – betreiben** procéder à la saisie-exécution, saisir-exécuter; **– in das bewegliche Vermögen** saisie *f* mobilière; **– in das unbewegliche Vermögen** saisie immobilière.

**VOLLSTRECKUNGS | ABKOMMEN** *n (IPR)* accord sur l'exécution forcée (à l'étranger), convention d'exécution (des jugements); **–abwehrklage** *f* action par laquelle le défendeur s'oppose à une exécution forcée en invoquant des exceptions de fond; **–androhung** *f* commandement préparatoire; **–aufschub** *m* sursis *m* à exécution.

**VOLLSTRECKUNGS | BEAMTE(R)** *m* fonctionnaire *m* de police (administrative); **–befehl** *m* commandement *m*, ordonnance *f* d'exécution (forcée); **–bescheid** *m* commandement préparatoire à la saisie-exécution, titre *m* exécutoire; **–beschluss** *m* ordonnance relative à une saisie-exécution; **–ersuchen** *n* demande d'exequatur.

**VOLLSTRECKUNGS | GEGENKLAGE** *f* opposition du saisi;

action par laquelle le défendeur s'oppose à une exécution forcée en invoquant des exceptions de fond; **–gericht** *n* tribunal compétent en matière d'exécution *ou* chargé de l'exécution; **–gläubiger** *m* créancier *m* saisissant (requérant l'exécution forcée).

**VOLLSTRECKUNGS | KLAUSEL** *f* formule *f* exécutoire, mandement d'exécution; **–leiter** *m* *(ZPR)* juge de l'exécution (forcée) **–protokoll** *n* procès-verbal d'exécution; **–schuldner** *m* débiteur saisi.

**VOLLSTRECKUNGS | TITEL** *m*, **–urkunde** *f* titre *m* exécutoire; **–urteil** *n* jugement prononçant la saisie-exécution; décision d'exequatur; **–vereitelung** *f* mesures prises par un débiteur pour éluder la saisie; **–verfügung** *f* commandement *m*; **–verjährung** *f* *(StPR)* prescription de l'exécution de la peine.

**VOLL | TRUNKENHEIT** *f* ivresse *f* totale, état *m* d'ébriété avéré; **–urteil** *n* décision *f* judiciaire statuant sur la demande entière; **–verlust** *m* perte *f* totale.

**VOLL | VERSAMMLUNG** *f* • *(GesR)* assemblée *f* générale • *(Pol)* assemblée plénière, réunion *f* plénière; **–waise** *f* orphelin *m* de père et de mère.

**VOLLZIEHEN** *v* • *(Amtshandlung, Urteil)* exécuter • *(in die Tat umsetzen)* accomplir, effectuer • *(Unterschrift)* signer, apposer sa signature (sur un acte); **eine Strafe –** exécuter une peine.

**VOLLZIEHUNG** *f* • *(Ausführung)* exécution *f* (plus particulièrement d'un acte administratif) • *(Vollendung)* accomplissement • *(Bestätigung)* ratification; **die – aussetzen** surseoir à l'exécution; **Anordnung der sofortigen –** ordonner l'exécution immédiate (d'une décision particulière individuelle).

**VOLLZUG** *m* • *(StR: Strafe)* exécution *f* • *(Handlung)* accomplissement *m*, consommation *f* • *(Urkunde)* ratification *f*; **sofortiger –** action *f* d'office.

**VOLLZUGS | AKT** *m* acte *m* exécutoire; **–anordnung** *f* *(VwPR)* ordre *m* d'exécution; **–anstalt** *f* *(StPR: JVA)* établissement *m* pénitentiaire, prison *f*; **–aufschub** *m* *(VwPR)* sursis *m* à exécution; **–aussetzung** *f* suspension de l'exécution; **–beamte(r)** *m* fonctionnaire de police (administrative); **–behörde** *f* • *(StR)* service pénitentiaire • *(ZPR: Zwangsvollstreckung)* service pratiquant la saisie; **–lockerung** *f* *(StVZ)* aménagement du régime pénitentaire (en vue de la réadaptation d'un détenu); **–meldung** *f* avis d'exécution.

**VOLLZUGS | ORGAN** *n* organe *m* exécutif *ou* d'exécution, organisme d'exécution *ou* exécutif; **–plan** *m* *(StVZ)* plan de traitement (d'un détenu); **–polizei** *f* police administrative; **–untauglichkeit** *f* inaptitude *f* (d'un détenu) à purger une peine.

**VORABENTSCHEIDUNG** *f* *(ZPR)* décision préalable *ou* préjudicielle *ou* avant dire droit; jugement interlocutoire (qui préjuge le fond du litige); **im Wege der –** à titre préjudiciel; **– über den Grund** jugement sur le motif.

**VORANMELDUNG** *f* • préavis *m* • *(PatR)* antériorité *f*, demande antérieure.

**VORANSCHLAG** *m* prévision *f*, devis *m* (estimatif).

**VOR | ANZEIGE** *f* préavis *m*, avis *m* préalable, préindication; **–arbeiten** *fpl* travaux *mpl* préparatoires; **–arbeiter** *m* chef d'équipe, agent *m* de maîtrise, contremaître *m*.

**VORAUS** *m* *(ErbR)* préciput *m*, dispense de rapport; avancement d'hoirie; **–abtretung** *f* cession de créances futures; **–abzug** *m* précompte *m*, retenue *f* à la source; **–bezahlung** *f* paiement *m* par anticipation, versement *m* provisionnel.

**VORAUS | KASSE** *f* versement *m* anticipé, paiement *m* préalable *ou* anticipé; **–klage** *f (PrzR: Einrede)* bénéfice *m* de (la) discussion; **–planung** *f* gestion prévisionnelle.

**VORAUSSETZUNG** *f* • *(Bedingung)* condition *f* • *(Annahme, Vorstellung)* hypothèse *f*, supposition, prévision; **gesetzliche –e** conditions légales; **materielle –** condition de fond; **unabdingbare –** condition substantielle *ou* sine qua non.

**VORAUSWAHL** *f* • pré-sélection • *(öffentliche Aufträge)* choix *m* préalable.

**VORAUSZAHLUNG** *f* paiement par anticipation, paiement préalable *ou* anticipé, versement provisionnel.

**VORBEDACHT** *m* préméditation *f*; **mit – handeln** préméditer (un crime), agir avec préméditation.

**VORBEDINGUNG** *f* condition *f* préalable, préalable *m*.

**VORBEHALT** *m* réserve *f*, clause *f* restrictive; **innerer –, stiller –** réserve *ou* restriction mentale; **ohne –** sans restriction, sans condition; **– des Gesetzes** *(VwR)* principe de la légalité administrative; **unter – aller Rechte** sous toutes réserves, sans engagement.

**VORBEHALT|LICH** *präp* sous réserve de; **–los** • *adj* sans restriction, sans réserve aucune • *adv* purement et simplement.

**VORBEHALTS|ABREDE** *f* clause *f* de réserve de propriété; **–eigentum** *n* propriété acquise sous la clause de réserve de propriété; **–gut** *n (EheR)* biens *mpl* réservés, biens dotaux, propres *mpl*; **–klausel** *f* • clause de réserve • *(IPR)* (clause de l') ordre public; **–urteil** *n* jugement rendu dans une procédure de référé et réservant au défendeur la possibilité de soulever dans la procédure ultérieure des exceptions nouvelles.

**VORBENUTZUNGSRECHT** *n* droit d'antériorité, droit antérieur d'utilisation.

**VORBEREITUNGS|ARBEITEN** *pl* travaux *mpl* préparatoires; **–handlung** *f (StR)* acte *m* préparatoire (d'une infraction).

**VORBERICHT** *m* rapport *m* préliminaire *ou* provisoire, avant-rapport.

**VORBESCHEID** *m* • *(VwPR)* décision *f* par laquelle la requête est rejetée avant l'audience (comme irrécevable *ou* comme manifestement mal fondée), jugement rejetant une action pour raisons de procédure • *(vorläufige Nachricht)* information préliminaire *ou* provisoire.

**VOR|BESITZER** *m* propriétaire *m ou* possesseur *m* antérieur *ou* précédent; **–besprechung** *f* pourparlers *mpl* préliminaires; **–bestellung** *f (HR)* option d'achat.

**VORBESTRAFT** *adj* (avoir des) antécédents judiciaires.

**VOR|BESTRAFTE(R)** *m* repris *m* de justice, individu *m* déjà condamné; **mehrfach –bestrafter** multirécidiviste *m*; **–beugehaft** *f (StR)* arrestation préventive, emprisonnement par mesure de sûreté; **–beugungsmaßnahme** *f* mesure préventive.

**VORBRINGEN** *n (PrzR)* exposé *m* des moyens, conclusions, énoncé *m* des prétentions; allégations *fpl*; **neues –** présentation de moyens nouveaux.

**VORDER|SEITE** *f* : **auf der –seite** au recto; **–seite einer Münze** avers *m*.

**VORDRUCK** *m* (= Formular) formulaire *m*, formule *f* imprimée, imprimé *m*.

**VOREINGENOMMEN** *adj* ayant des idées préconçues contre qqn.; **–heit** *f* parti pris.

**VORENTHALTEN** *v* • *(ein Recht)* ne pas vouloir reconnaître, dénier • *(ein Schriftstück)* intercepter, capter.

**VOR|ENTSCHEIDUNG** *f* • décision *f* préalable, jugement *m* préparatoire • précédent *m*; **–entwurf** *m* avant-projet *m*.

**VOR|ERHEBUNG** *f* • enquête *f* préliminaire • étude *f* préliminaire;

**–ermittlung** *f (StPR)* enquête *f* policière.

**VORFAHRTS | RECHT** *n od.* **Vorfahrt** *f (StVR)* priorité *f* de passage; **die – beachten** céder le passage; **–straße** *f* route *f* à grande circulation.

**VORFALL** *m* • *(Zwischenfall)* incident *m*, péripétie *f* • *(Unfall)* accident *m* • *(Ereignis, Fall)* événement *m*; cas *m*.

**VORFRAGE** *f* question *f* préalable; question préjudicielle.

**VORFÜHRUNG** *f* • *(Vorführen)* présentation *f*, démonstration *f* • *(Beschuldigte)* conduire (de force) devant le juge (d'instruction), comparution *f*; **–sbefehl** *m (StPR)* mandat *m* d'amener.

**VORGANG** *m* • *(Hergang) f* (d'une affaire) • *(Verfahren)* procédé *m* • *(Zwischenfall)* incident *m*, événement *m* • *(Akte)* dossier *m*, correspondance *f* antérieure.

**VORGEHEN** *v* : **gegen jemanden gerichtlich –** engager une action en justice contre qqn.

**VORGEHEN** *n* • *(ZPR)* assignation *f* • *(StPR)* poursuites *fpl* • manière de procéder; **arglistiges –** manœuvre *f* dolosive; **betrügliches –** manœuvres *fpl* frauduleuses.

**VOR | GESCHICHTE** *f* antécédents *mpl*; historique *m*; exposé *m* chronologique des faits; **–gesetzte(r)** *m* supérieur *m* hiérarchique, supérieur *m* de qqn.; **–gesetzte Behörde** autorité supérieure, autorité chargée du contrôle hiérarchique; **–gespräch** *n* prise *f* de contact, premier entretien.

**VORHABEN** *n* • *(Plan)* plan *m*, programme *m*, projet *m* • *(Absicht)* dessein *m*, intention *f*.

**VOR | HALT** *m*, **–haltung** *f* avertissement, observation, reproche *m*, remontrance *f*.

**VORHERIG** *adj* (= vorhergehend): **–e Warnung** avertissement préalable; **–er Stand** état antérieur.

**VORKAUF** *m* préemption *f*; **–svertrag** *m* pacte de préemption.

**VORLADEN** *v* convoquer; assigner; citer.

**VORLADUNG** *f* • *(PrzR)* citation *f*; assignation; convocation *f* • *(als Zeugen)* citer comme témoin, appeler en témoignage; **–sbeschluss** *m* ordonnance *f ou* mandat *m* de comparution.

**VORLAGE** *f* • *(Modell)* modèle *m* • *(Akten)* soumission *f*, production *f*, présentation *f* • *(Gesetz)* projet *m* (de loi) • *(Geldbetrag)* avance *f* de fonds; **– vor Gericht** production en justice.

**VORLAGE | BESCHLUSS** *m*, **–entscheidung** *f* décision demandant la production de pièces (à un procès); **–frage** *f* question posée par la juridiction inférieure à la Cour suprême (dans le cadre d'une question préjudicielle); **–frist** *f* délai de présentation; **–pflicht** *f* • *(PrzR)* obligation de surseoir à statuer (jusqu'à ce que la question préjudicielle ait été résolue) • *(EuR)* obligation de renvoi (devant la Cour européenne de justice).

**VORLÄUFIG** *adj (einstweilig)* provisoire; **–er Bericht** rapport provisoire; **–e Einstellung des Verfahrens** *(StPR)* suspension provisoire des poursuites; **–e Festnahme** *(StPR)* garde *f* à vue; **–e Vollstreckbarkeit** exécution provisoire *ou* par provision.

**VORLEGEN** *v* • *(Ausweis)* présenter • *(vor Gericht)* produire en justice, verser au dossier.

**VORLEGUNGS | ANORDNUNG** *f*, **–beschluss** *m* ordonnance *f* du tribunal prescrivant la production d'un document; ordonnance demandant de verser une pièce aux débats, ordonnance de communication; **–pflicht** *f* obligation de renvoi (pour régler une question préjudicielle).

**VORLEISTUNG** *f* • prestation *f* préalable • avance *f*, paiement *m* anticipé; **–spflicht** *(SchuldR)* obligation de s'exécuter par anticipation.

**VORMERKUNG** *f* • *(im Grundbuch)* inscription préventive (pour sauvegarder un droit), prénotation, transcription conditionnelle • *(Vermerk)* note *f*.

**VORMUND** *m (FamR)* tuteur *m*; **eingesetzter –** tuteur datif; **gesetzlicher –** tuteur légal.

**VORMUNDSCHAFT** *f* tutelle *f*; **eingesetzte –** tutelle dative; **gesetzliche –** tutelle légale; **testamentarische –** tutelle testamentaire; **unter – stellen** mettre sous tutelle.

**VORMUNDSCHAFTS | GERICHT** *n* tribunal de tutelle; **–rat** *m* conseil *m* de tutelle; **–richter** *m* juge *m* des tutelles; **–sache** *f* affaire *f* relevant du juge des tutelles.

**VORNAME** *m* prénom *m*, petit nom, nom de baptême.

**VORRANG** *m* rang *m* privilégié; préséance *f*; priorité *f*; **– des Gesetzes** principe selon lequel le règlement est subordonné à la loi.

**VORRATS | HALTUNG** *f* gestion des stocks; stockage *m*; **–pfändung** *f* saisie *f* par provision (sur demande ultérieure de pension alimentaire); **–zeichen** *(Wz)* marque de fabrique, de commerce *ou* de service déposée à titre de précaution (pour un usage ultérieur).

**VORRECHT** *n* • *(ZR, InsolvenzR)* privilège *m* • *(ZR: Anspruch, VwR)* prérogative *f*, droit *m* • *(Vorrang)* priorité *f*.

**VORRUHESTAND** *m (ArbR)* préretraite *f*; **–sregelung** *f*, **–svereinbarung** *f* plan social pour le départ en préretraite.

**VORSATZ** *m* • *(ZR: Verschulden)* faute *f* volontaire, dol *m*; man uvre *f* frauduleuse • *(StR)* intention criminelle, dol pénal; conscience éclairée et volonté libre (de transgresser une prescription de la loi pénale), faute intentionnelle • *(StR: feste Absicht des Täters)* préméditation, dol aggravé; dessein *m*, projet *f*; **bedingter –, indirekter –** dol éventuel; intention dolosive; **direkter –, unbedingter –, unmittelbarer –** dol direct, dol déterminé *ou* simple; **qualifizierter –** dol aggravé.

**VORSÄTZLICH** • *adj* volontaire, intentionnel; **– unwahre Angabe** indication sciemment mensongère; **–e Tat** infraction *f* intentionnelle; **–e Tötung** meurtre *m* • *adv* de propos délibéré, volontairement.

**VORSCHALTVERFAHREN** *n (VwPR: Widerspruchsverfahren)* recours *m* administratif hiérarchique et gracieux.

**VORSCHIEBEN** *n* (von Gründen) le fait d'utiliser un argument comme prétexte (en vue de se disculper); **– eines Dritten, – eines Strohmannes** interposition *f* d'un prête-nom *ou* d'un homme de paille.

**VORSCHLAG** *m* • *(Angebot)* offre *f*, proposition *f*, présentation *f* • *(Rat)* suggestion *f*; **– zur Güte** proposition de conciliation.

**VORSCHLAGEN** *v* • proposer, présenter, soumettre • suggérer.

**VORSCHLAGS | LISTE** *f* liste *f* de postulants *ou* de candidats; **–recht** *n* droit de présentation (d'un successeur).

**VORSCHREIBEN** *v* dicter, prescrire, fixer unilatéralement, ordonner expressément.

**VORSCHRIFT** *f* • *(Anweisung)* instructions *fpl*, prescription *f* • *(Befehl)* consigne *f*, ordre *m* • *(Verordnung)* disposition *f* réglementaire, règlement *m*; **nach –** selon les règles en vigueur; **abdingbare –** disposition *ou* règle supplétive; **absolut bindende –en** règles impératives; **allgemeine –** acte-règle *m*, disposition générale; **geltende –en** dispositions légales en vigueur; **gesetzliche –** disposition légale; **prozessrechtliche –, prozessuale –** règle de forme; **unabdingbare** *od.* **zwingende –** règle impérative, prescription impérative *ou* obligatoire.

**VORSCHRIFTS | GEMÄß, –mäßig** *adj* en bonne et due forme, dûment *adv*, selon les formes prescrites; **–widrig** contraire au règlement.

**VORSCHUSS** *m* • *(Vorauszahlung)* avance *f*, somme versée par anticipation; provision *f*; acompte *m* • *(Darlehen)* prêt *m*, avance (à découvert) • *(Staatshaushalt)* paiement *m* sans ordonnancement préalable.

**VORSICHTS | MASSNAHME** *f*, **–maßregel** *f* mesure *f* de précaution.

**VORSITZ** *m* présidence *f*; **den – führen, den – haben** présider, assumer la présidence.

**VORSITZENDE(R)** *m* président *m*; **amtierender –** président en exercice; **ausscheidender –** président sortant; **geschäftsführender –** président en exercice; **stellvertretender –** vice-président, président adjoint; **– des Gerichts** président du tribunal *ou* de la cour.

**VORSORGE** *f* prévoyance *f*, prévision *f*; **– treffen** prendre ses dispositions.

**VORSORGE | AUFWENDUNGEN** *pl (SozR, SteuerR)* dépenses *fpl* de prévoyance vieillesse; **–gebot** *n* obligation de prévoyance; **–leistungen** *fpl* prestations de prévoyance vieillesse; **–pauschale** *f (SteuerR)* forfait concernant les dépenses de prévoyance sociale à défalquer du montant imposable; **–pflicht** *f (UmweltR)* obligation de se prémunir contre les risques écologiques; **–rücklage** *f* réserve *f* de prévoyance; **–rückstellung** provision *f* d'attente; **–untersuchung** *f* examen médical de dépistage précoce (du cancer).

**VORSOR | GEN** *v* pourvoir à, se prémunir contre; **–glich** *adv* par précaution, pour éviter qch., en vue de se prémunir (contre).

**VORSPIEGELN** *n od.* **Vorspiegelung** *f* fausse apparence *f*, tromperie *f*; **unter – falscher Tatsachen** en allégant des faits mensongers.

**VORSTAND** *m* • *(GesR: A.G.)* directoire *m* • *(i.w.S.)* conseil *m* de direction, comité *m* directeur, bureau *m*.

**VORSTANDS | BERICHT** *m* rapport *m* de gestion (du directoire); **–beschluss** *m* délibération du directoire; **–mitglied** *n* membre *m* du directoire, directeur *m*; **–vorsitzende(r)** *m* président du directoire, président directeur général (P.D.G.); **–sprecher** *m* porte-parole *m* du directoire, président du directoire.

**VORSTELLUNG** *f* • *(Vorführung)* représentation *f* • *(Einwand, Vorhaltung)* observation, remontrance *f* • *(gegenseitige Bekanntmachung)* présentation • *(Abbild der Wirklichkeit)* idée *f*, conception.

**VORSTELLUNGS | GESPRÄCH** *n* entretien *m* d'embauche (avec un employeur *ou* le chef du personnel); **–termin** *m* date de l'entretien (d'embauche).

**VORSTEUER** *m* taxe déductible *ou* récupérable; **–abzug** *m* déduction «taxe pour taxe».

**VORSTRAFE** *f* condamnation *f* antérieure, antécédents *mpl* judiciaires.

**VORTAT** *(StR)* infraction initiale, première infraction, perpétration des faits antérieure; **mitbestrafte –, straflose –** application de la règle du non-cumul des peines.

**VORTÄUSCHUNG** *f (StR, ZR: das Vortäuschen)* simulation, simulacre *m*, feinte *f*; **– einer Krankheit** simulation d'une affection; **– einer Straftat** simulacre d'une infraction.

**VORTEIL** *m* • *(Gewinn)* bénéfice *m*, profit *m* • *(Vorzug)* avantage *m*, atout *m*, avance *f*, supériorité *f*; **finanzielle –e** avantages pécuniaires; **materielle –e** avantages en nature.

**VORTEILS | ANNAHME** *f (StR)* réception *f* de dons *ou* présents (dans le cadre d'une corruption passive); **–ausgleich** *m*, **–ausgleichung** *f (ZR)* déduction *f* des avantages allant au-delà de la réparation intégrale du dommage;

**–geber** *m (StR)* corrupteur *m*; **–gewährung** *(StPR)* le fait d'accorder des dons *ou* présents (tendant à la corruption d'un fonctionnaire public); **–versprechen** *n*, **–zusicherung** *f (StPR)* promesses faites à un inculpé (par la police judiciaire).

**VORTERMIN** *m (PrzR)* audience *f* préliminaire.

**VORTRAG** *m* • *(Berichterstattung)* rapport *m*, exposé *m*, conférence *f* • *(auf neue Rechnung)* report *m* (à nouveau); **– des Fehlbetrags** report du déficit.

**VORTRAGS | RECHT** *n (UrhR)* droit de reproduction orale d'un texte; **–veranstaltung** *f* conférence *f*.

**VORÜBERGEHEND** *adj* temporaire, passager, transitoire; *adv* passagèrement, temporairement; **–e Verhinderung** empêchement momentané.

**VORUNTERSUCHUNG** *f* • *(StPR)* instruction *f* préalable *ou* préliminaire, enquête préliminaire, instruction préparatoire • *(WirtR)* étude *f* préalable.

**VORURTEIL** *n* préjugé *m*, opinion préconçue; **–slos** *adj* (être) sans préjugés.

**VORVERFAHREN** *n* • *(StPR)* procédure d'instruction, procédure *f* préliminaire *ou* préparatoire • *(VwPR)* recours administratif hiérarchique *ou* gracieux.

**VOR | VERHANDLUNG** *f* débats *mpl* préliminaires, négociation préliminaire; **–verkauf** *m* • réservation *f* • vente anticipée; **–vermächtnis** *n* préciput *m*; **–vermächtnisnehmer** *m* préciputaire *m*; **–versicherungszeiten** *(SozVers)* périodes antérieures d'assurance (sociale); **–vertrag** *m* avant-contrat.

**VOR | WAND** *m* prétexte *m*, faux-fuyant *m*; **–warnung** *f* premier avertissement (sans frais).

**VORWEG | BEWILLIGUNG** *f* autorisation *f* préalable; **–entscheidung** *f* jugement avant dire droit *ou* avant faire droit.

**VORWEGNAHME** *f* • *(Vorausentnahme)* prélèvement *m* • *(Vorwegnehmen)* anticipation *f*; **– der Kosten** distraction *f* des dépens.

**VOR | WEISEN** *v* • *(zeigen)* montrer, faire voir • *(Beweise, Urkunden)* exhiber, produire; **–werfen** reprocher (qqch. à qqn.); **–wort** *n* préface *f*.

**VORWURF** *m* • *(Vorhaltung)* grief *m* *(Tadel)* reproche *m*, blâme *m*.

**VORZEITIG** *adj* **: –e Aufhebung des Vertrages** annulation avant terme du contrat.

**VORZUG** *m* • *(Vorteil)* préférence *f*, priorité • *(Verdienst)* mérite *m*, qualité *f*, supériorité *f*.

**VORZUGS | PREIS** *m* prix *m* préférentiel, prix de faveur; **–recht** *n* privilège *m*, droit de préférence; **–stellung** *f* statut *m* privilégié; **–stimmrecht** *n* droit de vote préférentiel.

**VOTUM** *n* • *(Stimmabgabe)* vote *m* • *(Stimmenzahl)* voix *f*, suffrage *m*.

**VOUCHER** *n (ReiseR)* bon *m* d'hébergement *ou* de location *ou* d'échange, chèque-hébergement.

## W

**WAAGE | GEBÜHR** *f*, **–geld** *n* taxe *f* de pesage, droit de balance.

**WACH | DIENST** *m* service de gardiennage; **– und Schließgesellschaft** service de gardiennage et de surveillance.

**WACHE** *f* • *(Wächter, Posten)* garde *m*, faction *f* • *(Polizeiwache)* commissariat *m* de police • *(Wachdienst)* service de surveillance *ou* de gardiennage • *(auf Schiffen)* quart *m* • *(MilR: Wachstube)* corps *m* de garde.

**WACH | MANN** *m* (Aut) agent de police; **–personal** *n* personnel de gardiennage; **–posten** *m* factionnaire *m*, sentinelle *f*.

**WAFFE** *f* • arme *f* • *(Argument)* argument *m*, moyen *m*, ressource; **unerlaubter Besitz einer –** port *m* d'arme prohibé.

**WAFFEN | AUSWEIS** *m* permis de port d'arme; **–besitz** *m* détention d'arme(s); **–delikt** *n* infraction contre la législation fixant le régime des armes et des munitions; **–embargo** *n* embargo *m* sur l'importation *ou* l'exportation d'armes et de munitions; **–erwerbsschein** *m* autorisation d'acquisition (et de détention) d'armes.

**WAFFEN | FÜHREN** *n* port *m* d'armes; **–gesetz** *n* Loi fixant le régime des armes (et des munitions); **–handel** *m* commerce *m* des armes et de matériel de guerre; **–händler** *m (StR)* trafiquant *m* d'armes, *pej* marchand *m* de canons; **–schein** *m* permis *m* de port d'armes; **–schmuggel** *m* trafic *m* d'armes, contrebande *f* d'armes.

**WAHL** *f* • *(das Wählen)* élection *f*, consultation *f* électorale • *(Abstimmung)* vote *m*, votation *f* • *(Stimmabgabe)* suffrage *m* • *(Wahlart)* scrutin *m* • *(Auswahl)* choix *m*, option *f*, sélection *f* • *(zwischen zwei Dingen)* alternative *f*; référendum *m* • *(Berufung zu einem Amt)* désignation *f*, nomination *f*, cooptation *f* • *(durch große Mehrheit)* plébiscite *m* • *(Stichwahl)* ballottage *m*; **allgemeine –** • suffrage universel • élections *fpl* générales; **direkte –** suffrage direct; **mittelbare –** scrutin indirect, vote indirect; **offene –** ballottage *m*.

**WAHL | ABKOMMEN** *n* accord *m* électoral; **–alter** *n* majorité *f* électorale; **–amt** *n* fonction *f* élective; **–anfechtung** *f* demande *f* d'invalidation; **–art** *f* mode de scrutin; **–aufruf** *m* manifeste *m* électoral, plate-forme *f* électorale; **–ausweis** *m* carte *f* électorale; **–auszählung** *f* dépouillement *m* du scrutin.

**WÄHLBARKEIT** *f* éligibilité *f*, électorat *m* passif (B–L).

**WAHL | BEHINDERUNG** *f* entrave *f* à l'exercice du droit de vote; **–benachrichtigung** *f* carte électorale (indiquant le jour et le local du scrutin); **–berechtigte(r)** *m* électeur *m* (inscrit); **–beteiligung** *f* participation électorale; **–betrug** *m* fraude *f* électorale, vote *m* frauduleux; **–bewerber** *m* candidat *m* (aux élections).

**WAHL | BEZIRK** *m* circonscription *f* électorale; **–bündnis** *n* alliance électorale, entente électorale; **–büro** *n* bureau *m* de vote; **–delikt** *n (StR)* **fraude** *f* électorale, délit relatif à l'exercice du droit de vote; **–domizil** *n (IPR)* domicile élu; **–eltern** *pl* parents adoptifs.

**WÄHLEN** *v* • choisir, faire un choix • voter, prendre part à un scrutin.

**WAHL | ENTHALTUNG** *f* abstention *f*; **–entscheid** *m*, **–entscheidung** *f* résultat *m* des élections.

**WÄHLER** *m* électeur *m*, votant *m*; **–benachrichtigung** *f* avis d'inscription sur les listes électorales; **–bestechung** *f* influence du vote d'un électeur par des dons *ou* libéralités en argent ou en nature.

**WÄHLER | KARTE** *f* carte *f* d'électeur; **–liste** *f* fichier électoral, liste électorale; **–nötigung** *f* voies de fait, violences *ou* menaces contre un électeur; **–schaft** *f* corps *m* électoral, électeurs *mpl*; **–vereinigung** *f* groupement d'électeurs (ne formant pas un parti politique); **–verzeichnis** *n* liste électorale.

**WAHL | FÄHIGKEIT** *f* • *(passiv)* éligibilité *f* • *(aktiv)* droit *m* de vote • capacité électorale; **–fälschung** fraude électorale, altération du scrutin; **–fonds** *m* fonds *mpl* électoraux; **–freiheit** *f* liberté *m* de choix, libre choix *m*.

**WAHL | GANG** *m* tour *m* de scrutin; **zweiter –gang** second tour de scrutin, scrutin de ballottage; **–geheimnis** *n* secret du vote; **–ge-**

**schenk** *n* mesure gouvernementale préélectorale pour s'attirer la sympathie des électeurs; **–gleichheit** *f* égale pondération des voix (des électeurs); **–helfer** *m* assesseur *ou* assistant *m* (pour un scrutin), scrutateur *m*; **–kabine** *f* isoloir *m*; **–kampf** *m* campagne *f* électorale; **–kandidat** *m* candidat aux élections.

**WAHL | KOLLEGIUM** *n* collège électoral; **–konsul** *m* consul *m* honoraire, consul commerçant; **–körper** *m* corps électoral; **–kosten** *pl* frais de la campagne électorale; **–kreis** *m* circonscription électorale.

**WAHL | LEITER** *m* • président du bureau de vote • président de la commission électorale; **–liste** *f* liste *f* électorale; **–lokal** *n* bureau *m* de vote; **–männerkollegium** *n* collège *m* de grands électeurs; **–modus** *m* mode de scrutin; **–niederschrift** *f* procès-verbal d'élection.

**WAHL | PFLICHT** *f* vote *ou* suffrage obligatoire, obligation de voter; **–plakat** *n* affiche électorale; **–programm** *n* programme électoral, plate-forme électorale; **–propaganda** *f* • propagande électorale • *(abwertend)* manœuvres *fpl ou* menées *fpl* électorales; **–prüfer** *m* scrutateur *m*; **–prüfung** *f* contrôle de la régularité du scrutin.

**WAHLRECHT** *n* • *(aktiv)* droit de vote, électorat, capacité électorale • *(passiv)* éligibilité *f* • *(ZR)* droit d'option, faculté d'option; **aktives –** droit de vote; **allgemeines –** suffrage universel; **direktes –** suffrage direct; **passives –** éligibilité *f*.

**WAHL | REDE** *f* discours électoral; **–reise** *f* tournée électorale; **–schlacht** *f* bataille *f* électorale; **–schein** *m* • carte d'électeur • carte permettant de voter en dehors de son bureau de vote normal.

**WAHL | SCHULD** *(ZR)* obligation alternative; **–schwindel** *m* fraude électorale; **–sieg** *m* victoire électorale; **–spruch** *m* • slogan *m* électoral • devise *f*, maxime *f*; **–tag** *m*, **–termin** *m* jour *m* du scrutin.

**WAHL | UNTERLAGEN** *fpl* pièces *fpl* que l'électeur doit remplir (pour le vote par correspondance); **–veranstaltung** *f* réunion électorale; **–verfahren** *n* mode *m* de scrutin; **–verhinderung** *f* entrave *f* au libre exercice du droit de vote; **–vermächtnis** *n (ErbR)* legs *m* alternatif; **–versprechen** *n* promesse électorale, profession de foi; **–verteidiger** *m (StPR)* défenseur *m* (choisi librement par l'inculpé).

**WAHL | VORSCHLAG** *m* liste de candidats, liste de candidature; **–vorstand** *m* • bureau *m* électoral • président du bureau de vote; **–vorsteher** *m* président du bureau de vote; **–werbung** *f* propagande *f* électorale; **–zeit** *f* • période *f* électorale, campagne électorale • durée *f* du mandat; **–zelle** *f* isoloir *m*; **–zettel** *m* • tract *m* électoral • bulletin de vote.

**WAHN | DELIKT** *n (StR)* délit *m* putatif; **–sinn** *m* démence *f*, folie *f*.

**WAHR** *adj* vrai, avéré, exact, juste, incontestable, certain; authentique.

**WAHREN** *v* protéger, défendre, sauvegarder, maintenir; **die Freiheitsrechte –** sauvegarder les libertés; **die Frist –** respecter le délai imparti.

**WAHRHEIT** *f* **: die reine –, die ganze und volle –** toute la vérité, rien que la vérité.

**WAHRHEITS | BEWEIS** *m* preuve de la véracité des faits allégués; **–findung** *f* manifestation *ou* recherche *f* de la vérité; **–pflicht** *f* obligation d'avoir à dire la vérité (toute la vérité, rien que la vérité); **–vermutung** *f* présomption de vérité.

**WAHRNEHMEN** *v* • *(sehen)* voir, percevoir, observer, s'apercevoir de • *(Gelegenheit)* saisir, profiter de • *(Interessen)* prendre en mains, assumer, sauvegarder • *(gerichtlicher Termin)* assister à l'audience.

**WAHRNEHMUNG** *f* • *(von Aufgaben u. Interessen)* sauvegarde *f*, protection et garantie • *(Termin)* observation, respect *m* (d'un délai); présence (à l'audience) • *(durch Sinnesorgane)* perception; examen sur place; **– der Rechte** poursuite *ou* sauvegarde des droits.

**WAHRUNG** *f (ZR, ÖfR)* défense *f*, maintien *m*, protection *f*; **– des Rechts** respect du droit; sauvegarde *f* d'un droit.

**WÄHRUNG** *f* • *(WirtR)* monnaie (nationale) • *(Ordnung des Geldsystems)* valeur *f* monétaire, étalon *m* monétaire.

**WÄHRUNGS | EINHEIT** *f* unité *f* monétaire; **Europäische –einheit** unité monétaire européenne (U.M.E. = ECU); **–gebiet** *n* zone monétaire; **–kurs** *m* cours *m* de change.

**WÄHRUNGS | SYSTEM** *n* système monétaire; **Europäisches –system** (EWS) Système monétaire européen (SME); **–umstellung** *f* réforme *f* monétaire.

**WALD | BESITZER** *m* propriétaire *m* d'un bois; **–brand** *m* incendie *m* de forêt; **–eigentum** *n* propriété forestière; **–fläche** *f*, **–gebiet** *m* région forestière; espace *m ou* terrain *m* boisé; **–gesetz** *n* code forestier; **–hüter** *m* garde forestier; **–rodung** *f* déforestation, déboisement; **–schäden** *pl* dommages *mpl* causés aux forêts; **–sterben** *n* dépérissement des forêts; **–weg** *m* chemin forestier; **–wirtschaft** *f* sylviculture *f*, économie *f* forestière.

**WANDELANLEIHE** *f* emprunt *m* sous forme d'obligations convertibles (contre des parts sociales *ou* des actions).

**WAND(E)LUNG** *f (SchuldR)* résolution *f* d'une vente (pour vice de la marchandise, la rendant impropre à l'usage prévu), rédhibition *f*.

**WANDERGEWERBE** *n*, **–betrieb** *m (HR)* commerce *m* ambulant, exercice d'une profession ambulante; **–schein** *m* carte de commerçant ambulant.

**WANZE** *f (StR: umgspr. Minispion)* micro *m ou* appareil d'écoute clandestine.

**WARE** *f* • *(Handelsgut)* bien *m* économique; marchandise *f*, denrée *f*; article *m*; produit *m* • *(BörsenR)* prix *m* de vente; **beschädigte –** marchandise endommagée; **fehlerhafte –** marchandise défectueuse; **gepfändete –** marchandise saisie; **leichtverderbliche –** denrée périssable; **mangelhafte –** marchandise viciée *ou* défectueuse; **minderwertige –** pacotille *f*, objet *m* de mauvaise qualité, camelote *f*; **unverkaufte –** invendus *mpl*; **weiße –** produit générique (commercialisé sans nom de marque).

**WAREN | BEGLEITPAPIERE** *npl* document(s) *m* de transport; bordereau *m* d'envoi; lettre de voiture; **–bezeichnung** *f* spécifications; désignation des marchandises.

**WAREN | DIEB** *m* voleur *m* à l'étalage; **–diebstahl** *m* vol *m* à l'étalage.

**WAREN | FÄLSCHUNG** *f* fraude *f* sur la qualité des marchandises, falsification de marchandises; **–hausdetektiv** *m* détective *ou* contrôleur (dans un grand magasin); **–hausdiebstahl** *m* vol à l'étalage.

**WAREN | KATALOG** *m* catalogue *m* (à l'usage de la clientèle); **–kennzeichnung** *f* indication des spécificités et du prix de la marchandise; **–korb** *m (Statistik)* budget-type *m*, panier de consommation; **–lager** *n* • entrepôt *m*, magasin *m* • *(Vorrat)* stock de marchandises.

**WAREN | MUSTER** *n* échantillon commercial *ou* de conformité; **–posten** *m* lot *m* de marchandises; **–probe** *f* échantillon *m*, spécimen *m*; **–sendung** *f* • *(Versand)* expédition de marchandises • *(Warenpartie)* lot *m* de marchandises; **–sortiment** *n* assortiment de marchandises; **–ursprung** *m* origine *f* des denrées; traçabilité *f*; **–ursprungszeugnis** *f* certificat *m* d'origine.

**WARENZEICHEN** *n* • marque *f* de fabrique, de commerce et de service • *(Wortzeichen)* marque nominale • *(Bildzeichen)* marque emblématique; **eingetragenes –** marque déposée; **geschütztes –** marque protégée; **international eingetragenes –** marque internationale.

**WARENZEICHEN | ANMELDUNG** *f* dépôt *m* de la marque; **–gesetz** *n* Loi (allemande) sur les marques de fabrique, de commerce *ou* de service; **–inhaber** *m* propriétaire *m* d'une marque; **–recht** *n* droit des marques; droit de la propriété industrielle; **–rolle** *f* répertoire *ou* registre des marques de fabrique; **–schutz** *m* protection de la propriété industrielle; **–verletzung** *f* contrefaçon *f* d'une marque, infraction relative à une marque.

**WARN | ANLAGE** *f* installation d'alarme; **–blinkanlage** *od.* **–licht** *n* feux *mpl* de détresse, feux clignotants d'avertissement; **–dreieck** *n* triangle *m* de panne.

**WARN | HINWEIS** *m* avertissement; information; instruction; **–schild** *n* panneau *m* de signalisation d'un danger; poteau indicateur; **–streik** *m* grève d'avertissement.

**WARNUNG** *f* avertissement *m*, mise en garde; **–sschreiben** *n (Drohbrief)* lettre *f* comminatoire.

**WARTE | FRIST** *f* délai *m* d'attente; **–liste** *f* liste *f* d'attente.

**WARTUNG** *f* entretien *m* (courant *ou* préventif), maintenance *f*, soins *fpl*, surveillance *f*; **–sarbeiten** *fpl* travaux *mpl* d'entretien; **–sdienst** *m* service *m* d'entretien (après-vente); **–svertrag** *m* contrat de service technique *ou* d'entretien.

**WASSER | ABFLUSS** *m* égout *m*; tout-à-l'égout; **–abgabe** *f* redevance *f* d'abonnement (d'eau); **–amt** *n* service *m* des eaux; **–anschluss** raccordement *m* au réseau public (de fourniture d'eau), branchement *ou* adduction (d'eau); **–aufbereitung** *f* traitement des eaux (usées).

**WASSER | ENTNAHME** *f* prise *f* d'eau; prélèvement d'eau; **–entziehung** *f (StR)* piquage *m*, captation (illégale) d'eau; **–gesetz** *n* loi relative à la gestion et à la fourniture d'eau.

**WASSER | HAUSHALT** *m* régime *m* des eaux; **–kraftwerk** *n* centrale *f* hydroélectrique; **–leitung** *f* conduite *f* d'eau; **–lieferungsvertrag** *n* contrat d'abonnement, contrat de fourniture d'eau; **–schadensversicherung** *f* assurance *f* contre les dégâts des eaux; **–schutzgebiet** zone spéciale d'aménagement et de protection des eaux; **–schutzpolizei** *f* police des eaux.

**WASSER | VERBAND** *m* régie *f* directe *ou* intéressée de l'eau; **–verschmutzung** *f* pollution des eaux; **–versorgung** *f* • *(Amt)* service de l'eau • *(Anschluss)* branchement *ou* raccordement au réseau public • distribution *f* d'eau (potable), ravitaillement *m* en eau; **–verunreinigung** *f* pollution de l'eau; **–werfer** *m (Polizei)* canon *m* à eau; **–werk** *n* service *m* des eaux; usine *f* de distribution d'eau; **–zähler** *m* compteur *m* (d'eau); **–zweckverband** *m* syndicat *m* de communes de gestion de l'eau.

**WECHSEL** *m* • *(WertpR)* lettre *f* de change, traite *f*; effet *m* (de commerce) • *(BankR: Geld)* change *m* • *(Allgspr.: Veränderung)* changement *m*, mutation *f*, variation *f*; **diskontfähiger –** effet escomptable *ou* négociable; **eigener –** billet à ordre; **protestierter –** effet protesté; **trockener –** billet à ordre; **ungedeckter –** effet sans couverture suffisante.

**WECHSEL | AKZEPT** *n*, **–annahme** *f* acceptation d'une traite; **–aussteller** *m* tireur *m* d'une traite; **–ausstellung** *f* tirage *m*, création d'une traite; **–bürgschaft** *f* aval *m* d'une lettre de change.

**WECHSEL | DISKONTSATZ** *m* taux *m* escompte; **–domiziliie-**

**rung** *f* domiciliation d'un effet; **–einlösung** *f* paiement *m* de la lettre de change.

**WECHSEL | GELD** *n* petite monnaie, monnaie d'appoint *ou* divisionnaire; **–inhaber** *m* porteur de l'effet, endossataire *m*; **–inkasso** *n* effet à l'encaissement.

**WECHSEL | KLAGE** *f* action en paiement d'un effet, action *f* cambiaire; **–klage wegen Nichtannahme** recours *m* faute d'acceptation; **–klage wegen Nichtzahlung** recours faute de paiement.

**WECHSEL | LOMBARD** *m* avance *f* sur titres, prêt *m* garanti par le nantissement d'effets; **–nehmer** *m* preneur *m*, bénéficiaire *m*; endossataire *m*; **–protest** *m* protêt *m* faute de paiement, protêt faute d'acceptation; **–provision** *f* provision (de la lettre de change); **–prozess** *m* contentieux *m* cambiaire.

**WECHSEL | RECHT** *n* • *(HR)* droit *m* cambiaire, régime juridique de la lettre de change • *(BankR)* législation sur les changes; **–rechtsverhältnis** *n* rapport *m* cambiaire; **–regress** *m* recours *m* faute de paiement *ou* faute d'acceptation, recours cambiaire; **–reiterei** *f* cavalerie *f*; **–schuldner** *m* débiteur *m* cambiaire.

**WECHSEL | SEITIGKEIT** *f* réciprocité *f*; **–umlauf** *m* effets *mpl* en circulation; **–verlängerung** *f* prorogation d'un effet, retraite *f*, rechange *m*; **–verpflichtung** *f* engagement cambiaire.

**WECHSEL | WÄHLER** *mpl (Pol)* électorat flottant, baladeur *ou* mobile, *pej* „le marais"; **–ziehung** *f* tirage *m*, émission d'une lettre de change.

**WEG** *m* • voie *f*; chemin *m*; route *f* • *(Richtung)* direction *f* • *(Strecke)* distance *f*; **auf gerichtlichem –e** par la voie de droit, par voie juridictionnelle.

**WEGE | GELD** *n* • *(Abgabe)* droit de péage, péage *m* • *(Prämie)* prime *f* de transport • *(ArbR)* indemnités *fpl* de déplacement; frais de trajet; **–gerechtigkeit** *f* servitude *f* de passage.

**WEGE | RECHT** *n* • *(VwR)* régime *m* (juridique) de la voirie • *(ZR)* droit *ou* servitude de passage; **–unfall** *m (ArbR)* accident de trajet, accident *m* survenu sur le trajet du travail.

**WEGFALL** *m* • *(Abschaffung)* suppression; abrogation; abolition • *(Aufhören)* cessation, disparition; **–des Risikos** disparition du risque.

**WEGNAHME** *f (StR: Diebstahl)* soustraction frauduleuse; **–absicht** *f* intention de s'approprier une chose; **–handlung** *f* appropriation (de la chose d'autrui).

**WEHR | BEAUFTRAGTE(R)** *m* **(des Bundestages)** délégué *m* parlementaire auprès de l'armée allemande; **–bereich** *m* région militaire; **–bereichsverwaltung** *f* service *m* administratif d'une région militaire; **–beschwerdeordnung** *f* (= WBO) Loi sur les recours hiérarchiques en matière de service national; **–bezirk** *m* circonscription militaire.

**WEHRDIENST** *m* service *m* national *ou* militaire; **aktiver –** service militaire actif.

**WEHRDIENST | BEFREIUNG** *f* dispense *f* des obligations du service national actif; **–gericht** *n* tribunal *m* militaire (statuant en matière disciplinaire); **–leistende(r)** *m* personne *f* accomplissant son service national actif, appelé *m* (sous les armes).

**WEHRDIENST | VERWEIGERER** *m* • *(StR)* insoumis *m* • objecteur *m* de conscience; **–verweigerung** *f* • *(StR)* insoumission, refus du service national • *(aus Gewissensgründen)* objection de consience.

**WEHR | ERSATZAMT** *n* bureau *m* du service national; centre *m* de sélection; **–ersatzdienst** *m (= Zivildienst)* service civil auprès d'un organisme social (en cas de reconnaissance du statut d'objecteur de conscience); **–kraftzersetzung** *f* démoralisation de l'armée.

**WEHRPFLICHT** *f* assujétissement au service national, obligations *fpl* militaires; **allgemeine –** service national obligatoire, conscription *f*; **–entziehung** *f* insoumission.

**WEHR | PFLICHTIGE(R)** *m* personne soumise aux obligations d'activité du service national; **–sold** *m* solde *f* (de l'incorporé); **–stammrolle** *f* registre matricule, rôle de recrutement; **–übung** *f* période *f* d'exercice et d'instruction complémentaire.

**WEHR | UNWÜRDIGKEIT** *f* *(DiszR)* indignité *f* entraînant l'exclusion de l'armée; **–verfassung** *f* législation militaire; **–wesen** *n* l'Armée *f*.

**WEIGERUNG** *f* refus *m*; rejet *m*; désapprobation *f*.

**WEIGERUNGS | BEFUGNIS** *f* droit de refuser (le témoignage); **–grund** *m* cause *f ou* motif *m* de refus; motif de récusation.

**WEIHNACHTS | FEIERTAG** *m* jour férié de Noël; **–ferien** *pl* vacances de Noël; **–geld** *n* gratification de fin d'année.

**WEIN | BAU** *m* viticulture *f*; **–baugebiet** *n* région vinicole; **–bezeichnung** *f* appellation d'origine; **–brand** *m* eau-de-vie (de vin); **–fäscher** *m* frelateur *m*; **–fälschung** *f* frelatage *m* (du vin); **–gut** *n* vignoble *m*, domaine *m*.

**WEISE** *f* **: Art und –** manière de faire, façon *f*; **in gesetzwidriger –** illégalement *adv*; **auf gütliche –** à l'amiable, amiablement.

**WEISUNG** *f* • *(VwR)* instruction *f*, directive *f*; prescription; consigne *f*, ordre *m* • *(StPR)* condition (dans le cadre de la libération conditionnelle); injonction (du juge d'application des peines); **bindende –** instruction impérative.

**WEISUNGS | ABHÄNGIGKEIT** *f* • *(VwR)* dépendance d'une autorité supérieure disposant d'un pouvoir d'appréciation (visant à fixer une ligne de conduite) • *(GesR)* obligation pour une entreprise intégrée dans un groupe de respecter les directives du leader (du groupe); **–befugnis** *f* • *(VwR)* pouvoir de donner des instructions, pouvoir de prescrire (à une autre autorité) une ligne de conduite • *(ArbR)* pouvoir *m* de direction (de l'employeur); **–gebundenheit** *f* • *(VwR)* obligation de s'en tenir aux instructions • *(ArbR)* obligation de respecter les directives de l'employeur, subordination.

**WEITER | BILDUNG** *f* • formation *f* continue; enseignement *m* postscolaire • *(periodisch)* recyclage *m*; **–gabe** *f* *(SchuldR, SachR)* remise à un acquéreur subséquent; **–leitung** *f* *(Akten)* transmission (du dossier) à qui de droit.

**WEITER | LIEFERUNG** *f* réextradition *f* (à un État tiers); **–verarbeitung** *f* transformation; **–veräußerung** *f*, **–verkauf** *m* revente *f*; **–vermietung** *f* • cession de bail • sous-location.

**WEITER | VERSICHERUNG** *f* reconduction *f* de l'assurance; **–verweisung** *f* *(PrzR)* renvoi *m* devant une autre juridiction.

**WELTGESUNDHEITS | BEHÖRDE** *f*, **–organisation** *f* organisation *f* mondiale de la santé (OMS).

**WELT | HANDEL** *m* commerce mondial, échanges *mpl* internationaux; **–handelskonferenz** *f* conférence du commerce international.

**WELT | MACHT** *f* grande puissance; **–marke** *f* marque internationale; **–markt** *m* marché *m* global *ou* mondial.

**WELT | ORDNUNG** *f* mondialisme *m*, ordre *m* global; **–postverein** *m* Union postale universelle (UPU).

**WELTRAUM** *m* espace *m* extra-atmosphérique; **–flug** *m* vol *m* spatial; **–forschungsorganisation** *f* **: Europäische – Organisation** européenne de recherches spatiales; **–recht** *n* droit de l'espace.

**WELT | RUF** *m* renommée mondiale (d'une grande marque); **–ur-**

**heberrechtsabkommen** *n* Convention universelle sur la propriété littéraire et artistique.

**WERBE | ABTEILUNG** *f* service *m* de publicité; **–agentur** *f* agence *f* de publicité; **–aktion** *f* campagne *f* publicitaire; **–aufwand** *m*, **–aufwendungen** *pl* dépenses *fpl* publicitaires; **–aussage** *f* message *m* publicitaire; **–beilage** *f* dépliant publicitaire (dans un support de presse); **–berater** *m* agent *m* en publicité, publicitaire *m*; **–brief** *m* lettre *f* publicitaire; **–broschüre** *f*, **–drucksache** *f* prospectus *m*, imprimé publicitaire.

**WERBE | EINBLENDUNG** *f* spot *m* publicitaire, bref message publicitaire; **–fachmann** *m* agent en publicité, publicitaire *m*; **–fernsehen** *n* télévision commerciale; **–film** *m* film *m ou* spot publicitaire; **–fläche** *f* espace *ou* panneau *m* publicitaire; **–funk** *m* • message publicitiare à la radio • radiodiffusion commerciale; **–geschenk** *n* cadeau *m* publicitaire, article-prime; **–inserat** *n* • *(groß)* placard *m* publicitaire • *(klein)* annonce *f* publicitaire • *(ganzseitig)* annonce pleine page, plein papier.

**WERBE | KOSTEN** *pl* frais de publicité, coût *m* de la publicité; **–kraft** *f* impact *m* du message publicitaire; **–material** *n* documents *mpl* promotionnels *ou* publicitaires.

**WERBE | PACKUNG** *f* • emballage publicitaire • produit vendu en promotion; **–plakat** *n* affiche *f* publicitaire; **–preis** *m* prix *m* promotionnel; **–prospekt** *n* prospectus *m ou* dépliant *m* publicitaire.

**WERBE | RECHT** *n* droit relatif à la promotion des ventes et la protection du consommateur; **–schreiben** *n* publicité directe *ou* par correspondance; **–sendung** *f* • *(HR)* émission publicitaire • *(Pol)* émission de propagande (électorale); **–spot** *m*, **–spruch** *m* spot *m ou* message *m* publicitaire; formule *f* publicitaire (brève et incisive); **–träger** *m* support *m* publicitaire; **–veranstaltung** *f*, **–verkauf** *m* vente promotionnelle; **–wurfsendung** *f* publipostage *m*.

**WERBUNG** *f* • *(Reklame für Waren)* publicité *f*, réclame *f*, promotion *f* des ventes, activité *f* promotionnelle • *(für Ideen)* propagande *f*; **irreführende –** publicité mensongère *ou* trompeuse; **lautere –** publicité loyale; **personalisierte –** publicité personnalisée; **(rechts) missbräuchliche –, unlautere –** publicité déloyale *ou* abusive; **unterschwellige –** publicité subliminale *ou* invisible; publicité suggestive; **vergleichende –** publicité comparative; **versteckte –** publicité clandestine.

**WERBUNGS | KOSTEN** *pl* • *(SteuerR)* frais *mpl* professionnels, dépenses *fpl ou* charges *fpl* professionnelles (à défalquer) • frais de publicité; **–träger** *m* support *m* publicitaire.

**WERFT** *f* chantier *m* naval; **–bau** *m* construction navale.

**WERK** *n* • *(UrhR)* œuvre *f* (de l'esprit), création intellectuelle • *(Arbeit)* travail *m*, activité *f* • *(Leistung)* ouvrage *m*, production *f* • *(Fabrik)* usine *f*, établissement *m* industriel, fabrique *f*, entreprise *f* (industrielle) • *(Erzeugnis)* produit *m* (industriel) • *(Mechanismus)* mécanisme *m*, rouage *m* • *(Buch)* ouvrage *m*.

**WERK | BEGRIFF** *m (UrhR)* notion *f* de l'œuvre protégée; **–besteller** *m (SchuldR: Werkvertrag)* maître *m* de l'ouvrage.

**WERKE DER LITERATUR, Wissenschaft und Kunst** œuvres *fpl* littéraires et artistiques et scientifiques; **verbundene –** œuvres composites.

**WERK | HERSTELLER** *m (SchuldR: Werkvertrag)* entrepreneur *m*; **–lieferungsvertrag** *m (SchuldR)* contrat mixte d'entreprise et de vente (comportant la fourniture de travail et de matières), marché *m ou* contrat *m* d'ouvrage; **–lohn** *m* prix *m* de l'ouvrage; **–mängel** *mpl* vices *mpl* apparents *ou* cachés; **–meister** *m (ArbR)* chef *m* d'atelier, chef de travaux.

**WERKS | ANLAGEN** *fpl* installations, équipements; **–arzt** *m* médecin du travail; **–ausweis** *m* badge *m*, document d'identité codé.

**WERK | SCHÖPFER** *m (Urheber)* auteur *m*; **–schöpfung** *f* œuvre *f* de l'esprit; **–schutz** *m* • *(UrhR)* protection *ou* respect *m* de l'œuvre • *(BW)* protection des installations industrielles • *(ArbR)* service de gardiennage patronal; milice patronale.

**WERK | SPIONAGE** *f* espionnage *m* industriel; **–statt** *f* atelier *m*; **–stillegung** *f* fermeture *f* d'une usine; **–(s)wohnung** *f* logement *m* d'entreprise, habitation ouvrière.

**WERK | TAG** *m* jour *m* ouvrable, (en S. aussi:) jour utile; **–titel** *m (UrhR)* titre *m* d'une œuvre; **–unternehmer** *m (SchuldR: Werkvertrags)* entrepreneur *m*; prestataire *m* (de service); fabricant *m* de l'ouvrage; **–verbindung** *(UrhR)* œuvre composite.

**WERKVERTRAG** *m (SchuldR)* contrat *m* d'entreprise, entreprise *f*, contrat d'industrie *ou* de louage d'ouvrage; **–srecht** *n* régime juridique des contrats d'entreprise.

**WERK | VERWERTUNG** *f (UrhR)* exploitation du droit d'auteur; **–wiedergabe** *f* reproduction de l'œuvre; représentation, communication au public.

**WERT 1.** *m* • *(Preis)* valeur *f*, prix *m* • *(Verkehrswert)* valeur d'échange, valeur vénale *ou* marchande • *(Bedeutung)* importance *f*, mérite *m*, qualité *f*; **buchmäßiger –** valeur comptable; **gemeiner –** valeur vénale; **geringfügiger –** valeur minime, faible valeur; **geschätzter –** valeur approximative; **ideeller –** valeur morale, intérêt d'affection; **innerer –** valeur intrinsèque; **mündelsicherer –** valeur de bon père de famille, valeur sûre; **nomineller –** valeur nominale; **tatsächlicher –, wirklicher –** valeur effective *ou* réelle.

**WERTE 2.** *pl (BörR: Wertpapiere)* valeurs *fpl* mobilières, effets *mpl*, titres *mpl*; **festverzinsliche –** valeurs *fpl* à revenu fixe; **markfähige –** valeurs négociables; **nicht notierte –** valeurs non cotées.

**WERT | ANGABE** *f* indication de la valeur, valeur déclarée; **–anlage** *f* investissement; **–arbeit** *f* travail *m* (de grande) qualité; **–aufholung** *f (SteuerR)* adaptation de la valeur fiscale à la valeur réelle (d'un bien); **–ausgleich** *m* • *(EheR: Scheidung)* prestation compensatoire • *(BW)* compensation *f* de valeur; soulte *f*; **–berechnung** *f* évaluation; **–berichtigung** *f* réévaluation, ajustement *m* de la valeur; **–berichtigungsposten** *m* compte *m* de régularisation.

**WERT | FESTSETZUNG** *f*, **–feststellung** *f* détermination de la valeur; **–fortschreibung** *f* rectification *f* de valeur, réévaluation; **–gegenstand** *m* objet de (grande) valeur.

**WERT | MINDERUNG** *f* diminution de valeur, dépréciation *f ou* détérioration *f* de la valeur, moins-value *f*; **–minderungsanspruch** *m (SchuldR)* droit à la diminution du prix (lorsque la chose est affectée d'un vice rédhibitoire).

**WERTPAPIER** *n (SchuldR)* titre *m*; valeur mobilière; **beliehenes –** titre donné en gage; **börsenfähiges –** valeur cotée en bourse; **festverzinsliches –** valeur *ou* titre à revenu fixe; **handelsfähiges –** effet bancable; **kaufmännisches –** effet de commerce, effet négociable; **mündelsicheres –** valeur sûre.

**WERTPAPIER | BESITZ** *m*, **–bestand** *m* portefeuille de titres, avoir *m* en valeurs mobilières; **–börse** *f* bourse *f* des valeurs; **–lombard** *m* avance *f* sur titres.

**WERTPAPIER | MARKT** *m* marché des valeurs mobilières, marché des valeurs; **–verwahrung**

*f* dépôt de titres en banque; **–verwaltung** *f* gestion de portefeuille.

**WERT | SACHE** *f* objet *m* de valeur; **–schöpfung** *f* création de plus-values; **–sendung** *f* envoi avec valeur déclarée; **–sicherungsklausel** *f* • *(Außenwert)* clause de garantie de change • *(Binnenwert)* clause *f* d'indexation; **–stellung** *f* *(BankR: Wertstellungsdatum)* date *f* de valeur; **–stoff** *m* *(UmweltR)* déchet récupérable *ou* recyclable; **–stoffhof** *m* déchetterie *f*; **–stoffverwertung** *f* recyclage *m* (des papiers et cartons usagés).

**WERTUNG** *f* classement *m*, appréciation de la valeur; **–sirrtum** *m* *(SchuldR)* erreur *f* juridique portant sur le fait qu'un acte n'est pas couvert par une cause justificative.

**WERT | URTEIL** *n* jugement *m* de valeur; **–verfall** *m*, **–verlust** *m*, **–verringerung** *f* dépréciation; décote *f*; perte *f* de valeur.

**WERTZEICHEN** *n* *(Post)* timbre-poste *m*.

**WESENTLICH** *adj* : **–e Beeinträchtigung** atteinte grave (à); **–er Bestandteil** • *(SachR)* élément incorporé à un bien immeuble (et ne pouvant en être détaché sans détruire ou déprécier irrémédiablement le bien en question); adjonction d'une partie principale à un bien immeuble • *(Scheck, Wechsel, Vertrag)* élément constitutif; mention obligatoire; **–er Mangel** vice *m* rédhibitoire.

**WETTBEWERB** *m* • *(von Personen)* compétition *f*, concours *m* • *(zwischen Firmen)* concurrence *f*; **freier –** libre concurrence; **unlauterer –** concurrence déloyale *ou* illicite.

**WETTBEWERBS | ABREDE** *f* *(HR, ArbR: Wettbewerbsverbot)* engagement *ou* clause *f* de non-concurrence; **–behinderung** *f* entrave *f* à la libre concurrence; **–benachteiligung** *f* distorsion de la concurrence.

**WETTBEWERBSFÄHIG** *adj* compétitif, concurrentiel; performant.

**WETTBEWERBS | FÄHIGKEIT** *f* compétitivité *f*, aptitude *f* à la concurrence; **unlautere –handlungen** *pl* agissements *mpl* déloyaux; **–klausel** *f* clause de non-concurrence.

**WETTBEWERBS | RECHT** *n* régime légal de la concurrence; **–verbot** *n* obligation de non-concurrence; prohibition *f* *ou* interdiction en matière de concurrence; **–vereinbarung** *f* clause *f* *ou* engagement de non-concurrence; **–verfälschung** *f*, **–verzerrung** *f* distorsion de la concurrence.

**WETTE** *f* pari *m* (en tant que contrat aléatoire); jeu *m* (de hasard).

**WICHTIG** *adj* : **–er Grund** *(ArbR)* motif de licenciement résultant d'une faute grave; **–e Grundlage** fondement *m*; **–e Information** information à retenir, important!

**WIDERKLAGE** *f* *(ZPR, StPR)* demande *f* reconventionnelle, reconvention.

**WIDERKLÄGER** *m* (défendeur originaire en tant que) demandeur *m* reconventionnel.

**WIDERLEGBAR** *adj* *(Argument)* réfutable; **–e Vermutung** présomption réfragable, présomption admettant la preuve contraire.

**WIDERLEGUNG** *f* réfutation (d'un argument, d'une erreur).

**WIDERRECHTLICH** • *(adj)* illicite, illégal, contraire aux lois (en vigueur) • *(adv)* au mépris de la loi, arbitrairement.

**WIDERRUF** *m* • *(SchuldR: Willenserklärung)* rétractation *f*, révocation *f*; désaveu *m* • *(Vertrag)* résolution; annulation; dédit *m*; repentir *m* • *(StR)* rétractation publique (d'une calomnie); **– der Bestellung** repentir *m*, rétractation (d'une commande); **– einer Erlaubnis** retrait d'autorisation; **– des Geständnisses** rétractation *f* d'un aveu; **– von Haustürgeschäften** rétractation d'un contrat conclu avec un démarcheur, exercice du droit de renonciation (pendant le délai de réflexion); **– der Schenkung** révocation de la donation.

**WIDERRUFEN** • *(Anordnung)* abroger, annuler • *(Beamte)* révoquer • *(Nachricht)* démentir • *(Versprechen)* se dédire de • *(Willenserklärung)* revenir sur son consentement, reprendre son consentement, rétracter, *(umg)* se rétracter.

**WIDERRUFS | RECHT** *n* faculté de renonciation; droit de dédit; **–vorbehalt** *m* (clause de) réserve *f* de rétractation.

**WIDERSPRUCH** *m* • *(ZPR)* opposition *f* • *(VwPR)* contredit *m*, protestation • *(Allgspr)* contradiction; **– erheben** • former *ou* faire opposition, s'opposer, protester • porter le contrat devant (le tribunal); **– gegen den Mahnbescheid** (porter un) contredit contre l'ordonnance portant injonction de payer.

**WIDERSPRÜCHLICH** *adj* contradictoire; incompatible; antinomique.

**WIDERSPRUCHS | AUSSCHUSS** *m (AuslR)* commission statuant en matière d'opposition; **–begründung** *f* motifs invoqués en faveur de l'opposition; **–behörde** *f (VwPR)* autorité administrative compétente en matière de recours gracieux *ou* hiérarchique; **–bescheid** *m* • *(ZPR)* décision rendue sur une opposition • *(VwPR)* décision *f* de l'autorité administrative compétente statuant en matière de recours gracieux; **–frist** *f* délai prévu pour former opposition; **–führer** *m (VwPR)* administré engageant un recours administratif gracieux; **–klage** *f (ZPR)* tierce opposition; **–kläger** *m* tiers opposant *m*; **–möglichkeit** *f*, **–recht** *n (VwPR)* faculté ouverte à qqn. pour engager un recours gracieux; **–verfahren** *n (VwPR)* recours *m* (administratif) gracieux *ou* hiérarchique.

**WIDERSTAND** *m (StR)* (délit de) rébellion *f*, résistance *f* (violente à une personne dépositaire de l'autorité publique); désobéissance *f*, sédition *f*; **passiver –** résistance passive, non-violence *f*; **– gegen die Staatsgewalt** rébellion contre les autorités.

**WIDMUNG** *f* • *(VwR)* affectation *f* (d'un bien à l'usage du public) • *(Schenkung)* libéralité *f* avec obligation de respecter une utilisation déterminée.

**WIDRIGENFALLS** *adv* sinon, autrement; dans le cas contraire; faute de quoi, sans quoi.

**WIEDERAUFBEREITUNG** *f (UmweltR)* recyclage *m*, revalorisation (des déchets), retraitement, récupération; **–sanlage** *f* usine de retraitement (des déchets).

**WIEDERAUFLEBEN** *n (Rechte)* réinstallation (dans ses droits); relevé *m* de forclusion.

**WIEDERAUFNAHME** *f* • *(Gespräche)* reprise *f* • *(des Verfahrens)* révision *f*, réexamen *m*; **– des Verfahrens** réouverture de la procédure, révision *f*.

**WIEDERAUFNAHME | ANTRAG** *m (PrzR)* demande *ou* requête en révision; **–beschluss** *m* décision d'ouverture du recours en révision; **–gericht** *n* cour compétente en matière de révision; **–klage** *f* demande *ou* citation en révision (basée sur la découverte d'un fait nouveau etc.); **–verfahren** *n* • *(ZPR, VwPR)* recours *m* en révision *ou* en annulation • *(StPR)* pourvoi *m* en révision.

**WIEDERBESCHAFFUNGS | KOSTEN** *pl* • *(Schadenersatz)* (indemnité en vue de couvrir les) frais de remplacement • *(Waren)* coût *m* du réapprovisionnement; **–preis** *m* prix payé pour remplacer un bien (perdu *ou* détérioré).

**WIEDEREINGLIEDERUNG** *f* • *(in das Berufsleben)* réadaptation *ou* réinsertion professionnelle, reclassement *m* professionnel, rééducation professionnelle • *(in den Betrieb)* réintégration (dans l'entreprise).

**WIEDEREINSETZUNG** *f* • *(BeamR)* réintégration • rétablissement (dans ses droits); **– in den vorigen Stand** • *(PrzR)* suppression des conséquences résultant d'une forclusion, relèvement de forclusion, réouverture des délais, levée de la forclusion • *(PatR)* régularisation du dépôt, réintégration dans l'état antérieur.

**WIEDEREINSTELLUNG** *f* réemploi *m*, réintégration *f*, réembauchage *m*, rengagement *m*.

**WIEDERGABE** *f* • *(SchuldR: Zurückgeben)* restitution *f*, reddition *f* • *(UrhR: Darstellung)* reproduction *f*; **unerlaubte –** reproduction illicite; **wörtliche –** reproduction textuelle *ou* mot à mot; **–recht** *n* *(UrhR)* droit de reproduction.

**WIEDERGUTMACHUNG** *f* • *(Schaden)* réparation *f* • *(Entschädigung)* indemnisation *f* • *(Wiedererstattung)* restitution *f*; **–sanspruch** *m* droit à réparation; **–sleistung** *f* versement fait au titre de réparation.

**WIEDERHERSTELLUNG** *f* • *(WirtR: Wiederaufbau)* reconstruction *f*, reconstitution *f* • *(SchuldR: Instandsetzung)* réparation, réfection, remise *f* en état, restauration *f* • *(SchuldR: Naturalherstellung)* remise *f* en l'état primitif.

**WIEDERHOLUNG** *f* réitération; répétition; **– schwerwiegender Straftaten** réitération d'infractions graves.

**WIEDERHOLUNGS | FALL** *m* • cas *m* de renouvellement • *(StR)* récidive *f*; **im –fall** en cas de récidive; **–gefahr** *f* risque *m ou* éventualité *f* d'une réitération des faits *ou* d'un abus; **–täter** *m* récidiviste *m*, délinquant *m* en état de récidive.

**WIEDER | INSTANDSETZUNG** *f* remise *f* en état; **–kauf** *m* • rachat *m* • vente *f* à réméré.

**WIEDERKAUFS | RECHT** *n* droit de réméré, droit *ou* faculté de rachat; **–vorbehalt** *m* clause *f* de réméré *ou* de reprise.

**WIL | DEREI** *f* braconnage *m*; **–derer** *m* braconnier *m*; **–dern** braconner.

**WILDSCHADEN** *m* dommage *m ou* dégâts *mpl* causé(s) par le gibier (aux cultures).

**WILLE(N)** *m* volonté *f* (juridique), faculté *f*; **ausdrücklicher –** volonté expresse *ou* déclarée; **freier –** libre arbitre; **letzter –** dernières volontés, testament *m*; **tatsächlicher –** volonté réelle *ou* interne; **– der Parteien** intention des parties (au contrat).

**WILLENSERKLÄRUNG** *f* *(ZR)* déclaration de volonté, consentement; volonté déclarée *ou* manifestée (comportant des conséquences juridiques précises); **ausdrückliche –** volonté expresse *ou* déclarée; **einseitige –** volonté de l'auteur d'un acte unilatéral; **empfangsbedürftige –** déclaration nécessitant (pour sa validité) la réception (par l'autre partie); **fehlende –** absence *f* de consentement.

**WILLENS | FREIHEIT** *f* autonomie *f* de la volonté; **–kundgabe** *f*, **–kundgebung** *f* déclaration de volonté, manifestation de volonté; **–mangel** *m* vice *m* du consentement; **fehlende –übereinstimmung** absence *ou* défaut de consentement.

**WILLKÜR** *f* arbitraire *f*; despotisme *m*; **–herrschaft** *f* despotisme *m*; **–verbot** *n* obligation de respecter des règles de droit, interdiction de tout abus de droit.

**WILLKÜRLICH** *adj* : **–e Entscheidung** décision arbitraire; **–e Ungleichbehandlung** discrimination arbitraire; **–e Verhaftung** arrestation illégale *ou* arbitraire.

**WINKELADVOKAT** *m pej* avocat véreux *ou* utilisant des moyens illégaux; avocat marron.

**WIRKSAM** *adj* : **Dritten gegenüber –** opposable aux tiers; **für – erklären** valider; **– werden** prendre effet, entrer en vigueur.

**WIRKSAMKEIT** *f* efficacité *f*, validité *f*; régularité *f*, vigueur *f*; **– des Vertrages** régularité du contrat.

**WIRKUNG** *f* • *(als Ergebnis, Folge)* effet *m*, conséquence *f*, suite *f*; incidence *f*; efficacité *f* • *(als Tätigkeit)* action, opération; **allgemein verbindliche –** effet à l'égard des tiers, effet erga omnes; **auflösende –** effet résolutoire; **aufschiebende –** effet suspensif; **befreiende –** effet libératoire; **rechtsübertragende –** effet translatif; effet dévolutif; **sofortige –** effet immédiat; **– gegenüber Dritten** 'effet à l'égard des tiers, effet erga omnes; **– zwischen Vertrags-** *od.* **Prozessparteien** effet inter partes, effet relatif.

**WIRTSCHAFT** *f* • *(Produktionssystem)* économie *f* (libérale, planifiée) • *(Tätigkeit: das Wirtschaften)* administration *f*; gestion *f* • *(Gastwirtschaft)* débit *m* de boissons, restaurant *m* • *(landwirtschaftlicher Betrieb)* exploitation agricole.

**WIRTSCHAFTS | BERATER** *m* consultant *m*; audit *m*; **–beratung** *f* conseil *m* d'entreprise; ingénierie *f*; audit *m*, contrôle *m* externe; **–betrieb** entreprise *f* industrielle *ou* commerciale; société *f*, exploitation; **–bilanz** *f* • *(Außh)* balance des comptes • comptabilité nationale, bilan *m* économique.

**WIRTSCHAFTS | DATEN** *pl* paramètres *mpl* de l'économie; balises *fpl*; **–delikt** *n* infraction économique; **–einheit** *f* unité *f* économique, entreprise.

**WIRTSCHAFTS | FACHMANN** *m* économiste *m*, spécialiste d'économie politique; **–führer** *f* • chef d'entreprise *ou* d'industrie, *fam* grand patron • personnalité *f* du monde économique.

**WIRTSCHAFTS | GEBÄUDE** *n* bâtiment d'exploitation; **–geld** *n* *(EheR)* argent remis par le mari à sa femme pour les dépenses courantes du ménage, argent pour l'entretien du ménage; **–gesellschaft** *f* *(Industriegesellschaft)* société *f* industrielle; **–gut** *n* bien *m* économique; **–güter** *pl* marchandises *fpl*, biens *mpl* d'équipement, services *mpl*.

**WIRTSCHAFTS | JAHR** *n* exercice *m*; campagne *f*; **–jurist** *f* juriste *m* d'entreprise (industrielle *ou* commerciale); **–kriminalität** *f* délinquance *f* économique, criminalité *f* financière *ou* en col blanc.

**WIRTSCHAFTS | MINISTERIUM** *n* ministère de l'économie; **–ordnung** *f* système *m* économique, régime économique.

**WIRTSCHAFTS | PRÜFER** *m* • expert-comptable *m*, audit *m* • *(Rechnungsprüfer)* vérificateur *m* aux comptes • *(bei der AG)* commissaire *m* aux comptes; **–prüfung** *f* contrôle *m* de la gestion financière, audit *f*; **–prüfungsbericht** *m* rapport du *ou* des commissaires aux comptes; **–prüfungsgesellschaft** *f* société d'experts-comptables, association *f* de vérificateurs aux comptes.

**WIRTSCHAFTS | RAUM** *m* • *(Vwirt)* espace *m* constituant une unité économique, débouché *m* • *(BW)* local *m* à usage commercial; **–recht** *n* droit des affaires, droit économique et financier; législation *f* industrielle; droit commercial (au sens large); **–spionage** *f* espionnage économique.

**WIRTSCHAFTSSTRAF | GESETZ** *n* loi relative à la criminalité économique; **–kammer** chambre pénale du Tribunal régional compétent en matière d'infractions économiques; **–recht** *n* droit pénal des affaires.

**WIRTSCHAFTS | SUBJEKT** *n* agent *m* économique; **–unternehmen** *n* entreprise *f* commerciale *ou* industrielle; **–verfassung** *f* ordre *m ou* régime *m* économique; **–vergehen** *n* infraction économique *ou* financière; **–wissenschaft** *f* science économique; **–wissenschaftler** *m* économiste *m*; **–zweig** *m* branche *f* d'activité économique, secteur économique.

**WISSEN** *n* savoir *m*; connaissance *f*; **technisches –** savoir-faire *m*, know-how *m*.

**WISSENS | STAND** *m* état actuel des connaissances; **–vertreter** *m* *(SchuldR)* préposé *m* (agissant pour le commettant face aux tiers et sous sa responsabilité contractuelle); **–vorsprung** *m* écart *m* technologique, gap *m* (à l'avantage d'un concurrent).

**WISSENTLICH** *(adj)* en connaissance de cause, *(vorsätzlich)* de propos délibéré; *(adv)* sciemment, délibérément, *(vorsätzlich)* volontairement.

**WITWEN | BEIHILFE** *f* allocation *f* de veuvage; **–geld** *n*, **–pension** *f*, **–rente** *f* pension *f* de réversion (à la veuve).

**WOCHE** *f* **: in einer –** sous huitaine; **in zwei –n** dans quinze jours.

**WOCHEN | ENDARREST** *m*, **–endvollzug** *m* *(StVZ)* régime d'exécution des peines pendant les fins de semaine, régime de semi-liberté; **–tag** *m* jour *m* ouvrable.

**WOHL** *n* **: öffentliches –, – der Allgemeinheit** salut *m* public, intérêt général.

**WOHL | BEGRÜNDET** *adj* bien-fondé (en droit); **–erworbene Rechte** droits *mpl* acquis.

**WOHLFAHRTS | AMT** *n* bureau *ou* service d'aide sociale; **–einrichtung** *f* • *(privat)* institution de bienfaisance *ou* charitable, œuvre de bienfaisance *ou* charitable • *(öffentlich)* œuvre sociale, service d'aide sociale; **–pflege** *f* • aide *f* sociale • *(freie –)* œuvre *f* de bienfaisance; **–staat** *m* État-providence *m*.

**WOHN | ANLAGE** *f* grand ensemble, quartier résidentiel; **–container** *m* conteneur *m* servant d'habitation (provisoire); **–fläche** *f* surface *f* habitable *ou* locative; **–gebäude** *n* local *m* *ou* immeuble *m* à usage d'habitation; **–gebiet** *n*, **–gegend** *f* quartier *m* résidentiel; **–geld** *n* allocation *f* de logement; **–gemeinde** *f* commune *f* du lieu d'habitation *ou* de résidence.

**WOHNHAFT** *adj* **(in)** domicilié (à), habitant, demeurant.

**WOHN | HAUS** *n* maison *f* d'habitation, immeuble *m* à usage d'habitation; **–heim** *n* foyer *m*; **–mobil** *n* autocaravane *f*, motor-home *m*; camping-car *m*; **–ort** *m* domicile *m*, résidence *f*, lieu *m* de séjour.

**WOHNRAUM** *m* local à usage d'habitation, local d'habitation, appartement *m*, logement *m*; **–kündigungsschutz** *m* maintien *m* dans les lieux, protection (du locataire) en cas de résolution du bail.

**WOHNSITZ** *m* • *(als Rechtsbegriff)* domicile *m* (à déclaration obligatoire) • *(Aufenthaltsort)* résidence *f*, lieu *m* d'habitation ordinaire; **dienstlicher –** résidence *f* de fonction; **ehelicher –** domicile conjugal; **erster –** domicile principal; **erwählter –** domicile d'élection, domicile élu; **fester –** domicile fixe; **gesetzlicher –** domicile légal, domicile de droit *ou* imposé par la loi; **gewillkürter –** domicile librement choisi; **gewöhnlicher –** résidence habituelle; **ständiger –** domicile permanent; **steuerlicher –** domicile fiscal; **zweiter –** résidence *f* secondaire.

**WOHNSITZ | ANMELDUNG** *f* déclaration de domicile; **–bescheinigung** *f* attestation de domicile; **–gemeinde** *f* commune du lieu de résidence; **–gericht** *n* tribunal du domicile; **–lose(r)** *m* sans domicile fixe, un «S.D.F.»; **–staat** *m* • État du domicile • pays de résidence; **–wechsel** *m* changement de domicile.

**WOHNUNG** *f* logement *m*, appartement *m*, demeure *f*, habitation; **besetzte –** logement *m* squatté, logement occupé illégalement; **eheliche –** logement du couple marié; **freie –** logement qui n'est pas soumis au contrôle des loyers; **leerstehende –** logement inoccupé; **möblierte –** habitation *f* meublée, meublé *m*, garni *m*; **schlüsselfertige –** appartement (vendu) clés en main; **unterbelegte –** logement insuffisamment occupé.

**WOHNUNGS | AMT** *n* office *m ou* service municipal des habitations à louer; **sozialer –bau** logements *mpl* sociaux; **–baudarlehen** *n* • prêt *m* à la construction (d'un logement) • *(staatlich)* prêt *m* aidé à l'accession de la propriété; **–bauprämie** *f* prime *f* accordée (par l'État) à la construction; **–beihilfe** *f* • allocation de logement • aide personnalisée au logement; **–besetzung** *f* occupation illégale d'un immeuble, squat *m*, squattérisation.

**WOHNUNGS | DURCHSUCHUNG** *f (StR)* visite *ou* perquisition domiciliaire; **–eigentum** *n* copropriété *f* dans une maison divisée par étages *ou* appartements; **–eigentümer** *m* copropriétaire (d'un immeuble d'habitation); **–eigentümerversammlung** *f* assemblée générale des copropriétaires; **–eigentumsverwalter** *m* syndic *m* de copropriété; **–einrichtung** *f* mobilier *m*, meubles *mpl* meublants.

**WOHNUNGSGELD** *n* • *(SozR)* allocation-logement • *(ArbR)* indemnité de logement *ou* de résidence.

**WOHNUNGS | INHABER** *m* • propriétaire *m* de l'appartement • *(Mieter)* locataire *m*; **–instandsetzungskosten** *pl* réparations *fpl* locatives; **–kündigung** *f* résiliation d'un bail locatif; **–markt** *m* marché de l'immobilier; **–mietvertrag** *m* bail *m* d'appartement; **–miteigentümer** *m* copropriétaire d'un appartement; **–räumung** *f* expulsion du locataire; **–recht** *n* régime juridique des immeubles d'habitation.

**WOHNUNGS | SUCHENDE(R)** *m* personne *f* à la recherche d'un logement; **–vermittlung** *f* • location par l'intermédiaire d'une agence immobilière, activité d'une agence immobilière • agence immobilière, agent immobilier; **–verwalter** *m* administrateur de biens; **–verwaltung** *f* administration (fiduciaire) de biens; **–zustand** *m* état *m* des lieux.

**WOHN | VERBOT** *n* interdiction de séjour; **–verhältnisse** *npl* conditions *fpl* du logement; **–viertel** *m* quartier *m* résidentiel; **–wagen** *m* autocaravane *f*; camping-car *m*, motor-home *m*.

**WORT** *n* • *(Einzelwort)* mot *m* • *(Ausdruck)* terme *m* • *(Versprechen)* parole *f* d'honneur; **das letzte –** *(StPR)* droit (du prévenu) de parler le dernier; **in –en** *(Zahl auf Rechnungen usw.)* en toutes lettres.

**WORT | GETREUE ABSCHRIFT** *f* copie conforme; **–getreue Übersetzung** traduction fidèle et littérale.

**WORTLAUT** *m* • texte *m*, libellé *m* • *(eines Schriftstückes)* teneur *f* • *(eines Vertrages)* termes *mpl*; **amtlicher –** texte officiel; **verbindlicher –** texte convenu (entre les parties); **voller –** texte *m* intégral.

**WÖRTLICH** *adj (buchstäblich)* littéral, *(textgetreu)* textuel, *(Wort für Wort)* mot à mot; *adv* littéralement, au pied de la lettre, textuellement; **– anführen** citer mot à mot; **– wiedergeben** reproduire textuellement.

**WORT | MELDUNG** *f* inscription *f* sur la liste des orateurs; **–zeichen** *n* *(Wz)* marque nominale *ou* verbale, signe dénominatif, dénomination, terme *m*; **– und Bildzeichen** *n* marque figurative et nominale, signe *m* emblématique associé à une dénomination.

**WUCHER** *m* usure *f*; **–darlehen** *n* prêt *m* usuraire.

**WUCHERER** *m* usurier *m*, personne qui prête à usure (par profession ou habitude).

**WUCHER | PREIS** *m* prix *m* exorbitant, prix usuraire; **–zins** *m*, **–zinsen** *pl* taux *m ou* intérêt *m* usuraire.

**WÜRDE** *f* • *(VerfR: Menschenwürde)* dignité *f* (de l'homme) • *(BeamR)* rang *m*, grade *m*; dignité.

**WÜRDENTRÄGER** *m* dignitaire *m*.
**WÜRDIGUNG** *f* • *(Sachverhalt)* appréciation *f* • *(Person)* estimation *f*, hommage *m*; **freie –** (pleine) liberté d'appréciation; **rechtliche –** appréciation juridique.
**WURFSENDUNG** *f* publipostage *m*, envoi *m* postal publicitaire.

## Z

**ZAHL** *f* : **rote –en** déficit *m*, dette *f*, perte *f*; **– als Warenzeichen** chiffre en tant que signe dénominatif (d'une marque).
**ZAHLBAR** *adj* : **bei Sicht –** payable à vue; **– binnen einer Woche** payable sous huitaine; **– in drei Monatsraten** payable en trois mensualités; **– bei Vorlage, – bei Vorlegung** payable à présentation.
**ZAHLEN** *v* payer, acquitter (une dette), verser (une somme), régler (une dépense); rémunérer (un salarié); **bar –** payer en espèces *ou* en numéraire; **im voraus –** payer par anticipation, payer d'avance; **in Raten –** payer en plusieurs tranches *ou* en fractions successives.
**ZAHLER** *m* : **säumiger –** payeur *ou* débiteur défaillant; **schlechter –** mauvais payeur.
**ZAHLUNG** *f* • *(Bezahlung)* paiement *ou* payement *m*, acquittement d'une dette, exécution • *(Einzahlung)* versement *m* • *(gezahlter Betrag)* somme d'argent payée; **bargeldlose –** paiement par carte (de paiement); **gestundete –** paiement différé; **rückständige –** arriéré *m*, dette échue (et qui reste due); **zeitlich gestaffelte –** paiement échelonné.
**ZAHLUNGS | ANKÜNDIGUNG** *f* avis de paiement; **–anweisung** *f* • mandat *m* de paiement • délégation de paiement; **–art** *f* mode de paiement; **–aufforderung** *f* • *(durch den Gläubiger)* rappel *m* de paiement, lettre de rappel • *(durch den Gerichtsvollzieher)* sommation (par exploit d'huissier) • *(Inverzugsetzung)* mise *f* en demeure; **–aufschub** *m* prorogation du délai de paiement, paiement différé, moratoire *m*, sursis de paiement.
**ZAHLUNGS | BEDINGUNG** *f* condition de paiement *ou* de règlement; modalité *f* de paiement; **–befehl** *m* • *(ZR: Mahnbescheid)* commandement *m* (de payer), sommation *f*, mise *f* en demeure par huissier • *(HR)* injonction *f* de payer; **–beleg** *m* pièce justificative (d'un paiement); **–bestätigung** *f* quittance *f*, attestation de paiement.
**ZAHLUNGS | EINSTELLUNG** *f* suspension de paiement, cessation des paiements, dépôt *m* du bilan; **–empfänger** *m* (créancier) bénéficiaire; récepteur du paiement; **–erinnerung** *f* lettre *f* de rappel, rappel *m* de paiement; **–erleichterungen** *fpl* facilités *fpl* de paiement.
**ZAHLUNGS | FÄHIGKEIT** *f* solvabilité *f*, capacité de paiement; **–forderung** *f* créance *f* (d'argent); somme réclamée au débiteur; **–frist** *f* délai *m* de paiement; **–klage** *f* action en paiement; demande en recouvrement de la créance.
**ZAHLUNGSMITTEL** *n* monnaie *f* (en tant qu'instrument légal de paiement); instrument *m* de paiement; moyen *m* de paiement; **gesetzliches –** instrument de paiement légal.
**ZAHLUNGS | MODALITÄT** *f* modalité *f* de paiement; **–modus** *m* mode *m* de paiement; **–moratorium** *n* moratoire *m*; **–moral** *f* qualité *f* de mauvais *ou* de bon payeur; **–ort** *m* lieu de paiement; **–rate** *f* mensualité *f*, fraction (du

paiement échelonné); **–rückstand** *m* arrérages *mpl*, dette arriérée *ou* impayée.

**ZAHLUNGS | SÄUMNIS** *f* défaut *m* de paiement; **–schwierigkeiten** *pl* difficultés de trésorerie; **–stundung** *f* paiement différé; **–termin** *m* échéance *f*, date du paiement, terme *m* (d'échéance); **–titel** *m* titre *m* (du créancier).

**ZAHLUNGS | UNFÄHIGKEIT** *f* insolvabilité *f*; déconfiture *f*; cessation de paiement; carence *f* (du débiteur); **–unwilligkeit** *f* réticence *f* *ou* omission volontaire (d'un paiement), mauvaise volonté à s'exécuter; **–verbot** *n* opposition au paiement, défense de payer; **–vereinbarung** *f* moratoire *m*.

**ZAHLUNGSVERKEHR** *m* transactions *fpl* financières, opérations *fpl* de paiement, paiements *mpl*, règlements *mpl*; **bargeldloser –** *m* paiements *mpl* en monnaie scripturale; paiement par chèque *ou* carte de crédit.

**ZAHLUNGS | VERPFLICHTUNG** *f* engagement de paiement, obligation (de payer); **–versprechen** *n* promesse *f* de paiement; **–verzug** *m* non-observation du délai de paiement, retard *m* dans le paiement; **–zeit** *f*, **–zeitpunkt** *m* échéance *f*, terme *m*; **–ziel** *n* • échéance *f* • délai *m* de paiement.

**ZECHPRELLEREI** *f* grivèlerie *f*, filouterie *f* d'aliments; filouterie de logement.

**ZEICHEN** *n* • *(Erkenntniszeichen)* signe *m* (distinctif); signal *m* • *(Wz)* marque *f* (verbale), signe dénominatif, symbole *m* • *(Fernmeldewesen)* message *m* conventionnel • *(Satzzeichen)* signe de ponctuation; **verbundene –** *(Wz)* marques associées.

**ZEICHEN | ANMELDUNG** *f* demande *f* d'enregistrement de la marque; **–benutzer** *m* utilisateur *m* de la marque; **–erklärung** *f* légende *f*; **–identität** *f* *(Wz)* reproduction servile de la marque; similitude des signes; **–rechtsverletzung** *f* violation d'une marque; **–rolle** *f* registre (national) des marques.

**ZEICHNER** *m* *(WertpR)* souscripteur *m*.

**ZEICHNUNG** *f* • *(WertpR)* souscription • signature sociale • dessin *m*, plan *m*, figure *f*.

**ZEIT | ABLAUF** *m* expiration du délai, arrivée du terme; **–abschnitt** *m* période *f*, laps *m* de temps; **–angestellte(r)** *m* • *(ArbR)* salarié avec un contrat à durée déterminée; employé *m* intérimaire • *(VwR)* auxiliaire *m*; **–anstellung** *f* emploi sous contrat à durée déterminée; **–arbeit** *f* travail *n* intérimaire; **–arbeitgeber** *m* • employeur engageant des salariés avec un contrat à durée déterminée • agence d'intérim; **–arbeitnehmer** *m*, **–arbeitskraft** *f* salarié engagé sous contrat à durée déterminée; **–arbeitsverhältnis** *n* contrat à durée déterminée; **–aufwand** *m* • *(PrzR, VwR)* vacation *f* • *(ArbR)* temps *m* consacré à un travail, dépense *f* de temps.

**ZEIT | BEAMTE(R)** *m* fonctionnaire *f* engagé pour une durée déterminée; **–berechnung** *f* computation; **–bestimmung** *f* détermination du délai (de paiement); **–dauer** *f* période *f*, durée *f*, laps *m* de temps; **–ersparnis** *f* économie *f* de temps.

**ZEIT | MIETVERTRAG** *m* contrat de location à durée déterminée; **–personal** *n* personnel engagé par contrat à durée déterminée; travailleurs intérimaires; **–plan** *m* calendrier *m*; **–planung** *f* minutage *m*, timing *m*; emploi du temps, calendrier *m*, échéancier.

**ZEITPUNKT** *m* date *f*, terme *m*; **günstiger –** moment propice; **unbestimmter –** terme incertain; **vereinbarter –** terme convenu.

**ZEIT | RAUM** *m* laps *m* de temps; période *f*; **–rechnung** *f* computation *f* (des délais); **–schrift** *f* écrit *m* *ou* publication *f* périodique; **–soldat** *m* *(MilR)* engagé volontaire (à durée déterminée), personnel servant sous contrat; **–spanne** *f* laps *m* de temps, délai *m*, période *f*.

**ZEITUNGS | ANZEIGE** *f* annonce *f*, insertion (publicitaire); **–auflage** *f* tirage *m*, diffusion; **–ausschnitt** *m* coupure *f* de presse; **–bericht** *m* reportage *m*; **–inserat** *n* annonce *f* (publicitaire); **–verleger** *m* éditeur *m* responsable, directeur de la publication; **–vertrieb** *m* diffusion (d'un journal); **–werbung** *f* publicité presse *ou* par support de presse.

**ZEIT | VERFRACHTUNG** *f* affrètement à temps; **–verlust** *m* perte *f* de temps; **–versäumnis** *f* • temps d'inactivité; temps mort; perte de temps • *(PrzR)* défaillance *f*; **–vertrag** *m (ZR, ArbR: befristeter Vertrag)* **contrat** *m* à durée déterminée, contrat limité dans le temps.

**ZENSUR** *f* • *(staatliche Prüfung)* censure *f* • *(Beurteilung)* note *f*; **–behörde** *f* censure *f*; **–vermerk** *m* visa *m* de censure; **–verbot** *n* interdiction de la censure.

**ZENTRAL | AMT** *n (VwR)* service central; **–bank** *f* banque *f* centrale; **–bankrat** *m* conseil central de la Bundesbank.

**ZENTRAL | GEWALT** *f* pouvoir *m* central; **–kartei** *f* fichier central; **–kasse** *f* caisse *f* centrale; **–register** *n* registre *m* national *ou* central; **–verwaltung** *f* administration centrale.

**ZERRÜTTUNG** *f* altération, désunion, désorganisation; **– der Ehe, – des ehelichen Verhältnisses** rupture *f* de la vie commune.

**ZER | SCHLAGUNG** *f* (einer Verbrecherbande) démantèlement *m* (d'un gang); **–setzung der Wehrkraft** atteinte *f* au moral de l'armée, entreprise *f* de démoralisation de l'armée; **–sied(e)lung** *f* rurbanisation.

**ZERSTÖRUNG** *f* | **von Bauwerken** destruction d'un bien immobilier; **– fremder Sachen** déprédation, dommage *m* causé à la propriété d'autrui, détérioration d'un objet appartenant à autrui; **–swut** *f* vandalisme *m*.

**ZESSION** *f (SchuldR)* cession *f*, transmission entre vifs.

**ZEUGE** *m* témoin *m* (judiciaire), personne citée comme témoin; déclarant; **abgelehnter –** témoin reproché; **ausbleibender –** témoin défaillant; **beeidigter –** témoin assermenté; **falsch aussagender –** faux témoin; **glaubwürdiger –** témoin digne de foi; **meineidiger –** témoin ayant prêté un faux serment; **unbeeidigter –** témoin auditionné sans serment; **unentschuldigt ausgebliebener –** témoin cité ne comparaissant pas et ne pouvant présenter d'excuse légitime; **vertrauenswürdiger –** témoin digne de foi.

**ZEUGE** *m* **: – der Anklage** témoin à charge; **– mit Aussageverweigerungsrecht** témoin ayant le droit de refuser le témoignage; **– der Verteidigung** témoin à décharge (cité à la requête de la défense).

**ZEUGEN** *v* • *(StPR)* déposer (en tant que témoin) • *(FamR)* concevoir, engendrer (un enfant), féconder.

**ZEUGEN | ABLEHNUNG** *f* reproche *m*; **–absprache** *f* collusion de témoins, entente secrète, concert frauduleux; **–aufruf** *m* appel *m* des témoins; **–aussage** *f* déposition *f* (du témoin), témoignage *m*; **falsche –aussage** faux témoignage.

**ZEUGEN | BANK** *f* banc *m* des témoins; **–beeinflussung** *f* **: verbotene –** subornation *f* (de témoin); **–befragung** *f* interrogation du témoin, audition d'un témoin; **–behauptung** *f*, **–bekundung** *f* dire *m* des témoins; **–belehrung** *f* information du témoin (sur ses droits); **–beweis** *m* preuve testimoniale; **–eid** *m* audition d'un témoin sous la foi du serment, déposition (du témoin) sous serment; **–einvernahme** *f* audition des témoins.

**ZEUGEN | LADUNG** *f* citation (d'un témoin) à comparaître, convocation d'un témoin; **–stand** *m* barre du tribunal (où comparaissent les témoins); **–vereidigung** *f* prestation de serment du témoin; **–verleitung** *f* subornation *f* de témoin; **–vernehmung** *f* audition du témoin.

**ZEUGNIS** *n* • *(Bescheinigung)* attestation *f*, certificat *m* • *(Zeugenaussage)* déposition *f*, témoignage *m*; **ärztliches –** certificat médical; **falsches –** faux témoignage.

**ZEUGNIS | VERWEIGERUNG** *f* refus de témoigner; **–verweigerungsrecht** *n* droit de refuser un témoignage; le fait d'être tenu au secret professionnel.

**ZIEL** *n* • *(Zahlungsfrist)* délai *m* (de paiement); terme *m*, échéance *f* • *(Absicht)* objectif *m*, but *m* (à atteindre), visées *f pl*, desseins *mpl* • cible *f*; borne *f*; limite *f*.

**ZIEL | FAHNDUNG** *f* enquête *ou* recherche policière circonscrite à certaines personnes; **–gruppe** *f* public visé, groupe *m* cible; **–kauf** *m* vente *f* à crédit; **–setzung** *f* objectif *m*, orientation générale.

**ZINS 1.** *m* • *(ÖfR – hist.: Abgabe, Steuern)* redevance *f*, cens *m*, quotité d'imposition • *(SchuldR – Aut – S: Miete, Pacht)* loyer *m*; **–berechnung** *f* calcul des intérêts.

**ZINSEN 2.** *mpl (BankR: Entgelt für geliehenes Geld)* intérêt *m ou* intérêts *mpl* (du capital); fruits *mpl* civils; loyer de l'argent; **aufgelaufene –, fällige –** intérêts échus, intérêts courus *ou* accumulés; arrérages; **gesetzliche –** intérêt légal; **rückständige –** intérêts arriérés, arrérages *mpl*; **vereinbarte –, vertragliche –** intérêt conventionnel.

**ZINSESZINS** *m* capitalisation *f* des intérêts, intérêts composés, anatocisme *m*.

**ZITAT** *n (UrhR: wörtliche Belegstelle)* citation, passage cité; emprunt *m*; référence *f*; **–recht** *n* droit de reproduction sous forme de citation *ou* d'analyse signalétique.

**ZIVIL** *adj* **: –er Notstand** état *m* d'urgence (par suite d'un cataclysme); **–er Ungehorsam** désobéissance civile, résistance à l'oppression.

**ZIVIL | BEVÖLKERUNG** *f* population civile; **–courage** *f* fermeté morale (face à l'autorité et ses abus); **–dienst** *m* • défense civile • *(MilR)* service de l'objecteur de conscience dans un organisme social; **–dienstleistende(r)** objecteur de conscience faisant son service civil; **–dienstverweigerer** *m* réfractaire au service civil, insoumis *m*; **–ehe** *f* mariage civil.

**ZIVIL | GERICHT** *n*, **–gerichtsbarkeit** *f* tribunal civil, juridiction civile; **–gerichtsurteil** *n* jugement *m* civil, sentence *f* civile; **–gesetzbuch** *n (S: ZGB)* code civil suisse.

**ZIVIL | PROZESS** *m* procès civil, contentieux *m* civil; procédure civile; **–prozessordnung** *f* (ZPO) Code allemand de procédure civile; **–prozessrecht** *n* droit judiciaire privé, procédure civile; **–recht** *n* droit civil (comme partie fondamentale du droit privé).

**ZIVIL | RICHTER** *m* juge au civil; **–sache** *f* litige civil, matière *ou* affaire civile, cause civile; **–schutz** *m* protection civile; **–senat** *m* chambre civile (de la cour fédérale de justice).

**ZIVILSTREIFE** *f (Polizei)* véhicule banalisé; ronde *f* de police en civil.

**ZÖLIBATSKLAUSEL** *f* clause de non-mariage (dans un contrat de travail).

**ZOLL** *m* • *(Abgabe)* droit *m* de douane, douane *f* • *(Zollamt)* bureau *m* de douane, douane *f*; **innergemeinschaftlicher –** droit de douane intracommunautaire.

**ZOLLAMT** *n* bureau de douane, bureau douanier, douane *f*; **–anmeldung** *f* déclaration en douane; **–beamte(r)** *m* fonctionnaire des douanes, douanier *m*; **–befreiung** *f* franchise *f* douanière; **–begleitheft** *n* • carnet de passage en douane • carnet TIR (transport international de marchandises par la route).

**ZOLL | BEHÖRDE** *f* administration *f* des douanes, autorités douanières; **–beschau** *m* vérification douanière, vérification *f* de la déclaration, *(aller Waren)* examen de toutes les marchandises, *(probeweise)* vérification par épreuves; **–besichtigung** *f* visite douanière.

**ZOLL | ERKLÄRUNG** *f* déclaration en douane; **–erstattung** *f* remboursement des droits de douane.

**ZOLL | FAHNDER** *m* fonctionnaire du service allemand de la répression des fraudes douanières; **–fahndung** *f* (service de) répression des fraudes douanières; **–fahndungsstelle** *f* service *m* des enquêtes douanières.

**ZOLL | GEBIET** *n*, **–grenzbezirk** *m* zone *f* de surveillance douanière; **–grenzstelle** *f* poste *m* de douane à la frontière; **–gut** *n* marchandise sous (régime de) douane.

**ZOLL | HINTERZIEHUNG** *f* fraude douanière; **–inhaltserklärung** *f* déclaration en douane **–klarierungsschein** *m* • congé *m* (navires français) • passeport *m* (navires étrangers).

**ZOLL | LAGER** *n* entrepôt *m* de douane *ou* douanier, entrepôt réel; **–makler** *m* transitaire *m* mandataire, agent *ou* commissionnaire en douane.

**ZÖLLNER** *m* douanier *m*.

**ZOLL | NIEDERLAGE** *f* entrepôt *m* réel; **–passierschein** *m* laissez-passer *m* de douane; **–privatlager** *n* • *(ohne amtlichen Mitverschluss)* entrepôt *m* fictif • *(unter amtlichem Mitverschluss)* entrepôt spécial.

**ZOLL | SATZ** *m* tarif *m* douanier, taux *m* des droits de douane; **–spediteur** *m* commissionnaire en douane, transitaire *m*; **–stelle** *f* bureau de douane *ou* douanier, poste de douane.

**ZOLLTARIF** *m* • tarif douanier • *(EuR)* tarif douanier des communautés européennes; **–auskunft: verbindliche –** (EG) renseignement tarifaire contraignant.

**ZOLL | VERGEHEN** *n* infraction douanière, fraude douanière; **–verkehr** *m* régime *m* douanier.

**ZOLLVERSCHLUSS** *m* scellé douanier, scellement douanier, plombs *mpl* douaniers, fermeture douanière; **unter –** sous plomb de douane; **unverletzter –** scellement intact.

**ZUBEHÖR** *n* • *(SachR: selbständige bewegliche Sachen, die dem wirtschaftlichen Zweck der Hauptsache dienen)* bien mobilier uni à un immeuble par suite de la nécessité de son exploitation; immeuble par destination économique • *(WirtR)* accessoire *m*, complément *m*; dépendance *f*.

**ZUBEHÖRINDUSTRIE** *f* sous-traitance *f*, industrie des accessoires.

**ZÜCHTIGUNG** *f* correction *f*, châtiment *m*; **körperliche –** châtiment corporel.

**ZUEIGNUNG** *f* • *(StR)* appropriation *f* • *(Widmung)* dédicace *f*.

**ZUEIGNUNGS | ABSICHT** *f (StR)* volonté *f ou* désir *m* d'appropriation; **–delikt** *n* infraction contre les biens; **–handlung** *f* soustraction, acte *m* (matériel) d'appropriation.

**ZUERKENNUNG** *f* octroi *m*, attribution *f*, reconnaissance *f*; **– einer Asylberechtigung** reconnaissance du droit d'asile; **– einer Rente** attribution d'une rente.

**ZUFALL** *m (zufälliges Ereignis)* cas *m* fortuit, aléa *m*, hasard *m*; coïncidence *f*; **Haftung für –** responsabilité pour le cas fortuit.

**ZUFALLS | EREIGNIS** *n* événement *m ou* cas *m* fortuit, aléa *m*; **–haftung** *f* responsabilité sans faute; **–verlust** *m* perte *f* accidentelle.

**ZUG** *m* • *(Eisenbahn)* train *m* • *(Menschenmenge)* cortège *m*; défilé *m*; convoi *m* • *(Fortbewegung)* passage *m*; marche *f* • *(Gesichtszug)* trait *m*.

**ZUG UM ZUG** donnant donnant; **Erfüllung –** livraison contre paiement (au comptant compté);

**Leistung** – prestation de la main à la main.

**ZUGABE** *f (HR: unentgeltliche Zuwendung)* supplément *m*; prime *f* (de produits en plus); avantage *m* (accordé ou client), extra *m*.

**ZUGANG** *m* • *(SchuldR: Willenserklärung)* réception (de l'acceptation); arrivée de la lettre contenant l'acceptation (chez le cocontractant) • *(Eingang)* accès *m*, entrée *f* • *(Lager)* entrée *f* au magasin, mise *f* en stock.

**ZUGANGS | BESCHRÄNKUNG** *f* accès *m* limité (à une profession); **–erfordernis** *n (SchuldR: Erklärung)* nécessité de la réception de la déclaration de volonté.

**ZUGEHÖRIGKEIT** *f* appartenance *f*; **politische –** allégeance *f* politique.

**ZUGESTÄNDNIS** *n* concession *f*; **–se machen** faire des concessions, mettre de l'eau dans son vin, lâcher du lest.

**ZUGEWINN** *m* • acquêt *m* • *(EheR)* accroissement *m*, différence entre la valeur finale et la valeur initiale des biens d'un époux; **–ausgleich** *m (EheR)* prestation compensatoire, compensation effective de la disparité que la rupture du mariage crée dans les conditions de vie respective.

**ZUGEWINNGEMEINSCHAFT** *f (EheR: gesetzlicher Güterstand in der BRD seit 1958)* régime légal (allemand) de la participation aux acquêts (en cas de divorce).

**ZUGRIFF** *m* • emprise *f*, mainmise *f* • *(DV)* accès *m*; **– der Polizei** prise de corps.

**ZUGUNSTEN VON** *adv* au profit de, au bénéfice de, en faveur de.

**ZUHÄLTER** *m (StR)* proxénète *m*, souteneur *m*; *(pej)* maquereau *m*.

**ZUHÖRER** *m* auditeur *m*; auditoire *m*, public *m*; **–bank** *f* banc *m* réservé au public.

**ZUKUNFT** *f* avenir *m*; devenir *m*; futur *m*; **in –** désormais, à l'avenir; **Unterhalt für die –** subsides *mpl* pour l'avenir.

**ZUKUNFTS | AUSSICHTEN** *pl* perspectives (d'avenir); **–forschung** *f* futurologie *f*, prospective *f*; **–schaden** *m* dommage *m* futur; **–sicherung** *f* assurance vieillesse; le fait de préserver le futur.

**ZULAGE** *f* • *(Entschädigung)* indemnité *f*, supplément *m* • *(Unterstützung)* prime *f*, allocation *f* complémentaire.

**ZULÄSSIG** *adj* • *(annehmbar)* recevable, admissible • *(erlaubt)* licite, permis, autorisé, admis; **–es Rechtsmittel** voie de recours recevable.

**ZULÄSSIGKEIT** *f* • *(PrzR)* recevabilité *f* • admissibilité *f*, licéité *f*.

**ZULASSUNG** *f* • *(ÖfR: Erlaubnis)* permission *f*, permis *m*, agréation *f*, agrément *m*, admission *f*, autorisation • *(StVR)* réception et homologation • *(StVR: Fahrzeugschein)* carte grise; **vorläufige –** admission provisoire; **– als Anwalt** admission au barreau; **– zum Beweis** admission à la preuve.

**ZULASSUNGS | ALTER** *n* âge *m* d'admission; **–behörde** *f (StVR)* administration compétente en matière d'homologation et d'immatriculation des véhicules; **–bescheinigung** *f* • *(VwR)* agréation • *(ArbR)* permis *m* d'entrée (pour un travailleur étranger); **–beschränkung** *f* • *(PrzR)* limitation concernant la recevabilité d'une requête • *(HochschulR)* restriction relative à l'inscription à l'université.

**ZULASSUNGS | FRIST** *f* délai d'admission; **–prüfung** *f* examen *m* d'admission; **–recht** *n* • *(HochschulR)* droit à l'inscription à l'université (pour la matière de son choix) • droit à l'admission à la fonction notariale; **–stelle** *f* service d'immatriculation *ou* de délivrance de la carte grise; **–voraussetzungen** *fpl* conditions d'admissibilité.

**ZULIEFERANT** *m*, **Zulieferbetrieb** *m*, **Zulieferer** *m*, **Zulieferfirma** *f (BW: Subunternehmer)* sous-traitant, entreprise sous-traitante.

**ZUMUTBAR** *adj* • acceptable, raisonnable; tolérable, devant être toléré; admissible; supportable • *(ArbR, SozR)* exigible dans la vie sociale selon les lois en vigueur; ce que l'on peut exiger de qqn.; **–e Arbeit** *n* travail pouvant être exigé de qqn.

**ZUMUTBARKEIT** *f* • *(SchuldR)* maintien du contrat comme étant acceptable • *(UmweltR)* acceptabilité *f*; normalité *f*; contrainte *f* socialement acceptable; (bruit, pollution) n'excédant les normes prescrites, fait de ne pas dépasser du seuil de l'intolérable • *(StR: Verhaltensweise)* fait qu'un comportement donné puisse être équitablement exigé de quelqu'un; exigence admissible; contrainte tolérable.

**ZUNAME** *m* • nom *m* patronymique, nom de famille • surnom.

**ZURECHENBAR** *adj* imputable, pouvant être retenu à charge (d'une personne).

**ZURECHENBARKEIT** *f* *(ZR, StR: des Verhaltens)* imputabilité *f*; fait pouvant être mis au compte d'une personne comme faute.

**ZURECHNUNG** *f* • *(ZR, StR: Handlung zur Last legen)* imputation *f*; allégation, accusation • *(SteuerR: Güter zuordnen)* le fait de prendre en considération (des biens ou revenus pour le calcul de l'impôt).

**ZURECHNUNGS | FÄHIGKEIT** *f* *(StR)* imputabilité *f*, responsabilité *f* (de ses actes); **verminderte –** responsabilité atténuée.

**ZURECHNUNGSUNFÄHIGKEIT** *f* *(StR: Unzurechnungsfähigkeit)* irresponsabilité *f* (pénale), non-imputabilité *f*; absence *f* de l'élément moral; insuffisance des facultés intellectuelles.

**ZURÜCKBEHALTUNG** *f* rétention *f*; **– von Waren** rétention de marchandises; **–srecht** *n* *(SchuldR)* droit de rétention (de la chose *ou* du prix).

**ZURÜCK | ABTRETUNG** *f* rétrocession; **–behaltungsrecht** *n* droit de rétention; **–datieren** antidater; **–erstatten** rembourser, restituer.

**ZURÜCK | GABE** *f* restitution; **–gestellte(r)** *m* *(MilR)* sursitaire *m*.

**ZURÜCK | HALTUNG** *f* • retenue *f*, modération, mesure *f* • *(Information)* rétention d'informations; **–legen** *(SozR: Versicherungszeit)* accomplir.

**ZURÜCKNAHME** *f* • *(HR: Waren)* reprise *f* • *(PrzR: Widerruf)* révocation *f*, rétractation *f* • *(SchuldR: Vertrag)* dédit *m*, repentir *m* • *(Antrag)* retrait *m*; **– des Scheidungsantrags** désistement *m* d'instance (de divorce).

**ZURÜCKSCHIEBUNG** *f* *(AuslR)* refoulement *m* (à la frontière).

**ZURÜCK | STELLUNG** *f* ajournement *m*; sursis *m*; **–stufung** *f* déclassement *m*, rétrogradation *f* d'échelon.

**ZURÜCK | TRETEN** *v* • *(Amt)* se désister de ses fonctions, donner sa démission, se démettre, se retirer, démissionner • *(Vertrag)* **–verlangen** demander la restitution.

**ZURÜCKVERWEISUNG** *f* *(PrzR)* renvoi *m* (après annulation de la décision attaquée); déclinatoire *m* de compétence avec renvoi.

**ZURÜCKWEISUNG** *f* • rejet *m*, débouté *m*, refus *m* • réfutation *f* (d'un argument) • refoulement *m*; **– der Klage** décision de rejet, jugement de débouté.

**ZURÜCKZIEHEN** *v* • *(Kandidatur)* se désister • *(Auftrag)* passer un contre-ordre, dénoncer • *(Antrag)* retirer.

**ZURUF** *m* acclamation, appel *m*; **Wahl durch –** vote par acclamation.

**ZURVERFÜGUNGSTELLUNG** *f* mise *f* à la disposition.

**ZUSAGE** *f* • *(zustimmender Bescheid)* acceptation, assentiment • *(Versprechen)* promesse *f*.

**ZUSAMMENARBEIT** *f* • coopération *f* • *(Mitwirkung) collaboration f*.

**ZUSAMMEN | FASSUNG** *f* • réunion *f*, concentration • résumé *m*, sommaire *m*; **–fügen** joindre, réunir; **–führung** *f (Familien usw.)* regroupement.

**ZUSAMMENHANG** *m* connexion *f*, connexité *f*; liaison *f*, union *f*; affinité *f*; **ursächlicher –** rapport *m* de causalité, lien *m* de cause à effet, lien de connexité.

**ZUSAMMEN | KUNFT** *f* conférence *f*, réunion *f*, rencontre *f*; **–leben** *n (FamR)* vie commune, cohabitation.

**ZUSAMMENLEGUNG** *f* remembrement *m* foncier, regroupement *m*, fusion *f*; **– von Grundstücken** regroupement *m* de biens-fonds.

**ZUSAMMEN | PRALL** *m* collision, téléscopage *m*; **–rechnung** *f (von Versicherungszeiten)* totaliser des périodes d'assurance; **–rottung** *f (StR)* attroupement *m* sur la voie publique, rassemblement *m*.

**ZUSAMMENSCHLUSS** *m* • *(Unternehmen)* fusion *f*, concentration *f* • *(Parteien)* union *f*, coalition *f*; **vertikaler –** concentration verticale, intégration *f*.

**ZUSAMMEN | SETZUNG** *f* • composition • constitution; **–setzung des Gerichtes** composition du tribunal.

**ZUSAMMENSTOß** *m* • *(Autos)* accrochage *m*, collision *f* • *(Schiffe)* abordage *m* • *(Streit)* conflit *m*, incident *m*.

**ZUSAMMENTREFFEN** *n* • rencontre *f* • concours *m* de circonstances • coïncidence *f*; **– strafbarer Handlungen** *od.* **– von Straftaten** concours *m* d'infractions, pluralité *f* d'infractions.

**ZUSAMMENVERANLAGUNG** *f (SteuerR)* imposition *f* commune (des deux conjoints).

**ZUSATZ** *m* • *(Nachtrag)* additif *m*, supplément *m* • *(Brief)* post-scriptum *m* • *(Vertrag)* avenant *m*, accord modificatif • *(Testament)* codicille *m*, clause additionnelle • *(Erweiterung)* addition; amplification; apposition.

**ZUSATZ | ABGABE** *f* taxe additionnelle; **–abkommen** *n*, **–abrede** *f* avenant, accord *m* additionnel *ou* complémentaire; **–antrag** *m* proposition *f* subsidiaire.

**ZUSATZ | FRAGE** *f* question subsidaire; **–gebühr** *f* redevance additionnelle; **–kasse** *f* caisse *f* complémentaire; **–klage** *(ZPR)* demande additionnelle; **–klausel** *f* clause *f* accessoire.

**ZUSATZ | PATENT** *n* brevet additionnel; certificat *m* d'addition; **–protokoll** *n* protocole *m* additionnel, avenant *m* au protocole; **–rente** *f* retraite *f* complémentaire; **–strafe** *f* peine *f* accessoire.

**ZUSATZ | VEREINBARUNG** *f* convention *f* annexe *ou* additionnelle, accord complémentaire *ou* accessoire, arrangement additionnel; **–versorgungskasse** *f* caisse de prévoyance *ou* de retraite complémentaire; **–vertrag** *m* avenant, contrat *m* annexe *ou* accessoire; **–werbung** *f* publicité *f* de soutien.

**ZUSCHLAG** *m* • *(Aufschlag)* surtaxe *f*, supplément *m*, majoration *f*, pénalité *f* • *(bei Versteigerung)* adjudication *f*; **den – erteilen** • adjuger • accorder un marché.

**ZUSCHUSS** *m* • *(staatlich)* subvention, dotation, contribution financière • *(Beitrag)* secours *m*, versement *m* supplémentaire, supplément *m*, appoint *m*; **verlorener –** aide à fonds perdu.

**ZUSCHUSS | BETRIEB** *m* entreprise *f* déficitaire, entreprise essuyant des pertes sèches; **–gewährung** *f* octroi *m* d'une subvention.

**ZUSICHERUNG** *f* • *(Versprechen)* assurance *f*, promesse *f* • *(Gewähr)* garantie; engagement; **– von Eigenschaften** garantie de qualités spécifiques; **– der Freiheit von Mängeln** garantie d'absence de tout vice.

**ZUSPRECHEN** *v (ZPR: gerichtlich)* adjuger, attribuer.

**ZUSTAND** *m* condition *f*, état *m*; situation *f*; **in gutem baulichen –** en bon état d'habitabilité; **in ordnungsmäßigem – übergeben**

• remettre dans l'état conventionnel • *(Mietvertrag)* rendre *ou* prendre en bon état de réparations locatives.

**ZUSTÄNDIG** *adj* : **–e Behörde** service compétent (en la matière); **–es Gericht** juridiction compétente (pour connaître d'une affaire).

**ZUSTÄNDIGKEIT** *f* compétence *f*; attributions *fpl*; pouvoirs attribués; aptitude *f* à agir; **ausschließliche –** compétence exclusive; **mangelnde –** défaut *m* de compétence; **örtliche –** compétence *f* territoriale, compétence ratione loci *ou* à raison du lieu; ressort *m* territorial; **persönliche –** compétence rationae personae *ou* à raison de la personne; **sachliche –** compétence d'attribution, compétence à raison de la matière *ou* ratione materiae; **unbeschränkte –** compétence pleine et entière.

**ZUSTÄNDIGKEITS | ABGRENZUNG** *f* délimitation *f* de compétence; **–anmaßung** *f* excès *m* de pouvoir.

**ZUSTÄNDIGKEITSBEREICH** *m* (limites de la) compétence, domaine de compétence, ressort *m*.

**ZUSTÄNDIGKEITS | ERKLÄRUNG** *f (PrzR)* le fait de se déclarer compétant; **–erweiterung** *f* extension *f* de compétence; **–grenze** *f* limite de compétence; **–mangel** *m* incompétence *f*.

**ZUSTÄNDIGKEITS | RÜGE** *f* exception d'incompétence (du tribunal); **–streit** *m* conflit *m* de compétence; litige relatif à la compétence; **–überschreitung** *f* fait d'excéder sa compétence, excès de pouvoir; **–übertragung** *f* • *(VwR)* transfert *m* d'attributions • *(ZR, ArbR)* délégation *f* de responsabilités • *(ZPR)* prorogation volontaire de compétence; **–vereinbarung** clause *f* d'attribution de compétence (en cas de litige), clause attributive de juridiction; **–zuweisung** *f* attribution de compétence.

**ZUSTANDS | BERICHT** *m (Wohnräume)* procès verbal relatif à l'état des lieux; **–bild** *n* état *m* des lieux; situation d'ensemble; **–delikt** *n* infraction continue; **–haftung** *f* • *(Kfz)* responsabilité pour le bon état du véhicule • *(Gebäude)* responsabilité pour le bon entretien et l'absence de vice de construction d'un immeuble; **–wert** *m* valeur *f* réelle.

**ZUSTELL | ANSCHRIFT** *f* adresse pour la notification; élection de domicile; **–datum** date *f* de la signification.

**ZUSTELLEN** *v* • *(gerichtlich)* signifier • *(bekanntgeben)* notifier • *(übergeben)* délivrer, remettre.

**ZUSTELLUNG** *f* • *(PrzR: Oberbegriff, auch durch Aufgabe zur Post)* notification • *(durch Gerichtsvollzieher)* signification • *(Aushändigung)* remise *f*, délivrance *f*, livraison *f*, distribution; **eigenhändige –** signification en mains propres; remise en mains propres; **erneute –** réassignation; **nicht ordnungsgemäße –** notification ne respectant pas les formalités prescrites; **persönliche –** notification en mains propres *ou* à personne; signification à personne; **unterbliebene –** défaut de notification; **vereinfachte –** signification (sous forme) simplifiée.

**ZUSTELLUNG** *f* : **– von Amts wegen** signification d'office *ou* faite d'office; **– von Anwalt zu Anwalt** remise *f* d'avocat à avocat; **– durch Aufgabe zur Post** notification simple (par la poste) *ou* en la forme ordinaire; **– im Ausland** signification à un destinataire à l'étranger; **– auf Betreiben der Parteien** notification à la diligence des parties.

**ZUSTELLUNGS | ANSCHRIFT** *f* domicile *m* élu; **–antrag** *m* (eines ausländischen Gerichts) demande *f* aux fins de signification (d'un acte judiciaire); **–beamte(r)** fonctionnaire *m* assurant la signification des actes; **–bevollmächtigung** *f* élection de domicile, habilitation pour recevoir les actes (judiciaires); **–datum** *n* date *f ou* jour *m* de la signification; **–empfänger** *m* destinataire *m* de l'acte (à notifier); **–erfordernis** *n* nécessité *f* de la notification; **–gebühr** *f (Urkunde)* émolument *m* de délivrance des expéditions.

**ZUSTELLUNGS | ORGAN** *n*, **–person** *f* personne qui procède à la signification; **–ort** *m* lieu *m* de la signification; **–urkunde** *f* exploit *m* de signification; acte *m* de signification; **–versuch** *m* essai *m* (infructueux) de la signification; **–vollmacht** *f* mandat (accordé à l'avocat) pour réceptionner les significations.

**ZUSTIMMEN** *v* consentir, acquiescer, approuver; sanctionner.

**ZUSTIMMUNG** *f* • *(ZR: Erklärung des Einverständnisses)* assentiment *m*, consentement *m*, accord *m*, acceptation *f* • *(ÖfR, SchuldR: Genehmigung – nach Abschluss des Rechtsgeschäfts)* approbation, ratification, adhésion, acquiescement *m* • *(VwR: Einwilligung – im voraus)* accord *m* préalable, concertation, autorisation (préalable), permission; **ausdrückliche –** acceptation expresse; **mangelnde –** défaut de consentement; **mündliche –** accord verbal; **stillschweigende –** approbation tacite *ou* implicite.

**ZUSTIMMUNGS | GESETZ** *n* *(VerfR)* loi du Bundestag requérant l'approbation du Bundesrat; **–verweigerung** *f* refus *m* de donner son accord.

**ZUTEILUNG** *f* • distribution *f*, répartition *f* • attribution *f* • affectation; **bevorzugte –** attribution préférentielle; **gerichtliche –** adjudication.

**ZUTRITT** *m* **: freier –** libre accès *m*; **– verboten** entrée interdite; **–srecht** *n* droit d'accès.

**ZUVERLÄSSIGKEIT** *f* • *(Person)* fidélité *f*, sériosité *f* • *(Maschine)* fiabilité *f*, sûreté *f*; **– des Betriebs** régularité *f* et sécurité de fonctionnement.

**ZUWACHSRATE** *f* taux d'accroissement, taux d'expansion.

**ZUWEISUNG** *f* affectation *f*, attribution *f*; **– an die Rücklagen** affectation aux réserves; **– eines Zwangsaufenthalts** assignation à résidence.

**ZUWENDUNG** *f* • *(Zuweisung)* affectation *f* • *(Schenkung)* donation *f* • *(Beihilfe)* allocation *f*, aide *f*, subvention *f*; **laufende –** allocation périodique.

**ZUWIDER** *adv* **: –handeln** contrevenir, ne pas tenir compte (d'une règle de droit), enfreindre (une règle), violer (une loi).

**ZUZUGS | BESCHRÄNKUNG** *f* limitation du droit d'entrée; **–genehmigung** *f* autorisation *f* d'entrée; **–recht** *n* droit à l'immigration.

**ZWANG** *m* contrainte *f*; coercition *f*; violence *f*; **gerichtlicher –** décision de justice comminatoire; **körperlicher –** contrainte physique; **psychischer –** contrainte morale; **staatlicher –** coercition, contrainte d'origine étatique; **unausweichlicher –** contrainte inéluctable; **unmittelbarer –** exécution d'office *ou* forcée; **widerrechtlicher –** acte *m* de force illicite, voie *f* de fait.

**ZWANGS | ABTRETUNG** *f* • *(VwR)* expropriation *f* • *(SchuldR)* cession forcée, cession sous contrainte; **–anleihe** *f* emprunt *m* forcé *ou* obligatoire; **–arbeit** *f* travaux *mpl* forcés *ou* obligatoires; **–aufenthalt** *m* résidence assignée.

**ZWANGS | BEHANDLUNG** *f* *(StR)* placement *m* d'office dans un établissement médical (pour être soumis à une cure de désintoxication); **–beitrag** *m* contribution forcée *ou* obligatoire, cotisation obligatoire; **–beitreibungsverfahren** *n* procédure de recouvrement forcé.

**ZWANGS | EINWEISUNG** *f (StR)* internement *m* d'office; **–ernäh-**

**rung** *f (StR)* alimentation forcée et artificielle.

**ZWANGS | GELD** *n* • *(ZPR)* astreinte *f* judiciaire • *(VwR)* amende *f* administrative; **–geldandrohung** *f* injonction comminatoire; astreinte *f* sous peine d'une amende pénale; **–gewalt** *m* pouvoir de contrainte *ou* de coercition; **–haft** *f* astreinte *f* par corps, prison (à titre de contrainte pour le recouvrement d'une amende); **–jacke** *f* camisole *f* de force.

**ZWANGSLAGE** *f* état *m* de contrainte; état de nécessité; cas *m* de force majeure; force *f* irrésistible; **seelische –** contrainte psychique.

**ZWANGS | LIZENZ** *f* *(PatR)* licence obligatoire; **–maßnahme** *f* mesure de contrainte *ou* coercitive, mesure de coercition *ou* de rigueur; **–mitgliedschaft** *f* adhésion *ou* affiliation obligatoire; **–mittel** *n* *(VwR)* moyen *m ou* mesure *f ou* procédé *m* de contrainte, procédé coercitif, moyen de coercition.

**ZWANGS | RÄUMUNG** *f* expulsion (par mesure judiciaire); **–recht** *n* droit de coercition, droit de contrainte.

**ZWANGS | SCHLICHTUNG** *f* conciliation obligatoire; **–sicherungshypothek** *f* hypothèque *f ou* sûreté *f* judiciaire; **–umsiedlung** *f* transfert forcé, déportation *f*; **–unterbringung** *f* internement administratif.

**ZWANGS | VERANLAGUNG** *f* *(SteuerR)* imposition d'office; **–verband** *m (SozR)* collectivité *f* à affiliation obligatoire; **–verkauf** *m* vente forcée, vente sous contrainte; **–verschickung** *f*, **–verschleppung** *f* déportation *f*, transfert forcé; **–versteigerungsverfahren** *n* procédure *f* en matière d'exécution forcée et de réalisation des biens saisis; **–verteidiger** *m* avocat *m* commis d'office; **–verwalter** *m* administrateur-séquestre *m*, administrateur judiciaire.

**ZWANGSVERWALTUNG** *f* administration-séquestre *f*, séquestre *m*, administration provisoire; **Aufhebung der –** mainlevée du séquestre; **unter gerichtliche – stellen** placer sous main de justice.

**ZWANGSVOLLSTRECKUNG** *f* exécution forcée, saisie-exécution; **erfolglose –, fruchtlose –** saisie infructueuse; **die – betreiben** demander un acte (judiciaire) en vue de l'exécution forcée; **– in das bewegliche Vermögen** saisie mobilière; **– wegen Geldforderungen** saisie-arrêt d'une somme d'argent; **– in das unbewegliche Vermögen** saisie immobilière.

**ZWANGSVOLLSTRECKUNGS | ABWEHRKLAGE** *f*, **–gegenklage** *f* opposition au commandement de saisie-exécution; **–gläubiger** *f* créancier *f* saisissant; **–maßnahme** *f* mesure prise dans le cadre de la saisie-exécution; **–schuldner** *m* débiteur saisi; **–titel** *m* titre *m* exécutoire; **–verfahren** *n* voies *fpl* d'exécution, procédure *f* visant l'exécution.

**ZWANGSWEISE** *adv* par contrainte, de force, obligatoirement; **– Räumung** expulsion *ou* évacuation forcée.

**ZWANGS | WOHNSITZ** *m (StR)* résidence forcée; **–zugriff** *m* saisie *f* en tant que procédé d'exécution forcée.

**ZWECK** *m* • *(Ziel)* but *m*, fin *f*, intention *f* • *(Sinn)* sens *m*; **– Mittel Abwägung** adaptation des moyens au but poursuivi; **– Mittel Verhältnis** proportionnalité *f*.

**ZWECK | BESTIMMUNG** *f*, **–bindung** *f* objet *m*; objectif *m*; affectation à un but; destination à un usage déterminé.

**ZWECKDIENLICH** *adj* approprié, utile, convenable, conforme au but; **nicht –dienlich** sans effet, inutile, vain.

**ZWECKENTFREMDUNG** *f* *(SachR: Wohnräume)* détournement *m* de l'usage habituel, utilisation à des fins autres que prévues (d'après la nature de la chose).

**ZWECKMÄẞIGKEIT** *f* conformité *f* au but; opportunité *f*; **–serwägungen** *pl* appréciation de l'utilité et de l'intérêt (d'une décision), considérations d'opportunité; **–sgrundsatz** *(VwR)* principe de l'opportunité (de l'action administrative).

**ZWECK | VERBAND** *m* *(ÖfR)* association de personnes morales de droit public poursuivant un but déterminé commun; syndicat *m* de communes; **–vermögen** *n* bien grevé d'une charge; patrimoine d'affectation; **–widmung** *f* affectation.

**ZWEIFEL** *m* • doute *m*, incertitude *f* • *(Bedenken)* scrupule *m*; **Klärung von –n** élucidation de doutes, de soupçons.

**ZWEIFELS | FALL** *m* **: im –** en cas de doute; **–frage** *f* question litigieuse; **–frei** *adj* indubitable, incontestable, (être) hors de doute; **–satz** *m* „in dubio pro reo", principe selon lequel le doute profite à l'accusé.

**ZWEIG** *m* branche *f*; secteur *m*; **–niederlassung** *f* succursale *f*; **–stelle** *f* • *(HR)* dépôt *m*, comptoir *m*, établissement *m* (secondaire) • *(VersR)* agence *f*.

**ZWEIJAHRES | FRIST** *f* délai bisannuel *ou* biennal; **–plan** *m* plan biennal.

**ZWEI | RÄDER** *npl (StVR)* les deux roues, motocyclettes *fpl.*; **–radfahrer** *m* cycliste *m*; motocycliste *m*.

**ZWEISEITIG** *adj* **: –er Handelskauf** *m* vente commerciale; **–er Staatsvertrag** traité bilatéral; **–er Vertrag** convention bilatérale; contrat synallagmatique.

**ZWEITAUSFERTIGUNG** *f* • *(Zweitschrift)* double *m*, duplicata *m*; deuxième expédition; ampliation *f* • *(Wechsel)* seconde de change.

**ZWEITEILUNG** *f (StR: der Straftaten)* distinction bipartite des infractions (ne comprenant que les crimes et les délits, à l'exclusion des contraventions).

**ZWEIT | ERWERB** *m* achat *m* d'occasion; **–gutachten** *n* contre-expertise *f*; **–kläger** *m* litisconsort *m*, co-demandeur *m*.

**ZWEIT | SCHRIFT** *f* duplicata *m*, double *m*; **–stimme** *f* deuxième voix (pour le candidat de liste); **–wohnsitz** *m* second domicile déclaré; **–wohnung** *f* résidence *f* secondaire.

**ZWEIWOCHENFRIST** *f* délai *m* de quinze jours.

**ZWINGEN** *v* contraindre, forcer, obliger; **zu einem Geständnis –** arracher un aveu; **zum Rücktritt –** acculer à la démission.

**ZWINGEND** *adj* **: –es Erfordernis** condition obligatoire; **–er Grund** raison nécessaire et suffisante; motif impératif; **–es Recht** normes *fpl* impératives; **–e Vorschrift** disposition impérative, règle *f* d'ordre public.

**ZWISCHEN | ABSCHLUSS** *m* bilan *m* provisoire; situation intérimaire; **–bericht** *m* compte-rendu provisoire, rapport intérimaire; **–bescheid** *m* avis *m* provisoire; réponse *f* d'attente; information provisoire; **–bilanz** *f* bilan *m* intérimaire, bilan provisoire; **–blatt** *n* (feuille *f*) intercalaire, encart *m*; **–ergebnis** *n (Wahlen)* résultat provisoire; résultat partiel; **–erzeugnis** *n* produit *m* semi-fini *ou* semi-ouvré.

**ZWISCHEN | FALL** *m* incident *m*; accroc *m*; **–feststellungsklage** *f (ZPR)* action en constatation portant sur un point devenu litigieux au cours de l'instance; **–finanzierung** *f* financement *m* transitoire; **–frage** *f* question subsidiaire; **–handel** *m* commerce de demi-gros *ou* de gros; **–händler** *m* négociant *m* distributeur; **–klage** *f* demande incidente; **–konto** *n* compte d'attente; **–kredit** *m* crédit de raccord *ou* transitoire; **–lager** *n* entrepôt *m*; **–lagerung** *f* entreposage *m*; **–lösung** *f* solution provisoire.

**ZWISCHEN | MAUER** *f* mur mitoyen; **–raum** *m* distance *f*, intervalle *m*, espace *m* intercalaire; **–ruf** *m* interpellation.

**ZWISCHEN | STREIT** *m* incident *m* de procédure, incident de l'instance; **–summe** *f* montant *m* à reporter; **–überschrift** *f* titre *m* intercalaire, soustitre *m*; **–urteil** *n* jugement *m* avant dire droit, jugement interlocutoire.

**ZWISCHEN | ZEIT** *f* • intervalle *m* de temps • *(Übergangszeit)* intérim *m*; **in der –** en attendant, provisoirement, pendant l'intérim.

**ZWIST** *m*, **–igkeit** *f* discorde *f*, dissension *f*; dispute *f*.